Salamon

Entgeltgestaltung

Entgeltgestaltung

Recht und Praxis maßgeschneiderter
Vergütungsstrukturen

Herausgegeben von

Dr. Erwin Salamon
Rechtsanwalt

Bearbeitet von

RA Dr. Stephan Bauer, LL.M., Hamburg; RAin Dr. Patrizia Chwalisz, Hamburg;
RA Stefan Gatz, Hamburg; StBin Manja Georgi, Hamburg; WP und StB Michael Kapitza,
Hamburg; RA Jan Marcus Rossa, Hamburg; RA Dr. Erwin Salamon, Hamburg;
RAin Dr. Arietta von Stechow, Hamburg; StBin Melanie Weist, Hamburg

2019

C.H.BECK

Zitiervorschlag:
Salamon EntgG-HdB/*Bearbeiter* [Kap.] … Rn. …

www.beck.de

ISBN 978 3 406 72538 8

© 2019 Verlag C.H. Beck oHG
Wilhelmstraße 9, 80801 München
Druck und Bindung: Beltz Bad Langensalza GmbH
Am Fliegerhorst 8, 99947 Bad Langensalza
Satz: 3w+p GmbH, Rimpar
Umschlaggestaltung: Druckerei C.H. Beck, Nördlingen

Gedruckt wird auf säurefreiem, alterungsbeständigem Papier
(hergestellt aus chlorfrei gebleichtem Zellstoff)

Vorwort

Die Verpflichtung zur Zahlung des Arbeitsentgeltes ist für den Arbeitgeber die Hauptleistungspflicht aus dem Arbeitsverhältnis und zugleich bestimmender Faktor für den Umfang der Personalkosten. Zunehmend schnelllebige Marktbedingungen unternehmerischer Betätigung erfordern auch bei den Personalkosten Reaktionsmöglichkeiten. Gegenläufig wirkt ein in jüngerer Zeit weitreichender Fachkräftemangel als bestimmender Faktor sowohl für den Recruitingprozess wie auch beim Wirken gegen Fluktuation. Flexibilität bei der Entgeltgestaltung auf Arbeitgeberseite mindert eine feststehende Anspruchsposition auf Seiten des Arbeitnehmers und damit die Attraktivität einer solchen Entgeltgestaltung.

Das historisch gewachsene Leitbild des Arbeitsverhältnisses stellt eine feststehende Vergütung einer feststehenden Arbeitszeit gegenüber, so dass Flexibilisierungsinstrumente zugunsten des Arbeitgebers eine Ausnahme von diesem Leitbild darstellen. Gestaltungsmöglichkeiten des Arbeitgebers zugunsten einer Flexibilisierung des Entgeltes werden daher durch eine zunehmend differenzierende Rechtsprechung begrenzt, die unangemessene Benachteiligungen des Arbeitnehmers bei der Entgeltgestaltung zu vermeiden sucht.

Die Rechtsprechung des Bundesarbeitsgerichtes hat insbesondere in den vergangenen Jahren nicht unerhebliche Neuerungen gebracht, die Arbeitgeber beachten müssen. Anderenfalls verfehlen sie das Steuerungsziel ihrer Entgeltinstrumente. Eine nicht unerhebliche Rolle nehmen dabei die Anforderungen des Bundesarbeitsgerichts an eine klare und transparente Gestaltung von Entgeltsystemen ein, woraus strenge formale Anforderungen für arbeitgeberseitige Gestaltungen folgen und beachtet werden müssen.

Dieses Handbuch versteht sich als Leitfaden aus der Praxis für die Praxis. Es knüpft an typische betriebswirtschaftliche Bedarfe der Unternehmen zur Flexibilisierung und Optimierung der Personalkosten, legt an diese die rechtlichen Maßstäbe der höchstrichterlichen Rechtsprechung und zeigt anhand praktischer Beispiele Lösungs- und Gestaltungsmöglichkeiten auf.

Die Autoren sind alle Praktiker aus der Sozietät ESCHE SCHÜMANN COMMICHAU, die aufgrund ihrer Dreispartigkeit in den Beratungsfeldern Recht, Steuern und Wirtschaftsprüfung die entgeltrelevanten Themenstellungen sowohl aus rechtlicher, steuerlicher wie betriebswirtschaftlicher Perspektive gesamtheitlich behandelt. Aufgrund vielschichtiger Erfahrungen der Verfasser in der Beratung mittelständischer Unternehmen bis hin zu international operierenden Konzernen fließen die praxisrelevanten Gesichtspunkte der Facetten der Entgeltgestaltung in das Werk ein. Praktische Formulierungsbeispiele und Muster sollen eine Arbeitshilfe für die praktische Umsetzung zur Verfügung stellen.

Der Dank des Herausgebers gilt sämtlichen Autoren für ihren unermüdlichen Einsatz wie auch dem Verlag C.H. Beck für die gewissenhafte Betreuung bei der Erstellung des Werkes.

Hamburg, im September 2018 *Dr. Erwin Salamon*

Inhaltsübersicht

Vorwort	V
Inhaltsverzeichnis	IX
Abkürzungsverzeichnis	XXV
Literaturverzeichnis	XXXI

A.	Überblick: Gestaltung von Entgeltsystemen in der unternehmerischen Praxis	1
B.	Die Grundlagen: Strukturformen des Arbeitsentgelts	7
C.	(Mindest-)Entgelt nach dem Mindestlohngesetz (MiLoG)	31
D.	Die Gestaltung der Grundvergütung	83
E.	Generelle Flexibilisierungsinstrumente im Individualarbeitsrecht	121
F.	Bestands- und erfolgsabhängige Entgeltgestaltung im Individualarbeitsrecht	173
G.	Anwesenheitsprämien und Retention Boni	243
H.	Die Entgeltregelungen des TVöD-VKA	279
I.	Mitarbeiterbeteiligung	331
J.	Umsetzung in der Praxis I: Gestaltungsmöglichkeiten bei den wichtigsten Formen variabler Entgeltsysteme	411
K.	Betriebswirtschaftliche Anknüpfungspunkte	459
L.	Vor- und Nachteile der Personalführung durch variable Entgeltsysteme	477
M.	Umsetzung des Konzepts in der Praxis II: Die Umstellung bestehender Entgeltsysteme	487
N.	Die betriebsverfassungsrechtliche Bedeutung	495
O.	Entgelttransparenz und Verbot von Entgeltbenachteiligung wegen des Geschlechts	541
P.	Muster	559
Stichwortverzeichnis		573

Inhaltsverzeichnis

Vorwort	V
Inhaltsübersicht	VII
Abkürzungsverzeichnis	XXV
Literaturverzeichnis	XXXI

A. Überblick: Gestaltung von Entgeltsystemen in der unternehmerischen Praxis

I. Bedeutung des Entgelts	1
II. Historische Entwicklung	3
III. Bedeutung des Arbeitsrechts im Wandel	4

B. Die Grundlagen: Strukturformen des Arbeitsentgelts

I. Grundvergütung (Fixvergütung)	7
II. Zulagen und Zuschläge	9
III. Einmalzahlungen	11
1. Anlassbezogene Leistungen, insbesondere Urlaubs- und Weihnachtsgelder ...	11
2. Tantiemen	13
3. Sonstige Leistungs- oder erfolgsabhängige Sonderzahlungen (Boni, Prämien etc.)	14
a) Ermessensabhängige Festsetzung	14
b) Festsetzung nach Zielen	16
aa) Individualerfolgsbezogene Ziele	16
bb) Gruppenerfolgsbezogene Ziele	17
cc) Unternehmens-, konzern- oder spartenerfolgsbezogene Ziele	18
c) Mischformen	18
4. Einzelfallbezogene Festsetzung oder dauerhaftes Leistungssystem	18
a) Einzelfallbezogene Festsetzung	18
b) Dauerhaftes Leistungssystem	20
c) Zielvereinbarungen oder Zielvorgaben	21
IV. Sonderformen des Entgelts	21
1. Provisionen	21
2. Sachbezüge	23
3. Abgrenzung: Aufwendungsersatz	24
a) Begriff	24
b) Arbeitsrechtliche Bedeutung	25
V. Vergütung von Überstunden	26
1. Begriff	27
2. Vergütungspflicht von Überstunden	27
a) Objektive Vergütungserwartung	27
b) Subjektive Vergütungserwartung	28
3. Abgeltung von Überstunden	29
a) Transparenzgebot	29
b) Grenzen	29

C. (Mindest-)Entgelt nach dem Mindestlohngesetz (MiLoG)

- I. Geltungsbereich des MiLoG 32
  - 1. Einführung 32
  - 2. Übergangsvorschriften 33
  - 3. Verhältnis zu anderen Mindestentgelten 34
    - a) Mindestlöhne nach AEntG und AÜG 34
    - b) Landesrechtliche Regelungen 35
  - 4. Rechtsnatur des Mindestlohnanspruchs 36
    - a) Rechtsnatur des Mindestlohnanspruchs 36
    - b) Rechtsfolge 36
    - c) Sittenwidrigkeitsgrenze (§ 138 BGB) 37
      - aa) Sittenwidrigkeitsrechtsprechung 37
      - bb) Anwendbarkeit neben MiLoG 38
- II. Mindestlohnpflichtige Zeiten 39
  - 1. Leistungsvergütung 39
  - 2. Arbeitsbereitschaft, Bereitschaftsdienst, Rufbereitschaft 39
  - 3. Zeiten der Nichtarbeit 41
    - a) Feiertage, Arbeitsunfähigkeit infolge Krankheit, vorübergehende Verhinderung nach § 616 BGB 41
    - b) Urlaub 41
    - c) Annahmeverzug 42
    - d) Pausen 42
  - 4. Wege- und Reisezeiten 43
    - a) Wegezeit 43
    - b) Reisezeit 43
  - 5. Umkleidezeiten, Rüstzeiten 44
  - 6. Überstunden 44
- III. Mindestlohnrelevante Entgelttatbestandteile 45
  - 1. Fälligkeitsregelung des § 2 Abs. 1 MiLoG 45
  - 2. Mindestlohnwirksame Leistungen 46
    - a) Rechtsprechung des BAG 47
      - aa) Unwiderrufliche Leistung 47
      - bb) Erfüllungszeitpunkt 48
      - cc) Ohne Rücksicht auf die tatsächliche Arbeitsleistung 48
      - dd) Kraft Gesetzes geschuldete Leistungen 49
    - b) Darlegungs- und Beweislast 49
    - c) Einzelne Vergütungsbestandteile 49
      - aa) Leistungen mit Erfüllungswirkung 49
      - bb) Leistungen ohne Erfüllungswirkung 51
    - d) Kritik an der Entgelttheorie 53
    - e) Prüfpraxis des Zolls 53
- IV. Arbeitszeitkonto 54
  - 1. Ausgestaltung des Arbeitszeitkontos nach § 2 Abs. 2 MiLoG 54
  - 2. Voraussetzungen nach § 2 Abs. 2 MiLoG 55
  - 3. Ausgleich des Arbeitszeitkontos 55
  - 4. Minijobber/geringfügig Beschäftigte 57
- V. Ausschlussfristen 58
  - 1. Regelung des § 3 MiLoG 58
  - 2. Rechtsprechung 58

Inhaltsverzeichnis

VI. Anwendungsbereich des MiLoG	59
1. Arbeitnehmer iSd § 22 Abs. 1 MiLoG	59
a) Selbstständige, Arbeitnehmerähnliche Personen, Heimarbeiter	60
aa) Selbständige	60
bb) Arbeitnehmerähnliche Personen	62
cc) Heimarbeiter	63
b) Auszubildende iSd BBiG	64
c) Werkstudenten	65
d) Diplomand, „Masterand" und „Bachelorand"	65
e) Volontär, Trainee	66
f) Familienangehörige	67
g) Einfühlungsverhältnisse, Schnupperarbeitsverhältnis	67
2. Praktikanten	67
a) Pflichtpraktikum	68
b) Orientierungspraktikum	70
c) Freiwilliges Praktikum	71
d) Einstiegsqualifizierung	73
e) Duale Studiengänge/berufsbegleitende Studien	73
f) Überschreitung der Praktikumsdauer, Kombination der Ausnahmevorschriften, Aufspaltung des Praktikums und Unterbrechungen	74
3. Kinder und Jugendliche	76
4. Zur Berufsausbildung Beschäftigte	77
5. Ehrenamtlich Tätige	77
6. Langzeitarbeitslose	78
7. Rechtsfolge der Ausnahmevorschriften	79
VII. Besonderheiten bei Branchenmindestlöhnen	80
1. Fälligkeit	80
2. Erfüllungswirkung von Leistungen	80

D. Die Gestaltung der Grundvergütung

I. Basisabsicherung durch Mindestfixvergütung	84
1. Gesetzliches Leitbild des Arbeitsverhältnisses	84
2. Basisabsicherung und Bestandsschutz	84
II. Individuelle Entgeltvereinbarungen oder Entgeltgruppensysteme	85
1. Freie Entgeltvereinbarungen	85
a) Grundsatz der Privatautonomie	85
b) Berufsbild und Marktwert als Bemessungsfaktoren	85
c) Bedeutung für die Entgeltentwicklung	86
2. Bedeutung von Entgeltgruppensystemen	87
a) Allgemeines	87
aa) Zuordnung zu Entgeltgruppen als Instrument der Entgeltbemessung	87
bb) Entgeltgruppensysteme als Instrument der Entgelttransparenz	87
b) Entgeltautomatik	88
aa) Begriff	88
bb) Bedeutung	88
cc) Darlegungs- und Beweislast	89
c) Korrigierende Rückgruppierung	89
aa) Begriff	89
bb) Bedeutung	89
cc) Darlegungs- und Beweislast	90

Inhaltsverzeichnis

3. Gestaltung von Entgeltgruppensystemen	90
a) Bildung von Entgeltgruppen	90
b) Eingruppierungsmerkmale	91
c) Gewichtung unterschiedlicher Tätigkeiten	93
aa) Allgemeines	93
bb) Quantitative Betrachtung	93
cc) Qualitative Betrachtung	94
dd) Verklammerung durch Arbeitsergebnisse und Zusammenhangtätigkeiten	94
d) Bedeutung von Tätigkeitsbeispielen	98
aa) Begriff	98
bb) Gestaltungsmöglichkeiten	98
cc) Bedeutung	99
e) Referenzzeitraum für die Eingruppierung	100
aa) Bedeutung	100
bb) Fehlende Regelung und Auslegung	100
cc) Gestaltungsmöglichkeiten	101
f) Entgeltstufen innerhalb der Entgeltgruppe	102
aa) Begriff und Bedeutung	102
bb) Gestaltungsmöglichkeiten	103
g) Vorübergehende Tätigkeiten	107
aa) Bedeutung	107
bb) Gestaltungsmöglichkeiten	108
h) Entgelthöhe	109
i) Beispiel eines Entgeltgruppensystems	109
4. Anwendung des Entgeltgruppensystems	111
a) Ein- und Umgruppierung	111
b) Abgrenzung bei abweichender Leistungsgewährung	111
aa) Abweichung zu Gunsten des Arbeitnehmers	111
bb) Abweichung zu Lasten des Arbeitnehmers	113
III. Gleichbehandlungspflichten	114
1. Spezielle Diskriminierungsverbote	114
2. Allgemeiner Gleichbehandlungsgrundsatz	114
IV. Kollektivrechtliche Pflichten	116
1. Geltende Tarifverträge	116
2. Betriebsverfassungsrechtliche Entgeltgrundsätze	118
a) Mitbestimmung gem. § 87 Abs. 1 Nr. 10 BetrVG	118
b) Betriebsverfassungsrechtlich geltende (vormals) tarifliche Entgeltsysteme	118
c) Weitergehende Betriebsvereinbarungen	119

E. Generelle Flexibilisierungsinstrumente im Individualarbeitsrecht

I. Reichweite und Grenzen der Gestaltung freiwilliger Entgeltbestandteile	122
1. Freiwilligkeit von Entgeltbestandteilen	122
2. Kein laufendes Arbeitsentgelt	125
3. Einmalige Leistungen	130
4. Wiederkehrende Leistungen	132
5. Reichweite des Freiwilligkeitsvorbehaltes	133
a) Totalvorbehalt	133
b) Freiwilligkeitsvorbehalt hinsichtlich des Anspruchsgrundes	135
c) Freiwilligkeitsvorbehalt der Höhe nach	137

Inhaltsverzeichnis

	6. Erklärung des Freiwilligkeitsvorbehaltes	138
	a) Leistungen mit kollektivem Bezug	139
	aa) Anwendungsfall betriebliche Übung	139
	bb) Kollektiver Charakter des Freiwilligkeitsvorbehaltes	140
	b) Konkreter oder pauschaler Freiwilligkeitsvorbehalt	141
	c) Individualabreden (§ 305b BGB)	141
	aa) Begriff und Abgrenzung	141
	bb) Freiwilligkeitsvorbehalte bei Individualabreden	142
	d) Sonstige individuelle Zusageformen	143
	e) Zeitpunkt und Form	144
	f) Qualifizierte Schriftformklausel anstelle des pauschalen Freiwilligkeitsvorbehalts?	145
	aa) Qualifizierte Schriftformklausel und betriebliche Übung	145
	bb) Qualifizierte Schriftformklausel und individuelle konkludente Zusagen	146
	cc) Auswirkung der Rechtsprechungsänderung zu pauschalen Freiwilligkeitsvorbehalten	146
II.	Befristung und Bedingung von Entgeltbestandteilen	146
	1. Abgrenzung zu Einmalleistungen	146
	2. Rechtliche Grenzen	147
	a) Prüfungsmaßstab	147
	b) Flexibilisierungsinteresse für die Befristung von Entgeltbestandteilen	149
	c) Transparenzkontrolle	152
III.	Änderungsvorbehalte	153
	1. Begriff und Abgrenzung	153
	2. Widerrufsvorbehalt	153
	a) Bedeutung	153
	b) Inhalts- und Transparenzkontrolle	154
	aa) Prüfungsmaßstab	154
	bb) Quantitative Grenzen	155
	cc) Qualitative Anforderungen	155
	c) Ausübungskontrolle	159
	3. Bezugnahme auf externe Regelungswerke	160
	a) Dynamische Bezugnahme auf Tarifverträge	160
	b) Dynamische Bezugnahme auf einseitige Regelungswerke des Arbeitgebers	160
	c) Dynamische Bezugnahme von Betriebsvereinbarungen	161
	4. Direktionsrecht	164
IV.	Zulagen und Zuschläge	166
	1. Funktionszulagen	166
	a) Anknüpfungspunkte	166
	b) Quantitative Grenzen	167
	c) Auflösende Bedingung/Befristung	168
	d) Auswirkung auf Direktionsrechte	168
	2. Leistungszulagen	169
	a) Anknüpfungspunkte	169
	b) Angemessenheits- und Transparenzkontrolle	170
	3. Erschwerniszulagen	170
	a) Anknüpfungspunkte	170
	b) Rechts-, Angemessenheits- und Transparenzkontrolle	171
	4. Sonstige Zulagen und Zuschläge	171

Inhaltsverzeichnis

5. Anrechnung übertariflicher Zulagen		171
a) Bedeutung		171
b) Angemessenheits- und Transparenzkontrolle		172

F. Bestands- und erfolgsabhängige Entgeltgestaltung im Individualarbeitsrecht

I. Betriebstreueleistungen 174
  1. Begriff 174
    a) Abgrenzung und Leistungszweck 174
    b) Bedeutung der formulierten Anspruchsvoraussetzungen 175
    c) Leistungen mit Mischcharakter 177
  2. Regelungsschranken 181
    a) Höhe des Anspruchs 181
    b) Variabilisierungsmöglichkeiten 182
    c) Grenzen von Bindungsklauseln 183
      aa) Rückzahlungsklauseln 183
      bb) Stichtagsklauseln 185
    d) Transparenzkontrolle 187

II. Erfolgsabhängige Leistungen 188
  1. Erscheinungsformen 189
    a) Tantiemen 189
    b) Bonus-, Prämien- und sonstige Sonderzahlungen 190
  2. Anknüpfungspunkte der Erfolgskomponente 191
  3. Rechtliche Grenzen 192
    a) Unerheblichkeit der Möglichkeit einer Einflussnahme 192
    b) Grenzen des Bezugszeitraums und Bindungswirkung 193
      aa) Zielsetzung und Bezugszeitraum 193
      bb) Arbeitnehmerbindung für den Bezugszeitraum und Stichtagsregelungen 194
    c) Rahmen- und ausfüllende Einzelregelungen 197
    d) Erreichbarkeit der Ziele 200
    e) Zielvereinbarungen 200
      aa) Grundsätze der freien Entgeltvereinbarung 200
      bb) Transparenzkontrolle 202
    f) Zielvorgaben 203
      aa) Billigkeitskontrolle bei einseitigem Leistungsbestimmungsrecht 203
      bb) Grenzen des Direktionsrechts bei tätigkeitsbezogenen Zielen 204
      cc) Bedeutung des Direktionsrechts bei wirtschaftlichen Zielen 204
      dd) Erreichbarkeit der Ziele 205
      ee) Gewichtung der Ziele 206
    g) Zeitpunkt der Festlegung der Ziele 207
    h) Anpassung bestehender Zielvereinbarungen oder -vorgaben im laufenden Bezugszeitraum 208
      aa) Interessenlage 208
      bb) Anpassungsansprüche 209
      cc) Anpassung von Zielvorgaben 210
      dd) Anpassung von Zielvereinbarungen 210
    i) Exkurs: Rechtsfolgen unterbliebener bzw. fehlerhafter Zielvereinbarung oder -vorgaben 213
      aa) Fehlen einer Zielvorgabe oder Zielvereinbarung 213
      bb) Fehlerhafte Zielvorgaben oder -vereinbarungen 219

j) Arbeitsunfähigkeit und sonstige Fehlzeiten 220
    aa) Gestaltungsmöglichkeiten 220
    bb) Fehlende Gestaltung 226
4. Besonderheiten bei einseitiger Leistungsbestimmung 227
    a) Vorbehalt einseitiger Leistungsbestimmung 227
    b) Abgrenzung zu Zielvorgaben 227
    c) Vertragskontrolle bei der Vereinbarung einseitiger
       Leistungsbestimmungsrechte 228
    d) Ausübungskontrolle 229
    e) Bedeutung von Bonuspools 231
    f) Prozessuale Besonderheiten 233

III. Wertungsmodelle des VorstAG 233
  1. Wertungsmodelle 234
  2. Übertragbarkeit auf Arbeitsverhältnisse 235

IV. Überblick: Besonderheiten für Banken und Versicherungen 236
  1. Institutsvergütungsverordnung 236
    a) Allgemeines 236
    b) Keine Anwendung auf tarifliche Leistungen 237
    c) Bedeutung der Geschäfts- und Risikostrategien 237
    d) Begriff des variablen Entgelts iSd InstitutsVergV 238
    e) Anreizfunktion und Fehlanreize 238
    f) Angemessenes Verhältnis von Entgeltkomponenten 239
    g) Bedeutende Institute 239
    h) Anpassung bestehender Vereinbarungen 240
  2. Versicherungsvergütungsverordnung 241

G. Anwesenheitsprämien und Retention Boni

I. Anwesenheitsprämien 244
  1. Grundlagen 244
    a) Definition 244
    b) Sozialpolitische Einordnung 244
    c) Gestaltungsmöglichkeiten 245
    d) Anspruchsgrundlagen 248
       aa) Kollektivvertragliche Anspruchsgrundlage 248
       bb) Individualvertragliche Anspruchsgrundlage 249
    e) Störfälle 250
  2. Rechtliche Grenzen der Gestaltung von Anwesenheitsprämien 251
    a) Gleiche Behandlung von Kürzungsvereinbarungen und
       anspruchsbegründender Gestaltung 251
    b) Anerkennung von Anwesenheitsprämien 252
    c) Kontrolle Allgemeiner Geschäftsbedingungen (AGB) (§§ 305 ff. BGB) 252
    d) Maßregelungsverbot nach § 612a BGB 253
    e) Kürzungsgrenze für Sondervergütungen bei Arbeitsunfähigkeit nach
       § 4a EFZG 254
       aa) Entwicklung der Rechtsprechung 254
       bb) Sondervergütungen vs. laufendes Arbeitsentgelt 255
       cc) Kürzung bei Arbeitsunfähigkeit außerhalb
          Entgeltfortzahlungsanspruch 260
       dd) Berechnung der Kürzung der Anwesenheitsprämie 260
    f) Kürzungsgrenzen bei sonstigen Störfällen 261
       aa) Geltung von Kürzungsgrenzen 261

bb) Elternzeit, Pflegezeit, Wehrdienst 262
cc) Mutterschutz 263
dd) Urlaub 263
ee) Freistellung 264
ff) Kurzarbeit 264
gg) Streikteilnahme 265
hh) Unentschuldigte Fehltage 265
g) Mindestlohn 266
3. Mitbestimmung des Betriebsrats 267
4. Steuer- und Sozialversicherungspflicht 267
II. Retention Bonus (Halteprämie) 267
1. Grundlagen 268
a) Begriffe 268
b) Anwendungsfälle 268
c) Zweck 269
2. Rechtliche Grenzen der Gestaltung eines Retention Bonus 270
a) Stichtagsregelungen und AGB-Kontrolle 270
aa) Zweck von Stichtagsklauseln bei Retention Boni 270
bb) Rechtsprechung des 10. Senats des BAG 270
cc) Retention Bonus zur Belohnung der Betriebstreue 272
dd) Rechtsfolge unwirksamer Stichtagsklauseln bei Retention Boni 275
b) Ausnahmen: Wirksame Stichtagsklauseln bei leistungsabhängigem Retention Bonus? 275
3. Mitbestimmungsrecht des Betriebsrats 278
4. Steuer- und Sozialversicherungspflicht 278

H. Die Entgeltregelungen des TVöD-VKA

I. Die Grundsätze der Eingruppierung (§ 12 TVöD) 280
1. Grundsatz der Tarifautomatik 281
2. Die „gesamte auszuübende Tätigkeit" 281
3. Die Bedeutung der Ausbildung 283
4. Das Eingruppierungsverfahren 283
5. Fallbeispiele 286
II. Die Eingruppierung in besonderen Fällen (§ 13 TVöD) 288
III. Vorübergehende Übertragung einer höherwertigen Tätigkeit (§ 14 TVöD) 288
IV. Das Tabellenentgelt gem. § 15 TVöD – Allgemeines 290
V. Die Entgeltgruppen und ihre Tätigkeitsmerkmale 291
1. Einführung und Überblick 291
2. Die grundsätzlichen Eingruppierungsregelungen (Vorbemerkungen) 292
a) Vorbemerkung Nr. 1: Vorrang spezieller Tätigkeitsmerkmale 292
b) Vorbemerkung Nr. 2: Tätigkeitsmerkmale mit Anforderungen in der Person 294
c) Vorbemerkung Nr. 3: Wissenschaftliche Hochschulbildung 295
d) Vorbemerkung Nr. 4: Hochschulbildung 296
e) Vorbemerkung Nr. 5: Anerkannte Ausbildungsberufe 296
f) Vorbemerkung Nr. 6: Übergangsregelungen zu in der DDR erworbenen Abschlüssen 297
g) Vorbemerkung Nr. 7: Ausbildungs- und Prüfungspflicht 297
h) Vorbemerkung Nr. 8: Geltungsausschluss für Lehrkräfte 297
i) Vorbemerkung Nr. 9: Unterstellungsverhältnisse 298

  j) Vorbemerkung Nr. 10: Ständige Vertreterin und Vertreter 298
 3. Teil A – Allgemeiner Teil 299
  a) Die Allgemeinen Tätigkeitsmerkmale 300
   aa) Entgeltgruppe 1: Einfachste Tätigkeiten 300
   bb) Entgeltgruppen 2 bis 9a für handwerkliche Tätigkeiten 301
   cc) Entgeltgruppen für Büro-, Buchhalterei-, sonstigen Innendienst und Außendienst 307
   dd) Entgeltgruppen 13 bis 15 321
  b) Die Speziellen Tätigkeitsmerkmale 327
   aa) Beschäftigte in der Informations- und Kommunikationstechnik 327
   bb) Ingenieurinnen und Ingenieure 328
 4. Teil B – Besonderer Teil: Ein Überblick 329

I. Mitarbeiterbeteiligung

I. Einführung 333
II. Direktbeteiligung 335
 1. Grundlagen der Direktbeteiligung 335
 2. Finanzierung der Direktbeteiligung 337
  a) Darlehensfinanzierung der Mitarbeiterbeteiligung durch das Unternehmen 338
  b) Darlehensfinanzierung der Mitarbeiterbeteiligung durch Dritte 339
  c) Beteiligungsgewährung unterhalb des Marktpreises 340
  d) Steuerliche Aspekte 340
   aa) Darlehensfinanzierung durch das Unternehmen, die Gesellschafter oder Dritte 340
   bb) Steuerliche Aspekte der Überlassung von Anteilen unterhalb des Marktpreises 341
 3. Aktiengesellschaft 343
  a) Börsennotierte Aktiengesellschaften 344
   aa) Kapitalerhöhung im Rahmen einer Hauptversammlung 344
   bb) Kapitalerhöhung aus genehmigtem Kapital 344
   cc) Stock Options und bedingtes Kapital 346
   dd) Wandelschuldverschreibungen 347
   ee) Verkauf von Aktien 348
   ff) Verfahren bei Beendigung des Arbeitsverhältnisses 349
   gg) Kapitalmarkt- und wertpapierrechtliche Restriktionen 350
  b) Nicht börsennotierte Aktiengesellschaften 351
   aa) Kapitalerhöhung im Rahmen einer Hauptversammlung 351
   bb) Kapitalerhöhung aus genehmigtem Kapital 351
   cc) Stock Options, Wandelschuldverschreibungen und bedingtes Kapital 351
   dd) Verkauf von Aktien 352
   ee) Verfahren bei Beendigung des Arbeitsverhältnisses 353
   ff) Kapitalmarkt- und wertpapierrechtliche Restriktionen 355
   gg) Konsortialvertrag bzw. Aktionärsvereinbarung 355
  c) Steuerliche Aspekte 356
   aa) Allgemeine Grundsätze 356
   bb) Kapitalerhöhung und Verkauf von Aktien 356
   cc) Gewährung der Anteile an den Mitarbeiter 357
   dd) Laufende Bezüge aus den Mitarbeiter-Aktien 358
   ee) Beendigung der Mitarbeiterbeteiligung 359
  d) Steuerliche Aspekte zu Aktienoptionen 360

Inhaltsverzeichnis

4. GmbH	361
a) Kapitalerhöhung	361
aa) Erhöhung des Stammkapitals nach § 55 GmbHG	361
bb) Genehmigtes Kapital nach § 55a GmbHG	363
b) Optionsvereinbarungen	364
c) Verkauf von Geschäftsanteilen	365
aa) Verkauf durch Altgesellschafter	365
bb) Ankauf eigener Anteile und Weiterveräußerung durch GmbH	365
d) Verfahren bei Beendigung des Arbeitsverhältnisses	366
aa) Gestaltung der Rückübertragungsverpflichtung	366
bb) Begrenzung der Abfindung bzw. des Kaufpreises	368
e) Steuerliche Aspekte	369
5. GmbH & Co. KG	370
a) Beteiligung an KG und/oder phG	370
b) Möglichkeiten der Anteilsgewährung	371
aa) Kapitalerhöhung	371
bb) Übertragung von Kommanditanteilen	372
cc) Optionsvereinbarungen	372
c) Verfahren bei Beendigung des Arbeitsverhältnisses	373
d) Steuerliche Aspekte	374
aa) Steuerrechtliche Besonderheiten der GmbH & Co. KG	374
bb) Allgemeine steuerliche Grundsätze zu Personengesellschaften	374
cc) Gewerbliche Personengesellschaft	375
dd) Aufnahme neuer Gesellschafter	376
ee) Ausscheiden aus der Personengesellschaft	377
ff) Vermögensverwaltende Personengesellschaft	378
6. Andere Personengesellschaften	379
III. Treuhandmodelle	380
1. Grundlagen für Treuhandmodelle	380
2. Unterschiede zwischen Gesellschaftsformen	380
3. Rechtliche Ausgestaltung des Treuhandvertrages	381
4. Verfahren bei Beendigung des Arbeitsverhältnisses	382
5. Steuerliche Aspekte	382
IV. Beteiligungsmodelle über Beteiligungsgesellschaften	385
1. Grundlagen von Beteiligungen über Beteiligungsgesellschaften	385
2. Wahl der Beteiligungsgesellschaft	387
a) Kapitalgesellschaft	387
aa) Rechtliche Aspekte	387
bb) Steuerliche Aspekte	388
b) Personengesellschaft	390
aa) Gesellschaft bürgerlichen Rechts und oHG	390
bb) Kommanditgesellschaft oder GmbH & Co. KG	391
cc) Steuerliche Aspekte	391
3. Gesellschaftsvertrag/Gesellschaftervereinbarung der Beteiligungsgesellschaft	392
4. Verfahren bei Beendigung des Arbeitsverhältnisses	393
V. Virtuelle Beteiligungen	394
1. Grundlagen von virtuellen Beteiligungen	394
2. Arten der virtuellen Beteiligung	395
a) Volle virtuelle Beteiligung	396
b) Exit-Erlös-Beteiligung	396
c) Verwässerung	397

Inhaltsverzeichnis

	d) Virtuelle Anteilsoptionen	397
	3. Rechtliche Ausgestaltung virtueller Beteiligungsmodelle	398
	4. Verfahren bei Beendigung des Arbeitsverhältnisses	399
	5. Steuerliche Aspekte	400
VI.	Fremdkapital- und Mezzanine-Gestaltungen	401
	1. Grundlagen von Fremdkapital- und Mezzanine-Gestaltungen	401
	2. Einfache Darlehen	401
	a) Rechtliche Ausgestaltung	401
	b) Steuerliche Aspekte	401
	3. Partiarische Darlehen	402
	a) Rechtliche Ausgestaltung	402
	b) Steuerliche Aspekte	402
	4. Stille Beteiligungen und Unterbeteiligungen	403
	a) Rechtliche Ausgestaltung der stillen Beteiligung	403
	b) Steuerliche Aspekte der stillen Beteiligung	404
	aa) Typisch stille Beteiligung	404
	bb) Atypisch stille Beteiligung	405
	c) Rechtliche Ausgestaltung der Unterbeteiligung	406
	d) Steuerliche Aspekte der Unterbeteiligung	406
	5. Genussrechte	407
	a) Rechtliche Ausgestaltung	407
	b) Steuerliche Aspekte	408

J. Umsetzung in der Praxis I: Gestaltungsmöglichkeiten bei den wichtigsten Formen variabler Entgeltsysteme

I.	Arbeitnehmerbindung durch Betriebstreueleistungen	411
	1. Funktion und Bedeutung als Personalführungsinstrument	411
	2. Rechtliche Gestaltung	413
	a) Arten von Betriebstreueleistungen	413
	b) Bindungszeiträume	413
	c) Vergangenheits- oder zukunftsbezogene Bindungszeiträume	414
	d) Quantitative Grenzen	416
	e) Ausschluss von Leistungen mit Mischcharakter	418
	f) Betriebstreueleistung und Beendigungstatbestände	419
	g) Behandlung von Ruhenszeiten oder sonstigen Zeiten ohne aktive Erbringung einer Arbeitsleistung	419
	h) Rückzahlungsklauseln	421
	3. Flexibilisierungsmöglichkeiten	422
	a) Einmalige Leistungen	422
	b) Widerrufsvorbehalte	423
	c) Flexibilisierung der Anspruchshöhe	423
II.	Tantiemen	426
	1. Funktion und Bedeutung als Personalführungsinstrument	426
	2. Rechtliche Gestaltung	427
	a) Bemessungsgrundlagen	427
	b) Bemessungsfaktoren	431
	c) Anknüpfung an die aktive Erbringung einer Arbeitsleistung und Berücksichtigung von Ruhenszeiten	431
	d) Ausschluss des Anspruchs bei unterjährigem Bestand des Arbeitsverhältnisses	431

Inhaltsverzeichnis

3. Flexibilisierungsmöglichkeiten	433
a) Einmalige Leistungen	433
b) Widerrufsvorbehalt	434
c) Variabilisierung der Tantiemebemessung	437
III. Zielvereinbarungssysteme	439
1. Begriff und Bedeutung als Personalführungsinstrument	439
2. Rechtliche Gestaltungen	442
a) Rahmen- und/oder Einzelvereinbarungen	442
aa) Undurchführbarkeit bei abschließender Dauerregelung	442
bb) Kombination aus abstrakter Rahmen- und ausfüllender Einzelregelung	443
b) Gegenstand der Zielkomponenten	447
c) Gewichtung der einzelnen Zielkomponenten	449
d) Bezugszeitraum	450
e) Bemessung der Ziele und Graduierung der Bewertung	452
f) Feststellung der Zielerreichung	454
g) Entscheidungszuständigkeit	455
h) Auskunftsanspruch des Arbeitnehmers	457

K. Betriebswirtschaftliche Anknüpfungspunkte

I. Ausprägungen variabler Vergütungsmodelle	459
1. Qualitative „Kennzahlen"	460
2. Quantitative „Kennzahlen"	461
a) Bezugnahme zum Rechenwerk	461
b) Besonderheiten bei Anwendung von HGB-bezogenen Kenngrößen	462
c) Besonderheiten bei Anwendung von IFRS-bezogenen Kenngrößen	462
d) Verwendung von Kennzahlen oder anderen Bezugsgrößen	463
3. Berücksichtigung verschiedener Bezugsgrößen	464
II. Grenzen variabler Kennzahlenmodelle	465
1. Retrospektiver Bezug	465
2. Möglichkeiten zukunftsbezogenen Erfolg zu „vergüten"	465
3. Eingeschränkte Rückforderungsmöglichkeit	465
III. Laufzeiten von variablen Vergütungsvereinbarungen	466
IV. Bilanzielle Abbildung variabler Vergütungen	466
V. Typische verwendete Kennzahlen	467
1. Möglichkeiten und Grenzen von Kennzahlensystemen	467
2. Unternehmenserfolgbezogene Kennzahlen	468
a) Umsatzrentabilität oder Umsatzrendite	468
b) Eigenkapitalrentabilität	469
c) Gesamtkapitalrentabilität	470
d) Abwandlungen	470
3. Kennzahlen für besondere Unternehmensbereiche	470
a) Beschaffungsbereich/Einkauf	470
b) Verwaltungskosten	471
c) Vertriebskosten	472
d) Entwicklungskosten bzw. Bereiche mit hohem Innovationsanteil	472
4. Mischkennzahlen	472
a) Return on Investment (ROI)	472
b) Return on capital employed (ROCE)	473
c) Economic Value Added (EVA)	474

Inhaltsverzeichnis

    5. Besondere Kennziffern 474
       a) Start up Unternehmen 474
       b) Unternehmen in Krisensituationen 475
       c) Ergebnis je Aktie/Anteil 475
       d) Verschuldungsgrad 475

L. Vor- und Nachteile der Personalführung durch variable Entgeltsysteme

  I. Einmalige Leistungen oder dauerhafte Leistungssysteme 477
    1. Ausschluss zukünftiger Rechtsansprüche durch Freiwilligkeitsvorbehalte 477
    2. Begrenzung des Leistungszeitraums durch Befristungen 479
    3. Dauerhafte Leistungssysteme 479
  II. Bestandsabhängige Entgeltsysteme 479
  III. Erfolgsabhängige Entgeltsysteme 481
    1. Steigerung der Motivation 481
    2. Notwendigkeit einer Zielidentifikation 482
    3. Anreize und Fehlanreize 484
    4. Leistungsgerechtigkeit des Entgelts und Personalkostenflexibilisierung 484

M. Umsetzung des Konzepts in der Praxis II: Die Umstellung bestehender Entgeltsysteme

  I. Entscheidungsprozess 487
    1. Vorfragen des Entscheidungsprozesses 487
      a) Auswahl als Personalführungsinstrument 487
      b) Zusätzliche wirtschaftliche Mittel vs. Ablösungsinstrumente 487
      c) Entgeltsystem für Neueinstellungen 489
    2. Folgefragen des Entscheidungsprozesses 489
      a) Erste Stufe: Abstrakt-generelle Fragen 489
        aa) Anzusprechende Gruppe von Arbeitnehmern 489
        bb) Betriebswirtschaftliche Bewertung des Steuerungseffektes 489
        cc) Instrumente zur Motivationssicherung 490
      b) Zweite Stufe: Individuelle Einzelfragen 490
      c) Dritte Stufe: Zeitliche Komponenten 491
  II. Gleichbehandlungspflichten bei der Einführung neuer Entgeltsysteme 492
    1. Gleichbehandlung in der Reihe 492
    2. Gleichbehandlung in der Zeit 492

N. Die betriebsverfassungsrechtliche Bedeutung

  I. Mitbestimmungsrechte des Betriebsrates 496
    1. Überblick 496
    2. Mitbestimmung bei Fragen der betrieblichen Entgeltgestaltung 497
      a) Inhalt des Mitbestimmungsrechts 497
        aa) Kollektiver Tatbestand 498
        bb) Entgeltbegriff 498
        cc) Mitbestimmungsfreier Dotierungsrahmen 499
        dd) Tarifvorbehalt 501
        ee) Betriebsverfassungsrechtlich freiwillige Gesamtvergütung 501
      b) Entgeltgrundsätze 502
        aa) Allgemeines 502
        bb) Entgeltgruppen und Eingruppierungsmerkmale 503

Inhaltsverzeichnis

cc) Ecklohn	504
dd) Nebeneinander mehrerer Entgeltsysteme	505
c) Einmalzahlungen	505
d) Mitbestimmung bei bestimmten Leistungsentgelten	506
aa) Leistungsentgelte iSd § 87 Abs. 1 Nr. 11 BetrVG	507
bb) Mitbestimmung bei Leistungsentgelten	507
e) Mitbestimmung bei Einführung und Änderung gem. § 87 Abs. 1 Nr. 10 BetrVG	508
aa) Mitbestimmung bei der Einführung	508
bb) Mitbestimmung bei der Änderung	510
f) Rechtsfolgen fehlender Beteiligung des Betriebsrates	515
aa) Begrenzung der arbeitsvertraglichen Gestaltungsfreiheit	515
bb) Theorie der Wirksamkeitsvoraussetzung	516
3. Zuständigkeit der Einigungsstelle	517
4. Flankierende Mitbestimmungsrechte	518
a) Verhalten der Arbeitnehmer im Betrieb	518
b) Technische Überwachungseinrichtungen	520
c) Beurteilungsgrundsätze	522
d) Berufsbildung	523
aa) Berufsbildung	523
bb) Mitbestimmung bei der betrieblichen Berufsbildung	524
cc) Mitbestimmung bei der außerbetrieblichen Berufsbildung	525
e) Weitere denkbare Anknüpfungspunkte einer Mitbestimmung	525
II. Ausübung der Mitbestimmung	526
1. Regelungsabrede	526
2. Betriebsvereinbarungen	528
a) Unmittelbare und zwingende Geltung	528
b) Zustandekommen	529
c) Rechtliche Grenzen	530
aa) Regelungssperre des § 77 Abs. 3 BetrVG	530
bb) Regelungsschranke des § 75 BetrVG	533
cc) Auslegung, Transparenz	534
d) Günstigkeitsvergleich	534
e) Beendigung der Betriebsvereinbarung	535
aa) Befristung	535
bb) Aufhebung	536
cc) Kündigung	536
dd) Nachwirkung	537
3. Zuständigkeitsverteilung zwischen Betriebs-, Gesamtbetriebs- sowie Konzernbetriebsrat	539

O. Entgelttransparenz und Verbot von Entgeltbenachteiligung wegen des Geschlechts

I. Einführung	541
II. Verbot von Entgeltbenachteiligung wegen des Geschlechts	542
1. Weiter Entgeltbegriff	542
a) Barleistungen	543
b) Sachleistungen	543
c) Mittelbare Vergütungen	543
2. Unmittelbare Entgeltbenachteiligung	544
3. Mittelbare Entgeltbenachteiligung	544

	4. Gleiche und gleichwertige Arbeit	546
	5. Kriterien für eine Rechtfertigung unterschiedlicher Bezahlung	548
	6. Positivmaßnahmen (§ 5 AGG)	549
III.	Pflicht zur Schaffung von benachteiligungsfreien Entgeltsystemen	549
	1. Begriff des Entgeltsystems	549
	2. Kriterien zur Vermeidung von Entgeltbenachteiligung	550
	3. Privilegierte Entgeltsysteme	551
IV.	Maßnahmen nach dem Gesetz zur Förderung der Transparenz von Entgeltstrukturen	551
	1. Individueller Auskunftsanspruch und Beteiligungsrechte des Betriebsrats	552
	2. Betriebliches Prüfverfahren	553
	a) Einführung	553
	b) Anwendungsbereich des freiwilligen betrieblichen Prüfverfahrens	554
	c) Inhalte des betrieblichen Prüfverfahrens	554
	d) Beteiligung des Betriebsrats	556
	e) Mitteilung der Ergebnisse des betrieblichen Prüfverfahrens	557
	3. Berichtspflichten	557

P. Muster

I.	Entgeltgruppensystem	559
II.	Überstunden	561
III.	Einmalige Leistungen	561
IV.	Widerrufsvorbehalt	562
V.	Befristete Leistungen, auflösende Bedingung	562
VI.	Betriebsvereinbarungsoffene Vertragsgestaltung	563
VII.	Betriebstreueleistungen	563
VIII.	Tantiemevereinbarung	564
IX.	Rahmenvereinbarung zu einem Zielvereinbarungssystem	565
X.	Betriebsvereinbarung zu einem Zielvereinbarungssystem	568
XI.	Zielvereinbarung für einen Jahreszeitraum	571

Stichwortverzeichnis 573

Abkürzungsverzeichnis

aA	anderer Ansicht
Abb.	Abbildung
abl.	ablehnend
Abs.	Absatz
AEntG	Gesetz über zwingende Arbeitsbedingungen für grenzüberschreitend entsandte und für regelmäßig im Inland beschäftigte Arbeitnehmer und Arbeitnehmerinnen (Arbeitnehmer-Entsendegesetz)
AEUV	Vertrag über die Arbeitsweise der Europäischen Union
aF	alte Fassung
AG	Aktiengesellschaft
AG	Die Aktiengesellschaft, Zeitschrift
AGB	Allgemeine Geschäftsbedingungen
AGG	Allgemeines Gleichbehandlungsgesetz
aK	außer Kraft
AktG	Aktiengesetz
amtl.	amtlich
Anm.	Anmerkung
AO	Abgabenordnung
AP	Arbeitsrechtliche Praxis, Nachschlagewerk des Bundesarbeitsgerichts
ArbGG	Arbeitsgerichtsgesetz
ArbPlSchG	Gesetz über den Schutz des Arbeitsplatzes bei Einberufung zum Wehrdienst (Arbeitsplatzschutzgesetz)
ArbR Aktuell	Arbeitsrecht Aktuell, Zeitschrift
ArbRB	Arbeits-Rechts-Berater, Zeitschrift
ArbZG	Arbeitszeitgesetz
Art.	Artikel
AT	Allgemeiner Teil; außertariflich
AuA	Arbeit und Arbeitsrecht, Zeitschrift
AÜG	Gesetz zur Regelung der Arbeitnehmerüberlassung (Arbeitnehmerüberlassungsgesetz)
AuR	Arbeit und Recht, Zeitschrift
ausf.	ausführlich
Az.	Aktenzeichen
BaFin	Bundesanstalt für Finanzdienstleistungsaufsicht
BAG	Bundesarbeitsgericht
BAnz.	Bundesanzeiger
BAT	Bundes-Angestelltentarifvertrag
BAT-O	Bundes-Angestelltentarifvertrag Ost
BAT-VKA	Bundes-Angestelltentarifvertrag im Bereich der Vereinigung der kommunalen Arbeitgeberverbände
BB	Betriebs-Berater, Zeitschrift
Bbg	Brandenburg
BbgVergG	Brandenburgisches Gesetz über Mindestanforderungen für die Vergabe von öffentlichen Aufträgen (Brandenburgisches Vergabegesetz)
BBiG	Berufsbildungsgesetz
BC	Zeitschrift für Bilanzierung, Rechnungswesen und Controlling
BeckRS	Beck-Rechtsprechung

Abkürzungsverzeichnis

BeckVerw	Verwaltungsanweisungen-Datenbank beck-online
Begr.	Begründung
Beil.	Beilage
BetrAVG	Gesetz zur Verbesserung der betrieblichen Altersversorgung (Betriebsrentengesetz)
BetrVG	Betriebsverfassungsgesetz
BFH	Bundesfinanzhof
BFHE	Entscheidungen des Bundesfinanzhofs
BFH/NV	Sammlung der Entscheidungen des Bundesfinanzhofs
BGB	Bürgerliches Gesetzbuch
BGBl.	Bundesgesetzblatt
BGH	Bundesgerichtshof
BilMoG	Gesetz zur Modernisierung des Bilanzrechts (Bilanzrechtsmodernisierungsgesetz)
BilRUG	Gesetz zur Umsetzung der Richtlinie 2013/34/EU des Europäischen Parlaments und des Rates vom 26. Juni 2013 über den Jahresabschluss, den konsolidierten Abschluss und damit verbundene Berichte von Unternehmen bestimmter Rechtsformen und zur Änderung der Richtlinie 2006/43/EG des Europäischen Parlaments und des Rates und zur Aufhebung der Richtlinien 78/660/EWG und 83/349/EWG des Rates (Bilanzrichtlinie-Umsetzungsgesetz)
Bln	Berlin
BMT-G II	Bundesmanteltarifvertrag für Arbeiter gemeindlicher Verwaltungen und Betriebe
BSC	Balanced Score Card
Bsp.	Beispiel
bspw.	beispielsweise
BStBl.	Bundessteuerblatt
BT-Drs.	Bundestags-Drucksache
Buchst.	Buchstabe
BUrlG	Mindesturlaubsgesetz für Arbeitnehmer (Bundesurlaubsgesetz)
BVerfG	Bundesverfassungsgericht
BW	Baden-Württemberg
bzgl.	bezüglich
bzw.	beziehungsweise
CFROI	Cash Flow ROI [Return of Investment]
DB	Der Betrieb, Zeitschrift
dh	das heißt
DStR	Deutsches Steuerrecht, Zeitschrift
DStRE	Deutsches Steuerrecht Entscheidungsdienst
EBIT	Earnings Before Interest and Taxes
EBITDA	Earnings before interests, taxes, depreciation and amortisation
EFZG	Gesetz über die Zahlung des Arbeitsentgelts an Feiertagen und im Krankheitsfall (Entgeltfortzahlungsgesetz)
EGV	Vertrag zur Gründung der Europäischen Gemeinschaft
EWGV	Vertrag zur Gründung der Europäischen Wirtschaftsgemeinschaft
EntgO	Entgeltordnung
EntgTranspG	Gesetz zur Förderung der Entgelttransparenz zwischen Frauen und Männern (Entgelttransparenzgesetz)

Abkürzungsverzeichnis

EStG	Einkommensteuergesetz
etc.	et cetera
EU	Europäische Union
EuGH	Europäischer Gerichtshof
EUR	Euro
EVA	Economic Value Added
FA	Fachanwalt Arbeitsrecht, Zeitschrift
ff.	fortfolgende
FM	Finanzministerium
GbR	Gesellschaft bürgerlichen Rechts
gem.	gemäß
GewO	Gewerbeordnung
GewSt	Gewerbesteuer
GewStG	Gewerbesteuergesetz
GG	Grundgesetz
ggf.	gegebenenfalls
GmbH	Gesellschaft mit beschränkter Haftung
GmbHR	GmbH-Rundschau, Zeitschrift
GmbH-StB	Der GmbH-Steuerberater, Zeitschrift
GNotKG	Gesetz über Kosten der freiwilligen Gerichtsbarkeit für Gerichte und Notare (Gerichts- und Notarkostengesetz)
grds.	grundsätzlich
GuV	Gewinn- und Verlustrechnung
GwG	Gesetz über das Aufspüren von Gewinnen aus schweren Straftaten (Geldwäschegesetz)
GWR	Gesellschafts- und Wirtschaftsrecht, Zeitschrift
HAG	Heimarbeitsgesetz
HandwO	Gesetz zur Ordnung des Handwerks (Handwerksordnung)
HessLAG	Hessisches Landesarbeitsgericht
HGB	Handelsgesetzbuch
hM	herrschende Meinung
Hmb	Hamburg
HOAI	Verordnung über die Honorare für Architekten- und Ingenieurleistungen (Honorarordnung für Architekten und Ingenieure)
HR	Human Resources
HRG	Hochschulrahmengesetz
Hrsg.	Herausgeber
Hs.	Halbsatz
idF	in der Fassung
idR	in der Regel
iE	im Einzelnen
iErg	im Ergebnis
IFRS	International Financial Reporting Standards
iHv	in Höhe von
insb.	insbesondere
InstitutsVergV	Verordnung über die aufsichtsrechtlichen Anforderungen an Vergütungssysteme von Instituten (Institutsvergütungsverordnung)
iRd	im Rahmen der/des
iSd	im Sinne der/des

Abkürzungsverzeichnis

iSv	im Sinne von
iVm	in Verbindung mit
JArbSchG	Gesetz zum Schutze der arbeitenden Jugend (Jugendarbeitsschutzgesetz)
JuS	Juristische Schulung, Zeitschrift
Kap.	Kapitel
KapErhStG	Gesetz über steuerrechtliche Maßnahmen bei Erhöhung des Nennkapitals aus Gesellschaftsmitteln
KAV	Kommunaler Arbeitgeberverband
KG	Kommanditgesellschaft
KPI	key performance indicator
krit.	kritisch
KSchG	Kündigungsschutzgesetz
KSt	Körperschaftsteuer
KStG	Körperschaftsteuergesetz
KWG	Gesetz über das Kreditwesen (Kreditwesengesetz)
LAG	Landesarbeitsgericht
LSG	Landessozialgericht
LTTG	Landesgesetz zur Gewährleistung von Tariftreue und Mindestentgelt bei öffentlichen Auftragsvergaben (Landestariftreuegesetz) [Rheinland-Pfalz]
M&A	Mergers & Acquisitions
mAnm	mit Anmerkung
MAR	Verordnung (EU) Nr. 596/2014 des Europäischen Parlaments und des Rates vom 16. April 2014 über Marktmissbrauch (Marktmissbrauchsverordnung) und zur Aufhebung der Richtlinie 2003/6/EG des Europäischen Parlaments und des Rates und der Richtlinien 2003/124/EG, 2003/125/EG und 2004/72/EG der Kommission
MbO	Management by Objectives
MiArbG	Gesetz über die Festsetzung von Mindestarbeitsbedingungen (Mindestarbeitsbedingungengesetz) (aK)
MiLoDokV	Verordnung zu den Dokumentationspflichten nach den §§ 16 und 17 des Mindestlohngesetzes und den §§ 18 und 19 des Arbeitnehmer-Entsendegesetzes in Bezug auf bestimmte Arbeitnehmergruppen (Mindestlohndokumentationspflichtenverordnung)
MiLoG	Gesetz zur Regelung eines allgemeinen Mindestlohns (Mindestlohngesetz)
Mio.	Million(en)
Mrd.	Milliarde(n)
MuSchG	Gesetz zum Schutz von Müttern bei der Arbeit, in der Ausbildung und im Studium (Mutterschutzgesetz)
MV	Mecklenburg-Vorpommern
mV	mit Verweis
mwN	mit weiteren Nachweisen
NachwG	Gesetz über den Nachweis der für ein Arbeitsverhältnis geltenden wesentlichen Bedingungen (Nachweisgesetz)

Abkürzungsverzeichnis

Nds	Niedersachsen
nF	neue Fassung
NJW	Neue Juristische Wochenschrift
NJW-RR	NJW Rechtsprechungs-Report
NOA	Net Operating Assets
NOPAT	Net Operating Profit After Taxes
NordÖR	Zeitschrift für Öffentliches Recht in Norddeutschland
Nr.	Nummer
NRW	Nordrhein-Westfalen
nv	nicht veröffentlicht
NZA	Neue Zeitschrift für Arbeitsrecht
NZA-RR	NZA-Rechtsprechungs-Report
NZG	Neue Zeitschrift für Gesellschaftsrecht
NZI	Neue Zeitschrift für Insolvenz- und Sanierungsrecht
oÄ	oder Ähnliches
OFD	Oberfinanzdirektion
oHG	offene Handelsgesellschaft
ÖTV	Gewerkschaft Öffentliche Dienste, Transport und Verkehr
PflegeArbbV	Dritte Verordnung über zwingende Arbeitsbedingungen für die Pflegebranche (Dritte Pflegearbeitsbedingungenverordnung – 3. PflegeArbbV)
PflegeZG	Gesetz über die Pflegezeit (Pflegezeitgesetz)
phG	persönlich haftender Gesellschafter
POG	Polizeiorganisationsgesetz
RdA	Recht der Arbeit, Zeitschrift
RegE	Regierungsentwurf
RhPf	Rheinland-Pfalz
RL	Richtlinie
Rn.	Randnummer
ROCE	Return on capital employed
ROI	Return on Investment
Rspr.	Rechtsprechung
RVG	Gesetz über die Vergütung der Rechtsanwältinnen und Rechtsanwälte (Rechtsanwaltsvergütungsgesetz)
S.	Satz, Seite
SächsLAG	Sächsisches Landesarbeitsgericht
SGB	Sozialgesetzbuch
SGG	Sozialgerichtsgesetz
sog.	sogenannt(e)
st.	ständig
StB	Der Steuerberater, Zeitschrift
StGB	Strafgesetzbuch
stRspr	ständige Rechtsprechung
StuB	Steuern und Bilanzen, Zeitschrift
StVO	Straßenverkehrs-Ordnung
StVZO	Straßenverkehrs-Zulassungs-Ordnung
SvEV	Verordnung über die sozialversicherungsrechtliche Beurteilung von Zuwendungen des Arbeitgebers als Arbeitsentgelt (Sozialversicherungsentgeltverordnung)

Abkürzungsverzeichnis

TTG	Gesetz über die Sicherung von Tariftreue und Sozialstandards sowie fairen Wettbewerb bei der Vergabe öffentlicher Aufträge (Tariftreue- und Vergabegesetz Schleswig-Holstein)
TVG	Tarifvertragsgesetz
TV-L	Tarifvertrag für den öffentlichen Dienst der Länder
TVöD	Tarifvertrag für den öffentlichen Dienst
TVöD BT-V	Tarifvertrag für den öffentlichen Dienst – Besonderer Teil Verwaltung
TVöD-VKA	Tarifvertrag für den Öffentlichen Dienst im Bereich der Vereinigung der kommunalen Arbeitgeberverbände
TVÜ-VKA	Tarifvertrag zur Überleitung der Beschäftigten der kommunalen Arbeitgeber in den TVöD und zur Regelung des Übergangsrechts
Tz.	Textziffer
TzBfG	Gesetz über Teilzeitarbeit und befristete Arbeitsverträge (Teilzeit- und Befristungsgesetz)
ua	unter anderem
uÄ	und Ähnliches
UG	Unternehmergesellschaft
UmwStG	Umwandlungssteuergesetz
US-GAAP	United States Generally Accepted Accounting Principles
uU	unter Umständen
uvm	und vieles mehr
VAG	Gesetz über die Beaufsichtigung der Versicherungsunternehmen (Versicherungsaufsichtsgesetz)
Var.	Variante
VersVergV	Verordnung über die aufsichtsrechtlichen Anforderungen an Vergütungssysteme im Versicherungsbereich (Versicherungs-Vergütungsverordnung)
vgl.	vergleiche
VorstAG	Gesetz zur Angemessenheit der Vorstandsvergütung
WACC	Weighted Average Cost of Capital
WM	Wertpapier-Mitteilungen, Zeitschrift
wN	weitere Nachweise
WPg	Die Wirtschaftsprüfung, Zeitschrift
WpPG	Gesetz über die Erstellung, Billigung und Veröffentlichung des Prospekts, der beim öffentlichen Angebot von Wertpapieren oder bei der Zulassung von Wertpapieren zum Handel an einem organisierten Markt zu veröffentlichen ist (Wertpapierprospektgesetz)
zB	zum Beispiel
ZGR	Zeitschrift für Unternehmens- und Gesellschaftsrecht
ZPO	Zivilprozessordnung
ZRP	Zeitschrift für Rechtspolitik
zT	zum Teil
ZTR	Zeitschrift für Tarifrecht
zust.	zustimmend
zzgl.	zuzüglich

Literaturverzeichnis

AFH/*Bearbeiter*	*Annuß/Früh/Hasse* (Hrsg.), Institutsvergütungsverordnung, Versicherungsvergütungsverordnung, 2016
AnwK-ArbR/*Bearbeiter*	*Hümmerich/Boecken/Düwell,* AnwaltKommentar Arbeitsrecht, 2. Aufl. 2010 (siehe jetzt: NK-GA/*Bearbeiter*)
Baeck/Deutsch	Arbeitszeitgesetz, 3. Aufl. 2014
Baumbauch/Hueck/*Bearbeiter*	*Baumbach/Hueck* (Hrsg.), GmbHG, 21. Aufl. 2017
BeckFormB GmbHR/*Bearbeiter*	*Lorz/Pfisterer/Gerber* (Hrsg.), Beck'sches Formularbuch GmbH-Recht, 2. Aufl. 2018
BeckOGK/*Bearbeiter*	*Gsell/Krüger/Lorenz/Mayer* (Hrsg.), beck-online.GROSSKOMMENTAR, Zivilrecht
BeckOK AO/*Bearbeiter*	*Pfirrmann/Rosenke/Wagner* (Hrsg.), Beck'scher Online-Kommentar Abgabenordnung
BeckOK ArbR/*Bearbeiter*	*Rolfs/Giesen/Kreikebohm/Udsching* (Hrsg.), Beck'scher Online-Kommentar Arbeitsrecht
BeckOK GmbHG/*Bearbeiter*	*Ziemons/Jaeger* (Hrsg.), Beck'scher Online-Kommentar GmbHG
Birkner/*Bearbeiter*	*Birkner* (Hrsg.), Mitarbeiterbeteiligung in Aktiengesellschaften: Management von Belegschaftsaktienplänen in Konzernen und im Mittelstand, 2014
Blümich/*Bearbeiter*	*Heuermann/Brandis* (Hrsg.), EStG, KStG, GewStG, Loseblatt, 142. Aufl. 2018
DKKW/*Bearbeiter*	*Däubler/Kittner/Klebe/Wedde* (Hrsg.), Kommentar zum Betriebsverfassungsgesetz, 15. Aufl. 2016
Engel	Vermögensverwaltende Personengesellschaften im Ertragsteuerrecht, 2. Aufl. 2015
ErfK/*Bearbeiter*	*Müller-Glöge/Preis/Schmidt* (Hrsg.), Erfurter Kommentar zum Arbeitsrecht, 18. Aufl. 2018
Erttmann	Die Beteiligung von Mitarbeitern am Stammkapital einer GmbH. Unter besonderer Beachtung von Start-Up-Unternehmen der Technologiebranche, 2005
Fitting	Betriebsverfassungsgesetz, 29. Aufl. 2018
Frotscher/Geurts/*Bearbeiter*	*Frotscher/Geurts* (Hrsg.), Kommentar zum Einkommensteuergesetz, Loseblatt, Stand 2/2018
Gamisch/Mohr	Eingruppierung TVöD-VKA in der Praxis, 2017
GK-BetrVG/*Bearbeiter*	*Wiese/Kreutz/Oetker/Raab/Weber/Franzen,* Gemeinschaftskommentar zum Betriebsverfassungsgesetz, 10. Aufl. 2014
Glanegger/Güroff/*Bearbeiter*	*Glanegger/Güroff* (Hrsg.), Gewerbesteuergesetz, 9. Aufl. 2017
Gola	Entgeltfortzahlungsgesetz. Handkommentar für die Personalpraxis in Wirtschaft und Verwaltung, 2. Aufl. 1998
Haase/Dorn PersGes/*Bearbeiter*	*Haase/Dorn* (Hrsg.), Vermögensverwaltende Personengesellschaften. Zivilrecht – Steuerrecht, National – International, 3. Aufl. 2018

Literaturverzeichnis

Henssler/Strohn/ *Bearbeiter*	*Henssler/Strohn* (Hrsg.), Gesellschaftsrecht, 3. Aufl. 2016
Heuermann/Wagner LSt/ *Bearbeiter*	*Heuermann/Wagner* (Hrsg.), Lohnsteuer, 54. Aufl. 2015
HHR/*Bearbeiter*	*Herrmann/Heuer/Raupach* (Hrsg.), Einkommensteuer- und Körperschaftsteuergesetz, Loseblatt
HK-BetrVG/*Bearbeiter*	*Düwell* (Hrsg,), Betriebsverfassungsgesetz, 5. Aufl. 2018
HK-EFZR/*Bearbeiter*	*Feichtinger/Malkmus* (Hrsg.), Entgeltfortzahlungsrecht, 2. Aufl. 2010
HK-MiLoG/*Bearbeiter*	*Düwell/Schubert* (Hrsg.), Mindestlohngesetz, 2. Aufl. 2017
Hock	Die neue Entgeltordnung nach TVöD-VKA, 2017
Holzner/Mantke/ Stenzel	Handbuch Managementbeteiligungen. Rechtliche und steuerliche Gestaltungen sowie regulatorische Rahmenbedingungen, 2017
HSWGNR/*Bearbeiter*	*Hess/Schlochauer/Worzalla/Glock/Nicolai/Rose*, Kommentar zum BetrVG, 8. Aufl. 2011
Hüffer/*Koch*	Aktiengesetz, 13. Aufl. 2018
Hümmerich/Reufels Gestaltung ArbV/ *Bearbeiter*	*Hümmerich/Reufels* (Hrsg.), Gestaltung von Arbeitsverträgen, 3. Aufl. 2015
HWK/*Bearbeiter*	*Henssler/Willemsen/Kalb* (Hrsg.), Arbeitsrecht Kommentar, 8. Aufl. 2018
Jacobs/Scheffler/Spengel	Unternehmensbesteuerung und Rechtsform, 5. Aufl. 2015
KassKomm/*Bearbeiter*	*Körner/Leitherer/Mutschler* (Hrsg.), Kasseler Kommentar Sozialversicherungsrecht, 97. EL 2017
Klein/*Bearbeiter*	*Klein* (Hrsg.), Abgabenordnung, 13. Aufl. 2016
Koenig	Abgabenordnung, 3. Aufl. 2014
Kuner/Bergauer	Die neue Entgeltordnung TVöD-VKA, 2017
Küttner/*Bearbeiter*	*Röller* (Hrsg.), Personalbuch 2018, 25. Aufl. 2018
Lakies	Mindestlohngesetz, 3. Aufl. 2017
Leuner/*Bearbeiter*	*Leuner* (Hrsg.), Mitarbeiterbeteiligung, 2009
Löwisch/Kaiser	Betriebsverfassungsgesetz, 7. Aufl. 2017
Lutter/Hommelhoff/ *Bearbeiter*	*Lutter/Hommelhoff* (Hrsg.), GmbH-Gesetz, 19. Aufl. 2016
MAH ArbR/*Bearbeiter*	*Moll* (Hrsg.), Münchener Anwaltshandbuch Arbeitsrecht, 4. Aufl. 2017
Maschmann/*Bearbeiter*	*Maschmann* (Hrsg.), Total Compensation. Handbuch der Entgeltgestaltung, 2017
MaSiG/*Bearbeiter*	*Maschmann/Sieg/Göpfert* (Hrsg.), Vertragsgestaltung im Arbeitsrecht, 2. Aufl. 2016
Mengel	Erfolgs- und leistungsorientierte Vergütung, 5. Aufl. 2008
Meyer-Landrut/ *Bearbeiter*	*Meyer-Landrut* (Hrsg.), Formular-Kommentar GmbH-Recht, 3. Aufl. 2016
MHLS/*Bearbeiter*	*Michalski/Heidinger/Leible/J. Schmidt* (Hrsg.), GmbH-Gesetz, 3. Aufl. 2017
MüKoAktG/*Bearbeiter*	Münchener Kommentar zum AktG, 4. Aufl. 2014 ff.
MüKoBGB/*Bearbeiter*	Münchener Kommentar zum BGB, 7. Aufl. 2015 ff.
MüKoBilanzR/ *Bearbeiter*	Münchener Kommentar zum Bilanzrecht, 2013 ff.

Literaturverzeichnis

MüKoGmbHG/ *Bearbeiter*	Münchener Kommentar zum GmbHG, 2. Aufl. 2016, 3. Aufl. 2018
NK-GA/*Bearbeiter*	*Boecken/Düwell/Diller/Hanau* (Hrsg.), NomosKommentar Gesamtes Arbeitsrecht, 2016
Oberthür/Seitz Betriebsvereinbarungen/ *Bearbeiter*	*Oberthür/Seitz* (Hrsg.), Betriebsvereinbarungen, 2. Aufl. 2016
Pletke/Schrader/Siebert/ Thoms/Klagges	Rechtshandbuch Flexible Arbeit, 2017
Preis/*Bearbeiter*	*Preis* (Hrsg.), Der Arbeitsvertrag, 5. Aufl. 2015
Reichert GmbH & Co. KG/*Bearbeiter*	*Reichert* (Hrsg.), GmbH & Co. KG, 7. Aufl. 2015
Richardi BetrVG/ *Bearbeiter*	*Richardi* (Hrsg.), Betriebsverfassungsgesetz, 16. Aufl. 2018
Riechert/Nimmerjahn	Mindestlohngesetz: MiLoG, 2. Aufl. 2017
Roth/Altmeppen/ *Bearbeiter*	*Roth/Altmeppen* (Hrsg.), Gesetz betreffend die Gesellschaften mit beschränkter Haftung: GmbHG, 8. Aufl. 2015
Schaub ArbR-HdB/ *Bearbeiter*	*Schaub/Ahrendt/Koch/Linck/Treber/Vogelsang,* Arbeitsrechts-Handbuch, 17. Aufl. 2017
Schmidt/*Bearbeiter*	*Weber-Grellet* (Hrsg.), Einkommensteuergesetz, 37. Aufl. 2018
Schmitt	Entgeltfortzahlungsgesetz, 8. Aufl. 2018
Scholz/*Bearbeiter*	*Scholz* (Hrsg.), GmbHG, 12. Aufl. 2018
Schönfeld/Plenker	Lexikon für das Lohnbüro 2018, 60. Aufl. 2018
Staudinger/*Bearbeiter*	Kommentar zum Bürgerlichen Gesetzbuch, Buch 2: Recht der Schuldverhältnisse: Vorbem. zu §§ 611 ff.; §§ 611–613, Neubearbeitung 2015
SWK-ArbR/*Bearbeiter*	*Grobys/Panzer-Heemeier* (Hrsg.), StichwortKommentar Arbeitsrecht, 3. Aufl. 2017
Thüsing MiLoG/ *Bearbeiter*	*Thüsing* (Hrsg.), MiLoG und AEntG, 2. Aufl. 2016
Treber	Kommentar zum Entgeltfortzahlungsgesetz und zu den wesentlichen Nebengesetzen, 2. Aufl. 2007
Tschöpe/*Bearbeiter*	*Tschöpe* (Hrsg.), Arbeitsrecht. Handbuch, 10. Aufl. 2017
Ulmer/Habersack/Löbbe/ *Bearbeiter*	*Ulmer/Habersack/Löbbe* (Hrsg.), GmbHG, 2. Aufl. 2013
Watzka	Zielvereinbarungen in Unternehmen, 2011
Weber	Zielvereinbarungen und Zielvorgaben im Individualarbeitsrecht, 2009
Weitnauer Venture Capital-HdB/*Bearbeiter*	*Weitnauer* (Hrsg.), Handbuch Venture Capital, 5. Aufl. 2016
WHSS Umstrukturierung/*Bearbeiter*	*Willemsen/Hohenstatt/Schweibert/Seibt,* Umstrukturierung und Übertragung von Unternehmen, 5. Aufl. 2016

A. Überblick: Gestaltung von Entgeltsystemen in der unternehmerischen Praxis

Übersicht

Rn.
- I. Bedeutung des Entgelts 1
- II. Historische Entwicklung 10
- III. Bedeutung des Arbeitsrechts im Wandel 14

I. Bedeutung des Entgelts

Das Arbeitsentgelt ist im Arbeitsverhältnis die Hauptleistungspflicht des Arbeitgebers im Austauschverhältnis. Es wird einerseits bestimmt durch gesetzliche Mindestnormen, etwa als absolute – für alle Arbeitsverhältnisse geltende – Größe durch den gesetzlichen Mindestlohn auf Grundlage des MiLoG. Weitere **Mindestanforderungen** gestalten – für bestimmte Branchen – Mindestentgelte auf Basis der Rechtsverordnungen nach AEntG sowie – in Abhängigkeit von Arbeitsplatz, Branche und individueller Situation des Vertragsschlusses – als relative Mindestgröße das Verdikt der Sittenwidrigkeit. 1

Praktisch bedeutsamer in diesem Zusammenhang sind tarifliche Bestimmungen über das Arbeitsentgelt. Soweit **Tarifverträge** bestehen, enthalten diese regelmäßig Bestimmungen über die Bemessung und Auszahlung des Arbeitsentgelts. Auch wenn die Bedeutung von Tarifverträgen im Arbeitsleben nachlässt, liefern Tarifverträge weiterhin einen Maßstab für die Bewertung der Arbeitsleistung. In vielen Branchen hat wegen der Gestaltungswirkung tariflicher Bestimmungen die individuelle Gehaltsverhandlung bis vor wenigen Jahren keine Rolle eingenommen – es galt grundsätzlich der Tarifvertrag. Besondere Marktverhältnisse flossen allenfalls in gewisse übertarifliche Leistungen ein. Über sog. Gleichstellungsabreden wurden zudem nicht tarifgebundene Arbeitnehmer in den Anwendungsbereich des Tarifvertrages, an den der Arbeitgeber gebunden war, einbezogen, so dass der Organisationsgrad der Belegschaft in der Gewerkschaft an Bedeutung verlor, gleichwohl tarifliche Arbeitsbedingungen weitgehend zur Anwendung kamen. 2

Diese gestaltende Wirkung des Tarifvertrages hat in vielen Branchen an Bedeutung verloren. Mit abnehmendem Organisationsgrad der Belegschaft und geringerem Risiko, als Arbeitgeber zum Zwecke der Lohntarifierung bestreikt zu werden, nimmt die Bedeutung des Tarifvertrags als Gestaltungsinstrument in der Fläche ab. Entgeltsysteme werden zunehmend auf der individuellen unternehmerischen oder betrieblichen Ebene entwickelt. Die individuelle Leistungsfähigkeit wie die konkrete Arbeitsmarktlage nehmen eine gesteigerte Bedeutung ein. Damit besteht für Arbeitgeber größerer wirtschaftlicher Spielraum, durch eine **„atmende" Entgeltstruktur** verschiedenartige Entgeltkomponenten nebeneinander mit unterschiedlichen Steuerungseffekten einzusetzen. 3

Durch eine (zumindest in Teilen) zielabhängige Entgeltgestaltung kann der Arbeitgeber auf konjunkturelle Schwankungen durch Personalkostenbestandteile, deren „Ob" und „Wie" sich am Erfolg des Unternehmens ausrichtet, durch **Kosteneinsparungen** in wirtschaftlich schwierigen Zeiten reagieren, ohne zu einem Personalabbau oder ggf. lediglich zu einem Personalabbau geringeren Ausmaßes gezwungen zu sein. Dies vermeidet bei konjunkturellen Schwankungen Entlassungswellen bei sich anschließenden Neueinstellungen, was nicht nur mit erheblichen wirtschaftlichen Auszehrungen durch Personalabbaukosten, sondern gleichzeitig mit einem **Verlust an Wissen und Erfahrung** zuvor langjährig tätiger, aber sodann ausgetauschter Arbeitnehmer verbunden ist, wie es in den Unternehmen zu Beginn des 21. Jahrhunderts vielfach zu beobachten war. 4

5 Die **zielabhängige Entgeltgestaltung** ist in Unternehmen mittlerweile gefestigtes und wesentliches Personalführungsinstrument zur Steigerung der Wirtschaftsleistung. Seit Beginn des 21. Jahrhunderts und einem zunehmenden Fachkräftemangel ist bei Führungskräften die zielabhängige Entgeltgestaltung zudem häufig mit einem Kriterium der Mitarbeiterzufriedenheit (Führungskräftefeedback etc.) als Spiegelung der Führungsfähigkeit und Bestandteil der Personalentwicklung gekoppelt. Zielabhängige Entgeltsysteme finden sich über die Hierarchieebenen der Führungskräfte hinaus mit wachsender Bedeutung auch im operativ-administrativen Bereich, um Arbeitnehmer auf sämtlichen Hierarchieebenen zur Steigerung des Erfolgs des Unternehmens zu motivieren und hierzu einen wirtschaftlichen Anreiz zu setzen.

6 Zunächst waren Zielvereinbarungssysteme allein auf den **oberen Hierarchieebenen der Führungskräfte** im strategischen Bereich verbreitet. Im operativ-administrativen Bereich wurden dagegen eher Boni oder Prämien im Nachhinein für besondere Leistungen gewährt, sodass untere Hierarchieebenen nicht oder nur in geringem Umfang an einer Entgeltkomponente mit Anreizfunktion partizipierten. Im Bereich der oberen Hierarchieebenen der Führungskräfte setzte sich die zielabhängige Entgeltgestaltung neben einer Fixvergütung indessen zunehmend durch. Diese Ziele stellten etwa auf den wirtschaftlichen Erfolg des Unternehmens, auf den Abschluss von Projekten oder persönliche Weiterbildungsmaßnahmen ab. Dabei zeigt sich wiederum ein differenzierendes Bild danach, ob einige dieser Ziele, typischerweise etwa der Abschluss einer persönlichen Weiterbildungsmaßnahme, von der wirtschaftlichen Honorierung auszunehmen waren.

7 Im angloamerikanischen Raum waren diese Systeme insbesondere auf die Führungsinstrumente des „Management by Objectives" (MbO) oder die „Balanced Score Card" (BSC) nach *Kaplan* und *Norton* zurückzuführen.[1] Während das **Management by Objectives** als Personalführungskonzept von abstrakten Zielsetzungen höherer Hierarchieebene bis zu konkret-spezifischen Zielsetzungen im operativ-administrativen Bereich ein System aufeinander abgestimmter Einzelziele für das gesamte Unternehmen vorsah[2] und die **Balanced Score Card** mithilfe eines Kennzahlensystems unternehmerische Planungsprozesse für das Gesamtunternehmen darstellte und leitete,[3] hat die zielabhängige Entgeltgestaltung damit einen differenzierten Weg eingeschlagen.

8 Gegenläufig ist das Bedürfnis des Arbeitnehmers an **Planungssicherheit hinsichtlich der Entgelthöhe** in der Praxis nicht zu unterschätzen. Private Lebensführung, die Eingehung von Verbindlichkeiten oder schlicht der Wunsch nach wirtschaftlicher Unabhängigkeit von einem Arbeitgeber, der ohne Beteiligung des jeweiligen Arbeitnehmers strategische Entscheidungen trifft, laufen dem Flexibilisierungsinteresse des Arbeitgebers zuwider. Bei einem vielfach festzustellenden Fachkräftemangel wird der Arbeitgeber im Recruiting-Prozess oder zum Zwecke der Mitarbeiterbindung diese Bedürfnisse nicht vollständig ausblenden können.[4] Unabhängig von Mindestentgelten ist eine Fixvergütung deshalb als Bestandteil eines Entgeltsystems weiterhin von Bedeutung.[5]

9 Soweit die **Fixvergütung** nicht bereits durch anwendbare tarifliche Bestimmungen vorgegeben ist, stellt sich für den Arbeitgeber die Frage nach dem Vorzug eines transparenten Entgeltgruppensystems gegenüber frei ausgehandelten Fixvergütungen. Auch wenn das Eine das Andere insbesondere bei gefragten Fachkräften nicht ausschließen kann und Entgeltgruppensystemen der Ruf vorauseilt, Personalkosten eher nach oben zu treiben, sind sie dennoch aus der Perspektive des Arbeitgebers nicht bedeutungslos. Mancher Gehaltswunsch und das Gros der behaupteten Verlangen nach Gleichbehandlung werden bei einem transparenten Entgeltgruppensystem nicht in den Raum gestellt. Insbesondere rechtliche Auseinandersetzungen über (Un-)Gleichbehandlungen wurzeln häufig in feh-

---

[1] *Hümmerich* NJW 2006, 2294 (2294).
[2] *Weber* S. 15.
[3] *Weber* S. 16.
[4] *Maschmann/Wiskelmann* Kap. 1 Rn. 3.
[5] *Maschmann/Wiskelmann* Kap. 1 Rn. 9.

lender Transparenz und darauf basierender Unkenntnis des wahren Entgeltgefüges. Ein intelligentes Entgeltgruppensystem kann daher durchaus hilfreich sein, um Aufwendungen für rechtliche Auseinandersetzungen zu begrenzen. Gleiches gilt für den Bedarf an rechtlichen Auskunftsansprüchen über Entgelte auf Grundlage des EntgTranspG. Flexible Entgeltkomponenten können dieses als Steuerungsinstrument durchaus flankieren.

II. Historische Entwicklung

Generell rückten in den vergangenen Jahrzehnten immer weitergehend **Entgeltkomponenten mit konkreter Anreiz- und Belohnungsfunktion** in den Vordergrund. Zuvor war eine gegenteilige Entwicklung zu beobachten: Geprägt durch stabile Arbeitsmärkte und wirtschaftliches Wachstum bis zu der Krise des Ölmarkts waren insbesondere in der ersten Hälfte der 70-iger Jahre des 20. Jahrhunderts **Leistungen der betrieblichen Altersversorgung** verbreitetes Instrument der Arbeitgeber, um Arbeitnehmer – ohne jede Flexibilität – zu binden. Durch sehr weit gehende Zusagen zeigte sich erst bei einer Realisierung der Ansprüche Jahrzehnte später, insbesondere in den 90-iger Jahren des 20. Jahrhunderts, dass viele Arbeitgeber sich hierbei übernommen hatten.

Zuvor hatten sich Sonderzahlungen gefestigt etwa aus **Anlass des Urlaubs** oder **des Weihnachtsfestes.** Dabei haben Arbeitgeber durchaus unterschiedliche Zielsetzungen mit diesen Leistungen verfolgt, die aus Sicht der Arbeitnehmer vielfach jedoch nur in „Störfällen" (Arbeitsunfähigkeit, Beendigung des Arbeitsverhältnisses) Bedeutung erlangten. Insbesondere Weihnachtsgratifikationen knüpften häufig nicht an die Erbringung von Arbeitsleistungen, sondern allein an den Bestand des Arbeitsverhältnisses an, sodass etwa dauerhaft erkrankte Arbeitnehmer oder Arbeitnehmer in Elternzeit trotz fehlenden Entgeltanspruchs derartige Zuwendungen beanspruchen konnten.

Diese **anlassbezogenen Leistungen** hatten sich in den Zeiten des Wirtschaftswachstums nach den 50er-Jahren des 20. Jahrhunderts neben der laufenden Arbeitsvergütung durchgesetzt, nachdem zuvor allein das Austauschverhältnis der Gesamtheit der Entgeltleistungen gegenüber der Arbeitsleistung von Bedeutung war. Im Zuge der Industrialisierung und Bevölkerungsmigration vom Land in die Stadt mit fortschreitendem Beginn des 20. Jahrhunderts hatten zunehmend **Fabrikarbeiter** im Fokus des Arbeitslebens gestanden. Damals wurden insbesondere **Sachleistungen** aus der eigenen Produktion zusätzlich zum monetären Arbeitsentgelt gewährt (sog. Deputate).[6] Diese nehmen in der heutigen betrieblichen Praxis allenfalls noch im Zusammenhang mit Personalrabatten für den vergünstigten Einkauf von Produkten des Arbeitgebers eine feststellbare Rolle ein.

Ausgangspunkt dieser Entwicklung war das seit Beginn des 20. Jahrhunderts durch ein Leitbild geprägte Arbeitsverhältnis, wie es in der im BGB zum Ausdruck kommenden Regelung des **§ 611a BGB** über den Arbeitsvertrag bestimmt ist. Der Arbeitnehmer ist zur Arbeitsleistung, der Arbeitgeber zur Gewährung der vereinbarten Vergütung verpflichtet. Fehlt es an einer Vereinbarung über die Vergütung, sieht § 612 Abs. 1 BGB vor, dass eine Vergütung als stillschweigend vereinbart gilt, wenn die Dienstleistung den Umständen nach nur gegen eine Vergütung zu erwarten ist. Deren Höhe richtet sich gem. § 612 Abs. 2 BGB im Zweifel nach der üblichen Vergütung. Von weitergehenden Regelungen konnte der damalige Gesetzgeber absehen, da das Leitbild des Arbeitsverhältnisses durch einen monatlichen oder nach Stunden bemessenen **Lohn** für den gewerblichen Arbeitnehmer bzw. ein **Gehalt** für die Angestellten geprägt war.

---

[6] *Mengel* S. 20 Rn. 3.

III. Bedeutung des Arbeitsrechts im Wandel

14 Neben den betriebswirtschaftlichen Rahmenbedingungen ist die arbeitsrechtliche Umsetzbarkeit der entscheidende Faktor für die Realisierung der mit einem Entgeltsystem bezweckten Erfolge. Während das Arbeitsrecht mit Ausnahme der Spezialgesetze etwa für die Entgeltsicherung bei Arbeitsunfähigkeit, an Feiertagen, bei mutterschutzrechtlichen Beschäftigungsverboten oder für den Erholungsurlaub ursprünglich nur wenige gesetzliche Rechtsgrundlagen zur Gestaltung des Entgelts vorsah, hat sich insbesondere mit der **Rechtsprechung des BAG** ein sehr differenziertes Richterrecht entwickelt.

15 Der Gesetzgeber hat mit Inkrafttreten des **Schuldrechtsmodernisierungsgesetzes** per 1.1.2002 den Kontrollmaßstab für arbeitsvertragliche Regelungen auf gesetzlicher Grundlage in größerem Umfang – mit weitgehenden Spielräumen für die Gerichtsbarkeit – gestaltet. So hatte die Rechtsprechung zwar bereits in der Vergangenheit eine Billigkeits- und Inhaltskontrolle arbeitsvertraglicher Regelungen vorgenommen und vom Arbeitgeber vorgegebene vertragliche Formulierungen an ihrer sog. Unklarheitenregelung (heute § 305c Abs. 2 BGB) gemessen, nach der Zweifel bei der Auslegung arbeitsvertraglicher Regelungen zulasten des Arbeitgebers gingen. Aufgrund dieser bisherigen Rechtsprechung sind die Neuerungen durch das Schuldrechtsmodernisierungsgesetz weniger erheblich, wie die Entwicklung der Rechtsprechung in Teilen seitdem zeigt. Die Rechtsprechung hat die gesetzliche Änderung aber zum Anlass genommen, bisherige **Rechtsprechungsgrundsätze auf den Prüfstand** zu stellen und teilweise aufzugeben.

16 Soweit inhaltlich an bisherigen rechtlichen Rahmenbedingungen festgehalten wird, steigen stetig die Anforderungen an die **Klarheit und Verständlichkeit** arbeitgeberseitiger Formulierungen. Unter Berufung auf das Transparenzgebot (§ 307 Abs. 1 S. 2 BGB) ist der Arbeitgeber formal zu Formulierungen gehalten, die ihm keine Spielräume eröffnen. Will der Arbeitgeber bei der Einführung variabler Entgeltkomponenten nicht das wirtschaftliche Risiko laufen, die Entgeltkomponente unabhängig von den eigentlich geplanten Voraussetzungen oder ohne eine gewünschte Variabilität leisten zu müssen, muss er die jeweils aktuellen formellen rechtlichen Rahmenbedingungen beachten.

17 Dabei hatten erst die abnehmende Bedeutung tariflicher Arbeitsbedingungen im Arbeitsleben und die zunehmende Schnelllebigkeit der Arbeitsvorgänge durch Automatisierung und moderne Kommunikationsmittel die Betrachtung des individuellen Arbeitsverhältnisses forciert. Demgegenüber war das vorherige Richterrecht im 20. Jahrhundert weitgehend geprägt durch **Ordnungsprinzipien,** wie etwa der innerbetrieblichen Gerechtigkeit nach Maßgabe des arbeitsrechtlichen Gleichbehandlungsgrundsatzes, der einheitlichen Geltung von Tarifverträgen nach dem geltenden Grundsatz der Tarifeinheit[7] oder der betrieblichen Übung gegenüber dem Kollektiv. Das **Einzelarbeitsverhältnis,** wie es insbesondere im Rahmen einer zielabhängigen Entgeltgestaltung unmittelbar im Fokus steht, war in dieser Rechtsprechung vielfach lediglich ein Anwendungsfall der kollektiven Betrachtung. Dies entsprach der historisch gewachsenen Rolle tariflicher Arbeitsbedingungen in Zeiten, als die beiderseitige Tarifbindung und damit die Anwendbarkeit tariflicher Arbeitsbedingungen Regelfall war. Die Entgeltgestaltung war weitgehend durch Tarifverträge sichergestellt, bei denen aufgrund der Beteiligung der Gewerkschaft eine Angemessenheitsvermutung bestand.[8] Ein Schutz vor Überforderung war durch Begrenzungen über die Höchstarbeitszeit und Regelungen über Pausen sowie Ruhezeiten gewährleistet.

18 Mit dem Inkraftsetzen eines **gesetzlichen Mindestlohns** hat der Gesetzgeber eine absolute Lohnuntergrenze eingeführt. Auch wenn diese vielfach für die Höhe des Entgelts im einzelnen Arbeitsverhältnis wegen höherer Dotierung des Arbeitsplatzes keine Rolle

---

[7] ErfK/*Franzen* TVG § 4 Rn. 70f.
[8] ErfK/*Preis* BGB § 310 Rn. 11–18.

III. Bedeutung des Arbeitsrechts im Wandel

für die Bemessung des Entgeltes einnehmen wird, birgt das MiLoG Gestaltungsvorgaben. So enthält jedes – höhere – Entgelt eines Arbeitnehmers als Bruchteil den gesetzlichen Mindestlohn. Etwa Fälligkeitsregelungen oder Ausschlussfristen, ggf. aber auch Arbeitszeitkontomodelle sind deshalb am MiLoG zu messen, auch wenn das Entgelt den gesetzlichen Mindestlohn deutlich überschreitet.

Materiell steht aber die Bedeutung einer **Angemessenheitskontrolle von Entgeltgestaltungen** im individuellen Arbeitsverhältnis im Vordergrund der rechtlichen Leitlinien. Soweit der Arbeitgeber sich – dem Zweck variabler Entgeltsysteme entsprechend – eine Flexibilität über „Ob" oder „Wie" einer Leistung ausbedingt, hatte die Rechtsprechung aufgrund des Bestandsschutzes des Arbeitsverhältnisses, insbesondere vor einer einseitigen Veränderung der Arbeitsbedingungen durch den Arbeitgeber (Stichwort: Umgehung der Voraussetzungen einer Änderungskündigung), bereits vor Inkrafttreten des Schuldrechtsmodernisierungsgesetzes Grenzen gesetzt. Insoweit hatte nicht der Gesetzgeber, sondern die Rechtsprechung durch **Richterrecht** Leitlinien entwickelt, um die Gestaltungsmacht des Arbeitgebers zu begrenzen. Für Arbeitgeber war diese Entwicklung nicht leicht vorhersehbar, da die Rechtsprechung konkrete Leitlinien allein aus unbestimmten Rechtsbegriffen wie der Billigkeit (§ 315 BGB), Treu und Glauben (§ 242 BGB) sowie Wertungsmodellen wie dem Kündigungsschutzrecht herleitete. Nun werden die Wertungen überwiegend aus dem Begriff der unangemessenen Benachteiligung (§ 307 Abs. 1 S. 1 BGB) hergeleitet – ein weiterhin schillernder Rechtsbegriff, aber mit zum Teil gänzlich anderen Ergebnissen.

19

B. Die Grundlagen: Strukturformen des Arbeitsentgelts

Übersicht

Rn.

I. Grundvergütung (Fixvergütung) 1
II. Zulagen und Zuschläge 9
III. Einmalzahlungen 17
   1. Anlassbezogene Leistungen, insbesondere Urlaubs- und Weihnachtsgelder 17
   2. Tantiemen 24
   3. Sonstige Leistungs- oder erfolgsabhängige Sonderzahlungen (Boni, Prämien etc.) 28
     a) Ermessensabhängige Festsetzung 29
     b) Festsetzung nach Zielen 36
       aa) Individualerfolgsbezogene Ziele 38
       bb) Gruppenerfolgsbezogene Ziele 40
       cc) Unternehmens-, konzern- oder spartenerfolgsbezogene Ziele 43
     c) Mischformen 45
   4. Einzelfallbezogene Festsetzung oder dauerhaftes Leistungssystem 46
     a) Einzelfallbezogene Festsetzung 46
     b) Dauerhaftes Leistungssystem 50
     c) Zielvereinbarungen oder Zielvorgaben 54
IV. Sonderformen des Entgelts 56
   1. Provisionen 56
   2. Sachbezüge 65
   3. Abgrenzung: Aufwendungsersatz 69
     a) Begriff 69
     b) Arbeitsrechtliche Bedeutung 77
V. Vergütung von Überstunden 81
   1. Begriff 82
   2. Vergütungspflicht von Überstunden 83
     a) Objektive Vergütungserwartung 84
     b) Subjektive Vergütungserwartung 88
   3. Abgeltung von Überstunden 89
     a) Transparenzgebot 90
     b) Grenzen 92

I. Grundvergütung (Fixvergütung)

Nach dem gesetzlichen Leitbild des § 611a BGB steht das Arbeitsentgelt im **Gegenseitigkeitsverhältnis** (Synallagma) zur Arbeitsleistung. Dabei handelt es sich entweder um die vereinbarte oder die gem. § 612 Abs. 1, Abs. 2 BGB übliche Vergütung. Ein Arbeitsverhältnis, bei dem kein Arbeitsentgelt gezahlt wird, war bereits nach früherer Betrachtung nur ausnahmsweise denkbar.[1] Bei einer Unentgeltlichkeit der Tätigkeit kommt eher ein Auftragsverhältnis gem. §§ 662 ff. BGB in Betracht, das nicht dem Arbeitsrecht unterfällt.[2] Der Auftrag ist vielmehr gekennzeichnet durch eine unentgeltliche Geschäftsbesorgung, bei der es in der Regel an der für das Arbeitsverhältnis typischen persönlichen Abhängigkeit fehlt. Im Zusammenhang mit dem gesetzlichen Mindestlohn auf Grundlage des MiLoG wird eine Unentgeltlichkeit der Arbeitsleistung nunmehr allein auf die in § 22 Abs. 3 MiLoG angesprochenen ehrenamtlich Tätigen zu begrenzen sein, bei denen wiederum vielfach der Arbeitnehmerstatus zweifelhaft sein wird (→ C Rn. 104). 1

---

[1] BAG 29.8.2012 – 10 AZR 499/11, NZA 2012, 1433 (1435).
[2] BAG 29.8.2012 – 10 AZR 499/11, NZA 2012, 1433 (1435).

2 Aus dieser **grundsätzlichen Entgeltlichkeit der Arbeitsleistung** folgt zugleich, dass die Arbeitsvertragsparteien die Bemessung der Arbeitsvergütung zwar frei vereinbaren können, der gesetzliche Mindestlohn als absolute Untergrenze sowie eine (in der Regel branchenbezogene) relative Untergrenze zur Vermeidung des Vorwurfs der Sittenwidrigkeit jedoch gewahrt werden müssen.[3] Mit diesen Untergrenzen wird einerseits die soziale Existenzsicherung durch den gesetzlichen Mindestlohn und andererseits ein Minimum an Angemessenheit und Marktüblichkeit des Entgelts über den Maßstab der Sittenwidrigkeit sichergestellt.

3 Daraus folgt indessen nicht, dass diese Untergrenze in jedem Falle über die Grundvergütung erreicht werden muss. Allerdings wird das praktische Bedürfnis des Arbeitnehmers an **Planbarkeit des Entgelts,** Sicherheit eines feststehenden regelmäßigen Mindestentgelts sowie Sicherstellung seiner marktgerechten Vergütung ein Bedürfnis nach einem nicht flexibilisierten und unabhängig von Markt- oder Unternehmenssituationen zu beanspruchenden Mindestentgelts auslösen.[4] In der Praxis stellt dies häufig die Grundvergütung sicher, die bei gewerblichen Arbeitern häufig als Lohn, bei kaufmännischen Angestellten als Gehalt bezeichnet wird. Allerdings ist es nicht zwingend vorgegeben, dass feststehende Entgeltkomponenten, die keiner besonderen Zweckbindung oder einer Variabilität unterfallen, allein über die Grundvergütung abgebildet werden. Ebenso kommen **feststehende Zulagen** oÄ in Betracht, um neben einer Grundvergütung weitere feststehende Entgeltbestandteile zu begründen.

4 Unabhängig von der Bezeichnung solcher Zulagen sind diese mangels besonderer Zweckbindung oder Variabilisierung allerdings im Ergebnis als **Bestandteil der Grundvergütung** zu betrachten, da sie eben keinen über die Vergütung der Normalleistung hinaus gehenden Zweck verfolgen oder eine Variabilisierung des Entgelts ermöglichen.

> Praxistipp:
> In der Praxis mag es vielfältige **Gründe für eine formale Trennung** von dem Begriff der Grundvergütung geben. Beispielsweise
> – eine Abgrenzung bei Lohn- oder Gehaltsrunden,
> – eine formale Trennung zum Zwecke der Einhaltung eines Entgeltgruppensystems für die als solche bezeichnete Grundvergütung oder
> – die Dokumentation eines Sachgrundes für eine am Gleichbehandlungsgrundsatz zu messende Ungleichbehandlung
> stellen nicht selten ein Motiv für den Arbeitgeber dar, Entgeltkomponenten gesondert zu gestalten, auch wenn ihr Zweck in der Vergütung einer Normalleistung liegen mag.

5 Regelfall der Grundvergütung ist die **Zeitvergütung.** Die Zeitvergütung wird in der Regel nach Stunden, Tagen, Wochen oder Monaten bemessen, insbesondere bei Führungskräften aber häufig als Jahresvergütung vereinbart.

> Bedeutung für den Arbeitgeber:
> Der Zeitlohn ist einfach zu ermitteln. Bei ihm trägt der Arbeitgeber indessen das volle Risiko der vom Arbeitnehmer geleisteten Arbeitsquantität sowie -qualität. Der Arbeitnehmer muss während der Arbeitszeit lediglich seine persönliche Leistungsfähigkeit ausschöpfen.[5] Der Zeitlohn wird weder durch die Quantität noch die Qualität der Arbeitsleistung beeinflusst, solange der Arbeitnehmer nur überhaupt eine ihm mögliche Arbeitsleistung erbringt oder seine Arbeitskraft anbietet. Für den Arbeitgeber ist diese

---

[3] BAG 18.4.2012 – 5 AZR 630/10, NZA 2012, 978f.
[4] Maschmann/*Wiskemann* Kap. 1 Rn. 9.
[5] BAG 11.12.2003 – 2 AZR 667/02, NZA 2004, 784 (786); 17.1.2008 – 2 AZR 536/06, NZA 2008, 693 (694).

> subjektive Bemessung der Leistungspflicht in Abhängigkeit von der individuellen Leistungsfähigkeit praktisch jedoch nicht messbar und damit nicht kontrollfähig. Aus Sicht des Arbeitnehmers ist seinem Interesse an stetiger Planbarkeit des Entgelts größtmöglich Rechnung getragen. Unabhängig von Quantität oder Qualität seiner Arbeitsleistung, deren wirtschaftlicher Verwertbarkeit oder Rentabilität bleibt dieses verstetigte Entgelt gleich.

Traditionell gewachsen ist daneben die **Akkord- oder Prämienlohnvergütung.** Die Akkordvergütung ist eine von der Arbeitsmenge abhängige Vergütung.[6] Beim Geldakkord bemisst sich das Arbeitsentgelt anhand einer Multiplikation der erreichten Arbeitsmenge mit dem Geldfaktor, beim Zeitakkord durch eine Multiplikation der Arbeitsmenge mit der Vorgabezeit sowie dem Geldfaktor. 6

> **Bedeutung für den Arbeitgeber:**
> Bei der Akkordvergütung orientiert sich deren Höhe an der Arbeitsmenge. Der Arbeitnehmer trägt damit das Risiko einer quantitativen Minderleistung.[7] Eine Minderqualität der geleisteten Arbeiten wirkt sich auf die Höhe der Akkordvergütung indessen nicht aus.

Bei Prämienlohnsystemen bemisst sich die Vergütung an der Arbeitsmenge sowie der Arbeitsqualität. 7

> **Bedeutung für den Arbeitgeber:**
> Bei einem Prämienlohnsystem trägt der Arbeitnehmer das Risiko einer Minder- wie auch einer Schlechtleistung. Im Streitfalle gelten für die Leistungsbewertung die §§ 315 ff. BGB, sodass ggf. eine Leistungsbestimmung durch Urteil des Arbeitsgerichts erfolgen kann.

In der Praxis finden sich selten reine Akkord- oder Prämienlohnvergütungssysteme. Häufig erfolgt vielmehr eine Kombination aus Zeit- mit Akkord- oder Prämienlohnvergütung. 8

II. Zulagen und Zuschläge

Zulagen und Zuschläge knüpfen an besondere Leistungen oder Umstände bei der Erbringung der Leistung an oder dienen allgemein einer Abgrenzung von der Grundvergütung, etwa zur Herausnahme bei Gehaltsrunden oÄ. 9

Beispiele:
- Überstundenzuschläge hinsichtlich der Frage der Dauer der Arbeitszeit;
- Schicht- oder Wechselschichtzuschläge bei unregelmäßiger oder ungünstiger Lage der Arbeitszeit;
- Nacht-, Sonn- oder Feiertagsarbeitszuschläge hinsichtlich der Lage der Arbeitszeit zu besonderen Zeitpunkten;
- Erschwernis- oder Schmutzzulagen als Ausgleich ungünstiger Arbeitsbedingungen;
- Funktionszulagen für die Ausübung zusätzlicher Funktionen;

---

[6] Schaub ArbR-HdB/*Vogelsang* § 67 Rn. 10.
[7] Schaub ArbR-HdB/*Vogelsang* § 67 Rn. 22.

- Leistungszulagen für besondere Leistungen;
- allgemeine Zulagen neben der Grundvergütung.

10 Bei den Zulagen ist in der Praxis insbesondere im Zusammenhang mit tariflichen Vergütungssystemen zwischen über- und außertariflichen Zulagen zu differenzieren.[8] **Außertarifliche Zulagen** werden für Arbeitsbedingungen gezahlt, die im jeweiligen Tarifvertragswerk überhaupt nicht vorgesehen sind. **Übertarifliche Zulagen** erhöhen demgegenüber den sich aus einem Tarifvertrag ergebenden Geldbetrag.

11 Der Arbeitgeber ist außerhalb tariflich zwingender Vorgaben sowie des Ausgleichs gem. § 6 Abs. 5 ArbZG für Nachtarbeit grundsätzlich frei darin, ob und in welcher Höhe er Zulagen oder Zuschläge gewährt. Es besteht insoweit **keine rechtliche Verpflichtung,** besondere Formen der Arbeitsleistung oder besondere Umstände bei ihrer Erbringung gesondert zu honorieren. Lediglich zum Ausgleich für die besonderen Belastungen bei der Leistung von **Nachtarbeit** iSd ArbZG sieht § 6 Abs. 5 ArbZG eine angemessene Anzahl freier Tage oder einen angemessenen Zuschlag vor. Der Arbeitgeber kann frei entscheiden, ob er einen finanziellen Zuschlag gewährt oder den Ausgleich durch bezahlte Freistellung oder durch eine Kombination von beidem herbeiführt.[9]

12 Zulagen und Zuschläge kommen daher als vielfältiges **Steuerungs-, Flexibilisierungs- wie Abgrenzungsinstrument** in Betracht. Knüpfen solche Leistungen an besondere Arbeitsbedingungen oder -leistungen an, dienen sie nicht nur der Rekrutierung bzw. Bindung von Arbeitnehmern an das Unternehmen. Besondere Arbeitsbedingungen oder -leistungen werden in Abgrenzung zu einer Normalarbeit vielmehr gesondert honoriert. Die Personalkosten werden damit nur bei solchen Arbeitnehmergruppen erhöht, bei denen solche Arbeitsbedingungen oder -leistungen gesonderter Honorierung bedürfen. Entfallen die Voraussetzungen bei solchen Arbeitnehmern, sinken zugleich die Personalkosten.

Praxistipp:

Insbesondere in Gestalt von Erschwernis- oder Funktionszulagen steht ein Flexibilisierungsinstrument zur Verfügung, um **ohne den administrativen zusätzlichen Aufwand** etwa eines Zielvereinbarungssystems oder dessen bei bestimmten Arbeitnehmergruppen ggf. schwer vermittelbarer Komplexität Bestandteile der Personalkosten zu flexibilisieren.

13 Bei bestimmten Entgeltbestandteilen kommt zudem aufgrund **steuer- und sozialversicherungsrechtlicher** Rahmenbedingungen eine **Privilegierung** in Betracht, so dass die Höhe solcher Zulagen oder Zuschläge auf Bruttobasis geringer dotiert werden kann, ohne Attraktivität einzubüßen. Dies sind die in § 3b EStG genannten Zuschläge für Sonntags-, Feiertags- und Nachtarbeit in den dort genannten Grenzen. Allerdings kommt eine entsprechende Privilegierung über die im Gesetz benannten Sonntags-, Feiertags- und Nachtarbeitszuschläge auf sonstige Erschwerniszuschläge ohne eine Erweiterung durch den Gesetzgeber nicht in Betracht.[10] Bei diesen handelt es sich um allgemeine Bruttoentgeltbestandteile.

Praxistipp:

Unter Erschwerniszulagen fallen unter anderem Entfernungszulagen bei weit entfernten Arbeitsorten. Arbeitgeber sollten sehr genau prüfen, ob sie eine Entfernungszulage gewähren oder aber – da steuer- und damit sozialabgabenprivilegiert – in den steuerlichen Grenzen Aufwendungsersatz gewähren können, falls unter den Gesichtspunkten einer

---

[8] Vgl. Schaub ArbR-HdB/*Linck* § 69 Rn. 1.
[9] BAG 13.1.2016 – 10 AZR 792/14, NZA-RR 2016, 333 (336).
[10] BFH 15.9.2011 – VI R 6/09, NZA-RR 2011, 659.

> Dienstreise oder doppelten Haushaltsführung die steuerlichen Rahmenbedingungen erfüllt sind.

In diesem Zusammenhang bestehen vielfältige **Möglichkeiten steuer- bzw. sozialabgabenprivilegierter Zuschüsse** etwa für die Kinderbetreuung, für Fahrtkosten für den Arbeitsweg, in Gestalt der Sachbezugswerte bei Verpflegung (Essenszuschüsse), dem Behalt von Trinkgeldern oder Leistungen zur Vermögensbildung. 14

Daneben sind Zulagen und Zuschläge geeignetes Steuerungsinstrument, um eine **finanzielle Attraktivität besonderer Arbeitsbedingungen,** die sonst ggf. als misslich empfunden werden, herzustellen. Dies betrifft etwa besondere Arbeitszeitlagen in Spät-, Nacht- oder Wochenendschichten oder Überstunden. Durch die zusätzliche finanzielle Honorierung solcher Leistungen erhalten teilnehmende Arbeitnehmer die Möglichkeit, ihr Entgelt überproportional zu erhöhen. Auf diesem Wege gewonnene Freiwillige beeinflussen sodann in Betrieben mit Betriebsrat häufig dessen Bereitschaft zur Erteilung einer etwa erforderlichen Zustimmung für solche Arbeitseinsätze gem. § 87 Abs. 1 Nr. 2 oder Nr. 3 BetrVG. 15

Schließlich kommen allgemeine Zulagen und Zuschläge als **Abgrenzungsinstrument zur Grundvergütung** in Betracht. Dabei handelt es sich nur um eine Möglichkeit zur Steuerung oder Flexibilisierung, wenn zugleich etwa die Widerruflichkeit einer Zulage vereinbart ist. Die Abgrenzung als solche ermöglicht bereits eine Separierung zum Zwecke der (späteren) andersartigen Behandlung. 16

> **Praxistipp:**
> An einer bloßen Abgrenzung kann dem Arbeitgeber etwa gelegen sein, wenn die im Betrieb übliche Vergütung zur Gewinnung von Fachkräften nicht genügt. Einerseits ermöglicht die Gewährung einer allgemeinen Zulage zur Grundvergütung im Falle eines Entgeltgruppensystems formal dessen Anwendung trotz höherer Gesamtvergütung. Insbesondere aber braucht der Arbeitgeber bei künftigen **allgemeinen Entgeltanpassungen** nicht sämtliche Entgeltbestandteile einbeziehen. Er vermeidet daher spätere Ungleichbehandlungen, wenn er etwa bei künftigen Entgeltanpassungen anderenfalls deren prozentuale Höhe bei solchen Arbeitnehmern herabsetzen wollte, bei denen das im Betrieb an sich übliche Entgelt überschritten wurde. Im Falle einer allgemeinen Zulage bedarf es keines Sachgrundes, wenn der Arbeitgeber diese bei freiwilligen Entgeltanpassungen generell nicht berücksichtigt.

III. Einmalzahlungen

1. Anlassbezogene Leistungen, insbesondere Urlaubs- und Weihnachtsgelder

In der Praxis weit verbreitet sind anlassbezogene Einmalzahlungen außerhalb der monatlichen Grundvergütung. Anlass der Auszahlung ist typischerweise das Weihnachtsfest oder der Erholungsurlaub, also Anlässe, aus denen Arbeitnehmern typischerweise Kosten entstehen können. Bei anlassbezogenen Einmalzahlungen ist zu differenzieren, ob es sich um eine 13. oder 14. Monatsvergütung für erbrachte Arbeitsleistungen handelt, also um eine Zahlung, die außerhalb der sonstigen monatlich ratierlichen Zahlungsweise erfolgt, jedoch Bestandteil der im **Gegenseitigkeitsverhältnis zur Arbeitsleistung** stehenden Grundvergütung ist.[11] 17

---

[11] BAG 21.3.2001 – 10 AZR 28/00, NZA 2001, 785 (785).

18 In diesem Falle handelt es sich lediglich um außerturnusmäßige Fälligkeitszeitpunkte, gelten jedoch die allgemeinen Regelungen, sodass diese Zahlungen bei einem Ruhen des Arbeitsverhältnisses etwa während der Elternzeit oder bei Arbeitsunfähigkeit mit Überschreitung des Entgeltfortzahlungszeitraums nicht bzw. lediglich anteilig entsprechend dem Zeitraum der erbrachten Arbeitsleistungen zu gewähren sind.[12] Solche Leistungen teilen das **Schicksal des synallagmatischen Grundvergütungsanspruchs,** wenn Leistungsstörungen bei der Erbringung der Arbeitsleistung auftreten.[13]

19 Die Bedeutung solcher unregelmäßiger synallagmatischer Entgeltleistungen findet sich insbesondere in der **Liquidität des Arbeitnehmers wie des Arbeitgebers** zu besonderen Anlässen, die für den Fälligkeitszeitpunkt maßgebend sind. Gleichermaßen wirken sich solche Zahlungen auf die Belastung des Arbeitgebers mit Personalkosten aus. Insbesondere in Unternehmen mit saisonalen oder sonstigen unterjährigen Schwankungen des Umsatzes oder der Kostenbelastung kann eine Senkung der regelmäßigen monatlichen Personalkostenbelastung bei gleichzeitiger Erhöhung (nur) zu bestimmten Zeitpunkten gestalterisch von Interesse sein.

20 Von solchen Leistungen, die lediglich von der ratierlich monatlichen Zahlungsweise abweichen, sind zusätzlich zur Grundvergütung gewährte **anlassbezogene Zahlungen mit Gratifikationscharakter** zu unterscheiden. Diese Leistungen knüpfen nicht an die aktive Arbeitsleistung des Arbeitnehmers, sondern an die Betriebstreue und damit den bloßen Bestand des Arbeitsverhältnisses an. Ist nichts Abweichendes vereinbart, sind diese Leistungen deshalb auch für Zeiträume zu gewähren, in denen der Arbeitnehmer kein Arbeitsentgelt erhält, etwa in den genannten Fällen der Elternzeit oder der Arbeitsunfähigkeit über den Entgeltfortzahlungszeitraum hinaus. Der Arbeitgeber bleibt daher bei solchen reinen Betriebstreueleistungen zur Entgeltzahlung verpflichtet, auch wenn der Arbeitnehmer die Arbeitsleistung nicht erbringt.

21 Umgekehrt kann der Arbeitnehmer mit diesen Leistungen eine **Bindung des Arbeitnehmers** an das Unternehmen herbeiführen, wenn er etwa durch Stichtagsklauseln oder Rückzahlungsklauseln eine Abhängigkeit der Leistung von zukünftiger Betriebstreue regelt.[14] **Rückzahlungsklauseln** sehen insoweit vor, dass der Arbeitnehmer eine bereits erhaltene Leistung zurückzuzahlen hat, wenn er vor Ablauf eines bestimmten Zeitraums nach Erhalt der Leistung aus dem Arbeitsverhältnis ausscheidet.[15] Eine **Stichtagsklausel** sieht dagegen vor, dass ein Anspruch nur unter der Voraussetzung entsteht, dass das Arbeitsverhältnis zu einem bestimmten Stichtag (ggf. ungekündigt) besteht.[16]

22 Dabei kann eine Stichtagsregelung **vergangene Betriebstreue** im Bezugszeitraum honorieren, wenn allein der Bestand des Arbeitsverhältnisses bis zum Auszahlungszeitpunkt maßgebend sein soll. Sieht eine Stichtagsregelung dagegen den ungekündigten Bestand des Arbeitsverhältnisses zum Auszahlungszeitpunkt vor, knüpft sie an **zukünftige Betriebstreue** für den Zeitraum einer noch auszulösenden ordentlichen Kündigungsfrist an.[17]

23 Während unregelmäßige synallagmatische Entgeltleistungen allein eine ungleichmäßige Verteilung der Entgeltauszahlungen bewirken, kommt Betriebstreueleistungen aufgrund ihrer Bindungswirkung ein **Steuerungseffekt** zu. Sie setzen keinerlei Leistungsanreiz, sollen dagegen Fluktuation entgegenwirken. Die Bindungswirkung soll damit eine Kontinuität in der Belegschaft des begünstigten Personenkreises auslösen. Ein Interesse des Arbeitgebers kann aus einer Arbeitsmarktsituation mit Schwierigkeiten einer Neubesetzung des Arbeitsplatzes, einem Schutz der dem Arbeitnehmer im Rahmen seiner Tätigkeit be-

---

[12] BAG 21.3.2001 – 10 AZR 28/00, NZA 2001, 785 (786).
[13] BAG 21.3.2001 – 10 AZR 28/00, NZA 2001, 785 (786).
[14] BAG 18.1.2012 – 10 AZR 667/10, NZA 2012, 620 (621).
[15] BAG 18.1.2012 – 10 AZR 667/10, NZA 2012, 620 (621).
[16] BAG 18.1.2012 – 10 AZR 667/10, NZA 2012, 620 (621).
[17] BAG 18.1.2012 – 10 AZR 667/10, NZA 2012, 620 (621).

2. Tantiemen

Bei der Tantieme (Gewinnbeteiligung) erhält der Arbeitnehmer eine Leistung, deren 24
Höhe sich nach dem **geschäftlichen Erfolg des Arbeitgebers** richtet.[18] Ziel der Tantieme ist eine Teilhabe des Arbeitnehmers an der Leistungsfähigkeit des Arbeitgebers. Ein Steuerungseffekt kommt der Tantieme daher in der Regel – mit Ausnahme Tantiemeberechtigter auf hohen Führungsebenen – nicht auf Ebene des individuellen Arbeitnehmers zu. Die Tantieme bezweckt vorrangig eine Identifikation des Arbeitnehmers mit dem Unternehmen des Arbeitgebers. Zugleich flexibilisiert die Tantieme die Personalkosten nach Maßgabe der wirtschaftlichen Leistung des Arbeitgebers. Tantiememodelle steuern damit einer Auszehrung des Unternehmens bei schwacher Wirtschaftsleistung entgegen.

Für die Bemessung kommen als maßgebende Wirtschaftsleistung verschiedene An- 25
knüpfungspunkte in Betracht. Eine Tantieme kann an den **Umsatz** oder den **Ertrag** des Unternehmens anknüpfen. In beiden Fällen partizipiert der Arbeitnehmer an unternehmerischen Chancen und Risiken. Im Falle einer ertragsabhängigen Tantieme wird der Arbeitnehmer zudem an der Entwicklung der betrieblichen Ausgaben beteiligt.

> **Praxistipp:**
> Tantiemeregelungen können an den wirtschaftlichen Erfolg des Arbeitgebers unter verschiedensten Gesichtspunkten anknüpfen:
> – Maßgabe des Umsatzes oder Erfolgs;
> – Maßgabe des Unternehmens, Konzerns, einer Sparte etc.;
> – Maßgabe des Ergebnisses nach HGB, IFRS etc.;
> – Berücksichtigung von Verlustvorträgen;
> – Behandlung außerordentlicher Erträge oder Verluste;
> – Behandlung von Beteiligungsergebnissen.

Wird eine **Tantieme in garantierter Höhe** vereinbart, unterscheidet sie sich nicht 26
von einer anlassbezogenen Einzelzahlung, da der Arbeitnehmer nicht an den unternehmerischen Chancen und Risiken partizipiert.[19] Praktische Bedeutung kommt einer solchen begrifflichen Unterscheidung gegenüber anderen Bestandteilen der Arbeitsvergütung unter Umständen deshalb zu, weil eine als solche bezeichnete Garantietantieme nicht in die **Bemessung sonstiger Leistungen** (Urlaubs-, Weihnachtsgelder, betriebliche Altersversorgung etc.) einfließen soll.[20] In der Praxis werden garantierte Tantiemen darüber hinaus vielfach im Eintrittsjahr gezahlt, um wirtschaftliche Unsicherheiten zu Beginn eines Arbeitsverhältnisses auszuschließen.

Daneben bewirken Tantiemen als Einmalleistungen den jeder Einmalleistung inne- 27
wohnenden Liquiditätseffekt auf Seiten des Arbeitnehmers wie des Arbeitgebers. In der Regel folgt ihre Auszahlung der Feststellung des Jahresabschlusses. Soll eine ratierliche Auswirkung auf die Liquidität herbeigeführt werden, sind Abschlagszahlungen möglich. Von Bedeutung ist in diesem Fall der – zumindest konkludente – Vorbehalt der Rückforderung, weil anderenfalls eine Abgrenzung zur Garantietantieme in Höhe der Summe der Abschlagszahlungen nicht möglich wäre.

---

[18] Schaub ArbR-HdB/*Vogelsang* § 76 Rn. 1.
[19] *Mengel* S. 27.
[20] *Mengel* S. 27.

3. Sonstige Leistungs- oder erfolgsabhängige Sonderzahlungen (Boni, Prämien etc.)

28 Bei sonstigen leistungs- oder erfolgsabhängigen Einmalzahlungen sind verschiedenartigste Gestaltungen denkbar. Die Leistung kann ohne vorherige Einräumung eines Rechtsanspruchs zu Gunsten des Arbeitnehmers im Einzelfall nach Ermessen festzusetzen sein, es können aber ebenso bestimmte leistungs- oder erfolgsorientierte Maßgaben aufgestellt werden, um eine Motivation des Arbeitnehmers zu erreichen. Dabei sind wiederum verschiedenste Anknüpfungspunkte denkbar.

a) Ermessensabhängige Festsetzung

29 Der Arbeitgeber kann sich vorbehalten, eine Einmalzahlung nach seinem Ermessen festzusetzen. Bei einer solchen Festsetzung nach dem Ermessen des Arbeitgebers ist danach zu differenzieren, ob der Arbeitgeber sich die Festsetzung der Leistung nach **freiem Ermessen** oder nach **billigem Ermessen** vorbehält.

30 Bei der Festsetzung einer Leistung nach freiem Ermessen ist der Arbeitgeber auch **dem Grunde nach frei** darin, ob er überhaupt eine Leistung festsetzt. Zu beachten ist, dass auch bei der fehlenden Einräumung eines Rechtsanspruchs für den Arbeitnehmer die Ausübung freien Ermessens durch den Arbeitgeber an den arbeitsrechtlichen Gleichbehandlungsgrundsatz gebunden ist.[21] Eine freie Entscheidung des Arbeitgebers über die Leistung dem Grunde nach setzt voraus, dass dem Arbeitnehmer nicht – etwa aufgrund Arbeitsvertrages, betrieblicher Übung, Betriebsvereinbarung oder tariflicher Regelung – bereits ein Rechtsanspruch dem Grunde nach eingeräumt ist.[22]

Beispiele:

Ein Rechtsanspruch des Arbeitnehmers wird etwa eingeräumt durch Formulierungen wie:
- Der Arbeitnehmer „erhält" als zusätzliche Leistung eine jährliche Sonderzahlung, über deren nähere Ausgestaltung der Arbeitgeber in jedem Kalenderjahr erneut entscheidet.
- Eine jährliche Sonderzahlung wird für das Eintrittsjahr in Höhe von einem Bruttomonatsgehalt garantiert. Für die Folgejahre behält sich der Arbeitgeber eine abweichende Festsetzung vor.
- Der Arbeitnehmer erhält eine jährliche Sonderzahlung. Die Sonderzahlung wird freiwillig und ohne Einräumung eines Rechtsanspruchs gewährt.[23]

31 Allen vorstehenden Regelungen ist gemeinsam, dass der Arbeitnehmer eine Leistung „erhalten" soll[24] oder auf eine jährlich wiederholte Zahlungsweise hingewiesen wird. Mit solchen Formulierungen schließt der Arbeitgeber die Entstehung von Rechtsansprüchen nicht mit hinreichender Transparenz (§ 307 Abs. 1 S. 2 BGB) aus.[25] Dies gilt selbst dann, wenn nach der formulierten Regelung gleichzeitig die **Entstehung eines Rechtsanspruchs ausgeschlossen** wird, weil die Einräumung eines Rechtsanspruchs einerseits und dessen gleichzeitiger Ausschluss andererseits widersprüchlich sind und ein solcher **Widerspruch** bei der Vertragsgestaltung zum Nachteil des Arbeitgebers wirkt.[26]

32 Ein Rechtsanspruch wird nur dann widerspruchsfrei ausgeschlossen, wenn die Leistung entweder überhaupt nicht vorgesehen wird oder die Klausel – klar und verständlich aus der Perspektive des typischen Arbeitnehmers aus der Gruppe der potentiell Begünstigten – noch keinerlei Anspruch auf die Leistung zum Ausdruck bringt. Wie vorstehende

---

[21] BAG 10.12.2008 – 10 AZR 35/08, NZA 2009, 258 (259).
[22] BAG 3.8.2016 – 10 AZR 710/14, NZA 2016, 1334 (1337).
[23] Nach BAG 10.12.2008 – 10 AZR 2/08, AP BGB § 307 Nr. 38.
[24] Hierzu BAG 10.12.2008 – 10 AZR 2/08, AP BGB § 307 Nr. 38.
[25] BAG 10.12.2008 – 10 AZR 2/08, AP BGB § 307 Nr. 38.
[26] BAG 3.8.2016 – 10 AZR 710/14, NZA 2016, 1334 (1337); 8.12.2010 – 10 AZR 671/09, NZA 2011, 628 (630); 10.12.2008 – 10 AZR 2/08, AP BGB § 307 Nr. 38.

III. Einmalzahlungen

Beispiele zeigen, genügt es nach der Rechtsprechung des BAG hierfür nicht, eine die Leistung gewährende Formulierung durch die gleichzeitige Formulierung über einen nicht bestehenden Rechtsanspruch „klarzustellen". Diese Gestaltung wirkt nicht klarstellend, sondern wegen unterschiedlicher Aussagegehalte widersprüchlich.[27]

Erforderlich ist deshalb eine vollständige Enthaltung jeder Aussage über die Leistung und im Falle ihrer Gewährung die Verbindung mit einem wirksamen Freiwilligkeitsvorbehalt im Einzelfall. Oder aber der Arbeitgeber darf im Arbeitsvertrag allenfalls auf die bestehende **Möglichkeit** hinweisen, dass sich der Arbeitgeber im Einzelfall zur Gewährung einer solchen Leistung nach freiem Ermessen entschließen kann. Eine solche Formulierung ist derart vage, dass sie noch keinen Leistungsanreiz setzen dürfte, zu dem der Ausschluss eines Rechtsanspruchs in Widerspruch treten würde. Gerade deshalb ist in der praktischen Bedeutung aber ebenso zweifelhaft und bedarf es genauer Analyse, ob eine solche Regelung auf Akzeptanz des Arbeitnehmers stößt und faktisch weiter führt.

33

> **Praxistipp:**
> Will der Arbeitgeber sich die Entscheidung dem Grunde nach vorbehalten, hat er besondere Sorgfalt darauf zu verwenden, diesbezüglich **keine Unklarheiten** entstehen zu lassen. Entweder verzichtet der Arbeitgeber generell auf einen Hinweis bezüglich möglicher Sonderzahlungen und verbindet etwaige Leistungen im Einzelfall mit einem **Freiwilligkeitsvorbehalt**, der Rechtsansprüche für die Zukunft ausschließt. Will der Arbeitgeber auf solche Hinweise nicht verzichten, darf aus seinen Erklärungen nicht auf die Gewährung einer Leistung, sondern allenfalls eine solche **Möglichkeit** zu schließen sein. Praktische Bedeutung kommt einer solchen Regelung zu, wenn nach dem Hinweis auf die Möglichkeit flankierende Regelungen folgen sollten, die dann zur Anwendung kommen, wenn sich der Arbeitgeber zur Gewährung der Leistung entschließen sollte. Dies können etwa Fälligkeitsbestimmungen oder Bestimmungen über Rückzahlungs- oder Stichtagsklauseln bei Betriebstreueleistungen sein.

Bei Regelungen, die über eine solche abstrakte Möglichkeit einer Leistung hinausgehen, wird eine Bindung des Arbeitgebers zumindest dem Grunde nach eintreten.[28] Diese Bindung nur dem Grunde nach entsteht, wenn der Arbeitsvertrag zwar die grundsätzliche Gewährung der Leistung vorsieht, jedoch gänzlich offen bleibt, in welcher Höhe ein Anspruch bestehen soll. Es bedarf in diesem Falle einer **Bestimmung der Höhe** der Leistung, zu der die vertragliche Regelung keine Aussagen trifft. Ergibt eine Auslegung des Arbeitsvertrages, ggf. unter Einbeziehung ergänzender mündlicher Absprachen, hierzu keine konkrete Höhe der Leistung, bedarf es über sie einer gesonderten Leistungsbestimmung.

34

Ist der Arbeitgeber **dem Grunde nach zur Leistung verpflichtet,** hat die Bestimmung über die Höhe der Leistung nach **billigem Ermessen** zu erfolgen (§ 315 Abs. 1 BGB).[29] Der Arbeitgeber muss im Streitfall begründen können, dass die Festsetzung der Leistung auf sachgerechten, nicht willkürlichen Kriterien beruht. In diesen Grenzen kann der Arbeitgeber eine Sonderzahlung etwa in Abhängigkeit vom **wirtschaftlichen Erfolg des Unternehmens** (wie eine Tantieme) und/oder des **individuellen Erfolgs** des Arbeitnehmers, seiner Abteilung etc. festsetzen. Einschränkungen gelten nach neuerer Rechtsprechung, wenn neben leistungs- und erfolgsorientierten Anknüpfungspunkten zukünftige Betriebstreue eine Rolle spielen soll.[30]

35

---

[27] BAG 8.12.2010 – 10 AZR 671/09, NZA 2011, 628 (630); 10.12.2008 – 10 AZR 2/08, AP BGB § 307 Nr. 38.
[28] BAG 3.8.2016 – 10 AZR 710/14, NZA 2016, 1334 (1337).
[29] BAG 3.8.2016 – 10 AZR 710/14, NZA 2016, 1334 (1337).
[30] BAG 18.1.2012 – 10 AZR 612/10, NZA 2012, 561 (563).

b) Festsetzung nach Zielen

36 Im Gegensatz zur ermessensabhängigen Festsetzung von Sonderzahlungen, verfolgt die vorgabenbezogene Festsetzung nach Zielen eine **Anreizfunktion.**[31] Diese Anreizfunktion setzt voraus, dass die Vorgaben (Ziele) bereits im Vorwege für den Leistungszeitraum feststehen, damit der Arbeitnehmer sein Leistungsverhalten hieran ausrichten kann. Grundsätzlich müssen diese Festsetzungen bereits zum Beginn des Bezugszeitraums der Leistung erfolgen. Anderenfalls kann die Anreizfunktion keine Wirkung entfalten und stellen die vorgegeben Ziele keinen geeigneten Maßstab für die Bemessung der Leistung dar.

Beispiele:
- Knüpft ein Ziel an Kosteneinsparungen beim Einkauf von Leistungen Dritter (Reduzierung von Fremdvergaben) in einem Geschäftsjahr, muss dieser Anreiz bereits bei der ersten potentiellen Einkaufstätigkeit wirken.
- Knüpft ein Ziel an den Abschluss eines bestimmten individuellen Projektes oder Projektabschnittes, muss das Ziel bei Beginn des Projektes oder Projektabschnittes wirken, um während der gesamten Bearbeitung zu motivieren.

37 Dabei können Vorgaben als individualerfolgsbezogene Ziele an das Arbeitsverhalten des einzelnen Arbeitnehmers anknüpfen, um die Effizienz auf seinem Arbeitsplatz zu steigern. Ein Abstellen auf übergeordnete Einheiten kann optional oder ergänzend das Leistungsverhalten der Arbeitnehmer untereinander beeinflussen, wenn etwa bei gruppenerfolgsbezogenen Zielen leistungsstarke Arbeitnehmer feststellen, dass einzelne ihrer Kollegen die Zielerreichung für die gesamte Gruppe in Frage stellen. Je größer die Einheit ist, desto weniger wird allerdings eine individuelle Effizienzsteigerung angesprochen werden können. Folgende Parameter spielen in der Praxis eine Rolle.

aa) Individualerfolgsbezogene Ziele

38 Eine unmittelbar messbare Anreizfunktion entfalten Vorgaben, die an den individuellen, persönlichen Erfolg des Arbeitnehmers anknüpfen. Diese Vorgaben können etwa die Quantität oder Qualität der **gewöhnlichen Arbeitsabläufe oder -ergebnisse** eines Arbeitnehmers betreffen. Jede messbare Arbeitsaufgabe ist grundsätzlich geeignet, als Parameter für eine individualerfolgsbezogene Zielbemessung zu dienen. Damit kann das gesamte Spektrum der regelmäßigen Arbeitsaufgaben Anknüpfungspunkt für eine so bemessene Entgeltkomponente sein. Der Arbeitgeber erreicht hiermit über einen finanziellen Anreiz für die volle Ausschöpfung der vom Arbeitnehmer geschuldeten persönlichen Leistungsfähigkeit.[32]

39 Mögliche individualerfolgsbezogene Ziele sind aber ebenfalls **Sonderaufgaben oder -projekte,** bei denen insbesondere die Einhaltung von Fertigstellungsterminen im Vordergrund stehen wird. Das Leistungsverhalten eines Arbeitnehmers kann auf diesem Wege unmittelbar angesprochen werden, um einen Anreiz für die Einbringung in außerhalb der regulären Arbeitsaufgaben liegende Aufgaben und Funktionen zu setzen. Auch wenn solche Arbeitsaufgaben vom Direktionsrecht des Arbeitgebers umfasst sein mögen, kann die – einem Nachweis in der Praxis kaum zugängliche – Ausschöpfung der Leistungsfähigkeit und Leistungsbereitschaft zur persönlichen Einbringung außerhalb der regulären Arbeitsabläufe deutlich gesteigert werden.[33]

---

[31] Maschmann/*Roider* Kap. 2 Rn. 25 ff.; *Pletke/Schrader/Siebert/Thoms/Klagges* B. Rn. 781.
[32] *Pletke/Schrader/Siebert/Thoms/Klagges* B. Rn. 783; vgl. zur Bedeutung der Leistungsfähigkeit BAG 11.12.2003 – 2 AZR 667/02, NZA 2004, 784 (787); 17.1.2008 – 2 AZR 536/06, NZA 2008, 693 (696).
[33] Maschmann/*Roider* Kap. 2 Rn. 25 ff.; *Pletke/Schrader/Siebert/Thoms/Klagges* B. Rn. 783.

III. Einmalzahlungen

Beispiel:
Zählt zum Stellenprofil eines Personalreferenten die Begleitung von Projekten zur Organisation des Personalbereichs, wird die Begleitung bei der Implementierung einer webbasierten Bewerberplattform vom Direktionsrecht gedeckt sein. Die vielfältigen Schnittstellen zur Realisierung durch die IT-Infrastruktur werfen mannigfaltige technische Fragestellungen auf, die den Personalreferenten anders als typische Personalarbeit beanspruchen. Die Abdeckung dieser Schnittstellenfunktion unter der Notwendigkeit der Aneignung gewisser technischer Kenntnisse ist einer gesonderten finanziellen Motivation zugänglich.

bb) Gruppenerfolgsbezogene Ziele

40 Gruppenerfolgsbezogene Vorgaben spielen in der Praxis unter zwei Gesichtspunkten eine Rolle. Entweder ist eine Anknüpfung der Zielsetzungen an die Gruppe notwendig, weil eine Mehrzahl von Arbeitnehmern an einem einheitlichen Arbeitsergebnis zusammenwirkt und eine individuelle Vorgabe von Zielsetzungen nicht messbar wäre. Dies ist insbesondere bei **arbeitsplatzübergreifenden Projekten** erforderlich, wenn der Abschluss des Projektes im Vordergrund steht und nicht etwa auf einem Arbeitsplatz zuzuordnende abgrenzbare Projektabschnitte abgestellt werden kann oder soll. In diesem Falle kann von vornherein ein Ziel allein auf das Ergebnis der Gruppe dieser Arbeitnehmer einheitlich abstellen.

Beispiel:
Ein Team von Marketing-Mitarbeitern hat ein neues Konzept für ein neues Corporate Design des Arbeitgebers für die Website des Arbeitgebers, dessen Facebook-Account sowie Selbstdarstellungen und Geschäftskorrespondenz zu entwickeln und das Ergebnis zu einem bestimmten Zeitpunkt zu präsentieren. Die Leistung der Gruppe kann nur einheitlich bewertet werden.

41 Daneben sind in einer Gruppe zu erzielende Erfolge ein gezieltes Steuerungsinstrument, um über den einzelnen Arbeitnehmer hinaus die **Gruppendynamik** anzusprechen. Unter diesem Gesichtspunkt kommen gruppenerfolgsbezogene Vorgaben zur Harmonisierung des Miteinanders in der Gruppe in Betracht, wenn bei individuellen Vorgaben zu befürchten wäre, dass Arbeitnehmer um der individuellen Zielerreichung Willen miteinander in unerwünschtem Maße konkurrieren.

Beispiel:
Eine Gruppe von Sachbearbeitern, die sich gegenseitig vertreten, wird nach der Anzahl vollständig fehlerfreier und jeweils in einem bestimmten Zeitfenster bearbeiteter Posten bewertet. Die Posten werden von den Sachbearbeitern aus einem Pool unterschiedlich komplexer Vorgänge entnommen. Eine individuelle Bemessung und Bewertung wäre möglich. Diese würde aber Fehlanreize setzen, jeweils einfachste Posten um einer hohen und einfachen Stückzahl wegen auszuwählen zu Lasten der anderen Kollegen in der Gruppe.

42 Umgekehrt können gruppenerfolgsbezogene Vorgaben dazu führen, dass Minderleistungen innerhalb der Gruppe von den Gruppenmitgliedern gezielter wahrgenommen werden – ein Bereich, in dem dem Arbeitgeber unter dem Gesichtspunkt der so genannten „**Low Performer**" regelmäßig rechtlich die Hände gebunden sind.[34]

Beispiel:
Im vorstehenden Beispiel sinkt das Ergebnis der gesamten Gruppe, wenn einzelne Sachbearbeiter vermehrt Fehler verursachen oder abwesend sind und die Qualität oder Quantität

---

[34] Vgl. zur Bedeutung der Leistungsfähigkeit BAG 11.12.2003 – 2 AZR 667/02, NZA 2004, 784 (787); 17.1.2008 – 2 AZR 536/06, NZA 2008, 693 (696).

der gesamten Gruppe nach unten ziehen. Die Gruppenmitglieder beachten stärker die Leistung ihrer Kollegen.

cc) Unternehmens-, konzern- oder spartenerfolgsbezogene Ziele

43 Entsprechend den Grundsätzen bei Tantiemen können auch sonstige Sonderzahlungen an den Erfolg des Unternehmens, Konzerns oder einer Sparte anknüpfen.[35] Hier gelten entsprechende Grundsätze, wie für Tantiemen. In der Regel werden Vorgaben auf dieser Ebene allein durch wirtschaftliche Kennzahlen parametriert sein, nicht aber durch bestimmte Produkt-, Projekt- oder sonstige arbeitsablaufbezogene Merkmale. Auch wenn letzteres nicht ausgeschlossen ist, wird der individuell-konkrete Beitrag des einzelnen Arbeitnehmers in der Regel in der Abstraktion der ganzheitlichen unternehmens-, konzern- oder spartenbezogenen Betrachtung eine kaum noch messbare Rolle spielen, sodass **kein unmittelbarer Leistungsanreiz zur Effizienzsteigerung** oder eine Gruppendynamik erzielt wird.

44 Anderes mag in Kleinunternehmen oder für Funktionen gelten, die für das Unternehmen, den Konzern oder die Sparte von besonderer Bedeutung sind. Generell stellen unternehmens-, konzern- oder spartenerfolgsbezogene Vorgaben auf eine Mitwirkung des Arbeitnehmers am wirtschaftlichen Ergebnis ab, wodurch die **persönliche Identifikation** mit den Produkten sowie Dienstleistungen des Arbeitgebers gesteigert werden kann.

c) Mischformen

45 In der Praxis häufig sind Mischformen der genannten Vorgaben.[36] Um die Leistungssteigerung des Individuums zu ermöglichen, erfolgen individualerfolgsbezogene Zielsetzungen, daneben werden gruppenerfolgsbezogene Ziele gesetzt, um die Gruppendynamik zu steigern. Die Höhe der sich daraus ergebenden Leistungen oder sogar ein Entfallen eines Anspruchs generell wird sodann an den wirtschaftlichen Erfolg des Unternehmens bzw. Konzerns gekoppelt.

Beispiel:

Die Regelung einer Sonderzahlung sieht vor, dass ein Anspruch nur dann entsteht, wenn das **Ergebnis** nach EBIT eine bestimmte **Mindestvorgabe** erreicht, anderenfalls entsteht kein Anspruch. Ist die Mindestvorgabe nach EBIT erreicht, richtet sich die **Höhe der Sonderzahlung** prozentual nach der Erfüllung bestimmter individual- sowie gruppenerfolgsbezogener Vorgaben. Der sich danach ergebende Grad der Zielerreichung wird für die Bestimmung der Höhe der Sonderzahlung ins Verhältnis gesetzt zu einem Fixbetrag für 100 % Zielerreichung, der ggf. nach einer Staffelung im Umfang der Überschreitung des Mindest-EBIT, welches bereits Anspruchsvoraussetzung war, variabilisiert werden kann.

4. Einzelfallbezogene Festsetzung oder dauerhaftes Leistungssystem

a) Einzelfallbezogene Festsetzung

46 Will der Arbeitgeber sich vorbehalten, Leistungen im Einzelfall sowohl nach Grund („Ob") als auch Höhe der Leistungen festzusetzen, ist ihm die **Einführung eines dauerhaften Leistungssystems verwehrt,** da damit zumindest ein Anspruch des Arbeitnehmers dem Grunde nach eingeräumt wird. Der Arbeitgeber hat dann zwar ggf. noch den Gestaltungsspielraum, die Leistung im Einzelfall nach billigem Ermessen (§ 315 BGB)

---

[35] *Pletke/Schrader/Siebert/Thoms/Klagges* B. Rn. 842.
[36] *Pletke/Schrader/Siebert/Thoms/Klagges* B. Rn. 785.

festzusetzen.³⁷ Welche Kriterien hierfür als sachliche und damit nicht willkürliche Anknüpfungspunkte in Betracht kommen, kann zwar gleichermaßen dem Entscheidungsspielraum des Arbeitgebers im Einzelfall vorbehalten bleiben, soweit keine Vorgaben aus Arbeitsvertrag, betrieblicher Übung, Betriebsvereinbarung oder tariflichen Regelungen folgen.

Für den Arbeitgeber besteht jedoch eine **rechtliche Unwägbarkeit** darin, dass die Rechtsprechung die für die Prüfung des Maßstabes gem. § 315 BGB maßgebenden Kriterien mangels diesbezüglicher Regelungen daraus herzuleiten versucht, wie sich eine Leistung in der Vergangenheit entwickelt hat und daraus Rückschlüsse auf den Leistungszweck zu ziehen.³⁸ Dies birgt das rechtliche Risiko, dass der Arbeitgeber im Rahmen eines so zu bestimmenden Leistungszweckes an bestimmte Kriterien gebunden wird, die er in der Zukunft gem. § 315 BGB heranziehen darf, die er aber niemals abschließend hätte festlegen wollen.³⁹ 47

Beispiel:

Ein Arbeitnehmer erhielt in jedem Kalenderjahr einen so genannten „Jahresbonus" in jeweils unterschiedlicher, jedoch jährlich ansteigender Höhe. Eine Vereinbarung hierüber besteht nicht. Nachdem der Arbeitgeber die Leistung einstellte, nahm das BAG einen Anspruch aufgrund arbeitsvertraglicher konkludenter Vereinbarung dem Grunde nach und aufgrund des kontinuierlichen Ansteigens der Leistung an, dass die Höhe des Bonusanspruchs sich nach dem jeweiligen Geschäftsergebnis, ggf. aber auch der Höhe eines Bonusanspruchs der Geschäftsführung ergeben könne (wegen näherer Sachverhaltsaufklärung hat das BAG sodann an die Vorinstanz zurückverwiesen).⁴⁰

Nach der Zurückverweisung an die Vorinstanz hat das LAG festgestellt, dass konkrete Vorgaben für die Festsetzung des „Jahresbonus" nicht feststellbar seien, aufgrund des stetigen Ansteigens der Leistungen es jedoch billigem Ermessen entsprochen habe, den Anspruch mindestens in der Höhe des Vorjahres festzusetzen, was sodann durch Urteil erfolgte.⁴¹

Auch wenn diesbezügliche Rechtsstreitigkeiten bei leistungs- sowie erfolgsabhängigen Anknüpfungspunkten in der bisherigen Rechtsprechung nur in geringer Anzahl feststellbar sind, so zeigt der Fall doch, auf welches „Glatteis" sich ein Arbeitgeber begibt, wenn er keine (nachweisbaren) Kriterien für die Leistungsbestimmung der Höhe nach vorgibt, jedoch dem Grunde nach verpflichtet ist. 48

Praxistipp:

Arbeitgeber sollten deshalb entweder ausdrückliche und abschließende Regelungen für Sonderzahlungen vorsehen oder aber sämtliche Hinweise vermeiden, die Rechtsansprüche auf zukünftige Leistungen begründen können. Ein arbeitsvertraglicher Hinweis auf die bloße Möglichkeit zusätzlicher Leistungen dürfte unschädlich sein. Sobald eine Leistung im Einzelfall erbracht wird, ist diese mit einem Freiwilligkeitsvorbehalt zu versehen, nach dem es sich um eine einmalige Leistung handelt, auf die auch bei wiederholter Gewährung kein Rechtsanspruch auf weitere zukünftige Leistungen dieser Art begründet wird. Bei Beachtung dieser Grundsätze entsteht bereits kein Rechtsanspruch des Arbeitnehmers dem Grunde nach.

---

³⁷ BAG 3.8.2016 – 10 AZR 710/14, BeckRS 2016, 72724.
³⁸ BAG 3.8.2016 – 10 AZR 710/14, BeckRS 2016, 72724; 21.4.2010 – 10 AZR 163/09, BeckRS 2010, 70191 – für einen Jahresbonus ohne ausdrückliche zu Grunde liegende Vereinbarung.
³⁹ *Pletke/Schrader/Siebert/Thoms/Klagges* B. Rn. 926 ff., betrachten diese Offenheit als Vorteil, weil keine Bindungswirkung besteht.
⁴⁰ BAG 21.4.2010 – 10 AZR 163/09, NZA 2010, 808.
⁴¹ LAG BW 1.12.2010 – 22 Sa 40/10, BeckRS 2011, 68908.

49 Entschließt sich der Arbeitgeber sodann im Einzelfall zur Gewährung einer Leistung, besteht kein Raum für eine Kontrolle der von ihm aufgestellten Kriterien zur Bemessung dieser Leistung anhand des Maßstabes billigen Ermessens. In diesem Fall besteht bezogen auf den einzelnen Arbeitnehmer vielmehr ein **freier Ermessensspielraum.** Dieser ist begrenzt allein durch gesetzliche Verbote (etwa die Merkmale des § 1 AGG im Falle einer unzulässigen Diskriminierung) sowie Gleichbehandlungspflichten.

Beispiel:

Gegenstand der mit einem solchen Vorbehalt versehenen Zusage kann ohne Weiteres ein **komplexes vorgabenbezogenes System** sein, solange es sich nur auf einen einmaligen Leistungszeitraum mit sich ergebender **einmaliger Leistung** beschränkt. Nur in diesem Rahmen der einmaligen Leistung und für diesen Leistungszeitraum ist der Arbeitgeber aufgrund einer solchen Zusage gebunden.

b) Dauerhaftes Leistungssystem

50 Führt der Arbeitgeber ein dauerhaftes Leistungssystem ein, ist er an die darin getroffenen Vorgaben für die Dauer der Geltung dieses Leistungssystems gebunden. Da mit Ausnahme der Regelung durch Betriebsvereinbarung (Tarifverträge spielen in der Praxis insoweit eine untergeordnete Rolle) keine einseitige Loslösung von einem solchen Leistungssystem durch den Arbeitgeber von seltenen Ausnahmefällen abgesehen möglich ist, geht der Arbeitgeber mit der Regelung eines dauerhaften Leistungssystems eine **langfristige Bindung,** ggf. für die gesamte Dauer eines Arbeitsverhältnisses, ein.[42]

51 Der Arbeitgeber wird deshalb innerhalb dieses Leistungssystems soweit als möglich **Flexibilisierungsinstrumente** vorsehen müssen, um sich ändernden tatsächlichen, insbesondere wirtschaftlichen, Gegebenheiten durch „atmende Leistungen" Rechnung tragen zu können. Dieses grundsätzliche Flexibilisierungsinteresse tritt in Widerstreit zum Interesse des Arbeitnehmers, aufgrund feststehender Kriterien Planbarkeit und Vorhersehbarkeit über mögliche Kriterien der Leistungsbemessung und deren realistische Realisierbarkeit zu gewinnen. Dieses Bedürfnis des Arbeitnehmers schließt es rechtlich jedoch nicht aus, dass der Arbeitgeber einen weiten Katalog möglicher Kriterien festlegt und gleichzeitig klarstellt, dass die Auswahl eines oder mehrerer dieser Kriterien in einzelnen oder aufeinander folgenden Leistungszeiträumen die künftige Anlegung eines oder mehrerer der anderen Kriterien für nachfolgende Leistungszeiträume nicht ausschließt. Dies ist insbesondere eine Frage der klaren und verständlichen und damit transparenten Gestaltung des Leistungssystems.

52 Da bei einem dauerhaften Leistungssystem Ansprüche dem Grunde nach begründet werden, helfen Freiwilligkeitsvorbehalte dem Arbeitgeber nicht weiter. In gewissen Grenzen kommen die **Befristung des Leistungssystems** sowie ein **Änderungsvorbehalt** (Widerrufsvorbehalt) in Betracht. Diese Gestaltungen erfordern jedoch einen bestehenden Sachgrund für die Befristung des Leistungssystems als nur vorübergehende Arbeitsbedingung wie auch für einen möglichen späteren Widerruf (→ E Rn. 82 ff.). In der Praxis kommt insbesondere als Widerrufsgrund eine bestimmte negative wirtschaftliche Entwicklung in Betracht. Auch diesbezüglich steht im Vordergrund die klare und verständliche und damit transparente Gestaltung der Regelung neben dem späteren – messbaren – Eintritt dieses Sachgrundes. Außerhalb des Sachgrundes begibt sich der Arbeitgeber indessen der Flexibilität dem Grunde nach bei einem dauerhaften Leistungssystem.

53 In der Praxis bedeutsamer ist demgegenüber die Möglichkeit einer **Steuerung des Anspruchs der Höhe nach** – und damit bis zu einer Mindestherabsetzung auf „Null". Erforderlich ist eine Öffnung für wandelnde Zielsetzungen zur Bemessung der Höhe des Anspruchs. Dies ist dadurch sicherzustellen, dass das dauerhafte Leistungssystem eine **Öff-**

---

[42] *Pletke/Schrader/Siebert/Thoms/Klagges* B. Rn. 926.

nungsklausel für entweder mit dem Arbeitnehmer einvernehmlich zu vereinbarende (in der Praxis zumeist jährliche) Zielvereinbarungen oder aber einseitig durch den Arbeitgeber aufzustellende Zielvorgaben enthält.

c) Zielvereinbarungen oder Zielvorgaben

Zielvereinbarungen stellen insoweit insbesondere im Rahmen eines dauerhaften Leistungssystems für den jeweiligen Zielerreichungszeitraum (in der Regel das Kalender- oder Geschäftsjahr) jeweils neue Zielsetzungen auf, von deren Erreichungsgrad die Höhe einer jeweiligen Sonderzahlung abhängt. Zielvereinbarungen sind dadurch gekennzeichnet, dass sie **einvernehmlich zwischen Arbeitgeber und Arbeitnehmer** vereinbart werden, dh eine Mitwirkung des Arbeitnehmers zur verbindlichen Festlegung der Ziele unabdingbar ist.[43] Sind sie zustande gekommen, liegt ihr Vorteil darin, dass sie nur einer arbeitsgerichtlichen Transparenzkontrolle auf Klarheit und Verständlichkeit der vereinbarten Ziele unterliegen, nicht jedoch einer Angemessenheitskontrolle der Zielsetzungen selbst (→ E Rn. 171).[44] Eine bestehende Zielvereinbarung begründet für den Arbeitgeber deshalb Planbarkeit. Die vereinbarten Ziele können vom Arbeitnehmer grundsätzlich nicht mehr unter Inanspruchnahme gerichtlicher Hilfe in Zweifel gezogen werden. Alleine die Zielerreichung und deren Grad bleiben offen.

Mit einer **Zielvorgabe** gibt der Arbeitgeber dagegen **einseitig** die Ziele vor. Eine Mitwirkung des Arbeitnehmers ist nicht erforderlich. Die Einhaltung der **Grenzen billigen Ermessens** gem. § 315 Abs. 1 BGB unterliegt der vollen arbeitsgerichtlichen Überprüfung (§ 315 Abs. 3 BGB).[45] Der Vorteil für den Arbeitgeber seiner einseitigen Gestaltungsmöglichkeit ohne oder sogar gegen den Willen des Arbeitnehmers begründet damit gleichzeitig den Nachteil einer vollen gerichtlichen Überprüfbarkeit der vorgegebenen Ziele (→ E Rn. 172).

54

55

IV. Sonderformen des Entgelts

1. Provisionen

Provisionen knüpfen an den Wert einzelner Geschäfte für den Arbeitgeber an. Begrifflich ist zu unterscheiden, ob der Arbeitnehmer an dem Wert von ihm abgeschlossener Geschäfts partizipiert **(Vermittlungsprovision)** oder sich die Höhe der Provision nach dem Wert der Geschäftsabschlüsse eines bestimmten Bezirkes oder Kundensegmentes richtet **(Bezirksprovision)**.[46] Kennzeichnend für die Provision ist ihre Koppelung mit der Vermittlung oder dem Abschluss einzelner Verträge, während eine als solche bezeichnete Umsatzprovision mangels Bezuges zu Einzelgeschäften den Regelungen für Tantiemen zu unterwerfen wäre.[47]

Für Handelsvertreter iSd § 84 HGB stellen die **§§ 87 ff. HGB** einen umfassenden Regelungskomplex über Großteils gesetzlich zwingende Bestimmungen zur Behandlung von Provisionen auf. Gem. § 65 HGB gelten für Provisionszusagen gegenüber Arbeitnehmern aus diesem Regelungskomplex die Bestimmungen des § 87 Abs. 1 und Abs. 3 sowie der §§ 87a–87c HGB. Die Verweisung des § 65 HGB ist insoweit außerhalb der darin genannten Handlungsgehilfen auf sämtliche auf Provisionsbasis tätige Arbeitnehmer entsprechend anzuwenden.[48] Aufgrund der Komplexität der für Arbeitnehmer entsprechend an-

56

57

---

[43] BAG 12.12.2007 – 10 AZR 97/07, NZA 2008, 409 (416).
[44] BAG 12.12.2007 – 10 AZR 97/07, NZA 2008, 409 (411); *Bauer/Diller/Göpfert* BB 2002, 882 (884).
[45] BAG 12.12.2007 – 10 AZR 97/07, NZA 2008, 409 (411); *Bauer/Diller/Göpfert* BB 2002, 882 (884).
[46] Schaub ArbR-HdB/*Vogelsang* § 75 Rn. 1.
[47] Schaub ArbR-HdB/*Vogelsang* § 75 Rn. 2.
[48] ErfK/*Oetker* HGB § 65 Rn. 5; Schaub ArbR-HdB/*Vogelsang* § 75 Rn. 9.

wendbaren Regelungen des HGB über Provisionen werden diese nachstehend nur im Überblick dargestellt.

58 Gem. § 87 Abs. 1 S. 1 HGB entsteht ein Anspruch auf Provision für **alle während der Dauer der Provisionszusage abgeschlossenen Geschäfte,** die auf die Tätigkeit des Arbeitnehmers zurückzuführen sind oder die mit Dritten abgeschlossen werden, die er als Kunden für Geschäfte der gleichen Art geworben hat.

> **Praxistipp:**
> Der Arbeitnehmer hat Anspruch auf Provision nur für solche Geschäfte, mit deren Vermittlung oder Abschluss er betraut war. Daran fehlt es, wenn ein anderes Geschäft, wenn auch für den Arbeitgeber, zustande kommt. Im Arbeitsvertrag bzw. der Provisionsabrede sind deshalb die **provisionspflichtigen Geschäfte exakt zu definieren.**

59 Der Abschluss eines solchen Geschäftes setzt voraus, dass ein **rechtswirksamer Vertrag** zwischen Arbeitgeber und Drittem zustande kommt.[49] Ein Provisionsanspruch entsteht nicht, wenn ein Geschäft nichtig ist. Da bei Vereinbarung eines vertraglichen oder Entstehung eines gesetzlichen Rücktrittsrechts vom Vertrag zunächst ein rechtswirksamer Vertragsschluss erfolgt, entsteht der Provisionsanspruch mit Vertragsschluss. Allerdings sieht § 87a Abs. 2 HGB vor, dass bei feststehender Nichtleistung des Geschäftspartners der Provisionsanspruch entfällt und eine etwaig bereits geleistete Provision an den Arbeitgeber zurück zu gewähren ist.

60 Da § 87a HGB die Fälligkeit des Provisionsanspruchs mit Ausführung des Geschäfts durch den Arbeitgeber vorsieht, jedoch eine **abweichende Vereinbarung** ermöglicht, wenn nur spätestens zum Ende des auf die Ausführung des Geschäfts durch den Arbeitgeber folgenden Monats ein angemessener Vorschuss geleistet wird, lassen sich zumindest vertraglich vereinbarte Rücktrittsrechte ebenso wie die Ausübung gesetzlich vorgesehener Widerrufsrechte etwa bei Kreditverträgen durch die Provisionsvereinbarung gestalten, sodass der Arbeitgeber nicht das Liquiditätsrisiko des Arbeitnehmers für die Rückzahlung bei Nichtdurchführung des Vertrages vollen Umfangs trägt.

61 Sofern der **Arbeitgeber das Geschäft nicht oder nicht wie vereinbart ausführt,** behält der Arbeitnehmer gem. § 87a Abs. 3 HGB den Provisionsanspruch, es sei denn der Arbeitgeber kann nachweisen, dass ihn an der Nichtausführung kein Verschulden trifft. In diesem Falle steht zwar – ebenso wie im Anwendungsbereich des § 87a Abs. 2 HGB – fest, dass der Geschäftspartner nicht leisten muss, weil der Arbeitgeber seinerseits die gegenüber dem Geschäftspartner zu gewährende Leistung nicht erbringt. Der Arbeitnehmer soll jedoch lediglich das Risiko einer Nichtausführung des Vertrages aus der Sphäre des Geschäftspartners tragen müssen.

62 Ein Geschäft ist gem. § 87 Abs. 1 HGB nur dann nach diesen Grundsätzen provisionspflichtig, wenn sein Abschluss auf die Tätigkeit des Arbeitnehmers zurückzuführen ist. Insoweit findet eine **Kausalitätsbetrachtung** statt, ob der Geschäftsschluss ohne die Tätigkeit des Arbeitnehmers nicht erfolgt wäre.[50] Eine Mitursächlichkeit genügt allerdings.[51] Schwierigkeiten entstehen, wenn mehrere Arbeitnehmer an einem Geschäftsabschluss mitursächlich beteiligt sind.

> **Praxistipp:**
> Ohne vertragliche Abreden nimmt die Rechtsprechung an, dass bei mitursächlichen Beteiligungen mehrerer Arbeitnehmer an einem Geschäftsschluss jeder Arbeitnehmer An-

---

[49] BAG 14.3.2000 – 9 AZR 855/98, BB 2000, 1352 (1353).
[50] Schaub ArbR-HdB/*Vogelsang* § 75 Rn. 20.
[51] BAG 22.1.1971 – 3 AZR 42/70, AP HGB § 87 Nr. 2; LAG Köln 23.10.2006 – 14 Sa 459/06, NZA-RR 2007, 236 (237).

IV. Sonderformen des Entgelts

> spruch auf die volle Provision erhält.[52] Insbesondere in einer Vertriebsorganisation mit Vertriebsteams unter ggf. wechselseitiger Vertretung sollte deshalb in den jeweiligen Provisionsvereinbarungen vorgesehen werden, dass im Falle eines **Geschäftsabschlusses insgesamt nur einmal ein Provisionsanspruch** für sämtliche an dem Geschäftsschluss ggf. mitursächlich beteiligten Arbeitnehmer entsteht, der einzelne Arbeitnehmer einen Anspruch hieran jeweils entsprechend dem Grad seiner Beteiligung an dem Geschäftsschluss erhält, der Arbeitgeber ggf. zunächst entsprechend § 315 BGB nach billigem Ermessen eine Verteilung vornimmt, eine Doppelprovisionierung aber in jedem Falle ausgeschlossen ist.[53]

Die daneben gem. § 87 Abs. 2 HGB von der Verweisung des § 65 HGB für Arbeitnehmer grundsätzlich nicht erfasste **Bezirksprovision** kommt nur dann zur Anwendung, wenn dies ausdrücklich vereinbart ist. Allein die Zuweisung eines Außendienst-Bezirkes für einen Vertriebsmitarbeiter genügt hierfür nicht.[54] Ist eine Bezirksprovision vereinbart, ist für den Provisionsanspruch allein das Zustandekommen eines Geschäfts im Bezirk erheblich. Die Vermittlung (Kausalität) ist demgegenüber nicht erforderlich. Provisionsansprüche entstehen gem. § 87 Abs. 3 HGB dementsprechend auch für Geschäfte, die erst nach Beendigung des Arbeitsverhältnisses zustande kommen (so genannte **Überhangprovision**). Während dieser Anspruch für Handelsvertreter abdingbar ist, da diese gem. § 89b HGB Anspruch auf einen Ausgleichsanspruch haben, gilt dies für Arbeitnehmer nicht.

Nach früherer Rechtsprechung konnte bei Bestehen eines sachlichen Grundes eine zum Nachteil des Arbeitnehmers **abweichende Vereinbarung** getroffen werden, wenn der ausscheidende Arbeitnehmer etwa selbst Provisionen für von seinem Vorgänger geschlossene Geschäfte erhält oder eine dem Ausgleich nach § 89b HGB entsprechende Abfindung zu zahlen ist.[55] Die neuere Rechtsprechung[56] hat offen gelassen, ob ein solcher Ausschluss der Überhangprovision überhaupt möglich ist. Diese Rechtsprechung knüpft daran an, dass auch nach Beendigung des Arbeitsverhältnisses zustande gekommene Geschäfte, an deren Abschluss der Arbeitnehmer zuvor mitgewirkt hatte, Teil seiner Arbeitsleistungen sind und dementsprechend die hierfür vereinbarte Provision Teil des mit der Mitwirkung bereits erzielten Arbeitsentgelts ist.[57] Ein Ausschluss der Überhangprovision entzieht hiernach bereits erdientes Arbeitsentgelt. Da solche Überhangprovisionen ggf. bei ausscheidenden Mitarbeitern durch eine Mitwirkung des Nachfolgers gekennzeichnet sind und dieser aus dem Geschäft gleichermaßen einen Provisionsanspruch erwerben kann, zeigt auch dieser Sachverhalt die Notwendigkeit, eine Regelung über mitursächliche Beiträge mehrerer Arbeitnehmer zu treffen.

2. Sachbezüge

Sachbezüge (Naturalvergütungen) sind unmittelbare Gegenleistungen des Arbeitgebers für die Arbeitsleistung in anderer Form als in Entgelt. Gem. § 107 Abs. 2 S. 1 GewO können Sachbezüge als Teil des Arbeitsentgelts vereinbart werden, wenn dies dem Interesse des Arbeitnehmers oder der Eigenart des Arbeitsverhältnisses entspricht. Bezugspunkt ist das objektivierte Interesse bzw. Arbeitsverhältnis eines typischen Arbeitnehmers aus der Gruppe des betroffenen Personenkreises.

---
[52] LAG Hamm 23.6.1993 – 15 Sa 1269/92, BB 1993, 2236.
[53] BAG 13.12.1965 – 3 AZR 446/64, AP HGB § 65 Nr. 3.
[54] LAG Hamm 2.10.1991 – 15 Sa 605/91, BB 1992, 142.
[55] BAG 20.8.1996 – 9 AZR 471/95, NZA 1996, 1151 (1152f.).
[56] BAG 20.2.2008 – 10 AZR 125/07, NZA 2008, 1124 (1125); 28.5.2008 – 10 AZR 351/07, BeckRS 2008, 54295.
[57] BAG 20.2.2008 – 10 AZR 125/07, NZA 2008, 1124 (1125); 28.5.2008 – 10 AZR 351/07, BeckRS 2008, 54295.

66　Das Kriterium der Eigenart des Arbeitsverhältnisses stellt insbesondere auf die üblichen Deputate etwa in der Gastronomie, dem Hotelerie- oder Brauereigewerbe ab. Dem Interesse des Arbeitnehmers entspricht die Gewährung von Sachbezügen, wenn diese vom Arbeitnehmer sinnvoll eingesetzt oder verbraucht werden können, etwa Kost, Wohnung, Privatnutzung eines Dienstwagens, Haustrunk oder begünstigter Bezug einzelner Gebrauchsgegenstände.

67　Dabei stellt das Gesetz klar, dass solche Sachbezüge allein als Teil des Arbeitsentgelts – nicht also anstelle des gesamten Arbeitsentgelts – vereinbart werden können. Grenze der zu vereinbarenden Sachbezüge oder der Anrechnung überlassener Waren auf das Arbeitsentgelt ist gem. § 107 Abs. 2 S. 5 GewO die Höhe des pfändbaren Teils des Arbeitsentgelts. Der unpfändbare Anteil des Arbeitsentgelts ist damit stets gem. § 107 Abs. 1 GewO in Geld (EUR) auszuzahlen. Für die Berechnung des pfändbaren Anteils des Arbeitsentgelts sind Geld- und Sachleistungen zusammenzurechnen (§ 850e Nr. 3 S. 1 ZPO).

68　Die Gewährung von Sachbezügen kann aufgrund besonderer steuer- sowie sozialversicherungsrechtlicher Behandlung von Interesse sein. Gem. § 8 Abs. 2 S. 1 EStG ist für die Bemessung des Wertes von Sachbezügen grundsätzlich der übliche Endpreis am Abgabeort anzusetzen, wenn nicht ein Fahrzeug überlassen wird – hier gilt für die Bemessung gem. § 8 Abs. 2 S. 2 ff. EStG grundsätzlich eine Pauschalierung von 1 % des Bruttolistenpreises bei Erstzulassung als Bemessungsgrundlage. Für die nach § 8 Abs. 2 S. 1 EStG zu bewertenden Sachbezüge gilt indessen gem. § 8 Abs. 2 S. 9 EStG eine Freigrenze von 44,00 EUR monatlich. Überschreiten Sachbezüge diese Freigrenze, ist der Sachbezug insgesamt steuerpflichtig. Es kommen jedoch Privilegierungen nach Maßgabe der Sozialversicherungsentgeltverordnung oder der Pauschalversteuerung gem. § 40 EStG in Betracht.

3. Abgrenzung: Aufwendungsersatz

a) Begriff

69　Aufwendungsersatz ist kein Arbeitsentgelt, sondern ein Ausgleich für die vom Arbeitnehmer freiwillig erbrachten Vermögenseinbußen, die der Arbeitnehmer mit Rücksicht auf das Arbeitsverhältnis erbracht hat.

Beispiele:
- Kilometergeld bei Verwendung des Privat-Pkw für Dienstreisen;
- Auslösungsbeträge bei Auswärtsübernachtungen;
- Verpflegungspauschbeträge bei Abwesenheiten;
- vom Arbeitnehmer getragene Kosten für Beförderung mit Bahn, Flugzeug oder sonstigen Verkehrsmitteln sowie Übernachtungskosten;
- Bewirtungskosten;
- Auslagen zur Beschaffung von Arbeitsmaterial.

70　Aufwendungsersatz schuldet der Arbeitgeber kraft Gesetzes (§ 670 BGB). Ziel des Aufwendungsersatzes ist die Herstellung von **Kostenneutralität** für das Vermögen des Arbeitnehmers, während mit dem Arbeitsentgelt eine Vermögensmehrung beim Arbeitnehmer bezweckt ist. Aufwendungsersatz ist zwar kein variables Arbeitsentgelt und steht damit außerhalb der hier vorzunehmenden Behandlung. Wegen vielfacher **Steuer- und Sozialabgabenprivilegierungen** lohnt jedoch für den Arbeitgeber eine genaue Betrachtung und Abgrenzung.

71　Entscheidend für die Abgrenzung zwischen Arbeitsentgelt und Aufwendungsersatz ist, ob **Vermögensnachteile beim Arbeitnehmer** für erbrachte Auslagen ausgeglichen werden sollen oder eine Leistung des Arbeitgebers mit Blick auf einen Gegenwert zur Arbeitsleistung des Arbeitnehmers erbracht wird. Am deutlichsten wird ein reiner Aufwendungsersatzcharakter, wenn der Arbeitnehmer tatsächlich aufgewendete Kosten unter

Nachweis von Belegen abrechnet (etwa unter Vorlage von Rechnungen für Bahn- oder Flugtickets, Hotelrechnungen etc.). In einem solchen Falle ist eine Kostenneutralität nicht in Frage zu stellen, sodass der Leistung kein gesondertes Entgelt bei einer Arbeitsleistung beizumessen ist, auch nicht unter dem Gesichtspunkt zukünftig zu erbringender Arbeitsleistungen.

Aufwendungsersatz ist daran geknüpft, dass der Arbeitnehmer Vermögensnachteile im Zusammenhang mit der Erbringung der Arbeitsleistung eingeht, die der Arbeitgeber ohne Zwischenschaltung des Arbeitnehmers unmittelbar zu tragen hätte. Nicht zu den Aufwendungen zählen deshalb **Kosten des persönlichen Lebensbedarfs des Arbeitnehmers,** die der Arbeitnehmer aus seiner Arbeitsvergütung zu bestreiten hat. Hierzu zählen insbesondere Kosten für die Fahrten zwischen Wohnung und Arbeitsstätte, die reguläre Verpflegung oder Kleidung. 72

Ein Aufwendungsersatzcharakter ist anzunehmen, wenn die Leistung mit Blick darauf erfolgt, dass Kostenneutralität für den Arbeitnehmer hergestellt werden soll, dieser also weder Vor- noch Nachteile erzielt. Eine Arbeitsleistung wird nach der Rechtsprechung demgegenüber bereits dann entgolten, wenn etwa mit der Zahlung eines (erhöhten) Kilometergeldes die Bereitschaft des Arbeitnehmers zur Durchführung von Dienstreisen herbeigeführt oder gefördert werden soll.[58] 73

Wird Aufwendungsersatz umgekehrt nicht konkret nach Maßgabe tatsächlich entstandener Aufwendungen, sondern als **pauschalierter Aufwendungsersatz** geleistet, handelt es sich dabei gleichwohl nicht notwendig um Arbeitsentgelt. Umgekehrt werden Leistungen des Arbeitgebers nicht alleine dadurch, dass sie etwa im Zusammenhang mit Geschäftsreisen erbracht und als Spesen bezeichnet werden, zu Aufwendungsersatz.[59] 74

Die **Abgrenzung** richtet sich nach dieser Rechtsprechung nach dem **Zweck der Leistung:** Nur bei Leistungen, die von **vornherein** die Aufwendungen überschreiten, die der Arbeitgeber nach der Verkehrsanschauung für erforderlich halten kann, dient der überschießende Teil im Zweifel als Entgelt, weil der Leistung des Arbeitgebers kein zu **erwartender arbeitnehmerseitiger Aufwand** gegenüber steht.[60] Daraus folgt, dass ein Aufwendungsersatz arbeitsrechtlich nicht in Frage zu stellen ist, wenn nach der Kalkulation des Arbeitgebers der Aufwand des Arbeitnehmers in dieser Höhe realistisch zu prognostizieren ist. 75

Unter dem Gesichtspunkt einer einheitlichen Rechtsordnung wird der Arbeitgeber stets auf der sicheren Seite bleiben, wenn er sich an den **steuerlichen Pauschbeträgen** orientiert. Allerdings kann etwa bei der Einbringung eines privaten Pkw durch den Arbeitnehmer für Dienstfahrten die konkrete Kostenbetrachtung zu deutlich höheren Ansprüchen führen. Es ist eine Frage des Verwaltungs- und Dokumentationsaufwandes für den Arbeitgeber, ob er auf dieser Grundlage Aufwendungen erstattet. Will der Arbeitgeber solchen administrativen Aufwand vermeiden, wird er die Einbringung eines solchen Pkw im Wege seines Direktionsrechts vermeiden müssen, um daraus resultierende Aufwendungsersatzansprüche abzuwehren. 76

b) Arbeitsrechtliche Bedeutung

Aufwendungsersatz ist nicht Bestandteil der Arbeitsvergütung. Der Arbeitnehmer hat **Anspruch** auf Ausgleich seiner Aufwendungen jedoch aus **§ 670 BGB.** Soweit der Arbeitnehmer Aufwendungen eingeht, ist der Arbeitgeber für die Wiederherstellung der Kostenneutralität verantwortlich. In der Praxis wird Arbeitgebern insoweit häufig empfohlen, zur Vereinfachung des Erstattungsverfahrens **Pauschalierungsvereinbarungen,** etwa im 77

---

[58] BAG 27.10.1998 – 1 ABR 3/98, NZA 1999, 381 (383).
[59] BAG 27.10.1998 – 1 ABR 3/98, NZA 1999, 381 (383); 17.6.1998 – 2 AZR 336/97, NZA 1998, 1225 (1228f.).
[60] BAG 27.10.1998 – 1 ABR 3/98, NZA 1999, 381 (383).

Rahmen einer **Reisekostenrichtlinie** über Pauschalleistungen unabhängig von den tatsächlichen Aufwendungen des Arbeitnehmers zu treffen.[61] Nach der Rechtsprechung des BAG ändert eine solche Pauschalierung nichts an dem Aufwendungsersatzcharakter, auch wenn die tatsächlichen arbeitnehmerseitigen Aufwendungen im Einzelfall ober- oder unterhalb der Pauschale liegen können, sofern nur der Arbeitgeber bei der Pauschalierung den typischerweise zu erwartenden arbeitnehmerseitigen Aufwand berücksichtigt.[62]

78 Übersteigt indessen die Pauschale erheblich den typischerweise vom Arbeitnehmer aufzuwendenden Betrag, diente sie nicht mehr der Kostenneutralität und ist damit der Vergütung zuzurechnen.[63]

> **Praxistipp:**
> Arbeitgeber müssen sich entscheiden, ob sie zur Vereinfachung des Erstattungsverfahrens Pauschalen vorsehen. Soweit die Pauschalen von tatsächlichen Aufwendungen des Arbeitnehmers erheblich abweichen können, sind sie der Arbeitsvergütung zuzurechnen und nehmen damit am arbeitsvertraglichen Bestandsschutz teil. Eine Lossagung des Arbeitgebers von der Pauschale ist damit ohne Einvernehmen mit dem Arbeitnehmer praktisch kaum möglich. Will der Arbeitgeber eine solche Bindung vermeiden, wird er Auslagen allein nach Maßgabe der tatsächlich vom Arbeitnehmer getragenen Kosten erstatten. In diesem Falle setzt er lediglich die sich aus § 670 BGB ergebende Verpflichtung zum Aufwendungsersatz um, ohne sich vertraglich zu binden.

79 Für die Beantwortung der Frage, ob eine Pauschale des Arbeitgebers die **zu erwartenden Aufwendungen überschreitet,** die der Arbeitgeber nach der Verkehrsanschauung für erforderlich halten kann, werden im Zusammenhang mit Dienstreisen insbesondere die **Einkommensteuer-Richtlinien** über steuerfreie Leistungen des Arbeitgebers herangezogen.[64] Dies wird der sicherste Weg sein. Alternativ kann der Arbeitgeber eine andere Berechnung vornehmen anhand konkret zu erwartender anderer Berechnungsfaktoren. Im Streitfalle wird er diese als Grundlage der Kalkulation eines bloßen Aufwendungsersatzes in Abgrenzung zum Arbeitsentgelt darlegen müssen.

80 Betriebsverfassungsrechtlich ist der Ersatz von Aufwendungen **nicht nach § 87 Abs. 1 Nr. 10 BetrVG mitbestimmungspflichtig.** Insbesondere folgt ein Mitbestimmungsrecht des Betriebsrates nicht aus § 87 Abs. 1 Nr. 10 BetrVG als Frage der betrieblichen Entgeltgestaltung, da Aufwendungen nicht dem Arbeitsentgelt und damit nicht dem betriebsverfassungsrechtlich mitzubestimmenden Entgelt zuzuordnen sind.[65] Umstritten ist, ob dies ebenfalls unter dem Gesichtspunkt der Zeit der Auszahlung des Aufwendungsersatzes für Pauschalen unter dem Gesichtspunkt des § 87 Abs. 1 Nr. 4 BetrVG gilt, auch wenn diese die genannte Grenze der typischerweise zu erwartenden Aufwendungen nicht überschreiten.[66]

V. Vergütung von Überstunden

81 Die Vergütung von Überstunden als solchen wirft zunächst keine besonderen Fragestellungen auf. In der Regel ist im Falle einer Vergütung der Überstunden die für jede **Arbeitsstunde maßgebende regelmäßige Vergütung** als Maßstab heranzuziehen, ggf.

---

[61] Etwa Küttner/*Griese* „Aufwendungsersatz" Rn. 4.
[62] BAG 27.10.1998 – 1 ABR 3/98, NZA 1999, 381 (383).
[63] BAG 17.6.1998 – 2 AZR 336/97, NZA 1998, 1225 (1228f.).
[64] BAG 17.6.1998 – 2 AZR 336/97, NZA 1998, 1225 (1229); 27.10.1998 – 1 ABR 3/98, NZA 1999, 381 (383).
[65] BAG 27.10.1998 – 1 ABR 3/98, NZA 1999, 381 (383).
[66] *Fitting* BetrVG § 87 Rn. 181 ff.

V. Vergütung von Überstunden

zuzüglich von Zuschlägen. Besonderheiten entstehen insbesondere im Falle der pauschalierten Abgeltung von Überstunden oder bei einem Bedürfnis nach Abgeltung mit der regelmäßigen Vergütung.

1. Begriff

Überstunden sind begrifflich nicht zu verwechseln mit „Mehrarbeit". Der Begriff Überstunden sind solche Arbeitsstunden, die die **vertraglich vereinbarte Arbeitszeit überschreiten**.[67] Mehrarbeit liegt dagegen vor, wenn die tatsächlich geleistete Arbeitszeit die gesetzlich grundsätzlich zulässige Arbeitszeit von acht Stunden werktäglich gem. § 3 ArbZG überschreitet – es handelt sich also um einen reinen öffentlich-rechtlichen Begriff des Arbeitszeitrechts.[68] Für die Entstehung von Überstunden ist nicht das öffentlich-rechtliche Arbeitszeitrecht maßgebend, sondern allein die Überschreitung der vertraglich vereinbarten Arbeitszeit.

82

2. Vergütungspflicht von Überstunden

Lediglich für Auszubildende begründet § 17 Abs. 3 BBiG einen Anspruch auf Ausgleich von Überstunden. Für sonstige Beschäftigtengruppen fehlt es an einer konkreten gesetzlichen Regelung. Liegt ebenfalls keine Regelung aus einem Tarifvertrag, einer Betriebsvereinbarung oder dem Arbeitsvertrag über die Vergütung von Überstunden vor, richtet sich diese kraft Gesetzes nach § 612 Abs. 1 BGB.[69] Eine Vergütung gilt als stillschweigend vereinbart, wenn die Leistung der Überstunde den Umständen nach nur gegen eine **Vergütung zu erwarten** ist. Es muss eine objektive sowie subjektive Vergütungserwartung bestehen. In diesem Falle gilt gem. § 612 Abs. 2 BGB die übliche Vergütung als vereinbart. Wann eine solche Erwartung der Vergütung von Überstunden besteht, richtet sich nach den Umständen des Einzelfalls. Die Rechtsprechung hat hierzu Fallgruppen entwickelt.

83

a) Objektive Vergütungserwartung

Die objektive Vergütungserwartung richtet sich nach der Verkehrssitte, der Art, des Umfangs und der Dauer der Dienstleistung sowie der Stellung der Beteiligten zueinander.[70] Anhaltspunkt kann sein, ob im jeweiligen Wirtschaftszweig Tarifverträge eine Vergütung von Überstunden regeln.[71] Es besteht **kein allgemeiner Rechtsgrundsatz,** wonach für Überstunden stets eine Vergütung erwartet wird,[72] wenngleich eine solche Erwartung in weiten Teilen des Arbeitslebens gegeben sein wird.[73]

84

Bei sog. **Diensten höherer Art** besteht regelmäßig keine objektive Vergütungserwartung.[74] Hier entspricht es der Verkehrsanschauung, dass die gehobene Stellung eine erhöhte Arbeitszeit mit sich bringt. Die Vergütung ist damit nicht vorrangig zur Abgeltung des zeitlichen Aufwandes, sondern zur Abgeltung der Leistung insgesamt bemessen. Überstunden sind bei Diensten höherer Art damit in die Vergütung bereits eingepreist.[75]

85

---

[67] BAG 8.11.1989 – 5 AZR 642/88, NZA 1990, 309 (310).
[68] *Spielberger* AuA 2012, 573.
[69] Maschmann/*Stück* Kap. 27 Rn. 21; *Pletke/Schrader/Siebert/Thoms/Klagges* B. Rn. 482.
[70] BAG 17.8.2011 – 5 AZR 406/10, NJW 2012, 552 (553); ErfK/*Preis* BGB § 612 Rn. 11.
[71] BAG 11.10.2000 – 5 AZR 122/99, NZA 2001, 458 (460); *Scheele* NJW-Spezial 2012, 690.
[72] BAG 22.2.2012 – 5 AZR 765/10, NZA 2012 861 (862); *Köhler* GWR 2012, 457.
[73] BAG 21.9.2011 – 5 AZR 629/10, NZA 2012, 145 (148).
[74] BAG 17.3.1982 – 5 AZR 1047/79, NJW 1982, 2139; *Moderegger* ArbRB 2012, 308.
[75] BAG 17.3.1982 – 5 AZR 1047/79, NJW 1982, 2139; *Köhler* GWR 2012, 457.

Beispiele:

Solche Dienste höherer Art sind beispielsweise bei einem Chefarzt oder bei einem leitenden Angestellten[76] anzunehmen. Allein der Status als Führungskraft genügt demgegenüber nicht. Es bedarf einer Arbeitsaufgabe, die durch eine Gesamtverantwortung unter eigener Regie der Arbeitsabläufe und des hierfür erforderlichen zeitlichen Umfangs geprägt ist.

86 Eine objektive Vergütungserwartung fehlt aus vergleichbaren Erwägungen, wenn bereits eine **gehobene Vergütung** gewährt wird.[77] Bei einer gehobenen Vergütung wird diese nach Auffassung des BAG nicht für die Ableistung einer bestimmten Anzahl von Arbeitsstunden gewährt; vielmehr steht auch hier die Erfüllung der übertragenen Arbeitsaufgaben Fokus.[78] Hiervon ist nach der Rechtsprechung regelmäßig auszugehen, wenn die gewährte Vergütung die Beitragsbemessungsgrenze zur gesetzlichen Rentenversicherung überschreitet.[79] Noch nicht abschließend geklärt ist in diesem Zusammenhang die Behandlung von **Teilzeitkräften.** Die bei dieser Fallgruppe im Vordergrund stehende Maßgabe einer übertragenen Arbeitsaufgabe für die Vergütung dürfte gerade wegen der Teilzeit in Abgrenzung zur vollen Arbeitszeit nicht greifen. Dies spricht für die Maßgabe der letztlich erzielten Vergütung unabhängig vom Beschäftigungsumfang.[80]

Praxistipp:

Mit der Fallgruppe des Überschreitens der Beitragsbemessungsgrenze der gesetzlichen Rentenversicherung gelingt in der Praxis die deutlichste Abgrenzung einer Überstundenvergütungserwartung. Zu beachten ist, dass diese Beitragsbemessungsgrenze regelmäßig angepasst wird.

87 An einer objektiven Vergütungserwartung fehlt es des Weiteren, wenn der Arbeitnehmer neben einem zeitbezogenen Arbeitsentgelt für einen Teil seiner Arbeit eine **zusätzliche erfolgsabhängige Vergütung,** beispielsweise Provision, erhält.[81] Bei dieser Fallgruppe ist es nicht zu trennen, ob der Arbeitnehmer um einer gesonderten Provision willen Überstunden leistet. Wegen der möglichen Provision besteht dann die Erwartung einer Provisionszahlung, nicht aber bei Verfehlen eines provisionspflichtigen Geschäfts eine Vergütungserwartung als Überstunde. Im Vordergrund des Entgeltsystems steht hier der berufliche Erfolg über den Verdienst von Provisionen. In solchen Fällen kann nicht ohne Hinzutreten weiterer Umstände eine objektive Vergütungserwartung für Überstunden begründet werden.[82]

b) Subjektive Vergütungserwartung

88 Neben der objektiven Vergütungserwartung kann eine subjektive Vergütungserwartung eine Überstundenvergütung begründen.[83] Das BAG hat etwa eine Überstundenvergütung anerkannt, wenn der Arbeitnehmer gering vergütete Arbeitsleistungen erbracht hat und dabei dem Arbeitgeber erkennbar wurde, hierfür eine spätere gesonderte Vergütung zu erwarten. In der Regel stellt die subjektive Vergütungserwartung aber ein **Korrektiv** gegenüber einer objektiv bestehenden Vergütungserwartung zu. Verfolgt der Arbeitnehmer

---

[76] BAG 17.11.1966 – 5 AZR 225/66, NJW 1967, 413.
[77] BAG 22.2.2012 – 5 AZR 765/10, NZA 2012, 861 (862).
[78] BAG 22.2.2012 – 5 AZR 765/10, NZA 2012, 861 (863).
[79] BAG 22.2.2012 – 5 AZR 765/10, NZA 2012, 861 (863).
[80] *Salamon/Hoppe/Rogge* BB 2013, 1720 (1723).
[81] BAG 27.6.2012 – 5 AZR 530/11, NZA 2012, 1147 (1148).
[82] BAG 27.6.2012 – 5 AZR 530/11, NZA 2012, 1147 (1148).
[83] BAG 14.7.1966 – 5 AZR 2/66, NJW 1966, 2426.

etwa bei der Erbringung der Überstunden andere Ziele – etwa eine bestimmte Karriereentwicklung[84] –, kann dies eine subjektive Vergütungserwartung ausschließen.

3. Abgeltung von Überstunden

Mit Überstundenabgeltungsklauseln bezweckt der Arbeitgeber, mit einer Pauschalzahlung oder der regelmäßigen Vergütung **keine gesonderte Vergütung** von Überstunden leisten zu müssen. Überstundenabgeltungsklauseln stellen regelmäßig Allgemeine Geschäftsbedingungen dar. Sie unterliegen daher insbesondere der Transparenz- und Angemessenheitskontrolle gem. § 307 BGB. 89

a) Transparenzgebot

Gem. § 307 Abs. 1 S. 2 BGB erfordert die Transparenz einer Klausel, dass sie für einen typischen Arbeitnehmer klar und verständlich formuliert und gestaltet ist. Für den Arbeitgeber dürfen sich keine ungerechtfertigten Spielräume bei der Ausfüllung der Klausel ergeben. Eine die Vergütung von Überstunden ausschließende Klausel genügt dem nur dann, wenn sich aus dem Arbeitsvertrag selbst ergibt, welche Arbeitsleistungen **in welchem zeitlichen Umfang** von ihr umfasst sein sollen.[85] 90

Beispiel:
Das BAG hält hiernach Klauseln für unwirksam, die pauschal regeln, dass der Arbeitnehmer für Überstunden keine weitergehende Vergütung erhält.[86] Hiernach ist nicht bestimmt, in welchem Umfang Überstunden abgegolten sein sollen.

Eine solche Klausel regelt zwar eindeutig, dass keinerlei Überstunden vergütet werden. Der Arbeitnehmer kann aber nicht erkennen, in welchem **Umfang er Überstunden leisten** muss, so dass für den Arbeitnehmer nicht absehbar ist, wie viele Arbeitsstunden er für seine Vergütung zu leisten hat.[87] Aus der Überstundenabgeltungsklausel oder zumindest dem Zusammenspiel mit einer Überstundenanordnungsklausel muss deshalb eine Höchstgrenze der Überstunden erkennbar sein, die bereits durch die bestehende Vergütung abgegolten sein sollen.[88] 91

Beispiel:
Die Klausel, dass in der vereinbarten Vergütung „die ersten 20 Überstunden im Monat mit drin" sind, ist hinreichend klar und verständlich.[89]

b) Grenzen

Bei Abgeltungsklauseln findet nach zutreffender Auffassung eine Angemessenheitskontrolle gem. § 307 Abs. 3 S. 1 BGB nicht statt.[90] Mit der Abgeltungsklausel wird der Umfang der Vergütung festgelegt. Die Hauptleistungspflichten unterliegen gem. § 307 Abs. 3 S. 1 BGB **keiner Angemessenheitskontrolle** gem. § 307 Abs. 1 BGB. Es ist bei derartigen 92

---

[84] BAG 17.8.2011 – 5 AZR 406/10, NZA 2011, 1335 (1337).
[85] BAG 16.5.2012 – 5 AZR 331/11, NZA 2012, 908 (909).
[86] BAG 22.2.2012 – 5 AZR 765/10, NZA 2012, 861 (862); 1.9.2010 – 5 AZR 517/09, NZA 2011, 575 (576).
[87] *Salamon/Hoppe/Rogge* BB 2013, 1720 (1724).
[88] *Hümmerich* NZA 2003, 753 (757).
[89] BAG 16.5.2012 – 5 AZR 331/11, NZA 2012, 908 (909).
[90] BAG 16.5.2012 – 5 AZR 331/11, NZA 2012, 908 (910); *Bauer/Arnold/Willemsen* DB 2012, 1986 (1988); aA LAG Hamm 11.7.2007 – 6 Sa 410/07, BeckRS 2007, 31831.

Klauseln nicht Aufgabe des Gerichts, den gerechten Preis zu ermitteln.[91] Nach aA wird teilweise eine Höchstgrenze von 10% der über die normale Arbeitszeit hinausgehenden Überstunden angenommen;[92] naheliegender dürfte bei unterstellter Anwendbarkeit der Angemessenheitskontrolle hingegen eine Grenze von 25% der Regelarbeitszeit sein, die gleichermaßen den Grenzziehungen der Rechtsprechung zum Widerrufsvorbehalt bei übertariflichen Leistungen und zur Abrufarbeit entspricht.[93]

93 Eine Grenze für Überstundenabgeltungsklauseln folgt aber aus einer möglichen **Sittenwidrigkeit** oder dem Anspruch auf den **gesetzlichen Mindestlohn,** wenn bei Einbeziehung der Anzahl abzugeltender Überstunden die absolute Untergrenze des § 1 MiLoG für jede Zeitstunde oder die relative Untergrenze der Sittenwidrigkeit nicht gewahrt wird.

Praxistipp:
Bei Arbeitnehmern mit objektiver Vergütungserwartung für Überstunden hat die Abgeltungsklausel konkret den Umfang der Überstunden zu benennen, die mit der monatlichen Vergütung oder einer gesonderten Überstundenpauschale bereits abgegolten sind. Wegen der ungeklärten Rechtslage des Umfangs der zulässigen Abgeltung sollte zum einen der Anteil der monatlich abgegoltenen Überstunden 25% (oder die aA zugrunde legend 10%) der Arbeitszeit nicht überschreiten, zum anderen ist sicher zu stellen, dass unter Einbeziehung dieser möglichen Anzahl von Überstunden die Grenzen des gesetzlichen Mindestlohns zur Sittenwidrigkeit nicht überschritten werden.

---

[91] BAG 17.10.2012 – 5 AZR 792/11, NZA 2013, 266 (267).
[92] AnwK-ArbR/*Ebeling* BGB § 307 Rn. 90.
[93] *Bauer/Arnold/Willemsen* DB 2012, 1986 (1989).

C. (Mindest-)Entgelt nach dem Mindestlohngesetz (MiLoG)

Übersicht

	Rn.
I. Geltungsbereich des MiLoG	1
1. Einführung	1
2. Übergangsvorschriften	4
3. Verhältnis zu anderen Mindestentgelten	11
a) Mindestlöhne nach AEntG und AÜG	11
b) Landesrechtliche Regelungen	16
4. Rechtsnatur des Mindestlohnanspruchs	18
a) Rechtsnatur des Mindestlohnanspruchs	18
b) Rechtsfolge	20
c) Sittenwidrigkeitsgrenze (§ 138 BGB)	23
aa) Sittenwidrigkeitsrechtsprechung	24
bb) Anwendbarkeit neben MiLoG	27
II. Mindestlohnpflichtige Zeiten	30
1. Leistungsvergütung	31
2. Arbeitsbereitschaft, Bereitschaftsdienst, Rufbereitschaft	33
3. Zeiten der Nichtarbeit	36
a) Feiertage, Arbeitsunfähigkeit infolge Krankheit, vorübergehende Verhinderung nach § 616 BGB	37
b) Urlaub	39
c) Annahmeverzug	42
d) Pausen	43
4. Wege- und Reisezeiten	44
a) Wegezeit	45
b) Reisezeit	47
5. Umkleidezeiten, Rüstzeiten	50
6. Überstunden	54
III. Mindestlohnrelevante Entgelttatbestandteile	56
1. Fälligkeitsregelung des § 2 Abs. 1 MiLoG	56
2. Mindestlohnwirksame Leistungen	60
a) Rechtsprechung des BAG	61
aa) Unwiderrufliche Leistung	64
bb) Erfüllungszeitpunkt	65
cc) Ohne Rücksicht auf die tatsächliche Arbeitsleistung	66
dd) Kraft Gesetzes geschuldete Leistungen	67
b) Darlegungs- und Beweislast	68
c) Einzelne Vergütungsbestandteile	69
aa) Leistungen mit Erfüllungswirkung	69
bb) Leistungen ohne Erfüllungswirkung	77
d) Kritik an der Entgelttheorie	82
e) Prüfpraxis des Zolls	85
IV. Arbeitszeitkonto	86
1. Ausgestaltung des Arbeitszeitkontos nach § 2 Abs. 2 MiLoG	87
2. Voraussetzungen nach § 2 Abs. 2 MiLoG	89
3. Ausgleich des Arbeitszeitkontos	92
4. Minijobber/geringfügig Beschäftigte	96
V. Ausschlussfristen	100
1. Regelung des § 3 MiLoG	100
2. Rechtsprechung	101
VI. Anwendungsbereich des MiLoG	104
1. Arbeitnehmer iSd § 22 Abs. 1 MiLoG	104
a) Selbstständige, Arbeitnehmerähnliche Personen, Heimarbeiter	107
aa) Selbständige	108
bb) Arbeitnehmerähnliche Personen	113

	Rn.
cc) Heimarbeiter	116
b) Auszubildende iSd BBiG	119
c) Werkstudenten	122
d) Diplomand, „Masterand" und „Bachelorand"	124
e) Volontär, Trainee	128
f) Familienangehörige	130
g) Einfühlungsverhältnisse, Schnupperarbeitsverhältnis	131
2. Praktikanten	132
a) Pflichtpraktikum	135
b) Orientierungspraktikum	143
c) Freiwilliges Praktikum	150
d) Einstiegsqualifizierung	158
e) Duale Studiengänge/berufsbegleitende Studien	161
f) Überschreitung der Praktikumsdauer, Kombination der Ausnahmevorschriften, Aufspaltung des Praktikums und Unterbrechungen	166
3. Kinder und Jugendliche	173
4. Zur Berufsausbildung Beschäftigte	175
5. Ehrenamtlich Tätige	176
6. Langzeitarbeitslose	180
7. Rechtsfolge der Ausnahmevorschriften	184
VII. Besonderheiten bei Branchenmindestlöhnen	186
1. Fälligkeit	187
2. Erfüllungswirkung von Leistungen	188

I. Geltungsbereich des MiLoG

1. Einführung

1 Am 11.8.2014 ist das Tarifautonomiestärkungsgesetz in Kraft getreten. Mit Art. 1 des sog. Artikelgesetzes ist das MiLoG eingeführt worden, welches zum 1.1.2015 in Kraft getreten ist. Seitdem gibt es erstmalig in Deutschland einen allgemein verbindlichen, gesetzlichen Mindestlohn. Das Gesetz orientiert sich in weiten Teilen an den tariflichen Mindestlöhnen nach Maßgabe des AEntG und greift teilweise auf die bestehende Regelungssystematik zurück. Im Mittelpunkt steht die Verpflichtung eines jeden Arbeitgebers, die tatsächliche Arbeitszeit der Arbeitnehmer mit dem gesetzlichen Mindestlohn je Zeitstunde zu vergüten. Ausnahmevorschriften sind abschließend für Praktikanten, Kinder und Jugendliche ohne abgeschlossene Berufsausbildung, Langzeitarbeitslose und ehrenamtlich Tätige vorgesehen. Darüber hinaus enthält das Gesetz Vorgaben zur Einhaltung und Kontrolle der Erfüllung des Mindestlohnanspruches, insbesondere weitgehende Dokumentations- und Aufzeichnungspflichten.

2 Durch die Einführung eines flächendeckenden gesetzlichen Mindestlohns sollen Arbeitnehmer vor unangemessen niedrigen Löhnen geschützt werden und gleichzeitig soll der gesetzliche Mindestlohn dazu beitragen, dass kein Wettbewerb zwischen den Unternehmen durch die Vereinbarung immer niedrigerer Löhne zulasten der Arbeitnehmer stattfindet.[1] Mit § 1 MiLoG ist eine allgemein verbindliche Lohnuntergrenze festgelegt worden, die von den Arbeitsvertragsparteien nicht im Rahmen der arbeitsvertraglichen Entgeltgestaltung abbedungen werden kann. Nach § 1 Abs. 1 MiLoG hat jeder Arbeitnehmer Anspruch auf Zahlung eines Arbeitsentgelts mindestens in Höhe des Mindestlohns durch den Arbeitgeber. Diese Lohnuntergrenze ist zwingend bei der Gestaltung der Vergütung durch die Arbeits- sowie Tarifvertragsparteien zu berücksichtigen.

---

[1] BT-Drs. 18/1858, 1 f.

I. Geltungsbereich des MiLoG

Der zunächst zum 1.1.2015 iHv 8,50 EUR brutto eingeführte Mindestlohn ist auf Vorschlag der Mindestlohnkommission nach § 9 MiLoG zum 1.1.2017 auf 8,84 EUR erhöht worden. Die Mindestlohnkommission hat nach § 9 Abs. 1 S. 2 MiLoG alle zwei Jahre über die Anpassung der Höhe des Mindestlohns zu entscheiden. Daher ist zu erwarten, dass eine weitere Erhöhung des Mindestlohns zum 1.1.2019 erfolgen wird. Dabei orientiert sich die Mindestlohnkommission bei der Festsetzung des Mindestlohns an der Tarifentwicklung gemäß § 9 Abs. 2 S. 2 MiLoG.

2. Übergangsvorschriften

Zum 1.1.2015 ist der gesetzliche Mindestlohn eingeführt worden. Für wenige Bereiche hat der Gesetzgeber Übergangsvorschriften in § 24 MiLoG vorgesehen. Diese sind mittlerweile gem. Art. 15 Abs. 2 des Tarifautonomiestärkungsgesetzes mit Ablauf des 31.12. 2017 außer Kraft getreten.[2] Die Übergangsvorschriften sind daher nach dem 1.1.2018 nur noch für die Vergangenheit zu berücksichtigen.

In § 24 Abs. 1 MiLoG findet sich eine abschließende Übergangsregelung für den Anwendungsbereich **allgemeinverbindlicher Tarifverträge.** Danach gingen bis zum 31.12.2017 abweichende Regelungen eines Tarifvertrages repräsentativer Tarifvertragsparteien den Regelungen des MiLoG vor, wenn sie für alle unter den Geltungsbereich des Tarifvertrages fallenden Arbeitgeber mit Sitz im In- oder Ausland sowie deren Arbeitnehmer verbindlich gemacht worden sind. Seit dem 1.1.2017 ist mindestens jedoch ein Mindestlohn iHv 8,50 EUR (statt des seit dem 1.1.2017 geltenden (erhöhten) gesetzlichen Mindestlohn iHv 8,84 EUR) zu gewähren. Ab dem 1.1.2018 gilt der gesetzliche Mindestlohn ausnahmslos in der Höhe, in der er von der Mindestlohnkommission festgesetzt ist. Somit ist auch im Anwendungsbereich allgemeinverbindlicher Tarifverträge der gesetzliche Mindestlohn von 8,84 EUR als Lohnuntergrenze zu beachten.

Die Übergangsvorschrift des § 24 Abs. 1 MiLoG ist im Zusammenhang mit § 1 Abs. 3 S. 1 MiLoG zu verstehen, wonach die Regelungen des AEntG, des AÜG und der auf ihrer Grundlage erlassenen Rechtsverordnungen dem MiLoG vorgehen, soweit die Höhe der auf ihrer Grundlage festgesetzten Branchenmindestlöhne den gesetzlichen Mindestlohn nicht unterschreitet. Entsprechend gilt dies gem. § 1 Abs. 3 S. 2 MiLoG für einen auf der Grundlage von § 5 TVG für allgemeinverbindlich erklärten Tarifvertrag iSd § 4 Abs. 1 Nr. 1 AEntG sowie §§ 5 und 6 Abs. 2 AEntG. § 24 MiLoG stellt klar, dass durch das MiLoG – jedenfalls außerhalb des Anwendungsbereiches der Übergangsvorschrift des § 24 Abs. 1 MiLoG – eine **Lohnuntergrenze** eingeführt worden ist, die flächendeckend Anwendung findet und keine Ausnahmen zulasten des anspruchsberechtigten Arbeitnehmers zulässt.[3] Von diesem Grundsatz galt gem. § 24 MiLoG – jedenfalls vorübergehend bis 31.12.2017 – eine Ausnahme. Der Gesetzgeber hat diese Übergangsvorschrift damit begründet, den sachnahen und für die Branche repräsentativen Tarifparteien die Möglichkeit einzuräumen, für ihre Branche eine abweichende Mindestlohnhöhe zu bestimmen und so der spezifischen Ertragskraft der Unternehmen in ihrer Branche Rechnung zu tragen.[4]

Voraussetzung für die Übergangsvorschrift ist, dass die Tarifparteien im Unternehmen **repräsentativ** sind. Im MiLoG selbst findet sich hierzu keine Definition. Daher ist auf den Begriff der Repräsentativität des § 7 Abs. 2 AEntG abzustellen. Danach ist bei der Feststellung der Repräsentativität vorrangig auf die Zahl der von den jeweils tarifgebundenen Arbeitgebern beschäftigten unter den Geltungsbereich des Tarifvertrages fallenden Arbeitnehmer (§ 7 Abs. 2 S. 2 Nr. 1 AEntG) bzw. die Zahl der jeweils unter den Geltungsbereich des Tarifvertrages fallenden Mitglieder der Gewerkschaft, die den Tarifver-

---
[2] BGBl. 2014 I S. 1360.
[3] Thüsing MiLoG/*Pötters* § 24 Rn. 2.
[4] BT-Drs. 18/1559, 51 f.

trag geschlossen hat (§ 7 Abs. 2 S. 2 Nr. 2 AEntG) abzustellen. Die beiden genannten Kriterien stehen gleichrangig nebeneinander.[5]

8   Bis zum Ablauf der Übergangsvorschrift am 31.12.2017 galten noch folgende Branchenmindestlöhne unterhalb des gesetzlichen Mindestlohns:[6]
– Wäschereidienstleistungen im Objektkundengeschäft (seit 1.6.2016: 8,75 EUR)
– Fleischwirtschaft (seit 1.12.2016: 8,75 EUR)

9   Eine weitere Übergangsregelung galt für **Zeitungszusteller** nach § 24 Abs. 2 MiLoG. Für Zeitungszusteller ist der Mindestlohn schrittweise vom 1.1.2015 iHv 75% des gesetzlichen Mindestlohns, ab dem 1.1.2016 auf 85% des gesetzlichen Mindestlohns und ab dem 1.1.2017 auf 8,50 EUR angehoben worden. Seit dem 1.1.2018 besteht der Anspruch auf den gesetzlichen Mindestlohn in derzeit geltender Höhe.

10 Umstritten war dabei insbesondere die Frage, unter welchen Voraussetzungen die Übergangsvorschrift für Zeitungszusteller in Anspruch genommen werden kann. Zeitungszusteller nach § 24 Abs. 2 S. 3 MiLoG sind Personen, die in einem Arbeitsverhältnis ausschließlich periodische Zeitungen oder Zeitschriften Endkunden zustellen. Dies umfasst nach Maßgabe der gesetzlichen Bestimmungen auch Zusteller von Anzeigenblättern mit redaktionellem Inhalt. Mithin ist durch die Instanzgerichte entschieden, dass dem Begriff des Zustellens iSd § 24 Abs. 2 S. 3 MiLoG auch ein in unregelmäßigen Abständen anfallendes Einlegen einzelner Werbebeilagen in das zuzustellende Trägerprodukt unterfällt.[7]

3. Verhältnis zu anderen Mindestentgelten

a) Mindestlöhne nach AEntG und AÜG

11 Gemäß § 1 Abs. 3 S. 1 MiLoG gehen Regelungen des AEntG, des AÜG und der auf ihrer Grundlage erlassenen Rechtsverordnungen den Regelungen des MiLoG vor, soweit der gesetzliche Mindestlohnanspruch nicht unterschritten wird. Damit wird die Rechtsnatur des Mindestlohnanspruches als Lohnuntergrenze klargestellt; der gesetzliche Mindestlohn ist gegenüber Mindestlöhnen nach dem AEntG oder AÜG subsidiär und dient als Auffangregelung.[8]

12 Derzeit sind für folgende Branchen Mindestlohntarifverträge abgeschlossen:
– Abfallwirtschaft einschließlich Straßenreinigung und Winterdienst;
– Arbeitnehmerüberlassung;
– Aus- und Weiterbildung nach dem SGB II und III;
– Baugewerbe;
– Bergbauspezialarbeiten auf Steinkohlebergwerken;
– Dachdeckerhandwerk;
– Elektrohandwerk;
– Fleischwirtschaft;
– Frisörhandwerk;
– Gebäudereinigerhandwerk;
– Geld- und Wertdienste;
– Gerüstbauerhandwerk;
– Land-, Forst und Gartenbau;
– Maler- und Lackiererhandwerk;

---

[5] Thüsing MiLoG/*Bayreuther* AEntG §§ 7, 7a Rn. 39.
[6] Vgl. Übersicht zu allen Branchenmindestlöhnen des BMAS: https://www.bmas.de/SharedDocs/Downloads/DE/mindestloehne-gesamt-uebersicht.pdf?_blob=publicationFile&8v=7 (Stand 1.7.2018).
[7] LAG Nds 27.4.2016 – 13 Sa 848/15, NZA-RR 2016, 400 (403); ebenso: Thüsing MiLoG/*Pötters* § 24 Rn. 15.
[8] Thüsing MiLoG/*Bayreuther* § 1 Rn. 13.

- Pflegebranche;
- Steinmetz- und Steinbildhauerhandwerk;
- Textil- und Bekleidungsindustrie;
- Wäschereidienstleistung im Objektkundengeschäft.

Unterschreitet ein branchenspezifischer Mindestlohn den gesetzlichen Mindestlohn nach § 1 Abs. 2 MiLoG, hat der Arbeitnehmer Anspruch auf den gesetzlichen Mindestlohn. 13

Sofern ein Branchentarifvertrag einschlägig ist, unterfällt das gesamte Arbeitsverhältnis den Regelungen des AEntG und das MiLoG ist insgesamt nicht einschlägig. Das hat zur Folge, dass der Arbeitnehmer den Mindestlohn nach Maßgabe der einschlägigen Regelungen des Branchentarifvertrages sowie der entsprechenden gesetzlichen Grundlage beanspruchen kann. Es gelten die Fälligkeitsregelungen des einschlägigen Branchentarifvertrages sowie sonstige gesetzliche Regelungen des AEntG zu Ausschlussfristen, Verzicht, Verwirkung oder Arbeitszeitkonten. Ein „Cherry Picking" in der Form, dass der Arbeitnehmer sich auf die jeweils günstigeren Regelungen nach Maßgabe des AEntG, AÜG bzw. MiLoG beruft, ist nach der gesetzlichen Regelung ausgeschlossen.[9] 14

Voraussetzung für den Vorrang des Branchenmindestlohntarifvertrages vor dem MiLoG ist, dass der Arbeitnehmer dem persönlichen Anwendungsbereich des Tarifvertrages unterfällt. Wird ein Praktikant eingestellt und sieht der Branchenmindestlohntarifvertrag hierzu keine Regelung vor, gilt das MiLoG. Hingegen findet, sofern Praktikanten ausdrücklich vom Branchenmindestlohntarifvertrag erfasst sind, der Branchenmindestlohntarifvertrag vollumfänglich Anwendung. Das heißt, der Arbeitgeber kann sich in einer solchen Fallgestaltung nicht auf eine etwaige Ausnahmevorschrift nach § 22 MiLoG berufen. 15

b) Landesrechtliche Regelungen

Aufgrund der abschließenden Regelung des Bundesgesetzgebers mit dem MiLoG, zuvor mit dem MiArbG sowie AEntG, besteht eine Sperrwirkung für Mindestlohngesetze der Länder als Regelung des Arbeitsrechts nach Art. 74 Abs. 1 Nr. 12 GG. Einige Länder haben von der verbleibenden Kompetenz außerhalb des Arbeitsrechts Gebrauch gemacht und landesrechtliche Mindestlohnregelungen im Bereich des öffentlichen Dienstes sowie ua im Vergaberecht, Art. 74 Abs. 1 Nr. 11 GG, Recht der Wirtschaft, eingeführt.[10] Die landesrechtlichen **Tariftreueregelungen** sind somit von besonderer praktischer Bedeutung bei der Vergabe öffentlicher Aufträge. In § 4 Abs. 3 TTG Schleswig-Holstein wird öffentlichen Auftraggebern die Auftragserteilung an Unternehmen verwert, wenn nicht zuvor eine Verpflichtungserklärung betreffend die Einhaltung des landesrechtlichen Mindestlohns abgegeben wird. 16

Die landesrechtlichen Tariftreueregelungen bleiben vom MiLoG unberührt, wobei das MiLoG eine verbindliche Lohnuntergrenze aufzeigt.[11] Wenn höhere Mindestlöhne landesrechtlich vorgegeben werden, sind diese im Anwendungsbereich zu beachten. Für folgende Bundesländer gilt derzeit ein höherer landesrechtlicher Mindestlohn als der gesetzliche Mindestlohn: 17
- Brandenburg (9,00 EUR);[12]
- Rheinland-Pfalz (8,90 EUR);[13]
- Schleswig-Holstein (9,18 EUR).[14]

---

[9] Thüsing MiLoG/*Bayreuther* § 1 Rn. 16; *Lembke* NZA 2015, 70 (72).
[10] Vgl. zur Rechtslage vor Inkrafttreten des MiLoG: *Külpmann/Slopinksi* NordÖR 2013, 277.
[11] *Bayreuther* NZA 2014, 865 (867).
[12] § 6 Abs. 2 BbgVergG.
[13] Vgl. § 3 LTTG Rheinland-Pfalz.
[14] Vgl. § 4 TTG Schleswig-Holstein.

4. Rechtsnatur des Mindestlohnanspruchs

a) Rechtsnatur des Mindestlohnanspruchs

18 Von der hM wird vertreten, dass es sich beim dem Mindestlohnanspruch um einen eigenständigen Anspruch handelt, der neben den (tarif-)vertraglichen Entgeltanspruch tritt.[15] § 1 Abs. 1 MiLoG enthält eine eigenständige Anspruchsgrundlage. In Schrifttum zum MiLoG wird hingegen die Auffassung vertreten, dass der Mindestlohnanspruch ein **gesetzliches Verbot** iSd § 134 BGB darstellt. Die Rechtsfolge eines Verstoßes gegen den Mindestlohnanspruch sei folglich gem. § 134 BGB die Nichtigkeit der Vereinbarung.[16] Das BAG[17] hat sich in den ersten Grundsatzentscheidungen zum MiLoG hingegen der überwiegenden Ansicht in der Literatur (→ Rn. 18) angeschlossen und geht davon aus, dass es sich um eine eigenständige, zivilrechtliche **Anspruchsgrundlage** handelt, die neben den vertraglichen bzw. tarifvertraglichen Vergütungsanspruch tritt.

19 Für die hM sprechen die Formulierungen des Gesetzes. So heißt es in § 2 Abs. 2 S. 1 MiLoG sowie § 3 S. 1 MiLoG *„Anspruch auf den Mindestlohn"*. Diese Formulierungen legen nahe, dass der Gesetzgeber damit einen selbstständigen Anspruch auf den Mindestlohn und nicht eine **Verbotsnorm** iSd § 134 BGB schaffen wollte. Ebenso hat der Verordnungsgeber diese Formulierung aufgegriffen und auch in § 1 Abs. 1 S. 2 MiLoDokV wird vom *„gesetzlichen Mindestlohnanspruch"* gesprochen.[18] Auch dem Willen des Gesetzgebers, der sich auch aus den Gesetzesmaterialen ableiten lässt, wo es heißt *„Absatz 1 beinhaltet die zivilrechtliche Anspruchsgrundlage für den Mindestlohn"*, entspricht die Auslegung der hM[19] Im Übrigen nimmt das BAG zum Mindestentgeltanspruch nach den Branchentarifverträgen an, dass es sich um einen selbstständigen Anspruch handelt.[20] Dafür, dass der Mindestlohnanspruch nach dem MiLoG und der tarifliche Mindestentgeltanspruch nach dem AEntG unterschiedlicher Rechtsnatur sein sollen, ergeben sich weder aus der Gesetzeshistorie noch aus Sinn und Zweck des Gesetzes Anhaltspunkte. Vielmehr ist beim Aufbau des MiLoG ausdrücklich auf die Systematik des AEntG aufgesetzt worden.

b) Rechtsfolge

20 Der Frage, welche Rechtsnatur der Mindestlohnanspruch aufweist, schließt sich die Frage der Rechtsfolgen bei einem Verstoß an. Sofern es sich um ein Verbotsgesetz iSd § 134 BGB handeln würde und daher die Vergütungsabrede bei einer Unterschreitung des MiLoG unwirksam wäre, bestünde ein Anspruch auf die übliche Vergütung nach § 612 BGB, da aufgrund des Verstoßes gegen ein Verbotsgesetz eine den Mindestlohn unterschreitende Vergütungsabrede unwirksam und die Vergütung daher iSd § 612 BGB nicht bestimmt ist. Wenn die Höhe der Vergütung nicht bestimmt ist, ist nach § 612 Abs. 2 BGB die **übliche Vergütung** als vereinbart anzusehen. Die übliche Vergütung wäre unabhängig vom MiLoG zu bestimmen, darf dessen Lohnuntergrenze jedoch nicht unterschreiten.

21 Richtigerweise ist davon auszugehen, dass es sich bei dem Mindestlohnanspruch um eine eigenständige Anspruchsgrundlage handelt, die den Arbeitnehmern im Anwendungs-

---

[15] *Baeck/Winzer/Kramer* NZG 2015, 265 (267); *Lembke* NJW 2016, 3617 (3619); *Sittard* RdA 2015, 99 (106); *Ulber* RdA 2014, 176 (176); aA *Boemke* JuS 2015, 385 (388, 390); *Däubler* NJW 2014, 1924 (1927); *Nebel/Kloster* BB 2014, 2933 (2933).
[16] *Boemke* JuS 2015, 385 (388, 390); *Däubler* NJW 2014, 1924 (1927); *Nebel/Kloster* BB 2014, 2933; *Siebert/Klagges* ArbRAktuell 2015, 577 (579); MAH ArbR/*Hexel* § 19 Rn. 39.
[17] BAG 21.12.2016 – 5 AZR 374/16, NZA 2017, 378 (378f.); 29.6.2016 – 5 AZR 716/15, NZA 2016, 1332 (1333); 25.5.2016 – 5 AZR 135/16, NZA 2016, 1327 (1329).
[18] MiLoDokV v. 29.7.2015.
[19] BT-Drs. 18/1858, 34.
[20] BAG 18.4.2012 – 4 AZR 139/10, NZA 2013, 392 (393f.); 20.4.2011 – 5 AZR 171/10, NZA 2011, 1173 (1174).

I. Geltungsbereich des MiLoG

bereich des MiLoG einen eigenständigen Anspruch gegen den Arbeitgeber auf Zahlung des gesetzlichen Mindestlohns einräumt. Teilweise wird im Schrifttum vertreten, dass Rechtsfolge einer mindestlohnunterschreitenden Vergütungsabrede der Anspruch auf die übliche Vergütung nach § 612 BGB ist.[21] Dies lässt sich jedoch mit der Rechtsnatur des Mindestlohnanspruchs als eigenständige zivilrechtliche Anspruchsgrundlage nicht vereinbaren. Die Vergütung ist nicht „*nicht bestimmt*" iSd § 612 BGB. Vielmehr besteht der Mindestlohnanspruch unabhängig neben dem arbeitsvertraglichen bzw. tarifvertraglichen Anspruch. Wird der Mindestlohnanspruch durch die Erfüllung des arbeits- bzw. tarifvertraglichen Vergütungsanspruchs nicht erfüllt, verbleibt ein **Differenzanspruch** bis zur Höhe des gesetzlichen Mindestlohns. Das MiLoG ist damit nicht auf den Niedriglohnsektor beschränkt, sondern der Mindestlohnanspruch ist als selbständiger Anspruch als Sockelbetrag in jeder Vergütungsabrede enthalten.

Das MiLoG führt somit nicht dazu, dass bei einer Vergütungsabrede unterhalb des gesetzlichen Mindestlohns der Arbeitnehmer Anspruch auf die übliche Vergütung iSd § 612 Abs. 2 BGB hat, sondern nur in Höhe der Differenz zum gesetzlichen Mindestlohn.[22] 22

Beispiel:

Der Arbeitgeber leistet dem Arbeitnehmer nach Maßgabe der arbeitsvertraglichen Bestimmungen einen Bruttostundenlohn von 8,50 EUR. Aufgrund der Erhöhung des Mindestlohns auf Vorschlag der Mindestlohnkommission auf 8,84 EUR zum 1.1.2017 hat der Arbeitnehmer seitdem aus § 1 Abs. 2 MiLoG einen Anspruch auf die Differenzvergütung in Höhe von 0,34 EUR brutto pro Stunde zusätzlich zur arbeitsvertraglichen Vergütung.

c) Sittenwidrigkeitsgrenze (§ 138 BGB)

Allenfalls dann, wenn die Vergütungsabrede als sittenwidrig iSd § 138 BGB anzusehen ist, kommt anstelle des Anspruchs auf die Differenzvergütung ein Anspruch auf die übliche Vergütung nach § 612 BGB in Betracht. 23

aa) Sittenwidrigkeitsrechtsprechung

Vor dem Inkrafttreten des MiLoG waren die Vertragsparteien grundsätzlich in der Gestaltung der Vergütungsabrede frei. Ein zu beachtender Maßstab ergab sich bis dahin neben dem MiArbG vor allem aus § 138 BGB, der an die Sittenwidrigkeit als untere Grenze für eine Vergütungsabrede anknüpft. Ein Rechtsgeschäft ist sittenwidrig, wenn es gegen das Anstandsgefühl aller billig und gerecht Denkenden verstößt, was bei Entgeltvereinbarungen insbesondere aus Wucher oder einem wucherähnlichen Rechtsgeschäft folgen kann. Dies beides setzt ein auffälliges Missverhältnis zwischen Leistung und Gegenleistung voraus. Neben der Entgelthöhe ist der Gesamtcharakter unter Beweggrund und Zweck mit einzubeziehen, wobei es nach der Rechtsprechung genügt, wenn der Arbeitgeber die Tatsachen kennt, aus denen die Sittenwidrigkeit folgt.[23] Für die Beurteilung, ob eine Sittenwidrigkeit anzunehmen ist, ist grundsätzlich der Zeitpunkt des Vertragsschlusses maßgebend; bei Entgeltvereinbarungen nimmt das BAG eine Sittenwidrigkeit jedoch auch dann an, wenn die Entgeltvereinbarung nicht an die allgemeine Lohn- und Gehaltsentwicklung angepasst wird, sodass ein Missverhältnis zwischen Leistung und Gegenleistung erst zu einem späteren Zeitpunkt entsteht.[24] 24

Als Richtwert für ein auffälliges Missverhältnis der Entgeltvereinbarung zur Arbeitsleistung nimmt das BAG eine Grenze von zwei Dritteln des üblichen Entgelts an, wobei 25

---

[21] *Bayreuther* NZA 2014, 865 (866).
[22] BAG 25.5.2016 – 5 AZR 135/16, NZA 2016, 1327 (1329).
[23] BAG 26.4.2006 – 5 AZR 549/05, NZA 2006, 1354 (1355); BGH 19.1.2001 – V ZR 437/99, NJW 2001, 1127 (1127).
[24] BAG 26.4.2006 – 5 AZR 549/05, NZA 2006, 1354 (1356).

insbesondere inhaltlich anwendbare Tarifverträge den Maßstab bilden. Bei dem Vergleich werden lediglich die vertragliche Grundvergütung mit der tariflichen Grundvergütung, dh nicht etwa Zulagen oder Zuschläge, gegenübergestellt.[25] Darüber hinaus erfordert der Tatbestand des Wuchers bzw. wucherähnlichen Rechtsgeschäfts gem. § 138 Abs. 2 BGB subjektiv aufseiten des Arbeitgebers eine Ausbeutung der Zwangslage, Unerfahrenheit, des Mangels an Urteilsvermögen oder der erheblichen Willensschwäche des Arbeitnehmers. Zweck des § 138 BGB ist es, Einzelfallgerechtigkeit herzustellen.[26]

26   Diese verwerfliche Gesinnung des Arbeitgebers wird **vermutet,** wenn das Arbeitsentgelt weniger als 50 % der üblichen Vergütung beträgt.[27] Ist „nur" die Zwei-Drittel-Grenze der üblichen Vergütung erfüllt, ist der Arbeitnehmer für die weiteren Voraussetzungen darlegungs- und beweispflichtig.[28]

> **Praxistipp:**
>
> Ist der Arbeitgeber unsicher, nach welchen tariflichen Bestimmungen ggf. die Untergrenze der Vergütung zu bemessen ist, zieht das BAG für die Zuordnung des Wirtschaftszweiges des Unternehmens die Klassifikation der Wirtschaftszweige durch das Statistische Bundesamt heran. Der Arbeitgeber kann deshalb aufgrund der vom Statistischen Bundesamt herausgegebenen Klassifikation der Wirtschaftszweige in Zweifelsfällen eine Branchenzuordnung vornehmen und auf dieser Grundlage prüfen, welchem Tarifvertrag das Unternehmen zuzuordnen ist.

bb) Anwendbarkeit neben MiLoG

27   Nach dem Inkrafttreten des MiLoG ist zu klären, ob die Sittenwidrigkeitsrechtsprechung des BAG neben der durch das MiLoG eingeführten Lohnuntergrenze weiterhin Anwendung findet. So wird teilweise im Schrifttum vertreten, dass die Sittenwidrigkeitsrechtsprechung neben dem MiLoG nicht mehr zur Anwendung kommt, da der Gesetzgeber mit Festlegung des gesetzlichen Mindestlohns eine allgemeinhin noch als sittengemäß einzustufende Lohnuntergrenze festgelegt habe.[29]

28   Richtigerweise ist die Sittenwidrigkeitsgrenze nach § 138 BGB dennoch als weiterer Maßstab für die Festlegung der Vergütungshöhe maßgeblich, auch wenn die gesetzlich verbindliche Lohnuntergrenze des MiLoG Anwendung findet.[30] Der Anwendungsbereich des § 138 BGB ist nicht beschränkt auf die Bereichsausnahmevorschriften des § 22 MiLoG. Dies lässt sich insbesondere damit begründen, dass im MiLoG eine allgemein verbindliche Lohnuntergrenze festgelegt worden ist, die unabhängig von den Umständen des Einzelfalls gilt. Hingegen erfolgt im Rahmen der Sittenwidrigkeitsprüfung nach § 138 BGB eine Prüfung der besonderen Einzelumstände. Die Sittenwidrigkeitsrechtsprechung des BAG ist Ausdruck der Einzelfallgerechtigkeit.[31]

29   Es ist in einem zweistufigen Verfahren festzustellen, ob auf erster Stufe die dem Arbeitnehmer geleistete Vergütung den Anspruch auf den gesetzlichen Mindestlohn erfüllt. In einem zweiten Schritt ist sodann zu prüfen, ob die Vergütung zwei Drittel der tarifüblichen Vergütung erreicht.[32] Ist dies nicht der Fall, kann die Prüfung im Ergebnis dazu führen, dass zwar der Anspruch auf den gesetzlichen Mindestlohn erfüllt wird, jedoch die Vergütungsabrede wegen Verstoßes gegen § 138 BGB unwirksam ist. Folge der Unwirk-

---

[25] BAG 22.4.2009 – 5 AZR 436/08, NZA 2009, 837 (838).
[26] BAG 22.4.2009 – 5 AZR 436/08, NZA 2009, 837 (838).
[27] BAG 18.11.2015 – 5 AZR 751/13, NZA 2016, 487 (488); 16.5.2012 – 5 AZR 268/11, NZA 2012, 974 (977); MAH ArbR/*Hexel* § 19 Rn. 42.
[28] BAG 16.5.2012 – 5 AZR 268/11, NZA 2012, 974 (977).
[29] *Diringer* AuA 2014, 151 (151); weiterführend: *Forst/Degen* DB 2015, 863.
[30] ErfK/*Franzen* MiLoG § 1 Rn. 1; *Forst/Degen* DB 2015, 863 (863f.); *Sittard* RdA 2015, 99 (106) mwN.
[31] BAG 22.4.2009 – 5 AZR 436/08, NZA 2009, 837 (838).
[32] *Sittard* RdA 2015, 99 (106).

samkeit der Vergütungsabrede nach § 138 BGB ist der Anspruch auf die übliche Vergütung nach § 612 BGB.

Beispiel:
Der Arbeitgeber vereinbart mit dem Arbeitnehmer eine Vergütung von 9,10 EUR brutto je Stunde. Die tarifübliche Vergütung liegt bei 15,00 EUR die Stunde.
1. Schritt: Der Anspruch auf den gesetzlichen Mindestlohn von 8,84 EUR brutto je Zeitstunde wird erfüllt.
2. Schritt: Die Vergütung von 9,10 EUR beträgt weniger als zwei Drittel der tarifüblichen Vergütung und ist damit sittenwidrig iSd § 138 BGB.
Folge: Der Arbeitnehmer hat nach § 612 BGB Anspruch auf die übliche Vergütung. Die übliche Vergütung richtet sich nach der tarifüblichen Vergütung. Somit hat der Arbeitnehmer Anspruch auf eine Vergütung von 15,00 EUR brutto je Zeitstunde.

II. Mindestlohnpflichtige Zeiten

Aus dem MiLoG ergibt sich, dass die Höhe des Mindestlohns ab dem 1.1.2015 brutto 8,50 EUR bzw. seit dem 1.1.2017 brutto 8,84 EUR je Zeitstunde beträgt. Das Gesetz konkretisiert nicht weiter, was mit der Formulierung *„je Zeitstunde"* gemeint ist. Der Anspruch auf den gesetzlichen Mindestlohn entsteht mit jeder geleisteten Arbeitsstunde.[33]

1. Leistungsvergütung

Aus § 1 Abs. 2 MiLoG ergibt sich der Anspruch des Arbeitnehmers auf den gesetzlichen Mindestlohn iHv 8,50 EUR brutto je Zeitstunde. Die Formulierung *„je Zeitstunde"* stellt nicht klar, ob nach Einführung des gesetzlichen Mindestlohns allein die Zeitvergütung wirksam vereinbart werden kann. Richtigerweise besteht auch nach Inkrafttreten des MiLoG die Möglichkeit, eine **Leistungsvergütung** zu vereinbaren. Dies folgt auch aus der Gesetzesbegründung, in der der Gesetzgeber ausdrücklich den Willen geäußert hat, dass auch weiterhin die Vereinbarung von **Stück- und Akkordlohn** zulässig sein soll.[34]

Allerdings ist bei Vereinbarung einer Leistungsvergütung stets der gesetzliche Mindestlohn als Lohnuntergrenze zu beachten. Wenn nach Maßgabe der Vorgabezeiten für eine Leistungsvergütung der Stundensatz des gesetzlichen Mindestlohns nicht erreicht wird, besteht neben dem vertraglichen Anspruch nach Maßgabe der Leistungsvergütung der gesetzliche Anspruch in Höhe der Differenzvergütung bis zum gesetzlichen Mindestlohn je Zeitstunde. Daher haben Leistungsvergütungen für die Praxis aufgrund Verlust der Anreizfunktion durch das Inkrafttreten des Mindestlohngesetzes an Attraktivität verloren.

2. Arbeitsbereitschaft, Bereitschaftsdienst, Rufbereitschaft

Der Mindestlohn ist für jede tatsächliche Arbeitsstunde, in welcher der Arbeitnehmer nach § 611 BGB seine Arbeitsleistung erbringt, zu leisten. Neben diesen Zeiten der Vollarbeit kommt darüber hinaus ein Vergütungsanspruch für Zeiten der Arbeitsbereitschaft, des Bereitschaftsdiensts und der Rufbereitschaft in Betracht. Dafür muss es sich bei diesen Zeiten nicht nur um Arbeitszeit im arbeitszeitrechtlichen Sinne, dh im Anwendungsbereich des ArbZG, sondern auch im vergütungsrechtlichen Sinne handeln.

---
[33] BAG 29.6.2016 – 5 AZR 716/15, NZA 2016, 1332 (1333).
[34] BT-Drs. 18/1558, 34.

34 Nach der Rechtsprechung des BAG ist **Arbeitsbereitschaft** die Zeit wacher Aufmerksamkeit im Zustand der Entspannung. Der Arbeitgeber bestimmt hierbei den Aufenthaltsort des Arbeitnehmers. Beim **Bereitschaftsdienst** hat sich der Arbeitnehmer an einem vom Arbeitgeber bestimmten Ort aufzuhalten, um bei Bedarf die Arbeit aufnehmen zu können. Kennzeichnend für die Arbeitsbereitschaft ist, dass der Arbeitnehmer in diesem Zeitraum nicht frei über die Gestaltung seiner Zeit verfügen kann. Zeiten der **Arbeitsbereitschaft** sowie des **Bereitschaftsdienstes** sind als Arbeitszeit iSd § 1 Abs. 1 MiLoG zu vergüten.[35] Dies hat die Rechtsprechung bereits zum tariflichen Mindestentgelt für die Pflegebranche erkannt, weil der Wortlaut der PflegeArbbV nicht zwischen Vollarbeit und Arbeitsbereitschaft bzw. Bereitschaftsdienst differenziere.[36] Da auch im MiLoG nicht zwischen Vollarbeit und sonstigen Arbeitsformen wie Arbeitsbereitschaft oder Bereitschaftsdienst differenziert wird, ist anzunehmen, dass der Gesetzgeber ebenfalls von der Vergütungspflicht der Arbeitsbereitschaft und beim Bereitschaftsdienst wie bei tariflichen Entgelten ausgegangen ist.[37] Für Bereitschaftszeiten hat das BAG im Anwendungsbereich des MiLoG bereits ausdrücklich bestätigt, dass der Mindestlohn zu zahlen ist.[38] Deshalb ist eine vom Arbeitgeber veranlasste Untätigkeit, während derer der Arbeitnehmer am Arbeitsplatz oder einer vom Arbeitgeber bestimmten Stelle anwesend sein muss und nicht frei über die Nutzung des Zeitraums bestimmen kann, er also weder Pause noch Freizeit hat, vergütungspflichtige Arbeitszeit iSd MiLoG.[39]

35 Bei der **Rufbereitschaft** ist der Arbeitnehmer verpflichtet, ebenfalls auf Abruf die Arbeit aufzunehmen, hierfür darf er sich jedoch an einem Ort seiner Wahl aufhalten, sofern dieser dem Arbeitgeber angezeigt wird.[40] Bei der Wahl des Aufenthaltsortes ist entscheidend, dass es dem Arbeitnehmer binnen einer mit dem Arbeitgeber abgesprochenen Maximalfrist möglich ist, die Arbeitsleistung aufzunehmen.[41] Die Rufbereitschaft ist keine vergütungspflichtige Arbeitszeit.[42] Dies ist damit zu begründen, dass der Arbeitnehmer – anders als beim Bereitschaftsdienst – selber den Aufenthaltsort wählen kann. Sobald der Arbeitnehmer zur Erbringung der Arbeitsleistung abgerufen wird, beginnt die vergütungspflichtige Arbeitszeit.

Praxisbeispiele:

Arbeitsbereitschaft: Die Kassiererin, die auf Kunden wartet (> Mindestlohn).

Bereitschaftsdienst: Der Arzt, der im Aufenthaltsraum oder in der Klinikkantine auf einen Notfall wartet (> Mindestlohn).

Rufbereitschaft: Der Fahrstuhlmechaniker, der während des Wochenendes per Telefon abrufbar ist, um im Fall eines steckengebliebenen Fahrstuhls seine Arbeitstätigkeit aufzunehmen (> kein Mindestlohn).

---

[35] Thüsing MiLoG/*Bayreuther* § 1 Rn. 43, 50; *Lembke* NZA 2016, 1 (5); aA *Riechert/Nimmerjahn* MiLoG § 1 Rn. 66.
[36] BAG 19.11.2014 – 5 AZR 1101/12, AP BGB § 611 Nr. 24 Rn. 16.
[37] BAG 19.11.2014 – 5 AZR 1101/12, AP BGB § 611 Nr. 24 Rn. 16.
[38] BAG 29.6.2016 – 5 AZR 716/15, NZA 2016, 1332 (1334).
[39] Thüsing MiLoG/*Bayreuther* § 1 Rn. 43, 50.
[40] BAG 11.7.2006 – 9 AZR 519/05, NZA 2007, 155 (158).
[41] BAG 31.1.2002 – 6 AZR 214/00, BeckRS 2002, 40880; Thüsing MiLoG/*Bayreuther* § 1 Rn. 50.
[42] HessLAG 21.11.2016 – 16 Sa 1257/15, BeckRS 2016, 116469 Rn. 21 f.; Thüsing MiLoG/*Bayreuther* § 1 Rn. 50.

3. Zeiten der Nichtarbeit

Das MiLoG regelt nicht den Vergütungsanspruch für Nichtarbeit.[43] Nach dem Willen des Gesetzgebers regelt das MiLoG einzig den Vergütungsanspruch für jede tatsächlich geleistete Arbeitsstunde.[44]

a) Feiertage, Arbeitsunfähigkeit infolge Krankheit, vorübergehende Verhinderung nach § 616 BGB

Für Zeiten der Arbeitsunfähigkeit bzw. für Feiertage ergibt sich kein Anspruch aus dem MiLoG. Das MiLoG begründet einen etwaigen Differenzanspruch nur für tatsächlich geleistete Arbeitsstunden.[45] Daher bemisst sich die Vergütung nach den Grundsätzen des EFZG für Feiertage bzw. Zeiten der Arbeitsunfähigkeit. Der Anspruch folgt für **Feiertage** aus § 2 Abs. 1 EFZG, wonach der Arbeitgeber dem Arbeitnehmer das Arbeitsentgelt zu zahlen hat, das er ohne den Arbeitsausfall erhalten hätte **(Lohnausfallprinzip)**. Ist der Arbeitnehmer durch **Arbeitsunfähigkeit infolge Krankheit** an seiner Arbeitsleistung verhindert, hat er Anspruch auf Entgeltfortzahlung durch den Arbeitgeber nach Maßgabe des § 3 Abs. 1 S. 1 EFZG. Die Entgeltfortzahlung im Krankheitsfall richtet sich ebenfalls nach dem Lohnausfallprinzip. Da der Arbeitnehmer nach Maßgabe des § 1 Abs. 2 MiLoG mindestens Anspruch auf den gesetzlichen Mindestlohn für jede tatsächlich geleistete Arbeitsstunde hat, wirkt sich die Höhe des Mindestlohnanspruchs jedenfalls mittelbar auf den Vergütungsanspruch im Falle der Arbeitsunfähigkeit bzw. an Feiertagen nach Maßgabe des Lohnausfallprinzips aus. Auch dann, wenn eine arbeits- oder tarifvertragliche Regelung einen unterhalb des gesetzlichen Mindestlohns liegenden Vergütungsanspruch vorsieht, besteht daneben der Anspruch auf die Differenzvergütung nach Maßgabe des MiLoG, so dass der Arbeitnehmer an Feiertagen oder im Krankheitsfall mindestens Anspruch auf den gesetzlichen Mindestlohn hätte und diese Maßgabe bei Anwendung des Lohnausfallprinzips zu beachten ist.

Der Anspruch auf Entgeltfortzahlung nach § 616 BGB bei einer **vorübergehenden Verhinderung** richtet sich nach den arbeits- bzw. tarifvertraglichen Vergütungsregelung; es besteht kein Anspruch aus dem MiLoG für diese Zeit der Nichtarbeit. Der Arbeitnehmer hat nach § 616 BGB Anspruch auf die Vergütung, die er erhalten hätte, wenn er seine Arbeitsleistung erbracht hätte **(Lohnausfallprinzip).**[46] Daher wird der Mindestlohn jedenfalls mittelbar als Lohnuntergrenze Berücksichtigung finden, da der Arbeitnehmer mindestens Anspruch auf den gesetzlichen Mindestlohn haben würde, wenn er seine Arbeitsleistung erbracht hätte.

b) Urlaub

Ebenso ergibt sich aus dem MiLoG kein Anspruch auf Urlaubsentgelt bzw. Urlaubsgeld.[47] Der Anspruch auf bezahlten Urlaub folgt aus § 1 BUrlG. Für den Zeitraum, in welchem dem Arbeitnehmer Urlaub gewährt wird, erhält er **Urlaubsentgelt** nach §§ 1, 11 BUrlG. § 11 BUrlG stellt keine Anspruchsgrundlage für den Vergütungsanspruch während des Urlaubs dar, sondern eine Berechnungsvorschrift für die Zeit, für die der Arbeitnehmer von der Arbeit beurlaubt ist.[48] Das Urlaubsentgelt bemisst sich nach dem durchschnittlichen Arbeitsverdienst, das der Arbeitnehmer in den letzten 13 Wochen vor dem Beginn

---

[43] BAG 20.9.2017 – 10 AZR 171/16, NZA 2018, 53 Rn. 13.
[44] BT-Drs. 18/1558, 34; BAG 25.5.2016 – 5 AZR 135/16, NZA 2016, 1327 (1329).
[45] BAG 20.9.2017 – 10 AZR 171/16, NZA 2018, 53 Rn. 24.
[46] BAG 3.11.2004 – 4 AZR 543/03, BeckRS 2005, 41224; 6.12.1995 – 5 AZR 237/94, NZA 1994, 640 (641).
[47] BAG 20.9.2017 – 10 AZR 171/16, NZA 2018, 53 Rn. 17.
[48] ErfK/*Gallner* BUrlG § 11 Rn. 1.

des Urlaubs erhalten hat, mit Ausnahme des zusätzlich für Überstunden gezahlten Arbeitsverdienstes **(Referenzprinzip)**. Daneben sind auch Verdiensterhöhungen, die während des Urlaubs eintreten, zu beachten **(Lohnausfallprinzip)**. Aufgrund dieser Berechnungsmethode unter Heranziehung der Vergütung der letzten 13 Wochen sowie etwaig eintretender Vergütungserhöhungen wird das Urlaubsentgelt mittelbar durch den gesetzlichen Mindestlohn beeinflusst. Da aufgrund der gesetzlichen Lohnuntergrenze die tatsächliche Vergütung – ggf. in Form des arbeits- oder tarifvertraglichen Anspruchs und eines Differenzanspruches bei Unterschreiten der Lohnuntergrenze aus dem MiLoG – der letzten 13 Wochen nicht unterhalb des gesetzlichen Mindestlohns liegen kann, beträgt auch das Urlaubsentgelt mindestens die Höhe des gesetzlichen Mindestlohns. Sofern auf Vorschlag der Mindestlohnkommission der gesetzliche Mindestlohn während der Urlaubsgewährung erhöht wird, ist dies bei der Berechnung des Urlaubsgeldes gem. § 11 Abs. 1 S. 2 BUrlG (Lohnausfallprinzip) zu berücksichtigen.

40 Der **Urlaubsabgeltungsanspruch** aus § 7 Abs. 4 BUrlG berechnet sich nach § 11 BUrlG (Lohnausfallprinzip).[49] Somit folgt der Abgeltungsanspruch ebenfalls nicht aus dem MiLoG, wird jedoch mittelbar hiervon bestimmt.[50]

41 Vom Urlaubsentgelt abzugrenzen ist das **Urlaubsgeld.** Urlaubsgeld stellt eine zusätzliche Leistung des Arbeitgebers dar, welche sich aus dem Arbeitsvertrag oder tarifvertraglichen Bestimmungen ergeben kann. Das BUrlG sieht einen solchen Anspruch nicht vor. Der Arbeitnehmer kann einen solchen Anspruch nur dann geltend machen, wenn dies vertraglich oder in sonstiger Weise vereinbart ist. Da das Urlaubsgeld als zusätzliche Leistung gewährt wird und nicht wie das Urlaubsentgelt an die Vergütung der letzten 13 Wochen anknüpft, kann der Urlaubsgeldanspruch auch unterhalb des gesetzlichen Mindestlohns liegen. Liegt das Urlaubsgeld unterhalb des gesetzlichen Mindestlohns, besteht kein Differenzanspruch.

c) Annahmeverzug

42 Für Zeiten des Annahmeverzugs (§ 615 BGB) richtet sich der Vergütungsanspruch des Arbeitnehmers ebenfalls nicht nach dem MiLoG.[51] Es gilt die arbeits- bzw. tarifvertragliche Vergütungsregelung. Da der Arbeitnehmer ebenso zu stellen wäre, als hätte er seine Arbeitsleistung erbracht (Lohnausfallprinzip),[52] bestimmt sich der Annahmeverzugslohn mittelbar durch das MiLoG. Hätte der Arbeitnehmer seine Arbeitsleistung erbracht, hätte die Vergütung nicht unterhalb des Mindestlohns liegen dürfen.

d) Pausen

43 Pausen sind im Voraus feststehende Unterbrechungen der Arbeit, in denen der Arbeitnehmer weder Arbeit zu leisten noch sich dafür bereitzuhalten hat und frei über die Nutzung des Zeitraums bestimmen kann. Da Pausen folglich keine Arbeitszeit sind, besteht auch ein Vergütungsanspruch weder aus § 611 BGB[53] noch aus dem MiLoG.

---

[49] ErfK/*Gallner* BUrlG § 7 Rn. 73.
[50] LAG Nürnberg 9.5.2017 – 7 Sa 560/16, BeckRS 2017, 114537, Revision am 7.6.2017 beim BAG eingelegt, 9 AZR 262/17.
[51] ErfK/*Franzen* MiLoG § 1 Rn. 20.
[52] BAG 18.9.2001 – 9 AZR 307/00, NZA 2002, 268 (270).
[53] BAG 25.2.2015 – 5 AZR 886/12, NZA 2015, 494 (495).

II. Mindestlohnpflichtige Zeiten

4. Wege- und Reisezeiten

Die Arbeitszeit ist zu vergüten, sofern es sich um Arbeitszeit im vergütungsrechtlichen Sinne handelt.[54] Daher ist auf die allgemeinen Abgrenzungskriterien zurückzugreifen. Es besteht ein Vergütungsanspruch je nach Grad der persönlichen Inanspruchnahme des Arbeitnehmers.

a) Wegezeit

Wegezeit bezeichnet die Zeit für die Fahrt vom Wohnort zur Betriebsstätte. Die Wegezeit ist alleine der Sphäre des Arbeitnehmers zuzurechnen, da er darüber bestimmt, wo er wohnt und welche Wegstrecke er in Kauf nimmt.[55] Daher ist die Wegezeit zur Betriebsstätte nicht vergütungspflichtige Arbeitszeit und nicht mit dem Mindestlohn zu vergüten.

Bei **Außendienstmitarbeitern** ist die Reisetätigkeit eine Hauptleistungspflicht. Für die Außendienstmitarbeiter ist kein fester Arbeitsort festgelegt, da die Außendienstmitarbeiter typischerweise von Kunde zu Kunde unterwegs sind. Nach der Rechtsprechung des BAG stellen somit die Fahrten zum ersten Kunden sowie vom letzten Kunden zurück mit der übrigen Tätigkeit eine einheitliche Tätigkeit dar und die Reisetätigkeit ist insgesamt als Arbeitsleistung zu bewerten.[56] Folglich haben Außendienstmitarbeiter Anspruch auf die Vergütung mindestens in Höhe des gesetzlichen Mindestlohns für die Reisetätigkeit einschließlich der Wegezeit zum ersten bzw. vom letzten Kunden.

b) Reisezeit

Sofern die **Reisezeit während der Arbeitszeit** liegt, besteht ein Vergütungsanspruch mindestens in Höhe des gesetzlichen Mindestlohnanspruchs.

Unter Berücksichtigung der allgemeinen Vorgaben ist **Reisezeit außerhalb der Arbeitszeit** dann zu vergüten, wenn der Arbeitnehmer während der Reisezeit Arbeitsleistungen erbringt, indem er beispielsweise von unterwegs Akten bearbeitet.[57] Die Differenzierung erfolgt nach dem Grad der Eigennützigkeit und mithin ist eine Einzelfallabwägung anzustellen. Sofern der Arbeitnehmer seine Tätigkeit an einer auswärtigen Arbeitsstelle erbringt, handelt es sich bei der An- und Abreise zum Kunden um vergütungspflichtige Arbeitszeit.[58] Ein Anspruch auf den Mindestlohn ist mithin ebenfalls unter Berücksichtigung des Einzelfalls zu beurteilen.

Vor dem Hintergrund der Entscheidung des BAG zur Mindestlohnpflicht von Bereitschaftszeiten wird angezweifelt, ob mithin Reisezeiten grundsätzlich – unabhängig davon, ob die Reisezeit eigennützig genutzt werden kann – einschließlich erforderlicher Wartezeiten mit dem Mindestlohn zu vergüten sind.[59] Hierfür spricht die Begründung des BAG in Bezug auf die Bereitschaftszeiten, wonach diese Zeiten mindestens mit dem Mindestlohn zu vergüten sind, da der Arbeitnehmer in seiner Gestaltungsfreiheit eingeschränkt sei. Er könne sich nicht an einem Ort aufhalten, den er selbst wählt, sondern hat sich an einem vom Arbeitgeber festgelegten Ort aufzuhalten, um kurzfristig die Arbeitsleistung aufzunehmen. Bei der Reisezeit ist der Arbeitnehmer in vergleichbarer Weise in seinem Aufenthalt beschränkt. Er kann nicht frei wählen, wo er sich aufhält. Unter Berücksichtigung der Rechtsprechung des BAG kann daher vertreten werden, dass die gesamte Reisezeit einschließlich etwaig erforderlicher Wartezeiten unabhängig von der Fremdnützigkeit mit dem Mindestlohn zu vergüten ist. Jedenfalls solange die Nutzung der Zeit jedoch

---

[54] Zur Abgrenzung der Arbeitszeit im arbeitszeitrechtlichen Sinne: *Baeck/Deutsch* ArbZG § 2 Rn. 4.
[55] BAG 22. 4. 2009 – 5 AZR 292/08, NZA-RR 2010, 231 (233).
[56] BAG 22. 4. 2009 – 5 AZR 292/08, NZA-RR 2010, 231 (233).
[57] BAG 11. 7. 2006 – 9 AZR 519/05, NZA 2007, 155 (158).
[58] BAG 25. 4. 2018 – 5 AZR 424/17, NZA 2018, 1211.
[59] Thüsing MiLoG/*Bayreuther* § 1 Rn. 54; aA *Riechert/Nimmerjahn* MiLoG § 1 Rn. 69.

eigennützig ist, dh ausschließlich im Interesse des Arbeitnehmers erfolgt, ergibt sich jedoch nach richtiger Ansicht kein Vergütungsanspruch aus dem MiLoG. Allerdings wird nach der Rechtsprechung des BAG mithin sehr weitgehend die Fremdnützigkeit sämtlicher Reisezeiten, die durch den Arbeitgeber veranlasst sind, angenommen, da die An- und Abreise ausschließlich im Interesse des Arbeitgebers erfolgt. Daher ist die Reisezeit als vergütungspflichtige Arbeitszeit zu bewerten und somit jedenfalls mit dem Mindestlohn zu vergüten.

5. Umkleidezeiten, Rüstzeiten

50 **Umkleidezeiten** sind als vergütungspflichtige Arbeitszeit mit dem Mindestlohn zu vergüten, sofern diese Bestandteil der unmittelbar geschuldeten Arbeitsleistung sind oder der Arbeitgeber das Tragen der Kleidung vorschreibt und das Umkleiden im Betrieb erfolgen muss. Das vom Arbeitgeber angeordnete Umkleiden im Betrieb stellt eine fremdnützige Tätigkeit seitens des Arbeitnehmers dar und ist als Arbeitsleistung zu vergüten.[60] Für diese Zeiten ist jedenfalls mindestens der gesetzliche Mindestlohn zu zahlen.

51 Sofern dem Arbeitnehmer unbenommen bleibt, seine Arbeitskleidung auch bereits am Wohnort anzulegen, ist das im Betrieb erfolgende Umkleiden nicht als Arbeitszeit zu vergüten. Etwas anderes kann unter Berücksichtigung der Umstände des Einzelfalls dann gelten, wenn das Zurücklegen der Wegestrecke mit der Berufskleidung eine erhebliche Einschränkung für den Arbeitnehmer darstellt. Bei Dienst- bzw. Berufskleidung, die die Mobilität erheblich einschränkt, ist das Umkleiden im Betrieb daher vergütungspflichtige Arbeitszeit, auch wenn der Arbeitgeber das Umkleiden im Betrieb nicht angewiesen hat.[61]

52 Ist der Arbeitnehmer verpflichtet, aus arbeitsschutzrechtlichen Vorschriften oder aufgrund Anweisung des Arbeitgebers Schutzausrüstung oder sonstiges Rüstzeug anzulegen, bevor er seine Arbeitstätigkeit aufnimmt (sog. Rüstzeit), ist diese Zeit als vergütungspflichtige Arbeitszeit anzusehen. Somit besteht jedenfalls in Höhe des gesetzlichen Mindestlohns Anspruch auf Vergütung für diesen Zeitraum.

53 Den Arbeits-, Betriebs- sowie Tarifvertragsparteien bleibt es unbenommen, für Umkleidezeiten oder Zeiten des Anlegens von Schutzkleidung sowie das Auf- und Abrüsten von Arbeitsmitteln einen geringeren Stundensatz zu vereinbaren. Allerdings ist als Lohnuntergrenze der gesetzliche Mindestlohn zu beachten.

6. Überstunden

54 Aus dem MiLoG ergibt sich kein Anspruch auf Vergütung von Überstunden.[62] Ein Differenzanspruch nach dem MiLoG besteht dann, wenn die verstetigte Vergütung nicht mindestens die Summe beträgt, die sich aus der Multiplikation der tatsächlichen Arbeitsstunden mit dem gesetzlichen Mindestlohn ergibt. Dann sind die darüber hinausgehenden tatsächlichen Arbeitsstunden mit dem gesetzlichen Mindestlohn zu vergüten.

Beispiele:
Der Arbeitnehmer hat einen arbeitsvertraglichen Anspruch auf 1.500,– EUR brutto bei einer 40 Stunden Woche. Leistet der Arbeitnehmer statt der vereinbarten 40 Stunden für vier Wochen jeweils 42 Stunden pro Woche, besteht kein Differenzanspruch aus dem MiLoG, da der Mindestlohn durch die arbeitsvertragliche Vergütung erfüllt ist:

---

[60] BAG 13.12.2016 – 9 AZR 574/15, NZA 2017, 459 (461).
[61] BAG 12.11.2013 – 1 ABR 59/12, NZA 2015, 557 (559); *Franzen* NZA 2016, 136 (136).
[62] BAG 25.5.2016 – 5 AZR 135/16, NZA 2016, 1327 (1330).

168 Stunden x 8,84 EUR = 1485,12 EUR

Erhält der Arbeitnehmer nach dem Arbeitsvertrag 1.350,00 EUR brutto und wird statt der vereinbarten 37 Stunden für vier Wochen jeweils 40 Stunden pro Woche tätig, folgt ein Anspruch aus dem MiLoG in Höhe der Differenzvergütung:

160 Stunden x 8,84 brutto = 1.414,40 EUR

1.414,40 EUR abzüglich 1.350,00 EUR = 64,40 EUR (Differenzanspruch)

In Anlehnung an die Rechtsprechung des BAG in Bezug auf Ausschlussfristen[63] ist sicherzustellen, dass die Abgeltungsklausel von Überstunden den Anspruch auf MiLoG nicht ausschließt, sondern klarstellt, dass die Überstunden jedenfalls mindestens mit dem Mindestlohnanspruch vergütet werden.[64] Wenn durch die Grundvergütung sichergestellt ist, dass bereits sämtliche nach dem ArbZG möglichen Überstunden mit dem Mindestlohn vergütet sind, bedarf es keiner Ausnahme von der Pauschalisierung der Überstunden in Bezug auf den Mindestlohn. Die darüber hinausgehende Pauschalisierung von Überstunden ist nach Maßgabe der Grundsätze des BAG zu regeln.[65]

> **Checkliste: Mindestlohnrelevante Zeiten**
> Der Mindestlohn ist für „jede Zeitstunde" zu zahlen:
> – Reguläre Arbeitszeit;
> – Überstunden;
> – Arbeitsbereitschaft und Bereitschaftsdienst;
> – Reisezeit, wenn Teil der Arbeitsleistung (zB Außendienstmitarbeiter);
> – Umkleide- und Rüstzeiten.
>
> Aus dem MiLoG besteht kein Anspruch für:
> – Arbeitsunfähigkeit (EFZG);
> – Vorübergehende Verhinderung (§ 616 BGB);
> – Urlaub (BUrlG);
> – Annahmeverzug (§ 615 BGB);
> – Pausen.

III. Mindestlohnrelevante Entgelttatbestandteile

1. Fälligkeitsregelung des § 2 Abs. 1 MiLoG

In Bezug auf die Fälligkeit des Mindestlohns enthält § 2 MiLoG eine ausdrückliche Regelung. Danach ist der Arbeitgeber verpflichtet, dem Arbeitnehmer den Mindestlohn entweder zum Zeitpunkt der vereinbarten Fälligkeit (§ 2 Abs. 1 S. 1 Nr. 1 MiLoG), jedoch spätestens am letzten Bankarbeitstag (Frankfurt am Main) des Monats, der auf den Monat folgt, in dem die Arbeitsleistung erbracht wurde, zu zahlen (§ 2 Abs. 1 S. 1 Nr. 2 Mi-LoG). Das Gesetz stellt darüber hinaus klar, dass für den Fall, dass keine Vereinbarung über die Fälligkeit getroffen worden ist, § 614 BGB unberührt bleibt. Gem. § 614 BGB ist die Vergütung nach Leistung der Dienste und, sofern eine Vergütung nach Zeitabschnitten bemessen ist, nach dem Ablauf der einzelnen Zeitabschnitte zu entrichten ist. Da regelmäßig in Arbeits- oder Tarifverträgen eine Fälligkeit zum Ende des Kalendermonats bzw. zum ersten bis dritten Werktag des Folgemonats vereinbart ist, kommt der ge-

---
[63] BAG 24.8.2016 – 5 AZR 703/15, NZA 2016, 1539.
[64] *Riechert/Nimmerjahn* MiLoG § 3 Rn. 16.
[65] BAG 17.8.2011 – 5 AZR 406/10, NZA 2011, 1335.

setzlichen **Fälligkeitsregelung** in der Praxis – jedenfalls für die monatliche Festvergütung – eine geringe Bedeutung zu. Vielmehr bleibt der Arbeitgeber verpflichtet, den bisherigen, früheren Fälligkeitstermin zu beachten.

57 Abweichend von der Fälligkeitsbestimmung in § 2 Abs. 1 MiLoG besteht die Möglichkeit, durch Einführung eines Arbeitszeitkontos den Fälligkeitstermin nach hinten zu verschieben. Hierzu sind die Vorgaben des § 2 Abs. 2 MiLoG zu beachten, dh insbesondere das Arbeitszeitkonto schriftlich zu vereinbaren, die Gutschrift auf dem Arbeitszeitkonto auf einen Umfang von max. 50% der vertraglich vereinbarten Stunden zu beschränken sowie die auf dem Arbeitszeitkonto erfassten Stunden binnen zwölf Monaten entweder durch Freizeitausgleich oder Zahlung des gesetzlichen Mindestlohns auszugleichen (zum Arbeitszeitkonto → Rn. 86 f.).

58 Aus der Fälligkeitsbestimmung des § 2 Abs. 1 MiLoG folgt, dass eine Leistung des Arbeitgebers grundsätzlich nur dann für den Mindestlohnanspruch erfüllungsrelevant sein kann, wenn diese innerhalb des Fälligkeitszeitraums geleistet wird. Daher scheidet jedenfalls eine monatlich anteilige Anrechnung einer einmal im Jahr geleisteten Sonderzahlung aus. Möchte der Arbeitgeber eine solche Sonderzahlung auf den Mindestlohnanspruch anrechnen, setzt dies ungeachtet der materiell-rechtlichen Erfüllungswirkung voraus, dass die Zahlung spätestens am letzten Bankarbeitstag des Monats, der auf den Monat folgt, in dem die Arbeitsleistung erbracht wurde, geleistet wird.

59 Eine **Durchschnittsbetrachtung** über das gesamte Kalenderjahr ist mit dem MiLoG nicht vereinbar. Es ist nicht ausreichend, wenn der Arbeitgeber somit im Jahresmittel unter Berücksichtigung der tatsächlich geleisteten Arbeitsstunden den Anspruch auf den gesetzlichen Mindestlohn erfüllt. Vielmehr ist jeweils nach Ablauf des Folgemonats zu prüfen, ob die in diesem Zeitraum tatsächlich geleisteten Arbeitsstunden mit mindestens dem gesetzlichen Mindestlohn vergütet sind. Ist dies nicht der Fall, besteht ein Anspruch auf die Differenzvergütung. Das BAG[66] fasst dies wie folgt zusammen:

„Der Arbeitgeber hat den Anspruch auf den gesetzlichen Mindestlohn erfüllt, wenn die für einen Kalendermonat gezahlte Bruttovergütung den Betrag erreicht, der sich aus der Multiplikation der Anzahl der tatsächlich geleisteten Arbeitsstunden mit 8,50 EUR ergibt."

2. Mindestlohnwirksame Leistungen

60 Wie sich aus den Ausführungen in den Bundestagsdrucksachen ergibt, ist der Gesetzgeber davon ausgegangen, dass sich die Maßgaben zur Erfüllungswirkung arbeitgeberseitiger Leistungen in Bezug auf den gesetzlichen Mindestlohn nach der Rechtsprechung des EuGH und BAG in Bezug auf die tariflichen Mindestentgelte richtet.[67] In der Gegenäußerung der Bundesregierung zur Stellungnahme des Bundesrates von 23.5.2014 zum Entwurf des Gesetzes zur Stärkung der Tarifautonomie teilte die Bundesregierung mit, dass es sich beim Anspruch auf gesetzlichen Mindestlohn nach dem MiLoG um einen Mindestentgeltsatz iSd § 2 Nr. 1 AEntG handle und daher für die Auslegung des Begriffs die Rechtsprechung des EuGH und BAG anzuwenden sei.[68] Demnach sollen Leistungen des Arbeitgebers auf den Mindestlohnanspruch anrechenbar sein, wenn der Zweck der zu vergleichenden Leistungen gleichwertig ist **(funktionale Gleichwertigkeit)**. In Anwendung dieser Grundsätze stimmte die Bundesregierung ausdrücklich der Stellungnahme des Bundesrates zu, wonach Zuschläge für Arbeitszeit zu besonderen Tageszeiten wie zB Sonn- und Feiertagsarbeit, Nachtzuschläge, Schichtzulagen oder auch Überstundenzuschläge bzw. für Arbeit unter unangenehmen, beschwerlichen, körperlich oder physisch

---

[66] BAG 29.6.2016 – 5 AZR 716/15, NZA 2016, 1332 (1333); 25.5.2016 – 5 AZR 135/16, NZA 2016, 1327 (1329).
[67] BT-Drs. 18/2010, 15.
[68] BT-Drs. 18/1558, Anlage 4.

besonders belastenden oder gefährlichen Umständen wie Schmutzzulagen oder Gefahrenzulagen sowie Akkord- oder Qualitätsprämien nicht den Mindestlohnanspruch erfüllen können. Diese zur Entsenderichtlinie aufgestellten Vorgaben, führte die Bundesregierung aus, seien auf den allgemeinen gesetzlichen Mindestlohn zu übertragen.[69] Daher bedurfte es nach Vorstellung der Bundesregierung auch keiner Konkretisierung im MiLoG, welche arbeitgeberseitigen Leistungen auf den Mindestlohnanspruch anrechenbar sind.[70]

a) Rechtsprechung des BAG

Beginnend mit der ersten Grundsatzentscheidung des BAG vom 25.5.2016[71] zum MiLoG vertritt der 5. Senat eine abweichende Rechtsauffassung. Das BAG überträgt ausdrücklich nicht die Maßgaben des EuGH und BAG zu tariflichen Mindestentgelten auf den gesetzlichen Mindestlohn. Stattdessen vertritt das BAG einen umfassenden Entgeltbegriff im Anwendungsbereich des gesetzlichen Mindestlohns. Danach sind alle in Synallagma stehenden Geldleistungen des Arbeitgebers geeignet, den (gesetzlichen) Mindestlohnanspruch des Arbeitnehmers zu erfüllen. Nur solchen Leistungen des Arbeitgebers fehlt die Erfüllungswirkung, die er ohne Rücksicht auf eine tatsächliche Arbeitsleistung des Arbeitnehmers erbringt oder die auf einer besonderen Zweckbestimmung wie zB § 6 Abs. 5 ArbZG beruhen.

61

Das BAG hat damit einen abweichenden Standpunkt für das MiLoG eingenommen, als es im Zusammenhang mit der Erfüllungswirkung bezogen auf tarifliche Mindestlöhne vertritt. Entgegen der Ausführungen in der Gesetzesbegründung zum MiLoG sei die Rechtsprechung des BAG und EuGH zur funktionalen Gleichwertigkeit bezogen auf den Anspruch auf den gesetzlichen Mindestlohn nicht zu übertragen. Das BAG begründet seine Auffassung damit, dass es der vorrangige Zweck des gesetzlichen Mindestlohns sei, jedem Arbeitnehmer ein existenzsicherndes Monatseinkommen zu gewährleisten. Zu diesem Zwecke sei es unerheblich, zu welcher Tageszeit, unter welchen Umständen oder in welcher Qualität die Arbeit erbracht werde, für welche die Vergütungszahlung erfolgt.[72] Das MiLoG knüpft nicht an den Begriff der Normalleistung an.

62

Erfüllung iSd § 362 BGB tritt beim Anspruch auf den gesetzlichen Mindestlohn durch Zahlung des Bruttoarbeitsentgelts ein, weil der gesetzliche Mindestlohn die Gegenleistung für die Arbeitsleistung darstellt.[73] Sofern ein Vergütungsbestandteil nach den nachfolgend dargestellten Leitlinien der Rechtsprechung nicht auf den Mindestlohnanspruch anrechenbar ist, wird dieser unabhängig vom Anspruch auf den gesetzlichen Mindestlohn nach der zugrunde liegenden tarif- bzw. arbeitsvertraglichen Rechtsgrundlage geschuldet. Nach den Maßgaben des BAG, die für die Praxis zugrunde zu legen sind, gelten folgende Leitlinien bei der Frage, ob Zahlungen des Arbeitgebers auf den Mindestlohnanspruch des Arbeitnehmers angerechnet werden dürfen:

63

aa) Unwiderrufliche Leistung

Damit eine Vergütungsleistung auf den Mindestlohnanspruch anrechenbar ist, setzt dies voraus, dass die Leistung **unwiderruflich** erbracht wird. Nach der Rechtsprechung des BAG wird die geschuldete Leistung bei einer Geldschuld mangels anderer Vereinbarung nur dann bewirkt, wenn der Gläubiger den Geldbetrag, den er beanspruchen kann, endgültig zur freien Verfügung erhält.[74] Daraus folgt, dass der Arbeitgeber den Anspruch auf den gesetzlichen Mindestlohn nur dann erfüllt, soweit diese erbrachten Vergütungsleistun-

64

---

[69] Hierzu kritisch: *Bayreuther* NZA 2014, 865 (868 f.) mwN.
[70] BT-Drs. 18/3824, 3.
[71] BAG 25.5.2016 – 5 AZR 135/16, NZA 2016, 1327.
[72] BAG 25.5.2016 – 5 AZR 135/16, NZA 2016, 1327 (1330).
[73] BAG 21.12.2016 – 5 AZR 374/16, NZA 2017, 378 (379).
[74] BAG 25.5.2016 – 5 AZR 135/16, NZA 2016, 1327 (1330).

gen dem Arbeitnehmer endgültig verbleiben. Daher sind solche Leistungen nicht mindestlohnrelevant, die unter **Widerrufs- oder Anrechnungsvorbehalt** oder sonstigen **Rückzahlungsvereinbarungen** geleistet werden.[75] Sofern der Widerrufsvorbehalt, ebenso wie ein Freiwilligkeitsvorbehalt, indes nur für die Zukunft und damit ex nunc wirkt, steht dies der Anrechnung hingegen nicht entgegen. Leistet der Arbeitgeber eine Vergütungsleistung unter dem Vorbehalt, diese freiwillig ohne Anspruch für die Zukunft zu leisten, steht dies der Anrechnung auf den Mindestlohnanspruch für die geleistete Zahlung nicht entgegen, da dem Arbeitnehmer die geleistete Zahlung endgültig verbleibt.

Beispiel: Provisionsvorschuss

Der Arbeitnehmer ist im Vertrieb provisionsbasiert beschäftigt. Er erhält bei einer wöchentlichen Arbeitszeit von 40 Stunden monatlich einen Provisionsvorschuss in Höhe von 1.500,– EUR. Quartalsweise erfolgt eine Anrechnung und ggf. Rückzahlung des Vorschusses unter Berücksichtigung der erfolgten Geschäftsabschlüsse.

Aufgrund des Anrechnungs- und Rückzahlungsvorbehalts erfüllt der Arbeitgeber mit Auszahlung des Provisionsanspruches den Anspruch auf den gesetzlichen Mindestlohn nicht, da der Provisionsvorschuss iSd Rechtsprechung des BAG nicht unwiderruflich geleistet wird. Für die tatsächlich geleisteten Arbeitsstunden hat der Arbeitnehmer Anspruch auf den gesetzlichen Mindestlohn. In der Praxis sollte der Provisionsvorschuss als unwiderrufliche „Mindestprovision" geleistet werden, um die Anrechenbarkeit auf den Mindestlohnanspruch zu erreichen.[76]

bb) Erfüllungszeitpunkt

65 Die Anrechenbarkeit auf den gesetzlichen Mindestlohnanspruch setzt voraus, dass der Arbeitgeber die Vergütungsleistung zum Fälligkeitstermin nach § 2 Abs. 1 MiLoG leistet. Sofern eine Sonderzahlung nicht monatlich ratierlich ausgezahlt wird und daher nur im Auszahlungsmonat auf den Mindestlohnanspruch angerechnet werden kann, bietet sich der Abschluss einer Betriebsvereinbarung an, um den Auszahlungszeitpunkt zu ändern. Da es sich bei der Festlegung bzw. Änderung des Fälligkeitszeitpunkts einer Leistung um eine mitbestimmungspflichtige Angelegenheit nach § 87 Abs. 1 Nr. 4 BetrVG handelt, wonach der Betriebsrat über Zeit, Ort und Art der Auszahlung der Arbeitsentgelte mitzubestimmen hat, können die Betriebsparteien zur Änderung des Auszahlungszeitpunkts eine Betriebsvereinbarung abschließen, solange nur kein Tarifvertrag kollektivrechtlich gilt. Die Regelungssperre des § 77 Abs. 3 BetrVG greift nicht.[77] Die Betriebsvereinbarung verdrängt die arbeitsvertragliche Fälligkeitsbestimmung. Nach der Rechtsprechung des BAG zur **Betriebsvereinbarungsoffenheit** von AGB ist davon auszugehen, dass die Arbeitsvertragsparteien durch die Vereinbarung in AGB konkludent zum Ausdruck bringen, dass der Arbeitgeber damit für den Arbeitnehmer erkennbar deutlich gemacht hat, dass im Betrieb einheitliche Vertragsbedingungen gelten sollen und daher einer abweichenden Betriebsvereinbarung zugänglich sind. Im Zusammenhang mit dem MiLoG hat das BAG diese Rechtsprechung auch nochmals ausdrücklich bestätigt, so dass jedenfalls im Zusammenhang mit Fälligkeitsbestimmungen eine arbeitsvertragliche Regelung wirksam durch eine kollektivrechtliche Regelung ersetzt werden kann.[78]

cc) Ohne Rücksicht auf die tatsächliche Arbeitsleistung

66 Es fehlt solchen Zahlungen die Erfüllungswirkung, die der Arbeitgeber ohne Rücksicht auf eine tatsächliche Arbeitsleistung des Arbeitnehmers erbringt. Je nach Beurteilung der

---

[75] *Bayreuther* NZA 2014, 865 (868); aA *Sittard* RdA 2015, 99 (104).
[76] *Bayreuther* NZA 2014, 865 (868).
[77] BAG 25.5.2016 – 5 AZR 135/16, NZA 2016, 1327 (1330).
[78] BAG 25.5.2016 – 5 AZR 135/16, NZA 2016, 1327 (1330).

III. Mindestlohnrelevante Entgelttatbestandteile

Einzelumstände der Vergütungsbestandteile ist danach zu differenzieren, ob der Arbeitgeber die Leistung unabhängig von der tatsächlichen Arbeitsleistung erbringt. Keine Erfüllungswirkung kommt damit einer Aufwendungsentschädigung analog § 670 BGB zu, die der Arbeitgeber dem Arbeitnehmer zum Ersatz der entstandenen Aufwendungen leistet.[79]

dd) Kraft Gesetzes geschuldete Leistungen

Es fehlt solchen Zahlungen die Erfüllungswirkung, die auf einer besonderen gesetzlichen Zweckbestimmung beruhen.[80] Damit ist ua der gesetzlich verpflichtende Nachtarbeitszuschlag nach § 6 Abs. 5 ArbZG nicht auf den gesetzlichen Mindestlohnanspruch anrechenbar.

b) Darlegungs- und Beweislast

Die Geltendmachung des Mindestlohnanspruchs setzt voraus, dass der Arbeitnehmer unter Angabe der tatsächlich geleisteten Arbeitsstunden den Mindestlohnanspruch darlegt. Nach Maßgabe der Rechtsprechung des BAG müssen die tatsächlich geleisteten Arbeitsstunden schlüssig dargelegt werden.[81] Es ist nicht ausreichend, die Berechnung auf Grundlage der arbeitsvertraglich vereinbarten monatlichen Stundenzahl vorzunehmen.[82] Der Arbeitnehmer muss unter Angaben von Datum und Umfang konkret dem Gericht darlegen, wieviel Arbeitszeit er tatsächlich geleistet hat und entsprechend den Differenzanspruch bemessen. Für die Praxis dürften insbesondere die Arbeitszeitdokumentationen iSd § 17 MiLoG von Bedeutung sein. Gem. § 17 MiLoG ist für die dort abschließend genannten Branchen iSd § 2a des Schwarzarbeitsbekämpfungsgesetzes sowie für geringfügig Beschäftigte Beginn, Ende und Dauer der täglichen Arbeitszeit zu dokumentieren. Diese Angaben sind vom Arbeitnehmer ebenfalls darzulegen, wenn er erfolgreich seinen Anspruch auf Mindestlohn durchsetzen möchte.

c) Einzelne Vergütungsbestandteile

aa) Leistungen mit Erfüllungswirkung

Unter Hinweis auf die Ausführungen zum umfassenden Entgeltbegriff des MiLoG geht das BAG davon aus, dass eine **Leistungsprämie** oder **Leistungszulage** den Anspruch auf den Mindestlohn ebenfalls erfüllt. Mit der Leistungszulage wird die Arbeitsleistung des Arbeitnehmers honoriert und besteht ein Synallagma. Da eine besondere gesetzliche Zweckbestimmung fehlt und der Arbeitgeber mit der Leistungszulage die Arbeitsleistung honoriert, unterliegt die Leistungszulage der Anrechnung auf den Mindestlohnanspruch. Da das MiLoG ausdrücklich nicht von dem Begriff der Normalleistung ausgeht, sind auch Vergütungsleistungen, mit welchen eine besonders gute Leistung honoriert wird, auf den Mindestlohnanspruch anrechenbar.[83] Daher sind **Akkordprämien** oder **Qualitätsprämien** auf den Mindestlohnanspruch anrechenbar.

Unter Berücksichtigung des weitgehenden Entgeltbegriffs des MiLoG ist eine **Wechselschichtzulage** auf den Mindestlohnanspruch anrechenbar.[84] Es handelt sich dabei um eine im Synallagma stehende Geldleistung.[85] Eine Wechselschichtzulage, die ohne Rücksicht auf die Lage der Arbeitszeit in monatlich gleichbleibender Höhe gezahlt wird, ist

---

[79] MüKoBGB/*Müller-Glöge* MiLoG § 1 Rn. 26.
[80] BAG 25.5.2016 – 5 AZR 135/16, NZA 2016, 1327 (1330).
[81] BAG 29.6.2016 – 5 AZR 716/15, NZA 2016, 1332 (1333); 25.5.2016 – 5 AZR 135/16, NZA 2016, 1327 (1329).
[82] BAG 21.12.2016 – 5 AZR 374/16, NZA 2017, 378 (378).
[83] BAG 6.9.2017 – 5 AZR 317/16, NJW 2017, 3613 (3614).
[84] AA *Riechert/Nimmerjahn* MiLoG § 1 Rn. 123.
[85] BAG 21.12.2016 – 5 AZR 374/16, NZA 2017, 378 (380).

regelmäßig eine allgemeine Zulage, die ohnehin auf den Mindestlohnanspruch anrechenbar ist. Doch auch dann, wenn die Zulage tatsächlich nach den Umständen des Sachverhaltes eine besondere Erschwernis durch den Einsatz in Wechselschicht ausgleichen soll, kann die Wechselschichtzulage auf den Mindestlohnanspruch angerechnet werden, wenn diese mit Rücksicht auf die tatsächliche Arbeitsleistung ohne gesetzliche Verpflichtung geleistet wird.

71   Wenngleich höchstrichterlich bisher nicht entschieden, ist unter Hinweis auf die Rechtsprechung des BAG zum Entgeltbegriff des MiLoG und insbesondere zur Wechselschichtzulage anzunehmen, dass auch sonstige Zulagen, die im Synallagma mit der Arbeitsleistung stehen und ohne gesetzliche Zweckbestimmung erbracht werden, auf den Mindestlohnanspruch angerechnet werden können, auch wenn sie eine besondere Erschwernis der Arbeitserbringung ausgleichen. Danach sind sowohl **Schichtzulagen** sonstiger Art als auch **Erschwernis-** oder **Schmutzzulagen** auf den Mindestlohnanspruch anrechenbar.[86] Bei Schmutzzulagen ist allenfalls dann eine abweichende Betrachtung im Einzelfall möglich, wenn diese nicht als Gegenleistung für die Arbeitsleistung sondern als pauschalierter Aufwendungsersatz für etwaig erforderliche Reinigungskosten geleistet werden.

72   Für **Sonn- und Feiertagsarbeit** sieht das ArbZG, anders als für Nachtarbeit, keinen gesonderten gesetzlichen Zuschlag vor. Daher nimmt das BAG an, dass auch Zuschläge für Arbeit an Sonn- und Feiertagen auf den Mindestlohnanspruch angerechnet werden können. Es handelt sich bei den Sonn- und Feiertagszuschlägen um im arbeitsvertraglichen Austauschverhältnis erbrachtes Arbeitsentgelt, welches gerade für die tatsächliche Arbeitsleistung – nämlich an Sonn- oder Feiertagen – geleistet wird.[87]

73   Indem der Arbeitgeber eine **Funkprämie** zahlt, auch wenn der Arbeitnehmer tatsächlich gar keine Funktätigkeiten wahrnimmt, honoriert er die vorgehaltenen Fähigkeiten zur Arbeitsleistung und demzufolge nach Maßgabe der Rechtsprechung des BAG die Arbeitsleistung selbst, so dass eine Anrechenbarkeit auf den Mindestanspruch gegeben ist.[88] Ebenso unterfallen so genannte **Nähprämien,** die vom Arbeitgeber für Näharbeiten des Arbeitnehmers geleistet werden, dem umfassenden Entgeltbegriff des MiLoG und können daher auf dem Mindestlohnanspruch angerechnet werden. Da der Begriff der „Normalleistung" kein Eingang in den Wortlaut des MiLoG gefunden hat, können auch gesonderte zusätzliche Leistungen des Arbeitgebers, mit welcher außerhalb der vertraglich geschuldeten Arbeitsleistung erbrachte Leistungen honoriert werden, auf den Mindestlohnanspruch angerechnet werden.[89] Somit sind ebenfalls sonstige Zulagen bzw. Prämien, die der Arbeitgeber entweder für die Erbringung oder auch nur Bereithaltung besonderer Arbeitsleistungen leistet, auf den Mindestlohnanspruch anrechenbar. Demzufolge sind auch nach Auffassung des BAG **Anwesenheitsprämien** auf den Mindestlohnanspruch anrechenbar.[90] So sind in Anwendung dieser Grundsätze des BAG ebenfalls **Stornoprämien oder Pünktlichkeitsprämien** auf den Mindestlohnanspruch anrechenbar.

74   Vom BAG noch nicht entschieden ist die Frage, ob **Überstundenzuschläge** auf den Mindestlohnanspruch anrechenbar sind. Unter Berücksichtigung des weitgehenden Entgeltbegriffs der Rechtsprechung ist anzunehmen, dass auch Überstundenzuschläge auf den Mindestlohnanspruch anrechenbar sind. Diese vergüten die Arbeitsleistung des Arbeitnehmers ohne eine gesetzliche Verpflichtung. Dass es sich dabei um ein „Mehr" als um die Normalleistung handelt, ist nach der Rechtsprechung des BAG unerheblich für die Anrechenbarkeit auf den Mindestlohnanspruch.[91]

---

[86] AA *Riechert/Nimmerjahn* MiLoG § 1 Rn. 122 f.
[87] BAG 24. 5. 2017 – 5 AZR 431/16, NZA 2017, 1387 (1388).
[88] BAG 21. 12. 2016 – 5 AZR 374/16, NZA 2017, 378 (380).
[89] BAG 6. 9. 2017 – 5 AZR 441/16, BeckRS 2017, 129435 Rn. 16.
[90] BAG 11. 10. 2017 – 5 AZR 622/16, BeckRS 2017, 133353 Rn. 20.
[91] AA *Riechert/Nimmerjahn* MiLoG § 1 Rn. 126.

III. Mindestlohnrelevante Entgelttatbestandteile

Eine vom Arbeitgeber geleistete **Sozialzulage** (zB **Kinder- bzw. Kindergartenzuschuss, Ortszulagen**) ist dann auf den Mindestlohnanspruch anrechenbar, wenn diese angesichts der Arbeitsleistung geleistet wird. Hiervon ist regelmäßig auszugehen, da die Sozialzulage aufgrund der vom Arbeitnehmer zu erbringen Arbeitsleistung vom Arbeitgeber geleistet wird, ohne dass hierzu eine gesetzliche Verpflichtung besteht. Etwaige hierdurch eintretende steuerliche Vorteile für den Arbeitnehmer ändern nicht den Charakter der Leistung als Gegenleistung für die Arbeitsleistung des Arbeitnehmers. Dass eine Sozialzulage ggf. an weitere Tatbestandvoraussetzungen anknüpft, die unabhängig von der Arbeitsleistung stehen, ist dabei unerheblich.[92]

75

Ebenso auf den Mindestlohnanspruch anrechenbar ist ein vorbehaltlos geleistetes **Weihnachtsgeld** oder eine sonstige **Jahressonderzahlung**.[93] Allerdings ist eine jährliche Sonderzahlung nur im Auszahlungsmonat bzw. im darauf folgenden Kalendermonat gem. § 2 Abs. 1 Nr. 2 MiLoG, sofern keine frühere Fälligkeit festgelegt ist, berücksichtigungsfähig. Eine ratierlich anteilige Berücksichtigung zu 1/12 bei einer einmalig jährlichen Jahressonderzahlung scheidet aus. Zu diesem Zweck bietet es sich in der Praxis an, mit dem Betriebsrat eine Vereinbarung zwecks monatlich anteiliger Auszahlung der Jahressonderzahlung zu vereinbaren (→ N Rn. 33, 151).

76

> **Checkliste: Leistungen mit Erfüllungswirkung**
> - Leistungszulage oder Leistungsprämie;
> - Akkord- oder Qualitätsprämien;
> - Wechselschichtzulage;
> - Schmutzzulage;
> - Erschwerniszulage;
> - Sonn- und Feiertagszuschläge;
> - Überstundenzuschläge;
> - Sozialzulage;
> - Nähprämie, Funkprämie, Stornoprämie, Pünktlichkeitsprämie, Anwesenheitsprämie uÄ.

bb) Leistungen ohne Erfüllungswirkung

Unter Berücksichtigung des umfassenden Entgeltbegriffs des MiLoG, welcher vom BAG nunmehr in ständiger Rechtsprechung vertreten wird, ist nur solchen arbeitgeberseitigen Leistungen die Erfüllungswirkung zu verneinen, die entweder einer gesetzlichen Zweckbestimmung folgen oder losgelöst von der tatsächlichen Arbeitsleistung erbracht werden. Dabei ist zu denken an **vermögenswirksame Leistungen** sowie **(pauschalierte) Aufwendungsersatzleistungen**.[94]

77

Da das MiLoG ausschließlich Ansprüche für tatsächlich geleistete Arbeitsstunden regelt und daher keine Ansprüche für Zeiten ohne Arbeitsleistung begründet, kommt solchen Zahlungen, die für einen Feiertag bzw. während der Urlaubszeit geleistet werden, keine Erfüllungswirkung zu. **Urlaubsentgelt** nach Maßgabe des § 11 BUrlG stellt keine Vergütung für die Arbeitsleistung dar, sondern vielmehr bezeichnet dies den Vergütungsanspruch des Arbeitnehmers während des Urlaubs, also Zeiten der Nichtarbeit. Daher ist ein Urlaubsentgelt nach § 11 BUrlG nicht auf den Mindestlohnanspruch anrechenbar. Erbringt der Arbeitnehmer während des Urlaubs tatsächlich Arbeitsleistungen, ist der Arbeitgeber zur Vergütung dieser tatsächlichen Arbeitszeit jedenfalls mit dem Mindestlohn verpflichtet.

78

---

[92] *Riechert/Nimmerjahn* MiLoG § 1 Rn. 129.
[93] BAG 25.5.2016 – 5 AZR 135/16, NZA 2016, 1327 (1330).
[94] *Bayreuther* NZA 2014, 865 (868).

79 Sofern darüber hinaus seitens des Arbeitgebers ein **Urlaubsgeld** gewährt wird, erfolgt dies regelmäßig unabhängig von der geleisteten Arbeit. Urlaubsgeld und sonstige Zahlungen aufgrund von Feiertagen sind daher nach der Rechtsprechung nicht erfüllungsrelevant.[95] Jedenfalls beim Urlaubsgeld kann es sich aber je nach den Umständen des Einzelfalls um eine arbeitgeberseitige Leistung handeln, die mit Rücksicht auf die tatsächliche Arbeitsleistung erbracht wird. Für anteilig ausgezahlte Jahressonderzahlungen hat das BAG entschieden, dass eine solche Zahlung regelmäßig auch Vergütung für geleistete Arbeit ist und daher auf den Mindestlohnanspruch angerechnet werden kann.[96] Eine als Urlaubsgeld bezeichnete Jahressonderzahlung ist auf den Mindestlohnanspruch anrechenbar, wenn die Zahlung des Urlaubsgeldes nicht akzessorisch zur tatsächlichen Gewährung des Urlaubs ist. Wenn allerdings das Urlaubsgeld akzessorisch an das Entstehen des Urlaubsanspruchs anknüpft, liegt es nahe, nach Maßgabe der Rechtsprechung des BAG einen arbeitsleistungsunabhängigen Zweck wie beim Urlaubsentgelt anzunehmen und damit die Anrechenbarkeit auf den Mindestlohnanspruch abzulehnen. Auf den Mindestlohnanspruch sollte daher ein Urlaubsgeld, welches an die Gewährung von Urlaub anknüpft, nicht auf den Mindestlohnanspruch angerechnet werden.

80 Wie sich aus dem Wortlaut des § 1 Abs. 2 S. 1 MiLoG ergibt, schuldet der Arbeitgeber die Leistung eines Bruttobetrages. Dabei handelt es sich um eine Bruttoentgeltschuld des Arbeitgebers, die er ausschließlich durch Zahlung in Form von Geld erfüllen kann.[97] Daher kann der Arbeitgeber den Mindestlohnanspruch nicht mit Sachleistungen erfüllen.[98] Hierzu sind ebenfalls Kost und Logis zu zählen. Richtigerweise ist eine Vereinbarung zwischen Arbeitgeber und Arbeitnehmer über die Ersetzung der Geldleistungspflicht des Arbeitgebers durch Erbringung von Sachleistungen nach § 3 S. 1 MiLoG unwirksam, da dies eine Vereinbarung darstellt, welche den gesetzlichen Mindestlohnanspruch beschränkt oder ausschließt.[99] § 107 Abs. 2 GewO findet hinsichtlich des gesetzlichen Mindestlohnanspruches keine Anwendung, sondern betrifft allein vertragliche Vergütungsansprüche.[100] Wenn ein vertraglicher Vergütungsanspruch mit einer Sachleistung ersetzt wird, kann der vertragliche Anspruch nicht mehr auf den Mindestlohn angerechnet werden und stattdessen entsteht in entsprechender Höhe nach Maßgabe des MiLoG ein Differenzanspruch.

81 Mangels abweichender Sonderregelungen ist anzunehmen, dass ebenfalls für Arbeitnehmer in der Saisonarbeit oder in Kampagnenbetrieben oder auch in Privathaushalten Sachleistungen in Form von Kost und Logis nicht auf den Mindestlohnanspruch angerechnet werden dürfen.[101]

> **Checkliste: Leistungen ohne Erfüllungswirkung**
> – Nachtarbeitszuschlag nach § 6 Abs. 5 ArbZG;
> – Leistungen zur betrieblichen Altersvorsorge;
> – Vermögenswirksame Leistungen;
> – Urlaubsentgelt und akzessorisches Urlaubsgeld;
> – Zahlungen für Feiertage;
> – pauschalisierter Aufwendungsersatz;
> – Sachleistungen.

---

[95] BAG 20.9.2017 – 10 AZR 171/16, NZA 2018, 53 Rn. 16.
[96] BAG 25.5.2016 – 5 AZR 135/16, NZA 2016, 1327 (1330).
[97] BAG 25.5.2016 – 5 AZR 135/16, NZA 2016, 1327 (1330).
[98] *Riechert/Nimmerjahn* MiLoG § 1 Rn. 82.
[99] *Riechert/Nimmerjahn* MiLoG § 1 Rn. 83.
[100] *Riechert/Nimmerjahn* MiLoG § 1 Rn. 84.
[101] *Riechert/Nimmerjahn* MiLoG § 1 Rn. 90; aA wird vom Zoll vertreten: http://www.zoll.de/DE/Fachthemen/Arbeit/Mindestarbeitsbedingungen/Mindestlohn-Mindestlohngesetz/Berechnung-Zahlung-Mindestlohns/Kost-Logis-Saisonarbeitskraefte/kost-logis-saisonarbeitskraefte_node.html [zuletzt aufgerufen am 27.8.2018].

d) Kritik an der Entgelttheorie

Die vom BAG nunmehr in ständiger Rechtsprechung vertretene so genannte Entgelttheorie stößt in der Literatur auf erhebliche Kritik.[102] Von zahlreichen Autoren wird die Ansicht vertreten, dass nur solche Entgeltzahlungen des Arbeitgebers auf den Mindestlohn anrechenbar sind, die die Normalleistung vergüten und somit funktional gleichwertig zur Arbeitsleistung sind (sog. **Normalleistungstheorie** oder **Grundlohntheorie**). Diese Auffassungen nehmen Bezug auf die Rechtsprechung des EuGH und BAG zu den tariflichen Mindestlöhnen. Dabei verweisen die Autoren insbesondere auf die Ausführungen in den Gesetzesmaterialien, wonach die funktionale Äquivalenz der zu vergleichenden Leistungen für die Anrechenbarkeit auf den Anspruch auf gesetzlichen Mindestlohn vorausgesetzt wird.

Die Rechtsprechung hat sich ausdrücklich mit den Ausführungen in den Gesetzesmaterialien auseinandergesetzt. Im Ergebnis nimmt das BAG an, dass der Gesetzgeber indirekt die Entgelttheorie bestätigt habe, indem er in Kenntnis der Nachfragen und Stellungnahmen des Bundesrates zur Eingrenzung der Erfüllungswirkung von arbeitgeberseitigen Leistungen eine Konkretisierung und Klarstellung im MiLoG unterlassen hat. Sofern der umfassende Entgeltbegriff des BAG nicht der Vorstellung des Gesetzgebers entsprochen haben sollte, hätte der Gesetzgeber den Begriff der „Normalleistung" in Kenntnis des Streitpunktes im Gesetz aufgenommen.[103]

Kritiker der Entgelttheorie halten der Auslegung des BAG insbesondere entgegen, dass das MiLoG nicht eine primär existenzsichernde Funktion habe, sondern ein oberstes Maß an Austauschgerechtigkeit gewährleiste und somit beabsichtige, Arbeitsentgelte zu verhindern, die jedenfalls unangemessen seien.[104] Danach könnte eine Anrechenbarkeit von Leistungen, die nicht die Normalleistung vergüten, geeignet sein, das Verhältnis von Leistung und Gegenleistung zulasten des Arbeitnehmers zu verändern und mithin Arbeitsentgelte zuzulassen, welche „jedenfalls unangemessen" sind. Für die Praxis bleibt es dennoch zu empfehlen, der Rechtsprechung des BAG zu folgen.

e) Prüfpraxis des Zolls

Nach § 14 MiLoG sind für die Prüfung der Einhaltung der Pflichten eines Arbeitgebers nach dem MiLoG die Behörden der Zollverwaltung zuständig. Die Befugnisse ergeben sich im Einzelnen aus §§ 15 f. MiLoG. Der Zoll hatte zunächst bei Inkrafttreten des MiLoG unter Berücksichtigung der hM im Schrifttum die Maßgaben des EuGH und BAG zur funktionalen Gleichwertigkeit als Voraussetzung für die Anrechenbarkeit arbeitgeberseitiger Leistung auf den gesetzlichen Mindestlohnanspruch angewandt. Daher war der Zoll zunächst davon ausgegangen, dass nur solche Leistungen auf den Mindestlohnanspruch anrechenbar sind, die die Normalleistungen des Arbeitnehmers vergüten. Nunmehr erfolgt die Prüfung des Zolls unter Berücksichtigung des weit umfassenden Entgeltbegriffs des BAG (Entgelttheorie).[105] Somit geht der Zoll im Rahmen der Prüfpraxis – entgegen des bisher vertretenen Standpunkts – davon aus, dass auch solche Zuschläge oder Zulagen, die für besondere erschwerte Bedingungen der Arbeit geleistet werden oder überdurchschnittliche Leistungen honorieren, auf den Mindestlohnanspruch anrechenbar sind.

---

[102] *Riechert/Nimmerjahn* MiLoG § 1 Rn. 109 f. mwN.
[103] BAG 21.12.2016 – 5 AZR 374/16, NZA 2017, 378 (379).
[104] *Riechert/Nimmerjahn* MiLoG § 1 Rn. 111.
[105] http://www.zoll.de/DE/Fachthemen/Arbeit/Mindestarbeitsbedingungen/Mindestlohn-Mindestlohngesetz/Berechnung-Zahlung-Mindestlohns/Sonstige-Lohnbestandteile-Zulagen-Zuschlaege/sonstige-lohnbestandteile-zulagen-zuschlaege_node.html#Start [zuletzt aufgerufen am 27.8.2018].

> **Praxistipp:**
> Für die Praxis sollten sowohl die Vorgaben des BAG als auch des Zolls als zuständige Prüfbehörde berücksichtigt werden. Jedenfalls ein fahrlässig oder vorsätzlich ordnungswidriges Verhalten (vgl. § 21 Abs. 1 Nr. 9 MiLoG) lässt sich ausschließen, wenn sich der Arbeitgeber an den Vorgaben des BAG zur Erfüllungswirkung von arbeitgeberseitigen Leistungen orientiert. Eine Änderung in der Rechtsprechung ist auch nach einem Wechsel im Vorsitz des zuständigen 5. Senats nicht eingetreten, so dass die vom BAG vertretene Entgelttheorie weiterhin zugrunde zu legen ist.

IV. Arbeitszeitkonto

86 Nach § 2 Abs. 1 MiLoG ist der Mindestlohn spätestens am letzten Bankarbeitstag (Frankfurt am Main) des Monats, der auf den Monat folgt, in dem die Arbeitsleistung erbracht worden ist, zu zahlen. Für die über die vertraglich vereinbarte Arbeitszeit hinausgehenden Arbeitsstunden kann ein Arbeitszeitkonto eingeführt werden, auf welchem die Überstunden eingestellt werden. Diese sind spätestens innerhalb von zwölf Monaten nach ihrer monatlichen Erfassung durch bezahlte Freizeitgewährung oder Zahlung des Mindestlohns auszugleichen (§ 2 Abs. 2 MiLoG).

1. Ausgestaltung des Arbeitszeitkontos nach § 2 Abs. 2 MiLoG

87 Das Arbeitszeitkonto iSd § 2 Abs. 2 MiLoG stellt ein reines **Entgeltkonto** dar. Mit der Einführung des Arbeitszeitkontos zur Verschiebung der Fälligkeit nach § 2 Abs. 1 MiLoG wird nicht automatisch auch eine Gleitzeitvereinbarung oder ein flexibles Arbeitszeitmodell eingeführt. Das Arbeitszeitkonto iSd § 2 Abs. 2 MiLoG enthält Angaben zu den tatsächlich geleisteten Arbeitsstunden oberhalb der vereinbarten Arbeitszeit und ist damit allein ein arbeitsorganisatorisches Instrument, das Auskunft darüber erteilt, ob der Arbeitnehmer durch Überstunden oder der Arbeitgeber aufgrund Minusstunden des Arbeitnehmers mit der Vergütung in Vorleistung gegangen ist. Eine darüber hinausgehende Wirkung in Form der Flexibilisierung der Arbeitszeit durch Einführung des Arbeitszeitkontos nach § 2 Abs. 2 MiLoG ist seitens des Gesetzgebers nicht beabsichtigt. Es finden sich keine Anhaltspunkte im MiLoG oder in der Gesetzesbegründung, dass der Gesetzgeber mit der Regelung des § 2 Abs. 2 MiLoG beabsichtigt hätte, nicht nur ein reines Entgeltkontos sondern eine gesetzliche Arbeitszeitflexibilisierungsmöglichkeit für den Arbeitgeber einzuführen. Ebenso stellt § 2 Abs. 2 MiLoG keine **Rechtsgrundlage für die Anordnung von Überstunden** dar.[106]

88 Unberührt bleibt die Möglichkeit für den Arbeitgeber, bei Einführung eines Arbeitszeitkontos iSd § 2 Abs. 2 MiLoG ein flexibles Arbeitszeitsystem einzuführen. Dabei sind jedoch die **Mitbestimmungsrechte des Betriebsrates** zu berücksichtigen. Bei der Einführung eines reinen Entgeltkontos iSd § 22 Abs. 2 MiLoG besteht kein Mitbestimmungsrecht des Betriebsrates. Soll darüber hinausgehend jedoch die Arbeitszeit flexibilisiert werden, kommen Mitbestimmungsrechte nach § 87 Abs. 1 Nr. 3 BetrVG in Betracht.

---

[106] Thüsing MiLoG/*Greiner* § 2 Rn. 11.

2. Voraussetzungen nach § 2 Abs. 2 MiLoG

Damit das Arbeitszeitkonto nicht zur Umgehung der Schutzbestimmungen des MiLoG genutzt wird, hat der Gesetzgeber konkrete Vorgaben zur Einführung des Arbeitszeitkontos iSd § 2 Abs. 2 MiLoG aufgestellt. Das Arbeitszeitkonto muss schriftlich vereinbart werden, Überstunden im Umfang von max. 50 % der vertraglich vereinbarten Arbeitszeit dürfen auf dem Arbeitszeitkonto gutgeschrieben werden und die Überstunden sind spätestens nach zwölf Monaten auszugleichen. Darüber hinausgehende Überstunden sind nach Maßgabe der Fälligkeitsbestimmung des § 2 Abs. 1 MiLoG zu vergüten. Die **Schriftform** wird erfüllt, wenn das Arbeitszeitkonto im Arbeitsvertrag, in einer Betriebs- oder Dienstvereinbarung oder in einem normativ wirkenden bzw. aufgrund schriftlicher Inbezugnahme anwendbaren Tarifvertrag geregelt ist.[107] Mangels entgegenstehender Regelung kann die Schriftform gem. § 126 Abs. 3 BGB durch elektronische Form ersetzt werden. **Textform** iSd § 126b BGB ist indessen nach dem Wortlaut der Vorschrift nicht ausreichend; damit reicht ein elektronisch erstellter Brief, eine E-Mail oder Textnachricht nicht aus. Somit kann das Arbeitszeitkonto nach § 2 Abs. 2 MiLoG nicht ohne eigenhändige Unterschrift der Arbeitsvertragsparteien – mit Ausnahme der Regelung in einer Betriebsvereinbarung oder in einem Tarifvertrag – wirksam vereinbart werden. 89

Werden die Voraussetzungen nach § 2 Abs. 2 MiLoG nicht eingehalten, gilt der Fälligkeitsaufschub nicht und die tatsächlich geleisteten Arbeitsstunden sind spätestens am letzten Bankarbeitstag des Monats, der auf den Monat folgt, in dem die Arbeitsleistung erbracht wurde (§ 2 Abs. 1 Nr. 2 MiLoG) bzw. zu einem früheren vereinbarten Fälligkeitstermin zu leisten.[108] 90

Wird durch das verstetigte Arbeitsentgelt bereits der Mindestlohnanspruch unter Berücksichtigung der geleisteten Überstunden in einem Abrechnungsmonat erfüllt, gelten die gesonderten Vorgaben für das Arbeitszeitkonto gem. § 2 Abs. 2 Hs. 2 MiLoG nicht. In dem Fall, dass bereits mit der tatsächlich geleisteten Vergütung sämtliche Überstunden mit mindestens dem Mindestlohn vergütet sind, gelten die Einschränkungen nicht und es kann für ein Arbeitszeitkonto ein längerer Ausgleichszeitraum vereinbart werden und die Beschränkung auf 50 % der vertraglichen vereinbarten Arbeitszeit gilt ebenfalls nicht. Mit dieser Regelung hat der Gesetzgeber klargestellt, dass das MiLoG keine über den Mindestlohnanspruch hinausgehenden verbindlichen Regelungen für die Gestaltung von Arbeitszeit- oder Wertguthabenmodellen aufstellt. 91

3. Ausgleich des Arbeitszeitkontos

Nach § 2 Abs. 2 MiLoG erfolgt die Erfassung auf dem Arbeitszeitkonto monatlich. Insofern ist, anders als die Dokumentation der Arbeitszeit nach § 17 MiLoG, die spätestens sieben Tage nach Erbringung der Arbeitsleistung zu erfolgen hat, die über die vertraglich hinausgehenden Arbeitsstunden im Laufe des Kalendermonats, in dem sie entstehen, auf dem Arbeitszeitkonto zu erfassen. Die Ausgleichsfrist von zwölf Monaten beginnt daher mit Ablauf des Monats, in dem die Arbeitsstunden erbracht worden sind, und endet entsprechend zum Ende des Kalendermonats nach Ablauf von zwölf Monaten.[109] Die monatsweise auf dem Arbeitszeitkonto erfassten Arbeitsstunden sind binnen eines Zeitraums von zwölf Kalendermonaten auszugleichen. Damit ist für jede Arbeitsstunde, die auf dem Arbeitszeitkonto erfasst wird, separat der zwölfmonatige Ausgleichszeitraum zu beachten. 92

Bei **Beendigung des Arbeitsverhältnisses** ist das auf dem Arbeitszeitkonto gutgeschriebene Stundendeputat fällig und bei Beendigung mit dem Mindestlohn zu vergüten, 93

---

[107] BT-Drs. 15/1558, 34.
[108] HK-MiLoG/*Kloppenburg* § 2 Rn. 43, 54.
[109] Thüsing MiLoG/*Greiner* § 2 Rn. 6; *Riechert/Nimmerjahn* MiLoG § 2 Rn. 51.

sofern ein Freizeitausgleich nicht möglich oder gewünscht ist. Bei der Beendigung des Arbeitsverhältnisses ist zu bedenken, dass der Anspruch auf den Mindestlohn – auch in Form der Gutschrift auf dem Arbeitszeitkonto – nicht eingeschränkt oder verzichtbar ist (§ 3 MiLoG). Ein Verzicht ist nur im Wege des **gerichtlichen Vergleichs** möglich.[110]

Beispiel:

Ein Arbeitnehmer leistet statt der vertraglich vereinbarten Arbeitszeit von 40 Stunden wöchentlich in der Woche vom 16.7. bis 20.7. tatsächlich 43 Arbeitsstunden sowie in der Woche vom 17.9. bis 21.9. tatsächlich 45 Arbeitsstunden. Die Überstunden werden auf dem Arbeitszeitkonto monatlich erfasst.

Die im Juli oberhalb der arbeitsvertraglichen Arbeitszeit erbrachten drei Arbeitsstunden sind spätestens am 31.7. des Folgejahres auszugleichen. Die Überstunden aus September sind spätestens am 30.9. des Folgejahres auszugleichen.

94 Erfüllt der Arbeitnehmer seine arbeitsvertragliche Arbeitszeit nicht, tritt der Arbeitgeber mit der verstetigten Vergütungsleistung in Vorleistung. Entsprechend können **Minusstunden** auf dem Arbeitszeitkonto erfasst werden, sofern die Erfassung von Minusstunden mit dem Arbeitnehmer individual- oder kollektivrechtlich vereinbart ist. Sind auf dem Arbeitszeitkonto Minusstunden erfasst und folgt eine Gutschrift von Überstunden, können diese mit den Minusstunden verrechnet werden.[111] Ob im Rahmen des zwölfmonatigen Ausgleichszeitraums der Ausgleich in Freizeit oder durch Zahlung des Mindestlohnes erfolgt, obliegt dem **Wahlrecht** des Arbeitgebers.[112]

95 Wenn der Mindestlohnanspruch bei Ausgleich des Arbeitszeitkontos im Vergleich zum Zeitpunkt der Erbringung der Arbeitsleistung angepasst worden ist, wird unter Hinweis auf die Rechtsprechung des BAG zur Tariflohnerhöhung bei Arbeitszeitkonten vertreten, dass auch bei Ausgleich des Arbeitszeitkontos nach § 2 Abs. 2 MiLoG der erhöhte Mindestlohn zu zahlen ist.[113] Diese Auffassung überzeugt jedoch nicht, da es sich bei § 2 Abs. 2 MiLoG um eine Regelung zur Fälligkeitsverschiebung handelt.[114] Der Anspruch des Arbeitnehmers ist bereits mit Erbringung der Arbeitsleistung entstanden. Allein die Fälligkeit wird durch die Gutschrift auf dem Arbeitszeitkonto verschoben. Es ist nicht überzeugend, eine **Mindestlohnerhöhung** auf ein bestehendes Arbeitszeitguthaben zu übertragen. Daher ist bei Ausgleich des Arbeitszeitkontos die Arbeitszeit mit dem gesetzlichen Mindestlohn in der Höhe zu vergüten, in welcher der gesetzliche Mindestlohn bei Erbringung der Arbeitsleistung bestand.

Beispiel:

Ein Arbeitnehmer leistet am 17.10.2018 statt der vertraglich vereinbarten Arbeitszeit zwei Überstunden, die bis Ende des Kalendermonats auf dem Arbeitszeitkonto erfasst werden. Zum 1.1.2019 wird der Mindestlohn auf 9,13 EUR brutto angehoben.[115]

Nachdem kein Freizeitausgleich erfolgt ist, wird das Arbeitszeitguthaben nach Ablauf der zwölf Monate durch Gewährung des Mindestlohns ausgeglichen. Der Arbeitnehmer hat Anspruch auf Vergütung der zwei Überstunden mit 8,84 EUR.

---

[110] Vgl. zum gerichtlichen Vergleich: ErfK/*Franzen* MiLoG § 3 Rn. 5.
[111] ErfK/*Franzen* MiLoG § 2 Rn. 4a; *Riechert/Nimmerjahn* MiLoG § 2 Rn. 53.
[112] *Riechert/Nimmerjahn* MiLoG § 2 Rn. 57.
[113] *Riechert/Nimmerjahn* MiLoG § 2 Rn. 61.
[114] HK-MiLoG/*Kloppenburg* § 2 Rn. 22.
[115] Dabei handelt es sich um einen fiktiven Wert, da zum Zeitpunkt des Abschlusses des Manuskripts die Entscheidung der Mindestlohnkommission zur Anpassung des Mindestlohns mit Wirkung zum 1.1.2019 noch nicht bekannt gemacht ist.

4. Minijobber/geringfügig Beschäftigte

Das Arbeitszeitkonto iSd § 2 Abs. 2 MiLoG kann in der Praxis genutzt werden, um eine flexiblere Abwicklung des Beschäftigungsverhältnisses mit einem geringfügig Beschäftigten zu erreichen. Nach § 8 SGB IV liegt eine geringfügige Beschäftigung vor, wenn das Arbeitsentgelt aus dieser Beschäftigung regelmäßig im Monat 450,– EUR nicht übersteigt. Wenn eine Überschreitung gelegentlich und unvorhersehbar erfolgt, ist dies unerheblich. Eine Überschreitung der monatlichen Geringfügigkeitsgrenze bis zu drei Mal im Kalenderjahr ist noch als gelegentlich und unvorhersehbar anzusehen. Ab dem 1.1.2019 liegt eine gelegentliche Abweichung nur dann vor, wenn in bis zu zwei Monaten innerhalb eines Zeitjahres, dh vom letzten Tag des zu beurteilenden Beschäftigungsmonat ein Jahr zurückgerechnet, die Entgeltgrenze überschritten wird. Wird die Entgeltgeringfügigkeitsgrenze mehr als in drei bzw. ab 1.1.2019 mehr als in zwei Monaten überschritten, liegt eine vollständig sozialversicherungspflichtige Beschäftigung vor, sofern im gesamten zu berücksichtigenden Jahr die Entgeltgrenze von 5.400,00 EUR überschritten wird.[116] Wenn eine Überschreitung der Geringfügigkeitsgrenze von Beginn an absehbar und geplant erfolgt, gelten die sozialversicherungsrechtlichen Privilegien nicht.

Um die sozialversicherungsrechtlichen Privilegien der geringfügigen Beschäftigung nicht zu verlieren, ist eine verstetigte Auszahlung der Vergütung von 450,– EUR brutto entscheidend. Jedoch ist für jede tatsächlich geleistete Arbeitsstunde der Mindestlohn spätestens am letzten Bankarbeitstag des Monats, der auf den Monat der Arbeitsleistung folgt, zu zahlen. Bei einer Vergütung mit dem gesetzlichen Mindestlohn von derzeit 8,84 EUR begrenzt dies somit im Rahmen der geringfügigen Beschäftigung die mögliche Arbeitszeit auf 50,9 Stunden im Kalendermonat. Übersteigt in einem Kalendermonat die tatsächliche Arbeitszeit 50,9 Stunden, hat der Arbeitgeber die Überstunden mit (mindestens) dem gesetzlichen Mindestlohn innerhalb des Fälligkeitsrahmens zu vergüten. In diesem Kalendermonat wird somit die Geringfügigkeitsgrenze von 450,– EUR überschritten.

Dieser Fall lässt sich in der Praxis durch die Vereinbarung eines Arbeitszeitkontos gestalten. Die monatsweise ggf. auftretende Überschreitung der Geringfügigkeitsgrenze wegen erhöhtem Arbeitsanfalls wird vermieden, indem in diesen Monaten die Arbeitszeit auf einem Arbeitszeitkonto gutgeschrieben wird. Allerdings ist dabei die Deckelung von 50 % der vertraglich vereinbarten Arbeitszeit zu bedenken. Der Ausgleich des Arbeitszeitkontos erfolgt dann in den Monaten, in denen tatsächlich eine geringere als die vertraglich festgelegte Arbeitszeit abgerufen wird, oder spätestens nach Ablauf von zwölf Monaten durch Zahlung des gesetzlichen Mindestlohns. Bei der Vergütung der Überstunden besteht aber das Risiko, dass möglicherweise die Entgeltgeringfügigkeitsgrenze von max. 5.400,00 EUR im Jahr überschritten wird.

Um eine noch weitergehendere Flexibilität zu erreichen, kann eine **Jahresarbeitszeit** mit einer durchschnittlichen monatlichen Arbeitszeit in Verbindung mit dem Arbeitszeitkonto vereinbart werden. Die Vereinbarung einer Jahresarbeitszeit ist im Rahmen dauerhafter Leistungsbeziehungen möglich. So kann im Arbeitsvertrag anstatt eines wöchentlichen oder monatlichen Arbeitszeitvolumens auch eine flexibel abrufbare Jahresarbeitszeit vereinbart werden. Auf diesem Wege ist es möglich, einen langfristig vorhersehbaren, aber diskontinuierlichen Arbeitsbedarf flexibel innerhalb eines Jahreszeitraums zu planen.[117] Aufgrund des MiLoG ist jedoch auch dabei zu beachten, dass die tatsächliche Arbeitsleistung monatlich mit dem Mindestlohn zu vergüten ist bzw. Überstunden bis zu einem

---

[116] Richtlinie für die versicherungsrechtliche Beurteilung von geringfügig Beschäftigten (Geringfügigkeits-Richtlinien) der Spitzenverbände der deutschen Sozialversicherungsträger vom 12.11.2014: https://www.deutsche-rentenversicherung.de/Allgemein/de/Inhalt/3_info_fuer_Experten/02_arbeitgeber_steuerberater/01a_summa_summarum/04_rundschreiben/2014/november_2014_geringfügigkeitsrichtlinien_pdf.html [zuletzt aufgerufen am 27.8.2018].
[117] ErfK/*Wank* ArbZG § 3 Rn. 20.

Umfang von 50% der vertraglich festgelegten Arbeitszeit auf dem Arbeitszeitkonto gutzuschreiben sind.

> **Praxistipp:**
> Die Nutzung eines Arbeitszeitkontos zur Flexibilisierung der Arbeitszeit eines geringfügig Beschäftigten ist nicht neu. Jedoch muss der Arbeitgeber die Beschränkungen des MiLoG beachten, wenn er diese Möglichkeit nutzen möchte. Insbesondere ist bei der Vertragsgestaltung zu beachten, dass das Arbeitszeitkonto schriftlich vereinbart wird und die abzurufenden Überstunden auf 50 % der vertraglich vereinbarten Arbeitszeit gedeckelt werden.

V. Ausschlussfristen

1. Regelung des § 3 MiLoG

100 Im Schrifttum hat sich die Auffassung durchgesetzt, dass eine **Ausschlussfrist bzw. Verfallsfrist,** die nicht ausdrücklich Ansprüche aus dem MiLoG ausnimmt, unwirksam ist, jedoch aufgrund des Wortlauts des § 3 MiLoG einer **geltungserhaltenden Reduktion** offen steht. Mit dem Wortlaut des § 3 MiLoG „insoweit" habe der Gesetzgeber klargestellt, dass es sich somit um einen gesetzlich angeordneten Fall der **geltungserhaltenden Reduktion** halte. Eine Ausschlussfrist, die nicht ausdrücklich den Mindestlohnanspruch ausnehme, sei dahingehend auszulegen, dass die unabdingbaren Ansprüche des MiLoG nicht erfasst sind.[118]

2. Rechtsprechung

101 Das BAG hat in einer Entscheidung zum Mindestentgelt nach § 2 3. PflegeArbbV entschieden, dass eine Ausschlussfristenregelung, die nicht ausdrücklich das Mindestentgelt nach § 2 3. PflegeArbbV ausnimmt, unwirksam ist.[119] Einer Aufrechterhaltung der Ausschlussfrist für alle anderen von ihr erfassten Ansprüche mit Ausnahme des Mindestentgelt stünde das Transparenzgebot des § 307 Abs. 1 S. 2 BGB entgegen. Aufgrund der fehlenden Ausnahme des Mindestentgeltanspruchs könne der Arbeitnehmer daran gehindert werden, seinen Anspruch nach Ablauf der Ausschlussfrist geltend zu machen. Daher kommt es nach Auffassung des BAG nicht darauf an, ob eine etwaige **geltungserhaltende Reduktion** der Vorschrift in Betracht kommt, da jedenfalls aufgrund der fehlenden Transparenz die Regelung insgesamt unwirksam ist. Wenngleich nicht Gegenstand der Entscheidung, hat das BAG indirekt darauf hingewiesen, dass diese Rechtsauffassung ebenfalls auf Ausschlussfristen im Zusammenhang mit dem gesetzlichen Mindestlohn zu übertragen ist.[120] Die Entscheidung des BAG betrifft einen **Neuvertrag,** der nach Inkrafttreten der PflegeArbbV abgeschlossen worden ist. Daher ist bisher höchstrichterlich nicht geklärt, ob diese Rechtsprechung ebenfalls für **Altverträge** anzuwenden ist. Folge wäre, dass sämtliche Ausschlussfristenregelungen, die nicht ausdrücklich den Anspruch auf den Mindestlohn ausnehmen, unwirksam sind.

102 Hiervon abweichend hat das LAG Nürnberg entschieden. Soweit eine Ausschlussfristenklausel Ansprüche auf dem Mindestlohn erfasst, ist diese nach Auffassung des Gerichts

---

[118] *Riechert/Nimmerjahn* MiLoG § 3 Rn. 26; Thüsing MiLoG/*Greiner* § 3 Rn. 12; *Bayreuther* NZA 2015, 385 (387); aA *Spielberger/Schilling* NJW 2014, 2897 (2900).
[119] BAG 24.8.2016 – 5 AZR 703/15, NZA 2016, 1539 (1540f.).
[120] BAG 24.8.2016 – 5 AZR 703/15, NZA 2016, 1539 (1541).

zwar unwirksam, jedoch wirkt sich dies nicht auf die gesamte Klausel aus sondern lediglich auf die Anwendung auf Mindestlohnansprüche. Der Begriff „insoweit" schränkt die Rechtsfolge – die Unwirksamkeit einer entsprechenden, den Mindestlohn gefährdenden Regelung – ein und begrenzt sie auf diesen Fall. Auch verstößt die Klausel nicht gegen das Transparenzgebot, da eine Klausel, deren Wortlaut ein gesetzliches Verbot nicht wiedergibt, nicht intransparent sondern jedenfalls insoweit unwirksam sei.[121] Das LAG hat die Revision aufgrund der grundsätzlichen Bedeutung der Rechtsfrage zugelassen.

Solange diese Rechtsfrage durch das BAG nicht abschließend geklärt, sollte für die Praxis angenommen werden, dass unter Berücksichtigung der Rechtsprechung zu Ausschlussfristen bei Mindestentgelten nach § 2 3. PflegeArbbV eine Ausschlussfrist – jedenfalls bei Neuverträgen – insgesamt unwirksam ist, wenn sie nicht ausdrücklich den Anspruch auf Mindestentgelt ausnimmt. Vor dem Hintergrund der weitgehenden Schutzwirkung des MiLoG, nämlich Arbeitnehmer vor einer unangemessenen Beschäftigung zu schützen, lässt sich dies wohl auch begründen. In der Praxis sollte jedenfalls aber die strengere Rechtsprechung des BAG, sofern nicht eine abweichende Entscheidung ergeht, beachtet werden.[122]

> **Praxistipp:**
> Bei Abschluss eines Arbeitsvertrages oder Vertragsänderung ist zu beachten, dass eine Ausschlussfrist bzw. Verfallsfrist enthalten ist, die zwingend eine Ausnahme für gesetzliche oder tarifliche Mindestentgelte enthält. Im Übrigen ist die Gesetzesänderung des § 309 Nr. 13 BGB zu beachten, wonach die Geltendmachung von Ansprüchen nicht an eine strengere Form als Textform (E-Mail, Fax, SMS) gebunden werden darf. Die Voraussetzung einer Geltendmachung der Ansprüche binnen der Ausschlussfrist in Schriftform ist daher unwirksam.

VI. Anwendungsbereich des MiLoG

1. Arbeitnehmer iSd § 22 Abs. 1 MiLoG

Nach § 22 Abs. 1 S. 1 MiLoG gilt das Gesetz für Arbeitnehmerinnen und Arbeitnehmer.[123] Das MiLoG enthält keine eigenständige Definition des Arbeitnehmers. Daher ist auf die übliche Definition des Arbeitnehmers zurückzugreifen. Erstmalig ist der Begriff des **Arbeitnehmers** zum 1. 4. 2017 im Zuge der Reform des AÜG gesetzlich definiert worden, da bislang auf die Definition des Arbeitnehmerbegriffes der Rechtsprechung des BAG zurückgegriffen wurde. Diese Rechtsprechung hat der Gesetzgeber nun mit Einführung des **§ 611a Abs. 1 BGB** in eine Legaldefinition überführt. Entsprechend der Systematik des Schuldrechts im BGB ist Ausgangspunkt der Definition der Vertragstyp, konkret der Arbeitsvertrag. Durch die wörtliche Wiedergabe der Leitsätze der höchstrichterlichen Rechtsprechung zum Arbeitnehmerbegriff sollen rechtsmissbräuchliche Gestaltungen vermieden und die Rechtssicherheit erhöht werden.[124] In der Legaldefinition heißt es:

„Durch den Arbeitsvertrag wird der Arbeitnehmer im Dienste eines anderen zur Leistung weisungsgebundener, fremdbestimmter Arbeit in persönlicher Abhängigkeit verpflichtet. Das Weisungsrecht kann Inhalt,

---

[121] LAG Nürnberg 9. 5. 2017 – 7 Sa 560/16, BeckRS 2017, 114537, Revision am 7. 6. 2017 beim BAG eingelegt, 9 AZR 262/17.
[122] Vgl. mit Hinweis auf die Rspr. des LAG Nürnberg: BeckOK ArbR/*Jacobs* BGB § 307 Rn. 65a.
[123] Nachfolgend wird zu Gunsten der Verständlichkeit ausschließlich auf die männliche Form Bezug genommen. Arbeitnehmerinnen sind hiervon ausdrücklich umfasst.
[124] BT-Drs. 18/9232, 31.

Durchführung, Zeit und Ort der Tätigkeit betreffen. Weisungsgebunden ist, wer nicht im Wesentlichen frei seine Tätigkeit gestalten und seine Arbeitszeit bestimmen kann. Der Grad der persönlichen Abhängigkeit hängt dabei von der Eigenart der jeweiligen Tätigkeit ab. Für die Feststellung, ob ein Arbeitsvertrag vorliegt, ist eine Gesamtbetrachtung aller Umstände vorzunehmen. Zeigt die tatsächliche Durchführung des Vertragsverhältnisses, dass es sich um ein Arbeitsverhältnis handelt, kommt es auf die Bezeichnung im Vertrag nicht an."

105 Für die Praxis kann weiterhin auf die kurze und bündige Definition des Arbeitnehmers der Rechtsprechung zurückgegriffen werden, wonach Arbeitnehmer ist,

„wer auf Grund eines privatrechtlichen Vertrags im Dienste eines anderen zur Leistung weisungsgebundener, fremdbestimmter Arbeit in persönlicher Abhängigkeit verpflichtet ist."[125]

106 Entscheidend ist somit für die Einordnung als Arbeitnehmer der Grad der persönlichen Abhängigkeit und die Eingliederung in die Betriebsorganisation des Arbeitgebers. Dabei ist, wie nunmehr auch ausdrücklich in § 611a BGB klargestellt, die Bezeichnung im Vertrag unerheblich. Entscheidend ist die tatsächliche Durchführung des Vertragsverhältnisses.[126]

a) Selbstständige, Arbeitnehmerähnliche Personen, Heimarbeiter

107 Aus dem Wortlaut und der gesetzlichen Systematik des MiLoG folgt, dass ausschließlich Arbeitnehmer vom Anwendungsbereich des MiLoG erfasst sind. Sonstige Beschäftigungsverhältnisse sind ausdrücklich nicht genannt. Nur für Praktikanten ist eigenständige Regelung getroffen, wonach diese nach § 22 Abs. 1 MiLoG als Arbeitnehmer gelten und damit im Wege einer gesetzlichen Fiktion Arbeitnehmern im Anwendungsbereich des MiLoG gleichgestellt sind und folglich vom persönlichen Anwendungsbereich erfasst werden. Eine weitere Erstreckung des Anwendungsbereiches über den Arbeitnehmerbegriff hinaus ist seitens des Gesetzgebers bewusst unterblieben.

aa) Selbständige

108 Vom Anwendungsbereich des § 22 MiLoG sind **Selbstständige, freie Mitarbeiter** oder auch so genannte **Freelancer** nicht erfasst.[127] Bei Selbstständigen handelt es sich nicht um Arbeitnehmer iSd § 22 MiLoG und damit haben sie keinen Anspruch auf den gesetzlichen Mindestlohn. Selbstständige werden in der Praxis ebenfalls häufig als Freelancer oder auch freie Mitarbeiter bezeichnet. Dabei handelt es sich jedoch nicht um alternative Beschäftigungsformen, sondern regelmäßig um Selbstständige, sofern die Voraussetzungen vorliegen.

109 Die Tätigkeit des Selbstständigen ist durch das eigene **Unternehmerrisiko** gekennzeichnet, das Vorhandensein einer eigenen Betriebstätte, die Verfügungsmöglichkeit über die eigene Arbeitskraft und die im Wesentlichen frei gestaltete Tätigkeit und Arbeitszeit.[128] In ständiger Rechtsprechung stellt das *BSG* bei der Abgrenzung zur abhängigen Beschäftigung nach § 7 SGB IV auf das Gesamtbild der Arbeitsleistung ab und differenziert danach, welche Merkmale überwiegen. Hierzu sind alle Umstände des Einzelfalls und alle in Betracht kommenden Indizien festzustellen, in ihrer Tragweite zutreffend zu erkennen, zu gewichten und in die Gesamtschau mit diesem Gewicht einzustellen und nachvollziehbar, dh den Gesetzen der Logik entsprechend und widerspruchsfrei, gegen-

---

[125] BAG 5.12.2012 – 7 ABR 48/11, NZA 2013, 793 (794); 13.10.2004 – 7 ABR 6/04, NZA 2005, 480 (481); Richardi BetrVG/*Richardi* § 5 Rn. 11 mwN.
[126] BAG 20.7.1994 – 5 AZR 627/93, NZA 1995, 161 (164); Thüsing MiLoG/*Pötters* § 22 Rn. 2.
[127] *Lakies* MiLoG § 22 Rn. 2; *Riechert/Nimmerjahn* MiLoG § 22 Rn. 10f.; HK-MiLoG/*Schubert/Jerchel* § 22 Rn. 10.
[128] BSG 29.7.2015 – B 12 R 1/15 R, BeckRS 2016, 65776 Rn. 13.

VI. Anwendungsbereich des MiLoG

einander abzuwägen.[129] Besondere Bedeutung bei der Abgrenzung kommt der Ausübung des Weisungsrechts zu. Sofern dem Selbstständigen Weisungen zwecks Konkretisierung des Auftragsgegenstandes vom Auftraggeber erteilt werden, spricht dies erheblich für das Vorliegen eines abhängigen Beschäftigungsverhältnisses. Ein weiteres Indiz für eine abhängige Beschäftigung ist die Eingliederung in die fremde Betriebsorganisation. Eine solche Eingliederung in eine fremde Betriebsorganisation ist insbesondere dann gegeben, wenn der Selbstständige an dem für Arbeitnehmer des Auftraggebers geltenden Zeiterfassungssystem teilnimmt, Arbeitsmittel des Auftraggebers verwendet (E-Mail, Computer, Schreibtisch etc.), mit anderen Arbeitnehmern des Auftraggebers (arbeitsteilig) zusammen arbeitet oder in Dienstpläne eingeteilt wird.[130] Gelegentliche Aufenthalte im Betrieb des Auftraggebers zu Besprechungen, Präsentationen etc. sind hingegen unproblematisch.

Der Auftraggeber und der Selbstständige können frei über die Höhe der Vergütung verhandeln. Eine *„Mindestvergütung für Selbstständige"* besteht nicht.[131] Allenfalls aus der Sittenwidrigkeitsgrenze des § 138 BGB ergibt sich eine Untergrenze bei der Vereinbarung der Vergütung der für Selbstständige. Die Untergrenze der Sittenwidrigkeit ist in der Praxis allerdings von geringer Bedeutung, was ua auf die generalklauselartige Fassung der Tatbestandsalternativen des § 138 BGB zurückzuführen ist. Die für Arbeitsverhältnisse herausgearbeiteten Maßgaben der sog. Sittenwidrigkeitsrechtsprechung des BAG, wonach das Missverhältnis auffällig ist, wenn die Arbeitsvergütung nicht einmal zwei Drittel der in dem betreffenden Wirtschaftszweig üblicherweise gezahlten Vergütung erreicht, sind jedenfalls nur in Ausnahmefällen auf Vertragsverhältnisse mit Selbstständigen zu übertragen, da es im Regelfall an einem Vergleichsmaßstab fehlt.[132] Daher fehlt es bisher für Selbstständige an konkreten Maßgaben, um die Sittenwidrigkeitsgrenze in der Praxis abzubilden. Im Anwendungsbereich von Honorarordnungen (zB GNotKG, RVG oder HOAI) bestehen dagegen bindende Vorgaben für die Vergütung der vom Anwendungsbereich erfassten Berufsgruppen.[133]

110

Wenn ein Vertragsverhältnis fälschlicherweise als selbstständiges Beschäftigungsverhältnis und nicht als abhängiges Beschäftigungsverhältnis in Form eines Arbeitsverhältnisses angesehen und entsprechend von den Parteien behandelt worden ist, obwohl tatsächlich die Voraussetzungen einer abhängigen Beschäftigung vorliegen, wird von der sog. **Scheinselbstständigkeit** gesprochen.[134] Zusätzlich zum Anspruch des Arbeitnehmers auf den gesetzlichen Mindestlohn sind Sozialabgaben und Lohnsteuer abzuführen. Ist dies unterblieben, drohen dem „Auftraggeber" und somit Arbeitgeber erhebliche Nachzahlungen nebst Säumniszuschlägen. Ferner kann die falsche Einordnung als Ordnungswidrigkeit sowohl nach den mindestlohn- als auch den sozialversicherungsrechtlichen Vorschriften und etwaig als Straftat nach § 266a StGB wegen Vorenthalten und Veruntreuen von Arbeitsentgelt geahndet werden.[135]

111

> **Praxistipp: Indizien für Selbstständigkeit**[136]
> – Vollzeittätigkeit für Auftraggeber;
> – Keine weiteren Auftraggeber;
> – Auftraggeber beschäftigt eigene Arbeitnehmer mit inhaltsgleicher Tätigkeit;
> – Vor selbstständiger Tätigkeit bestand ein Arbeitsverhältnis mit Auftraggeber;
> – Vorgaben des Auftraggebers hinsichtlich Art und Weise der Auftragsausführung;

---

[129] BSG 29.7.2015 – B 12 R 1/15 R, BeckRS 2016, 65776 Rn. 13.
[130] MAH ArbR/*Reiserer* § 6 Rn. 13; Schaub ArbR-HdB/*Vogelsang* § 8 Rn. 24.
[131] *Bayreuther* NJW 2017, 357 (357 f.).
[132] *Bayreuther* NJW 2017, 357 (357 f.).
[133] Vgl. zu den Einzelheiten: *Bayreuther* NJW 2017, 357 (358 f.).
[134] Vgl. zum Zusammenhang von Scheinselbstständigkeit und Mindestlohn: *Rittweger/Zieglmeier* NZA 2015, 976 (977).
[135] Vgl. *Köhler* GWR 2014, 28.
[136] Vgl. *Schlegel* NZA-Beil. 1/2016, 13; zur Baubranche: *Reiserer* DStR 2016, 1613.

- Aufträge können nicht abgelehnt werden;
- Monatlich i.W. gleich hohe Honorare;
- Kontrolle der Auftragsausführung durch Auftraggeber;
- Regelmäßige Berichtspflichten gegenüber Auftraggeber wegen Art und Weise der Auftragsdurchführung;
- Regelmäßig gleiche Arbeitszeiten bzw. Vorgaben hinsichtlich Arbeitszeit;
- Vorgaben des Auftraggebers hinsichtlich Tätigkeitsort;
- Tätigkeit in den Betriebsräumlichkeiten des Auftraggebers;
- Verwendung von Arbeitsmitteln des Auftraggebers ohne Zahlung einer Aufwandspauschale;
- Kein Einsatz eigener Betriebsmittel;
- Teilnahme an Dienstbesprechungen der Belegschaft des Auftraggebers;
- Teamarbeit mit Arbeitnehmern des Auftraggebers;
- Berücksichtigung in Dienstplänen und bei der Urlaubsplanung des Auftraggebers;
- Teilnahme an Schulungsmaßnahmen des Auftraggebers;
- Teilnahme an Weihnachtsfeiern, Betriebsfesten des Auftraggebers;
- E-Mail-Adresse des Auftraggebers, Visitenkarten des Auftraggebers;
- Verbot, Dritte bei Auftragsausführung einzuschalten;
- Keine eigenen Arbeitnehmer;
- Keine (wesentliche) Verantwortung bei Budgetüberschreitung;
- Keine Haftung des Auftragnehmers vereinbart bzw. trotz Haftungsvereinbarung keine Inanspruchnahme im Haftungsfall.

112 Um eine rechtswirksame Klärung der Frage zu erlangen, ob ein abhängiges Beschäftigungsverhältnis (und damit in der Regel ein Arbeitsverhältnis iSd § 22 MiLoG) vorliegt, kann bei der Clearingstelle der Deutschen Rentenversicherung Bund ein **Statusfeststellungsverfahren** nach § 7a SGB IV durchgeführt werden. Wird die Anfrage binnen des ersten Beschäftigungsmonats gestellt, beginnt die Versicherungspflicht nicht mit Aufnahme der Beschäftigung sondern erst mit der Entscheidung der Clearingstelle (§ 7a Abs. 6 SGB IV). Die **Bindungswirkung** der Entscheidung der Clearingstelle über das Vorliegen eines abhängigen Beschäftigungsverhältnisses ist gesetzlich nicht geregelt. Dennoch wird davon ausgegangen, dass aufgrund alleiniger Entscheidungskompetenz der Deutschen Rentenversicherung die Entscheidung jedenfalls Bindungswirkung für sonstige Sozialversicherungsträger entfaltet.[137] Insbesondere wird dies vertreten, wenn andere Sozialversicherungsträger nach § 75 Abs. 2 SGG notwendig dem Verfahren beigeladen worden sind.[138] Ausdrücklich geregelt ist diese Bindungswirkung für die Agentur für Arbeit in § 336 SGB III.

bb) Arbeitnehmerähnliche Personen

113 Ebenfalls vom Anwendungsbereich des MiLoG ausgenommen sind **arbeitnehmerähnliche Personen.** Dies folgt aus einer systematischen Auslegung anderer arbeitsrechtlicher Gesetze. Arbeitnehmerähnliche Personengruppen werden zwar oftmals Arbeitnehmern gleichgestellt (vgl. § 12a TVG, § 7 PflegeZG). Jedoch erfolgt die Gleichstellung stets ausdrücklich. Daher ist im Rückschluss davon auszugehen, dass das MiLoG mangels ausdrücklicher Erwähnung keine Anwendung auf diese Beschäftigungsgruppen findet.[139]

114 Eine gesetzliche Definition der arbeitnehmerähnlichen Personen enthält das MiLoG nicht. Es kann auf die Kasuistik und das Schrifttum zum Begriff der arbeitnehmerähnlichen Personen iSd § 5 ArbGG zurückgegriffen werden.[140] Letztlich zeichnet sich die

---

[137] MAH ArbR/*Reiserer* § 8 Rn. 26 f.
[138] KassKomm/*Körner* SGB IV § 7a Rn. 2b.
[139] HK-MiLoG/*Schubert/Jerchel* § 22 Rn. 10; *Riechert/Nimmerjahn* MiLoG § 22 Rn. 12.
[140] ErfK/*Preis* § 611a BGB Rn. 80 mwN.

Gruppe der arbeitnehmerähnlichen Personen dadurch aus, dass diese im Wesentlichen frei in der Ausübung der Tätigkeit und nicht in die Betriebsorganisation des Auftraggebers eingebunden sind. Die arbeitnehmerähnlichen Personen sind in ihrer Zeiteinteilung frei. Die Ähnlichkeit zum Arbeitnehmer ergibt sich daraus, dass sich die arbeitnehmerähnlichen Personen – anders als ein Selbstständiger – in vergleichbarer wirtschaftlicher Abhängigkeit zu ihrem Auftraggeber und damit in einer ähnlich sozial schutzwürdigen Position wie ein Arbeitnehmer befinden, ohne jedoch dem Weisungsrecht des Auftraggebers zu unterliegen und in die Betriebsorganisation eingebunden zu sein.[141]

Für die arbeitnehmerähnlichen Personen gelten keine verbindlichen Vergütungsvorgaben. Allerdings wird auch bei dieser Beschäftigungsgruppe die Sittenwidrigkeitsgrenze nach § 138 BGB zu beachten sein. Hinsichtlich der praktischen Anwendbarkeit dieser Regelungen im Zusammenhang mit dem Beschäftigungsanspruch einer arbeitnehmerähnlichen Person stellen sich gleiche Probleme wie beim Selbstständigen.

cc) Heimarbeiter

Unter den Begriff der arbeitnehmerähnlichen Personen fallen ebenfalls so genannte **Heimarbeiter.** Heimarbeiter haben keinen Anspruch auf den Mindestlohn.[142] Diese sind ausdrücklich von Arbeitnehmern zu unterscheiden, die im **Home-Office** tätig werden. Heimarbeiter ist nach § 2 Abs. 1 HAG, wer in selbstgewählter Arbeitsstätte allein oder mit seinen Familienangehörigen im Auftrag von Gewerbetreibenden oder Zwischenmeistern erwerbsmäßig arbeitet, jedoch die Verwertung der Arbeitsergebnisse dem unmittelbar oder – bei Einschaltung von Zwischenmeistern – mittelbar auftraggebenden Gewerbetreibenden überlässt. Ein Heimarbeitsverhältnis ist nach Maßgabe der Rechtsprechung des BAG durch Merkmale des Arbeitsrechts wie auch des Werkvertragsrechts gekennzeichnet.[143] Es unterscheidet sich von einem Arbeitsverhältnis maßgeblich durch den Grad der persönlichen Abhängigkeit. Der Heimarbeiter kann seinen Arbeitsplatz sowie Zeitpunkt und Zeitdauer seiner Tätigkeit frei bestimmen, darf Hilfspersonen hinzuziehen und seine Werkzeuge und Geräte sowie seine Arbeitsmethode selbstständig wählen. Der Heimarbeiter schuldet ein bestimmtes Arbeitsergebnis und unterscheidet sich darin insbesondere vom Arbeitnehmer, der lediglich die Erbringung der Arbeitsleistung aber kein bestimmtes Arbeitsergebnis schuldet.[144] Hingegen steht der Heimarbeiter anders als der Selbstständige in wirtschaftlicher Abhängigkeit zu seinem Auftraggeber.

Der **Arbeitnehmer im Home-Office** wird hingegen weisungsgebunden tätig und erhält vom Arbeitgeber Vorgaben bezüglich Ort, Zeit und Inhalt der Arbeitsleistung. Sofern der Arbeitnehmer im Home-Office nicht ein bestimmtes Arbeitsergebnis schuldet, sondern einzig verpflichtet ist, seine Arbeitsleistung während der Arbeitszeit zu erbringen und es ihm untersagt ist, die Ausführung der Tätigkeit auf andere zu übertragen, handelt es sich nicht um ein Heimarbeitsverhältnis sondern ein Arbeitsverhältnis im Home-Office, auch wenn der Arbeitnehmer aus dem heimischen Büro tätig wird und weiterhin in die Betriebsorganisation eingebunden ist. Ungeachtet vom Bestehen eines Arbeitsverhältnisses ist die Vereinbarung von **Vertrauensarbeitszeit.** Auch wenn der Arbeitnehmer frei in der Gestaltung seiner Arbeitszeit ist, schuldet er dennoch – und damit anders als der Heimarbeiter – die Erbringung der Arbeitsleistung im Umfang der arbeitsvertraglich festgelegten, regelmäßigen Arbeitszeit. Der Heimarbeiter hingegen ist völlig frei, wie lange er für eine Aufgabe benötigt, da er nur das Ergebnis zu erbringen hat. Für Arbeitnehmer im Home-Office ist der Anwendungsbereich nach § 22 MiLoG eröffnet und das MiLoG gilt.

Für Heimarbeiter können sog. **bindende Festsetzungen** Anwendung finden. Nach § 19 HAG kann der Heimarbeitsausschuss die bindenden Festsetzungen über Entgelte und

---

[141] BAG 15.4.1993 – 2 AZB 32/92, NZA 1993, 789 (791f.).
[142] HK-MiLoG/*Schubert/Jerchel* § 22 Rn. 10.
[143] BAG 24.8.2016 – 7 AZR 625/15, NZA 2017, 244 (246).
[144] BAG 24.8.2016 – 7 AZR 625/15, NZA 2017, 244 (246); ErfK/*Preis* § 611a BGB Rn. 85.

sonstige Vertragsbedingungen mit bindender Wirkung für alle Auftraggeber und Beschäftigten seines Zuständigkeitsbereichs treffen, wenn unzulängliche Entgelte für die Beschäftigung von Heimarbeitern vereinbart werden. Unzulänglich im Sinne dieser Vorschrift sind gem. § 19 Abs. 1 S. 2 HAG insbesondere Entgelte und sonstige Vertragsbedingungen, die unter Berücksichtigung der sozialen und wirtschaftlichen Eigenart der Heimarbeit unter den tarifvertraglichen Löhnen oder sonstigen durch Tarifvertrag festgelegten Arbeitsbedingungen für gleiche oder gleichwertige Betriebsarbeit liegen. Bindende Festsetzungen haben die Wirkung eines allgemeinverbindlichen Tarifvertrages (§ 19 Abs. 3 HAG).[145] Von diesen normativ wirkenden Rechtsnormen darf nur zugunsten des Heimarbeiters abgewichen werden (§ 19 Abs. 3 S. 2 HAG). Damit wirken die Festsetzungen zwischen den Beteiligten unmittelbar und verhindern so die Zahlung unzulänglicher Entgelte. Zum Schutz der Heimarbeiter dürfen Ausschlussfristen oder die Verkürzung von Verjährungsfristen nur in den bindenden Festsetzungen selbst festgesetzt werden.

> **Praxistipp:**
> Auch bei den sog. **Crowdworkern** oder sonstigen alternativen Beschäftigungsverhältnissen besteht der Anspruch auf den Mindestlohn, sofern es sich nach Maßgabe der üblichen Abgrenzungskriterien tatsächlich um ein Arbeitsverhältnis handelt.[146]
> Bei Crowdworkern, die mittels einer Onlineplattform Angebote zur Bearbeitung einzelner Aufträge annehmen, handelt es sich jedoch regelmäßig um Selbstständige, so dass kein Mindestlohnanspruch besteht.

b) Auszubildende iSd BBiG

119 Ebenfalls nach Wortlaut und Systematik nicht vom persönlichen Anwendungsbereich des MiLoG erfasst, sind **Auszubildende nach dem BBiG.** Auszubildende nach dem BBiG werden nicht in einem Arbeitsverhältnis sondern im Rahmen eines Ausbildungsverhältnisses und somit in einem Beschäftigungsverhältnis eigener Art tätig.[147] Daher wirkt die Vorschrift des § 22 Abs. 3 MiLoG in Bezug auf die zu ihrer Berufsausbildung Beschäftigten nach dem BBiG rein deklaratorisch.

120 Das BBiG gilt für die Berufsbildung, die den Schulgesetzen der Länder unterstehen (§ 1 BBiG). Nach § 1 Abs. 3 BBiG hat die Berufsausbildung die für die Ausübung einer qualifizierten beruflichen Tätigkeit in einer sich wandelnden Arbeitswelt notwendigen beruflichen Fertigkeiten, Kenntnisse und Fähigkeiten (berufliche Handlungsfähigkeit) in einem geordneten Ausbildungsgang zu vermitteln. Die Ausbildung hat ferner den Erwerb der erforderlichen Berufserfahrungen zu ermöglichen.

121 Auszubildende haben gem. § 17 BBiG Anspruch auf eine angemessene Vergütung. Anders als im Rahmen eines Arbeitsverhältnisses steht die Vergütung nicht in einem Austauschverhältnis zur Arbeitsleistung des Auszubildenden.[148] Bei der Festsetzung einer angemessenen Ausbildungsvergütung hat der Gesetzgeber davon abgesehen, eine Lohnuntergrenze wie beim MiLoG festzulegen. Hierzu hat die Rechtsprechung Grundsätze aufgestellt, wonach die Angemessenheit der Ausbildungsvergütung zu bemessen ist. Sie soll den Auszubildenden und seine unterhaltspflichtigen Eltern bei der Lebenserhaltung finanziell unterstützen, die Heranbildung eines ausreichenden Nachwuchses an qualifizierten Fachkräften gewährleisten und die Leistung des Auszubildenden in gewissem Umfang „entlohnen". Dabei stellt die Rechtsprechung auf sämtliche Umstände des Einzelfalls ab

---

[145] BAG 12.8.1976 – 3 AZR 425/75, NJW 1977, 166 (166f.).
[146] Vgl. zum Crowdworking: *Däubler/Klebe* NZA 2015, 1032.
[147] BAG 21.9.2011 – 7 AZR 375/10, NZA 2012, 255 (256).
[148] ErfK/*Schlachter* BBiG § 17 Rn. 1.

VI. Anwendungsbereich des MiLoG

und zieht insbesondere als Anhaltspunkt für die Angemessenheit die einschlägigen Tarifverträge heran.[149]

c) Werkstudenten

Bei einem Vertragsverhältnis mit einem Werkstudent handelt es sich um ein Arbeitsverhältnis.[150] Der Werksstudent ist mithin Arbeitnehmer iSd § 22 MiLoG und hat Anspruch auf den gesetzlichen Mindestlohn.

Die Besonderheit des Werkstudentenverhältnisses besteht in der Einräumung sozialversicherungsrechtlicher Privilegien. In der Kranken-, Pflege- und Arbeitslosenversicherung sind Personen, die während der Dauer ihres Studiums als ordentliche Studierende einer Hochschule oder einer der fachlichen Ausbildung dienenden Schule gegen Arbeitsentgelt eine Beschäftigung ausüben, versicherungsfrei.[151] Das Studium muss das Erscheinungsbild des Beschäftigten prägen.[152]

> **Praxistipp:**
> Das Studium stellt den Schwerpunkt der Arbeitsleistung dar, wenn
> – die Arbeitszeit der Beschäftigung nicht mehr als 20 Stunden wöchentlich beträgt
> – oder die Beschäftigung von vornherein auf nicht mehr als drei Monate befristet ist
> – oder die Beschäftigung ausschließlich während der Semesterferien ausgeübt wird.

d) Diplomand, „Masterand" und „Bachelorand"

Als **Diplomanden** werden üblicherweise Studenten bezeichnet, die im betrieblichen Umfeld ihre Diplomarbeit anfertigen. Diese Bezeichnung ist auf Studenten, die ihre Master- bzw. Bachelorarbeit oder sonstige Abschlussarbeit („**Masterand**" bzw. „**Bachelorand**") in einem Unternehmen schreiben, übertragen worden. Da seitens der Unternehmen häufig ein Interesse an den Erkenntnissen der Diplomanden bzw. Master- oder Bachelorstudenten besteht, wird diesen die Möglichkeit eingeräumt, unter Nutzung der betrieblichen Mittel, ihre Arbeiten im Unternehmen anzufertigen. Zu diesem Zweck werden seitens des Unternehmens Informationen zur Verfügung gestellt, insbesondere Datensätze. Im Austausch verpflichtet sich der Student regelmäßig dazu, dem Unternehmen die Ergebnisse nach Fertigstellung der Arbeit zur Verfügung zu stellen.[153] Bei diesen Rechtsverhältnissen handelt es sich nicht um Arbeitsverhältnisse, sondern vielmehr um ein **Beschäftigungsverhältnis eigener Art.** Der Student schuldet nicht die Erbringung von Arbeitsleistungen. Gleichzeitig ist das Unternehmen nicht berechtigt, von dem Studenten die Erledigung etwaiger Tätigkeiten zu verlangen, oder ihm sonstige Weisungen zu erteilen. Sofern diese Vorgaben auch tatsächlich bei der Durchführung des Beschäftigungsverhältnisses beachtet werden, wird kein Arbeitsverhältnis begründet, so dass der Diplomand, Masterand bzw. Bachelorand nicht in den Anwendungsbereich des § 22 MiLoG fällt und keinen Anspruch auf den gesetzlichen Mindestlohn hat.[154]

Etwas anderes gilt dann, wenn der Student zusätzlich zu der Erstellung seiner Arbeit im Unternehmen auf Weisung des Arbeitgebers tätig wird. Geht die Tätigkeit im Unternehmen über die Erstellung der Arbeit unter Nutzung der betrieblichen Mittel hinaus, wird regelmäßig ein Arbeitsverhältnis begründet. Dies hat entsprechend zur Folge, dass der

---

[149] BAG 23.8.2011 – 3 AZR 575/09, NZA 2012, 211 (215).
[150] ErfK/*Preis* BGB § 611a Rn. 178.
[151] Schaub ArbR-HdB/*Vogelsang* § 15 Rn. 14.
[152] BAG 20.8.2002 – 9 AZR 306/00, AP BGB § 611 Werkstudent Nr. 8.
[153] Rundschreiben des GKV-Spitzenverbandes v. 23.11.2016, S. 38 zum „Diplomand" https://lp.hkk.de/fileadmin/doc/Firmenservice/Rundschreiben_der_Spitzen/2016/Beschaeftigte_studenten.pdf.
[154] *Riechert/Nimmerjahn* MiLoG § 22 Rn. 42.

Student jedenfalls für die tatsächliche Arbeitszeit, in der er Arbeitsleistungen für den Arbeitgeber erbringt, Anspruch auf den gesetzlichen Mindestlohn hat. Sofern die Erstellung der Arbeit und die Erbringung der Arbeitsleistung nicht eindeutig voneinander abgrenzbar sind, wird im Zweifel anzunehmen sein, dass das gesamte Beschäftigungsverhältnis als mindestlohnpflichtiges Arbeitsverhältnis zu bewerten ist.

126 In Betracht kommt eine ausdrückliche vertragliche Regelung, wonach die Zeiträume, in welchen sich der Student ausschließlich der Erstellung seiner Arbeit widmet, und solche, in denen er Arbeitsleistungen erbringt, klar voneinander getrennt werden und diese Vertragsgestaltung auch tatsächlich in der Praxis so durchgeführt wird. Denkbar ist für die Praxis eine tageweise Aufteilung, so dass der Student an festgelegten Tagen ausschließlich an seiner Arbeit schreibt und an den verbleibenden Tagen der Woche für den Arbeitgeber Arbeitsleistungen erbringt. In dieser Fallgestaltung wären die Tage, die der Student an seiner Arbeit schreibt, als Ausübung des Beschäftigungsverhältnis eigener Art zu bewerten und mithin hätte der Student für diesen Zeitraum keinen Anspruch auf den gesetzlichen Mindestlohn; die weiteren Tage wären mit dem Mindestlohn zu vergüten.

127 Abzugrenzen ist hiervon die vertragliche und tatsächliche Ausgestaltung, bei welcher der Student neben der Erstellung seiner Arbeit praktische Kenntnisse im Betrieb erlangen soll. Dabei kann es sich folglich um die Kombination eines Beschäftigungsverhältnis eigener Art (Erstellung der Arbeit) mit einem Praktikumsverhältnis (Erwerb praktischer Kenntnisse) handeln. Da der Praktikant im Anwendungsbereich des MiLoG dem Arbeitnehmer gleichgestellt ist, besteht entsprechend ein Vergütungsanspruch für die Zeiten, in denen der Student zwecks Erlangung praktischer Kenntnis im Betrieb tätig wird, sofern keine Ausnahmevorschrift des § 22 MiLoG Anwendung findet. Wenn Praktikum und Erstellung der Arbeit nicht tatsächlich voneinander abgrenzbar sind, wird im Zweifel anzunehmen sein, dass das gesamte Beschäftigungsverhältnis als mindestlohnpflichtiges Beschäftigungsverhältnis zu qualifizieren ist. Sofern die Aufteilung zwischen Erstellung der Arbeit und Praktikum abbildbar ist, richtet sich die Mindestlohnpflichtigkeit des Praktikums danach, ob eine Ausnahmevorschrift iSd § 22 MiLoG einschlägig ist.

e) Volontär, Trainee

128 Nicht vom Anwendungsbereich des MiLoG umfasst sind **Volontäre**.[155] Der Begriff des Volontärs ist gesetzlich nicht definiert. Die überwiegende Ansicht versteht das **Volontariat** als systematische Ausbildung, ohne dass mit der Ausbildung eine vollständig abgeschlossene Fachausbildung in einem anerkannten Ausbildungsberuf erfolgt.[156] Ein Arbeitsverhältnis wird nicht begründet. Volontäre fallen in den Anwendungsbereich des § 26 BBiG,[157] so dass ein Anspruch auf angemessene Vergütung nach § 17 BBiG besteht (→ Rn. 121).

129 Beim **Trainee** handelt es sich um einen gesetzlich nicht festgelegten Begriff. Er wird in der Praxis allgemeinhin für Hochschul- bzw. Fachhochschulabsolventen verwendet, die nach Abschluss der Ausbildung eine praktische Ausbildung in einem Betrieb ohne einen weiteren Abschluss durchlaufen. Da neben den zusätzlichen Ausbildungsangeboten regelmäßig die Erbringung der Arbeitsleistung im Vordergrund steht, ist weitüberwiegend anzunehmen, dass ein Arbeitsverhältnis begründet wird. Folglich haben Trainees Anspruch auf den gesetzlichen Mindestlohn. Allenfalls dann, wenn aufgrund der konkreten Ausgestaltung eine Vergleichbarkeit mit einer Ausbildung nach dem BBiG in Betracht kommt, könnte hiervon eine Ausnahme gelten.[158] Im Zweifel ist für die Praxis anzunehmen, dass ein mindestlohnpflichtiges Arbeitsverhältnis begründet wird.

---

[155] BT-Drs. 18/2010, 24; *Riechert/Nimmerjahn* MiLoG § 22 Rn. 46; *Picker/Sausmikat* NZA 2014, 942 (946).
[156] BAG 23.6.1983 – 6 AZR 595/80, NJW 1984, 1779 (1779); ErfK/*Schlachter* BBiG § 26 Rn. 2; *Riechert/Nimmerjahn* MiLoG § 22 Rn. 46; *Picker/Sausmikat* NZA 2014, 942 (946).
[157] BAG 23.6.1983 – 6 AZR 595/80, NJW 1984, 1779 (1779); ErfK/*Schlachter* BBiG § 26 Rn. 2.
[158] Vgl. hierzu: *Riechert/Nimmerjahn* MiLoG § 22 Rn. 47.

f) Familienangehörige

Die Beschäftigung eines Familienangehörigen sowohl im Privathaushalt als auch im Betrieb eines Familienmitglieds ist dann nicht als Arbeitsverhältnis einzuordnen, wenn es am Grad der persönlichen Abhängigkeit fehlt, der typisierend für das Vorliegen eines Arbeitsverhältnisses ist.[159] Dies ist anzunehmen, wenn die Tätigkeit aufgrund familiärer Verbundenheit bzw. Verpflichtung erfolgt.[160] Sind diese Voraussetzungen erfüllt, sind Familienangehörige nicht vom Anwendungsbereich des MiLoG erfasst.

130

g) Einführungsverhältnisse, Schnupperarbeitsverhältnis

Als Einführungsverhältnis oder Schnupperarbeitsverhältnis wird regelmäßig ein Beschäftigungsverhältnis bezeichnet, bei welchem ein potentieller Arbeitnehmer für einen kurzen Zeitraum im Betrieb tätig wird. Dem Bewerber wird Einblick in den Betrieb und die betrieblichen Abläufe gewährt. Bei einem solchen Einführungs- oder Schnupperarbeitsverhältnis wird kein Arbeitsverhältnis begründet, wenn der Bewerber nicht zur Erbringung von Arbeitsleistungen verpflichtet wird und der Arbeitgeber keine Weisungen erteilt, insbesondere keine Vorgaben hinsichtlich der Arbeitszeit macht.[161] Dabei kommt es nicht auf die Absprache zwischen Bewerber und Arbeitgeber an, sondern auf die tatsächliche Durchführung des Einführungsverhältnisses bzw. Schnupperarbeitsverhältnisses. Bei einer über eine Woche hinausgehenden Beschäftigung wird von der überwiegenden Meinung im Schrifttum das Vorliegen eines Einführungsverhältnisses abgelehnt.[162] Besteht kein Arbeitsverhältnis, hat der Bewerber keinen Anspruch auf den gesetzlichen Mindestlohn. In Zweifelsfällen sollte aufgrund des weitgehenden Schutzzwecks des MiLoG von einem mindestlohnpflichtigen Arbeitsverhältnis ausgegangen werden.

131

2. Praktikanten

Ausdrücklich vom persönlichen Anwendungsbereich des § 22 MiLoG erfasst, sind Praktikanten iSd § 26 BBiG. Praktikanten iSd § 26 BBiG werden Arbeitnehmern in Bezug auf das MiLoG gleichgestellt und haben Anspruch auf den gesetzlichen Mindestlohn, sofern keiner der nachfolgend dargestellten Ausnahmetatbestände des § 22 Abs. 1 MiLoG einschlägig ist. Aus der Vorschrift folgt nicht die Gleichstellung des Praktikanten mit Arbeitnehmern in Bezug auf weitere Regelungsbereiche außerhalb des MiLoG.[163] In § 22 Abs. 1 S. 3 MiLoG ist der Begriff des Praktikanten erstmalig legal definiert worden:

132

„Praktikantin oder Praktikant ist unabhängig von der Bezeichnung des Rechtsverhältnisses, wer sich nach der tatsächlichen Ausgestaltung und Durchführung des Vertragsverhältnisses für eine begrenzte Dauer zum Erwerb praktischer Kenntnisse und Erfahrungen einer bestimmten betrieblichen Tätigkeit zur Vorbereitung auf eine berufliche Tätigkeit unterzieht, ohne dass es sich dabei um eine Berufsausbildung iSd Berufsbildungsgesetzes oder um eine damit vergleichbare praktische Ausbildung handelt."

Für ein Praktikumsverhältnis ist somit entscheidend, ob der Erwerb praktischer Kenntnisse im Vordergrund steht.

133

---

[159] *Riechert/Nimmerjahn* MiLoG § 22 Rn. 23.
[160] ErfK/*Preis* BGB § 611a Rn. 137 f.
[161] *Riechert/Nimmerjahn* MiLoG § 22 Rn. 22.
[162] HK-MiLoG/*Schubert/Jerchel* § 22 Rn. 11; *Riechert/Nimmerjahn* MiLoG § 22 Rn. 22; *Lakies* MiLoG § 22 Rn. 10.
[163] *Riechert/Nimmerjahn* MiLoG § 22 Rn. 26.

> **Praxistipp:**
> Wenn Praktikanten im Wesentlichen mit üblichen Arbeitsaufgaben von Arbeitnehmern beschäftigt werden, spricht dies für das Vorliegen eines Arbeitsverhältnisses („Scheinpraktikum").[164]

134 Bei Begründung eines Praktikumsverhältnisses ist an die Vorschrift des § 2 Abs. 1 Buchst. a **NachwG** zu denken. Danach ist der Ausbildende verpflichtet, unverzüglich nach Abschluss des Praktikumsvertrages, spätestens vor Aufnahme der Praktikantentätigkeit, die wesentlichen Vertragsbedingungen schriftlich niederzulegen, die Niederschrift zu unterzeichnen und dem Praktikanten auszuhändigen. Hinweise auf die wesentlichen Vertragsbedingungen ergeben sich aus § 2 Abs. 1 Buchst. a S. 2 NachwG.

> **Praxistipp:**
> Enthält der „Praktikumsvertrag" typische Arbeitnehmerpflichten, insbesondere eine Anwesenheitspflicht von acht Stunden, Hinweise auf die Weisungsrechte des „Ausbildenden", Regelungen zu Nebenpflichten wie zur Melde- und Nachweispflicht bei Arbeitsunfähigkeit oder zur Urlaubsplanung, spricht dies zunächst einmal für das Vorliegen eines Arbeitsverhältnisses („Scheinpraktikum").[165]

a) Pflichtpraktikum

135 Sofern ein Praktikum verpflichtend aufgrund einer schulrechtlichen Bestimmung, einer Ausbildungsordnung, einer hochschulrechtlichen Bestimmung oder im Rahmen einer Ausbildung an einer gesetzlich geregelten Berufsakademie geleistet wird, ist die Ausnahmevorschrift des § 22 Abs. 1 S. 2 Nr. 1 MiLoG einschlägig. Die Gleichstellung des Praktikanten kraft gesetzlicher Fiktion mit dem Arbeitnehmer gilt nicht und es besteht somit kein Anspruch auf den gesetzlichen Mindestlohn für Praktikanten im Rahmen eines Pflichtpraktikums.

136 Nach der Rechtsprechung des BAG fällt ein Pflichtpraktikum nicht in den Anwendungsbereich des BBiG.[166] Aus rechtstechnischer Sicht wäre die Ausnahmevorschrift des § 22 Abs. 1 S. 2 Nr. 1 MiLoG daher entbehrlich gewesen, da ein Pflichtpraktikum iSd § 22 Abs. 1 S. 2 Nr. 1 MiLoG ohnehin nicht in den Anwendungsbereich des § 26 BBiG fällt und damit nicht von der gesetzlichen Fiktion erfasst ist, da nur Praktikanten iSd § 26 BBiG Arbeitnehmern für das MiLoG gleichstellt sind.

137 Der Begriff der **schulrechtlichen Bestimmungen** ist nach Maßgabe der Gesetzesmaterialien umfassend zu verstehen.[167] Typischerweise fallen hierunter **Schul- oder sog. Betriebspraktika.** Schulrechtliche Bestimmungen iSd § 22 Abs. 1 S. 2 Nr. 1 MiLoG sind auch Grundsätze, die von der Schulkonferenz betreffend die Durchführung von Betriebspraktika aufgestellt werden.[168]

138 **Hochschulrechtliche Bestimmungen** erfassen Studien- und Prüfungsordnungen sowie Zulassungsordnungen, so dass auch Praktika, die **Zulassungsvoraussetzung** für die Aufnahme einer hochschulrechtlichen Ausbildung verpflichtend sind (sog. „**Vorpraktika**"[169]), vom Anwendungsbereich des § 22 Abs. 1 S. 2 Nr. 1 MiLoG erfasst sind.[170]

---

[164] LAG Bln-Bbg 20.5.2016 – 6 Sa 1787/15, BeckRS 2016, 72890 Rn. 43.
[165] LAG Bln-Bbg 20.5.2016 – 6 Sa 1787/15, BeckRS 2016, 72890 Rn. 49f.; LAG München 13.6.2016 – 3 Sa 23/16, BeckRS 2016, 117871 Rn. 22f.
[166] BAG 18.11.2008 – 3 AZR 192/07, NZA 2009, 435 (437).
[167] BT-Drs. 18/2010, 24.
[168] Vgl. § 63 Abs. 1 Nr. 20 Schleswig-Holsteinisches Schulgesetz, wonach die Schulkonferenz die Grundsätze für Schulausflüge sowie Betriebserkundungen, Betriebspraktika, Wirtschaftspraktika, Praxiswochen und Praxistage festlegt.
[169] Thüsing MiLoG/*Pötters* § 22 Rn. 22.
[170] BT-Drs. 18/2010, 24; ErfK/*Franzen* MiLoG § 22 Rn. 10.

Ebenfalls weit zu verstehen ist der Begriff der **Ausbildungsordnung.** Davon erfasst sind 139 alle generellen Regelungen zur Strukturierung der Lerninhalte, ohne dass es sich hierbei um eine anerkannte Berufsausbildung handeln oder diese im Verzeichnis des Bundesinstituts für Berufsbildung aufgeführt sein muss.[171]

Für die Ausnahmevorschrift für Pflichtpraktika gilt **keine zeitliche Beschränkung.** 140 Das Pflichtpraktikum ist vom Anwendungsbereich des MiLoG ausgenommen, wenn und soweit dies aufgrund der schulrechtlichen Bestimmung, einer Ausbildungsordnung, einer hochschulrechtlichen Bestimmung oder im Rahmen einer Ausbildung an einer gesetzlich geregelten Berufsakademie geleistet wird und die dort vorgeschriebene Länge aufweist.[172] Sofern lediglich eine **Mindestdauer** in den zugrundeliegenden Bestimmungen für das Pflichtpraktikum festgelegt ist, ist vor dem Hintergrund des Schutzzwecks des Gesetzes anzunehmen, dass das Praktikum nur dann vom Anwendungsbereich ausgenommen ist, sofern das Praktikum nur für die Mindestdauer durchgeführt wird.[173]

Die Voraussetzungen für die Privilegierung müssen zum Zeitpunkt des Vertragsschlusses 141 vorliegen. Ein späteres **Entfallen der Voraussetzungen,** zB durch Exmatrikulation des Studenten während des bestehenden Praktikumsverhältnisses, ist zwar relevant, jedoch kann dies dem Ausbildenden nur dann in Bezug auf eine etwaige Ordnungswidrigkeit vorgeworfen werden, wenn er hiervon positive Kenntnis bzw. grob fahrlässige Unkenntnis besaß.[174] Sofern sich im Laufe der Durchführung des Praktikums die Umstände ändern, besteht die Pflicht des Praktikanten, dies dem Ausbildenden anzuzeigen.[175] Dennoch ist zu empfehlen, im Praktikumsvertrag ausdrücklich eine Regelung aufzunehmen, wonach der Praktikant verpflichtet wird, ein etwaiges Entfallen der Voraussetzungen unverzüglich gegenüber dem Ausbildenden anzuzeigen.

Für den Praktikanten im Pflichtpraktikum besteht somit kein Anspruch auf den Min- 142 destlohn. Ebenfalls unterfällt das Pflichtpraktikum nicht dem Anwendungsbereich des § 26 BBiG, so dass sich auch aus § 17 BBiG kein Anspruch auf **angemessene Vergütung** ergibt.[176] Allerdings ist jedenfalls die Vergütungsabrede mit einem Pflichtpraktikanten am Maßstab der Sittenwidrigkeit nach § 138 BGB zu messen.

> **Checkliste für Pflichtpraktikum:**
> – Vorlage der einschlägigen (hoch-)schulrechtlichen Bestimmungen, Ausbildungsordnung bzw. Bestimmungen der Berufsakademie vor Abschluss des Praktikumsverhältnisses;
> – Bei Studenten: Vorlage einer gültigen Immatrikulationsbescheinigung;
> – Beifügung der Unterlagen als Anlage zum Praktikumsvertrag;
> – Verpflichtung des Praktikanten bei Änderungen der Umstände (zB Exmatrikulation, Abbruch der Ausbildung), dies unverzüglich dem Ausbildenden mitzuteilen;
> – Unverzüglich nach Abschluss des Praktikumsvertrages, spätestens vor Aufnahme der Praktikantentätigkeit, die wesentlichen Vertragsbedingungen schriftlich niederlegen, die Niederschrift unterzeichnen und dem Praktikanten aushändigen (§ 2 Abs. 1a NachwG).

---

[171] ErfK/*Franzen* MiLoG § 22 Rn. 9.
[172] Thüsing MiLoG/*Pötters* § 22 Rn. 23; *Riechert/Nimmerjahn* MiLoG § 22 Rn. 76.
[173] *Riechert/Nimmerjahn* MiLoG § 22 Rn. 76; zur Aufteilung in einen mindestlohnbefreiten Zeitraum (aufgrund einschlägiger Ausnahmevorschrift) und einen mindestlohnpflichtigen Teil → Rn. 166 f.
[174] *Greiner* NZA 2016, 594 (597).
[175] *Riechert/Nimmerjahn* MiLoG § 22 Rn. 59.
[176] *Burkard-Pötter/Sura* NJW 2015, 517 (520); umfassend zum Pflichtpraktikum: *Schade* NJW 2013, 1039.

b) Orientierungspraktikum

143 Ein Orientierungspraktikum iSd § 22 Abs. 1 S. 2 Nr. 3 MiLoG liegt vor, wenn das Praktikum zur Orientierung für eine Berufsausbildung oder für die Aufnahme eines Studiums für eine Dauer von bis zu drei Monaten geleistet wird. Dabei ist Sinn und Zweck dieses Praktikums, ein Berufsbild für die Entscheidung zu einer späteren Ausbildung oder einem Studium kennenzulernen.[177] Liegen diese Voraussetzungen vor, besteht kein Anspruch auf den Mindestlohn.

144 Es ist in der Praxis umstritten, ob das Praktikum und die spätere Aufnahme der Berufsausbildung bzw. des Studiums einen gewissen **inhaltlichen Bezug** aufweisen müssen oder jedenfalls die mit dem Orientierungspraktikum kennenzulernende Tätigkeit dem Grunde nach für den Praktikanten in Betracht kommt.[178] Eine konkrete Absicht oder der anschließende Beginn einer entsprechenden Ausbildung seien hingegen nicht erforderlich, damit das Praktikum in den Anwendungsbereich der Ausnahmevorschrift fällt.[179] Richtigerweise kann eine konkrete Absicht oder ein inhaltlicher Bezug nicht zur Voraussetzung für die Annahme der Ausnahmevorschrift gemacht werden. Dies verbietet die Rechtssicherheit.[180] Bei einem Verstoß gegen die Vorgaben des MiLoG droht ein Bußgeld in erheblicher Höhe (§ 21 MiLoG) und der Ausbildende hat zum Zeitpunkt des Abschluss des Praktikumsverhältnisses nicht die Möglichkeit, die konkrete Absicht oder den etwaig späteren Bezug zur aufgenommenen Ausbildung oder Studium zu prüfen. Es ist vielmehr nicht auszuschließen, dass das Praktikum in einer Branche absolviert wird, sich der Praktikant dennoch nach Abschluss des Praktikums – möglicherweise auch gerade insbesondere aufgrund des Eindrucks, den er im Rahmen des Praktikums gewonnen hat – für einen grundsätzlich anderen Ausbildungszweig entscheidet.

145 Jedoch dann, wenn das Berufsbild ganz grundlegend nicht in Betracht kommt, lässt sich mangels inhaltlichen Bezugs das Vorliegen der Voraussetzungen der Ausnahmevorschrift ablehnen. Dies ist der Fall, wenn die erforderlichen Zulassungsvoraussetzungen für die Ausübung der mit dem Praktikum kennenzulernenden Tätigkeit bzw. Berufsbild nicht in absehbarer Zeit erlangt werden können und daher die Orientierung zwecklos ist.[181]

146 Umstritten ist, ob ein Praktikum die Voraussetzungen eines Orientierungspraktikum iSd Vorschrift nach einer abgeschlossenen Berufsausbildung, Studienabschluss oder sonstige Fachausbildung erfüllen kann; es sich somit um eine Phase der **Neuorientierung** handelt. Insbesondere wird diese Frage in dem Zusammenhang diskutiert, ob ein Student nach Abschluss des Bachelorstudiengangs vor Aufnahme des Masterstudiengangs ein Orientierungspraktikum absolvieren kann. Hierzu wird zum Teil vertreten, dass auch bei bereits erfolgten Abschluss eine (Neu-)Orientierung in Betracht kommt.[182] Hingegen geht der Gesetzgeber davon aus, dass die fachliche Orientierungsphase im Regelfall nach einem berufsqualifizierenden Berufs- oder Studienabschluss abgeschlossen ist, wobei Einzelfallprüfungen davon ausdrücklich ausgenommen sind.[183] Richtigerweise kann im Einzelfall unter Berücksichtigung der individuellen Umstände auch ein vom Mindestlohn befreites Orientierungspraktikum nach einer abgeschlossenen Ausbildung in Betracht kommen, insbesondere wenn die Ausbildung bisher den Charakter eines Studiums Generale hatte. Um jedoch rechtliche Risiken zu vermeiden, empfiehlt sich für die Praxis eine restriktive Auslegung der Ausnahmevorschriften und einem Praktikanten nach Abschluss des Bachelorstudiums vor Aufnahme des Masterstudiums nur ein Praktikum bei Zahlung des Mindestlohns zu ermöglichen. In Betracht kommt allerdings die Befreiung vom Mindestlohn

---

[177] *Riechert/Nimmerjahn* MiLoG § 22 Rn. 80 f.; Thüsing MiLoG/*Pötters* § 22 Rn. 26.
[178] BeckOK ArbR/*Greiner* MiLoG § 22 Rn. 30; *Bayreuther* NZA 2014, 865 (871).
[179] Thüsing MiLoG/*Pötters* § 22 Rn. 27.
[180] Thüsing MiLoG/*Pötters* § 22 Rn. 27.
[181] *Greiner* NZA 2016, 594 (597).
[182] BeckOK ArbR/*Greiner* MiLoG § 22 Rn. 33; *Greiner* NZA 2016, 594 (597).
[183] BT-Drs. 18/2145, 23.

für ein Pflichtpraktikum iSd § 22 Abs. 1. S. 2 Nr. 1 MiLoG, wenn das Praktikum Zulassungsvoraussetzung für das Masterstudium ist.

Die Ausnahmevorschrift enthält nicht die Voraussetzung, dass nicht zuvor ein Praktikumsverhältnis mit dem Ausbildenden bestanden haben soll. Daher ist in Abgrenzung zur Ausnahmevorschrift des § 22 Abs. 1 S. 2 Nr. 3 MiLoG (freiwilliges Praktikum) davon auszugehen, dass grundsätzlich auch ein weiteres Orientierungspraktika beim selben Ausbildenden in Betracht kommt. Da jedoch nur die Privilegierung des Praktikums zum Zwecke der Orientierung beabsichtigt ist, erfüllt ein weiteres Praktikum bei demselben Ausbildenden nur dann die Voraussetzungen eines Orientierungspraktikums, wenn es sich um eine andere Abteilung oder einen anderen Ausbildungszweig handelt und die Orientierung in Bezug auf einen anderen Studiengang bzw. ein anderes Berufsbild ermöglicht wird.[184] Ein erneutes Praktikum zur Orientierung im selben Unternehmen kommt in Betracht, wenn das Praktikum zunächst in der Verwaltung und anschließend ein Praktikum in der Produktion absolviert wird.

In Abgrenzung zum Pflichtpraktikum ist die Dauer des Orientierungspraktikums ausdrücklich auf **bis zu drei Monate** begrenzt. Um den Belangen der Praxis besser Rechnung zu tragen,[185] ist die zunächst vorgesehene Ausnahmevorschrift im Gesetzgebungsverfahren von sechs Wochen auf drei Monate verlängert worden.[186]

Wird das Praktikum länger als drei Monate durchgeführt, findet die Ausnahmevorschrift grundsätzlich keine Anwendung und es besteht ein Anspruch des Praktikanten auf Zahlung des gesetzlichen Mindestlohns.[187] Unter Berücksichtigung des Gesetzeszwecks, nämlich den Missbrauch des Instruments Praktikums zu verhindern[188], erfüllt ein Praktikum, das von Beginn für einen längeren Zeitraum als drei Monate vereinbart wird, nicht die Ausnahmevorschriften des Orientierungspraktikums. Der Praktikant hat ab dem ersten Tag des Praktikums Anspruch auf den gesetzlichen Mindestlohn.

c) Freiwilliges Praktikum

Eine weitere Ausnahme bildet § 22 Abs. 1 S. 2 Nr. 3 MiLoG, wonach ein Praktikum vom Anwendungsbereich des MiLoG ausgenommen ist, das bis zu drei Monaten begleitend zu einer Berufs- oder Hochschulausbildung absolviert wird, wenn nicht zuvor ein solches Praktikumsverhältnis mit demselben Ausbildenden bestanden hat.

Dabei handelt es sich um ein sogenanntes **freiwilliges Praktikum.** Die Ausnahmevorschrift setzt voraus, dass das Praktikum studienbegleitend absolviert wird. Ein studienbegleitendes Praktikum liegt vor, solange der Praktikant während der Dauer des Praktikums an einer Berufs- oder Hochschule immatrikuliert ist. Die Immatrikulation muss für die gesamte Dauer des Praktikums bestehen.

Obwohl sich dies im Wortlaut der Regelung nicht wiederfindet, setzt der Gesetzgeber voraus, dass das Praktikum einen **inhaltlichen Bezug** zur Ausbildung bzw. zum Studium aufweist.[189] Ein inhaltlicher Bezug wird nach dem Wortlaut nicht vorausgesetzt, da dieser allein an die Voraussetzung anknüpft, dass das Praktikum studienbegleitend absolviert wird. Diese zusätzliche Voraussetzung lässt sich mit dem Sinn und Zweck des Gesetzes begründen, wonach ein Missbrauch des Instruments Praktikum vermieden werden soll. Welche Anforderungen an den inhaltlichen Bezug zu stellen sind, lässt sich aus den Gesetzgebungsmaterialien nicht ableiten. Für die Praxis ist vorsorglich vorauszusetzen, dass jedenfalls ein inhaltlicher Bezug zwischen Studium bzw. Ausbildung und Praktikum nicht

---

[184] *Greiner* NZA 2016, 594 (598).
[185] BT-Drs. 18/2010, 24.
[186] BT-Drs. 18/1558, 50.
[187] Zur Aufteilung in einen mindestlohnbefreiten Zeitraum (aufgrund einschlägiger Ausnahmevorschrift) und einen mindestlohnpflichtigen Teil → Rn. 166f.
[188] BT-Drs. 18/1558, 42.
[189] BT-Drs. 18/1558, 50.

vollständig ausgeschlossen sein darf und der Student die Möglichkeit erhält, seine im Studium erworbenen theoretischen Kenntnisse in der Praxis umzusetzen. Fehlt es an einem solchen Bezug, kommt allenfalls ein Orientierungspraktikum nach § 22 Abs. 1 S. 2 Nr. 2 MiLoG in Betracht, wenn – vor Abschluss des Studiums – eine Neuorientierung ansteht.

153 Eine Rückausnahme gilt für den Fall, dass zuvor ein solches Praktikumsverhältnis mit dem Ausbildenden bestanden hat. Der Wortlaut **„nicht zuvor"** ist nicht entsprechend der Rechtsprechung des BAG[190] zur Formulierung „bereits zuvor" iSd § 14 Abs. 2 TzBfG auszulegen, wonach keine Zuvor-Beschäftigungen erfasst sind, die länger als drei Jahre zurückliegen.[191] Aufgrund des Schutzzwecks des MiLoG ist die Formulierung „nicht zuvor" so zu verstehen, dass niemals vorher ein solches Praktikumsverhältnis zum selben Ausbildenden bestanden haben darf.[192] Ein vorangegangenes Arbeitsverhältnis oder Ausbildungsverhältnis nach Maßgabe des BBiG ist hingegen unschädlich, da dies ausdrücklich nicht vom Wortlaut erfasst ist. Hat der Praktikant jemals zuvor ein freiwilliges Praktikum bei demselben Ausbildenden absolviert, hat der Praktikant im Rahmen des nachfolgenden freiwilligen Praktikums Anspruch auf den gesetzlichen Mindestlohn.

154 Umstritten ist aufgrund des Wortlauts der Ausnahmevorschrift („ein **solches** Praktikumsverhältnis"), ob die Ausnahmevorschrift nur dann keine Anwendung findet, wenn zuvor ein freiwilliges Praktikum iSd § 22 Abs. 1 S. 2 Nr. 3 MiLoG absolviert worden ist, oder auch dann keine Anwendung findet, wenn der Praktikant zuvor ein Pflichtpraktikum iSd § 22 Abs. 1 S. 2 Nr. 1 MiLoG oder ein Orientierungspraktikum iSd § 22 Abs. 1 S. 2 Nr. 2 MiLoG beim selben Ausbildenden absolviert hat. Aufgrund des ausdrücklichen Wortlauts der Vorschrift greift die Ausnahmevorschrift richtigerweise nur dann nicht, wenn bereits zuvor ein freiwilliges Praktikum iSd § 22 Abs. 1 S. 2 Nr. 3 MiLoG bei demselben Ausbildenden absolviert worden ist. Unschädlich ist damit ein vorangegangenes Pflicht- oder Orientierungspraktikum.[193] Somit besteht die Möglichkeit, an ein Pflicht- oder Orientierungspraktikum ein freiwilliges Praktikum anzuschließen und damit die Dauer der mindestlohnfreien Beschäftigung des Praktikanten zu verlängern (→ Rn. 166f.).

155 Ungeklärt ist, ob bei dem Begriff des Ausbildenden ein vergleichbares Verständnis wie beim Arbeitgeberbegriff iSd § 14 Abs. 2 S. 2 TzBfG heranzuziehen ist. Danach ist entscheidend, ob ein Arbeitsverhältnis zu derselben natürlichen oder juristischen Person bestanden hat.[194] Unter Berücksichtigung des Gesetzeszwecks und entsprechend der Auslegung des Arbeitgeberbegriffs iSd § 14 Abs. 2 S. 2 TzBfG ist für die Praxis der Begriff des Ausbildenden iSd Vorschrift weit zu verstehen. Der Begriff des Ausbildenden ist nicht auf eine bestimmte Person des Vorgesetzten bzw. einen Betrieb zu beschränken, sondern auf dieselbe natürliche oder juristische Person, mit welcher der Praktikumsvertrag geschlossen wird.

156 Das freiwillige Praktikum ist ebenso wie das Orientierungspraktikum auf einen Zeitraum von bis zu drei Monaten begrenzt. Eine Verlängerung ist nicht möglich, sofern nicht ein weiterer Ausnahmetatbestand einschlägig ist. Wird von vornherein eine längere Praktikumsdauer vereinbart, gilt unter Berücksichtigung des Schutzzwecks des Gesetzes das Praktikum von ersten Tag an als mindestlohnpflichtiges Beschäftigungsverhältnis (→ Rn. 166f.).

157 Anders als das Pflichtpraktikum nach § 22 Abs. 1 S. 2 Nr. 1 MiLoG fallen die freiwilligen Praktika nicht unter dem Begriff der sonstigen Beschäftigungsverhältnisse iSd § 26 BBiG. Folglich haben diese Praktikanten, sofern kein Anspruch auf die Mindestlohn besteht, im Rahmen eines freiwilligen Praktikumsverhältnisses Anspruch auf angemessene Vergütung nach § 17 BBiG.[195]

---

[190] BAG 6.4.2011 – 7 AZR 716/09, NZA 2011, 905 (906f.).
[191] *Greiner* NZA 2016, 594 (599).
[192] *Bayreuther* NZA 2014, 865 (871).
[193] *Greiner* NZA 2016, 594 (599).
[194] ErfK/*Müller-Glöge* TzBfG § 14 Rn. 93.
[195] Thüsing MiLoG/*Pötters* § 22 Rn. 31.

d) Einstiegsqualifizierung

Ebenfalls ausgenommen vom Anwendungsbereich des MiLoG sind nach § 22 Abs. 1 S. 2 Nr. 4 MiLoG Personen, die an einer Einstiegsqualifizierung nach § 54a SGB III oder an einer Berufsausbildungsvorbereitung nach §§ 68–70 BBiG teilnehmen. Dies gilt unabhängig davon, ob die Voraussetzungen für öffentliche Fördergelder für die Durchführung der Maßnahme vorliegen.[196]

158

Die Einstiegsqualifizierung nach § 54a SGB III dient der Vermittlung und Vertiefung von Grundlagen für den Erwerb beruflicher Handlungsfähigkeiten. Ebenso richtet sich die Berufsausbildungsvorbereitung nach §§ 68 f. BBiG an Personen, die lernbeeinträchtigt oder sozial benachteiligt sind und deren Entwicklungsstand eine erfolgreiche Ausbildung in einem anerkannten Ausbildungsberuf noch nicht erwarten lässt. Den Teilnehmern ist somit gemein, dass sie durch die Maßnahme erst auf eine erwerbswirtschaftliche Tätigkeit vorbereitet werden.

159

Bei der Einstiegsqualifizierung handelt es sich um ein Ausbildungsverhältnis eigener Art, das weder ein Arbeitsverhältnis noch ein Berufsausbildungsverhältnis darstellt. Es ist ein anderes Vertragsverhältnis iSd § 26 BBiG.[197] Daher haben die Teilnehmer Anspruch auf eine **angemessene Vergütung** nach § 17 BBiG. Da bei der Einstiegsqualifizierung erstmals Grundkenntnisse vermittelt werden, ist eine Vergütung unterhalb der Vergütung eines Vollzeitarbeitnehmers oder Auszubildenden nicht unangemessen, sondern kann als Aufwandsentschädigung oder Beihilfe ausgestaltet sein.[198]

160

e) Duale Studiengänge/berufsbegleitende Studien

Nach der Vorstellung des Gesetzgebers sind dual Studierende als Auszubildende iSd § 22 Abs. 3 MiLoG anzusehen und deshalb nicht vom Anwendungsbereich des MiLoG erfasst.[199] Es ist zwischen den typischerweise in der Praxis verbreiteten zwei Formen des dualen Studiums, den ausbildungs- und den praxisintegrierten dualen Studiengängen, zu unterscheiden.

161

Bei sog. **ausbildungsintegrierten dualen Studiengängen** absolvieren die Studenten neben der Hochschulausbildung eine Ausbildung nach Maßgabe des BBiG. Nach Abschluss des dualen Studiengangs haben sie bei erfolgreichem Abschluss sowohl einen Hochschulabschluss erworben als auch eine Berufsausbildung durch eine Abschlussprüfung bei der zuständigen Kammer abgeschlossen.[200] Während der Praxiszeiten im Betrieb durchläuft der Student eine Ausbildung nach Maßgabe des BBiG. Die Zeiten im Betrieb sind Teil des Ausbildungsverhältnisses, so dass kein Arbeits- bzw. Praktikumsverhältnis, sondern eine Berufsausbildung stattfindet. Daher hat der Student für diese Zeiten im Betrieb keinen Anspruch auf den Mindestlohn, da Berufsausbildungsverhältnisse, wie durch § 22 Abs. 3 MiLoG nochmals klargestellt, nicht in den Anwendungsbereich des MiLoG fallen. Für die theoretischen Phasen, in denen der Student seiner Hochschulausbildung nachgeht, besteht mangels Arbeitsleistung ebenfalls kein Anspruch auf den Mindestlohn. Sofern der Student zusätzlich zum Ausbildungsprogramm des dualen Studiengangs ein Praktikum absolviert, gelten die allgemeinen Vorschriften, wonach grundsätzlich der Anspruch auf den Mindestlohn besteht, wenn nicht eine der Ausnahmevorschriften Anwendung findet.

162

Bei einem sog. **praxisintegrierten dualen Studiengang** absolvieren die Studenten neben der Hochschulausbildung (mehrere) praktische Phasen, in welchen sie im Betrieb als Praktikant praktische Kenntnis erwerben und die Praxisanteile als Studienleistungen

163

---

[196] BT-Drs. 18/2010, 21 f.
[197] LAG Hmb 4.11.2015 – 5 SA 31/15, BeckRS 2016, 69910 Rn. 42 f.
[198] LAG Hmb 4.11.2015 – 5 SA 31/15, BeckRS 2016, 69910 Rn. 56.
[199] BT-Drs. 18/2010, 21.
[200] *Koch-Rust/Kolb/Rosentreter* NZA 2015, 402 (403).

angerechnet werden.²⁰¹ Dabei handelt es sich nicht um eine systematische Berufsausbildung iSd BBiG. Die hM geht davon aus, dass die Praxisphasen im Rahmen des praxisintegrierten dualen Studiengangs nicht vom Anwendungsbereich des MiLoG erfasst sind. Auch der Gesetzgeber hat ausdrücklich klargestellt, dass Praktika, die im Rahmen von dualen Studiengängen absolviert werden, vom Anwendungsbereich des MiLoG ausgenommen sind.²⁰²

164 Bei einem praxisintegrierten dualen Studiengang an einer Berufsakademie handelt es sich deshalb bei den praktischen Phasen um Praktika, die nach § 22 Abs. 1 S. 2 Nr. 1 MiLoG vom Anwendungsbereich des MiLoG ausgenommen sind. Ob es sich bei den praktischen Phasen des praxisintegrierten dualen Studiengangs an Hochschulen um Praktika, die nach § 22 Abs. 1 S. 2 Nr. 1 MiLoG vom Anwendungsbereich ausgenommen sind,²⁰³ oder um zur Berufsausbildung Beschäftigte handelt, die nach § 22 Abs. 3 MiLoG vom Anwendungsbereich ausgenommen sind,²⁰⁴ wird unterschiedlich bewertet. Im Ergebnis unstreitig besteht aber für die Zeiten der praktischen Ausbildung, sofern diese in Art und Umfang als Studienleistung anzusehen sind, kein Anspruch auf den gesetzlichen Mindestlohn. Darüber hinausgehende freiwillig absolvierte Praktika sind nach den allgemeinen Regelungen zu beurteilen.

165 Vom dualen Studium im dargestellten Sinne ist das **berufsbegleitende** Studium abzugrenzen, bei welchem der Student in einem Arbeitsverhältnis steht und nebenbei, oftmals in Abend- oder Wochenendkursen, eine Hochschulausbildung absolviert.²⁰⁵ Als Arbeitnehmer hat der Student für seine tatsächlich geleistete Arbeitszeit ausnahmslos Anspruch auf den gesetzlichen Mindestlohn. Für die Zeiten der Hochschulausbildung besteht kein Anspruch auf den Mindestlohn.

f) Überschreitung der Praktikumsdauer, Kombination der Ausnahmevorschriften, Aufspaltung des Praktikums und Unterbrechungen

166 Wird ein Praktikumsverhältnis vereinbart, welches entweder über die Dauer der verpflichtenden Bestimmungen iSd § 22 Abs. 1 S. 2 Nr. 1 MiLoG hinausreicht oder als ein Orientierungspraktikum iSd § 22 Abs. 1 S. 2 Nr. 2 MiLoG bzw. ein freiwilliges Praktikum iSd § 22 Abs. 1 S. 2 Nr. 3 MiLoG mit einer längeren Dauer als drei Monate vereinbart wird, ist das Praktikum ab dem ersten Tag mindestlohnpflichtig.²⁰⁶ Eine andere Bewertung, wonach das Praktikum erst ab Überschreiten der zeitlichen Beschränkung dem MiLoG unterliegt, lässt sich mit dem Schutzzweck des Gesetzes nicht vereinbaren.

167 Unabhängig davon, ob von Anfang an eine längere Dauer oder während des bestehenden Praktikums eine **Verlängerung** vereinbart wird, besteht der Mindestlohnanspruch ab dem ersten Tag. Auch eine Verlängerung auf Wunsch des Praktikanten ändert an dieser Bewertung nichts, da es sich beim dem Mindestlohnanspruch um einen unverzichtbaren Anspruch gem. § 3 MiLoG handelt. Ebenso führt eine Verlängerung der Praktikumsdauer über drei Monate aufgrund eines unvorhergesehenen Störfalls wie einer längeren **Arbeitsunfähigkei**t zur Mindestlohnpflicht ab dem ersten Tag.²⁰⁷ Wird das Praktikum für eine längere Dauer als vorgesehen fortgesetzt, liegen die Voraussetzungen der Ausnahmevorschriften nicht vor und das MiLoG findet vollumfänglich Anwendung.

168 Einer anderen Auffassung, wonach erst ab Überschreiten der zeitlichen Beschränkung nach Maßgabe der (hoch-) schulrechtlichen Bestimmungen bzw. nach drei Monaten das

---

²⁰¹ *Koch-Rust/Kolb/Rosentreter* NZA 2015, 402 (403).
²⁰² BT-Drs. 18/2010, 24.
²⁰³ *Bayreuther* NZA 2014, 865 (871); ErfK/*Franzen* MiLoG § 22 Rn. 10; *Riechert/Nimmerjahn* MiLoG § 22 Rn. 73.
²⁰⁴ Hierzu ausführlich: *Koch-Rust/Kolb/Rosentreter* NZA 2015, 402 (404 f.).
²⁰⁵ *Koch-Rust/Kolb/Rosentreter* NZA 2015, 402 (403).
²⁰⁶ *Riechert/Nimmerjahn* MiLoG § 22 Rn. 89 und 113.
²⁰⁷ *Riechert/Nimmerjahn* MiLoG § 22 Rn. 89 und 92.

MiLoG Anwendung findet,[208] kann nicht gefolgt werden. Hierfür spricht zum einen der Gesetzeszweck.[209] Die Ausnahmevorschriften des § 22 Abs. 1 S. 1 Nr. 4 MiLoG sind eng auszulegen. Praktika, die über den vom Gesetzgeber bzw. von den (hoch-)schulrechtlichen Bestimmungen festgelegten Zeitraum hinausreichen, stehen nach Auffassung des Gesetzgebers in dem Verdacht, das Instrument Praktikum zu missbrauchen. Aus den Vorgaben des Gesetzgebers lässt sich entnehmen, dass dieser einen Zeitraum von bis zu drei Monaten, sofern nicht ein Pflichtpraktikum vorliegt, als ausreichend angesehen hat, um in diesem zeitlichen Rahmen dem Zweck des Praktikums, nämlich die theoretischen Kenntnisse durch praktische Erfahrung zwecks Orientierung (§ 22 Abs. 1 S. 2 Nr. 2 MiLoG) oder studienbegleitend (§ 22 Abs. 1 S. 2 Nr. 3 MiLoG) zu ergänzen, genügt wird. Anderes muss sich aus einer schul- oder hochschulrechtlichen Bestimmung ergeben (§ 22 Abs. 1 S. 2 Nr. 1 MiLoG).

Beispiel:
Das Unternehmen bietet dem Abiturienten die Möglichkeit eines dreimonatigen Praktikums vom 1.8.2018 bis 31.10.2018 zur Orientierung im Bereich Marketing. Das Praktikum ist damit vom Anwendungsbereich des § 22 MiLoG ausgenommen und der Praktikant hat keinen Anspruch auf den Mindestlohn, sofern nicht grundsätzlich ausgeschlossen ist, dass ein Studium oder eine Ausbildung im Bereich Marketing in Betracht kommt.
Sofern, auch auf Wunsch des Praktikanten, das Praktikum bis zum 30.11.2018 fortgesetzt werden soll, liegt kein Orientierungspraktikum nach § 22 Abs. 1 S. 2 Nr. 2 MiLoG vor und der Praktikant hat Anspruch auf den gesetzlichen Mindestlohn ab dem 1.8.2018. Erfolgt die Verlängerung nachträglich, ist der Mindestlohn nachwirkend für den Zeitraum ab dem ersten Tag zu leisten.

Keine Verlängerung des Praktikums in diesem Sinne stellt es dar, wenn sich an ein Pflicht- oder Orientierungspraktikum ein weiteres, hiervon losgelöstes Praktikum anschließt, welches dann – sofern keine sonstige Ausnahmevorschrift in Betracht kommt – dem MiLoG unterliegt. Sofern nicht einzig das bisherige Praktikum fortgesetzt wird, sondern sowohl formal als auch tatsächlich ein neues Praktikumsverhältnis begründet wird, wirkt sich die Verpflichtung zur Zahlung des Mindestlohns nicht auf den vom MiLoG nach § 22 Abs. 1 S. 2 Nr. 1 bzw. 2 MiLoG befreiten Zeitraum des Pflicht- oder Orientierungspraktikums aus. Indizien für eine Fortsetzung des vorangegangenen Pflicht- oder Orientierungspraktikums sind die Fortsetzung der bisherigen Aufgaben, Tätigkeit in der bisherigen Abteilung, gleichbleibende Ansprechpartner.[210] Handelt es sich unter Berücksichtigung der tatsächlichen Umstände um eine Fortsetzung des Pflicht- oder Orientierungspraktikums über den Zeitraum von drei Monaten, ist das Praktikumsverhältnis ab dem ersten Beschäftigungstag mindestlohnpflichtig.

Praxistipp:
Soll sich an ein Pflicht- oder Orientierungspraktikum ein weiteres Praktikum anschließen, welches nicht vom Anwendungsbereich ausgenommen ist, sollten beide Praktikumsverhältnisse sowohl tatsächlich als auch vertraglich voneinander getrennt behandelt werden. Es empfiehlt sich, für beide Praktika separate Praktikumsverträge abzuschließen und die mit dem jeweiligen Praktikum verfolgten Lern- und Ausbildungsziele (vgl. § 2 Abs. 1a S. 2 Nr. 2 NachwG) ausdrücklich festzulegen. Außerdem sollte bei der Vertragsdurchführung sichergestellt sein, dass die formalen Vorgaben auch tatsächlich umgesetzt werden und die Praktikumsverhältnisse abgrenzbar sind.

---
[208] *Fuhlrott* ArbRAktuell 2017, 81 (82); *Lembke* NJW 2016, 3617 (3618); ErfK/*Franzen* MiLoG § 22 Rn. 12.
[209] BT-Drs. 18/1558, 50.
[210] *Riechert/Nimmerjahn* MiLoG § 22 Rn. 93.

170　Eine Verlängerung der vom Mindestlohn befreiten Praktikumsdauer kommt somit in Betracht, wenn die einzelnen Ausnahmevorschriften **kombiniert** werden. So ist es denkbar, dass ein Praktikant zunächst ein Pflichtpraktikum iSd § 22 Abs. 1 S. 2 Nr. 1 MiLoG beim Ausbildenden absolviert, um daran anschließend ein freiwilliges Praktikum studienbegleitend nach § 22 Abs. 1 S. 2 Nr. 3 MiLoG zu absolvieren. Die Einschränkung des Ausnahmetatbestandes hinsichtlich des freiwilligen Praktikums in § 22 Abs. 1 S. 2 Nr. 3 MiLoG, wonach *„nicht zuvor mit demselben Ausbildender ein solches Praktikumsverhältnisses bestanden haben darf"*, knüpft aufgrund des Wortlauts ausschließlich an ein vorangegangenes freiwilliges Praktikum an.[211] Daher ist die Verknüpfung eines Pflicht- oder Orientierungspraktikums mit einem freiwilligen Praktikum nicht ausgeschlossen. Dabei ist, wie zuvor dargestellt, bei der Vertragsgestaltung sowie Vertragsdurchführung zu beachten, dass nicht das vorherige Praktikumsverhältnis fortgesetzt wird, sondern tatsächlich ein hiervon losgelöstes, selbstständiges zweites Praktikum absolviert wird.

Beispiel:

Der Student absolviert ein fünfmonatiges Praktikum im Unternehmen, welches nach der Studienordnung für diesen Zeitraum verpflichtend vorgesehen ist. Anschließend absolviert er ein weiteres Praktikum für drei Monate beim selben Unternehmen.

Es empfiehlt sich, zwei separate Praktikumsverträge, nämlich einen für das Pflichtpraktikum und einen für das freiwillige Praktikum, zu schließen. Die Verträge sollten ausdrücklich auf die zugrundeliegenden Bestimmungen des MiLoG für die Ausnahme vom Mindestlohn Bezug nehmen und die entsprechenden Voraussetzungen (ua hochschulrechtliche Bestimmungen, gültige Immatrikulationsbescheinigung) als Anlage enthalten.

171　**Unterbrechungen** des Praktikums (zB aufgrund längerer Arbeitsunfähigkeit) wirken sich nicht auf die vom Mindestlohn ausgenommene Dauer aus. Etwas anderes kann allenfalls dann gelten, wenn ein Ruhen des Praktikums vereinbart wird und entsprechend die Hauptleistungspflichten aus dem Praktikumsverhältnis ruhen.

172　Sofern ein Praktikum in mehrere Zeitabschnitte **aufgespalten** wird, ist umstritten, ob die Ausnahmevorschrift für 90 Praktikumstage (Berechnung gem. § 191 BGB)[212] oder nur für eine Dauer von bis zu drei Monate gilt,[213] so dass etwaige Unterbrechungen unerheblich wären. Der Wortlaut „ein Praktikum von bis zu drei Monate" legt nahe, dass bei mehreren Praktika bei demselben Ausbildenden mit einer Gesamtdauer von bis zu drei Monate nur das erste Praktikum vom Ausnahmetatbestand erfasst ist. In der Praxis sollte daher zur Vermeidung von Rechtsrisiken nicht auf die tageweise Berechnung nach § 191 BGB abgestellt werden.

3. Kinder und Jugendliche

173　Nicht als Arbeitnehmer iSd MiLoG gelten Personen iSv § 2 Abs. 1 und 2 JArbSchG ohne abgeschlossene Berufsausbildung. Damit sind **Kinder,** Personen, die noch nicht 15 Jahre alt sind, und **Jugendliche,** Personen, die 15 aber noch nicht 18 Jahre alt sind, vom Anwendungsbereich des MiLoG ausgenommen. Kinder und Jugendliche sind nicht vom Anwendungsbereich ausgenommen, wenn das Kind bzw. der Jugendliche bereits eine Ausbildung erfolgreich abgeschlossen worden hat, dh die Abschlussprüfung bestanden wurde.

174　Der Gesetzgeber bezweckt es mit der Ausnahmevorschrift zu verhindern, dass Kindern und Jugendlichen durch ausnahmslose Gewährung des gesetzlichen Mindestlohns ein An-

---

[211] *Riechert/Nimmerjahn* MiLoG § 22 Rn. 90; *Bayreuther* NZA 2014, 865 (872); *Greiner* NZA 2016, 594 (599).
[212] *Bayreuther* NZA 2014, 865 (872).
[213] *Riechert/Nimmerjahn* MiLoG § 22 Rn. 107; *Greiner* NZA 2016, 594 (598).

VI. Anwendungsbereich des MiLoG

reiz geboten wird, ihre Berufs- oder Schulausbildung vorzeitig abzubrechen, um dem Arbeitsmarkt beizutreten und eine Erwerbstätigkeit aufzunehmen.[214] Eine sich gegen die Ausnahmevorschrift richtende Verfassungsbeschwerde ist wegen Unzulässigkeit zurückgewiesen worden.[215]

4. Zur Berufsausbildung Beschäftigte

Eine weitere ausdrückliche Ausnahmevorschrift gilt für die zu ihrer Berufsausbildung Beschäftigten nach § 22 Abs. 3 MiLoG. Sofern es sich um zur Berufsausbildung Beschäftigte nach Maßgabe des BBiG handelt, stellt dies eine rein klarstellende Regelung dar. Die Auszubildenden nach dem BBiG stehen in einem gesonderten Ausbildungsverhältnis und sind daher weder Arbeitnehmer noch Praktikanten iSd § 22 Abs. 1 S. 1 MiLoG (→ Rn. 119 f.). Es besteht kein Anspruch auf den Mindestlohn. Ein Vergütungsanspruch ergibt sich aus § 17 BBiG, wonach eine angemessene Vergütung zu leisten ist. Die Ausnahmevorschrift des § 22 Abs. 3 MiLoG geht darüber hinaus und umfasst nicht nur die Auszubildenden nach Maßgabe des BBiG. So werden jedenfalls nach Maßgabe der Gesetzesmaterialien ebenfalls die dual Studierenden grundsätzlich vom Anwendungsbereich der Ausnahmevorschrift erfasst, unabhängig davon ob ein ausbildungs- oder praxisintegrierter Studiengang vorliegt.[216] Jedoch wird der Begriff der zu ihrer Berufsausbildung Beschäftigten nicht so weit zu verstehen sein, wie der betriebsverfassungsrechtliche Begriff nach § 5 BetrVG,[217] der grundsätzlich auch sämtliche Praktikanten mit einbezieht.[218]

175

5. Ehrenamtlich Tätige

Bei **ehrenamtlich Tätigen** handelt es sich nicht um Arbeitnehmer oder Praktikanten. Daher ist schon dem Grunde nach der Anwendungsbereich des MiLoG nicht eröffnet und die Ausnahmevorschrift in § 22 Abs. 3 MiLoG hat rein klarstellende Funktion. Der Gesetzgeber wollte mit dieser Vorschrift eine Einschränkung des Ehrenamtes und mithin des Freiwilligendienstes iSd § 32 Abs. 4 S. 1 Nr. 2d EStG verhindern.[219]

176

Die ehrenamtliche Tätigkeit ist weder im MiLoG noch in einem anderen Gesetz definiert. In Abgrenzung zum Arbeitsverhältnis sprechen nach Maßgabe der Rechtsprechung des BAG[220] die Unentgeltlichkeit und fehlende Vergütungserwartung sowie die überwiegend ideellen Beweggründe für eine ehrenamtliche Tätigkeit. Eine ehrenamtliche Tätigkeit kommt vorwiegend in Betracht, wenn diese für Organisationen iSd § 21 BGB erbracht wird.[221]

177

Die Leistung einer **Aufwandsentschädigung,** unabhängig von ihrer Höhe, ist unbeachtlich, sofern die Tätigkeit ohne Erwartung einer adäquaten finanziellen Gegenleistung, sondern von dem Willen geprägt ist, sich für das Gemeinwohl einzusetzen.[222] **Vertrags- und Amateursportler** sind ebenfalls vom Anwendungsbereich des MiLoG ausgenommen, wenn die sportliche Betätigung und nicht die finanzielle Gegenleistung im Vordergrund steht.[223]

178

---

[214] BT-Drs. 18/1158, 42 f.
[215] BVerfG 25. 6. 2015 – 1 BvR 37/15, NZA 2015, 866; ausführlich zur verfassungsrechtlichen Rechtfertigung der Ausnahmevorschrift: *Riechert/Nimmerjahn* MiLoG § 22 Rn. 128 f.
[216] BT-Drs. 18/2010, 21.
[217] Richardi BetrVG/*Richardi* § 5 Rn. 66.
[218] AA ErfK/*Franzen* MiLoG § 22 Rn. 3.
[219] BT-Drs. 18/1558, 43.
[220] BAG 29. 8. 2012 – 10 AZR 499/11, NZA 2012, 1433 (1434 f.).
[221] *Greiner* NZA 2015, 285 (286).
[222] BT-Drs. 18/2010, 15.
[223] BT-Drs. 18/2010, 15.

179 Ungeklärt ist, ob unter diese Ausnahmevorschrift die sowohl im Bereich des Sports als auch bei sonstigen Veranstaltungen tätigen **„Volonteers"** fallen.[224] Diese Beschäftigten werden häufig auch als Freiwillige oder freiwillige Helfer bezeichnet. Ob es sich dabei um Arbeitnehmer oder ehrenamtlich Tätige handelt, ist nach den üblichen Abgrenzungsmerkmalen nach den Umständen des Einzelfalls zu unterscheiden. Indizien für ein Arbeitsverhältnis liegen dann vor, wenn die Volonteers in Dienstpläne eingeteilt werden, An- und Abmeldepflichten unterliegen oder Kündigungsfristen zu beachten haben. Außerdem kommt eine ehrenamtliche Tätigkeit meist nur dann in Betracht, wenn die Tätigkeit für eine gemeinnützige Institution oder Stiftung, einen Verein iSd § 21 BGB oder eine öffentliche Einrichtung erbracht wird.[225] Im Ergebnis handelt es sich bei diesen Formen der Beschäftigung regelmäßig um Arbeitnehmer iSd § 22 Abs. 1 MiLoG mit Anspruch auf den Mindestlohn.

6. Langzeitarbeitslose

180 Nach § 22 Abs. 4 S. 1 MiLoG gilt der Mindestlohn in den ersten sechs Monaten der Beschäftigung nicht für Arbeitsverhältnisse von Arbeitnehmern, die unmittelbar vor Beginn der Beschäftigung langzeitarbeitslos iSd § 18 Abs. 1 SGB III waren. **Langzeitarbeitslos** sind Arbeitnehmer, die ein Jahr oder länger – grundsätzlich ununterbrochen – arbeitslos sind.[226] Der Gesetzgeber beabsichtigt damit eine Vereinfachung des Wiedereinstiegs von Langzeitarbeitslosen in die Erwerbstätigkeit.[227] Auch wenn sich dies aus dem Wortlaut der Vorschrift nicht ausdrücklich ergibt, findet das MiLoG ebenfalls dann keine Anwendung, wenn mit dem Langzeitarbeitslosen ein Praktikumsverhältnis begründet wird.[228]

181 Aus der Gesetzesbegründung lassen sich keine Hinweise darauf entnehmen, wie die Formulierung der Ausnahmevorschrift *„gilt der Mindestlohn […] nicht"* zu verstehen ist. Unklar ist, ob das MiLoG insgesamt keine Anwendung findet, wie aufgrund der ausdrücklichen Formulierung für die sonstigen Ausnahmevorschriften des § 22 MiLoG klargestellt, oder allein der Mindestlohnanspruch aus § 1 Abs. 2 MiLoG nicht besteht aber die sonstigen Regelungen des MiLoG Anwendung finden. Die zulzetzt genannte Auslegung hätte zur Folge, dass die sonstigen Vorgaben des MiLoG, insbesondere die Fälligkeitsbestimmung nach § 2 Abs. 1 MiLoG, die Vorgaben zum Arbeitszeitkonto nach § 2 Abs. 2 MiLoG sowie zu Melde- und Dokumentationspflichten nach § 17 MiLoG auch bei Abschluss eines Arbeitsverhältnisses mit einem Langzeitarbeitslosen in den ersten sechs Monaten der Beschäftigung zu beachten wären. Wenngleich die Formulierung des Ausnahmetatbestands von den sonstigen Ausnahmetatbeständen des § 22 MiLoG abweicht, ist unter Berücksichtigung des Regelungszwecks der sonstigen Regelungen des MiLoG anzunehmen, dass das MiLoG insgesamt keine Anwendung für die Beschäftigung von Langzeitarbeitslosen für die ersten sechs Monate der Beschäftigung findet. Hierfür spricht, dass die den Mindestlohnanspruch flankierenden Regelungen keine allgemeinverbindlichen Vorgaben aufstellen, sondern vielmehr der tatsächlichen Durchsetzung des Mindestlohnanspruchs dienen soll. Diese flankierenden Regelungen unabhängig von dem Bestehen eines Mindestlohnanspruches gelten zu lassen, wäre sinnentleert. Daher ist die Ausnahmevorschrift des § 22 Abs. 4 S. 1 MiLoG so zu verstehen ist, dass das MiLoG jedenfalls für die ersten sechs Monate der Beschäftigung der Langzeitarbeitslosen insgesamt keine Anwendung findet.[229]

---

[224] Vgl. zu Volunteerprogrammen im Sport: *Jedlitschka* NZA-RR 2017, 513.
[225] *Greiner* NZA 2015, 285 (286).
[226] Zu den unerheblichen Unterbrechungen: § 18 SGB III.
[227] BT-Drs. 18/1558, 43.
[228] *Riechert/Nimmerjahn* MiLoG § 22 Rn. 123.
[229] BeckOK ArbR/*Greiner* MiLoG § 22 Rn. 60.

VI. Anwendungsbereich des MiLoG

182 Ein **Fragerecht** des Arbeitgebers in Bezug auf die Langzeitarbeitslosigkeit besteht und ist vor Vertragsschluss auszuüben.[230] Ein **Auskunftsverlangen** des Arbeitgebers gegenüber der Bundesagentur für Arbeit wird aus datenschutzrechtlichen Erwägungen nur dann zulässig sein, wenn der potentielle Arbeitnehmer hierfür seine Einwilligung erteilt.

> **Praxistipp:**
> Aus Beweiszwecken empfiehlt es sich, mit Einwilligung des Arbeitnehmers eine Bescheinigung der Agentur für Arbeit über die Langzeitarbeitslosigkeit einzuholen oder eine schriftliche Erklärung des Arbeitnehmers einzufordern und den Nachweis als Anlage zum Arbeitsvertrag zu nehmen.

183 Eine im Auftrag der Bundesregierung erfolgte Evaluierung der Ausnahmevorschrift für Langzeitarbeitslose hat ergeben, dass in der Praxis nur in wenigen Fällen von der Ausnahmevorschrift Gebrauch gemacht worden ist.[231] Die aus Teilen der Politik geforderte Abschaffung der Ausnahmeregelung ist daher aus Sicht der Bundesregierung aktuell nicht zwingend.[232]

7. Rechtsfolge der Ausnahmevorschriften

184 Wenn die Voraussetzungen einer Ausnahmevorschrift gem. § 22 Abs. 1–4 MiLoG vorliegen, ist das MiLoG insgesamt nicht anwendbar. Der Arbeitgeber bzw. Ausbildende ist nicht verpflichtet, den gesetzlichen Mindestlohn zu zahlen. Außerdem besteht nicht die Pflicht, die Vorgaben zur Fälligkeit (§ 2 Abs. 1 MiLoG) sowie zum Arbeitszeitkonto (§ 2 Abs. 2 MiLoG) zu beachten oder die Arbeitszeit nach § 17 MiLoG zu dokumentieren. Da das MiLoG keine Anwendung findet, ist die Zollbehörde nicht ermächtigt, etwaige Kontrollen unter Hinweis auf die Vorschriften des MiLoG durchzuführen. Allerdings ist zur Feststellung, ob eine Ausnahmevorschrift berechtigterweise in Anspruch genommen wird, eine Kontrolle seitens des Zoll rechtswirksam.

> **Praxistipp:**
> Für den Fall einer Kontrolle durch den Zoll sollte der Arbeitgeber Nachweise über die Voraussetzungen der Ausnahmevorschriften vorhalten, um dies im Zweifelsfall darlegen zu können.

185 Findet das MiLoG keine Anwendung, kann sich ein Vergütungsanspruch aus § 17 BBiG für andere Vertragsverhältnisse iSd § 26 BBiG ergeben. Darüber hinaus ist die Rechtsprechung des BAG zur Sittenwidrigkeitsgrenze bei Festlegung der Vergütung nach § 138 BGB zu beachten. Bei der Vertragsgestaltung ist ferner das NachwG zu beachten, woraus sich konkrete Vorgaben für den Arbeitsvertrag ergeben.

---

[230] ErfK/*Franzen* MiLoG § 22 Rn. 15.
[231] Vgl. http://www.bmas.de/SharedDocs/Downloads/DE/Thema-Arbeitsrecht/bericht-und-einschaetzung-der-bundesregierung-zur-regelung-fuer-langzeitarbeitslose.pdf;jsessionid=C7B6D B0213694571E7C613E09DE82CDF?__blob=publicationFile&v=1 [zuletzt aufgerufen am 27.8.2018].
[232] Pressemitteilung des BMAS vom 8.2.2017: http://www.bmas.de/DE/Presse/Meldungen/2017/mindestlohn-kabinett-beschliesst-bericht-zur-ausnahmeregelung-fuer-langzeitarbeitslose.html [zuletzt aufgerufen am 27.8.2018].

VII. Besonderheiten bei Branchenmindestlöhnen

186 Mit dem Tarifautonomiestärkungsgesetz ist ebenfalls das AEntG geändert worden. Der bisherige Geltungsbereich ist auf alle Branchen erweitert worden und sieht nunmehr zusätzlich zu dem bisherigen Branchenkatalog und der dazugehörigen Verordnungsermächtigung nach § 7 AEntG für alle übrigen Branchen ein separates Rechtsverordnungsverfahren vor, um tarifliche Mindestentgelte festzulegen. Nach § 7a AEntG können Tarifverträge erstreckt werden, wenn dies im öffentlichen Interesse geboten erscheint, um die gesetzgeberischen Ziele des § 1 AEntG und dabei insbesondere dem Verdrängungswettbewerb über die Lohnkosten entgegenzuwirken.[233]

1. Fälligkeit

187 Für die Branchenmindestlöhne sieht das AEntG keine gesonderte Fälligkeitsbestimmung – vergleichbar mit § 2 MiLoG – vor. Daher bestimmt sich die Fälligkeit regelmäßig nach den tariflichen Bestimmungen wie § 3 Ziff. 4 S. 1 TV Mindestlohn Gebäudereinigung, wonach der Mindestlohn spätestens zum 15. des Monats fällig wird, der dem Monat folgt, für den der Mindestlohn zu zahlen ist. Fehlt eine solche Regelung im Tarifvertrag, gilt § 614 BGB.

2. Erfüllungswirkung von Leistungen

188 Hinsichtlich der Erfüllungswirkung arbeitgeberseitiger Leistungen gegenüber einem „Mindestentgeltsatz" iSd § 2 Nr. 1 AEntG sind die Vorgaben des EuGH zur Auslegung der Richtlinie 96/71/EG des Europäischen Parlamentes und des Rates vom 16.12.1996 über die Entsendung von Arbeitnehmern im Rahmen der Erbringung von Dienstleistungen zu beachten. Nach den Vorgaben von EuGH und BAG hat eine Leistung Erfüllungswirkung, wenn sie **funktional gleichwertig** mit der geleisteten Arbeit ist und tatsächlich und unwiderruflich zum Fälligkeitszeitpunkt ausbezahlt wurde.[234] Die Maßgaben werden von den Vertretern der **Normalleistungstheorie** oder **Grundlohntheorie ebenfalls** auf den gesetzlichen Mindestlohn übertragen.[235]

189 Eine Anrechnung auf den tariflichen Mindestlohnanspruch kommt nach der Rechtsprechung in Betracht, wenn zwischen dem Zweck der tatsächlich erbrachten Leistung und dem Zweck des tariflichen Mindestlohns, den der Arbeitnehmer als unmittelbare Leistung für die zu verrichtende Tätigkeit begehrt, eine **funktionale Gleichwertigkeit** besteht.[236] Der erkennbare Zweck des tariflichen Mindestlohns, den der Arbeitnehmer als Gegenleistung für seine Arbeitsleistung begehrt, und der Zweck der jeweiligen Leistung des Arbeitgebers sind gegenüberzustellen. Besteht zwischen den beiden Zweckbestimmungen eine Gleichwertigkeit, kann die arbeitgeberseitige Leistung auf den tariflichen Mindestlohnanspruch angerechnet werden.[237] Funktional gleichwertig sind Leistungen nicht, wenn diese nicht als Teil der Arbeitsvergütung gewährt werden, sondern der Arbeitnehmer für besondere Leistungen, erschwerte Bedingungen ua entlohnt werden soll. Somit sind nur Leistungen erfüllungsrelevant für den Anspruch auf das tarifliche Mindestentgelt, wenn sie die Normalleistung vergüten.

---

[233] BT-Drs. 18/1558, 27.
[234] EuGH 14.4.2005 – C-341/02, NZA 2005, 573 (575); BAG 18.4.2012 – 4 AZR 139/10, NZA 2013, 392 (394f.).
[235] *Riechert/Nimmerjahn* MiLoG § 1 Rn. 109f. mwN.
[236] BAG 18.4.2012 – 4 AZR 139/10, NZA 2013, 392 (394f.).
[237] BAG 18.4.2012 – 4 AZR 139/10, NZA 2013, 392 (395).

VII. Besonderheiten bei Branchenmindestlöhnen

Danach ist eine vom Arbeitgeber geleistete **Treueprämie,** die vorbehaltslos neben der Grundvergütung für tatsächlich geleistete Arbeit vom Arbeitgeber gewährt wird, auf den tariflichen Mindestlohnanspruch nach der Rechtsprechung des BAG anrechenbar.[238] Ebenso hat das BAG entschieden, dass eine **Schichtzulage** auf den tariflichen Mindestlohnanspruch anrechenbar ist, wenn diese als im Synallagma stehende Geldleistungen die Zwecke der tariflichen Regelungen erfüllen und nicht eine besondere Arbeitsleistung honorieren.[239]

190

> **Checkliste: Leistungen ohne Erfüllungswirkung**
> - Zuschläge für Sonntag- und Feiertagsarbeit, Nachtzuschläge;
> - Überstundenzuschläge;
> - Erschwernis-, Schmutz- oder Gefahrenzulagen;
> - Akkord- oder Qualitätsprämien.

---

[238] BAG 22.3.2017 – 5 AZR 424/16, NZA 2017, 1073 Rn. 39; 22.3.2017 – 5 AZR 666/15, AP BGB § 611 Nr. 30 Rn. 13.
[239] BAG 22.3.2017 – 5 AZR 424/16, NZA 2017, 1073 Rn. 39.

D. Die Gestaltung der Grundvergütung

Übersicht

Rn.

I. Basisabsicherung durch Mindestfixvergütung	1
1. Gesetzliches Leitbild des Arbeitsverhältnisses	1
2. Basisabsicherung und Bestandsschutz	2
II. Individuelle Entgeltvereinbarungen oder Entgeltgruppensysteme	5
1. Freie Entgeltvereinbarungen	5
a) Grundsatz der Privatautonomie	5
b) Berufsbild und Marktwert als Bemessungsfaktoren	7
c) Bedeutung für die Entgeltentwicklung	9
2. Bedeutung von Entgeltgruppensystemen	12
a) Allgemeines	12
aa) Zuordnung zu Entgeltgruppen als Instrument der Entgeltbemessung	13
bb) Entgeltgruppensysteme als Instrument der Entgelttransparenz	14
b) Entgeltautomatik	16
aa) Begriff	16
bb) Bedeutung	17
cc) Darlegungs- und Beweislast	18
c) Korrigierende Rückgruppierung	19
aa) Begriff	19
bb) Bedeutung	20
cc) Darlegungs- und Beweislast	23
3. Gestaltung von Entgeltgruppensystemen	24
a) Bildung von Entgeltgruppen	24
b) Eingruppierungsmerkmale	26
c) Gewichtung unterschiedlicher Tätigkeiten	29
aa) Allgemeines	29
bb) Quantitative Betrachtung	30
cc) Qualitative Betrachtung	31
dd) Verklammerung durch Arbeitsergebnisse und Zusammenhangtätigkeiten	32
(1) Arbeitsvorgang	32
(2) Zusammenhangtätigkeiten	33
(3) Verklammerung durch Zusammenhangtätigkeiten	34
(4) Gestaltungsfragen	35
d) Bedeutung von Tätigkeitsbeispielen	37
aa) Begriff	37
bb) Gestaltungsmöglichkeiten	38
cc) Bedeutung	39
e) Referenzzeitraum für die Eingruppierung	46
aa) Bedeutung	46
bb) Fehlende Regelung und Auslegung	47
cc) Gestaltungsmöglichkeiten	48
f) Entgeltstufen innerhalb der Entgeltgruppe	53
aa) Begriff und Bedeutung	53
bb) Gestaltungsmöglichkeiten	54
(1) Berufserfahrung	54
(2) Eingangsstufe	58
(3) Regelungsbedarfe und -grenzen	59
g) Vorübergehende Tätigkeiten	62
aa) Bedeutung	62
bb) Gestaltungsmöglichkeiten	65
h) Entgelthöhe	69
i) Beispiel eines Entgeltgruppensystems	71
4. Anwendung des Entgeltgruppensystems	72
a) Ein- und Umgruppierung	72

	Rn.
b) Abgrenzung bei abweichender Leistungsgewährung	73
aa) Abweichung zu Gunsten des Arbeitnehmers	73
bb) Abweichung zu Lasten des Arbeitnehmers	78
III. Gleichbehandlungspflichten	82
1. Spezielle Diskriminierungsverbote	82
2. Allgemeiner Gleichbehandlungsgrundsatz	85
IV. Kollektivrechtliche Pflichten	93
1. Geltende Tarifverträge	93
2. Betriebsverfassungsrechtliche Entgeltgrundsätze	100
a) Mitbestimmung gem. § 87 Abs. 1 Nr. 10 BetrVG	100
b) Betriebsverfassungsrechtlich geltende (vormals)tarifliche Entgeltsysteme	102
c) Weitergehende Betriebsvereinbarungen	104

I. Basisabsicherung durch Mindestfixvergütung

1. Gesetzliches Leitbild des Arbeitsverhältnisses

1 Das gesetzliche Leitbild des § 611a BGB stellt das Arbeitsentgelt in ein **synallagmatisches Gegenseitigkeitsverhältnis** zur Arbeitsleistung. Das bedeutet, dass Arbeitsleistung und Arbeitsentgelt als Hauptleistungspflichten in enger Abhängigkeit zueinander zu betrachten sind. Der Arbeitgeber darf nach dem Grundsatz „ohne Arbeit kein Lohn" die Entgeltzahlung bei Nichtleistung des Arbeitnehmers einstellen, wenn der Arbeitnehmer nicht – etwa bei Arbeitsunfähigkeit mit Entgeltfortzahlung – von der Arbeitsleistung bei fortbestehendem Entgeltanspruch befreit ist. Andererseits muss der Arbeitgeber ein vereinbartes und erarbeitetes Entgelt gewähren, wenn der Arbeitnehmer seine Arbeitsleistung ordnungsgemäß erbracht hat. Dieses Wertungsmodell des Synallagma hat Auswirkungen auf die Entgeltgestaltung, die dem Arbeitnehmer bereits erdientes Arbeitsentgelt nicht entziehen darf.[1]

Beispiel:
Im Falle der Beendigung des Arbeitsverhältnisses ist das synallagmatische Entgelt bis zum letzten Arbeitstag – ggf. anteilig – abzurechnen. Es darf nicht wegen Nichtbestehens des Arbeitsverhältnisses über einen bestimmten Stichtag hinaus für Zeiten der erbrachten Arbeitsleistung entzogen werden.

2. Basisabsicherung und Bestandsschutz

2 Aus dieser grundsätzlichen Entgeltlichkeit der Arbeitsleistung folgt zugleich, dass die Arbeitsvertragsparteien die Bemessung des Arbeitsentgelts zwar frei vereinbaren können, eine Untergrenze zur Vermeidung des Vorwurfs der Sittenwidrigkeit (→ C Rn. 23) jedoch gewahrt werden muss.[2] Dieses **Wertungsmodell eines zu erzielenden Mindestentgelts** darf etwa durch eine Variabilisierung des Entgelts nicht infrage gestellt werden.

Beispiel:
So wäre etwa eine vollständige Abhängigkeit der Vergütung vom Erreichen eines unternehmerischen Ziels unzulässig.

---

[1] BAG 18.1.2012 – 10 AZR 612/10, NZA 2012, 561 (563).
[2] BAG 18.4.2012 – 5 AZR 630/10, NZA 2012, 978 (979).

Ein weiteres Wertungsmodell liegt im **Bestandsschutz der Arbeitsbedingungen** und 3
damit auch des Arbeitsentgelts, wie er im Rahmen des Schutzes vor Änderungskündigungen zum Ausdruck kommt. Wegen des Bestandsschutzes des Austauschverhältnisses zwischen Arbeitsleistung und Arbeitsentgelt ist für den Arbeitnehmer Planungssicherheit durch eine feststehende Hauptleistungspflicht des Arbeitgebers gewährleistet.[3] Ein einseitiger Eingriff in vereinbartes Arbeitsentgelt ist deshalb nur begrenzt zulässig.

Beispiel:
Aus diesem Grunde sind Widerrufsrechte bei Entgeltbestandteilen nur in einem Umfang von bis zu regelmäßig 25 % der Gesamtvergütung und einem sachlichen Grund für den Widerruf zulässig (→ E Rn. 110).

Eine feststehende – weder flexibilisierte, noch unter Änderungsvorbehalten stehende – 4
Grundvergütung ist deshalb gefestigter Bestandteil von Entgeltsystemen. Unabhängig von rechtlichen Vorgaben entspricht ein solcher feststehender Entgeltbestandteil in der Regel den Erwartungen des Arbeitnehmers und ist deshalb zur Vermeidung von Störungen im Recruitingprozess nicht hinweg zu denken.

II. Individuelle Entgeltvereinbarungen oder Entgeltgruppensysteme

1. Freie Entgeltvereinbarungen

a) Grundsatz der Privatautonomie

Außerhalb bestehender Entgeltsysteme auf kollektivrechtlicher Ebene durch Betriebsver- 5
einbarung oder Tarifvertrag sind in der Praxis individualrechtliche freie Entgeltvereinbarungen weit verbreitet. Die freie Entgeltvereinbarung über die Grundvergütung zeichnet sich dadurch aus, dass die Grundvergütung nicht anhand einer Gegenüberstellung der vom Arbeitnehmer geschuldeten Arbeitsleistung zu einem abstrakten Entgeltsystem bestimmbar ist, sondern der **Aushandlung durch die Arbeitsvertragsparteien** unterliegt.[4]

Die freie Entgeltvereinbarung ist Ausdruck der Vertragsfreiheit (Privatautonomie). Ar- 6
beitgeber und Arbeitnehmer sind bei Beachtung gesetzlicher Entgeltuntergrenzen (etwa auf Grundlage des Mindestlohngesetzes) (→ C Rn. 18 ff.), des Maßstabes der Sittenwidrigkeit[5] gem. § 138 Abs. 1 BGB (→ C Rn. 23 ff.) sowie der Gleichbehandlungspflichten[6] (→ Rn. 82 ff.) frei darin, die Höhe der Grundvergütung als Gegenleistung für die vereinbarte Arbeitsleistung auszuhandeln und zu vereinbaren.

b) Berufsbild und Marktwert als Bemessungsfaktoren

Die freie Entgeltvereinbarung kommt insbesondere anhand der jeweiligen **Marktgege-** 7
benheiten als Verhandlungspositionen von Arbeitgeber und Arbeitnehmer zustande. Neben der Werthaltigkeit der vom Arbeitnehmer zu erbringenden Arbeitsleistung spielt für die Bemessung der Grundvergütung aus Sicht des Arbeitgebers insbesondere eine Rolle, den Arbeitnehmer im Recruitingprozess unter Berücksichtigung seines Marktwertes für das Unternehmen gewinnen zu können. In Abhängigkeit von dem jeweiligen Berufsbild ist hierfür die Arbeitsmarktsituation ebenso wie die spezifische Qualifikation und Erfahrung von relevanter Bedeutung.

---

[3] BAG 27.7.2005 – 7 AZR 486/04, NZA 2006, 40 (47).
[4] Vgl. Küttner/*Griese* „Eingruppierung" Rn. 1; SWK-ArbR/*Gerhardt* „Eingruppierung/Umgruppierung" Rn. 2.
[5] BAG 16.2.2012 – 8 AZR 98/11, AP HGB § 87 Nr. 13; 16.2.2012 – 8 AZR 242/11, AP HGB § 87 Nr. 15.
[6] BAG 3.9.2014 – 5 AZR 109/13, AP BGB § 242 Gleichbehandlung Nr. 219.

8 Die Spanne der für eine bestimmte Arbeitsleistung zu gewährenden Vergütung richtet sich insbesondere danach, ob das Berufsbild auf dem zu besetzenden Arbeitsplatz durch einen Arbeitskräfteüberhang oder -mangel geprägt ist. Entsprechend geringer oder höher werden die entsprechenden Forderungen des Arbeitnehmers sein, denen sich der Arbeitgeber im Recruitingprozess zur Gewinnung des Arbeitnehmers nicht verschließen können wird.

Beispiel:

Ein führender Flugzeugteileanbieter gewährt Ingenieuren bestimmter Fachrichtungen höchst lukrative Entgeltbedingungen, um hochqualifizierte Ingenieure der Region für sich zu gewinnen. Arbeitgeber anderer Branchen derselben Region, die Ingenieure vergleichbarer Qualifikationen rekrutieren, werden sich als Marktgegebenheiten den Entgeltkonditionen des Flugzeugteileherstellers annähern müssen, um entsprechende Ingenieure gewinnen zu können.

c) Bedeutung für die Entgeltentwicklung

9 Die freie Entgeltvereinbarung ermöglicht es dem Arbeitgeber, flexibel auf derartige Marktgegebenheiten reagieren zu können, ohne durch Ober- oder Untergrenzen eines Entgeltsystems eine Einreihung in ein starres Entgeltgefüge vornehmen zu müssen, welches ggf. sich **wandelnden Marktgegebenheiten** keine Rechnung trägt. Gleichermaßen ist außerhalb feststehender Entgeltsysteme unter Berücksichtigung etwaiger Gleichbehandlungspflichten eine **Entgeltanpassung** nach dem Maßstab der freien Entgeltvereinbarung möglich.[7]

Beispiel:

Es stellt einen die Gleichbehandlungspflichten aus dem arbeitsrechtlichen Gleichbehandlungsgrundsatz regelmäßig ausschließenden sachlichen Grund für eine Ungleichbehandlung dar, wenn der Arbeitgeber das Entgeltgefüge zugunsten von Arbeitnehmern mit besonders großem Fluktuationsrisiko anpasst.

Sachlicher Grund für eine solche Ungleichbehandlung ist die Vermeidung eines Verlustes von Arbeitnehmergruppen, die aufgrund anderer Marktgegebenheiten ggf. veranlasst wären, den Arbeitgeber zu wechseln.

Die freie Entgeltvereinbarung ermöglicht damit im Zusammenhang mit Entgeltanpassungen eine Flexibilität für die Gestaltung der Grundvergütung nicht nur bei deren erstmaliger Bemessung, sondern darüber hinaus im Rahmen der fortlaufenden Entwicklung während eines bestehenden Arbeitsverhältnisses.

10 Um den marktbedingten Anreizen für eine Fluktuation entgegenzuwirken, wird der Arbeitgeber bei freien Entgeltvereinbarungen deshalb in der Regel die jeweiligen Marktbedingungen im Rahmen der **Entwicklung des Entgelts** bei den Grundvergütungen nachzeichnen müssen. Dies ist allerdings regelmäßig eine freie Entscheidung des Arbeitgebers, da er rechtlich nicht gehalten ist, einer Fluktuation aufgrund veränderter Marktbedingungen entgegenzuwirken. Es ist deshalb möglich, bei Neueinstellungen veränderten Marktbedingungen Rechnung zu tragen, Entgeltanpassungen im Unternehmen unterdessen ungeachtet solcher Marktentwicklungen linear[8] über sämtliche Arbeitnehmergruppen hinweg vorzunehmen.

11 Die Bewertung des Arbeitgebers, ob veränderte Marktgegebenheiten tatsächlich ein durch Entgeltanpassungen laufender Arbeitsverhältnisse auszugleichendes Risiko einer

---

[7] BAG 3.9.2014 – 5 AZR 109/13, AP BGB § 242 Gleichbehandlung Nr. 219; 21.9.2011 – 5 AZR 520/10, NZA 2012, 31 (33); BAG 17.3.2010 – 5 AZR 168/09, NZA 2010, 696 Rn. 14 mwN.

[8] BAG 3.9.2014 – 5 AZR 109/13, AP BGB § 242 Gleichbehandlung Nr. 219; 21.9.2011 – 5 AZR 520/10, NZA 2012, 31 (33).

Fluktuation aus bestehenden Arbeitsverhältnissen heraus auslösen, stellt den sachlichen Grund für eine **unterschiedliche Bemessung des Entgeltgefüges bei Neueinstellungen** gegenüber der Entgeltentwicklung in bestehenden Arbeitsverhältnissen dar. Anders als bei einem feststehenden Entgeltsystem kann auf diesem Wege bei bestehenden freien Entgeltvereinbarungen und -entwicklungen eine Vielzahl unterschiedlicher Entgeltregelungen in einzelnen Arbeitsverhältnissen entstehen oder sich entwickeln.[9]

2. Bedeutung von Entgeltgruppensystemen

a) Allgemeines

Während freie Entgeltvereinbarungen eine weitgehende Ausübung der Vertragsfreiheit von Arbeitgeber und Arbeitnehmer bei dem Prozess der Entgeltfindung und -festsetzung für die Grundvergütung offen lassen, bilden Entgeltgruppensysteme einen **feststehenden Rahmen**.[10] 12

aa) Zuordnung zu Entgeltgruppen als Instrument der Entgeltbemessung

Ein Entgeltgruppensystem zeichnet sich dadurch aus, dass – mindestens zwei – Entgeltgruppen die Zuordnung des Arbeitnehmers zu einer bestimmten Entgeltgruppe ermöglichen und erfordern. Die Entgeltgruppen ihrerseits sind wiederum einem Verfahren der Entgeltzuordnung – in der Regel anhand von Entgelttabellen – zugänglich, welches im Ergebnis die Herleitung einer konkreten Grundvergütung anhand der entgeltgruppenrelevanten Zuordnungskriterien ermöglicht. Von den **entgeltgruppenrelevanten Zuordnungskriterien** hängt es damit ab, unter welchen Gesichtspunkten die Zuordnung des Arbeitnehmers zu einer Entgeltgruppe erfolgt. In der Regel sind dies die Tätigkeit, Berufserfahrung, Qualifikation oder im Zusammenhang mit einem Arbeitsplatz festzustellende Beanspruchungsfaktoren bei der Erbringung der Arbeitsleistung. 13

bb) Entgeltgruppensysteme als Instrument der Entgelttransparenz

Entgeltgruppensysteme bieten deshalb in der Regel wenig Spielraum für individuelle Besonderheiten im Zusammenhang mit der Bemessung der Grundvergütung – diesem Gesichtspunkt kann beispielsweise durch flankierende Zulagen Rechnung getragen werden. Sie ermöglichen durch ihre feststehenden Bemessungskriterien indessen eine **transparente und gleichmäßige Bewertung** von Arbeitsplätzen (vgl. auch § 4 Abs. 4 EntgTranspG; → O Rn. 32). 14

Beispiel:
Entgeltgruppensysteme können Arbeitsaufgaben bewerten anhand von Kategorien wie
– Anforderungen an die Qualifikation zur Ausübung einer Tätigkeit;
– Anforderungen an die Ausfüllung eigenverantwortlicher Denk- oder Aufmerksamkeitsprozesse oder körperlicher Anforderungen;
– Anforderungen zur Ausfüllung bestimmter Spielräume und damit einhergehender Wahrnehmung von Verantwortungen;
– Anforderungen an kommunikative Vorgänge im Zusammenhang mit der Erbringung der Tätigkeit;
– fachliche/disziplinarische Führungsfunktionen.

---

[9] BAG 3.9.2014 – 5 AZR 109/13, AP BGB § 242 Gleichbehandlung Nr. 219; 21.9.2011 – 5 AZR 520/10, NZA 2012, 31 (33); 17.3.2010 – 5 AZR 168/09, NZA 2010, 696 Rn. 14 mwN.
[10] Vgl. Küttner/*Griese* „Eingruppierung" Rn. 1; SWK-ArbR/*Gerhardt* „Eingruppierung/Umgruppierung" Rn. 2.

15 Ermessensspielräume des Arbeitgebers bei der Entgeltfindung werden auf diesem Wege weitgehend reduziert.[11] Anhand der entgeltrelevanten Zuordnungskriterien der Entgeltgruppen kann der Arbeitnehmer vielmehr von vornherein erkennen, welcher Entgeltgruppe mit welchen entgeltrelevanten Bemessungsfaktoren der von ihm eingenommene Arbeitsplatz zugeordnet wird. Innerhalb der Belegschaft besteht damit gleichermaßen **Transparenz hinsichtlich der Vergütung anderer Arbeitnehmer** im Rahmen der in einem Entgeltgruppensystem vorgesehenen Entgeltkomponenten. Diese Transparenz und Messbarkeit bei der Bemessung der Grundvergütung kann zu einem Betriebsklima der Offenheit und Fairness beitragen.

> **Praxistipp:**
>
> Nachteilig wirkt demgegenüber die starre Begrenzung der Entgeltbemessung anhand eines solchen Entgeltgruppensystems. Individuelle Gegebenheiten einzelner Arbeitnehmer – etwa eine abweichende Bemessung der Grundvergütung bei Leistungsträgern oder arbeitsmarktbezogene Gegebenheiten im Recruitingprozess – finden sich in derartigen Entgeltgruppensystemen häufig nicht wieder. Will der Arbeitgeber solchen Gegebenheiten Rechnung tragen können, ist neben einem Entgeltgruppensystem – etwa in Gestalt von Zulagen – einzelfallabhängigen Situationen Rechnung zu tragen.

b) Entgeltautomatik

aa) Begriff

16 Ein abschließendes Entgeltgruppensystem, bei dem hinsichtlich der Bemessung der Grundvergütung also **keinerlei auszufüllende Spielräume** bestehen bleiben, führt regelmäßig zu einer Entgeltautomatik. Diese bedeutet, dass die Grundvergütung des Arbeitnehmers allein von der Erfüllung der entgeltgruppenrelevanten Merkmale abhängt und keiner weiteren Regelung bedarf. Besonders häufiger Anwendungsfall ist die Tarifautomatik im Falle der Anwendung eines geltenden tariflichen Eingruppierungssystems.

bb) Bedeutung

17 Die Tarifautomatik bedeutet in diesen Fällen die rein deklaratorische Eingruppierung in das tarifliche Regelungssystem.[12] Der Arbeitnehmer ist der Entgeltgruppe bei Erfüllung der entsprechenden Voraussetzungen zugeordnet, es bedarf also nicht etwa eines diesbezüglichen mitwirkenden Aktes des Arbeitgebers oder einer Vereinbarung mit dem Arbeitnehmer.[13] Die Eingruppierung, dh die Zuordnung des Arbeitnehmers zu einer Entgeltgruppe, hat allein deklaratorischen Charakter, indem es sich um einen **Akt der Rechtsanwendung des Entgeltgruppensystems** unter Mitteilung dieser Rechtsansicht handelt.[14] Daraus folgt, dass die Grundvergütung des Arbeitnehmers nicht hinter den sich aus dem Entgeltgruppensystem ergebenden Leistungen zurück bleiben darf, aber der Arbeitnehmer ebenfalls keine darüber hinaus gehenden Leistungen beanspruchen kann.

Beispiel:
Ein auf das Arbeitsverhältnis anwendbares Entgeltgruppensystem sieht die Zuordnung eines Arbeitsplatzes in der Buchhaltung zu einer bestimmten Entgeltgruppe vor. Dem Arbeit-

---

[11] Vgl. Küttner/*Griese* „Eingruppierung" Rn. 1; SWK-ArbR/*Gerhardt* „Eingruppierung/Umgruppierung" Rn. 2.
[12] BAG 4.5.2011 – 7 ABR 10/10, NZA 2011, 1239 (1241); 23.8.1995 – 4 AZR 352/94, BeckRS 1995, 30370943; Schaub/*Koch* ArbR A–Z „Eingruppierung"; Küttner/*Griese* „Eingruppierung" Rn. 4.
[13] BAG 23.8.1995 – 4 AZR 352/94, BeckRS 1995, 30370943.
[14] BAG 4.5.2011 – 7 ABR 10/10, NZA 2011, 1239 (1241); 23.8.1995 – 4 AZR 352/94, BeckRS 1995, 30370943; Schaub/*Koch* ArbR A–Z „Eingruppierung"; Küttner/*Griese* „Eingruppierung" Rn. 4.

nehmer wird zu Beginn seines Arbeitsverhältnisses oder in dessen Laufe im Rahmen einer Beförderung der Arbeitsplatz als Buchhalter zeitlich unbegrenzt zugewiesen. Er hat Anspruch auf die sich aus der zugeordneten Entgeltgruppe ergebende Vergütung, ohne dass es einer zusätzlichen Vereinbarung oder eines Rückgriffs auf die übliche Vergütung (§ 612 Abs. 2 BGB) bedarf.

cc) Darlegungs- und Beweislast

Die Darlegungs- und Beweislast für die Erzielung einer Grundvergütung aus einer höheren Entgeltgruppe liegt beim **Arbeitnehmer.**[15] In einem Streitfalle hat der Arbeitnehmer darzulegen und ggf. zu beweisen, dass die Grundvergütung aus einer höheren Entgeltgruppe beansprucht werden kann.[16] Dies umfasst eine Darlegung des Arbeitnehmers, kraft derer sämtliche relevanten Merkmale der höheren Entgeltgruppe umfasst sind.[17] In der Regel bedarf dies bei einem aufeinander aufbauenden System der Entgeltgruppen einer Darlegung der Zuordnung der grundsätzlichen Entgeltgruppe und sodann darüber hinaus einer Erfüllung der weiteren Voraussetzungen der darüber hinaus gehenden Entgeltgruppe.[18]

18

c) Korrigierende Rückgruppierung

aa) Begriff

Folge der Entgeltautomatik ist die sog. korrigierende Rückgruppierung im **Falle irrtümlich zu hoher Eingruppierung.**[19] Nach den Grundsätzen der Entgeltautomatik ist es bei tariflichen Entgeltgruppensystemen, die eine Tarifautomatik auslösen, anerkannt, dass bei einer fehlerhaften Eingruppierung ohne Notwendigkeit einer Anpassung des Arbeitsvertrages eine Korrektur der Eingruppierungsentscheidung im Wege der sog. korrigierenden Rückgruppierung möglich ist.[20] Da die Entgeltautomatik bewirkt, dass die Mitteilung einer bestimmten Eingruppierung oder die Vergütung nach dieser allein eine deklaratorische Rechtsanwendung des Entgeltgruppensystems zum Ausdruck bringt, wird die Eingruppierung nicht zum Inhalt der arbeitsvertraglichen Beziehungen zwischen Arbeitgeber und Arbeitnehmer (→ Rn. 72).[21]

19

bb) Bedeutung

Maßgabe für die Bemessung der Grundvergütung ist allein das Entgeltgruppensystem, welches unabhängig von den arbeitsvertraglichen Bestimmungen zur Anwendung kommt. Im Falle eines kollektivrechtlich geltenden Entgeltgruppensystems, bei dem also keine arbeitsvertragliche Vereinbarung über das Entgeltgruppensystem bzw. die sich aus ihm ergebende Vergütung besteht, besteht keine arbeitsvertraglich bindende Regelung über die Höhe der Grundvergütung.[22]

20

---

[15] BAG 9.12.2015 – 4 AZR 11/13, BeckRS 2016, 69580; 19.5.2010 – 4 AZR 912/08, AP BAT 1975 §§ 22, 23 Nr. 314; 28.2.1979 – 4 AZR 427/77, AP BAT 1975 §§ 22, 23 Nr. 16; Küttner/*Griese* „Eingruppierung" Rn. 28; SWK-ArbR/*Gerhardt* „Eingruppierung/Umgruppierung" Rn. 37.
[16] BAG 9.12.2015 – 4 AZR 11/13, BeckRS 2016, 69580; 19.5.2010 — 4 AZR 912/08, AP BAT 1975 §§ 22, 23 Nr. 314; 28.2.1979 – 4 AZR 427/77, AP BAT 1975 §§ 22, 23 Nr. 16.
[17] BAG 9.12.2015 – 4 AZR 11/13, BeckRS 2016, 69580; 19.5.2010 – 4 AZR 912/08, AP BAT 1975 §§ 22, 23 Nr. 314; 28.2.1979 – 4 AZR 427/77, AP BAT 1975 §§ 22, 23 Nr. 16.
[18] BAG 9.12.2015 – 4 AZR 11/13, BeckRS 2016, 69580; 19.5.2010 – 4 AZR 912/08, AP BAT 1975 §§ 22, 23 Nr. 314.
[19] BAG 5.11.2003 – 4 AZR 689/02, AP BAT §§ 22, 23 Rückgruppierung Nr. 2; 23.4.1986 – 4 AZR 90/85, AP BAT 1975 §§ 22, 23 Nr. 118; Schaub/*Koch* ArbR A–Z „Eingruppierung"; SWK-ArbR/*Gerhardt* „Eingruppierung/Umgruppierung" Rn. 18 mwN.
[20] BAG 5.11.2003 – 4 AZR 689/02, AP BAT §§ 22, 23 Rückgruppierung Nr. 2.
[21] BAG 5.6.2014 – 6 AZR 1008/12, BeckRS 2014, 71101.
[22] BAG 5.6.2014 – 6 AZR 1008/12, BeckRS 2014, 71101; Küttner/*Griese* „Eingruppierung" Rn. 24.

Beispiel:

Ein auf das Arbeitsverhältnis anwendbares Entgeltgruppensystem sieht die Zuordnung eines Arbeitsplatzes in der Buchhaltung zu einer bestimmten Entgeltgruppe vor. Der Arbeitnehmer wird zu Beginn seines Arbeitsverhältnisses oder in dessen Laufe als Buchhalter eingruppiert. Ihm ist aber dauerhaft ein anderer Arbeitsplatz zugewiesen, der als reine Anlerntätigkeit einer niedrigeren Entgeltgruppe zuzuordnen wäre.

21 Die korrigierende Rückgruppierung bedarf deshalb weder einer Änderungsvereinbarung noch -kündigung. Im Falle einer irrtümlichen zu hohen Eingruppierung des Arbeitnehmers kann sich der Arbeitgeber vielmehr durch **einseitige Erklärung von der fehlerhaften Tarifanwendung lossagen.**[23]

22 Diese Lossagung bedeutet eine einseitige Einstellung der Leistungen aus der höheren Entgeltgruppe.[24] Mangels Erfüllung der entgeltgruppenrelevanten Kriterien erfolgen irrtümliche Leistungen aus der höheren Entgeltgruppe ohne Rechtsgrund.[25] Die korrigierende Rückgruppierung führt lediglich eine ungerechtfertigte Bereicherung nach § 812 BGB zurück.[26] Dementsprechend kann nach den Grundsätzen der ungerechtfertigten Bereicherung eine Rückabwicklung überzahlten Entgelts in Betracht kommen.[27] Praktisch wird ein solcher Anspruch regelmäßig durch den Entreicherungseinwand des Arbeitnehmers (§ 818 Abs. 3 BGB) nicht werthaltig sein.

Der Arbeitgeber kann sich in vorstehendem Beispiel von der Eingruppierung als Buchhalter lossagen, den Arbeitnehmer zutreffend – niedriger – eingruppieren und das geringere Entgelt zahlen.

cc) Darlegungs- und Beweislast

23 Die Darlegungs- und Beweislast für die Voraussetzungen der korrigierenden Rückgruppierung liegt beim **Arbeitgeber.** Der Arbeitgeber hat die objektive Fehlerhaftigkeit der zugrunde gelegten Entgeltgruppe darzulegen und ggf. zu beweisen.[28] Der Arbeitgeber hat hierzu darzulegen und ggf. zu beweisen, dass der Arbeitnehmer die Grundvergütung nach der mitgeteilten Entgeltgruppe nicht beanspruchen kann, dass also die Voraussetzungen dieser Entgeltgruppe unter keinem Gesichtspunkt gegeben sind.[29] Hierfür genügt es beispielsweise nicht, wenn eine vom Arbeitgeber zugrunde gelegte Tätigkeit fehlerhaft bewertet wurde, sich die Richtigkeit der Zuordnung zu der Entgeltgruppe jedoch aus anderen Gesichtspunkten ergibt. Der Arbeitgeber muss vielmehr darlegen und ggf. beweisen, dass die weitere Gewährung der Grundvergütung nach der ursprünglich zugrunde gelegten Entgeltgruppe mit dem Entgeltgruppensystem unter allen denkbaren Anknüpfungspunkten nicht vereinbar ist.[30]

3. Gestaltung von Entgeltgruppensystemen

a) Bildung von Entgeltgruppen

24 Aus den Zuordnungen zu Entgeltgruppen sind regelmäßig konkrete Entgelte – aus der Benennung in der Entgeltgruppe selbst oder infolge Zuordnung der Entgeltgruppe zu einer Entgelttabelle – herzuleiten. Mit der Zuordnung eines Arbeitnehmers bzw. Ar-

---

[23] BAG 23. 4. 1986 – 4 AZR 90/85, AP BAT 1975 §§ 22, 23 Nr. 118.
[24] BAG 12. 3. 1986 – 4 AZR 547/84, AP TVG § 1 Tarifverträge: Seeschifffahrt Nr. 3.
[25] BAG 12. 3. 1986 – 4 AZR 547/84, AP TVG § 1 Tarifverträge: Seeschifffahrt Nr. 3.
[26] BAG 30. 5. 1990 – 4 AZR 74/90, NZA 1990, 899 (901).
[27] SWK-ArbR/*Gerhardt* „Eingruppierung/Umgruppierung" Rn. 18.
[28] BAG 5. 11. 2003 – 4 AZR 689/02, AP BAT §§ 22, 23 Rückgruppierung Nr. 2.
[29] BAG 5. 11. 2003 – 4 AZR 689/02, AP BAT §§ 22, 23 Rückgruppierung Nr. 2.
[30] BAG 5. 11. 2003 – 4 AZR 689/02, AP BAT §§ 22, 23 Rückgruppierung Nr. 2.

II. Individuelle Entgeltvereinbarungen oder Entgeltgruppensysteme

beitsplatzes zu einer Entgeltgruppe steht grundsätzlich die Bemessung der Grundvergütung für dieses Arbeitsverhältnis auf dem Arbeitsplatz fest. Mögliche **Spielräume des Arbeitgebers** innerhalb von Entgeltgruppen können im Falle von **Entgeltbändern**, dh Spannbreiten für die möglichen einer Entgeltgruppe durch den Arbeitgeber jeweils zuzuordnenden Entgelte, verbleiben, sofern solche Entgeltbänder Bestandteil des Entgeltgruppensystems sind.

> **Praxistipp:**
> Ist Ziel der Implementierung eines Entgeltgruppensystems die Herstellung einer Entgeltautomatik, dh das Fehlen individueller rechtsgeschäftlicher Abreden über die Grundvergütung, stellen verbleibende Spielräume für den Arbeitgeber bei der konkreten Entgeltbemessung eine solche Entgeltautomatik in Frage. Verbleiben Spielräume für den Arbeitgeber bei der Ausfüllung von Entgeltbändern, begründet dies zwar einen Rahmen für Flexibilität auf Arbeitgeberseite, andererseits aber auch Raum für die Annahme einer rechtsgeschäftlichen Anspruchsgrundlage.[31]

Ein Bedürfnis für Entgeltbänder, also Spielräume innerhalb einer Entgeltgruppe, richtet 25 sich insbesondere danach, ob die **Entgeltgruppen nach ihrer Anzahl bereits so facettenreich** jeweils unterschiedliche Arbeitsplätze unterschiedlichen Entgeltgruppen zuordnen, dass die Abstände der Entgeltgruppen zueinander bereits abschließend die Unterschiede bei der Entgeltfindung ausfüllen. Je höher die Anzahl an Entgeltgruppen ist, desto geringer werden letztlich die Abstände der absoluten Entgelthöhen zwischen den einzelnen Entgeltgruppen bemessen sein und desto präziser wird die Zuordnung zu einer Entgeltgruppe bereits die sich daraus ergebende Höhe der Grundvergütung widerspiegeln. Dies gilt umso mehr, wenn Entgeltgruppensysteme innerhalb der Zuordnung zu einer Entgeltgruppe in Abhängigkeit von Berufserfahrung in der Entgeltgruppe **Entgeltstufen** ausweisen und damit der persönlichen Entwicklung des Arbeitnehmers innerhalb der Entgeltgruppe ebenfalls bereits aus sich heraus Rechnung tragen.

> **Praxistipp:**
> Bei der Entwicklung eines Entgeltgruppensystems ist zunächst die Zielstellung zu klären. Es zu erarbeiten, ob Ziel eines Entgeltgruppensystems eine möglichst präzise Herleitung einer konkreten Grundvergütung ist oder gewisse Entgeltbänder verbleiben sollen, innerhalb derer der Arbeitgeber Spielräume bei der abschließenden Festsetzung der Grundvergütung behalten soll. Bleiben derartige Spielräume bestehen, wird demgegenüber eine durch das Entgeltgruppensystem ausgelöste Entgeltautomatik in den Hintergrund gedrängt.[32]

b) Eingruppierungsmerkmale

Die Eingruppierungsmerkmale der einzelnen Entgeltgruppen stellen die **tatbestandli-** 26 **chen Voraussetzungen für eine Zuordnung** zu der jeweiligen Entgeltgruppe dar. In der Regel werden nicht sämtliche Arbeitsplätze des Betriebes namentlich Entgeltgruppen zugeordnet. Zum einen wird eine abschließende Aufzählung sämtlicher Arbeitsplätze bei den jeweiligen Entgeltgruppen häufig aufgrund der Anzahl solcher unterschiedlicher Arbeitsplätze den Rahmen eines Entgeltgruppensystems sprengen, zum anderen wird dies künftigen Entwicklungen bei den Aufgaben und Funktionen auf einzelnen Arbeitsplätzen in der Praxis nicht gerecht werden können. Schließlich werden häufig aufgrund unterschiedlicher konkreter Funktionen auf einzelnen Arbeitsplätzen desselben Berufsbildes ggf.

---

[31] BAG 5.6.2014 – 6 AZR 1008/12, AP TV-L § 16 Nr. 7; Küttner/*Griese* „Eingruppierung" Rn. 23.
[32] BAG 5.6.2014 – 6 AZR 1008/12, AP TV-L § 16 Nr. 7; Küttner/*Griese* „Eingruppierung" Rn. 23.

sogar unterschiedliche Bewertungen einzelner gleich bezeichneter Arbeitsplätze in Betracht kommen, die eine Zusammenfassung solcher Arbeitsplätze ausschließen.

27 Entgeltgruppensysteme stellen deshalb in der Praxis regelmäßig auf **allgemeine – abstrakte – Eingruppierungsmerkmale** ab. Die Abstufung der einzelnen Entgeltgruppen erfolgt danach, wie sich abstrakt die Arbeitsplätze nach ihrer Bewertung voneinander abheben, um ein jeweils unterschiedliches Entgeltniveau der einzelnen Entgeltgruppen zu rechtfertigen.

Beispiel:

Ein Entgeltgruppensystem, das allein an die Qualifikation anknüpft, könnte beispielsweise hinsichtlich abstrakter Eingruppierungsmerkmale wie folgt gestaltet sein:

Entgeltgruppe 1:   Einfache Arbeiten nach Anweisung.
Entgeltgruppe 2:   Einfache Arbeiten, die eine kurze Einarbeitung von in der Regel nicht mehr als einem Monat erfordern.
Entgeltgruppe 3:   Arbeiten, die Kenntnisse und Fertigkeiten aufgrund einer Berufserfahrung mit solchen Arbeiten von mehr als einem Monat erfordern.
Entgeltgruppe 4:   Arbeiten, die eine abgeschlossene mindestens dreijährige Berufsausbildung erfordern.
Entgeltgruppe 5:   Arbeiten, die eine abgeschlossene mindestens dreijährige Berufsausbildung und darüber hinaus erweiterte Kenntnisse oder Fertigkeiten voraussetzen.
Entgeltgruppe 6:   Arbeiten, die die Voraussetzungen der Entgeltgruppe 5 erfüllen und darüber hinaus eine Spezialausbildung erfordern.
Entgeltgruppe 7:   Arbeiten, die ein abgeschlossenes Hochschulstudium erfordern.

28 In der Praxis werden Entgeltgruppensysteme deutlich detaillierter ausgestaltet, um beispielsweise eine **Abgrenzung gewerblicher und kaufmännischer Tätigkeiten** herbeizuführen oder **Teilbereiche bestimmter Aufgaben** und Funktionen von einer Ausfüllung des Arbeitsplatzes mit dem gesamten Spektrum abzugrenzen. Des Weiteren wird ein Entgeltgruppensystem häufig durch fachliche bzw. disziplinarische **Führungsverantwortung** weitergeführt, wenn auch diese Arbeitnehmergruppen von einer Entgeltautomatik umfasst sein sollen. In Abhängigkeit von den betrieblichen Gegebenheiten sind die unterschiedlichsten Anknüpfungspunkte denkbar. Maßgebend kann insoweit jeder für einen Arbeitsplatz wertbildende Faktor sein.

Praxistipp:

Nach dem sog. Genfer Schema (→ O Rn. 25) kann die Einwertung eines Arbeitsplatzes nach den Kategorien
– geistiger Anforderungen,
– körperlicher Anforderungen,
– der Verantwortung und
– den Arbeitsbedingungen
jeweils aus der Perspektive des Qualifikations- wie des Belastungsumstandes erfolgen.
Die Bewertung geistiger Anforderungen unter dem Gesichtspunkt der Qualifikation knüpft etwa an Fachkenntnisse, Berufserfahrung oder die Fähigkeit fachlichen Denkens und Beurteilens sowie unter dem Gesichtspunkt der Belastung an Denken, Aufmerksamkeit, Konzentration.
Die Bewertung körperlicher Anforderungen knüpft unter dem Gesichtspunkt der Qualifikation etwa an Geschicklichkeit und unter dem Gesichtspunkt der Belastung an dynamische oder statische, muskuläre oder nervliche Belastungen.

II. Individuelle Entgeltvereinbarungen oder Entgeltgruppensysteme   D

> Die Bewertung der Verantwortung ist regelmäßig an den Belastungsumstand der Ausübung von Verantwortung, die Bewertung der Arbeitsbedingungen an Belastungen wie Erschwernisse durch Hitze, Kälte, Nässe, Lärm etc. gekoppelt.

c) Gewichtung unterschiedlicher Tätigkeiten

aa) Allgemeines

Arbeitsplätze sind vielfach dadurch gekennzeichnet, dass die vom Arbeitnehmer auf einem Arbeitsplatz auszuübenden Tätigkeiten nicht notwendig allesamt den Eingruppierungsmerkmalen einer Entgeltgruppe zuzuordnen sind. Arbeitsplätze können zwar dadurch geprägt sein, dass auf ihnen eine einheitliche gleichbleibende Tätigkeit während der gesamten Dauer der Arbeitszeit eines Arbeitnehmers auszuüben ist. Mit der Zuordnung dieser Tätigkeit zu einem Eingruppierungsmerkmal steht die Zuordnung des Arbeitsplatzes zu einer Entgeltgruppe damit fest. Vielfach sind Arbeitsplätze indessen durch **verschiedene Aufgaben und Funktionen und damit unterschiedliche Tätigkeiten** gekennzeichnet. Unproblematisch ist dies wiederum, wenn sämtliche Aufgaben und Funktionen und damit auch unterschiedliche Tätigkeiten allesamt einer Entgeltgruppe zuzuordnen sind. Die Gesamtbewertung der unterschiedlichen Tätigkeiten kann in diesem Falle nicht zu unterschiedlichen Entgeltgruppenzuordnungen führen. Regelungsbedarf entsteht indessen, wenn eine solche einheitliche Bewertung aufgrund unterschiedlicher Tätigkeiten, die verschiedenen Entgeltgruppen zuzuordnen sind, nicht möglich ist.   29

Beispiel:

Es findet ein Entgeltgruppensystem Anwendung, nach welchem Tätigkeiten, die eine abgeschlossene kaufmännische Ausbildung voraussetzen, einer höheren Entgeltgruppe zuzuordnen sind, als Tätigkeiten, die als reine Anlerntätigkeit ausgeübt werden können.

Der Arbeitgeber beschäftigt drei Arbeitnehmer in der Buchhaltung, davon sind zwei Arbeitsplätze allein durch buchhalterische Aufgaben und Funktionen gekennzeichnet, während der dritte Arbeitsplatz nur zu 50 % mit solchen Aufgaben belegt ist und zu weiteren 50 % mit der Verteilung der Post. Für diesen Arbeitsplatz stellt sich im Zuge einer Eingruppierung die Frage, ob bei dem Entgeltgruppensystem für die Eingruppierung das Eingruppierungsmerkmal einer Tätigkeit, die eine abgeschlossene kaufmännische Ausbildung voraussetzt, erfüllt ist, wenn 50 % des Arbeitsplatzes mit der Postverteilung als Anlerntätigkeit belegt sind.

bb) Quantitative Betrachtung

Die Zuordnung zu einer höheren Entgeltgruppe wird in der Regel nur in Betracht kommen, wenn die auf einem Arbeitsplatz auszuübenden Tätigkeiten **zeitlich überwiegend die Eingruppierungsmerkmale dieser Entgeltgruppe** ausfüllen, dh mehr als 50 % der Tätigkeiten der höheren Entgeltgruppe zuzuordnen sind.[33] Dies ist indessen eine Frage der Gestaltung des konkreten Entgeltgruppensystems.   30

Beispiel:

§ 12 Abs. 2 TVöD für das Eingruppierungssystem des Bundes lautet:

„Die/der Beschäftigte ist in der Entgeltgruppe eingruppiert, deren Tätigkeitsmerkmale die gesamte von ihr/ihm nicht nur vorübergehend auszuübende Tätigkeit entspricht. Die gesamte auszuübende Tätigkeit entspricht den Tätigkeitsmerkmalen einer Entgeltgruppe, wenn zeitlich mindestens zur Hälfte Arbeitsvorgänge anfallen, die für sich genommen die

---

[33] BAG 25.9.1991 – 4 AZR 87/91, AP TVG § 1 Tarifverträge: Großhandel Nr. 7; Küttner/*Griese* „Eingruppierung" Rn. 7; MAH-ArbR/*Hesse/Tischer* § 21 Rn. 18.

Anforderungen eines Tätigkeitsmerkmals oder mehrerer derartiger Tätigkeitsmerkmale dieser Entgeltgruppe erfüllen..."

cc) Qualitative Betrachtung

31 Insbesondere bei Arbeitsplätzen, deren Tätigkeiten sich in ihrer Werthaltigkeit derart prägnant unterscheiden, dass eine deutlich höherwertige Tätigkeit zwar nicht quantitativ für das Gepräge des Arbeitsplatzes ausreicht, aber dennoch aufgrund des **Grades der Höherwertigkeit** für den Arbeitsplatz in rechtserheblichem Ausmaß von Bedeutung ist, stellt sich vielfach die Frage nach der Eingruppierungsrelevanz solcher Tätigkeiten.[34] Vielfach finden sich in Entgeltgruppensystemen hierzu besondere Regelungen, etwa über die grundsätzliche Aufrechterhaltung der Eingruppierung in der niedrigeren Entgeltgruppe, jedoch bei gleichzeitiger Gewährung einer Funktionszulage für die höherwertige Tätigkeit.[35]

> **Praxistipp:**
> Bei der Gestaltung eines Entgeltgruppensystems sollte eine diesbezügliche Regelung getroffen werden, etwa vergleichbar mit der des vorgenannten § 12 Abs. 2 TVöD. Damit ist klargestellt, dass sich die Eingruppierung der gesamten auszuübenden Tätigkeit anhand einer zeitlich überwiegenden Zuordnung von Arbeitsvorgängen bemisst und hierzu jeder einzelne Arbeitsvorgang den Eingruppierungsmerkmalen der Entgeltgruppe gegenüberzustellen ist.

dd) Verklammerung durch Arbeitsergebnisse und Zusammenhangtätigkeiten

32 **(1) Arbeitsvorgang.** Lehnt sich ein Entgeltgruppensystem an eine solche Systematik an, stellt sich indessen die Folgefrage der Definition und Abgrenzung eines **Arbeitsvorganges.** Hierzu kann auf die Rechtsprechung des BAG zum TVöD bzw. TV-L und den vorangegangenen Tarifwerken verwiesen werden[36] (→ H Rn. 16 ff.). Soll ein Entgeltgruppensystem nicht auf diese facettenreiche Bewertung eingruppierungsrelevanter Arbeitsvorgänge entsprechend den in der Rechtsprechung entwickelten Grundsätzen zum Tarifrecht des öffentlichen Dienstes abstellen, wird ggf. nicht der Begriff eines Arbeitsvorganges, wie er aus dem Tarifrecht des öffentlichen Rechts bekannt ist und eine Anlehnung in seiner Bedeutung aufgrund einheitlicher Terminologie nahelegt, verwendet werden.

33 **(2) Zusammenhangtätigkeiten.** Unabhängig von der Terminologie bedarf es bei unterschiedlichen Tätigkeiten einer Abgrenzung, ob mehrere Aufgaben und Funktionen auf einem Arbeitsplatz unterschiedlichen eingruppierungsrelevanten Tätigkeitsmerkmalen zugeordnet werden dürfen oder eine einheitliche Bewertung stattfinden muss. Dies gilt insbesondere für Zusammenhangtätigkeiten.[37] Sog. Zusammenhangtätigkeiten sind in der Regel der Haupttätigkeit zuzurechnen und nicht gesondert zu bewerten.[38]

---

[34] BAG 17.5.2017 – 4 AZR 798/14, AP TVöD § 56 Nr. 8; 21.3.2012 – 4 AZR 266/10, AP BAT 1975 §§ 22, 23 Nr. 317; 25.8.2010 – 4 AZR 5/09, AP BAT 1975 §§ 22, 23 Nr. 315.
[35] Vgl. etwa die Regelungsgefüge bei BAG 11.3.1995 – 4 AZN 1105/94, AP BAT 1975 §§ 22, 23 Nr. 193; 18.5.1994 – 4 AZR 461/93, AP BAT 1975 §§ 22, 23 Nr. 178.
[36] BAG 17.5.2017 – 4 AZR 798/14, AP TVöD § 56 Nr. 8; 9.12.2015 – 4 AZR 11/13, BeckRS 2016, 69580; 21.3.2012 – 4 AZR 266/10, AP BAT 1975 §§ 22, 23 Nr. 317; 25.8.2010 – 4 AZR 5/09, AP BAT §§ 22, 23 Nr. 315.
[37] BAG 11.3.1995 – 4 AZN 1105/94, AP BAT 1975 § 22, 23 Nr. 193; 18.5.1994 – 4 AZR 461/93, AP BAT 1975 §§ 22, 23 Nr. 178.
[38] BAG 17.5.2017 – 4 AZR 798/14, AP TVöD § 56 Nr. 8; 21.3.2012 – 4 AZR 266/10, AP BAT 1975 §§ 22, 23 Nr. 317; 25.8.2010 – 4 AZR 5/09, AP BAT 1975 §§ 22, 23 Nr. 315.

II. Individuelle Entgeltvereinbarungen oder Entgeltgruppensysteme   D

Beispiel:
Mündet eine qualifizierte Sachbearbeitertätigkeit in Schreibdienste zum Zwecke der Niederschrift des Ergebnisses der sachbearbeitenden Tätigkeit und nimmt die Zeitdauer der Schreibtätigkeiten im Verhältnis zu den gedanklichen Bewertungs- und Gestaltungsprozessen der qualifizierten Sachbearbeitung erhebliches Ausmaß ein, wird regelmäßig gleichwohl eine einheitliche Bewertung zu erfolgen haben. Allein der gedankliche Prozess der qualifizierten Sachbearbeitung kann nicht ohne Loslösung des äußeren Hervortretens seines Ergebnisses in Gestalt der erstmaligen Niederschrift bewertet werden. Regelmäßig ist insoweit ein untrennbarer Zusammenhang gegeben, der eine einheitliche zeitliche Bewertung des gesamten Vorganges für die Zuordnung zu einem Eingruppierungsmerkmal – im Beispiel der qualifizierten Sachbearbeitung – ermöglicht und erfordert.

(3) Verklammerung durch Zusammenhangtätigkeiten. Regelmäßig wird hierbei wiederum in Anlehnung an den Begriff des Arbeitsvorgangs im Tarifrecht des öffentlichen Dienstes[39] (hierzu → H Rn. 16 ff.) – das Arbeitsergebnis bestimmter Aufgaben und Funktionen als verklammernder Gesichtspunkt unterschiedlicher Arbeitsschritte nahe liegen und in der Regel sachgerecht sein. Die einheitliche Bewertung von Aufgaben und Funktionen, die in ein einheitliches Arbeitsergebnis auf dem Arbeitsplatz des Arbeitnehmers münden, und die Bemessung der so festgestellten Einheit an den Eingruppierungsmerkmalen berücksichtigen in der Regel das sprichwörtliche „Bleistiftspitzen des Architekten" angemessen. Die Frage des Wertes einzelner Arbeitsschritte kann in der Regel nicht ohne Einbeziehung des Arbeitsergebnisses dieses Arbeitnehmers beantwortet werden, wenn das Entgeltgruppensystem keine gegenteiligen Anhaltspunkte enthält. Dh für die Zuordnung zu einem Eingruppierungsmerkmal werden unterschiedliche einzelne Aufgaben und Funktionen (Arbeitsschritte) regelmäßig zusammenzufassen sein, sofern sie auf ein einheitliches Arbeitsergebnis abzielen.   34

Beispiel:
Eine qualifizierte Sachbearbeitertätigkeit ist in der Regel wertlos, wenn das Ergebnis des gedanklichen sachbearbeitenden Prozesses nicht in eine Darstellungsform oder sonstige Verfestigung zum Zwecke der weiteren Verarbeitung einfließt. Die erstmalige Dokumentation des gedanklichen sachbearbeitenden Prozesses wird deshalb in der Regel unlösbar mit diesem verbunden sein.

Etwas anderes gilt für eine etwaige sonstige Erstellung von Dokumenten, Präsentationen oder Unterlagen, die ein solcher Sachbearbeiter daneben auf seinem Arbeitsplatz wahrzunehmen hat und die nicht untrennbar mit der erstmaligen Dokumentation des sachbearbeitenden gedanklichen Prozesses verbunden sind. Hier ist eine gesonderte Bewertung möglich.

Die jeweiligen zusammengefassten Einheiten mehrerer Arbeitsschritte sind sodann auf ein ausreichendes Ausmaß für ein Eingruppierungsmerkmal der Gesamttätigkeit in einem weiteren Schritt zu bewerten.

(4) Gestaltungsfragen. Allerdings ist dies keine zwingende Maßgabe für die Gestaltung eines Entgeltgruppensystems. Ein Entgeltgruppensystem kann durchaus danach differenzieren, einzelne Aufgaben und Funktionen (Arbeitsschritte) unabhängig von einer solchen Zusammenhangtätigkeit gesondert zu bewerten. Dies kann unter dem Gesichtspunkt der Leistungsgerechtigkeit insbesondere von Bedeutung sein, wenn höherwertige Arbeitsschritte bezogen auf die sonstigen Funktionen damit unmittelbar zusammenhängender Tätigkeiten quantitativ einen derart unterschiedlichen Einfluss nehmen, dass eine einheit-   35

---

[39] BAG 17.5.2017 – 4 AZR 798/14, AP TVöD § 56 Nr. 8; 21.3.2012 – 4 AZR 266/10, AP BAT 1975 §§ 22, 23 Nr. 317; 25.8.2010 – 4 AZR 5/09, AP BAT 1975 §§ 22, 23 Nr. 315.

liche Zuordnung zu einer Entgeltgruppe das unterschiedliche Leistungsgefüge unangemessen vereinheitlichen würde.

Praxistipp:
Eine facettenreiche und bezogen auf unterschiedliche Arbeitsplätze stark differenzierende Bewertung ermöglichen etwa die tariflichen Systeme über Entgeltrahmen in der Metall- und Elektroindustrie:[40]

„§ 5 Einstufung der Arbeitsaufgabe
5.1 Gegenstand der Bewertung
5.1.1 Gegenstand der Bewertung und Einstufung sind die Anforderungen der entsprechend der betrieblichen Arbeitsorganisation übertragenen Arbeitsaufgabe.
5.1.2 Bei der Bewertung der Arbeitsaufgabe sind alle Teilaufgaben zu berücksichtigen, soweit sie die Arbeitsaufgabe in ihrer Wertigkeit prägen.
5.2 Bewertung und Einstufung der Arbeitsaufgabe
5.2.1 Die Bewertung und Einstufung der Arbeitsaufgabe erfolgt unter Anwendung des im Folgenden dargestellten Stufenwertzahlverfahrens als Methode der Arbeitsbewertung gem. § 6 …

§ 6 System der Bewertung und Einstufung
6.1 Stufenwertzahlverfahren
6.1.1 Grundlage der Bestimmung des Wertes einer Arbeitsaufgabe sind folgende Bewertungsmerkmale für Arbeitsanforderungen (Def. siehe Anlage 1):
 1. Wissen und Können
  1.1 Anlernen
  1.2 Ausbildung und Erfahrung
 2. Denken
 3. Handlungsspielraum/Verantwortung
 4. Kommunikation
 5. Mitarbeiterführung
6.1.2 Die Anforderungsniveaus der Bewertungsmerkmale werden durch Stufen differenziert (Anlage 1).
6.1.3 Die Gewichtung der Bewertungsmerkmale und Stufen ergibt sich aus den zugeordneten Punkten (in Anlage 1).
6.1.4 Die Gesamtpunktzahl einer Arbeitsaufgabe ergibt sich aus der Addition der Punkte aus den einzelnen Bewertungsmerkmalen.
6.1.5 Die Gesamtpunktzahl wird wie folgt 17 Entgeltgruppen zugeordnet:

Entgeltgruppe	Gesamtpunktzahl
1	6
2	7–8
3	9–11
4	12–14
5	15–18
6	19–22

---

[40] Beispielhaft anhand des Entgeltrahmen-Tarifvertrages (ERA-TV) vom 16.9.2003 zwischen dem Verband der Metall- und Elektroindustrie Baden-Württemberg e.V. und der IG-Metall Bezirk Baden-Württemberg.

7	23–26
8	27–30
9	31–34
10	35–38
11	39–42
12	43–46
13	47–50
14	51–54
15	55–58
16	59–63
17	64–96

6.2 *Die tariflichen Niveaubeispiele (Anhang) sind unter Anwendung des Stufenwertzahlverfahrens (§ 6.4.1) gem. Anlage 1 verbindlich bewertet und eingestuft.*
6.3 *Belastungen werden außerhalb des Stufenwertzahlverfahrens durch eine Zulage gesondert berücksichtigt (siehe Anlage 2).„*

Die Anlagen geben sodann bestimmte Punktzahlen vor:
- etwa hinsichtlich des Gesichtspunktes „Wissen und Können" über Anlernen, über Ausbildung und Erfahrung, über Ausbildung oder nur Erfahrung etc.,
- über Denken,
- über Handlungsspielraum/Verantwortung, etwa Erbringung der Tätigkeit nach Anweisungen, nach Anweisungen mit geringem Handlungsspielraum, nach Anweisungen mit Handlungsspielraum bei Teilaufgaben, nach Anweisung mit Handlungsspielraum innerhalb der Arbeitsaufgabe, nach allgemeinen Anweisungen mit erweitertem Handlungsspielraum etc.,
- über Kommunikation etwa im Hinblick auf unterschiedlich komplexe Prozesse der Informationseinholung oder -weitergabe nebst Verhandlungsspielräumen etc.

Bei bestehenden Entgeltgruppensystemen ist es eine Frage der Auslegung, wie unterschiedliche Aufgaben und Funktionen ggf. zusammenfassend einheitlich bewertet und einem Eingruppierungsmerkmal zugeführt werden. Bei der Gestaltung eines Entgeltgruppensystems stellt es eine Vorüberlegung dar, ob über eine allgemeine Klarstellung der Zuordnung zu Eingruppierungsmerkmalen nach Maßgabe zeitlich überwiegender Tätigkeiten hinaus eine **Regelung über die zusammenfassende oder differenzierende Bewertung einzelner Arbeitsschritte** einer Tätigkeit erfolgen soll. Eine differenzierende Gestaltung bewirkt einen höheren Aufwand bei der Gestaltung eines Entgeltgruppensystems, ist jedoch geeignet, spätere rechtliche Auseinandersetzungen über dessen Auslegung zu vermeiden. 36

Praxistipp:
In der Regel ist es zu empfehlen, zur Vermeidung späterer rechtlicher Auseinandersetzungen über die Auslegung eines Entgeltgruppensystems bereits bei dessen Gestaltung eine Klarstellung über die Definition der Tätigkeiten unter einheitlicher oder gesonderter Behandlung von Teiltätigkeiten herbeizuführen.

Da Arbeitsaufgaben im Zusammenhang mit der Entwicklung der betrieblichen Organisation der Arbeitsmethoden sowie der technischen Rahmenbedingungen regelmäßig einem Wandel im Laufe der Zeit unterliegen, sollte bei einer solchen Definition noch stärker als bei den abstrakten Eingruppierungsmerkmalen sich künftig ggf. ändernden Rahmenbedingungen Rechnung getragen werden. Insbesondere bei der Maßgabe einzelner Teiltätigkeiten für die Zuordnung zu den Eingruppierungsmerkmalen sollten diese in der Regel nicht konkret bezeichnet, sondern lediglich eine Definition für ihre Bestimmung geregelt werden.

Dies kann etwa dergestalt erfolgen, dass das Entgeltgruppensystem hierzu vorsieht, dass für die Zuordnung zu einer Entgeltgruppe das zeitliche Überwiegen einzelner Tätigkeiten auf dem Arbeitsplatz maßgebend ist und die hierfür heranzuziehenden einzelnen Tätigkeiten sich nach den zusammenzufassenden Arbeitsschritten als Teiltätigkeiten zur Herbeiführung eines oder mehrerer bestimmter Arbeitsergebnisse bestimmen.

d) Bedeutung von Tätigkeitsbeispielen

aa) Begriff

37 Abstrakte Eingruppierungsmerkmale sind vielfach auslegungsbedürftig und interpretationsfähig. Verbreitet und sinnvoll bei der Gestaltung eines Entgeltgruppensystems ist eine Konkretisierung der abstrakten Eingruppierungsmerkmale. Diese Konkretisierung erfolgt häufig anhand von sog. Tätigkeitsbeispielen. Dabei handelt es sich um eine beispielhafte Benennung der Tätigkeiten, die die in der jeweiligen Entgeltgruppe benannten allgemeinen Eingruppierungsmerkmale ausfüllen.[41] Die **Tätigkeitsbeispiele veranschaulichen, welches Maß und welche Richtung** den benannten Merkmalen der abstrakten Eingruppierungsmerkmale zukommen sollen.[42]

Beispiel:

Stellt die Entgeltgruppe auf das Erfordernis einer abgeschlossenen Berufsausbildung ab, könnten Tätigkeitsbeispiele aus dem kaufmännischen Bereich etwa Buchhaltung Debitoren, Buchhaltung Kreditoren lauten.

Erfordert die danach folgende höhere Entgeltgruppe als abstraktes Eingruppierungsmerkmal über eine solche abgeschlossene Berufsausbildung hinaus Spezialwissen, könnte aus dem buchhalterischen Bereich ein Tätigkeitsbeispiel etwa die Sachbearbeitung Bilanzbuchhaltung sein.

bb) Gestaltungsmöglichkeiten

38 Bei solchen Tätigkeitsbeispielen kann es sich um **bestimmte Arbeitsplätze** wie im vorangegangenen Beispiel handeln, aber auch um eine Benennung einzelner **Aufgaben und Funktionen.**

Beispiel:

Bei einer Entgeltgruppe, die als abstraktes Eingruppierungsmerkmal einfache Tätigkeiten nach Anweisung benennt, könnten als Tätigkeitsbeispiele Postverteilung, Kopiertätigkeiten, Botengänge, Reinigungstätigkeiten benannt sein (einzelne Aufgaben und Funktionen). Es könnte aber – alternativ oder kumulativ – ebenso der Arbeitsplatz „Mitarbeiter Poststelle" oder „Reinigungskraft" benannt sein (Arbeitsplatz).

---

[41] BAG 28.1.2009 – 4 ABR 92/07, 1042 (1047); MAH ArbR/*Hesse/Tischer* § 21 Rn. 15.
[42] BAG 28.1.2009 – 4 ABR 92/07, 1042 (1047); MAH ArbR/*Hesse/Tischer* § 21 Rn. 15.

cc) Bedeutung

Sind lediglich **einzelne Tätigkeiten** benannt, ergibt sich aus dem Tätigkeitsbeispiel für sich nur dann bereits abschließend die Zuordnung zu einer bestimmten Entgeltgruppe, wenn der Arbeitsplatz ausschließlich durch Tätigkeitsbeispiele einer bestimmten Entgeltgruppe ausgefüllt ist; anderenfalls stellt sich das Erfordernis einer gesondert vorzunehmenden Gesamtbewertung. Sind dagegen bestimmte **Arbeitsplätze als Tätigkeitsbeispiele** benannt, ist mit Erfüllung des Tätigkeitsbeispiels regelmäßig das Eingruppierungsmerkmal entsprechend der jeweiligen Entgeltgruppe erfüllt.[43]

Insbesondere bei Benennung eines bestimmten Arbeitsplatzes als Tätigkeitsbeispiel ist allerdings für die endgültige Zuordnung eines Arbeitsplatzes zu einer Entgeltgruppe nach Maßgabe eines solchen Tätigkeitsbeispiels zu klären, ob die **Bezeichnung des Arbeitsplatzes verbindlich** wirkt.[44]

Beispiel:

§ 7 Manteltarifvertrag für das Private Bankgewerbe (Stand Juli 2014) regelt

„1. Die Arbeitnehmer werden nach der von ihnen ausgeübten Tätigkeit in die Tarifgruppen eingruppiert. ...
2. Arbeitnehmer, deren Tätigkeit als Beispiel in einer Tarifgruppe aufgeführt ist, sind in diese Tarifgruppe einzugruppieren.
3. Arbeitnehmer mit einem Arbeitsgebiet, das Tätigkeiten verschiedener Tarifgruppen umfasst, sind nach der von ihnen überwiegend ausgeübten Tätigkeit oder, wenn eine andere Tätigkeit der Gesamttätigkeit das Gepräge gibt, nach dieser einzugruppieren. ..."

Im Ausgangspunkt ist auch bei Fehlen einer solchen ausdrücklichen Regelung aber Erfüllung eines Tätigkeitsbeispiels regelmäßig von der Erfüllung der Voraussetzungen für die Zuordnung zu einer Entgeltgruppe auszugehen.[45] Tätigkeitsbeispiele sollen in der Regel gerade eine **gesonderte Bewertung obsolet** werden lassen.[46] Beinhaltet ein Tätigkeitsbeispiel indessen keine feststehende Bezeichnung eines Berufsbildes, kommt dem Tätigkeitsbeispiel keine solche Verbindlichkeit zu.[47] Ohne objektiv feststehende Begrifflichkeit kann in solchen Fällen ein unterschiedliches Verständnis der Bezeichnung eines Arbeitsplatzes aufgrund bestimmter auf diesem zu erbringender Tätigkeiten gegeben sein.[48]

Beispiel:

Bezeichnet eine Entgeltgruppe als abstraktes Eingruppierungsmerkmal fachliche Führungsbefugnisse, die folgende höhere Entgeltgruppe disziplinarische Führungsbefugnisse und benennt sie als Tätigkeitsbeispiel den „Supervisor", ist dies nicht verbindlich. Bei dem Begriff des „Supervisor" handelt es sich nicht um ein feststehendes und damit objektivierbares Berufsbild. Die Funktion des „Supervisor" kann sowohl mit fachlichen wie auch darüber hinausgehenden disziplinarischen Führungsbefugnissen ausgestattet sein.

In diesem Falle fehlt es bei der Benennung des Tätigkeitsbeispiels an einem – auch längeren zeitlichen Entwicklungen standhaltenden – **objektiven Berufsbild,** welches das Tätigkeitsbeispiel prägt. Gleiches gilt, wenn das Entgeltsystem klarstellt, dass Tätigkeitsbei-

---

[43] BAG 28.1.2009 – 4 ABR 92/07, NZA 2009, 1042 (1044); 8.2.1984 – 4 AZR 158/83, AP TVG § 1 Auslegung Nr. 134; MAH ArbR/*Hesse/Tischer* § 21 Rn. 17.
[44] MAH ArbR/*Hesse/Tischer* § 21 Rn. 17.
[45] BAG 8.2.1984 – 4 AZR 158/83, AP TVG § 1 Auslegung Nr. 134; MAH ArbR/*Hesse/Tischer* § 21 Rn. 15.
[46] BAG 8.2.1984 – 4 AZR 158/83, AP TVG § 1 Auslegung Nr. 134.
[47] BAG 17.3.2005 – 8 ABR 8/04, AP TVG § 1 Tarifverträge: Einzelhandel Nr. 90; MAH ArbR/*Hesse/Tischer* § 21 Rn. 15.
[48] BAG 17.3.2005 – 8 ABR 8/04, AP TVG § 1 Tarifverträge: Einzelhandel Nr. 90.

spiele nicht verbindlich sein sollen, sondern allein einer **allgemeinen Erläuterung** dessen dienen, was mit einem Allgemeinen Tätigkeitsmerkmal gemeint ist.[49]

Beispiel:
Findet sich in dem Entgeltgruppensystem eine Regelung, wonach sich die Eingruppierung nach den Eingruppierungsmerkmalen der Oberbegriffe handelt und als Erläuterung dieser Eingruppierungsmerkmale die bei den jeweiligen Entgeltgruppen benannten Tätigkeitsbeispiele heranzuziehen sind, kommt ihnen allein erläuternder Charakter ohne abschließende Bedeutung zu.

43 Ein solches Tätigkeitsbeispiel soll allein erläutern, welche Bedeutung das abstrakte Eingruppierungsmerkmal haben soll. Mit der Erfüllung des Tätigkeitsbeispiels wird damit in der Regel zwar auch das abstrakte Tätigkeitsmerkmal erfüllt sein. Ob dies im Ergebnis zutreffend ist, bedarf jedoch einer gesonderten Bewertung.[50]

44 Sind Tätigkeitsbeispiele in einem Entgeltsystem behandelt, ist es eine Frage der **Auslegung, welcher Grad an Verbindlichkeit** ihnen zukommen soll. Sofern es sich um feststehende Berufsbilder handelt, ist regelmäßig von einem verbindlichen Charakter für die Frage der Erfüllung eines Eingruppierungsmerkmals auszugehen.[51] Wie zuvor beschrieben, gilt dies nicht, wenn benannte Tätigkeitsbeispiele keinem feststehenden Berufsbild zugeordnet werden können. Darüber hinaus fehlt es an einer Verbindlichkeit der Tätigkeitsbeispiele, wenn das Entgeltsystem dieses ausdrücklich vorsieht.

45 Tätigkeitsbeispiele sind – entsprechend ihrem Charakter als bloße beispielhafte Benennung – regelmäßig nicht abschließend und schließen die Zuordnung weiterer Arbeitsplätze zu einer Entgeltgruppe damit nicht aus, insbesondere, wenn sie durch Einleitungen wie „zB" oder „insbesondere" formuliert sind.[52] Kommt bei einem Entgeltsystem den Tätigkeitsbeispielen verbindlicher, wenn auch nicht abschließender, Charakter zu, bewirkt die Zuordnung eines Arbeitsplatzes zu einem Tätigkeitsbeispiel einer Entgeltgruppe jedoch im **Umkehrschluss,** dass eine Zuordnung zu anderen Entgeltgruppen nicht mehr in Betracht kommt.

e) Referenzzeitraum für die Eingruppierung

aa) Bedeutung

46 Der für die Eingruppierung zugrunde zu legende Referenzzeitraum entscheidet über die Frage, auf welchen Zeitraum bezogen die Eingruppierungsvoraussetzungen zu bewerten sind. Dies gilt insbesondere für die Frage, in welchem **Zeitraum** etwa **ein Überwiegen der Tätigkeiten** eines bestimmten Eingruppierungsmerkmals festzustellen sein muss, um die Eingruppierung insgesamt anhand dieses Eingruppierungsmerkmals vorzunehmen. Denkbarer Referenzzeitraum kann insoweit die Arbeitsstunde, der Arbeitstag, eine Schicht, der Abrechnungszeitraums etwa eines Kalendermonats wie auch ein Jahreszeitraum sein.

bb) Fehlende Regelung und Auslegung

47 Findet sich in einem Entgeltgruppensystem keine Regelung über den Referenzzeitraum, ist eine Auslegung vorzunehmen. Das Entgeltgruppensystem ist zu bewerten, welche **Zeitspannen für die Feststellung der eingruppierungsrelevanten Merkmale** einzelner Entgeltgruppen heranzuziehen sind. Anknüpfungspunkte für eine solche Auslegung können vielfältiger Natur sein.

---

[49] BAG 28.9.2005 – 10 AZR 34/05, AP TVG § 1 Tarifverträge: Systemgastronomie Nr. 2.
[50] BAG 28.9.2005 – 10 AZR 34/05, AP TVG § 1 Tarifverträge: Systemgastronomie Nr. 2.
[51] BAG 8.2.1984 – 4 AZR 158/83, AP TVG § 1 Auslegung Nr. 134.
[52] BAG 28.1.2009 – 4 ABR 92/07, AP BetrVG 1972 § 99 Eingruppierung Nr. 37.

Beispiel:

In Betracht kommen beispielsweise
- ein Umkehrschluss zu etwaigen Regelungen über die vorübergehende Übertragung von Funktionen anderer Entgeltgruppen,
- Definitionen des Versetzungsbegriffes, soweit Versetzungen nur auf gleichwertige Arbeitsplätze in Betracht kommen,
- eingruppierungsrelevante Merkmale, soweit diese sich etwa von vornherein nur über einen längeren Zeitraum hinweg feststellen lassen,
- die Typizität unterschiedlich geprägter (Teil-)Tätigkeiten auf einem Arbeitsplatz sowie die Vorhersehbarkeit solch unterschiedlicher Bewertungen

uvm.

cc) Gestaltungsmöglichkeiten

Ein hohes Maß an **Transparenz und Entgeltgenauigkeit** wird bei der Bewertung jeder Arbeitsstunde oder jeder gesonderten Schicht gegeben sein, wobei der Gesichtspunkt der Praktikabilität wegen des administrativen Aufwandes einen solchen Referenzzeitraum in der Regel in Frage stellen wird. 48

Beispiel:

Erfolgt die Bemessung des monatlich abzurechnenden Entgelts anhand der Anzahl der Arbeitsstunden einerseits und eines auf die Arbeitsstunde bezogenen Arbeitsentgelts andererseits, könnte jede Arbeitsstunde gesondert anhand der erbrachten Tätigkeiten bewertet, eingruppiert und entsprechend vergütet werden.

Ein enger Referenzzeitraum wird häufig der eingruppierungsrelevanten Bewertung eines Arbeitsplatzes nicht gerecht. Arbeitsplätze sind vielfach dadurch geprägt, dass auf ihnen **unterschiedliche Tätigkeiten zusammengefasst** und für die Zuordnung zu einer Entgeltgruppe bewertet werden (→ Rn. 29 ff.). Insbesondere der in der Regel sachgerechten Zusammenfassung mehrerer auf ein einheitliches Arbeitsergebnis gerichteter Teiltätigkeiten für eine einheitliche Bewertung anhand der eingruppierungsrelevanten Merkmale einer Entgeltgruppe widerspräche es regelmäßig, wenn für zusammenhängende Teiltätigkeiten eine niedrigere Eingruppierung vorgenommen würde, weil eine höherwertige Teiltätigkeit in einen anderen Referenzzeitraum fiele. Regelmäßig wird deshalb zumindest der Referenzzeitraum eines Arbeitstages oder einer Arbeitsschicht heranzuziehen sein. 49

Selbst dieser Referenzzeitraum ist indessen in Frage zu stellen, wenn Arbeitsplätze nicht durch eine überwiegend gleichbleibende Tätigkeit geprägt sind, sondern – insbesondere bei Projektarbeiten – auch durch längere Phasen sehr unterschiedlicher Teiltätigkeiten geprägt sind. Einzelne Arbeitstage können bei solchen Arbeitsplätzen etwa im Rahmen rein administrativ verwaltender oder umsetzender Arbeitsschritte deutlich unterwertig sein, so dass die Zuordnung allein zu einer niedrigeren Entgeltgruppe für solche Phasen möglich wäre, dem zusammenfassenden Arbeitsergebnis und der damit einer gehenden Bewertung sämtlicher Teiltätigkeiten über einen längeren Zeitraum hinweg jedoch widersprechen würde. 50

Beispiel:

Obliegt etwa einem Projektleiter die Verantwortung und Koordination einer Studie, werden die Ergebnisse der Studie zunächst tabellarisch festgehalten und schreibt der Projektleiter diese anhand der Tabellendaten abschließend lediglich in Gestalt eines Berichtes nieder, kann die isolierte Bewertung der alleinigen Schreibtätigkeit in einem Missverhältnis zur vorangegangenen Begleitung und Koordination des Projektes stehen. Eine differenzierende Bewertung wird in der Regel einem solchen Arbeitsplatz nicht gerecht.

Praxistipp:

Die erkennbaren Unwägbarkeiten einer solchen Auslegung des Entgeltgruppensystems machen deutlich, dass im Rahmen der Gestaltung eines Entgeltgruppensystems eine klare Regelung getroffen werden sollte. Praktischen Bedürfnissen wird es vielfach gerecht, diesen Referenzzeitraum nicht kürzer als den Abrechnungszeitraum etwa eines Monats zu bemessen.

51   Neben dem Abrechnungszeitraum sind **typische Gesichtspunkte für die Bestimmung eines sachgerechten Referenzzeitraums**
 – die Regelmäßigkeit der Zeitspannen unterschiedlicher (Teil-)Tätigkeiten,
 – die Notwendigkeit etwaiger kurzzeitiger Vertretungen anderer Arbeitnehmer mit der Möglichkeit eines Verbleibs in der Entgeltgruppe und ggf. unter Gewährung einer Stellvertreterzulage ab einer bestimmten Zeitspanne einer solchen Vertretung[53] anstelle einer anderen Eingruppierung des Arbeitsplatzes,
 – etwaige typische zusätzliche Funktionen, die anlässlich der typischen Erbringung der Arbeitsleistung anfallen können, jedoch von den eingruppierungsrelevanten Merkmalen ausreichend umfasst sind,
 – eine bestimmte Abfolge bestimmter Aufgaben und Funktionen auf Projektarbeitsplätzen etc.

52   Regelmäßig entscheidet für den Referenzzeitraum die auf dieser Basis festgestellte **längste einheitliche Bewertungsnotwendigkeit** und sind etwaige kürzere sachgerechte Betrachtungszeiträume auf anderen Arbeitsplätzen sodann in Gestalt von Zulagen oÄ abzubilden.

Beispiel:

Umfasst ein Entgeltgruppensystem Arbeitsplätze mit stetig wiederkehrenden und sich wiederholenden gleichmäßigen Arbeitsaufgaben einerseits und Arbeitsplätze mit jeweils längeren Phasen sehr unterschiedlich zu bewertender Tätigkeiten andererseits, würde ein kurzer Referenzzeitraum ggf. zu einem Widerspruch einer fortbestehenden höheren Eingruppierung bei den durch längere unterschiedliche Werthaltigkeitsphasen gekennzeichneten Arbeitsplätzen bewirken. Sachgerecht ist in der Regel daher ein einheitlich längerer Referenzzeitraum für die Zuordnung sämtlicher Arbeitsplätze zu bestimmten eingruppierungsrelevanten Merkmalen der einzelnen Entgeltgruppen.

Die vorübergehende Übertragung höherwertiger Tätigkeiten an Arbeitnehmer auf Arbeitsplätzen der niedrigeren Entgeltgruppen führt dann nicht zu deren Nachteil, wenn die vorübergehende Übertragung einer höherwertigen Tätigkeit bei diesen ggf. Anspruch auf eine Zulage unter Verbleib in der bisherigen Entgeltgruppe auslöst.

f) Entgeltstufen innerhalb der Entgeltgruppe

aa) Begriff und Bedeutung

53 Innerhalb der Entgeltgruppen kommt eine weitere Differenzierung beispielsweise nach Entgeltstufen in Betracht. Dies kann insbesondere dann von Bedeutung sein, wenn mit der Entgeltgruppe und den für die Zuordnung zur Entgeltgruppe relevanten Eingruppierungsmerkmalen allein der abstrakte Arbeitsplatz bewertet wird. Mittels Untergliederung in Entgeltstufen einer Entgeltgruppe kann darüber hinaus innerhalb einer Entgeltgruppe eine weitere Differenzierung danach erfolgen, ob auf dem Arbeitsplatz spezielle Anforderungen etwa hinsichtlich betrieblicher Spezialkenntnisse oder besonderer funktionsbezo-

---

[53] Vgl. aber zur Bedeutung der ständigen Vertretung für die Eingruppierung: BAG 16.4.2015 – 6 AZR 242/14, AP TVöD § 14 Nr. 2.

gener Qualifikationen bestehen (**aufgaben-/funktionsbezogene Stufenzuordnungen**) oder welche Berufserfahrung der Arbeitnehmer in der jeweiligen Entgeltgruppe oder generell aufweist.

bb) Gestaltungsmöglichkeiten

(1) Berufserfahrung. In der Regel soll jedenfalls unterschiedlich gewichtete Berufserfahrung in der jeweiligen Entgeltgruppe maßgebend sein, weil diese bezogen auf die eingruppierungsrelevanten Merkmale der Entgeltgruppe für die **Erbringung der Arbeitsleistung nützlich** ist und ein in der Entgeltgruppe gestuftes Entgeltgefüge unabhängig von ergänzenden aufgaben- oder funktionsbezogenen Stufenzuordnungen rechtfertigt.[54] 54

> **Praxistipp:**
> In der Vergangenheit wurden Entgeltstufen vielfach nach Maßgabe eines bestimmten Lebensalters definiert. Wegen der darin liegenden – nicht gerechtfertigten – Benachteiligung jüngerer Arbeitnehmer aufgrund ihres Lebensalters (§§ 3, 1 AGG) ist ein solches Entgeltsystem bezogen auf diese Differenzierung unwirksam.[55] Rechtsfolge dieser Unwirksamkeit nach § 7 Abs. 2 AGG ist eine Angleichung nach oben, dh benachteiligte jüngere Arbeitnehmer haben Rechtsanspruch auf ein Entgelt nach der höchsten Lebensaltersstufe.[56] Um eine unmittelbare Diskriminierung von Arbeitnehmern wegen ihres Lebensalters auszuschließen, darf die Stufenzuordnung bzw. ein Stufenaufstieg deshalb nicht an das Lebensalter anknüpfen.

Für die Stufenzuordnung wird regelmäßig nicht jedwede, sondern allein **einschlägige** 55 **Berufserfahrung** maßgebend sein. Dies erfordert in der Regel eine Tätigkeit auf einem gleichen oder gleichartigen Arbeitsplatz. Die auf diesem Arbeitsplatz gewonnenen Kenntnisse und Erfahrungen müssen für die Aufgaben und Funktionen auf dem neuen Arbeitsplatz dienlich sein. Trifft dies nicht oder nur auf einen Anteil der Aufgaben und Funktionen des neuen Arbeitsplatzes zu, wird in der Regel maßgebend sein, ob damit die maßgebenden eingruppierungsrelevanten Kriterien erfüllt sind, da diese gerade die besonderen Anforderungen der Entgeltgruppe und damit einen Bezugspunkt für die Entgeltstufen aufweisen. Entscheidend ist im Zweifel eine auf die eingruppierungsrelevanten Merkmale bezogene Berufserfahrung.

Häufig wird im Falle einer Höhergruppierung daher die bisherige Berufserfahrung bezogen auf andere eingruppierungsrelevante Merkmale „auf Null zu setzen" sein und der Arbeitnehmer in der Eingangsstufe der höheren Entgeltgruppe beginnen.[57] Diese Bewertung entgeltstufenrelevanter **Berufserfahrung in der jeweiligen Entgeltgruppe** wird in der Regel anzunehmen sein, eine Fortführung der bisherigen Stufenlaufzeit bei Höhergruppierungen bedarf demgegenüber Anhaltspunkten in dem Entgeltgruppensystem.[58] 56

> **Praxistipp:**
> Um diesbezügliche Unklarheiten zu vermeiden, sollte im Falle einer von Berufserfahrung abhängigen Zuordnung zu Entgeltstufen der Bezugspunkt dieser Berufserfahrung definiert werden. Beispielsweise kann als Maßgabe allein Berufserfahrung in der jeweiligen

---

[54] BAG 14.9.2016 – 4 AZR 456/14, NZA-RR 2017, 202 (206).
[55] EuGH 8.9.2011 – C-297/10, NZA 2011, 1100 (1101); BAG 25.4.2017 – 1 AZR 427/15, NZA 2017, 1346 (1348); 10.11.2011 – 6 AZR 481/09, AP BAT § 27 Nr. 13.
[56] EuGH 8.9.2011 – C-297/10, NZA 2011, 1100 (1101); BAG 25.4.2017 – 1 AZR 427/15, NZA 2017, 1346 (1348); 10.11.2011 – 6 AZR 481/09, AP BAT § 27 Nr. 13.
[57] BAG 1.6.2017 – 6 AZR 741/15, AP TVöD § 16 Nr. 4; 14.9.2016 – 4 AZR 456/14, AP TVöD § 17 Nr. 4; 3.7.2014 – 6 AZR 1067/12, AP TVöD § 17 Nr. 2.
[58] BAG 1.6.2017 – 6 AZR 741/15, AP TVöD § 16 Nr. 4.

> Entgeltgruppe oder eine vorangehende berufliche Tätigkeit auf einem Arbeitsplatz unter Ausübung bestimmter – zu benennender – eingruppierungsrelevanter Aufgaben und Funktionen bestimmt werden oder es müssen etwa mindestens 50 % der eingruppierungsrelevanten Kriterien auf dem bisherigen Arbeitsplatz gleichermaßen erfüllt gewesen sein.

57 Bei der Definition der Stufenzuordnungen ist des Weiteren im Falle einer Anknüpfung an Berufserfahrung festzulegen, ob jedwede in einem Arbeitsleben erworbene Berufserfahrung genügt oder **innerhalb welcher Zeitspanne** vor der Zuordnung zu einer bestimmten Entgeltstufe die relevante Berufserfahrung belegt sein muss. Insbesondere bei lange zurückliegender Berufserfahrung werden häufig die gesammelten Kenntnisse und Erfahrungen nicht mehr die mit der Stufenzuordnung geforderte Bedeutung einnehmen. Dies kann auf veränderten tatsächlichen Umständen der Erbringung der Arbeitsleistung – etwa anderen Arbeitsmitteln, betriebswirtschaftlichen oder rechtlichen Rahmenbedingungen etc. – oder schlicht einem **Wissens-, Erfahrungs- oder Routineverlust durch Zeitablauf** beruhen. Bei Stufenzuordnungen bedarf es der Klarstellung, wie sich besondere Beschäftigungssituationen auswirken.

Beispiel:
Regelungspotential besteht regelmäßig etwa hinsichtlich
– Abwesenheitszeiten infolge Arbeitsunfähigkeit,
– Abwesenheitszeiten infolge Urlaubes,
– Abwesenheitszeiten infolge Mutterschutzes und Elternzeiten,
– sonstige Zeiten eines Ruhens oder einer Unterbrechung des Arbeitsverhältnisses.

58 **(2) Eingangsstufe.** Bei der Bildung von Entgeltstufen bedarf es einer Klarstellung, welcher Eingangsstufe der Arbeitnehmer bei erstmaliger Zuordnung zu einer Entgeltgruppe zugeführt wird. Dies gilt insbesondere in den Fällen, in denen Entgeltstufen generell an Berufserfahrung anknüpfen, wenn eine vorangegangene Entgeltgruppe zumindest in Teilen bereits vergleichbare Arbeitsaufgaben ausweist.

> Praxistipp:
> Häufig besteht aus Sicht des Arbeitgebers einerseits ein Bedürfnis, Berufserfahrung auf einem bestimmten Arbeitsplatz in Abhängigkeit nur von der beim jeweiligen Arbeitgeber selbst zurückgelegten und damit anhand der betrieblichen Maßstäbe zu bewertenden Berufserfahrung zu berücksichtigen. Gleichwohl kann es unter Gleichbehandlungsgesichtspunkten ggf. problematisch und im Recruitingprozess schwer vertretbar sein, Berufserfahrungen in vorangegangenen Arbeitsverhältnissen zu anderen Arbeitgebern überhaupt nicht zu berücksichtigen.
>
> Um beide Gesichtspunkte zu berücksichtigen, kann etwa für die Stufenzuordnung vorgesehen werden, dass die mittlere Stufenzuordnung in der Regel bei entsprechender Berufserfahrung aus anderen Arbeitsverhältnissen im Falle von Einstellungen nicht überschritten werden soll.

59 **(3) Regelungsbedarfe und -grenzen.** Bei der Gestaltung der Voraussetzungen für die Zuordnung zu einer bestimmten Entgeltstufe besteht grundsätzliche Freiheit für eine Bewertung, unter welchen Voraussetzungen eine Zuordnung zu einer bestimmten Stufe erfolgen soll. Insbesondere im Falle der Maßgabe von einschlägiger Berufserfahrung wird in der Regel allein die Zeit einer aktiven Arbeitsleistung von Bedeutung sein können.[59] Besonderheiten können sich aus dem **Maßregelungsverbot (§ 612a BGB)** sowie den **Dis-**

---
[59] Vgl. BAG 21.11.2013 – 6 AZR 89/12, NZA 2014, 672 (673).

kriminierungsverboten ergeben.[60] Bedeutung hat dies etwa für die Inanspruchnahme des Erholungs- oder sonstigen Urlaubes, der mutterschutzrechtlichen Schutzfristen oder Eltern-/Pflegezeiten etc. Diese bewirken indessen wegen der zulässigen Maßgabe der Berufserfahrung als Kriterium für die Zuordnung zu einer Entgeltstufe keine generelle Verpflichtung zur Berücksichtigung solcher Zeitspannen.[61] Relevanz haben diese Bewertungen vorrangig für die Frage, ob wegen einer zeitlichen Unterbrechung eine erforderliche Berufserfahrung erneut mit einer gewissen Dauer von Beginn an erbracht werden muss oder allein die Dauer der Unterbrechung aus einer Zeitspanne herauszunehmen ist.[62] In der Regel wird eine Unterbrechung der Stufenlaufzeit für die Dauer der Abwesenheit wegen des Zwecks der Berufserfahrung angemessen sein, aber ein Erlöschen der bisherigen anteiligen Berufserfahrung einer gesonderten Rechtfertigung bedürfen oder ausscheiden.[63]

Des Weiteren kann ein Regelungsbedarf entstehen, wenn die unterste Entgeltstufe einer höheren Entgeltgruppe zu einer geringeren Grundvergütung führt, als die höchste Entgeltstufe der vorangehenden niedrigeren Entgeltgruppe. Die **Umgruppierung in eine höhere Entgeltgruppe** darf in der Regel nicht bewirken, dass das **Vergütungsniveau absinkt.** Das Entgeltsystem wird in solchen Konstellationen entweder vorsehen müssen, dass das Entgeltniveau der bisherigen Eingruppierung solange abschmelzend aufrecht erhalten bleibt, bis die Entwicklung des Arbeitnehmers in der höheren Entgeltgruppe dieses Entgeltniveau erreicht hat. Optional wäre der Arbeitnehmer in der höheren Entgeltgruppe von vornherein der Entgeltstufe zuzuordnen, mit der das bisherige Entgeltniveau erreicht wird. Unter Berücksichtigung der Voraussetzungen für die Zuordnung zu einer Entgeltstufe und die weitere Entwicklung des Arbeitnehmers in der höheren Entgeltgruppe wird in der Regel die erstgenannte Option dem Anliegen eines Entgeltgruppensystems besser gerecht.

Regelungsbedarfe bestehen des Weiteren bei Entgeltstufen für den Fall der **Herabgruppierung,** wenn der Arbeitnehmer – sei es einvernehmlich oder in Umsetzung einer Änderungskündigung – einen niedriger einzugruppierenden Arbeitsplatz einnimmt. Es stellen sich vergleichbare Fragen hinsichtlich der Berücksichtigung der Berufserfahrung in einer höheren Entgeltstufe, wie bei Höhergruppierungen oder Neueinstellungen. Auch diesbezüglich wird vorrangig zu bewerten sein, inwieweit die Stufenzuordnung in der höheren Entgeltgruppe gleichermaßen einen Wissens- oder Erfahrungsvorsprung auf dem Arbeitsplatz in der niedrigeren Entgeltgruppe erwarten lässt. Zur Vermeidung rechtlicher Auseinandersetzungen sollte auch diesbezüglich eine Regelung getroffen werden.

§ 16 TVöD für die Eingruppierung im öffentlichen Dienst des Bundes lautet

„**§ 16 Stufen der Entgelttabelle (Bund)**
(1) Die Entgeltgruppen 2–15 umfassen 6 Stufen.
(2) Bei Einstellung werden die Beschäftigten der Stufe 1 zugeordnet, sofern keine einschlägige Berufserfahrung vorliegt. Verfügt die/der Beschäftigte über eine einschlägige Berufserfahrung von mindestens einem Jahr, erfolgt die Einstellung in die Stufe 2; verfügt sie/er über eine einschlägige Berufserfahrung von mindestens drei Jahren, erfolgt bei Einstellung in der Regel die Zuordnung zur Stufe 3. Unabhängig davon kann der Arbeitgeber bei Neueinstellungen zur Deckung des Personalbedarfs Zeiten einer vorherigen beruflichen Tätigkeit ganz oder teilweise für die Stufenzuordnung berücksichtigen, wenn diese Tätigkeit für die vorgesehene Tätigkeit förderlich ist. Bei Einstellung im unmittelbaren Anschluss an ein Arbeitsverhältnis zum Bund werden die Beschäftigten mit einschlägiger Berufserfahrung der im vorhergehenden Arbeitsver-

---

[60] Küttner/*Griese* „Eingruppierung" Rn. 7 mwN.
[61] BAG 21.11.2013 – 6 AZR 89/12, NZA 2014, 672 (673); zu den Grenzen: *Heuschmid/Hlava* NZA 2017, 1312.
[62] Vgl. *Heuschmid/Hlava* NZA 2017, 1312.
[63] Vgl. *Heuschmid/Hlava* NZA 2017, 1312.

hältnis erworbenen Stufe zugeordnet und die im vorhergehenden Arbeitsverhältnis erreichte Stufenlaufzeit wird fortgeführt.
(3) Bei Einstellung von Beschäftigten im unmittelbaren Anschluss an ein Arbeitsverhältnis im öffentlichen Dienst (§ 34 Abs. 3 Satz 3 und 4) oder zu einem Arbeitgeber, der einen dem TVöD vergleichbaren Tarifvertrag anwendet, kann die in dem vorhergehenden Arbeitsverhältnis erworbene Stufe bei der Stufenzuordnung ganz oder teilweise berücksichtigt werden; Abs. 3 Satz 2 bleibt unberührt.
(4) Die Beschäftigten erreichen die jeweils nächste Stufe – von Stufe 3 an in Abhängigkeit von ihrer Leistung gem. § 16 Abs. 2 – nach folgenden Zeiten einer ununterbrochenen Tätigkeit innerhalb derselben Entgeltgruppe bei ihrem Arbeitgeber (Stufenlaufzeit):
– Stufe 2 nach einem Jahr in Stufe 1,
– Stufe 4 nach drei Jahren in Stufe 3,
– Stufe 3 nach zwei Jahren in Stufe 2,
– Stufe 5 nach vier Jahren in Stufe 4 und
– Stufe 6 nach fünf Jahren in Stufe 5.
(5) Die Entgeltgruppe 1 umfasst fünf Stufen. Einstellungen erfolgen zwingend in Stufe 2 (Eingangsstufe). Die jeweils nächste Stufe wird nach vier Jahren in der vorangegangenen Stufe erreicht; § 17 Abs. 2 bleibt unberührt.
(6) Zur Deckung des Personalbedarfs oder zur Bindung von qualifizierten Fachkräften kann Beschäftigten abweichend von der tarifvertraglichen Einstufung ein bis zu zwei Stufen höheres Entgelt ganz oder teilweise vorweg gewährt werden. Beschäftigte mit einem Entgelt der Endstufe können bis zu 20 vH der Stufe 2 zusätzlich erhalten. ...

§ 17 Allgemeine Regelungen zu den Stufen
(1) Die Beschäftigten erhalten vom Beginn des Monats an, in dem die nächste Stufe erreicht wird, das Tabellenentgelt nach der neuen Stufe.
(2) Bei Leistungen der/des Beschäftigten, die erheblich über dem Durchschnitt liegen, kann die erforderliche Zeit für das Erreichen der Stufen 4–6 jeweils verkürzt werden. Bei Leistungen, die erheblich unter dem Durchschnitt liegen, kann die erforderliche Zeit für das Erreichen der Stufen 4–6 jeweils verlängert werden. Bei einer Verlängerung der Stufenlaufzeit hat der Arbeitgeber jährlich zu prüfen, ob die Voraussetzungen für die Verlängerung noch vorliegen. ...
(3) Den Zeiten einer ununterbrochenen Tätigkeit iSd § 16 (Bund) Abs. 4 Satz 1 und des § 16 (VKA) Abs. 3 Satz 1 stehen gleich.
a) Schutzfristen nach dem Mutterschutzgesetz,
b) einer Arbeitsunfähigkeit nach § 22 bis zu 39 Wochen,
c) Zeiten eines bezahlten Urlaubs,
d) Zeiten eines Sonderurlaubs, bei dem der Arbeitgeber vor dem Antritt schriftlich ein dienstliches bzw. betriebliches Interesse anerkannt hat,
e) Zeiten einer sonstigen Unterbrechung von weniger als einem Monat im Kalenderjahr,
f) Zeiten der vorübergehenden Übertragung einer höherwertigen Tätigkeit.
Zeiten der Unterbrechung bis zu einer Dauer von jeweils drei Jahren, die nicht von Satz 1 erfasst werden und Elternzeit bis zu jeweils fünf Jahren sind unschädlich, werden aber nicht auf die Stufenlaufzeit angerechnet. Bei einer Unterbrechung von mehr als drei Jahren, bei Elternzeit von mehr als fünf Jahren, erfolgt eine Zuordnung zu der Stufe, die der vor der Unterbrechung erreichten Stufe vorangeht, jedoch nicht niedriger als bei einer Neueinstellung; die Stufenlaufzeit beginnt mit dem Tag der Arbeitsaufnahme. Zeiten, in denen der Beschäftigte mit einer kürzeren als der regelmäßigen wöchentlichen Arbeitszeit eines entsprechenden Vollbeschäftigten beschäftigt war, werden voll angerechnet.

(4) Bei Eingruppierung in eine höhere Entgeltgruppe werden die Beschäftigten im Bereich VKA derjenigen Stufe zugeordnet, in der sie mindestens ihr bisheriges Tabellenentgelt erhalten, mindestens jedoch der Stufe 2 ..."

g) Vorübergehende Tätigkeiten

aa) Bedeutung

In Abhängigkeit von dem für die Feststellung des für die Merkmale der Entgeltgruppe relevanten Referenzzeitraum (→ Rn. 46 ff.) kann vorübergehenden Veränderungen der Tätigkeiten Bedeutung außerhalb einer neuen Eingruppierungsentscheidung zukommen. Je länger der Referenzzeitraum für die Feststellung der entgeltrelevanten Merkmale ist, desto häufiger wird bei einer Veränderung der Tätigkeiten für eine bestimmte Zeitspanne die Eingruppierung als solche bestehen bleiben. Als Zeichen der Motivation des Arbeitnehmers, aber – insbesondere bei Entgeltgruppensystemen in Gestalt von Betriebsvereinbarungen oder Tarifverträgen – mehr als kompensatorisches Instrument zur Vermeidung von Entgeltnachteilen, kommen **Vertreter-, Funktions- oder sonstige Zulagen** in Betracht, wenn eine bestimmte – höherwertige – Tätigkeit nur vorübergehend übertragen wird. 62

Beispiel:

Ein Sachbearbeiter soll während einer Krankheit des Teamleiters die fachliche Führungsfunktion des Teamleiters übernehmen. Aufgrund der fachlichen Führungsfunktion sind Teamleiter höher eingruppiert als Sachbearbeiter. Wegen der von vornherein nur vorübergehenden Wahrnehmung der höherwertigen Tätigkeit soll allein für die Dauer der Ausübung dieser Tätigkeit eine Funktionszulage gezahlt werden, der Sachbearbeiter jedoch weiterhin der Entgeltgruppe der Sachbearbeiter zugeordnet bleiben.

Dabei kann es sich um die vorübergehende Übertragung einer Tätigkeit handeln, die im Falle einer dauerhaften Übertragung einer **höheren Entgeltgruppe** zugeordnet würde. Ebenso kann es sich indessen um vorübergehende Tätigkeiten handeln, die unabhängig von der Zuordnung zu einer anderen Entgeltgruppe wegen ihres höherwertigen Charakters eine zusätzliche Honorierung erfahren sollen. Bei letzteren handelt es sich indessen um klassische Funktionszulagen, die sich außerhalb der Bewertung der Grundvergütung im Rahmen eines Entgeltgruppensystems bewegen (→ E Rn. 155). 63

Beispiel:

Ein Sachbearbeiter soll zusätzlich zu den sachbearbeitenden Aufgaben und Funktionen auf seinem Arbeitsplatz die Einarbeitung neuer Mitarbeiter übernehmen. Die Funktion der Einarbeitung ist kein Merkmal für die Zuordnung zu einer bestimmten Entgeltgruppe. Zur Motivation für die Ausübung dieser zusätzlichen Aufgabe soll indessen eine Funktionszulage gezahlt werden.

Soll zur **Vermeidung anderenfalls erforderlicher Zuordnungen zu anderen Entgeltgruppen** im Falle der vorübergehenden Übertragung einer für eine andere Entgeltgruppe relevanten höherwertigen Tätigkeit eine Zulage gezahlt werden, ist dies für die (Nicht-)Zuordnung zu einer bestimmten Entgeltgruppe relevant. Der Arbeitnehmer verbleibt in seiner bisherigen Entgeltgruppe.[64] Zur Vermeidung einer Zuordnung zu einer höheren Entgeltgruppe erhält er jedoch für die Dauer der Ausübung einer Tätigkeit, die der höheren Entgeltgruppe zugeordnet wäre, eine Zulage – regelmäßig in Höhe der Entgeltdifferenz zur höheren Entgeltgruppe – für die vorübergehende Dauer der Übertra- 64

---

[64] BAG 27.1.2016 – 4 AZR 468/14, NZA 2016, 903 (904).

gung dieser höherwertigen Tätigkeit. Diese Gestaltung bewirkt damit einerseits eine Ausnahme von der Entgeltautomatik.[65] Andererseits kann sie zur Entgeltgerechtigkeit bei nicht eingruppierungsrelevanten vorübergehenden Veränderungen der Tätigkeit beitragen.

Beispiel:

Für das Tarifrecht des öffentlichen Dienstes regelt § 14 TVöD im Entgeltsystem des Bundes etwa

„Wird der/dem Beschäftigten vorübergehend eine andere Tätigkeit übertragen, deren Tätigkeitsmerkmale einer höheren als ihrer/seiner Eingruppierung entspricht, und hat sie/er diese mindestens einen Monat ausgeübt, erhält sie/er für die Dauer der Ausübung eine persönliche Zulage rückwirkend ab dem ersten Tag der Übertragung der Tätigkeit."

bb) Gestaltungsmöglichkeiten

65 Im Falle der Übertragung einer höherwertigen Tätigkeit wird in der Regel die Höhe einer solchen Zulage bestimmt durch die Entgeltdifferenz zwischen der Grundvergütung aus der regelmäßigen Entgeltgruppe zu dem Entgelt, das im Falle der dauerhaften Übertragung der höherwertigen Tätigkeit aus dem Entgeltgruppensystem zu beanspruchen wäre.

Praxistipp:

Bei der Regelung über die Höhe einer solchen Zulage sollte in die Bewertung einerseits einfließen, dass die (vorübergehende) Ausfüllung der höherwertigen Funktion in der Regel nicht geringer honoriert werden darf, als es dem Entgeltniveau im Falle der dauerhaften Übertragung einer solchen Funktion entspricht. Vielmehr kann ggf. dem Motivationscharakter bei der nur vorübergehenden Übertragung einer solchen höherwertigen Tätigkeit sogar nur dadurch Rechnung getragen werden, dass eine gewisse prozentuale Überschreitung der Differenz gewährt wird.

Andererseits sind ggf. Einarbeitungs-, Wissens-/Erfahrungs- oder Routinevorsprünge eines dauerhaft einer solchen Tätigkeit zugeordneten Arbeitsplatzinhabers zu berücksichtigen. Beinhaltet das Entgeltgruppensystem darüber hinaus Entgeltstufen für bestimmte Berufserfahrung in einer bestimmten Tätigkeit, sollte für den Fall der vorübergehenden Zuordnung einer solchen Tätigkeit eine Regelung über die hierbei zu berücksichtigende Entgeltstufe getroffen werden.

66 Regelungsbedürftig ist in der Regel bei der Gestaltung einer Zulage für eine vorübergehende höherwertige Tätigkeit die **Mindestdauer der Übertragung** einer solchen Tätigkeit.

Beispiel:

Im vorgenannten Beispiel des § 14 TVöD kann eine solche Zulage nicht beansprucht werden, wenn die höherwertige Tätigkeit nicht mindestens einen Monat ausgeübt wird.

67 Ggf. zu regeln ist zudem, wie **lang die Zeitspanne der vorübergehenden Übertragung** der höherwertigen Tätigkeit höchstens sein darf, um nicht die Notwendigkeit einer Höhergruppierung auszulösen. Häufig wird sich dies im Regelungszusammenhang mit der Bestimmung eines Referenzzeitraums für die Feststellung der Merkmale einer Entgeltgruppe ergeben. Zwingend ist dies indessen nicht, wenn mit dem Tatbestand der Übertragung einer vorübergehenden höherwertigen Tätigkeit klargestellt ist, dass allein die unbefristete Übertragung einer höherwertigen Tätigkeit die Notwendigkeit der Zuordnung zu der für diese Tätigkeit maßgebenden Entgeltgruppe begründet.

---

[65] BAG 27.1.2016 – 4 AZR 468/14, NZA 2016, 903 (905).

Beispiel:

§ 7 Nr. 4 Manteltarifvertrag für das Private Bankgewerbe (Stand Juli 2014) regelt
„Hat ein Arbeitnehmer vorübergehend aushilfs- oder vertretungsweise eine Tätigkeit auszuüben, die einer höheren Tarifgruppe entspricht, so hat er, wenn die Tätigkeit ohne Unterbrechung länger als zwei Monate dauert, von Beginn der Tätigkeit an für deren Dauer Anspruch auf eine Zulage in Höhe der Differenz zwischen dem Gehalt seiner derzeitigen und dem der höheren Tarifgruppe.
Dauert die aushilfs- oder vertretungsweise Tätigkeit ununterbrochen länger als sechs Monate, so ist der Arbeitnehmer von dem Beginn des darauf folgenden Monats ab in die entsprechende höhere Tarifgruppe einzugruppieren."

Eine andere Frage ist es, welche Anforderungen an die Ausübung des Direktionsrechts als Grundlage der Übertragung der höherwertigen Tätigkeit zu stellen sind. Dies erfordert eine doppelte Billigkeitskontrolle einerseits hinsichtlich der Übertragung der höherwertigen Tätigkeit, andererseits der nur vorübergehenden Natur der Übertragung einer solchen Tätigkeit.[66]

h) Entgelthöhe

Wesentliches Merkmal eines Entgeltgruppensystems ist die Bestimmung der Abstände der Entgelte in den Entgeltgruppen zueinander. Dient das Entgeltgruppensystem einem transparenten und gerechten Entgeltgefüge anhand der jeweils unterschiedlichen Werthaltigkeiten der einzelnen Tätigkeiten, ist der Bestimmung der entgeltgruppenrelevanten Zuordnungsmerkmale dadurch Rechnung zu tragen, dass die Entgeltgruppen zueinander bei der Zuordnung der einzelnen Entgelte zu den einzelnen Entgeltgruppen in einem **sachgerechten Verhältnis** stehen. Sind die Entgeltgruppen anhand der entgeltrelevanten Zuordnungsmerkmale so gebildet, dass eine gleichmäßige Abstufung erfolgt, werden in der Regel die zugeordneten Entgelte einen gleichmäßigen Abstand zueinander wahren.

Dies kann entweder dadurch erfolgen, dass von vornherein jeder Entgeltgruppe ein **bestimmter feststehender Betrag** zugeordnet wird und bei der Zuordnung dieses feststehenden Betrages zu jeder Entgeltgruppe bereits der Abstand der einzelnen Entgeltgruppen zueinander Beachtung findet. Oder aber – dies ist insbesondere Grenze der betriebsverfassungsrechtlichen Mitbestimmung gem. § 87 Abs. 1 Nr. 10 BetrVG und regelmäßig für das Gestaltungsinstrument der Betriebsvereinbarung gem. § 77 Abs. 3 BetrVG von Bedeutung (→ N Rn. 36 ff.) – es wird allein abstrakt der **Abstand der Entgeltgruppen zueinander** – etwa in Prozentpunkten – zum Ausdruck gebracht. In diesem Falle richtet sich die sich aus den einzelnen Entgeltgruppen ergebende Höhe der Vergütung allein nach einer „Eck-Entgeltgruppe", dh der Zuordnung eines bestimmten absoluten Entgeltbetrages zu einer der Entgeltgruppen, von der ausgehend als Absprungbasis die Entgelte der einzelnen weiteren Entgeltgruppen zu bemessen sind.

i) Beispiel eines Entgeltgruppensystems

1. Allgemeine Bestimmungen
1.1 Dieses Entgeltsystem bestimmt Grundsätze der Entgeltfindung.
1.2 Arbeitnehmer werden auf Grundlage der von ihnen ausgeübten Tätigkeit Entgeltgruppen zugeordnet.

---

[66] BAG 27.1.2016 – 4 AZR 468/14, NZA 2016, 903 (905); 4.7.2012 – 4 AZR 759/10, AP TVöD § 14 Nr. 1.

1.3 Die Zuordnung der Arbeitnehmer zu den Entgeltgruppen richtet sich nach den von ihnen bei Ausübung ihrer Tätigkeit erfüllten allgemeinen Tätigkeitsmerkmalen der jeweiligen Entgeltgruppe. Die Tätigkeitsbeispiele der einzelnen Entgeltgruppen erläutern diese, sind jedoch nicht verbindlich.
Übt der Arbeitnehmer auf seinem Arbeitsplatz verschiedene Tätigkeiten aus, die unterschiedlichen Entgeltgruppen zugeordnet werden können, ist er in die Entgeltgruppe einzugruppieren, deren allgemeine Tätigkeitsmerkmale aufgrund der einzelnen Tätigkeiten des Arbeitnehmers auf seinem Arbeitsplatz zeitlich zu mehr als 50 % erfüllt sind.
Tätigkeiten sind hierbei zusammenfassend zu bewerten, soweit sie auf die Erzielung eines einheitlichen Arbeitsergebnisses auf diesem Arbeitsplatz hinwirken; allgemeine Tätigkeitsmerkmale einer Entgeltgruppe müssen aufgrund der so zusammengefassten Tätigkeit jeweils erfüllt sein.
1.4 Referenzzeitraum für die Bewertung der Tätigkeiten ist ein Betrachtungszeitraum mindestens eines Kalendermonates.
1.5 Hat ein Arbeitnehmer vorübergehend, insbesondere nicht ständig vertretungsweise, eine Tätigkeit auszuüben, die einer höheren Entgeltgruppe zuzuordnen ist, so hat er, wenn die Tätigkeit ohne Unterbrechung länger als einen Monat dauert, ab dem ersten Tage der Tätigkeit für deren Dauer Anspruch auf eine Zulage in Höhe der Differenz zwischen der Grundvergütung seiner derzeitigen und der Grundvergütung der höheren Entgeltgruppe. Im Falle ununterbrochener solcher Tätigkeit für einen Zeitraum von mehr als sechs Monaten ist der Arbeitnehmer ab dem Beginn des darauffolgenden Monats in die entsprechende höhere Entgeltgruppe einzugruppieren.
1.6 Im Falle einer Teilzeittätigkeit entsteht der Anspruch nach Maßgabe der jeweiligen Entgelttabelle entsprechend anteilig; die Teilzeittätigkeit hat auf die Verweildauer in den Entgeltstufen keinen Einfluss

2. Entgeltgruppen
Entgeltgruppe 1: Einfache Arbeiten nach Anweisung.
Entgeltgruppe 2: Einfache Arbeiten, die eine kurze Einarbeitung von in der Regel nicht mehr als einem Monat erfordern.
Entgeltgruppe 3: Arbeiten, die Kenntnisse und Fertigkeiten aufgrund einer Berufserfahrung mit solchen Arbeiten von mehr als einem Monat erfordern.
Entgeltgruppe 4: Arbeiten, die eine abgeschlossene mindestens dreijährige Berufsausbildung erfordern.
Entgeltgruppe 5: Arbeiten, die eine abgeschlossene mindestens dreijährige Berufsausbildung und darüber hinaus erweiterte Kenntnisse und Fertigkeiten voraussetzen.
Entgeltgruppe 6: Arbeiten, die die Voraussetzungen der Entgeltgruppe 5 erfüllen und darüber hinaus eine Spezialausbildung erfordern.
Entgeltgruppe 7: Arbeiten, die ein abgeschlossenes Hochschulstudium erfordern.

3. Entgeltstufen
3.1 Jeder Entgeltgruppe sind drei Entgeltstufen zugeordnet:
Einstiegsstufe: 100 % des Tabellenentgelts
Stufe 1 nach einem ununterbrochenen Tätigkeitsjahr in dieser Entgeltgruppe: 103 % des Tabellenentgelts
Stufe 2 nach drei Tätigkeitsjahren in dieser Entgeltgruppe: 108 % des Tabellenentgelts
3.2 Im Falle einer Höhergruppierung wird der Arbeitnehmer der Eingangsstufe der höheren Entgeltgruppe zugeordnet, erhält jedoch für den Zeitraum nach der Höher-

II. Individuelle Entgeltvereinbarungen oder Entgeltgruppensysteme

> gruppierung eine zuvor etwaige höhere Grundvergütung weiter, bis aufgrund der Tätigkeitsjahre in der höheren Entgeltgruppe ein höheres Entgelt erreicht ist.
> 3.3 In begründeten Ausnahmefällen positiver oder negativer Leistungsbeiträge ist eine Verkürzung bzw. Verlängerung der Verweildauer in der jeweiligen Stufe möglich.
> 4. Abrechnung und Auszahlung
> 4.1 Das Entgelt wird monatlich abgerechnet.
> 4.2 Die Auszahlung erfolgt bargeldlos auf ein vom Arbeitnehmer zu benennendes Konto eines inländischen Kreditinstitutes.

4. Anwendung des Entgeltgruppensystems

a) Ein- und Umgruppierung

Die Eingruppierung ist – wie auch im Verhältnis zum Betriebsrat gem. § 99 BetrVG – gegenüber dem Arbeitnehmer und dessen Arbeitsvertrag bei Vollzug eines Entgeltgruppensystems **rein deklaratorisch**.[67] Sind die Voraussetzungen für die Zuordnung zu einer bestimmten Entgeltgruppe des Entgeltgruppensystems erfüllt, ist der Arbeitnehmer dieser Entgeltgruppe zugeordnet und damit eingruppiert.[68] Die Mitteilung einer Eingruppierung durch den Arbeitgeber gegenüber dem Arbeitnehmer, dem Betriebsrat oder einer sonstigen Stelle ist insoweit rein deklaratorischer Natur und beinhaltet nicht mehr als die Mitteilung einer bestimmten Rechtsauffassung.[69] Auf dieser Grundlage kommt es zur Entgeltautomatik (→ Rn. 16) und richtet sich der Entgeltanspruch des Arbeitnehmers allein nach dem Entgeltgruppensystem. Begrifflich meint die **Eingruppierung** in der Regel die erstmalige Zuordnung des Arbeitnehmers in das Gefüge des Entgeltgruppensystems, während die **Umgruppierung** einen Wechsel der Entgeltgruppe, dh die Zuordnung zu einer neuen Entgeltgruppe unter Verlassen der bisherigen Entgeltgruppe, beinhaltet.[70] **Rückgruppierung** bedeutet in diesem Zusammenhang einen Unterfall der Umgruppierung, wenn der Arbeitnehmer – praktischer Anwendungsfall insbesondere im Falle einer irrtümlichen höheren Ein- oder Umgruppierung – wieder der Vergütung auf dem für die ausgeübte Tätigkeit maßgebenden Niveau zugeführt wird.[71]

72

b) Abgrenzung bei abweichender Leistungsgewährung

aa) Abweichung zu Gunsten des Arbeitnehmers

Schwierigkeiten bei der Abgrenzung entstehen, wenn einerseits ein Entgeltgruppensystem mit der grundsätzlichen Rechtsfolge einer Entgeltautomatik zur Anwendung gelangen soll, andererseits die Durchführung des Arbeitsverhältnisses von der sich aus der Entgeltautomatik ergebenden **Bemessung des Entgelts abweicht.**

73

Beispiel:

Ist ein kollektivrechtliches Entgeltgruppensystem im Betrieb anwendbar, widerspricht jedoch eine im Arbeitsvertrag oder sonst vereinbarte Grundvergütung oder Mitteilung einer Eingruppierung der sich aus dem Entgeltgruppensystem ergebenden Höhe der Grundver-

---

[67] Schaub/Koch ArbR A–Z „Eingruppierung"; Küttner/Griese „Eingruppierung" Rn. 10.
[68] Küttner/Griese „Eingruppierung" Rn. 4; Schaub/Koch ArbR A–Z „Eingruppierung".
[69] Schaub/Koch ArbR A–Z „Eingruppierung".
[70] SWK-ArbR/Gerhardt „Eingruppierung/Umgruppierung" Rn. 1.
[71] BAG 1.7.2009 – 4 AZR 234/08, AP BAT 1975 §§ 22, 23 Nr. 312; 21.2.2007 – 4 AZR 187/06, AP BAT §§ 22, 23 Lehrer Nr. 108; SWK-ArbR/Gerhardt „Eingruppierung/Umgruppierung" Rn. 1.

gütung, wirft dies die Frage nach der Geltung der Entgeltautomatik oder der abweichenden Bemessungsgrundlage auf.

74 Entscheidend ist, ob der Arbeitnehmer erkennen kann, dass die Mitteilung einer Grundvergütung oder der Zuordnung zu einer Entgeltgruppe im Arbeitsvertrag allein Vollzug des Entgeltgruppensystems, dh **Rechtsanwendung** dieses Entgeltgruppensystems, sein soll. In diesem Falle kann der Arbeitnehmer aus der arbeitsvertraglichen Regelung oder sonstigen Zusage oder Mitteilung grundsätzlich keine über das Entgeltgruppensystem hinausgehenden Rechte herleiten.[72] Besteht ein Entgeltgruppensystem und begehrt der Arbeitnehmer weiter gehende Leistungen, bedarf er einer rechtlichen Anspruchsgrundlage. Will der Arbeitgeber erkennbar lediglich ein Entgeltgruppensystem vollziehen und gewährt er irrtümlich darüber hinaus gehende Leistungen, fehlt es regelmäßig an einem rechtsgeschäftlichen Rechtsbindungswillen über den Vollzug des Entgeltgruppensystems hinaus.[73] Über das Entgeltgruppensystem hinausgehende Leistungen lösen in einem solchen Falle keine weiteren Rechtsansprüche auf weitere Gewährung dieser Leistungen aus.[74]

75 Anders ist es, wenn der Arbeitgeber **bewusst weiter gehende Leistungen zusagt oder gewährt.** In diesem Falle besteht ein über die Rechtsanwendung hinaus gehender Rechtsbindungswille.[75] Häufig ist es eine Frage aus der Auslegung, ob die arbeitsvertragliche oder sonstige Regelung bewusst zugunsten des Arbeitnehmers von dem Entgeltgruppensystem abweichen soll und damit keine bloße – irrtümlich fehlerhafte – Anwendung dieses Entgeltgruppensystems bedeutet.[76]

> **Praxistipp:**
> Will der Arbeitgeber diesbezüglich Klarheit schaffen, sollte er bei der Mitteilung der Grundvergütung oder der für diese maßgebenden und von ihm als zutreffend betrachteten Entgeltgruppe darauf hinweisen, dass sich der Inhalt einer solchen Mitteilung bereits aus dem Entgeltgruppensystem selbst herleitet und keine darüber hinausgehende Zusage beinhaltet.

76 In der Praxis stellt sich diese Frage häufig unter dem Gesichtspunkt einer **konkludenten Entgeltvereinbarung.** Vielfach findet sich etwa im Arbeitsvertrag allein die Regelung einer bestimmten Grundvergütung ohne einen Hinweis auf das Verhältnis dieser arbeitsvertraglichen Formulierung zu einem bestehenden Entgeltgruppensystem. Auf dieser Grundlage entsteht ein Widerspruch zwischen der sich aus einem Entgeltgruppensystem ergebenden Höhe der Grundvergütung gegenüber der arbeitsvertraglichen Bestimmung. Dieser Widerspruch ist durch Auslegung aufzulösen. Bei dieser Auslegung handelt es sich um eine **Vertragsauslegung am Maßstab der §§ 133, 157 BGB,** so dass zu klären ist, wie aus Sicht verständiger Vertragsparteien die vertragliche Regelung zu verstehen sein soll. In Betracht kommen sowohl eine unabhängig von dem Entgeltgruppensystem bestehende freie Entgeltvereinbarung wie auch ein Vollzug des Entgeltgruppensystems mit einem – irrtümlich – fehlerhaften Ergebnis in Gestalt der arbeitsvertraglichen Formulierung.

77 Im Falle vom Arbeitgeber einseitig gestellter und damit vorformulierter Arbeitsvertragsbedingungen iSd § 305 ff. BGB gehen bei der Frage dieser Auslegung **Zweifel zu Lasten**

---

[72] BAG 28.7.2010 – 5 AZR 521/09, AP TVG § 4 Ausschlussfristen Nr. 195; 29.9.2010 – 3 AZR 546/08, NZA 2011, 210; Schaub/*Koch* ArbR A–Z „Eingruppierung"; aA Küttner/*Griese* „Eingruppierung" Rn. 22.
[73] Vgl. BAG 1.7.2009 – 4 AZR 234/08, AP BAT 1975 §§ 22, 23 Nr. 312; 21.2.2007 – 4 AZR 187/06, AP BAT §§ 22, 23 Lehrer Nr. 108; 21.8.2013 – 4 AZR 656/11, AP BAT 1975 §§ 22, 23 Nr. 330 zu den Anforderungen an die Vertragsgestaltung.
[74] Schaub/*Koch* ArbR A–Z „Eingruppierung"; aA Küttner/*Griese* „Eingruppierung" Rn. 22.
[75] BAG 21.8.2013 – 4 AZR 656/11, AP BAT 1975 §§ 22, 23 Nr. 330.
[76] BAG 21.8.2013 – 4 AZR 656/11, AP BAT 1975 §§ 22, 23 Nr. 330.

des **Arbeitgebers** (§ 305c Abs. 2 BGB).[77] Hat der Arbeitgeber nicht erkennbar aufgrund einer vertraglichen Regelung gegenüber dem Arbeitnehmer zu erkennen gegeben, lediglich das Entgeltgruppensystem anwenden zu wollen, ist gem. § 305c Abs. 2 BGB die für den Arbeitgeber ungünstigere ernsthaft in Betracht kommende Auslegungsmöglichkeit zugrunde zu legen. In der Regel setzt sich daher eine für den Arbeitnehmer günstigere vertragliche Formulierung über die Höhe des Entgelts gegenüber einem bestehenden Entgeltgruppensystem durch.[78] Dies gilt unabhängig davon, auf welcher Grundlage das Entgeltgruppensystem zur Anwendung kommt, ob es sich beispielsweise um eine Gesamtzusage, Regelungsabrede, Betriebsvereinbarung oder tarifliche Bestimmung handelt.[79]

bb) Abweichung zu Lasten des Arbeitnehmers

Im Falle einer **für den Arbeitnehmer ungünstigeren Regelung** über das Entgelt im Arbeitsvertrag gegenüber der sich aus einem Entgeltgruppensystem ergebenden Grundvergütung kommt in der Regel das Entgeltgruppensystem zur Anwendung. Handelt es sich bei dem Entgeltgruppensystem um eine Gesamtzusage, stellt sich zunächst die Frage des Verhältnisses der beiden auf jeweils individualrechtlicher Ebene zur Geltung kommenden Anspruchsgrundlagen im Verhältnis zueinander. Gem. § 305c Abs. 2 BGB wird wiederum in der Regel die für den Arbeitnehmer günstigere Auslegung zum Tragen kommen. 78

Selbst wenn aber Ergebnis einer Auslegung des Arbeitsvertrages eine hinreichende Deutlichkeit sein sollte, dass sich die Grundvergütung des Arbeitnehmers nach dem Arbeitsvertrag richtet und dementsprechend eine irrtümliche Falschbezeichnung im Arbeitsvertrag gegeben ist, wird in der Regel der Anspruch des Arbeitnehmers auf eine Grundvergütung nach Maßgabe des Entgeltgruppensystems aus dem **arbeitsrechtlichen Gleichbehandlungsgrundsatz** folgen. Mit einem Entgeltgruppensystem stellt der Arbeitgeber eine Regel auf, wie bestimmte Arbeitnehmer bzw. Arbeitsplätze zu vergüten sind. Ohne einen Sachgrund darf der Arbeitgeber hiervon nicht zulasten des Arbeitnehmers abweichen[80]. 79

Sofern das **Entgeltgruppensystem auf betriebsverfassungsrechtlicher Ebene** in Gestalt einer Betriebsvereinbarung zur Anwendung kommt, setzt es sich gem. § 77 Abs. 4 BetrVG durch, da eine zum Nachteil des Arbeitnehmers von einer Betriebsvereinbarung abweichende Regelung einer Zustimmung des Betriebsrates bedürfte (§ 77 Abs. 4 S. 2 BetrVG). Nichts anderes gilt jedoch im Falle eines Entgeltgruppensystems in Gestalt einer Regelungsabrede, da – soweit das Mitbestimmungsrecht aus § 87 Abs. 1 Nr. 10 BetrVG zur Anwendung kommt – die betriebsverfassungsrechtlichen Entgeltgrundsätze ohne Zustimmung des Betriebsrates nicht einseitig durch den Arbeitgeber abgeändert werden können und der Arbeitnehmer aus § 611a BGB iVm den betriebsverfassungsrechtlichen Entgeltgrundsätzen einen Entgeltanspruch erwirbt.[81] 80

Gilt das Entgeltgruppensystem auf Grundlage normativ geltender **tariflicher Bestimmungen,** ist wiederum gem. § 4 Abs. 3 TVG allein eine günstigere arbeitsvertragliche Regelung mit dem Arbeitnehmer möglich und bleibt es anderenfalls bei dem auf tariflicher Ebene bestehenden Anspruchs auf die Grundvergütung aus dem Entgeltgruppensystems. 81

---

[77] Vgl. generell BAG 21.8.2013 – 4 AZR 656/11, AP BAT 1975 §§ 22, 23 Nr. 330.
[78] BAG 21.8.2013 – 4 AZR 656/11, AP BAT 1975 §§ 22, 23 Nr. 330.
[79] Zu den möglichen Rechtsgrundlagen eines Entgeltsystems vgl. MAH ArbR/*Hesse/Tischer* § 21, Rn. 6 ff.; SWK-ArbR/*Gerhardt* „Eingruppierung/Umgruppierung" Rn. 12.
[80] MAH ArbR/*Hesse/Tischer* § 21 Rn. 35.
[81] BAG 15.4.2008 – 1 AZR 65/07, AP BetrVG 1972 § 87 Lohngestaltung Nr. 133.

III. Gleichbehandlungspflichten

1. Spezielle Diskriminierungsverbote

82   Für die Entgeltvereinbarung gilt der Grundsatz der Vertragsfreiheit. Arbeitgeber und Arbeitnehmer können die Höhe des Arbeitsentgelts grundsätzlich nach freiem Ermessen vereinbaren. Eine Grenze des freien Ermessens sind aus Sicht des Arbeitgebers jedoch **Gleichbehandlungspflichten.** Für den Grundsatz der Entgeltgleichheit zwischen Männern und Frauen folgt dies durch Art. 157 AEUV bereits aus Unionsrecht.[82] Darüber hinaus dürfen die nach Maßgabe des Allgemeinen Gleichbehandlungsgesetzes (AGG) unzulässigen Differenzierungsmerkmale (Rasse, ethnische Herkunft, Geschlecht, Religion oder Weltanschauung, Behinderung, Alter, sexuelle Identität; vgl. § 1 AGG) nicht Anknüpfungspunkt für unterschiedliche Entgeltgestaltungen sein, da dies eine unzulässige Benachteiligung nach § 7 AGG beinhalten würde.[83]

83   Zwar kann eine an die nach § 1 AGG grundsätzlich unzulässigen Differenzierungskriterien anknüpfende **Ungleichbehandlung sachlich gerechtfertigt** sein. Dies setzt gem. § 8 AGG jedoch voraus, dass wegen der Art der auszuübenden Tätigkeit oder der Bedingungen ihrer Ausübung eine Ungleichbehandlung erforderlich ist – ist ein Arbeitnehmer aber zur Ausübung einer Tätigkeit in der Lage, wird es daran in der Praxis regelmäßig fehlen, sodass eine Rechtfertigung nach § 8 Abs. 1 AGG ausscheidet. § 8 Abs. 2 AGG stellt ergänzend klar, dass die Vereinbarung einer geringeren Vergütung für gleiche oder gleichwertige Arbeit wegen eines in § 1 AGG genannten Grundes nicht damit gerechtfertigt werden kann, dass wegen eines in § 1 AGG genannten Grundes besondere Schutzvorschriften gelten. Dies betrifft insbesondere die Schutzbestimmungen zugunsten (werdender) Mütter nach Maßgabe des Mutterschutzgesetzes zur Vermeidung von Ungleichbehandlungen wegen des Geschlechtes oder die besonderen Schutzbestimmungen nach Maßgabe des Jugendarbeitsschutzgesetzes für Minderjährige zur Vermeidung von Ungleichbehandlungen wegen des Alters.

84   Besondere Anforderungen für Entgeltsysteme stellt § 4 Abs. 4 EntgTranspG auf. Gemäß § 4 Abs. 4 S. 1 EntgTranspG muss ein verwendetes Entgeltsystem insgesamt wie seine einzelnen Entgeltbestandteile so gestaltet sein, dass eine Benachteiligung wegen des Geschlechts ausgeschlossen ist. Es muss hierzu die Art der zu verrichtenden Tätigkeiten objektiv berücksichtigen, geschlechtsneutrale Kriterien zugrunde legen und diese diskriminierungsfrei gewichten sowie insgesamt transparent sein (§ 4 Abs. 4 S. 2 EntgTranspG).

2. Allgemeiner Gleichbehandlungsgrundsatz

85   Neben den Gleichbehandlungspflichten nach dem AGG ist im Arbeitsrecht stets der **arbeitsrechtliche Gleichbehandlungsgrundsatz** zu beachten. Dieser ist zwar grundsätzlich nicht auf die Höhe der Arbeitsvergütung anwendbar, sodass er die Arbeitsvertragsparteien nicht daran hindert, eine freie Vergütungsvereinbarung zu treffen. Nach dem arbeitsrechtlichen Gleichbehandlungsgrundsatz ist der Arbeitgeber grundsätzlich verpflichtet, die Belegschaft oder Teile von ihr bei **Aufstellung einer Regel** gleich zu behandeln, sofern nicht ein sachlicher Grund eine Differenzierung rechtfertigt.[84]

86   Entscheidend für die Reichweite der Gleichbehandlung nach dem arbeitsrechtlichen Gleichbehandlungsgrundsatz ist, ob sich **Arbeitnehmer in gleicher oder vergleichba-**

---

[82] Schaub ArbR-HdB/*Vogelsang* § 66 Rn. 9.
[83] Vgl. Schaub ArbR-HdB/*Vogelsang* § 66 Rn. 10.
[84] BAG 25.6.2015 – 6 AZR 383/14, AP BAT §§ 22, 23 Lehrer Nr. 119; 21.5.2014 – 4 AZR 50/13, AP BGB § 242 Gleichbehandlung Nr. 220; 21.6.2000 – 5 AZR 806/98, NZA 2000, 1050 (1051); 17.11.1998 – 1 AZR 147/98, NZA 1999, 606 (608).

III. Gleichbehandlungspflichten

rer Lage befinden. Innerhalb dieser Gruppen darf der Arbeitgeber einzelne Arbeitnehmer nicht willkürlich benachteiligen, er darf aber auch von vornherein bei der Aufstellung einer Regel keine sachfremde Gruppenbildung vornehmen.[85] Wegen des Vorrangs der Vertragsfreiheit gilt der arbeitsrechtliche Gleichbehandlungsgrundsatz bei der Entgeltvereinbarung jedoch nur eingeschränkt.[86]

Bei Entgeltvereinbarungen kommt eine Anwendung des arbeitsrechtlichen Gleichbehandlungsgrundsatzes nach der Rechtsprechung in Betracht, wenn der Arbeitgeber die Vergütung nach allgemeinen Prinzipien gewährt, etwa durch Aufstellung bestimmter Voraussetzungen oder Zwecke.[87] Stellt der Arbeitgeber solche allgemeinen Regularien für die Bemessung der Arbeitsvergütung auf, darf er **einzelne Arbeitnehmer nicht ohne Bestehen eines sachlichen Grundes** ausnehmen. Allerdings ist der Arbeitgeber nicht verpflichtet, solche allgemeinen Grundsätze aufzustellen, sondern er darf es bei einer individuellen Bemessung der Vergütung belassen.[88] 87

Praktisch wird zumeist – wenn auch ggf. **nicht dokumentiert** – ein solches regelhaftes Verhalten des Arbeitgebers bei der Entgeltfindung anzunehmen sein. Wenn auch kein dokumentiertes Entgeltgruppensystem besteht, werden Entgelte für bestimmte Arbeitsplätze nicht losgelöst von den Aufgaben und Funktionen einerseits und dem betrieblichen Gefüge andererseits zumindest nach Art einer Bandbreite auf Arbeitgebergeberseite als adäquat und üblich betrachtet. Von den individuellen Verhandlungen mit dem Arbeitnehmer und der Bereitschaft des Arbeitgebers, die von ihm angenommene mögliche Bandbreite ggf. zu überspannen, hängt eine Loslösung von solchen – nur nicht dokumentierten – Entgeltgrundsätzen ab. 88

Erst bei einer solchen Loslösung der beim Arbeitgeber als adäquat und üblich zugrunde zu legenden Bandbreite wegen einer **konkreten Verhandlungsposition des Arbeitnehmers** kommt eine individuelle Entgeltvereinbarung in Betracht, die wegen der konkreten Forderungen des Arbeitnehmers keinen Raum mehr für den bloßen Vollzug eines bestehenden abstrakten Grundsatzes belässt. In diesem Falle ist eine Überprüfung am allgemeinen arbeitsrechtlichen Gleichbehandlungsgrundsatz ausgeschlossen. 89

In der Regel sind Unterschiede bei der Entgeltgestaltung deshalb am allgemeinen Gleichbehandlungsgrundsatz darauf zu messen, ob ein **sachlicher Grund** für eine Abweichung von einer Regelhaftigkeit besteht. Ein sachlicher Grund erfordert in der Regel zum einen, dass er nicht gegen Gesetz oder Werte von Verfassungsrang verstößt, zum anderen einen Bezug zu der Leistung erkennen lässt.[89] 90

Beispiel:
Bei der Bemessung des Entgelts werden solche sachlichen Gründe in der Regel im Bereich von
– Leistung,
– Qualifikation,
– Erfahrung,
– Routine,
– Erschwernissen oder

---

[85] BAG 9.6.2016 – 6 AZR 321/15, AP TVöD § 17 Nr. 3; 25.6.2015 – 6 AZR 383/14, AP BAT §§ 22, 23 Lehrer Nr. 119; 21.5.2014 – 4 AZR 50/13, AP BGB § 242 Gleichbehandlung Nr. 220; 17.11.1998 – 1 AZR 147/98, NZA 1999, 606 (608).
[86] BAG 21.5.2014 – 4 AZR 50/13, AP BGB § 242 Gleichbehandlung Nr. 220; 21.6.2000 – 5 AZR 806/98, NZA 2000, 1050 (1051); 17.11.1998 – 1 AZR 147/98, NZA 1999, 606 (608); Schaub ArbR-HdB/ *Vogelsang* § 66 Rn. 13.
[87] BAG 25.6.2015 – 6 AZR 383/14, AP BAT §§ 22, 23 Lehrer Nr. 119; 17.11.1998 – 1 AZR 147/98, NZA 1999, 606 (608).
[88] BAG 15.11.1994 – 5 AZR 682/93, NZA 1995, 939 (940).
[89] BAG 25.6.2015 – 6 AZR 383/14, AP BAT §§ 22, 23 Lehrer Nr. 119; 21.5.2014 – 4 AZR 50/13, AP BGB § 242 Gleichbehandlung Nr. 220; 21.6.2000 – 5 AZR 806/98, NZA 2000, 1050 (1051); 17.11.1998 – 1 AZR 147/98, NZA 1999, 606 (608).

– sonstigen Belastungen
betreffend den konkreten Arbeitsplatz in Betracht kommen.

91　Fehlt es an einem sachlichen Grund für eine Ungleichbehandlung, haben benachteiligte Arbeitnehmer einen Anspruch auf **Einbeziehung in die vorenthaltene Leistung**. Im Bereich der Grundvergütung bewirkt dies einen Anspruch auf Angleichung „nach oben".[90] Das gleichbehandlungswidrige Kriterium ist durch ein gleichbehandlungskonformes zu ersetzen.[91] Der übergangene Arbeitnehmer ist – gibt es keine weiteren Kriterien als Anspruchsvoraussetzungen, die der Arbeitnehmer nicht erfüllt – in den Kreis der Leistungsberechtigten einzubeziehen.[92]

92　Der allgemeine Gleichbehandlungsgrundsatz findet ebenfalls auf **Anpassungen der Entgelthöhe** Anwendung.[93] Verfolgt der Arbeitgeber mit einer Entgelterhöhung das Ziel, die Entgelte insgesamt anzuheben, darf er einzelne Arbeitnehmer oder Gruppen von ihnen nicht einseitig ausnehmen.[94] Dient eine Entgelterhöhung bei einer Arbeitnehmergruppe dagegen bei unterschiedlichen Entgeltsystemen einem Ausgleich oder einer Milderung der Unterschiede zwischen ihnen, liegt darin ein eine Ungleichbehandlung liegender sachlicher Grund.[95] Grenze dieses sachlichen Grundes ist eine Überkompensation. Vergleichsmaßstab ist nicht stets das Stundenentgelt.[96] Wegen möglicher unterschiedlicher Entgeltbestandteile sind vielmehr sämtliche für die Arbeitsleistung gewährten Entgeltbestandteile als Gesamtentgelt gegenüber zu stellen.[97]

IV. Kollektivrechtliche Pflichten

1. Geltende Tarifverträge

93　Daneben können Grenzen für die freie Entgeltvereinbarung oder ein Entgeltgruppensystem aus zwingend anwendbaren Tarifverträgen oder Betriebsvereinbarungen folgen. **Tarifverträge** sind zwingend anwendbar, wenn sowohl Arbeitgeber als auch Arbeitnehmer tarifgebunden sind, dh der Arbeitgeber entweder Mitglied in einem Arbeitgeberverband oder Partei eines Haustarifvertrages und der Arbeitnehmer Mitglied der tarifschließenden Gewerkschaft ist (§§ 2, 3 TVG). In diesem Falle gelten die Rechtsnormen des Tarifvertrages über den Inhalt des Arbeitsverhältnisses unmittelbar und zwingend (§ 4 Abs. 1 TVG). Abweichende Abmachungen können, wenn der Tarifvertrag keine Öffnungsklausel vorsieht, allein für den Arbeitnehmer günstigere Regelungen vorsehen (§ 4 Abs. 3 TVG). Diese zwingende Geltung von Tarifverträgen wird bei fehlender beiderseitiger Tarifbindung für bestimmte Branchen durch die Allgemeinverbindlicherklärung nach § 5 TVG unter den dort genannten Voraussetzungen herbeigeführt.

> **Praxistipp:**
>
> Um überprüfen zu können, ob Rechtsverordnungen nach dem Arbeitnehmerentsendegesetz, dem Mindestarbeitsbedingungengesetz oder Tarifverträge kraft Allgemeinverbindlicherklärung anzuwenden sind, findet sich auf der Homepage des Bundesministeriums für Arbeit und Soziales (http://www.bmas.de) eine Übersicht über die

---

[90] BAG 25.6.2015 – 6 AZR 383/14, AP BAT §§ 22, 23 Lehrer Nr. 119; 21.5.2014 – 4 AZR 50/13, AP BGB § 242 Gleichbehandlung Nr. 220.
[91] BAG 21.5.2014 – 4 AZR 50/13, AP BGB § 242 Gleichbehandlung Nr. 220.
[92] BAG 21.5.2014 – 4 AZR 50/13, AP BGB § 242 Gleichbehandlung Nr. 220.
[93] BAG 3.9.2014 – 5 AZR 109/13, AP BGB § 242 Gleichbehandlung Nr. 219; 21.9.2011 – 5 AZR 520/10, NZA 2012, 31 (33); 17.3.2010 – 5 AZR 168/09, NZA 2010, 696 Rn. 14 mwN.
[94] BAG 3.9.2014 – 5 AZR 6/13, AP BGB § 242 Gleichbehandlung Nr. 218.
[95] BAG 3.9.2014 – 5 AZR 6/13, AP BGB § 242 Gleichbehandlung Nr. 218.
[96] Zu dieser Betrachtung aber BAG 17.3.2010 – 5 AZR 168/09, NZA 2010, 696 (697).
[97] BAG 3.9.2014 – 5 AZR 6/13, AP BGB § 242 Gleichbehandlung Nr. 218.

IV. Kollektivrechtliche Pflichten | D

Mindestentgelte nach dem Arbeitnehmer-Entsendegesetz, ein Verzeichnis der für allgemeinverbindlich erklärten Tarifverträge sowie Mindestentgelte.

Tarifverträge beinhalten regelmäßig **Vorgaben über Entgeltgruppensysteme**. Im Zuge der Regelung der Arbeits- und Wirtschaftsbedingungen in Ausübung der Tarifautonomie aus Art. 9 Abs. 3 GG ist insbesondere das Arbeitsentgelt gefestigter Bestandteil tariflicher Regelungswerke. Ist der Tarifvertrag kraft beiderseitiger Tarifbindung anwendbar oder allgemeinverbindlich, gilt ein solches Entgeltgruppensystem damit und kommen allein günstigere Regelungen für den Arbeitnehmer in Betracht (§ 4 Abs. 3 TVG). 94

Denkbar wäre insoweit, generell eine Grundvergütung oberhalb des Tarifniveaus zu bemessen, um – insbesondere im Recruitingprozess zur Abhebung von Wettbewerbern – Arbeitnehmer gewinnen und an das Unternehmen binden zu können. Denkbar ist es gleichermaßen, innerhalb der tariflich vertraglich vorgegebenen Rahmenbedingungen **verfeinernde Entgeltregelungen** mit weiteren Abstufungen vorzunehmen. In der Regel sind die tarifvertraglichen Vorgaben für Entgeltgruppensysteme indessen derart detailliert, dass kaum Spielräume für darüber hinausgehende Gestaltungen von Entgeltgrundsätzen innerhalb des Geltungsbereichs des Tarifvertrages verbleiben. 95

Etwas anderes gilt für die sog. **AT-Arbeitnehmer**. Dies sind Arbeitnehmer, die nach dem Geltungsbereich eines Tarifvertrages nicht in dessen Anwendung fallen sollen. Ob und für welche Personengruppen ein solcher Status als AT-Arbeitnehmer in Betracht kommt, ist allein eine Frage des persönlichen Geltungsbereichs eines Tarifvertrages[98]. 96

Beispiel:
Zur Bestimmung des AT-Status regelt § 1 Ziffer 3 Abs. 2 Manteltarifvertrag Privates Bankgewerbe (Stand Juli 2014) etwa
„Angestellte in leitender Stellung oder solche Angestellte, die durch ihre Stellung berufen sind, selbständig Entscheidungen von besonderer Wichtigkeit und Tragweite zu treffen (zB Prokuristen/Innen, Leiter/Innen größerer Zweigstellen, Abteilungsleiter/Innen) fallen nicht unter die Bestimmungen dieses Tarifvertrages, vorausgesetzt, dass ihr laufendes Monatsgehalt (ausschließlich Sozialzulagen, Mehrarbeits- und Sondervergütungen) das Endgehalt der höchsten Tarifgruppe überschreitet und dass die sonstigen Bedingungen ihrer Arbeitsverträge nicht schlechter sind als die entsprechenden Bedingungen des Tarifvertrages."

Regelt der Tarifvertrag keinen solchen persönlichen Geltungsbereich, aus dem bestimmte Arbeitnehmergruppen ausgenommen sind, bleibt indessen regelmäßig kein Raum für einen AT-Status und diesbezügliche vom Tarif abweichende Bestimmungen. Allerdings knüpfen Bestimmungen über den AT-Status regelmäßig daran an, dass Arbeitnehmer etwa gegenüber den tariflichen entgeltgruppenrelevanten Tätigkeitsmerkmalen deutlich höherwertige Arbeitsaufgaben und Verantwortungen wahrnehmen und deren Vergütungsniveau die höchste Tarifgruppe in einem bestimmten Umfang übersteigt.[99] 97

Darüber hinaus wird es in der Regel bei AT-Arbeitnehmern zu **gegenüber dem Tarifniveau günstigeren Entgeltregelungen** kommen, die gem. § 4 Abs. 3 TVG ohnehin nicht ausgeschlossen sind. Eine Fortschreibung des Tarifvertrages „nach oben" ist dem Arbeitgeber deshalb selbst im Geltungsbereich eines Tarifvertrages nicht verwehrt, wenn er für den Kreis der AT-Angestellten oberhalb des Tarifniveaus weitere Entgeltgruppen definiert. Voraussetzung hierfür ist, dass die höchste Tarifgruppe noch ausreichende Regelungsspielräume für eine weitere Differenzierung nach zunehmend höherwertigen Tätigkeiten belässt. 98

Allerdings ist es in der Praxis selten festzustellen, dass Arbeitgeber oberhalb des Tarifniveaus eine Selbstbindung durch ein Entgeltgruppensystem eingehen wollen. Das Vergü- 99

---
[98] Maschmann/*Möller* Kap. 5 Rn. 3.
[99] Etwa § 1 des Manteltarifvertrages für das Private Bankgewerbe idF v. 7/2014.

Salamon

tungsniveau der AT-Angestellten sowie die Bewertung von deren Arbeitsplätzen sollen regelmäßig einer **individuellen Beurteilung** durch den Arbeitgeber vorbehalten bleiben. Der Arbeitgeber ist bei der Gruppe der AT-Angestellten schließlich – sofern der Tarifvertrag bei der Festlegung des AT-Status ein bestimmtes Abstandsgebot zum tariflichen Entgelt beinhaltet –– an tarifliche Entwicklungen zur Beibehaltung dieses Abstandes gebunden. Auch dies wird vielfach ein Hemmnis gegenüber einer solchen Fortschreibung des tariflichen Niveaus für AT-Angestellte in Gestalt eines feststehenden Systems darstellen.

2. Betriebsverfassungsrechtliche Entgeltgrundsätze

a) Mitbestimmung gem. § 87 Abs. 1 Nr. 10 BetrVG

100 Grenzen für Vergütungsvereinbarungen können darüber hinaus aus **betriebsverfassungsrechtlichen Entgeltgrundsätzen** gem. § 87 BetrVG oder Betriebsvereinbarungen folgen. So unterliegen nach § 87 Abs. 1 Nr. 10 BetrVG Entgeltgrundsätze der Mitbestimmung des Betriebsrates, sofern der Arbeitgeber nicht an einen dies regelnden Tarifvertrag gebunden ist.[100] Der Betriebsrat hat hiernach mitzubestimmen, soweit die Festlegung abstrakter Kriterien für einzelne Entgeltgruppen sowie die Festsetzung von Wertunterschieden der einzelnen Entgeltgruppen zueinander betroffen ist.[101]

101 Soweit das Mitbestimmungsrecht in Gestalt einer Betriebsvereinbarung ausgeübt ist, ist ein Entgeltgruppensystem auf betriebsverfassungsrechtlicher Ebene mit normativer Wirkung in Kraft gesetzt, welches den Arbeitgeber bindet. Eine weitere abstrakte Verfeinerung oder Untergliederung eines solchen Entgeltsystems wäre wiederum nach § 87 Abs. 1 Nr. 10 BetrVG mitbestimmungspflichtig, so dass dem Arbeitgeber insoweit keine Gestaltungsspielräume verbleiben. Von Bedeutung ist, dass das Mitbestimmungsrecht aus § 87 Abs. 1 Nr. 10 BetrVG **nicht die Entgelthöhe** selbst, dh die Zuordnung eines bestimmten Entgelts zu einer bestimmten Entgeltgruppe oder die Festlegung eines Eck-Entgeltes im Falle prozentualer Abstände der Entgeltgruppen zueinander umfasst (→ N Rn. 36 ff.).[102] Bei bestehenden betriebsverfassungsrechtlichen Entgeltgrundsätzen aufgrund einer Betriebsvereinbarung, die sich in den Grenzen des § 87 Abs. 1 Nr. 10 BetrVG bewegt, bleibt dem Arbeitgeber deshalb die einseitige Bestimmung der absoluten Entgelthöhe vorbehalten und sind allein die Abstände der einzelnen Entgeltgruppen zueinander zu beachten.

b) Betriebsverfassungsrechtlich geltende (vormals) tarifliche Entgeltsysteme

102 Eine Entgeltvereinbarung muss in Betrieben mit Betriebsrat anwendbare Entgeltgrundsätze beachten, soweit solche bestehen. Die Rechtsprechung geht so weit, nach einem Ende der Tarifbindung des Arbeitgebers infolge Verbandsaustritts die bisherigen tariflichen Entgeltgrundsätze ungeachtet des **Endes der Tarifbindung** des Arbeitgebers als betriebsverfassungsrechtliche Entgeltgrundsätze zu betrachten und den Arbeitgeber damit trotz Beendigung der Tarifbindung an die bisherigen tariflichen Entgeltgrundsätze zu binden.[103] Der Arbeitgeber bedarf daher im Ergebnis zur Lösung von den bisherigen tariflichen Entgeltgrundsätzen gem. § 87 Abs. 1 Nr. 10 BetrVG der Zustimmung des Betriebsrates.[104] Der Arbeitgeber muss nach Auffassung des BAG die Eingruppierungsmerkmale sowie die Wertunterschiede zwischen Entgeltgruppen aus einem Tarifvertrag auch dann noch bei

---

[100] Zur Maßgabe der Tarifbindung nur des Arbeitgebers etwa: BAG 18.10.2011 – 1 ABR 25/10, NZA 2012, 392 (394); *Fitting* BetrVG § 87 Rn. 42.
[101] BAG 18.10.2011 – 1 ABR 25/10, NZA 2012, 392 (394); im Einzelnen zur Mitbestimmung des Betriebsrates → N Rn. 11 ff.
[102] BAG 18.10.2011 – 1 ABR 25/10, NZA 2012, 392 (396).
[103] BAG 15.4.2008 – 1 AZR 65/07, NZA 2008, 888 (891); krit. *Bauer/Günther* DB 2009, 620 ff.
[104] BAG 15.4.2008 – 1 AZR 65/07, NZA 2008, 888 (891).

IV. Kollektivrechtliche Pflichten

seinen individualarbeitsvertraglichen Entgeltvereinbarungen zugrunde legen, wenn tarifrechtlich eine Anwendbarkeit des Tarifvertrages längst ausgeschlossen ist.[105]

Das BAG geht sogar so weit, dass ein tarifgebundener Arbeitgeber die tariflichen Entgeltgrundsätze bei **nicht tarifgebundenen Arbeitnehmern,** bei denen der Tarifvertrag also überhaupt keine Geltung beansprucht, **anwenden muss,** weil nach Auffassung des BAG anderenfalls wegen der bestehenden Tarifbindung des Arbeitgebers ein Schutz der nicht in den Geltungsbereich des Tarifvertrages fallenden Arbeitnehmer nicht über das Mitbestimmungsrecht des § 87 BetrVG gewährleistet wäre.[106] Auch wenn diese Rechtsprechung in das verfassungsrechtlich verbürgte Recht der Arbeitnehmer eingreift, unabhängig von der Tarifbindung des Arbeitgebers gewerkschaftlich gesteuerten Arbeitsbedingungen fern zu bleiben und sie deshalb abzulehnen ist,[107] wird die Praxis damit leben müssen.

– Beispiel 1:
Sind sowohl der Arbeitgeber als auch der Arbeitnehmer tarifgebunden, kann eine Entgeltvereinbarung nur in den Grenzen der tariflichen Regelungen getroffen werden. Der Arbeitnehmer ist in die tarifliche Entgeltgruppe einzugruppieren. Das Arbeitsentgelt des Arbeitnehmers richtet sich nach der dieser Entgeltgruppe tariflich zugewiesenen Entgelthöhe. Nach § 4 Abs. 3 TVG kann allein ein darüber hinausgehendes Entgelt vereinbart werden.

– Beispiel 2:[108]
Die Tarifbindung des Arbeitgebers endet. Besteht im Betrieb ein Betriebsrat und stellt der Arbeitgeber einen Arbeitnehmer ein, ist die zu treffende Entgeltvereinbarung wegen der entfallenen Tarifbindung des Arbeitgebers an sich nicht mehr an den tariflichen Entgeltregelungen zu bemessen (§ 4 Abs. 1 TVG). In Betrieben mit Betriebsrat werden die bisherigen tariflichen Entgeltgrundsätze jedoch nicht bedeutungslos.
Der Arbeitgeber bleibt gem. § 87 BetrVG an die bisherigen tariflichen Entgeltgrundsätze gebunden, soweit das Mitbestimmungsrecht aus § 87 BetrVG reicht. Da lediglich die Höhe des Entgelts nicht vom Mitbestimmungsrecht des § 87 BetrVG umfasst wird, muss der nicht mehr tarifgebundene Arbeitgeber in Betrieben mit Betriebsrat den Arbeitnehmer einer tariflichen Entgeltgruppe zuordnen und darf mit dem Arbeitnehmer lediglich ein Arbeitsentgelt vereinbaren, das den Abstand zum Arbeitsentgelt einer anderen Tarifgruppe gewährleistet.

c) Weitergehende Betriebsvereinbarungen

Über Entgeltgrundsätze gem. § 87 Abs. 1 Nr. 10 BetrVG hinaus kann eine Betriebsvereinbarung gem. § 77 Abs. 4 BetrVG weitere Grenzen für die freie Vergütungsvereinbarung vorgeben, wenn über die in § 87 Abs. 1 Nr. 10 BetrVG genannten Entgeltgrundsätze hinaus in ihr Regelungen über die Höhe der Vergütung getroffen sind. Derartige Betriebsvereinbarungen werden in der Praxis bei der Grundvergütung jedoch nur selten rechtswirksam bestehen können. So können gem. **§ 77 Abs. 3 BetrVG** Arbeitsentgelte und sonstige Arbeitsbedingungen nicht Gegenstand einer Betriebsvereinbarung sein, wenn sie durch Tarifvertrag geregelt oder üblicherweise geregelt sind. Da eine **Tarifüblichkeit** genügt, gilt diese Regelungsgrenze für Betriebsvereinbarungen auch bei fehlender Tarifbindung des Arbeitgebers. Zwingende Vorgaben über die Höhe der Grundvergütung aus

---
[105] BAG 25.4.2017 – 1 AZR 427/15, NZA 2017, 1346 (1347); 5.5.2015 – 1 AZR 435/13, NZA 2015, 1207 (1209); 22.6.2010 – 1 AZR 853/08, NZA 2010, 1243 (1245); 15.4.2008 – 1 AZR 65/07, NZA 2008, 888 (891).
[106] BAG 25.4.2017 – 1 AZR 427/15, NZA 2017, 1346 (1347); 18.10.2011 – 1 ABR 25/10, NZA 2012, 392 (394); aA *Salamon* NZA 2012, 899.
[107] *Salamon* NZA 2012, 899.
[108] BAG 15.4.2008 – 1 AZR 65/07, NZA 2008, 888 (891); 18.10.2011 – 1 ABR 25/10, NZA 2012, 392 (394).

Betriebsvereinbarungen werden deshalb in der Praxis die Ausnahme darstellen, während sonstige Entgelte in der Regel mangels abschließender tariflicher Vorgaben durch Betriebsvereinbarung gestaltbar sind.

E. Generelle Flexibilisierungsinstrumente im Individualarbeitsrecht

Übersicht

	Rn.
I. Reichweite und Grenzen der Gestaltung freiwilliger Entgeltbestandteile	1
1. Freiwilligkeit von Entgeltbestandteilen	1
2. Kein laufendes Arbeitsentgelt	9
3. Einmalige Leistungen	25
4. Wiederkehrende Leistungen	29
5. Reichweite des Freiwilligkeitsvorbehaltes	34
a) Totalvorbehalt	34
b) Freiwilligkeitsvorbehalt hinsichtlich des Anspruchsgrundes	42
c) Freiwilligkeitsvorbehalt der Höhe nach	49
6. Erklärung des Freiwilligkeitsvorbehaltes	54
a) Leistungen mit kollektivem Bezug	55
aa) Anwendungsfall betriebliche Übung	55
bb) Kollektiver Charakter des Freiwilligkeitsvorbehaltes	58
b) Konkreter oder pauschaler Freiwilligkeitsvorbehalt	62
c) Individualabreden (§ 305b BGB)	64
aa) Begriff und Abgrenzung	64
bb) Freiwilligkeitsvorbehalte bei Individualabreden	67
d) Sonstige individuelle Zusageformen	70
e) Zeitpunkt und Form	72
f) Qualifizierte Schriftformklausel anstelle des pauschalen Freiwilligkeitsvorbehalts?	77
aa) Qualifizierte Schriftformklausel und betriebliche Übung	77
bb) Qualifizierte Schriftformklausel und individuelle konkludente Zusagen	79
cc) Auswirkung der Rechtsprechungsänderung zu pauschalen Freiwilligkeitsvorbehalten	80
II. Befristung und Bedingung von Entgeltbestandteilen	82
1. Abgrenzung zu Einmalleistungen	82
2. Rechtliche Grenzen	85
a) Prüfungsmaßstab	85
b) Flexibilisierungsinteresse für die Befristung von Entgeltbestandteilen	93
c) Transparenzkontrolle	106
III. Änderungsvorbehalte	108
1. Begriff und Abgrenzung	108
2. Widerrufsvorbehalt	110
a) Bedeutung	110
b) Inhalts- und Transparenzkontrolle	112
aa) Prüfungsmaßstab	112
bb) Quantitative Grenzen	114
cc) Qualitative Anforderungen	117
c) Ausübungskontrolle	132
3. Bezugnahme auf externe Regelungswerke	134
a) Dynamische Bezugnahme auf Tarifverträge	134
b) Dynamische Bezugnahme auf einseitige Regelungswerke des Arbeitgebers	136
c) Dynamische Bezugnahme von Betriebsvereinbarungen	139
4. Direktionsrecht	149
IV. Zulagen und Zuschläge	154
1. Funktionszulagen	155
a) Anknüpfungspunkte	155
b) Quantitative Grenzen	158
c) Auflösende Bedingung/Befristung	165
d) Auswirkung auf Direktionsrechte	166
2. Leistungszulagen	170

	Rn.
a) Anknüpfungspunkte	170
b) Angemessenheits- und Transparenzkontrolle	171
3. Erschwerniszulagen	174
a) Anknüpfungspunkte	174
b) Rechts-, Angemessenheits- und Transparenzkontrolle	176
4. Sonstige Zulagen und Zuschläge	178
5. Anrechnung übertariflicher Zulagen	179
a) Bedeutung	179
b) Angemessenheits- und Transparenzkontrolle	180

I. Reichweite und Grenzen der Gestaltung freiwilliger Entgeltbestandteile

1. Freiwilligkeit von Entgeltbestandteilen

1   Bei der Gestaltung freiwilliger Entgeltbestandteile beabsichtigt der Arbeitgeber weitestgehende Flexibilität. Mit der Freiwilligkeit sollen **Rechtsansprüche des Arbeitnehmers ausgeschlossen** werden, sodass der Arbeitgeber jeweils neu und nach freiem Ermessen über eine Leistung entscheiden kann. Diese freie Entscheidung soll sowohl dem Grunde nach, ob also überhaupt eine Leistung gewährt wird, wie auch der Höhe nach offen gehalten werden. Aus Sicht des Arbeitnehmers bewirkt dies einen Verlust an Planungssicherheit. Der Arbeitnehmer bleibt im ungewissen, ob er eine solche Leistung überhaupt und – sollte sich der Arbeitgeber zur Gewährung entscheiden – in welcher Höhe er diese Leistung erhält.

Beispiel:

Der Arbeitgeber entscheidet am Ende eines jeden Geschäftsjahres erneut, ob er – etwa in Ansehung des Unternehmensergebnisses oder einer besonders guten Arbeitsleistung – eine Sonderzahlung gewähren will. Die Höhe einer solchen Leistung setzt er nach seiner Bewertung der Gesamtumstände fest.

2   Nach allgemeinen zivilrechtlichen Grundsätzen im Rahmen der Erbringung jeweils nur einer einzelnen Leistung durch den Arbeitgeber wäre dies unproblematisch, da die Gewährung einer Leistung im Einzelfall nicht zu einer Bindung für die Zukunft führt. Man denke etwa an den täglichen Kauf einer bestimmten Zeitung an einem Kiosk. Der arbeitsrechtliche Ausgangspunkt aus dem Gesichtspunkt betrieblicher Übungen ist dagegen ein gänzlich anderer.

3   Die Gewährung einer Leistung im Einzelfall begründet zwar stets einen Rechtsanspruch des Arbeitnehmers. Dieser beschränkt sich jedoch auf die jeweilige (abgewickelte) Einzelleistung. Im Gegensatz dazu stellt sich bei einer beabsichtigten Freiwilligkeit der Leistung die Frage nach einer **Bindung hinsichtlich zukünftiger weiterer Leistungen.** Nur wenn eine solche Bindung zu vermeiden ist, kommt der Arbeitgeber in den Genuss der beabsichtigten Flexibilität, die Leistung ganz oder teilweise in der Zukunft nicht erneut gewähren zu brauchen. Eine solche Bindung des Arbeitgebers kommt indessen insbesondere unter dem Gesichtspunkt betrieblicher Übungen oder individueller konkludenter Zusageformen in Betracht.

4   Unter **betrieblicher Übung** versteht das BAG in seiner ständigen Rechtsprechung eine Wiederholung bestimmter Verhaltensweisen durch den Arbeitgeber, aus denen die Arbeitnehmer darauf schließen können, ihnen solle eine bestimmte Leistung auf Dauer

gewährt werden.[1] Typisches Beispiel ist eine dreimalig wiederholte Zahlung in gleicher Höhe an die gesamte Belegschaft oder Teile von ihr.[2] Im jeweiligen Jahr des Bezugs der Leistung erfolgt eine Gesamt- bzw. – ausdrückliche oder schlüssige – Individualzusage hinsichtlich der einzelnen Zahlung. Auch ohne ausdrückliche Erklärung über zukünftige Leistungen nimmt das BAG eine Bindung des Arbeitgebers für die Zukunft an, weil der Arbeitgeber – so das BAG – mit einem **wiederholten und gleichförmigen Verhalten** konkludent ein rechtsgeschäftliches verbindliches Angebot auch hinsichtlich einer zukünftigen Fortsetzung dieser Verhaltensweise abgebe.[3] Während bei jährlichen Gratifikationen die dreimalige Wiederholung zu einer betrieblichen Übung führt, kommt es bei sonstigen Leistungen auf die Umstände des Einzelfalls (Art, Intensität und Dauer der Leistungen) an.[4]

Beispiel:
Der Arbeitgeber gewährt der Belegschaft in jedem Jahr eine Sonderzahlung mit dem Novembergehalt in Höhe eines Monatsgehaltes, für die keine sonstige Rechtsgrundlage besteht. Bei der ersten, zweiten und in der Regel auch noch dritten Gewährung handelt es sich um eine Gewährung nach freiem Ermessen.

Mit der jeweiligen Gewährung gibt der Arbeitgeber ein Angebot auf die jeweilige Leistung ab, das der Arbeitnehmer durch Entgegennahme konkludent annimmt, ohne dass es eines Zugangs dieser Annahmeerklärung beim Arbeitgeber bedarf.[5] Damit entstehen zunächst nur ein einmaliger Rechtsanspruch und eine Rechtsgrundlage für das Behaltendürfen der jeweiligen einmaligen Leistung.

Mit der in der Regel dritten solchen Gewährung einer Leistung nimmt das BAG aber an, dass der Arbeitgeber gleichzeitig eine Regelhaftigkeit in der Zeit zum Ausdruck bringt. Der Arbeitnehmer darf diese Gewährung der Leistung so verstehen, dass der Arbeitgeber aus Sicht eines verständigen Arbeitnehmers nicht nur ein Angebot auf die dritte Leistung abgibt, sondern zugleich auf weitere solche Leistungen in der Zukunft. Auch dieses nimmt der Arbeitnehmer konkludent an, ohne dass es eines Zugangs dieser Annahmeerklärung beim Arbeitgeber bedarf.[6]

Die betriebliche Übung hat einen **kollektiven Bezug.**[7] Ihre Entstehung setzt voraus, 5 dass das wiederholte und gleichförmige Verhalten des Arbeitgebers gegenüber einer Mehrzahl von Arbeitnehmern des Betriebs erfolgt.[8] Eine betriebliche Übung bezieht sich auf eine Vielzahl von Arbeitnehmern oder eine zumindest abgrenzbare Gruppe.[9] Wird

---

[1] BAG 15.5.2013 – 3 AZR 610/11, NZA 2012, 1279 (1287); 15.2.2011 – 3 AZR 35/09, NZA-RR 2011, 541 (550); 30.7.2008 – 10 AZR 606/07, NZA 2008, 1173 (1176); 28.5.2008 – 10 AZR 274/07, NZA 2008, 941 (942).
[2] BAG 30.7.2008 – 10 AZR 606/07, NZA 2008, 1173 (1176).
[3] BAG 15.5.2012 – 3 AZR 610/11, NZA 2012, 1279 (1287); 15.2.2011 – 3 AZR 35/09, NZA-RR 2011, 541; 30.7.2008 – 10 AZR 606/07, NZA 2008, 1173 (1176); 28.5.2008 – 10 AZR 274/07, NZA 2008, 941 (942).
[4] BAG 14.9.2011 – 10 AZR 526/10, NZA 2012, 81 (82); 28.7.2004 – 10 AZR 19/04, NZA 2004, 1152 (1154).
[5] BAG 14.9.2011 – 10 AZR 526/10, NZA 2012, 81 (82); 28.7.2004 – 10 AZR 19/04, NZA 2004, 1152 (1154).
[6] BAG 14.9.2011 – 10 AZR 526/10, NZA 2012, 81 (82); 28.7.2004 – 10 AZR 19/04, NZA 2004, 1152 (1154).
[7] BAG 21.4.2010 – 10 AZR 163/09, NZA 2010, 808 (809); 11.4.2006 – 9 AZR 500/05, NZA 2006, 1089 (1090).
[8] BAG 21.4.2010 – 10 AZR 163/09, NZA 2010, 808 (809); 11.4.2006 – 9 AZR 500/05, NZA 2006, 1089 (1090).
[9] BAG 21.4.2010 – 10 AZR 163/09, NZA 2010, 808 (809); 11.4.2006 – 9 AZR 500/05, NZA 2006, 1089 (1090).

die Leistung nur einem einzelnen Arbeitnehmer gewährt, ohne dass andere Arbeitnehmer eine zumindest vergleichbare Leistung erhielten, scheidet eine betriebliche Übung aus.[10]

Beispiel:
Der kollektive Bezug erfordert, dass der Arbeitgeber im Beispiel zuvor das Weihnachtsgeld jeweils gegenüber der Belegschaft insgesamt oder einer Gruppe von ihr gewährt. Zahlt der Arbeitgeber das Weihnachtsgeld nur einem einzigen Arbeitnehmer, ist ein kollektiver Bezug nicht erkennbar.

6   Eine auf dieser Grundlage entstandene betriebliche Übung wirkt kollektiv für den gesamten Betrieb, sodass sie sich auch auf neu eintretende Arbeitnehmer erstreckt, die in dem Betrieb zuvor noch nicht in den Genuss einer wiederholten Leistung konkret ihnen gegenüber gelangt sind.[11] In ihrer Wirkungsweise ähnelt die betriebliche Übung damit einer **Gesamtzusage,** dh einer verbindlichen Zusage des Arbeitgebers gegenüber der Belegschaft, eine bestimmte Leistung dauerhaft zu erbringen. Eine Gesamtzusage liegt vor, wenn der Arbeitgeber bekannt gibt, eine bestimmte Leistung zu gewähren. Eine Gesamtzusage wird wirksam, sobald Arbeitnehmer typischerweise in die Lage versetzt sind, von der Erklärung des Arbeitgebers Kenntnis zu nehmen.[12] Der Anspruch des Arbeitnehmers entsteht durch konkludente Annahme,[13] vergleichbar bei einer betrieblichen Übung.

Praxistipp:
Gesamtzusagen wie betriebliche Übungen können als Bestandteil des Arbeitsverhältnisses vom Arbeitgeber nicht einseitig aufgehoben werden. Der Arbeitgeber kann sich von Gesamtzusagen mit Wirkung für die Zukunft gegenüber sodann neu einzustellenden Arbeitnehmern lossagen.[14] Nichts anderes kann für betriebliche Übungen gelten. Erforderlich ist allein die Festlegung eines – nicht willkürlichen – Stichtages, von dem an neu eingestellte Arbeitnehmer in die Leistung nicht mehr einbezogen sein sollen. Die Ungleichbehandlung durch den Stichtag der Schließung der Gesamtzusage bzw. betrieblichen Übung für Neueintritte gegenüber den infolge Bestandsschutzes weiterhin Begünstigten ist durch den Stichtag gerechtfertigt.

7   Fehlt es an einem kollektiven Bezug, weil etwa eine Leistung nur gegenüber einem einzelnen Arbeitnehmer wiederholt gewährt wird, scheidet eine betriebliche Übung aus. Allerdings kommt in diesem Falle eine **konkludente Individualvereinbarung** unter den gleichen Voraussetzungen in Betracht.[15] Sie unterscheidet sich von der betrieblichen Übung durch den fehlenden kollektiven Bezug, kommt aber unter den gleichen Voraussetzungen zustande. Rechtsfolge entfaltet sie nur in dem individuellen Arbeitsverhältnis. Andere Arbeitnehmer können sich grds. nicht auf sie berufen. Möglich bleibt eine Einbeziehung nach allgemeinen Grundsätzen. Dies kann etwa aufgrund des allgemeinen arbeitsrechtlichen Gleichbehandlungsgrundsatzes in Betracht kommen, falls trotz fehlenden kollektiven Bezuges ausnahmsweise ein regelhaftes Verhalten des Arbeitgebers feststellbar sein sollte.

Beispiel:
Ohne bestehende Zusage zahlt der Arbeitgeber seinem kaufmännischen Leiter jährlich einen Bonus. Mangels kollektiven Bezuges scheidet eine betriebliche Übung aus. Möglich ist

---

[10] BAG 21.4.2010 – 10 AZR 163/09, NZA 2010, 808 (809); 11.4.2006 – 9 AZR 500/05, NZA 2006, 1089 (1090).
[11] BAG 28.6.2006 – 10 AZR 385/05, NZA 2006, 1174 (1176).
[12] BAG 13.11.2013 – 10 AZR 848/12, NZA 2014, 368 (369).
[13] BAG 13.11.2013 – 10 AZR 848/12, NZA 2014, 368 (369).
[14] BAG 20.8.2014 – 10 AZR 453/13, NZA 2014, 1333 (1334).
[15] BAG 14.9.2011 – 10 AZR 526/10, NZA 2012, 81 (82); 21.4.2010 – 10 AZR 163/09, NZA 2010, 808 (809).

indessen ein dauerhafter Rechtsanspruch auf jährliche Bonuszahlung aufgrund einer konkludenten individuellen Zusage.

Führt der Arbeitgeber zwei Niederlassungen mit jeweils einem Niederlassungsleiter und erfolgt die Bonuszahlung nur gegenüber einem von ihnen mit Blick auf dessen Leitung der Niederlassung, kann sich für den anderen Niederlassungsleiter die Einbeziehung über den allgemeinen arbeitsrechtlichen Gleichbehandlungsgrundsatz ergeben. In der Regel wird es aber an einer Regelhaftigkeit fehlen oder eine bestehende Regelhaftigkeit bereits einen Hinweis auf den kollektiven Bezug und damit eine betriebliche Übung bieten.

Will der Arbeitgeber eine Bindung für zukünftig wiederholte Leistungen vermeiden, muss er hierzu einen **Vorbehalt** erklären, dass sich sein Leistungsversprechen auf die jeweilige Einzelleistung beschränkt und aus ihr keine Ansprüche auf wiederholte Leistungsgewährungen hergeleitet werden können.[16] Nur mit einem solchen Vorbehalt ist es nach Auffassung des BAG möglich, ein **schutzwürdiges Vertrauen** in der Belegschaft zu **zerstören**, aus wiederholten Einzelleistungen könne auf ein dauerhaftes Leistungssystem geschlossen werden. Allein eine unterschiedliche Höhe der Leistungen schließt die Entstehung betrieblicher Übungen bzw. konkludenter individueller Zusagen nicht aus.[17] 8

Beispiel:

Knüpft eine Sonderzahlung an das Betriebsergebnis, ist es diesem Zweck geschuldet, dass sie in unterschiedlicher Höhe gewährt wird.[18] Generell kann eine unterschiedliche Höhe den Anspruch dem Grunde nach einräumen, jedoch etwa eine ermessensabhängige Festsetzung der Höhe nach erfolgen – diese Festsetzung ist am Maßstab des § 315 BGB überprüfbar, so dass ein freies Ermessen des Arbeitgebers nicht mehr besteht (→ F Rn. 96, 198 ff.).

2. Kein laufendes Arbeitsentgelt

Für laufendes Arbeitsentgelt – konkret eine monatlich zu zahlende Leistungszulage – hat das BAG[19] eine Möglichkeit zum Ausschluss eines Rechtsanspruchs für zukünftige Leistungen abgelehnt. Das BAG geht davon aus, dass die Vermeidung eines Rechtsanspruchs bei Bestandteilen des laufenden Arbeitsentgelts dem **Zweck des Arbeitsvertrages** widerspricht, weil der Ausschluss eines Rechtsanspruchs die **synallagmatische Verknüpfung** der Leistungen der Vertragsparteien aufhebe.[20] Dies gelte unabhängig davon, ob ein solcher Vorbehalt die Grundvergütung oder eine zusätzliche Vergütungskomponente erfasse, da auch diese laufendes Arbeitsentgelt und damit in das Synallagma eingebundene Leistungen darstelle.[21] 9

Beispiel:

Das Austauschverhältnis von Arbeitsleistung und Arbeitsentgelt im Arbeitsverhältnis als Dauerschuldverhältnis gem. § 611a BGB erfordert, dass der Arbeitnehmer das Arbeitsentgelt als Gegenleistung für seine Arbeitsleistung beanspruchen kann. Bei solchem Arbeitsentgelt verstößt der Vorbehalt des Ausschlusses eines Rechtsanspruchs gegen das synallagmatische Austauschverhältnis.

---

[16] BAG 14.9.2011 – 10 AZR 526/10, NZA 2012, 81 (82); 10.12.2008 – 10 AZR 1/08, NZA-RR 2009, 576; 25.4.2007 – 5 AZR 627/06, NZA 2007, 853.
[17] BAG 13.5.2015 – 10 AZR 266/14, NZA 2015, 992 (993).
[18] BAG 13.5.2015 – 10 AZR 266/14, NZA 2015, 992 (993).
[19] BAG 25.4.2007 – 5 AZR 627/06, NZA 2007, 853.
[20] BAG 25.4.2007 – 5 AZR 627/06, NZA 2007, 853.
[21] BAG 25.4.2007 – 5 AZR 627/06, NZA 2007, 853.

10   Hiervon ausgehend hat das BAG bei Bestandteilen des laufenden Arbeitsentgeltes angenommen, dass ein **Freiwilligkeitsvorbehalt nicht möglich** sei. Aufgrund des Gegenseitigkeitsverhältnisses sämtlicher laufender Bestandteile des Arbeitsentgeltes gegenüber der Arbeitsleistung bedeute ein Ausschluss des Rechtsanspruchs eine **Abweichung von Rechtsvorschriften**. Für vom Arbeitgeber vorformulierte Arbeitsverträge sieht § 307 Abs. 3 BGB eine Kontrolle am Maßstab der §§ 305 ff. BGB vor. Laut § 307 Abs. 1 BGB ist hiernach eine Unwirksamkeit einer Vertragsbestimmung anzunehmen, wenn die Vertragsbestimmung den Arbeitnehmer unangemessen benachteiligt. Nach § 307 Abs. 2 Nr. 1 BGB ist eine solche unangemessene Benachteiligung des Arbeitnehmers im Zweifel anzunehmen, wenn die Vertragsbestimmung mit wesentlichen Grundgedanken einer gesetzlichen Regelung, von der sie abweicht, nicht zu vereinbaren ist.

11   Für Bestandteile des **laufenden Arbeitsentgelts** nimmt das BAG eine solche, zur Unangemessenheit des Freiwilligkeitsvorbehalts führende, Abweichung an, wenn von der Einräumung eines Rechtsanspruchs auf Bestandteile des laufenden Arbeitsentgelts durch einen Freiwilligkeitsvorbehalt abgewichen werden soll.[22] Dem liegt der Gedanke zugrunde, dass das laufende Arbeitsentgelt diejenige Vergütung ist, die im unmittelbaren Austauschverhältnis zur Arbeitsleistung steht. Dieser Teil des Entgelts unterliegt den schuldrechtlichen Verknüpfungen über das Synallagma. Abweichungen müssen sich an diesem gesetzlichen Leitbild messen lassen. Ein Freiwilligkeitsvorbehalt ist mit dem Leitbild des Austauschgedankens nicht zu vereinbaren.

12   Diese Rechtsprechung fußt auf einer Entscheidung des ua für Zulagen zuständigen 5. Senats des BAG.[23] Gegenstand war eine monatlich zu gewährende Zulage. Der für vertragliche Sonderzahlungen zuständige 10. Senat des BAG hat kurz danach in Abgrenzung zu dieser Entscheidung festgehalten, dass bei **Sonderzahlungen außerhalb des laufenden Arbeitsentgelts** die Möglichkeit eines Freiwilligkeitsvorbehalts bestehen bleibe – schon um der Notwendigkeit willen, dass Arbeitgeber anderenfalls von Leistungen gänzlich absähen, wenn sie diese stets dauerhaft gewähren müssten.[24] Das BAG hat damit erkannt, dass der Schutz des Arbeitnehmers durch die Rechtsprechung im Einzelfall bewirken kann, dass weitaus größere Nachteile für Arbeitnehmer entstehen, wenn der Arbeitgeber ihnen keine einmaligen Sonderzahlungen mehr zuwenden dürfte.

> **Praxistipp:**
>
> Schwierigkeiten beinhaltet die **Abgrenzung** laufenden Arbeitsentgelts, welches nicht unter einen Freiwilligkeitsvorbehalt gestellt werden kann, von Sonderzahlungen. Die Abgrenzung wirft die Frage auf, welche Leistungen des Arbeitgebers als **Gegenleistung für Arbeitsleistungen** in einem synallagmatischen Austauschverhältnis stehen und damit nicht unter einen Freiwilligkeitsvorbehalt gestellt werden können. Die Rechtsprechung hat bislang keinerlei eindeutige Abgrenzungskriterien benannt. Die Abgrenzung ist für die Frage einer künftigen Bindungswirkung aber von erheblicher Bedeutung.

13   Die Abgrenzung wirft die Frage auf, **welche Leistungen** des Arbeitgebers als Gegenleistung für Arbeitsleistungen in einem synallagmatischen Austauschverhältnis stehen. In der Literatur wird darauf abgestellt, ob eine berechtigte Leistungserwartung des Arbeitnehmers mit Blick auf die von ihm erbrachte Arbeitsleistung besteht.[25] Überwiegend wird dies für sämtliche regelmäßigen Zahlungen angenommen.[26] Jedenfalls bei reinen Betriebstreueleistungen, die den Anspruch also nur an den Bestand des Arbeitsverhältnisses ohne

---

[22] BAG 25.4.2007 – 5 AZR 627/06, NZA 2007, 853.
[23] BAG 25.4.2007 – 5 AZR 627/06, NZA 2007, 853.
[24] BAG 30.7.2008 – 10 AZR 606/07, NZA 2008, 1173 (1177); 10.12.2008 – 10 AZR 2/08, AP BGB § 307 Nr. 38; 18.3.2009 – 10 AZR 289/08, NZA 2009, 535 (537); 14.9.2011 – 10 AZR 526/10, NZA 2012, 81 (83).
[25] Preis/*Preis* II V 70 Rn. 44; *Preis/Lindemann* NZA 2006, 632 (636).
[26] Preis/*Preis* II V 70 Rn. 62; *Lingemann/Gotham* DB 2007, 1754.

I. Reichweite und Grenzen der Gestaltung freiwilliger Entgeltbestandteile

jeden Bezug zur Arbeitsleistung knüpfen, ist jede Verklammerung der Zahlung mit erbrachten Arbeitsleistungen und damit ein synallagmatisches Austauschverhältnis ausgeschlossen.

Beispiel:

Nicht infrage zu stellen ist die Möglichkeit eines Freiwilligkeitsvorbehaltes deshalb bei reinen Betriebstreueleistungen:
- Weihnachts- oder Urlaubsgelder, sofern nicht als 13. Gehalt oÄ gezahlt;
- Jubiläumszuwendungen;
- ein an der Anzahl genommener Urlaubstages bemessenes Urlaubsgeld, das also gerade für die Nichterbringung einer Arbeitsleistung gewährt wird;
- sonstige Zuwendungen, die allein an den Bestand des Arbeitsverhältnisses anknüpfen.

Noch nicht abschließend geklärt ist, ob sämtliche Leistungen, die **nicht monatlich ratierlich** oder die in **unregelmäßiger Höhe** gezahlt werden, unter einen Freiwilligkeitsvorbehalt gestellt werden können. Auch solche Leistungen können – sofern sie nicht allein an die Betriebstreue anknüpfen – dem synallagmatischen Austauschverhältnis zuzuordnen sein. Für den Bezug zur Arbeitsleistung ist die Zahlungsweise sicherlich ein eher zufallsbehaftetes Kriterium.

14

In der Literatur ist diese Frage bislang **umstritten,** aber die wohl überwiegende Auffassung schließt die Möglichkeit eines Freiwilligkeitsvorbehalts außerhalb reiner Betriebstreueleistungen aus.[27] Für diese Bewertung der überwiegenden Literatur spricht die Entwicklung der Rechtsprechung zum synallagmatischen Austauschverhältnis im Zusammenhang mit Bindungskomponenten für zukünftige Betriebstreue.[28] Die jüngere Rechtsprechung zu dieser Frage nimmt eine Einbeziehung in das synallagmatische Austauschverhältnis bei sämtlichen Leistungen an, die nicht ausdrücklich als reine Betriebstreueleistung gekennzeichnet sind.[29]

15

Beispiel:

Nach dieser Auffassung wären einem Freiwilligkeitsvorbehalt zB nicht zugänglich:
- Bonuszahlungen für besondere Leistungen des Arbeitnehmers oder einer Gruppe von Arbeitnehmern;
- Tantiemen, da das Unternehmensergebnis als Summe (auch) aller Arbeitsleistungen zu betrachten sein soll.

Solche Leistungen erfolgen typischerweise unregelmäßig und damit außerhalb der zeitlich-ratierlichen Entgeltzahlung. Damit spricht viel dafür, dass die Maßgabe einer Einbindung in das Synallagma Freiwilligkeitsvorbehalte unabhängig von einer monatlich regelmäßigen oder unregelmäßigen Zahlungsweise bei sämtlichen (auch) leistungs- oder erfolgsabhängigen Vergütungsbestandteilen nach überwiegender Auffassung ausschließen wird.

16

Die Zahlungsweise wird dessen ungeachtet allenfalls Ausdruck dessen sein, was als monatliche und damit stetig aufrecht erhaltene Lebensgrundlage zu betrachten ist. Der alleinige Blick auf die Zahlungsweise sagt aber nichts darüber aus, ob ein unmittelbarer Leistungsaustausch aufgrund des Synallagma erfolgt oder die Leistung daneben steht. So ist auch bei unregelmäßigen Leistungen denkbar, dass der Arbeitnehmer seine Lebensgrundlage an ihnen ausrichtet oder diese – etwa als 13. Gehalt im Rahmen eines vereinbarten

17

---

[27] Für die Möglichkeit eines Freiwilligkeitsvorbehaltes etwa: Hümmerich/Reufels Gestaltung ArbV/*Schiefer* 1.64 Rn. 3445; gegen die Möglichkeit eines Freiwilligkeitsvorbehaltes die wohl überwiegende Literatur: Maschmann/*Keller* Kap. 17 Rn. 23; *Preis*/Preis II V 70 Rn. 62 f.; *Mengel*, S. 89 Rn. 141; Schaub ArbR-HdB/*Linck* § 35 Rn. 70.
[28] Maschmann/*Keller* Kap. 17 Rn. 23.
[29] BAG 18.1.2012 – 10 AZR 667/10, NZA 2012, 620 (621); 18.1.2012 – 10 AZR 612/10, NZA 2012, 561 (563).

Jahresgehaltes – aufgrund eindeutiger Vereinbarungen dem laufenden synallagmatischen Arbeitsentgelt zuzuordnen sind.[30]

18 Eine Einbindung in den Schutz des vertraglichen Austauschverhältnisses überzeugt aber jedenfalls dann nicht, wenn der Arbeitgeber eine Sonderzahlung erstmals nach dem Bezugszeitraum, in dem der Arbeitnehmer seine Arbeitsleistung erbracht hat, in Aussicht stellt. In diesem Fall kann der Arbeitnehmer allenfalls in der **Hoffnung auf eine zusätzliche Leistung** gearbeitet haben – eine solche Hoffnung ist indessen nach vertragsrechtlichen Grundsätzen nicht schutzwürdig.[31] Der Arbeitnehmer bedarf keines Schutzes über das Synallagma, wenn zum Zeitpunkt des Leistungsaustauschs, zu dem der Anspruch auf synallagmatisches Arbeitsentgelt entstehen und danach fällig werden würde, noch keinerlei Anspruchsgrundlage besteht.[32] Da die nachträgliche Leistung nach den Grundsätzen des Vertragsrechts als Gegenleistung nicht geschuldet war, bedarf sie keines über sie vermittelten Schutzes. Eine zusätzliche Honorierung steht vielmehr neben dem synallagmatischen Leistungsaustausch.

Beispiel:

Der Arbeitnehmer erbringt während des gesamten Geschäftsjahres seine Arbeitsleistung und erhält sein vereinbartes Arbeitsentgelt. Der Arbeitgeber entscheidet sich zu Beginn des folgenden Geschäftsjahres – was zuvor nicht in Aussicht gestellt war – zu einer einmaligen Sonderzahlung für besondere Erfolge.

Nach überwiegender Literatur dürfte ein Freiwilligkeitsvorbehalt mangels ausschließendem Betriebstreuebezuges ausscheiden – der Arbeitgeber wird sich eher gegen die Gewährung der Leistung entscheiden, um dauerhafte Bindungen zu vermeiden.

Richtigerweise muss ein Freiwilligkeitsvorbehalt aber möglich sein. Das laufende Arbeitsentgelt ist mit dem Leistungsaustausch für das Geschäftsjahr abgewickelt. Die Sonderzahlung tritt daneben. Dann bedarf sie aber keines Schutzes über das Synallagma.

19 Das Beispiel zeigt, dass die gesetzliche Regelung des Synallagma die Interessenlage an der Gewährung einmaliger Leistungen mittels eines Freiwilligkeitsvorbehaltes nicht trifft.[33] Mit dem Freiwilligkeitsvorbehalt außerhalb des laufenden Arbeitsentgelts soll – anders als es etwa bei Stichtags- oder Rückzahlungsklauseln im Raum steht (→ F Rn. 1 ff.) – **nicht** bereits **erarbeitetes Entgelt zur Disposition gestellt** werden. Vielmehr darf die einzelne Leistung behalten werden und bezieht sich der Freiwilligkeitsvorbehalt allein auf deren wiederholte Gewährung. Deshalb hat das BAG[34] zu Recht eine gem. § 307 Abs. 1 S. 1 BGB unzulässige Benachteiligung des Arbeitnehmers bei einem Freiwilligkeitsvorbehalt angenommen, der den Arbeitgeber trotz festgelegten Zielen in einem Zielvereinbarungssystem berechtigte, bis zum Ende der Zielperiode nach freiem Ermessen über den Anspruch zu entscheiden. In diesem Falle steht – unabhängig von der tatsächlichen synallagmatischen Einbindung – jedenfalls ein konkreter Leistungsanreiz dem späteren Berufen auf einen Freiwilligkeitsvorbehalt entgegen. Dieser Schutzgedanke sagt aber nichts darüber aus, weshalb eine neben den vereinbarten Entgeltbestandteilen zu gewährende zusätzliche Leistung dauerhaft zu gewähren sein soll.

20 Ob diese starre Abgrenzung in der Literatur nach dem Leistungszweck einer Honorierung von Betriebstreue oder eines Entgelts für erbrachte Arbeitsleistungen vom BAG mit dem Begriff der Sonderzahlung überhaupt gemeint ist, scheint zweifelhaft. So hat das **BAG** in Abgrenzung zum Ausschluss der Möglichkeit eines Freiwilligkeitsvorbehaltes beim laufenden Entgelt ausdrücklich darauf abgestellt, dass für die Möglichkeit eines Frei-

---

[30] BAG 21.3.2001 – 10 AZR 28/00, NZA 2001, 785 (785).
[31] Vgl. *Salamon* NZA 2013, 590.
[32] LAG Hmb 6.3.2013 – 3 Sa 73/12, BeckRS 2013, 71159.
[33] AA Maschmann/*Keller* Kap. 17 Rn. 23.
[34] BAG 19.3.2014 – 10 AZR 622/13, NZA 2014, 595 (596).

willigkeitsvorbehaltes der **Zweck der Leistung keine Rolle** spielen soll.[35] In dieser Entscheidung hat das BAG in Abgrenzung zum laufenden Arbeitsentgelt auf die Existenzsicherung des Arbeitnehmers abgestellt, der seine Ausgabensituation der regelmäßigen Einnahmesituation, dh der monatlich ratierlichen Zahlungsweise von Vergütungsbestandteilen, anpasse. Das BAG hat ausdrücklich darauf abgestellt, dass der Arbeitnehmer aus – zulässigerweise unter einen Freiwilligkeit zu stellenden – Sonderzahlungen nicht seinen gewöhnlichen Lebensunterhalt bestreite und ein Freiwilligkeitsvorbehalt dementsprechend kein Vertrauen in die Gewissheit einer kontinuierlichen Leistungsgewährung entwerte, wie bei der Zahlung laufenden Arbeitsentgelts.

> **Praxistipp:**
>
> Das BAG hat in dieser – grundlegenden – Entscheidung der Betrachtung der Literatur keine Grundlage geboten. Stattdessen sieht es in der **Planungssicherheit für die Lebensgrundlage des Arbeitnehmers** den Ansatz, der unabhängig vom Synallagma die Einmaligkeit solcher Leistungen rechtfertigt.

Deshalb werden – auch wenn eine ausdrückliche Klarstellung durch das BAG noch aussteht – nach dieser Rechtsprechung Freiwilligkeitsvorbehalte bei Sonderzahlungen auch dann zulässig sein, wenn sie **geleistete Arbeit zusätzlich vergüten.**[36] Allerdings stellt das BAG im Zuge derselben Argumentation in der Entscheidung eine **Parallele zu § 4a EFZG** auf.[37] Dieser Hinweis auf § 4a EFZG ist **widersprüchlich** – deutet er doch an, dass das BAG trotz seiner Formulierung der Unerheblichkeit des Leistungszwecks zum Ergebnis der wohl überwiegenden Literatur neigen könnte, nach der ein Freiwilligkeitsvorbehalt nur bei reinen Betriebstreueleistungen möglich ist. So ist es für den Begriff der Sondervergütung in § 4a EFZG herrschende Auffassung, dass leistungsabhängige Vergütungen auch dann zum laufenden Arbeitsentgelt zählen, wenn sie jährlich nur einmalig gezahlt werden.[38]

Gleichwohl stellt das BAG klar, dass bei Sonderzahlungen, die an bestimmte individuelle Leistungen des Arbeitnehmers oder bestimmte Unternehmenserfolge anknüpfen, nicht mit der gleichen Gewissheit gerechnet werden kann, wie bei der Zahlung laufenden Arbeitsentgelts.[39]

21

22

Beispiele

Dies dürfte die entscheidende Maßgabe des BAG sein – besteht Planungssicherheit, handelt es sich um laufendes Arbeitsentgelt. Daran fehlt es etwa bei folgenden Leistungen:
– Tantiemen;
– erfolgsabhängige Sonderzahlungen, gleich ob individual-, gruppen- oder unternehmenserfolgsbezogen.

Darüber hinaus fehlt es am Charakter laufenden Arbeitsentgelts bei Leistungen, die ausschließlich Betriebstreue honorieren.

Auch stellt das BAG in der Entscheidung darauf ab, dass der Arbeitgeber – ohne Rechtsansprüche auf zukünftige Ansprüche zu begründen – in der Lage sein muss, **geleistete Arbeiten zusätzlich durch Sonderzahlungen** zu vergüten.[40]

23

---

[35] BAG 30.7.2008 – 10 AZR 606/07, NZA 2008, 1173 (1177).
[36] BAG 30.7.2008 – 10 AZR 606/07, NZA 2008, 1173 (1177).
[37] BAG 30.7.2008 – 10 AZR 606/07, NZA 2008, 1173 (1177).
[38] BAG 21.1.2009 – 10 AZR 216/08, AP BGB § 611 Gratifikation Nr. 283; ErfK/*Dörner/Reinhard* EFZG § 4a Rn. 5; HK-EFZR/*Feichtinger/Malkmus* EFZG § 4a Rn. 25 ff.; *Schmitt* EFZG § 4a Rn. 20.
[39] BAG 30.7.2008 – 10 AZR 606/07, NZA 2008, 1173 (1177).
[40] BAG 30.7.2008 – 10 AZR 606/07, NZA 2008, 1173 (1177).

> **Praxistipp:**
> Auch wenn eine gewisse Unwägbarkeit aus der Rechtsprechung folgt, sind diese Hinweise des BAG eindeutig: Sonderzahlungen dürfen unter einem Freiwilligkeitsvorbehalt stehen und für eine solche Sonderzahlung kommt es auf ihren Leistungszweck einer etwaigen zusätzlichen Vergütung für geleistete Arbeiten nicht an, **solange nur der Arbeitnehmer mit ihrer dauerhaften Gewährung nicht rechnen** und darauf seinen Lebensstandard einstellen kann. Im Ergebnis wird in der Praxis die unratierliche Zahlungsweise bei ggf. unterschiedlicher Höhe der Leistung den Ausschlag geben.

24   Daraus folgt, dass über die oben genannten reinen Betriebstreueleistungen hinaus ein Freiwilligkeitsvorbehalt zulässig bleibt, wenn der Arbeitnehmer nicht regelmäßig mit der laufenden Vergütung einen Anspruch auf die Leistung erwirbt und er bei unregelmäßigen Zahlungen seine Arbeitsleistung nicht in der Gewissheit der Entstehung des Anspruchs in bestimmter Höhe erbringt.

> **CHECKLISTE:**
> Maßgebend ist demnach
> – eine unregelmäßige Zahlungsweise, typischerweise einmalig im Kalenderjahr und
> – eine Zusage erst zeitlich nach Erbringung der Arbeitsleistung, sodass der Arbeitnehmer zum Zeitpunkt der Leistungserbringung noch keine Gewissheit über eine zusätzliche Leistung hat oder
> – eine Anknüpfung der Leistung entweder an die von erbrachter Arbeitsleistung unabhängige Betriebstreue oder aber an zum Zeitpunkt der Leistungserbringung in ihrer Erreichung noch ungewisse Voraussetzungen, wie ein individuelles oder unternehmensbezogenes Ergebnis, falls die Leistung bereits vor Beginn der Erbringung von Arbeitsleistungen festgesetzt wird.

Beispiele:

- Betriebstreueleistungen wie Jubiläumszuwendungen, Weihnachtsgelder, Urlaubsgelder, soweit nicht als 13. Gehalt oÄ geleistet;
- jährliche Tantiemen;
- jährliche Sonderzahlungen für besondere Arbeitserfolge;
- jährliche Sonderzahlungen für ein besonderes Unternehmensergebnis.

3. Einmalige Leistungen

25   Klassischer Anwendungsbereich des Freiwilligkeitsvorbehaltes sind einmalige Leistungen, die etwa aus Anlass außergewöhnlicher Erfolge gewährt werden.

Beispiele:

- Sonderzahlung für den erfolgreichen Abschluss eines außerhalb der typischen Arbeitsabläufe liegenden Projektes, etwa Einführung von SAP etc.;
- Sonderzahlung für einen besonders erfolgreichen Geschäftsabschluss;
- Sonderzahlung für ein besonderes Engagement etwa aufgrund der Einarbeitung einer Vielzahl neuer Mitarbeiter;
- Sonderzahlung anlässlich eines Firmenjubiläums;
- Sonderzahlung anlässlich eines Dienstjubiläums.

26   Sämtlichen dieser Fälle ist gemeinsam, dass sie an außergewöhnliche Ereignisse anknüpfen, die nicht den regelmäßigen Arbeitsabläufen entsprechen. Nach den oben genannten Kriterien handelt es sich bei solchen Leistungen nicht um laufendes Arbeitsentgelt, da be-

reits aus den jenseits der gewöhnlichen Arbeitsabläufe liegenden Anknüpfungspunkten folgt, dass der Arbeitnehmer nicht – dem Schutzzweck des Ausschlusses von Freiwilligkeitsvorbehalten beim laufenden Arbeitsentgelt entsprechend – seinen Lebensstandard auf eine solche Leistung zum Zeitpunkt der Leistungserbringung dauerhaft eingestellt haben kann. Allerdings wird bei solchen Leistungen die Entstehung einer betrieblichen Übung ohnehin in der Praxis nur selten in Betracht kommen, da aufgrund der Außergewöhnlichkeit ein gleichförmiges wiederholtes Verhalten des Arbeitgebers häufig nicht feststellbar sein wird.

> **Praxistipp:**
> Gleichwohl sollte der Arbeitgeber auch bei Zuwendungen, die an außergewöhnliche Umstände anknüpfen, einen Freiwilligkeitsvorbehalt erklären. Anderenfalls läuft er das Risiko, dass ein vergleichbarer Sachverhalt sich wider Erwarten mehrmals wiederholt und er sodann entweder von der Gewährung einer Zuwendung zur Vermeidung einer betrieblichen Übung absehen muss oder aber bereits erfolgte vorbehaltlose Zuwendungen das Risiko der Entstehung einer betrieblichen Übung begründen.

Nach den gezeigten Grundsätzen ist die Einmaligkeit einer Leistung aber **nicht auf solche außergewöhnlichen Vorfälle begrenzt.** Entscheidend ist, dass die Leistungszusage sich auf eine einmalige Leistung des Arbeitgebers außerhalb des laufenden Entgelts beschränkt. 27

Beispiel:
– Entsteht etwa ein Tantiemeanspruch **einmalig zum Ende des Geschäftsjahres**, ist die Anspruchsentstehung von einer monatlich ratierlich zu zahlenden Vergütung abgrenzbar. Knüpft der Tantiemeanspruch seiner Höhe nach an den ungewissen unternehmerischen Erfolg an, ist nach den genannten Grundsätzen deshalb eine Herausnahme aus dem laufenden Arbeitsentgelt und damit die Möglichkeit eines Freiwilligkeitsvorbehaltes gegeben. Anders ist es hingegen bei einer Garantietantieme.
– Gewährt der Arbeitgeber **monatliche Abschlagszahlungen** in Abhängigkeit der unterjährigen Entwicklung des Unternehmensergebnisses, stellt sich die Frage, ob wegen ratierlicher Auszahlungen mit der monatlichen Grundvergütung laufendes Arbeitsentgelt gegeben ist. Richtigerweise wird hier zu differenzieren sein:
Behält sich der Arbeitnehmer eine Rückforderung vor, wenn das den Abschlagszahlungen zugrunde liegende Unternehmensergebnis tatsächlich nicht erreicht wird, leistet der Arbeitnehmer lediglich in der Hoffnung, die Abschlagszahlungen in Anrechnung auf einen sodann tatsächlich entstehenden Tantiemeanspruch behalten zu dürfen.
Sieht eine Regelung dagegen vor, dass der Arbeitnehmer die Abschlagszahlungen in jedem Falle behalten darf, ist eine Abgrenzung zum laufenden Arbeitsentgelt trotz des jährlich einmalig entstehenden Anspruchs nicht gewährleistet.

So kann etwa wegen des Betriebstreuecharakters ein jährliches Weihnachts- oder Urlaubsgeld unter einen Freiwilligkeitsvorbehalt gestellt werden. Wegen der fehlenden Planungssicherheit für die Lebensgrundlage des Arbeitnehmers gilt dies darüber hinaus für sämtliche einmaligen Leistungen, deren Gewährung oder Höhe von bestimmten ungewissen Ereignissen abhängig ist. Bei diesen Leistungen genügt die unregelmäßige Gewährung, um sie vom Leitbild eines steten Leistungsaustauschs beim laufenden Arbeitsentgelt abzugrenzen. 28

4. Wiederkehrende Leistungen

29 Bei wiederkehrenden Leistungen ist die **Abgrenzung zum laufenden Arbeitsentgelt schwieriger.** Da die Rechtsprechung sich zu den Abgrenzungskriterien bislang nicht festgelegt hat, wird mit Blick auf die Zahlungsweise allein eine Leistung von einer monatlich ratierlich zu zahlenden Grundvergütung eindeutig abzugrenzen sein, die etwa nur einmalig im Kalenderjahr gewährt wird.[41] Dabei ist bislang rechtlich ungeklärt, ob bei einem Abstellen auf unregelmäßige Leistungen die Entstehung des Anspruchs oder die Zahlungsweise maßgebend ist. Richtigerweise muss dies differenziert betrachtet werden.

30 Ein Anspruch, der – wie synallagmatisches Arbeitsentgelt – stetig entsteht, mit dem monatlichen Entgeltlauf abgerechnet wird und – unter Freiwilligkeitsvorbehalt – regelmäßig wiederkehrend geleistet wird, ist vom synallagmatischen Arbeitsentgelt praktisch nur dann noch zu trennen, wenn er einen anderen Zweck verfolgt als die Vergütung einer Arbeitsleistung. Dies wird regelmäßig auf reine Betriebstreueleistungen zutreffen. Diese heben sich durch ihre Zwecksetzung und Gewährung auch in Zeiten ohne Arbeitsleistung vom laufenden Arbeitsentgelt ab.

Beispiele:

Eine monatliche Betriebstreueleistung, die auch während Elternzeit oder sonstigem Ruhen des Arbeitsverhältnisses gewährt wird, würde zwar dem Gedanken der Planungssicherheit unterfallen – dies schließt der Freiwilligkeitsvorbehalt jedoch gerade aus. Die Abgrenzung zum synallagmatischen Arbeitsentgelt gestattet es, mangels Rechtsgrundlage für eine notwendig dauerhafte Leistungsgewährung einen Freiwilligkeitsvorbehalt zuzulassen. Es ist nicht unangemessen iSd § 307 Abs. 1 S. 1 BGB solche Leistungen mit einem Freiwilligkeitsvorbehalt zu versehen.

31 Bei sonstigen Leistungen wird es auf die Entstehung des Anspruchs in Abhängigkeit von ungewissen Voraussetzungen ankommen. Der Gedanke der fehlenden Planbarkeit der Leistung aus Sicht des Arbeitnehmers ermöglicht ihre Herauslösung aus dem synallagmatischen Austauschverhältnis. Vor diesem Hintergrund wird sogar eine monatliche Tantiemezahlung unter Freiwilligkeitsvorbehalt nicht von vornherein ausgeschlossen sein, wenn deren Gewährung aufgrund der Anspruchsvoraussetzungen unsicher ist. Je näher allerdings eine solche – formal nicht planbare – Leistung an die Arbeitsleistung des Arbeitnehmers und den regelmäßigen Abrechnungsturnus für laufendes Arbeitsentgelt heranrückt, desto mehr wird die Grenze zum laufenden Arbeitsentgelt verschwimmen.

Praxistipp:

Solange die Rechtsprechung zu Freiwilligkeitsvorbehalten **keine klaren Konturen** aufweist, sind mit dem regelmäßigen Abrechnungslauf entstehende Leistungen unter Freiwilligkeitsvorbehalt nicht zu empfehlen. Auch wenn ein rein zeitlicher Aspekt für die Bestimmung des laufenden Entgelts nicht überzeugt, ist eine reine Abgrenzung über den Leistungszweck und die Planbarkeit risikobehaftet. Es empfehlen sich Freiwilligkeitsvorbehalte nur bei Leistungen, die auch zeitlich außerhalb des laufenden Entgelts entstehen und damit (auch) zeitlich das Moment der Sonderzahlung erfüllen.

32 Bei regelmäßig wiederkehrenden Leistungen ist ein Freiwilligkeitsvorbehalt bei jeder Einzelleistung denkbar, wenn diese hiernach die Voraussetzungen für die Herausnahme aus dem laufenden Arbeitsentgelt erfüllt. Ein Freiwilligkeitsvorbehalt für die Zusage einer **Mehrzahl gleichartiger Einzelleistungen,** etwa mehrere aufeinanderfolgende jährliche Einmalzahlungen, wird dagegen nach den Maßstäben der **Befristung einer Arbeitsbedingung** zu beurteilen sein.

---

[41] Hümmerich/Reufels Gestaltung ArbV/*Schiefer* 1.64 Rn. 3445.

Beispiel:

Wird ein Weihnachtsgeld einmal in jedem Kalenderjahr gewährt, bezieht sich der Freiwilligkeitsvorbehalt auf dieses jährliche Weihnachtsgeld eines Kalenderjahres.

Ein Freiwilligkeitsvorbehalt für die Gewährung zweier aufeinanderfolgender Weihnachtsgelder in zwei Kalenderjahren stellt aufgrund einer einheitlichen Zusage die Befristung der Gewährung eines jährlichen Weihnachtsgeldes für diese zwei Kalenderjahre dar. Kontrollmaßstab ist in diesem Falle nicht der Freiwilligkeitsvorbehalt, sondern der Sachgrund für die nur vorübergehend – befristet – erfolgende Zusage eines Weihnachtsgeldes (→ Rn. 82).

Zwar erklärt der Arbeitgeber mit einem solchen Vorbehalt, sich lediglich hinsichtlich einer gewissen Anzahl von Einzelleistungen verpflichten zu wollen und darüber hinausgehende Rechtsansprüche auszuschließen. Bei der Zusage einer Mehrzahl von Einzelleistungen wird dem Arbeitnehmer aber ein auch auf diesen Leistungen basierender Vergütungsstandard für einen die jeweilige **Einzelleistung überschreitenden Zeitraum** zugesagt. Damit steht das **Zeitmoment,** wie es für die Kontrollmaßstäbe einer Befristung maßgebend ist, im Vordergrund, nicht mehr jedoch die Einzelleistung. Eine höchstrichterliche Klärung dieser Konstellation steht allerdings aus.

5. Reichweite des Freiwilligkeitsvorbehaltes

a) Totalvorbehalt

Mit einem Freiwilligkeitsvorbehalt kann der Arbeitgeber die Entstehung eines Anspruchs **sowohl nach Grund als auch nach Höhe** vermeiden.[42] Der Arbeitgeber behält sich damit vor, in jedem Einzelfall sowohl über das „Ob" als auch über die Ausgestaltung einer Leistung zu entscheiden.

Beispiel:

Anlässlich eines ungewöhnlich ertragsreichen Projektes mit hoher Arbeitsbelastung entschließt sich der Arbeitgeber zu einer Honorierung in Gestalt einer Sonderzahlung. Weder derartige Projekte noch eine vergleichbare Ertragsstärke kennzeichnen die betriebswirtschaftliche Rentabilität des Unternehmens mit einer Regelhaftigkeit, sodass der Arbeitgeber eine Bindung sowohl nach Anspruchsgrund als auch Anspruchshöhe verhindern will.

Für den Arbeitgeber bedeutet dies die weitest gehende Flexibilität. Er kann von der Gewährung der Leistung gänzlich absehen und ist in den Zwecksetzungen bei der Ausgestaltung der Leistung nicht gebunden. Er ist zudem frei darin, in welcher Höhe er die Leistung gewährt. Eine Formulierung des Freiwilligkeitsvorbehaltes könnte etwa wie folgt lauten:

> **Klauselmuster:**
>
> Anlässlich des erfolgreichen Abschlusses des Projektes XY erhalten Sie eine einmalige Sonderzahlung in Höhe eines Bruttomonatsgehaltes. Die Rechtsprechung der Arbeitsgerichte macht es erforderlich, Sie darauf hinzuweisen, dass es sich um eine einmalige Leistung handelt, aus der kein Rechtsanspruch auf zukünftige wiederholte weitere Sonderzahlungen, weder dem Grunde noch der Höhe nach, hergeleitet werden kann.

---

[42] Tschöpe/*Wisskirchen*/*Bissels* Teil 1 D Rn. 88.

36 Ein solcher Vorbehalt ist bei **Sonderzahlungen** grds. möglich.[43] Gerade bei einem solchen Freiwilligkeitsvorbehalt nach Anspruchsgrund wie Anspruchshöhe zeigt sich, dass der Arbeitnehmer zum Zeitpunkt der Erbringung der Arbeitsleistung nicht in der Gewissheit gearbeitet haben kann, eine solche Leistung zusätzlich zum vereinbarten Arbeitsentgelt zu erhalten und er dementsprechend redlicherweise nicht seinen Lebensstandard unter Einbeziehung dieser Leistung als dauerhafte Leistung ausrichten konnte.[44]

37 Ungeachtet dieser materiell-rechtlichen Anforderungen an einen Freiwilligkeitsvorbehalt ist zu berücksichtigen, dass gem. § 307 Abs. 1 S. 2 BGB eine unangemessene Benachteiligung des Arbeitnehmers und damit Unwirksamkeit des Freiwilligkeitsvorbehaltes auch daraus folgen kann, dass dieser **nicht klar und verständlich formuliert** ist. Dies ist etwa anzunehmen, wenn der Freiwilligkeitsvorbehalt zu einem Widerspruch gegenüber zuvor oder gleichzeitig begründeten Rechtsansprüchen des Arbeitnehmers führt.

Beispiel:
Einen solchen Widerspruch hat die Rechtsprechung etwa angenommen, wenn eine Leistung einerseits als freiwillige Leistung unter Ausschluss eines Rechtsanspruchs und andererseits als widerrufliche Leistung geregelt ist.[45]

38 Der Widerspruch folgt daraus, dass bei einem (wirksamen) Freiwilligkeitsvorbehalt bereits kein Rechtsanspruch auf eine Leistung entsteht. Ein Widerrufsvorbehalt betrifft hingegen die Situation, in der dem Arbeitnehmer ein Rechtsanspruch eingeräumt ist, der Arbeitgeber sich jedoch vorbehält, im Wege der Geltendmachung eines Widerrufsrechts den eingeräumten Rechtsanspruch ganz oder teilweise zu entziehen.[46] Bei einer Kombination von Freiwilligkeits- und Widerrufsvorbehalt ist die vertragliche Gestaltung für den Arbeitnehmer deshalb nicht klar und verständlich. Er bleibt im Unklaren darüber, ob der Freiwilligkeitsvorbehalt maßgebend sein soll, sodass ein Rechtsanspruch von vornherein nicht entsteht und der Widerrufsvorbehalt deshalb ins Leere geht, oder aber ein Rechtsanspruch begründet werden soll, der Freiwilligkeitsvorbehalt insoweit ins Leere geht und es bei dem Vorbehalt eines Rechts zum Widerruf der Leistung bleiben soll. Die entstehende Unklarheit bewirkt, dass der Arbeitgeber sich nicht auf den Freiwilligkeitsvorbehalt berufen kann.[47]

39 Eine Widersprüchlichkeit der vertraglichen Gestaltung kann auch daraus folgen, dass der Arbeitsvertrag dem Arbeitnehmer einen Rechtsanspruch aufgrund sonstiger unklarer Formulierungen einräumt, zu denen ein Freiwilligkeitsvorbehalt in Widerspruch stehen würde.

Beispiel:
Sieht ein Arbeitsvertrag vor,
– dass als Sonderleistung ein Urlaubs- sowie Weihnachtsgeld „gezahlt" wird[48] oder
– dass der Arbeitnehmer eine bestimmte Leistung „erhält"[49] und

---

[43] BAG 14.9.2011 – 10 AZR 526/10, NZA 2012, 81 (82); 21.4.2010 – 10 AZR 163/09, NZA 2010, 808 (809); hier setzt sich allerding die Fragestellung fort, ob bei Leistungen außerhalb reiner Betriebstreueleistungen laufendes Arbeitsentgelt betroffen sein kann und damit die Grenzen des Freiwilligkeitsvorbehalts überschritten werden.
[44] Vgl. die Argumentation in BAG 30.7.2008 – 10 AZR 606/07, NZA 2008, 1173 (1177).
[45] BAG 14.9.2011 – 10 AZR 526/10, NZA 2012, 81 (83); 8.12.2010 – 10 AZR 671/09, NZA 2011, 628 (630).
[46] BAG 14.9.2011 – 10 AZR 526/10, NZA 2012, 81 (83); 8.12.2010 – 10 AZR 671/09, AP BGB § 242 Nr. 91; zum Widerrufsvorbehalt: BAG 20.4.2011 – 5 AZR 191/10, NJW 2011, 2153 (2154); 12.1.2005 – 5 AZR 364/04, NJW 2005, 1820 (1821) – jeweils mwN.
[47] BAG 14.9.2011 – 10 AZR 526/10, NZA 2012, 81 (83); 8.12.2010 – 10 AZR 671/09, NZA 2011, 628 (631).
[48] So bei BAG 10.12.2008 – 10 AZR 2/08, AP BGB § 307 Nr. 38.
[49] BGA 21.1.2009 – 10 AZR 221/08, BeckRS 2009, 54851.

I. Reichweite und Grenzen der Gestaltung freiwilliger Entgeltbestandteile

wird arbeitsvertraglich jeweils gleichzeitig für diese Leistung ein Freiwilligkeitsvorbehalt formuliert, gilt Entsprechendes.

Mit Formulierungen, nach denen eine bestimmte Leistung „gezahlt" wird oder der Arbeitnehmer diese „erhält", ist von der Einräumung eines Rechtsanspruchs für den Arbeitnehmer auszugehen. Hierzu steht ein gleichzeitig vereinbarter Freiwilligkeitsvorbehalt in Widerspruch, sodass die Widersprüchlichkeit der Regelung insgesamt unter Berücksichtigung der Unklarheitenregelung des § 305c Abs. 2 BGB, nach der Zweifel bei der Auslegung Allgemeiner Geschäftsbedingungen zulasten des Arbeitgebers gehen, bewirkt, dass der Arbeitgeber sich nicht auf den Freiwilligkeitsvorbehalt berufen kann.[50]

Die klare und verständliche Formulierung eines Freiwilligkeitsvorbehaltes iSv § 307 Abs. 1 S. 2 BGB erfordert darüber hinaus, dass der Ausschluss des Rechtsanspruchs auf **zukünftige Leistungen** hinreichend deutlich aus der Klausel erkennbar wird. 40

Beispiel:

Der Ausschluss zukünftiger Rechtsansprüche wird nicht dadurch hinreichend klar und verständlich formuliert, dass der Arbeitgeber eine bestimmte Leistung als „freiwillige Leistung" bezeichnet.

Mit einer solchen Formulierung gibt der Arbeitgeber allein zu erkennen, dass er nicht bereits aufgrund einer bestehenden anderen Rechtsgrundlage (Arbeitsvertrag, Gesamtzusage, Betriebsvereinbarung, Tarifvertrag etc.) verpflichtet zu sein glaubt.[51]

Bei der Formulierung des Freiwilligkeitsvorbehalts muss vielmehr das Ziel im Blick bleiben, dass die erstmalige Einräumung eines Rechtsanspruchs auf wiederholte, wiederkehrende Leistungen vermieden werden soll. Die Einzelleistung soll dem Arbeitnehmer demgegenüber gewährt werden, so dass der Freiwilligkeitsvorbehalt sich nicht auf diese beziehen darf. 41

> **Praxistipp:**
>
> Der Arbeitgeber muss – wie in obiger beispielhafter Formulierung – klarstellen, dass die Entstehung von Rechtsansprüchen auf künftige Leistungen ausgeschlossen sein soll.[52] Die Einzelleistung als solche wird demgegenüber vorbehaltlos gewährt.

b) Freiwilligkeitsvorbehalt hinsichtlich des Anspruchsgrundes

Von dem Freiwilligkeitsvorbehalt hinsichtlich Anspruchsgrund und Anspruchshöhe zu trennen ist ein Freiwilligkeitsvorbehalt über den Anspruch dem Grunde nach. Auf den ersten Blick wird sich zwar die Frage stellen, ob bei einem Freiwilligkeitsvorbehalt dem Grunde nach nicht im Rahmen eines Erst–recht-Schlusses der Anspruch der **Höhe nach im Belieben des Arbeitgebers** stehen muss. Wenn der Arbeitgeber gänzlich von der Leistung absehen könnte, scheint eine Bindung bei der Ausgestaltung eines Anspruchs für den Fall, dass der Arbeitgeber sich zu dessen Gewährung entscheidet, fernliegend. 42

Nach Auffassung des BAG[53] ist der Arbeitgeber jedoch an **Vorgaben über den Leistungszweck, Rückzahlungs- oder Stichtagsregelungen gebunden,** die er für den 43

---

[50] BAG 10.12.2008 – 10 AZR 2/08, AP BGB § 307 Nr. 38; 21.1.2009 – 10 AZR 221/08, BeckRS 2009, 54851.
[51] BAG 14.9.2011 – 10 AZR 526/10, NZA 2012, 81 (83); 24.10.2007 – 10 AZR 825/06, NZA 2008, 40 (42); 1.3.2006 – 5 AZR 363/05, NZA 2006, 746 (748).
[52] BAG 14.9.2011 – 10 AZR 526/10, NZA 2012, 81 (83); 24.10.2007 – 10 AZR 825/06, NZA 2008, 40 (41).
[53] BAG 10.12.2008 – 10 AZR 35/08, NZA 2009, 258 (260); 10.7.1996 – 10 AZR 204/96, BeckRS 2009, 56456.

Fall einer Leistungsgewährung aufstellt und die er im Falle einer Entscheidung für die Gewährung der Leistung zu beachten hat.

Beispiel:

Sieht etwa eine vertragliche Regelung keinen Rechtsanspruch auf eine bestimmte Gratifikation vor, ist jedoch für den Fall, dass der Arbeitgeber sich zur Gewährung dieser Leistung entscheidet, eine Stichtags- und Rückzahlungsregelung bei Beendigung des Arbeitsverhältnisses vorgesehen, kann der Arbeitgeber die Leistung nicht wegen eines während einer Elternzeit lediglich ruhenden Arbeitsverhältnisses verweigern.[54]

44 Das BAG stellt insoweit darauf ab, dass eine **Regelung von Voraussetzungen,** die einen möglichen zukünftigen Anspruch näher ausgestaltet, **überflüssig** wäre, wenn der Arbeitgeber an die von ihm selbst aufgestellten Maßgaben nicht gebunden wäre.[55]

Beispiel:

Solche Maßgaben können durchaus eine Steuerungswirkung entfalten. Auch wenn der Arbeitgeber noch keine Leistungsanreize gesetzt hat, mag eine – rechtlich nicht zu schützende – Hoffnung des Arbeitnehmers in eine Entschließung zugunsten der Leistungsgewährung durch den Arbeitgeber bestehen. Der Arbeitnehmer ist in seiner Hoffnung auf eine solche Entschließung zwar nicht zu schützen.

Entschließt sich der Arbeitgeber jedoch zur Leistung, ist er an die von ihm aufgestellten Regularien für die Ausgestaltung der Leistung gebunden, weil der Arbeitnehmer ggf. aufgrund der Möglichkeit einer solchen Entschließung bereits vorsorglich sein Verhalten hieran ausgerichtet hat.

45 Wegen eines gleichzeitig vereinbarten Freiwilligkeitsvorbehaltes bewirkt diese Bindung des Arbeitgebers zwar noch **keine rechtliche Verpflichtung zur Leistung.** Insoweit greift der Freiwilligkeitsvorbehalt, der die Entstehung von Rechtsansprüchen verhindert. Ein Anspruch des nicht begünstigten Arbeitnehmers folgt jedoch in solchen Fällen dem Grunde nach aus dem arbeitsrechtlichen Gleichbehandlungsgrundsatz, wenn der Arbeitgeber anderen Arbeitnehmern trotz Freiwilligkeitsvorbehaltes eine solche Leistung gewährt.

46 Nach dem **arbeitsrechtlichen Gleichbehandlungsgrundsatz** darf der Arbeitgeber Arbeitnehmer von der Gewährung einer Leistung ausnehmen, dies jedoch nur bei Vorliegen eines sachlichen Grundes, der zu den Leistungszwecken nicht in Widerspruch stehen darf.[56] An dieser Stelle kommen die arbeitsvertraglich geregelten Modalitäten zum Zuge, indem der Arbeitgeber eine Ungleichbehandlung nicht auf Sachgründe stützen kann, die den vertraglich geregelten Modalitäten der Leistung widersprechen.[57]

Praxistipp:

Ein Arbeitgeber sollte sehr genau überdenken, ob er mögliche Ansprüche im Vorwege ausgestaltet, hinsichtlich derer er dem Grunde nach frei bleiben möchte. Häufig wird bei derartigen fiktiven Ansprüchen nicht im Vorwege für die gesamte Dauer eines Arbeitsverhältnisses abzusehen sein, welche Leistungsmodalitäten aus Gründen der Steuerung der Arbeitnehmer eine Rolle spielen. Eine generelle Ausgestaltung der Leistung für die Zukunft nimmt dem Arbeitgeber **Gestaltungsspielräume,** die er sich anderenfalls offen halten könnte.

---

[54] BAG 10.12.2008 – 10 AZR 35/08, NZA 2009, 258 (260).
[55] BAG 10.12.2008 – 10 AZR 35/08, NZA 2009, 258 (260).
[56] BAG 10.12.2008 – 10 AZR 35/08, NZA 2009, 258 (260); vgl. zum arbeitsrechtlichen Gleichbehandlungsgrundsatz auch: Schaub ArbR-HdB/*Linck* § 112 Rn. 19.
[57] BAG 10.12.2008 – 10 AZR 35/08, NZA 2009, 258 (260); *Salamon* NZA 2009, 656 ff.

I. Reichweite und Grenzen der Gestaltung freiwilliger Entgeltbestandteile E

Will der Arbeitgeber eine Leistung andeuten, sollte er sich arbeitsvertraglich deshalb auf eine zurückhaltende Formulierung beschränken. 47

> **Klauselmuster:**
> Es besteht die Möglichkeit – nicht jedoch ein Rechtsanspruch –, dass Sonderzahlungen unter im Einzelfall festzulegenden Voraussetzungen gewährt werden. Die Entscheidung, ob und unter welchen Voraussetzungen eine Sonderzahlung gewährt wird, bleibt ebenso wie die Entscheidung über die Höhe einer solchen etwaigen Leistung dem freien Ermessen des Arbeitgebers vorbehalten.

Hat der Arbeitgeber sich arbeitsvertraglich gebunden, etwa über die Modalitäten einer dem Grunde nach im freien Ermessen des Arbeitgebers stehenden Weihnachtsgratifikation, bleibt es dem Arbeitgeber selbstverständlich unbenommen, zu prüfen, ob er von der Gewährung einer solchen Weihnachtsgratifikation absieht und stattdessen eine andere Leistung gewährt, hinsichtlich derer er sich vertraglich nicht gebunden hat. Grenze einer solchen Gestaltung ist stets ein Scheingeschäft (§ 117 Abs. 1 BGB), welches die Rechtsfolgen des tatsächlich gewollten Rechtsgeschäfts nach sich zieht (§ 117 Abs. 2 BGB), sodass der Arbeitgeber sich auf eine vermeintlich andere Leistung nicht berufen kann. 48

> **Praxistipp:**
> Da die auf das Scheingeschäft gerichtete Erklärung des Arbeitgebers gem. § 117 Abs. 1 BGB nichtig ist und das tatsächlich gewollte Rechtsgeschäft gem. § 117 Abs. 2 BGB zur Geltung kommt, ist eine doppelte Inanspruchnahme zwar in der Regel ausgeschlossen. Allerdings wird der Arbeitgeber sich in einem solchen Falle nicht darauf berufen können, dass gar keine Leistung vereinbart sein soll.

c) Freiwilligkeitsvorbehalt der Höhe nach

Weitgehender Bindung unterliegt der Arbeitgeber, wenn er einen Rechtsanspruch des Arbeitnehmers dem Grunde nach begründet, sich aber hinsichtlich der Anspruchshöhe eine einseitige Festlegung vorbehält. Ist der Arbeitgeber dem Grunde nach zur Leistung verpflichtet, kann er **nicht mehr einseitig gänzlich von ihr absehen.** Der Arbeitnehmer hat vielmehr Anspruch auf ermessensfehlerfreie Entscheidung über die Höhe der Leistung. Auch wenn ein solcher Anspruch bei ermessensfehlerfreier Entscheidung des Arbeitgebers ggf. in Höhe „Null" festzusetzen wäre, ist der Arbeitgeber in der Leistungsbestimmung jedoch nicht frei. 49

Da der Arbeitgeber dem Grunde nach zur Leistung verpflichtet ist, kann er **nicht nach freiem Ermessen** über die Höhe der Leistung entscheiden.[58] Vielmehr bestimmt § 315 BGB für eine solche einseitige Leistungsbestimmung des Arbeitgebers, dass diese im Zweifel nach billigem Ermessen zu treffen ist. Zwar sieht § 315 BGB für den Maßstab billigen Ermessens in Abgrenzung zu einem freien Ermessen lediglich einen Regelfall vor. Dieser prägt indessen einen wesentlichen Grundgedanken der gesetzlichen Regelung iSd § 307 Abs. 2 Nr. 1 BGB, sodass eine Abweichung durch die Einräumung freien Ermessens für den Arbeitgeber gem. § 307 Abs. 2 BGB den Arbeitnehmer unangemessen benachteiligen würde und damit unwirksam ist.[59] 50

Für den hiernach anzulegenden **Maßstab billigen Ermessens** gilt, dass der Arbeitgeber für die Bemessung des Anspruchs nur solche Umstände heranziehen darf, die in sachlichem Zusammenhang mit den Zwecken der Leistung stehen und damit willkürfrei sind. 51

---

[58] BAG 16.1.2013 – 10 AZR 26/12, NZA 2013, 1013.
[59] LAG München 20.3.2012 – 6 Sa 999/11, Rn. 63.

52 Prozessual ist der Arbeitgeber in einem Rechtsstreit darlegungs- und ggf. beweispflichtig für die Einhaltung der Grenzen billigen Ermessens.

52 Zu beachten ist, dass auch dieser Maßstab **Entscheidungsspielräume** für den Arbeitgeber belässt.[60] Entscheidend ist, dass die Leistungsbestimmung nach allgemeiner Verkehrsanschauung unter Berücksichtigung der wesentlichen Umstände des Einzelfalles und der beiderseitigen Interessen angemessen erscheint.[61] Diese einzelfallorientierte Betrachtung eröffnet insbesondere bei der Ausgestaltung von Sonderzahlungen weitgehende Beurteilungsspielräume im Falle einer arbeitsgerichtlichen Überprüfung, welche Einzelfallumstände zur Wahrung der Billigkeit in die Ermessensausübung durch den Arbeitgeber einbezogen werden durften oder mussten.

Beispiel:

Im Falle einer konkludent-individuellen Bonuszusage durch den Arbeitgeber hat das BAG[62] angenommen, dass eine über Jahre hinweg kontinuierlich steigende Bonuszahlung an die Geschäftsentwicklung des Unternehmens oder aber auch an eine Bonuszahlung an die Geschäftsführer gekoppelt sein konnte. Nachdem das BAG zur weiteren Sachverhaltsaufklärung an die Vorinstanz zurückverwiesen hatte, nahm diese aufgrund kontinuierlich ansteigender Zahlungen in der Vergangenheit an, dass nach billigem Ermessen die Bonuszahlung mindestens in der Höhe des Vorjahres zu gewähren war, weil Bonusleistungen der Vorjahre stetig überschritten wurden.[63]

53 Es gelten generell bei einer Bindung des Arbeitgebers – nur – dem Grunde nach die Vorgaben für ermessensabhängige Leistungsbestimmungen (→ F Rn. 198 ff.). Die Freiwilligkeit nur der Höhe nach bewirkt daher bereits eine weitgehende Bindung des Arbeitgebers. Er ist nicht frei darin, ob er eine Leistungsbestimmung vornimmt und auch die Leistungsbestimmung der Höhe nach unterliegt der vollen gerichtlichen Überprüfung.

Praxistipp:

Da ein Freiwilligkeitsvorbehalt nur der Höhe nach bei einer dem Grunde nach feststehenden Anspruchsberechtigung des Arbeitnehmers eine Leistungsbestimmung des Arbeitgebers an den Maßstab billigen Ermessens bindet, sind die sich eröffnenden Unwägbarkeiten für die Bestimmung der Grenzen einer Unbilligkeit zu vermeiden. Arbeitgeber sollten deshalb **bestimmte Kriterien** (etwa eine überdurchschnittliche Arbeitsleistung des Arbeitnehmers, ein das Vorjahresergebnis überschreitendes Betriebsergebnis des Arbeitgebers, die Bedeutung von Projekten etc.) in die Regelung einfließen lassen, um **Beweisschwierigkeiten** über diese Maßstäbe im Rahmen einer arbeitsgerichtlichen Auseinandersetzung mit dem Arbeitnehmer zu vermeiden. Ein ausschließlich auf die Höhe einer Leistung bezogener Freiwilligkeitsvorbehalt ist deshalb in der Praxis **selten hilfreich**.

6. Erklärung des Freiwilligkeitsvorbehaltes

54 Für die Erklärung des Freiwilligkeitsvorbehaltes ist einerseits zwischen Leistungen mit kollektivem Bezug gegenüber einer Mehrheit von Arbeitnehmern und den sich daraus ergebenden möglichen Ansprüchen unter dem Gesichtspunkt einer betrieblichen Übung und andererseits einer Erklärung gegenüber einzelnen Arbeitnehmern zur Vermeidung von Ansprüchen aufgrund individueller Zusagen zu unterscheiden.

---

[60] BGH 24.6.1991 – II ZR 268/90, NJW-RR 1991, 1248 (1249).
[61] BAG 3.12.2002 – 9 AZR 457/01, AP TVG § 1 Altersteilzeit Nr. 2.
[62] BAG 21.4.2010 – 10 AZR 163/09, NZA 2010, 808 (810) mAnm *Salamon* NZA 2010, 1272 ff.
[63] LAG BW 1.12.2010 – 22 Sa 40/10, BeckRS 2011, 68908.

a) Leistungen mit kollektivem Bezug

aa) Anwendungsfall betriebliche Übung

Leistungen mit kollektivem Bezug sind solche, die gegenüber der gesamten Belegschaft 55
oder Teilen von ihr erbracht werden. Im Falle eines gleichförmigen und wiederholten Verhaltens des Arbeitgebers gegenüber der Belegschaft oder einem Teil von ihr nimmt die Rechtsprechung eine vertragliche Bindung des Inhaltes wiederholter gleichartiger Leistungen in der Zukunft an.[64] In diesen Fällen sagt der Arbeitgeber mit der Leistung im Einzelfall gegenüber dem **Kreis der Anspruchsberechtigten** die jeweilige Einzelleistung ausdrücklich oder konkludent verbindlich zu.

Die wiederholte Leistungsgewährung begründet nach der Rechtsprechung ein schutz- 56
würdiges Vertrauen in die Annahme einer Bindung des Arbeitgebers über die jeweiligen Einzelleistungen hinaus für die Zukunft, wenn nicht gleichzeitig ein Vorbehalt erklärt wird.[65] Aufgrund dieses Erklärungswertes des Verhaltens des Arbeitgebers gegenüber einer Mehrheit von Arbeitnehmern sind die **Entstehung** einer betrieblichen Übung und die aus ihr konkret **Anspruchsberechtigten unabhängig voneinander** zu beurteilen.[66] Daraus folgt, dass auch neu in den Betrieb eintretende Arbeitnehmer sofort Ansprüche aus einer bestehenden betrieblichen Übung geltend machen können, obwohl gegenüber ihnen zuvor das die betriebliche Übung begründende gleichförmige und wiederholende Verhalten des Arbeitgebers fehlt.[67]

Die Bindung der betrieblichen Übung entspricht deshalb der einer – nach Auffassung 57
des BAG eine ausdrückliche arbeitgeberseitige Erklärung voraussetzenden – Gesamtzusage.[68] Möglich ist darüber hinaus, dass eine **betriebliche Übung einen Anspruch neben einer bestehenden Gesamtzusage konkretisiert,** wenn etwa eine Gesamtzusage dem Grunde nach einen Anspruch vorsieht, der durch ein gleichförmiges und wiederholtes Verhalten des Arbeitgebers hinsichtlich der **Höhe des Anspruchs im Wege einer betrieblichen Übung** ausgestaltet worden ist.

Beispiel:

Eine betriebliche Übung auf Zahlung einer Weihnachtsgratifikation in Höhe eines Bruttomonatsgehaltes entsteht, wenn der Arbeitgeber ohne Erklärung eines Freiwilligkeitsvorbehaltes gegenüber der gesamten Belegschaft in drei aufeinanderfolgenden Jahren anlässlich des Weihnachtsfestes im Dezember eines Kalenderjahres jeweils ein Bruttomonatsgehalt zahlt.

Die Rechtsfolge ist keine andere, wenn der Arbeitgeber durch Gesamtzusage die Zahlung eines Weihnachtsgeldes ausdrücklich verspricht, sich hinsichtlich der Höhe dieses Weihnachtsgeldes jeder Erklärung enthält, aber in drei aufeinanderfolgenden Jahren das Weihnachtsgeld jeweils in Höhe eines Bruttomonatsgehaltes bemisst.[69]

In beiden Fällen erlangen später in den Betrieb eintretende Arbeitnehmer sofort einen Anspruch auf dieselbe Leistung. Bei zwischenzeitlichem Eintritt vor der dritten Leistungsgewährung entsteht der Anspruch für neu eintretende Arbeitnehmer mit der dritten Leistung gegenüber der Belegschaft insgesamt. Zu diesem Zeitpunkt gilt die betriebliche Übung für das Kollektiv und damit auch für sie.

---

[64] BAG 15.5.2012 – 3 AZR 281/11, BeckRS 2012, 73361; 14.9.2011 – 10 AZR 526/10, NZA 2012, 81 (82); ErfK/*Preis* BGB § 611 Rn. 220; Schaub ArbR-HdB/*Koch* § 111 Rn. 1.
[65] BAG 15.5.2012 – 3 AZR 281/11, BeckRS 2012, 73361; 14.9.2011 – 10 AZR 526/10, NZA 2012, 81 (82); ErfK/*Preis* BGB § 611 Rn. 220–222; Schaub ArbR-HdB/*Koch* § 110 Rn. 11.
[66] BAG 15.5.2012 – 3 AZR 281/11, BeckRS 2012, 73361; 28.6.2006 – 10 AZR 385/05, NZA 2006, 1174 (1177); 17.11.2009 – 9 AZR 765/10, NZA-RR 2010, 293 (295).
[67] BAG 15.5.2012 – 3 AZR 281/11, BeckRS 2012, 73361.
[68] BAG 28.6.2006 – 10 AZR 385/05, NZA 2006, 1174 (1177); 15.5.2012 – 3 AZR 281/11, BeckRS 2012, 73361; 18.11.2003 – 9 AZR 659/02, BeckRS 2003, 30799862.
[69] Vgl. Schaub ArbR-HdB/*Koch* § 110 Rn. 11.

bb) Kollektiver Charakter des Freiwilligkeitsvorbehaltes

58 Will der Arbeitgeber die Entstehung betrieblicher Übungen verhindern, bedarf es der Erklärung eines Freiwilligkeitsvorbehaltes. Der Freiwilligkeitsvorbehalt dient der Vermeidung zukünftiger gleichgerichteter Ansprüche nach Grund und/oder Höhe. Der Freiwilligkeitsvorbehalt zur Vermeidung einer betrieblichen Übung ist wegen des kollektiven Charakters der betrieblichen Übung ebenfalls **kollektiv zu erklären**. Ein nur im Einzelfall erklärter Freiwilligkeitsvorbehalt bei im Übrigen vorbehaltlosem Verhalten genügt nicht.[70] Der Vorbehalt ist deshalb **gegenüber allen Begünstigten** zu erklären, wobei ein Aushang am „Schwarzen Brett" oder ein Hinweis im Intranet genügen muss.[71]

> **Praxistipp:**
> Der Arbeitgeber sollte zur Vermeidung der Entstehung betrieblicher Übungen Freiwilligkeitsvorbehalte stets gegenüber jedem einzelnen Arbeitnehmer erklären und sich den Zugang der Erklärung zwecks späterer Nachweisbarkeit dokumentieren lassen. Die Erklärung des Freiwilligkeitsvorbehaltes muss **zeitlich vor oder spätestens mit der Leistungserbringung** erfolgen, damit der Arbeitnehmer nicht mit der Entgegennahme der Leistung bereits ein Vertrauen in zukünftige Leistungsgewährungen entwickeln kann. Ein zeitlich nachfolgender Freiwilligkeitsvorbehalt – etwa im Rahmen eines Hinweises bei der Gehaltsabrechnung, die der Arbeitnehmer womöglich nicht einmal zur Kenntnis nimmt – genügt nicht.

59 Hat der Arbeitgeber nach dieser Maßgabe kollektiv einen Freiwilligkeitsvorbehalt erklärt, gelingt ihm der Nachweis der Erklärung des Freiwilligkeitsvorbehaltes bei einem einzelnen Arbeitnehmer jedoch nicht, kann dieser gleichwohl keinen Anspruch aus betrieblicher Übung geltend machen. Wegen des kollektiven Bezuges ist der **kollektiv „übliche"** Freiwilligkeitsvorbehalt geeignet, die Entstehung einer betrieblichen Übung zu verhindern, so dass ein fehlender Freiwilligkeitsvorbehalt gegenüber nur einem einzelnen Arbeitnehmer unschädlich wäre.[72]

> **Achtung!**
> Wegen einer möglichen konkludenten individuellen Zusage gegenüber diesem Arbeitnehmer, für die die Maßgabe des kollektiven Bezuges nicht gilt, kommt gleichwohl die Entstehung eines Anspruchs für einen solchen Arbeitnehmer in Betracht.[73] In der Rechtsprechung ist ungeklärt, ob bei einer Leistung mit kollektivem Bezug unter Freiwilligkeitsvorbehalt die Nichtentstehung einer betrieblichen Übung für das Kollektiv gleichermaßen Ansprüche eines Arbeitnehmers ausschließt, bei dem individuell die Voraussetzungen einer konkludenten Zusage gegeben sind. Dogmatisch würde sich ein solches Ergebnis nur schwer erklären lassen.

60 Wegen des Erfordernisses eines wiederholten gleichförmigen – in der Regel dreimaligen – Verhaltens des Arbeitgebers ohne Erklärung eines Vorbehaltes kann dieser auch dann noch erklärt werden, wenn **bereits ein- oder zweimalig vorbehaltlos** geleistet wurde. Solange der Tatbestand der betrieblichen Übung nicht vollendet ist, kann die Entstehung eines Vertrauens in eine künftige Leistungsgewährung noch zerstört werden.

61 Ist die betriebliche Übung einmal entstanden, scheidet ein Anspruchsverlust aufgrund einer **gegenläufigen betrieblichen Übung** durch dreimalige Leistungsgewährung unter

---

[70] Vgl. BAG 10.12.2008 – 10 AZR 35/08, NZA 2009, 258 (259); *Salamon* FA 2013, 101 (102).
[71] *Salamon* FA 2013, 101 (102).
[72] BAG 6.12.1995 – 10 AZR 123/95, BB 1996, 1383 (1384).
[73] BAG 14.9.2011 – 10 AZR 526/10, NZA 2012, 81 (82); 21.4.2010 – 10 AZR 163/09, NZA 2010, 808 (809).

Freiwilligkeitsvorbehalt aus. Entgegen seiner früheren Rechtsprechung misst das BAG[74] dem Schweigen des Arbeitnehmers auf einen solchen Freiwilligkeitsvorbehalt keine Bedeutung zu. Ein Anspruchsverlust kann damit nicht durch betriebliche Übung begründet werden.

b) Konkreter oder pauschaler Freiwilligkeitsvorbehalt

Nach bisheriger Rechtsprechung war ein Freiwilligkeitsvorbehalt sowohl **abstrakt-pauschal im Arbeitsvertrag** und damit maßgebend für die gesamte Dauer des Arbeitsverhältnisses als auch **konkret** im Zusammenhang mit jeweils einzelnen Leistungen möglich. Das BAG hatte bislang angenommen, dass ein abstrakt-pauschaler Freiwilligkeitsvorbehalt im Arbeitsvertrag geeignet sei, für die gesamte Dauer des Arbeitsverhältnisses ein Vertrauen des Arbeitnehmers in die zukünftige Gewährung von Leistungen, auf die im Übrigen ein Rechtsanspruch nicht eingeräumt worden war, auszuschließen.[75] Diese Betrachtung ist zutreffend, da von einem Arbeitnehmer erwartet werden kann, dass er einen einmalig für die gesamte Dauer eines Arbeitsverhältnisses erklärten Vorbehalt wie jede andere Vertragsbedingung während der gesamten Dauer eines Arbeitsverhältnisses beachtet.[76]

62

Das BAG hat allerdings zwischenzeitlich seine **Rechtsprechung geändert.** Während es zwischenzeitlich noch Zweifel an seiner bisherigen Rechtsprechung geäußert hatte,[77] ist diese in jüngerer Zeit aufgegeben worden.[78] So könne bei jahrzehntelanger Gewährung einer zusätzlichen Leistung ein in Widerspruch zu diesem tatsächlichen Verhalten des Arbeitgebers stehender Freiwilligkeitsvorbehalt das Vertrauen in eine vorbehaltlose Gewährung kaum erschüttern.[79]

63

c) Individualabreden (§ 305b BGB)

aa) Begriff und Abgrenzung

Besonderheiten im Zusammenhang mit der Erklärung von Freiwilligkeitsvorbehalten gelten bei Individualabreden iSd § 305b BGB. Gem. § 305b BGB haben individuelle Vertragsabreden stets **Vorrang** vor Bestimmungen in vom Arbeitgeber vorformulierten Arbeitsbedingungen. Gegenstand einer solchen Individualabrede kann jede vertragliche Regelung sein. Für das Vorliegen einer solchen Individualabrede kommt es nicht darauf an, ob diese ausdrücklich vereinbart wird oder durch konkludentes Verhalten zustande kommt.[80]

64

Beispiel:

Der Arbeitgeber als Verwender von Formulararbeitsverträgen darf vor, während oder nach dem Abschluss des Arbeitsvertrages keine Leistungen versprechen, die durch die Gestaltung des Formulararbeitsvertrages ausgeschlossen oder entwertet werden. Solche Individualabreden genießen gem. § 305b BGB stets Vorrang vor den Bestimmungen des Formulararbeitsvertrages.

Ist etwa im Formulararbeitsvertrag ohne Leistungsversprechen allein ein Hinweis auf eine mögliche Sonderzahlung formuliert, suggeriert der Arbeitgeber aber anlässlich des Ab-

---

[74] BAG 18.3.2009 – 10 AZR 281/08 – NZA 2009, 601 (603); 25.11.2009 – 10 AZR 779/08, NZA 2010, 283 (285).
[75] BAG 30.7.2008 – 10 AZR 606/07, NZA 2008, 1173 (1174).
[76] *Salamon* FA 2013, 101 (103).
[77] BAG 14.9.2011 – 10 AZR 526/10, NZA 2012, 81 (82).
[78] BAG 13.11.2013 – 10 AZR 848/12, NZA 2014, 368 (372).
[79] BAG 14.9.2011 – 10 AZR 526/10, NZA 2012, 81 (84); zustimmend *Preis/Sagan* NZA 2012, 697; abl. *Bauer/v. Medem* NZA 2012, 894; *Salamon* FA 2013, 101 (103).
[80] BAG 19.3.2009 – 6 AZR 557/07, NZA 2009, 896; BGH 14.6.2006 – IV ZR 54/05, BeckRS 2006, 08442.

schlusses des Arbeitsvertrages, dass diese ungeachtet der Formulierung jährlich gewährt wird, kommt dieser Zusage als Individualabrede Vorrang zu.

65 Allerdings fordert das BAG für eine Individualabrede iSd § 305b BGB, dass sie durch beide Parteien, dh **Arbeitnehmer und Arbeitgeber gemeinsam,** ausgehandelt wird.[81] Ein einseitiges Stellen einer Vertragsbedingung durch den Arbeitgeber genügt demgegenüber nicht. Individualabreden iSd § 305b BGB liegen nach der Rechtsprechung deswegen nicht vor, wenn der Arbeitgeber gegenüber einzelnen Arbeitnehmern, insbesondere durch die bloße Gewährung einer Leistung, konkludent ein Angebot unterbreitet, welches vom Arbeitnehmer lediglich angenommen werden kann.[82]

Beispiel:

Für eine Individualabrede iSd § 305b BGB genügt es nicht, wenn der Arbeitgeber lediglich eine Zahlung ohne jede sonstige Erklärung erbringt. Bei wiederholter gleichförmiger Gewährung kann zwar unter dem Gesichtspunkt der betrieblichen Übung oder konkludenten individuellen Vereinbarung ein Vertrauen in eine Zusage auf weitere Leistungen in der Zukunft und damit eine vertragliche Anspruchsgrundlage entstehen.

Eine solche, allein auf wiederholtem gleichförmigen Verhalten beruhende, Anspruchsgrundlage stellt aber keine Individualabrede iSd § 305b BGB dar, weil sie nicht durch eine – zumindest konkludente – Vereinbarung, sondern allein infolge Vertrauens in die Annahme einer Willenserklärung des Arbeitgebers als einseitig gestellte Arbeitsbedingung zustande kommt.

66 Damit ist das konkret-individuelle Pendant zur betrieblichen Übung nicht vom Begriff der Individualabrede des § 305b BGB umfasst, weil ein wiederholtes und gleichförmiges Verhalten gegenüber einem einzelnen Arbeitnehmer einseitig gestellt und damit kein Anwendungsfall des § 305b BGB ist.[83] Jede Vereinbarung kann dagegen in den Anwendungsbereich des § 305b BGB fallen.

bb) Freiwilligkeitsvorbehalte bei Individualabreden

67 Die Bedeutung des Freiwilligkeitsvorbehaltes im Zusammenhang mit Individualabreden gem. § 305b BGB besteht darin, den **Erklärungswert** (vom Arbeitgeber verlautbarten Geschäftswillen) einer Individualabrede zu **begrenzen.** Ebenso wie im Zusammenhang mit der Entstehung betrieblicher Übungen aus einem wiederholten und gleichförmigen Verhalten des Arbeitgebers ein Erklärungswert hinsichtlich zukünftiger weiterer Leistungen angenommen wird, ist eine solche Auslegung des Erklärungswertes bei gleichartigen wiederholenden Individualabreden iSd § 305b BGB möglich.

Beispiel:

Der Arbeitgeber vereinbart mit dem Arbeitnehmer dreimal in Folge die Gewährung einer Sonderzahlung in Abhängigkeit vom Unternehmensergebnis. Infolge einer Vereinbarung über diese jeweilige Leistung handelt es sich nicht um einseitig gestellte Arbeitsbedingungen wie bei konkludenten individuellen Vereinbarungen oder betrieblichen Übungen. Damit handelt es sich bezogen auf die einzelne Leistung um eine Individualabrede iSd § 305b BGB.

In Frage steht, ob mehrfache wiederholte solche Individualabreden bezogen auf die einzelne Leistung eine konkludente individuelle Zusage bzw. betriebliche Übung bezogen auf die künftige wiederholte Leistungsgewährung auslösen können, wenn die einzelne Individualabrede keinen Freiwilligkeitsvorbehalt enthält.

---

[81] BAG 20.5.2008 – 9 AZR 382/07, NZA 2008, 1233 (1236).
[82] BAG 20.5.2008 – 9 AZR 382/07, NZA 2008, 1233 (1236).
[83] BAG 20.5.2008 – 9 AZR 382/07, NZA 2008, 1233 (1236).

I. Reichweite und Grenzen der Gestaltung freiwilliger Entgeltbestandteile

In der Rechtsprechung des BAG ist ein solcher Fall zwar noch nicht ersichtlich behandelt worden.[84] Jedoch hat das BAG[85] eine unangemessene Benachteiligung eines Arbeitnehmers iSd § 307 Abs. 1 S. 1 BGB bei einem Freiwilligkeitsvorbehalt erwogen, dessen Formulierung nicht ausdrücklich spätere Individualabreden iSv § 305b BGB ausnahm. Auswirkungen hat diese Rechtsprechung allein bei **abstrakt-pauschalen Freiwilligkeitsvorbehalten,** die aufgrund ihrer Abstraktheit ggf. geeignet sind, auch spätere Individualabreden zu erfassen. 68

Ein **konkreter Freiwilligkeitsvorbehalt,** der den Erklärungsgehalt der jeweiligen Leistungsgewährung auf diese begrenzt, kann dagegen **nicht** gegen § 305b BGB verstoßen. Ein solcher Freiwilligkeitsvorbehalt begrenzt den Erklärungswert der Individualabrede selbst und definiert damit ihren Anspruchsinhalt. 69

> **Praxistipp:**
>
> Individualabreden gem. § 305b BGB lassen sich damit durch Freiwilligkeitsvorbehalte nicht verhindern. Darin liegt das Regelungsziel des § 305b BGB.
>
> Freiwilligkeitsvorbehalte als Bestandteile der jeweiligen Einzelvereinbarungen sind jedoch geeignet, zu verhindern, dass Arbeitnehmer die **Reichweite der Individualabrede** im Sinne eines dauerhaften Leistungsversprechens über wiederholte zukünftige Leistungen interpretieren.
>
> In diesem Zusammenhang bedarf die Formulierung eines Freiwilligkeitsvorbehaltes keines Hinweises auf den Vorrang des § 305b BGB, da der Freiwilligkeitsvorbehalt Bestandteil der Individualabrede ist.
>
> Anderes gilt, wenn Arbeitgeber trotz der Rechtsprechungsänderung[86] **abstrakt-pauschale Freiwilligkeitsvorbehalte** beibehalten. Um eine zu weitgehende Formulierung des Freiwilligkeitsvorbehaltes auszuschließen, ist bei einem pauschal-abstrakten Freiwilligkeitsvorbehalt der Vorrang der Individualabrede klarzustellen. Wegen der vom BAG angenommenen Unzulässigkeit solcher Freiwilligkeitsvorbehalte kommt dieser Gestaltung jedoch keine Bedeutung mehr zu.[87]

d) Sonstige individuelle Zusageformen

Uneingeschränkte Bedeutung behalten Freiwilligkeitsvorbehalte bei sonstigen individuellen Zusagen, die **keine Individualabreden iSd § 305b BGB** darstellen. Auch wenn abzuwarten bleibt, ob das BAG seine Rechtsprechung über die Begrenzung von Individualabreden iSd § 305b BGB auf solche Vereinbarungen, die unter Mitwirkung des Arbeitnehmers zustande kommen, beibehält, ist nach der aktuellen Rechtsprechung jenseits der Individualabreden eine individuelle Zusage durch einseitiges konkludentes Handeln des Arbeitgebers möglich.[88] 70

Das BAG nimmt unter den gleichen Voraussetzungen wie für die Entstehung einer betrieblichen Übung, lediglich ohne den diese kennzeichnenden kollektiven Bezug, **konkludente individuelle Zusagen** gegenüber dem Arbeitnehmer auf dauerhafte Leistungen an, wenn der Arbeitgeber gegenüber dem Arbeitnehmer ein **wiederholtes und gleichförmiges Verhalten** zeigt, aus dem der Arbeitnehmer auf wiederholte Leistungs- 71

---

[84] Das Urteil des BAG 21.4.2010 – 10 AZR 163/09, NZA 2010, 808 hat einen Erklärungsgehalt durch einseitiges konkludentes Handeln des Arbeitgebers zum Gegenstand, welches nach den genannten Maßstäben nicht den Begriff der Individualabrede iSd § 305b BGB erfüllt.
[85] BAG 14.9.2011 – 10 AZR 526/10, NZA 2012, 81 (85).
[86] BAG 13.11.2013 – 10 AZR 848/12, NZA 2014, 368 (372); 14.9.2011 – 10 AZR 526/10, NZA 2012, 81 (85).
[87] BAG 13.11.2013 – 10 AZR 848/12, NZA 2014, 368 (372).
[88] BAG 21.4.2010 – 10 AZR 163/09, NZA 2010, 808 (809 f.).

gewährungen schließen kann.[89] In diesem Zusammenhang hat das BAG ausdrücklich auf die **Möglichkeit und Notwendigkeit eines Freiwilligkeitsvorbehaltes** zur Vermeidung der Annahme eines Leistungsversprechens mit dem Inhalt wiederkehrender Leistungen hingewiesen.[90] Sofern es bei der Rechtsprechung bleibt, die diese individuellen Zusageformen nicht dem Begriff der Individualabrede iSd § 305b BGB unterwirft, lassen sich solche individuellen Zusagen durch **konkret-individuelle Freiwilligkeitsvorbehalte** vermeiden.

Beispiel:

Der Arbeitgeber gewährt dem Arbeitnehmer ohne zugrunde liegende Vereinbarung dreimal in Folge eine Sonderzahlung in Abhängigkeit vom Unternehmensergebnis. Eine unterschiedliche Höhe der Leistung schließt die Entstehung einer konkludenten individuellen Zusage durch wiederholtes gleichförmiges – an das Unternehmensergebnis anknüpfendes – Verhalten des Arbeitsgebers nicht aus.[91] Es bedarf vielmehr eines Freiwilligkeitsvorbehaltes zur Klarstellung, dass trotz wiederholten und gleichförmigen Verhaltens keine Rechtsansprüche auf weitere solche Leistungen in der Zukunft entstehen.

e) Zeitpunkt und Form

72 Der Freiwilligkeitsvorbehalt muss **vor Entstehung eines Rechtsanspruchs** auf wiederholte Leistungen in der Zukunft erklärt werden. Dh die Erklärung muss so rechtzeitig erfolgen, dass aus Sicht des Arbeitnehmers noch kein wiederholtes gleichförmiges – vorbehaltloses – Verhalten des Arbeitgebers gegeben ist.

Beispiel:

Bei Einmalzahlungen knüpft die Entstehung der betrieblichen Übung bzw. konkludenten individuellen Zusage in der Regel an eine dreimalige wiederholte Gewährung der Leistung ohne Vorbehalt an. Zur Vermeidung eines Vertrauens in eine vorbehaltlose und damit wiederkehrende Gewährung der Leistung muss es genügen, wenn eine der drei Leistungen mit einem Freiwilligkeitsvorbehalt erfolgte.

73 Der Freiwilligkeitsvorbehalt muss dabei so rechtzeitig erklärt werden, dass er nicht auf einen bereits durch vorbehaltlose Leistung begründeten Rechtsanspruch trifft.

Beispiel:

Erklärt der Arbeitgeber den Freiwilligkeitsvorbehalt erst anlässlich der dritten Leistungsgewährung, muss der Freiwilligkeitsvorbehalt vor oder mit der Leistung wirksam werden.

74 Unabhängig von der Frage, ob der Freiwilligkeitsvorbehalt als Willenserklärung zu betrachten ist, wird er nicht vor seinem **Zugang** wirksam (§ 130 BGB in direkter oder analoger Anwendung). Zugang erfordert eine zumutbare Kenntnisnahmemöglichkeit für den Arbeitnehmer, so dass nach dem gewöhnlichen Verlauf der Dinge mit einer Kenntnisnahme zu rechnen ist. Der Freiwilligkeitsvorbehalt muss hierzu entweder dem Arbeitnehmer gegenüber unter Anwesenden unmittelbar erklärt werden oder in eine Empfangseinrichtung des Arbeitnehmers gelangen.

Beispiel:

Die Beifügung zur Entgeltabrechnung genügt nur, wenn der Arbeitnehmer diese rechtzeitig entgegen nimmt oder sie ihm rechtzeitig zugestellt wird.

---

[89] BAG 21.4.2010 – 10 AZR 163/09, NZA 2010, 808 (809f.); näher *Salamon* NZA 2010, 1272ff.
[90] BAG 21.4.2010 – 10 AZR 163/09, NZA 2010, 808 (809f.).
[91] BAG 13.5.2015 – 10 AZR 266/14, NZA 2015, 992 (993).

I. Reichweite und Grenzen der Gestaltung freiwilliger Entgeltbestandteile   E

Der Freiwilligkeitsvorbehalt ist von Gesetzes wegen an keine besondere Form gebunden und kann daher auch mündlich oder konkludent erfolgen. 75

> **Praxistipp:**
> Aus Beweisgründen sollte der Freiwilligkeitsvorbehalt stets schriftlich dokumentiert erfolgen und eine Empfangsbestätigung des Arbeitnehmers bzw. diese ersetzende Botenbestätigung enthalten.

Noch nicht abschließend geklärt ist die Formbedürftigkeit von Erklärungen des Arbeitgebers bei Zusammentreffen mit einer qualifizierten Schriftformklausel. Ist diese wirksam, wird sie jedenfalls zu beachten sein und auch den Freiwilligkeitsvorbehalt der Schriftform unterwerfen, so dass Textform (Telefax, E-Mail etc.) nicht genügt. Verstößt eine qualifizierte Schriftformklausel gegen den Vorrang der Individualabrede gem. § 305b BGB und ist sie deshalb unwirksam,[92] kann sich die Frage stellen, ob der Arbeitgeber sich als Verwender der Klausel auf deren Unwirksamkeit berufen kann. Dies ist zwar im allgemeinen Zivilrecht anerkannt, in der instanzgerichtlichen Rechtsprechung aber umstritten[93], so dass der Arbeitgeber vorsorglich in jedem Falle bei Vereinbarung einer qualifizierten Schriftformklausel deren Maßgabe beachten sollte. 76

f) Qualifizierte Schriftformklausel anstelle des pauschalen Freiwilligkeitsvorbehalts?

aa) Qualifizierte Schriftformklausel und betriebliche Übung

Eine qualifizierte Schriftformklausel, die auch die Aufhebung des Schriftformerfordernisses der Schriftform unterwirft, bedarf auch zu ihrer Abbedingung der Wahrung der Schriftform.[94] Nach bisheriger Rechtsprechung konnte eine im Arbeitsvertrag formulierte qualifizierte Schriftformklausel die Entstehung jeder betrieblichen Übung verhindern, da die **betriebliche Übung das Schriftformerfordernis nicht erfüllt**.[95] An dieser Rechtsprechung hat das BAG auch nach Inkrafttreten des Schuldrechtsmodernisierungsgesetzes festgehalten.[96] 77

In dieser die bisherige Rechtsprechung bestätigenden Entscheidung hat das BAG insbesondere darauf erkannt, dass die betriebliche Übung keine Individualabrede ist, weil sie zugunsten einer Vielzahl von Arbeitnehmern kollektiv entsteht und damit keine individuell ausgehandelte Verpflichtung beinhaltet.[97] Bei einer betrieblichen Übung bleibt zudem kein Raum für eine ausgehandelte Vereinbarung.[98] Aus diesem Grunde steht auch der **Vorrang (formloser) Individualabreden gem. § 305b BGB** der Verhinderung einer betrieblichen Übung durch eine doppelte Schriftformklausel **nicht entgegen**. Daran scheitern qualifizierte Schriftformklauseln, die den Vorrang der Individualabrede nicht klarstellen, vielfach.[99] 78

---

[92] BAG 20.5.2008 – 9 AZR 382/07, NZA 2008, 1233 (1237).
[93] Für eine generelle Unwirksamkeit BGH 22.1.1990 – II ZR 15/89, NJW-RR 1990, 613 (614); 20.10.1994 – III ZR 76/94, NJW-RR 1995, 179 (180); *Salamon* RdA 2011, 266 (268); aA LAG Köln 21.8.2013 – 11 Sa 171/13.
[94] BAG 24.6.2003 – 9 AZR 302/02, NZA 2003, 1145 (1147).
[95] BAG 24.6.2003 – 9 AZR 302/02, NZA 2003, 1145 (1147) mwN.
[96] BAG 20.5.2008 – 9 AZR 382/07, NZA 2008, 1233 (1234f.).
[97] BAG 20.5.2008 – 9 AZR 382/07, NZA 2008, 1233 (1236).
[98] BAG 20.5.2008 – 9 AZR 382/07, NZA 2008, 1233 (1236).
[99] BAG 20.5.2008 – 9 AZR 382/07, NZA 2008, 1233 (1234f.).

bb) Qualifizierte Schriftformklausel und individuelle konkludente Zusagen

79 Nichts anderes kann für **konkludente individuelle Vereinbarungen** gelten, die ebenfalls nicht dem Vorrang der Individualabrede unterfallen. Ebenso wie die betriebliche Übung wird jedoch eine individuelle konkludente Zusage durch gleichförmiges wiederholtes Verhalten des Arbeitgebers nicht ausgehandelt, sondern durch das Verhalten des Arbeitgebers einseitig gestellt, was einer Individualabrede iSd § 305b BGB nach Auffassung des BAG entgegensteht.[100] Ebenso wie bei einer betrieblichen Übung spricht die bisherige Betrachtung des BAG zu § 305b BGB jedenfalls dafür, dass eine doppelte Schriftformklausel die Entstehung eines Rechtsanspruchs bei einer individuellen Zusage durch konkludentes Verhalten wie bei einer betrieblichen Übung verhindern kann.

cc) Auswirkung der Rechtsprechungsänderung zu pauschalen Freiwilligkeitsvorbehalten

80 Nach bisheriger Rechtsprechung konnte eine (wirksame) qualifizierte Schriftformklausel ebenso wie ein im Arbeitsvertrag verankerter pauschaler (wirksamer) Freiwilligkeitsvorbehalt die Entstehung betrieblicher Übungen für die gesamte Dauer des Arbeitsverhältnisses vermeiden. Gleiches musste für konkludente individuelle Vereinbarungen gelten. Das BAG hat aber zwischenzeitlich seine bisherige Rechtsprechung zur Anerkennung pauschaler Freiwilligkeitsvorbehalte aufgegeben.[101] Das BAG sieht einen **Widerspruch** zwischen dem tatsächlichen (vorbehaltlosen) Verhalten des Arbeitgebers zu einem solchen Freiwilligkeitsvorbehalt, so dass letzterer das Vertrauen des Arbeitnehmers in eine vorbehaltlose Gewährung kaum erschüttern könne.[102]

81 Diese Argumentation mag man teilen oder nicht,[103] sie lässt sich jedenfalls **auf qualifizierte Schriftformklauseln übertragen.** Ist die wiederholte vorbehaltlose Leistungsgewährung als Widerspruch zu einem pauschalen Freiwilligkeitsvorbehalt zu betrachten, wird dies ebenso für das Verhältnis einer qualifizierten Schriftformklausel zu einer wiederholten formlosen Leistungsgewährung gelten müssen. In beiden Sachverhalten verhält sich der Arbeitgeber abweichend gegenüber der Gestaltung des Arbeitsvertrages. Faktisch hätten qualifizierte Schriftformklauseln damit jede Bedeutung verloren.

II. Befristung und Bedingung von Entgeltbestandteilen

1. Abgrenzung zu Einmalleistungen

82 Terminologisch knüpft die Befristung einer Arbeitsbedingung daran an, dass diese nur bis zu einem bestimmten **Endtermin** (Befristungszeitpunkt) gelten soll. Dabei kann es sich um eine kalendermäßige Befristung (Datum) oder eine auflösende Bedingung (Eintritt eines bestimmten Ereignisses handeln).

Beispiel:

Der Arbeitgeber gewährt eine monatliche Zulage für die Dauer eines Geschäftsjahres, die Dauer der Ausübung einer Funktion oder die Laufzeit eines Projektes.

83 Nach einer Auffassung in der Literatur[104] sollen Regelungen über die Befristung von Arbeitsbedingungen bereits dann zum Tragen kommen, wenn eine einmalige Sonderzah-

---

[100] BAG 20.5.2008 – 9 AZR 382/07, NZA 2008, 1233 (1236).
[101] BAG 13.11.2013 – 10 AZR 848/12, NZA 2014, 368 (372); 14.9.2011 – 10 AZR 526/10, NZA 2012, 81 (82).
[102] BAG 14.9.2011 – 10 AZR 526/10, NZA 2012, 81 (84).
[103] Zust. *Preis/Sagan* NZA 2012, 697; abl. *Bauer/v. Medem* NZA 2012, 894; *Salamon* FA 2013, 101 (103).
[104] *Preis/Preis* II V 70 Rn. 95 ff.

II. Befristung und Bedingung von Entgeltbestandteilen

lung auf einen individuellen und/oder Unternehmenserfolg in einem Bezugszeitraum abstellt. Das Inaussichtstellen einer einmaligen Sonderzahlung für den Bezugszeitraum soll wegen der zeitlichen Anknüpfung des Bezugszeitraums der Befristungskontrolle unterfallen.[105]

Auch wenn hiernach an den Befristungsgrund niedrige Anforderungen zu stellen sein sollen,[106] überzeugt diese Betrachtung nicht. Bei einmaligen Leistungen betrifft das **Zeitmoment** nicht den **Anspruchsinhalt** oder die **Anzahl der zu beanspruchenden Leistungen,** sondern allein den **Bezugszeitraum** als anspruchsbegründende Voraussetzung für die einmalige Leistung. 84

Beispiel:
Wird dem Arbeitnehmer zu Beginn des Geschäftsjahres zum einen eine Sonderzahlung bei Erreichen bestimmter individual- und/oder unternehmenserfolgsbezogener Ziele in diesem Geschäftsjahr zugesagt und zum anderen auf die Einmaligkeit der Zusage unter Ausschluss von Rechtsansprüchen auf wiederholte Leistungen in weiteren zukünftigen Geschäftsjahren hingewiesen und damit die **Einmaligkeit der Sonderzahlung** sichergestellt, so handelt es sich nicht um eine Befristung der Sonderzahlung für das Geschäftsjahr.[107]
Mit dem Geschäftsjahr wird zwar in zeitlicher Hinsicht der **Bezugszeitraum für die Beurteilung** bemessen, ob und in welchem Umfang der Anspruch entsteht.
Die Frage, ob in weiteren Geschäftsjahren wiederholte Ansprüche entstehen, ist jedoch eine solche des Freiwilligkeitsvorbehaltes, der die Einmaligkeit der Leistung sicherstellt. Die Sonderzahlung wird deshalb nicht aufgrund Zeitablaufs (wie bei einer Befristung) **zu einem bestimmten Zeitpunkt eingestellt,** sondern von vornherein lediglich einmalig gewährt.

2. Rechtliche Grenzen

a) Prüfungsmaßstab

Die Frage der Befristung einer Arbeitsbedingung stellt sich dagegen, wenn eine **Arbeitsbedingung infolge Zeitablaufs** oder **Eintritt einer auflösenden Bedingung** zu einem bestimmten Zeitpunkt **enden** soll. Anders als die Befristung von Arbeitsverhältnissen, die nach den Regelungen des TzBfG bzw. spezialgesetzlichen Sonderregelungen zu beurteilen ist, ist die Befristung einzelner Arbeitsbedingungen nach den Grundsätzen über die Inhaltskontrolle vorformulierter Arbeitsbedingungen gem. §§ 305 ff. BGB zu kontrollieren. Sofern ausnahmsweise keine vorformulierte Arbeitsbedingung vorliegen sollte, erfolgt die Kontrolle anhand des § 242 BGB. 85

Die Vorschriften über die Befristung von Arbeitsverhältnissen spielen für die Befristung einzelner Arbeitsbedingungen keine (unmittelbare) Rolle.[108] Befristete Veränderungen der Vergütung oder der Arbeitszeit unterliegen insbesondere der Inhaltskontrolle auf eine unangemessene Benachteiligung des Arbeitnehmers gem. § 307 BGB. Das BAG nimmt an, dass die Befristung einer Arbeitsbedingung zulässig ist, wenn ein sachlicher Grund für die zeitlich nur vorübergehende Zusage dieser Arbeitsbedingung besteht.[109] Dabei fordert das BAG – hierzu ist die vielfältigste Kasuistik aufzufinden[110] – für die befristete Erhöhung 86

---

[105] Preis/*Preis* II V 70 Rn. 91 ff.
[106] Preis/*Preis* II V 70 Rn. 94.
[107] So aber: Preis/*Preis* II V 70 Rn. 95 ff.
[108] BAG 15.12.2011 – 7 AZR 394/10, NZA 2012, 674 (676); 18.6.2008 – 7 AZR 245/07, AP TzBfG § 14 Nr. 52 Rn. 19b; 27.7.2005 – 7 AZR 486/04, NZA 2006, 40 (42).
[109] BAG 18.6.2008 – 7 AZR 245/07, AP TzBfG § 14 Nr. 52.
[110] BAG 24.2.2016 – 7 AZR 253/14, NZA 2016, 814 (817) mwN; 27.7.2005 – 7 AZR 486/04, NZA 2006, 40 (46).

der Arbeitszeit einen solchen sachlichen Grund, während die befristete Reduzierung der Arbeitszeit keines solchen sachlichen Grundes bedürfen soll.[111]

87 Entscheidend ist – wie stets im Rahmen der Angemessenheitskontrolle gem. § 307 Abs. 1 BGB – eine **Abwägung der Interessen** beider Vertragsteile. Dabei ist die unbefristete Geltung von Arbeitsbedingungen die Regel.[112] Die Ausnahme – eine befristete Geltung von Arbeitsbedingungen – ist deshalb nicht bereits von einer Angemessenheitsvermutung getragen. Ebenfalls steht es einer Angemessenheitskontrolle am Maßstab des § 307 Abs. 1 S. 1 BGB nicht entgegen, dass mit Entgeltbestandteilen das Hauptleistungsversprechen betroffen ist. Wie bei befristeten Arbeitszeiterhöhungen,[113] handelt es sich insoweit um eine Preisnebenabrede, die Raum für eine Angemessenheitskontrolle belässt.

88 Nicht maßgebend sind im Ausgangspunkt die **Regelungen des TzBfG** über die Befristungskontrolle – weder die für die Befristung mit Sachgrund nach § 14 Abs. 1 TzBfG noch diejenigen über die Befristung ohne Sachgrund gem. § 14 Abs. 2 TzBfG.[114] Bei der in der Rechtsprechung oftmals behandelten Frage von Arbeitszeiterhöhungen können die Maßgaben des TzBfG Hinweise geben, da eine Arbeitszeiterhöhung als „Minus" zu einer Befristung des Arbeitsverhältnisses mit Sachgrund zu verstehen sein kann und bei Vorliegen einer Sachgrundbefristung für das Arbeitsverhältnis insgesamt ein Sachgrund für eine vorübergehende Arbeitszeiterhöhung ebenfalls in der Regel gegeben sein wird.[115]

89 Bei erheblichen Arbeitszeiterhöhungen ab einer Größe von **25 % der Arbeitszeit eines Vollzeitbeschäftigten** fordert die Rechtsprechung[116] einen sachlichen Grund, der zugleich die Befristung eines Arbeitsverhältnisses gem. § 14 Abs. 1 TzBfG rechtfertigen würde, weil – so das BAG – in einem solchen Falle ebenso eine befristete Neueinstellung in Betracht käme.

90 Die diesbezüglichen Maßstäbe für die Befristung von Entgeltbestandteilen sind in der Rechtsprechung bislang ungeklärt.[117] Teilweise wird ein sachlich hinreichender Grund für die Befristung von Entgeltbestandteilen allein aus dem **Flexibilisierungsinteresse** des Arbeitgebers hergeleitet und mit der **Möglichkeit von Freiwilligkeits- und Widerrufsvorbehalten** begründet.[118] Die Parallele zu den Freiwilligkeitsvorbehalten überzeugt schon deshalb nicht, weil der Freiwilligkeitsvorbehalt den Inhalt des Leistungsversprechens auf eine einmalige Leistung begrenzt.

91 Näher liegt es, eine mögliche Parallele aus der **Widerruflichkeit von Entgeltbestandteilen** herzuleiten. So erkennt die Rechtsprechung es an, Entgeltbestandteile unter einen Widerrufsvorbehalt zu stellen, wenn nicht mehr als regelmäßig 25 % der Gesamtvergütung widerruflich gestaltet werden.[119] Zu beachten ist allerdings, dass diese **rein quantitative Anknüpfung** allein den **Umfang widerruflich zu gestaltender Entgeltbestandteile** umschreibt. Darüber hinaus bedarf der Widerruf eines **sachlichen Grundes,** der im Rahmen der Ausübungskontrolle der uneingeschränkten Überprüfung auf die Einhaltung der Grenzen billigen Ermessens unterliegt.[120]

92 Insofern wird sich allein aus der quantitativen Grenze von 25 % der Gesamtvergütung und dem **Flexibilisierungsinteresse** des Arbeitgebers **kein sachlicher Grund** ergeben,

---

[111] BAG 10.12.2014 – 7 AZR 1009/12, NZA 2015, 811 (814).
[112] BAG 24.2.2016 – 7 AZR 253/14, NZA 2016, 814 (817) mwN; 27.7.2005 – 7 AZR 486/04, NZA 2006, 40 (46).
[113] BAG 24.2.2016 – 7 AZR 253/14, NZA 2016, 814 (817) mwN; 27.7.2005 – 7 AZR 486/04, NZA 2006, 40 (46).
[114] BAG 18.6.2008 – 7 AZR 245/07, AP TzBfG § 14 Nr. 52.
[115] BAG 18.6.2008 – 7 AZR 245/07, AP TzBfG § 14 Nr. 52.
[116] BAG 23.3.2016 – 7 AZR 828/13, NZA 2016, 881 (887).
[117] Vgl. *Willemsen/Jansen* RdA 2010, 1 (5 ff.).
[118] *Mengel* S. 105 ff. Rn. 175 ff.
[119] BAG 21.3.2012 – 5 AZR 651/10, NZA 2012, 616; 12.1.2005 – 5 AZR 364/04, AP BGB § 308 Nr. 1; 11.10.2006 – 5 AZR 721/05, AP BGB § 308 Nr. 6.
[120] BAG 21.3.2012 – 5 AZR 651/10, NZA 2012, 616.

der die Befristung von Vergütungsbestandteilen rechtfertigen kann.[121] Eine quantitative Grenze kann bei der Befristung von Vergütungsbestandteilen deshalb nur eine Komponente sein, ein sachlicher Grund für ein konkretes Bedürfnis an Flexibilität wird im Rahmen der bei § 307 BGB vorzunehmenden Interessenabwägung zur Angemessenheitskontrolle aber hinzutreten müssen.

b) Flexibilisierungsinteresse für die Befristung von Entgeltbestandteilen

93 Welche Anforderungen an ein konkretes Flexibilisierungsinteresse des Arbeitgebers als sachlichen Grund im Rahmen der Angemessenheitskontrolle für die Befristung eines Entgeltbestandteils zu stellen sind, ist **in der Rechtsprechung ungeklärt.** In einer älteren Entscheidung aus dem Jahr 1993[122] hat das BAG einerseits auf den einseitig nur im Wege einer Änderungskündigung (§ 2 KSchG) durch den Arbeitgeber abänderbaren Bestandsschutz der Arbeitsbedingungen abgestellt und unter **Gleichstellung rein quantitativer Grenzen für ein Widerrufsrecht mit der Befristung** einer Provisionsregelung, die ca. 15% der Gesamtvergütung des Arbeitnehmers ausmachte, eine Befristung des Provisionsmodells auf ein Jahr anerkannt. Andererseits hatte die der Entscheidung zugrunde liegende Befristungsabrede vorgesehen, dass es sich um eine Übergangsregelung für ein Jahr handele und der Arbeitgeber sich vorbehalte, für die Folgezeit ein anderes Entgeltsystem einzuführen oder eine leistungsabhängige Vergütung einzustellen. Der Arbeitgeber hatte sodann von der eingeräumten Möglichkeit der Einstellung der Entgeltkomponente keinen Gebrauch gemacht, sondern ein abweichendes Provisionssystem für die Folgezeit festgelegt, welches das BAG einer Billigkeitsprüfung unterzog. Damit kann aus dieser Entscheidung kein Gleichlauf der quantitativen Grenzen des Widerrufsrechts mit einer nicht an einen bestimmten sonstigen Sachgrund gekoppelten Befristungsabrede hergeleitet werden.

94 Exemplarisch in **jüngerer Zeit entschieden** ist eine fehlende Erheblichkeit bei einer vorübergehenden Übertragung einer höherwertigen Tätigkeit unter Entgelterhöhung für diese Zeitspanne um 9%.[123] Allerdings bedarf es stets der Feststellung eines rechtlich anerkennenswerten Interesses des Arbeitgebers an der nur vorübergehenden Übertragung der höherwertigen Tätigkeit, wie die Unangemessenheit einer befristeten Zuweisung einer höherwertigen Tätigkeit unter Gewährung einer Funktionszulage zum Zwecke einer Erprobung trotz Entgeltunterschiedes von nur 3% zeigt, wenn die Dauer der Erprobung unverhältnismäßig ist.[124]

95 Das BAG hat in diesen Entscheidungen jeweils keine Bewertung der Befristung der Entgeltkomponente unabhängig von der **vorübergehenden Tätigkeitsänderung** annehmen können. Bei solchen Veränderungen des Aufgabengebietes kann nur eine einheitliche Bewertung erfolgen. Diese Bewertung wird bei sämtlichen **Funktionszulagen** eine Rolle einnehmen. Dabei ist die Funktionszulage und deren Höhe letztlich Annex der nur vorübergehenden Übertragung der höherwertigen Tätigkeit.

Beispiel:

Ist die nur vorübergehende Übertragung der höherwertigen Tätigkeit unzulässig, entsteht ein dauerhafter Beschäftigungsanspruch auf Ebene der höherwertigen Tätigkeit. Eine Grundlage für die Entziehung der Funktionszulage bei fortbestehender Funktion scheidet aus.

Ist umgekehrt die nur vorübergehende Übertragung der höherwertigen Tätigkeit zulässig, besteht keine Veranlassung, nach Beendigung der Funktion eine Funktionszulage fortzuzahlen.

---

[121] AA *Mengel* S. 106 ff. Rn. 176.
[122] BAG 21. 4. 1993 – 7 AZR 297/92, NZA 1994, 476 (477).
[123] BAG 7. 10. 2015 – 7 AZR 945/13, NZA 2016, 441 (445).
[124] BAG 24. 2. 2016 – 7 AZR 253/14, NZA 2016, 814 (818).

96 Knüpft eine Befristung oder auflösende Bedingung an die vorübergehende Übertragung einer höherwertigen oder zusätzlichen Tätigkeit an, wird deshalb die Angemessenheitskontrolle gem. § 307 Abs. 1 S. 1 BGB ihren Bezugspunkt in der nur vorübergehenden Zuweisung der höherwertigen Tätigkeit finden. Bei der auf diese vorübergehende **Veränderung der Tätigkeit bezogenen Angemessenheitskontrolle** fließt die Veränderung auch des Entgelts in die Gesamtbewertung ein.

Beispiel:

Wird einem Sachbearbeiter für die Dauer von zwölf Monaten die höherwertige Funktion der Teamleitung bei einer für diese Zeitspanne zu gewährenden Funktionszulage von 15 % seines Grundentgelts zugewiesen, ist bei der Angemessenheitskontrolle zu bewerten, dass der Arbeitnehmer nach Zeitablauf auf die geringer wertige Tätigkeit zurückfällt und sein Entgelt im Umfang der Funktionszulage abschmilzt.

97 Bei der vorzunehmenden Gesamtbewertung wird zu berücksichtigen sein, dass eine höherwertige Funktion in der Regel eine Vergütungserwartung unter Einbeziehung dieser Funktion für deren Dauer auslöst. Es entspricht dem **Wertungsmodell des § 612 BGB,** dass das Entgelt und seine Höhe der ausgeübten Tätigkeit folgt und nicht umgekehrt. Aus diesem Grunde kann bei der vorübergehenden Übertragung einer höherwertigen Tätigkeit das Entfallen der Funktionszulage mit Wegfall der Funktion keine tragende Rolle bei der Bewertung der Angemessenheit einnehmen.[125]

98 Entscheidend ist, ob die nur vorübergehende Übertragung einer höherwertigen Tätigkeit angemessen den **Beschäftigungsanspruch des Arbeitnehmers nur vorübergehend gestaltet.** Für diese Bewertung entscheidet – vergleichbar der Kasuistik zu den befristeten Arbeitszeiterhöhungen[126] – ob ein sachlicher Grund besteht, mit Auslaufen der Befristung bzw. Eintritt der Bedingung den Beschäftigungsanspruch wieder zurückzuführen.[127] Ein Sachgrund iSd § 14 Abs. 1 TzBfG wird hierfür regelmäßig nicht zu fordern sein, jedoch wird in der Regel eine Angemessenheit iSd § 307 Abs. 1 S. 1 BGB anzunehmen sein, wenn ein Arbeitsverhältnis insgesamt mit Sachgrund befristet werden dürfte.

Beispiel:

Wenn die Befristung eines Arbeitsverhältnisses insgesamt wegen zB der Vertretung eines anderen Arbeitnehmers oder einer einmaligen Arbeitsspitze berechtigt wäre, wird regelmäßig das Interesse des Arbeitgebers an der nur vorübergehenden Tätigkeitsänderung bei gleichzeitiger Begrenzung der Funktionszulage auf diese Zeitspanne überwiegen. Selbiges gilt für eine – angemessene – Dauer einer Erprobung. Darüber hinaus kommen angemessene Gestaltungen, etwa zu Motivationszwecken bis zum Abschluss einer tariflichen Regelung,[128] in Betracht.

99 Erfolgt **keine Veränderung der Tätigkeit** des Arbeitnehmers, kann eine nur vorübergehende Gewährung einer Entgeltkomponente nicht mit dem Annexgedanken einer Tätigkeitsänderung begründet werden. Die Interessenlage ist der bei einem **Widerrufsvorbehalt vergleichbar,** bei dem ebenfalls eine Entgeltkomponente bei Fortbestehen der Arbeitsbedingungen im Übrigen ganz oder teilweise entfällt (→ Rn. 110). Ist absehbar, dass im Falle der Vereinbarung eines Widerrufsvorbehaltes die Voraussetzungen für die Ausübung eines Widerrufsrechts vorliegen werden, ist nicht ersichtlich, weshalb nicht gleichermaßen die Befristung oder Bedingung des anderenfalls widerruflichen Entgeltbestandteils angemessen sein sollte.

---

[125] Vgl. *Pletke/Schrader/Siebert/Thoms/Klagges* B. Rn. 935.
[126] BAG 24.2.2016 – 7 AZR 253/14, NZA 2016, 814 (817) mwN; 27.7.2005 – 7 AZR 486/04, NZA 2006, 40 (46).
[127] *Pletke/Schrader/Siebert/Thoms/Klagges* B. Rn. 934.
[128] BAG 16.5.2012 – 10 AZR 252/11, NZA 2013, 56.

II. Befristung und Bedingung von Entgeltbestandteilen

Der Gleichlauf zu einem Widerrufsrecht erfordert die Beachtung der quantitativen Grenze von in der Regel nicht mehr als 25 % der Gesamtvergütung sowie einen zu prognostizierenden **sachlichen Grund** für die Ausübung des Widerrufsrechts (→ Rn. 117). Hält sich eine Befristungsabrede für eine Entgeltkomponente in diesen Grenzen, ist eine unangemessene Benachteiligung des Arbeitnehmers ausgeschlossen. 100

> **Praxistipp:**
> Während bei der Ausübungskontrolle eines Widerrufsvorbehaltes dieser sachliche Grund zum Zeitpunkt des Widerrufs vorliegen muss, erfordert die Befristung von Arbeitsbedingungen eine **Prognose für den Befristungszeitraum**.

Um die Anforderungen an einen sachlichen Grund nicht zu überspannen, wird es innerhalb der quantitativen Grenzen ausreichen müssen, wenn der Arbeitgeber die Befristung von zusätzlichen Entgeltbestandteilen an seine betriebswirtschaftlichen Planungsgrundlagen koppelt. 101

Beispiele:
- Dauer gesicherter Betriebseinnahmen aufgrund feststehender Auftragsbeziehungen;
- Dauer begrenzter Betriebsausgaben aufgrund vertraglich gebundener Kostenfaktoren (Preisbindung etwa im Rahmen der Laufzeit von Geschäftsraummiete, gebundenen Einkaufskonditionen etc.);
- Dotierungsentscheidungen hinsichtlich der für eine Leistung insgesamt aufzubringenden Mittel mit sich daraus ergebender Befristungsdauer bis zu deren Aufzehrung.

Entscheidend für die beiden erstgenannten Beispiele ist, ob der Arbeitgeber **aufgrund bestehender Anknüpfungstatsachen** davon ausgehen darf, dass sich die wirtschaftlichen Rahmenbedingungen etwa hinsichtlich Umsatzsituation, der Kostenfaktoren oder sonstiger Marktbedingungen nach Ablauf des Befristungszeitraums zu seinem Nachteil verändern können. Ergibt die Prognose, dass sie ebenso gleich bleiben könnten, wird dies eine Befristung der Entgeltkomponente nicht sicher rechtfertigen können – ohne nachteilige Entwicklung wäre ebenso die Ausübung eines Widerrufsrechts bei solchen Widerrufsgründen nicht möglich. 102

Allerdings muss darüber hinaus – wie im dritten Beispiel – eine **freie Dotierungsentscheidung** des Arbeitgebers für ein Finanzvolumen möglich sein, das er als zusätzliche Mittel für Entgelte einmalig zur Verfügung stellt und welches nach Aufzehrung zur Einstellung der Entgeltleistung berechtigt. Es ist aus Sicht der begünstigten Arbeitnehmer nicht unangemessen, ein zusätzliches Entgelt nur für eine Dauer zu erhalten, bis ein hierfür – ohne Rechtspflicht – zur Verfügung gestelltes Volumen aufgebraucht ist. So wie der Arbeitgeber eine solche Leistung als einmalige Leistung gestalten könnte, muss es ihm gleichermaßen möglich sein, **wiederkehrende Teile einer solchen Leistung** bis zu deren Aufzehrung zu gewähren. Der Planungssicherheit des Arbeitnehmers für die Ausrichtung seiner Lebensgrundlage wird durch eine transparente Befristungs- bzw. Bedingungsabrede Rechnung getragen. 103

Bei solchen Gestaltungen verlagert der Arbeitgeber zwar mitunter sein **Wirtschafts- und Prognoserisiko** auf den Arbeitnehmer, das der Arbeitgeber gem. § 615 BGB grds. trotz des arbeitsrechtlichen Bestandsschutzes der Arbeitsbedingungen zu tragen hat. Da solches jedoch wirtschaftliche Entwicklungen sind, die gleichermaßen die Ausübung eines Widerrufsrechts im Rahmen der Ausübungskontrolle rechtfertigen können, dürfte eine daran anknüpfende Befristung oder Bedingung von Entgeltbestandteilen gleichermaßen zulässig sein. 104

> **Praxistipp:**
> Solange dies höchstrichterlich nicht geklärt ist, sollte der Arbeitgeber vorsorglich **zusätzlich ein Widerrufsrecht** vereinbaren (→ Rn. 110).

105 Anders als bei der Kombination von Freiwilligkeits- und Widerrufsvorbehalt führen die Befristung bzw. Bedingung einer Arbeitsbedingung und deren gleichzeitige Widerruflichkeit nicht zu einem Widerspruch. Im Gegensatz zur Ausgangslage bei einem Freiwilligkeitsvorbehalt begründet der Arbeitgeber mit der Befristung bzw. Bedingung zunächst einen Rechtsanspruch. Mit dem Widerrufsvorbehalt eröffnet der Arbeitgeber allein die Möglichkeit, diesen Rechtsanspruch vor dessen Erlöschen infolge Befristungsablaufs oder Bedingungseintritts zu beseitigen. Für die Beurteilung der Angemessenheit kann es allenfalls eine Rolle spielen, ob das Widerrufsrecht bereits vor Befristungsablauf oder Bedingungseintritt ausgeübt werden kann. Sollte sich im Falle einer arbeitsgerichtlichen Auseinandersetzung zeigen, dass die Befristungs- bzw. Bedingungsabrede nicht trägt, führt dies nicht zu einer Unwirksamkeit des Widerrufsvorbehaltes, der gesondert neben der Befristungs- bzw. Bedingungsklausel zu beurteilen ist.

c) Transparenzkontrolle

106 Bei der Befristung von Entgeltbestandteilen ist wie stets bei der Vertragsgestaltung besonderes Augenmerk auf die Transparenz gem. § 307 Abs. 1 S. 2 BGB zu legen. Die **Begrenzung des Leistungszeitraums,** ohne dass zusätzliche arbeitgeberseitige Erklärungen abgegeben werden, muss sich deshalb aus der Vertragsklausel für den Arbeitnehmer klar und verständlich ergeben. Da das Auslaufen einer befristeten Leistung an einen Kalenderzeitpunkt (Datum) anknüpft, erfordert dies lediglich eine **Benennung des Enddatums.** Auch aus der sonstigen Vertragsgestaltung muss allerdings deutlich werden, dass es sich um eine befristete Zusage handelt.

> **Praxistipp:**
> Zur Gewährleistung der Transparenz gem. § 307 Abs. 1 S. 2 BGB wie auch der Vermeidung eines Überraschungseffektes gem. § 305c Abs. 1 BGB empfiehlt es sich, derartige Besonderheiten bei der Gestaltung einer Leistung bereits in der **Überschrift der Regelung** als „befristete Sonderzahlung", „vorübergehende Funktionszulage" oÄ klarzustellen.
>
> Damit sind Unklarheiten oder Überraschungswirkungen, die sich aus der Vertragsgestaltung durch eine Regelung an ungewöhnlicher oder versteckter Stelle oder mit einem nicht zu erwartenden Regelungsinhalt ergeben, zu vermeiden.[129]

> **Praxistipp:**
> Einer Begründung der Befristung – etwa durch Benennung des Sachgrundes im Vertrag – bedarf es dagegen nicht. Insoweit besteht **kein Zitiergebot**.[130] Der Arbeitgeber muss sich erst im Rahmen einer etwaigen rechtlichen Auseinandersetzung im Einzelnen zu seinen Erwägungen einlassen.

107 Im Falle der Vereinbarung einer auflösenden Bedingung, etwa für die Dauer der Vertretung eines abwesenden Arbeitnehmers, muss zur Herstellung der Transparenz diese Bedingung dagegen konkret benannt werden.

---

[129] BAG 31.8.2005 – 5 AZR 545/05, NZA 2006, 324 (326).
[130] BAG 2.9.2009 – 7 AZR 233/08, NZA 2009, 1253 (1254).

Beispiel:

Im Falle der vorübergehenden Übertragung der Teamleiterfunktion für die Dauer der Abwesenheit eines bestimmten Teamleiters muss genau der Sachverhalt der Rückkehr dieses Teamleiters auf seinen Arbeitsplatz als Gegenstand der auflösenden Bedingung formuliert werden. Darüber hinaus sollte eine Regelung getroffen werden, welche Konsequenzen es haben soll, wenn dieser Teamleiter endgültig nicht mehr auf den Arbeitsplatz zurückkehren wird.

III. Änderungsvorbehalte

1. Begriff und Abgrenzung

Mit einem Änderungsvorbehalt behält sich der Arbeitgeber vor, eine von ihm vertraglich gegenüber dem Arbeitnehmer **bereits zugesagte Leistung zu modifizieren oder sogar aufzuheben.** Typischer Anwendungsfall im Arbeitsrecht ist der Widerrufsvorbehalt oder die Bezugnahme auf externe Regelungswerke. Davon zu unterscheiden ist die Ausübung des arbeitgeberseitigen **Direktionsrechts,** mit dem der Arbeitgeber nicht die von ihm zugesagte Leistung abändert, sondern die vom Arbeitnehmer zu erbringende konkrete Arbeitsleistung bestimmt, was allerdings gleichermaßen Reflexwirkungen auf die Vergütung haben kann. 108

Sämtlichen derartigen Vorbehalten ist gemeinsam, dass zwischen der **Einräumung des Vorbehaltes** durch arbeitsvertragliche Vereinbarung (bzw. beim arbeitgeberseitigen Direktionsrecht unter Heranziehung der gesetzlichen Regelung des § 106 GewO) und der **Ausübung** des eingeräumten Rechts zu unterscheiden ist. Ersteres ist eine Frage der **Vertragsinhaltskontrolle,** insbesondere nach Maßgabe der §§ 305 ff. BGB bei den in der Regel einseitig vorformulierten Arbeitsbedingungen, Letzteres eine Frage der **Ausübungskontrolle** am Maßstab billigen Ermessens gem. § 315 BGB. 109

2. Widerrufsvorbehalt

a) Bedeutung

Mit einem Widerrufsvorbehalt behält sich der Arbeitgeber das Recht vor, eine bestimmte Leistung **ganz oder teilweise mit Wirkung für die Zukunft** zu widerrufen.[131] Ziel des Widerrufsvorbehaltes ist es, zunächst einen zeitlich unbegrenzten Rechtsanspruch einzuräumen, diesen aber zu einem späteren Zeitpunkt einseitig ganz oder teilweise aufheben zu können. 110

Beispiel:

Die Gewährung einer monatlichen allgemeinen Zulage zum Ausbau der Altersvorsorge zum Grundentgelt wird ohne zeitliche Begrenzung zugesagt. Der Arbeitgeber behält sich das Recht zum Widerruf vor, sobald und soweit das Grundentgelt die Beitragsbemessungsgrenze der gesetzlichen Rentenversicherung erreicht.

Der Widerrufsvorbehalt ist insbesondere dann als Gestaltungsinstrument von Bedeutung, wenn wegen der Zuordnung einer Leistung zum laufenden Arbeitsentgelt ein Freiwilligkeitsvorbehalt ausscheidet, mangels absehbaren Endtermins jedoch ebenfalls eine Befristung oder auflösende Bedingung nicht in Betracht kommt. Denkbar ist ebenso, dass 111

---

[131] BAG 21.3.2012 – 5 AZR 651/10, NZA 2012, 616; 20.4.2011 – 5 AZR 191/10, AP BGB § 308 Nr. 9; 11.4.2006 – 9 AZR 557/05, NZA 2006, 1149; 12.1.2005 – 5 AZR 364/04, AP BGB § 308 Nr. 1; 15.8.2000 – 1 AZR 458/99, BeckRS 2000, 30986833.

andere Flexibilisierungsmöglichkeiten ausscheiden, weil sie im Recruitingprozess gegenüber Bewerbern nicht durchsetzbar wären.

> Regelmäßig gewährte Zulagen werden als Bestandteile des laufenden Arbeitsentgelts nicht rechtswirksam unter einen Freiwilligkeitsvorbehalt zu stellen sein. Eine befristete Gewährung scheidet häufig aus, weil ein sachlicher Grund für die Gewährung nur bis zu einem bestimmten Zeitpunkt oder Ereignis zum Zeitpunkt der Zusage nicht zu prognostizieren ist. Möglich ist etwa ein Widerrufsvorbehalt unter Einräumung des Widerrufsrechts, sobald ein bestimmtes Unternehmensergebnis nicht mehr erreicht ist.

b) Inhalts- und Transparenzkontrolle

aa) Prüfungsmaßstab

112 Ein Widerrufsvorbehalt stellt eine von Rechtsvorschriften abweichende Regelung dar, weil er von dem Grundsatz, dass eine Vertragspartei nicht einseitig in das Vertragsgefüge eingreifen darf, abweicht.[132] Aus diesem Grunde ist gem. § 307 Abs. 3 BGB bei vorformulierten Widerrufsvorbehalten eine **Inhaltskontrolle am Maßstab der §§ 307 ff. BGB** eröffnet. Als Änderungsvorbehalt unterliegt der Widerrufsvorbehalt insoweit dem Kontrollmaßstab des § 308 Nr. 4 BGB.[133] Nach § 308 Nr. 4 BGB ist die Vereinbarung eines Rechts des Arbeitgebers zur Änderung einer von ihm zugesagten Leistung nur dann wirksam, wenn die Vereinbarung der Widerruflichkeit der Leistung für den Arbeitnehmer **zumutbar** ist. Für die Beurteilung dieser Zumutbarkeit sind gem. § 310 Abs. 4 S. 2 BGB die im **Arbeitsrecht geltenden Besonderheiten** zu berücksichtigen.[134]

113 Nach der gefestigten Rechtsprechung des BAG ist ein Widerrufsvorbehalt dem Arbeitnehmer gem. § 308 Nr. 4 BGB zumutbar, wenn der **Widerruf nicht grundlos** erfolgen soll.[135] Der Widerruf muss wegen einer nicht sicheren Entwicklung als Instrument der Anpassung notwendig sein.[136] Möglicher Grund für einen Widerruf ist insbesondere eine unsichere Entwicklung der Verhältnisse, die den Widerrufsvorbehalt als Anpassungsinstrument rechtfertigt.[137] Bis zu seiner ersten Auseinandersetzung mit den Maßstäben der Kontrolle vorformulierter Widerrufsvorbehalte im Jahre 2005 war die Rechtsprechung insoweit recht großzügig. Ein Widerrufsvorbehalt durfte lediglich nicht in den Kernbereich des Arbeitsverhältnisses eingreifen.[138]

> **Beispiel:**
> Der Widerruf von Leistungen in Höhe von ca. 20 % des Entgelts wurde von der **früheren Rechtsprechung** mangels Eingriffs in den Kernbereich des Arbeitsverhältnisses bereits ebenso für zulässig erachtet,[139] wie der Wegfall einer Funktionszulage in Höhe von 15 % der Gesamtvergütung.[140]

---

[132] BAG 24.1.2017 – 1 AZR 774/14, NZA 2017, 777 (778); 12.1.2005 – 5 AZR 364/04, AP BGB § 308 Nr. 1.
[133] BAG 24.1.2017 – 1 AZR 774/14, NZA 2017, 777 (778); 21.3.2012 – 5 AZR 651/10, NZA 2012, 616; 20.4.2011 – 5 AZR 191/10, AP BGB § 308 Nr. 9; 11.4.2006 – 9 AZR 557/05, AP BGB § 307 Nr. 17; 12.1.2005 – 5 AZR 364/04, AP BGB § 308 Nr. 1; 15.8.2000 – 1 AZR 458/99, BeckRS 2000, 30986833.
[134] BAG 24.1.2017 – 1 AZR 774/14, NZA 2017, 777 (778); 12.1.2005 – 5 AZR 364/04, AP BGB § 308 Nr. 1.
[135] BAG 24.1.2017 – 1 AZR 774/14, NZA 2017, 777 (778); 21.3.2012 – 5 AZR 651/10, NZA 2012, 616; 20.4.2011 – 5 AZR 191/10, AP BGB § 308 Nr. 9; 11.4.2006 – 9 AZR 557/05, AP BGB § 307 Nr. 17; 12.1.2005 – 5 AZR 364/04, AP BGB § 308 Nr. 1; 15.8.2000 – 1 AZR 458/99, BeckRS 2000, 30986833.
[136] BAG 24.1.2017 – 1 AZR 774/14, NZA 2017, 777 (778).
[137] BAG 12.1.2005 – 5 AZR 364/04, AP BGB § 308 Nr. 1.
[138] BAG 15.11.1995 – 2 AZR 521/95, NZA 1996, 603 (605).
[139] BAG 13.5.1987 – 5 AZR 125/86, NZA 1988, 95 (96).
[140] BAG 15.11.1995 – 2 AZR 521/95, NZA 1996, 603 (606).

bb) Quantitative Grenzen

Diese Rechtsprechung hat das BAG beginnend mit dem Jahre 2005 deutlich präzisiert. Als quantitative Grenze stellt das BAG darauf ab, dass der widerrufliche Teil des Arbeitsentgelts **maximal 25% der Gesamtvergütung** betragen und das Tarifentgelt nicht unterschritten werden darf.[141] Eine jüngere Entscheidung[142] nennt diese Grenze von 25% der Gesamtvergütung, ohne zusätzlich die Mindestgröße des Tarifentgelts als zusätzliche Maßgabe aufzustellen. Mangels Auseinandersetzung mit der bisherigen Rechtsprechung darf bezweifelt werden, ob sich hier eine Rechtsprechungsänderung andeutet.

Es wäre allerdings zutreffend, den möglichen Eingriff des Arbeitgebers in das Gefüge von Arbeitsleistung und Arbeitsentgelt als Grundlage für die Aufstellung einer quantitativen Grenze[143] **unabhängig vom Tarifentgelt zu bewerten.** Bei beiderseitiger Tarifbindung oder Allgemeinverbindlichkeit eines Tarifvertrages ergibt sich eine solche Grenze bereits aus der normativen Geltung des Tarifvertrages selbst, so dass diese Begrenzung für die Ausübung eines Widerrufsrechts überflüssig wäre. Außerhalb dieser normativen Tarifgeltung gilt indessen Vertragsfreiheit, so dass das Tarifentgelt keine Grenze für die Entgeltfindung ist. Der Arbeitnehmer bedarf in diesen Fällen konsequent ebenfalls keines Schutzes durch die Absicherung eines verbleibenden Mindestentgelts, welches Tarifparteien vereinbart haben. Der Arbeitnehmer wird hinreichend dadurch geschützt, dass der Widerruf den gesetzlichen Mindestlohn, Mindestentgelte auf Grundlage des AEntG oder die Grenze der Sittenwidrigkeit nicht antasten darf.

> **Praxistipp:**
> Solange dies in der Rechtsprechung nicht abschließend geklärt ist, sollte die zusätzliche Maßgabe des Tarifentgelts durch die bisherige Rechtsprechung im Blick behalten werden.

Darüber hinaus dürfen bis zu insgesamt 30% der Gesamtvergütung betroffen sein, wenn die zu widerrufenden Entgeltbestandteile Leistungen umfassen mit Aufwendungsersatzcharakter wie Fahrtkostenzuschüsse[144] oder es sich um Leistungen handelt, die keine unmittelbare Gegenleistung für die Arbeitsleistung darstellen.[145]

cc) Qualitative Anforderungen

Weitere Voraussetzung ist, dass der Widerruf nicht ohne einen ihn rechtfertigenden Grund erfolgen darf.[146] Die Frage, ob ein solcher **Widerrufsgrund** vorliegt, der die Entziehung des Vergütungsbestandteils im Einzelfall als angemessen erscheinen lässt, ist zwar letztlich der Ausübungskontrolle gem. § 315 BGB zuzuordnen. Aus Gründen der Transparenz (§ 307 Abs. 1 S. 2 BGB) erfordert nach Auffassung des BAG eine klare und verständliche Formulierung des vertraglichen Widerrufsvorbehaltes aber bereits, dass der Arbeitnehmer erkennen kann, „was auf ihn zukommt".[147] Der Widerrufsvorbehalt muss

---

[141] BAG 12.1.2005 – 5 AZR 364/04, AP BGB § 308 Nr. 1.
[142] BAG 24.1.2017 – 1 AZR 774/14, NZA 2017, 777 (778).
[143] BAG 24.1.2017 – 1 AZR 774/14, NZA 2017, 777 (778); 21.3.2012 – 5 AZR 651/10, NZA 2012, 616; 20.4.2011 – 5 AZR 191/10, AP BGB § 308 Nr. 9; 11.4.2006 – 9 AZR 557/05, AP BGB § 307 Nr. 17; 12.1.2005 – 5 AZR 364/04, AP BGB § 308 Nr. 1; 15.8.2000 – 1 AZR 458/99, BeckRS 2000, 30986833.
[144] BAG 11.4.2006 – 9 AZR 557/05, AP BGB § 307 Nr. 17.
[145] BAG 24.1.2017 – 1 AZR 774/14, NZA 2017, 777 (778).
[146] BAG 24.1.2017 – 1 AZR 774/14, NZA 2017, 777 (778); 21.3.2012 – 5 AZR 651/10, NZA 2012, 616; 20.4.2011 – 5 AZR 191/10, AP BGB § 308 Nr. 9; 11.4.2006 – 9 AZR 557/05, AP BGB § 307 Nr. 17; 12.1.2005 – 5 AZR 364/04, AP BGB § 308 Nr. 1; 15.8.2000 – 1 AZR 458/99, BeckRS 2000, 30986833.
[147] BAG 12.1.2005 – 5 AZR 364/04, AP BGB § 308 Nr. 1.

deshalb zumindest die **Richtung der Gründe angeben,** die einen Widerruf begründen sollen.[148]

118 Das BAG nennt insoweit beispielhaft **wirtschaftliche Gründe, die Leistung oder das Verhalten** des Arbeitnehmers.[149] Allerdings ist in der Rechtsprechung bislang nicht abschließend erkennbar, mit welchem **Grad an Konkretisierung** der Widerrufsgrund im Rahmen des Widerrufsvorbehaltes bezeichnet werden muss. Während die Maßgabe einer Angabe der Richtung, aus der ein Widerruf erfolgen soll, keine sehr erhebliche Konkretisierung des Widerrufsgrundes erfordern dürfte, hat die Rechtsprechung sich bislang nicht abschließend positioniert, ob dieses allein eine Mindestanforderung ist oder bereits ausreichen kann.[150]

119 Für den Fall des Widerrufs der Privatnutzung eines Dienstwagens hat das BAG[151] angenommen, dass der Grund des Widerrufs bei der vertraglichen Formulierung des Widerrufsvorbehaltes so weitgehend konkretisiert werden muss, dass der Arbeitnehmer die **konkreten Voraussetzungen** eines Widerrufs erkennen kann.

Beispiel:

Allein die Benennung „Markt- und wirtschaftliche Gesichtspunkte" im Rahmen einer Dienstwagenüberlassungsvereinbarung soll zu unbestimmt sein.[152]
Umgekehrt genügt für den Widerruf eines Weihnachtsgeldes der Widerrufsgrund einer „wirtschaftlichen Notlage".[153]

120 Nach Auffassung des BAG stehen arbeitsrechtliche Besonderheiten iSd § 310 Abs. 4 BGB einer solchen Konkretisierung der Widerrufsgründe nicht entgegen.[154] Letztlich wird damit ganz oder teilweise die Ausübungskontrolle im Falle der Erklärung des Widerrufs bereits zu einem Bestandteil der Inhaltskontrolle des vertraglich vorbehaltenen Widerrufsrechts vorverlagert.[155] Der wesentliche Unterschied besteht darin, dass die Inhaltskontrolle ungeachtet der konkreten Einzelfallumstände erfolgt, wie sie zum Zeitpunkt der Ausübung von dem Widerrufsrecht vorliegen könnten. Es gilt vielmehr ein **abstrakt-typisierender Maßstab** für die Angemessenheit einer solchen Gestaltung.

121 Je nachdem, welcher Grad an Konkretisierung des Widerrufsgrundes bereits bei der Formulierung des Widerrufsvorbehaltes im Rahmen der Inhaltskontrolle gefordert wird, bleibt für die Ausübungskontrolle zum späteren Zeitpunkt der Ausübung des Widerrufsrechts kaum noch eine eigenständige Bedeutung. Allein anerkannt ist, dass der Widerrufsvorbehalt **keine Ankündigungs- oder Auslauffristen** benennen muss, weil dies Gegenstand der späteren Ausübungskontrolle bleibt.[156]

122 Richtigerweise wird es genügen, wenn die Formulierung des Widerrufsgrundes ein Maß an Konkretisierung erreicht, welches dem Arbeitgeber keine ungerechtfertigten Beurteilungsspielräume belässt.[157] Soll der Arbeitnehmer erkennen können, wann er mit einem Widerruf rechnen muss, bedeutet dies keine zeitliche Perspektive – anderenfalls müssten auch Ankündigungs- und Auslauffristen in einem Widerrufsvorbehalt vereinbart werden, damit der Arbeitnehmer erkennen kann, wann die Leistung eingestellt werden kann. Der für den Widerruf eines Weihnachtsgeldes anerkannte Begriff der „wirtschaftli-

---

[148] BAG 24.1.2017 – 1 AZR 774/14, NZA 2017, 777 (778); 12.1.2005 – 5 AZR 364/04, AP BGB § 308 Nr. 1; 11.4.2006 – 9 AZR 557/05, AP BGB § 307 Nr. 17; 20.4.2011 – 5 AZR 191/10, AP BGB § 308 Nr. 9.
[149] BAG 12.1.2005 – 5 AZR 364/04, AP BGB § 308 Nr. 1; 11.4.2006 – 9 AZR 557/05, AP BGB § 307 Nr. 17; 20.4.2011 – 5 AZR 191/10, AP BGB § 308 Nr. 9.
[150] Maschmann/*Keller* Kap. 17 Rn. 48; *Pletke/Schrader/Siebert/Thoms/Klagges* B. Rn. 894.
[151] BAG 13.4.2010 – 9 AZR 113/09, AP BGB § 308 Nr. 8.
[152] BAG 21.3.2012 – 5 AZR 651/10, NZA 2012, 616 (617).
[153] BAG 24.1.2017 – 1 AZR 774/14, NZA 2017, 777 (778).
[154] BAG 21.3.2012 – 5 AZR 651/10, NZA 2012, 616 (617).
[155] *Mengel* S. 92 f. Rn. 146 f.
[156] BAG 24.1.2017 – 1 AZR 774/14, NZA 2017, 777 (778).
[157] *Pletke/Schrader/Siebert/Thoms/Klagges* B. Rn. 935.

III. Änderungsvorbehalte

chen Notlage"[158] veranschaulicht, dass **ausfüllungsbedürftige Begriffe** für einen Widerrufsgrund genügen.

Entscheidend für das erforderliche Ausmaß an Konkretisierung wird es sein, dass der Arbeitgeber sich – darin liegt eine Bedeutung der Angabe des Widerrufsgrundes – mit ihm bindet.[159] Ist diese Bindungswirkung mangels Benennung eines konkreten Widerrufsgrundes nicht gegeben, genügt dies nicht. Der Arbeitnehmer muss vielmehr eine Grenze ziehen können, wann **er nicht mit einem Widerruf zu rechnen** braucht.

Beispiel:

Der vom BAG anerkannte Widerrufsgrund einer „wirtschaftlichen Notlage"[160] schließt es einerseits aus, dass der Arbeitgeber aus anderen Gründen als wirtschaftlichen Gründen von einem Widerrufsrecht Gebrauch macht. Andererseits macht der Begriff der Notlage deutlich, dass nicht allein Änderungen der Marktgegebenheiten sollen. Der vom BAG verworfene Widerrufsgrund „Markt- und wirtschaftliche Gesichtspunkte"[161] schließt demgegenüber zwar ebenfalls etwa Gründe in der Leistung oder in der Person des Arbeitnehmers aus, lässt den Blickwinkel auf die wirtschaftlichen Parameter dagegen offen.

Auch wenn die Rechtsprechung bislang keine konkreten Maßgaben entwickelt hat, wird die einleitend genannte bloße Richtung der Widerrufsgründe nicht hinreichend konkret sein, wenn innerhalb dieser Richtung eines Widerrufsgrundes unterschiedliche Perspektiven für einen Widerrufsgrund mit unterschiedlichen Bewertungsmaßstäben offen bleiben.

Beispiel:

Enthält eine Dienstwagenüberlassungsvereinbarung einen Widerrufsvorbehalt aus „Markt- und wirtschaftlichen Gesichtspunkten",[162] kann dies etwa auf eine negative Entwicklung des Unternehmensergebnisses, des Absatzmarktes, der Rohstoffkosten oder schlicht günstigere Reisemöglichkeiten gegenüber der Dienstwagengestellung hinweisen. Für den Arbeitnehmer bleibt unklar, ob und ggf. welche solcher Sachverhalte zum Widerruf berechtigen sollen.

Der Widerrufsgrund ist deshalb konkret zu formulieren. Die Wendung des BAG, die Angabe der Richtung des Widerrufsgrundes sei erforderlich und der Grad der Störung, der sodann zum Widerruf berechtigen solle, binde den Arbeitgeber,[163] bedeutet im Lichte der Rechtsprechung, dass eine fehlende Angabe zum **Grad der Störung** ggf. als nicht hinreichend konkret bewertet wird. Dabei wird der Grad der Störung aber – wie exemplarisch bei dem Begriff der „wirtschaftlichen Notlage" aufgezeigt[164] – keine abschließende Bestimmung in der Formulierung des Widerrufsvorbehaltes erfordern, solange nur klar und verständlich formuliert ist oder eine zweifelsfreie Auslegung ermöglicht ist, welche Kriterien für die Bemessung des Grades der Störung relevant sein werden. Verbleibende Spielräume können sodann im Rahmen einer vorzunehmenden Ausübungskontrolle ausreichend berücksichtigt werden.

---

[158] BAG 24.1.2017 – 1 AZR 774/14, NZA 2017, 777 (778).
[159] BAG 24.1.2017 – 1 AZR 774/14, NZA 2017, 777 (778); 21.3.2012 – 5 AZR 651/10, NZA 2012, 616; 20.4.2011 – 5 AZR 191/10, AP BGB § 308 Nr. 9; 11.4.2006 – 9 AZR 557/05, AP BGB § 307 Nr. 17; 12.1.2005 – 5 AZR 364/04, AP BGB § 308 Nr. 1; 15.8.2000 – 1 AZR 458/99, BeckRS 2000, 30986833.
[160] BAG 24.1.2017 – 1 AZR 774/14, NZA 2017, 777 (778).
[161] BAG 21.3.2012 – 5 AZR 651/10, NZA 2012, 616 (617).
[162] BAG 21.3.2012 – 5 AZR 651/10, NZA 2012, 616 (617).
[163] BAG 24.1.2017 – 1 AZR 774/14, NZA 2017, 777 (778); 21.3.2012 – 5 AZR 651/10, NZA 2012, 616; 20.4.2011 – 5 AZR 191/10, AP BGB § 308 Nr. 9; 11.4.2006 – 9 AZR 557/05, AP BGB § 307 Nr. 17; 12.1.2005 – 5 AZR 364/04, AP BGB § 308 Nr. 1; 15.8.2000 – 1 AZR 458/99, BeckRS 2000, 30986833.
[164] BAG 24.1.2017 – 1 AZR 774/14, NZA 2017, 777 (778).

126 Dabei wird eine etwaig zu weitgehende Regelung jedoch nicht in einem Umfang aufrechterhalten, der für den Arbeitgeber gerade noch zulässig wäre. Vielmehr gilt bei arbeitgeberseitig einseitig vorformulierten Arbeitsbedingungen ein sog. **Verbot der geltungserhaltenden Reduktion.**[165] Der Widerrufsvorbehalt ist bei teilweiser Unwirksamkeit insgesamt unwirksam. Lediglich bei Verträgen, die vor dem Inkrafttreten der §§ 305 ff. BGB mit dem 1.1.2002 geschlossen wurden, erkennt die Rechtsprechung aus Gründen des Vertrauensschutzes in engen Grenzen eine Aufrechterhaltung einer Klausel im Wege ergänzender Vertragsauslegung an.[166] Dies war in der bisherigen Rechtsprechung jedoch auch im Rahmen dieser **Altverträge** auf die fehlende Benennung der Widerrufsgründe begrenzt. Ein benannter, aber zu weitgehender Widerrufsgrund würde von der Rechtsprechung voraussichtlich auch in einem solchen Altvertrag nicht aufrechterhalten.

127 Solange die Maßgaben durch die Rechtsprechung nicht abschließend geklärt sind, kann Arbeitgebern lediglich empfohlen werden, **Widerrufsgründe möglichst transparent** zu gestalten – nur so ist sichergestellt, dass der Arbeitnehmer die Voraussetzungen für eine Ausübung des Widerrufsrechts durch den Arbeitgeber erkennen kann.[167] Soweit der Arbeitgeber den Widerruf auf Gründe in der Leistung oder der Person des Arbeitnehmers stützen will, wird insbesondere der Widerruf von Funktionszulagen betroffen sein.[168] Als Widerrufsgrund wäre in diesem Fall die **Entziehung der Funktion** zu benennen, um derentwillen der Arbeitnehmer die Funktionszulage erhalten hat.

128 Eine **Arbeitsunfähigkeit** wird ohne Hinzutreten weiterer Umstände kaum einen in der Person des Arbeitnehmers liegenden Grund begründen können, der den Widerruf eines Entgeltbestandteils rechtfertigt – dies stünde in Widerspruch zum gesetzlichen Leitbild der Bestimmungen über die Entgeltfortzahlung im Krankheitsfall und die Begrenzung einer Berücksichtigung der Arbeitsunfähigkeit bei Sondervergütungen nach § 4a EFZG. Möglich wäre allerdings der Widerruf einer Funktionszulage, wenn der Arbeitnehmer infolge **personenbedingter Leistungsdefizite zur Ausübung der Funktion,** um derentwillen eine Zulage gewährt wird, nicht mehr in der Lage ist und ihm die Funktion dementsprechend entzogen wird.

129 In der Praxis werden **wirtschaftliche Gründe** regelmäßig im Fokus eines vorzubehaltenden Widerrufsrechts stehen. Im Lichte der erheblichen formalen Anforderungen der Rechtsprechung des BAG wird der Hinweis allein auf wirtschaftliche Gründe nicht ausreichen, da der Arbeitnehmer aus diesem allgemeinen Hinweis die Grenzen für die Ausübung eines Widerrufsrechts nicht unmittelbar erkennbar sind. Bei der Formulierung des Widerrufsvorbehaltes muss der Arbeitgeber deshalb die für ihn maßgebenden wirtschaftlichen Gründe konkret benennen. Kann der Arbeitnehmer anhand der formulierten Gründe bemessen, ob dem Arbeitgeber ein Widerrufsrecht zukommt, behält sich der Arbeitgeber keine einseitigen Spielräume vor, die die Transparenzkontrolle ihm nach Auffassung des BAG untersagen könnte.

Beispiel:
Ein Widerrufsvorbehalt kann etwa ein Widerrufsrecht im Falle
– des Unterschreitens des Vorjahresergebnisses des Unternehmens;
– einer Steigerung der Betriebskosten gegenüber dem Vorjahr um mehr als einen bestimmten Prozentsatz oder
– ein Absinken des Auftragsvolumens unter eine bestimmte Größe
vorsehen.

---

[165] BAG 12.1.2005 – 5 AZR 364/04, AP BGB § 308 Nr. 1.
[166] BAG 12.1.2005 – 5 AZR 364/04, AP BGB § 308 Nr. 1.
[167] *Mengel* S. 94 Rn. 149.
[168] Vgl. hierzu etwa aus der früheren Rspr.: BAG 15.11.1995 – 2 AZR 521/95, AP TVG § 1 Tarifverträge: Lufthansa Nr. 20.

Mit der Benennung der Widerrufsgründe in einem Widerrufsvorbehalt **bindet sich der** 130
Arbeitgeber erheblich. Treten die von ihm genannten Widerrufsgründe im Einzelfall
nicht ein, besteht kein Widerrufsrecht und es bleibt bei der wirtschaftlichen Belastung
durch den Entgeltbestandteil. Arbeitgeber sollten deshalb, wenn sie den Widerrufsvorbehalt als Flexibilisierungsinstrument und nicht lediglich als Existenzsicherungsinstrument in der Krise nutzen wollen, keine zu hohen Anforderungen an einen Widerrufsgrund vorsehen. Je geringer die wirtschaftliche Bedeutung des widerruflich gestalteten Vergütungsbestandteils für den Arbeitnehmer ist, insbesondere also, je größer der Abstand zur Grenze des maximal widerruflichen Entgeltanteils von 25 % bzw. 30 % der Gesamtvergütung ist, desto geringere Anforderungen sind an den Widerrufsgrund zu stellen. Insoweit besteht eine Wechselwirkung.

Das BAG stellt für die Beurteilung des Widerrufsgrundes auf eine **Gesamtbewertung** 131
von Art und Höhe der zu widerrufenden Leistung, deren Anteil am Gesamtentgelt und die Stellung des Arbeitnehmers im Unternehmen ab.[169] Generell darf das Wirtschaftsrisiko zudem nicht auf den Arbeitnehmer verlagert werden.[170] Letzteres wird es aber nicht kategorisch verbieten, bestimmte wirtschaftliche Entwicklungen als Anlass für einen Widerruf zu vereinbaren. Dem stünde die Wertung entgegen, dass die zu widerrufende Leistung zunächst einen Vorteil darstellt, den der Arbeitnehmer anderenfalls nicht zu beanspruchen hätte. Insgesamt muss das Widerrufsrecht sich als zumutbar iSd § 308 Nr. 4 BGB erweisen.

> **Praxistipp:**
> Arbeitgeber sollten nicht davor zurückschrecken, von einem bestehenden **Widerrufsrecht Gebrauch zu machen**, um einen Entgeltbestandteil zu entziehen und ggf. einen **vergleichbaren Entgeltbestandteil** unter den nunmehr maßgebenden Rahmenbedingungen für die Gestaltung eines Widerrufsvorbehaltes erneut zu vereinbaren.

c) Ausübungskontrolle

Von dieser Inhaltskontrolle des vertraglich vereinbarten Widerrufsvorbehaltes ist die **Ausübungskontrolle** beim Gebrauchmachen von dem Widerrufsvorbehalt im **Einzelfall** zu 132
unterscheiden. Die Ausübungskontrolle im Einzelfall stellt eine Leistungsbestimmung durch den Arbeitgeber gem. § 315 Abs. 1 BGB dar, sodass der Widerruf im Einzelfall billigem Ermessen entsprechen muss.[171] Aufgrund der strengen formalen Anforderungen der Rechtsprechung an die Formulierung des Widerrufsvorbehaltes wird eine Ausübungskontrolle nur noch selten zur Unwirksamkeit des Widerrufs führen. In der Praxis wird insbesondere eine Ankündigungsfrist eine Rolle spielen. Da nicht der Bestand des Arbeitsverhältnisses in Rede steht, sind Kündigungsfristen insoweit nicht maßgebend.

> **Praxistipp:**
> Umgekehrt wird allerdings eine Ausübungsfrist, die selbst den Anforderungen an die Kündigungsfrist für den gesamten Bestand des Arbeitsverhältnisses genügen würde, nicht zur Unangemessenheit führen können.

Bei Leistungen, die der **pauschalen Versteuerung auf Monatsbasis** (typischerweise 133
der private Nutzungsvorteil eines Dienstwagens) unterliegen, kann ein Widerruf ohne Gleichlauf mit dem steuerlichen Tatbestand unbillig sein. Dies ist der Fall, wenn der Wi-

---

[169] BAG 24.1.2017 – 1 AZR 774/14, NZA 2017, 777 (778).
[170] BAG 24.1.2017 – 1 AZR 774/14, NZA 2017, 777 (778).
[171] BAG 21.3.2012 – 5 AZR 651/10, NZA 2012, 616 (617); 20.4.2011 – 5 AZR 191/10, NZA 2011, 796 (797).

derruf dem Arbeitnehmer den Gebrauchsvorteil aus der Sachleistung zu einem Zeitpunkt entzieht, über den hinaus er die steuerliche Belastung weiterhin zu gewähren hat.[172] Unabhängig von dieser steuerlichen Betrachtung wird in der Praxis eine Ankündigungsfrist – in Abhängigkeit vom Volumen des zu widerrufenden Entgeltbestandteils – von **ein bis drei Monaten genügen** müssen.

3. Bezugnahme auf externe Regelungswerke

a) Dynamische Bezugnahme auf Tarifverträge

134 Die Bezugnahme auf Tarifverträge ist in der Regel rechtlich unproblematisch. Jedenfalls bei Bezugnahme auf die für den Arbeitgeber einschlägigen Tarifverträge sind **angemessene Arbeitsbedingungen** aufgrund der Tarifsetzung durch die Tarifvertragsparteien, dh unter Mitwirkung einer Gewerkschaft zur Repräsentation der Interessen der Arbeitnehmer, sichergestellt.[173] Gerade diesem Umstand ist allerdings geschuldet, dass für den Arbeitgeber die Tarifbezugnahme regelmäßig kein zielführender Weg zur Entgeltflexibilisierung sein wird.

Beispiel:

Die wenigsten Tarifwerke enthalten Bestimmungen über die Flexibilisierung des Entgelts. Wenn solche vorgesehen sind – etwa die ERA-Komponenten in der Metallbranche – sind sie häufig mit einem administrativen Aufwand bei der Implementierung verbunden, der deutlich Attraktivität einbüßen lässt.

135 Im Falle der Bezugnahme auf **branchenfremde Tarifverträge** käme zudem die Angemessenheitsvermutung nicht zum Tragen. Diese setzt vielmehr voraus, dass der Arbeitgeber die fachlich, betrieblich und regional einschlägigen Tarifverträge zur Anwendung bringt. Nur bei Bezugnahme auf diese kommt eine Kontrolle am Maßstab der §§ 305 ff. BGB – sowohl betreffend die Inhalts- wie auch die Transparenzkontrolle – gem. § 310 Abs. 4 S. 1 BGB nicht in Betracht.[174] Außerhalb des Regelungsbereiches des Tarifvertrages ist die Angemessenheitsvermutung, die eine Herausnahme aus der Kontrolle der §§ 305 ff. BGB rechtfertigt, nicht gegeben.

b) Dynamische Bezugnahme auf einseitige Regelungswerke des Arbeitgebers

136 Einem Flexibilisierungsinteresse würde der Arbeitgeber gerecht, wenn ein von ihm einseitig aufgestelltes Regelungswerk maßgebend sein könnte. Nimmt der Arbeitsvertrag Bezug auf ein solches Regelungswerk, ist die zeitliche Dynamik der Maßgabe einer jeweils geltenden Fassung aber **in der Regel unwirksam**.[175]

Beispiel:

In einem Arbeitsvertrag wird ein Bonussystem vereinbart. Zukünftig soll sich der Bonus nach den jeweils geltenden vom Arbeitgeber gestellten Arbeitsbedingungen richten. Der Arbeitgeber kann das arbeitsvertraglich vereinbarte Bonussystem nicht gegenüber den vertraglichen Vereinbarungen einseitig abändern. Soweit die Vereinbarung nicht dahin auszulegen ist, dass sie – etwa für Ziele oder deren Gewichtung – ein einseitiges Leistungsbestimmungsrecht einräumt, gilt ausschließlich das vereinbarte Bonussystem, solange der Arbeitnehmer Änderungen des Arbeitsvertrages nicht zustimmt.

---

[172] BAG 21.3.2012 – 5 AZR 651/10, NZA 2012, 616 (617).
[173] BAG 15.4.2008 – 9 AZR 159/07, AP TVG § 1 Altersteilzeit Nr. 38.
[174] BAG 28.6.2007 – 6 AZR 750/06, NZA 2007, 1049 (1051).
[175] BAG 11.2.2009 – 10 AZR 222/08, NZA 2009, 428 (430).

III. Änderungsvorbehalte

Prüfungsmaßstab ist – wie bei einem Widerrufsvorbehalt – ein einseitiger Änderungsvorbehalt zugunsten des Arbeitgebers, der gem. **§ 308 Nr. 4 BGB** allein bei Vorliegen und Benennung tragfähiger Gründe für die Ausübung des Änderungsvorbehaltes eine Änderung von Arbeitsbedingungen rechtfertigen kann. Allein das Flexibilisierungsinteresse des Arbeitgebers genügt nicht, um den Änderungsvorbehalt zumutbar erscheinen zu lassen. 137

Dies zeigt eine Parallele zur Widerruflichkeit von Entgeltbestandteilen. Selbst die von der Rechtsprechung für Widerrufsvorbehalte gezogene Grenze bei regelmäßig 25% der Gesamtvergütung rechtfertigt einen einseitigen Eingriff des Arbeitgebers in das Entgeltgefüge allein nicht, sondern es bedarf eines **sachlichen Grundes** für den Widerruf. Deshalb können allein eine quantitative Grenze und ein Flexibilisierungsinteresse des Arbeitgebers nicht ausreichen, um einen einseitigen Eingriff des Arbeitgebers in das Entgeltgefüge zu rechtfertigen. Diese Wertung zu Widerrufsvorbehalten ist auf einseitige Regelungswerke des Arbeitgebers ohne Weiteres übertragbar, sodass die dynamische Bezugnahme auf ein vom Arbeitgeber einseitig aufgestelltes Regelungswerk als Flexibilisierungsinstrument gleichermaßen ausscheidet. 138

> **Praxistipp:**
> Arbeitgeber sollten jedoch prüfen, ob tatsächlich **Arbeitsentgelt** betroffen ist, das nicht einseitig abänderbar ist, beispielsweise bei einer Reisekostenrichtlinie. Regelungen etwa zu erstattungsfähigen Verkehrsmitteln bei Dienstreisen (Wagenklasse der Deutschen Bahn, Tarife bei Flugreisen etc.) sind häufig noch vom arbeitgeberseitigen **Direktionsrecht** gedeckt und nehmen an dem aufgezeigten Bestandsschutz nicht teil.
> Gleiches gilt grds. für reinen **Aufwendungsersatz** etwa für die Bewertung der Nutzung des Privatfahrzeugs für Dienstfahrten. Insoweit können (und müssen) einseitige Regelungswerke des Arbeitgebers abänderbar gestaltet werden.

c) Dynamische Bezugnahme von Betriebsvereinbarungen

Da Betriebsvereinbarungen ebenso wie Tarifverträge wegen § 310 Abs. 4 S. 1 BGB inhaltlich einer Kontrolle am Maßstab gem. §§ 305 ff. BGB entzogen sind, ist eine arbeitsvertragliche dynamische Bezugnahme der für den Betrieb einschlägigen Betriebsvereinbarungen in jeweils geltender Fassung rechtlich unproblematisch. Eine solche Bezugnahme ist allerdings **in der Regel überflüssig,** da die Betriebsvereinbarung ohnehin gem. § 77 Abs. 4 BetrVG in jeweils geltender Fassung unmittelbar für das Arbeitsverhältnis Anwendung findet. 139

Zu beachten ist, dass eine Flexibilisierung durch Betriebsvereinbarung nur möglich ist, soweit der Arbeitsvertrag keine für den Arbeitnehmer günstigere Regelung enthält. Wegen des im Verhältnis zwischen Arbeitsvertrag und Betriebsvereinbarung geltenden **Günstigkeitsprinzips** kann eine – als Flexibilisierungsinstrument durchaus den Arbeitgeberinteressen dienende – Betriebsvereinbarung sich grds. nicht gegenüber einer günstigeren arbeitsvertraglichen Regelung durchsetzen. 140

Eine Flexibilisierung durch Betriebsvereinbarung setzt dementsprechend eine Ausschaltung des Günstigkeitsvergleichs voraus, indem der **Arbeitsvertrag „betriebsvereinbarungsoffen"** gestaltet wird. Diese Betriebsvereinbarungsoffenheit des Arbeitsvertrages gewährleistet einen Gleichlauf zwischen Arbeitsvertrag und Betriebsvereinbarung. Die Rechtsprechung hat die Möglichkeit einer betriebsvereinbarungsoffenen Arbeitsvertragsgestaltung anerkannt.[176] Maßgebend war hierfür nach früherer Rechtsprechung, dass im Arbeitsvertrag klargestellt ist, dass sich – soweit der Arbeitsvertrag keine entgegenstehen- 141

---

[176] BAG 17.7.2012 – 1 AZR 476/11, NZA 2013, 338 (340); 24.8.2004 – 1 AZR 419/03, NZA 2005, 51 (53); 20.2.2001 – 1 AZR 322/00, NZA 2001, 1204 (1205 f.).

den Regelungen enthält – der Inhalt des Arbeitsvertrages nach jeweils geltenden Betriebsvereinbarungen richtet.

142 Die zu dieser Frage ergangene Rechtsprechung hat eine Renaissance erfahren. Bislang hatte die Rechtsprechung nur vereinzelt die Frage der Betriebsvereinbarungsoffenheit behandelt. Einen Hinweis auf eine bestehende Möglichkeit einer generell betriebsvereinbarungsoffenen Arbeitsvertragsgestaltung ließ sich etwa einer **Entscheidung des BAG für den öffentlichen Dienst** entnehmen.[177] In jener Entscheidung nahm der Arbeitsvertrag eines Arbeitnehmers im öffentlichen Dienst für die Dauer der Arbeitszeit auf die für Beamte jeweils geltende Arbeitszeit Bezug. Da diese durch den Gesetz- und Verordnungsgeber und damit eine vom Arbeitgeber unabhängige Stelle bestimmt wird, hat das BAG darin keine unangemessene Vertragsgestaltung gesehen. Diese Bewertung konnte auf eine Betriebsvereinbarung übertragen werden, die infolge der Mitwirkung des Betriebsrates ebenfalls **Schutz vor einer einseitigen Gestaltung des Arbeitgebers** bietet. Aus diesem Grunde nimmt § 310 Abs. 4 BGB Betriebsvereinbarungen und Tarifverträge aus den strengen Kontrollinstrumenten der §§ 305 ff. BGB ausdrücklich aus. Eine spätere Entscheidung des BAG befasste sich allein mit der Möglichkeit einer Ablösung allgemeiner Arbeitsbedingungen durch eine Regelung in einer Betriebsvereinbarung.[178] Noch nicht entschieden war damit, ob die Rechtsprechung eine betriebsvereinbarungsoffene Arbeitsvertragsgestaltung im Lichte der **Angemessenheits- und Transparenzkontrolle gem. § 307 Abs. 1 BGB** generell anerkennt.

143 Eine ausdrückliche betriebsvereinbarungsoffene Gestaltung des Arbeitsvertrages ist jedenfalls **klar und verständlich zu formulieren,** um dem Transparenzgebot des § 307 Abs. 1 S. 2 BGB zu genügen.

Beispiel:

Dies erfordert, dass die unter den Vorbehalt auch ungünstigerer Betriebsvereinbarungen zu stellenden **Regelungskomplexe im Arbeitsvertrag nicht abschließend geregelt** werden dürfen. Im Falle einer ausdrücklichen Regelung sollten die unter den Vorbehalt zukünftig abweichender Betriebsvereinbarungen zu stellenden Entgeltbestandteile im Arbeitsvertrag als solche unter einer aussagekräftigen Überschrift, etwa „**Vorbehalt auch ungünstigerer zukünftiger Betriebsvereinbarungen**", gestellt werden. Inhaltlich erfolgt der Vorbehalt durch eine Formulierung wie:

> Klauselmuster:
>
> Der Arbeitnehmer erhält als Weihnachtsgratifikation mit der Auszahlung des November-Gehaltes eine zusätzliche Zahlung in Höhe von einem Bruttomonatsgehalt, solange und soweit nicht durch Betriebsvereinbarung eine Regelung über die Gewährung, Abänderung oder auch Aufhebung einer Weihnachtsgratifikation getroffen ist. Der Anspruch bemisst sich im Falle des Inkrafttretens einer solchen Betriebsvereinbarung allein nach dieser, ebenso wie bei deren etwaiger späterer Beendigung allein die für Betriebsvereinbarungen geltenden Grundsätze zur Anwendung kommen, ohne dass aus diesem Arbeitsvertrag darüber hinausgehende Ansprüche hergeleitet werden können.

144 Allerdings hat sich zwischenzeitlich eine gefestigte Rechtsprechung entwickelt, nach der jedenfalls bei einheitlichen Formulararbeitsverträgen Arbeitsbedingungen mit kollektivem Bezug stets unter einer **konkludenten Betriebsvereinbarungsoffenheit** stehen.[179] Das BAG nimmt diese an, weil mit der Vereinbarung von Formulararbeitsverträgen ein

---

[177] BAG 14.3.2007 – 5 AZR 630/06, BeckRS 2007, 44361.
[178] BAG 17.7.2012 – 1 AZR 476/11, NZA 2013, 338.
[179] BAG 25.5.2016 – 5 AZR 135/15, NZA 2016, 1327 (1331); 17.2.2015 – 1 AZR 599/13, AP BetrVG 1972 § 77 Betriebsvereinbarung Nr. 65; 5.3.2013 – 1 AZR 417/12, NZA 2013, 916 (921).

III. Änderungsvorbehalte

Vereinheitlichungsinteresse zum Ausdruck kommt, das aus Sicht eines verständigen Arbeitnehmers eine Abänderung durch künftige Betriebsvereinbarungen zulässt.[180] Im Zusammenhang mit Entgelten ist dies insbesondere anerkannt worden bei der Umstellung einer jährlichen Sonderzahlung auf eine monatlich ratierliche Zahlungsweise in Ausübung des Mitbestimmungsrechts des Betriebsrates aus § 87 Abs. 1 Nr. 4 BetrVG über die Zeit der Auszahlung des Arbeitsentgelts.[181]

> **Praxistipp:**
> Auf diesem Wege konnte der Arbeitgeber die Anrechnung einer Gratifikation auf den Mindestlohn eines jeden Monats herbeiführen.[182]

Damit ist vom BAG zugleich klargestellt, dass eine konkludente Betriebsvereinbarungsoffenheit bei freiwilligen Sozialleistungen auch für **teilmitbestimmte Betriebsvereinbarungen** (→ N Rn. 19 ff., 159 ff.) möglich ist. Offen ist, ob dies auch dann gilt, wenn der Arbeitgeber im Rahmen seiner mitbestimmungsfrei möglichen Dotierungsentscheidung das Finanzierungsvolumen für eine Betriebsvereinbarung vorgibt und damit die Höhe der Leistungen, die durch die Betriebsvereinbarung lediglich noch verteilt werden, einseitig festlegt. Insoweit kann also bereits eine Angemessenheitsvermutung nur begrenzt – namentlich zur Frage der Verteilung der Mittel – aus der Regelung per Betriebsvereinbarung hergeleitet werden. 145

> **Praxistipp:**
> Solange dies in der Rechtsprechung nicht abschließend geklärt ist, sollte bei solchem Ablösungsinteresse eine ausdrückliche Regelung über die Betriebsvereinbarungsoffenheit formuliert werden.

Im Falle der Einstellung der Leistung, etwa durch **Kündigung der Betriebsvereinbarung** durch den Arbeitgeber ohne Zurverfügungstellung eines Dotierungsvolumens für die Folgezeit, hat der Arbeitgeber es einseitig in der Hand, den zunächst durch Arbeitsvertrag eingeräumten und später durch Betriebsvereinbarung geregelten **Anspruch gänzlich zu entziehen.** Für die Ablösung allgemeiner Arbeitsbedingungen durch eine Betriebsvereinbarung ist diese Möglichkeit der Entziehung des Anspruchs insgesamt vom BAG zwischenzeitlich bestätigt worden.[183] 146

Beispiel:
Sieht eine Gesamtzusage – betriebsvereinbarungsoffen – die Gewährung eines Weihnachtsgeldes vor, kann diese Gesamtzusage durch eine – verschlechternde – Betriebsvereinbarung abgelöst werden. Kündigt der Arbeitgeber die Betriebsvereinbarung oder endet diese aus anderen Gründen und tritt eine Nachwirkung nicht ein, besteht kein Anspruch mehr aus der Betriebsvereinbarung und lebt der Anspruch aus der Gesamtzusage nicht wieder auf.[184]

Auch wenn die generelle Entziehung ursprünglich **vertraglich eingeräumter Entgeltbestandteile** noch nicht Gegenstand der höchstrichterlichen Rechtsprechung war, ist eine solche Gestaltung gleichwohl anzuerkennen. Der betriebsvereinbarungsoffene Ar- 147

---

[180] BAG 25.5.2016 – 5 AZR 135/15, NZA 2016, 1327 (1331); 17.2.2015 – 1 AZR 599/13, AP BetrVG 1972 § 77 Betriebsvereinbarung Nr. 65; 5.3.2013 – 1 AZR 417/12, NZA 2013, 916 (921).
[181] BAG 25.5.2016 – 5 AZR 135/15, NZA 2016, 1327.
[182] BAG 25.5.2016 – 5 AZR 135/15, NZA 2016, 1327.
[183] BAG 17.7.2012 – 1 AZR 476/11, NZA 2013, 338.
[184] BAG 17.7.2012 – 1 AZR 476/11, NZA 2013, 338.

beitsvertrag sieht von vornherein nur eine vorübergehende Einräumung eines Rechtsanspruchs bis zum Inkrafttreten einer Betriebsvereinbarung vor.[185]

148 Die Herleitung und Rechtfertigung für die nur vorübergehende Einräumung eines arbeitsvertraglichen Rechtsanspruchs liegt in der möglichen **Neugestaltung der Leistung durch Betriebsvereinbarung.**[186] Die Betriebsvereinbarung wird dem mit ihr ausgeübten Mitbestimmungsrecht des Betriebsrates über die Verteilung der Mittel nur gerecht, wenn die mitbestimmte Regelung sich durchsetzt. Kommt die mitbestimmte Regelung über die Verteilung der Mittel wegen einer Vielzahl günstigerer arbeitsvertraglicher Regelungen nicht zum Tragen, läuft das ausgeübte Mitbestimmungsrecht zumindest teilweise leer. Der rechtfertigende Grund für eine betriebsvereinbarungsoffene Arbeitsvertragsgestaltung liegt deshalb im Mitbestimmungsrecht des Betriebsrates und der rechtlichen Möglichkeit, dieses in Gestalt einer Betriebsvereinbarung auszuüben.[187] Im Falle eines Formulararbeitsvertrages muss der Arbeitnehmer mit einer solchen Gestaltung redlicherweise rechnen.[188] Aus diesem Grunde kann auch eine ausdrückliche betriebsvereinbarungsoffene Gestaltung nicht unangemessen benachteiligend für den Arbeitnehmer iSd § 307 Abs. 1 S. 1 BGB wirken.

4. Direktionsrecht

149 Im Zusammenhang mit der Variabilisierung von Entgeltbestandteilen kommt dem arbeitsvertraglichen Direktionsrecht nur mittelbare Bedeutung zu. Mit seinem Direktionsrecht bestimmt der Arbeitgeber Art, Ort sowie Inhalt der Arbeitsleistung (§ 106 GewO). Die Entgeltgestaltung ist davon nicht betroffen. Allerdings kann die Ausübung des arbeitgeberseitigen Direktionsrechts **Auswirkungen auf das Arbeitsentgelt** haben. Zwar ist nach der Rechtsprechung des BAG Voraussetzung für die Ausübung des Direktionsrechts hinsichtlich der Tätigkeit, dass dem Arbeitnehmer ein gleichwertiger anderer Arbeitsplatz zugewiesen wird.[189] Eine höher- oder unterwertige Tätigkeit kann dementsprechend grds. nicht Gegenstand des arbeitsvertraglichen Direktionsrechts sein.

150 In der Rechtsprechung ist **noch nicht abschließend geklärt,** ob die Maßgabe einer gleichwertigen Tätigkeit einer Ausübung des Direktionsrechts entgegensteht, wenn die künftige Tätigkeit als solche, dh ihre Werthaltigkeit nach der vom Arbeitnehmer für die Aufgabenerledigung bereitzuhaltenden Gewissenhaftigkeit und Qualifikation, vergleichbar ist, die bisherige Tätigkeit des Arbeitnehmers jedoch durch eine allein an diese anknüpfende **Funktionszulage** zusätzlich honoriert worden ist.[190] Eine Ausübung des Direktionsrechts, die zum Verlust einer Funktionszulage führt, wird aber zulässig sein. Die Ausübung des Direktionsrechts über den Inhalt der Tätigkeit knüpft an den Beschäftigungsanspruch des Arbeitnehmers auf Zuweisung einer **vertragsgerechten Tätigkeit nach dem Aufgabenbereich.** Das Arbeitsentgelt ist allein dessen Reflex. Ist eine andere Tätigkeit nach dem Aufgabenbereich vertragsgerecht, kommt es nicht darauf an, ob eine mit der bisherigen Tätigkeit verbundene Funktionszulage entfällt.

151 Für diese Betrachtung spricht eine Rechtsprechung des BAG,[191] wonach der Arbeitgeber an einer **Umstrukturierung von Vertriebsgebieten** nicht dadurch gehindert wird,

---

[185] So für allgemeine Arbeitsbedingungen: BAG 17.7.2012 – 1 AZR 476/11, NZA 2013, 338.
[186] BAG 17.7.2012 – 1 AZR 476/11, NZA 2013, 338.
[187] BAG 17.7.2012 – 1 AZR 476/11, NZA 2013, 338.
[188] BAG 25.5.2016 – 5 AZR 135/15, NZA 2016, 1327 (1331); 17.2.2015 – 1 AZR 599/13, AP BetrVG 1972 § 77 Betriebsvereinbarung Nr. 65; 5.3.2013 – 1 AZR 417/12, NZA 2013, 916 (921).
[189] BAG 11.4.2006 – 9 AZR 557/05, NZA 2006, 1149 (1153); 9.5.2006 – 9 AZR 424/05, NZA 2007, 145 (147).
[190] Zu diesbezüglichen Sachverhalten, allerdings nach Maßgabe spezieller tarifvertraglicher Regelungen etwa: BAG 8.7.2009 – 10 AZR 523/08, AP TVG § 1 Tarifverträge: Telekom Nr. 11; 16.11.2005 – 10 AZR 108/05, BeckRS 2005, 30365231.
[191] BAG 16.2.2012 – 8 AZR 242/11, NZA 2012, 1307 (1313).

dass Arbeitnehmer eine erfolgsabhängige Provisionsleistung erhalten und die Änderung des Vertriebsgebietes die Einkunftsmöglichkeiten aus der Provisionsabrede beeinflusst. Zwar behandelt diese Entscheidung schwerpunktmäßig die unternehmerische Freiheit des Arbeitgebers zur Steuerung seiner Arbeits- und Betriebsorganisation. Das BAG hat in dieser Entscheidung indessen deutlich gemacht, dass der Arbeitgeber nicht daran gehindert ist, für das Arbeitsentgelt relevante Arbeitsumstände zu beeinflussen.

Es sprechen deshalb gute Argumente dafür, die Maßgabe einer Ausübung des Direktionsrechts auf der Ebene gleichwertiger Tätigkeiten nicht an das konkrete Arbeitsentgelt, sondern die **abstrakte Bewertung der Werthaltigkeit** einer Tätigkeit (Berufsbild) zu knüpfen. In der Regel wird bei gleichartiger Werthaltigkeit der Tätigkeit zwar kein Eingriff in das Arbeitsentgelt möglich sein. Bei bestimmten Funktionszulagen ist dies jedoch gut vorstellbar. Erst recht gilt dies bei Erschwerniszulagen, die an besondere Belastungen im Zusammenhang mit der Erbringung einer bestimmten Arbeitsleistung anknüpfen und die ggf. bei einer Änderung des Arbeitsplatzes nicht mehr zum Tragen kommen. 152

> **Praxistipp:**
> Der Arbeitnehmer kann dann versuchen, mit der Behauptung einer ungleichwertigen Tätigkeit gegen die Versetzung vorzugehen. Fügt er sich dieser jedoch und geht er der geänderten Tätigkeit nach, bleibt kein Raum mehr für die fortdauernde Gewährung der Funktionszulage.

Generell gilt als Maßstab für das arbeitgeberseitige Direktionsrecht gem. § 106 GewO billiges Ermessen, so dass § 315 BGB ergänzend gilt.[192] Die Leistungsbestimmung nach billigem Ermessen erfolgt anhand einer Abwägung sämtlicher Umstände des Einzelfalles.[193] Die Billigkeit der Leistungsbestimmung belässt dem bestimmungsberechtigten Arbeitgeber regelmäßig einen Spielraum mehrerer Entscheidungsmöglichkeiten. In die Abwägung sind die betrieblichen Interessen und Erfordernisse auf der einen Seite, die persönlichen Belange des Arbeitnehmers auf der anderen Seite einzubeziehen.[194] 153

Typische Anknüpfungspunkte einer Leistungsbestimmung über die Arbeitsverpflichtung sind auf Seiten des **Arbeitgebers** etwa
- unternehmerische Entscheidungen über die Art und Aufgabeninhalte im Betrieb oder Unternehmen vorgehaltener Arbeitsplätze, den Ort dieser Arbeitsplätze sowie die Zeiträume, während derer zur Aufrechterhaltung einer Arbeitsorganisation generell gearbeitet wird;[195]
- außerbetriebliche Umstände wie Kundenwünsche nach bestimmten Ansprechpartnern etc.;
- vorrangige Berücksichtigung anderer Arbeitnehmer aufgrund deren persönlicher Umstände und Lebenssituation.[196]

Auf Seiten des **Arbeitnehmers** sind insbesondere folgende Umstände in die Abwägung einzubeziehen:
- soziale Lebensverhältnisse, wie familiäre Pflichten und Unterhaltsverpflichtungen, insbesondere in der Praxis Betreuungsnotwendigkeiten für Kinder oder pflegebedürftige Angehörige;[197]

---

[192] BAG 28.8.2013 – 10 AZR 569/12, NZA-RR 2014, 181 (183).
[193] BAG 28.8.2013 – 10 AZR 569/12, NZA-RR 2014, 181 (183).
[194] BAG 28.8.2013 – 10 AZR 569/12, NZA-RR 2014, 181 (183).
[195] BAG 28.8.2013 – 10 AZR 569/12, NZA-RR 2014, 181; 9.4.2014 – 10 AZR 637/13, NZA 2014, 719.
[196] BAG 9.4.2014 – 10 AZR 637/13, NZA 2014, 719.
[197] BAG 28.8.2013 – 10 AZR 569/12, NZA-RR 2014, 181.

- gesundheitliche Einschränkungen des Arbeitnehmers, die die Zuweisung einer bestimmten Arbeitsverpflichtung bei bestehenden alternativen Beschäftigungsmöglichkeiten ausschließen;[198]
- einseitige Belastungen bestimmter Arbeitnehmer im Rahmen der Auswahl aus einer bestimmten Personengruppe. Es findet zwar keine am Maßstab des § 1 Abs. 3 KSchG vorzunehmende Sozialauswahl statt, gleichwohl sind die sozialen Belange der in Betracht kommenden Arbeitnehmer im Rahmen der Auswahlentscheidung zu berücksichtigen.[199]

IV. Zulagen und Zuschläge

154 Zulagen und Zuschläge können ein Flexibilisierungs- und Steuerungsinstrument sein, wenn der Arbeitgeber mit ihnen bestimmte Entgeltleistungen an bestimmte Arbeitsbedingungen knüpft. Zum einen kann der Arbeitgeber über die relevanten Arbeitsbedingungen gleichzeitig in gewissem Umfang die damit einher gehenden Entgeltbelastungen steuern. Zum anderen dienen sie als Steuerungsinstrument, um bestimmte Arbeitsbedingungen attraktiv zu gestalten und auf dieser Grundlage eine Motivationslage zu schaffen.

1. Funktionszulagen

a) Anknüpfungspunkte

155 Funktionszulagen werden gewährt, um die Ausübung einer **zusätzlichen oder anderen Arbeitsaufgabe** zu honorieren. In Betracht kommen sämtliche Arbeitsaufgaben.

Beispiele:
- Zulage für eine Teamleiterfunktion;
- Zulage für eine Stellvertreterfunktion auf einem anderen Arbeitsplatz;
- Zulage für die Einarbeitung neuer Mitarbeiter;
- Zulage während der Erprobung der Eignung für eine höherwertige Tätigkeit;
- Zulage für besonders komplexe Zusatzaufgaben;
- Zulagen für Fahrten.

156 Funktionszulagen zeichnen sich dadurch aus, dass sie für die **Dauer der Ausübung einer bestimmten Funktion** gewährt werden. Wird die Funktion dauerhaft ausgeübt, tritt der Flexibilisierungscharakter in den Hintergrund.

Beispiel:
Die Gewährung einer dauerhaften Funktionszulage ist gleichwohl nicht bedeutungslos. Kommt im Betrieb ein Entgeltgruppensystem – gleich auf welcher Rechtsgrundlage – zur Anwendung, in das der Arbeitnehmer einzugruppieren ist, sieht dieses aber eine besondere Funktion nicht vor, kann die Funktionszulage einerseits die ordnungsgemäße Eingruppierung und andererseits die erforderliche zusätzliche Honorierung der Funktion sicherstellen.

157 Typischerweise sind Funktionszulagen demgegenüber an vorübergehende zusätzliche oder andere Arbeitsaufgaben geknüpft, um nur für deren Dauer die Zulage zu gewähren, ohne dass es eines Mechanismus bedarf, das Grundentgelt anzutasten.

---

[198] BAG 9.4.2014 – 10 AZR 637/13, NZA 2014, 719.
[199] BAG 21.9.2000 – 2 AZR 385/99, NZA 2001, 535 (539).

b) Quantitative Grenzen

Diese Flexibilisierung wirft die Frage auf, welche Grenzen zugunsten eines verstetigten Arbeitsentgelts zu ziehen sind. In Betracht käme zunächst eine quantitative Begrenzung. Exemplarisch in **jüngerer Zeit** vom BAG behandelt ist eine fehlende Erheblichkeit bei der vorübergehenden Übertragung einer höherwertigen Tätigkeit unter Entgelterhöhung für diese Zeitspanne um 9 %.[200] Bei dieser Bewertung bedarf es aber stets der Feststellung eines rechtlich anerkennenswerten Interesses des Arbeitgebers, die höherwertige Tätigkeit nur vorübergehend zu übertragen. Dies zeigt die vom BAG angenommene Unangemessenheit der befristeten Zuweisung einer höherwertigen Tätigkeit unter Gewährung einer Funktionszulage zum Zwecke einer Erprobung trotz Entgeltunterschiedes von nur 3 %, wenn die Erprobung eine unverhältnismäßige Zeitspanne einnimmt.[201]

158

Das BAG bewertet die Gesamtheit der vorübergehenden Entgeltkomponente mit der nur **vorübergehenden Tätigkeitsänderung.** Bei Veränderungen des Aufgabengebietes kann nur eine einheitliche Bewertung von Tätigkeit und Zulage erfolgen. Die Funktionszulage und deren Höhe sind Annex der nur vorübergehenden Übertragung der höherwertigen Tätigkeit.

159

Beispiel:
Ist der vorübergehende Charakter der Übertragung einer höherwertigen Tätigkeit unangemessen, hat der Arbeitnehmer einen dauerhaften Rechtsanspruch auf Beschäftigung mit der höherwertigen Tätigkeit. Damit verbleibt ihm ebenfalls die Funktionszulage.

Es kommt deshalb maßgebend darauf an, ob die vorübergehende Übertragung der höherwertigen Tätigkeit angemessen ist. Die nur vorübergehende Änderung der Tätigkeit dürfte nach vergleichbaren Maßstäben zu bewerten sein, wie vorübergehende Anpassungen der Arbeitszeit. Während bei vorübergehenden Anpassungen der Arbeitszeit die Quantität des Beschäftigungsanspruchs nur vorübergehend modifiziert wird, betrifft dies bei vorübergehenden Tätigkeitsänderungen die Qualität der Beschäftigung. In beiden Fällen steht die **vorübergehende Gestaltung des Beschäftigungsanspruchs** im Raum, so dass ein vergleichbarer Prüfungsmaßstab sachgerecht ist.

160

Vergleichbar den befristeten Arbeitszeiterhöhungen[202] ist entscheidend, ob ein sachlicher Grund besteht, mit Auslaufen der Befristung bzw. Eintritt der Bedingung den Beschäftigungsanspruch wieder zurückzuführen. Ein Sachgrund iSd § 14 Abs. 1 TzBfG wird hierfür regelmäßig nicht zu fordern sein, jedoch wird in der Regel eine Angemessenheit iSd § 307 Abs. 1 S. 1 BGB anzunehmen sein, wenn ein Arbeitsverhältnis insgesamt mit Sachgrund befristet werden dürfte.

161

Beispiel:
Wenn die Befristung eines Arbeitsverhältnisses insgesamt wegen zB der Vertretung eines anderen Arbeitnehmers oder einer einmaligen Arbeitsspitze berechtigt wäre, wird regelmäßig das Interesse des Arbeitgebers an der nur vorübergehenden Tätigkeitsänderung bei gleichzeitiger Begrenzung der Funktionszulage auf diese Zeitspanne überwiegen.

Bei der auf diese vorübergehende **Veränderung der Tätigkeit bezogenen Angemessenheitskontrolle** gem. § 307 Abs. 1 S. 1 BGB fließt die Veränderung auch des Entgelts in die Gesamtbewertung ein.

162

---

[200] BAG 7.10.2015 – 7 AZR 945/13, NZA 2016, 441 (445).
[201] BAG 24.2.2016 – 7 AZR 253/14, NZA 2016, 814 (818).
[202] BAG 24.2.2016 – 7 AZR 253/14, NZA 2016, 814 (817) mwN; 27.7.2005 – 7 AZR 486/04, NZA 2006, 40 (46).

Beispiel:

Wird einem Sachbearbeiter für die Dauer von zwölf Monaten die höherwertige Funktion der Teamleitung bei einer für diese Zeitspanne zu gewährenden Funktionszulage von 15 % seines Grundentgelts zugewiesen, ist bei der Angemessenheitskontrolle zu bewerten, dass der Arbeitnehmer nach Zeitablauf auf die geringer wertige Tätigkeit zurückfällt und sein Entgelt im Umfang der Funktionszulage abschmilzt.

163 Dem Wegfall der Funktionszulage kommt daneben keine gesonderte Bedeutung zu. Das Entgelt und seine Höhe folgt gem. § 612 BGB der ausgeübten Tätigkeit. Deshalb ist **keine starre quantitative Grenze** für die mögliche Höhe einer Funktionszulage anzulegen. Die Höhe der Funktionszulage hat sich vielmehr an dem zu bewertenden Abstand der höherwertigen Tätigkeit zur der mit dem sonstigen Entgelt bewerteten regelmäßigen Tätigkeit des Arbeitnehmers zu orientieren.

164 Sämtliche vorstehenden Fragen stellen sich nicht, wenn die Funktion nebst Funktionszulage ohne Beendigungstatbestand (Befristung/auflösende Bedingung) übertragen wird. In diesem Falle wird die Funktionszulage mit der Funktion **zeitlich unbegrenzt übertragen.** Für die etwaige spätere Entziehung der Funktion bedarf es eines gesonderten Aktes, etwa der Ausübung des Direktionsrechts (→ Rn. 166 ff.), mit dem zugleich die Funktionszulage entfällt. Das Direktionsrecht muss hierzu die Entziehung der Funktion generell umfassen und zusätzlich die Entziehung der Funktion im Einzelfall der Ausübungskontrolle am Maßstab billigen Ermessens genügen.

c) Auflösende Bedingung/Befristung

165 Die vorübergehende Gewährung der Funktionszulage steht unter der auflösenden Bedingung der **Beendigung der Funktion.** Bei einem nach einem Kalenderdatum feststehenden Endtermin handelt es sich um eine Befristung, bei der die Befristung der Funktionszulage der Befristung der Übertragung der höherwertigen Tätigkeit folgt. Im Falle der Vereinbarung einer auflösenden Bedingung muss zur Herstellung der Transparenz diese Bedingung konkret benannt werden. Im Falle der Befristung muss der Befristungsgrund regelmäßig nicht angegeben werden. Vielmehr genügt das Kalenderdatum der Beendigung der Funktion und damit der Funktionszulage.

Beispiel:

Im Falle der vorübergehenden Übertragung der Funktion für die Dauer der Abwesenheit eines bestimmten anderen Arbeitnehmers muss genau der Sachverhalt der Rückkehr dieses Arbeitnehmers auf seinen Arbeitsplatz als Gegenstand der auflösenden Bedingung formuliert werden. Möglich ist es, die Dauer der Übertragung der Funktion durch eine kalendermäßige Höchstbefristung innerhalb des Vertretungszeitraums zu begrenzen, etwa durch die auflösende Bedingung der Rückkehr des abwesenden Arbeitnehmers, längstens jedoch bis zu einem bestimmten Endtermin.

d) Auswirkung auf Direktionsrechte

166 Im Falle der beabsichtigten einseitigen Übertragung einer funktionszulagenrelevanten Tätigkeit wird häufig die **Gleichwertigkeit als Grenze** des arbeitgeberseitigen Direktionsrechts überschritten sein, so dass es eines Einvernehmens mit dem Arbeitnehmer bedarf.[203]

---

[203] Zu diesbezüglichen Sachverhalten, allerdings nach Maßgabe spezieller tarifvertraglicher Regelungen etwa: BAG 8.7.2009 – 10 AZR 523/08, AP TVG § 1 Tarifverträge: Telekom Nr. 11; 16.11.2005 – 10 AZR 108/05, BeckRS 2005, 30365231.

IV. Zulagen und Zuschläge E

Beispiel:
Übertragung der Teamleiterfunktion auf einen Sachbearbeiter. Die höherwertige Tätigkeit überschreitet die Grenze des Direktionsrechts.

In diesem Fall der Ungleichwertigkeit der Tätigkeit bedarf es ebenfalls eines Einvernehmens mit dem Arbeitnehmer über die Entziehung der Funktion, wenn nicht bereits die Vereinbarung der Funktionszulage einen **Beendigungstatbestand** (Befristung, auflösende Bedingung) beinhaltet. 167

> Praxistipp:
> Der Arbeitgeber sollte prüfen, ob er einen solchen Beendigungstatbestand für die Funktion zugleich vereinbaren kann, wenn er ohnehin eines Einvernehmens zur Übertragung der Funktion bedarf. Zum Zeitpunkt der späteren Entziehung der Funktion wird ein Einvernehmen praktisch schwerer herzustellen sein.

Dabei ist in der bisherigen Rechtsprechung nicht geklärt, ob die Gleichwertigkeit als Maßgabe des arbeitgeberseitigen Direktionsrechts auch bei nur **vorübergehenden Tätigkeitsänderungen** uneingeschränkt zur Anwendung kommt.[204] Die bisherige Rechtsprechung des BAG zu Versetzungsvorbehalten deutet dahin, dass stets eine Gleichwertigkeit zu fordern sein wird. Zudem stellt sich die Folgefrage, ob allein die Gewährung der Funktionszulage zu einer Ungleichwertigkeit und damit Überschreitung des arbeitgeberseitigen Direktionsrechts führt. 168

Beispiel:
Ein gewerblicher Arbeitnehmer erhält einen Stundenlohn von 14,00 EUR brutto. Die Einarbeitung neuer Mitarbeiter zählt zum geschuldeten Tätigkeitsumfang. Um zur Einarbeitung neuer Mitarbeiter zu motivieren, soll eine Funktionszulage von 1,00 EUR brutto je Stunde der Einarbeitung gewährt werden. Bedeutet die Entziehung der Funktion des Einarbeitens wegen der entfallenden Funktionszulage die Zuweisung einer geringerwertigen Tätigkeit?

Eine Ausübung des Direktionsrechts, die zum Verlust einer Funktionszulage führt, muss in einem solchen Fall zulässig sein. Die Ausübung des Direktionsrechts über den Inhalt der Tätigkeit knüpft an den **Aufgabenbereich.** Das Arbeitsentgelt ist allein dessen Reflex. Ist eine andere Tätigkeit nach dem Aufgabenbereich vertragsgerecht und diente die Funktionszulage allein einer Motivation oder dem Ausgleich von Erschwernissen, kommt es nicht darauf an, ob eine mit der bisherigen Tätigkeit verbundene Funktionszulage entfällt. Bezogen auf die Tätigkeit als solche ändert sich an deren Werthaltigkeit nichts. 169

2. Leistungszulagen

a) Anknüpfungspunkte

Mit einer Leistungszulage wird eine besondere Quantität oder Qualität der Arbeitsleistung honoriert. Möglich ist ebenfalls eine Anknüpfung an gruppen- oder unternehmenserfolgsbezogene Ziele. Keine solche Leistungszulage ist gegeben, wenn es sich um eine feststehende Zulage handelt, die allein zusätzlich zum Grundentgelt gewährt wird, aber keiner **Variabilisierung** unterworfen ist. Leistungszulagen sind vielmehr das mit der ratierlichen Entgeltzahlung einhergehende Pendant zu erfolgsabhängigen Sonderzahlungen. Ihre Bedeutung liegt in einem laufenden Entgeltbestandteil mit entsprechend kurz bemessenen Bezugszeitraum. 170

---

[204] Zu tarifvertraglichen Regelungen etwa: BAG 8.7.2009 – 10 AZR 523/08, AP TVG § 1 Tarifverträge: Telekom Nr. 11; 16.11.2005 – 10 AZR 108/05, BeckRS 2005, 30365231.

b) Angemessenheits- und Transparenzkontrolle

171 Knüpfen Leistungszulagen an vereinbarte Ziele, findet eine Angemessenheitskontrolle am Maßstab des § 307 Abs. 1 S. 1 BGB grds. nicht statt. Es gilt nichts anderes als bei Zielvereinbarungen für Sonderzahlungen. Bei solchen durch Zielvereinbarung festgelegten Zielkomponenten findet **keine Inhaltskontrolle** gem. § 307 Abs. 1 BGB statt.[205] Die Inhaltskontrolle gem. § 307 Abs. 1 BGB findet gem. § 307 Abs. 3 BGB nur Anwendung für Regelungen, die von Rechtsvorschriften abweichen – dies trifft auf den Inhalt eines ausgehandelten Leistungsversprechens nicht zu. Insoweit gelten vielmehr die Grundsätze über die freie Entgeltvereinbarung.[206] Das bedeutet für den Arbeitgeber, dass einvernehmlich festgelegte Ziele bis zur **Grenze der Sittenwidrigkeit** im Falle einer rechtlichen Auseinandersetzung von einem Gericht hinzunehmen sind. Es unterliegt keiner arbeitsgerichtlichen Überprüfung, ob die „richtigen" Ziele oder ein „angemessener" Grad der Zielerreichung für die Bemessung der Leistung vorgegeben sind. Wegen der Mitwirkung des Arbeitnehmers an der Zielvereinbarung handelt es sich um sein Leistungsversprechen, vor dem er keines Schutzes über das Recht der Allgemeinen Geschäftsbedingungen bedarf.

172 Anders ist es, wenn eine Leistungszulage an Zielvorgaben knüpft. Zielvorgaben kommen durch **einseitige Festlegung** seitens des Arbeitgebers zustande.[207] Ein Einverständnis des Arbeitnehmers ist rechtlich nicht Voraussetzung. Aufgrund der einseitigen Festsetzung durch den Arbeitgeber kommen die Grundsätze der freien Entgeltvereinbarung mit nur eingeschränkter gerichtlicher Überprüfung nicht zum Tragen. Es findet eine vollständige gerichtliche Überprüfung auf Einhaltung der Grenzen billigen Ermessens statt. Insoweit kann vollständig auf die Rechtslage bei Zielvorgaben im Rahmen erfolgsabhängiger Sonderzahlungen verwiesen werden (→ F Rn. 96, 198 ff.).

173 Die bei vereinbarten Zielen anwendbaren Grundsätze der freien Entgeltvereinbarung schließen gem. § 307 Abs. 3 S. 2 BGB die Transparenzkontrolle nach § 307 Abs. 1 S. 2 BGB nicht aus. Kontrollmaßstab ist deshalb, ob die **Ziele klar und verständlich formuliert** sind.[208] Für den Arbeitgeber dürfen sich keine ungerechtfertigten Beurteilungsspielräume ergeben. Nach § 305c Abs. 2 BGB gehen im Übrigen Zweifel zulasten des Arbeitgebers. Im Falle von Zielvorgaben folgt gleiches aus dem Erfordernis einer hinreichend konkreten Leistungsbestimmung.

3. Erschwerniszulagen

a) Anknüpfungspunkte

174 Erschwerniszulagen knüpfen typischerweise an für den Arbeitnehmer belastende **besondere Arbeitsumstände oder besondere zeitliche Lagen** der Arbeitsleistung an.

Beispiele:
- Schmutzzuschläge;
- Schweißzuschläge;
- Wechselschichtzulagen;
- Nachtarbeitszuschläge;
- Sonn- und Feiertagszuschläge;
- Überstundenzuschläge.

---

[205] BAG 12.12.2007 – 10 AZR 97/07, NZA 2008, 409 (411); Bauer/Diller/Göpfert BB 2002, 882 (884); Salamon NZA 2010, 314 (316).
[206] BAG 12.12.2007 – 10 AZR 97/07, NZA 2008, 409 (411).
[207] Schaub ArbR-HdB/Linck § 77 Rn. 3–5; Küttner/Griese „Zielvereinbarung" Rn. 3.
[208] BAG 12.12.2007 – 10 AZR 97/07, NZA 2008, 409 (411).

IV. Zulagen und Zuschläge   E

Bis auf die in § 6 Abs. 5 ArbZG vorgesehenen Nachtarbeitszuschläge (falls der Arbeitge- 175
ber keinen Ausgleich in Freizeit gewährt) besteht **keine gesetzliche Verpflichtung** zur
Gewährung solcher Leistungen. Tarifverträge sehen sie hingegen regelmäßig vor. Arbeitgeber können mit solchen Leistungen Personalkosten variieren, indem solche Personalkostenbestandteile nur solange und soweit zu gewähren sind, wie der Tatbestand der Leistung – die Erschwernis – tatsächlich gegeben ist. Über die betriebliche Organisation oder die Ausübung des Direktionsrechts bestehen vielfältige Steuerungsmechanismen. Gleichzeitig motivieren solche Leistungen Arbeitnehmer zu ggf. unbeliebten Tätigkeiten.

b) Rechts-, Angemessenheits- und Transparenzkontrolle

Lediglich bei **Nachtarbeitszuschlägen** ist die zwingende Bestimmung des § 6 Abs. 5 176
ArbZG zu beachten. Der Arbeitgeber kann aber auch bei Nachtarbeit frei entscheiden, ob
er einen finanziellen Zuschlag gewährt oder den Ausgleich durch bezahlte Freistellung
oder durch eine Kombination von beidem herbeiführt.[209] Erfolgt der finanzielle Ausgleich, hängt dessen Höhe von der Belastung durch die Nachtarbeit ab. In der Regel ist
ein Zuschlag von 25 % angemessen, der aber bei Dauernachtarbeit auf 30 % erhöht sein
kann.[210] Im Übrigen findet auch eine Angemessenheitskontrolle nicht statt, da die Grundsätze der freien Entgeltvereinbarung zum Tragen kommen.

Von Bedeutung ist die Transparenzkontrolle gem. § 307 Abs. 1 S. 2 BGB. Der Tatbe- 177
stand der Leistung – die Erschwernis – muss so konkret umschrieben sein, dass **klar und
verständlich** aus der Regelung hiervor geht, wann der Anspruch entsteht bzw. unterbleibt. Zweifel bei der Auslegung gehen zu Lasten des Arbeitgebers.

Beispiel:
Beispielsweise bei Nachtarbeitszuschlägen knüpft die gesetzliche Bestimmung an die Begriffsdefinition des Nachtarbeitnehmers in § 2 Abs. 5 ArbZG – weist eine vertragliche Regelung allein auf eine Nachtarbeit hin, ist diese Anspruchsvoraussetzung gem. § 2 Abs. 4 ArbZG deutlich weiter.

4. Sonstige Zulagen und Zuschläge

Sonstige Zulagen und Zuschläge bewirken in der Regel keine Flexibilisierungs- oder 178
Steuerungsinstrumente. Ihre Berechtigung kann darin bestehen, außerhalb eines bestehenden Entgeltsystems höhere Entgelte im Einzelfall zu ermöglichen, ohne von Eingruppierungsregelungen abweichen zu müssen. Gleiches kann in Betracht kommen, wenn Ungleichbehandlungen transparent durch den einer Zulage zugrunde liegenden sachlichen Grund ausgewiesen werden sollen. Im Übrigen richten sich die Gestaltung und rechtliche Bewertung aber nach den allgemeinen Grundsätzen wie bei Bestandteilen des Grundentgelts.

5. Anrechnung übertariflicher Zulagen

a) Bedeutung

Mit einem Anrechnungsvorbehalt behält sich der Arbeitgeber das Recht vor, insbesondere 179
Erhöhungen des tariflichen Entgelts auf arbeitsvertraglich vereinbarte Zulagen anzurechnen. Während bei allgemeinen übertariflichen Zulagen, die allein wegen des den Arbeitsvertragsparteien nicht ausreichend erscheinenden Tarifentgelts ohne eigenständigen

---

[209] BAG 13.1.2016 – 10 AZR 792/14, NZA 2016, 976.
[210] BAG 9.12.2015 – 10 AZR 423/14, NZA 2016, 427 (429).

Zweck vereinbart sind, nicht einmal ein ausdrücklicher Anrechnungsvorbehalt gefordert wird, ist bei zweckgebundenen arbeitsvertraglichen Zulagen (zB einer Wechselschichtzulage) ein Anrechnungsvorbehalt erforderlich, damit diese nicht tariffest sind.[211]

b) Angemessenheits- und Transparenzkontrolle

180 Maßstäbe für die Inhalts- oder Transparenzkontrolle eines Anrechnungs-vorbehalts hat die Rechtsprechung bislang nicht entwickelt. Prüfungsmaßstab für eine Angemessenheit ist materiell § 308 Nr. 4 BGB. Die Rechtsprechung ist aber wegen der unveränderten Höhe des Gesamtentgelts großzügig.[212] Die Anrechnung ist grds. bereits dann zulässig, wenn dem Arbeitnehmer nicht vertraglich ein selbstständiger Entgeltbestandteil neben dem jeweiligen Tarifentgelt zugesagt worden ist.

> **Praxistipp:**
> Diese Rechtsprechung bezieht sich regelmäßig auf das Verhältnis des Tarifentgelts zu solchen Zulagen. Soll einerseits eine außertarifliche Leistung auf eine Zulage angerechnet werden oder andererseits die Anrechenbarkeit auf eine zweckgebundene – also nicht allgemeine – Zulage erfolgen, ist eine transparente Formulierung zu wählen, welche Leistung auf eine Zulage angerechnet werden soll.

181 Regelmäßig genügt bereits die Formulierung als übertarifliche oder anrechenbare Zulage.[213] Eine klarere Formulierung wird jedoch bei dauerhaften Vertragsbestandteilen sinnvoll sein, um etwaigen steigenden Anforderungen der Rechtsprechung an die Transparenz vorausschauend zu genügen.

> **Klauselmuster:**
> Der Arbeitnehmer erhält eine monatliche übertarifliche Zulage in Höhe von 150,00 EUR brutto. Auf diese Zulage können künftige Tarifsteigerungen ganz oder teilweise angerechnet werden.

Erforderlich ist der zweite Satz nach der zitierten Rechtsprechung allerdings nicht. Anders wäre es bei einer zweckgebundenen Zulage, etwa einer Schichtzulage:

> **Klauselmuster:**
> Der Arbeitnehmer erhält eine außertarifliche monatliche Zulage für Arbeiten in Wechselschicht in Höhe von 150,00 EUR brutto. Auf diese Zulage können künftige Tarifsteigerungen ganz oder teilweise angerechnet werden.

Ohne den zweiten Satz wäre wegen der Zweckbindung eine Anrechnung allgemeiner Tarifsteigerungen aus dem Charakter der Zulage heraus nicht erkennbar.

---

[211] BAG 27.8.2008 – 5 AZR 820/07, NZA 2009, 49; 23.3.1993 – 1 AZR 520/92, NZA 1993, 806.
[212] BAG 18.5.2011 – 10 AZR 206/10, NZA 2011, 1289 (1292).
[213] BAG 18.5.2011 – 10 AZR 206/10, NZA 2011, 1289 (1292).

F. Bestands- und erfolgsabhängige Entgeltgestaltung im Individualarbeitsrecht

Übersicht

	Rn.
I. Betriebstreueleistungen	1
1. Begriff	1
a) Abgrenzung und Leistungszweck	1
b) Bedeutung der formulierten Anspruchsvoraussetzungen	5
c) Leistungen mit Mischcharakter	11
2. Regelungsschranken	22
a) Höhe des Anspruchs	22
b) Variabilisierungsmöglichkeiten	26
c) Grenzen von Bindungsklauseln	32
aa) Rückzahlungsklauseln	33
bb) Stichtagsklauseln	38
d) Transparenzkontrolle	47
II. Erfolgsabhängige Leistungen	48
1. Erscheinungsformen	49
a) Tantiemen	49
b) Bonus-, Prämien- und sonstige Sonderzahlungen	56
2. Anknüpfungspunkte der Erfolgskomponente	59
3. Rechtliche Grenzen	63
a) Unerheblichkeit der Möglichkeit einer Einflussnahme	63
b) Grenzen des Bezugszeitraums und Bindungswirkung	67
aa) Zielsetzung und Bezugszeitraum	67
bb) Arbeitnehmerbindung für den Bezugszeitraum und Stichtagsregelungen	73
c) Rahmen- und ausfüllende Einzelregelungen	82
d) Erreichbarkeit der Ziele	88
e) Zielvereinbarungen	89
aa) Grundsätze der freien Entgeltvereinbarung	89
bb) Transparenzkontrolle	98
f) Zielvorgaben	100
aa) Billigkeitskontrolle bei einseitigem Leistungsbestimmungsrecht	100
bb) Grenzen des Direktionsrechts bei tätigkeitsbezogenen Zielen	104
cc) Bedeutung des Direktionsrechts bei wirtschaftlichen Zielen	107
dd) Erreichbarkeit der Ziele	109
ee) Gewichtung der Ziele	111
g) Zeitpunkt der Festlegung der Ziele	114
h) Anpassung bestehender Zielvereinbarungen oder -vorgaben im laufenden Bezugszeitraum	119
aa) Interessenlage	119
bb) Anpassungsansprüche	121
cc) Anpassung von Zielvorgaben	123
dd) Anpassung von Zielvereinbarungen	126
i) Exkurs: Rechtsfolgen unterbliebener bzw. fehlerhafter Zielvereinbarung oder -vorgaben	134
aa) Fehlen einer Zielvorgabe oder Zielvereinbarung	135
(1) Grundsatz und Ausnahmefall	135
(2) Fehlende Zielvorgabe	137
(3) Fehlen einer Zielvereinbarung	142
(4) Schadensersatzanspruch bei fehlenden Zielen	145
bb) Fehlerhafte Zielvorgaben oder -vereinbarungen	157
j) Arbeitsunfähigkeit und sonstige Fehlzeiten	160
aa) Gestaltungsmöglichkeiten	160
(1) Grenzen der Berücksichtigung von Anwesenheitszeiten	161
(2) Arbeitsunfähigkeit	164

	Rn.
(a) Entwicklung der Rechtsprechung, Regelung des § 4a EFZG	164
(b) Bemessung der Kürzung nach § 4a EFZG	171
(3) Elternzeit, Pflegezeit, Wehrdienst	178
(4) Mutterschutz	182
(5) Erholungsurlaub	183
(6) Kurzarbeit	184
bb) Fehlende Gestaltung	185
4. Besonderheiten bei einseitiger Leistungsbestimmung	188
a) Vorbehalt einseitiger Leistungsbestimmung	188
b) Abgrenzung zu Zielvorgaben	191
c) Vertragskontrolle bei der Vereinbarung einseitiger Leistungsbestimmungsrechte	193
d) Ausübungskontrolle	198
e) Bedeutung von Bonuspools	204
f) Prozessuale Besonderheiten	208
III. Wertungsmodelle des VorstAG	210
1. Wertungsmodelle	212
2. Übertragbarkeit auf Arbeitsverhältnisse	218
IV. Überblick: Besonderheiten für Banken und Versicherungen	223
1. Institutsvergütungsverordnung	223
a) Allgemeines	224
b) Keine Anwendung auf tarifliche Leistungen	228
c) Bedeutung der Geschäfts- und Risikostrategien	229
d) Begriff des variablen Entgelts iSd InstitutsVergV	232
e) Anreizfunktion und Fehlanreize	234
f) Angemessenes Verhältnis von Entgeltkomponenten	238
g) Bedeutende Institute	239
h) Anpassung bestehender Vereinbarungen	241
2. Versicherungsvergütungsverordnung	243

I. Betriebstreueleistungen

1. Begriff

a) Abgrenzung und Leistungszweck

1 Betriebstreueleistungen gewährt der Arbeitgeber zur Bindung des Arbeitnehmers an das Unternehmen. Dabei sind zwei Bezugspunkte denkbar: Der Arbeitgeber kann eine Betriebstreueleistung an bereits **zurückgelegte Betriebstreue** knüpfen, er kann aber auch zusätzlich oder anstelle der bisherigen Betriebstreue **zukünftige Betriebstreue** honorieren. Knüpft der Arbeitgeber die Leistung an vergangene Betriebstreue, entsteht der Anspruch auf die Leistung erst nach Ableistung der Betriebstreue und ist er an keine weitere Betriebstreue in der Zukunft gekoppelt. Die Anknüpfung an künftige Betriebstreue setzt für das Entstehen und ggf. Behaltendürfen der Leistung voraus, dass das Arbeitsverhältnis auch für einen bestimmten Zeitraum in der Zukunft noch bestehen muss.[1]

Beispiel:

Setzt die Zahlung eines Weihnachtsgeldes voraus, dass das Arbeitsverhältnis zum Auszahlungszeitpunkt im November besteht, wird vergangene Betriebstreue bis zum Auszahlungszeitpunkt honoriert. Setzt der Anspruch den ungekündigten Bestand zu diesem Auszahlungszeitpunkt voraus oder wird der Arbeitnehmer verpflichtet, die Zahlung bei

---

[1] BAG 18.1.2012 – 10 AZR 667/10, NZA 2012, 620 (621).

I. Betriebstreueleistungen   F

Ausscheiden bis zu einem bestimmten Termin im Folgejahr zurück zu gewähren, knüpft die Leistung an künftige Betriebstreue, weil der Arbeitnehmer für die Dauer einer noch auszulösenden Kündigungsfrist bzw. bis zum künftigen Termin im Folgejahr im Arbeitsverhältnis bleiben muss.

Betriebstreueleistungen dienen einer **Begrenzung der Fluktuation.** Damit wird dem 2
arbeitgeberseitigen Interesse an einer Kontinuität in der Belegschaft Rechnung getragen. Aus Sicht des Arbeitgebers kann dies sinnvoll und notwendig sein, um gezielt einzelne Know-how-Träger im Unternehmen zu halten. Über diese gezielte Ansprache einzelner Arbeitnehmer in wichtigen Schlüsselpositionen hinaus kann eine Kontinuität in der Belegschaft Einarbeitungsnotwendigkeiten im Zuge anderenfalls notwendig werdender Neueinstellungen begrenzen und deshalb als Personalführungsinstrument gegenüber der gesamten Belegschaft sinnvoll sein. Ein Sonderfall sind die sog. Retention Boni, mit denen der Arbeitgeber in der Regel aus einem bestimmten Anlass eine vorübergehende Bindungswirkung erstrebt (→ G Rn. 85 ff.)

Der Arbeitgeber kann aber ebenso die Betriebstreue allein in einem **bestimmten** 3
Zeitraum des Geschäfts- oder Kalenderjahres honorieren, etwa um bei saisonalen Schwankungen bestimmte Austrittstermine möglichst unattraktiv zu gestalten, auch wenn zu diesem Zweck ein begrenzter Kündigungsausschluss die nahe liegendere Gestaltung sein mag. Vielfältige an praktische Bedürfnisse anknüpfende Gestaltungen sind in diesem Zusammenhang denkbar.

Beispiel:
In einer Wirtschaftsprüfungsgesellschaft wird ein Märzgeld gezahlt, wenn das Arbeitsverhältnis am Stichtag des 31.3. besteht. Zweck ist die Bindung des Arbeitnehmers bis zum 31.3. des Jahres, weil bis zu diesem Zeitpunkt das Gros der Jahresabschlüsse fertig gestellt sein muss.

> Praxistipp:
> Ebenso (oder flankierend) wäre es aber denkbar, die Kündigungsregelung für das Arbeitsverhältnis daran auszurichten, dass eine Kündigungsfrist zum Monatsende, nicht aber zum Ende eines Monats von Januar bis März, gelten soll. In der Rechtsprechung ist die mögliche zulässige Reichweite eines solchen vorübergehenden Kündigungsausschlusses noch nicht geklärt. Da ein solcher Kündigungsausschluss für nur ein Viertel des Jahres nicht sehr erheblich ist und zudem der Arbeitnehmer gleichermaßen bei einer Kündigung des Arbeitgebers geschützt ist, dürfte eine solche Klausel wirksam sein.

Auf Seiten des Arbeitnehmers wirkt bei Betriebstreueleistungen gegenläufig, dass ein 4
Arbeitgeberwechsel mit wirtschaftlichen Einbußen verbunden sein kann. Die grundrechtlich geschützte Berufswahlfreiheit aus Art. 12 Abs. 1 GG wird tangiert. Auch wenn Grundrechte grundsätzlich als Freiheitsrechte gegenüber dem Staat wirken, kommt ihnen aber doch eine Werteordnung zu, die auch im Arbeitsverhältnis einen angemessenen Ausdruck finden muss.[2] Generell steht das Austauschverhältnis des Arbeitsvertrages im Raum, mit der erbrachten Arbeitsleistung die Gegenleistung – das Arbeitsentgelt – grundsätzlich erdient zu haben, ohne dass weitere Voraussetzungen hinzutreten müssen.[3]

b) Bedeutung der formulierten Anspruchsvoraussetzungen

Welche rechtlichen Anforderungen an solche Bindungsklauseln gestellt werden, hängt 5
entscheidend davon ab, ob mit ihnen vergangene oder künftige Betriebstreue honoriert

---
[2] BAG 16.3.1994 – 5 AZR 339/92, NZA 1994, 937 (939).
[3] BAG 18.1.2012 – 10 AZR 667/10, NZA 2012, 620 (621); 12.4.2011 – 1 AZR 412/09, NZA 2011, 989 (990).

werden soll.⁴ Die Anknüpfung des **Leistungszwecks** einer Gratifikationszahlung an die Betriebstreue ist über die Bezeichnung der Leistung hinaus **aus den geregelten Anspruchsvoraussetzungen** herzuleiten. So kann eine Gratifikation zusätzliches Arbeitsentgelt im Sinne einer weiteren Honorierung bereits erbrachter Arbeitsleistungen darstellen, zukunftsbezogen Betriebstreue honorieren oder vergangenheits- und zukunftsbezogene Elemente miteinander verknüpfen.⁵

6 An diesen Leistungszwecken sind die Rechtmäßigkeitsanforderungen zu messen. Über die Bezeichnung einer Gratifikation hinaus ermittelt die Rechtsprechung anhand festgelegter Anspruchsvoraussetzungen sowie vorgesehener Ausschluss- und Kürzungsmöglichkeiten, welche Leistungszwecke eine Gratifikation verfolgt.⁶

Beispiele:
- Sieht die Vereinbarung über eine Weihnachtsgratifikation vor, dass diese bei **unterjährigem Beginn oder Ende des Arbeitsverhältnisses anteilig** gezahlt wird, fehlen jedoch weitere Regelungen zu Anspruchsvoraussetzungen oder Ausschlusstatbeständen, wird in der Regel allein **vergangene Betriebstreue**⁷ honoriert.
- Sieht die Vereinbarung über eine Weihnachtsgratifikation vor, dass diese im Falle des ruhenden Arbeitsverhältnisses nicht bzw. nur entsprechend dem Ruhenszeitraum anteilig gezahlt wird, tritt der alleinige Betriebstreuecharakter zugunsten einer zumindest mit der Honorierung von Betriebstreue verbundenen gleichzeitigen Vergütung erbrachter Arbeitsleistung zurück.⁸
- Sieht die zuerst genannte Gratifikationsregelung anstelle der anteiligen Leistung bei unterjährigem Bestand des Arbeitsverhältnisses vor, dass das Arbeitsverhältnis zum Auszahlungsstichtag in **ungekündigtem Zustand** bestehen muss, bindet dies den Arbeitnehmer über den Auszahlungszeitpunkt hinaus für die Dauer einer erst noch durch nachfolgende Kündigung auszulösenden Kündigungsfrist, so dass **zukünftige Betriebstreue** maßgebend ist.⁹
- Möglich ist darüber hinaus eine **Kombination der Leistungszwecke,** wenn die Gratifikationsklausel eine anteilige Leistung bei unterjährigem Bestand des Arbeitsverhältnisses im vergangenen Kalenderjahr unter gleichzeitiger Auszahlungsvoraussetzung eines ungekündigten Bestands des Arbeitsverhältnisses zum Auszahlungszeitpunkt vorsieht.

7 Zu beachten ist, dass der Arbeitgeber sich bei der Aufstellung der **Anspruchsvoraussetzungen nebst Ausschluss- und Kürzungstatbeständen festlegt.**¹⁰ Knüpft eine Klausel etwa allein an den Bestand des Arbeitsverhältnisses an, kann der Arbeitgeber sich über diesen Charakter als Betriebstreueleistung nicht hinwegsetzen, indem er ein ruhendes Arbeitsverhältnis während einer Elternzeit wegen fehlender Erbringung einer Arbeitsleistung anspruchsausschließend berücksichtigt.¹¹

Praxistipp:
Insbesondere bei Betriebstreueleistungen sollte der Arbeitgeber **sehr genau überlegen**, nach welchen Voraussetzungen er die Leistung in Entstehung und Umfang bewerten will. In der Praxis ist vielfach festzustellen, dass insbesondere die Situation **ruhender Ar-**

---

⁴ BAG 18.1.2012 – 10 AZR 667/10, NZA 2012, 620 (621).
⁵ BAG 23.3.2017 – 6 AZR 264/16, NZA 2017, 779 (781); 10.12.2008 – 10 AZR 35/08, NZA 2009, 258 (260); 28.3.2007 – 10 AZR 261/06, NZA 2007, 687 (688).
⁶ BAG 10.12.2008 – 10 AZR 35/08, NZA 2009, 258 (260); 28.3.2007 – 10 AZR 261/06, NZA 2007, 687 (688).
⁷ BAG 10.12.2008 – 10 AZR 35/08, NZA 2009, 258 (260).
⁸ ErfK/*Preis* BGB § 611 Rn. 534a.
⁹ BAG 18.1.2012 – 10 AZR 667/10, NZA 2012, 620 (621).
¹⁰ BAG 10.12.2008 – 10 AZR 35/08, NZA 2009, 258 (260); 10.7.1996 – 10 AZR 204/96, BeckRS 2009, 26456.
¹¹ BAG 10.12.2008 – 10 AZR 35/08, NZA 2009, 258 (260).

I. Betriebstreueleistungen

> beitsverhältnisse übersehen wird und zum einen wirtschaftliche Belastungen begründet, ggf. aber auch fehlerhafte Signale gesetzt werden.

Betriebstreueleistungen knüpfen daran an, dass es gerade nicht entscheidet, ob im Bezugszeitraum eine Arbeitsleistung erfolgt. Die Leistung kann sogar ausdrücklich voraussetzen, dass nicht gearbeitet wird, etwa bei einem nach genommenen Urlaubstagen bemessenen Urlaubsgeld.[12] Sie bezwecken daher entgegen dem grundsätzlichen Austauschgedanken des Arbeitsentgelts zur Arbeitsleistung (§ 611a BGB) eine **Honorierung des bloßen Bestandes eines Arbeitsverhältnisses.** Sie sind damit gegenläufig zu Anwesenheitsprämien (→ G Rn. 1 ff., 63) sowohl in ihrer Steuerungswirkung wie auch ihren rechtlichen Gestaltungen zu bewerten.

Beispiel:
Die Frage kann sich beispielhaft in folgenden Konstellationen stellen:
– Elternzeit außerhalb der Mutterschutzfristen;
– Pflegezeiten nach dem Pflegezeitengesetz;
– Wehr- oder Ersatzdienst nach dem Arbeitsplatzschutzgesetz;
– Arbeitsunfähigkeit.

In diesem Zusammenhang sind **gesetzliche Grenzen** der anspruchsausschließenden oder -kürzenden Wirkung von Ruhenstatbeständen zu berücksichtigen. Während beim Ruhen des Arbeitsverhältnisses für die Dauer einer Elternzeit (außerhalb der Mutterschutzfristen), einer Pflegezeit oder nach dem Arbeitsplatzschutzgesetz keine zwingenden Bestimmungen über die Fortzahlung von Entgeltbestandteilen bestehen, gilt in der Praxis insbesondere nach dem Mutterschutzgesetz sowie dem Entgeltfortzahlungsgesetz anderes. So ist gem. § 20 MuSchG Müttern während der allgemeinen Schutzfristen (sechs Wochen vor sowie acht Wochen nach der Entbindung, vgl. im Einzelnen §§ 3 Abs. 1, Abs. 2, 20 MuSchG) als Zuschuss zum Mutterschaftsgeld eine Verdienstsicherung nach Maßgabe der letzten drei abgerechneten Kalendermonate zu gewähren.

Einmalzahlungen iSd § 23a SGB IV sind zwar gem. § 21 Abs. 2 Nr. 1 MuSchG grundsätzlich nicht zu berücksichtigen. Allerdings hat das BAG[13] entschieden, dass die Mutterschutzfristen nicht anspruchsmindernd wirken dürfen, da diese wegen der allein das weibliche Geschlecht betreffenden Schwangerschaft zum Tragen kommen und der Grundsatz der **Entgeltgleichheit für Männer und Frauen** aus dem Recht der Europäischen Union (Art. 157 AEUV) dementsprechend zur Vermeidung einer Diskriminierung wegen des Geschlechtes verlange, Mutterschutzfristen den Beschäftigungszeiten gleichzustellen. Für die Arbeitsunfähigkeit ist **§ 4a EFZG** zu beachten (→ Rn. 164 ff.).

c) Leistungen mit Mischcharakter

Über die bereits dargestellte Kombination der Anknüpfung an vergangene mit zukünftiger Betriebstreue hinaus kann eine andersartige Koppelung daraus entstehen, dass der Arbeitgeber mit einer Leistung über die – vergangene und/oder künftige – Betriebstreue hinaus einen besonderen Arbeitserfolg honorieren will. Nach der bisherigen Rechtsprechung des BAG konnte eine Gratifikation **neben der Betriebstreue erbrachte Arbeitsleistungen** honorieren.[14] Solche Leistungen zeichneten sich dadurch aus, dass sie neben im Bezugszeitraum erbrachten Arbeitsleistungen im Wege einer Bindungsklausel

---
[12] BAG 22.7.2014 – 9 AZR 981/12, NZA 2014, 1136 (1138).
[13] BAG 15.4.2003 – 9 AZR 137/02, NZA 2004, 47 (49); 4.12.2002 – 10 AZR 138/02, AP BGB § 611 Gratifikation Nr. 245.
[14] BAG 28.3.2007 – 10 AZR 261/06, NZA 2007, 687 (688); 25.4.1991 – 6 AZR 532/89, NZA 1991, 763 (764); 24.10.1990 – 6 AZR 156/89, NZA 1991, 318 (319); zusammenfassend aus jüngerer Zeit BAG 23.3.2017 – 6 AZR 264/16, NZA 2017, 779 (782).

auf den Bestand des Arbeitsverhältnisses zu einem Stichtag, ggf. durch die Maßgabe eines ungekündigten Arbeitsverhältnisses an dem Stichtag auch über diesen hinaus, abstellen.[15] Erbringt der Arbeitnehmer diese künftige Betriebstreue nicht, konnte nach bisheriger Rechtsprechung der Arbeitnehmer trotz des Mischcharakters die Leistung insgesamt nicht beanspruchen.[16]

Beispiel:

Der Anspruch auf eine Sonderzahlung, bemessen am individuellen Erfolg des Arbeitnehmers im Kalenderjahr, soll nicht entstehen, wenn das Arbeitsverhältnis nicht am Ende des Kalenderjahres ungekündigt besteht.

12   Diese Rechtsprechung hat das **BAG deutlich eingeschränkt.**[17] Eine Sonderzahlung mit Mischcharakter kann nicht mehr neben der Vergütung bereits erbrachter Arbeitsleistungen den Bestand des Arbeitsverhältnisses zu einem Zeitpunkt außerhalb des Bezugszeitraums als Voraussetzung aufstellen.[18] Anderenfalls – so das BAG – wäre mit der Arbeitsleistung bereits erdientes Entgelt von der weiteren Voraussetzung künftiger Betriebstreue abhängig. Eine solche weitere Voraussetzung sei dem synallagmatischen Austauschverhältnis von Arbeitsleistung und Arbeitsentgelt (§ 611a BGB) jedoch fremd.

Beispiel:

Im vorangegangenen Beispiel kann der Arbeitnehmer die Sonderzahlung auch dann beanspruchen, wenn er zum Ende des Kalenderjahres aus dem Arbeitsverhältnis ausscheidet. Er hat während des gesamten Kalenderjahres seine Arbeitsleistung erbracht und kann deshalb die an diesem Erfolg bemessene Leistung beanspruchen. Der Umstand, dass der Arbeitgeber mit der Sonderzahlung gleichzeitig einen weiteren Zweck in Gestalt künftiger Betriebstreue verfolgt, ist unbeachtlich.

13   Dabei gilt als Bezugszeitraum bei Leistungen außerhalb reiner Betriebstreueleistungen bereits der **Zeitpunkt der Erbringung der Arbeitsleistung,** zu dem die Leistung nach Auffassung des BAG bereits erdient ist.[19]

Beispiel:

Im vorangegangenen Beispiel kann der Arbeitnehmer die Sonderzahlung (anteilig) auch dann beanspruchen, wenn er im Laufe des Kalenderjahres aus dem Arbeitsverhältnis ausscheidet. Er hat mit jeder Arbeitsleistung bereits seine Leistung erbracht und kann deshalb die an diesem Erfolg bemessene Leistung für den anteiligen Zeitraum des Kalenderjahres beanspruchen.

14   Die synallagmatische Betrachtung des BAG ist im Ausgangspunkt nicht in Frage zu stellen, **wenn** es sich um **synallagmatisches Arbeitsentgelt** handelt.[20] Das BAG legt die Maßstäbe für solches synallagmatisches Arbeitsentgelt aber bereits dann an, wenn der Arbeitgeber gerade nicht nur Arbeitsleistungen honorieren will. Bei solchen Leistungen mit Mischcharakter wäre richtigerweise die – nach dem BAG nicht mehr statthafte – Frage zu stellen, ob eine Leistung mit Mischcharakter, die neben sonstigen Entgeltbestandteilen eine zusätzliche Honorierung der Betriebstreue unter gleichzeitiger Bewertung der Arbeitsleistung beinhaltet, nicht als Ausdruck der Privatautonomie zulässig sein muss.

---

[15] BAG 23.3.2017 – 6 AZR 264/16, NZA 2017, 779 (781); ErfK/*Preis* BGB § 611 Rn. 534; HWK/*Thüsing* BGB § 611 Rn. 110; iE *Salomon* NZA 2011, 1328 ff.
[16] BAG 28.3.2007 – 10 AZR 261/06, NZA 2007, 687 (688); 25.4.1991 – 6 AZR 532/89, NZA 1991, 763 (764); 24.10.1990 – 6 AZR 156/89, NZA 1991, 318 (320).
[17] BAG 13.11.2013 – 10 AZR 848/12, NZA 2014, 368 (370); 18.1.2012 – 10 AZR 612/10, NZA 2012, 561 (562).
[18] BAG 13.11.2013 – 10 AZR 848/12, NZA 2014, 368 (370); 18.1.2012 – 10 AZR 612/10, NZA 2012, 561 (562); aA *Salomon* NZA 2011, 1328 ff.; *Salomon* NZA 2013, 590 (594).
[19] BAG 13.11.2013 – 10 AZR 848/12, NZA 2014, 368 (371).
[20] ErfK/*Preis* BGB § 611 Rn. 534a mwN zum Meinungsstand.

I. Betriebstreueleistungen

Mit dem Mischcharakter bringt der Arbeitgeber zum Ausdruck, außerhalb des Synallagmas leisten zu wollen. Dieses Ziel schließt das BAG als mögliche Gestaltung aber aus. Wäre im Arbeitsverhältnis **nur eine synallagmatische Betrachtung von Entgelten** zulässig, müsste das BAG konsequent jede Honorierung von Betriebstreue ausschließen. Selbst reine Betriebstreueleistungen wären unzulässig, weil bei einer solchen Betrachtung die Gegenleistung stets den Anforderungen an synallagmatisches Arbeitsentgelt genügen müsste. Diesen Weg, der im Ergebnis zwar unrichtig, jedoch konsequent wäre, beschreitet das BAG aber ebenfalls nicht.[21]

15

Wenn der Arbeitnehmer synallagmatisches Entgelt erhält, ist nicht einsichtig, dass der Arbeitgeber nicht bei freiem Ermessen über den Leistungszweck eine **weitere Honorierung** vornehmen darf. Nach Auffassung des BAG kommt dies nicht einmal dann in Betracht, wenn die Leistung erst im Nachhinein zur Arbeitsleistung erstmals begründet wird, also nicht einmal einen Leistungsanreiz zur Zeit der Erbringung der Arbeitsleistung darstellen konnte.[22]

16

Die Wertung des Synallagmas kann aber nur dann zwingend sein, wenn in Wahrheit keine zusätzliche Leistung, sondern eine Ersetzung synallagmatischer Leistungen durch eine Leistung mit Mischcharakter erfolgt. Für diese Bewertung ist maßgebend, dass der Arbeitnehmer keinen Erfolg, sondern eine Dienstleistung schuldet,[23] der Arbeitnehmer diese Dienste unter Ausschöpfung seiner Leistungsfähigkeit zu erbringen hat[24] und das regelmäßige Arbeitsentgelt bereits als Gegenleistung die Ausschöpfung der Leistungsfähigkeit vergütet. Selbst im Falle eines Leistungsanreizes darf der Arbeitgeber Ziele nur so bemessen, dass sie realistisch erreichbar sind,[25] also bei einem typischen Arbeitnehmer unter Ausschöpfung seiner Leistungsfähigkeit nicht unerreichbar sind. Nur eine Überschreitung der Ausschöpfung der Leistungsfähigkeit stellt eine Mehrleistung gegenüber der bereits geschuldeten Arbeitsleistung dar und kann deshalb durch die regelmäßige Vergütung noch nicht abgegolten sein. Für eine solche Überschreitung der „Normalleistung" als Anknüpfung für zusätzliches synallagmatisches Arbeitsentgelt spricht aber in der Regel nichts. Die Rechtsprechung des BAG ist daher abzulehnen.[26]

17

Die Praxis ist an die Rechtsprechung des BAG gleichwohl gebunden. Eine Ausnahme für einen über den Zeitpunkt der Arbeitsleistung hinausgehenden möglichen Bezugszeitraum hält das BAG nur dann für möglich, wenn eine Arbeitsleistung zu einem bestimmten Zeitraum vor dem Stichtag für die maßgebende Betriebszugehörigkeit **besonderen Wert** hat, beispielhaft in Saisonbetrieben, oder wenn eine Anknüpfung an den Unternehmenserfolg in einem bestimmten Zeitabschnitt ein abweichendes Interesse rechtfertigen kann.[27] In diesen Fällen kann der für die Betriebstreue maßgebliche Bezugszeitraum über den Zeitpunkt der Erbringung der Arbeitsleistung hinausgehen. Die Betriebstreueanforderung darf jedoch ihrerseits nicht den hiernach bereits verlängerten Bezugszeitraum überschreiten.

18

Beispiel:

Eine Sonderzahlung setzt die Erreichung individualerfolgs- sowie unternehmenserfolgsbezogener Ziele bezogen auf das Geschäftsjahr und den Bestand des Arbeitsverhältnisses zum Ende des Geschäftsjahres voraus. Das unternehmenserfolgsbezogene Ziel kann ein Bedürfnis nach einer Bewertung des gesamten Geschäftsjahres als Bezugszeitraum begründen. Die einheitliche Sonderzahlung verklammert diesen Bezugszeitraum des Geschäftsjah-

---

[21] BAG 18.1.2012 – 10 AZR 667/10, NZA 2012, 561 (563).
[22] BAG 18.1.2012 – 10 AZR 667/10, NZA 2012, 561 (563); aA LAG Hmb 6.3.2013 – 3 Sa 73/12, BeckRS 2013, 71159.
[23] BAG 11.12.2003 – 2 AZR 667/02, NZA 2004, 784 (786).
[24] BAG 11.12.2003 – 2 AZR 667/02, NZA 2004, 784 (786).
[25] BAG 12.12.2007 – 10 AZR 97/07, NZA 2008, 409 (415f.).
[26] *Salamon* NZA 2011, 1328ff.; *Salamon* NZA 2013, 590 (594).
[27] BAG 13.11.2013 – 10 AZR 848/12, AP BGB § 611 Gratifikation Nr. 303.

res mit der Bewertung des individualerfolgsbezogenen Zieles, so dass bei Ausscheiden vor Ende des Geschäftsjahres kein – auch kein anteiliger – Anspruch auf die Sonderzahlung entsteht.[28]

Anders ist der Fall zu bewerten, wenn der Stichtag auf den ungekündigten Bestand des Arbeitsverhältnisses abstellt. Die Betriebstreue während einer erst nach dem Geschäftsjahr auszulösenden Kündigungsfrist überschreitet den Bezugszeitraum, so dass überhaupt keine Bindung entsteht.[29]

19 Will der Arbeitgeber eine zukünftige Bindung des Arbeitnehmers über den Bezugszeitraum hinaus begründen, muss er nach der Rechtsprechung des BAG deshalb nunmehr jedwede Verknüpfung mit der zusätzlichen Honorierung von Arbeitsleistungen vermeiden und diesen **ausschließlichen Leistungszweck der Honorierung von Betriebstreue** in der Klausel deutlich machen.[30] Die Maßgabe der Betriebstreue muss zumindest im Wege der Auslegung als Anspruchsvoraussetzung erkennbar sein.[31] Eine anteilige Bemessung der Leistung im Eintrittsjahr begründet noch keinen den reinen Betriebstreuecharakter ausschließenden Charakter durch einen Bezug zur Arbeitsleistung, da diese Bemessung lediglich eine Relation zur Dauer des Arbeitsverhältnisses herstellt.[32]

20 Allerdings ist eine ausschließlich auf die Betriebstreue abstellende Leistung bereits dann in Zweifel zu ziehen, wenn sie Arbeitnehmer in Elternzeit, Arbeitsunfähigkeit oder aus sonstigen Gründen ruhenden Arbeitsverhältnissen von der Leistung ausnimmt bzw. diese Zeiten anspruchsmindernd berücksichtigt.[33] Die oben aufgezeigten Überlegungen zur Herausnahme dieser Arbeitnehmergruppen aus Leistungen, die zukünftige Betriebstreue honorieren sollen, sind deshalb bis zu einer höchstrichterlichen Klärung durch das BAG für den Arbeitgeber risikobehaftet.

21 Der Arbeitgeber muss einerseits die wirtschaftliche Belastung und ggf. fehlerhafte Signalwirkung im Blick haben, die mit der Leistungsgewährung an solche Arbeitnehmergruppen einhergeht. Andererseits würde für den Fall, dass das BAG dieser Betrachtung folgt, bereits aus der vertraglichen Formulierung, nach der solche Arbeitnehmergruppen keinen oder einen geringeren Anspruch auf die Leistung haben, eine **reine Betriebstreueleistung abgelehnt.** Folglich dürfte die Leistung unabhängig von der Zugehörigkeit eines anspruchstellenden Arbeitnehmers zu einer der genannten Arbeitnehmergruppen insgesamt nicht mehr auf zukünftige Betriebstreue abstellen und die Bindung für die Zukunft gegenüber allen Arbeitnehmern wäre unwirksam.

> **Praxistipp:**
>
> Diese Rechtsprechung bezieht sich nur auf Leistungen mit Mischcharakter, die auf **zukünftige Betriebstreue** über den Bezugszeitraum der zusätzlich maßgebenden erbrachten Arbeitsleistungen hinaus abstellen. Eine Verknüpfung erbrachter Arbeitsleistungen mit **vergangener Betriebstreue** bleibt dagegen möglich, so dass beispielsweise Tantiemen für die Dauer eines ruhenden Arbeitsverhältnisses anteilig gekürzt werden dürfen.
>
> Arbeitgeber sollten bei einer Anknüpfung an zukünftige Betriebstreue prüfen, ob sie im Falle einer anspruchsausschließenden oder anspruchskürzenden Berücksichtigung ruhender Arbeitsverhältnisse und damit einhergehenden Gefährdung des reinen Betriebstreuecharakters vorsorglich einen Widerrufsvorbehalt (→ E Rn. 110) vereinbaren.

---

[28] Nach BAG 6.5.2009 – 10 AZR 443/08, NZA 2009, 783 (784), insoweit in Bezug genommen durch BAG 13.11.2013 – 10 AZR 848/12, AP BGB § 611 Gratifikation Nr. 303.
[29] BAG 13.11.2013 – 10 AZR 848/12, AP BGB § 611 Gratifikation Nr. 303.
[30] BAG 18.1.2012 – 10 AZR 667/10, NZA 2012, 620 (622); hierzu *Salamon* NZA 2013, 590 (596).
[31] BAG 18.1.2012 – 10 AZR 667/10, NZA 2012, 620 (621).
[32] BAG 18.1.2012 – 10 AZR 667/10, NZA 2012, 620 (622).
[33] ErfK/*Preis* BGB § 611 Rn. 534a.

2. Regelungsschranken

a) Höhe des Anspruchs

Während der Arbeitgeber bei der Honorierung bereits erbrachter Betriebstreue frei darin ist, in welchem Umfang er diese (nachträglich) vergüten will und deshalb keine rechtlichen Grenzen bestehen, hat das BAG für die Anknüpfung der Leistung an künftige Betriebstreue und für die damit einhergehende **Bindung des Arbeitnehmers für die Zukunft** eine **quantitative Grenze** angedeutet. So soll sich eine solche Leistung im Rahmen üblicher Treueleistungen bewegen müssen und keinen wesentlichen Anteil an der Gesamtvergütung des Arbeitnehmers ausmachen dürfen.[34]   22

Eine konkrete Grenze hat das BAG allerdings nicht benannt. Im konkreten Fall[35] hat das BAG als zulässige Betriebstreueleistung eine Weihnachtsgratifikation in **Höhe eines Bruttomonatsgehaltes** anerkannt. Zahlungen in dieser Größenordnung werden deshalb regelmäßig unproblematisch sein. Zu bewerten sein wird allerdings eine jüngere Entscheidung des BAG, in der – ohne sich von der bisherigen Rechtsprechung abzugrenzen – eine Größe von 1/13 eines Jahresgehalts (also genau ein Monatsgehalt, welches zuvor als unproblematisch betrachtet worden war) als grundsätzlich erheblich in den Raum gestellt wurde.[36] In einer anderen Entscheidung stellte das BAG für eine Erheblichkeit in den Raum, dass eine Leistung 15 % der Gesamtvergütung ausmachte und neben einem Weihnachtsgeld gezahlt wurde,[37] dieses aber lediglich als Indiz für die Feststellung des Leistungszwecks mangels klarer diesbezüglicher Regelung.   23

Die beiden letztgenannten Entscheidungen warfen im Zusammenhang mit den genannten Erheblichkeitsgrößen im Rahmen einer Auslegung die Frage auf, ob es sich überhaupt um reine Betriebstreueleistungen oder Leistungen mit Mischcharakter handelte. Dh die genannten (geringen) Erheblichkeitsgrenzen wurden angeführt um zu ermitteln, ob mangels ausdrücklicher Kennzeichnung als Betriebstreueleistung ggf. Gegenteiliges aus der Bemessung der Leistung herzuleiten war. Steht allein die Ermittlung des Leistungszwecks im Raum, ist dem durch eine transparente Formulierung Rechnung zu tragen, die den Betriebstreuezweck unzweifelhaft klarstellt. Solange das BAG keine klare Grenzziehung vornimmt, ist diese Rechtsprechung indessen im Auge zu halten.   24

Letztlich muss es die eigene Entscheidung des Arbeitgebers bleiben können, in welchem Umfang er Betriebstreue honorieren möchte – Grenzziehungen bei der Dauer der zulässig auszulösenden Bindungswirkung genügen zum Schutze der Arbeitnehmer. Die gezeigte Rechtsprechung scheint jedoch dahin zu gehen, ab einer bestimmten Höhe der Leistung stets – zumindest auch – synallagmatisches Arbeitsentgelt annehmen zu wollen. Hier wird aber – wenn auch noch nicht höchstrichterlich bestätigt und nach der dargestellten Rechtsprechung offen – für zulässige Treueleistungen unter künftiger Bindung des Mitarbeiters eine Mindestgrenze von **25 % des Gesamtentgeltes** gelten müssen. Diese quantitative Grenze ermöglicht bei Widerrufsvorbehalten sogar einen einseitigen Eingriff des Arbeitgebers in das laufende Arbeitsentgelt durch Ausübung eines Widerrufsrechts. Für eine einmalig wirkende Stichtagsregelung anlässlich der Beendigung des Arbeitsverhältnisses können keine engeren Vorgaben maßgebend sein.[38]   25

---

[34] BAG 18.1.2012 – 10 AZR 667/10, NZA 2012, 620 (622).
[35] BAG 18.1.2012 – 10 AZR 667/10, NZA 2012, 620 (622).
[36] BAG 23.3.2017 – 6 AZR 264/16, NZA 2017, 779 (781).
[37] BAG 13.5.2015 – 10 AZR 266/14, NZA 2015, 992 (994).
[38] Zu dieser Größe neigend: BAG 24.10.2007 – 10 AZR 825/06, NZA 2008, 40 (43); iErg ebenso *Dzida/Klopp* ArbRB 2013, 49 (50).

b) Variabilisierungsmöglichkeiten

26 Da Betriebstreueleistungen allein an den Bestand des Arbeitsverhältnisses und damit nicht an einen individuellen oder unternehmerischen Erfolg anknüpfen, stellt sich die Frage nach Flexibilisierungsmöglichkeiten. Grundsätzlich ist es zwar denkbar, die Leistung dem Grunde nach in ihrer Entstehung allein an vergangene und/oder künftige Betriebstreue zu knüpfen, den Anspruch der Höhe nach jedoch an den **wirtschaftlichen Erfolg des Unternehmens** zu koppeln. So ist es durchaus gut begründbar, den Wert der Betriebstreue mit dem Wert des unternehmerischen Handelns zu synchronisieren und – wie bei einer Tantieme – in Abhängigkeit des Umsatzes oder Ertrags auch die Honorierung von Betriebstreue zu bemessen. Damit ist weder ein individuelles noch kollektives erfolgsabhängiges Kriterium Voraussetzung für die Entstehung des Anspruchs. Allein die Höhe des Anspruchs orientiert sich am Erfolg des Unternehmens.

> **Achtung!**
> Das **BAG** verfolgt demgegenüber eine formale Betrachtung, nach der ein Erfolgsbezug der Leistung einen Bezug zu erbrachten Arbeitsleistungen herstelle.[39] In diesen Entscheidungen nimmt das BAG jeweils an, dass eine Verbindung mit erbrachten Arbeitsleistungen des Arbeitnehmers nicht nur dann anzunehmen ist, wenn eine Leistung vom Erreichen persönlicher Ziele abhängig ist, sondern **ebenfalls bei einer Abhängigkeit vom Unternehmenserfolg**, an dem der Arbeitnehmer mitwirke. Dabei stellt das BAG für die Herstellung einer Beziehung zur Arbeitsleistung des Arbeitnehmers explizit darauf ab, dass eine Abhängigkeit der Höhe eines Entgelts vom Unternehmensergebnis ausreicht.[40] Dies stellt eine Differenzierung zwischen einer rein betriebstreueabhängigen Anspruchsentstehung einerseits und einer unternehmenserfolgsabhängigen Bemessung der sich ergebenden Betriebstreueleistung andererseits grundsätzlich infrage.

27 Aus diesem Grunde ist es ebenfalls zweifelhaft, ob beispielhaft die Bemessung des Anspruchs in Höhe von zB einem Bruttomonatsgehalt zzgl. eines **Steigerungsfaktors in Abhängigkeit vom unternehmerischen Erfolg** gestaltet werden kann.

28 Zwar ist der Anspruch in diesem Falle in seinem Umfang durch die vom BAG[41] anerkannte Höhe eines Bruttomonatsgehaltes gekennzeichnet, jedoch wird bei Zugrundelegung der vom BAG vorgenommenen unternehmensbezogenen Verknüpfung zur Arbeitsleistung auch durch einen solchen „Erfolgsfaktor" der reine Betriebstreuecharakter infrage zu stellen sein. Darüber hinaus ist festzustellen, dass das BAG in einer jüngeren Entscheidung[42] bereits die Bemessung der Leistung anhand des Monatsgehaltes als mögliches Indiz für (auch) synallagmatisches Arbeitsentgelt einbezieht – wiederum ohne sich von der bisherigen Rechtsprechung abzugrenzen.

29 Dieser Ansatz ist grundsätzlich konsequent. So steht auch die Bemessung in Höhe eines Bruttomonatsentgelts nicht außerhalb eines Bezugs zur Arbeitsleistung des Arbeitnehmers – ist die Bruttomonatsvergütung doch gerade das Entgelt, das der Arbeitnehmer im Bezugszeitraum eines Kalendermonats als regelmäßiges Arbeitsentgelt im Austauschverhältnis zu seiner Arbeitsleistung erhält. Richtigerweise wird diese Betrachtung aber allein die indizielle Bewertung bei unklarem Leistungszweck betreffen, wenn also durch Auslegung – wie in dem vom BAG zu entscheidenden Fall – der Leistungszweck einer Honorierung von Betriebstreue erst anhand von Indizien zu ermitteln war. Diese Frage der Auslegung des Leistungszwecks stellt sich jedoch nicht, wenn der Leistungszweck aus der Klausel

---

[39] BAG 12.4.2011 – 1 AZR 412/09, NZA 2011, 989 (991); 7.6.2011 – 1 AZR 807/09, NZA 2011, 1234 (1238); 5.7.2011 – 1 AZR 94/10, AP BetrVG 1972 § 87 Lohngestaltung Nr. 139; 18.1.2012 – 10 AZR 612/10, AP BGB § 611 Gratifikation Nr. 292.
[40] BAG 12.4.2011 – 1 AZR 412/09, NZA 2011, 989 (991).
[41] BAG 18.1.2012 – 10 AZR 667/10, AP BGB § 307 Nr. 59.
[42] BAG 23.3.2017 – 6 AZR 264/16, NZA 2017, 779 (781).

eindeutig herzuleiten ist. Auf dieser Grundlage hatte das BAG die Bemessung in Höhe eines Bruttomonatsgehaltes als Betriebstreueleistung nicht in Frage gestellt.[43]

Will der Arbeitgeber auf der sicheren Seite stehen, wird er deshalb die vom BAG anerkannte Bemessung in **Höhe eines Bruttomonatsentgelts bei reinen Betriebstreueleistungen** weiterhin zugrunde legen können aber auch müssen. Überzeugend ist diese Rechtsprechung allerdings nicht. Das BAG will den Arbeitgeber mit seiner Rechtsprechung abhalten, Arbeitsentgelte, die zumindest mittelbar durch eine konkrete Arbeitsleistung des Arbeitnehmers – und sei es nur innerhalb einer Gruppe von Arbeitnehmern – bemessen sind, an weitere bestandsabhängige Voraussetzungen zu binden. Hierfür die gesetzliche Wertung des synallagmatischen Austauschverhältnisses aus § 611a BGB heranzuziehen setzt aber voraus, dass (vermeintliche) Betriebstreueleistungen anstelle und nicht neben dem synallagmatischen Arbeitsentgelt gewährt werden. Eine solche Feststellung fehlt jedoch. Richtigerweise wird eine feste Größe von bis zu 25% des Gesamtentgelts einen Betriebstreuecharakter nicht in Frage stellen (→ Rn. 25). 30

Dem BAG ist allerdings zuzugeben, dass eine erfolgsabhängige Verklammerung eine Leistungssteigerung des Arbeitnehmers bewirken kann. Wenn man das BAG so versteht, dass bereits diese Motivation zu einer Leistungssteigerung dazu führt, dass eine Verknüpfung zu erbrachten Arbeitsleistungen anzunehmen ist, scheidet jedwede erfolgsabhängige Anknüpfung bei reinen Betriebstreueleistungen aus. Allerdings ist dies eine andere Begründung, als das BAG ausdrücklich zugrunde legt. 31

Beispiele:

Unter Zugrundelegung der Rechtsprechung des BAG ist die Anerkennung einer Betriebstreueleistung in folgenden Fällen **nicht möglich bzw. zweifelhaft**:
– Staffelung des Anspruchs nach Quantität und Qualität erreichter individueller Ziele;[44]
– Bemessung des Anspruchs in Abhängigkeit vom Unternehmensergebnis;[45]
– Bemessung des Anspruchs in Bruttomonatsgehältern, jedoch mit einem unternehmenserfolgsabhängigen Steigerungsfaktor.

Eine **zulässige Gestaltung** der Höhe der Betriebstreueleistung kann dagegen wie folgt aussehen:
– Bemessung des Anspruchs in Höhe eines Bruttomonatsgehalte;[46]
– Bemessung des Anspruchs in Höhe eines feststehenden – nicht erheblichen – Betrages.

c) Grenzen von Bindungsklauseln

Bei den Bindungsklauseln ist danach zu unterscheiden, ob es sich um sog. Stichtags- oder Rückzahlungsklauseln handelt. 32

aa) Rückzahlungsklauseln

Rückzahlungsklauseln sehen vor, dass der Arbeitnehmer eine bereits erhaltene Leistung zurückzuzahlen hat, wenn er aus dem Arbeitsverhältnis vor oder bis zu einem bestimmten Stichtag ausscheidet.[47] Die mögliche wirtschaftliche Belastung mit der Rückzahlung schränkt die Berufswahlfreiheit des Arbeitnehmers zugunsten eines Arbeitsverhältnisses mit einem anderen Arbeitgeber ein und **erschwert** ihm damit eine **Eigenkündigung.** 33

---

[43] BAG 18.1.2012 – 10 AZR 667/10, NZA 2012, 620 (623).
[44] BAG 12.4.2011 – 1 AZR 412/09, NZA 2011, 989 (991); 7.6.2011 – 1 AZR 807/09, NZA 2011, 1234 (1238); 5.7.2011 – 1 AZR 94/10, AP BetrVG 1972 § 87 Lohngestaltung Nr. 139; 18.1.2012 – 10 AZR 612/10, AP BGB § 611 Gratifikation Nr. 292.
[45] BAG 12.4.2011 – 1 AZR 412/09, NZA 2011, 989 (991).
[46] BAG 18.1.2012 – 10 AZR 667/10, NZA 2012, 620 (623).
[47] HWK/*Thüsing* BGB § 611 Rn. 111.

34 Im Rahmen vorformulierter Arbeitsbedingungen ist deshalb die Berufswahlfreiheit des Arbeitnehmers in eine **Angemessenheitskontrolle** gem. § 307 Abs. 1 BGB einzustellen.

> **Praxistipp:**
> Die Rechtsprechung hat hierzu eine Staffelung quantitativer Grenzen mit jeweiligen Bindungszeiträumen entwickelt:[48]
> – Eine Gratifikation in Höhe von bis zu 100,00 EUR kann den Arbeitnehmer überhaupt nicht binden;
> – eine am Jahresende zu zahlende Gratifikation, die 100,00 EUR überschreitet, ein Monatsgehalt jedoch nicht erreicht, kann den Arbeitnehmer bis zum Ablauf des 31.3. des Folgejahres binden;
> – beträgt die Zahlung ein Bruttomonatsgehalt, erreicht sie jedoch nicht zwei Bruttomonatsgehälter, ist eine Bindung des Arbeitnehmers bis zum 30.6. des Folgejahres zulässig;
> – sobald zwei Bruttomonatsgehälter erreicht werden, ist eine Bindung über den 30.6. des Folgejahres hinaus möglich.

35 Die **Transparenzkontrolle** (§ 307 Abs. 1 S. 2 BGB) erfordert, dass die hiernach angemessenen Rückzahlungsgrenzen aus der Vertragsgestaltung selbst heraus klar und verständlich für den Arbeitnehmer erkennbar werden.

> **Achtung!**
> In der Praxis scheitern Rückzahlungsklauseln nicht selten daran, dass die vom BAG vorgegebenen **Staffelungen fehlerhaft umgesetzt werden.**
> Ist etwa eine Bindung des Arbeitnehmers bis zum Ablauf des 31.3. des Folgejahres zulässig, darf eine Rückzahlungsklausel nicht regeln, dass die Rückzahlungspflicht besteht, wenn der Arbeitnehmer „bis zum" 31.3. des Folgejahres ausscheidet. Vielmehr hat der Arbeitnehmer in diesem Falle bis zum 31.3. des Folgejahres seine Betriebstreue erbracht und damit die Voraussetzungen für das Behalten der Leistung erfüllt.
> Eine solche Bindungsklausel ist um einen Tag überhöht und nach der Rechtsprechung insgesamt unwirksam. Die Rückzahlungsverpflichtung darf lediglich daran anknüpfen, dass eine Bindung bis zum 31.3. des Folgejahres nicht gelungen ist, weil der Arbeitnehmer „vor dem" 31.3. des Folgejahres ausscheidet. Deshalb muss die Rückzahlungsklausel auf ein Ausscheiden des Arbeitnehmers „vor dem" 31.3. des Folgejahres abstellen, um eine Rückzahlungsverpflichtung auszulösen.
> Selbst wenn der Arbeitnehmer bereits zum 28.2. ausscheidet, besteht bei einem solchen Fehler keine Rückzahlungsverpflichtung. Die Klausel ist insgesamt unwirksam. Eine geltungserhaltende Reduktion auf einen noch zulässigen Bindungsumfang findet nicht statt.

36 Neben einer Begrenzung des Bindungszeitraums stellt sich im Rahmen der Angemessenheitskontrolle nach § 307 BGB die Frage nach **zulässigen Beendigungstatbeständen,** etwa nach einer Begrenzung auf solche in der Sphäre des Arbeitnehmers, insbesondere auf eine Eigenkündigung oder eine vom Arbeitnehmer verschuldete Arbeitgeberkündigung. Eine solche Begrenzung des Beendigungsgrundes ist nach der Rechtsprechung indessen nicht geboten. Eine Rückzahlungsverpflichtung kann auch für den Fall geregelt werden, dass der Grund für die Beendigung des Arbeitsverhältnisses nicht im Verantwortungsbereich

---

[48] BAG 21.5.2003 – 10 AZR 390/02, NZA 2003, 1032 (1033); 9.6.1993 – 10 AZR 529/92, NZA 1993, 935 (936).

des Arbeitnehmers liegt, insbesondere im Falle einer betriebsbedingten Arbeitgeberkündigung.[49]

Die Rechtsprechung stellt zu Recht auf den Leistungszweck ab: Dient die Leistung der 37 Belohnung künftiger Betriebstreue, wird dieser Zweck bei alsbald ausscheidenden Arbeitnehmern nicht erreicht.[50] Die Bestimmung des Leistungszwecks als solchem ist frei und unterliegt keiner Angemessenheitskontrolle gem. § 307 BGB. Diese Zweckbestimmung des Arbeitgebers ist als feststehender Maßstab für die Angemessenheitskontrolle hinzunehmen.

Beispiel:

Der Arbeitgeber kann eine Rückzahlungsverpflichtung deshalb für folgende Fälle begründen:
– Eigenkündigung durch den Arbeitnehmer;
– außerordentlich fristlose Kündigung durch den Arbeitgeber;
– ordentliche verhaltensbedingte Arbeitgeberkündigung;
– ordentliche personenbedingte Arbeitgeberkündigung;
– ordentliche betriebsbedingte Arbeitgeberkündigung;
– Aufhebungsvereinbarung mit oder ohne arbeitgeberseitige Veranlassung;
– Auslaufen einer Befristung.

bb) Stichtagsklauseln

Während bei einer Rückzahlungsklausel der Anspruch zunächst entsteht, jedoch ggf. 38 rückabzuwickeln ist, knüpfen Stichtagsregelungen bereits für die Entstehung des Anspruchs an den Bestand des Arbeitsverhältnisses an.[51] Eine Stichtagsregelung beinhaltet deshalb, dass der Anspruch auf die Leistung nur unter der Voraussetzung entsteht, dass das Arbeitsverhältnis zu einem bestimmten Stichtag – häufig zum Auszahlungszeitpunkt – **rechtlich besteht oder sich in ungekündigtem Zustand** befindet.[52] Eine allein an den rechtlichen Bestand des Arbeitsverhältnisses anknüpfende Stichtagsregelung honoriert Betriebstreue im Bezugszeitraum, da sie den rechtlichen Bestand des Arbeitsverhältnisses bis zum Auszahlungszeitpunkt voraussetzt. Eine an den ungekündigten Bestand des Arbeitsverhältnisses zum Auszahlungszeitpunkt anknüpfende Stichtagsregelung knüpft dagegen darüber hinaus an zukünftige Betriebstreue an, zumindest für den Lauf einer noch gesondert auszulösenden Kündigungsfrist.[53]

Zwischenzeitlich neigte das BAG[54] mit beachtlichen Argumenten dazu, die Rechtmä- 39 ßigkeitsanforderungen von Stichtags- und Rückzahlungsregelungen anzugleichen, da die Bindungswirkung für den Arbeitnehmer vergleichbar war. Das BAG sah einen **Wertungswiderspruch** darin, dass die Staffelung der Bindungsdauern in Abhängigkeit von der Höhe der Leistung bei Rückzahlungsklauseln klare Grenzen für die Bindungswirkung einer Leistung setzte, diese durch Stichtagsregelungen bei langen Kündigungsfristen jedoch erheblich übertroffen werden konnten. In einer jüngeren Entscheidung hat das BAG[55] jedoch – ohne seine Kasuistik zur zulässigen Staffelung der Bindungsdauern bei Rückzahlungsklauseln auch nur zu erwähnen – recht großzügig die Bindung im Wege

---

[49] BAG 28.3.2007 – 10 AZR 261/06, NZA 2007, 687 (688).
[50] BAG 24.10.2007 – 10 AZR 825/06, NZA 2008, 40 (43); 28.3.2007 – 10 AZR 261/06, NZA 2007, 687 (688).
[51] *Mengel* S. 134 Rn. 230.
[52] BAG 18.1.2012 – 10 AZR 612/10, NZA 2012, 561 (562); 24.10.2007 – 10 AZR 825/06, NZA 2008, 40 (43); 28.3.2007 – 10 AZR 261/06, NZA 2007, 687 (688).
[53] BAG 18.1.2012 – 10 AZR 612/10, NZA 2012, 561 (562); 24.10.2007 – 10 AZR 825/06, NZA 2008, 40 (43).
[54] BAG 24.10.2007 – 10 AZR 825/06, NZA 2008, 40 (43f.); hierzu iE *Salamon* NZA 2010, 314 (316ff.).
[55] BAG 18.1.2012 – 10 AZR 667/10, NZA 2012, 620 (622).

der Maßgabe eines ungekündigten Arbeitsverhältnisses bei reinen Betriebstreueleistungen von üblichem Umfang gebilligt.

> Ein im Dezember zu zahlendes Weihnachtsgeld in Höhe eines Bruttomonatsgehaltes kann den Arbeitnehmer bis zum 30.6. des Folgejahres im Rahmen einer Rückzahlungsklausel binden. Sieht der Arbeitsvertrag vor, dass die verlängerten gesetzlichen Kündigungsfristen gleichermaßen für eine Kündigung durch den Arbeitnehmer gelten, bewirkt eine auf den ungekündigten Bestand des Arbeitsverhältnisses abstellende Regelung eine Bindung bis zum 31.7. des Folgejahres, wenn die längste gesetzliche Kündigungsfrist anwendbar ist.

40 Die ggf. über zulässige Bindungsdauern bei Rückzahlungsklauseln hinausgehende **Bindungswirkung im Falle langer Kündigungsfristen** wurde vom BAG nicht weitergehend problematisiert. Die Thematisierung vergleichbarer Bindungswirkungen in der Entscheidung aus dem Jahr 2007[56] ist damit nicht aufgegriffen worden. Aufgrund der Eindeutigkeit, mit der das BAG die Zulässigkeit einer Anknüpfung an den ungekündigten Bestand des Arbeitsverhältnisses bei solchen Betriebstreueleistungen angenommen hat, dürfte daran nicht mehr zu zweifeln sein.[57]

41 Wie lang ein **maximal zulässiger Bindungszeitraum** sein darf, ist – anders als bei der zu Rückzahlungsklauseln entwickelten Kasuistik – für Stichtagsregelungen bislang nicht höchstrichterlich entschieden. Im Regelfall dürfte die in der Praxis verbreitete Vereinbarung einer Kündigungsfrist für den Arbeitnehmer, wie sie kraft Gesetzes für den Arbeitgeber gelten würde, nicht zu beanstanden sein. Die gesetzliche Wertung des § 622 BGB gilt zwar nur für eine einseitige Beendigung des Arbeitsverhältnisses durch den Arbeitgeber. Eine Gleichstellung der Veränderung von Kündigungsfristen für den Arbeitnehmer mit der jeweils für den Arbeitgeber geltenden gesetzlichen Mindestkündigungsfrist stellt jedoch nach der Rechtsprechung des BAG[58] in der Regel keine unangemessene Benachteiligung dar. Ist eine verlängerte gesetzliche Kündigungsfrist demnach im Rahmen der Bindung des Arbeitnehmers an das Unternehmen für den Fall des Ausspruchs einer Eigenkündigung angemessen, kann letztlich nichts anderes für die Beurteilung einer zusätzlichen Bindungswirkung im Rahmen einer Betriebstreueleistung gelten.

42 Allerdings lässt die Staffelung der Kündigungsfristen gem. § 622 BGB erst nach längerer Dauer des Arbeitsverhältnisses eine spürbare Bindungswirkung zu. Noch nicht abschließend entschieden ist die Frage, inwieweit die bereits zu Beginn des Arbeitsverhältnisses bzw. nach Ablauf der Probezeit maßgebende **Grundkündigungsfrist** für den Arbeitnehmer der Regelungsfreiheit des Arbeitgebers unterliegt. Während es bei der Frage der vom Arbeitgeber einzuhaltenden Kündigungsfrist um eine zusätzliche Absicherung des Bestandsschutzes durch einen Schutz vor kurzfristiger Beendigung des Arbeitsverhältnisses geht, steht diese Frage bei einer Arbeitnehmerkündigung nicht im Raum.

43 Im Ausgangspunkt kann für die **Frage nach einer noch angemessenen Grundkündigungsfrist** für den Arbeitnehmer typisierend unterstellt werden, dass ein Arbeitnehmer mit langer Kündigungsfrist auf dem Arbeitsmarkt bei der Eingehung eines neuen Arbeitsverhältnisses weniger flexibel ist.[59] Dies wirkt sich ungeachtet einer zusätzlichen Bindung durch finanzielle Betriebstreueanreize als Beschränkung der Berufswahlfreiheit und Erschwerung einer Eigenkündigung aus. Aus diesem Grunde ist Vorsicht geboten, von vornherein als Grundkündigungsfrist die Dauer der nach § 622 BGB maximal vorgesehenen Kündigungsfrist von sieben Monaten zum Monatsende vorzusehen.

---

[56] BAG 24.10.2007 – 10 AZR 825/06, NZA 2008, 40 (43).
[57] Vgl. *Salamon* NZA 2013, 590 ff.
[58] BAG 28.5.2009 – 8 AZR 896/07, NZA 2009, 1337 (1341).
[59] BAG 26.10.2017 – 6 AZR 158/16, ArbRAktuell 2017, 569.

I. Betriebstreueleistungen

Unschädlich dürfte dagegen eine in der Praxis verbreitete Grundkündigungsfrist von drei Monaten zum Monatsende sein, die in der Regel dem Arbeitgeber eine gebotene Vorlaufzeit für die Neubesetzung der Stelle von der Ausschreibung über die Sichtung der Bewerbungsunterlagen, die Führung von Bewerbungsgesprächen bis hin zum abschließenden Auswahlprozess eröffnet. Je nach **Spezialisierungsgrad des Arbeitnehmers** wird eine demgegenüber längere Grundkündigungsfrist denkbar sein, wenn geeignete Bewerber am Arbeitsmarkt mit dem entsprechenden Anforderungsprofil schwer auffindbar sind.

Im Rahmen der vorzunehmenden Interessenabwägung zwischen der Berufswahlfreiheit des Arbeitnehmers und dem Bindungsinteresse des Arbeitgebers dürfte insoweit für die Frage der zulässigen Kündigungsfrist und der Bindung im Rahmen einer Betriebstreueleistung ein vergleichbarer Maßstab anzulegen sein.

44

45

> **Praxistipp:**
> Arbeitgeber dürften auf der sicheren Seite sein, wenn sie eine Grundkündigungsfrist von drei Monaten zum Monatsende und im Falle einer für den Arbeitgeber darüber hinausgehenden gesetzlichen Kündigungsfrist deren Einhaltung auch durch den Arbeitnehmer regeln. Für weitergehende Kündigungsfristen können ggf. in der Branche übliche tarifliche Regelungen einen Anhaltspunkt für angemessene Zeitspannen liefern, auch wenn der Tarifvertrag mangels Tarifbindung oder Bezugnahme auf das Arbeitsverhältnis nicht anwendbar ist.

Wie bei Rückzahlungsklauseln kommt es auf den **Beendigungstatbestand** bei der Mitarbeiterbindung durch eine Stichtagsregelung bei einer reinen Betriebstreueleistung nicht an. Während das BAG in einer älteren Entscheidung[60] noch angenommen hatte, dass zukünftige Betriebstreue nicht davon abhängig gemacht werden durfte, ob der Arbeitgeber ggf. betriebsbedingt das Arbeitsverhältnis kündigt, ist die Rechtsprechung bereits seit geraumer Zeit[61] wie bei Rückzahlungsklauseln großzügig. Dementsprechend erfüllt der Arbeitnehmer die Bindungsvoraussetzungen bei jedweder Beendigung des Arbeitsverhältnisses nicht, gleich aus wessen Sphäre der Anlass der Beendigung stammt.

46

Beispiele:
Der Arbeitgeber kann einen Ausschluss der Leistung deshalb für folgende Fälle begründen:
- Eigenkündigung durch den Arbeitnehmer;
- außerordentlich fristlose Kündigung durch den Arbeitgeber;
- ordentliche verhaltensbedingte Arbeitgeberkündigung;
- ordentliche personenbedingte Arbeitgeberkündigung;
- ordentliche betriebsbedingte Arbeitgeberkündigung;
- Aufhebungsvereinbarung mit oder ohne arbeitgeberseitige Veranlassung;
- Auslaufen einer Befristung.

d) Transparenzkontrolle

Wie bei sämtlichen vorformulierten Arbeitsbedingungen kann eine Unangemessenheit einer Betriebstreueleistung daraus folgen, dass deren vertragliche Gestaltung nicht klar und verständlich und sie damit insgesamt nicht hinreichend transparent ist (§ 307 Abs. 1 S. 2 BGB). Bei der Gestaltung der Leistung ist deshalb auf eine Formulierung zu achten, die sämtlichen in diesem Abschnitt genannten Anforderungen gerecht wird.

47

---

[60] BAG 25.4.1991 – 6 AZR 532/89, NZA 1991, 763 (764).
[61] BAG 8.3.1995 – 10 AZR 208/94, NZA 1996, 418 (419); 4.5.1999 – 10 AZR 417/98, NZA 1999, 1053 (1056); 28.3.2007 – 10 AZR 261/06, NZA 2007, 687 (688f.); 18.1.2012 – 10 AZR 667/10, NZA 2012, 620 (621).

> **Checkliste**
> Die Regelung muss insbesondere klare Formulierungen zu folgenden Gesichtspunkten vorsehen, damit der Arbeitgeber sich auf diese berufen kann:
> – **Klarstellung des Leistungszwecks**: Der Charakter als (reine) Betriebstreueleistung muss eindeutig feststehen. Die Zahlung darf also nicht etwa an besondere Erfolge oÄ anknüpfen. Dies ist bereits bei der Bezeichnung der Leistung zu beachten.
> – Hinsichtlich der **Höhe des Anspruchs** muss entweder ein bestimmter oder bestimmbarer (zB Orientierung an der Bruttomonatsvergütung) Betrag zum Ausdruck kommen.
> – Will der Arbeitgeber bei der konkreten **Höhe der Leistung einen Flexibilisierungsspielraum** behalten, muss er dies klar und verständlich regeln durch einen Hinweis auf die Festsetzung der Höhe des Anspruchs im Einzelfall durch den Arbeitgeber.
> – Auf den **Prüfungsmaßstab billigen Ermessens** ist hinzuweisen, da dies typisches gesetzliches Leitbild einer einseitigen Leistungsbestimmung durch den Arbeitgeber ist, von dem grundsätzlich gem. § 307 Abs. 2 Nr. 1 BGB nicht abgewichen werden darf.
> – Um Unklarheiten über die mögliche Höhe des Anspruchs zu vermeiden, sollte eine **Referenzgröße** (zB ein Bruttomonatsgehalt) genannt werden, sinnvollerweise zusätzlich im Rahmen einer oberen Anspruchsbegrenzung.
> – Um späteren Streit über die Ausfüllung der im Rahmen des billigen Ermessens maßgebenden Kriterien zu vermeiden, ist es hilfreich, die **relevanten Kriterien zumindest nach ihrer Richtung** zu bestimmen; erfolgsbezogene Faktoren dürfen hierbei nicht benannt werden, da dies den reinen Betriebstreuecharakter infrage stellen würde.
> – Es bedarf einer klaren Regelung, ob die Bindungsklausel für die Entstehung des Anspruchs (dann **Stichtagsklausel**) oder für die etwaige Rückabwicklung eines bereits entstandenen Anspruchs (dann **Rückzahlungsklausel**) maßgebend sein soll, da sich hiernach die anzulegenden Rechtmäßigkeitsanforderungen unterscheiden.
>   – Bei einer **Stichtagsklausel** bedarf es lediglich einer Klarstellung, wann das Arbeitsverhältnis – ggf. in ungekündigtem Zustand – bestehen muss, damit der Anspruch entsteht.
>   – Bei einer **Rückzahlungsklausel** muss nach der bisherigen Rechtsprechung die Staffelung der Bindungsdauer in Abhängigkeit von der Höhe der Leistung zum Ausdruck kommen. Hohe Gestaltungsanforderungen wirft dies auf, wenn der Anspruch etwa in seiner Höhe flexibel gestaltet werden soll, da sodann die gesamte Staffelung möglicher Bindungsdauern in Abhängigkeit von der jeweils möglichen Anspruchshöhe vorgesehen werden muss.

II. Erfolgsabhängige Leistungen

48 Während bestandsabhängige Leistungen den Arbeitnehmer motivieren sollen, das Arbeitsverhältnis nicht zu beenden, halten erfolgsabhängige Leistungen den Arbeitnehmer zu einem Erfolgsbeitrag an. Dieser kann an den Unternehmenserfolg, Spartenerfolg, den Erfolg einer Gruppe von Arbeitnehmern oder auch nur des begünstigten Arbeitnehmers selbst anknüpfen.

II. Erfolgsabhängige Leistungen

1. Erscheinungsformen

a) Tantiemen

Die Tantieme stellt eine Gewinnbeteiligung dar. Mit ihr partizipiert der Arbeitnehmer unmittelbar am wirtschaftlichen Erfolg des Arbeitgebers.[62] Die Anknüpfungspunkte für die Bemessung des Tantiemeanspruchs sind zur Vermeidung von Unklarheiten in einer Vereinbarung festzuhalten. Dies gilt bereits für die Frage, ob der wirtschaftliche Erfolg des Arbeitgebers am **Umsatz** (Partizipation an der Auftragssituation und dem jeweiligen Marktwert der Aufträge) oder am **Ertrag** des Unternehmens (Partizipation zusätzlich an den Betriebsausgaben) zu bemessen ist. Bei Tantiemevereinbarungen wird in der Praxis regelmäßig auf ohnehin durch das Unternehmen zu erstellende Jahresabschlüsse, etwa die Handelsbilanz, abgestellt. Zwingend ist dies allerdings nicht. So kann eine Tantiemeregelung ebenso an den wirtschaftlichen Erfolg einer bestimmten Sparte des Unternehmens oder des Konzerns anknüpfen.

49

Insbesondere bei unternehmensübergreifenden Tantiemeregelungen bedarf es jedoch einer **exakten vertraglichen Fixierung,** wie die Ergebnisermittlung erfolgen soll. Während im Rahmen einer Betrachtung des gesamten Konzerns ggf. der **Konzernabschluss** Grundlage der Tantiemebemessung sein kann, können tatsächliche Unklarheiten, aber auch ein erheblicher administrativer Aufwand, bei **abweichenden Bemessungsfaktoren** entstehen. Dies gilt insbesondere, wenn Konzernunternehmen untereinander Dienstleistungsbeziehungen erbringen und sich die Frage stellt, wie die jeweiligen **Verrechnungssätze** zu bewerten sind – insbesondere wenn diese über den Bezugspunkt der Tantiemebemessung hinaus etwa bei einer spartenbezogenen Betrachtung spartenübergreifend bemessen sind und sodann eine Quotelung vorzunehmen ist.

50

Die hierzu zu treffenden Regelungen können einen **hohen Grad an Komplexität** erreichen. Tantiemen können bei einer Anknüpfung an die Ertragslage unterschiedlich danach bemessen werden, ob etwa die Feststellung des Ergebnisses nach HGB oder IFRS erfolgt. In der Regel wird die Ergebnisfeststellung vor Steuern erfolgen, wobei eine Differenzierung nach Körperschafts- und Gewerbesteuer erfolgen kann. Gegenstand einer Tantiemevereinbarung sollte zudem – wenn der Arbeitgeber sich hierauf bei der Ergebnisfeststellung berufen will – die **Berücksichtigung von Verlustvorträgen** aus Vorjahren sein. Es spricht zwar viel dafür, auch ohne ausdrückliche Regelung Verlustvorträge stets zu berücksichtigen.[63] Dies ist allerdings stark umstritten.[64]

51

Darüber hinaus sind bei einem Abstellen auf das Ergebnis **außerordentliche Erträge oder Verluste** zu berücksichtigen, wenn die Parteien keine abweichende Regelung getroffen haben. Eine derartige Regelung wird jedenfalls für die Berücksichtigung außerordentlicher Erträge sinnvoll sein, da Steigerungen des Ergebnisses auf dieser Grundlage nicht dem gewöhnlichen Verlauf des operativen Erfolgs entsprechen. Anderes mag gelten, wenn die Tantiemeregelung für eine Mitarbeitergruppe gelten soll, die gerade bei der Steuerung derartiger Einflussfaktoren einen erheblichen Anteil ihrer Arbeitskraft einsetzt. Entsprechendes gilt für die Behandlung von Beteiligungsergebnissen.

52

Keine eigentliche Tantieme ist eine **Garantietantieme,** die der Arbeitnehmer als feststehenden Betrag unabhängig vom geschäftlichen Erfolg des Arbeitgebers erhält und den Arbeitnehmer entsprechend nicht an den unternehmerischen Chancen und Risiken partizipieren lässt.[65] Einige Tantiemeregelungen sehen allerdings vor, dass die Tantieme einen Mindestbetrag („Garantietantieme") nicht oder nur unter bestimmten Voraussetzungen unterschreiten darf.

53

---

[62] Schaub ArbR-HdB/*Vogelsang* § 76 Rn. 1.
[63] LAG Nds 6.2.2006 – 17 Sa 1109/05, NZA-RR 2006, 369 (370).
[64] Vgl. LAG Düsseldorf 13.10.1960 – 8 Sa 171/60, DB 1960, 1367; *Mengel* S. 175 Rn. 302 mwN; Schaub ArbR-HdB/*Vogelsang* § 76 Rn. 4.
[65] *Mengel* S. 27 Rn. 19.

54 Eine Tantieme kann entsprechend ihrer Zwecksetzung als Gewinnbeteiligung daran geknüpft werden, ob auch die **Gesellschafter am Gewinn der Gesellschaft partizipieren**.[66] So hat es das BAG zugelassen, die Auszahlung einer Erfolgsbeteiligung daran zu koppeln, ob auch an Aktionäre einer Gesellschaft eine Dividende ausgeschüttet wird.[67] Dies ist ein Aspekt der wirtschaftlichen Bewertung unternehmerischen Erfolges und daher kein unangemessener Gesichtspunkt iSd § 307 Abs. 1 S. 1 BGB bei der Gestaltung einer Tantieme.[68]

55 Die Auszahlung von Tantiemen erfolgt in der Regel in gehörigem Abstand zur Feststellung des maßgebenden Jahresergebnisses. Die Rechtsprechung behandelt Tantiemen als Erfolgsvergütung, die als zusätzliche Arbeitsvergütung für erbrachte Arbeitsleistungen gezahlt wird.[69] Aus diesem Grunde nimmt die Rechtsprechung an, dass im Falle des Ruhens des Arbeitsverhältnisses mangels Beitrags zum wirtschaftlichen Erfolg des Unternehmens für den Arbeitnehmer kein Tantiemeanspruch entsteht.[70] Dies gilt nicht nur dann, wenn der Arbeitnehmer während des gesamten Geschäftsjahres[71] wegen Langzeiterkrankung an der Erbringung der Arbeitsleistung verhindert war, sondern auch dann, wenn dies einen **erheblichen Teil des Geschäftsjahres** – mehr als sechs Monate – betrifft.[72]

Checkliste
Da vorstehende Regelungskomplexe, wenn auch nicht immer ausdrücklich regelungsbedürftig, doch eine Frage der Auslegung der Tantiemevereinbarung sind, sollten Arbeitgeber die mit der durch ein Gericht vorzunehmenden Auslegung verbundenen rechtlichen Unsicherheiten vermeiden. Eine Tantiemevereinbarung sollte deshalb Regelungen zu folgenden Themenkomplexen enthalten:
- Festschreibung der tantiemerelevanten Wirtschaftseinheit (Unternehmen, Sparte, Konzern etc.);
- Bemessung am Umsatz oder Ertrag sowie Klarstellung des maßgebenden Verfahrens zur Ermittlung (HGB, IFRS etc.);
- Bemessung des Tantiemeanspruchs unter Fortschreibung von Verlusten des Vorjahres;
- Bemessung am Ergebnis vor oder nach Steuern, ggf. differenziert nach Besteuerungsarten;
- Auswirkungen außerordentlicher Verluste oder Erträge bzw. Beteiligungsergebnisse;
- Bemessung des Tantiemeanspruchs bei unterjährigem Bestand des Arbeitsverhältnisses;
- Bemessung des Tantiemeanspruchs bei Ruhen des Arbeitsverhältnisses;
- ggf. Regelung eines Sockelbetrages als Garantietantieme;
- ggf. Regelung einer Tantiemeobergrenze („Deckelung").

b) Bonus-, Prämien- und sonstige Sonderzahlungen

56 Sonstige leistungs- oder erfolgsabhängige Einmalzahlungen knüpfen an unterschiedlichste Gesichtspunkte, teilweise auch mehrere zugleich, an.

---

[66] *Pletke/Schrader/Siebert/Thoms/Klagges* B. Rn. 839.
[67] BAG 18.1.2012 – 10 AZR 670/10, NZA 2012, 499 (500).
[68] BAG 18.1.2012 – 10 AZR 670/10, NZA 2012, 499 (500); *Pletke/Schrader/Siebert/Thoms/Klagges* B. Rn. 839.
[69] BAG 8.9.1998 – 9 AZR 273/97, AP BGB § 611 Tantieme Nr. 2.
[70] BAG 8.9.1998 – 9 AZR 273/97, AP BGB § 611 Tantieme Nr. 2; LAG RhPf 27.8.2009 – 2 Sa 303/09, BeckRS 2010, 66921.
[71] Hierzu: BAG 8.9.1998 – 9 AZR 273/97, AP BGB § 611 Tantieme Nr. 2.
[72] LAG RhPf 27.8.2009 – 2 Sa 303/09, BeckRS 2010, 66921.

II. Erfolgsabhängige Leistungen

Beispiele:

– Koppelung an individual-, gruppen-, unternehmens- oder konzernerfolgsbezogene Komponenten;
– Koppelung an die Anwesenheit;
– Koppelung an den Abschluss bestimmter Projekte;
– Koppelung an die Generierung von Kosteneinsparungen.

Wegen des **Motivations- und Anreizcharakters** derartiger Leistungen sind die vielfältigsten Zielrichtungen denkbar. In der Regel ist es dem Arbeitgeber nicht verwehrt, nach freiem Ermessen solche Leistungszwecke festzulegen. Grenzen bestehen regelmäßig dort, wo die Zielrichtung einer Leistung zwingendes Arbeitnehmerschutzrecht unterlaufen würde – so ist etwa bei Anwesenheitsprämien die Grenze des § 4a EFZG oder das Verbot der Diskriminierung von Schwangeren (mittelbare Diskriminierung von Frauen) zu berücksichtigen.[73] 57

In der Praxis bestehen hier jedoch sehr **weitgehende Spielräume für den Arbeitgeber,** in welcher Art und in welchem Umfang er Leistungsanreize setzen möchte. Beachtet der Arbeitgeber die maßgebenden „Spielregeln" etwa im Zusammenhang mit Freiwilligkeits- oder Widerrufsvorbehalten, so kann er die bestehenden Gestaltungsspielräume durchaus ohne langjährige Bindung ausnutzen und damit flexibel auf Marktentwicklungen reagieren. 58

2. Anknüpfungspunkte der Erfolgskomponente

Die Anknüpfungspunkte erfolgsabhängiger Leistungen sind durch den Arbeitgeber sehr weitgehend frei gestaltbar. Entscheidend ist die Zielrichtung des Arbeitgebers bei der Verwendung einer Erfolgskomponente als Personalführungsinstrument. Eine unmittelbar messbare Anreizfunktion bei dem einzelnen Arbeitnehmer besteht bei Zielen, die an den **individuellen Erfolg** des Arbeitnehmers anknüpfen 59

Beispiele:

Typische Anknüpfungspunkte individualerfolgsbezogener Ziele sind die Quantität, Qualität oder Rechtzeitigkeit der gewöhnlichen Arbeitsabläufe oder -ergebnisse, Sonderaufgaben oder -projekte.

Gruppenerfolgsbezogene Ziele sind dagegen ein gezieltes Steuerungsinstrument, um über den einzelnen Arbeitnehmer hinaus die **Gruppendynamik** (etwa unter dem Gesichtspunkt der indirekten Ansteuerung von leistungsschwachen oder vermeintlich arbeitsunfähigen Arbeitnehmern über die Gruppenmitglieder) anzusprechen. 60

Beispiele:

Typische Anknüpfungspunkte gruppenerfolgsbezogener Ziele sind die Quantität, Qualität oder Rechtzeitigkeit der Ergebnisse einer Projektgruppe, Abteilung oder sonstigen Gruppe von Arbeitnehmern. Entscheidend ist die Anknüpfung des Zieles an die Leistung der Gruppe insgesamt.

Wie Tantiemen können auch sonstige Sonderzahlungen an den **Erfolg des Unternehmens, Konzerns oder einer Sparte** anknüpfen, um den Arbeitnehmer an den Chancen und Risiken unternehmerischen Handelns zu beteiligen. Da der individuell-konkrete Beitrag des einzelnen Arbeitnehmers in der Regel in der Abstraktion der ganzheitlichen unternehmens-, konzern- oder spartenbezogenen Betrachtung eine kaum noch messbare 61

---

[73] Vgl. *Mengel* S. 109 Rn. 183; ErfK/*Dörner/Reinhard* EFZG § 4a Rn. 8.

Rolle spielt, wird hierdurch regelmäßig kein unmittelbarer Leistungsanreiz oder eine Gruppendynamik angesprochen.

Beispiele:
Typische Anknüpfungspunkte solcher unternehmens-, erfolgs- oder spartenbezogener Ziele sind die wirtschaftliche Leistung dieser jeweiligen Einheit. Diese kann – wie eine Tantieme – umsatz- oder ertragsbezogen bemessen werden.

62 In der Praxis verbreitet sind **Mischformen,** die die einzelnen Anreizfaktoren miteinander verknüpfen, um die individuelle Leistung neben der Gruppendynamik anzusteuern und die Zahlung an der wirtschaftlichen Leistungsfähigkeit des Arbeitgebers zu orientieren. Häufig sollen sich einzelne Ziele wechselseitig bedingen, etwa sollen individualerfolgsbezogene Ziele selbst bei Zielerreichung keine Ansprüche begründen, wenn ein Unternehmensziel verfehlt wurde.

3. Rechtliche Grenzen

a) Unerheblichkeit der Möglichkeit einer Einflussnahme

63 In der Praxis werden individualerfolgsbezogene Vorgaben überschreitende Ziele gelegentlich deshalb infrage gestellt, weil der Arbeitnehmer als Teil eines Kollektivs **nicht alleine hinreichend Einfluss auf die Zielerreichung** nehmen könne. Diese Frage stellt sich nicht nur bei unternehmens- bzw. konzernerfolgsbezogenen Zielen, sondern gleichermaßen bei gruppen- oder projektabhängigen Zielkomponenten. Diesen ist gemeinsam, dass über den individuellen Arbeitnehmer hinaus eine Mehrzahl von Arbeitnehmern bis zur gesamten Belegschaft des Unternehmens oder gar Konzerns mit ihrer jeweiligen Arbeitsleistung den Beitrag zur Zielerreichung leistet.

64 Einzelne Arbeitnehmer mögen dann zwar – ggf. sogar überobligatorische – Arbeitsleistungen erbringen, allgemeine Durchschnittsleistungen oder Minderleistungen führen insoweit jedoch zur **Saldierung positiv herausragender Arbeitsleistungen.** Wie die generelle Zulässigkeit von Tantiemen zeigt, ist die individuelle Möglichkeit der Einflussnahme auf die Zielerreichung jedoch keine Rechtmäßigkeitsvoraussetzung für die Aufstellung eines Ziels für eine erfolgsabhängige Entgeltkomponente. Das ist im Ergebnis für einzelne Arbeitnehmer misslich, wenn diese durch ihre Beiträge an sich eine Motivation und ein Arbeitsergebnis aufzeigen, welches eine Honorierung verdiente, diese Erfolge bei kollektiver Betrachtung jedoch keine Ansprüche begründen.

65 Bei Zielen, die die Dimension der individuellen Arbeitsleistung des Arbeitnehmers überschreiten, verfolgt der Arbeitgeber gerade den Zweck auf **Erfolge einer übergeordneten Einheit,** beispielsweise bei einem Projektteam, einer sonstigen Gruppe, einem Unternehmen, einem Konzern oder einer Sparte abzustellen und diese Erfolge wirtschaftlich zu honorieren. Bis zur Grenze der Willkür sind diese Zwecksetzungen zulässig. Rechtsprechung zu den Grenzen einer solchen übergeordneten Gruppenbildung ist nicht ersichtlich. Maßgebend wird sein, ob eine Gruppenbildung darauf zielt, einzelne Arbeitnehmer beispielsweise aus dem Betrieb zu drängen, indem deren unterschiedliche Arbeitsleistung zum Anlass genommen wird, faktisch eine Druckausübung innerhalb der Gruppe durch Arbeitnehmer, die eine leistungsgerechte Honorierung erwarten, auszulösen.

66 Ein solcher Fall wird in der Praxis kaum feststellbar, geschweige denn durch einen Arbeitnehmer nachweisbar sein, wenn der Arbeitgeber als Zielkomponente auf einen bestimmten Erfolg eines bestimmten Teils der Belegschaft abstellt. Ein solcher Erfolg kann vielfältiger Art sein, von der Entwicklung und/oder Vermarktung eines Produktes, dem fristgerechten und erfolgreichen Abschluss eines Projektes bis zum Unternehmens- oder Konzernerfolg. Bei Letzterem ist eine Willkür stets ausgeschlossen, da der Erfolg bei dem

II. Erfolgsabhängige Leistungen F

Unternehmen oder dem Konzern gleichermaßen im Rahmen der **gesetzlich vorgesehenen Abschlüsse eine anerkannte Kenngröße** darstellt. Soweit untergeordnete Einheiten maßgebend sein sollen, wird eine Überschneidung der Arbeitsabläufe des betroffenen Belegschaftsteils untereinander in der Regel geeignet sein, eine Gruppenbildung für die Bemessung eines wirtschaftlich zu honorierenden Erfolges vorzunehmen. In der Praxis dürfte die Frage der fehlenden Möglichkeit einer abschließenden individuellen Einflussnahme auf die Zielerreichung deshalb weiterhin keine erhebliche Rolle einnehmen.

b) Grenzen des Bezugszeitraums und Bindungswirkung

aa) Zielsetzung und Bezugszeitraum

Grundsätzlich **entscheidet das vom Arbeitgeber gegebene Ziel über den Bezugszeitraum.** Bezugszeitraum in diesem Sinne ist der Zeitraum, in dem der Arbeitnehmer durch die Erbringung von Arbeitsleistungen an der Zielerreichung mitwirkt. Er beginnt grundsätzlich mit der Aufstellung der Ziele bzw. einem bei der Festlegung der Ziele vereinbarten Anlaufzeitpunkt zB einem „Kick Off"-Termin. Das maßgebende Ziel entscheidet sodann, ob der Bezugszeitraum beispielhaft bis zum vollständigen Abschluss des Projektes oder aber in Anknüpfung an einzelne Projektabschnitte bemessen ist. 67

Insoweit kann ein Projekt in mehrere, jeweils für sich zu bemessende **zielerreichungsmaßgebende Abschnitte** aufgeteilt werden. Dem Arbeitgeber steht es aber ebenso frei, nur den Gesamterfolg eines Projektes wirtschaftlich zu honorieren, sodass selbst ein hervorragender Abschluss anfänglicher Projektabschlüsse durch nachfolgende Verzögerungen oder Misserfolge aufgehoben werden und damit eine Zielerreichung ausscheiden kann. Insoweit ist es vorstellbar, dass Bezugszeiträume sehr unterschiedliche Dauern aufweisen können – von wenigen Wochen bis zu mehreren Jahren. 68

Beispiele:

Soll ein SAP-Modul binnen 18 Monaten bis zum einem Status eingeführt werden, beläuft sich der Bezugszeitraum grundsätzlich auf 18 Monate. Anders ist, wenn bestimmte Termine für die Erreichung bestimmter Projektabschnitte als Ziele bestimmt sind, etwa für die Evaluierung des Projektablaufs, die Definition der Schnittstellen, die Begleitung der technischen Implementierung und den Durchlauf einer Erprobungsphase. Der Bezugszeitraum bezieht sich in diesem Falle auf den Zeitraum bis zum jeweils nächsten Projektabschnitt.

Nicht entschieden ist bislang, ob über einen **Jahreszeitraum hinausgehende Zielsetzungen** zulässig sind, wie dies gerade bei größeren Projekten häufig der Fall sein wird. Da das BAG bislang stets davon ausgegangen ist, dass der Arbeitgeber, soweit er darin frei ist, eine zusätzliche Leistung überhaupt zu gewähren, auch deren **Zweckbestimmung nach freiem Ermessen** festlegen darf, wird insoweit auch eine Zwecksetzung, ein Ziel über mehrere Jahre hinweg zu erreichen und dementsprechend einen korrespondierenden mehrjährigen Bezugszeitraum vorzusehen, zu beachten sein. Sind die Leistungsbeiträge während unterschiedlicher Phasen des Bezugszeitraums unterschiedlich gewichtig, kommt eine anteilige Leistungsbemessung nicht in Betracht. Scheidet der Arbeitnehmer in einem solchen Fall vor Ablauf des Bezugszeitraums aus dem Arbeitsverhältnis aus, entfällt der – anteilige – Anspruch auf die Leistung. Höchstrichterlich geklärt sind solche Gestaltungen indessen bislang nicht. 69

Für die Zulässigkeit **mehrjähriger Zielsetzungen** spricht zudem ein rechtspolitisches Element. In den vergangenen Jahren war nicht selten zu beobachten, dass erfolgsabhängige Entgelte in erheblichem Umfange ohne Blick auf die Nachhaltigkeit der Unternehmensentwicklung geflossen sind. Der Gesetzgeber hat jedenfalls für börsennotierte Aktiengesellschaften mit der Neuregelung des § 87 Abs. 1 S. 3 AktG vorgesehen, dass variable 70

Entgelte auf Vorstandsebene eine mehrjährige Bemessungsgrundlage haben sollen.[74] Auch wenn bei Aktiengesellschaften ggf. im Interesse des Anlegerschutzes die Nachhaltigkeit mehr als in der rein bipolaren Rechtsbeziehung zwischen Arbeitgeber und Belegschaft zum Ausdruck kommt und die Bindungswirkung für ein Organmitglied ggf. weitergehend sein darf, ist der Gedanke der Nachhaltigkeit kein anderer.

Beispiele:
Hat der begünstigte Arbeitnehmer an Investitionsentscheidungen mitzuwirken und bezieht er eine jährliche Tantieme, ist es sinnvoll, ein (weiteres) wirtschaftliches Ziel an die wirtschaftliche Entwicklung etwa eines jeweils vorzutragenden Drei-Jahres-Zeitraums zu knüpfen. Auf diesem Wege wird ein Anreiz gesetzt, erforderliche Investitionsentscheidungen nicht negativ zu beeinflussen, um die jährliche Tantieme durch Vermeidung solcher Betriebsausgaben in einer bestimmten Größe zu halten.

71 Eine Nachhaltigkeit, die bei einem Vorstand gesetzlich vorgesehen ist, kann rechtspolitisch bei einem Arbeitnehmer nicht generell unzulässig sein. Für die Branchen der Banken und Versicherungen kommt der Gedanke der Nachhaltigkeit zudem in den auf Arbeitnehmer anwendbaren Regelungen der **Institutsvergütungsverordnung** bzw. der **Versicherungsvergütungsverordnung** bei bedeutenden Instituten zum Ausdruck. Das Gesetz zwingt den Arbeitgeber im Übrigen lediglich nicht zu einer solchen Entgeltgestaltung. Die von einer solchen Gestaltung ausgehende Bindungswirkung findet ihre Rechtfertigung in einem auf die Nachhaltigkeit gerichteten Ziel.

72 Dem Arbeitgeber kann es nicht verwehrt werden, langfristige unternehmerische Erfolge wirtschaftlich zu honorieren, um die Existenz des Unternehmens am Markt zu sichern, damit Arbeitsplätze zu erhalten und Systeme der sozialen Sicherung zu entlasten. Eine nachhaltige Unternehmenspolitik liegt im Interesse einer Stabilisierung der Wirtschaftsmärkte und damit einhergehender Sicherung der wirtschaftlichen Handlungsfähigkeit der Sozialsysteme im Allgemeininteresse.

Praxistipp:
Ungeklärt ist, ob dies auch bei Arbeitnehmergruppen gilt, die mangels strategischer Funktionen auf solche Entscheidungen keinen Einfluss nehmen können.
Richtigerweise wird zu differenzieren sein:
– Auch bei solchen Arbeitnehmergruppen wird es dem Arbeitgeber nicht verwehrt sein, eine nachhaltige Unternehmensentwicklung durch eine erfolgsabhängige Entgeltkomponente zu honorieren. Wird diese unabhängig von weiteren Entgeltkomponenten gewährt, liegt darin kein zu langer Bezugszeitraum
– Soll dagegen in Abhängigkeit von einer solchen Entgeltkomponente der Bezugszeitraum weiterer Entgeltkomponenten bestimmt werden (Mischformen), etwa durch deren Nichtberücksichtigung bei Nichterreichung des langfristigen Ziels, besteht eine Missbrauchsgefahr. Bei solchen Gestaltungen wird es einer genauen Betrachtung bedürfen, ob diese Verknüpfung willkürlich ist oder ein wirtschaftlicher Zusammenhang diese Verknüpfung rechtfertigt.

bb) Arbeitnehmerbindung für den Bezugszeitraum und Stichtagsregelungen

73 Für den Arbeitnehmer kann die zeitliche Dimension des Bezugszeitraums erhebliche Bedeutung haben. Für ihn steht die Frage im Raum, ob eine berufliche Neuorientierung unter Beendigung des Arbeitsverhältnisses zum Arbeitgeber dazu führt, dass sein **Beitrag zur Zielerreichung voll, anteilig oder überhaupt nicht honoriert** wird. Dies beruht darauf, dass ggf. vor dem Ende des Bezugszeitraums die Zielerreichung durch den Arbeit-

---
[74] BT-Drs. 16/13433, 10.

II. Erfolgsabhängige Leistungen

nehmer nicht messbar ist. Je kürzer ein jeweiliger Bezugszeitraum ist, desto geringer ist die durch ihn ausgehende Bindung des Arbeitnehmers, will er nicht ggf. ohne Honorierung des von ihm bereits geleisteten, jedoch für die Frage der Zielerreichung nicht messbaren, Beitrags ausgehen, wenn das Arbeitsverhältnis endet.

Bei einem nach **Zeitabschnitten bemessenen Entgelt** stellt sich diese Frage nicht, da das Entgelt sich automatisch **zeitlich-ratierlich** bis zum Ausscheidenszeitpunkt bemisst. Rechtlich nicht anders zu behandeln sind Entgeltleistungen in Gestalt eines 13. oder 14. Monatsgehaltes, die zeitlich ratierlich erarbeitet, jedoch abweichend von der monatlichen Vergütungszahlung zu einem abweichenden Zeitpunkt, etwa anlässlich des Urlaubs oder des Weihnachtsfestes, fällig werden.[75] Nachdem die Rechtsprechung zwischenzeitlich[76] sämtliche Leistungen, die nicht explizit als reine Betriebstreueleistungen gestaltet sind, als **synallagmatisches Arbeitsentgelt** behandelt, wird bei diesen im Zweifel Gleiches wie für die genannten exemplarischen 13. bzw. 14. Monatsentgelte gelten. Die sich daraus ergebende Konsequenz für den Fall unterjährigen Ausscheidens wäre eine anteilige Berechnung, weil der Arbeitnehmer für den Zeitraum **bis zu seinem Ausscheiden anteilig an der Zielerreichung mitgewirkt** hat.[77]

Insbesondere bei langjährigen Projekten stellt sich indessen die Frage nach einem Bezugszeitraum, der den Arbeitnehmer ggf. in seiner Freiheit zum Wechsel des Arbeitgebers und damit der **Berufswahlfreiheit erheblich beeinträchtigen** kann. Für unternehmensbezogene Ziele ist der Bezugszeitraum des **Geschäftsjahres** in der bisherigen Rechtsprechung anerkannt.[78] Das BAG hat klargestellt, dass die Zwecksetzung, ein unternehmensbezogenes Ziel nach dem Jahresergebnis, nicht aber einem Tages-, Wochen- oder Monatsergebnis festzulegen, zu beachten ist.[79]

> **Praxistipp:**
> Wegen des Aufwandes der Erstellung eines Abschlusses und seiner Bedeutung wird dies jedenfalls generell für den Jahresabschluss über das Geschäftsjahresergebnis gelten. Ein darüber hinaus gehender Bezugszeitraum ohne anteilige Bemessung wird dagegen einer besonderen Rechtfertigung bedürfen, etwa aufgrund einer besonderen Unternehmensstrategie, Marktbewegungen oder eines Sanierungsprozesses.

Allerdings lehnt das BAG in seiner jüngeren Rechtsprechung eine sonstige Bindungswirkung des Bezugszeitraums zunehmend ab.[80] Vielmehr betrachtet das BAG den **Erfolgsbeitrag durch einzelne Arbeitsleistungen** als ausreichend, um bei Ausscheiden des Arbeitnehmers aus dem Arbeitsverhältnis vor Ablauf des Bezugszeitraums eine anteilige Leistungsbemessung anzunehmen. Eine Ausnahme erkennt das BAG an, wenn eine nur anteilige Bemessung saisonalen Schwankungen oder Besonderheiten des Unternehmens, Konzerns oder einer Sparte nicht hinreichend Rechnung tragen würde.[81] Im Grundsatz fordert das BAG bei unterjährigem Ausscheiden eine anteilige Leistungsbemessung.[82]

Es wird im Einzelfall einer Feststellung bedürfen, ob insbesondere bei individual- oder gruppenerfolgsbezogenen Zielen **eine anteilige Bemessung der Leistung möglich** ist, wenn der Arbeitnehmer vor Zielerreichung ausscheidet. Insbesondere bei unterschiedlich

---

[75] Schaub ArbR-HdB/*Linck* § 78 Rn. 4.
[76] Erstmals in dieser Deutlichkeit: BAG 18.1.2012 – 10 AZR 612/10, NZA 2012, 561 (563); 18.1.2012 – 10 AZR 667/10, NZA 2012, 620 (622).
[77] BAG 14.11.2012 – 10 AZR 793/11, NZA 2013, 273 (275).
[78] BAG 6.5.2009 – 10 AZR 443/08, NZA 2009, 783 (784); bestätigt durch: BAG 18.1.2012 – 10 AZR 612/10, NZA 2012, 561 (562) sowie BAG 13.11.2013 – 10 AZR 848/12, NZA 2014, 368 (371).
[79] BAG 6.5.2009 – 10 AZR 443/08, NZA 2009, 783 (785).
[80] BAG 13.11.2013 – 10 AZR 848/12, AP BGB § 611 Gratifikation Nr. 303.
[81] BAG 13.11.2013 – 10 AZR 848/12, AP BGB § 611 Gratifikation Nr. 303.
[82] BAG 13.11.2013 – 10 AZR 848/12, AP BGB § 611 Gratifikation Nr. 303.

gewichtigen Mitwirkungshandlungen zu unterschiedlichen Zeitpunkten wird ein anteiliger Leistungsbeitrag eines ausscheidenden Arbeitnehmers nicht ohne Verzerrungen messbar sein.

Praxistipp:
Der Arbeitgeber sollte bei unterschiedlichen Leistungsbeiträgen des Arbeitnehmers während der Zeitspanne bis zur Zielerreichung eine Dokumentation dieses Umstands sicherstellen. Für den Fall einer späteren rechtlichen Auseinandersetzung kann sodann das diesbezügliche gemeinsame Verständnis beider Seiten über die Einbringung des Arbeitnehmers festgehalten werden.

Dies erfordert in der Regel die Definition verschiedener Projektabschnitte unter Zuordnung von Anteilen der erfolgsabhängigen Entgeltkomponente. Es dürfte nicht zu beanstanden sein, wenn der Arbeitgeber für die Finalisierung des Projektes einen überproportionalen Leistungsanteil gewährt – in der Regel bewirkt erst die Finalisierung eine wirtschaftliche Verwertbarkeit für den Arbeitgeber.

Durch dieses Vorgehen wird ein ursprünglich einheitliches Projekt letztlich in unterschiedliche Projektphasen als Bezugszeiträume aufgeteilt.

78 Wichtig ist, dass eine solche Bestimmung nicht an den Bestand des Arbeitsverhältnisses **über den Bezugszeitraum hinaus** anknüpft. Eine über den Bestand des Bezugszeitraums hinausgehende Bindung des Arbeitnehmers ist nach der Rechtsprechung unzulässig.[83] Da das BAG[84] ausdrücklich zwischen Betriebstreue während des Bezugszeitraums einerseits oder über den Bezugszeitraum hinaus andererseits differenziert, bleibt längstens eine **Bindung für die gesamte Dauer des Bezugszeitraums zulässig,** sofern gleichzeitig eine darüber hinausgehende Bindung ausgeschlossen ist.[85]

Beispiel:
Knüpft eine Sonderzahlung an individuelle Ziele sowie das Geschäftsjahresergebnis an, ist eine Bindung des Arbeitnehmers während des Geschäftsjahres als Bezugszeitraum möglich.[86] Eine entsprechende Stichtagsklausel kann deshalb etwa lauten:

„*Der Anspruch auf die Sonderzahlung entsteht nur, wenn das Arbeitsverhältnis bis zum Schluss des Geschäftsjahres, für das die Sonderzahlung gewährt wird, besteht.*"

Unwirksam wäre dagegen eine Klausel, die den Arbeitnehmer über die Dauer des Geschäftsjahres hinaus bindet, etwa indem sie auf den „ungekündigten Bestand" des Arbeitsverhältnisses am Schluss des Geschäftsjahres abstellt.[87]

79 Eine Bindung für die gesamte Dauer des Bezugszeitraums, ist, wenn die genannten Voraussetzungen für eine fehlende anteilige Bemessung der Leistung und damit die Bindung für den gesamten Bezugszeitraum vorliegen, nicht davon abhängig, ob der in Rede stehende Entgeltbestandteil eine gewisse **quantitative Bedeutung** nicht übersteigt. Zwar hatte das BAG in einer Entscheidung aus dem Jahre 2007[88] noch erwogen, eine quantitative Grenze für Bindungsklauseln bei 25% der Gesamtvergütung anzunehmen. In einer

---

[83] BAG 18.1.2012 – 10 AZR 612/10, NZA 2012, 561 (562); offengelassen von: BAG 6.5.2009 – 10 AZR 443/08, NZA 2009, 783 (784).
[84] BAG 18.1.2012 – 10 AZR 612/10, NZA 2012, 561 (563).
[85] Für eine engere Interpretation der BAG-Rspr. dagegen: *Baeck/Winzer* NZG 2012, 657 (659); *Heiden* RdA 2012, 225 (229); ErfK/*Preis* BGB § 611 Rn. 534a; unter Hinweis auf die klare Differenzierung in den Entscheidungsgründen dagegen: *Dzida/Klopp* ArbRB 2013, 49 (51); *Simon/Hidalgo/Koschker* NZA 2012, 1071 (1074); *Salamon* NZA 2013, 590 (594).
[86] BAG 13.11.2013 – 10 AZR 848/12, NZA 2014, 368 (371).
[87] BAG 13.11.2013 – 10 AZR 848/12, NZA 2014, 368 (370).
[88] BAG 24.10.2007 – 10 AZR 825/06, NZA 2008, 40 (43).

nachfolgenden Entscheidung[89] wurde dagegen eine **Bindung für den gesamten Zeitraum eines Geschäftsjahres** bei einer weitaus höheren Dimensionierung einer Leistung anerkannt, sodass sich diese Begrenzung nicht wiederfindet.

Die Rechtsprechung setzt zudem keine Grenzen für den **Beendigungstatbestand.** So kommt ein Ausschluss des Anspruchs im Falle des Ausscheidens während des Bezugszeitraums unabhängig davon in Betracht, ob das Arbeitsverhältnis infolge Eigenkündigung, außerordentlicher oder ordentlicher Kündigung, verhaltens-, personen- oder betriebsbedingter Kündigung oder Auslaufens einer Befristung endet.[90] 80

Beispiel

Der Arbeitgeber kann einen Ausschluss der Leistung deshalb für folgende Fälle begründen:
– Eigenkündigung durch den Arbeitnehmer;
– außerordentlich fristlose Kündigung durch den Arbeitgeber;
– ordentliche verhaltensbedingte Arbeitgeberkündigung;
– ordentliche personenbedingte Arbeitgeberkündigung;
– ordentliche betriebsbedingte Arbeitgeberkündigung;
– Aufhebungsvereinbarung mit oder ohne arbeitgeberseitige Veranlassung;
– Auslaufen einer Befristung.

Damit ist der Arbeitgeber grundsätzlich frei darin, über den **Inhalt der von ihm zu bestimmenden Ziele** den hierfür maßgebenden Bezugszeitraum mittelbar festzulegen und über eine **Stichtagsregelung** den Bestand des Arbeitsverhältnisses während des gesamten Bezugszeitraums als Anspruchsvoraussetzung zu deklarieren. Auf diesem Wege kommt der erfolgsabhängigen Entgeltkomponente gleichzeitig ein Charakter als Betriebstreueleistung zu, allerdings begrenzt auf den Bezugszeitraum. 81

Praxistipp:

Nach der Rechtsprechung[91] ist eine Bindung für die gesamte Dauer des Bezugszeitraums eines Geschäftsjahres auch dann möglich, wenn eine Sonderzahlung nicht nur an den Unternehmenserfolg eines Geschäftsjahres, sondern zudem an weitere, insbesondere individuelle Ziele anknüpft. Auch wenn die Zielerreichung dieser **weiteren Ziele einen kürzeren Bezugszeitraum** umfassen sollte, schließt dies nach der Rechtsprechung des BAG einen Anspruchsverlust insgesamt nicht aus, wenn die **weitere Voraussetzung bezogen auf das Geschäftsjahresergebnis nicht erfüllt ist.**[92] Arbeitgeber können deshalb bei der Gestaltung von Zielen im Rahmen einer im Ergebnis einheitlich zu gewährenden Leistung den Bezugszeitraum mit entsprechender **Bindungsklausel an dem Ziel** ausrichten, welches den **längsten Bezugszeitraum** für die Leistung ausmacht.

c) Rahmen- und ausfüllende Einzelregelungen

Die Gestaltung erfolgsabhängiger Entgeltbestandteile kann einmalig für einen bestimmten Bezugszeitraum, aber auch dauerhaft im Rahmen eines feststehenden Leistungssystems erfolgen. Die **einmalige Zusage** bietet – wenn sie mit einem geeigneten Freiwilligkeitsvorbehalt eine Bindung für die Zukunft ausschließt[93] – höchstmögliche Flexibilität bei der Gestaltung des Anspruchs nach Grund sowie Höhe und damit in Koppelung zu den je- 82

---

[89] BAG 6.5.2009 – 10 AZR 443/08, NZA 2009, 783 (785).
[90] BAG 6.5.2009 – 10 AZR 443/08, NZA 2009, 783 (784); auch in jener Entscheidung hatte das BAG nicht nach dem Beendigungstatbestand differenziert und eine auf den Bezugszeitraum begrenzte Bindungsklausel für wirksam erachtet.
[91] BAG 6.5.2009 – 10 AZR 443/08, NZA 2009, 783 (785).
[92] BAG 6.5.2009 – 10 AZR 443/08, NZA 2009, 783 (785); zurückhaltend: *Pletke/Schrader/Siebert/Thoms/Klagges* B. Rn. 832.
[93] Einzelheiten → E Rn. 1 ff.

weiligen Marktbedingungen des unternehmerischen Handelns. Nachteilig ist zum einen der damit einhergehende administrative Aufwand, um im Rahmen dokumentierter und nachweislich zugegangener Freiwilligkeitsvorbehalte eine Bindung für die Zukunft zu vermeiden. Insbesondere darf der Arbeitgeber aber zum anderen keine Zusage auf dauerhafte Leistungen, etwa im Arbeitsvertrag, erklären.

Beispiel:

Der Arbeitsvertrag enthält keinen Hinweis auf eine erfolgsabhängige Entgeltkomponente oder weist allenfalls auf eine Möglichkeit hin, dass sich der Arbeitgeber zu einer solchen Leistung entschließen kann. Maßgebend ist, dass dem Arbeitnehmer – aufgrund einer transparenten Gestaltung – kein Rechtsanspruch eingeräumt wird. Der Arbeitgeber kann sich nun in jedem Bezugszeitraum etwa des Geschäftsjahres formal neu entscheiden, ob er – begrenzt auf diesen einmaligen Bezugszeitraum – eine erfolgsabhängige Entgeltkomponente gewährt. Zur Vermeidung einer betrieblichen Übung muss der Arbeitgeber die jeweilige einzelne Zusage mit einem Freiwilligkeitsvorbehalt zum Ausschluss eines Rechtsanspruchs auf wiederholte Leistungen verbinden.

83   Die Möglichkeit einer Flexibilisierung durch einmalige Leistungen kommt nur um den Preis des strikten Enthaltens konkreter Zusagen über weitere solche zusätzlichen Leistungen in Betracht. Gerade im Recruiting-Prozess werden Hinweise auf eine Gesamtvergütung unter Einbeziehung erfolgsabhängiger Entgeltkomponenten aber für die Gewinnung geeigneter Arbeitskräfte eine nicht unerhebliche Rolle spielen. So flexibel ein System sein mag, das sich auf einmalige Leistungen begrenzt, wird es die **Gewinnung geeigneter Fachkräfte erschweren,** wenn nicht die zugesagte Grundvergütung bereits einen erheblichen Umfang einnimmt – gerade diese wollen Arbeitgeber aber bei der Entgeltvariabilisierung begrenzen.

84   Umgekehrt nimmt ein **arbeitsvertraglich festgeschriebenes dauerndes Leistungssystem** dem Arbeitgeber Möglichkeiten einer Anpassung an die jeweiligen Marktbedingungen des unternehmerischen Handelns, wenn der Arbeitnehmer nicht zu einer Änderung der arbeitsvertraglichen Parameter bereit ist. Zudem wird es in der Praxis kaum möglich sein, für die gesamte Dauer eines Arbeitsverhältnisses im Vorhinein etwa individuell maßgebende Ziele, Gruppenziele oder feststehende Unternehmensergebnisse mit sich daran anknüpfenden Auswirkungen auf einen erfolgsabhängigen Entgeltbestandteil festzuschreiben.

Beispiel:

Eine Ertragstantieme mit einem festgeschriebenen Maßstab zur Bemessung der Tantieme an dem Geschäftsjahresergebnis ist aufgrund der Anknüpfung an den Ertrag zwar geeignet, eine Auszehrung des Unternehmenswertes zu vermeiden. Wegen des festgeschriebenen Maßstabes kann sie bei einer langfristig unerwartet positiven Entwicklung des Unternehmensergebnisses jedoch zu erreichten Tantiemegrößen führen, die eine angemessene Vergütung weit überschreiten.

85   In der Praxis verbreitet sind deshalb dauerhafte Leistungssysteme, bei denen eine Rahmenregelung die maßgebenden Parameter festlegt, während durch jeweils **ausfüllende Einzelregelungen** die exakten Kenngrößen für den einzelnen Bezugszeitraum gesondert festgeschrieben werden müssen. In der Praxis geschieht dies durch eine Öffnungsklausel in dem dauerhaften Leistungssystem einer Rahmenvereinbarung, nach der entweder mit dem Arbeitnehmer die jeweils maßgebenden Ziele einvernehmlich vereinbart oder durch den Arbeitgeber einseitig vorgegeben werden.

II. Erfolgsabhängige Leistungen

> **Achtung!**
> Durch ein dauerhaftes Leistungssystem in Gestalt einer Rahmenvereinbarung bindet der Arbeitgeber sich hinsichtlich zu gewährender Leistungen zumindest **dem Grunde nach**. Ausfüllende Einzelregelungen im Rahmen einer mit dem Arbeitnehmer einvernehmlich zu treffenden **Zielvereinbarung** können die für die Bemessung des Anspruchs im jeweiligen Bezugszeitraum festzulegenden Parameter sodann zwar in jeder Hinsicht unabhängig von der vertraglichen Rahmenregelung bestimmen. Dies setzt allerdings das **Einvernehmen des Arbeitnehmers** voraus. Ist der Arbeitnehmer nicht einverstanden, weil etwa die zugrunde liegenden Zielkomponenten aus seiner Sicht nicht angemessen erscheinen, kann in der Praxis das Zustandekommen einer einvernehmlichen Zielvereinbarung scheitern.[94]

Um diesbezügliche Meinungsverschiedenheiten mit dem Arbeitnehmer zu vermeiden, kann als einseitiges Regelungsinstrument zur Ausfüllung der Rahmenregelung über die jeweiligen Zielkomponenten für den einzelnen Bezugszeitraum die **einseitige Zielvorgabe** dienen. Die Zielvorgabe unterliegt allerdings – da sie nicht im Rahmen der Vertragsfreiheit mit dem Arbeitnehmer einvernehmlich zustande kommt – der **gerichtlichen Billigkeitskontrolle,** ob die Grenzen billigen Ermessens (§ 315 BGB) bei der Vorgabe der Ziele eingehalten sind.[95]

86

> **Praxistipp:**
> Kommt eine Zielvereinbarung mit dem Arbeitnehmer nicht zustande, sind die Rechtsfolgen dieser fehlenden Zielvereinbarung davon abhängig, ob der Arbeitgeber dem Arbeitnehmer angemessene Ziele angeboten hat, die der Arbeitnehmer redlicherweise hätte akzeptieren müssen.[96] Dies ist letztlich eine Frage, die sich bei der Zielvorgabe für die Einhaltung der Grenzen billigen Ermessens gem. § 315 BGB in vergleichbarer Form stellt.[97]
>
> Um diesbezügliches Streitpotenzial zu begrenzen, sollten Arbeitgeber in einem dauerhaften Leistungssystem bereits mittels einer Rahmenvereinbarung die den jeweiligen Einzelvereinbarungen zugrunde liegenden **Richtungen der jeweils zu vereinbarenden Ziele** definieren. Diese können etwa danach ausgestaltet werden, ob individualerfolgsbezogene Zielsetzungen mit Bezug auf den Arbeitsplatz des Arbeitnehmers, seine Mitwirkung in Projekten, der Erfolg einer Abteilung und/oder eine umsatz- bzw. konzernbezogene Zielsetzung erfolgt. Damit bindet sich der Arbeitgeber zwar langfristig hinsichtlich der Anknüpfungspunkte der zu vereinbarenden Ziele. Er kann jedoch – beispielhaft in Gestalt eines Widerrufsvorbehaltes – die Bindungen aus der Rahmenvereinbarung zu einem späteren Zeitpunkt aufheben, wenn etwa die Marktlage zeigt, dass die vereinbarten Zielrichtungen den wirtschaftlichen Gegebenheiten nicht mehr entsprechen.

Daneben sollte die Rahmenvereinbarung eine **Zielgröße für die Bemessung der erfolgsabhängigen Entgeltkomponente** benennen, damit nicht allein die tatsächliche Entwicklung der gezahlten Leistungen in gleichbleibender oder stetig ansteigender Höhe die Annahme rechtfertigt, der Arbeitgeber wollte sich etwa im Rahmen einer Mindesthöhe binden.[98]

87

---

[94] Vgl. BAG 12.12.2007 – 10 AZR 97/07, NZA 2008, 409 (416); 27.7.2005 – 7 AZR 486/04, NZA 2006, 40 (46).
[95] BAG 12.12.2007 – 10 AZR 97/07, NZA 2008, 409 (411).
[96] BAG 12.12.2007 – 10 AZR 97/07, NZA 2008, 409 (413).
[97] Vgl. BAG 27.7.2005 – 7 AZR 486/04, NZA 2006, 40 (46).
[98] Vgl. BAG 21.4.2010 – 10 AZR 163/09, NZA 2010, 808 (810) – (für einen Jahresbonus ohne ausdrücklich zugrunde liegende Vereinbarung); LAG BW 1.12.2010 – 22 Sa 40/10, BeckRS 2011, 68908.

d) Erreichbarkeit der Ziele

88 Ziele müssen grundsätzlich erreichbar sein. Das folgt bereits aus einem zielabhängigen Entgeltsystem als Steuerungsinstrument. Ist die Erreichung der Ziele von vornherein nicht zu erwarten, wird der Arbeitnehmer nicht motiviert, seine Arbeitsleistung an den Zielen auszurichten. Rechtlich ist danach zu unterscheiden, ob Ziele einvernehmlich durch Zielvereinbarung oder einseitig im Wege der Zielvorgabe zustande kommen.

e) Zielvereinbarungen

aa) Grundsätze der freien Entgeltvereinbarung

89 Zielvereinbarungen werden von Arbeitgeber und Arbeitnehmer einvernehmlich festgelegt. Aufgrund dieser einvernehmlichen Regelung bedarf der Arbeitnehmer **keines Schutzes durch eine gerichtliche Überprüfung der Angemessenheit der Ziele.**[99] Kommen diese nur mit seinem Einvernehmen zustande, kann er auf deren Inhalt Einfluss nehmen. Da die so zustande gekommenen Zielkomponenten der Leistung als Anreiz gegenüberstehen, handelt es sich bei einer Zielvereinbarung um die Festlegung des arbeitnehmerseitigen Leistungsversprechens.[100] Der Motivationszweck der Sonderzahlung steht den vereinbarten Zielen als Gegenleistung gegenüber.

90 Zielvereinbarungen sind deshalb zwar – sofern sie nicht individuell ausgehandelt worden sind – der **Klauselkontrolle vorformulierter Arbeitsbedingungen gem. §§ 305 ff. BGB** zu unterwerfen.[101] Auch steht diesem Kontrollmaßstab für vorformulierte Arbeitsbedingungen nicht entgegen, dass eine Zielvereinbarung ggf. auf einen konkreten Arbeitsplatz eines Arbeitnehmers individuell zugeschnitten ist. So wird der Arbeitnehmer als Verbraucher behandelt und es kommt deshalb gem. § 310 Abs. 3 BGB nicht darauf an, ob die jeweilige Zielvereinbarung für eine Mehrzahl von Verträgen vorformuliert ist.[102]

91 Gleichwohl sind die in einer Zielvereinbarung festgelegten Zielkomponenten **keiner Inhaltskontrolle** gem. § 307 Abs. 1 BGB zu unterwerfen.[103] Die Inhaltskontrolle gem. § 307 Abs. 1 BGB findet gem. § 307 Abs. 3 BGB nur Anwendung für Regelungen, die von Rechtsvorschriften abweichen – dies trifft auf den Inhalt eines ausgehandelten Leistungsversprechens nicht zu. Insoweit gelten vielmehr die Grundsätze über die freie Entgeltvereinbarung.[104]

92 Das bedeutet für den Arbeitgeber, dass einvernehmlich festgelegte Ziele bis zur **Grenze der Sittenwidrigkeit** im Falle einer rechtlichen Auseinandersetzung von einem Gericht hinzunehmen sind. Es unterliegt keiner arbeitsgerichtlichen Überprüfung, ob die „richtigen" Ziele oder ein „angemessener" Grad der Zielerreichung für die Bemessung der Leistung vorgegeben sind. Wegen der Mitwirkung des Arbeitnehmers an der Zielvereinbarung handelt es sich um sein Leistungsversprechen, vor dem er keines Schutzes über das Recht der Allgemeinen Geschäftsbedingungen bedarf.

---

[99] *Mengel* S. 163 Rn. 288.
[100] Eine andere Frage ist es, ob die Sonderzahlung als zusätzliches Entgelt für die erreichten Ziele oder nicht vielmehr als Anreiz für eine Motivation des Arbeitnehmers zur Leistungserbringung zu verstehen ist. Diese Frage hat indessen allein Bedeutung für die Einbindung einer Sonderzahlung in das vertragliche Gegenseitigkeitsverhältnis von Leistung und Gegenleistung, vgl. *Salamon* NZA 2013, 590 (594); auch wenn hiernach die Sonderzahlung allein Instrument zur Motivation des Arbeitnehmers, nicht jedoch zur zusätzlichen Vergütung ist, handelt es sich bei einvernehmlich festgelegten Zielen im Verhältnis zur motivierenden Zahlung um das Austauschverhältnis von Leistung und Gegenleistung.
[101] ErfK/*Preis* BGB § 611 Rn. 505 mwN.
[102] BAG 25.9.2008 – 8 AZR 717/07, NZA 2009, 370 (373).
[103] BAG 12.12.2007 – 10 AZR 97/07, NZA 2008, 409 (411); *Bauer/Diller/Göpfert* BB 2002, 882 (884); *Salamon* NZA 2010, 314 (316).
[104] BAG 12.12.2007 – 10 AZR 97/07, NZA 2008, 409 (411); *Bauer/Diller/Göpfert* BB 2002, 882 (884); *Salamon* NZA 2010, 314 (316).

II. Erfolgsabhängige Leistungen

Beispiel:
Im Falle einer einvernehmlichen Zielvereinbarung ist es nicht Gegenstand einer Angemessenheitskontrolle gem. § 307 Abs. 1 S. 1 BGB, ob der Arbeitnehmer sich mit einem Ziel einverstanden erklärt, das er von vornherein kaum erreichen wird. Dabei ist es unerheblich, ob dieser Umstand beispielsweise darauf beruht, dass Dritte bestimmte Zuarbeiten möglicherweise nicht oder nicht rechtzeitig liefern werden oder die Quantität oder Qualität eine Herausforderung darstellt, die der Arbeitnehmer selbst nur mit großen Anstrengungen erfüllen kann.

Gegenstand der grundsätzlich freien Zielvereinbarung ist neben dem Inhalt der Ziele, 93 dh der jeweiligen Zielkomponente, die Frage der **Gewichtung der Ziele** zueinander. In der Praxis erfolgt häufig eine Gewichtung nach einem Punktesystem oder nach Prozentpunkten, sodass eine volle Zielerreichung der Gesamtheit der Ziele 100% der Sonderzahlung entspricht. Notwendig ist dies allerdings nicht. So kann etwa auch eine gestaffelte Zielvereinbarung danach erfolgen, dass etwa ein Anspruch auf die Sonderzahlung nur bei Erreichung eines in der Zielvereinbarung festzulegenden Unternehmensergebnisses entsteht. Wird das Unternehmensergebnis nicht erreicht, bewirkt dies bereits den „Ausstieg" aus der Sonderzahlung. Sonstige Ziele kommen vielmehr erst dann zum Tragen, wenn mit der Erreichung des Unternehmensergebnisses die wirtschaftliche Grundlage für die Auskehrung einer Sonderzahlung erreicht wird.

Da die Grundsätze über die freie Entgeltfindung uneingeschränkt Anwendung finden, 94 unterliegt ein solches **Stufenverhältnis keiner Inhalts- oder Billigkeits-, sondern allein der Transparenzkontrolle.** Der Arbeitnehmer mag dann zwar ggf. auf die Erreichung sonstiger Ziele hin Arbeitsleistungen erbracht haben. Ist wegen Verfehlung der unternehmensbezogenen Zielkomponente jedoch der Anspruch ausgeschlossen, zwingt dies den Arbeitgeber nicht zur Gewährung der Sonderzahlung.[105]

Praxistipp:
Da Arbeitgeber in solchen Situationen den Motivationszweck für Folgejahre nicht verfehlen wollen, entscheiden sie sich häufig trotz Verfehlung einer solchen Zielkomponente für die Gewährung einer – ggf. geringer dotierten – Sonderzahlung. Arbeitgeber sollten dies zur Vermeidung betrieblicher Übungen auf solche Sonderzahlungen neben der auf einer Zielvereinbarung basierenden (verfehlten) Sonderzahlung jedoch klarstellen und durch einen Freiwilligkeitsvorbehalt untermauern. Anderenfalls können sich Ansprüche unabhängig von einem Zielvereinbarungssystem aus betrieblicher Übung oder individuellen Leistungszusagen ergeben.

Dh, der Arbeitgeber muss – durch einen Freiwilligkeitsvorbehalt untermauert – entweder wegen des nicht entstandenen Anspruchs auf die Sonderzahlung eine andere Sonderzahlung gewähren oder – ebenfalls durch einen Freiwilligkeitsvorbehalt untermauert – klarstellen, dass er die Ziele als nicht erreicht betrachtet, aber gleichwohl aus freiem Ermessen den Entschluss gefasst hat, dennoch auf die Sonderzahlung in diesem einmaligen Falle zu leisten.

Wegen der anwendbaren Grundsätze über freie Entgeltvereinbarungen spielt es inso- 95 weit keine Rolle, ob die vereinbarten Ziele für den Arbeitnehmer **individuell erreichbar** sind. Gegenteilige Hinweise finden sich zwar auch bei Zielvereinbarungen in der Rechtsprechung,[106] wonach der Arbeitgeber bei einer zu treffenden Zielvereinbarung gehalten ist, dem Arbeitnehmer nur solche Ziele vorzuschlagen, die der Arbeitnehmer voraussichtlich erreichen kann. Dies stellt indessen **keine inhaltliche Grenze einer Ziel-**

---
[105] BAG 6.5.2009 – 10 AZR 443/08, NZA 2009, 783 (785); HessLAG 1.2.2010 – 7 Sa 923/09, NZA-RR 2010, 401 (402); zurückhaltend *Pletke/Schrader/Siebert/Thoms/Klagges* B. Rn. 832.
[106] Etwa: BAG 10.12.2008 – 10 AZR 889/07, NZA 2009, 256 (257).

vereinbarung dar, sondern betrifft allein die Rechtsfolgen in dem Falle, dass der Arbeitnehmer ein solches Angebot auf Abschluss einer Zielvereinbarung nicht annimmt.[107]

96 Kommt eine Zielvereinbarung demgegenüber zustande, ist wegen des eingeschränkten Prüfungsmaßstabes für deren Wirksamkeit weder maßgebend, ob der Arbeitnehmer die vereinbarten Ziele realistischerweise erreichen kann, noch ob diese dem Arbeitnehmer etwa im Wege des **arbeitgeberseitigen Direktionsrechts** hätten zugewiesen werden dürfen. Wegen des einvernehmlichen Leistungsversprechens des Arbeitnehmers, die Ziele wie vereinbart zu erreichen, um wirtschaftlich an der Motivationswirkung der Sonderzahlung zu partizipieren, ist all dies der gerichtlichen Kontrolle entzogen.

> **Praxistipp:**
> Arbeitgeber sollten gleichwohl sehr genau prüfen, ob sie dem Arbeitnehmer **über die Grenzen des Direktionsrechts hinaus** Ziele setzen. Betrifft dies etwa Arbeitsinhalte von Arbeitsplätzen, die dem Arbeitnehmer vertraglich an sich nicht zugewiesen werden dürften, stellt sich die Frage, ob bei einer solchen Zielvereinbarung gleichzeitig das **arbeitsvertragliche Direktionsrecht generell erweitert** worden ist. Dies kann für die Vergleichsgruppenbildung im Falle der Sozialauswahl bei einer etwaigen späteren betriebsbedingten Kündigung eine erhebliche Rolle spielen.

97 Während die vorstehenden Gesichtspunkte nach den Grundsätzen über die freie Entgeltvereinbarung kontrollfrei sind, gilt dies nicht für die sich am Ende des Bezugszeitraums stellende **Frage der Zielerreichung.** Der vollen gerichtlichen Überprüfung unterliegt dementsprechend, ob eine solche Zielvereinbarung zustande gekommen ist und ob und in welchem Umfang der Arbeitnehmer die Ziele anschließend erreicht.

bb) Transparenzkontrolle

98 Die anwendbaren Grundsätze der freien Entgeltvereinbarung schließen gem. § 307 Abs. 3 S. 2 BGB jedoch die Transparenzkontrolle nach § 307 Abs. 1 S. 2 BGB nicht aus. Kontrollmaßstab einer Zielvereinbarung ist deshalb, ob die **Ziele klar und verständlich formuliert** sind.[108] Für den Arbeitgeber dürfen sich keine ungerechtfertigten Beurteilungsspielräume ergeben. Nach § 305c Abs. 2 BGB gehen im Übrigen Zweifel zulasten des Arbeitgebers.

> **Praxistipp:**
> Dies schließt die Vereinbarung „weicher Ziele" wie Kunden- oder Mitarbeiterzufriedenheit, Motivationsfähigkeit oder Führungsfähigkeit nicht aus. Da die tatsächliche Zielerreichung jedoch der vollen gerichtlichen Kontrolle unterliegt, wird bei solchen „weichen Zielen" häufig die Messbarkeit des Grades der Zielerreichung auf Schwierigkeiten stoßen, sodass der Arbeitgeber diesen Zielen für die Bemessung der Sonderzahlung nur eine ungeordnete Rolle einräumen sollte.
>
> Diese sollten auf die wirtschaftliche Bemessung der Sonderzahlung einen Umfang einnehmen, den der Arbeitgeber im Streitfalle auch dann hinzugeben bereit wäre, wenn er das Ziel als nicht erreicht betrachtet. Zwar ist der Arbeitnehmer für einen von ihm geltend gemachten Anspruch grundsätzlich darlegungspflichtig, prozessual erfolgt jedoch eine Abstufung solcher Darlegungslasten danach, welche Partei aus eigener Wahrnehmung überhaupt Aussagen treffen kann. Über diese Abstufung trifft den Arbeitgeber häufig eine sekundäre Darlegungslast, der er bei solchen „weichen Zielen" nur schwer gerecht wird.

---

[107] Etwa: BAG 10.12.2008 – 10 AZR 889/07, NZA 2009, 256 (257 f.).
[108] BAG 12.12.2007 – 10 AZR 97/07, NZA 2008, 409 (411); *Salamon* NZA 2010, 314 (316).

II. Erfolgsabhängige Leistungen

Gegenstand der grundsätzlich freien Zielvereinbarung bei gleichzeitig eröffneter Transparenzkontrolle ist die Frage der Gewichtung der Ziele. Im Zweifel wird von einer **Gleichrangigkeit aller Ziele** auszugehen sein. Eine unterschiedliche Gewichtung bedarf deshalb einer eindeutigen Regelung. Dies gilt insbesondere für ein **Stufenverhältnis,** nach dem die Nichterreichung eines Ziels trotz ggf. voller Erreichung anderer Ziele den Anspruch insgesamt ausschließt.[109] Ein solches Stufenverhältnis der Ziele zueinander ist eindeutig klarzustellen. Dies ist kann eine Formulierung sicherstellen wie etwa: 99

> **Klauselmuster:**
> Wird das Ziel Nr. 1 (dh das unternehmensbezogene Ziel) nicht erreicht, entsteht kein Anspruch auf eine Sonderzahlung für dieses Geschäftsjahr. Dies gilt unabhängig davon, ob und in welchem Umfang die Ziele X, Y erreicht sind.

f) Zielvorgaben

aa) Billigkeitskontrolle bei einseitigem Leistungsbestimmungsrecht

Anders als Zielvereinbarungen kommen Zielvorgaben durch **einseitige Festlegung** seitens des Arbeitgebers zustande.[110] Ein Einverständnis des Arbeitnehmers ist rechtlich nicht Voraussetzung – wegen der Motivationswirkung faktisch jedoch in der Praxis nicht zu unterschätzen. Aufgrund der einseitigen Festsetzung durch den Arbeitgeber kommen die Grundsätze der freien Entgeltvereinbarung mit nur eingeschränkter gerichtlicher Überprüfung nicht zum Tragen. 100

Soweit in einer ggf. bestehenden Rahmenvereinbarung nichts Abweichendes geregelt ist, liegt grundsätzlich eine Grenze der festzulegenden Ziele in der **Erreichbarkeit der Ziele** für den Arbeitnehmer. Es dürfen keine Ziele vorgegeben werden, bei denen mit einer Erreichbarkeit nicht zu rechnen ist. Der Arbeitgeber hat zum Zeitpunkt der Aufstellung der Ziele insoweit eine Prognose anzustellen, bei der ihm ein Beurteilungsspielraum einzuräumen ist.[111] Eine Überprüfung erfolgt insbesondere auf Beurteilungsfehler wie sachfremde Erwägungen, die Einhaltung des Gleichbehandlungsgrundsatzes[112] oder eine Missachtung allgemeingültiger Erfahrungsgrundsätze. 101

Insbesondere Erfahrungsgrundsätze sind die Grenze für die arbeitgeberseitige Prognose über die Entwicklung etwa des Unternehmens bzw. Konzerns oder bei individualerfolgsbezogenen Zielkomponenten über die Berücksichtigung der **Leistungsfähigkeit des Arbeitnehmers.**[113] Die **Leistungswilligkeit** des Arbeitnehmers spielt demgegenüber keine Rolle. Der Arbeitnehmer ist arbeitsvertraglich verpflichtet, seine Leistungsfähigkeit angemessen auszuschöpfen. 102

> **Praxistipp:**
> Um zu **dokumentieren,** dass der Beurteilungsspielraum des Arbeitgebers bei der anzustellenden Prognose nicht überschritten ist, sollten **Leistungsbewertungen der letzten drei Jahre** für den jeweiligen Arbeitnehmer, aber auch Arbeitnehmer auf vergleichbaren Arbeitsplätzen vorgehalten werden. Ein Zeitraum von drei Jahren wird regelmäßig eine tragfähige Prognose für den jeweils folgenden Bezugszeitraum begründen können.

---

[109] HessLAG 1.2.2010 – 7 Sa 923/09, NZA-RR 2010, 401 (402); hierzu *Pletke/Schrader/Siebert/Thoms/Klagges* B. Rn. 832.
[110] Schaub ArbR-HdB/*Linck* § 77 Rn. 3–5; *Küttner/Griese* „Zielvereinbarung" Rn. 3.
[111] Vgl. *Mengel* S. 162 f. Rn. 287.
[112] *Bauer/Diller/Göpfert* BB 2002, 882 (884).
[113] LAG Hamm 24.11.2004 – 3 Sa 1325/04, BeckRS 2004, 30459721.

103 Für die Praxis bedeutsam ist, dass maßgebend für die gerichtliche Überprüfung der **Zeitpunkt** ist, in dem der Arbeitgeber die **Ermessensentscheidung** zu treffen hatte.[114] Dh eine Zielvorgabe, die etwa zu Beginn des Geschäftsjahres ordnungsgemäß erfolgt ist, wird nicht dadurch rechtswidrig, dass sich die zugrunde liegenden Umstände, etwa betreffend die Erreichbarkeit der Ziele oÄ, im Nachhinein verändert haben.

bb) Grenzen des Direktionsrechts bei tätigkeitsbezogenen Zielen

104 Die einseitige Zielvorgabe steuert das Arbeitsverhalten des Arbeitnehmers, soweit sie sich nicht auf Vorgaben zum wirtschaftlichen Erfolg etwa des Unternehmens oder Konzerns beschränkt. Betrifft eine Zielvorgabe Arbeitserfolge des Arbeitnehmers an seinem Arbeitsplatz, in einer Gruppe oder in einem Projekt, setzt dies voraus, dass der Arbeitgeber den Arbeitnehmer überhaupt zur Erbringung solcher Arbeitsleistungen **einseitig anweisen darf.** Anderenfalls würde über die Konkretisierung von Zielen die Grenze des arbeitgeberseitigen Direktionsrechts umgangen – der Maßstab billigen Ermessens gem. § 315 BGB wäre in diesem Falle auch für die Zielvorgabe nicht mehr zu wahren. Der Arbeitgeber kann die Zielerreichung nicht einseitig von solchen Leistungen abhängig machen, zu denen der Arbeitnehmer arbeitsvertraglich überhaupt nicht verpflichtet ist.

105 Grenzen des hiernach maßgebenden Direktionsrechts ergeben sich aus dem Arbeitsvertrag sowie ggf. aus Betriebsvereinbarungen oder Tarifverträgen (§ 106 GewO). Ausgangspunkt ist der Arbeitsplatz des Arbeitnehmers. Innerhalb des **Berufsbildes** für die auf diesem Arbeitsplatz typischen Tätigkeiten sind grundsätzlich sämtliche damit zusammenhängenden Arbeitsaufgaben möglicher Gegenstand des arbeitgeberseitigen Direktionsrechts.

106 Über den jeweiligen Arbeitsplatz hinaus gilt dies, soweit damit einhergehende Aufgaben und Funktionen in der Praxis insbesondere durch den Arbeitsvertrag nicht ausgeschlossen sind. Arbeitsvertragliche Grenzen können etwa darin liegen, dass der Arbeitsplatz des Arbeitnehmers konkret benannt und kein darüber hinausgehendes **Versetzungsrecht auf andere Arbeitsplätze** vorbehalten ist.[115] Ist im Arbeitsvertrag ein konkreter Arbeitsplatz benannt, betrachtet die jüngere Rechtsprechung des BAG[116] dies in Abhängigkeit von den Einzelfallumständen als vertragliche Fixierung des Arbeitsinhaltes, die nur durch einen vertraglich zu vereinbarenden Versetzungsvorbehalt wieder eröffnet werden kann.[117] Letztlich ist dies eine Frage der Auslegung des Arbeitsvertrages. Innerhalb dieser Grenzen steht es dem Arbeitgeber jedoch frei, Zielkomponenten im Wege der einseitigen Zielvorgabe festzulegen.

cc) Bedeutung des Direktionsrechts bei wirtschaftlichen Zielen

107 Bei der Festsetzung von unternehmens-, konzern- oder spartenbezogenen wirtschaftlichen Zielen spielt das Direktionsrecht **keine Rolle.** Als Teil der Belegschaft wird der einzelne Arbeitnehmer in der Regel keine oder allenfalls eine untergeordnete Rolle bei der Erreichung eines bestimmten wirtschaftlichen Ergebnisses einnehmen. Der Arbeitgeber kann den Arbeitnehmer deshalb nicht dazu im Wege des Direktionsrechts anhalten, ein bestimmtes wirtschaftliches Ergebnis zu erreichen.

108 Das Leistungsbestimmungsrecht bei einer Zielvorgabe ist jedoch nicht dadurch zu begrenzen, dass der Arbeitgeber den Arbeitnehmer (positiv) im Wege des Direktionsrechts anweisen können muss, ein bestimmtes Ziel zu realisieren. Die Grenze des Weisungsrechts bezweckt vielmehr (negativ) den Ausschluss von Zielen, die den Arbeitnehmer zu

---

[114] BAG 20.3.2013 – 10 AZR 8/12, NZA 2013, 970 (973); 29.8.2012 – 10 AZR 385/11, NZA 2013, 148 (151).
[115] Vgl. *Salamon/Fuhlrott* NZA 2011, 839 (841).
[116] BAG 9.5.2006 – 9 AZR 424/05, NZA 2007, 145 (146); 11.4.2006 – 9 AZR 557/05, NZA 2006, 1149 (1152).
[117] Zum Ganzen: *Salamon/Fuhlrott* NZA 2011, 839 ff.

einer von ihm **nicht geschuldeten Arbeitsleistung** bewegen sollen. Da letztlich jede (sinnvolle) Arbeitsleistung zum wirtschaftlichen Ergebnis beiträgt, ist bei solchen die Belegschaft insgesamt betreffenden Zielkomponenten die Grenze des Direktionsrechts nicht von Bedeutung.

dd) Erreichbarkeit der Ziele

Im Bereich der Zielvorgaben ist die Erreichbarkeit der Ziele für den Arbeitnehmer von erheblicher Bedeutung. Der Arbeitgeber darf dem Arbeitnehmer nur solche Ziele vorgeben, die vom **Arbeitnehmer unter Berücksichtigung seiner Leistungsfähigkeit typischerweise zu erreichen** sind.[118] Rechtsprechung zu dieser Frage ist nur vereinzelt ergangen. Diese stellt darauf ab, ob etwa der konkrete Arbeitnehmer bei einem gewöhnlichen Verlauf der Dinge ein aufgestelltes Ziel würde erreichen können.[119] Eine exakte Grenzziehung steht allerdings aus.[120] Das BAG[121] hat insoweit auf „realistischerweise erreichbare Ziele" abgestellt, ohne jedoch einen anzulegenden Maßstab aufzuzeigen. 109

> **Praxistipp:**
> Richtigerweise müssen **Ziele ehrgeizig** sein, um ihren Motivationszweck zu erfüllen.[122] Gleichzeitig wird dieser Motivationszweck allerdings nur erreicht, wenn sich das Ziel auch aus Sicht des Arbeitnehmers nicht als unerreichbar darstellt. In diesem Falle wird der Arbeitnehmer voraussichtlich von vornherein nicht mit einer Zielerreichung rechnen und dementsprechend nicht motiviert werden können. Da der Arbeitgeber im Streitfalle die Wahrung der Grenzen billigen Ermessens darlegen und ggf. beweisen muss, sollte er insbesondere bei von der individuellen Leistungsfähigkeit des Arbeitnehmers abhängigen Zielen einen ggf. dokumentierbaren Maßstab anlegen.
>
> Insbesondere **Erfahrungsgrundsätze** sind maßgebend für die arbeitgeberseitige Prognose über die Erreichbarkeit individualerfolgsbezogener Zielkomponenten unter Berücksichtigung der Leistungsfähigkeit des Arbeitnehmers.[123] Die Leistungswilligkeit des Arbeitnehmers spielt demgegenüber keine Rolle. Der Arbeitnehmer ist arbeitsvertraglich verpflichtet, seine Leistungsfähigkeit angemessen auszuschöpfen.

In der Praxis gilt es, solche **Erfahrungsgrundsätze zu objektivieren,** um auch in einem Rechtsstreit einen greifbaren Maßstab aufzeigen zu können. Anknüpfungspunkte können andere Arbeitnehmer, andere Projekte, bisherige Leistungen desselben Arbeitnehmers, wirtschaftliche Entwicklungen des Unternehmens oder des Marktes sein – je nachdem, woran sich ein solches Ziel messen lassen muss. 110

Beispiele:
- Bei dem **wirtschaftlichen Ergebnis** des Unternehmens, Konzerns oder einer Sparte wird in der Regel die wirtschaftliche Entwicklung in der Vergangenheit eine Prognose für die zukünftige Entwicklung bieten.
- Wie weit der Arbeitgeber den Blick in die Vergangenheit richten muss, ist in der Rechtsprechung ungeklärt. Für das Betriebsrentenrecht ist allerdings anerkannt, dass der Arbeitgeber sogar eine Rentenanpassung nach § 16 Abs. 1 BetrAVG ablehnen kann, wenn

---

[118] BAG 12.12.2007 – 10 AZR 97/07, NZA 2008, 409 (415 f.).
[119] LAG Hamm 24.11.2004 – 3 Sa 1325/04, BeckRS 2004, 30459721.
[120] *Bauer/Diller/Göpfert* BB 2002, 882 (884); *Horcher* BB 2007, 2065 (2066): „objektiv erreichbar"; *Brors* RdA 2004, 273 (280): „Einflussnahmemöglichkeit maßgebend".
[121] BAG 10.12.2008 – 10 AZR 889/07, NZA 2009, 256 (257).
[122] So auch: *Mengel* S. 163 Rn. 288.
[123] LAG Hamm 24.11.2004 – 3 Sa 1325/04, BeckRS 2004, 30459721.

die wirtschaftliche Lage des Unternehmens diese nicht zulässt. Insoweit hält das BAG einen Zeitraum von mindestens drei Jahren für repräsentativ.[124]
- Für die Billigkeitskontrolle gem. § 315 BGB bei einem Zielvereinbarungssystem können keine strengeren Regeln gelten, sodass die **wirtschaftliche Entwicklung der vergangenen drei Jahre ausreichender Prognosezeitraum** sein muss.
- Bei **projektbezogenen Zielen** wird der Arbeitgeber in der Regel seine Zielkomponenten an bereits durchgeführten Projekten messen. Gehen die Anforderungen des Arbeitgebers im Rahmen von Zielvorgaben über diese hinaus, wird der Arbeitgeber darzustellen haben, welche ggf. bestehenden Fehlentwicklungen in der Vergangenheit nunmehr auszuschließen sind, und dass die vorgegebenen Ziele deshalb einer realistischen Prognose entsprechen. Entsprechendes gilt bei sonstigen **gruppenerfolgsbezogenen Zielen**.
- Bei **individualerfolgsbezogenen Zielen** wird darüber hinaus eine Rolle spielen, dass die Zielkomponenten der tatsächlichen Ausübung des Direktionsrechts gegenüber dem Arbeitnehmer korrespondieren. Dies bedeutet insbesondere, dass dem Arbeitnehmer nicht schwerpunktmäßig während der Zielerfüllungsperiode andere Arbeitsaufgaben zugewiesen werden dürfen, die ihn an der Erfüllung vorgegebener Ziele auf seinem Arbeitsplatz abhalten. Dies ist bereits Gegenstand der Prognose zum Zeitpunkt der Vorgabe der Ziele durch den Arbeitgeber.
- Darüber hinaus ist bei individualerfolgsbezogenen Zielen die Leistungsfähigkeit des Arbeitnehmers maßgebend. Um eine Angemessenheit zu dokumentieren, sollten **Leistungsbewertungen der letzten drei Jahre** für den jeweiligen Arbeitnehmer, aber auch Arbeitnehmer auf vergleichbaren Arbeitsplätzen vorgehalten werden. Ein Zeitraum von drei Jahren wird regelmäßig eine tragfähige Prognose für den jeweils folgenden Bezugszeitraum begründen.

ee) Gewichtung der Ziele

111 Aufgrund der Billigkeitskontrolle am **Maßstab des § 315 BGB** gelten die Grenzen billigen Ermessens nicht allein für die Auswahl und Quantifizierung der Zielkomponenten, sondern darüber hinaus für deren Gewichtung zueinander. Insbesondere Stufenverhältnisse einzelner Ziele – etwa die Vorgabe der Erreichung eines unternehmensbezogenen Ziels als Voraussetzung, dass überhaupt ein Anspruch auf Sonderzahlung entsteht – haben diesem Kontrollmaßstab zu entsprechen.

112 Sofern im Rahmen einer ggf. bestehenden Rahmenregelung diesbezüglich keine Regelungen getroffen sind, ist der Arbeitgeber grundsätzlich im Rahmen des ihm gem. § 315 BGB zustehenden billigen Ermessens ebenso frei in der Gewichtung, wie ein Arbeitsgericht im Streitfalle darin frei ist, im Rahmen tatrichterlichen Ermessens festzustellen, dass der Arbeitgeber sein Ermessen fehlerhaft ausgeübt hat. Im Zweifel wird es bei einer Mehrheit von Zielen, etwa nach Maßgabe des Unternehmenserfolgs, eines Projekterfolgs sowie eines individuellen Erfolgs der Billigkeit entsprechen, diese **gleichmäßig nebeneinander zu gewichten.**

113 Im Rahmen individualerfolgsbezogener Ziele wird deren Gewichtung untereinander im Zweifel nicht der **Möglichkeit des Arbeitnehmers** widersprechen dürfen, die Verfolgung dieser Ziele neben seinen anderen Arbeitsaufgaben am Arbeitsplatz zu verfolgen. Diesbezüglich sind **mannigfaltige Anknüpfungspunkte** denkbar, die für oder gegen eine starr gleichmäßige Gewichtung der Ziele sprechen. Dies birgt **erhebliches Streitpotenzial** für die Praxis, auch wenn diesbezügliche rechtliche Auseinandersetzungen – jedenfalls im noch laufenden Arbeitsverhältnis – die Ausnahme darstellen.

---

[124] BAG 31.7.2007 – 3 AZR 810/05, BeckRS 2007, 48814; 17.4.1996 – 3 AZR 56/95, NZA 1997, 155 (158).

II. Erfolgsabhängige Leistungen F

> **Praxistipp:**
> Auch wenn zu diesen Fragen kaum Rechtsprechung veröffentlicht ist und dementsprechend rechtliche Auseinandersetzungen im laufenden Arbeitsverhältnis die Ausnahme sein werden, sollten Arbeitgeber vorsorgen. Es empfiehlt sich eine **Rahmenregelung**, die beispielhaft ein **Stufenverhältnis** der Ziele zueinander – insbesondere die Abhängigkeit jedweder Zahlung von der Erreichung eines bestimmten wirtschaftlichen Erfolges – ermöglicht.

g) Zeitpunkt der Festlegung der Ziele

In der Regel werden die maßgebenden Ziele im Wege einer Zielvereinbarung oder einer Zielvorgabe zum **Beginn des Bezugszeitraums** festzulegen sein. Nur so ist es dem Arbeitnehmer grundsätzlich möglich, durch Ausrichtung seiner Arbeitsleistung auf die maßgebenden Zielkomponenten in Richtung einer Zielerreichung hinzuwirken.[125] 114

Einzelheiten sind in der bislang ergangenen Rechtsprechung noch nicht geklärt. Richtigerweise kann aber zu differenzieren sein: 115

Soweit eine **einvernehmliche Zielvereinbarung** zustande kommt, gelten die Grundsätze über die freie Entgeltvereinbarung. Damit findet eine Inhalts- oder Billigkeitskontrolle der Ziele nicht statt (→ Rn. 89 ff.). Daraus folgt zugleich, dass der **Zeitpunkt der einvernehmlichen Festlegung der Ziele keiner gerichtlichen Kontrolle unterliegt**, sofern der Arbeitnehmer durch sein Einvernehmen bei der Zielfestlegung mit der Maßgabe dieser Ziele trotz ggf. erst im Laufe des Bezugszeitraums zustande gekommener Zielvereinbarung deren Angemessenheit zu erkennen gibt. 116

Beispiel:
Ist der Bezugszeitraum das Geschäftsjahr und knüpft eine Zielvereinbarung ua an ein **individualerfolgsbezogenes Ziel** wie den Abschluss einer Datenmigration in ein neu integriertes Softwaresystem bis zum Ende des Geschäftsjahres an, hat der Arbeitnehmer die Möglichkeit, während des gesamten Bezugszeitraums des Geschäftsjahres **seine Arbeitsleistung so einzurichten**, dass die Datenmigration erfolgreich abgeschlossen werden kann.

Kommt dagegen die Zielvereinbarung, aus welchen Gründen auch immer, erst in der zweiten Hälfte des Geschäftsjahres zustande, steht dem Arbeitnehmer weniger als die Hälfte des Bezugszeitraums für die Zielerreichung zur Verfügung. Dies ist jedoch unschädlich, da die zustande gekommene Zielvereinbarung keiner Inhalts- oder Billigkeitskontrolle unterliegt, sondern der **Arbeitnehmer mit seinem Einvernehmen** trotz Zustandekommens in der zweiten Hälfte des Bezugszeitraums zu erkennen gibt, dass die Zielerreichung in der verbleibenden Zeit aus seiner Sicht angemessen ist.

Allerdings steht erst mit Zustandekommen der Zielvereinbarung fest, ob ein Einvernehmen mit dem Arbeitnehmer über die Ziele möglich ist. Bis zu diesem Zeitpunkt bleibt offen, ob der Arbeitgeber sich auf die fehlende Inhalts- und Billigkeitskontrolle wird berufen können. Dieser zeitlichen Komponente kommt für die Planung des Arbeitgebers über den **Prozess des Einvernehmens** über die Zielvereinbarung Bedeutung zu. 117

> **Praxistipp:**
> Der Arbeitnehmer wird in aller Regel nicht gehalten sein, sich auf eine Zielvereinbarung im späteren Laufe des Bezugszeitraums einzulassen, wenn dies die Erreichbarkeit der Ziele infrage stellen kann. Der Arbeitgeber sollte deshalb auch bei einem einvernehmli-

---

[125] BAG 10.12.2008 – 10 AZR 889/07, NZA 2009, 256 (258); 12.12.2007 – 10 AZR 97/07, NZA 2008, 409 (415).

chen Zielvereinbarungssystem zu **Beginn des Bezugszeitraums auf das Zustandekommen einer Zielvereinbarung hinwirken**. Anderenfalls droht Streit über die Angemessenheit der vom Arbeitgeber angetragenen Ziele, wenn diese aus Sicht des Arbeitnehmers infolge des bereits angelaufenen Bezugszeitraums nicht mehr realistisch zu erreichen sind.

118 Bei **einseitigen Zielvorgaben** finden die Grundsätze über die freie Entgeltvereinbarung dagegen keine Anwendung. Die im Rahmen des § 315 BGB durchzuführende Billigkeitskontrolle der einseitig vom Arbeitgeber vorgegebenen Ziele umfasst deren realistischerweise zu erwartende Erreichbarkeit für den Arbeitnehmer. Diese Frage kann in der Regel **nicht losgelöst vom Bezugszeitraum und damit der für die Zielerreichung maßgebenden Zeitspanne** beurteilt werden. Bei einseitigen Zielvorgaben ist deshalb besonderes Augenmerk darauf zu legen, dass diese bereits zu Beginn des Bezugszeitraums erfolgen oder aber sich aus den festzulegenden Zielkomponenten ergibt, dass eine Zielerreichung lediglich einen Bruchteil des Bezugszeitraums erfordert.

Beispiele:
– Unbillig wäre etwa eine erst nach Ablauf des ersten Quartals eines Bezugszeitraums erfolgende Zielvorgabe über vier gleichmäßig quartalsweise im Bezugszeitraum abzuschließende Projektabschnitte. Für das bereits abgelaufene Quartal wäre der Arbeitnehmer nicht in der Lage, auf Grundlage einer bestehenden Zielvorgabe sein Arbeitsverhalten auf die Zielerreichung einzustellen.
– Knüpft eine Zielvorgabe dagegen beispielsweise lediglich an eine erst mit Beginn des 4. Quartals des Bezugszeitraums umsetzbare Zielkomponente, wird der Arbeitnehmer in den ersten drei Quartalen des Bezugszeitraums seine Arbeitsleistung auf diese Zielerreichung kaum ausrichten können. Dies gilt jedenfalls dann, wenn der Arbeitnehmer nicht zur Schaffung von Freiräumen für eine solche Zielkomponente andere Arbeitsleistungen zeitlich vorziehen könnte. Besteht für den Arbeitnehmer eine solche Möglichkeit oder Notwendigkeit der Schaffung von Freiräumen nicht, kann eine zeitlich später erfolgende Zielvorgabe keine unbilligen Auswirkungen haben, solange sie nur rechtzeitig vor Beginn des 4. Quartals erfolgt.
– Knüpft eine Zielvorgabe an den erfolgreichen Abschluss einer Datenmigration als Sonderaufgabe über den Zeitraum eines gesamten Geschäftsjahres nach Implementierung eines neuen Softwaresystems, wird dem Arbeitnehmer im Zweifel für eine solche Sonderaufgabe das gesamte Geschäftsjahr als Bezugszeitraum zur Verfügung zu stellen sein. Anderenfalls stellt sich die Frage, wie der Arbeitnehmer bei realistischer Erwartung während des Bezugszeitraums neben seinen gewöhnlichen Arbeitsinhalten diese Sonderaufgabe bewältigen können sollte, die der Arbeitgeber selbst mit einer zwölfmonatigen Dauer veranschlagt. Eine erst im Laufe des Bezugszeitraums erfolgende Zielvorgabe wäre in diesem Falle unbillig.

h) Anpassung bestehender Zielvereinbarungen oder -vorgaben im laufenden Bezugszeitraum

aa) Interessenlage

119 Insbesondere bei längeren Bezugszeiträumen, etwa bezogen auf das gesamte Geschäftsjahr, können sich die **tatsächlichen Rahmenbedingungen verändern,** die für die Entscheidung zugunsten oder zulasten bestimmter Zielkomponenten oder zugrunde gelegter Grade der Zielerreichung von Bedeutung waren. Dies kann auf **unvorhergesehenen externen Faktoren,** aber auch auf **unternehmerischen Entscheidungen** beruhen, die auf die Bedeutung bestimmter Zielkomponenten für das Unternehmen oder die Möglichkeit der Zielerreichung Wirkungen entfalten.

Beispiele:
- Ein individualerfolgsbezogenes Ziel knüpft an den Abschluss eines Projektes mit dem Inhalt der Implementierung eines Softwaresystems im Betrieb eines Kunden an. Der Kunde gerät in Zahlungsschwierigkeiten und meldet Insolvenz an. Der Arbeitgeber stellt das Projekt mit sofortiger Wirkung ein.
- Der Arbeitnehmer gehört in einem Call-Center einem Team für sog. Inbound-Telefonie (eingehende Telefonate) an und erhält eine Sonderzahlung nach Maßgabe der Anzahl angenommener Inbound-Telefonate. Während des Bezugszeitraums wird der Arbeitnehmer in dem Call-Center in das Team Outbound-Telefonie (ausgehende Telefonate) versetzt, um dort infolge Fluktuation entstandene Personalbedarfe aufzufangen. Er nimmt kein einziges Telefonat mehr entgegen.
- Ein individualerfolgsbezogenes Ziel stellt auf den Abschluss einer Datenmigration im Zuge der Implementierung einer neuen Software ab. Der Arbeitgeber entscheidet, von der Einführung der neuen Software abzusehen, sodass eine Datenmigration nicht mehr erforderlich ist.
- Der Arbeitnehmer erhält eine Sonderzahlung für den Abschluss einer manuell durchzuführenden Datenmigration. Während des Bezugszeitraums stellt der IT-Dienstleister eine Prozedur zur Verfügung, mit der die Datenmigration „auf Knopfdruck" automatisiert vollzogen wird.

Die Beispiele zeigen, dass Änderungen der tatsächlichen Rahmenbedingungen eines Ziels in unterschiedlichem Ausmaß der freien Entscheidung des Arbeitgebers unterliegen und sowohl zugunsten wie auch zulasten der Zielerreichung und damit der Entstehung bzw. Bemessung eines Anspruchs auf eine Sonderzahlung wirken können. Den Beispielen ist gemeinsam, dass die tatsächlichen Gegebenheiten sich während des Bezugszeitraums abweichend von den Vorstellungen der Parteien entwickelt haben.

bb) Anpassungsansprüche

Sowohl die einseitige Zielvorgabe wie auch die einvernehmliche Zielvereinbarung sind **grundsätzlich bindend**.[126] Für den Bezugszeitraum ist hinsichtlich der für den Arbeitnehmer maßgebenden Ziele eine Bestimmung getroffen, die Entstehung und Umfang der Sonderzahlung abschließend bestimmt. Arbeitgebern und Arbeitnehmern bleibt es selbstverständlich unbenommen, eine bestehende einvernehmliche Zielvereinbarung oder einseitige Zielvorgabe abzuändern. Einseitig ist dies aber grundsätzlich nicht möglich.[127] Sowohl die einvernehmliche Zielvereinbarung als auch das einmal im Wege der einseitigen Zielvorgabe ausgeübte Leistungsbestimmungsrecht stehen nicht zur einseitigen Disposition des Arbeitgebers. Für die einseitige Zielvorgabe gilt dies, weil sie nach Ausübung des Leistungsbestimmungsrechts beide Parteien rechtlich bindet, solange nicht gerichtlich die Unverbindlichkeit der Leistungsbestimmung festgestellt ist.[128]

Praxistipp:

Sofern zum Zeitpunkt der Festlegung der Ziele bereits eine **Änderung der tatsächlichen Rahmenbedingungen absehbar**, jedoch noch ungewiss ist, sollte dem bei der Festlegung der Ziele bereits Rechnung getragen werden. Beispielsweise kann eine Zielvereinbarung oder -vorgabe beinhalten, dass im Falle des Eintritts eines bestimmten Umstandes bis zu einem bestimmten Stichtag ein anderes, bereits in der Zielvereinbarung bzw. -vorgabe als Alternative vorgesehenes Ziel gelten soll. Bei einem solchen „vorsorglichen" weiteren Ziel ist darauf zu achten, dass dem Arbeitnehmer für dessen

---

[126] BAG 29.8.2012 – 10 AZR 385/11, NZA 2013, 148 (151).
[127] BAG 29.8.2012 – 10 AZR 385/11, NZA 2013, 148 (150).
[128] BAG 29.8.2012 – 10 AZR 385/11, NZA 2013, 148 (150); 22.2.2012 – 5 AZR 249/11, NZA 2012, 858 (860).

> Erreichung nach Feststellung der Maßgeblichkeit dieses Ziels noch eine ausreichende
> Zeitspanne zur Verfügung steht und die Alternativität der Ziele transparent formuliert
> ist.

122 Diese Bindungswirkung tritt zwar nur für die Leistungsbestimmung selbst ein, nicht dagegen für einzelne **Elemente oder Vorfragen der Leistungsbestimmung**.[129] Bedeutung hat dies etwa für die Festlegung von Bonuspools, mit denen der Arbeitgeber sein Gesamtvolumen für sämtliche Bonuszahlungen festlegt. Da mit der Festlegung eines Bonuspools die Höhe oder Anspruchsvoraussetzungen einer Leistung im Einzelfall nicht festgelegt werden, handelt es sich noch nicht um eine Leistungsbestimmung iSd § 315 BGB.[130] Gleichwohl ist der Arbeitgeber auch an eine solche Festlegung gebunden, da er sich hinsichtlich eines in die nach § 315 BGB zu treffende Leistungsbestimmung einfließenden Kriteriums verpflichtet hat und hiervon nur bei Hinzutreten besonderer Umstände abweichen darf.[131]

cc) Anpassung von Zielvorgaben

123 Auch wenn einseitige Zielvorgaben nach Ausübung des Leistungsbestimmungsrechts gem. § 315 BGB für Arbeitnehmer wie Arbeitgeber verbindlich sind und grundsätzlich nicht einseitig abgeändert werden können, gilt dies nicht uneingeschränkt. Soll das ausgeübte Leistungsbestimmungsrecht für einen längeren Zeitraum maßgebend sein und ändern sich während diesem die tatsächlichen Umstände, kann das **Vertrauen des Arbeitnehmers in den Bestand** des ausgeübten Leistungsbestimmungsrechts **entfallen**.[132]

124 Zwar wird der Arbeitnehmer auf die bestehenbleibenden Maßgaben eines einmal ausgeübten Leistungsbestimmungsrechts bei der einseitigen Zielvorgabe regelmäßig vertrauen. Ein solches Vertrauen des Arbeitnehmers kann aber nur soweit gehen, wie auch aus seiner Sicht die **tatsächlichen Rahmenbedingungen** zum Zeitpunkt der Festlegung der Zielkomponente deren Erreichbarkeit beeinflussen. Ein schutzwürdiges Vertrauen in eine nicht vorhersehbare Entwicklung der tatsächlichen Rahmenbedingungen ist demgegenüber nicht anzuerkennen.

125 In der Rechtsprechung nicht abschließend behandelt ist allerdings die Frage, welchen Grad eine Veränderung der tatsächlichen Rahmenbedingungen erreichen muss, um die Verbindlichkeit einer bereits einmal aufgestellten einseitigen Zielvorgabe für den verbleibenden Bezugszeitraum aufzuheben. Änderungen im Bagatellbereich werden nicht genügen.[133] Sinnvoll scheint eine Harmonisierung mit den Voraussetzungen für den **Wegfall der Geschäftsgrundlage oder einen Änderungsvorbehalt,** wie sie sogleich für die Anpassung einvernehmlicher Zielvereinbarungen darzustellen sind.

dd) Anpassung von Zielvereinbarungen

126 Einvernehmliche Zielvereinbarungen kommen durch Einigung zwischen Arbeitgeber und Arbeitnehmer zustande und haben dementsprechend vertraglichen Charakter. Bei veränderten Rahmenbedingungen wird eine Anpassung einvernehmlicher Zielvereinbarungen nach herrschender Ansicht über das Institut eines **Wegfalls bzw. einer Störung der Geschäftsgrundlage** hergeleitet.[134] Nach § 313 BGB besteht ein Anspruch auf Anpassung einer vertraglichen Regelung im Falle einer nach Vertragsschluss erfolgenden schwerwiegenden Veränderung der Geschäftsgrundlage, wenn die Parteien die vertragli-

---

[129] BAG 12.10.2011 – 10 AZR 746/10, NZA 2012, 450 (452).
[130] BAG 12.10.2011 – 10 AZR 746/10, NZA 2012, 450 (452).
[131] BAG 12.10.2011 – 10 AZR 746/10, NZA 2012, 450 (454).
[132] BAG 21.6.1971 – 3 AZR 24/71, AP BGB § 315 Nr. 13.
[133] BAG 29.8.2012 – 10 AZR 385/11, NZA 2013, 148 (150).
[134] *Annuß* NZA 2007, 290 (292); *Lischka* BB 2007, 552 (555); *Risenhuber/v. Steinau-Steinrück* NZA 2005, 785 (792); *Bauer/Diller/Göpfert* BB 2002, 882 (884); *Mauer* NZA 2002, 540 (546).

che Regelung bei Kenntnis der veränderten Umstände nicht oder mit anderem Inhalt getroffen hätten und unter Berücksichtigung aller Einzelfallumstände einschließlich **vertraglicher bzw. gesetzlicher Risikoverteilung** ein Festhalten am unveränderten Vertrag für einen Teil unzumutbar ist. Es muss sich jedenfalls bei rein wirtschaftlichen Veränderungen der Lage des Unternehmens um besonders gewichtige (in der Regel existenzbedrohende), außergewöhnliche Umstände handeln, die nicht bereits durch die Zielvereinbarung abgedeckt waren.[135]

Von praktischer Bedeutung ist neben solchen Extremfällen der wirtschaftlichen Situation insbesondere der Aspekt der gesetzlichen Risikoverteilung. Als Wertungsmodelle kommen insoweit das Verzugs- und Wirtschaftsrisiko des Arbeitgebers gem. § 615 BGB sowie die Grundsätze der Unmöglichkeit gem. § 275 BGB in Betracht.[136] 127

Eine **Unmöglichkeit** iSd § 275 BGB würde – so sie denn bestünde – mit dem Wegfall der Möglichkeit einer Zielerreichung gleichzeitig gem. § 326 BGB den Wegfall der Gegenleistung bedeuten. Insoweit ist jedoch zu beachten, dass der Arbeitnehmer gem. § 611a BGB lediglich zur Leistung von Diensten verpflichtet ist, nicht jedoch einen bestimmten Erfolg herbeizuführen hat. Auch wenn eine erfolgs- und leistungsabhängige Entgeltgestaltung mit gesetzten Zielen den Eintritt eines Erfolgs zum Inhalt hat und damit die Leistungspflicht des Arbeitnehmers über den Tätigkeitsbezug hinaus mit einem gewissen Erfolgsbezug versieht, hindert der arbeitsvertragliche Charakter gleichwohl einen unmöglichkeitsbegründenden Erfolgsbezug. Die leistungs- und erfolgsabhängige Entgeltkomponente soll den Arbeitnehmer zur Zielerreichung motivieren – sie kann ihn hierzu jedoch nicht verbindlich verpflichten. 128

So wenig wie der Arbeitgeber auf Grundlage einer Zielvereinbarung den Arbeitnehmer zur Herstellung des Ziels gerichtlich verpflichten könnte, kann eine solche Leistungspflicht unmöglich werden. Das Leistungsversprechen des Arbeitnehmers beschränkt sich weiterhin auf die Erbringung einer Arbeitsleistung, nicht jedoch auf die Herstellung eines Erfolges. Ändern sich tatsächliche Rahmenbedingungen mit der Folge, dass ein als Zielkomponente zugrunde gelegter **Erfolg nicht mehr eintreten** kann, **bleibt der Arbeitnehmer zur Arbeitsleistung verpflichtet.** Welchen Inhalt eine sodann noch sinnvolle Arbeitsleistung hat und ob der Arbeitgeber diese entgegennehmen kann, ist dann eine Frage des Annahmeverzugs gem. § 615 BGB und des durch den Arbeitgeber in der Regel zu tragenden Wirtschaftsrisikos. 129

Damit bleibt als entscheidendes gesetzliches Wertungsmodell, welches eine Risikozuweisung iSd § 313 BGB enthält, das **Annahmeverzugs- und Wirtschaftsrisiko** gem. § 615 BGB. Nimmt der Arbeitgeber Arbeitsleistungen des Arbeitnehmers bezogen auf die Erreichung bestimmter Ziele nicht (mehr) entgegen, wird dies regelmäßig einen Annahmeverzug begründen. In der Praxis wird das häufig der Anpassung bereits festgelegter Zielkomponenten nach den Grundsätzen über die Störung bzw. den Wegfall der Geschäftsgrundlage entgegenstehen. 130

Beispiele:
Für die oben genannten Beispiele ergibt sich daraus Folgendes:
– Da der Arbeitgeber gem. § 615 BGB das Wirtschaftsrisiko trägt, fällt die Einstellung eines Projektes wegen Insolvenz des Vertragspartners ebenso in seine Risikosphäre wie die Notwendigkeit der Versetzung eines Arbeitnehmers aufgrund von Personalbedarfen oder unternehmerischen Entscheidungen bzw. technologischen Entwicklungen. Auch wenn einzelne Arbeitsleistungen ggf. undurchführbar werden, ist die **Wertung des § 295 BGB** zu berücksichtigen. Nach dieser kann der Arbeitgeber auch dann in Annahmeverzug geraten, wenn der Arbeitnehmer die zu erbringende Arbeitsleistung nicht erbringen kann,

---

[135] BAG 29.8.2012 – 10 AZR 385/11, NZA 2013, 148 (151) – für die Notwendigkeit von Staatsnothilfen zur Existenzsicherung.
[136] *Salamon* NZA 2015, 1089 (1091 ff.).

weil eine **Mitwirkungshandlung des Arbeitgebers** – etwa das Vorhalten eines Arbeitsplatzes im Kundenbetrieb oder einer bestimmten Technologie – erforderlich ist, die der Arbeitgeber jedoch nicht vornimmt.
- Umgekehrt hindert ein erfolgsabhängiges Entgeltsystem den Arbeitgeber nicht in der Ausübung seiner unternehmerischen Freiheit zur **Gestaltung der Betriebsorganisation.** Ist ein Arbeitnehmer etwa mit der Betreuung eines bestimmten Vertriebsgebietes befasst und erhält er einen nicht unerheblichen Teil seines Entgelts auf Provisionsbasis für die in seinem Vertriebsgebiet zustande gekommene Geschäfte, hindert dies den Arbeitgeber nicht an einer Umorganisation seiner Vertriebsgebiete, auch wenn dies zur Folge hat, dass der Arbeitnehmer wegen eines veränderten Vertriebsgebietes zukünftig ein deutlich geringeres Provisionsaufkommen hat.[137]

Insoweit greift die **Risikozuweisung des § 615 BGB** nicht, da der Arbeitnehmer weiterhin seine Arbeitsleistung erbringt und aus ihr erfolgsabhängige Entgelte erzielen kann – wenn auch in geringerem Ausmaße. Andererseits trägt der Arbeitgeber das Wirtschaftsrisiko, sodass seine unternehmerische Freiheit zur Gestaltung der Betriebsorganisation bis auf eine **Willkür- und Missbrauchskontrolle** unangetastet bleibt.[138] Das Risiko wirtschaftlicher Auswirkungen einer Veränderung der Betriebsorganisation trägt insoweit der Arbeitnehmer als Annex, da gleichermaßen der von diesem Arbeitnehmer für den Arbeitgeber „eingespielte" Erfolg abnimmt.

131   In der Praxis wenig Beachtung findet die, gegenüber einer Vertragsanpassung nach den Grundsätzen über die Störung oder den Wegfall der Geschäftsgrundlage vorrangige, **ergänzende Vertragsauslegung.**[139] Bei der ergänzenden Vertragsauslegung handelt es sich um ein Instrument der Vertragsergänzung, das auf Ausgleichung der beiderseitigen Interessen angelegt ist.[140] Sie spiegelt das Ergebnis der beabsichtigten Regelung der Vertragsparteien wider. Grenze der ergänzenden Vertragsauslegung ist der in der vertraglichen Regelung zum Ausdruck gekommene **Parteiwille,** der nicht überdehnt werden darf.

132   Allerdings wird es bei bereits festgelegten Zielkomponenten bezogen auf diese Ziele selbst regelmäßig an einer im Wege ergänzender Vertragsauslegung zu schließenden Vertragslücke fehlen. Zu denken wäre allerdings an eine **planwidrige Regelungslücke** dergestalt, dass es an einem in der Zielvereinbarung eingeräumten Anspruch auf Anpassung der Ziele bei Veränderung der tatsächlichen Rahmenbedingungen fehlt.[141] Eine dahingehende ergänzende Vertragsauslegung wird in der Literatur sogar für die **einseitige Zielvorgabe** erwogen, da diese als Willenserklärung einer erweiternden Auslegung zugänglich sei.[142]

133   Diese Betrachtung scheint interessengerecht. Sie ermöglicht einen flexiblen Umgang mit sich ändernden tatsächlichen Rahmenbedingungen im Bezugszeitraum. Allerdings ist Arbeitgebern davon **abzuraten,** sich auf die Möglichkeit einer solchen Anpassung festgelegter Zielkomponenten während des Bezugszeitraums zu verlassen. So kann gegenläufig argumentiert werden, dass ein solcher Änderungsvorbehalt ausdrücklich in die Zielvereinbarung bzw. Zielvorgabe geflossen wäre, wenn er dem Parteiwillen entsprochen hätte. Gerade die weitgehende Tragung des Wirtschaftsrisikos durch den Arbeitgeber beinhaltet eine **gesetzliche Konzeption über eine Risikoverteilung,** die in der Regel eher dem Arbeitgeber als dem Arbeitnehmer die Notwendigkeit der Vereinbarung eines Änderungsvorbehaltes zuweist.

---

[137] BAG 16.2.2012 – 8 AZR 242/11, NZA 2012, 1307 (1312).
[138] BAG 16.2.2012 – 8 AZR 242/11, NZA 2012, 1307 (1313).
[139] *Riesenhuber* BB 2004, 2697 (2701 f.).
[140] *Willemsen/Grau* RdA 2003, 321 (325).
[141] *Weber* S. 212.
[142] *Weber* S. 212.

II. Erfolgsabhängige Leistungen   F

> **Praxistipp:**
> Diese Bedenken gelten für die Möglichkeit einer ergänzenden Vertragsauslegung, um zu einer solchen – nicht vereinbarten – Regelung zu gelangen. Eine solche Regelung kann und sollte demgegenüber **Gegenstand des Zielvereinbarungssystems** sein. Auch wenn diesbezügliche Rechtsprechung zu den Grenzen einer solchen Regelung nicht ersichtlich ist und die Bestimmtheit (Transparenz, § 307 Abs. 1 S. 2 BGB) unvorhergesehener Änderungen der tatsächlichen Rahmenbedingungen konträr entgegensteht, wird eine solche Klausel insbesondere in der Rahmenvereinbarung zulässig sein, solange sie nicht einseitig ist.

> **Klauselmuster:**
> Die Parteien verpflichten sich zu einer Anpassung der maßgebenden Ziele für den Bezugszeitraum, wenn und soweit sich die zum Zeitpunkt der erstmaligen Festlegung der Ziele für deren Erreichbarkeit durch den Arbeitnehmer oder deren wirtschaftliche Bedeutung für den Arbeitgeber zugrunde liegenden Annahmen grundlegend verändert haben. Bis zu einer solchen Anpassung der Ziele entsteht kein Anspruch auf die Sonderzahlung.

i) Exkurs: Rechtsfolgen unterbliebener bzw. fehlerhafter Zielvereinbarung oder -vorgaben

Vielfältige Fragestellungen stehen im Raum, wenn bei einer bestehenden Rahmenregelung über ein Zielvereinbarungssystem die Festlegung von Zielen unterbleibt. Fehlende Ziele können darauf beruhen, dass der Arbeitgeber Zielvorgaben unterlässt, das Angebot einer Zielvereinbarung unterbleibt, die Parteien darüber nicht einig werden oder festgelegte Ziele unbillig oder intransparent sind. 134

aa) Fehlen einer Zielvorgabe oder Zielvereinbarung

(1) Grundsatz und Ausnahmefall. Besteht hinsichtlich einer Sonderzahlung eine Rahmenvereinbarung, kraft derer für den jeweiligen Bezugszeitraum Ziele im Wege der einseitigen Zielvorgabe oder einvernehmlichen Zielvereinbarung festzulegen sind, hängt die Entstehung und der Umfang des Anspruchs auf die jeweilige Sonderzahlung von den festzusetzenden Zielen und dem Grad ihrer Erreichung ab. Unterbleibt die Festlegung von Zielen, sei es aufgrund fehlender Zielvorgabe oder fehlender Einigung über die maßgebenden Ziele, stehen die **maßgebenden Zielkomponenten als Bezugspunkt** für die Frage einer Zielerreichung bereits nicht fest. 135

In der Praxis stellt sich sodann die Frage, ob und ggf. in welchem Umfang der Arbeitnehmer einen Anspruch gegen den Arbeitgeber hat. Insoweit besteht in Rechtsprechung und Literatur jedenfalls Einigkeit darüber, dass das Unterbleiben einer Zielvorgabe oder Zielvereinbarung jedenfalls dann **nicht zum Verlust jeglicher Ansprüche des Arbeitnehmers führt,** wenn nicht der Arbeitnehmer das Unterbleiben der Festlegung der Ziele alleine zu vertreten hat.[143] 136

---

[143] BAG 10.12.2008 – 10 AZR 889/07, NZA 2009, 256 (257); 12.12.2007 – 10 AZR 97/07, NZA 2008, 409 (415); *Mauer* NZA 2002, 540 (547); *Bauer/Diller/Göpfert* BB 2002, 882 (883); *Schmiedl* BB 2004, 329 (330).

> **Praxistipp:**
> Das BAG[144] hält es – wenn auch auf seltene Ausnahmefälle begrenzt – für möglich, dass das Nichtzustandekommen einer Zielvereinbarung gleichzeitig durch schlüssiges Verhalten eine **Rahmenvereinbarung über das Zielvereinbarungssystem insgesamt aufhebt** und damit Ansprüche auf Sonderzahlung dauerhaft ausgeschlossen werden. Dies soll etwa in Betracht kommen, wenn eine Sonderzahlung im Verhältnis zum sonstigen Entgelt nur geringes Gewicht einnimmt und der Arbeitnehmer während vergangener Zielperioden die vereinbarten Ziele bereits deutlich verfehlt hat. Eine Aufhebung der Rahmenvereinbarung über das Zielvereinbarungssystem insgesamt könne in einer solchen Situation im Interesse des Arbeitnehmers liegen, weil Zielverfehlungen auf eine Minderleistung des Arbeitnehmers schließen lassen, die den Bestand des Arbeitsverhältnisses gefährden. In einer solchen Situation könne auf ein bewusstes Absehen von der Festlegung von Zielen und damit eine Aufhebung des gesamten Zielvereinbarungssystems über die Sonderzahlung geschlossen werden.[145] Arbeitgeber sollten in einem Streitfalle stets prüfen, ob ein solcher Sachverhalt ggf. in Betracht kommt.

137 **(2) Fehlende Zielvorgabe.** Unterbleibt die Festlegung von Zielen durch einseitige Zielvorgaben des Arbeitgebers, hat nach herrschender Meinung eine **Festlegung der Ziele gem. § 315 Abs. 3 BGB durch das Arbeitsgericht** zu erfolgen. Umstritten ist allerdings, ob eine solche gerichtliche Bestimmung auch nach Ablauf des Bezugszeitraums erfolgen kann. Für einseitige Zielvorgaben hat das BAG[146] diese Frage ausdrücklich offengelassen. Die instanzgerichtliche Rechtsprechung[147] lässt eine solche Leistungsbestimmung auch nach Ablauf des Bezugszeitraums noch zu.

138 Für **unternehmenserfolgsbezogene Tantiemen** scheint dies ein Blick auf die zivilrechtliche Parallele zur Rechtsprechung bei Geschäftsführern zu bestätigen. So lässt der BGH[148] bei einer einem Geschäftsführer zugesagten Tantieme eine Festsetzung der Tantieme insgesamt gem. § 315 BGB auch nach Ablauf des Bezugszeitraums zu. Gegenstand jenes Rechtsstreits war allerdings nicht die Festsetzung von tantiemerelevanten Bemessungsgrundlagen, sondern die Leistung der Tantieme selbst.

139 Eine nachträgliche gerichtliche Leistungsbestimmung der Zielvorgabe wird nicht daran scheitern, dass die Zielvorgabe generell nicht Gegenstand einer gerichtlichen Leistungsbestimmung sein kann. In **Abgrenzung zu bloßen Vorfragen einer Leistungsbestimmung,** die als solche keine Leistungsbestimmung iSd § 315 BGB bedeuten,[149] geht die Zielvorgabe über eine solche Vorfrage hinaus. Die Zielvorgabe bewirkt, dass anhand der durch sie vorgegebenen Ziele gerade keine gesonderte Leistungsbestimmung mehr über erfolgsangängige Entgeltkomponente möglich oder erforderlich ist. Die Bemessung der erfolgsabhängigen Entgeltkomponente nach Vorgabe der Ziele ist vielmehr ein Akt der Feststellung, ob und in welchem Umfang die – vorgegebenen – Ziele erreicht sind.

140 Allerdings wird sich nach Ablauf des Bezugszeitraums die Frage stellen, welches Rechtschutzinteresse der Arbeitnehmer an einer gerichtlichen Ersetzung der Leistungsbestimmung über ein Ziel hat, wenn eine Klage auf die Leistung selbst bereits möglich ist. Für einvernehmliche Zielvereinbarungen hat das BAG zudem ausdrücklich auf den **Motivationsgedanken** abgestellt, der im Falle einer nachträglichen Festsetzung bei während des

---

[144] BAG 12.12.2007 – 10 AZR 97/07, NZA 2008, 409 (412).
[145] BAG 12.12.2007 – 10 AZR 97/07, NZA 2008, 409 (412).
[146] BAG 12.12.2007 – 10 AZR 97/07, NZA 2008, 409 (411).
[147] LAG Düsseldorf 29.10.2003 – 12 Sa 900/03, BeckRS 2007, 47707; ebenso: *Annuß* NZA 2007, 290 (295).
[148] BGH 9.5.1994 – II ZR 128/93, NJW-RR 1994, 1055 (1056).
[149] BAG 12.10.2011 – 10 AZR 746/10, NZA 2012, 450 (453).

Bezugszeitraums unterbliebener Zielvereinbarung nicht mehr erreicht werden könne.[150] Eine nachträgliche Zielvereinbarung geht deshalb ins Leere.

Insoweit dürfte kein relevanter Unterschied zum Motivationsgedanken bei einer Zielvorgabe bestehen. Sowohl die einvernehmliche Zielvereinbarung als auch die einseitige Zielvorgabe verfolgen einen Motivationszweck für den Arbeitnehmer, die festgelegten Ziele zu erreichen und sich **bei der Erbringung seiner Arbeitsleistung hierauf einzustellen.** Kommt bei Zielvereinbarungen deshalb nicht in entsprechender Anwendung des § 315 Abs. 3 BGB die nachträgliche Festlegung der Ziele durch gerichtliches Urteil in Betracht,[151] wird bei einer zweckorientierten Betrachtung keine andere Entwicklung der Rechtsprechung für einseitige Zielvorgaben anzunehmen sein. Auch bei diesen könnte eine nachträgliche Leistungsbestimmung durch arbeitsgerichtliches Urteil **nicht mehr dem Motivationszweck** gerecht werden, sondern allein einer Bemessung der Anspruchshöhe dienen. Da Letzteres vom BAG bei einvernehmlichen Zielvereinbarungen aber gleichermaßen nicht zugrunde gelegt worden ist, kann für einseitige Zielvorgaben im Ergebnis nichts anderes gelten. Fehlt es an einer Zielvorgabe, kann diese deshalb nach Ablauf des Bezugszeitraums nicht mehr nachträglich festgesetzt werden.

(3) Fehlen einer Zielvereinbarung. Bei Unterbleiben einer einvernehmlichen Zielvereinbarung ist diese Frage durch das BAG dahingehend geklärt, dass keine Festsetzung von Zielen nach Ablauf des Bezugszeitraums durch das Gericht erfolgt.[152] Entgegen früherer instanzgerichtlicher Rechtsprechung[153] hat das BAG auch eine ergänzende Vertragsauslegung der Rahmenvereinbarung hinsichtlich der nach dem redlichen Parteiwillen mutmaßlich zu vereinbarenden Ziele abgelehnt.[154] Nach Auffassung des BAG kommt eine solche ergänzende Vertragsauslegung der Rahmenregelung schon deshalb nicht in Betracht, weil nach dem Parteiwillen ausdrücklich zwischen der Rahmenregelung und der einvernehmlichen Zielvereinbarung differenziert wird und eine ergänzende Vertragsauslegung mutmaßliche Ziele als Bestandteil der Rahmenregelung anerkennen müsste, was die Parteien bei einer Differenzierung zwischen Rahmen- und ausfüllender Einzelregelung gerade nicht beabsichtigten.

Eine Vertragslücke ist nicht in der Rahmenregelung zu suchen, die Gegenstand einer ergänzenden Vertragsauslegung wäre, sondern allenfalls in der **fehlenden einvernehmlichen Zielvereinbarung.** Fehlt es insoweit jedoch an einer Vereinbarung, kann diese mangels rechtlicher Existenz nicht „ergänzend" ausgelegt werden.

Gleiches gilt für eine etwaig für einen früheren Bezugszeitraum zustande gekommene Zielvereinbarung, die nicht ergänzend dahingehend ausgelegt werden soll, dass sie auch für **zukünftige Bezugszeiträume maßgebend** bleibt, dh, die früheren Ziele auch auf zukünftige Bezugszeiträume übertragen werden, solange keine abweichende Zielvereinbarung getroffen wird.[155] Die Zielvereinbarung ist auf den **jeweiligen Bezugszeitraum zugeschnitten** und begrenzt. Eine ergänzende Vertragsauslegung, die abgelaufene Zielvereinbarung nach Ablauf des Bezugszeitraums erneut für weitere Bezugszeiträume anzuwenden, läuft dem Parteiwillen deshalb zuwider und kann nicht Ergebnis einer ergänzenden Vertragsauslegung sein. Fehlt es an einer erforderlichen einvernehmlichen Zielvereinbarung, bleibt es also dabei, dass Ziele für den betroffenen Bezugszeitraum nicht feststehen.

(4) Schadensersatzanspruch bei fehlenden Zielen. Damit entsteht sowohl bei fehlender Zielvorgabe wie bei dem Fehlen einer einvernehmlichen Zielvereinbarung **kein Er-**

---

[150] BAG 12.12.2007 – 10 AZR 97/07, NZA 2008, 409 (413).
[151] BAG 12.12.2007 – 10 AZR 97/07, NZA 2008, 409 (412).
[152] BAG 12.12.2007 – 10 AZR 97/07, NZA 2008, 409 (412).
[153] LAG Köln 14.3.2006 – 9 Sa 1152/05, BeckRS 2008, 51326; LAG Hamm 24.11.2004 – 3 Sa 1325/04, BeckRS 2004, 30459721; LAG Köln 23.5.2002 – 7 Sa 71/02, NZA-RR 2003, 305 (307).
[154] BAG 12.12.2007 – 10 AZR 97/07, NZA 2008, 409 (413).
[155] BAG 12.12.2007 – 10 AZR 97/07, NZA 2008, 409 (415).

füllungsanspruch des Arbeitnehmers auf eine Sonderzahlung. Daraus folgt allerdings lediglich, dass der vertragliche Anspruch auf die Leistung entfällt. Die Frage verschiebt sich in das Schadensersatzrecht. Dem Arbeitnehmer kann ein Anspruch auf Schadensersatz wegen der mangels feststehender Ziele nicht zu bemessenden Sonderzahlung zustehen.

146 Für den Fall der unterbliebenen einvernehmlichen Zielvereinbarung hat das BAG einen solchen Schadensersatzanspruch bereits mehrfach für möglich gehalten.[156] Lehnt man wegen der **Verfehlung des Motivationszwecks** bei unterbliebener Festlegung von Zielen, auch bei einseitigen Zielvorgaben, deren nachträgliche gerichtliche Festsetzung entsprechend § 315 BGB ab, kann insoweit nichts anderes gelten.

147 Nach §§ 280 Abs. 1 und Abs. 3, 283 BGB kann der Arbeitnehmer **Schadensersatz** vom Arbeitgeber verlangen, wenn der Arbeitgeber eine Verpflichtung aus dem Arbeitsvertrag verletzt und infolge dieser Pflichtverletzung eine Leistung unmöglich wird. Jedenfalls bei einer einseitigen Zielvorgabe trifft den Arbeitgeber die alleinige Verpflichtung zur Aufstellung der Ziele, worin eine arbeitsvertragliche Nebenpflicht (§ 241 Abs. 2 BGB) liegt. Aber auch bei der Notwendigkeit einer einvernehmlichen Zielvereinbarung kann eine Nebenpflichtverletzung des Arbeitgebers darin liegen, dass er etwa die Initiative zu einem Gespräch über eine einvernehmliche Zielvereinbarung nicht ergreift.[157] Selbst wenn der Arbeitgeber insoweit keine Initiativpflicht hat, nimmt die Rechtsprechung eine arbeitsvertragliche Nebenpflichtverletzung an, wenn der Arbeitgeber einer arbeitnehmerseitigen Aufforderung zum Abschluss einer Zielvereinbarung nicht nachkommt.[158]

148 Ist mit Ablauf des Bezugszeitraums der mit den festzulegenden Zielen zu erreichende Motivationszweck nicht mehr zu erzielen, leitet das BAG hieraus eine **Unmöglichkeit** iSd tatbestandlichen Voraussetzungen des § 283 BGB ab, weil nach dem Motivationsgedanken eine Anreizfunktion nur in einem Zeitraum erfüllt werden kann, in dem der Arbeitnehmer bereits bei Erbringung seiner Arbeitsleistung die für ihn maßgebenden persönlichen bzw. unternehmensbezogenen Ziele kennt.[159] Fehlt es an einer Regelung über die maßgebenden Ziele, tritt dementsprechend mit Fortgang des Bezugszeitraums Unmöglichkeit der Zielverfolgung und damit Zielerreichung ein, bis am Ende des Bezugszeitraums insgesamt Unmöglichkeit eintritt.

149 Der Anspruch des Arbeitnehmers gegen den Arbeitgeber auf Schadensersatz besteht allerdings gem. § 280 Abs. 1 S. 2 BGB nicht, wenn der Arbeitgeber die fehlende Festlegung der Ziele **nicht zu vertreten** hat. Zu vertreten hat der Arbeitgeber Vorsatz und jede Form der Fahrlässigkeit. Eine Entlastung für die fehlende Festlegung von Zielen gelingt dem Arbeitgeber deshalb nur dann, wenn ihm insoweit nicht einmal ein Fahrlässigkeitsvorwurf zu machen ist.

150 Für eine solche Entlastung kann (und muss) der Arbeitgeber im Falle der einseitigen Zielvorgabe darlegen und im Streitfalle beweisen, dass er dem Arbeitnehmer für den maßgebenden Bezugszeitraum **rechtzeitig geeignete Ziele vorgegeben** hat. Wegen der einseitigen Vorgabe der Ziele kann der Arbeitgeber sich nicht mit der Begründung entlasten, der Arbeitnehmer hätte sich mit den Zielen ohnehin nicht einverstanden erklärt, oder gar, der Arbeitnehmer habe keine Ziele abgefordert.

151 Im Falle der einvernehmlichen Zielvereinbarung hat der Arbeitgeber für seine Entlastung in der Regel darzulegen, dass er dem Arbeitnehmer **rechtzeitig zu vereinbarende Ziele vorgeschlagen** hat, die vom Arbeitnehmer bei realistischer Prognose hätten er-

---

[156] BAG 10.12.2008 – 10 AZR 889/07, NZA 2009, 256 (257); 12.12.2007 – 10 AZR 97/07, NZA 2008, 409 (415).
[157] BAG 10.12.2008 – 10 AZR 889/07, NZA 2009, 256 (257); 12.12.2007 – 10 AZR 97/07, NZA 2008, 409 (415); *Riesenhuber/v. Steinau-Steinrück* NZA 2005, 785 (792); *Lischka* BB 2007, 552 (554).
[158] BAG 10.12.2008 – 10 AZR 889/07, NZA 2009, 256 (257); 12.12.2007 – 10 AZR 97/07, NZA 2008, 409 (415).
[159] BAG 12.12.2007 – 10 AZR 97/07, NZA 2008, 409 (415).

II. Erfolgsabhängige Leistungen

reicht werden können.[160] Dies gilt jedenfalls bei einer Initiativpflicht des Arbeitgebers für das Zustandebringen der Zielvereinbarung. Dabei hat sich die Rechtsprechung noch nicht abschließend positioniert, ob und unter welchen Voraussetzungen den Arbeitgeber eine solche Initiativpflicht trifft. Dies ist letztlich eine Frage der Auslegung der Rahmenvereinbarung über das Zielvereinbarungssystem.

Da der **Arbeitgeber die betrieblichen Abläufe steuert** und auf **sämtliche maßgebenden Kenngrößen Zugriff** hat, wird es in der Regel schwerfallen, den Arbeitnehmer für verpflichtet zu halten, dem Arbeitgeber konkrete Ziele vorzuschlagen. Eine Initiativpflicht kann aber bei Arbeitnehmern anzunehmen sein, deren Arbeitsaufgabe gerade in innovativen Entwicklungen liegt und deren Ziele nach der Rahmenvereinbarung ausschließlich daran zu bemessen sind. 152

Für die Entlastung des Arbeitgebers bei bestehender Initiativpflicht fordert das BAG, dass der Arbeitgeber dem Arbeitnehmer **realistischerweise erreichbare Ziele angeboten** haben muss.[161] Der mögliche Vorteil einer einvernehmlichen Zielvereinbarung, dass nämlich anders als bei einseitigen Zielvorgaben eine Inhalts- und Billigkeitskontrolle vereinbarter Ziele wegen der anwendbaren **Grundsätze über freie Entgeltvereinbarungen** ausscheidet, kommt bei Fehlen einer einvernehmlichen Zielvereinbarung für die Frage des Schadensersatzes nicht zum Tragen. Solange ein Einvernehmen mit dem Arbeitnehmer nicht erzielt ist, stellt sich für den Schadensersatzanspruch die Frage, ob die vom Arbeitgeber dem Arbeitnehmer angebotenen Ziele redlicherweise vom Arbeitnehmer hätten akzeptiert werden müssen. Nur in diesem Falle hat der Arbeitgeber seine arbeitsvertragliche Nebenpflicht zur Mitwirkung am Zustandekommen der einvernehmlichen Zielvereinbarung erfüllt und ist deren Verletzung als Grundlage eines Schadensersatzanspruchs ausgeschlossen. 153

> **Praxistipp:**
> Arbeitgeber sollten daher – auch wenn im Falle des Zustandekommens einer Zielvereinbarung deren inhaltliche Überprüfung rechtlich begrenzt ist – auch bei einvernehmlichen Zielvereinbarungen **nur realistischerweise erreichbare Ziele vorschlagen**. Entsprechendes gilt für die Grenzen des Direktionsrechts: Nach Auffassung des BAG hat der Arbeitgeber eine fehlende Festlegung von Zielen zu vertreten, die nicht dem Inhalt der geschuldeten Arbeitsleistung entsprechen, sondern eine Änderung des Arbeitsvertrages voraussetzen würden.[162]

Selbst wenn der Arbeitgeber insoweit aber ggf. keine Initiativpflicht hat, nimmt die Rechtsprechung eine arbeitsvertragliche Nebenpflichtverletzung gleichwohl an, wenn der Arbeitgeber einer arbeitnehmerseitigen Aufforderung zum Abschluss einer Zielvereinbarung nicht nachkommt.[163] Insoweit sind bei Bestehen einer Initiativpflicht des Arbeitgebers vielfältige **Abstufungen bei den einzelnen Schritten des Zustandekommens einer einvernehmlichen Zielvereinbarung** denkbar. Etwa von der bloßen Aufforderung (Einladung) zu einem Gespräch, der Mitteilung vorzuschlagender Ziele, einer Reaktionsfrist (Bedenkzeit) für die jeweils andere Seite, die Initiative zum Folgegespräch bis hin zur abschließenden Einigung über die Ziele. 154

> **Praxistipp:**
> Die Festlegung einvernehmlich zu vereinbarender Ziele setzt unabhängig vom Bestehen einer Initiativpflicht eine **Mitwirkung des Arbeitnehmers** voraus. Auch der Arbeitneh-

---

[160] BAG 10.12.2008 – 10 AZR 889/07, NZA 2009, 256 (257).
[161] BAG 10.12.2008 – 10 AZR 889/07, NZA 2009, 256 (257).
[162] BAG 10.12.2008 – 10 AZR 889/07, NZA 2009, 256 (258).
[163] BAG 10.12.2008 – 10 AZR 889/07, NZA 2009, 256 (257); 12.12.2007 – 10 AZR 97/07, NZA 2008, 409 (415).

mer verletzt deshalb eine arbeitsvertragliche Nebenpflicht, wenn er das Nichtzustandekommen einer Zielvereinbarung zu vertreten hat, weil er etwa der Aufforderung des Arbeitgebers zu einem diesbezüglichen Gespräch nicht nachkommt.[164] Trifft sowohl den Arbeitgeber wie den Arbeitnehmer ein Verschulden am Nichtzustandekommen einer Zielvereinbarung, ist dies zulasten des Arbeitnehmers anspruchsmindernd als **Mitverschulden gem. § 254 BGB** zu berücksichtigen.[165] Werden Arbeitgeber wegen fehlender Festlegung von Zielen in Anspruch genommen, sollten sie deshalb etwaig fehlende Mitwirkungshandlungen der Arbeitnehmer genau prüfen, um Ansprüche zumindest begrenzen zu können.

155　Im Übrigen richtet sich der **Umfang des Schadensersatzes** gem. §§ 249, 252 BGB unter dem Gesichtspunkt entgangenen Gewinns des Arbeitnehmers danach, ob nach dem gewöhnlichen Lauf der Dinge, nach den maßgebenden Einzelfallumständen und in welchem Umfang mit hinreichender Wahrscheinlichkeit eine Sonderzahlung erfolgt wäre, wären Ziele festgelegt worden. Für den Arbeitnehmer kommt prozessual insoweit eine Beweiserleichterung zum Tragen. Der Arbeitnehmer hat gem. **§ 287 ZPO** lediglich Umstände darzulegen und ggf. zu beweisen, aus denen sich eine hinreichende Wahrscheinlichkeit für eine Sonderzahlung in bestimmter Höhe ergibt. Eine Gewissheit ist demgegenüber nicht erforderlich.

> *Achtung!*
> Diese Beweiserleichterung für den Arbeitnehmer zeigt einmal mehr, dass Arbeitgeber die Erfüllung sämtlicher Mitwirkungspflichten beim Zustandekommen einer Zielvereinbarung beachten sollten. Während für die Geltendmachung von **Schadensersatz durch den Arbeitnehmer eine hinreichende Wahrscheinlichkeit** der Entstehung eines Anspruchs auf Sonderzahlung in bestimmter Höhe genügt, müsste der Arbeitnehmer im Falle feststehender Ziele deren Erreichung in einem Rechtsstreit **grundsätzlich darlegen und beweisen** und es gingen Zweifel zu seinen Lasten – eine bloße Wahrscheinlichkeit der Zielerreichung würde demgegenüber nicht genügen.

156　Diese Erleichterung der Darlegungs- und Beweislast für den Arbeitnehmer entbindet das Arbeitsgericht zwar nicht davon, über streitige Ausgangs- oder Anknüpfungstatsachen ggf. **Beweis** zu erheben,[166] jedoch ist hinsichtlich der Frage des Grades der Zielerreichung und der damit einhergehenden Höhe der entgangenen Sonderzahlung als Schaden eine **Schätzung des Gerichts** auf Grundlage solcher Ausgangs- bzw. Anknüpfungstatsachen eröffnet. Nach Auffassung des BAG ist bei der Ermittlung eines Schadens nach § 287 Abs. 1 ZPO grundsätzlich davon auszugehen, dass der Arbeitnehmer vereinbarte Ziele erreicht hätte, wenn nicht besondere Umstände diese Annahme ausschließen.[167]

> *Achtung!*
> Damit ist die Beweiserleichterung des § 287 ZPO **für den Arbeitgeber doppelt misslich**. Einerseits geht die Rechtsprechung davon aus, dass der Arbeitgeber dem Arbeitnehmer nur realistischerweise zu erreichende Ziele einseitig im Wege der Zielvorgabe festsetzen oder dem Arbeitnehmer zum Zwecke einer einvernehmlichen Zielvereinbarung anbieten darf. Andererseits geht die Rechtsprechung davon aus, dass der Arbeitnehmer in der Regel die Ziele erreicht, wenn nicht konkrete Umstände gegen diese An-

---

[164] BAG 12.12.2007 – 10 AZR 97/07, NZA 2008, 409 (416).
[165] BAG 12.12.2007 – 10 AZR 97/07, NZA 2008, 409 (416).
[166] BAG 12.12.2007 – 10 AZR 97/07, NZA 2008, 409 (415).
[167] BAG 10.12.2008 – 10 AZR 889/07, NZA 2009, 256 (258).

nahme sprechen. Für solche Umstände ist der Arbeitgeber darlegungs- und beweispflichtig.[168]

Der Schadensersatzanspruch des Arbeitnehmers gegen den Arbeitgeber wegen fehlender einseitiger Zielvorgaben oder einvernehmlicher Zielvereinbarung führt damit im Ergebnis zu einer **vollständigen Umkehr der Darlegungs- und Beweislast** zulasten des Arbeitgebers.

bb) Fehlerhafte Zielvorgaben oder -vereinbarungen

Fehlerhafte Zielvorgaben oder -vereinbarungen stehen im Raum, wenn zwar Ziele festgelegt sind, jedoch Streit über deren Rechtmäßigkeit entsteht. Bei einer einvernehmlichen Zielvereinbarung wird sich die Frage fehlerhafter Ziele in der Praxis wegen der anwendbaren Grundsätze über freie Entgeltvereinbarungen und der damit selten einhergehenden materiellen Fehlerhaftigkeit wegen Unangemessenheit der Ziele kaum vorstellen lassen. Denkbar ist bei einvernehmlichen Zielvereinbarungen jedoch eine Intransparenz (§ 307 Abs. 1 S. 2 BGB) mangels klarer und verständlicher Formulierung der Ziele mit der Folge der (ganzen oder teilweisen) Unwirksamkeit der einvernehmlichen Zielvereinbarung. Darüber hinaus ist die Frage fehlerhafter Ziele bei **einseitigen Zielvorgaben von erheblicher praktischer Relevanz,** wenn etwa über die Frage der realistisch zu erwartenden Erreichbarkeit der Ziele durch den Arbeitnehmer gestritten wird. 157

Überschreiten **einseitig vom Arbeitgeber festgelegte Zielvorgaben** die Grenzen billigen Ermessens gem. § 315 BGB, erfolgt die Bestimmung der Ziele nach der gesetzlichen Konzeption des § 315 Abs. 3 S. 2 BGB durch Urteil. Allerdings wird diese Bestimmung durch Urteil – man denke an einen Rechtsstreit über zwei, ggf. sogar drei Instanzen – in der Regel erst nach Ablauf des Bezugszeitraums erfolgen. Die gerichtliche Leistungsbestimmung dürfte mit den bei den Grundsätzen fehlender Zielvorgaben aufgezeigten Motivationszwecken deshalb in der Praxis nicht zu vereinbaren sein. Auch für **einvernehmliche Zielvereinbarungen** ist insoweit rechtlich ungeklärt, wie der vom BAG angenommene Motivationscharakter mit einer Korrektur festgelegter Ziele nach Ablauf des Bezugszeitraums zu vereinbaren ist.[169] 158

Zutreffend wird zu differenzieren sein: 159

- Steht die **Wirksamkeit der Ziele selbst** im Streit – etwa deren Erreichbarkeit durch den Arbeitnehmer oder die Grenze des Direktionsrechts – ist eine entsprechende Anwendung der Grundsätze über die fehlende Zielvorgabe bzw. -vereinbarung geboten, sobald der Bezugszeitraum abgelaufen ist. Ist mit Ablauf des Bezugszeitraums der mit den (neu) festzulegenden Zielen zu erreichende Motivationszweck nicht mehr zu erzielen, kann die Anreizfunktion im Bezugszeitraum nicht mehr erreicht werden und es tritt Unmöglichkeit ein. Ebenso wie bei fehlenden Zielen kann eine gerichtliche Korrektur der Ziele selbst keine Steuerung des Arbeitsverhaltens mehr herbeiführen. Eine Klage auf Festlegung der Ziele wird bei konsequenter Fortsetzung des Motivationszwecks regelmäßig erfolglos bzw. vom Arbeitnehmer auf Schadensersatz statt der Leistung mit den Beweiserleichterungen nach § 287 ZPO umzustellen sein.
- Beschränkt sich die vom Arbeitnehmer geltend gemachte Fehlerhaftigkeit der Ziele dagegen auf deren **graduelle Bemessung oder Gewichtung zueinander,** bleibt es grundsätzlich bei den festgelegten Zielen, sodass der Arbeitnehmer diese während des Bezugszeitraums verfolgen konnte und der Motivationszweck nicht zur Unmöglichkeit führt. Derartige Fehler können auch nachträglich korrigiert werden, ohne dass eine Unmöglichkeit entgegensteht. Nach allgemeinen zivilprozessualen Grundsätzen verfolgt

---

[168] BAG 10. 12. 2008 – 10 AZR 889/07, NZA 2009, 256 (258).
[169] BAG 10. 12. 2008 – 10 AZR 889/07, NZA 2009, 256 (257 f.); 12. 12. 2007 – 10 AZR 97/07, NZA 2008, 409 (415).

der Arbeitnehmer in diesem Falle einen Erfüllungsanspruch, für den die Beweiserleichterungen nach § 287 ZPO nicht eröffnet sind.

> **Praxistipp:**
> Will der Arbeitgeber vermeiden, dass dem Arbeitnehmer die Beweiserleichterung des § 287 ZPO zugutekommt, ist er nur bei einer **zustande gekommenen einvernehmlichen Zielvereinbarung** auf der weitgehend sicheren Seite. Solange diese klar und verständlich (§ 307 Abs. 1 S. 2 BGB) formuliert ist, findet keine weitere Kontrolle statt. Eine Inhalts- oder Billigkeitskontrolle der vereinbarten Ziele ist nicht eröffnet. Dieser eingeschränkte Prüfungsmaßstab kommt dem Arbeitgeber bei einseitig vorgegebenen Zielen nicht zugute.
> Der Arbeitgeber hat bei einem einvernehmlichen Zielvereinbarungsmodell lediglich das Risiko zu kalkulieren, dass eine einvernehmliche Zielvereinbarung nicht zustande kommt. Dieses Risiko bleibt für ihn folgenlos, wenn er einen **ordnungsgemäßen Prozess** des (versuchten) Zustandekommens von Zielvereinbarungen dokumentiert.

j) Arbeitsunfähigkeit und sonstige Fehlzeiten

aa) Gestaltungsmöglichkeiten

160 Knüpft die vertragliche Gestaltung die Bemessung einer Sonderzahlung zumindest teilweise an die **aktive Erbringung einer Arbeitsleistung,** kommt der Sonderzahlung (auch) eine Anreizfunktion für die Anwesenheit am Arbeitsplatz zu (zu reinen Anwesenheitsprämien → G Rn. 1 ff.). Bei solchen Gestaltungen sind **gesetzliche Bestimmungen** zu beachten, die die Kürzung von Sonderzahlungen bei bestimmten Anlässen einer Verhinderung an der Arbeitsleistung begrenzen.

161 **(1) Grenzen der Berücksichtigung von Anwesenheitszeiten.** Eine laufend gezahlte Leistung des Arbeitgebers mit Blick auf die Anwesenheit des Arbeitnehmers ist wegen der **zwingenden Bestimmungen** der §§ 3, 4 EFZG für die Arbeitsunfähigkeit, des § 11 BUrlG für die Dauer eines Erholungsurlaubs oder gem. §§ 3, 20 MuSchG für die Mutterschutzfristen trotz Abwesenheit in diesen geregelten Fällen fortzuzahlen. Auch wenn der Arbeitgeber eine laufende Leistung ausdrücklich an die aktive Mitarbeit des Arbeitnehmers durch Anwesenheit am Arbeitsplatz knüpft, kommt dieser Leistungszweck wegen der genannten zwingenden gesetzlichen Bestimmungen im Ergebnis in deren Rahmen nicht zum Tragen.[170]

162 Auch laufendes Arbeitsentgelt ist jedoch bei Abwesenheiten ohne zwingenden gesetzlichen Entgeltfortzahlungsanspruch, etwa bei Arbeitsunfähigkeit über den Entgeltfortzahlungszeitraum hinaus, während einer Elternzeit, eines Wehr-/Ersatzdienstes, einer Pflegezeit oÄ nicht zu zahlen. Insoweit gilt der allgemeine Grundsatz des § 323 BGB, wonach ohne Erbringung einer Arbeitsleistung seitens des Arbeitnehmers keine Arbeitsentgeltzahlung durch den Arbeitgeber geschuldet ist (**„kein Lohn ohne Arbeit"**). Dies gilt über die genannten Tatbestände berechtigter Abwesenheiten hinaus, selbstverständlich erst recht im Falle unberechtigter Abwesenheit des Arbeitnehmers vom Arbeitsplatz.

163 Weitergehende Kürzungsmöglichkeiten bestehen bei **Sonderzahlungen, die nicht Bestandteil des laufenden Arbeitsentgelts** sind. Soweit selbst bei laufenden Leistungen eine Kürzung mit Blick auf Fehlzeiten des Arbeitnehmers zulässig wäre, etwa für die Dauer einer Elternzeit, des Wehr-/Ersatzdienstes, einer Pflegezeit oder bei unberechtigter Abwesenheit vom Arbeitsplatz, besteht eine – zumindest proportionale – Kürzungsmöglichkeit auch für Sonderzahlungen. Soweit gesetzliche Bestimmungen dagegen eine Fort-

---

[170] ErfK/*Dörner/Reinhard* EFZG § 4a Rn. 8; BAG 23.5.1984 – 5 AZR 500/81, NZA 1985, 89 (90).

II. Erfolgsabhängige Leistungen

zahlung des Arbeitsentgelts trotz Fehlzeiten des Arbeitnehmers vorsehen, bleibt die Rechtslage für Sonderzahlungen unübersichtlich.

(2) Arbeitsunfähigkeit. (a) Entwicklung der Rechtsprechung, Regelung des § 4a EFZG. Für Fehlzeiten wegen Arbeitsunfähigkeit hatte eine frühere Rechtsprechung eine Kürzung auch für Zeiten der Arbeitsunfähigkeit mit Entgeltfortzahlung zugelassen.[171] In späteren Entscheidungen wurde dagegen nur eine begrenzte Kürzung anerkannt.[172] Die Rechtsprechung hat insoweit eine **Grenze für die Kürzung von Sonderzahlungen bei 1/60 bzw. 1/30 pro Fehltag** angenommen.[173] 164

Diese Rechtsprechung ist zwischenzeitlich durch die **Bestimmung des § 4a EFZG** überholt. Nach § 4a EFZG ist bei einer Leistung des Arbeitgebers außerhalb des laufenden Arbeitsentgelts eine Kürzung für Zeiten der Arbeitsunfähigkeit zulässig, die für jeden Tag der Arbeitsunfähigkeit 1/4 des im Jahresdurchschnitt auf einen Arbeitstag entfallenden Arbeitsentgelts nicht überschreiten darf. Entscheidend für die Kürzungsmöglichkeit ist damit zunächst, dass es sich um eine Leistung des Arbeitgebers handelt, die außerhalb des laufenden Arbeitsentgelts gezahlt wird.[174] Für die Abgrenzung solcher Leistungen bestehen in der Praxis vergleichbare Schwierigkeiten, wie im Zusammenhang mit dem Freiwilligkeitsvorbehalt. Für den Begriff der Sondervergütung in § 4a EFZG ist es in der Literatur herrschende Auffassung, dass **leistungsabhängige Entgelte** auch dann zum laufenden Arbeitsentgelt zählen, wenn sie jährlich nur einmalig gezahlt werden.[175] 165

Die Abgrenzung erfolgt nach der herrschenden Literatur allein über den Austauschgedanken: Knüpft der Leistungszweck zumindest auch an eine Arbeitsleistung, soll es sich um laufendes Arbeitsentgelt handeln, auf das § 4a EFZG von vornherein nicht anwendbar ist. Dies trifft auf alle erfolgsabhängigen Entgeltkomponenten zu. Nach überwiegender Auffassung in der Literatur sind deshalb **sämtliche erfolgsabhängigen Sonderzahlungen** in Bezug auf erbrachte Arbeitsleistungen des Arbeitnehmers zu betrachten und damit von der **Kürzungsmöglichkeit des § 4a EFZG** ausgenommen.[176] 166

> **Praxistipp:**
> Soweit eine erfolgsabhängige Sondervergütung dem laufenden Arbeitsentgelt zuzuordnen ist, kommt eine Kürzungsmöglichkeit nach dieser überwiegenden Auffassung aufgrund des § 4a EFZG mit Blick auf die arbeitsunfähigkeitsbedingten Fehlzeiten nicht in Betracht. Insbesondere bei individualerfolgsbezogenen Zielen wird jedenfalls bei erheblichen Arbeitsunfähigkeitszeiten die Zielerreichung wegen der Fehlzeiten des Arbeitnehmers infrage stehen. In diesen Fällen ist es ungeklärt, ob der Arbeitnehmer zumindest für die Dauer des Entgeltfortzahlungszeitraums von sechs Wochen gem. §§ 3, 4 EFZG auch **hinsichtlich der Zielerreichung (fiktiv) so zu stellen** ist, als habe er gearbeitet.[177] Jedenfalls für einen darüber hinausgehenden Zeitraum wäre die fehlende Zielerreichung jedoch uneingeschränkt negativ berücksichtigungsfähig.

---

[171] BAG 9.11.1972 – 5 AZR 144/72, AP BGB § 611 Anwesenheitsprämie Nr. 9.
[172] BAG 23.5.1984 – 5 AZR 500/81, NZA 1985, 89 (90); 15.2.1990 – 6 AZR 381/88, AP BGB § 611 Anwesenheitsprämie Nr. 15; 19.4.1995 – 10 AZR 136/94, AP BGB § 611 Gratifikation Nr. 172; 6.12.1995 – 10 AZR 123/95, AP BGB § 611 Gratifikation Nr. 186.
[173] BAG 23.5.1984 – 5 AZR 500/81, NZA 1985, 89 (90); 15.2.1990 – 6 AZR 381/88, AP BGB § 611 Anwesenheitsprämie Nr. 15; 19.4.1995 – 10 AZR 136/94, AP BGB § 611 Gratifikation Nr. 172; 6.12.1995 – 10 AZR 123/95, AP BGB § 611 Gratifikation Nr. 186.
[174] BAG 21.1.2009 – 10 AZR 216/08, AP BGB § 611 Gratifikation Nr. 283.
[175] ErfK/*Dörner/Reinhard* EFZG § 4a Rn. 5; HK-EFZR/*Feichtinger/Malkmus* EFZG § 4a Rn. 25 ff.; *Schmitt* EFZG § 4a Rn. 20.
[176] ErfK/*Dörner/Reinhard* EFZG § 4a Rn. 8; *Annuß* NZA 2007, 290 (293); *Riesenhuber/v. Steinau-Steinrück* NZA 2005, 785 (790).
[177] *Riesenhuber/v. Steinau-Steinrück* NZA 2005, 785 (790).

167 Sollen sämtliche erfolgsabhängigen Entgeltbestandteile aus dem Anwendungsbereich des § 4a EFZG ausgenommen werden, müssen sie dem **generellen Entgeltfortzahlungsregime der §§ 3, 4 EFZG unterstellt** werden, sodass wegen des angenommenen Bezugs zur Arbeitsleistung bei Dauererkrankungen **unabhängig von der Erreichung etwa wirtschaftlicher Ziele keinerlei Leistung** erfolgt. Bei vorübergehender Erkrankung während des Bezugszeitraums wäre die Sonderzahlung entsprechend anteilig der Dauer der Arbeitsleistung zu bemessen.

> **Achtung!**
> Diese Betrachtung wäre aus Sicht der überwiegenden Literatur konsequent, wird aber nicht (ausdrücklich) gezogen. Nach dieser Auffassung scheint es selbst bei Dauerkranken bei einer uneingeschränkten Leistungspflicht des Arbeitgebers zu bleiben, die nicht einmal nach § 4a EFZG zu mindern ist.[178]

168 Das **BAG** scheint für die Abgrenzung **vorrangig auf die Zahlungsweise** abzustellen. Erfolgt die Auszahlung im Turnus des laufenden Arbeitsentgelts, handelt es sich nicht um eine Sondervergütung und scheidet die Kürzung nach § 4a EFZG aus.[179] Eine Kürzung nach § 4a EFZG kommt dagegen nach dem BAG in Betracht, wenn die Zahlungsweise quartalsweise oder jährlich erfolgt.[180] Der Anwendungsbereich des § 4a EFZG ist nach dieser Rechtsprechung weiter.

169 Eine solche Betrachtung des Begriffs der Sondervergütung in § 4a EFZG ist vorzugswürdig. Aufgrund des § 4a EFZG ist für die Kürzung von Leistungen bei Fehlzeiten die **Berücksichtigung eines Mischcharakters gesetzlich vorgegeben**. Die Betrachtung der überwiegenden Literatur steht zwar in Einklang mit der Rechtsprechung bei Bindungsklauseln, die Leistungen mit dem Zweck eines Mischcharakters für die Bindung von Arbeitnehmern nicht mehr anerkennt. Eine Bindungsklausel, bei der Betriebstreue honoriert werden soll (→ Rn. 1 ff.), wird bei einem (auch) leistungsabhängigen Entgelt nicht mehr zugelassen. Für solche Bindungsklauseln besteht damit allein Differenzierung nach erfolgsabhängigen und betriebstreueabhängigen Leistungen.

170 Die **Bestimmung des § 4a EFZG widerlegt jedoch eine solche Bewertung** im Anwendungsbereich des § 4a EFZG (zu Anwesenheitsprämien näher → G Rn. 47 ff.). Bei alleinigen Betriebstreueleistungen wäre eine Anwendung des § 4a EFZG von vornherein sinnentleert oder widersprüchlich – erbringt doch der arbeitsunfähige Arbeitnehmer eine Betriebstreue und kommt deshalb eine Kürzung selbst im Rahmen des § 4a EFZG nicht in Betracht. Wäre in Abgrenzung hierzu allein ein Erfolgsbezug denkbar, richtete sich die Bemessung der (auch) leistungsabhängigen Sondervergütung bereits nach dem Entgeltfortzahlungsregime der §§ 3, 4 EFZG. Die konsequente Betrachtung der überwiegenden Literaturauffassung belässt damit für die Kürzung nach § 4a EFZG überhaupt keinen Anwendungsbereich. Eine solche vermeintliche Rechtsanwendung überdehnt jedoch den Willen des Gesetzgebers des § 4a EFZG, der aufgrund der gesetzlichen Bestimmung des § 4a EFZG eine Bemessung von bestimmten Leistungen anhand der aktiven Arbeitsleistung außerhalb des Entgeltfortzahlungsregimes anerkennt. Da eine solche Bemessung bei Betriebstreueleistungen bereits nach deren alleinigem Zweck ausscheidet, bleibt allein der **Leistungszweck eines Mischcharakters im Anwendungsbereich des § 4a EFZG**.

171 **(b) Bemessung der Kürzung nach § 4a EFZG.** Im Falle der Anwendbarkeit des § 4a EFZG trifft dieser für die Kürzung Vorgaben. Die Grenze der Kürzung beträgt **für jeden Tag der Arbeitsunfähigkeit 1/4 des im Jahresdurchschnitt auf einen Arbeitstag**

---

[178] ErfK/Dörner/Reinhard EFZG § 4a Rn. 8; *Annuß* NZA 2007, 290 (293); *Riesenhuber/v. Steinau-Steinrück* NZA 2005, 785 (790).
[179] BAG 21.1.2009 – 10 AZR 216/08, AP BGB § 611 Gratifikation Nr. 283.
[180] BAG 21.1.2009 – 10 AZR 216/08, AP BGB § 611 Gratifikation Nr. 283.

II. Erfolgsabhängige Leistungen

entfallenden Arbeitsentgelts. Das Gesetz regelt nicht ausdrücklich, ob diese Kürzungsmöglichkeit sich auf den Zeitraum der Arbeitsunfähigkeit mit Entgeltfortzahlung beschränkt, sodass weitergehende Arbeitsunfähigkeitszeiträume, in denen der Arbeitnehmer keinerlei Entgeltfortzahlung erhält, über die Grenze des § 4a EFZG hinaus anspruchsmindernd berücksichtigt werden können.

In der höchstrichterlichen Rechtsprechung ist dies noch nicht abschließend geklärt. Vereinzelt wird eine weitergehende Kürzungsmöglichkeit außerhalb des Entgeltfortzahlungszeitraums zwar angenommen, da der Regelungsgehalt des Entgeltfortzahlungsgesetzes sich auf den Entgeltfortzahlungszeitraum beschränke und dementsprechend ebenfalls § 4a EFZG allein für diese Dauer der Fehlzeiten eine Begrenzung der Kürzungsmöglichkeit vorsähe.[181] Die wohl **überwiegende Literatur**[182] stellt dagegen auf die **Gesetzesbegründung** ab, nach der § 4a EFZG bestehende Unklarheiten der bisherigen Rechtsprechung aufheben sollte.[183]

Die vormalige Rechtsprechung des BAG, von der § 4a EFZG erheblich abweicht, wird zwar nur eingeschränkt herangezogen werden können. Allerdings hatte das BAG[184] bei seiner Rechtsprechung zur Begrenzung der Kürzung von Sonderzahlungen eine solche **Differenzierung nach Fehltagen mit oder ohne Entgeltfortzahlungspflicht nicht vorgenommen.** An seinen generellen Anknüpfungspunkten zum Begriff der Sonderzahlung hat das BAG auch nach Inkrafttreten des § 4a EFZG festgehalten, ohne allerdings die Einzelheiten über die Bemessung bislang abschließend zu klären.[185] Das BAG hat lediglich an seinen Begriff der Sonderzahlung angeknüpft, auf den der Arbeitnehmer im Gegensatz zum laufenden Arbeitsentgelt seinen generellen Lebensstandard nicht eingerichtet habe, sodass eine Kürzung zulässig sei.[186]

Geht man mit dieser Rechtsprechung davon aus, dass Sonderzahlungen außerhalb des laufenden Arbeitsentgelts stehen und das laufende Arbeitsentgelt über die allgemeine Entgeltfortzahlung nach §§ 3, 4 EFZG abgebildet wird, regelt das Entgeltfortzahlungsgesetz in § 4a EFZG durchaus Sonderzahlungen außerhalb der eigentlichen Entgeltfortzahlung. Ein auf die Entgeltfortzahlung begrenzter Anwendungsbereich lässt sich dem Gesetz gerade wegen seiner Bestimmung in § 4a EFZG nicht mehr entnehmen, sodass daraus keine Grenze herzuleiten ist. Die Kürzungsmöglichkeit ist deshalb **auch für Fehltage, an denen keine Entgeltfortzahlung zu leisten ist,** auf 1/4 des im Jahresdurchschnitt auf einen Arbeitstag entfallenden Arbeitsentgelts begrenzt.[187]

Die hiernach mögliche Kürzung errechnet sich für jeden Tag der Arbeitsunfähigkeit anhand des im **Jahresdurchschnitt auf einen Arbeitstag entfallenden Arbeitsentgelts,** welches zu 25 % angesetzt werden kann. Für den Jahresdurchschnitt ist ungeklärt, ob es sich hierbei um eine statische Betrachtung des jeweiligen Kalenderjahres oder eine jeweils rollierende Betrachtung des vergangenen Zwölf-Monats-Zeitraums handelt. Nach wohl herrschender Auffassung ist eine taggenaue Betrachtung des vergangenen Zwölf-Monats-Zeitraums vorzunehmen.[188] Für diese Betrachtung eines rollierenden Zwölf-Monats-Zeitraums spricht – anders als etwa im Urlaubsrecht – der fehlende Hinweis auf das Kalenderjahr.[189]

Bei der Bemessung des in diesen Jahresdurchschnitt fallenden Arbeitsentgelts sind **sämtliche Engeltkomponenten** einzubeziehen. Auch die zu kürzende Sondervergü-

---

[181] *Mengel* S. 117 Rn. 194.
[182] *Bauer/Lingemann* BB 1996, 8 ff.; HK-EFZR/*Feichtinger/Malkmus* EFZG § 4a Rn. 34.
[183] BT-Drs. 13/4612.
[184] BAG 23.5.1984 – 5 AZR 500/81, NZA 1985, 89 (90); 15.2.1990 – 6 AZR 381/88, AP BGB § 611 Anwesenheitsprämie Nr. 15; 19.4.1995 – 10 AZR 136/94, AP BGB § 611 Gratifikation Nr. 172; 6.12.1995 – 10 AZR 123/95, AP BGB § 611 Gratifikation Nr. 186.
[185] BAG 7.8.2002 – 10 AZR 709/01, AP EntgeltFG § 4a Nr. 2.
[186] BAG 7.8.2002 – 10 AZR 709/01, AP EntgeltFG § 4a Nr. 2.
[187] *Bauer/Lingemann* BB 1996, 8; HK-EFZR/*Feichtinger/Malkmus* EFZG § 4a Rn. 34.
[188] ErfK/*Dörner/Reinhard* EFZG § 4a Rn. 12 mwN; *Bauer/Lingemann* BB 1996, 8 (15).
[189] ErfK/*Dörner/Reinhard* EFZG § 4a Rn. 12.

tung selbst fließt dementsprechend in die Bemessung ein. Dies folgt aus der Differenzierung in § 4a EFZG zwischen laufendem Arbeitsengelt und Sondervergütung im Tatbestand einerseits und andererseits aus der Anknüpfung des **Kürzungsbetrages an das „Arbeitsentgelt" als Rechtsfolge.**

Beispiel:
Erhielt der Arbeitnehmer im vergangenen Zwölf-Monats-Zeitraum als laufendes Arbeitsentgelt eine monatliche Bruttovergütung in Höhe von 4.500,00 EUR sowie eine Leistungszulage in Höhe von monatlich 500,00 EUR und eine einmalige Sonderzahlung in Höhe von 10.000,00 EUR brutto, beträgt das für die Kürzung heranzuziehende Arbeitsentgelt im Zwölf-Monats-Zeitraum 70.000,00 EUR brutto (laufendes Arbeitsentgelt in Höhe von 60.000,00 EUR brutto, Sonderzahlung in Höhe von 10.000,00 EUR brutto). Bei 260 Arbeitstagen (zur Berücksichtigung von Urlaubstagen sogleich) ergibt dies einen arbeitstäglichen Durchschnittsverdienst in Höhe von 269,23 EUR brutto, von dem 25 % (67,31 EUR brutto) für jeden Tag der Arbeitsunfähigkeit bei der künftigen Sonderzahlung in Abzug gebracht werden dürfen.

177 Bei der Ermittlung des Kürzungsbetrages sind **Urlaubstage als Arbeitstage** zu behandeln.[190] Urlaubstage müssen schon deshalb in die Betrachtung mit einbezogen werden, da das während des Urlaubszeitraums gewährte Urlaubsentgelt ebenfalls als Entgeltbestandteil in die Bemessung des Arbeitsverdienstes einfließt und anderenfalls Verzerrungen auftreten würden.

178 **(3) Elternzeit, Pflegezeit, Wehrdienst.** Ein Anspruchsausschluss für Fehlzeiten während des Ruhens eines Arbeitsverhältnisses infolge einer Elternzeit ist grundsätzlich möglich. Während der Elternzeit **ruhen die beiderseitigen Hauptleistungspflichten** – so wie der Arbeitnehmer nicht zur Erbringung einer Arbeitsleistung verpflichtet ist, entfällt für den Arbeitgeber die Verpflichtung zur Zahlung des Arbeitsentgelts. Auch wenn ggf. bei empirischer Betrachtung überproportional Frauen den Anspruch auf Elternzeit geltend machen werden, verstößt eine entsprechend dem Ruhenszeitraum bemessene Kürzung der Sonderzahlung nicht gegen das Gebot der Gleichbehandlung von Männern und Frauen.[191] Allein der Umstand, dass infolge des Ruhens des Arbeitsverhältnisses beidseitig keine Leistungspflichten entstehen, stellt einen so gravierenden Gesichtspunkt dar, dass dies auch die Tatsache der ggf. überwiegenden Betroffenheit von Frauen rechtfertigt.[192] Es fehlt damit bereits am Tatbestand einer mittelbaren Diskriminierung.

Praxistipp:
Eine proportional anteilige Kürzung des Anspruchs auf die Sonderzahlung für Zeiten, in denen das Arbeitsverhältnis kraft Vereinbarung oder Gesetzes ruht, sollte bei der Gestaltung der Sonderzahlung ausdrücklich geregelt werden. Nur bei Leistungen mit reinem Entgeltcharakter ergibt sich dies bereits aus dem Leistungszweck selbst.[193] Da die Rechtsprechung die Anerkennung von Leistungen mit Mischcharakter allein hinsichtlich der Maßgabe zukünftiger Betriebstreue aufgegeben hat,[194] kommt ein solcher Mischcharakter der Honorierung von Arbeitsleistungen nebst der im Bezugszeitraum zu erbringenden Betriebstreue weiterhin in Betracht. § 4a EFZG bestätigt, dass ein Mischcharakter für die Bemessung von Leistungen weiterhin herangezogen werden darf (→ Rn. 169).

---

[190] ErfK/*Dörner/Reinhard* EFZG § 4a Rn. 14; HK-EFZR/*Feichtinger/Malkmus* EFZG § 4a Rn. 42; aA *Bauer/Lingemann* BB 1996, 8 ff.
[191] BAG 6.12.1995 – 10 AZR 198/95, AP BGB § 611 Gratifikation Nr. 187; 24.5.1995 – 10 AZR 619/94, AP BGB § 611 Gratifikation Nr. 175.
[192] BAG 24.5.1995 – 10 AZR 619/94, AP BGB § 611 Gratifikation Nr. 175.
[193] BAG 19.4.1995 – 10 AZR 49/94, NZA 1995, 1098 (1099); ErfK/*Preis* BGB § 611 Rn. 544 mwN.
[194] BAG 18.1.2012 – 10 AZR 612/10, NZA 2012, 561 (562).

II. Erfolgsabhängige Leistungen   F

> Ohne ausdrückliche Vereinbarung eines Kürzungsvorbehalts wirkt daher im ruhenden Arbeitsverhältnis uU nach Maßgabe der Unklarheitenregelung des § 305c Abs. 2 BGB ein Zweifel am reinen Entgeltcharakter zulasten des Arbeitgebers und findet eine Kürzung für die Dauer einer Elternzeit nicht statt.[195]

Eine **überproportionale Kürzung,** dh über das Verhältnis der Abwesenheit infolge 179 Elternzeit zur aktiven Durchführung des Arbeitsverhältnisses hinaus, ist nach der Rechtsprechung des BAG auf **in der Regel 1/60 des Arbeitsentgelts je Fehltag** begrenzt.[196] Für den Fall der Elternzeit wird vom EuGH eine überproportionale Kürzung indessen abgelehnt.[197]

Entsprechende Grundsätze, wie die des BAG zum Ruhen des Arbeitsverhältnisses wäh- 180 rend einer Elternzeit, gelten für die Dauer einer **Pflegezeit** nach Maßgabe des Pflegezeitgesetzes, des **Wehrdienstes** nach Maßgabe des Arbeitsplatzschutzgesetzes oder eines **sonstigen Ruhens** des Arbeitsverhältnisses ohne gesetzlich vorgesehene Fortzahlung des Arbeitsentgelts. Diesen Tatbeständen ist gemeinsam, dass infolge der suspendierten Hauptleistungspflichten beider Arbeitsvertragsparteien in der Regel keine an die (Nicht-)Erbringung der Arbeitsleistung anknüpfenden Entgeltkomponenten geschuldet sind. Eine Ausnahme gilt für Arbeitnehmer des öffentlichen Dienstes, die an Wehrübungen teilnehmen – gem. § 1 Abs. 2 ArbPlSchG ist während einer Wehrübung Arbeitsentgelt wie bei einem Erholungsurlaub fortzuzahlen.

> Praxistipp:
> Wie bei der Elternzeit gilt auch hier, dass zur Vermeidung der Annahme einer Leistung mit Mischcharakter in der Gestaltung der Sonderzahlung sichergestellt werden sollte, dass Ansprüche für die Dauer eines solchen Ruhens des Arbeitsverhältnisses nicht entstehen.

Diese Rechtsprechung ist durch die einengende Betrachtung der Rechtsprechung zur 181 Bedeutung eines Mischcharakters für Bindungsklauseln (→ Rn. 11) nicht überholt. § 4a EFZG bestätigt, dass ein Mischcharakter für die Bemessung von Leistungen weiterhin herangezogen werden darf (→ Rn. 169).

(4) Mutterschutz. Bei Schwangeren und Müttern ist gem. § 20 MuSchG während der 182 **allgemeinen Schutzfristfristen** (sechs Wochen vor sowie acht Wochen nach der Entbindung) eine Verdienstsicherung als Zuschuss zum Mutterschaftsgeld zu gewähren. Anders als im Falle von Elternzeiten dürfen die Mutterschutzfristen auch bei Einmalzahlungen nicht anspruchsmindernd wirken, da diese infolge der Schwangerschaft allein Frauen betreffen und der **unionsrechtliche Grundsatz der Entgeltgleichheit für Frauen und Männer** es verlangt, die Mutterschutzfristen den Beschäftigungszeiten gleichzustellen.[198]

(5) Erholungsurlaub. Für die Dauer des Erholungsurlaubs sieht § 11 BUrlG für das **Ur-** 183 **laubsentgelt** vor, dass sich dieses nach dem vom Arbeitnehmer in den letzten 13 Wochen vor Beginn des Urlaubs erhaltenen Arbeitsverdienstes bemisst. In diese Betrachtung sind sämtliche Entgeltbestandteile einzubeziehen, die der Arbeitnehmer in diesem Zeitraum als Gegenleistung für erbrachte Arbeit erhalten hat.[199] Hierzu können auch Sonder-

---

[195] Vgl. BAG 10.12.2008 – 10 AZR 35/08, NZA 2009, 258 (260) – zur Differenzierung zwischen dem Bestand des Arbeitsverhältnisses und dessen aktiver Durchführung.
[196] BAG 15.2.1990 – 6 AZR 381/88, AP BGB § 611 Anwesenheitsprämie Nr. 15; 19.4.1995 – 10 AZR 136/94, AP BGB § 611 Gratifikation Nr. 172; 6.12.1995 – 10 AZR 123/95, AP BGB § 611 Gratifikation Nr. 186.
[197] EuGH 21.1.1999 – C-333/97, NZA 1999, 1325.
[198] BAG 4.12.2002 – 10 AZR 138/02, AP BGB § 611 Gratifikation Nr. 245.
[199] BAG 20.6.2000 – 9 AZR 437/99, NZA 2001, 625 (626).

zahlungen (Prämien) zählen, die besondere Leistungen in dem maßgebenden Zeitraum abgelten.²⁰⁰ Einmalige Sonderzahlungen, die nicht an Arbeitsleistungen im Zeitraum des § 11 BUrlG anknüpfen und in diesem geleistet werden, bleiben demgegenüber außer Betracht. Für die Bemessung der Sonderzahlung selbst bleibt der Erholungsurlaub außer Betracht.

184 **(6) Kurzarbeit.** Im Falle der „Kurzarbeit Null" gilt Entsprechendes wie für das **Ruhen des Arbeitsverhältnisses.** Mit der Kurzarbeit wird die Arbeitsverpflichtung des Arbeitnehmers für die Dauer der Kurzarbeitsphase bis hin zur „Kurzarbeit Null" reduziert. Mit dem Beschäftigungsanspruch des Arbeitnehmers entfällt gem. § 323 BGB der Vergütungsanspruch. Ansprüche des Arbeitnehmers, die zumindest auch an die Erbringung der Arbeitsleistung anknüpfen, können für solche Zeiten ausgeschlossen werden.

bb) Fehlende Gestaltung

185 Eine Kürzung nach § 4a EFZG setzt ebenso wie eine solche mit Blick auf das Ruhen des Arbeitsverhältnisses eine **ausdrückliche oder zumindest konkludente Kürzungsvereinbarung** voraus. Von diesem Grundsatz kann nur dann eine Ausnahme erfolgen, wenn der Zweck einer Sonderzahlung ausschließlich die Vergütung erbrachter Arbeitsleistungen zum Inhalt hat, sodass bei Fehlen der zu erbringenden Arbeitsleistung ohne bestehende gesetzliche Entgeltfortzahlungspflicht der Anspruch auf Vergütung erlischt und hiervon auch eine Sonderzahlung erfasst ist.

186 Knüpft eine Leistung dagegen (auch) an erbrachte Betriebstreue im Bezugszeitraum an, kommt eine Kürzung bei einem Ruhen des Arbeitsverhältnisses ohne diesbezügliche Vereinbarung nicht in Betracht.²⁰¹ Ob ein solcher Mischcharakter der Honorierung von Arbeitsleistungen neben der im Bezugszeitraum zu erbringenden Betriebstreue Zweck der Leistung ist, richtet sich nach einer Auslegung. Nach Maßgabe der Unklarheitenregelung des § 305c Abs. 2 BGB wirken Zweifel am reinen Entgeltcharakter zulasten des Arbeitgebers und es findet eine Kürzung für die Dauer des Arbeitsverhältnisses ohne Entgeltzahlung nicht statt.

187 Ohne ausdrückliche Vereinbarung haben Zeiten des Arbeitsverhältnisses ohne Entgeltfortzahlung daher allenfalls **Bedeutung für die Zielerreichung,** falls individualerfolgsbezogene Ziele mangels Arbeitsleistung nicht erreicht werden. Bereits bei gruppenerfolgsbezogenen Zielen wird dies indessen häufig durch die Gruppe aufgefangen und bei wirtschaftlichen Zielen wird häufig keinerlei messbare Auswirkung mehr feststellbar sein.

> **Praxistipp:**
> Arbeitgeber sollten Gestaltungen für die aus ihrer Sicht relevanten Arbeitsverhinderungen **ausdrücklich in die Regelung der Sonderzahlung aufnehmen.** Insbesondere bei Sonderzahlungen, deren Entstehung vom **Bestand des Arbeitsverhältnisses im gesamten Bezugszeitraum** abhängt, wird in der Regel ein Mischcharakter zwischen Zielerreichung und Betriebstreue im gesamten Bezugszeitraum anzunehmen sein, sodass bereits die **vergangene Betriebstreue** den reinen Entgeltcharakter als Voraussetzung einer Kürzung ohne diesbezügliche Vereinbarung ausschließt.

---

²⁰⁰ Vgl. BAG 24.11.1992 – 9 AZR 564/91, AP BUrlG § 11 Nr. 34; 23.4.1996 – 9 AZR 856/94, AP BUrlG § 11 Nr. 40.
²⁰¹ Vgl. BAG 10.12.2008 – 10 AZR 35/08, NZA 2009, 258 (260).

4. Besonderheiten bei einseitiger Leistungsbestimmung

a) Vorbehalt einseitiger Leistungsbestimmung

Der Arbeitgeber kann sich vorbehalten, die Leistung nach seinem Ermessen festzusetzen. 188
Bei der Festsetzung einer Leistung nach freiem Ermessen ist der Arbeitgeber bereits **dem Grunde nach frei** darin, ob er überhaupt eine Leistung festsetzt. Dies setzt aber voraus, dass auf die Leistung auch dem Grunde nach kein Rechtsanspruch des Arbeitnehmers besteht, etwa aufgrund Arbeitsvertrages, betrieblicher Übung, Betriebsvereinbarung oder tariflicher Regelung.[202] Ein Rechtsanspruch des Arbeitnehmers wird etwa eingeräumt durch Formulierungen wie:

> – Der Arbeitnehmer erhält als zusätzliche Leistung eine jährliche Sonderzahlung, über deren nähere Ausgestaltung der Arbeitgeber in jedem Kalenderjahr erneut entscheidet.
> – Eine jährliche Sonderzahlung wird für das Eintrittsjahr in Höhe von einem Bruttomonatsgehalt garantiert. Für die Folgejahre behält sich der Arbeitgeber eine abweichende Festsetzung vor.
> – Der Arbeitnehmer erhält eine jährliche Sonderzahlung. Die Sonderzahlung wird freiwillig und ohne Einräumung eines Rechtsanspruchs gewährt.[203]

Mit solchen Formulierungen schließt der Arbeitgeber die Entstehung von Rechtsansprüchen nicht mit hinreichender Transparenz (§ 307 Abs. 1 S. 2 BGB) aus.[204] Selbst bei 189
gleichzeitigem Ausschluss der **Entstehung eines Rechtsanspruchs** gilt nichts anderes. Die Einräumung eines Rechtsanspruchs bei seinem gleichzeitigen Ausschluss ist widersprüchlich und wirkt zum Nachteil des Arbeitgebers.

> **Praxistipp:**
> Will der Arbeitgeber sich die Entscheidung dem Grunde nach vorbehalten, muss er jeden Hinweis bezüglich möglicher Sonderzahlungen vermeiden und bei Gewährung etwaiger Leistungen im Einzelfall stets einen **Freiwilligkeitsvorbehalt** erklären. Allenfalls die Möglichkeit der Entschließung zur Gewährung einer Sonderzahlung dürfte noch keinen Anspruch des Arbeitnehmers dem Grunde nach bewirken.

Nur bei fehlender Bindung auch dem Grunde nach kommt eine Festsetzung der Leis- 190
tung nach freiem Ermessen in Betracht. Bei Regelungen, die einen Anspruch dem Grunde nach herbeiführen, jedoch offenlassen, in welcher Höhe der Anspruch zu bemessen ist, hat der Arbeitnehmer einen Anspruch auf **Bestimmung der Höhe** der Leistung. Ist der Arbeitgeber dem Grunde nach zur Leistung verpflichtet, hat die Bestimmung über die Höhe der Leistung nach **billigem Ermessen** zu erfolgen (§ 315 Abs. 1 BGB).[205]

b) Abgrenzung zu Zielvorgaben

In Abgrenzung zu Zielvorgaben erfolgt die Leistungsbestimmung im hier behandelten 191
Zusammenhang unmittelbar hinsichtlich der Bemessung der Leistung. Während Zielvorgaben verbindliche Maßstäbe setzen, die hinsichtlich der Leistungsbemessung allein noch einer Feststellung bedürfen, ob und in welchem Umfang Ziele erreicht sind, betrifft die

---

[202] BAG 3.8.2016 – 10 AZR 710/14, AP BGB § 611 Gratifikation Nr. 306.
[203] Nach BAG 10.12.2008 – 10 AZR 35/08, NZA 2009, 258 (259).
[204] BAG 10.12.2008 – 10 AZR 35/08, NZA 2009, 258 (260).
[205] BAG 3.8.2016 – 10 AZR 710/14, AP BGB § 611 Gratifikation Nr. 306.

einseitige Leistungsbestimmung über die erfolgsabhängige Entgeltkomponente deren unmittelbare konstitutive Festsetzung durch den Arbeitgeber.

192 Dabei sind **vielfältige Kombinationsmöglichkeiten** denkbar. So kann ein Teil einer erfolgsabhängigen Entgeltkomponente von vereinbarten Zielen, ein weiterer Teil von vorgebebenen Zielen und ein weiterer von einseitiger Leistungsbestimmung ohne jede vorherige Festlegung von Zielen abhängen. Sofern die Entgeltkomponente aus mehreren Teilkomponenten besteht, ist eine solche Ausübung des Leistungsbestimmungsrechts auch für einen abgrenzbaren Anteil der erfolgsabhängigen Entgeltkomponente denkbar, insoweit muss jedoch eine abschließende Ermessensausübung durch den Arbeitgeber erfolgen.[206] Auch ist es denkbar, dass bei einem vereinbarten oder vorgebebenen Ziel einzelne ausfüllungsbedürftige **Gesichtspunkte offenbleiben,** die einer ergänzenden einseitigen Leistungsbestimmung bedürfen.

Beispiel:
Knüpft eine unternehmenserfolgsbezogene Tantieme an den Ertrag an, bedarf es einer Entscheidung, ob dieser nach etwa nach HGB oder nach IFRS zu bestimmen ist. Enthält das Unternehmensziel hierzu keine Vorgaben, verbleibt Raum für eine einseitige Leistungsbestimmung durch den Arbeitgeber.

c) Vertragskontrolle bei der Vereinbarung einseitiger Leistungsbestimmungsrechte

193 Im Ausgangspunkt ist die Vereinbarung eines einseitigen Leistungsbestimmungsrechts des Arbeitgebers bei der Festlegung der Höhe einzelner Entgeltbestandteile möglich.[207] Ihr steht das Klauselverbot des § 308 Nr. 4 BGB nicht entgegen, weil es bei einer Vereinbarung über die Festsetzung eines Entgelts nach billigem Ermessen an einer versprochenen Leistung fehlt. Vielmehr wird mit der einseitigen Leistungsbestimmung erstmals die Leistung festgelegt.[208]

194 Prüfungsmaßstab ist das allgemeine Verbot einer unangemessenen Benachteiligung gem. § 307 Abs. 1 S. 1 BGB. Eine solche ist aber schon deshalb nicht gegeben, weil der Arbeitnehmer im Rahmen der Billigkeitskontrolle bei der Ausübung des einseitigen Leistungsbestimmungsrechts durch den Arbeitgeber geschützt wird.[209] Ebenfalls liegt keine Abweichung von einem gesetzlichen Leitbild iSd § 307 Abs. 2 Nr. 1 BGB vor, da das Gesetz mit der Bestimmung des § 315 BGB gerade die Möglichkeit einseitiger Leistungsbestimmungsrechte vorsieht.

195 Differenzierter ist die Rechtsprechung zu den **Transparenzanforderungen** (§ 307 Abs. 1 S. 2 BGB). Die Vereinbarung eines einseitigen Leistungsbestimmungsrechts ist für sich transparent.[210] Aus einer solchen Vereinbarung folgt, dass der Arbeitgeber die Höhe der Leistung festsetzt und deshalb kein von vornherein feststehender Anspruch vereinbart ist.[211] Der bloße Hinweis auf die Leistungsbestimmung nach billigem Ermessen genügt

---

[206] BAG 12.10.2011 – 10 AZR 746/10, NZA 2012, 450 (453).
[207] BAG 20.3.2013 – 10 AZR 8/12, NZA 2013, 970 (972); 16.1.2013 – 10 AZR 26/12, NZA 2013, 1013 (1015); 14.11.2012 – 10 AZR 783/11, NZA 2013, 1150 (1154f.); 29.8.2012 – 10 AZR 385/11, NZA 2013, 148 (150).
[208] BAG 20.3.2013 – 10 AZR 8/12, NZA 2013, 970 (972); 16.1.2013 – 10 AZR 26/12, NZA 2013, 1013 (1015); 14.11.2012 – 10 AZR 783/11, NZA 2013, 1150 (1154f.); 29.8.2012 – 10 AZR 385/11, NZA 2013, 148 (150).
[209] BAG 20.3.2013 – 10 AZR 8/12, NZA 2013, 970 (972); 16.1.2013 – 10 AZR 26/12, NZA 2013, 1013 (1015); 14.11.2012 – 10 AZR 783/11, NZA 2013, 1150 (1154f.).
[210] BAG 20.3.2013 – 10 AZR 8/12, NZA 2013, 970 (972); 16.1.2013 – 10 AZR 26/12, NZA 2013, 1013 (1015); 14.11.2012 – 10 AZR 783/11, NZA 2013, 1150 (1154f.); 29.8.2012 – 10 AZR 385/11, NZA 2013, 148 (150).
[211] BAG 20.3.2013 – 10 AZR 8/12, NZA 2013, 970 (972); 16.1.2013 – 10 AZR 26/12, NZA 2013, 1013 (1015); 14.11.2012 – 10 AZR 783/11, NZA 2013, 1150 (1154f.); 29.8.2012 – 10 AZR 385/11, NZA 2013, 148 (150).

jedenfalls bei Zusatzleistungen außerhalb des laufenden Arbeitsentgelts, bei denen sogar ein Freiwilligkeitsvorbehalt möglich wäre.[212] Darüber hinaus hat das BAG ein einseitiges Leistungsbestimmungsrecht über ein variables Entgelt im Umfang von 40% der gesamten Zielvergütung zugelassen, wenn mit der Rahmenvereinbarung eines einseitigen Leistungsbestimmungsrechts gleichzeitig die Maßstäbe für dessen Ausübung konkretisiert werden.[213] Weiter hat das BAG die Vereinbarung eines einseitigen Leistungsbestimmungsrechts zugelassen, wenn eine Zielvereinbarung die maßgebenden Faktoren für die Leistung festlegt und allein das Bonusvolumen der einseitigen Festlegung durch den Arbeitgeber nach billigem Ermessen vorbehalten bleibt.[214]

Entscheidend dürfte es sein, ob der Arbeitgeber bereits mit der bloßen Einräumung des Anspruchs dem Grunde nach **spezifische Leistungsanreize** setzt, von denen er sich einseitig lossagen könnte. Dann müssten Formulierungen über die Maßstäbe für die Ausübung des einseitigen Leistungsbestimmungsrechts bereits verbindliche Regelungen aufstellen.[215] Die Vereinbarung eines einseitigen Leistungsbestimmungsrechts ohne eine solche gleichzeitige Festschreibung solcher Maßstäbe begründet aber keinen solchen womöglich unzutreffenden Leistungsanreiz. Fehlt jeder vorgegebene Maßstab für die zu treffende Leistungsbestimmung, erfolgt die Leistungsbestimmung gerade ohne jeden vorherigen, dem Arbeitgeber zuzurechnenden, Anreiz. 196

Der Arbeitnehmer wird durch die gerichtliche Überprüfbarkeit der Ausübung des einseitigen Leistungsbestimmungsrechts geschützt. Der Arbeitgeber hat im Rahmen eines diesbezüglichen Rechtsstreits gem. § 315 Abs. 3 BGB die **Billigkeit seiner Leistungsbestimmung darzulegen.**[216] Der Arbeitnehmer bedarf keines zusätzlichen Schutzes durch Umschreibung dieser billigkeitsbegründenden Umstände bereits bei Zusage der Leistung dem Grunde nach. Es ist vielmehr das Risiko des Arbeitgebers, dass seine Leistungsbestimmung als unbillig bewertet wird, wenn im Streitfalle ein Gericht die aus Sicht des Arbeitgebers billigkeitsbegründenden Kriterien verwirft. 197

> Praxistipp:
> Aus Sicht des Arbeitgebers ist es ratsam, die späteren Kriterien für die Leistungsbestimmung bereits bei der Einräumung eines Rechtsanspruchs zumindest nach ihrer Richtung festzulegen. Diese Rahmenbedingungen unterliegen als Teil des beiderseitigen Hauptleistungsversprechens – wie eine Zielvereinbarung – keiner Inhalts-, sondern allein einer Transparenzkontrolle.

d) Ausübungskontrolle

Die Höhe der erfolgsabhängigen Entgeltkomponente erfolgt durch einseitige Leistungsbestimmung des Arbeitgebers. Diese unterliegt der Ausübungskontrolle auf Einhaltung der Grenzen billigen Ermessens gem. § 315 BGB. Die Leistungsbestimmung unterfällt insoweit einer vollen arbeitsgerichtlichen Überprüfung. Der Arbeitgeber hat darzulegen und ggf. zu beweisen, dass die Leistungsbestimmung billigem Ermessen entspricht.[217] 198

---

[212] BAG 16.1.2013 – 10 AZR 26/12, NZA 2013, 1013 (1014).
[213] BAG 14.11.2012 – 10 AZR 783/11, NZA 2013, 1150 (1154).
[214] BAG 29.8.2012 – 10 AZR 385/11, NZA 2013, 148 (151); 20.3.2013 – 10 AZR 8/12, NZA 2013, 970 (973).
[215] BAG 16.1.2013 – 10 AZR 26/12, NZA 2013, 1013 (1015); 29.8.2012 – 10 AZR 385/11, NZA 2013, 148 (151).
[216] BAG 20.3.2013 – 10 AZR 8/12, NZA 2013, 970 (973); 14.11.2012 – 10 AZR 783/11, NZA 2013, 1150 (1154); 29.8.2012 – 10 AZR 385/11, NZA 2013, 148 (151).
[217] BAG 20.3.2013 – 10 AZR 8/12, NZA 2013, 970 (972); 16.1.2013 – 10 AZR 26/12, NZA 2013, 1013 (1015); 14.11.2012 – 10 AZR 783/11, NZA 2013, 1150 (1154f.); 29.8.2012 – 10 AZR 385/11, NZA 2013, 148 (150).

199 Für die Praxis bedeutsam ist, dass maßgebend für die gerichtliche Überprüfung der Zeitpunkt ist, in dem der Arbeitgeber die Ermessensentscheidung zu treffen hatte.[218] Dh Entwicklungen, die der Leistungsbestimmung nachfolgen, die aber nicht zu prognostizieren waren, kommt keine Bedeutung bei der rechtlichen Überprüfung am Maßstab der Billigkeit zu.

Praxistipp:
Aufgrund der auf den Zeitpunkt der Leistungsbestimmung bezogenen Darlegungs- und Beweislast des Arbeitgebers für die Billigkeit der Ziele empfiehlt es sich, exakt die zugrundeliegenden Tatsachen zu dokumentieren, damit diese – etwa im Falle eines fortlaufenden Projektes – auch zu einem späteren Zeitpunkt zur Verfügung stehen.

200 Der Maßstab billigen Ermessens gem. § 315 Abs. 1 BGB eröffnet einen regelmäßig verbleibenden Spielraum. Dieser kann dem Arbeitgeber mehrere unterschiedliche Entscheidungsmöglichkeiten belassen.[219] In der Praxis bedeutsam ist insbesondere, dass der Arbeitnehmer eine realistische Chance haben muss, die Leistung zu erhalten.[220] Legt der Arbeitgeber für die Leistungsbestimmung Kriterien an, anhand derer eine Leistung nicht in Betracht kommt, wird es besonderer Darlegungen bedürfen, dass diese Kriterien für die Leistungsbestimmung dennoch der Billigkeit entsprechen, etwa weil das Unternehmen, eine Gruppe von Arbeitnehmern oder der individuelle Arbeitnehmer realistisch eine Leistungsfähigkeit erreichen müsste, die dem angelegten Maßstab entspricht.

201 Im Streitfalle kann dies dem Arbeitgeber ein hohes Maß an Darlegungen abverlangen. Bei wirtschaftlichen Zielen des Unternehmens, Konzerns oder einer Sparte wird regelmäßig ein Blick in die vergangenen Jahre oder eine Marktentwicklung in der Branche einen tauglichen Maßstab liefern. Demgegenüber ist ein Maßstab für individual- oder gruppenerfolgsbezogene Ziele schwerer objektivierbar. Stets bedarf es eines Vergleichsmaßstabes, sei es in Gestalt der Leistung des individuellen Arbeitnehmers in der Vergangenheit, anderer vergleichbarer Arbeitnehmer im Bezugszeitraum oder einer die Belegschaft des Unternehmens überschreitenden statistischen Basis.

Beispiele:
- Bei dem **wirtschaftlichen Ergebnis** des Unternehmens, Konzerns oder einer Sparte wird in der Regel die wirtschaftliche Entwicklung in der Vergangenheit den Vergleichsmaßstab liefern.
- Wie weit der Arbeitgeber den Blick in die Vergangenheit richten muss, ist in der Rechtsprechung ungeklärt. Da der Arbeitgeber im Betriebsrentenrecht eine Rentenanpassung nach § 16 Abs. 1 BetrAVG ablehnen kann, wenn die wirtschaftliche Lage des Unternehmens diese nicht zulässt und das BAG einen Zeitraum von mindestens drei Jahren für repräsentativ hält,[221] wird dieser Vergleichsmaßstab jedenfalls ausreichen müssen. Die **wirtschaftliche Entwicklung der vergangenen drei Jahre ist ausreichender Prognosezeitraum.**
- Bei **projekt- oder gruppenerfolgsbezogenen Kriterien** wird der Arbeitgeber in der Regel als Vergleichsmaßstab bereits durchgeführte Projekte oder Gruppenergebnisse anlegen.

---
[218] BAG 20.3.2013 – 10 AZR 8/12, NZA 2013, 970 (973); 29.8.2012 – 10 AZR 385/11, NZA 2013, 148 (151).
[219] BAG 20.3.2013 – 10 AZR 8/12, NZA 2013, 970 (973); 29.8.2012 – 10 AZR 385/11, NZA 2013, 148 (151).
[220] BAG 14.11.2012 – 10 AZR 783/11, NZA 2013, 1150 (1155); für diesen Maßstab beim Angebot zum Abschluss einer einvernehmlichen Zielvereinbarung etwa BAG 10.12.2008 – 10 AZR 889/07, NZA 2009, 256 (258).
[221] BAG 31.7.2007 – 3 AZR 810/05, AP BetrAVG § 16 Nr. 65; 17.4.1996 – 3 AZR 56/95, NZA 1997, 155 (158).

- Bei **individualerfolgsbezogenen Kriterien** wird es eine Rolle spielen, in welchem Umfang der Arbeitnehmer seine Arbeitsleistung auf die Erfüllung dieses Kriteriums ausgerichtet hat, insbesondere ob und in welchem Umfang es Gegenstand des ausgeübten Direktionsrechts war.
- Darüber hinaus ist bei individualerfolgsbezogenen Kriterien die Leistungsfähigkeit des Arbeitnehmers maßgebend. Um eine Billigkeit zu dokumentieren, sollten **Leistungsbewertungen der letzten drei Jahre** für den jeweiligen Arbeitnehmer, aber auch Arbeitnehmer auf vergleichbaren Arbeitsplätzen vorgehalten werden. Ein Zeitraum von drei Jahren wird regelmäßig einen tragfähigen Vergleichsmaßstab begründen.

Gegenstand der Leistungsbestimmung und damit der gerichtlichen Kontrolle ist zudem die Entscheidung über zulässige Kategorien von Kriterien, ob etwa überhaupt wirtschaftliche Ziele des Unternehmens, Konzerns etc. maßgebend sein dürfen. Enthält die Rahmenregelung über den variablen Entgeltanteil hierzu keine Vorgaben, wird insbesondere eine Auslegung des Leistungszwecks erforderlich sein.[222] Dabei kann die bisherige Vertragsdurchführung[223] oder der in der vertraglichen Regelung verlautbarte Leistungszweck einen Anhaltspunkt liefern. 202

> **Praxistipp:**
> - Beispielsweise die Bezeichnung der Leistung als Tantieme deutet typischerweise auf eine Anknüpfung an wirtschaftliche Ziele hin.
> - Ein persönlicher Leistungsbonus knüpft dagegen typischerweise an individualerfolgsbezogene Ziele.
> - Da der Arbeitgeber darzulegen und ggf. zu beweisen hat, dass die Leistungsbestimmung billigem Ermessen entspricht, ist es zu empfehlen, in der arbeitsvertraglichen Rahmenregelung mögliche Kategorien von Zielen festzulegen.

Die **Gewichtung der Kriterien** zueinander ist Bestandteil der Ausübung des einseitigen Leistungsbestimmungsrechts des Arbeitgebers.[224] Auch insoweit gilt dessen Darlegungs- und ggf. Beweislast für die Billigkeit seiner Gewichtung. Findet sich hierzu in der arbeitsvertraglichen Rahmenregelung keinerlei Hinweis, werden Kriterien im Zweifel gleichrangig zu gewichten sein. 203

> **Praxistipp:**
> Deshalb ist es bei der Vertragsgestaltung empfehlenswert, eine mögliche beabsichtigte unterschiedliche Gewichtung in der Rahmenregelung zu vereinbaren, so dass dem Arbeitgeber beispielsweise eine überproportionale Gewichtung wirtschaftlicher Kriterien gestattet ist. Gleiches gilt für eine mögliche Festsetzung der Leistung in der Höhe „Null", wenn zwar individualerfolgsbezogene Erfolge erreicht sind, aber das unternehmenserfolgsbezogene Kriterium die Leistung insgesamt entwerten soll.

e) Bedeutung von Bonuspools

Bonuspoolsystemen liegt zugrunde, dass der Arbeitgeber als Rahmen der einseitigen Leistungsbestimmung eine Grenze seiner wirtschaftlichen Belastung für eine Gruppe oder die Gesamtheit der Arbeitnehmer setzt. Diese Begrenzung erfolgt durch ein **Gesamtdotierungsvolumen** für die Gesamtheit der Zahlungen auf eine variable Entgeltkomponente. Die Verteilung der Leistungen erfolgt nur innerhalb dieses festgesetzten Gesamtdotierungsvolumens. 204

---

[222] BAG 17.4.2013 – 10 AZR 251/12, AP BGB § 611 Tantieme Nr. 5.
[223] BAG 17.4.2013 – 10 AZR 251/12, AP BGB § 611 Tantieme Nr. 5.
[224] BAG 14.11.2012 – 10 AZR 783/11, NZA 2013, 1150 (1154).

205 Enthält die Vereinbarung über eine erfolgsabhängige Entgeltkomponente hinsichtlich der Höhe eines festzusetzenden variablen Entgeltbestandteils **keinen Hinweis auf die Begrenzung der Leistungen** für die gesamte begünstigte Arbeitnehmergruppe, handelt es sich bei der Festlegung eines solchen Gesamtdotierungsvolumens nicht um eine Leistungsbestimmung im Verhältnis zum einzelnen Arbeitnehmer gemäß § 315 BGB.[225] Die Ausübung eines Leistungsbestimmungsrechts erfolgt erst in Gestalt der Festsetzung der konkreten erfolgsabhängigen Entgeltkomponente.[226] Eine solche abschließende Leistungsbestimmung erfolgt nicht, wenn lediglich einzelne Faktoren oder Voraussetzungen für die endgültige – noch gesondert erfolgende – Leistungsbestimmung festgelegt werden.[227]

206 Ein Gesamtdotierungsvolumen bei einem Poolsystem bedeutet dementsprechend als bloße Vorfrage der abschließenden Leistungsbestimmung keine Ausübung eines Leistungsbestimmungsrechts iSd § 315 BGB. Eine Verbindlichkeit für die spätere Ausübung des Leistungsbestimmungsrechts folgt deshalb nicht aus einer bereits ausgeübten Leistungsbestimmung.[228] Allerdings bewirkt die Festlegung eines Gesamtdotierungsvolumens durch den Arbeitgeber eine **Selbstbindung des Arbeitgebers** für seine spätere Ermessensausübung. Der Arbeitgeber verstößt gegen das Verbot des *venire contra factum proprium* (widersprüchliches Verhalten), wenn er das als Vorfrage der Ausübung des einseitigen Leistungsbestimmungsrechts festgesetzte Gesamtdotierungsvolumen bei der endgültigen Leistungsbestimmung nicht mehr beachtet.[229]

207 Sieht die **Vereinbarung über die erfolgsabhängige Entgeltkomponente** ein solches Poolsystem dagegen vor, handelt es sich nicht mehr um eine bloße Vorfrage der Ermessensausübung ohne Auswirkung auf die abschließende Ausübung des Leistungsbestimmungsrechts als Obergrenze.[230] In diesem Fall bedeutet die Festsetzung des Gesamtdotierungsvolumens für die Gesamtheit der begünstigten Arbeitnehmer bereits die Ausübung eines Leistungsbestimmungsrechts gemäß § 315 BGB.[231] Die weitere Verteilung eines derart festgelegten Gesamtdotierungsvolumens erfolgt sodann nach Maßgabe sonstiger Bestimmungen der Vereinbarung oder – falls diese keine Vorgaben enthält – in weiterer Ausübung eines einseitigen Leistungsbestimmungsrechts durch den Arbeitgeber.

> **Praxistipp:**
> In der Praxis sind Bonuspools bei individualarbeitsvertraglichen Zusagen mitunter nachteilig. Es kann Streit über die Erreichung der Zielgröße und Ausschöpfung des Dotierungsvolumens entstehen. Das Gesamtdotierungsvolumen kann dabei generell etwaige arbeitsvertraglich festgelegte Zielgrößen nicht zum Nachteil der Arbeitnehmer beeinflussen.[232] Hilfreich sind Bonuspools als Instrument hingegen in der Betriebsverfassung. Mit der Dotierungsentscheidung werden Vorgaben für den Verteilungsplan getroffen, die der Mitbestimmung nach § 87 BetrVG nicht unterliegen.[233] Einseitige Leistungsbestimmungsrechte über die Dotierung können damit bei Betriebsvereinbarungen mitbestimmungsfreie von mitbestimmungspflichtigen Regelungsfragen trennen und sind deshalb ein probates Gestaltungsmittel.

---

[225] BAG 12.10.2011 – 10 AZR 746/10, NZA 2012, 450 (452).
[226] BAG 12.10.2011 – 10 AZR 746/10, NZA 2012, 450 (453).
[227] BAG 12.10.2011 – 10 AZR 746/10, NZA 2012, 450 (453).
[228] BAG 12.10.2011 – 10 AZR 746/10, NZA 2012, 450 (453).
[229] BAG 12.10.2011 – 10 AZR 746/10, NZA 2012, 450 (453).
[230] BAG 12.10.2011 – 10 AZR 649/10, NZA 2012, 464 (468).
[231] BAG 12.10.2011 – 10 AZR 649/10, NZA 2012, 464 (468).
[232] BAG 14.11.2012 – 10 AZR 783/11, NZA 2013, 1150 (1154).
[233] BAG 26.8.2008 – 1 AZR 354/07, NZA 2008, 1426 (1428); hM vgl. *Fitting* BetrVG § 77 Rn. 190; GK-BetrVG/*Kreutz* § 77 Rn. 408 mwN; Richardi BetrVG/*Richardi* § 77 Rn. 171.

f) Prozessuale Besonderheiten

Die unbillige Leistungsbestimmung ist unverbindlich. Die Leistungsbestimmung erfolgt in diesem Falle durch gerichtliches Urteil (§ 315 Abs. 3 BGB). Das Gericht übt das billige Ermessen aus, welches vom Arbeitgeber nicht in billiger Weise ausgeübt worden ist. Grundlage der Ermessensausübung durch das Gericht ist der gesamte Prozessstoff auf Grundlage des Vortrags der Parteien.[234] Das Gericht muss die Leistungsbestimmung vornehmen. Es darf nicht unter Verweis auf Darlegungslasten eine eigene Leistungsbestimmung ablehnen, sofern nur Anhaltspunkte für eine Leistungsbestimmung vorliegen.[235] Es ist deshalb möglich, dass das Gericht unabhängig von der Erfüllung von Darlegungslasten eine Entscheidung nach Maßgabe der vom Arbeitgeber und vom Arbeitnehmer vorgetragenen Tatsachen trifft. 208

Das Gericht kann die Maßstäbe der arbeitgeberseitigen Leistungsbestimmung fortführen, aber anders bewerten. Es kann sie aber ebenso verwerfen und auf Grundlage des Vortrags des Arbeitnehmers entscheiden. Beide Parteien haben deshalb eine Obliegenheit, dem Gericht durch ihren Vortrag eine Tatsachengrundlage für seine Leistungsbestimmung zu unterbreiten.[236] 209

> **Praxistipp:**
> Insbesondere der Arbeitgeber ist daher gehalten, neben der Erfüllung seiner Darlegungslast hinsichtlich der Billigkeit seiner Leistungsbestimmung zusätzlich Anknüpfungstatsachen für eine mögliche alternative Leistungsbestimmung vorzutragen. Anderenfalls kann ein Gericht in Ermangelung sonstiger tatsächlicher Anhaltspunkte beispielsweise anhand Leistungen aus den Vorjahren eine Leistungsbestimmung treffen,[237] was zu gänzlich ungewollten Ergebnissen führen kann.

III. Wertungsmodelle des VorstAG

Das Gesetz zur Angemessenheit der Vorstandsvergütung (VorstAG) war eine **Reaktion des Gesetzgebers auf die Finanzkrise**.[238] Anlass des Tätigwerdens des Gesetzgebers war das Verhältnis der Vorstandsbezüge, insbesondere an kurzzeitigen Erfolgen bemessene Tantiemen oder sonstige Sonderzahlungen – ohne Gewährleistung einer Nachhaltigkeit. 210

Mit dem VorstAG sind gesetzliche Bestimmungen über die **Vergütung von Vorständen von – insbesondere börsennotierten – Aktiengesellschaften** geschaffen worden, die sich zwar auf die Vergütung von Vorstandsmitgliedern als Organe von Aktiengesellschaften beschränken und damit für Arbeitsverhältnisse mit Arbeitnehmern keine Geltung beanspruchen. Allerdings hat das BAG etwa für Aktienoptionen[239] in Einzelfällen eine Übertragung aktienrechtlicher Grundsätze auf das Arbeitsverhältnis anerkannt, sodass die Wertungsmodelle des VorstAG eine Betrachtung mit sich anschließender Überprüfung der Übertragbarkeit auf das Arbeitsverhältnis jedenfalls wert sind. 211

---

[234] BAG 3.8.2016 – 10 AZR 710/14, NZA 2016, 1334 (1338); MüKoBGB/*Würdinger* § 315 Rn. 52.
[235] BAG 3.8.2016 – 10 AZR 710/14, NZA 2016, 1334 (1338).
[236] BAG 3.8.2016 – 10 AZR 710/14, NZA 2016, 1334 (1338).
[237] BAG 3.8.2016 – 10 AZR 710/14, NZA 2016, 1334 (1339).
[238] BT-Drs. 16/12278, 1.
[239] BAG 16.1.2008 – 7 AZR 887/06, NZA 2008, 836 (837f.).

1. Wertungsmodelle

212 Wesentliches Element des VorstAG ist die **Neuregelung über die Begrenzung der Vorstandsvergütung** in § 87 AktG. Während in der Vergangenheit vorgesehen war, dass das Entgelt des Vorstandsmitglieds in angemessenem Verhältnis zu dessen Aufgaben und zur Lage der Gesellschaft zu stehen hatte, ist die Vergütung nach § 87 Abs. 1 S. 1 AktG im Verhältnis zur Leistung des Vorstandsmitglieds zu bemessen. § 87 Abs. 2 AktG zwingt den Aufsichtsrat dazu, die Vergütung des Vorstandsmitglieds abzusenken, wenn die Weitergewährung der bisherigen Vergütung wegen nachträglicher Verschlechterung der Lage der Gesellschaft unbillig wäre.

213 Nach § 87 Abs. 1 S. 2 AktG ist die Vergütungsstruktur bei börsennotierten Gesellschaften auf eine **nachhaltige Unternehmensentwicklung** auszurichten.[240] Der Nachhaltigkeitsgedanke soll auch bei nichtbörsennotierten Aktiengesellschaften berücksichtigt werden; hier hat der Gesetzgeber von einer ausdrücklichen Regelung abgesehen.[241] Die einzubeziehenden Leistungen des Vorstandsmitglieds verpflichten den Aufsichtsrat aber nicht zu einer ausschließlich variablen Entgeltgestaltung des Vorstands. Im Gegenteil: Auch eine reine Fixvergütung bleibt nach wohl herrschender Ansicht zulässig.[242] Eine variable Entgeltgestaltung mag zwar eine Leistungsgerechtigkeit sicherstellen, birgt jedoch das **Risiko von Fehlanreizen.** Nach § 87 Abs. 1 S. 3 AktG sollen variable Entgeltbestandteile eine mehrjährige Bemessungsgrundlage haben und für außerordentliche Entwicklungen eine Begrenzungsmöglichkeit vorsehen. Weitere konkrete Vorgaben für die Leistungsabhängigkeit der Entgeltgestaltung sieht das Gesetz nicht vor, sodass dem Aufsichtsrat ein Ermessen verbleibt.

214 Bei der Ausübung dieses Ermessens ist insbesondere die gesetzgeberische Wertung von Bedeutung, dass die **Entgeltstruktur auf eine nachhaltige Unternehmensentwicklung auszurichten** ist. Von einer näheren Bestimmung des Nachhaltigkeitsbegriffs hat der Gesetzgeber indessen abgesehen. Ausdrücken wollte er wohl, dass unternehmerische „Strohfeuer", die alsbald wieder erlöschen, verhindert werden sollen.[243] Ein konkretes Unternehmensziel – etwa kontinuierlich fortlaufende Gewinnsteigerungen in Abgrenzung zu etwa den Gewinn zunächst schmälernden strategischen Investitionen – lässt sich dem nicht entnehmen. Die Unternehmensziele sind weiterhin von den für ihre Festsetzung zuständigen Unternehmensorganen vorzugeben und das Vorstandsmitglied hat lediglich auf deren nachhaltige Verfolgung hinzuwirken.

215 Der Nachhaltigkeitsbegriff des Gesetzes ist inhaltsleer. Ob ein Unternehmensziel inhaltlich **lang-, mittel- oder kurzfristige Wirkungen** zeigt, ist keine Frage der Nachhaltigkeit, sondern des – vom Gesetz nicht geregelten – Unternehmensziels. Selbst eine Gewinnsteigerung durch fortlaufende Produktion mit veralteten Produktionsanlagen kann bis zu deren Zerstörung als Unternehmensziel nachhaltig verfolgt werden. Dieses Extrembeispiel zeigt, dass mit der Neuregelung nicht ohne Weiteres – auch wenn dies gesellschafts- und sozialpolitisch ggf. wünschenswert sein mag – ein langfristiger Erhalt des Unternehmens verbunden sein muss.[244]

216 Allerdings wird ein langfristiger Erhalt des Unternehmens in der Regel zumindest ein **ungeschriebenes Unternehmensziel** sein, auf das der Vorstand hinzuwirken hat und an dem die Entgeltstruktur auszurichten ist. Schwierigkeiten können entstehen, wenn das Kriterium der Nachhaltigkeit wirtschaftlich sinnvolle Entscheidungen bremst, um die mit

---

[240] Eine Verpflichtung zur Ausrichtung auf eine nachhaltige Unternehmensentwicklung enthält auch Ziff. 4.2.3 Abs. 2 S. 1 des Deutschen Corporate Governance Kodex.
[241] Vgl. Beschlussempfehlung des Rechtsausschusses, BT-Drs. 16/13433, 10.
[242] Nachweise zum Meinungsstand bei *Kocher/Bednarz* Der Konzern 2011, 77 (79). Bei börsennotierten Gesellschaften soll die Vergütung nach Ziff. 4.2.3 Abs. 2 S. 2 des Deutschen Corporate Governance Kodex indes fixe und variable Bestandteile enthalten.
[243] *Fleischer* NZG 2009, 801 (802 f.).
[244] So aber: *Seibert* WM 2009, 1489 (1490).

jeder Entscheidung einhergehenden Risiken zu vermeiden. Da der Gesetzgeber sich insoweit jedweder Definition enthalten hat, werden diese Fragen in den kommenden Jahren durch die Rechtsprechung zu klären sein.

Das Nachhaltigkeitsgebot ist jedenfalls synchron zu den zu verfolgenden Zielen zu verstehen. Ein langfristiges Unternehmensziel ist dementsprechend an **langfristige Entgeltanreize** zu koppeln, während für mittel- oder kurzfristige Unternehmensziele zeitlich entsprechend kurzfristig honorierende Leistungen vorgesehen werden können. Kurzfristige variable Entgeltbestandteile bleiben zulässig, solange insgesamt ein nachhaltiger Verhaltensanreiz gesetzt wird.[245] Gleichwohl sollten langfristige Unternehmensziele nicht durch die Honorierung kurzfristiger Erfolge infrage gestellt werden. § 87 Abs. 1 S. 3 AktG regelt insoweit, dass nachhaltige Vergütungsbestandteile eine mehrjährige Bemessungsgrundlage haben sollen. Begrifflich setzt dies einen Bezugszeitraum von mindestens zwei Jahren für langfristige Vergütungsanreize voraus. Noch offen ist, ob darüber hinaus ein mehrjähriger Bezugszeitraum der Wartefrist von vier Jahren entsprechend § 193 Abs. 1 Nr. 4 AktG als Regelfall anzulehnen ist.[246] Letztlich wird dies aber eine Frage der umzusetzenden Unternehmensziele und weniger eine solche des Begriffs der Nachhaltigkeit sein.

2. Übertragbarkeit auf Arbeitsverhältnisse

All diese Regelungen gelten nur für Vorstandsmitglieder und zum Teil auch nur für solche von börsennotierten Aktiengesellschaften. Bereits die Übertragbarkeit auf andere Rechtsformen, wie etwa die GmbH, ist zweifelhaft.[247] Die Regelungen verpflichten jedenfalls nicht, zur Gewährleistung einer Nachhaltigkeit diese Grundsätze bei der Aufstellung der Entgeltstrukturen für sämtliche Hierarchieebenen in der Belegschaft umzusetzen. Eine unmittelbare Konsequenz für die Variabilisierung von Entgeltbestandteilen in Arbeitsverhältnissen lässt sich der Neufassung des § 87 AktG durch das VorstAG deswegen nicht entnehmen.

Eine andere Frage ist es indessen, ob insbesondere der Nachhaltigkeitsgedanke bei mittel- und langfristigen Unternehmenszielen auch für Zielkomponenten und damit deren Bezugszeiträume in Arbeitsverhältnissen eine **über das Geschäftsjahr hinausgehende** Anknüpfung zulässt. Der Zweck mehrjähriger Bemessungsgrundlagen liegt – auch wenn im VorstAG nur rudimentär geregelt – darin, fehlerhafte Entgeltanreize durch kurzfristige Erfolge bei nur kurzfristigen Zielkomponenten zu vermeiden, beispielhaft beim Unterbleiben von langfristig das Unternehmen am Markt sichernden Investitionen zur Ertragsmaximierung im laufenden Geschäftsjahr. Dieser Gedanke trifft sicherlich nicht allein auf Zielsetzungen für Organmitglieder zu.

Jedenfalls auf Führungspositionen mit **erheblichen eigenverantwortlichen strategischen Funktionen** ist eine entsprechende Bewertung geboten. Dieser Gedanke lässt sich allerdings nicht abstrakt auf bestimmte hierarchische Funktionen verallgemeinernd ausdehnen. Je geringer die einem Arbeitsplatz zugeordnete strategische Verantwortung ist, desto geringer wird der Gesichtspunkt der Nachhaltigkeit auf die Unternehmensentwicklung Einfluss haben. Einmalige Investitionsentscheidungen eines Produktionsleiters für neue Maschinen oder eines Entwicklungsleiters für die Entwicklung eines innovativen Produkts entscheiden für längere Zeitspannen über die Unternehmensentwicklung. Wird dagegen etwa ein Sachbearbeiter individualerfolgsabhängig danach im Rahmen einer Sonderzahlung vergütet, welche Fehlerquote seine Sachbearbeitung aufweist, dient eine lang-

---

[245] *Fleischer* NZG 2009, 801 (803); *Kocher/Bednarz* Der Konzern 2011, 77 (80).
[246] In diese Richtung die Entwurfsbegründung: BT-Drs. 16/12278, 5. Ausführlich zu dieser Fragestellung: *Kocher/Bednarz* Der Konzern 2011, 77 ff.
[247] Nach der Beschlussempfehlung des Rechtsausschusses soll die Neuregelung ausdrücklich nicht für Personengesellschaften und die GmbH (auch nicht für die mitbestimmte GmbH) gelten, BT-Drs. 16/13433, 10; ausführlich zu den Auswirkungen des VorstAG auf die GmbH: *Mohr* GmbHR 2011, 402 ff.

fristig geringe Fehlerquote sicherlich der Erhaltung des Unternehmens am Markt, jedoch ist dies nur das kumulierte Ergebnis einer Vielzahl von Einzelleistungen.

221 Darin dürfte letztlich das entscheidende Abgrenzungskriterium liegen: Soweit ein Arbeitnehmer über Entscheidungsspielräume verfügt, bei denen er **Weichen hinsichtlich der künftigen Entwicklung stellt,** wird eine diese Entwicklung über einen mehrjährigen Zeitraum einbeziehende Entgeltstruktur zulässig sein. Der Gedanke der Nachhaltigkeit, wie er in § 87 AktG für Vorstandsmitglieder börsennotierter Aktiengesellschaften vorgesehen ist, kommt hier im Interesse des Arbeitgebers ebenfalls zum Tragen. Dies ist zwar für Arbeitsverhältnisse keine Frage der Anwendbarkeit des § 87 AktG. Der § 87 AktG bringt jedoch eine gesetzgeberische Wertentscheidung zum Ausdruck, dass die von einer solchen Gestaltung ausgehende Bindungswirkung ihre Rechtfertigung in einem auf die Nachhaltigkeit gerichteten Ziel findet. Langfristige unternehmerische Erfolge sollen wirtschaftlich honoriert werden, um die Existenz des Unternehmens am Markt zu sichern und damit Arbeitsplätze zu erhalten sowie Systeme der sozialen Sicherung zu entlasten.

222 Über diese grundsätzliche Wertentscheidung hinaus ist dem § 87 AktG jedoch für Arbeitsverhältnisse nichts zu entnehmen, da letztlich allein eine Interessenabwägung zwischen dem Interesse einer nachhaltigen Ausfüllung von Entscheidungsspielräumen gegenüber der Berufswahlfreiheit des Arbeitnehmers zu treffen ist. Der Organstellung des Vorstands ist diese strategische Funktion immanent, sodass die Mehrjährigkeit stets angemessen ist. Bei Arbeitsverhältnissen wird eine einzelfallorientierte Betrachtung maßgebend sein.

IV. Überblick: Besonderheiten für Banken und Versicherungen

1. Institutsvergütungsverordnung

223 Für Kredit- und Finanzdienstleistungsinstitute gelten auch auf Arbeitsverhältnisse anwendbare **rechtliche Vorgaben für die Entgeltgestaltung.** Mit dem im Juli 2010 in Kraft getretenen Gesetz über die aufsichtsrechtlichen Anforderungen an die Vergütungssysteme von Instituten und Versicherungsunternehmen[248] wurde das KWG (Kreditwesengesetz) ergänzt. Danach erfolgte eine Vielzahl von Präzisierungen, insbesondere zur Umsetzung von EU-Recht.

a) Allgemeines

224 Nach § 25a KWG hatte das Risikomanagement ursprünglich als Bestandteil einer ordnungsgemäßen Geschäftsorganisation auch angemessene, transparente und auf eine nachhaltige Entwicklung des Instituts ausgerichtete Entgeltsysteme für Geschäftsleiter und Arbeitnehmer zu umfassen. § 25a Abs. 5 KWG beinhaltete insoweit im Wesentlichen eine Ermächtigung, nähere Bestimmungen über die Ausgestaltung der Entgeltsysteme zu regeln, einschließlich Entscheidungsprozessen und Verantwortlichkeit, Zusammensetzung der Vergütung, Ausgestaltung positiver und negativer Entgeltparameter, Leistungszeiträume sowie Berücksichtigung der Geschäftsstrategie, der Ziele, Werte und langfristigen Interessen des Instituts durch Rechtsverordnung.

225 Die Vorgaben für eine solche Rechtsverordnung wurden zwischenzeitlich im KWG erheblich hinsichtlich des Volumens variabler Entgeltkomponenten präzisiert. Die Institute haben angemessene Verhältnisse zwischen der variablen und fixen jährlichen Vergütung für Mitarbeiter und Geschäftsleiter festzulegen, wobei variable Entgeltkomponenten **grundsätzlich 100% der fixen Vergütung** für jeden einzelnen Arbeitnehmer oder Geschäftsleiter nicht überschreiten dürfen. Bis zu 25% eines solchen variablen Entgeltanteils

---

[248] BGBl. 2010 I S. 950.

können bezogen auf den Zeitpunkt der Festlegung gegenüber dem Arbeitnehmer abgezinst werden, soweit dieser Teil des variablen Entgelts für eine Dauer von mindestens fünf Jahren nach dieser Festlegung zurückbehalten wird. Auf Grundlage eines Beschlusses der Anteilseigner, Eigentümer, Mitglieder oder Träger des Instituts können variable Entgeltkomponenten auf bis zu 200 % der fixen Vergütung erhöht werden. Dieser Beschluss erfolgt auf Grundlage eines Vorschlages der Geschäftsleitung und des Kontroll- und Aufsichtsorgans.[249] In diesem Fall gelten gem. § 6 Abs. 4 InstitutsVergV erweiterte Nachweispflichten gegenüber der BaFin.

Nach § 2 Abs. 3 InstitutsVergV gelten alle Entgelte als variable Entgelte, die nicht eindeutig der fixen Vergütung zugeordnet werden können, einschließlich Abfindungszahlungen (§ 2 Abs. 5 InstitutsVergV). Entscheidend für eine fixe Vergütung ist nach § 2 Abs. 6 InstitutsVergV, ob eine Entgeltkomponente im Vorhinein feststeht, keine Anreize für eine Risikoübernahme bietet und sie transparent sowie dauerhaft gestaltet ist und keiner einseitigen Aufhebung, Abänderung oder Bedingung unterliegt. Änderungs-, Widerrufs- oder Rückzahlungsvorbehalte stehen einer fixen Vergütung daher ebenso entgegen, wie Stichtagsregelungen oder die Einräumung eines Ermessensspielraums.[250]

Von der Verordnungsermächtigung hat das Bundesministerium der Finanzen in Gestalt der **Institutsvergütungsverordnung** (InstitutsVergV) Gebrauch gemacht. Laut § 1 Nr. 1 InstitutsVergV gelten deren Regelungen für sämtliche **Kredit- oder Finanzdienstleistungsinstitute** iSd §§ 1 Abs. 1b, 53 KWG.

b) Keine Anwendung auf tarifliche Leistungen

Sämtliche Regelungen der InstitutsVergV gelten nur für individualarbeitsvertragliche Entgeltsysteme und Betriebsvereinbarungen, die nicht auf Grundlage einer tariflichen Bestimmung geschlossen sind. Auf Entgelte, die durch **Tarifvertrag** oder aufgrund eines Tarifvertrages in einer Betriebsvereinbarung vereinbart sind, sind die Bestimmungen gem. § 1 Abs. 4 InstitutsVergV nicht anwendbar. Dabei ist die arbeitsvertragliche Bezugnahme tariflicher Leistungen im Geltungsbereich des Tarifvertrags der normativen Geltung gleichgestellt.[251] Der Verordnungsgeber stellt mit dieser Bestimmung einen Ausgleich zur Koalitionsfreiheit aus Art. 9 Abs. 3 GG her. Den Tarifparteien muss auch im Anwendungsbereich der Kredit- und Finanzdienstleistungsinstitute Spielraum zur Gestaltung von Arbeits- und Wirtschaftsbedingungen verbleiben. Daraus folgt zugleich, dass die Rechtsgrundlage eines Tarifvertrages bereits einen Rahmen solcher Leistungen gestalten muss und eine grenzenlose Öffnung für Betriebsvereinbarungen nicht genügen dürfte.[252] Über den Tarif hinaus gehende Leistungen sind vollständig an den Bestimmungen der Institutsvergütungsverordnung zu messen.

c) Bedeutung der Geschäfts- und Risikostrategien

Nach § 3 InstitutsVergV ist die Geschäftsleitung für die angemessene Ausgestaltung der Entgeltsysteme der Arbeitnehmer verantwortlich, während für die Ausgestaltung der Entgeltsysteme der Geschäftsleitung das Aufsichtsorgan zuständig ist. Entgeltsysteme müssen gem. § 4 InstitutsVergV auf die **Erreichung der in den Strategien des Instituts niedergelegten Ziele ausgerichtet** sein. Sie sind im Falle von Strategieänderungen zu überprüfen und erforderlichenfalls anzupassen. Die Institute sind generell zur Festlegung einer Geschäfts- und Risikostrategie verpflichtet, haben diese regelmäßig zu prüfen und

---

[249] Näher zum Verfahren *Lackhoff/Kulenkamp* AG 2014, 770 ff.
[250] Näher *Annuß/Sappa* BB 2017, 2612 ff.
[251] AFH/*Annuß* InstitutsVergV § 1 Rn. 8.
[252] IErg ebenso AFH/*Annuß* InstitutsVergV § 1 Rn. 9.

230 Gem. § 11 InstitutsVergV sind Grundsätze zu den Entgeltsystemen des Instituts in den Organisationsrichtlinien niederzulegen unter Angabe zu Ausgestaltung und Anpassung von Entgeltsystemen und der Zusammensetzung des Entgelts. Darzustellen sind insbesondere sämtliche Entgeltsysteme einschließlich der verschiedenen Entgeltkomponenten, unter Beschreibung der Bemessungskriterien und ihrer Auswirkungen auf die Risikostrategie sowie das Verhältnis variabler Entgelte zur fixen Vergütung und der Gesamtbetrag variablen Entgelts[253] Selbiges gilt für Zuständigkeiten, Prozesse und Kontrollmechanismen.[254]

ggf. anzupassen. An diese Strategien knüpfen die Verpflichtungen gem. § 4 InstitutsVergV zur Gestaltung adäquater Entgeltsysteme.

231 Unter den Voraussetzungen des § 16 InstitutsVergV bestehen darüber hinaus Offenlegungspflichten für bedeutende Institute. Diese haben die Ausgestaltung der Entgeltsysteme nach Geschäftsbereichen unterteilt im Internet **offenzulegen.** Insbesondere haben sie die maßgeblichen Entgeltparameter sowie die Zusammensetzung der Entgelte und die Art und Weise der Gewährung sowie den Gesamtbetrag aller Leistungen nach fixem und variablem Entgelt unterteilt und die Anzahl der Begünstigten eines variablen Entgelts darzustellen. Diese Angaben sind einmal jährlich zu aktualisieren.

d) Begriff des variablen Entgelts iSd InstitutsVergV

232 Generell stellt **variables Entgelt** im Sinne der InstitutsVergV den Teil des Entgelts dar, der nicht der fixen Vergütung zuzuordnen ist (§ 2 Abs. 3 InstitutsVergV). Im Zweifel liegt variables Entgelt vor. Fixe Vergütung ist gem. § 2 Abs. 6 InstitutsVergV der Teil des Entgelts, dessen Gewährung und Höhe keinem Ermessen unterliegt, dessen Gewährung und Höhe dem Mitarbeiter oder der Mitarbeiterin keine Anreize für eine Risikoübernahme bieten, bei dem die Voraussetzungen für die Gewährung und Höhe vorher festgelegt wurden, bei dem die Voraussetzungen für die Gewährung und Höhe transparent für den Mitarbeiter oder die Mitarbeiterin sind, dessen Gewährung und Höhe dauerhaft sind, der nicht einseitig vom Institut verringert, ausgesetzt oder aufgehoben werden kann und der nicht leistungsabhängig oder sonst vom Eintritt zuvor vereinbarter Bedingungen abhängig ausgestaltet ist.[255]

233 Laut § 5 Abs. 5 InstitutsVergV ist ein **garantiertes variables Entgelt** nur im Rahmen der ersten zwölf Monate eines Arbeitsverhältnisses und unter der Bedingung hinreichender Leistungsfähigkeit des Instituts zum Zeitpunkt der Auszahlung zulässig. Sign-On-Boni sind damit weiterhin zulässig. Retention-Boni sind dagegen problematisch, weil sie wegen der Bedingung eines für einen gewissen Zeitraum bestehenden Arbeitsverhältnisses variables Entgelt darstellen, der Höhe nach indessen garantiert sind. Gleiches gilt für Funktionszulagen, die an eine vorübergehende höherwertige Tätigkeit anknüpfen und damit nicht dauerhaft zugesagt sind. Ob diese Betrachtung des Begriffs des (garantieren) variablen Entgelts richtig ist, darf bezweifelt werden.[256]

e) Anreizfunktion und Fehlanreize

234 Entgeltsysteme sind nach dem **Katalog von Kriterien gem. § 5 Abs. 1 Nr. 1 und 2 InstitutsVergV** angemessen ausgestaltet, wenn Anreize zur Eingehung unverhältnismäßiger Risiken vermieden werden und Entgeltsysteme Überwachungsfunktionen der Kontrolleinheiten nicht zuwiderlaufen. Ein solcher Anreiz zur Eingehung unzulässiger Risiken ist gem. § 5 Abs. 3 Nr. 1 InstitutsVergV insbesondere bei signifikanter Abhängigkeit von variablem Entgelt anzunehmen. Die nach § 5 Abs. 1 Nr. 1 InstitutsVergV unzulässige **si-**

---

[253] AFH/*Annuß* InstitutsVergV § 11 Rn. 3.
[254] AFH/*Annuß* InstitutsVergV § 11 Rn. 4 f.
[255] Näher *Annuß/Sappa* BB 2017, 2612 ff.
[256] Krit. etwa AFH/*Annuß* InstitutsVergV § 2 Rn. 9, § 5 Rn. 19 f.; *Löw/Glück* NZA 2015, 137 (139) mwN.

IV. Überblick: Besonderheiten für Banken und Versicherungen   F

gnifikante Abhängigkeit** von variablem Entgelt ist durch die Höchstgrenzen variablen Entgelts gem. § 25a Abs. 5 KWG einerseits rahmenmäßig begrenzt. Die Auslegungshilfe der BaFin stellt zudem darauf ab, dass auf Grundlage der Fixvergütung die realistische Möglichkeit eines angemessenen Lebensstandards eröffnet sein muss, dh insoweit das variable Entgelt auch vollständig entfallen könnte.[257]

Hinsichtlich § 5 Abs. 1 Nr. 2 InstitutsVergV sieht § 5 Abs. 4 InstitutsVergV vor, dass ein Zuwiderlaufen gegenüber der **Überwachungsfunktion der Kontrolleinheiten** insbesondere gegeben ist, wenn sich die Höhe des variablen Entgelts von Mitarbeitern der Kontroll- wie der kontrollierten Einheiten nach gleichlaufenden Vergütungsparametern bestimmt und die Gefahr eines Interessenkonfliktes besteht. Dies betrifft die institutsinternen Organisationseinheiten, die die geschäftsinitiierenden Organisationseinheiten, insbesondere die Bereiche Markt und Handel überwachen, wozu insbesondere die Bereiche Marktfolge, Risikocontrolling und Compliance sowie interne Revision zählen. Für diese Kontrollinstanzen darf kein Interessenkonflikt im Wege einer variablen Entgeltstruktur geschaffen werden, indem sich deren Leistungen nach denselben Grundsätzen richten, wie die der zu kontrollierenden geschäftsinitiierenden Arbeitnehmer. Dies könnte einen Anreiz setzen, der Kontrollfunktion nicht nachzukommen, um von einer risikobehafteten Entwicklung der gleichermaßen für sie geltenden Leistungsfaktoren zu profitieren. Geeignetes Instrument kann insoweit eine Leistungsorientierung an langfristigen Erfolgen des Unternehmens sein. 235

Im Vordergrund dieser Bestimmungen steht der Schutz des Instituts, wie es in seiner Geschäfts- und Risikostrategie Ausdruck findet. In diesem Zusammenhang ist § 5 Abs. 2 InstitutsVergV zu sehen, wonach in der Regel keine Angemessenheit vorliegt, wenn variable Entgelte durch negative Erfolgsbeiträge nicht gemindert werden. 236

Daneben setzt eine Angemessenheit des Entgeltsystems zudem – zum Schutze der **Interessen der Verbraucher** – gem. § 5 Abs. 1 Nr. 3, 4 InstitutsVergV voraus, Beratungsleistungen bei Immobiliar-Verbraucherdarlehen nicht zu beeinträchtigen. Insbesondere darf ein variables Entgelt nicht an solche Absatzziele oder das Verhältnis von bewilligten zu abgelehnten Anträgen knüpfen. 237

f) Angemessenes Verhältnis von Entgeltkomponenten

Gem. § 6 Abs. 1 S. 1 InstitutsVergV muss ein **angemessenes Verhältnis** zwischen variablem Entgelt und fixer Vergütung bestehen, wenn die Vergütung sich aus beidem zusammensetzt. Einerseits nimmt die bereits angesprochene Höhe eines möglichen variablen Entgelts eine erhebliche Rolle ein, um Fehlanreize zu vermeiden. Andererseits ist die Betrachtung der Angemessenheit gem. § 6 Abs. 1 S. 2 InstitutsVergV maßgebend, ob variables Entgelt einen wirksamen Verhaltensanreiz setzen kann. Daraus folgt indessen nicht, dass ein Anteil des Entgelts bei allen Gruppen von Arbeitnehmern zwingend variabel bemessen sein muss, da die Frage eines angemessenen Verhältnisses sich gem. § 6 Abs. 1 S. 1 nur unter der Voraussetzung stellt, dass die Vergütung einen variablen Anteil umfasst.[258] Eine andere Frage ist es, ob das Institut gänzlich ohne erfolgsgesteuerte Entgeltkomponenten seine Risikostrategie gem. § 4 S. 1 InstitutsVergV realisieren kann. 238

g) Bedeutende Institute

Strengere Maßgaben gelten gem. §§ 17 ff. InstitutsVergV für **Entgeltsysteme bedeutender Institute.** Bedeutende Institute sind gem. § 17 Abs. 1 InstitutsVergV insbesondere solche, deren Bilanzsumme im Durchschnitt der drei vergangenen Geschäftsjahre 15 Mrd. EUR erreicht oder überschritten hat, es sei denn, es weist nach, nicht bedeutend zu sein. 239

---

[257] Krit. AFH/*Annuß* InstitutsVergV § 2 Rn. 9, § 5 Rn. 8.
[258] AFH/*Annuß* InstitutsVergV § 2 Rn. 9, § 6 Rn. 2 mwN.

Andererseits kommt unter den Voraussetzungen des § 17 Abs. 3 InstitutsVergV auch unterhalb einer solchen Bilanzsumme eine Einstufung als bedeutend in Betracht, insbesondere bei hohen außerbilanziellen Positionen, einem hohen Umfang der Beteiligung bei Verbriefungstransaktionen, in Abhängigkeit von Handelsbuchpositionen oder einem generell hohen Anteil variablen Entgelts am Gesamtentgelt.

240 In solchen Instituten gelten gem. §§ 18 ff. InstitutsVergV besondere Regelungen für die Entgeltsysteme der Geschäftsleiter und solcher Arbeitnehmer, **deren Tätigkeit wesentlichen Einfluss auf das Gesamtrisikoprofil hat.** Die InstitutsVergV sieht für deren variables Entgelt vor, dass
- neben dem Gesamterfolg des Instituts bzw. der Gruppe und dem Erfolgsbeitrag der Organisationseinheit auch der individuelle Erfolgsbeitrag angemessen zu berücksichtigen ist (§ 19 Abs. 1 InstitutsVergV),
- der individuelle Erfolgsbeitrag anhand der Erreichung von vereinbarten Zielen zu bestimmen ist. Ziele müssen quantitative wie qualitative Entgeltparameter berücksichtigen. Diese sind so festzulegen, dass der Grad der Zielerreichung messbar ist. Pflichtwidrigkeiten dürfen nicht kompensiert werden (§ 19 Abs. 2 InstitutsVergV),
- für die Ermittlung des Gesamterfolgs des Instituts, des Erfolgsbeitrags der jeweiligen Organisationseinheit und des individuellen Erfolgsbeitrags, insbesondere solche Entgeltparameter anzulegen sind, die dem Ziel des nachhaltigen Erfolges Rechnung tragen und hierbei eingegangene Risiken, deren Dauer sowie Kosten zu berücksichtigen sind (§ 19 Abs. 3 InstitutsVergV),
- mindestens 40% (je nach Stellung bis zu 60%) der variablen Vergütung über einen Zurückbehaltungszeitraum von mindestens drei bis fünf Jahren gestreckt werden, wobei dies von Stellung, Aufgaben und Höhe des variablen Entgelts sowie den ggf. durch den Arbeitnehmer begründeten Risiken abhängt (§ 20 Abs. 1, 2 InstitutsVergV),
- mindestens 50% des zurückzubehaltenden sowie mindestens 50% des nicht zurückzubehaltenden variablen Entgelts von einer nachhaltigen Wertentwicklung des Instituts abhängen und mit einer Bindungsfrist versehen werden, nach deren Verstreichen erst eine Vergütung des Arbeitnehmers über diese Leistungen möglich sein darf (§ 20 Abs. 5 InstitutsVergV),
- negative Erfolgsbeiträge des Arbeitnehmers, seiner Organisationseinheit oder des Instituts die variable Vergütung verringern müssen (§ 18 Abs. 5 InstitutsVergV),
- bestimmte Beteiligungen an negativen Erfolgsbeiträgen oder schwere Pflichtverstöße zu einem vollständigen Ausschluss bzw. der Rückforderung variabler Vergütung führen müssen (§§ 18 Abs. 5 S. 3, 20 Abs. 6 InstitutsVergV).

h) Anpassung bestehender Vereinbarungen

241 Keine Regelungen enthält die InstitutsVergV bzw. das KWG zur Frage von **Übergangsbestimmungen** hinsichtlich abweichender, insbesondere vertraglicher Gestaltungen, die bereits vor Inkrafttreten der Regularien im Jahre 2010 bestanden. Da der Arbeitgeber grundsätzlich nicht einseitig in bestehende Verträge eingreifen kann, setzt dies ein Einvernehmen der Arbeitnehmer voraus. Nach § 45 KWG besteht ein Eingriffsrecht der BaFin. Bei unzureichenden Eigenmitteln besteht die Möglichkeit für die BaFin, die Auszahlung auf nicht tariflichen Regelungen bestehenden variablen Entgeltbestandteilen zu untersagen oder auf einen bestimmten Anteil des Jahresergebnisses zu beschränken. § 45 KWG verpflichtet insoweit die Institute, in vertraglichen Vereinbarungen diesem Eingriffsrecht der BaFin Rechnung zu tragen.

242 Eine Rechtsgrundlage bzw. ein Anpassungsanspruch für eine Angleichung individualarbeitsvertraglicher Bestimmungen besteht hingegen nicht. Gem. § 14 InstitutsVergV hat der Arbeitgeber lediglich auf eine Anpassung hinzuwirken. Daraus wird eine Initiativpflicht herzuleiten sein, die der Arbeitgeber erfüllt, wenn er mit dem ernsten Willen einer Anpassung an den Arbeitnehmer herantritt. Die Eingehung eines Rechtsstreits etwa über

IV. Überblick: Besonderheiten für Banken und Versicherungen   F

eine Änderungskündigung zur Vertragsanpassung ist von dieser Pflicht des Arbeitgebers nicht umfasst. Verweigert der Arbeitnehmer eine Vertragsanpassung, bleibt es vielmehr bei den bestehenden Vereinbarungen.

2. Versicherungsvergütungsverordnung

Ebenfalls im Zuge der Finanzmarktkrise ist im Jahre 2010 auf Grundlage von § 64b VAG die Versicherungsvergütungsverordnung (VersVergV) in Kraft getreten. Ziel ist ebenfalls eine nachhaltige Unternehmensentwicklung durch gesetzlich geregelte Anforderungen an das Risikomanagement von Versicherungsunternehmen. Sie gilt für Versicherungsunternehmen (vgl. im Einzelnen § 1 VersVergV). § 3 VersVergV sieht für die Ausgestaltung von Entgeltsystemen **ähnliche Restriktionen vor, wie im Bereich der Institutsvergütungsverordnung.** Entgeltsysteme müssen so ausgestaltet sein (§ 3 Abs. 1 VersVergV), dass 243

– sie eine **Ausrichtung auf die Erreichung der in den Strategien des Unternehmens niedergelegten Ziele** vorsehen und im Falle von Strategieänderungen zu überprüfen und erforderlichenfalls anzupassen sind,
– **negative Anreize vermieden werden,** insbesondere Interessenkonflikte und die Eingehung unverhältnismäßiger Risiken vermieden und die Überwachungsfunktion der Kontrolleinheiten nicht infrage gestellt werden,
– bei Geschäftsleitern ein variabler Entgeltanteil eine **Vergütung in Anknüpfung an nachhaltige Unternehmenserfolge** sicherstellt,
– wesentliche Risiken und deren Zeithorizont einfließen,
– neben einzelnen Organisationseinheiten auch der **Erfolg des Gesamtunternehmens** einfließt und
– eine **angemessene Personalausstattung** nicht infrage gestellt wird.

Die sich daraus ergebenden Angemessenheitsanforderungen eines Entgeltsystems sind mindestens einmal jährlich zu überprüfen und bei Bedarf anzupassen. 244

Nach § 4 VersVergV gelten wiederum **besondere Anforderungen bei bedeutenden Unternehmen** für solche Arbeitnehmer dieser Unternehmen, deren Tätigkeiten wesentlichen Einfluss auf das Gesamtrisikoprofil haben. Bedeutende Unternehmen sind nach § 1 Abs. 3 VersVergV dadurch gekennzeichnet, dass ihre Bilanzsumme mindestens 45 Mrd. EUR beträgt oder sie einer Versicherungsgruppe mit einer solchen Bilanzsumme angehören und ihre Bedeutsamkeit auf Grundlage einer Risikoanalyse nach den näheren Vorgaben des § 1 Abs. 3 VersVergV feststellen. Für solche Arbeitnehmer gilt gem. § 4 Abs. 2 VersVergV, dass deren **fixes und variables Entgelt in einem angemessenen Verhältnis** zueinanderstehen müssen, sodass einerseits keine signifikante Abhängigkeit von dem variablen Entgelt entsteht, andererseits das variable Entgelt jedoch wirksame Verhaltensanreize setzen kann. Ein garantiertes variables Entgelt ist für diese Arbeitnehmer regelmäßig nur im Rahmen der Arbeitsaufnahme und bis zu maximal einem Jahr möglich. Im Übrigen gilt für das variable Entgelt gem. § 4 Abs. 3 VersVergV, dass neben dem **Gesamterfolg des Unternehmens bzw. der Gruppe** und dem **Erfolgsbeitrag der Organisationseinheit** auch der **individuelle Erfolgsbeitrag** zu berücksichtigen ist, wobei auch nicht finanzielle Parameter wie die Beachtung unternehmensinterner Regelwerke und Strategien, Kundenzufriedenheit und erlangte Qualifikation Berücksichtigung finden können. Weiter sind für die Ermittlung des Erfolges insbesondere solche Anknüpfungspunkte zu verwenden, die unter Berücksichtigung eingegangener Risiken und Kapitalkosten der **Nachhaltigkeit des Erfolges** Rechnung tragen. Von dem variablen Entgelt dürfen mindestens 40 % nicht vor Ablauf eines angemessenen Zurückbehaltungszeitraums von in der Regel drei Jahren ausgezahlt werden. Insgesamt soll ein Anteil von mindestens 50 % des zurückbehaltenen Betrages von einer nachhaltigen Wertentwicklung des Unter- 245 nehmens abhängen und negative Erfolge können diesen Anspruch verringern. Weitere Maßgaben für bedeutende Unternehmen, etwa zur Risikoorientierung der Vergütung und Compliance-Strukturen, sind in § 4 VersVergV vorgesehen.

246   Nach § 1 Abs. 4 VersVergV gelten deren Regelungen nicht für Entgelte, die durch Tarifvertrag oder aufgrund eines Tarifvertrages in einer Betriebsvereinbarung geregelt sind. Bei arbeitsvertraglichen Vereinbarungen haben die Unternehmen gem. § 6 VersVergV darauf hinzuwirken, dass ggf. abweichende bestehende Vereinbarungen angepasst werden. Auch hier gilt, dass der Arbeitgeber grundsätzlich nicht einseitig in bestehende Verträge eingreifen kann, sodass dies ein Einvernehmen der Arbeitnehmer voraussetzt.

G. Anwesenheitsprämien und Retention Boni

Übersicht

	Rn.
I. Anwesenheitsprämien	1
1. Grundlagen	2
a) Definition	2
b) Sozialpolitische Einordnung	4
c) Gestaltungsmöglichkeiten	5
d) Anspruchsgrundlagen	13
aa) Kollektivvertragliche Anspruchsgrundlage	14
bb) Individualvertragliche Anspruchsgrundlage	17
e) Störfälle	21
2. Rechtliche Grenzen der Gestaltung von Anwesenheitsprämien	23
a) Gleiche Behandlung von Kürzungsvereinbarungen und anspruchsbegründender Gestaltung	23
b) Anerkennung von Anwesenheitsprämien	26
c) Kontrolle Allgemeiner Geschäftsbedingungen (AGB) (§§ 305 ff. BGB)	27
d) Maßregelungsverbot nach § 612a BGB	31
e) Kürzungsgrenze für Sondervergütungen bei Arbeitsunfähigkeit nach § 4a EFZG	
aa) Entwicklung der Rechtsprechung	35
bb) Sondervergütungen vs. laufendes Arbeitsentgelt	37
cc) Kürzung bei Arbeitsunfähigkeit außerhalb Entgeltfortzahlungsanspruch	55
dd) Berechnung der Kürzung der Anwesenheitsprämie	58
f) Kürzungsgrenzen bei sonstigen Störfällen	62
aa) Geltung von Kürzungsgrenzen	62
bb) Elternzeit, Pflegezeit, Wehrdienst	64
cc) Mutterschutz	69
dd) Urlaub	70
ee) Freistellung	72
ff) Kurzarbeit	75
gg) Streikteilnahme	76
hh) Unentschuldigte Fehltage	78
g) Mindestlohn	79
3. Mitbestimmung des Betriebsrats	81
4. Steuer- und Sozialversicherungspflicht	83
II. Retention Bonus (Halteprämie)	85
1. Grundlagen	86
a) Begriffe	86
b) Anwendungsfälle	91
c) Zweck	93
2. Rechtliche Grenzen der Gestaltung eines Retention Bonus	95
a) Stichtagsregelungen und AGB-Kontrolle	95
aa) Zweck von Stichtagsklauseln bei Retention Boni	95
bb) Rechtsprechung des 10. Senats des BAG	96
cc) Retention Bonus zur Belohnung der Betriebstreue	100
dd) Rechtsfolge unwirksamer Stichtagsklauseln bei Retention Boni	108
b) Ausnahmen: Wirksame Stichtagsklauseln bei leistungsabhängigem Retention Bonus?	111
3. Mitbestimmungsrecht des Betriebsrats	120
4. Steuer- und Sozialversicherungspflicht	123

I. Anwesenheitsprämien

1 Anwesenheitsprämien sind in der personalpolitischen Diskussion. Arbeitgeber versuchen, durch diese Entgeltleistungen Arbeitnehmer zu einem verantwortungsvollen Umgang mit Abwesenheitszeiten zu motivieren und damit insbesondere die Krankheitsquote in Betrieben zu reduzieren. Die Rechtsprechung gibt dabei allerdings enge Grenzen vor.

1. Grundlagen

a) Definition

2 Unter dem Begriff der Anwesenheitsprämien werden gemeinhin Entgeltleistungen des Arbeitgebers verstanden, die zusätzlich zur Festvergütung des Mitarbeiters geleistet werden und deren Höhe von der Zahl berechtigter oder unberechtigter Fehltage des Arbeitnehmers abhängt.[1] Mit der Gewährung von Anwesenheitsprämien bezweckt der Arbeitgeber, den Arbeitnehmer zu motivieren, die Zahl der berechtigten und unberechtigten Fehltage im Bezugszeitraum möglichst gering zu halten.[2] Als weitergehender Zweck wird in der Rechtsprechung die Verringerung von betrieblichen Ablaufstörungen heran gezogen.[3]

3 **Gesundheitsprämien** sind eine Unterart der Anwesenheitsprämien, mit denen Arbeitnehmer dafür belohnt werden, möglichst ohne Unterbrechung durch Arbeitsunfähigkeitszeiten ihre Arbeitstätigkeit zu erbringen. Begrifflich sind Gesundheitsprämien enger gefasst, da sie Fehlzeiten, die sich nicht auf einer krankheitsbedingten Arbeitsunfähigkeit gründen, zB unbezahlter Urlaub, Ruhen des Arbeitsverhältnisses, unentschuldigtes Fernbleiben von der Arbeit etc., nicht ausdrücklich erfassen. Sie knüpfen an eine positive Tatsache – das Gesundbleiben des Arbeitnehmers – an. Jeder Arbeitstag, an dem der Arbeitnehmer seine Arbeitsleistung erbringt, berechtigt zu einer Anwesenheitsprämie oder hat Anteil an der Berechnung der Prämie. In der Praxis wird zwischen den Begriffen nicht trennscharf unterschieden. Sie werden nachfolgend zusammenfassend als Anwesenheitsprämien bezeichnet.

> **Praxistipp:**
> Bei der Gestaltung einer Prämienvereinbarung oder -zusage müssen die Sachverhalte, die zu einer Kürzung der Prämie berechtigen bzw. bei der Berechnung der Prämie nicht berücksichtigt werden, (Störfälle) ausdrücklich benannt werden. Allein die Bezeichnung als „Anwesenheitsprämie" oder als „Gesundheitsprämie" ermöglicht keine eindeutige Auslegung mangels einheitlicher Nutzung der Begrifflichkeiten in der Praxis.

b) Sozialpolitische Einordnung

4 Die sozialpolitische Brisanz von Anwesenheitsprämien liegt auf der Hand.[4] Da diese Prämien oft in der Weise gestaltet sind, dass auch entschuldigte Fehlzeiten unmittelbar oder mittelbar bestraft werden, insbesondere bei Arbeitsunfähigkeit des Arbeitnehmers oder bei Erkrankung eines pflegebedürftigen Kindes, können diese bewirken, dass Arbeitnehmer

---

[1] BAG 26.10.1994 – 10 AZR 482/93, NZA 1995, 266; Oberthür/Seitz Betriebsvereinbarungen/*Schneider* B. IV. Rn. 48.
[2] BAG 26.9.2001 – 5 AZR 539/00, AP EntgeltFG § 4 Nr. 55; 25.7.2001 – 10 AZR 502/00, AP EntgeltFG § 4a Nr. 1; Schaub ArbR-HdB/*Linck* § 79 Rn. 1; MaSiG/*Reiserer* 242 Rn. 50.
[3] BAG 21.1.2009 – 10 AZR 216/08, NZA-RR 2009, 385; LAG MV 22.11.2016 – 5 Sa 298/15, NZA-RR 2017, 140; 14.9.2010 – 5 Sa 19/10, BeckRS 2011, 67834.
[4] Dazu auch Küttner/*Griese* „Anwesenheitsprämie" Rn. 1.

trotzdem zur Arbeit erscheinen und dadurch ihre eigene Gesundheit gefährden und ihre Kollegen der Ansteckungsgefahr aussetzen bzw. sich genötigt sehen, familiäre Pflichten unbillig hinten anzustellen. Diese Gefahr besteht auch bei Gesundheitsprämien, die nicht nur auf die Krankheitsquote des einzelnen Arbeitnehmers, sondern der Abteilung[5] oder des Betriebs abstellen und damit den erkrankten Arbeitnehmer einem gewissen Gruppendruck aussetzen. Dem steht das Interesse des Arbeitgebers und der übrigen, anwesenden Arbeitnehmer gegenüber, deren Einsatz zu belohnen und missbräuchliche Fehlzeiten zu vermeiden bzw. zu verringern.[6] Das BAG hat Anwesenheitsprämien als Entgeltleistung mit Lenkungswirkung anerkannt und den Ausgleich zwischen den Interessen des Arbeitgebers und den Schutzinteressen des Arbeitnehmers bei entschuldigten Fehlzeiten bereits vor Einführung der Kürzungsbeschränkung für Sondervergütung bei Arbeitsunfähigkeit in § 4a EFZG im Jahr 1996 durch von der Rechtsprechung entwickelte Kürzungsbeschränkungen gewährleistet.[7] Ein völliger Wegfall einer die Anwesenheit steuernden Prämie im Fall kürzerer Krankheitszeiten wurde bereits damals von der Rechtsprechung als unbillig und die Grenze der Vertragsfreiheit überschreitend erachtet.[8]

c) Gestaltungsmöglichkeiten

Die Formen von Anwesenheitsprämien sind sehr vielfältig. Neben pauschalen quartalsmäßigen[9] oder jährlichen Leistungen, wenn eine bestimmte Anzahl von Fehltagen nicht überschritten wird oder unter Abzug einer bestimmten Quote bzw. Summe je Fehltag, werden Anwesenheitszeiten auch als eine Anspruchsvoraussetzung oder ein Ziel unter mehreren Zielen im Rahmen der Bemessung von **Jahressonderleistungen**[10] herangezogen. Verbreitet sind auch laufende Stundenprämien oder Tagesprämien je gearbeiteten Arbeitstag.[11] Statt Entgeltleistungen kommen entgeltwerte Leistungen, wie zB die Gewährung bzw. Kürzung von übergesetzlichen **Urlaubstagen**[12] oder **Sachleistungen**[13], als Prämieninhalt in Betracht.

Neben Regelungen zu Anwesenheitsprämien, mit denen vom Arbeitgeber eine Prämie zugesagt wird, die für jeden Tag oder ab einer bestimmten Anzahl von Fehltagen gekürzt wird **(Kürzungsvereinbarung)**, bestehen Vereinbarungen, mit denen für jeden Tag der – arbeitsbereiten – Anwesenheit des Arbeitnehmers eine Prämie zugesagt wird **(Anwesenheitstage als Anspruchsvoraussetzung)**.[14] Einer Abgrenzung zwischen Kürzungsvereinbarungen und der Anspruchsbegründung durch Anwesenheitstage bedarf es nach der Rechtsprechung zumindest mit Blick auf die gesetzliche Beschränkung der Kürzung von Sondervergütungen nach § 4a EFZG nicht. Es mache für die Anwendbarkeit der Kürzungsbeschränkung keinen Unterschied, ob die Prämienzahlung nur unter bestimmten Voraussetzungen gewährt wird oder umgekehrt bei Fehlen der Voraussetzungen ent-

---

[5] So zB vorgesehen in Betriebsvereinbarungen zu Gesundheitsprämien in mehreren deutschen Betrieben der Amazon EU S.à r.l., Süddeutsche Zeitung, 1./2.4.2017, Nr. 77, S. 65.
[6] Küttner/Griese „Anwesenheitsprämie" Rn. 1.
[7] BAG 26.10.1994 – 10 AZR 482/93, NZA 1995, 266; 5.8.1992 – 10 AZR 88/90, AP BGB § 611 Gratifikation Nr. 143.
[8] BAG 15.2.1990 – 6 AZR 381/88, NZA 1990, 601; 26.10.1994 – 10 AZR 482/93, NZA 1995, 266; 6.12.1995 – 10 AZR 123/95, AP BGB § 611 Gratifikationen Nr. 186.
[9] BAG 25.7.2001 – 10 AZR 502/00, AP EntgeltFG § 4a Nr. 1.
[10] BAG 7.8.2002 – 10 AZR 709/01, NZA 2002, 1284; MaSiG/Reiserer 242 Rn. 52–54; Küttner/Griese „Anwesenheitsprämie" Rn. 3; Schaub ArbR-HdB/Linck § 79 Rn. 2, 8.
[11] BAG 21.1.2009 – 10 AZR 216/08, NZA-RR 2009, 385; LAG RhPf 14.10.2014 – 7 Sa 85/14, BeckRS 2014, 74103; Küttner/Griese „Anwesenheitsprämie" Rn. 5 ff.
[12] LAG RhPf 1.3.2012 – 11 Sa 647/11, BeckRS 2012, 68203; Küttner/Griese „Anwesenheitsprämie" Rn. 11.
[13] Nicht anerkannt für Sachgeschenke (IPad) des Arbeitgebers an die anwesenden Arbeitnehmer auf einer Weihnachtsfeier, ArbG Köln 9.10.2013 – 3 Ca 1819/13, BeckRS 2013, 73879.
[14] Oberthür/Seitz Betriebsvereinbarungen/Schneider B. IV. Rn. 48; ErfK/Reinhard EFZG § 4a Rn. 3.

fällt.¹⁵ Eine Kürzungsvereinbarung iSd § 4a EFZG liegt auch dann vor, wenn die Anspruchsvoraussetzungen in der Weise formuliert werden, dass dasselbe Ergebnis wie bei einer deutlich als Kürzung bezeichneten Vereinbarung erreicht wird.¹⁶

7   Neben der Anknüpfung an die arbeitsbereite Anwesenheit des einzelnen Arbeitnehmers können Anwesenheitsprämien auch als **Team- oder Abteilungsprämie** ausgestaltet werden. In dem Fall kommt es nicht oder nicht ausschließlich auf die Anwesenheit des Arbeitnehmers im Betrieb an, sondern des Teams bzw. der Abteilung, dem bzw. der er zugeordnet ist. Dies ist mit Team- bzw. Abteilungszielen bei Zielvereinbarungen für Bonuszahlungen vergleichbar.¹⁷ Wie bei Zielvereinbarungen, die an Gruppenziele anknüpfen, können der Anspruch oder die Höhe des Anspruchs auf eine Anwesenheitsprämie von den Leistungen des Teams oder der Abteilung insgesamt abhängig gemacht werden. Konkret bedeutet dies bei Anwesenheitsprämien, dass über den Durchschnitt des ganzen Teams oder der Abteilung betrachtet im Leistungszeitraum eine bestimmte Abwesenheitsquote nicht überschritten wird bzw. die Quote der durchschnittlichen Fehltage zu einer Kürzung gegenüber allen Mitarbeitern des Teams bzw. der Abteilung berechtigt (Kürzungsvereinbarungen) oder eine bestimmte Anwesenheitsquote erreicht sein muss (Anwesenheitstage als Anspruchsvoraussetzung). Über die Erweiterung des zu betrachtenden Personenkreises darf allerdings zwingendes Gesetzesrecht nicht umgangen werden.

> **Praxistipp:**
> Auch bei Team- oder Abteilungsprämien darf es nicht zu einer stärkeren Kürzung von Fehltagen wegen Arbeitsunfähigkeit kommen, als es § 4a EFZG vorsieht, und die von der Rechtsprechung entwickelten Kürzungsgrenzen für Fehlzeiten aus anderen Gründen dürfen nicht zu Lasten der Arbeitnehmer verschoben werden. Will der Arbeitgeber auf den Durchschnittswert des betrachteten Personenkreises abstellen, sind die zwingenden Kürzungsgrenzen nach hier vertretener Auffassung entsprechend anzuwenden.

8   Ungeklärt ist, ob daneben noch eine Parallelbetrachtung der Fehltage des Arbeitnehmers erfolgen muss und, sofern die Fehlzeiten des Einzelnen geringer sind als die der Gruppe, der individuelle Prämienanspruch wieder aufgestockt werden muss.¹⁸ Dafür spricht im Falle der Kürzung von Sonderleistungen wegen Arbeitsunfähigkeit, dass anderenfalls zwingendes Gesetzesrecht, § 4a EFZG, umgangen und der Anspruch des einzelnen Arbeitnehmers stärker gekürzt würde als gesetzlich zulässig. Wollte man § 4a EFZG in der Weise verstehen, dass stets auf den einzelnen Arbeitnehmer abzustellen ist, machte dies im Ergebnis eine an die Fehlzeiten- bzw. Anwesenheitsquote einer Gruppe von Arbeitnehmern abstellende Anwesenheitsprämien sinnlos. Würde der Arbeitgeber bei besserer „Leistung" des einzelnen Teammitglieds als des Teams insgesamt verpflichtet, die Prämienzahlung wieder aufzustocken, würde der Sinn von Teamzielen verfehlt. Der Wortlaut von § 4a EFZG lässt allerdings nicht auf eine zwingende Betrachtung der krankheitsbedingten Ausfallzeiten des einzelnen Arbeitnehmers schließen. Er knüpft nicht an den Anspruch des einzelnen Arbeitnehmers an. Die Norm beschränkt allgemein die Kürzung von Sonderleistungen durch Vereinbarung. Auch der Berechnungsmodus nach Satz 2 bezieht sich nicht ausdrücklich auf die Abwesenheitstage des einzelnen Arbeitneh-

---

¹⁵ BAG 25.7.2001 – 10 AZR 502/00, AP EntgeltFG § 4a Nr. 1; LAG MV 22.11.2016 – 5 Sa 298/15, NZA-RR 2017, 140; LAG Hamm 13.1.2011 – 16 Sa 1521/09, NZA-RR 2011, 289; LAG München 11.8.2009 – 8 Sa 131/09, BeckRS 2009, 72473; ebenso ErfK/*Reinhard* EFZG § 4a Rn. 3; Oberthür/Seitz Betriebsvereinbarungen/*Schneider* B. IV Rn. 48; Schaub ArbR-HdB/*Linck* § 79 Rn. 4.
¹⁶ LAG MV 22.11.2016 – 5 Sa 298/15, NZA-RR 2017, 140; MüKoBGB/*Müller-Glöge* EFZG § 4a Rn. 11.
¹⁷ BAG 12.12.2007 – 10 AZR 97/07, NZA 2008, 409; LAG Düsseldorf 30.4.2009 – 11 Sa 1504/08, BeckRS2009, 66420.
¹⁸ BAG 25.7.2001 – 10 AZR 502/00, AP EntgeltFG § 4a Nr. 1: generell für eine Aufstockungszahlung bei Kürzung über die Grenzen von § 4a EFZG hinaus, allerdings ohne Gruppenbezug.

mers. Nach hier vertretener Auffassung steht § 4a EFZG somit einer Gewährung von Anwesenheitsprämien an ein Team oder eine Abteilung unter Bezugnahme auf die durchschnittliche Abwesenheits- bzw. Anwesenheitsquote nicht entgegen. Die Kürzungsgrenze stellt dann auf die Durchschnittsbetrachtung ab.

> **Praxistipp:**
> Bis zur höchstgerichtlichen Klärung dieser Frage empfiehlt es sich, lediglich einen Teil der Anwesenheitsprämie von einem Gruppenziel (Team, Abteilung uÄ) abhängig zu machen. Sollte die Rechtsprechung solche Gestaltungen wegen Verstoßes gegen § 4a EFZG für unwirksam erachten, hätte der einzelne Arbeitnehmer über den Anspruch auf diese Prämie hinaus noch einen Aufstockungsanspruch, wenn seine krankheitsbedingten Fehlzeiten unter dem Durchschnitt der Gruppe lägen.

Generell ist der Sinn von Team- und Abteilungsprämien zu hinterfragen. Anwesenheitsprämien, die an die Fehlzeiten einer Gruppe von Arbeitnehmern anknüpfen, funktionieren über den wechselseitigen sozialen Druck oder – etwas positiver ausgedrückt – sie motivieren den Einzelnen dazu, im Falle eines drohenden Abwesenheitsfalls aus Verbundenheit zu seinen Kollegen nochmals zu prüfen, ob die Abwesenheit „wirklich sein muss". Dieser Gruppenzwang kann den einzelnen Arbeitnehmer sogar motivieren, aus Loyalität oder gar Angst, krank am Arbeitsplatz zu erscheinen, um die Prämienhöhe nicht für das ganze Team abzusenken. Auf der anderen Seite ist es dem gesunden und Leistungen erbringenden Arbeitnehmer personalpolitisch schwer zu vermitteln, warum er wegen der Abwesenheit seiner Kollegen durch eine geringere Prämie bestraft wird, nicht selten aber die Last zusätzlicher Arbeit als Krankheitsvertretung zu tragen hat. Durch den weniger individuell wahrnehmbaren Effekt einer steigenden oder gekürzten Prämie dürfte die Motivation des einzelnen Arbeitnehmers nicht in allen Fällen so bestehen, wie der Arbeitgeber sich dies wünscht. Im schlimmsten Fall kann durch Gruppenprämien in Krankheitsphasen (zB bei Erkältungswellen) sogar der Einzelne negativ motiviert werden, „Zuhause zu bleiben", wenn die Gruppenprämie wegen starker Ausfallzeiten von Kollegen bereits weggefallen ist, weil eine Mindestanwesenheitsquote nicht erreicht wird oder sich auf eine nicht mehr motivierend wirkende Höhe reduziert hat. Gleichwohl ist es denkbar, dass sich der Betriebsrat im Rahmen seiner Mitbestimmung bei Entgeltgrundsätzen für eine Gruppenprämie einsetzt, um die Effekte solcher Anwesenheitsprämien für den erkrankten einzelnen Arbeitnehmer über eine Gruppenbetrachtung abzumildern. Aufgrund dieser, teilweise zuwiderlaufender Effekte, eignen sich Team- bzw. Abteilungsziele allenfalls als eine von mehreren Komponenten einer Anwesenheitsprämie. 9

Denkbar ist schließlich auch eine Anknüpfung an Fehlzeitquoten im **Betrieb** oder der Arbeitgebergesellschaft insgesamt. Die rechtlichen Risiken bestehen allerdings ebenso wie bei Gruppen- bzw. Abteilungszielen. Ferner gilt es zu bedenken, dass der Lenkungseffekt umso geringer ausfallen dürfte, je weniger Einfluss der Einzelne auf die Fehlzeiten seiner Kollegen hat. 10

Anwesenheitsprämien werden häufig als **freiwillige Sonderzahlungen** bezeichnet,[19] wobei die Freiwilligkeit allerdings eine Frage der Gestaltung ist. Sobald Prämien individual- oder kollektivvertraglich zugesagt sind, können sie allenfalls noch iSd betriebsverfassungsrechtlichen Mitbestimmungsrechts als freiwillig[20] bezeichnet werden. Der Arbeitnehmer hat bei einer solchen Gestaltung einen individuell durchsetzbaren Leistungsanspruch gegen den Arbeitgeber, wenn die Anspruchsvoraussetzungen erfüllt sind. Die Ausgestaltung als echte freiwillige Leistung, also eine Leistung, auf die kein Anspruch des Arbeitnehmers besteht, ist in der Praxis nicht denkbar. Zwar könnte ein Arbeitgeber eine freiwillige Prämie an diejenigen Arbeitnehmer zahlen, die in dem vom Arbeitgeber her- 11

---

[19] BAG 26.10.1994 – 10 AZR 482/93, NZA 1995, 266; BeckOK ArbR/*Joussen* BGB § 612a Rn. 21.
[20] BAG 24.1.2017 – 1 AZR 772/14, NZA 2017, 931; 21.2.2017 – 1 ABR 12/15, BeckRS 2017, 108113.

angezogenen Bezugszeitraum eine bestimmte Abwesenheitsquote nicht überschritten haben, und diese Leistung mit einem Freiwilligkeitsvorbehalt verbinden. Da die Arbeitnehmer aber in Unkenntnis der Leistung ihr Verhalten haben nicht entsprechend ausrichten können, läuft der Arbeitgeber Gefahr, dass die von ihm getroffene Unterscheidung zwischen Arbeitnehmern anhand einer bestimmten Abwesenheitsquote als unsachliches Differenzierungskriterium bewertet wird und damit auch Arbeitnehmer mit höherer Abwesenheitsquote einen Zahlungsanspruch auf Grundlage des allgemeinen arbeitsrechtlichen Gleichbehandlungsgrundsatzes erfolgreich durchsetzen könnten (→ Rn. 15, 18). Des Weiteren ist zu berücksichtigen, dass bei echten freiwilligen Leistungen keine Kürzungsmöglichkeit für Anwesenheitsprämien für Krankheitstage besteht, da über freiwillige Leistungen keine Vereinbarung geschlossen wird, die aber Voraussetzung nach § 4a S. 1 EFZG ist.[21]

12 Ebenso ist die Frage, ob es sich bei einer Anwesenheitsprämie um eine Sondervergütung oder um einen Teil des laufenden Arbeitsentgelts handelt, nicht *per se,* sondern anhand der Zweckbestimmung der Leistung durch Auslegung der Zusage zu bestimmen (→ Rn. 37 ff.).

d) Anspruchsgrundlagen

13 Der Anspruch auf eine Anwesenheitsprämie kann sich kollektivvertraglich aus Tarifvertrag oder Betriebsvereinbarung ergeben oder auf individualvertraglicher Ebene entstehen, etwa aufgrund **Arbeitsvertrags, Gesamtzusage, betrieblicher Übung,** oder aus dem allgemeinen **arbeitsrechtlichen Gleichbehandlungsgrundsatz.**[22]

aa) Kollektivvertragliche Anspruchsgrundlage

14 Bei Betrieben mit Tarifbindung oder Tarifbezugnahme bietet sich die Vereinbarung von Anwesenheitsprämien durch **Tarifvertrag** im Rahmen der Tarifautonomie an. Das BAG akzeptiert tarifvertraglich zugesagte Jahressonderzahlungen, die die Erbringung von Arbeitsleistungen voraussetzen.[23] Gesetzliche Kürzungsbeschränkungen, dh § 4a EFZG, haben Vorrang. Von diesen kann auch durch Tarifvertrag, soweit diese zwingendes Gesetzesrecht sind, nicht zu Lasten der Arbeitnehmer abgewichen werden. § 12 EFZG regelt die Unabdingbarkeit für die Normen des EFZG. Zulässig sind weitergehende Kürzungsbeschränkungen für den Fall der Arbeitsunfähigkeit. Gegenüber Regelungen in Betriebsvereinbarung – gleich ob für den Arbeitnehmer günstiger oder ungünstiger – gilt der **Tarifvorrang** gem. § 87 Abs. 1 BetrVG.

15 Wird eine Anwesenheitsprämie durch **Betriebsvereinbarung** geregelt, darf durch diese nicht von gesetzlichen Kürzungsbeschränkungen, wie sie § 4a EFZG vorsieht, zulasten der Arbeitnehmer abgewichen werden. Ebenso ist der **betriebsverfassungsrechtliche Gleichbehandlungsgrundsatz** nach Maßgaben des § 75 Abs. 1 BetrVG von den Betriebsparteien zu berücksichtigen. Alle im Betrieb tätigen Personen sind nach den Grundsätzen von Recht und Billigkeit zu behandeln. Die Regelung zielt darauf ab, eine Gleichbehandlung von Personen in vergleichbaren Sachverhalten sicherzustellen und eine gleichheitswidrige Gruppenbildung zu vermeiden. Deshalb dürfen Arbeitnehmergruppen nicht von Leistungen ausgeschlossen werden, wenn zwischen ihnen und der Gruppe der Begünstigten keine Unterschiede von solcher Art und solchem Gewicht bestehen, dass diese die ungleiche Behandlung rechtfertigen könnten.[24] Ebenso dürfte die kollektivrechtliche Vereinbarung von Kürzungsmöglichkeiten, die zulasten der Arbeitnehmer deutlich von den Grundsätzen der Rechtsprechung zu individualvertraglichen Kürzungsgrenzen

---

[21] Schaub ArbR-HdB/*Linck* § 79 Rn. 5–8; MüKoBGB/*Müller-Glöge* EFZG § 4a Rn. 5–12.
[22] BAG 26.9.2007 – 10 AZR 569/06, NZA 2007, 1424; MAH ArbR/*Hexel* § 20 Rn. 179.
[23] BAG 25.9.2013 – 10 AZR 850/12, NZA 2014, 52.
[24] BAG 26.4.2016 – 1 AZR 435/14, NZA 2016, 1160.

abweicht, unwirksam sein,²⁵ da die Rechtsprechung zu arbeitsvertraglichen Kürzungsregelungen auf Billigkeitsgesichtspunkten fußt (→ N Rn. 140). Werden Arbeitnehmer unter Verletzung von § 75 Abs. 1 BetrVG in einer Betriebsvereinbarung von einem Anspruch auf Gewährung einer Anwesenheitsprämie ausgeschlossen, können sie dennoch die Leistung beanspruchen.²⁶ Regelungen zu Anwesenheitsprämien in Betriebsvereinbarungen unterliegen indes – ebenso wie in Tarifverträgen – keiner Inhaltskontrolle für AGB (§ 310 Abs. 4 S. 1 BGB). Die Regelung einer Anwesenheitsprämie durch Betriebsvereinbarung kommt nicht in Betracht, soweit diese bereits durch Tarifvertrag geregelt ist. Es greift der Tarifvorrang gem. § 87 Abs. 1 BetrVG. Gleichfalls dürfen Anwesenheitsprämien keine verdeckten Zuschläge auf Tariflohn darstellen.²⁷

Entsprechen Tarifverträge oder Betriebsvereinbarungen, die vor Inkrafttreten von § 4a EFZG geschlossen wurden, zwar den zum Zeitpunkt ihres Abschlusses geltenden, von der Rechtsprechung entwickelten Kürzungsgrenzen, indes nicht dem Maßstab des § 4a EFZG, sind sie gesetzeskonform so anzuwenden, dass die Obergrenze nicht überschritten wird.²⁸ **16**

bb) Individualvertragliche Anspruchsgrundlage

Die arbeitsvertragliche Ausgestaltung von Anwesenheitsprämien – sei es durch einseitige Zusage des Arbeitgebers an einen oder eine Gruppe von Arbeitnehmern oder durch Vereinbarung der Arbeitsvertragsparteien – muss sich innerhalb der gesetzlichen (→ Rn. 23 ff.) und kollektivvertraglichen Grenzen halten. Zu beachten sind insbesondere nicht dispositive Normen, wie §§ 3, 4, 4a EFZG iVm § 12 EFZG. In Betrieben, in denen ein Betriebsrat gebildet ist, müssen darüber hinaus die zwingenden Mitbestimmungsrechte des Betriebsrats beachtet werden (→ Rn. 81). Der Umstand, dass eine Anwesenheitsprämie individualvertraglich zugesagt wird, schließt das Mitbestimmungsrecht des Betriebsrats bei der Ausgestaltung der Anwesenheitsprämie als Entlohnungsgrundsatz iSd § 87 Abs. 1 Nr. 10 BetrVG²⁹ nicht aus, wenn es sich um einen kollektiven Sachverhalt handelt, dh der Arbeitgeber einer Gruppe von Arbeitnehmern eine Anwesenheitsprämie mit demselben Zweck zusagt und damit andere von einer solchen Leistung ausnimmt. **17**

Ein Anspruch auf Gewährung einer Anwesenheitsprämie kann sich auch aus dem allgemeinen **arbeitsrechtlichen Gleichbehandlungsgrundsatz** ergeben. Bildet der Arbeitgeber Gruppen, dh eine Einteilung in Arbeitnehmer, denen eine Anwesenheitsprämie zugesagt wird, und Arbeitnehmer ohne eine solche Zusage, müssen Gründe vorliegen, die die unterschiedliche Behandlung nach dem Zweck der Leistung unter Berücksichtigung aller Umstände rechtfertigen. Das BAG hat einen Anspruch auf eine solche Prämie aus dem Gleichbehandlungsgrundsatz abgeleitet, wenn ein Arbeitgeber eine Weihnachtsgratifikation als Anwesenheitsprämie ausgestaltet und Arbeitnehmer, die das Angebot auf Entgeltreduzierung und Arbeitszeitverlängerung abgelehnt haben, von der Teilnahme an diesem Prämiensystem ausnimmt.³⁰ In der zugrundeliegenden Entscheidung wollte der Arbeitgeber mit der Weihnachtsgratifikation ua die Anwesenheit der Arbeitnehmer steuern. Dieser Zweck konnte sowohl von den Arbeitnehmern erreicht werden, die der Vertragsänderung zugestimmt hatten, wie von denjenigen Arbeitnehmern, bei denen die alten Vertragsbedingungen weitergalten. Eine Ungleichbehandlung der beiden Arbeitnehmergruppen war somit unter Berücksichtigung des Leistungszwecks nicht gerechtfertigt. **18**

Denkbar ist die Leistung von Anwesenheitsprämien als echte **freiwillige Leistung,** dh ohne Anspruchsgrundlage zugunsten des Arbeitnehmers. In diesem Fall leistet der Arbeit- **19**

---
²⁵ BAG 26.10.1994 – 10 AZR 482/93, NZA 1995, 266; 26.4.2016 – 1 AZR 435/14, NZA 2016, 1160.
²⁶ Ebenso BAG 26.4.2016 – 1 AZR 435/14, NZA 2016, 1160 (für die Gewährung einer Sonderzahlung).
²⁷ BAG 29.5.1964 – 1 AZR 281/63, BeckRS 9998, 149231; *Fitting* BetrVG § 77 Rn. 87; Oberthür/Seitz Betriebsvereinbarungen/*Schneider* B. IV. Rn. 51.
²⁸ Vertiefend ErfK/*Reinhard* EFZG § 4a Rn. 15.
²⁹ LAG Köln 13.8.2015 – 8 TaBV 4/15, BeckRS 2015, 72913; BAG 14.9.1983 – 5 AZR 284/81 nv.
³⁰ BAG 26.9.2007 – 10 AZR 569/06, NZA 2007, 1424.

geber nachträglich, also nach Ablauf des betrachteten Zeitraums, an Arbeitnehmer mit besonders geringer Abwesenheitsquote, zB alle Arbeitnehmer, die weniger häufig krank waren als der Durchschnitt im Betrieb, eine Anwesenheitsprämie und verbindet diese Leistung mit einem **Freiwilligkeitsvorbehalt,** um das Entstehen einer **betrieblichen Übung** als Anspruchsgrundlage für die Leistung künftiger Anwesenheitsprämien auszuschließen. Bei der Prüfung der Zulässigkeit von freiwilligen Anwesenheitsprämien sind die rechtlichen Grenzen genauso zu berücksichtigen wie bei Prämienzahlungen aufgrund kollektiv- oder individualvertraglicher Zusage. Bei der Berechnung von freiwilligen Anwesenheitsprämien sind die gesetzlichen und die von der Rechtsprechung entwickelten Kürzungsgrenzen einzuhalten. Diese stellen keine Anspruchsgrundlage dar, sondern sind Gestaltungsgrenzen.

20 Das BAG[31] sieht in **nachträglichen** (freiwilligen) Anwesenheitsprämien allerdings einen Verstoß gegen den Gleichheitsgrundsatz. Dem Arbeitnehmer müsse im Voraus bekannt sein, dass und in welchem Umfang die Prämie bei Fehltagen im Bezugszeitraum gekürzt werden wird. Da die Arbeitnehmer von der späteren Gewährung einer solchen Prämie nichts wüssten, könnten sie ihr Verhalten auch nicht entsprechend ausrichten. Die auf die Zahl der in der Vergangenheit angefallenen Fehltage abstellende Differenzierung sei daher unwirksam, wenn sie nicht durch andere Sachgründe gerechtfertigt sei. Im Ergebnis geht das BAG von einem nicht gerechtfertigten Unterscheidungsmerkmal aus, wenn Arbeitnehmer ab bestimmten Ausfallzeiten vom Anspruch ausgenommen werden.

e) Störfälle

21 Anspruchsbegründend und/oder Anknüpfungspunkt für die Berechnung der Anwesenheitsprämie sind die Fehltage des Arbeitnehmers. Es bestehen vielfältige Gestaltungsvarianten je nach Zweckrichtung des Arbeitgebers. Übliche **Arten von Fehlzeiten,** auf die bei Anwesenheitsprämien abgestellt werden kann, sind:
– Arbeitsunfähigkeit mit Entgeltfortzahlungsanspruch,
– Arbeitsunfähigkeit ohne Entgeltfortzahlungsanspruch,
– unentschuldigte Fehltage,
– Abwesenheit zur Pflege eines erkrankten Kindes,
– gesetzliche Urlaubstage,
– übergesetzliche, vertraglich zugesagte Urlaubstage,
– unbezahlter Urlaub,
– Mutterschutz,
– Ruhen des Arbeitsverhältnisses während Elternzeit, Pflegezeit, Familienpflegezeit, Wehrdienst etc.,
– vorübergehende Freistellung nach § 616 BGB und
– Streikteilnahme.

22 Die vorgenannten Anknüpfungspunkte betreffen Kürzungsregelungen oder das Entstehen des Anspruchs auf die Anwesenheitsprämie. Wie bereits festgestellt, spielt es jedenfalls für die Frage der Anwendbarkeit der gesetzlichen Kürzungsbeschränkung von Sondervergütung bei Arbeitsunfähigkeit (§ 4a EFZG) nach ständiger Rechtsprechung des BAG keine Rolle, ob die Anwesenheitsprämie je nach Anzahl der krankheitsbedingten Fehltage gekürzt wird oder ob die – möglichst geringe – Anzahl dieser Fehltage anspruchsbegründend wirkt.[32] Im ersten Fall sagt der Arbeitgeber dem Arbeitnehmer eine Anwesenheitsprämie zu, zB als Stundenlohnzuschlag oder Pauschalzahlung je Arbeitstag, Kalendermonat, Quartal oder Jahr. Dieser Betrag wird je Fehlstunde oder Fehltag gekürzt. Die

---

[31] BAG 7.8.2002 – 10 AZR 709/01, NZA 2002, 1284; 26.10.1994 – 10 AZR 482/93, NZA 1995, 266.
[32] BAG 25.7.2001 – 10 AZR 502/00, AP EntgeltFG § 4a Nr. 1; LAG MV 22.11.2016 – 5 Sa 298/15, NZA-RR 2017, 140; LAG Hamm 13.1.2011 – 16 Sa 1521/09, NZA-RR 2011, 289; LAG München 11.8.2009 – 8 Sa 131/09, BeckRS 2009, 72473; ebenso Schaub ArbR-HdB/*Linck* § 79 Rn. 4; *Gola* S. 186; aA *Bauer/Lingemann* BB-Beil. 17/1996, 8 (14).

Kürzungsberechnung ist festzulegen. Eine solche Zusage oder Vereinbarung kann ergänzt werden um eine Maximalzahl von Fehltagen, die bei einer Kürzung unberücksichtigt bleiben, sowie eine Maximalzahl von Fehltagen, bei deren Überschreiten der Prämienanspruch ganz entfällt. Im zweiten Fall sind die Anwesenheitstage des Arbeitnehmers der Anknüpfungspunkt. Die Höhe der Anwesenheitsprämie berechnet sich anhand der Anzahl der arbeitsbereiten Anwesenheitstage im Berechnungszeitraum; sie sind damit anspruchsbegründend. Eine solche Zusage oder Vereinbarung kann durch die Vorgabe einer Mindestzahl von Anwesenheitstagen im Berechnungszeitraum ergänzt werden, bei deren Unterschreiten der Anspruch auf eine Anwesenheitsprämie entfällt.

2. Rechtliche Grenzen der Gestaltung von Anwesenheitsprämien

a) Gleiche Behandlung von Kürzungsvereinbarungen und anspruchsbegründender Gestaltung

Richtigerweise müssen für die anspruchsbegründende Gestaltung von Anwesenheitsprämien durch die Anzahl der Anwesenheitstage die gleichen rechtlichen Grenzen gelten wie bei Kürzungsvereinbarungen. Zweck einer gesetzlichen Kürzungsbeschränkung, wie sie § 4a EFZG vorsieht, sowie von der Rechtsprechung entwickelter Kürzungsbeschränkungen (→ F Rn. 164, 179) ist es, einerseits klarzustellen, dass eine Kürzung von Sondervergütungen auch bei (rechtlich) entschuldigten Fehltagen grundsätzlich zulässig ist, andererseits – mit Blick auf die aufgezeigten sozialpolitischen Bedenken (→ Rn. 4) – nicht unbeschränkt erfolgen darf. Es soll verhindert werden, dass bereits geringe krankheitsbedingte Fehlzeiten zu einer unangemessen hohen Kürzung oder sogar zum Wegfall der gesamten Sondervergütung führen.[33] Diese für den Fall der Behandlung von Anwesenheitsprämien bei Arbeitsunfähigkeit entwickelten Grundsätze[34] sind in gleicher Weise für Kürzungsregelungen bei sonstigen, von dem Arbeitnehmer nicht zu vertretenden oder rechtlich zulässigen Fehltagen heranzuziehen, wobei unterschiedlich hohe Kürzungsgrenzen je nach Grund für die Fehlzeit gerechtfertigt sein können.

23

Nur der Fall **unentschuldigter Fehlzeiten** bedarf einer anderen rechtlichen Bewertung, wobei auch insoweit die Grenzen der Billigkeit zu beachten sind, etwa wenn eine bestimmte Anzahl unentschuldigter Fehlzeiten nicht nur zum anteiligen Wegfall der Anwesenheitsprämie für diese Tage, sondern insgesamt zum Wegfall führen sollen.

24

Die gleichen rechtlichen Erwägungen sind betroffen, wenn die Zahlung einer Anwesenheitsprämie von der Anzahl oder dem Erreichen einer Mindestzahl von Anwesenheitstagen abhängt. Mittelbar werden auch bei dieser Gestaltung die Fehlzeiten des Arbeitnehmers sanktioniert. Wesentlicher Unterschied bei dieser Gestaltung gegenüber einer Kürzungsvereinbarung ist es, dass dem Arbeitnehmer nicht von vornherein ein Anspruch in bestimmter Höhe zugesagt wird, der bei Fehlzeiten gekürzt werden kann. Allerdings besteht ein Anspruch auf die Anwesenheitsprämie auch dann **dem Grunde nach.** Nur die Höhe ist flexibel abhängig von der Zahl der Anwesenheitstage. Im Kern geht es aber um denselben Anspruch, und zwar die Zahlung einer Prämie abhängig von der Anzahl der gearbeiteten Tage mit dem Zweck, den Arbeitnehmer zu motivieren, die vertraglich geschuldete Arbeitszeit dem Arbeitgeber möglichst vollständig zur Verfügung zu stellen. Ob die mittelbare Sanktionierung von Abwesenheitszeiten angemessen ist, hängt von der Art der Fehlzeiten, von deren Umfang im Verhältnis zu den Anwesenheitszeiten und von dem vom Arbeitgeber mit der Anwesenheitsprämie verfolgten Zweck ab.

25

---

[33] BAG 25.7.2001 – 10 AZR 502/00, AP EntgeltFG § 4a Nr. 1; BT-Drs. 13/4612, 16.
[34] BAG 25.7.2001 – 10 AZR 502/00, AP EntgeltFG § 4a Nr. 1; LAG MV 22.11.2016 – 5 Sa 298/15, NZA-RR 2017, 140; LAG Hamm 13.1.2011 – 16 Sa 1521/09, NZA-RR 2011, 289; LAG München 11.8.2009 – 8 Sa 131/09, BeckRS 2009, 72473; ebenso Schaub ArbR-HdB/*Linck* § 79 Rn. 4; *Gola* S. 186; aA *Bauer/Lingemann* BB-Beil. 17/1996, 8 (14).

> **Praxistipp:**
> Die zwingenden gesetzlichen und von der Rechtsprechung entwickelten Kürzungsgrenzen für Anwesenheitsprämien können nicht dadurch umgangen werden, dass statt einer Prämienzusage mit Kürzungsmöglichkeit für den Störfall eine Prämie ausschließlich für jeden arbeitsbereiten Anwesenheitstag gezahlt wird.

b) Anerkennung von Anwesenheitsprämien

26 Der Gesetzgeber und die Rechtsprechung erkennen Anwesenheitsprämien als legitimes, arbeitsrechtliches Lenkungsinstrument grundsätzlich an.[35] Gleiches gilt für das Interesse des Arbeitgebers, diejenigen Arbeitnehmer zu belohnen, die durch ihre Anwesenheit bei der Arbeit zu dem Jahresergebnis in besonderem Maße beigetragen haben.[36] Es besteht auch kein allgemeines Kürzungsverbot für nicht krankheitsbedingte Fehlzeiten und Ruhezeiten.[37] Dies ergibt sich bereits aus dem allgemeinen Grundsatz des § 323 BGB, wonach ohne Erbringung einer Arbeitsleistung seitens des Arbeitnehmers keine Arbeitsentgeltzahlung durch den Arbeitgeber geschuldet ist (**„kein Lohn ohne Arbeit"**).[38] Dies gilt erst recht im Falle unberechtigter Abwesenheit des Arbeitnehmers vom Arbeitsplatz. Ausnahmen von diesem Grundsatz bedürfen einer gesetzlichen Grundlage.

c) Kontrolle Allgemeiner Geschäftsbedingungen (AGB) (§§ 305 ff. BGB)

27 Zusagen von Anwesenheitsprämien, die nicht individuell mit dem einzelnen Arbeitnehmer ausgehandelt wurden, unterliegen der Kontrolle von AGB nach §§ 305 ff. BGB. Von einer Inhaltskontrolle für AGB sind Regelungen zu Anwesenheitsprämien in Tarifverträgen und in Betriebsvereinbarungen ausgeschlossen (§ 310 Abs. 4 S. 1 BGB).

28 Individualvertragliche Regelungen zu Anwesenheitsprämien dürfen den Vertragspartner, hier also den Arbeitnehmer, nicht entgegen Treu und Glauben unangemessen benachteiligen. Anderenfalls halten sie einer Inhaltskontrolle nach §§ 307 ff. BGB nicht stand. Eine solche Benachteiligung kann sich gem. § 307 Abs. 1 S. 2 BGB insbesondere aus **unklaren und unverständlichen Regelungen** ergeben.[39] So hielt das LAG Düsseldorf[40] eine Regelung, welche die Voraussetzungen für den Anspruch auf eine Anwesenheitsprämie regelte und diese unangemessen mit einer Stichtagsklausel verband, für unwirksam. Das LAG Hamm[41] urteilte, eine Kürzungsklausel bei Arbeitsunfähigkeit, die keine konkrete Prozentangabe der Kürzung je Fehltag enthielt, sei zu unbestimmt und daher unangemessen benachteiligend.

> **Praxistipp:**
> In der Regelung zur Anwesenheitsprämie sollte der Betrag, um den diese je Abwesenheitstag gekürzt wird bzw. anhand dessen sie sich berechnet, entweder als konkrete Summe oder als Prozentsatz angegeben werden.

29 Eine unangemessene Benachteiligung ist ferner anzunehmen, wenn eine individualvertragliche Regelung einer Anwesenheitsprämie mit **wesentlichen Grundgedanken der gesetzlichen Regelung,** von der mit ihr abgewichen wird, nicht zu vereinbaren ist

---

[35] BAG 25.7.2001 – 10 AZR 502/00, AP EntgeltFG § 4a Nr. 1; BT-Drs 13/4612, 16.
[36] BAG 15.2.1990 – 6 AZR 381/88, NZA 1990, 601.
[37] BAG 15.2.1990 – 6 AZR 381/88, NZA 1990, 601; MaSiG/*Reiserer* 242 Rn. 52.
[38] BAG 26.10.1994 – 10 AZR 482/93, NZA 1995, 266.
[39] LAG MV 22.11.2016 – 5 Sa 298/16, NZA-RR 2017, 140; LAG RhPf 26.8.2014 – 6 Sa 84/14, BeckRS 2014, 73121.
[40] LAG Düsseldorf 10.5.2010 – 16 Sa 235/10, BeckRS 2010, 71469.
[41] LAG Hamm 7.3.2007 – 18 Sa 1663/06, NZA-RR 2007, 629.

(§ 307 Abs. 2 Nr. 1 BGB). Aus diesem Grundgedanken ergibt sich, dass eine weitergehende Kürzungsmöglichkeit, als sie § 4a S. 2 EFZG vorsieht, nicht zulässig ist.[42] Dies folgt allerdings bereits aus dem Umstand, dass es sich gem. § 12 EFZG um zwingendes Recht handelt, von dem nicht durch Vereinbarung abgewichen werden darf. Demnach ist eine Regelung, die den vollständigen Wegfall der Anwesenheitsprämie für den Fall vorsieht, dass der Arbeitnehmer überhaupt in dem Quartal, das dem Bewertungszeitraum entspricht, arbeitsunfähig erkrankt, ohne dass eine bestimmte Anzahl von Fehltagen erreicht werden müsste, unwirksam.[43] Eine Abweichung zugunsten des Arbeitnehmers, also eine geringere Kürzungsquote, als in § 4a S. 2 EFZG vorgesehen, kann aber selbstverständlich wirksam vereinbart werden.[44] Auch in diesen Fällen ist aber auf eine klare und verständliche Regelung zu achten.

Individualvertragliche Regelungen zu Anwesenheitsprämien, die die geltenden Kürzungsgrenzen überschreiten, können aufgrund des in § 306 Abs. 2 BGB geregelten **Verbots der geltungserhaltenden Reduktion** nicht auf den gerade noch zulässigen Inhalt reduziert werden.[45] Vielmehr entfällt dann die Kürzungsmöglichkeit insgesamt und dem Arbeitnehmer steht, sofern die Anspruchsvoraussetzungen im Übrigen erfüllt sind, die volle Anwesenheitsprämie zu.

d) Maßregelungsverbot nach § 612a BGB

Anwesenheitsprämien verstoßen insbesondere nicht *per se* gegen das Maßregelungsverbot nach § 612a BGB.[46] Insoweit ist bereits fraglich, ob das Maßregelungsverbot nach seinen Tatbestandsmerkmalen überhaupt in Betracht kommt. Denkbar ist die Anwendbarkeit des Maßregelungsverbots, wenn der Arbeitnehmer durch die Nichtgewährung einer Anwesenheitsprämie wegen der Ausübung seines Rechts, der Arbeit bei Vorliegen bestimmter Umstände fern zu bleiben, bestraft würde. Fraglich ist, ob der Regelfall der Abwesenheit wegen **Krankheit** diesen Merkmalen überhaupt unterfällt. Bei Erkrankung übt der Arbeitnehmer kein Recht aus, sondern er kann seine Arbeitsleistung aus faktischen Gründen – der Erkrankung – ohne eigenes Verschulden nicht erbringen. Eine echte Wahlfreiheit besteht in der Regel bei der Arbeitsunfähigkeit nicht. Durch die bestehende Arbeitsunfähigkeit wird vielmehr die Arbeitsleistung unmöglich und der Arbeitnehmer gem. § 275 Abs. 1 BGB von der Verpflichtung zur Arbeitsleistung befreit.[47]

Dies kann sich bei anderen Gründen für Fehlzeiten anders darstellen. Die Ausübung des Rechts, aus persönlichen Gründen von der Arbeit nach § 616 BGB kurzzeitig freigestellt zu werden, oder auch die Fehlzeit wegen der Erkrankung eines Kindes können – zumindest theoretisch – vermieden werden. Gleiches gilt zB bei der Inanspruchnahme von übergesetzlichem Urlaub, unbezahlten Zusatzurlaub, Pflege- (§§ 2 Abs. 1, 3 Abs. 1 S. 1 PflegeZG) und Elternzeit (§§ 15 f. BEEG) sowie dem fakultativen sechswöchigen Mutterschutz vor Geburt des Kindes (§ 3 Abs. 1 MuSchG), indes nicht für den obligatorischen Mutterschutz nach der Geburt des Kindes, während dessen ein Arbeits- und Beschäftigungsverbot besteht (§ 3 Abs. 2 MuSchG).

Selbst wenn dem Arbeitnehmer auch im Falle seiner Arbeitsunfähigkeit noch eine Entscheidungsmöglichkeit verbleibt, ob er gleichwohl seine Arbeitstätigkeit aufnimmt oder der Tatsache Rechnung trägt, dass er von der Arbeitsleistung gesetzlich befreit ist, liegt in

---

[42] LAG Hamm 13.1.2011 – 16 Sa 1521/09, NZA-RR 2011, 289; LAG Hamm 7.3.2007 – 18 Sa 1663/06, NZA-RR 2007, 629; MüKoBGB/*Müller-Glöge* EFZG § 4a Rn. 3.
[43] BAG 25.7.2001 – 10 AZR 502/00, AP EntgeltFG § 4a Nr. 1.
[44] MüKoBGB/*Müller-Glöge* EFZG § 4a Rn. 13.
[45] BAG 25.7.2001 – 10 AZR 502/00, AP EntgeltFG § 4a Nr. 1; LAG Hamm 13.1.2011 – 16 Sa 1521/09, NZA-RR 2011, 289.
[46] BAG 14.3.2007 – 5 AZR 420/06, AP BGB § 242 Gleichbehandlung Nr. 204; 15.2.2005 – 9 AZR 116/04, NZA 2005, 1117; MüKoBGB/*Müller-Glöge* EFZG § 4a Rn. 4.
[47] BAG 26.10.1994 – 10 AZR 482/93, NZA 1995, 266.

der – angemessenen (→ Rn. 28 f.) – Kürzung von Prämien für krankheitsbedingte Fehlzeiten keine unzulässige Maßregelung.[48] Dies gilt in gleicher Weise für Fehlzeiten aus anderen, unverschuldeten Gründen. In der Vorenthaltung von Vorteilen kann eine Benachteiligung liegen. Diese Benachteiligung stellt allerdings dann keine Maßregelung des Arbeitnehmers dar, wenn die Vorenthaltung des Vorteils – in dem Fall also eines Teils der Anwesenheitsprämie – sachlich gerechtfertigt und in der Rechtsordnung bereits angelegt ist.[49] Kürzungsvereinbarungen oder Tatbestandsmerkmale, die den Anspruch bzw. die Höhe des Anspruchs an die Voraussetzung knüpfen, dass der Arbeitnehmer tatsächlich gearbeitet hat, sind Ausfluss des allgemeinen Grundsatzes „kein Lohn ohne Arbeit". Dieser Grundsatz wird nur soweit durchbrochen, wie Gesetzesnormen eine Verpflichtung zur Entgeltfortzahlung auch für Zeiten ohne Arbeitsleistung vorsehen. Demnach fehlt es an einem Verstoß gegen das Maßregelungsverbot. Dies gilt unabhängig davon, ob die Fehlzeit berechtigterweise entstanden oder durch den Arbeitnehmer selbst verschuldet ist. Hinzu kommt, dass beim **unentschuldigten Fernbleiben** von der Arbeit das Maßregelungsverbot nach § 612a BGB bereits mangels Rechts, das der Arbeitnehmer in Anspruch nimmt, wenn er nicht zur Arbeit erscheint, nicht betroffen ist.

34 Diskutiert wird ein Verstoß gegen das Maßregelungsverbot insbesondere bei der **Streikteilnahme** des Arbeitnehmers. Der Arbeitnehmer, der als Betroffener oder Unterstützer an einem rechtmäßigen Streik teilnimmt, darf der Arbeit fernbleiben, ohne seine Pflichten aus dem Arbeitsverhältnis zu verletzen. Im Gegenzug verliert er allerdings für den Streikzeitraum seinen Anspruch auf Arbeitsentgelt.[50] Dem folgend darf der Arbeitgeber auch eine Anwesenheitspauschale für jeden Tag, an dem der Arbeitnehmer wegen Streikteilnahme seine Arbeitsleistung nicht erbringt, in voller Höhe kürzen.[51] Die Anwesenheitsprämie ist ebenfalls eine Vergütungsleistung aus dem Arbeitsverhältnis. Einen Verstoß gegen § 612a BGB stellen aber Vereinbarungen bzw. Zusagen dar, die für den Fall streikbedingter Fehlzeiten eine auf ein Jahr bezogene Anwesenheitsprämie, die regelmäßig Mischcharakter hat, vollständig entfallen lassen oder zu einer überproportionalen Kürzung berechtigen[52] (→ Rn. 77).

e) Kürzungsgrenze für Sondervergütungen bei Arbeitsunfähigkeit nach § 4a EFZG

aa) Entwicklung der Rechtsprechung

35 Anwesenheitsprämien, die bei Fehlzeiten wegen Arbeitsunfähigkeit gekürzt werden, hatte eine frühere Rechtsprechung auch für Zeiten der Arbeitsunfähigkeit mit Entgeltfortzahlung zugelassen.[53] In späteren Entscheidungen war dagegen nur eine begrenzte Kürzung anerkannt worden.[54] Die Rechtsprechung hatte eine **Grenze für die Kürzung von Sonderzahlungen bei 1/60 bzw. 1/30 pro Fehltag** angenommen.[55]

---

[48] BAG 26.10.1994 – 10 AZR 482/93, NZA 1995, 266.
[49] BAG 26.10.1994 – 10 AZR 482/93, NZA 1995, 266; Staudinger/*Richardi* BGB § 612a Rn. 10; *Thüsing* NZA 1994, 728 (731); *Schwarze* NZA 1993, 967 (970).
[50] BAG 22.3.1994 – 1 AZR 622/93, NZA 1994, 1097; 22.2.1980 – 1 ABR 2/79, NJW 1981, 937; ErfK/ *Linsenmaier* GG Art. 9 Rn. 193.
[51] BAG 26.10.1994 – 10 AZR 482/93, NZA 1995, 266; ErfK/*Preis* BGB § 612a Rn. 19; HWK/*Thüsing* BGB § 612a Rn. 28; *Gaul* NJW 1994, 1025 (1027).
[52] BAG 31.10.1995 – 1 AZR 217/95, AP GG Art. 9 Arbeitskampf Nr. 140; LAG Köln 18.12.1986 – 8 Sa 880/86, NZA 1987, 746; BeckOK ArbR/*Joussen* BGB § 612a Rn. 23; ErfK/*Preis* BGB § 612a Rn. 20.
[53] BAG 9.11.1972 – 5 AZR 144/72, AP BGB § 611 Anwesenheitsprämie Nr. 9.
[54] BAG 23.5.1984 – 5 AZR 500/81, NZA 1985, 89; 15.2.1990 – 6 AZR 381/88, NZA 1990, 601; 19.4.1995 – 10 AZR 136/94, NZA 1996, 133; 6.12.1995 – 10 AZR 123/95, AP BGB § 611 Gratifikation Nr. 186.
[55] BAG 23.5.1984 – 5 AZR 500/81, NZA 1985, 89; 15.2.1990 – 6 AZR 381/88, NZA 1990, 601; 19.4.1995 – 10 AZR 136/94, NZA 1996, 133; 6.12.1995 – 10 AZR 123/95, AP BGB § 611 Gratifikation Nr. 186.

I. Anwesenheitsprämien

Mit § 4a EFZG hat der Gesetzgeber 1996 eine ausdrückliche gesetzliche Regelung zu den Voraussetzungen und Grenzen der Kürzungsmöglichkeiten für Sondervergütung bei Arbeitsunfähigkeit geschaffen. 36

bb) Sondervergütungen vs. laufendes Arbeitsentgelt

Die Kürzung muss sich auf eine Leistung beziehen, die der Arbeitgeber zusätzlich zum laufenden Arbeitsentgelt erbringt. Eine solche Leistung stellt eine **Sondervergütung** iSd § 4a S. 1 EFZG dar. 37

Abzugrenzen ist die Sondervergütung vom **laufenden Entgelt.** Letzteres kann nicht gekürzt werden. Vielmehr stehen laufende Leistungen unter dem besonderen Schutz der Vorschriften zur Entgeltfortzahlung bei Arbeitsunfähigkeit gem. §§ 3f. EFZG.[56] Der Anspruch auf Entgeltfortzahlung besteht nur dann, wenn er sich aus einer gesetzlichen oder vertraglichen Anspruchsgrundlage ergibt. Anderenfalls gilt der Grundsatz „kein Lohn ohne Arbeit". Anders ausgedrückt besteht der Anspruch auf laufende Entgelt- oder entgeltwerte Leistungen entweder ganz oder gar nicht. Für eine Kürzung ist kein Raum. 38

Wenn es sich um Sondervergütung iSd § 4a S. 1 EFZG handelt, darf die Kürzung gem. § 4a S. 2 EFZG für jeden Tag der Arbeitsunfähigkeit infolge Krankheit ein Viertel des Arbeitsentgelts, das im Jahresdurchschnitt auf einen Arbeitstag entfällt, nicht überschreiten. Es handelt sich um die maximal zulässige Kürzungsquote. Die Vereinbarung einer geringen Kürzungsquote je Fehltag ist zulässig.[57] 39

Werden dem Arbeitnehmer Vorsorge- und Rehabilitationsleistungen iSd § 9 Abs. 1 EFZG gewährt, kommt ebenfalls eine Kürzung der Anwesenheitsprämie während der Gewährung dieser Leistungen nach den Grundsätzen des § 4a EFZG in Betracht.[58] § 9 EFZG verweist auch auf § 4a EFZG. 40

§ 4a EFZG regelt nur die Kürzungsgrenzen bei Sondervergütung wegen Arbeitsunfähigkeit. Die Möglichkeit, Sondervergütungen aus anderen Gründen, zB in Fällen des § 616 BGB, zu kürzen, wird durch § 4a EFZG nicht berührt.[59] 41

Zu beachten ist, dass § 4a EFZG keine **Rechtsgrundlage** für eine Kürzung von Sondervergütung darstellt. Eine Kürzungsmöglichkeit besteht somit nicht aufgrund Gesetzes, sondern die Vertragsparteien müssen diese vereinbaren bzw. der Arbeitgeber muss sich diese bei einseitigen Zusagen vorbehalten.[60] Eine mündliche oder durch Auslegung zu ermittelnde konkludente Kürzungsregelung ist denkbar, da § 4a EFZG weder Schrift- noch Textform voraussetzt, allerdings im Streitfall nur im Ausnahmefall nachweisbar. Die **Darlegungs- und Beweislast** liegt bei der Vertragspartei, die sich auf das Kürzungsrecht beruft, in der Regel also beim Arbeitgeber. 42

> **Praxistipp:**
> Beabsichtig der Arbeitgeber, sich das Recht zur Kürzung von Sonderleistungen vorzubehalten, ist eine ausdrückliche Regelung in Schrift- oder Textform dringend angeraten. Dabei ist mit Blick auf die Inhaltskontrolle für AGB (→ Rn. 27 ff.) auf eine eindeutige und klare Regelung zu achten.

---

[56] BAG 25.7.2001 – 10 AZR 502/00, AP EntgeltFG § 4a Nr. 1.
[57] MüKoBGB/*Müller-Glöge* EFZG § 4a Rn. 13.
[58] Schaub ArbR-HdB/*Linck* § 79 Rn. 9.
[59] MüKoBGB/*Müller-Glöge* EFZG § 4a Rn. 4; BT-Drs. 13/4612, 16.
[60] BAG 11.10.1995 – 10 AZR 985/94, NZA 1996, 542; MüKoBGB/*Müller-Glöge* EFZG § 4a Rn. 3; *Lorenz* DB 1996, 1973; Maschmann/*Zumkeller* Kap. 21 Rn. 35; MAH ArbR/*Hexel* § 20 Rn. 181; *Reinartz* NZA 2015, 83; Schaub ArbR-HdB/*Linck* § 79 Rn. 4.

43 Mit § 4a EFZG wird klargestellt, dass – in den dort normierten Grenzen – eine Kürzung von Sonderzahlungen auch im Falle der Arbeitsunfähigkeit zulässig ist. Diese Regelung verstößt daher nicht gegen das Maßregelungsverbot nach § 612a BGB (→ Rn. 31).[61]

44 Der Begriff „Vereinbarung" in § 4a EFZG ist **weit** zu verstehen und stellt auf alle Arten von Kürzungsvereinbarungen ab. Die Norm ist auf alle untergesetzlichen Anspruchsgrundlagen anwendbar, dh sowohl individual- als auch kollektivvertragliche.[62] § 4a EFZG findet ebenso wie §§ 3f. EFZG unabhängig von der Art und Ursache der Erkrankung Anwendung, so dass die Kürzungsmöglichkeit auch bei Ausfallzeiten nach einem Arbeitsunfall besteht.[63]

45 Wie dargestellt, kann eine Kürzungsvereinbarung bei Arbeitsunfähigkeit wegen Krankheit nicht für laufendes Arbeitsentgelt, sondern nur für **Sondervergütungen** wirksam getroffen werden. Ob Anwesenheitsprämien unter den Begriff der Sondervergütungen iSd § 4a EFZG fallen, wird unterschiedlich bewertet. § 4a S. 1 EFZG definiert Sondervergütungen als Leistungen, die der Arbeitgeber zusätzlich zum laufenden Arbeitsentgelt erbringt. Die Abgrenzung zwischen einer laufenden Leistung und einer Sondervergütung ist durch Auslegung zu ermitteln.[64]

46 In der Literatur wird zT eine klare Abgrenzung laufenden Arbeitsentgelts von Sondervergütungen anhand des **Synallagmas** vorgeschlagen.[65] **Laufendes Arbeitsentgelt** seien demnach nur Leistungen, die ausschließlich im Synallagma stehen, also nur die Arbeitsleistung belohnen. **Leistungsabhängige Entgelte** sollen auch dann zum laufenden Arbeitsentgelt zählen, wenn sie jährlich nur einmalig gezahlt werden.[66] Demnach reduzieren sich Sondervergütungen auf Leistungen, die die Treue des Arbeitnehmers zum Arbeitsverhältnis belohnen sowie ggf. auf Leistungen mit Mischcharakter. Anwesenheitsprämien belohnen weder ausschließlich noch zusätzlich die Betriebstreue des Arbeitnehmers, sondern stets die Arbeitsleistung, also die arbeitsbereite Anwesenheit des Arbeitnehmers am Arbeitsort. Der Umstand, dass der Arbeitnehmer in einem Arbeitsverhältnis zum Arbeitgeber steht, ist nicht anspruchsbegründend. Demnach handele es sich bei Anwesenheitsprämien nach dieser Literaturauffassung stets um laufendes Arbeitsentgelt, und zwar unabhängig vom Zahlungszeitpunkt bzw. den Zahlungsintervallen. Anwesenheitsprämien wären dann allerdings nie um krankheitsbedingte Abwesenheitstage des Arbeitnehmers kürzbar.

47 Diese Rechtsauffassung besticht durch ihre Klarheit und eindeutige Kategorisierbarkeit des Anwendungsbereichs von § 4a EFZG für Entgelt- und entgeltwerte Leistungen. Sie steht auch insoweit im Einklang mit der Rechtsprechung, als das BAG **Leistungszulagen** regelmäßig als laufendes Arbeitsentgelt einstuft.[67] Diese Rechtsauffassung ist aber nach dem Wortlaut von § 4a S. 1 EFZG nicht zwingend. Die Norm nimmt nicht alle im Synallagma stehenden Entgeltleistungen von ihrem Anwendungsbereich aus, sondern einzig laufende Entgeltleistungen. Auch irregulär gezahltes Arbeitsentgelt kann Arbeitsleistungen belohnen, aber eben nicht laufend gezahlt werden. Nach dem Wortlaut unterfällt ein solches Arbeitsentgelt weiterhin der Kürzungsmöglichkeit nach § 4a S. 1 EFZG. Die Abgrenzung nach dem Zweck der Belohnung von Arbeitsleistung ist auch mit der generellen Anerkennung von Anwesenheitsprämien nicht in Einklang zu bringen. Das BAG hat Anwesenheitsprämien als legitimes arbeitsrechtliches **Lenkungsinstrument** anerkannt und den Ausgleich zwischen den Interessen des Arbeitgebers und den Schutzinteressen

---

[61] ErfK/*Reinhard* EFZG § 4a Rn. 2; MAH ArbR/*Hexel* § 20 Rn. 181; Schaub ArbR-HdB//*Linck* § 79 Rn. 4.
[62] BT-Drs. 13/4612, 11, 16; MüKoBGB/*Müller-Glöge* EFZG § 4a Rn. 5.
[63] BAG 15.12.1999 – 10 AZR 626/98, NZA 2000, 1062.
[64] BAG 21.1.2009 – 10 AZR 216/08, NZA-RR 2009, 385; Küttner/*Griese* „Anwesenheitszeiten" Rn. 5.
[65] ErfK/*Reinhard* EFZG § 4a Rn. 8; *Reinartz* NZA 2015, 83.
[66] ErfK/*Reinhard* EFZG § 4a Rn. 5; HK-EFZR/*Feichtinger/Malkmus* EFZG § 4a Rn. 25 ff.; Schmitt/*Küfner-Schmitt* EFZG § 4a Rn. 20.
[67] BAG 1.3.1990 – 6 AZR 447/88, AP BMT-G II § 20 Nr. 2.

I. Anwesenheitsprämien

des Arbeitnehmers bei entschuldigten Fehlzeiten durch von der Rechtsprechung entwickelte Kürzungsbeschränkungen gewährleistet (→ Rn. 4, 26).[68] Ein völliger Wegfall einer die Anwesenheit steuernden Prämie im Fall kürzerer Krankheitszeiten wird von der Rechtsprechung als unbillig und die Grenze der Vertragsfreiheit überschreitend erachtet.[69] Es besteht auch kein allgemeines Kürzungsverbot für nicht krankheitsbedingte Fehlzeiten und Ruhezeiten.[70] Auf eben ein solches Verbot im Falle kürzerer Krankheitszeiten liefe diese Literaturauffassung allerdings hinaus.

Die Rechtsprechung[71] und die hM in der Literatur[72] erkennen Anwesenheitsprämien 48 grundsätzlich als **Sondervergütung** an, wobei im Einzelnen teilweise differenziert wird. Dies trägt nicht zur rechtssicheren Gestaltung von Anwesenheitsprämien bei.

Die Rechtsprechung definiert Sondervergütungen iSd § 4a S. 1 EFZG als alle Leistun- 49 gen, die der Arbeitgeber aus einem bestimmten Anlass oder zu bestimmten Terminen zusätzlich zum laufenden Arbeitsentgelt erbringt. Darunter fielen demnach auch Anwesenheitsprämien, die den Anreiz erzeugen sollen, die Zahl der Fehltage im Bezugszeitraum möglichst gering zu halten. Instruktiv führt das BAG in der Grundsatzentscheidung des 10. Senats zu § 4a EFZG vom 25.7.2001[73] aus:

„Die Vorschrift wurde geschaffen, um die Rechtsprechung des Bundesarbeitsgerichts zur Kürzung von Sondervergütungen aufzunehmen und hinsichtlich ihrer Zulässigkeit eindeutig zu regeln. Die Bestimmung soll Rechtssicherheit für Regelungen in Tarifverträgen, Betriebsvereinbarungen und einzelvertraglichen Vereinbarungen, auch in Form von Gesamtzusagen und betrieblicher Übung schaffen (BT-Drs. 13/4612 S. 11 und 16; ErfK-Dörner EFZG § 4a Rn. 1). In der Rechtsprechung des Bundesarbeitsgerichts waren vor der Gesetzesänderung 1996 Grundsätze über die Zulässigkeit der Kürzung von Sondervergütungen, welche die Anwesenheit des Arbeitnehmers fördern und honorieren sollen, aufgestellt worden. Ein völliger Wegfall einer die Anwesenheit steuernden Prämie im Fall kürzerer Krankheitszeiten wurde als unbillig und die Grenze der Vertragsfreiheit überschreitend erachtet (BAG 15. Februar 1990 – 6 AZR 381/88 – BAGE 64, 179; 26. Oktober 1994 – 10 AZR 482/93 – BAGE 78, 174; 6. Dezember 1995 – 10 AZR 123/95 – AP BGB § 611 Gratifikation Nr. 186 = EzA BGB § 242 Gleichbehandlung Nr. 68). Zweck der gesetzlichen Regelung ist es, einerseits klarzustellen, daß eine Kürzung von Sondervergütungen auch für krankheitsbedingte Fehltage grundsätzlich zulässig ist, andererseits jedoch nicht unbeschränkt erfolgen kann. Es soll verhindert werden, daß bereits geringe krankheitsbedingte Fehlzeiten zu einer unangemessen hohen Kürzung oder sogar zum Wegfall der gesamten Sondervergütung führen (BT-Drs. 13/4612 S. 16). Ein völliger Wegfall der Leistung hätte einen Sanktionscharakter, der nicht mehr vom schutzwerten Interessenbereich des Arbeitgebers gedeckt wäre."

Demnach widerspricht eine Rechtsauffassung, welche die Kürzung einer Anwesen- 50 heitsprämie im Falle kürzerer Erkrankung vollständig ausschließt, dem Gesetzeszweck von § 4a EFZG.

Als **typische Sondervergütungen** werden neben Anwesenheitsprämien, Weihnachts- 51 gratifikationen, Jahresabschlussprämien, Jahresabschlusszahlungen, Jahressonderleistungen, Weihnachtsgelder oder Sonderzuwendungen genannt.[74]

Hieraus ist allerdings nicht zu folgern, dass die Rechtsprechung jede Art der Regelung 52 einer Anwesenheitsprämie als kürzbare Sondervergütung anerkennt. Vielmehr kann die **Auslegung** der Leistungszusage nach den Grundsätzen der §§ 133, 157 BGB auch nach der Rechtsprechung ein anderes Ergebnis rechtfertigen. In der Entscheidung vom 21.1.

---

[68] BAG 26.10.1994 – 10 AZR 482/93, NZA 1995, 266; 5.8.1992 – 10 AZR 88/90, AP BGB § 611 Gratifikation Nr. 143.
[69] BAG 15.2.1990 – 6 AZR 381/88, NZA 1990, 601; 26.10.1994 – 10 AZR 482/93, NZA 1995, 266; 6.12.1995 – 10 AZR 123/95, AP BGB § 611 Gratifikationen Nr. 186.
[70] BAG 15.2.1990 – 6 AZR 381/88, NZA 1990, 601; MaSiG/*Reiserer* 242 Rn. 52.
[71] BAG 25.7.2001 – 10 AZR 502/00, AP EntgeltFG § 4a Nr. 1; LAG RhPf 14.10.2014 – 7 Sa 85/14, BeckRS 2014, 74103; LAG RhPf 26.8.2014 – 6 Sa 84/14, BeckRS 2014, 73121.
[72] Schaub ArbR-HdB/*Linck* § 79 Rn. 5–8; MüKoBGB/*Müller-Glöge* EFZG § 4a Rn. 5–12.
[73] 10 AZR 502/00, AP EntgeltFG § 4a Nr. 1.
[74] Schaub ArbR-HdB/*Linck* § 79 Rn. 5–8; MüKoBGB/*Müller-Glöge* EFZG § 4a Rn. 5–12.

2009[75] bestätigte der 10. Senat des BAG, dass Anwesenheitsprämien grundsätzlich Sondervergütungen sind, nahm in dem konkreten Fall allerdings eine differenzierte Bewertung der Klausel und der Kürzung einer solchen Prämie vor. Im Ergebnis bewertete er die Anwesenheitsprämie im konkreten Fall als laufendes Arbeitsentgelt und entzog sie damit einer vertraglichen Kürzungsmöglichkeit für krankheitsbedingte Fehltage. Ausschlaggebend waren demnach die Zahlung einer monatlichen Prämie zusammen mit der Festvergütung, wodurch das Gericht den Zweck der Belohnung der Arbeitsleistung als primär ansah, und der Umstand, dass die Prämie nicht auf die Jahressonderzahlung gezahlt wurde. Nach dem auf das Arbeitsverhältnis anwendbaren Tarifvertrag sollten alle vom Arbeitgeber zusätzlich gewährten betrieblichen Leistungen den tariflichen Anspruch auf die Jahressonderzahlung erfüllen, sofern sie typischerweise wie die im Tarifvertrag im Einzelnen aufgeführten zusätzlichen Leistungen auf das Kalenderjahr bezogen waren. Dies war eine Besonderheit des zugrundeliegenden Sachverhalts. Es kann daraus also ohne eine entsprechende Tarifregelung nicht die Schlussfolgerung gezogen werden, dass Anwesenheitsprämien nur noch dann als Sondervergütungen bewertet werden können, wenn sie als Jahressonderleistung gewährt werden. Umgekehrt spricht aber vieles dafür, dass eine Anwesenheitsprämie, die regelmäßig mit der monatlichen Vergütung ausgezahlt wird, von der Rechtsprechung dem laufenden Arbeitsentgelt zugeordnet würde.

53 Nachfolgend aufgezählte Aspekte sollen allerding zu keinem eindeutigen **Auslegungsergebnis** führen: Die Bezeichnung der jeweiligen Leistung und die Zahlungsweise seien keine eindeutigen Kriterien, aber der Auslegung zugänglich. Das gleiche gelte für die vertragliche Gestaltung, also eine Regelung im Zusammenhang mit den Entgeltregelungen im Arbeitsvertrag oder eine separate Prämienvereinbarung.[76] Wenn Anwesenheitsprämien mit dem laufenden Arbeitsentgelt, also idR monatlich, geleistet würden, sei durch Auslegung zu ermitteln, ob es sich um laufendes Arbeitsentgelt oder um Sondervergütung handelt.[77] Dabei könne die Zahlungsweise für die Einordnung als laufendes und damit nicht kürzbares Entgelt sprechen.[78] Die Bezeichnung einer Anwesenheitsprämie als freiwillige Leistung verhilft ebenso nicht zu einem eindeutigen Auslegungsergebnis. Dies kann auch in der Weise ausgelegt werden, dass der Arbeitnehmer die Leistungen nicht aufgrund Gesetzes oder Kollektivvereinbarung verlangen kann.[79]

> **Praxistipp:**
> In der Rechtsprechung und Literatur wurden zusammenfassend folgende Kriterien entwickelt, die für die Auslegung einer Entgeltleistung als **laufendes Arbeitsentgelt** iSd § 4a EFZG sprechen:
> – Zweck der Leistung ist unmittelbar die Abgeltung der Arbeitsleistung des Arbeitnehmers; hingegen spricht es für eine Sondervergütung, wenn der Arbeitgeber mit der Leistung auch weitergehende Zwecke verfolgt;[80]
> – Ausdrückliche Bezeichnung der Prämie als „leistungsbezogen";[81]
> – Belohnungszweck ist nicht lediglich die Anwesenheit des Arbeitnehmers bei der Arbeit, sondern die individuelle Arbeitsleistung, wie zB ein pfleglicher Umgang mit Betriebsmitteln und Fracht sowie unfallfreies Fahren eines Berufskraftfahrers;[82]

---

[75] 10 AZR 216/08, NZA-RR 2009, 385.
[76] LAG RhPf 14.10.2014 – 7 Sa 85/14, BeckRS 2014, 74103.
[77] BAG 21.1.2009 – 10 AZR 216/08, NZA-RR 2009, 385; LAG RhPf 14.10.2014 – 7 Sa 85/14, BeckRS 2014, 74103; 26.8.2014 – 6 Sa 84/14, BeckRS 2014, 73121; MüKoBGB/*Müller-Glöge* EFZG § 4a Rn. 8; *Treber* EFZG § 4a Rn. 8.
[78] LAG München 11.8.2009 – 8 Sa 131/09, BeckRS 2009, 72473; LAG RhPf 26.8.2014 – 6 Sa 84/14, BeckRS 2014, 73121.
[79] ErfK/*Reinhard* EFZG § 4a Rn. 6.
[80] BeckOK ArbR/*Ricken* EFZG § 4a Rn. 4.
[81] LAG RhPf 14.10.2014 – 7 Sa 85/14, BeckRS 2014, 74103.
[82] LAG RhPf 14.10.2014 – 7 Sa 85/14, BeckRS 2014, 74103; 26.8.2014 – 6 Sa 84/14, BeckRS 2014, 73121.

I. Anwesenheitsprämien

- Systematische Stellung der Prämienregelung im Arbeitsvertrag, wonach der Anspruch in unmittelbarem Zusammenhang mit der laufenden Vergütung geregelt ist und diese ergänzt;[83]
- Prämie macht einen wesentlichen Anteil der Gesamtvergütung aus, zB 25 %;[84]
- Prämie wird im Rhythmus des regelmäßigen Arbeitsentgelts gezahlt,[85] zB monatlich zusammen mit der Festvergütung.[86] Es spricht indes für eine Sondervergütung, wenn die Anwesenheitsprämie nicht an bestimmte Zahlungsmodalitäten gebunden ist, sondern als Prämie für jeden einzelnen Tag, an dem der Arbeitnehmer seine Arbeit aufnimmt, gezahlt wird, als Einmalleistung zu einem bestimmten Zeitpunkt, zB am Jahresende oder zB viermal jährlich, bezogen auf den davor liegenden Dreimonatszeitraum;[87]
- Prämie wird in regelmäßigen Wiederholungen gezahlt;[88]
- Ein anwendbarer Tarifvertrag regelt alle Jahressonderzahlungen, wobei die Anwesenheitsprämie monatlich zusammen mit dem laufenden Arbeitsentgelt ausgezahlt wird.[89]

Im Ergebnis ist festzustellen, dass das BAG – auch wenn einzelne Entscheidungen dem teilweise widersprechen – für die Abgrenzung vorrangig auf die **Zahlungsweise** abzustellen scheint. Erfolgt die Auszahlung im Turnus des laufenden Arbeitsentgelts, handelt es sich nicht um eine Sondervergütung und eine Kürzung nach § 4a EFZG scheidet aus.[90] Eine Kürzung nach § 4a EFZG kommt indes in Betracht, wenn die Prämie quartalsweise oder jährlich gezahlt wird.[91] Dies eröffnet den Anwendungsbereich des § 4a EFZG – entgegen der von Teilen der Literatur vertretenen Auffassung – zumindest für Leistungen mit **Mischcharakter.** Damit gilt ein anderer Begriff der **Sondervergütung** als bei Bindungsklauseln, wonach Leistungen mit dem Zweck eines Mischcharakters für die Bindung von Arbeitnehmern nicht mehr anerkannt werden. Eine Bindungsklausel, mit der die Betriebstreue honoriert werden soll, wird bei einem (auch) leistungsabhängigen Entgelt nicht mehr zugelassen. Der Gesetzeswortlaut und die Rechtsprechung zu § 4a EFZG widersprechen aber einem derartig engen Verständnis von Sondervergütungen. Bei alleinigen Betriebstreueleistungen wäre eine Anwendung des § 4a EFZG von vornherein sinnentleert oder widersprüchlich. Wäre in Abgrenzung hierzu allein ein Erfolgsbezug denkbar, richtete sich die Bemessung der (auch) leistungsabhängigen Sondervergütung bereits nach dem Entgeltfortzahlungsregime der §§ 3, 4 EFZG. Im Ergebnis bleibt somit **allein der Leistungszweck eines Mischcharakters im Anwendungsbereich des § 4a EFZG.** Das BAG geht davon aus, dass Sonderzahlungen, die 25 % der Jahresgrundvergütung überschreiten, idR nicht nur die Betriebstreue honorieren, sondern zumindest Mischcharakter haben.[92]

54

---

[83] BAG 21.1.2009 – 10 AZR 216/08, NZA-RR 2009, 385.
[84] LAG RhPf 14.10.2014 – 7 Sa 85/14, BeckRS 2014, 74103; 26.8.2014 – 6 Sa 84/14, BeckRS 2014, 73121.
[85] LAG RhPf 14.10.2014 – 7 Sa 85/14, BeckRS 2014, 74103; 26.8.2014 – 6 Sa 84/14, BeckRS 2014, 73121.
[86] BAG 21.1.2009 – 10 AZR 216/08, NZA-RR 2009, 385.
[87] BAG 25.7.2001 – 10 AZR 502/00, AP EntgeltFG § 4a Nr. 1; 21.1.2009 – 10 AZR 216/08, NZA-RR 2009, 385; aA Schaub ArbR-HdB/*Linck* § 79 Rn. 6.
[88] BAG 21.1.2009 – 10 AZR 216/08, NZA-RR 2009, 385.
[89] BAG 21.1.2009 – 10 AZR 216/08, NZA-RR 2009, 385.
[90] BAG 21.1.2009 – 10 AZR 216/08, NZA-RR 2009, 385.
[91] BAG 21.1.2009 – 10 AZR 216/08, NZA-RR 2009, 385.
[92] BAG 18.1.2012 – 10 AZR 612/10, NJW 2012, 1532.

cc) Kürzung bei Arbeitsunfähigkeit außerhalb Entgeltfortzahlungsanspruch

55 § 4a EFZG regelt nicht ausdrücklich, ob diese Kürzungsgrenzen sich auf den Zeitraum der Arbeitsunfähigkeit mit Entgeltfortzahlung beschränken, sodass weitergehende Arbeitsunfähigkeitszeiträume außerhalb des Entgeltfortzahlungsanspruchs über die Grenze des § 4a EFZG hinaus anspruchsmindernd berücksichtigt werden könnten.

56 Zum Teil wird in der Literatur eine weitergehende Kürzungsmöglichkeit außerhalb des Entgeltfortzahlungszeitraums bejaht. Begründet wird dies mit dem auf den Entgeltfortzahlungszeitraum begrenzten Regelungsgehalt des EFZG, so dass auch die Kürzungsgrenze des § 4a EFZG nur für diesen Zeitraum geregelt sei.[93] Die wohl **hM in der Literatur**[94] stellt dagegen auf die **Gesetzesbegründung** ab, nach der § 4a EFZG bestehende Unklarheiten der bisherigen Rechtsprechung aufheben sollte.[95] Die frühere Rechtsprechung zur Begrenzung der Kürzung von Sonderzahlungen hatte keine Differenzierung nach Fehltagen mit oder ohne Entgeltfortzahlungspflicht vorgenommen.[96]

57 Geht man mit dieser Rechtsprechung davon aus, dass Sonderzahlungen außerhalb des laufenden Arbeitsentgelts stehen und das laufende Arbeitsentgelt über die allgemeine Entgeltfortzahlung nach §§ 3, 4 EFZG abgebildet wird, regelt das Entgeltfortzahlungsgesetz in § 4a EFZG durchaus Sonderzahlungen außerhalb der eigentlichen Entgeltfortzahlung, und zwar solche mit Mischcharakter. Ein auf die Entgeltfortzahlung begrenzter Anwendungsbereich lässt sich dem Gesetz gerade wegen seiner Bestimmung in § 4a EFZG nicht mehr entnehmen, sodass daraus keine Grenze herzuleiten sei (→ F Rn. 170). § 4a EFZG begrenzt somit die Kürzung von Sondervergütungen unabhängig davon, ob es sich um Arbeitsunfähigkeitszeiten innerhalb oder außerhalb des Entgeltfortzahlungszeitraum nach Maßgaben der §§ 3, 4 EFZG handelt.[97]

> **Praxistipp:**
> Nach der hier vertretenen Auffassung haben es die Arbeitsvertragsparteien in der Hand durch entsprechende Gestaltung der Anwesenheitsprämie als laufendes Arbeitsentgelt oder als Sondervergütung mit Mischcharakter die jeweils gewünschte Kürzungsgrenze eingreifen zu lassen. Wird mit der Anwesenheitsprämie die Arbeitsleistung belohnt und die Anwesenheitsprämie zusammen mit der regelmäßigen Grundvergütung zur Auszahlung gebracht, dürfte es sich nach der Rechtsprechung um laufendes Arbeitsentgelt handeln. Eine Kürzung für Abwesenheitszeiten während des Entgeltfortzahlungszeitraums käme dann nicht Betracht. Allerdings entfiele der Anspruch auf die Anwesenheitsprämie nach Ablauf des Entgeltfortzahlungsanspruchs. Wird die Anwesenheitsprämie indes als Sondervergütung ausgestaltet, besteht sowohl während als auch außerhalb des Entgeltfortzahlungszeitraums die Kürzungsmöglichkeit in den Grenzen des § 4a EFZG.

dd) Berechnung der Kürzung der Anwesenheitsprämie

58 Soweit die Auslegung der jeweiligen Prämienregelung ergibt, dass es sich bei dieser um eine Sondervergütung handelt und somit eine Kürzung wegen krankheitsbedingter Arbeitsunfähigkeit wirksam vereinbart werden kann, errechnet sich die maximale Kürzungsmöglichkeit nach § 4a S. 2 EFZG wie folgt:

---

[93] *Mengel* S. 117 Rn. 194.
[94] *Bauer/Lingemann* BB 1996, 8 ff.; HK-EFZR/*Feichtinger/Malkmus* EFZG § 4a Rn. 34.
[95] BT-Drs. 13/4612.
[96] BAG 23.5.1984 – 5 AZR 500/81, NZA 1985, 89; 15.2.1990 – 6 AZR 381/88, NZA 1990, 601; 19.4.1995 – 10 AZR 136/94, NZA 1996, 133; 6.12.1995 – 10 AZR 123/95, AP BGB § 611 Gratifikation Nr. 186.
[97] *Bauer/Lingemann* BB 1996, 8; HK-EFZR/*Feichtinger/Malkmus* EFZG § 4a Rn. 34.

I. Anwesenheitsprämien

Für jeden Tag der Arbeitsunfähigkeit kann die Gesamtprämiensumme um 25 % des im **Jahresdurchschnitt auf einen Arbeitstag entfallenden Arbeitsentgelts** gekürzt werden. Für den Jahresdurchschnitt ist ungeklärt, ob es sich hierbei um eine statische Betrachtung des jeweiligen Kalenderjahres oder eine jeweils rollierende Betrachtung des vergangenen Zwölf-Monats-Zeitraums handelt. Nach wohl hM ist eine taggenaue Betrachtung des vergangenen Zwölf-Monats-Zeitraums vorzunehmen.[98] Für diese Betrachtung eines rollierenden Zwölf-Monats-Zeitraums spricht – anders als etwa im Urlaubsrecht – der fehlende Hinweis auf das Kalenderjahr.[99]

Bei der Bemessung des in diesen Jahresdurchschnitt fallenden Arbeitsentgelts sind **sämtliche Engeltkomponenten** einzubeziehen. Auch die zu kürzende Sondervergütung selbst fließt dementsprechend in die Bemessung ein.[100] Dies folgt aus der Differenzierung in § 4a EFZG zwischen laufendem Arbeitsengelt und Sondervergütung im Tatbestand einerseits und andererseits aus der Anknüpfung des **Kürzungsbetrages an das „Arbeitsentgelt" als Rechtsfolge** (weitere Einzelheiten und Rechenbeispiel → F Rn. 176).

Die Kürzungsmöglichkeit nach § 4a EFZG besteht auch bei **Kleingratifikationen**.[101] Die vom BAG[102] früher vertretene, abweichende Rechtsauffassung kann nach Inkrafttreten des § 4a EFZG nicht mehr aufrechterhalten bleiben, da der Gesetzgeber die Möglichkeit zur Regelung einer Bagatellgrenze bei Einführung der Norm nicht genutzt hat. Gleichwohl dürfte sich die praktische Relevanz dieser Frage angesichts des mit der komplizierten Berechnung nach § 4a S. 2 EFZG verbundenen Aufwands auf Einzelfälle reduzieren.

59

60

61

Formulierungsvorschlag:

Der Arbeitnehmer hat Anspruch auf eine Leistung einer Anwesenheitsprämie je Kalenderjahr in Höhe von EUR [Betrag] brutto. Die Prämie reduziert sich für jeden Tag der krankheitsbedingten Arbeitsunfähigkeit nach Maßgabe von § 4a EFZG bzw. der jeweils gültigen gesetzlichen Regelung in Höhe des höchstzulässigen Umfangs; derzeit ist eine Kürzung um ein Viertel des Arbeitsentgelts, das im Jahresdurchschnitt auf einen Arbeitstag entfällt zulässig.

Die Höhe der Anwesenheitsprämie wird mit Abschluss des jeweiligen Kalenderjahres ermittelt und der sich daraus ergebende Betrag ist mit dem regulären Zahlungslauf für den Monat Januar des Folgejahres zur Zahlung fällig.

---

f) Kürzungsgrenzen bei sonstigen Störfällen

aa) Geltung von Kürzungsgrenzen

Neben dem Fall der krankheitsbedingten Abwesenheitszeiten, können für die Kürzung bzw. die Berechnung einer Anwesenheitsprämie noch zahlreiche andere Störfälle herangezogen werden. Abgesehen von § 4a EFZG besteht derzeit keine weitere ausdrückliche gesetzliche Regelung zu Kürzungsgrenzen für Anwesenheitsprämien. Die Möglichkeit, Sondervergütungen aus anderen Gründen, zB in Fällen des § 616 BGB, zu kürzen, wird durch § 4a EFZG aber nicht berührt.[103] Aus dem Umstand, dass der Gesetzgeber mit § 4a EFZG ausdrückliche Kürzungsgrenzen für den Fall der Arbeitsunfähigkeit geschaffen hat

62

---

[98] ErfK/*Reinhard* EFZG § 4a Rn. 12 mwN; *Bauer/Lingemann* BB 1996, 8 (15).
[99] ErfK/*Reinhard* EFZG § 4a Rn. 12.
[100] ErfK/*Reinhard* EFZG § 4a Rn. 13; *Bauer/Lingemann* BB 1996, 8 (15); aA *Reinartz* NZA 2015, 83.
[101] ErfK/*Reinhard* EFZG § 4a Rn. 7; HWK/*Schliemann* EFZG § 4a Rn. 8; Schaub ArbR-HdB/*Linck* § 79 Rn. 8; *Treber* EFZG § 4a Rn. 23.
[102] BAG 15.2.1990 – 6 AZR 381/88, NZA 1990, 601.
[103] BT-Drs. 13/4612, 16; MaSiG/*Reiserer* 242 Rn. 52; MüKoBGB/*Müller-Glöge* EFZG § 4a Rn. 4.

und für andere Fälle nicht, darf nicht der Umkehrschluss gezogen werden, dass die Kürzung von Sondervergütung aus allen anderen Gründen seit Einführung des § 4a EFZG unbeschränkt möglich ist. Vielmehr sind in diesen Fällen weiterhin die von der Rechtsprechung entwickelten Grundsätze zu Kürzungsgrenzen einzuhalten.[104]

63 Dabei ist zunächst nach dem **Zweck** der Leistung zu unterscheiden. Honoriert eine Leistung ausschließlich die **Betriebstreue,** kommt eine Kürzung wegen Fehlzeiten von vornherein nicht in Betracht.[105] Dies ist bei Anwesenheitsprämien bereits nach ihrem Sinn nicht der Fall. Der Umstand, dass der Arbeitnehmer eine Sonderleistung bei Fehlzeiten kürzen bzw. deren Höhe anhand der „erarbeiteten Tage" bestimmen will, stellt ein eindeutiges Indiz dafür da, dass es sich um eine die **Leistung** des Arbeitnehmers honorierende Sonderzahlung handelt oder zumindest um eine solche mit **Mischcharakter.** Kann die Regelung zur Anwesenheitsprämie als leistungsabhängig oder mit Mischcharakter ausgelegt werden, sind Kürzungsregelungen grundsätzlich zulässig.

bb) Elternzeit, Pflegezeit, Wehrdienst

64 Die anspruchsmindernde Berücksichtigung von **Zeiten, während derer das Arbeitsverhältnis berechtigt ruht,** ist grundsätzlich möglich. Während der Elternzeit ruhen die beiderseitigen Hauptleistungspflichten, also die Arbeits- und die Vergütungspflicht. Eine mittelbare Diskriminierung von Frauen wegen ihres Geschlechts ist darin ebenso wenig wie im Fall der Kürzung von sonstigen Sonderzahlungen zu sehen.[106]

> **Praxistipp:**
> Mit Blick auf die Unklarheitenregelung in § 305c Abs. 2 BGB empfiehlt sich eine ausdrückliche und klare Regelung der Kürzung des Anspruchs auf Anwesenheitsprämien für Zeiten, in denen das Arbeitsverhältnis kraft Vereinbarung oder Gesetzes ruht.

65 Nach der Rechtsprechung kann eine Anwesenheitsprämie nicht nur proportional zur Abwesenheitszeit, sondern auch **überproportional gekürzt** werden, dh über das Verhältnis der Abwesenheit infolge Elternzeit zur aktiven Durchführung des Arbeitsverhältnisses hinaus. Die überproportionale Kürzung unterliegt allerdings der richterlichen Angemessenheitskontrolle nach § 315 BGB und ist auf **in der Regel 1/60 der zugesagten** Leistung **je Fehltag** begrenzt.[107]

66 Dies soll nach der Rechtsprechung des EuGH allerdings nicht für den Fall der Elternzeit gelten. Während der Elternzeit ist nur eine zeitanteilige Kürzung, also proportional zur Abwesenheitszeit, zulässig.[108] Arbeitet der Arbeitnehmer Teilzeit in Elternzeit kommt eine Kürzung wegen der Elternzeit nicht in Betracht.

67 Die proportionale Kürzung, aber auch die überproportionale Kürzung von Anwesenheitsprämien bis auf in der Regel 1/60 der zugesagten Leistung je Fehltag kann auch für die Fälle eines **sonstigen, berechtigten Ruhens** des Arbeitsverhältnisses **ohne gesetzlich vorgesehene Fortzahlung des Arbeitsentgelts** vereinbart werden. Dies gilt zB für die Dauer einer **Pflegezeit** nach Maßgabe des Pflegezeitgesetzes, dem Arbeitnehmer gewährten, zusätzlichen **unbezahlten Urlaub** und des **Wehrdienstes** nach Maßgabe des Arbeitsplatzschutzgesetzes. Diesen Tatbeständen ist gemeinsam, dass infolge der suspen-

---

[104] BAG 20.12.1995 – 10 AZR 742/94, AP GG Art. 9 Arbeitskampf Nr. 141; 31.10.1995 – 1 AZR 217/95, AP GG Art. 9 Arbeitskampf Nr. 140; 12.5.1993 – 10 AZR 528/91, NZA 1993, 1002; MüKoBGB/*Müller-Glöge* EFZG § 4a Rn. 12.
[105] MaSiG/*Reiserer* 242 Rn. 52; ErfK/*Preis* BGB § 612a Rn. 19.
[106] BAG 6.12.1995 – 10 AZR 123/95, AP BGB § 611 Gratifikation Nr. 186; 24.5.1995 – 10 AZR 619/94, AP BGB § 611 Gratifikation Nr. 175.
[107] BAG 15.2.1990 – 6 AZR 381/88, NZA 1990, 601; 19.4.1995 – 10 AZR 136/94, NZA 1996, 133; 6.12.1995 – 10 AZR 123/95, AP BGB § 611 Gratifikation Nr. 186.
[108] EuGH 21.1.1999 – C-333/97, NZA 1999, 1325; *Maurer* NZA 2002, 540; MAH ArbR/*Hexel* § 20 Rn. 78.

dierten Hauptleistungspflichten beider Arbeitsvertragsparteien in der Regel keine an die (Nicht-)Erbringung der Arbeitsleistung anknüpfenden Entgeltkomponenten geschuldet sind. Dies gilt somit auch für Anwesenheitsprämien mit Mischcharakter. Eine Ausnahme gilt für Arbeitnehmer des öffentlichen Dienstes, die an Wehrübungen teilnehmen. Nach Maßgabe des § 1 Abs. 2 ArbPlSchG ist während einer Wehrübung Arbeitsentgelt wie bei einem Erholungsurlaub fortzuzahlen.

An dieser Rechtsprechung ist trotz einengender Betrachtungsweise bzgl. der Bedeutung eines Mischcharakters für Bindungsklauseln (→ Rn. 54) festzuhalten. § 4a EFZG bestätigt, dass ein Mischcharakter für die Bemessung von Leistungen weiterhin herangezogen werden darf.[109]

68

cc) Mutterschutz

Zeiten des Mutterschutzes dürfen sich bei Anwesenheitsprämien – ebenso wie bei sonstigen Sonderzahlungen – nicht anspruchsmindernd auswirken. Bei Schwangeren und Müttern ist gem. § 20 MuSchG während der **allgemeinen Schutzfristen** nach § 3 MuSchG (sechs Wochen vor sowie acht Wochen nach der Entbindung, sofern keine Früh- oder Mehrlingsgeburt vorliegt) eine Verdienstsicherung als Zuschuss zum Mutterschaftsgeld zu gewähren. Anders als im Falle von Elternzeiten kann die Schwangerschaft allein bei Frauen auftreten. Der **unionsrechtliche Grundsatz der Entgeltgleichheit für Frauen und Männer** verlangt es daher, die Mutterschutzfristen den Beschäftigungszeiten gleichzustellen.[110] Eine Kürzung von Anwesenheitsprämien für die Zeit der Abwesenheit einer Arbeitnehmerin während des Mutterschutzes kommt daher nicht in Betracht. Dies gilt auch für den Zeitraum des für die Arbeitnehmerin fakultativen Mutterschutzes sechs Wochen vor der Entbindung.

69

dd) Urlaub

Für die Bemessung der Anwesenheitsprämien müssen die Zeiträume des **gesetzlichen Urlaubs** außer Betracht bleiben. Während des Urlaubs hat der Arbeitnehmer einen Entgeltanspruch. Er ist aufgrund Gesetzes und idR zudem auch vertraglich von der Pflicht zur Arbeitsleistung befreit. Abwesenheitstage aufgrund gesetzlichen Urlaubs können sich daher nicht anspruchsmindernd auswirken. Bei Abwesenheitsprämien, die sich anhand der Anzahl der arbeitsbereiten Anwesenheitstage bemessen (anspruchsbegründende Gestaltung), müssen gesetzliche Urlaubstage wie Anwesenheitstage berücksichtigt werden.

70

Anwesenheitsprämien, die der Arbeitnehmer in den Wochen vor Urlaubsantritt erhalten hat, sind bei der Bemessung des Urlaubsentgelts für den gesetzlichen Urlaub einzuberechnen. Für die Dauer des gesetzlichen Erholungsurlaubs sieht § 11 BUrlG vor, dass sich das Urlaubsentgelt nach dem vom Arbeitnehmer in den letzten 13 Wochen vor Beginn des Urlaubs erhaltenen Arbeitsverdienst bemisst. In diese Betrachtung sind sämtliche Entgeltbestandteile einzubeziehen, die der Arbeitnehmer in diesem Zeitraum als Gegenleistung für erbrachte Arbeit erhalten hat.[111] Hierzu können auch Sonderzahlungen (Prämien) zählen, die besondere Leistungen in dem maßgebenden Zeitraum abgelten.[112] Da Anwesenheitsprämien stets zumindest auch an die Arbeitsleistung des Arbeitnehmers anknüpfen, sind sie nach § 11 BUrlG zu berücksichtigen. Indes gelten die zwingenden Regelungen des BUrlG für den über den gesetzlichen Urlaub hinaus aufgrund Vereinbarung oder Zusage gewährten **Mehrurlaub** nicht. Denkbar ist somit eine vertragliche Gestaltung, die zur Kürzung der Anwesenheitsprämie bei durch Mehrurlaub begründete Abwesenheits-

71

---

[109] AA Küttner/*Griese* „Anwesenheitsprämie" Rn. 15.
[110] BAG 4.12.2002 – 10 AZR 138/02, AP BGB § 611 Gratifikation Nr. 245; 8.10.1986 – 5 AZR 582/85, AP MuSchG 1968 § 8a Nr. 7; Küttner/*Griese* „Anwesenheitsprämie" Rn. 14.
[111] BAG 20.6.2000 – 9 AZR 437/99, NZA 2001, 625.
[112] Vgl. BAG 24.11.1992 – 9 AZR 564/91, AP BUrlG § 11 Nr. 34; 23.4.1996 – 9 AZR 856/94, AP BUrlG § 11 Nr. 40.

zeiten berechtigt. Offengelassen hat das BAG hingegen, ob eine Kürzung des Mehrurlaubs selbst wegen krankheitsbedingter Fehltage wirksam möglich ist[113]

> **Praxistipp:**
> Die Kürzung der Anwesenheitsprämie um Zeiten der Abwesenheit während des Mehrurlaubs setzt eine eindeutige vertragliche Regelung und eine ebenso klare vertragliche Abgrenzung des Mehrurlaubs vom gesetzlichen Urlaubsanspruch voraus. Unterscheidet die Regelung zur Urlaubsgewährung und -behandlung nicht zwischen dem gesetzlichen Urlaubsanspruch und dem Mehrurlaub, ist die Kürzungsregelung zur Anwesenheitsprämie insgesamt unwirksam, wenn der Regelungsteil, der auf Urlaubszeiträume abstellt, nicht im Wege des sog. Blue-Pencil-Tests gestrichen werden kann, ohne dass die Kürzungsregelung dadurch nach Sinn und Zweck fortbestehen kann.

ee) Freistellung

72 Bei der Freistellung ist zwischen der einvernehmlichen und der einseitigen Freistellung zu unterscheiden. Bei einer **einseitig durch den Arbeitgeber erklärten Freistellung,** zB nach einer Kündigung des Arbeitnehmers oder einer vorübergehenden Freistellung zur Aufklärung des Verdachts einer Pflichtverletzung im ungekündigten Arbeitsverhältnis, verbietet sich eine Kürzung der Anwesenheitsprämie bzw. die Nichtbeachtung bei der Berechnung von Anwesenheitstagen. Durch die einseitig vom Arbeitgeber gewährte Freistellung wird es dem Arbeitnehmer ohne sein Zutun verwehrt, die Voraussetzungen für die Anwesenheitsprämie an den Fehltagen zu erfüllen. Dies ist nach § 242 BGB unbillig.

73 Bei einer **einvernehmlich vereinbarten Freistellung** herrscht hingegen Vertragsfreiheit. Es ist den Arbeitsvertragsparteien überlassen, die Gegenleistung des Arbeitgebers und damit auch die Berechnung und Höhe der Anwesenheitsprämie trotz suspendierter Arbeitspflicht des Arbeitnehmers festzulegen. Vorsorglich sollte auch in einer solchen Konstellation die vereinbarte Kürzung nicht mehr als 1/60 der zugesagten Leistung je Fehltag wegen Freistellung betragen.

> **Praxistipp:**
> Auch für den Fall der einvernehmlichen Freistellung ist mit Blick auf die Unklarheitenregelung in § 305c Abs. 2 BGB auf eine ausdrückliche und klare Regelung der Kürzung des Anspruchs auf die Anwesenheitsprämien zu achten. Ohne ausdrückliche Kürzungsvereinbarung ist durch Auslegung der Freistellungsvereinbarung zu ermitteln, wie Freistellungszeiten bei der Berechnung der Anwesenheitsprämie zu berücksichtigen sind.

74 Keinen Unterschied für die Behandlung von Anwesenheitsprämien dürfte es hingegen machen, ob die Freistellung widerruflich oder unwiderruflich erfolgt.

ff) Kurzarbeit

75 Im Falle der „Kurzarbeit Null" gilt Entsprechendes wie für das **Ruhen des Arbeitsverhältnisses.** Mit der Kurzarbeit wird die Arbeitsverpflichtung des Arbeitnehmers für die Dauer der Kurzarbeitsphase bis hin zur „Kurzarbeit Null" reduziert. Mit dem Beschäftigungsanspruch des Arbeitnehmers entfällt gem. § 323 BGB der Vergütungsanspruch. Ansprüche des Arbeitnehmers, die zumindest auch an die Erbringung der Arbeitsleistung anknüpfen, können für solche Zeiten ausgeschlossen werden.

---

[113] BAG 15.10.2013 – 9 AZR 374/12, AP BUrlG § 7 Nr. 70.

I. Anwesenheitsprämien

gg) Streikteilnahme

Die Rechtsprechung legt vertragliche Regelungen zu Abwesenheitsprämien, wonach eine Anwesenheitsprämie nur für Kalendermonate gezahlt wird, in denen der Arbeitnehmer keine unbezahlten Ausfallzeiten aufweist, auch ohne ausdrückliche Regelung für den Streikfall in der Weise aus, dass auch bei streikbedingten Fehltagen eine Kürzung der Prämie erfolgt.[114]

76

Bei der Teilnahme an einem **rechtmäßigen Streik** als Betroffener oder Unterstützer bleibt der Arbeitnehmer berechtigt der Arbeit fern. Im Gegenzug verliert er allerdings für den Streikzeitraum seinen Anspruch auf Arbeitsentgelt.[115] Dies berechtigt den Arbeitgeber auch dazu, Anwesenheitsprämien für jeden Tag, an dem der Arbeitnehmer wegen Streikteilnahme seine Arbeitsleistung nicht erbringt, zu kürzen, ohne das Maßregelungsverbot nach § 612a BGB zu verletzen.[116] Die hM sieht in der Kürzung auch keine unzulässige Streikbeeinflussung.[117] Indes verstoßen Vereinbarungen bzw. Zusagen gegen das Maßregelungsverbot, wenn sie eine auf ein Jahr bezogene Anwesenheitsprämie, die regelmäßig Mischcharakter hat, für den Fall streikbedingter Fehlzeiten vollständig entfallen lassen oder zu einer unangemessenen **überproportionalen Kürzung** berechtigen.[118] Sofern mit der Anwesenheitsprämie nicht nur die Arbeitsleistung, sondern auch die Betriebstreue honoriert werden soll **(Leistung mit Mischcharakter)**, wird unter Berücksichtigung der Grundsätze der Rechtsprechung des BAG empfohlen, den Prämienbetrag um maximal 1/60 pro Streiktag zu kürzen.[119] Hingegen soll jedenfalls kein Verstoß gegen das Maßregelungsverbot bestehen, wenn Anwesenheitsprämien **laufend,** also monatlich, ausschließlich zur Honorierung der Arbeitsleistung gezahlt werden und bereits geringfügige Fehlzeiten zum Wegfall der Anwesenheitsprämie für den laufenden Monat führen sollen.[120]

77

> **Praxistipp:**
> Zu beachten ist, dass nach den Grundsätzen des BAG bei der Gestaltung von Anwesenheitsprämien, die ausschließlich die Arbeitsleistung honorieren, eine Kürzung der Prämie wegen durch Krankheit verursachter Arbeitsunfähigkeit während des Entgeltfortzahlungszeitraums nicht in Betracht kommt (→ Rn. 54). Bei der Gestaltung der Prämienzusage muss sich der Arbeitgeber somit entscheiden, welche Störfälle er wie handhaben will. Mit Blick auf die Wahrscheinlichkeit eines Störfalls dürfte er besser beraten sein, sich die Möglichkeit zur Kürzung bei Krankheit nach § 4a EFZG zu sichern und im Gegenzug die Kürzung der Prämie pro Streiktag auf maximal 1/60 zu begrenzen.

hh) Unentschuldigte Fehltage

Bei unberechtigten Fehlzeiten, also dem unentschuldigten Fernbleiben von der Arbeit, besteht auch ohne vertragliche Abrede kein Entgeltanspruch. Der Fehltag kann in vollem Umfang bei der Berechnung der Anwesenheitsprämie berücksichtigt werden. Empfohlen wird bei auf das Jahr bezogenen Anwesenheitsprämien die Kürzung um 1/220 pro unberechtigtem Fehltag (bei 220 Arbeitstagen pro Jahr).[121]

78

---

[114] BAG 31.10.1995 – 1 AZR 217/95, AP GG Art. 9 Arbeitskampf Nr. 140.
[115] BAG 22.12.1980 – 1 ABR 2/79, NJW 1981, 937; 22.3.1994 – 1 AZR 622/93, NZA 1994, 1097; ErfK/*Linsenmaier* GG Art. 9 Rn. 193.
[116] BAG 26.10.1994 – 10 AZR 482/93, NZA 1995, 266; ErfK/*Preis* BGB § 612a Rn. 19; HWK/*Thüsing* BGB § 612a Rn. 28; *Gaul* NJW 1994, 1025 (1027).
[117] BAG 31.10.1995 – 1 AZR 217/95, AP GG Art. 9 Arbeitskampf Nr. 140; BeckOK ArbR/*Joussen* BGB § 612a Rn. 22.
[118] BAG 31.10.1995 – 1 AZR 217/95, AP GG Art. 9 Arbeitskampf Nr. 140; LAG Köln 18.12.1986 – 8 Sa 880/86, NZA 1987, 746; BeckOK ArbR/*Joussen* BGB § 612a Rn. 23; ErfK/*Preis* BGB § 612a Rn. 20.
[119] ErfK/*Preis* BGB § 612a Rn. 20; MaSiG/*Reiserer* 242 Rn. 41.
[120] BAG 31.10.1995 – 1 AZR 217/95, AP GG Art. 9 Arbeitskampf Nr. 140; LAG Köln 18.12.1986 – 8 Sa 880/86, NZA 1987, 746; BeckOK ArbR/*Joussen* BGB § 612a Rn. 23; ErfK/*Preis* BGB § 612a Rn. 20.
[121] AA Küttner/*Griese* „Anwesenheitsprämie" Rn. 16.

g) Mindestlohn

79 Anwesenheitsprämien können ebenso wie sonstige leistungsbezogene Sonderzahlungen auf den Mindestlohn **angerechnet** werden.[122] Das BAG geht davon aus, dass alle Entgeltleistungen des Arbeitgebers, die sich als Gegenleistung für die erbrachte Arbeit darstellen, den Mindestlohnanspruch erfüllen, es sei denn, dass der Arbeitgeber sie ohne Rücksicht auf eine tatsächliche Arbeitsleistung erbringt oder dass sie auf einer besonderen gesetzlichen Zweckbestimmung beruhen, wie zB der Nachtzuschlag nach § 6 Abs. 5 ArbZG.[123] Wesentlich ist demnach der Zweck der Leistung. Soll eine Leistung, beispielsweise eine Zulage, ihrem Zweck nach dieselbe Arbeitsleistung entgelten, die mit dem Mindestlohn zu vergüten ist, liegt eine funktionale Gleichwertigkeit vor, die zur Anrechnung führt.[124] Eine Anrechnung scheidet jedoch aus, wenn der Entgeltbestandteil nicht im Gegenseitigkeitsverhältnis zur Arbeitsleistung steht, sondern eine andere Funktion als der Mindestlohn hat. Nach Auffassung der Rechtsprechung[125] wird mit der Anwesenheitsprämie ebenfalls die Tätigkeit des Arbeitnehmers entlohnt. Dem ist zuzustimmen. Die Anwesenheit ist keine Sonderleistung des Arbeitnehmers und kein Selbstzweck. Sie soll Arbeitnehmer motivieren, die Arbeitsleistung möglichst ohne Unterbrechung durch Fehlzeiten zu erbringen. Es geht im Kern um die Tätigkeit, also die Hauptleistungspflicht des Arbeitnehmers. Diese Leistung steht im Gegenseitigkeitsverhältnis zum Arbeitsentgelt. Die Vermeidung von Fehlzeiten ist hingegen weder eine eigenständige Leistung des Arbeitnehmers noch ein werterhöhender Faktor.[126] Anwesenheitsprämien sind daher grundsätzlich auf den Mindestlohn anrechenbar. Im Ergebnis verliert die Anwesenheitsprämie allerdings ihre Motivationsfunktion, wenn der gesetzliche Mindestlohnanspruch erst durch die Gewährung der Prämie erfüllt wird, da der Arbeitnehmer bereits nach § 3 Abs. 1 EFZG Anspruch auf Zahlung des vollen Mindestlohns während des Entgeltfortzahlungszeitraums hat. Insoweit hat das BAG klargestellt, dass eine Anrechnung der Anwesenheitsprämie auf den Mindestlohn nur dann möglich ist, wenn die Grundvergütung nicht ausreicht um den Mindestlohn zu erfüllen. Ist diese Voraussetzung nicht erfüllt, bleibt für die Anrechnung der Anwesenheitsprämie kein Raum.[127]

80 Eine **Anrechnung kommt nicht in Betracht,** wenn die Anwesenheitsprämie nicht mit dem regulären monatlichen Entgeltlauf, mindestens aber alle zwei Monate, zur Auszahlung gebracht wird. Gem. § 2 Abs. 1 MiLoG ist der Mindestlohn zum Zeitpunkt der vereinbarten Fälligkeit, spätestens am letzten Bankarbeitstag des Monats, der auf den Monat folgt, in dem die Arbeitsleistung erbracht wurde, zu zahlen. Damit scheidet die Anrechenbarkeit bei **Quartals- oder Jahresprämien** – einmal abgesehen von der Sonderregelung für Arbeitszeitkonten nach § 2 Abs. 2 MiLoG – aus. Entscheidet sich der Arbeitgeber vor diesem Hintergrund zur Auszahlung der Anwesenheitsprämie mit der laufenden monatlichen Grundvergütung, riskiert er allerdings im Streitfall eine Einordnung der Anwesenheitsprämie als laufende Leistung, die eine Kürzung der Prämie wegen Arbeitsunfähigkeit nach § 4a EFZG vollständig ausschließt (→ Rn. 37 ff.).

---

[122] BAG 11.10.2017 – 5 AZR 621/16, NZA 2017, 1598; für Sonderzahlungen: BAG 24.5.2017 – 5 AZR 431/16, NZA 2017, 1387.
[123] BAG 11.10.2017 – 5 AZR 621/16, NZA 2017, 1598; 25.5.2016 – 5 AZR 135/16, NZA 2016, 1327.
[124] BT-Drs. 18/1558, 67; BAG 16.4.2014 – 4 AZR 802/11, NZA 2014, 1277 Rn. 39; 18.4.2012 – 4 AZR 139/10, NZA 2013, 392; SächsLAG 24.5.2016 – 3 Sa 680/15, AuR 2016, 378.
[125] BAG 11.10.2017 – 5 AZR 621/16, NZA 2017, 1598; LAG MV 22.11.2016 – 5 Sa 298/15, NZA-RR 2017, 140; LAG Bremen 10.8.2016 – 3 Sa 8/16, BeckRS 2016, 73740.
[126] LAG MV 22.11.2016 – 5 Sa 298/15, NZA-RR 2017, 140.
[127] BAG 11.10.2017 – 5 AZR 621/16, NZA 2017, 1598.

3. Mitbestimmung des Betriebsrats

Über die Frage, ob der Arbeitgeber Anwesenheitsprämien einführt, welchen Zweck er mit dieser zusätzlichen Leistung verfolgt und welches Budget er hierfür zur Verfügung stellt, entscheidet der Arbeitgeber mitbestimmungsfrei. Als Frage der **betrieblichen Lohngestaltung** unterliegen die Bedingungen, unter denen eine Anwesenheitsprämie gezahlt bzw. eine Anwesenheitsprämie um Fehltage gekürzt werden darf, allerdings der Mitbestimmung des Betriebsrats nach § 87 Abs. 1 Nr. 10 BetrVG,[128] sofern Anwesenheitsprämien nicht durch Tarifvertrag geregelt sind. 81

Auch bei individualvertraglichen Zusagen hat der Betriebsrat im Falle einer kollektiven Gewährung bei der Ausgestaltung der Voraussetzungen für die Leistung einer Anwesenheitsprämie als Entgeltgrundsätze mitzubestimmen. Die Abgrenzung zwischen einem kollektiven Sachverhalt und dem Versprechen zur Leistung einer Anwesenheitsprämie im Einzelfall ist schwierig. Hat ein Arbeitgeber Anwesenheitsprämien unter Verkennung eines kollektiven Sachverhalts und damit auch des Mitbestimmungsrechts des Betriebsrats gewährt, hält das BAG die **Nachholung der Mitbestimmung** für abgeschlossene Sachverhalte nicht wegen Zeitablaufs für unmöglich, sondern lässt diese zur Durchsetzung zwingenden Mitbestimmungsrechts zu.[129] Das Mitbestimmungsrecht entfalle nicht deshalb, weil der Arbeitgeber bereits vor der Beteiligung des Betriebsrats Zahlungen erbracht habe, deren Rückabwicklung er nicht wirksam durchsetzen könne. Im Streitfall kann die Nachholung wirtschaftlich maximal bis zur Verdopplung des vom Arbeitgeber für die Leistung von Anwesenheitsprämien zur Verfügung gestellten Budgets führen. Denkbar ist ein Mitbestimmungsrecht des Betriebsrats daneben als Frage der **Ordnung des Betriebs** nach § 87 Abs. 1 Nr. 1 BetrVG, wenn man Anwesenheitsprämien mit der Rechtsprechung den Zweck[130] zuordnet, Fehlzeiten soweit wie möglich zu verringern, um die damit verbundenen betrieblichen Ablaufstörungen zu minimieren. 82

4. Steuer- und Sozialversicherungspflicht

Anwesenheitsprämien unterliegen als Einnahmen aus einer Beschäftigung der Sozialversicherung nach Maßgabe des § 14 Abs. 1 SGB IV, und zwar unabhängig davon, ob sie als laufende oder einmalige Leistung gewährt werden. 83

Sie sind grundsätzlich voll steuerpflichtig zu dem Zeitpunkt, zu dem sie dem Arbeitnehmer zufließen.[131] 84

II. Retention Bonus (Halteprämie)

Regelungen zu Retention Boni werden in der Praxis als kurzfristige Gestaltung verwendet, um einzelne Arbeitnehmer aus unterschiedlichen Motiven für einen bestimmten oder bestimmbaren Zeitraum im Arbeitsverhältnis zu halten. 85

---

[128] LAG Köln 13.8.2015 – 8 TaBV 4/15, BeckRS 2015, 72913; BAG 14.9.1983 – 5 AZR 284/81, nv; Küttner/*Griese* „Anwesenheitsprämie" Rn. 17, der allerdings auch die Entscheidung über die Einführung von Anwesenheitsprämien der Mitbestimmung des Betriebsrats unterstellen will.
[129] BAG 14.6.1994 – 1 ABR 63/93, NZA 1995, 543.
[130] BAG 21.1.2009 – 10 AZR 216/08, NZA-RR 2009, 385; LAG MV 22.11.2016 – 5 Sa 298/15, NZA-RR 2017, 140; 14.9.2010 – 5 Sa 19/10, BeckRS 2011, 67834.
[131] MAH ArbR/*Hexel* § 20 Rn. 179.

1. Grundlagen

a) Begriffe

86 Der Begriff des Retention Bonus wird in der arbeitsrechtlichen Literatur und in der Praxis nicht einheitlich verwendet. Vorliegend wird der Retention Bonus als **Halteprämie** verstanden, die einem Arbeitnehmer – in der Regel einem **Leistungsträger** und/oder **Schlüsselmitarbeiter** eines Unternehmens – versprochen wird, um diesen für einen bestimmten oder bestimmbaren Zeitraum weiterhin zur Erbringung von guten Arbeitsleistungen oder aber zum Verbleib im bestehenden Arbeitsverhältnis zu motivieren. Das BAG definiert Halteprämien etwas enger als eine Prämienzahlung des Arbeitgebers an einen Arbeitnehmer unter der Bedingung, dass der Arbeitnehmer bis zu einem bestimmten Stichtag keine Eigenkündigung erklärt.[132]

87 Die relevanten **Bezugszeiträume,** also jeweils der Zeitraum, auf den sich die Halteprämie bezieht, reichen in der Regel von wenigen Wochen bis zu einigen Monaten, betragen aber in der Regel deutlich weniger als ein Jahr. Bei längeren Zeiträumen wird von **Treueprämien** gesprochen.[133]

88 Zu unterscheiden sind Retention Boni danach, ob als **Anspruchsvoraussetzungen** abgestellt wird
 – auf ein noch bestehendes Arbeitsverhältnis oder ein ungekündigtes Arbeitsverhältnis zu einem bestimmten Stichtag (dieser markiert das Ende des Bindungszeitraums),
 – in letzterem Fall, ob der Arbeitnehmer oder der Arbeitgeber gekündigt hat, und
 – ob der Bindungszeitraum dem Bezugszeitraum entspricht oder der Bindungszeitraum länger als der Bezugszeitraum ist, dh der Stichtag zeitlich dem Bezugszeitraum nachfolgt.

89 Denkbar ist die Gestaltung der Zusage eines Retention Bonus mit einer **Rückzahlungsklausel.** In dem Fall verpflichtet sich der Arbeitnehmer, eine bereits erhaltene Prämie wieder zurückzuzahlen, wenn er vor dem Stichtag aus dem Arbeitsverhältnis ausscheidet oder eine Kündigung erklärt wird (→ Rn. 100). Mit Blick auf den mit der Hoffnung auf die Gewährung des Retention Bonus verbundenen Motivationseffekt dürfte eine solche Gestaltung allerdings nur in Ausnahmefällen gewählt werden, zB wenn der Arbeitnehmer Liquidität benötigt oder als **Signing Bonus** bei Begründung des Arbeitsverhältnisses mit einem abgeworbenen Spezialisten.

90 Wegen des in der Regel Einzelfallcharakters von Retention Boni werden diese in der Praxis nahezu ausschließlich **einzelvertraglich** geregelt.

b) Anwendungsfälle

91 **Typische Fallkonstellationen,** in denen Retention Boni versprochen werden, sind
 – die **Stilllegung eines Betriebs** oder einer Betriebsabteilung zu einem bestimmten Stichtag, der es erforderlich macht, dass bestimmte Schlüsselmitarbeiter, wie zB der Abteilung HR, Finanzen und Controlling sowie IT, bis zum Stichtag motiviert weiterarbeiten und die Abwicklung des Betriebs bzw. der Abteilung unterstützen;
 – ein **Unternehmenskauf oder eine Unternehmensbeteiligung,** bei dem bzw. der der Erwerber den Verbleib der Schüsselmitarbeiter oder eines bestimmten Anteils dieser Mitarbeitergruppe im Unternehmen zu einer Bedingung für das Wirksamwerden des Kaufvertrages **(Closing Condition)** macht oder sich sonstige Vertragsrechte, wie zB ein **Kaufpreisminderungsrecht,** einräumen lässt, wenn Schlüsselmitarbeiter das Unternehmen wegen oder im Zuge des Erwerbs verlassen;[134]

---

[132] BAG 12.9.2013 – 6 AZR 913/11, BeckRS 2014, 65160.
[133] MaSiG/*Reiserer* Halteprämie Rn. 9.
[134] Vgl. WHSS Umstrukturierung/*Seibt/Hohenstatt* K. Rn. 42f.

- der Abschluss eines wichtigen Projekts, zB der Entwicklung eines bestimmten Produkts oder der Implementierung einer neuen Technologie, der den Verbleib der **Knowhow-Träger** bis zum **Projektabschluss** zwingend erforderlich macht;
- die Verzögerung beim **Wechsel** in ein neues Arbeitsverhältnis bzw. eine neue Position oder beim Eintritt in den **Ruhestand** zur Einarbeitung eines **Nachfolgers** und zur Sicherung des **Knowhow-Transfers**.

Generell ist es auch denkbar, dass ein Arbeitgeber allen Arbeitnehmern einer Abteilung einen Retention Bonus verspricht, ohne diesen auf Leistungsträger oder Schlüsselmitarbeiter zu beschränken. Anwendungsfälle können bspw. eine hohe Auftragsdichte, die zur Vollauslastung der Produktion führt, die Einführung von Mehrschichtbetrieb, Wochenendarbeit etc. sein. Bei solchen Sachverhalten ist auch eine Gestaltung von Retention Bonuszusagen in einer Betriebsvereinbarung denkbar (zum Mitbestimmungsrecht des Betriebsrats → Rn. 120). 92

c) Zweck

Bei der Bindung der Schlüsselmitarbeiter im Zuge eines Unternehmenskaufs oder einer Unternehmensbeteiligung kommt es vorrangig auf den (ungekündigten) Fortbestand des Arbeitsverhältnisses zum Zeitpunkt des Erwerbs an, also auf die sog. **Betriebstreue,** und nur mittelbar auf die damit verbundene Hoffnung des Erwerbers bzw. Investors auf weiterhin exzellente Arbeitsleistungen dieser Schüsselmitarbeiter. Der den Retention Bonus auslobende Veräußerer, also zu dem Zeitpunkt der Vertragsarbeitgeber, zielt in der Regel mit der Leistung allein auf den Erhalt des Arbeitsverhältnisses und dessen Übergang auf den Erwerber bzw. Verbleib des Schlüsselmitarbeiters zur Erfüllung der vertraglichen Verpflichtungen des Veräußerers gegenüber dem Erwerber bzw. Investor. Dies fällt in seine Verantwortlichkeit oder, anders ausgedrückt, die im Vorvertrag oder Kaufvertrag übernommene Pflicht bzw. Garantie. Die Motivation zu herausragenden Leistungen und die langfristige Bindung der Schlüsselmitarbeiter an den Erwerber muss dieser durch sonstige **Leistungsanreize,** wie eine Gehaltserhöhung gegen die Vereinbarung einer längeren Kündigungsfrist, Zielvereinbarungen (→ J Rn. 98), Gewinn- und Unternehmensbeteiligungen (→ J Rn. 49), nachvertragliche Wettbewerbsverbote etc. gewährleisten. Dies sind allerdings langfristig angelegte Ziele, für die ein Retention Bonus als **Steuerungsinstrument** nicht geeignet ist. 93

Bei allen anderen, zuvor genannten Fallkonstellationen (→ Rn. 91) wird nicht die Betriebstreue honoriert, sondern ausschließlich oder zumindest vorrangig die **Arbeitsleistung.** Ziel des Arbeitgebers ist es, dass der Arbeitnehmer bzw. die ausgewählte Mitarbeitergruppe während des vereinbarten Zeitraums weiterhin motiviert ihre Arbeitsleistung erbringen. Der Arbeitgeber will in diesen Konstellationen den Arbeitnehmern keine zusätzliche Entgeltleistung allein dafür zuwenden, dass sie in einem Arbeitsverhältnis zu ihm verbleiben, sondern die Arbeitnehmer zu kontinuierlich guter oder herausragender Leistung mit dem Ziel, einen gemeinsamen Erfolg zu erreichen, motivieren. Besonders deutlich wird dies im Falle von Abwicklungsarbeiten bei einer Betriebsschließung. Der reine Fortbestand des Arbeitsverhältnisses bis zum Stichtag ist für den Arbeitgeber in einer solchen Situation wertlos, wenn die für die Abwicklung benötigten Arbeitnehmer ihre Arbeitsleistungen aufgrund Erkrankung nicht erbringen oder – wegen nachvollziehbar geschwundener Motivation – nur noch „Dienst nach Vorschrift" erbringen. 94

2. Rechtliche Grenzen der Gestaltung eines Retention Bonus

a) Stichtagsregelungen und AGB-Kontrolle
aa) Zweck von Stichtagsklauseln bei Retention Boni

95 Aufgrund des zeitlich befristeten Leistungsanreizes, der typischer Weise mit der Zusage eines Retention Bonus verbunden ist, verfolgen Arbeitgeber in der Regel das Ziel, den Retention Bonus in einer Summe nach oder am Ende des Bezugszeitraums oder bei oder nach Erreichen des verfolgten Ziels, zB dem Projektabschluss, dem wirksam gewordenen Unternehmensverkauf oder dem Abschluss der Abwicklungsarbeiten zur Betriebsschließung, zur Auszahlung zu bringen. Die Arbeitnehmer sollen auf diese Weise motiviert werden, ihre Arbeitsleistungen bis zum Schluss des vereinbarten Zeitraums zu erbringen und nicht zu einem früheren Zeitpunkt auszuscheiden. Die Leistung des Retention Bonus soll daher davon abhängig gemacht werden, dass der Arbeitnehmer zum Auszahlungszeitpunkt noch in einem Arbeitsverhältnis steht. Häufig finden sich in der Praxis auch Klauseln, die voraussetzen, dass der Arbeitnehmer zum Stichtag noch in einem **ungekündigten** Arbeitsverhältnis stehen muss.

bb) Rechtsprechung des 10. Senats des BAG

96 Dieses Interesse des Arbeitgebers steht allerdings im Widerspruch zur Rechtsprechung des 10. Senats des BAG zur Wirksamkeit von Stichtagsklauseln im Lichte der Inhaltskontrolle für einzelvertragliche AGB nach § 307 Abs. 1 BGB. Zusammengefasst lässt das BAG **individualvertraglich** vereinbarte Stichtagsklauseln nur noch unter engen Grenzen zu, wenn die Sonderzahlung **ausschließlich die Betriebstreue** des Arbeitnehmers honoriert (→ Rn. 100). Bei Entgeltleistungen, die ausschließlich die **Arbeitsleistung** belohnen, sowie Leistungen mit **Mischcharakter,** also Leistungen die neben der Betriebstreue zumindest auch die Arbeitsleistung zu belohnen bezwecken, erachtet der 10. Senat Stichtagsregelungen grundsätzlich für unzulässig.[135] Dies gilt nicht nur für Stichtagsregelungen, die außerhalb des Zeitraums liegen, während dessen die Arbeitsleistung erbracht werden soll (Auszahlungszeitpunkt liegt nach dem Ende des Bezugszeitraums)[136], sondern grundsätzlich auch für solche Klauseln, die die Leistungsgewährung von dem Bestand des Arbeitsverhältnisses bis zum Schluss des Bezugszeitraums abhängig machen.[137] Erst recht sind Stichtagsklauseln bei Leistungen, die ausschließlich die Arbeitsleistung honorieren, und solchen mit Mischcharakter unwirksam, wenn sie ein **ungekündigtes** Arbeitsverhältnis voraussetzen. Verfolgt der Arbeitgeber mit einem Retention Bonus nicht ausschließlich das Ziel, die Betriebstreue, also den Fortbestand des Arbeitsverhältnisses zu honorieren, halten Stichtagsklauseln der Inhaltskontrolle nach § 307 Abs. 1 S. 1 BGB nicht Stand. Stichtagsklauseln benachteiligen dann den Arbeitnehmer unangemessen, da der Arbeitnehmer mit Erbringung der Arbeitsleistung bereits den Bonus verdient hat[138] und ihm dieser durch die Stichtagsklausel wegen der Beendigung des Arbeitsverhältnisses nachträglich wieder entzogen werden soll. Bei vorzeitigem Ausscheiden steht dem Arbeitnehmer somit grundsätzlich ein anteiliger Bonusanspruch *(pro rata temporis)* zu (zur Rechtsfolge unwirksamer Stichtagsklauseln → Rn. 108).[139]

97 Die Regelung eines Retention Bonus durch **Betriebsvereinbarung** dürfte nicht selten bereits an der fehlenden Zuständigkeit des Betriebsrats für die Bezugsberechtigten schei-

---

[135] BAG 18.1.2012 – 10 AZR 667/10, NZA 2012, 620; 13.11.2013 – 10 AZR 848/10, NZA 2014, 368; 13.5.2015 – 10 AZR 266/14, NZA 2015, 992.
[136] BAG 18.1.2012 – 10 AZR 667/10, NZA 2012, 620; aA *Salamon* NZA 2011, 1328.
[137] BAG 13.11.2013 – 10 AZR 848/10, NZA 2014, 368; 13.5.2015 – 10 AZR 266/14, NZA 2015, 992; aA 6.5.2009 – 10 AZR 443/08, NZA 2009, 783.
[138] BAG 18.1.2012 – 10 AZR 667/10, NZA 2012, 620; *Lakies* ArbRAktuell 2013, 251 (252).
[139] MaSiG/*Reiserer* Halteprämie Rn. 7.

tern, und zwar bei leitenden Angestellten iSd § 5 Abs. 3, Abs. 4 BetrVG. Darüber hinaus fehlt es häufig an einem kollektiven Sachverhalt. Selbst wenn der Betriebsrat zuständig sein sollte, dürfte die Vereinbarung einer **Stichtagsklausel** in einer Betriebsvereinbarung für den Anspruch auf einen Retention Bonus, mit dem zumindest auch die Arbeitsleistung der bezugsberechtigten Arbeitnehmer belohnt werden soll, nicht wirksam vereinbar sein. Zwar unterliegen Betriebsvereinbarungen gem. § 310 Abs. 4 S. 1 BGB der Kontrolle für AGB nach §§ 305 ff. BGB nicht. Nach Auffassung des 1. Senats des BAG[140] dürfen die Betriebsparteien aber auch Ansprüche auf variable Vergütung, die im Synallagma stehen, in Betriebsvereinbarungen nicht davon abhängig machen, dass das Arbeitsverhältnis zu einem Fälligkeitszeitpunkt außerhalb des Bezugszeitraums vom Arbeitnehmer nicht gekündigt wird. Dies leitet der 1. Senat aus der Bindung der Betriebsparteien an Recht und Billigkeit gem. § 75 Abs. 1, Abs. 2 S. 1 BetrVG ab.[141] Die Betriebsparteien sind zur Wahrung grundgesetzlich geschützter Freiheitsrechte einschließlich der **Berufsfreiheit** nach Art. 12 Abs. 1 GG verpflichtet. Weiter stützt sich diese Rechtsprechung auf § 611 Abs. 1 iVm § 611a Abs. 2 BGB, nach dem der Arbeitgeber zur Erbringung der vereinbarten Gegenleistung verpflichtet ist, soweit der vorleistungsverpflichtete Arbeitnehmer seinerseits die ihm obliegenden Leistung erbracht hat. Die Auszahlung verdienten Arbeitsentgelts kann daher nicht wirksam von der Erfüllung weiterer Zwecke abhängig gemacht werden.[142]

Aus dieser Entscheidungsbegründung folgt, dass die Betriebsparteien bei einem **leistungsbezogenen** Retention Bonus auch nicht in sonstiger Weise per Betriebsvereinbarung in **verdiente Entgeltansprüche** eingreifen dürfen. Dies schließt somit auch Regelungen in Betriebsvereinbarungen aus, die zum Wegfall des Anspruchs auf einen Retention Bonus führen, wenn das Arbeitsverhältnis zum Ende des Bezugszeitraums oder zum Fälligkeitszeitpunkt gekündigt bzw. aufgehoben ist und nicht mehr besteht, und zwar unabhängig davon, welche Arbeitsvertragspartei die Beendigung herbeiführt.[143]

Dies sicht der 10. Senat des BAG[144] für **Stichtagsklauseln** in **Tarifverträgen** deutlich großzügiger. In dem der Entscheidung zugrunde liegenden Sachverhalt regelte der Tarifvertrag einen Anspruch auf Jahressonderzahlung für alle Arbeitnehmer, die am 1.12. in einem Arbeitsverhältnis zum Arbeitgeber standen. Der Kläger schied zum 31.10. wegen Erreichens der Regelaltersgrenze aus. Der 10. Senat sah in der Tarifregelung keinen Verstoß gegen das **Benachteiligungsverbot** des § 7 Abs. 1 AGG. Er hält solche Klauseln zumindest dann auch mit Art. 3 Abs. 1 GG und Art. 12 Abs. 1 GG für vereinbar, wenn mit der Sonderzahlung nicht nur die Arbeitsleistung, sondern zumindest auch die Betriebstreue belohnt werden soll **(Mischcharakter)**.[145] Der 10. Senat grenzt die Fälle einer Gestaltung und Begrenzung der Zulässigkeit von Stichtagsklauseln in Individualvereinbarungen nach der Rechtsprechung desselben Senats[146] und in Betriebsvereinbarungen nach der zuvor dargestellten Entscheidungen des 1. Senats[147] von der Gestaltung einer Stichtagsklausel für Sonderzahlungen in einem Tarifvertrag anhand der durch Art. 9 Abs. 3 GG geschützten **Tarifautonomie** und dem damit verbundenen weiten **Gestaltungsspielraum** der Tarifparteien ab.[148] Diese kommt den Arbeitsvertrags- und Betriebsparteien nicht in gleichem Maße zu. Die **Einschätzungsprärogative** der Tarifparteien lässt es genügen, wenn der Eingriff in andere grundgesetzlich geschützte Rechte, wie die **Berufsfreiheit** nach Art. 12 GG, sachlich gerechtfertigt ist. Die Tarifparteien sind nicht ver-

---

[140] BAG 12.4.2011 – 1 AZR 412/09, NZA 2011, 989.
[141] BAG 12.4.2011 – 1 AZR 412/09, NZA 2011, 989; LAG Hamm 11.12.2014 – 15 Sa 1267/14, BeckRS 2015, 66715.
[142] BAG 12.4.2011 – 1 AZR 412/09, NZA 2011, 989.
[143] IErg ebenso: *Preis/Deutzmann* NZA-Beil. 3/2017, 101 (103).
[144] BAG 12.12.2012 – 10 AZR 718/11, NZA 2013, 577; 18.8.1999 – 10 AZR 424/98, NZA 2000, 148.
[145] BAG 12.12.2012 – 10 AZR 718/11, NZA 2013, 577.
[146] BAG 18.1.2012 – 10 AZR 667/10, NZA 2012, 620; 13.5.2015 – 10 AZR 266/14, NZA 2015, 992.
[147] BAG 12.4.2011 – 1 AZR 412/09, NZA 2011, 989.
[148] BAG 12.12.2012 – 10 AZR 718/11, NZA 2013, 577; 13.11.2013 – 10 AZR 848/10, NZA 2014, 368.

pflichtet, die jeweils zweckmäßigste, vernünftigste und gerechteste Lösung zu wählen. Die sachliche Rechtfertigung kann sich aus dem legitimen Ziel ergeben, die Arbeitnehmer zur Betriebstreue anzuhalten. Darüber hinaus war die Einschränkung der Berufsfreiheit der Arbeitnehmer durch den Stichtag des Bestehens des Arbeitsverhältnisses zum 1. 12. mit kurzer Bindungswirkung angemessen. Aus der Urteilsbegründung ergeben sich allerdings erhebliche Zweifel, ob das BAG eine tarifvertragliche Stichtagsregelung bei einem ausschließlich die Arbeitsleistung belohnenden Retention Bonus oder einer deutlich über den Bemessungszeitraum hinausgehenden Bindungswirkung für wirksam erachtete. Der 10. Senat des BAG hat aktuell bei einer Leistung mit Mischcharakter eine Bindungswirkung bis zum 31. 3. des Folgejahres als mit Art. 3 Abs. 1 GG und Art. 12 Abs. 1 GG vereinbar und damit rechtswirksam bewertet.[149]

cc) Retention Bonus zur Belohnung der Betriebstreue

100 Stichtagsklauseln für Retention Boni können weiterhin wirksam vereinbart werden, wenn der Arbeitgeber durch Leistung eines solchen Bonus den Arbeitnehmer ausschließlich zum Verbleib im bestehenden Arbeitsverhältnis motivieren will, also ausschließlich die **Betriebstreue** honoriert. Eine denkbare Fallkonstellation ist der Erhalt von Schüsselmitarbeitern beim Unternehmensverkauf bzw. der Unternehmensbeteiligung durch einen Investor (zu den Anwendungsfällen eines Retention Bonus → Rn. 91).

101 Bei Retention Boni allein zur Belohnung der Betriebstreue sind Stichtagsklauseln grundsätzlich weiterhin zulässig.[150] Dies setzt allerdings voraus, dass der Wille, ausschließlich die Betriebstreue zu belohnen, der Zusage eindeutig zu entnehmen ist. Es empfiehlt sich eine **ausdrückliche Regelung,** auch wenn dieser Wille grundsätzlich durch Auslegung ermittelt werden kann. Die Rechtsprechung geht aber bei fehlender ausdrücklicher Regelung ohne weiter hinzukommende Anhaltspunkte davon aus, dass Prämien-/Sonderzahlungen (auch) die Arbeitsleistung belohnen.[151]

102 Wenn die Zusage des Retention Bonus ausschließlich die Betriebstreue belohnt, unterfällt eine einzelvertraglich vereinbarte, vorformulierte Stichtagsklausel dennoch der Inhaltskontrolle für AGB nach § 307 Abs. 1 BGB. Die Unklarheitenregelung des § 305c Abs. 2 BGB kommt zur Anwendung, so dass Zweifel bei der Auslegung von Vertragsbestimmungen zulasten des Arbeitgebers als Verwender gehen. Der 10. Senat hält bei einer solchen Zusage weder die Anspruchsvoraussetzung eines **bestehenden** Arbeitsverhältnisses noch eines **ungekündigten Arbeitsverhältnisses zum Stichtag** für unangemessen benachteiligend. Zulässig sind Klauseln, die den Anspruch auf einen Retention Bonus sowohl bei Eigenkündigung des Arbeitnehmers als auch bei einer Kündigung des Arbeitgebers ausschließen. Dies gilt selbst dann, wenn die arbeitgeberseitige Kündigung auf **betriebsbedingten Gründen** beruht, der Arbeitnehmer selbst also keine Veranlassung für die Beendigung gegeben hat.[152]

103 Vor diesem Hintergrund bestehen erst recht keine Bedenken gegen eine Gestaltung der Stichtagsklausel in der Weise, dass nicht nur der Fall des ungekündigten, sondern auch des nicht aufgehobenen Arbeitsverhältnisses erfasst wird.[153] Bei einer **Aufhebungsvereinbarung** hat es der Arbeitnehmer selbst in der Hand, den anspruchsausschließenden Grund (die Aufhebung) herbeizuführen oder vor Abschluss der Aufhebungsvereinbarung „weg zu verhandeln".

---

[149] BAG 27. 6. 2018 – 10 AZR 290/17, ArbRAktuell 2018, 335.
[150] BAG 25. 4. 1991 – 6 AZR 532/89, NZA 1991, 763; 12. 9. 2013 – 6 AZR 913/11, BeckRS 2014, 65160; Anm. *Bissels/Kiehn* NZI 2014, 150; ErfK/*Preis* BGB § 611a Rn. 534 f.
[151] BAG 18. 1. 2012 – 10 AZR 667/10, NZA 2012, 620.
[152] Klausel in einem Individualvertrag: BAG 18. 1. 2012 – 10 AZR 612/10, NZA 2012, 561 mwN; LAG Köln 8. 2. 2010 – 5 Sa 1204/09, BeckRS 2010, 68826; Klausel in einem Tarifvertrag: BAG 2. 12. 1992 – 10 AZR 238/91, BeckRS 1992, 30743390; Klausel in einer Betriebsvereinbarung: BAG 4. 9. 1985 – 5 AZR 655/84, NZA 1986, 225; krit. dazu: *Preis/Deutzmann* NZA-Beil. 3/2017, 101 (103).
[153] Ebenso MaSiG/*Reiserer* Halteprämie Rn. 17.

II. Retention Bonus (Halteprämie) G

> **Formulierungsvorschlag:**
>
> Der Arbeitnehmer hat Anspruch auf eine einmalige Sonderzahlung in Höhe von EUR [Betrag] brutto, wenn das Arbeitsverhältnis zum [Datum; alternativ: Bedingungseintritt beschreiben] („Stichtag") noch [ggf.: ungekündigt oder nicht aufgehoben] fortbesteht (Retention Bonus). Mit dem Retention Bonus wird ausschließlich die Betriebstreue des Arbeitnehmers belohnt; ein Anspruch auf Zahlung eines anteiligen Retention Bonus besteht nicht, wenn das Arbeitsverhältnis vor dem Stichtag endet [ggf.: aufgehoben oder von einer der Vertragsparteien gekündigt wird]. Er ist zum [Datum; alternativ zum Schluss des auf den Bedingungseintritt folgenden Kalendermonats] zur Zahlung fällig.

Unter Anwendung der von der Rechtsprechung für Jahressonderzahlungen, insbesondere für das Weihnachts- und Urlaubsgeld, entwickelten Grundsätze, wirkt die Zusage eines Retention Bonus mit einer Regelung zur Fälligkeit, die nach Ende des Bezugszeitraums liegt und das Fortbestehen des Arbeitsverhältnisses zu diesem Zeitpunkt voraussetzt, wie eine **verdeckte Rückzahlungsklausel**.[154] Der Arbeitnehmer muss, um in den Genuss eines Retention Bonus zu kommen, über den Bezugszeitraum hinaus im Arbeitsverhältnis verbleiben. Es liegt daher nahe, die von der Rechtsprechung entwickelten Grenzen zur Bindungsdauer für den Arbeitnehmer bei Jahressonderzahlungen mit Stichtag-/Rückzahlungsklausel entsprechend anzuwenden (zu den Einzelheiten → F Rn. 32 ff.). In beiden Fällen ist durch eine entsprechende vertragliche Gestaltung dafür Sorge zu tragen, dass der Arbeitnehmer nicht durch einen unangemessen langen Bindungszeitraum in seinem nach Art. 12 Abs. 1 GG geschützten Recht auf freie Berufswahl unzulässig beschränkt wird. Eine solche Klausel verstieße gegen § 307 Abs. 1 S. 1 BGB. Die von der Rechtsprechung entwickelten Bindungsgrenzen für Jahressonderzahlungen können entsprechend herangezogen werden: 104

> **Praxistipp:**
> - Bei einem geringfügigen Retention Bonus von **bis zu 100,00 EUR brutto**, der in der Praxis aber wohl kaum vorkommen dürfte, darf ein Fälligkeitszeitpunkt nach Ende des Bezugszeitraums nicht vereinbart werden, wenn Voraussetzung für die Leistung das Bestehen des Arbeitsverhältnis zu diesem Zeitpunkt ist.[155]
> - Bei einem Retention Bonus **über 100,00 EUR brutto bis zur Höhe von einem Bruttomonatsentgelt** ist eine Bindungsdauer von bis zu drei Monaten nach Ende des Bezugszeitraums zulässig.[156] Sieht die Vertragsklausel zB vor, dass das Arbeitsverhältnis am 31.12. noch ungekündigt und eine Aufhebungsvereinbarung zu dem Zeitpunkt noch nicht vereinbart sein darf, wäre eine Fälligkeitsklausel zum 31.3. des Folgejahres zulässig, die voraussetzt, dass das Arbeitsverhältnis zu diesem Zeitpunkt noch besteht.
> - Erreicht der Retention Bonus **ein volles Bruttomonatsentgelt**, ist eine Bindung über den 31.3. zulässig. Hat der Arbeitnehmer bis dahin nur eine Kündigungsmöglichkeit, ist ihm zuzumuten, diese auszulassen, dh den Betrieb erst nach dem 31.3. zu verlassen.[157]
> - Bei einem Retention Bonus von **über einem Bruttomonatsentgelt bis zu zwei Bruttomonatsentgelten** ist eine Bindung von bis zu sechs Monaten zulässig.[158]

---

[154] MaSiG/*Reiserer* Halteprämie Rn. 20.
[155] Für Rückzahlungsklauseln: BAG 28.3.2007 – 10 AZR 261/06, NZA 2007, 687; 24.10.2007 – 10 AZR 825/06, NZA 2008, 40.
[156] Für Rückzahlungsklauseln: BAG 28.3.2007 – 10 AZR 261/06, NZA 2007, 687; 24.10.2007 – 10 AZR 825/06, NZA 2008, 40.
[157] Für Rückzahlungsklauseln: BAG 28.4.2004 – 10 AZR 356/03, NZA 2004, 924.
[158] Für Rückzahlungsklauseln: BAG 27.10.1978 – 5 AZR 754/77, AP BGB § 611 Nr. 99; 24.10.2007 – 10 AZR 825/06, NZA 2008, 40.

- Im Falle eines Retention Bonus in Höhe von **zwei Bruttomonatsentgelten oder mehr** kommt sogar eine Bindungsdauer von bis zu neun Monaten in Betracht. Allerdings sah diese Rechtsprechung auch eine Staffelung des Rückzahlungsbetrages auf ein halbes Monatsentgelt vor.[159] Eine solche Regelung ist bei der Gestaltung eines Retention Bonus nicht möglich.
- Die Vereinbarung eines Fälligkeitszeitpunkts **über neun Monate** nach Ende des Bezugszeitraums, zu dem das Arbeitsverhältnis noch bestehen müsste, ist unwirksam.

105 Vorstehende Bindungsgrenzen für die Festlegung der Fälligkeit eines Retention Bonus gelten nicht, wenn das Arbeitsverhältnis bis zum Ende des Bezugszeitraums bestehen muss, indes nicht mehr zum Zeitpunkt der Fälligkeit. Eine solche Regelung stellt keine verdeckte Rückzahlungsklausel dar.

106 Eine weitere Begrenzung der Höhe des Retention Bonus im Einzelvertrag ergibt sich aus der Rechtsprechung des 10. Senats, wonach Sonderzahlungen, die **mehr als 25 % des Jahresgrundentgelts** des Arbeitnehmers ausmachen, idR nicht nur die Betriebstreue belohnen, sondern auch immer die **Arbeitsleistung** des Arbeitnehmers.[160] Das BAG unterstellt solchen Leistungen somit zumindest einen Mischcharakter mit der Folge, dass eine Stichtagsklausel grundsätzlich nicht wirksam vereinbart werden kann. Sofern mit der Leistung andere Zwecke als die Belohnung von Arbeit verfolgt werden, muss sich dies deutlich aus der zu Grunde liegenden Vereinbarung ergeben. In dieser Entscheidung hat der 10. Senat allerdings auch klargestellt, dass nur solche Prämien ausschließlich die Betriebstreue honorieren, die sich im üblichen Rahmen reiner Treue- und Weihnachtsgratifikation bewegen und keinen wesentlichen Anteil an der Gesamtvergütung des Arbeitnehmers ausmachen. Selbst bei ausdrücklicher Zweckbestimmung sollte ein Retention Bonus, mit dem ausschließlich die Betriebstreue honoriert werden soll, somit nicht mehr als 25 % des Jahresgrundentgelts des Arbeitnehmers betragen. In einer neueren Entscheidung ist der 10. Senat noch weiter gegangen. Er hat bereits bei einer Sonderzahlung iHv rund **15 % des Jahresgrundentgelts, die zusätzlich zum Weihnachtsgeld** gezahlt wurde, einen nicht unwesentlichen Teil der Gesamtvergütung angenommen und festgestellt, dass im Zweifel damit die Arbeitsleistung zumindest auch entlohnt werde.[161]

107 Die hier skizzierte Situation, bei der es dem Unternehmensveräußerer tatsächlich nur darum geht, den Schlüsselmitarbeiter zu motivieren, sein Arbeitsverhältnis bis zum Wirksamwerden des Unternehmenskaufs oder einer vom Erwerber gewünschten Haltefrist nach dem Wirksamwerden des Kaufs nicht zu kündigen, zeigt die Grenzen vorstehender Rechtsprechung auf. Die Situation eines solchen, regelmäßig gutverdienenden Arbeitnehmers unter den besonderen Umständen eines Unternehmenskaufs ist mit der Standardsituation einer jährlich wiederkehrenden Jahressonderleistung nicht zu vergleichen. Die Zahlung des Retention Bonus erfüllt einen anderen Zweck als die Jahressonderzahlung, die dem Arbeitnehmer in der Regel bereits bei Vertragsabschluss einzelvertraglich oder per Kollektivvertrag zugesagt wurde. Ein zu niedrig bemessener Retention Bonus, zB weniger als 15 % der Gesamtvergütung, wenn der Arbeitnehmer ohnehin bereits einen unabhängig von der Unternehmensveräußerung zugesagten Anspruch auf eine Jahressonderleistung hat, wird einen Knowhow-/Leistungsträger kaum allein motivieren, sein Arbeitsverhältnis mit einem ihm bis dahin unbekannten Erwerber fortzusetzen und sich an diesen auf eine bestimmte Zeit über den Unternehmenskauf hinaus zu binden. Wie aufgezeigt, hat der den Retention Bonus zusagende Arbeitgeber (Veräußerer) in der Regel tatsächlich kein gesteigertes Interesse an der Arbeitsleistung des Arbeitnehmers mehr. Die Motivlage des Arbeitgebers/Veräußerers lässt sich auch klar in einer entsprechenden Vertragsklausel regeln. In einer solchen Konstellation erscheint es daher unbillig, allein von

---

[159] Für Rückzahlungsklauseln: BAG 13.11.1969 – 5 AZR 232/69, NJW 1970, 582.
[160] BAG 18.1.2012 – 10 AZR 612/10, NZA 2012, 561; 24.10.2007 – 10 AZR 825/06, NZA 2008, 40.
[161] BAG 13.5.2015 – 10 AZR 266/14, NZA 2015, 992.

der Höhe des Retention Bonus (erst recht unter Berücksichtigung einer hiervon unabhängig zugesagten Jahresgratifikation) auf die mit der Leistung verfolgten Zwecke abzustellen. Mangels belastbarer höchstrichterlicher Rechtsprechung muss der Arbeitgeber aber entweder die Grenzen der Rechtsprechung zur Höhe von Sonderleistungen auch bei der Bemessung des Retention Bonus beachten, will er nicht riskieren, dass die Stichtagsklausel insgesamt unwirksam ist. Alternativ nimmt er dieses Risiko „sehenden Auges" hin und verspricht dem Schlüsselmitarbeiter eine höhere, ihn ausreichend motivierende Summe.

dd) Rechtsfolge unwirksamer Stichtagsklauseln bei Retention Boni

Von der zuvor beschriebenen Zulässigkeit von Stichtags- und Fälligkeitsklauseln bei einem ausschließlich die Betriebstreue honorierenden Retention Bonus abgesehen, kann die in der Regel mit dem Versprechen eines Retention Bonus verbundene Leistungsbelohnung bei Fortbestand des Arbeitsverhältnisses zu einem Stichtag nach der Rechtsprechung des 10. Senats (→ Rn. 96) grundsätzlich nicht erreicht werden. Dies gilt sowohl bei ausschließlich die **Arbeitsleistung** während des Bezugszeitraums belohnenden Zusagen als auch – zumindest bei Gestaltung durch Einzel- oder Betriebsvereinbarung – in den Fällen der Leistungsbelohnung als Nebenzweck (Leistung mit **Mischcharakter**). Als Nebenabrede unterliegt die individualvertragliche Stichtagsklausel der Inhaltskontrolle nach § 307 Abs. 1 S. 1 BGB. Dieser halten solche Klauseln grundsätzlich nicht stand, da sie den Arbeitnehmer unangemessen benachteiligen und somit **unwirksam** sind. Entsprechende Regelungen in Betriebsvereinbarungen verstoßen gegen § 75 BetrVG iVm §§ 611 Abs. 1, 611a Abs. 2 BGB (→ Rn. 97). 108

Rechtsfolge der Unwirksamkeit individualvertraglicher Stichtagsklauseln ist die **Geltung der Zusage des Retention Bonus ohne die Stichtagsklausel** (§ 306 Abs. 1 BGB).[162] In welcher **Höhe** dem Arbeitnehmer der Anspruch auf den zugesagten Retention Bonus zusteht, ist durch **Auslegung** nach §§ 133, 157 BGB zu ermitteln. Ohne weitere Anhaltspunkte wird die Auslegung in der Regel einen anteiligen Bonusanspruch *(pro rata temporis)* ergeben.[163] Die Auslegung der Zusage eines Retention Bonus in einer Betriebsvereinbarung erfolgt nach den Regeln über die Auslegung von Gesetzen. Es kommt auf den objektiven Erklärungswert der Norm an, der nach dem Wortlaut sowie der Systematik und dem Gesamtzusammenhang der einzelnen Bestimmungen zu ermitteln ist.[164] Regelmäßig wird auch diese zu einem zeitanteiligen Anspruch des Arbeitnehmers auf den Retention Bonus führen. 109

In der Praxis wird das Versprechen der Zahlung eines Retention Bonus als Belohnung für die Arbeitsleistung oder von Betriebstreue und Arbeitsleistung in Arbeits- und Betriebsvereinbarungen gleichwohl regelmäßig mit einer Stichtagsklausel verbunden und die damit verbundenen Risiken eines – zumindest anteiligen – Zahlungsanspruchs bei vorzeitiger Beendigung des Arbeitsverhältnisses in Kauf genommen. 110

b) Ausnahmen: Wirksame Stichtagsklauseln bei leistungsabhängigem Retention Bonus?

Die Begrenzung der Gestaltung von Stichtagsklauseln bei Retention Boni außerhalb der Fallgestaltung einer reinen Belohnung von Betriebstreue geht an den Bedürfnissen der Praxis vorbei und ist unbefriedigend. Eine Lösung durch Gestaltung in einem Tarifvertrag kommt bei Einzelfallkonstellationen nicht in Betracht und ist auch bei kollektiven Sach- 111

---

[162] Für eine Jahressonderzahlung mit Mischcharakter: BAG 13.11.2013 – 10 AZR 848/12, NZA 2014, 368.
[163] BAG 13.5.2015 – 10 AZR 266/14, NZA 2015, 992; ebenso MaSiG/*Reiserer* Halteprämie Rn. 7.
[164] BAG 22.5.2001 – 3 AZR 491/00, EzA BetrAVG § 1 Betriebsvereinbarung Nr. 3; ErfK/*Kania* BetrVG § 77 Rn. 30f.

verhalten, insbesondere bei fehlender Tarifbindung, nicht praktikabel. Im Übrigen bestehen – wie ausgeführt – erhebliche Bedenken, dass Stichtagsklauseln bei ausschließlich die Leistung des Arbeitnehmers belohnenden Retention Boni von den Tarifparteien grundsätzlich wirksam vereinbart werden können (→ Rn. 99).

112 Der 10. Senat des BAG hat allerdings in seiner Entscheidung vom 13.11.2013[165] im Rahmen eines *obiter dictums* klargestellt, dass Stichtagsklauseln auch bei ausschließlich die Arbeitsleistung belohnenden Leistungen und bei Leistungen mit Mischcharakter **ausnahmsweise** zulässig sein können. Wörtlich führt der Senat aus:

*„Anders mag es liegen, wenn die Arbeitsleistung **gerade in einem bestimmten Zeitraum** vor dem Stichtag **besonderen Wert** hat. Das kann bei **Saisonbetrieben** der Fall sein, aber auch auf anderen **branchen- oder betriebsbezogenen Besonderheiten** beruhen. Möglich ist es auch, dass eine Sonderzahlung an bis zu bestimmten Zeitpunkten eintretenden **Unternehmenserfolgen** anknüpft; in diesen Fällen ist eine zu bestimmten Stichtagen erfolgende Betrachtung oftmals zweckmäßig und nicht zu beanstanden."*

113 Bereits in einer früheren Entscheidung hatte der 10. Senat zu erkennen gegeben, dass die Anknüpfung eines Stichtags an das **Geschäftsjahr** wegen der Vorgabe eines Zieles abhängig vom Geschäftsergebnis des Arbeitgebers angemessen sein kann.[166]

114 In der zitierten Entscheidung vom 13.11.2013 hat das BAG die Zuwendung – bezogen auf die zurückgelegten Monate – anteiliger Sonderzahlungen an unterjährig eintretende Arbeitnehmer als Nachweis dafür gewertet, dass der Regelung die Vorstellung zugrunde lag, die Sonderzahlung werde gleichmäßig als zusätzliches Entgelt für die laufende Arbeitsleistung verdient.[167] Es hat daher einen Ausnahmefall abgelehnt und den vereinbarten Stichtag für unwirksam erachtet.

115 Bei der Zusage eines Retention Bonus mit dem Zweck, die zwingend erforderlichen Arbeiten zur **Betriebsschließung** und zum **Projektabschluss** durch die hiermit befassten Arbeitnehmer sowie zum Verbleib der Arbeitnehmer im zeitlich abgrenzbaren **Saisongeschäft** zu gewährleisten, hat die Arbeitsleistung für den Arbeitgeber einen besonderen Wert. Ohne eine solche Ausnahmesituation würde der Arbeitgeber den Retention Bonus nicht ausloben. Dies kann auch bei der Zusage eines Retention Bonus zur Gewährleistung eines **Knowhow-Transfers** der Fall sein. Es wird im Wesentlichen darauf ankommen, ob der Arbeitgeber im Streitfall darlegen und beweisen kann, dass eine Teilleistung sinnentleert wäre oder zumindest – auch einem zeitanteiligen – Wert des zugesagten Retention Bonus nicht entspricht.

Praxistipp:
Größere Rechtssicherheit lässt sich durch eine entsprechende vertragliche Festlegung des Leistungsziels erreichen. Die betriebsbezogenen Besonderheiten, zB bei Mitarbeitern der Finanzabteilung die abschließende Vorbereitung des Jahresabschlusses, bei Projektmitarbeitern der Abschluss des Projekts, etc., sollten erläutert werden.
Von der Zahlung monatlicher Raten auf den Retention Bonus sollte abgesehen werden.
Einer besonderen Rechtfertigung bedarf die Zusage eines Retention Bonus an Mitarbeiter die im laufenden Jahr, für den der Bonus gezahlt werden soll, erst in das Arbeitsverhältnis eintreten. Aber auch dies ist, zB im Betriebsschließungsszenario, vorstellbar.
Lässt sich die Stichtagsklausel zum Ende des Bezugszeitraums, zB dem geplanten Ausscheiden des Arbeitnehmers, mit den vom BAG genannten Ausnahmefällen nicht rechtfertigen, sollte geprüft werden, ob die Festlegung konkreter Teilziele in Betracht kommt. Denkbar ist zB die Zahlung eines anteiligen Retention Bonus bei Projektarbeit mit Errei-

---

[165] BAG 13.11.2013 – 10 AZR 848/12, NZA 2014, 368.
[166] BAG 6.5.2009 – 10 AZR 443/08, NZA 2009, 783.
[167] BAG 13.11.2013 – 10 AZR 848/12, NZA 2014, 368; LAG München 14.8.2014 – 4 Sa 549/13, nv.

chen des jeweiligen Meilensteins gem. Vereinbarung des Arbeitgebers mit einem Geschäftspartner, der den Arbeitgeber zu Teilansprüchen gegen diesen berechtigt.

Je sorgfältiger die **Ziele** mit dem zwingend erforderlichen Erreichen eines bestimmten Stichtags (nachweislich) verknüpft werden können, umso höher sind die Chancen, dass im Streitfall ein Ausnahmefall bejaht wird und ein anteiliger Anspruch auf einen Retention Bonus bei Ausscheiden vor Erreichen des Stichtags vermieden werden kann. Gleichzeitig dürfte eine klare Regelung die Akzeptanz des Arbeitnehmers dafür steigern, den Retention Bonus nur bei Erreichen des Stichtags beanspruchen zu können. Im Ergebnis wandelt sich die Zusage eines Rentention Bonus in eine Art **Zielvereinbarung.** 116

Da ein Ausnahmefall voraussetzt, dass die Arbeitsleistung des Arbeitnehmers in einem bestimmten Zeitraum bis zum Stichtag für den Arbeitgeber besonderen Wert haben oder ein besonderer Unternehmenserfolg eintreten muss, kann der Anspruch auf den Retention Bonus regelmäßig nicht entfallen, wenn die vorzeitige Beendigung des Arbeitsverhältnisses in den **Verantwortungsbereich des Arbeitgebers** fällt. Eine solche Regelung würde den Arbeitnehmer, der in guten Glauben an den Erhalt des Bonus ggf. weitere Beschäftigungschancen ausschlägt, um seine Arbeitsleistungen bis zum Stichtag loyal weiter zu erbringen, unangemessen benachteiligen. Ein Arbeitgeber, der zB doch vorzeitig betriebsbedingt kündigt, setzt sich darüber hinaus regelmäßig dem Vorwurf aus, die Zielfestlegung sei nur vorgeschoben gewesen, um einen Ausnahmefall zu gestalten. Bei ausschließlich oder auch leistungsbezogenen Retention Boni sollte der Wegfall vor dem Stichtag also nur für den Fall der Kündigung oder des Abschlusses einer Aufhebungsvereinbarung, zu der der Arbeitgeber keine Veranlassung gegeben hat, vereinbart werden. 117

Ebenso dürfte ein **Stichtag** zum Fälligkeitszeitpunkt für den Retention Bonus, der **außerhalb des Bezugszeitraums** liegt, der Annahme eines wirksam vereinbarten Ausnahmefalls der Stichtagsklausel bei leistungsbezogenen Retention Boni entgegenstehen. Es ist kein angemessener Grund ersichtlich, warum ein Arbeitgeber den Arbeitnehmer bei solchen Leistungen in einer einzelvertraglichen Regelung oder einer Betriebsvereinbarung über den Bezugszeitraum hinaus binden und ihm nachträglich den verdienten Bonus entziehen dürfte. Das besondere Interesse des Arbeitgebers an der Arbeitsleistung des Arbeitnehmers besteht nur während des Bezugszeitraums. 118

Im Ergebnis bleibt die Gestaltung von ausschließlich oder auch leistungsbezogenen Retention Boni mit Stichtagsklausel zum Ende des Bezugszeitraums mangels – soweit ersichtlich – höchstrichterlicher Rechtsprechung, mit der ein konkreter Ausnahmefall anerkannt wurde, **risikobehaftet.** Nimmt man dieses Risiko in Kauf, könnte eine Vertragsgestaltung wie folgt lauten: 119

Formulierungsvorschlag:

Für den Arbeitgeber ist es von besonderem Interesse, [die Betriebsschließung/den erfolgreichen Projektabschluss/den Knowhowtransfer des Bereichs [bitte ergänzen]] bis zum [Datum] vollständig abzuschließen. Mit der lediglich teilweisen Erfüllung der hiermit verbundenen Aufgaben wird dieses Ziel nicht erreicht, weil [bitte ergänzen]. Bei dem Arbeitnehmer handelt es sich um einen Schlüsselmitarbeiter für das Erreichen dieses Ziels, da [bitte seinen Anteil an der Zielerreichung beschreiben]. Der Arbeitgeber leistet daher an den Arbeitnehmer eine einmalige Sonderzahlung in Höhe von EUR [Betrag] brutto, wenn das Arbeitsverhältnis zum [Datum] („Stichtag") noch fortbesteht und der Arbeitnehmer zum Stichtag [Ziel konkret beschreiben] vollständig abgeschlossen hat (Retention Bonus). Scheidet der Arbeitnehmer aus dem Arbeitsverhältnis vor Erreichen des Stichtags aus, ohne dass der Arbeitgeber hierzu Veranlassung gegeben hat, besteht mangels Zielerreichung kein Anspruch auf den Retention Bonus; anderenfalls besteht der Anspruch auf den Retention Bonus pro rata temporis.

3. Mitbestimmungsrecht des Betriebsrats

120 Ein Mitbestimmungsrecht des Betriebsrats kommt nur bei einem **kollektiven Sachverhalt** in Betracht. Will der Arbeitgeber nur einem oder einigen wenigen Arbeitnehmern ohne kollektiven Bezug einen Retention Bonus zusagen, besteht kein Mitbestimmungsrecht. Bei der Zusage eines Retention Bonus an **leitende Angestellte** iSd § 5 Abs. 3, Abs. 4 BetrVG fehlt es bereits an der Zuständigkeit des Betriebsrats für diese Mitarbeitergruppe.

121 Bei Vorliegen eines kollektiven Sachverhalts, so zB wenn alle Arbeitnehmer einer bestimmten Hierarchieebene oder die „Leistungsträger" einer Abteilung einen Retention Bonus zugesagt erhalten sollen, kommt ein Mitbestimmungsrecht des Betriebsrats gem. § 87 Abs. 1 Nr. 10 BetrVG (Fragen der **betrieblichen Lohngestaltung**) in Betracht. Dies betrifft zB die Festlegung der Grundsätze über die Verteilung des Retention Bonus im Rahmen des vom Arbeitgeber ausgelobten Budgets und der Zweckvorgabe für die Leistung. Allerdings unterfällt eine Stichtagsregelung nicht der Mitbestimmung nach § 87 Abs. 1 Nr. 10 BetrVG, da diese keinen Verteilungsgrundsatz für Arbeitsentgelt regelt.[168]

122 Es besteht auch kein Mitbestimmungsrecht des Betriebsrats nach § 87 Abs. 1 Nr. 4 BetrVG (Zeit, Ort und Art der Auszahlung der Arbeitsentgelte). Dieser Mitbestimmungstatbestand erfasst die Umstände bei der Auszahlung des Arbeitsentgelts. Dazu gehören nicht die Voraussetzungen, unter denen der Entgeltanspruch entsteht oder untergeht.[169]

4. Steuer- und Sozialversicherungspflicht

123 Retention Boni unterliegen als Einnahmen aus einer Beschäftigung der Sozialversicherung nach Maßgabe des § 14 Abs. 1 SGB IV. Sie werden auch im Falle eines Retention Bonus bei Betriebsschließung und der damit verbundenen betriebsbedingten Kündigung des Arbeitsverhältnisses nicht als Ausgleich für den Verlust des Arbeitsplatzes in entsprechender Anwendung der §§ 9, 10 KSchG gewährt, sondern für die bis dahin erbrachten Arbeitsleistungen.

124 Der Retention Bonus ist grundsätzlich voll steuerpflichtig zu dem Zeitpunkt, zu dem er dem Arbeitnehmer zufließt.[170]

---

[168] BAG 12.4.2011 – 1 AZR 412/09, NZA 2011, 989; LAG Hamm 11.12.2014 – 15 Sa 1267/14, BeckRS 2015, 66715.
[169] BAG 12.4.2011 – 1 AZR 412/09, NZA 2011, 989; LAG Hamm 11.12.2014 – 15 Sa 1267/14, BeckRS 2015, 66715.
[170] MAH ArbR/*Hexel* § 20 Rn. 179.

H. Die Entgeltregelungen des TVöD-VKA[1]

Übersicht

	Rn.
I. Die Grundsätze der Eingruppierung (§ 12 TVöD)	1
1. Grundsatz der Tarifautomatik	3
2. Die „gesamte auszuübende Tätigkeit"	4
3. Die Bedeutung der Ausbildung	11
4. Das Eingruppierungsverfahren	14
5. Fallbeispiele	25
II. Die Eingruppierung in besonderen Fällen (§ 13 TVöD)	31
III. Vorübergehende Übertragung einer höherwertigen Tätigkeit (§ 14 TVöD)	34
IV. Das Tabellenentgelt gem. § 15 TVöD – Allgemeines	41
V. Die Entgeltgruppen und ihre Tätigkeitsmerkmale	46
1. Einführung und Überblick	46
2. Die grundsätzlichen Eingruppierungsregelungen (Vorbemerkungen)	53
a) Vorbemerkung Nr. 1: Vorrang spezieller Tätigkeitsmerkmale	54
b) Vorbemerkung Nr. 2: Tätigkeitsmerkmale mit Anforderungen in der Person	56
c) Vorbemerkung Nr. 3: Wissenschaftliche Hochschulbildung	66
d) Vorbemerkung Nr. 4: Hochschulbildung	69
e) Vorbemerkung Nr. 5: Anerkannte Ausbildungsberufe	70
f) Vorbemerkung Nr. 6: Übergangsregelungen zu in der DDR erworbenen Abschlüssen	71
g) Vorbemerkung Nr. 7: Ausbildungs- und Prüfungspflicht	72
h) Vorbemerkung Nr. 8: Geltungsausschluss für Lehrkräfte	75
i) Vorbemerkung Nr. 9: Unterstellungsverhältnisse	77
j) Vorbemerkung Nr. 10: Ständige Vertreterin und Vertreter	82
3. Teil A – Allgemeiner Teil	84
a) Die Allgemeinen Tätigkeitsmerkmale	89
aa) Entgeltgruppe 1: Einfachste Tätigkeiten	94
bb) Entgeltgruppen 2 bis 9a für handwerkliche Tätigkeiten	99
(1) Entgeltgruppe 2: Beschäftigte mit einfachen Tätigkeiten	106
(2) Entgeltgruppe 3: Tätigkeit nach eingehender fachlicher Einarbeitung	108
(3) Entgeltgruppe 4: Tätigkeit nach abgeschlossener Ausbildung oder schwierige Tätigkeiten	110
(a) Abgeschlossene Ausbildung mit weniger als drei Jahren Ausbildungsdauer	111
(b) Schwierige Tätigkeiten	114
(4) Entgeltgruppe 5: Abgeschlossene Ausbildung mit mindestens drei Jahren Ausbildungsdauer	116
(5) Entgeltgruppe 6: Dreijährige Ausbildung zzgl. hochwertiger Arbeiten	119
(6) Entgeltgruppe 7: Dreijährige Ausbildung zzgl. besonders hochwertiger Arbeiten	121
(7) Entgeltgruppen 8 und 9a: Eingruppierung aufgrund landesbezirklicher Tarifverträge	126
cc) Entgeltgruppen für Büro-, Buchhalterei-, sonstigen Innendienst und Außendienst	129
(1) Allgemeines und Vorbemerkung	129

---

[1] Die tariflichen Regelungen des TVöD für Bund und kommunale Arbeitgeber sowie des TV-L sind inhaltlich weitgehend identisch. Wo es sinnvoll erscheint, wird auf die jeweiligen Besonderheiten nachfolgend gesondert hingewiesen werden. Im Übrigen stehen aber der TVöD-VKA sowie die Entgeltordnung VKA im Vordergrund, weil sich dieses Buch weniger an den öffentlich-rechtlichen als vielmehr an den privatrechtlichen Arbeitgeber wendet, der im Regelfall den TVöD-VKA anwenden wird. Sofern nachfolgend nur vom TVöD die Rede ist, ist der TVöD-VKA gemeint.

	Rn.
(2) Entgeltgruppe 2: Einfache Tätigkeiten	134
(3) Entgeltgruppe 3: Tätigkeiten nach eingehender fachlicher Einarbeitung	138
(4) Entgeltgruppe 4: Tätigkeiten, die gründliche Fachkenntnisse erfordern (Fallgruppe 1) oder schwierig sind (Fallgruppe 2)	142
(a) Fallgruppe 1: Gründliche Fachkenntnisse	143
(b) Fallgruppe 2: Schwierige Tätigkeiten	147
(5) Entgeltgruppe 5: Abgeschlossene, mindestens dreijährige Ausbildung	148
(a) Fallgruppe 1: Abgeschlossene dreijährige anerkannte Berufsausbildung	149
(b) Fallgruppe 2: 50% der Tätigkeiten erfordern gründliche Fachkenntnisse	151
(6) Entgeltgruppe 6: Vielseitige Fachkenntnisse	155
(a) Fallgruppe 1: Gründliche und vielseitige Fachkenntnisse	156
(b) Fallgruppe 2: Vielseitige Fachkenntnisse	160
(7) Entgeltgruppen 7 bis 9a: Selbständige Leistungen	162
(8) Entgeltgruppe 9b: Hochschulbildung oder gründliche, umfassende Fachkenntnisse und selbständige Leistungen	168
(a) Fallgruppe 1: Hochschulbildung mit entsprechender Tätigkeit	171
(b) Fallgruppe 2: Gründliche, umfassende Fachkenntnisse und selbständige Leistungen	176
(9) Entgeltgruppe 9c: Heraushebungsmerkmal „besonders verantwortungsvoll"	181
(10) Entgeltgruppen 10 und 11: Besondere Schwierigkeit und Bedeutung	185
(11) Entgeltgruppe 12: Verantwortung	189
dd) Entgeltgruppen 13 bis 15	193
(1) Wissenschaftliche Hochschulbildung mit entsprechender Tätigkeit (Fallgruppe 1)	198
(2) Der „sonstige Beschäftigte" im Sinne der Fallgruppe 1	201
(3) Beschäftigte in kommunalen Einrichtungen und Betrieben (Fallgruppe 2)	203
(4) Besondere Schwierigkeit und Bedeutung (Entgeltgruppen 14 und 15, Fallgruppe 1, Variante 1)	205
(5) Hochwertige Leistungen bei besonders schwierigen Aufgaben (Entgeltgruppe 14, Fallgruppe 1, Variante 2)	211
(6) Maß der mit der Tätigkeit verbundenen Verantwortung (Entgeltgruppe 15, Fallgruppe 1)	213
(7) Unterstellungsverhältnisse (Entgeltgruppen 14 und 15, Fallgruppe 3)	215
b) Die Speziellen Tätigkeitsmerkmale	216
aa) Beschäftigte in der Informations- und Kommunikationstechnik	218
bb) Ingenieurinnen und Ingenieure	223
4. Teil B – Besonderer Teil: Ein Überblick	227

I. Die Grundsätze der Eingruppierung (§ 12 TVöD)

1 Das Tarifrecht des öffentlichen Dienstes und insbesondere das Vergütungs- und Eingruppierungssystem zeichnete sich durch einen außerordentlichen Umfang an Eingruppierungsvorschriften und eine nicht zuletzt hieraus resultierende Unübersichtlichkeit aus. Nicht nur, dass die Entgelte der Arbeitnehmer im öffentlichen Dienst in ganz unterschiedlichen Tarifverträgen geregelt wurden, sondern es gab darüber hinaus eine geradezu

I. Die Grundsätze der Eingruppierung (§ 12 TVöD)

ausufernde Zahl von Eingruppierungsvorschriften, die sich wiederum in zahllose Fallgruppen unterteilten. Das war sicherlich kein befriedigender Zustand und so war es ein Ziel der Tarifparteien, mit dem TVöD und der dazugehörigen Entgeltordnung die Regelungen zusammenzufassen, zu vereinheitlichen und auch deutlich zu verringern. Dies ist sicherlich in einem erheblichen Ausmaß gelungen, obwohl gewisse Eingruppierungsgrundsätze und zahlreiche unbestimmte Rechtsbegriffe erhalten geblieben sind, die schon in dem jetzt abgelösten Tarifsystem des öffentlichen Dienstes verwendet wurden. Der Vorteil ist, dass bei vielen relevanten Aspekten, die für eine Eingruppierung im öffentlichen Dienst maßgeblich sind, auf Bekanntes und durchaus auch Bewährtes zurückgegriffen werden kann. Auch die umfangreiche Rechtsprechung der Arbeitsgerichtsbarkeit zu Eingruppierungsfragen im öffentlichen Dienst hat dadurch weitgehend ihre Gültigkeit und Relevanz behalten, wie nachfolgend zu zeigen sein wird.

Die **Grundvorschrift für Eingruppierungen** für alle Arbeitnehmer, die im öffentlichen Dienst bzw. im Anwendungsbereich des TVöD beschäftigt werden, ist § 12 TVöD. Sie entspricht dem früheren § 22 BAT und erschöpft sich weitgehend in der Verweisung auf die jeweiligen Entgeltordnungen, in denen die Tätigkeitsmerkmale geregelt sind, die für die Eingruppierung maßgeblich sind. Wie bisher werden auch künftig Beschäftigte in die Entgeltgruppe eingruppiert sein, deren vertraglich geschuldete Tätigkeit die Tätigkeitsmerkmale der jeweiligen Entgeltgruppen erfüllt. § 12 Abs. 2 S. 1 und 2 TVöD lautet: 2

„Die/der Beschäftigte ist in der Entgeltgruppe eingruppiert, deren Tätigkeitsmerkmale die gesamte von ihr/ihm nicht nur vorübergehend auszuübende Tätigkeit entspricht. Die gesamte auszuübende Tätigkeit entspricht den Tätigkeitsmerkmalen einer Entgeltgruppe, wenn zeitlich mindestens zur Hälfte Arbeitsvorgänge anfallen, die für sich genommen die Anforderungen eines Tätigkeitsmerkmals oder mehrerer Tätigkeitsmerkmale dieser Entgeltgruppe erfüllen."

1. Grundsatz der Tarifautomatik

Mit der Regelung in § 12 Abs. 2 TVöD haben die Tarifparteien zunächst klargestellt, dass auch künftig der Grundsatz der **Tarifautomatik** Anwendung findet und sich die Eingruppierung allein nach der vertraglich zu erbringenden Tätigkeit richtet. Das Wesen der Tarifautomatik besteht darin, dass sich die Eingruppierung (automatisch) aus der Tätigkeit ergibt, die dem Beschäftigten aufgrund des Arbeitsvertrages übertragen ist. Eine fehlerhafte, der Tätigkeit des Beschäftigten nicht entsprechende Eingruppierung kann der Arbeitgeber daher einseitig korrigieren, wenn eine der tariflichen Voraussetzungen für die erfolgte Eingruppierung fehlt, denn in einem solchen Fall ändert sich nicht die Tätigkeit des Beschäftigten oder deren Wertigkeit, sondern es wird nur die der Tätigkeit entsprechende, zutreffende tarifliche Bewertung nachvollzogen.[2] Eine solche korrigierende Umgruppierung ist also kein rechtsgeschäftlicher Vorgang, sondern der schlichte Vollzug zwingenden Tarifrechts. 3

2. Die „gesamte auszuübende Tätigkeit"

Grundlage für die Eingruppierung nach dem TVöD in Verbindung mit der jeweiligen Entgeltordnung ist die vom Beschäftigten *„gesamte auszuübende Tätigkeit"*. Diese entspricht gem. § 12 Abs. 2 S. 2 TVöD dann den Tätigkeitsmerkmalen einer Entgeltgruppe, wenn in zeitlicher Hinsicht mindestens 50 % der anfallenden **Arbeitsvorgänge** die Anforderungen eines oder mehrerer Tätigkeitsmerkmale erfüllen. 4

---

[2] BAG 1.6.2017 – 6 AZR 741/15, BeckRS 2017, 118284; 4.7.2012 – 4 AZR 673/10, AP BAT 1975 §§ 22, 23 Nr. 324.

5 Die **auszuübende Tätigkeit** ist nicht (unbedingt) die tatsächlich ausgeübte Tätigkeit, sondern die Tätigkeit, die der Arbeitnehmer aufgrund des Arbeitsvertrages schuldet. Für die Eingruppierung maßgeblich ist also, welche Tätigkeiten der Arbeitgeber dem Beschäftigten aufgrund des Arbeitsvertrages und im Rahmen seines Direktionsrechts übertragen darf und ggf. muss. Es empfiehlt sich, bereits im Arbeitsvertrag zumindest abstrakt-generell zu regeln, welche Tätigkeiten ein Beschäftigter arbeitsvertraglich schuldet, da dies nicht nur die Arbeitsleistungspflicht inhaltlich festlegt, sondern auch die Grundlage für eine ordnungsgemäße und fehlerfreie Eingruppierung ist.

6 In der Praxis finden sich jedoch immer wieder Arbeitsverträge, in denen nur sehr pauschal bezeichnet wird, in welcher **Funktion** ein Beschäftigter angestellt werden soll. Hier heißt es dann zB, dass der Arbeitnehmer als „Sachbearbeiter" oder als „kaufmännischer Angestellter" eingestellt wird. Das sagt über die tatsächlich auszuübende Tätigkeit noch recht wenig und ist nicht geeignet, Anhaltspunkte für die richtige Eingruppierung zu geben. In solchen Fällen, in denen der Arbeitsvertrag keine aussagekräftigen Regelungen über die konkreten Arbeitspflichten enthält, soll die Angabe der Vergütungs- oder Entgeltgruppe im Arbeitsvertrag die Bedeutung zukommen, die geschuldete Tätigkeit zu bestimmen. Ist dies von den Vertragsparteien tatsächlich so gewollt, bezieht sich das Direktionsrecht des Arbeitgebers auf alle Tätigkeiten, die in die bezeichnete Entgeltgruppe fallen.[3] Der Arbeitgeber ist dann auch verpflichtet, dem Beschäftigten seiner Entgeltgruppe entsprechende Tätigkeiten zuzuweisen. Anderenfalls würde er ihn nicht vertragsgemäß beschäftigen.

7 Denkbar ist aber auch, dass die Arbeitsvertragsparteien eine bestimmte **Vergütung** vereinbaren wollten, ohne dass diese auf einem Eingruppierungsvorgang basiert. Dies kommt in der Praxis häufig vor, wenn dem Beschäftigten eine nicht tarifgemäße, in der Regel übertarifliche Vergütung zugesagt werden soll und hier der Weg über die Vereinbarung einer höheren Entgeltgruppe gewählt wird. Auch hier wirkt die Angabe der Entgeltgruppe konstitutiv. Bei einer bewussten und gewollten Vereinbarung einer „übertariflichen" Entgeltgruppe entspricht diese gerade nicht der vertraglich geschuldeten und tatsächlich auszuübenden Tätigkeit des Arbeitnehmers.

8 Diese beiden Konstellationen machen deutlich, dass die Vereinbarung einer Entgeltgruppe ohne eine klare Regelung der auszuübenden Tätigkeiten zu völlig unterschiedlichen Ergebnissen führen kann. Im ersten Fall wird die Tätigkeit über die Entgeltgruppe definiert, im zweiten Fall soll dies gerade nicht der Fall sein, weil der Arbeitgeber eine übertarifliche Vergütung gewähren will, die Entgeltgruppe also gerade nicht mit der Tätigkeit übereinstimmt.

9 Beide Arten der Vertragsgestaltung stehen streng genommen auch im Widerspruch zu § 12 Abs. 3 TVöD. Dort haben die Tarifparteien geregelt, dass die Entgeltgruppe des Beschäftigten im Arbeitsvertrag anzugeben ist. Dies hat nach allgemeinen Verständnis zwar keine konstitutive Wirkung, sondern nur eine deklaratorische Bedeutung und soll lediglich das Ergebnis der Eingruppierung dokumentieren.[4] Die Tarifparteien bringen mit dieser Vorschrift aber zum Ausdruck, dass einerseits die auszuübende Tätigkeit nicht aus der Entgeltgruppe abgeleitet werden soll, und andererseits die Entgeltgruppe der Tätigkeit entsprechen muss. Von diesem Prinzip weichen aber Arbeitsvertragsparteien ab, wenn die Vereinbarung einer bestimmten Entgeltgruppe entweder eine übertarifliche Vergütung garantieren oder den Inhalt der geschuldeten Arbeitsleistung bestimmen soll.

10 Festzuhalten ist, dass die Nennung einer Entgeltgruppe in einem Arbeitsvertrag im öffentlichen Dienst auch aufgrund der gelebten Praxis ganz unterschiedliche Bedeutungen haben kann. Es empfiehlt sich daher, bereits im Arbeitsvertrag deutlich zu machen, welche rechtliche Wirkung die Angabe der tariflichen Entgeltgruppe haben soll. Anderenfalls kann es zu Streitigkeiten über die richtige Auslegung der entsprechenden Vertragsklauseln

---

[3] Zum Umfang des Direktionsrechts bei der Sozialauswahl BAG 2.3.2006 – 2 AZR 23/05, NZA 2006, 1350.
[4] BAG 21.8.2013 – 4 AZR 656/11, NZA 2014, 561.

I. Die Grundsätze der Eingruppierung (§ 12 TVöD)

kommen und der Ausgang eines solchen Streits ist auch in dieser Frage, wie so häufig, nicht sicher vorhersagbar.

3. Die Bedeutung der Ausbildung

Die Ausbildung hat in der Entgeltordnung für die Eingruppierung eine herausgehobene 11 Bedeutung. In mehreren Entgeltgruppen orientiert sich die Eingruppierung an bestimmten **Ausbildungsabschlüssen** und einer **entsprechenden Tätigkeit**. Für Beschäftigte mit handwerklichen Tätigkeiten verlangt die Entgeltgruppe 4 eine „erfolgreich abgeschlossene Ausbildung in einem anerkannten Ausbildungsberuf mit einer Ausbildungsdauer von weniger als drei Jahren". Für die Entgeltgruppe 5 muss die Ausbildungsdauer mindestens drei Jahre betragen. Bei der Eingruppierung im allgemeinen Verwaltungsdienst findet sich dieser Ausbildungsbezug ebenfalls in Entgeltgruppe 5, die einen Abschluss in einem anerkannten Ausbildungsberuf mit einer Ausbildungsdauer von mindestens drei Jahren verlangt. Da die nachfolgenden Entgeltgruppen 6 bis 9a auf der Entgeltgruppe 5 aufbauen (sog. Baukastenprinzip) zieht sich der Ausbildungsbezug durch diese Entgeltgruppen hindurch. Ähnlich verhält es sich mit der Hochschulbildung, die sich ab der Entgeltgruppe 9b bis zur Entgeltgruppe 12 hindurchzieht, und auch mit der wissenschaftlichen Hochschulbildung ab der Entgeltgruppe 13.

Die Ausbildung eines Beschäftigten allein bestimmt aber nicht die Eingruppierung. 12 Vielmehr muss diesem auch eine entsprechende Tätigkeit übertragen werden. Nur wenn die geforderte Ausbildung auch der Tätigkeit entspricht, liegen die Voraussetzungen für die Eingruppierung in eine Entgeltgruppe mit Ausbildungsbezug vor.

Die Verknüpfung von Ausbildung und Tätigkeit hat unmittelbare Auswirkungen auf 13 die Darlegungs- und Beweislast in einem Eingruppierungsrechtsstreit. Der Arbeitnehmer, der aufgrund seines Berufsbildungsabschlusses eine bestimmte Eingruppierung beansprucht, muss darlegen und ggf. beweisen, welche Kenntnisse und Fertigkeiten die Ausbildung vermittelt hat und aus welchen Gründen die auszuübende Tätigkeit ohne diese Kenntnisse und Fertigkeiten nicht ordnungsgemäß erledigt werden kann.[5]

4. Das Eingruppierungsverfahren

Im Regelfall wird die maßgebliche Entgeltgruppe eines Beschäftigten auf der Grundlage 14 eines Eingruppierungsprozesses festgestellt. In diesem Verfahren werden zunächst die Arbeitsvorgänge des Beschäftigten ermittelt. Anschließend wird geprüft und festgestellt, welchen Tätigkeitsmerkmalen, die in den jeweiligen Entgeltordnungen geregelt sind, die gesamte nicht nur vorübergehend auszuübende Tätigkeit des Beschäftigten entspricht, so § 12 Abs. 2 S. 1 TVöD.

Voraussetzung für die zutreffende Eingruppierung ist also stets, dass zunächst die **Ar-** 15 **beitsvorgänge** bestimmt werden, denn § 12 Abs. 2 S. 2 TVöD schreibt vor, dass die Tätigkeitsmerkmale einer Entgeltgruppe nur erfüllt werden, wenn zeitlich mindestens zur Hälfte Arbeitsvorgänge anfallen, die für sich genommen die Anforderungen eines oder mehrerer Tätigkeitsmerkmale erfüllen.

Was ein Arbeitsvorgang im Sinne des TVöD sein soll, haben die Tarifparteien in der 16 Protokollerklärung zu § 12 Abs. 2 TVöD wie folgt beschrieben:

„*Arbeitsvorgänge sind Arbeitsleistungen (einschließlich Zusammenhangsarbeiten), die, bezogen auf den Aufgabenkreis der/des Beschäftigten, zu einem bei natürlicher Betrachtung abgrenzbaren Arbeitsergebnis führen*

---

[5] BAG 18.4.2012 – 4 AZR 441/10, AP BAT 1975 §§ 22, 23 Nr. 323; 8.9.1999 – 4 AZR 688/98, NZA 2000, 378–381; 21.10.1998 – 4 AZR 629/97, BAGE 90, 53.

(zB unterschriftsreife Bearbeitung eines Aktenvorgangs, eines Widerspruchs oder eines Antrags, Erstellung eines EKG, Fertigung einer Bauzeichnung, Konstruktion einer Brücke oder eines Brückenteils, Bearbeitung eines Antrags auf eine Sozialleistung, Betreuung einer Person oder Personengruppe, Durchführung einer Unterhaltungs- oder Instandsetzungsarbeit). Jeder einzelne Arbeitsvorgang ist als solcher zu bewerten und darf dabei hinsichtlich der Anforderungen zeitlich nicht aufgespalten werden. Eine Anforderung im Sinne der Sätze 2 und 3 ist auch das in einem Tätigkeitsmerkmal geforderte Herausheben der Tätigkeit aus einer niedrigeren Entgeltgruppe."

17 Die Rechtsprechung hat den Arbeitsvorgang dahingehend definiert, dass darunter „eine unter Hinzurechnung der Zusammenhangstätigkeiten bei Berücksichtigung einer sinnvollen, vernünftigen Verwaltungsübung nach tatsächlichen Gesichtspunkten abgrenzbare und rechtlich selbständig zu bewertende Arbeitseinheit der zu einem bestimmten Arbeitsergebnis führenden Tätigkeit eines Angestellten zu verstehen"[6] sei.

18 Maßgebend für die Bestimmung eines Arbeitsvorgangs ist also das bei natürlicher Betrachtung **abgrenzbare Arbeitsergebnis.**[7] Die unter Berücksichtigung der Zusammenhangstätigkeiten zu einem Arbeitsergebnis führende Tätigkeit muss tatsächlich von der übrigen Tätigkeit des Angestellten abgrenzbar und rechtlich selbständig bewertbar sein.[8] Eine wirklichkeitsfremde Zersplitterung eines einheitlichen Arbeitsergebnisses ist bei der Bildung von Arbeitsvorgängen zu vermeiden.[9]

19 Damit kommt es bei der Eingruppierung nicht auf die tarifliche Wertigkeit der verschiedenen Einzeltätigkeiten oder Arbeitsschritte an, sondern allein auf den Arbeitsvorgang, der aus einer **Vielzahl von Einzeltätigkeiten** besteht. Wiederkehrende und gleichartige Tätigkeiten können zu einem Arbeitsvorgang zusammengefasst werden und es ist denkbar, dass die gesamte vertraglich geschuldete Tätigkeit nur ein einziger Arbeitsvorgang ist.[10]

20 Die Zuordnung von Einzeltätigkeiten zu einem Arbeitsvorgang ist allerdings dann nicht möglich, wenn die verschiedenen Arbeitsschritte von vorneherein – sei es aufgrund der Schwierigkeit oder anderer Umstände – auseinandergehalten und organisatorisch voneinander getrennt sind. Dazu ist aber erforderlich, dass der Arbeitgeber die Arbeitsschritte oder Einzelaufgaben verwaltungstechnisch tatsächlich isoliert auf andere Beschäftigte übertragen hat. Die bloße theoretische Möglichkeit einer solchen Aufteilung genügt dagegen nicht. Solange sie nach der tatsächlichen Arbeitsorganisation des Arbeitgebers als einheitliche Arbeitsaufgabe einer Person real übertragen sind, gehören sie auch zu einem Arbeitsvorgang.[11] Genauso unterbleibt die Zuordnung zu einem Arbeitsvorgang, wenn es tatsächlich möglich ist, Tätigkeiten von unterschiedlicher Wertigkeit abzutrennen, die wieder zu einem eigenständigen Arbeitsergebnis führen.[12]

21 Besonderheiten bestehen bei sog. **Funktionsmerkmalen,** die in der Entgeltordnung geregelt sind. Hier sind beispielhaft zu nennen Sportlehrer[13] oder Ärzte[14]. Für solche Be-

---

[6] BAG 15.9.2004 – 4 AZR 396/03, NZA-RR 2005, 156.
[7] StRspr, zuletzt BAG 22.2.2017 – 4 AZR 514/16, AP BAT 1975 §§ 22, 23 Nr. 336; 18.3.2015 – 4 AZR 702/12, NZA-RR 2015, 427; 21.8.2013 – 4 AZR 933/11, NZA-RR 2014, 302; 15.9.2004 – 4 AZR 396/03, NZA-RR 2005, 156.
[8] BAG 21.3.2012 – 4 AZR 266/10, AP BAT 1975 §§ 22, 23 Nr. 317 mit Verweis auf BAG 25.8.2010 – 4 AZR 5/09, AP BAT 1975 §§ 22, 23 Nr. 315; 21.2.1990 – 4 AZR 603/89, AP BAT §§ 22, 23 Krankenkassen Nr. 7.
[9] BAG 31.7.2002 – 4 AZR 129/01, NZA 2003, 1151.
[10] StRspr, zB BAG 27.9.2017 – 4 AZR 666/14, AP TVöD § 16 Nr. 5; 19.10.2016 – 4 AZR 727/14, NZA-RR 2017, 259; 16.3.2016 – 4 AZR 503/14, BeckRS 2016, 71128; 21.8.2013 – 4 AZR 933/11, NZA-RR 2014, 302; 23.9.2009 – 4 AZR 308/08, NZA-RR 2010, 494.
[11] BAG 17.5.2017 – 4 AZR 798/14, AP TVöD § 56 Nr. 8; 21.8.2013 – 4 AZR 933/11, NZA-RR 2014, 302; 23.9.2009 – 4 AZR 308/08, NZA-RR 2010, 494.
[12] BAG 21.3.2012 – 4 AZR 266/10, AP BAT 1975 §§ 22, 23 Nr. 317 mit Verweis auf BAG 25.8.2010 – 4 AZR 5/09, AP BAT 1975 §§ 22, 23 Nr. 315; 23.9.2009 – 4 AZR 308/08, NZA-RR 2010, 494 mwN.
[13] BAG 20.3.2013 – 4 AZR 486/11, AP BAT 1975 §§ 22, 23 Nr. 327; 7.6.2006 – 4 AZR 225/05, BeckRS 2006, 43807 mwN; 31.8.1988 – 4 AZR 117/88, BeckRS 1988, 30727556.

I. Die Grundsätze der Eingruppierung (§ 12 TVöD)   H

rufsgruppen nimmt das BAG regelmäßig ein einheitliches Arbeitsergebnis und damit einen einheitlichen Arbeitsvorgang an, was zu einer einheitlichen Bewertung der Tätigkeit führt.[15] Die Tarifparteien haben, was tarifrechtlich zulässig ist, hier ein Funktionsmerkmal als Arbeitsvorgang festgelegt und dies hat auch für die Gerichte bindende Wirkung.[16]

Bei dem Begriff des **„Arbeitsvorgangs"** handelt es sich um einen feststehenden und abstrakten Rechtsbegriff, der durch die Tarifvertragsparteien vorgegeben ist.[17] Dies hat in prozessualer Hinsicht erhebliche Auswirkungen auf die Darlegungs- und Beweislast in Eingruppierungsprozessen, denn es ist nicht Aufgabe der klagenden Partei, ihre Tätigkeit bereits nach „Arbeitsvorgängen" aufgegliedert schriftsätzlich vorzutragen, sondern es genügt, dass sie die Einzelheiten ihrer Tätigkeit sowie darüber hinaus diejenigen Tatsachen darlegt, die das Gericht kennen muss, um daraus rechtlich folgern zu können, welche „Arbeitsvorgänge" im Sinne der Tarifvorschrift arbeitsvertraglich zu erbringen sind. Es ist dann allein Aufgabe der Gerichte festzustellen, ob diese Tätigkeiten einen Arbeitsvorgang iSd Tarifvertrages darstellen oder nicht. Ferner muss der Prozessvortrag das Gericht in die Lage versetzen, aus diesem Vorbringen den rechtlichen Schluss der Erfüllung der beanspruchten tariflichen Tätigkeitsmerkmale zu ziehen.[18] Besondere Anforderungen an die Darlegungslast bestehen dann, wenn ein Beschäftigter Heraushebungsmerkmale in Anspruch nehmen will, um in eine höhere Entgeltgruppe eingruppiert zu werden. Hier erfordert die Eingruppierungsentscheidung einen Vergleich zwischen den sog. „Normaltätigkeiten" einerseits und den herausgehobenen Tätigkeiten andererseits. Allein aus der Betrachtung der jeweiligen herausgehobenen Tätigkeit sind noch keine Rückschlüsse darauf möglich, ob sie sich gegenüber der „Normaltätigkeiten" heraushebt. Damit das Gericht diesen Vergleich anstellen kann, ist entsprechender Tatsachenvortrag erforderlich, der erkennen lässt, warum sich eine bestimmte Tätigkeit aus der in der Ausgangsfallgruppe erfassten Grundtätigkeit heraushebt.[19] Deshalb können die Parteien im Eingruppierungsprozess auch nicht unstreitig stellen, dass die verschiedenen Einzeltätigkeiten eines Beschäftigten einen Arbeitsvorgang iSd § 12 Abs. 2 TVöD darstellen. Dies hat allein das zuständige Gericht festzustellen, denn die Bestimmung des Arbeitsvorgangs ist als Rechtsanwendung Sache der Gerichte.[20]

Zusammenfassend ist festzustellen, dass Grundlage für die Eingruppierung nach dem TVöD der Arbeitsvorgang ist. Dieser ist dahingehend zu bewerten, welchen Tätigkeitsmerkmalen der jeweiligen Entgeltordnung er entspricht. Nicht erheblich ist dagegen die tarifliche Wertigkeit der verschiedenen Einzeltätigkeiten oder Arbeitsschritte.[21] Dies ergibt sich aus dem Aufspaltungsverbot, das auch im TVöD in der Protokollerklärung zu § 12 Abs. 2 TVöD geregelt ist. Es genügt deshalb, wenn innerhalb eines Arbeitsvorgangs konkrete Einzeltätigkeiten in einem relevanten Umfang bzw. in einem rechtlich erheblichen Ausmaß verrichtet werden, die die Anforderungen eines Tätigkeitsmerkmals erfüllen. Der Arbeitsvorgang ist dann in seinem gesamten zeitlichen Umfang dem höchsten Tätigkeitsmerkmal zuzuordnen, dem eine Einzeltätigkeit entspricht.[22] Es ist nicht erforderlich, dass die entsprechende, für die Eingruppierung maßgebliche Einzeltätigkeit einen bestimmten Zeitanteil der geschuldeten Tätigkeit erreicht. Es kommt deshalb allein darauf an, ob die fragliche Tätigkeit Voraussetzung dafür ist, dass das für den Arbeitsvorgang maßgebliche

22

23

---

[14] Für den Begriff des Facharztes vgl. BAG 18.4.2012 – 4 AZR 305/10, AP TVG § 1 Tarifverträge: Arzt Nr. 65; für den Tierarzt im Schlachthof BAG 29.8.2007 – 4 AZR 571/06, BeckRS 2008, 50150.
[15] BAG 20.3.2013 – 4 AZR 486/11, NZA-RR 2013, 582.
[16] BAG 29.11.2001 – 4 AZR 736/00, Rn. 42, zitiert nach juris.
[17] BAG 25.8.2010 – 4 AZR 5/09, NZA 2002, 1288.
[18] BAG 25.8.2010 – 4 AZR 5/09, NZA 2002, 1288.
[19] BAG 18.11.2015 – 4 AZR 605/13, AP BAT 1975 §§ 22, 23 Nr. 335.
[20] BAG 31.7.2002 – 4 AZR 129/01, NZA 2003, 1151.
[21] BAG 18.3.2015 – 4 AZR 59/13, AP BAT §§ 22, 23 Sozialarbeiter Nr. 52; 6.7.2011 – 4 AZR 568/09, AP TVG § 1 Tarifverträge: Arzt Nr. 54.
[22] StRspr zB BAG 13.5.2015 – 4 AZR 355/13, NZA-RR 2015, 644; 21.3.2012 – 4 AZR 266/10, AP BAT 1975 §§ 22, 23 Nr. 317; 28.1.2009 – 4 AZR 13/08, NZA-RR 2009, 616.

24 Hat man im Zuge des Eingruppierungsprozesses mehrere Arbeitsvorgänge bestimmt, ist eine Eingruppierung im ersten Schritt nur möglich, wenn gem. § 12 Abs. 2 S. 2 TVöD einer der Arbeitsvorgänge in zeitlicher Hinsicht mindestens die 50% der auszuübenden Gesamttätigkeit ausmacht. Hier stellt sich die Frage, ob die Arbeitsvorgänge dann zum Zweck der Eingruppierung zu einem Arbeitsvorgang zusammengefasst werden müssen. Dies ist aber mit Blick auf die insoweit eindeutige Eingruppierungsvorschrift in § 12 Abs. 2 TVöD unzulässig, wenn die Gesamttätigkeit des Beschäftigten nicht zu einem einheitlichen, sondern zu mehreren Arbeitsergebnissen führt. In solchen Fällen ist es gem. § 12 Abs. 2 S. 3 TVöD gestattet und auch geboten, eine zusammenfassende und summierende Betrachtungsweise aller Arbeitsvorgänge vorzunehmen, da nur so festgestellt werden kann, ob die auszuübenden Tätigkeiten des Beschäftigten zu mehr als 50% die tariflichen Anforderungen eines Eingruppierungsmerkmals erfüllen.[24]

5. Fallbeispiele

25 Unter Berücksichtigung der vorstehenden Ausführungen ist zB der maßgebliche, mehr als 50% der Arbeitszeit ausmachende Arbeitsvorgang eines **Streifenführers** im Außendienst des Ordnungs- und Servicedienstes der „Streifengang". Alle Einzeltätigkeiten, die diesem Arbeitsvorgang zugeordnet sind, dienen dem einheitlichen Arbeitsergebnis, ordnungsrechtliche Vorschriften durchzusetzen, Verstöße gegen Gebote und Verbote zu ahnden sowie der Gefahrenabwehr.[25]

26 Beispiele für Berufsgruppen, bei denen die gesamte Tätigkeit eines Beschäftigten einen einheitlichen Arbeitsvorgang darstellen kann, sind **Erzieher** bei der Betreuung von Gruppen,[26] **Sozialarbeiter**[27] oder auch **Heilpädagogen** im Fall der Betreuung von Personen oder Personengruppen[28]. Aber auch hier gilt, dass für die Bestimmung des Arbeitsvorgangs die Organisation des Arbeitgebers maßgebend ist. Wird zB einem Sozialarbeiter die einheitliche Fallbearbeitung mit unterschiedlich komplexen Aufgaben übertragen, ohne dass in den organisatorischen Abläufen der erforderlichen Arbeitsschritte durch den Arbeitgeber eine Zäsur mit einer neuen Arbeitsaufgabe eingefügt wird, handelt es sich regelmäßig um einen einheitlichen Arbeitsvorgang. Dies gilt jedoch nicht, wenn der Sozialarbeiter verschiedene, voneinander abgrenzbare Personenkreise zu betreuen hat, deren Status und Hilfsansprüche rechtlich ganz unterschiedlich bestimmt sind. Bei getrennter Betreuung dieser Personengruppen kommt eine Aufteilung der Tätigkeit in je einen Arbeitsvorgang für je eine Gruppe der betreuten Personen in Betracht.[29]

27 Auch die Tätigkeiten eines **Fallmanagers im Jobcenter**, der junge Arbeitslose zu betreuen hat, sind nach der Rechtsprechung ein einziger großer Arbeitsvorgang, denn dessen Tätigkeit ist auf ein einheitliches Arbeitsergebnis ausgerichtet, nämlich die Beratung und Betreuung von jungen Arbeitslosen unter 25 Jahren in Problemsituationen und die Beseitigung der bei ihnen vorliegenden vielfältigen Vermittlungshindernisse, um sie in den Arbeitsmarkt (wieder) einzugliedern. Sämtliche Teil- und Einzeltätigkeiten dienen diesem einheitlichen Arbeitsergebnis.[30]

---

[23] BAG 20.10.1993 – 4 AZR 45/93, NZA 1994, 560.
[24] BAG 12.12.1990 – 4 AZR 251/90, AP BAT 1975 §§ 22, 23 Nr. 154.
[25] Beispiel bei BAG 5.7.2017 – 4 AZR 866/15, AP BAT 1975 §§ 22, 23 Nr. 338.
[26] ZB BAG 25.3.1998 – 4 AZR 659/96, BeckRS 1998, 30369366.
[27] ZB BAG 17.5.2017 – 4 AZR 798/14, AP TVöD § 56 Nr. 8.
[28] Vgl. BAG 16.4.1997 – 4 AZR 287/95, BeckRS 1997, 30922782.
[29] BAG 24.2.2016 – 4 AZR 485/13, NZA-RR 2016, 488.
[30] BAG 21.3.2012 – 4 AZR 292/10, NZA-RR 2012, 604.

I. Die Grundsätze der Eingruppierung (§ 12 TVöD)   H

Anders verhielt es sich in einer Eingruppierungsstreitigkeit eines **Betriebsprüfers**. Hier hat 28 das BAG zwei Arbeitsvorgänge bestimmt, weil die planmäßige Prüfung und die außerplanmäßige Prüfung aufgrund der unterschiedlichen Qualität der Arbeitsergebnisse und der tatsächlich trennbaren Tätigkeiten zwei gesondert tariflich zu bewertende Arbeitsvorgänge darstellen würden. Zwar würde das Ergebnis der Tätigkeit in beiden Fällen ein Bescheid sein, allerdings unterscheide sich die außerplanmäßige Prüfung von der planmäßigen dadurch, dass sie wesentlich ergänzte und vielfach andere Anforderungen an die Arbeitsschritte stellt, als bei einer planmäßigen Prüfung. Auf Grund der deutlich veränderten und erweiterten Aufgabenstellung habe die außerplanmäßige Prüfung eine andere Qualität und könne daher im Vergleich zum Ergebnis einer planmäßigen Prüfung nicht als gleichartiges Arbeitsergebnis bewertet werden.[31] Dies hat ganz erhebliche Auswirkungen für die Eingruppierung. Liegen mehrere Arbeitsvorgänge vor, so ist für die Eingruppierung allein der Arbeitsvorgang maßgeblich, der mehr als die Hälfte der Arbeitszeit ausmacht; das war in diesem Fall die planmäßige Betriebsprüfung. Die höherwertige Tätigkeit der außerplanmäßigen Prüfung blieb dagegen bei der Eingruppierung unberücksichtigt. Wäre das BAG dagegen davon ausgegangen, dass die Betriebsprüfungen ein einheitlicher Arbeitsvorgang gewesen wären, dann wäre für die Eingruppierung dagegen die außerplanmäßige Prüfung maßgeblich gewesen, die höherwertigere Tätigkeitsmerkmale erfüllt.

Eine Vielzahl von Arbeitsvorgängen stellte das BAG bei einem **Fluggastkontrolleur** fest, zu 29 dessen Hauptaufgaben die Kontrolle von Personen mittels Handsonde oder Abtasten der Bekleidung des Körpers einerseits und der Kontrolle von Hand- und Reisegepäck sowie von Frachtgut andererseits gehörten. Bei diesen Tätigkeiten handele es sich zwar um die einheitliche Aufgabenstellung „Fluggastkontrolle", jedoch folge hieraus kein einheitlicher Arbeitsvorgang im Sinne des Tarifvertrags. Die genannten Tätigkeiten seien vielmehr jede für sich als ein gesonderter Arbeitsvorgang anzusehen. Jede dort aufgeführte Kontrolle führe zu einem Arbeitsergebnis bzw. zu einer Entscheidung, ob von einer Person oder einem mitgeführten Gegenstand oder Gepäckstück eine Gefahr für den Luftverkehr ausgehe, ob ein Passagier beanstandet werde und ob ggf. der anwesende Polizeivollzugsbeamte zwecks weiterer Veranlassung hinzugezogen werden müsse. Zudem seien die einzelnen Kontrollaufgaben auf mehrere Beschäftigte aufgeteilt, um den Kontrollprozess effizient zu gestalten. Diese Umstände führten dazu, dass jede einzelne Kontrollaufgabe als eigenständiger Arbeitsvorgang qualifiziert wurde.[32]

Dass zahlreiche, zum Teil sehr umfangreiche und anspruchsvolle Arbeitsaufgaben nur einen 30 einheitlichen Arbeitsvorgang darstellen, macht dagegen das Beispiel eines **Ingenieurs für Straßen- und Brückenbau** deutlich. Zu dessen Aufgaben gehörten die Aufstellung von Ausschreibungen, die Prüfung der Angebote und Ausarbeitung der Vergabevorschläge, die Überwachung der rechtzeitigen Bereitstellung der Baugrundstücke, die technische und vertragliche Überwachung aller Bauarbeiten (Bauleitung), die Abrechnung sowie die Aufstellung der Brückenbücher. Das BAG hatte in seiner Entscheidung angenommen, dass alle zur Erfüllung der vorstehend genannten Aufgaben ausgeführten Tätigkeiten des Ingenieurs einen großen Arbeitsvorgang bildeten, weil das (einheitliche) Arbeitsergebnis dieser Tätigkeit die Durchführung der übertragenen Brückenneubauten von der Ausschreibung bis zur endgültigen Abwicklung des Bauvorhabens gewesen wäre.[33] Eine Aufteilung der Aufgaben in verschiedene Arbeitsvorgänge schied nach Auffassung des BAG in diesem Fall aus.

---

[31] BAG 23.2.2005 – 4 AZR 191/04, NJOZ 2005, 4880.
[32] BAG 31.7.2002 – 4 AZR 129/01, NZA 2003, 1151.
[33] BAG 6.6.1984 – 4 AZR 218/82, AP BAT 1975 § 22, 23 Nr. 90.

II. Die Eingruppierung in besonderen Fällen (§ 13 TVöD)

31 Die Regelung in § 13 TVöD entspricht dem früheren § 23 BAT. Nach dieser Tarifvorschrift ist ein Beschäftigter, dessen ihm übertragene Tätigkeit sich nicht nur vorübergehend derart geändert hat, dass sie den Tätigkeitsmerkmalen einer höheren als seiner bisherigen Vergütungsgruppe entspricht, nach ununterbrochener sechsmonatiger Ausübung der höherwertigen Tätigkeit mit Beginn des darauffolgenden Kalendermonats in der höheren Vergütungsgruppe eingruppiert. Die Veränderung der Wertigkeit der ursprünglich übertragenen Tätigkeit tritt in diesen Fällen nicht durch die Übertragung einer höherwertigen Tätigkeit, sondern durch eine Änderung der tatsächlichen Umstände im Arbeitsumfeld des Beschäftigten ein. Das BAG hat solche Umstände, die zu einem Anwachsen der Wertigkeit der Tätigkeit eines Beschäftigten zB in einer Grunderwerbsteuerstelle angenommen, weil mit der Einführung der Automationsunterstützung und der damit verbundene Wegfall von Listenführungstätigkeiten eine erheblich höhere Anzahl an Grunderwerbsteuerveranlagungen und Freistellungen bearbeitet werden konnten und wurden, so dass sich der Anteil an höherwertigeren Tätigkeiten in einer Weise erhöhte, dass die Gesamttätigkeit den Tätigkeitsmerkmalen der nächsthöheren Vergütungsgruppe entsprach.[34]

32 Eine **Höhergruppierung** erfolgt nach Ablauf von sechs Monaten, in denen der Beschäftigte die höherwertige Tätigkeit ausgeübt hat. Ab diesem Zeitpunkt hat der Beschäftigte auch Anspruch auf eine gleichwertige Beschäftigung. Er kann also nicht ohne sein Einvernehmen durch den Arbeitgeber auf eine Stelle zurückversetzt werden, die der ursprünglichen Entgeltgruppe entsprechen würde. Dies gilt allerdings nicht während des Sechsmonatszeitraums. Hier stellt § 13 Abs. 3 TVöD klar, dass der Dienstherr bis zum Ablauf der sechs Monate berechtigt ist, dem Beschäftigten wieder Tätigkeiten zuzuweisen, die den Tätigkeitsmerkmalen der bisherigen, niedrigeren Entgeltgruppe entsprechen. Zum Ausgleich erhält der Beschäftigte aber rückwirkend ab dem ersten Tag, an dem sich die Wertigkeit der Tätigkeit erhöht hat, die persönliche Zulage gem. § 14 Abs. 1 TVöD.

33 **Unterbrechungen** während des Sechsmonatszeitraums, insbesondere durch Urlaub, Arbeitsbefreiung, Arbeitsunfähigkeit, Kur- oder Heilverfahren oder zur Vorbereitung auf eine Fachprüfung bleiben unberücksichtigt, wenn die Dauer der Unterbrechung sechs Wochen nicht überschreitet. Mehrere Unterbrechungen werden unabhängig vom Unterbrechungsgrund zusammengerechnet. Wird die Frist um mehr als sechs Wochen oder aus im TVöD nicht genannten Gründen unterbrochen, so beginnt die Sechsmonatsfrist mit Wiederaufnahme der Tätigkeit nach der letzten Unterbrechung erneut zu laufen.

III. Vorübergehende Übertragung einer höherwertigen Tätigkeit (§ 14 TVöD)

34 Bei der Regelung in § 14 TVöD handelt es sich streng genommen nicht um eine Eingruppierungsvorschrift, denn die Eingruppierung des Beschäftigten ändert sich nicht, wenn die Übertragung der höherwertigen Tätigkeit nur vorübergehend ist. Stattdessen ist nach dem Tarifvertrag rückwirkend ab dem ersten Tag eine **Zulage** zu zahlen, wenn die vorübergehende Übertragung der höherwertigen Tätigkeit mehr als einen Monat andauert. Hierbei handelt es sich gerade nicht um eine Regelung zur Höhergruppierung. Vielmehr wird mit § 14 Abs. 1 TVöD der Grundsatz der Tarifautomatik, wonach die Entgeltgruppe stets automatisch der auszuübenden Tätigkeit folgt, durchbrochen. Die Höhe der persönlichen Zulage ist in § 14 Abs. 3 TVöD geregelt und entspricht für Beschäftigte in den Entgeltgruppen 9a bis 14 (VKA)[35] dem Unterschiedsbetrag zu dem Tabellenentgelt,

---

[34] Beispiel siehe bei BAG 30.8.2000 – 4 AZR 854/98, BeckRS 2000, 30810862.
[35] Für Beschäftigte beim Bund sind es die Entgeltgruppen 9 bis 14.

III. Vorübergehende Übertragung einer höherwertigen Tätigkeit (§ 14 TVöD)

das der Beschäftigte bei dauerhafter Übertragung erhalten hätte, für die übrigen Beschäftigten 4,5 % des individuellen Tabellenentgelts.

Dass ein Beschäftigter bei einer nur vorübergehenden Übertragung einer höherwertigen Tätigkeit nicht höhergruppiert wird, sondern in seiner bisherigen, niedrigeren Entgeltgruppe bleibt, hat Auswirkungen zB auf die **Bemessung von Zeitzuschlägen** gem. § 8 Abs. 1 TVöD, die Berechnung der Mehrarbeitsvergütung gem. § 8 Abs. 2 TVöD oder auch auf den maßgeblichen, in § 20 TVöD festgesetzten Prozentsatz für die Jahressonderzahlung.[36] Des Weiteren wird die Zeit der vorübergehenden Übertragung einer höherwertigen Tätigkeit auf die Stufenlaufzeit in der höheren Entgeltgruppe nicht angerechnet. Das gilt selbst dann, wenn der Beschäftigte später dauerhaft dieselben Aufgaben übertragen bekommt und dann auch höhergruppiert wird. Auch in diesem Fall beginnt die Stufenlaufzeit erst mit dem Tag der Höhergruppierung (vgl. § 17 Abs. 4 S. 2 TVöD).[37] Dem steht nicht die Regelung in § 17 Abs. 3 S. 1 Buchst. f TVöD entgegen, denn diese betrifft nur die Stufenlaufzeit in der niedrigeren Entgeltgruppe und kommt bei der Stufenzuordnung im Rahmen einer Höhergruppierung nicht zur Anwendung. Die Tarifnorm soll nur sicherstellen, dass bei vorübergehender Übertragung einer höherwertigen Tätigkeit die Laufzeit in der unveränderten (niedrigeren) Entgeltgruppe nicht beeinträchtigt wird.[38]

§ 14 TVöD geht, wie die Vorgängerregelung in § 24 BAT davon aus, dass der öffentliche Arbeitgeber im Rahmen seines **Direktionsrechts** berechtigt ist, seinen Beschäftigten vorübergehend eine höherwertige Tätigkeit zuzuweisen.[39] Voraussetzung ist, dass der Arbeitgeber im Zeitpunkt der Ausübung seines Direktionsrechts die auf sachliche Gründe gestützte Prognose aufstellen kann, der Bedarf für die Übertragung der höherwertigen Tätigkeiten würde nur befristet bestehen. Ein häufiger Sachgrund wird auch hier der vorübergehende Vertretungsbedarf auf einer Stelle sein. Allerdings liegt dann keine Übertragung einer anderen, höherwertigen Tätigkeit iSd § 14 TVöD vor, wenn der Beschäftigte aufgrund seines Arbeitsvertrages der ständigen Vertreter des Dienstposteninhabers ist. Die Urlaubs- und sonstige Abwesenheitsvertretung gehört hier zu den auf Dauer auszuübenden Arbeitspflichten eines ständigen Vertreters. Dies ist bereits in der tariflichen Bewertung seiner Tätigkeit bei der Eingruppierung zu berücksichtigen, wobei es auf den zeitlichen Umfang der vertretungsweisen Tätigkeit dabei nicht ankommt.[40]

Der Arbeitgeber hat aber nicht nur bei der vorübergehenden Übertragung höherer Aufgaben, sondern auch beim **Widerruf** billiges Ermessen anzuwenden. Allerdings wird der Widerruf immer dann rechtlich unproblematisch sein, wenn der sachliche Grund für die Übertragung wegfällt.

Der Arbeitgeber hat bei Ausübung des arbeitsvertraglichen Direktionsrechts die gesetzlichen **Anforderungen aus § 106 GewO** zu beachten.[41] Bei der Überprüfung der Rechtmäßigkeit der vorübergehenden Übertragung einer höherwertigen Tätigkeit kommt es nach der Rechtsprechung des BAG mithin zu einer „doppelten Billigkeitsprüfung". Im ersten Schritt ist zu prüfen, ob die Übertragung der höher bewerteten Tätigkeit billigem Ermessen entspricht. Im zweiten Schritt ist dann zu ermitteln, ob die Entscheidung, die Aufgaben nur vorübergehend zu übertragen, billigem Ermessen entspricht. Im Rahmen der Interessenabwägung ist zu prüfen, ob das Interesse des Arbeitgebers an einer nur vorübergehenden Übertragung oder das Interesse des Arbeitnehmers an einer dauerhaften Übertragung der höherwertigen Tätigkeit, die zu einer Höhergruppierung führen würde, überwiegt. Allein die mögliche Unsicherheit über die Dauer der Beschäftigungs-

---

[36] BAG 26.7.2012 – 6 AZR 701/10, AP TVÜ § 12 Nr. 4.
[37] BAG 3.7.2014 – 6 AZR 1067/12, AP TVöD § 17 Nr. 2; 26.7.2012 – 6 AZR 701/10, AP TVÜ § 12 Nr. 4.
[38] BAG 3.7.2014 – 6 AZR 1067/12, AP TVöD § 17 Nr. 2.
[39] BAG 27.7.2011 – 10 AZR 484/10, AP TV-L § 14 Nr. 1.
[40] BAG 16.4.2015 – 6 AZR 242/14, NZA-RR 2015, 532.
[41] BAG 4.7.2012 – 4 AZR 759/10, AP TVöD § 14 Nr. 1.

möglichkeit mit den übertragenen höherwertigen Tätigkeiten reicht nicht aus, um eine nur vorübergehende Übertragung zu rechtfertigen. § 14 TVöD dient nicht dem Zweck, die Ungewissheit über die Dauer der weiteren Beschäftigungsmöglichkeit auf den Beschäftigten zu verlagern. Dies ergibt sich auch aus dem Umstand, dass die dauerhafte Übertragung höherwertiger Tätigkeiten wegen der Regelung in § 12 TVöD der Regelfall und die vorübergehende Übertragung gem. § 14 TVöD für die Tarifparteien der Ausnahmefall ist.[42]

39 Wird zB in einem Eingruppierungsprozess inzident festgestellt, dass die vorübergehende Übertragung der höheren Tätigkeit nicht billigem Ermessen entsprach, dann kassiert das Gericht das Merkmal „vorübergehend" gem. § 315 Abs. 3 S. 1 BGB. Die Kassation des Merkmals „vorübergehend" hat zur Folge, dass die Zuweisung der (neuen) höher zu bewertenden Tätigkeit dauerhaft erfolgt ist und damit automatisch eine Höhergruppierung bewirkt wird.[43]

40 Bei der vorübergehenden Übertragung höherwertiger Tätigkeiten sind unter Umständen **Mitbestimmungsrechte des Personalrats oder des Betriebsrats** zu beachten. Das hängt im Geltungsbereich des Betriebsverfassungsgesetzes davon ab, ob die Übertragung eine Versetzung iSd § 95 Abs. 3 BetrVG ist, weil ein anderer Arbeitsbereich zugewiesen wird, der voraussichtlich die Dauer von einem Monat überschreitet, oder die mit einer erheblichen Änderung der Umstände verbunden ist, unter denen die Arbeit zu leisten ist. Hat der Arbeitgeber das Beteiligungsrecht des Betriebsrats missachtet, hat dies auf das Vorliegen eines sachlichen Grundes für die befristete Übertragung der höherwertigen Tätigkeit keine Auswirkung. Insbesondere kann die Verletzung von Beteiligungsrechten nicht zu einer dauerhaften Versetzung führen, denn auch diese wäre mitbestimmungspflichtig gewesen. Die Rechtsfolge ist vielmehr die Unwirksamkeit der Versetzung und damit die Übertragung der anderen Tätigkeit. Der Betriebsrat kann in derartigen Fällen verlangen, dass der Arbeitgeber gem. § 100 Abs. 2 oder Abs. 3 BetrVG die Versetzung rückgängig macht und damit den mitbestimmungswidrigen Zustand beseitigt.[44]

IV. Das Tabellenentgelt gem. § 15 TVöD – Allgemeines

41 Gem. § 15 Abs. 1 TVöD erhalten die Beschäftigten des öffentlichen Dienstes ein monatliches Tabellenentgelt, das sich bestimmt nach der Entgeltgruppe und der jeweiligen Stufe innerhalb der Entgeltgruppe. Die Höhe des Tabellenentgelts ergibt sich aus der Anlage A zum TVöD, die zum einen für den Bund und zum anderen für die kommunalen Arbeitgeber (VKA) vereinbart sind. In diesen Entgelttabellen sind die Entgelthöhen für die jeweiligen Entgeltgruppen in den jeweiligen Stufen angegeben, wobei zwischen dem Grundentgelt in den Stufen 1 und 2 sowie den Entwicklungsstufen mit den Stufen 3 bis 6 unterschieden wird.

42 Neu eingeführt wurde die Entgeltgruppe 1, die keine Entsprechung in den früheren Tarifverträgen des öffentlichen Dienstes hatte. Mit dieser Entgeltgruppe 1 soll die Neueinstellung von Beschäftigten mit einfachsten Tätigkeiten gefördert werden. Aufgegeben wurde hingegen die frühere Vergütungsgruppe I nach BAT/BAT-O. Beschäftigte, die in der Vergangenheit in diese Vergütungsgruppe eingruppiert waren, gelten nach den neuen Entgeltordnungen als außertarifliche Beschäftigte. Mit ihnen sind die Arbeitsbedingungen individualvertraglich auszuhandeln. Bis zum Abschluss eines (neuen) Arbeitsvertrages gelten allerdings die bisherigen Arbeitsbedingungen einschließlich der Vergütungsregeln fort.

---

[42] BAG 27.1.2016 – 4 AZR 468/14, NZA 2016, 903; 4.7.2012 – 4 AZR 759/10, AP TVöD § 14 Nr. 1.
[43] BAG 27.1.2016 – 4 AZR 468/14, NZA 2016, 903; siehe auch BAG 4.7.2012 – 4 AZR 759/10, AP TVöD § 14 Nr. 1; LAG Köln 27.9.2016 – 12 Sa 741/15, BeckRS 2016, 74338.
[44] So für einen vergleichbaren Fall im Personalvertretungsrecht BAG 17.4.2002 – 4 AZR 133/01, BeckRS 2002, 31049113.

Abgeschafft wurden auch der Bewährungs- oder der Tätigkeitsaufstieg. Ein Aufstieg 43 kommt demzufolge nur noch in Betracht, wenn sich die Tätigkeit in der Weise ändert, dass die Merkmale einer höheren Entgeltgruppe erfüllt sind (→ Rn. 31 ff.).

Die für die Eingruppierung maßgeblichen Tätigkeitsmerkmale sind für den Bereich der 44 kommunalen Arbeitgeber in der Entgeltordnung VKA und für den Bund im Tarifvertrag Entgeltordnung Bund geregelt (→ Rn. 46 ff.).

Schließlich eröffnet § 15 Abs. 3 TVöD den Tarifparteien die Möglichkeit, bei den Ent- 45 geltgruppen 1 bis 4 durch landesbezirkliche Tarifverträge von den Tabellenentgelten nach unten abzuweichen. Für den Bund ist ein Bundestarifvertrag zu schließen. Betroffen von dieser Regelung sind Beschäftigte, die ohne Berufsabschluss nur an- oder ungelernte Tätigkeiten ausüben. Voraussetzung für eine solche Entgeltabsenkung ist, dass die betroffenen Beschäftigten in Bereichen tätig sind, die von Outsourcing- und Privatisierungsmaßnahmen bedroht sind. Damit wollen die Tarifparteien verhindern, dass Bereiche der öffentlichen Verwaltung nur deswegen fremdvergeben oder privatisiert werden, um mit der Beseitigung der Bindung an das Tarifrecht des öffentlichen Dienstes Kostenvorteile zu erzielen. Die Absenkung darf aber im Rahmen der Spannbreite nicht unterhalb des Entgelts der Entgeltgruppe 1 liegen.

V. Die Entgeltgruppen und ihre Tätigkeitsmerkmale

1. Einführung und Überblick

Wie einleitend bereits dargelegt, verfolgten die Tarifvertragsparteien mit der Schaffung ei- 46 nes neuen Tarifvertrages für den öffentlichen Dienst das Ziel, dass bis dahin bestehende Tarifsystem nach 40 Jahren einfacher, transparenter und moderner zu machen. Das gemeinsame Ziel von Arbeitgeberverbänden und der Gewerkschaft war, ein zeitgemäßes Tarifrecht zu schaffen, das den modernen Anforderungen des öffentlichen Dienstes Rechnung trägt. Anfang 2003 hatten sich die Tarifparteien auf eine Prozessvereinbarung verständigt, die Grundlage für die weiteren Verhandlungen war.

Die Verhandlungen über den neuen TVöD konnten im Jahre 2005 weitgehend abge- 47 schlossen werden, so dass der TVöD, nachdem die Tarifgemeinschaft deutscher Länder aus den Verhandlungen ausgestiegen war, für den Bereich Bund und VKA am 1.10.2005 in Kraft trat. Während der Tarifverhandlungen hatte sich aber gezeigt, dass es nicht möglich sein würde, das bisherige Eingruppierungsrecht einschließlich der Vergütungsordnungen und der Lohngruppenverzeichnisse durch ein neues eigenständiges Eingruppierungsrecht zu ersetzen. Aus diesem Grund blieben zunächst die §§ 12, 13 TVöD unbesetzt und es sollten vorläufig die bisherigen Eingruppierungsregelungen, insbesondere die §§ 22, 23 BAT weiter anwendbar sein. Schließlich kamen die Tarifparteien überein, die bisherigen Eingruppierungsregelungen beizubehalten, diese in den TVöD zu übernehmen und daneben eine neue Entgeltordnung zu schaffen. Dies gelang auf kommunaler Ebene mit dem Tarifabschluss vom 29.4.2016.[45] Die (neue) Entgeltordnung trat im Bereich der VKA am 1.1.2017 in Kraft. Seither sind alle Beschäftigten, die neu eingestellt werden, ausschließlich nach den Vorschriften in §§ 12, 13 TVöD in Verbindung mit der Entgeltordnung einzugruppieren. Für Beschäftigte, die vor dem Inkrafttreten bereits angestellt waren, bestehen in den §§ 29 ff. TVÜ-VKA Übergangsregelungen. Gem. § 29 TVÜ-VKA werden bereits vor dem 1.1.2017 eingestellte Beschäftigte nicht neu eingruppiert. Die Überleitung in die neue Entgeltordnung erfolgte gem. § 29a TVÜ-VKA unter Beibehaltung der bisherigen Entgeltgruppe. Dies gilt aber nur, solange sie unverändert mit der bisher auszuübenden Tätigkeit beschäftigt werden. Kommt es zu einer Versetzung, die zu einer Ände-

---

[45] Im Bereich des Bundes war die neue Entgeltordnung bereits zum 1.1.2014 und im Bereich der Länder sogar schon zum 1.1.2012 in Kraft getreten.

rung der vertraglich geschuldeten Tätigkeit führt, so ist eine Eingruppierung nach den Vorschriften der neuen Entgeltordnung vorzunehmen.

48 Eine **Besitzstandswahrung** gilt entsprechend für persönliche Besitzstandszulagen nach der Protokollerklärung zu § 5 Abs. 2 S. 3 TVÜ-VKA und für eine persönliche Zulage gem. § 17 Abs. 6 TVÜ-VKA in der bis zum 31.12.2016 geltenden Fassung. Daneben kann ein Anspruch auf eine weitere Zulage gem. § 29a Abs. 4 TVÜ-VKA entstehen, wenn besondere Entgeltbestandteile nach der neuen Entgeltordnung nicht oder nicht mehr in der bisherigen Höhe gezahlt werden. Die Differenz ist mit der Zulage auszugleichen und sie verändert sich bei allgemeinen Entgeltanpassungen um den von den Tarifvertragsparteien für die jeweilige Entgeltgruppe festgelegten Prozentsatz.

49 Auch ohne eine Änderung der auszuübenden Tätigkeit ist eine Höhergruppierung aber auf Antrag eines Beschäftigten vorzunehmen, wenn sich aus der neuen Entgeltordnung eine höhere Eingruppierung als nach den alten Eingruppierungsvorschriften ergeben würde. Diese Überprüfung der Entgeltgruppe und eine etwaige Höhergruppierung erfolgt jedoch ausschließlich auf Antrag des Beschäftigten, der bis zum 31.12.2017 hätte gestellt werden müssen.

50 Die **Entgeltordnung besteht aus drei Teilen,** den **(1)** Vorbemerkungen (grundsätzliche Eingruppierungsregelungen), dem **(2)** Allgemeinen Teil, in dem die Allgemeinen und die Speziellen Tätigkeitsmerkmale geregelt werden, sowie dem **(3)** Besonderen Teil, in dem die Tätigkeitsmerkmale für verschiedene Berufsgruppen spartenbezogen geregelt werden. Abgeschlossen wird die Entgeltordnung durch einen Anhang, in dem Regelungskompetenzen festgelegt sind.

51 Im Normalfall erfolgt die Eingruppierung nach den Allgemeinen oder den Speziellen Tätigkeitsmerkmalen, wobei letzteren der Vorrang zukommt. Es ist daher bei einer Eingruppierung stets zuerst zu prüfen, ob die Tätigkeiten des jeweiligen Arbeitsvorgangs Spezielle Tätigkeitsmerkmale verwirklichen. Diese Speziellen Tätigkeitsmerkmale beziehen sich auf besondere Qualifikationen und sind in der Entgeltordnung gesondert aufgeführt (zB Techniker, Meister, Ingenieure etc.).

52 Sofern die Tätigkeiten und damit auch die Arbeitsvorgänge keine Speziellen Tätigkeitsmerkmale aufweisen, erfolgt die Eingruppierung nach Allgemeinen Tätigkeitsmerkmalen. Diese sind in der Entgeltordnung wiederum in vier Gruppen unterteilt:
– Einfachste Tätigkeiten (ausschließlich Entgeltgruppe 1 möglich)
– Handwerkliche Tätigkeiten (Entgeltgruppen 2 bis 9a möglich)
– Büro-, Buchhalterei-, sonstiger Innendienst und Außendienst (in der Regel Entgeltgruppen 2 bis 12 möglich)
– Daneben existieren die Entgeltgruppen 13 bis 15, welche entweder eine wissenschaftliche Hochschulbildung voraussetzen oder eine entsprechend verantwortungsvolle Tätigkeit.

2. Die grundsätzlichen Eingruppierungsregelungen (Vorbemerkungen)

53 Die Vorbemerkungen enthalten insgesamt allgemeine 10 Regelungen mit grundsätzlichen Bestimmungen und Definitionen, die für den Allgemeinen Teil mit den Allgemeinen und den Speziellen Tätigkeitsmerkmalen sowie für den Besonderen Teil generell gelten, also regelungstechnisch vor die Klammer gezogen sind.

a) Vorbemerkung Nr. 1: Vorrang spezieller Tätigkeitsmerkmale

54 Die Nr. 1 der Vorbemerkungen enthält den allgemeinen Spezialitätsgrundsatz, wonach eine Eingruppierung nach den besonderen Tätigkeitsmerkmalen des Besonderen Teils oder nach den Speziellen Tätigkeitsmerkmalen des Allgemeinen Teils einer Eingruppie-

V. Die Entgeltgruppen und ihre Tätigkeitsmerkmale

rung nach den Allgemeinen Tätigkeitsmerkmalen vorgeht. Dieses Prinzip ist nicht neu und entspricht der Regelung in Nr. 3 der Bemerkung zu allen Vergütungsgruppen zu Anlage 1a zum BAT. Damit kann bei der Auslegung der neuen tariflichen Vorschriften in Nr. 1 der Vorbemerkungen der Entgeltordnung auf die bisherige Rechtsprechung zurückgegriffen werden, was die Handhabung erheblich erleichtert.[46]

Im **Eingruppierungsverfahren** ist daher wie folgt vorzugehen: 55
- Für **handwerkliche Tätigkeiten** haben die Tarifparteien bundeseinheitlich nur Allgemeine Tätigkeitsmerkmale in der Entgeltordnung geregelt. Spezielle Tätigkeitsmerkmale finden sich weiterhin in den Lohngruppenverzeichnissen der jeweiligen kommunalen Arbeitgeberverbände. Sollen handwerkliche Tätigkeiten eingruppiert werden, ist daher zunächst zu prüfen, ob es landesbezirkliche Regelungen gibt, die die Tätigkeit in einem Lohngruppenverzeichnis erfasst. Ist dies nicht der Fall, erfolgt die Eingruppierung des Beschäftigten nach den Allgemeinen Tätigkeitsmerkmalen in Teil A Abschnitt I Nr. 2 der Entgeltordnung, die eine uneingeschränkte Auffangfunktion haben.[47] Die Allgemeinen Tätigkeitsmerkmale für Beschäftigte im Büro-, Buchhalterei-, sonstigen Innendienst und Außendienst gem. Teil A Abschnitt I Nr. 3 EntgO VKA finden auf Beschäftigte mit handwerklichen Tätigkeiten generell keine Anwendung.
- Handelt es sich um eine **Angestelltentätigkeit,** ist zunächst zu prüfen, ob die Tätigkeit von den Speziellen Tätigkeitsmerkmalen des Allgemeinen Teils, Teil A Abschnitt II, oder von den Merkmalen des Besonderen Teils, Teil B, erfasst wird. Nur wenn festgestellt wird, dass dies nicht der Fall ist, erfolgt die Eingruppierung nach Teil A Abschnitt I Nr. 1 (einfachste Tätigkeiten in der Entgeltgruppe 1), Nr. 3 (Entgeltgruppen 2 bis 12) oder Nr. 4 (Entgeltgruppen 13 bis 15).
- Die einfachsten Tätigkeiten in den Allgemeinen Tätigkeitsmerkmalen des Teil A Abschnitt I Nr. 1 entsprechen den einfachsten Tätigkeiten, wie sie in Anlage 3 zu § 17 TVÜ-VKA geregelt waren. Auch hier kann also auf die Rechtsprechung der Arbeitsgerichte zu den Tätigkeitsmerkmalen weiterhin zurückgegriffen werden,[48] da sich der Inhalt der Regelung mit dem Inkrafttreten der Entgeltordnung nicht geändert hat.
- Ausweislich der Protokollnotiz zu Nr. 1 Satz 2 besitzen die Allgemeinen Tätigkeitsmerkmale in Teil A Abschnitt I Nr. 3 für die Beschäftigten im Büro-, Buchhalterei-, sonstigen Innendienst und Außendienst eine Auffangfunktion, wie dies zuvor für die ersten Fallgruppen des Allgemeinen Teils der Anlage 1a zum BAT galt. Insofern kann auch hier die bisherige Rechtsprechung der Arbeitsgerichtsbarkeit bei der Anwendung der neuen Tarifvorschriften der Entgeltordnung herangezogen werden.[49] Trotz dieser Auffangfunktion setzen die Allgemeinen Tätigkeitsmerkmale der Entgeltgruppen 2 bis 12 voraus, dass die auszuübende Tätigkeit einen unmittelbaren Bezug zu den eigentlichen Aufgaben der betreffenden Verwaltungsdienststellen, -behörden oder Verwaltungsinstitutionen hat.
- Der Spezialitätsgrundsatz gilt gem. Nr. 1 Satz 4 der Vorbemerkungen auch für Beschäftigte mit abgeschlossener wissenschaftlicher Hochschulbildung bzw. für sonstige Beschäftigte, die aufgrund gleichwertiger Fähigkeiten und Erfahrungen entsprechende (hochwertige) Tätigkeiten ausüben. Auch hier finden die Allgemeinen Tätigkeitsmerkmale nur Anwendung, wenn die Tätigkeit nicht in einem Speziellen Tätigkeitsmerkmal aufgeführt ist.

---

[46] *Hock,* Die neue Entgeltordnung nach TVöD-VKA, 2017, S. 45.
[47] Zur Frage, was unter einer handwerklichen Tätigkeit zu verstehen ist, → Rn. 101 ff.
[48] Vgl. zum Begriff der „einfachsten Tätigkeiten" BAG 1.7.2009 – 4 ABR 17/08, BeckRS 2009, 73717.
[49] Vgl. hierzu BAG 18.3.2015 – 4 AZR 702/12, NZA-RR 2015, 427.

b) Vorbemerkung Nr. 2: Tätigkeitsmerkmale mit Anforderungen in der Person

56 Die Vorbemerkung Nr. 2 enthält eine Regelung zur Eingruppierung von sog. **"sonstigen Beschäftigten"**, die in verschiedenen Entgeltgruppen der Entgeltordnung genannt werden. Die Vorschrift entspricht der früheren Regelung zu den "sonstigen Angestellten" im BAT.

57 Der "sonstige Beschäftigte" findet sich in Entgeltgruppen, die für die Eingruppierung eine bestimmte Vor- oder Ausbildung sowie eine entsprechende Tätigkeit voraussetzen. Beschäftigte, die diese persönlichen Anforderungen nicht erfüllen, können als "sonstige Beschäftigte" trotzdem in die entsprechende Entgeltgruppe eingruppiert werden, sofern sie aufgrund gleichwertiger Fähigkeiten und aufgrund ihrer Erfahrung eine Tätigkeit ausüben, die an sich die entsprechende Vor- oder Ausbildung erfordert.

58 Ein sonstiger Beschäftigter muss zunächst subjektiv über die Fähigkeiten und Erfahrungen verfügen, die denen eines Beschäftigten entsprechen, der die in der Entgeltgruppe geforderte Vor- oder Ausbildung aufweist. Nur dann kann der sonstige Beschäftigte das Merkmal der "gleichwertigen Fähigkeiten und Erfahrungen" erfüllen.

59 Der "sonstige Beschäftigte" muss zwar nicht ein Wissen und Können aufweisen, wie es durch die entsprechend geforderte Vor- bzw. Ausbildung vermittelt wird. Allerdings muss er das entsprechende Wissensgebiet ähnlich gründlich und umfassend beherrschen und eine mit entsprechenden Anforderungen versehene Tätigkeit tatsächlich ausüben. Von entscheidender Bedeutung ist, dass es nicht ausreicht, wenn der betreffende Beschäftigte nur in einem eng begrenzten Teilgebiet über die entsprechenden Fähigkeiten und Erfahrungen verfügt und diese einsetzen kann.[50] Eine Eingruppierung als sonstiger Beschäftigter kommt daher nur in Betracht, wenn der Beschäftigte das Wissensgebiet eines Beschäftigten mit der vorausgesetzten Ausbildung mit ähnlicher Gründlichkeit beherrscht und vergleichbar umfassend in dem Fachgebiet eingesetzt werden kann, das dem Berufsbild entspricht, das der geforderten Ausbildung entspricht. Es werden also an einen "sonstigen Beschäftigten" sehr hohe fachliche und qualitative Anforderungen gestellt, was zu einer äußerst restriktiven Anwendung der entsprechenden Eingruppierungsvorschriften führt.

60 Zu beachten ist dabei, dass die Ausübung einer "entsprechenden Tätigkeit" allein für die Eingruppierung eines "sonstigen Beschäftigten" nicht ausreicht. Nach der Rechtsprechung gibt es nämlich weder einen Rechtssatz noch einen allgemeinen Erfahrungssatz, aus dem sich ergäbe, dass immer dann, wenn ein "sonstiger Beschäftigter" eine "entsprechende Tätigkeit" ausübt, dieser auch über die tarifrechtlich erforderlichen Fähigkeiten und Erfahrungen verfügt. Vielmehr zeige nach Ansicht des LAG Köln die Lebenserfahrung, dass "sonstige Beschäftigte" häufig nur Teilaufgaben erledigten und – anders als Beschäftigte mit der entsprechenden und von der jeweiligen Entgeltgruppe vorausgesetzten Ausbildung – häufig an anderen Stellen nicht eingesetzt werden können, weil ihnen für andere Tätigkeiten innerhalb des Berufsbildes die notwendigen Kenntnisse und Erfahrungen fehlen.[51]

61 Die Vorbemerkung Nr. 2 regelt also, dass ein Beschäftigter nur dann in eine Entgeltgruppe eingruppiert ist, die eine bestimmte Vor- oder Ausbildung voraussetzt, wenn diese **(1)** den "sonstigen Beschäftigten" ausdrücklich nennt und **(2)** der Beschäftigte über Fähigkeiten und Erfahrungen verfügt, die denen der Beschäftigten mit der vorgeschriebenen Bildung entsprechen. Dies setzt wie vorstehend dargestellt voraus, dass der sonstige Beschäftigte über ein ähnlich gründliches und umfassendes Wissen verfügt, wie der Beschäftigte mit der entsprechenden Ausbildung.

62 Der sonstige Beschäftigte findet sich zB in der Entgeltgruppe 9b, Fallgruppe 1, wo es wörtlich heißt:

---

[50] Vgl. LAG Köln 11.6.2013 – 11 Sa 46/13, BeckRS 2014, 65323; BAG 22.3.2000 – 4 AZR 116/99, BeckRS 2000, 30102691.
[51] Vgl. LAG Köln 11.6.2013 – 11 Sa 46/13, BeckRS 2014, 65323; LAG Hamm 6.3.1996 – 18 Sa 934/95, BeckRS 1996, 30760300.

V. Die Entgeltgruppen und ihre Tätigkeitsmerkmale

"Beschäftigte mit abgeschlossener Hochschulbildung und entsprechender Tätigkeit sowie **sonstige Beschäftigte, die aufgrund gleichwertiger Fähigkeiten und ihrer Erfahrungen entsprechende Tätigkeiten ausüben.***"*

Weitere Entgeltgruppen, die eine Eingruppierung sonstiger Beschäftigten ermöglichen, die nicht die Ausbildungsanforderungen erfüllen, sind die Entgeltgruppen 9c bis 12, die über Heraushebungsmerkmale die Entgeltgruppe 9b ausdrücklich oder mittelbar in Bezug nehmen. Darüber hinaus werden die sonstigen Beschäftigten auch in Entgeltgruppe 13 genannt und über die Bezugnahme auch in den Entgeltgruppen 14 und 15 der Entgeltordnung. Zu erwähnen sind bei den Speziellen Tätigkeitsmerkmalen in Teil A Abschnitt II insbesondere die Beschäftigten in der Informations- und Kommunikationstechnik (Nr. 2). Dort gibt es den sonstigen Beschäftigten in den Entgeltgruppen 6 bis 13. Ferner gibt es den sonstigen Beschäftigten auch bei den Ingenieurinnen und Ingenieuren in den Entgeltgruppen 10 bis 13 (Teil A Abschnitt II Nr. 3) und bei den Technikerinnen und Technikern in der Entgeltgruppe 8 (Teil A Abschnitt II Nr. 5). Den sonstigen Beschäftigten kennen auch die Eingruppierungsvorschriften für Beschäftigte im Gartenbau, in der Landwirtschaft und im Weinbau,[52] die Entgeltgruppen für Beschäftigte in der Konservierung und Restaurierung, Präparierung und Grabungstechnik[53] sowie für Beschäftigte im Sozial- und Erziehungsdienst[54]. 63

Voraussetzung für die Eingruppierung als „sonstiger Beschäftigter" ist damit, dass der Beschäftigte zwar nicht über die im Tätigkeitsmerkmal geforderte Bildung verfügt, aber gleichwertige Fähigkeiten aufweist und entsprechende Erfahrung besitzt sowie eine entsprechende Tätigkeit ausübt. Dabei reicht es nicht aus, wenn der Beschäftigte durch seine Fähigkeiten und Erfahrungen in die Lage versetzt wird, lediglich einen Teil der Aufgaben zu erfüllen, zu denen ein entsprechend ausgebildeter Beschäftigter befähigt ist. Die Fähigkeiten und Erfahrungen müssen so umfassend sein, dass sie den Beschäftigten in die Lage versetzen, das der jeweiligen Ausbildung entsprechende Tätigkeitsgebiet gründlich zu beherrschen.[55] 64

Sieht eine Entgeltgruppe den „sonstigen Beschäftigten" nicht vor, dann ist ein Beschäftigter bei Erfüllung der sonstigen Anforderungen gem. Vorbemerkung 2 Satz 1 in die nächst niedrigere Entgeltgruppe eingruppiert. Das gilt entsprechend für Tätigkeitsmerkmale, die bei Erfüllung qualifizierter Anforderungen eine höhere Eingruppierung vorsehen. Diese Eingruppierungsregeln finden aber keine Anwendung, wenn die Entgeltordnung für diesen Fall ein Tätigkeitsmerkmal enthält, zB „in der Tätigkeit von …". Beispiele für solche Tarifregelungen finden sich im Besonderen Teil der Entgeltordnung. Zu nennen sind die Entgeltgruppe 4 für Beschäftigte in Bäderbetrieben (Teil B Abschnitt III), die Entgeltgruppe 3 für Beschäftigte ohne Abschlussprüfung in der Tätigkeit von Laborantinnen und Laboranten (Teil B Abschnitt XVI) oder auch die Entgeltgruppe 9a für Beschäftigte in der Tätigkeit von Musikschullehrerinnen und Musikschullehrern (Teil B Abschnitt XX). Besonders häufig finden sich entsprechende Eingruppierungsregeln für Beschäftigte im Sozial- und Erziehungsdienst (Teil B Abschnitt XXIV Entgeltgruppen S2, S4, S8 und S9). 65

c) Vorbemerkung Nr. 3: Wissenschaftliche Hochschulbildung

Die wissenschaftliche Hochschulbildung ist eine der Voraussetzungen, die erfüllt werden müssen, um in die Entgeltgruppe 13 oder höher eingruppiert zu sein. Vor dem Hintergrund der Reformen der Hochschulbildung in Europa, sog. Bologna-Prozess, mit dem 66

---

[52] Teil B Abschnitt X.
[53] Teil B Abschnitt XV, Entgeltgruppen 9b Fallgruppe 1 und Entgeltgruppe 13.
[54] Teil B Abschnitt XXIV in diversen Entgeltgruppen.
[55] *Hock,* Die neue Entgeltordnung nach TVöD-VKA, S. 49.

Ziel, die Hochschulabschlüsse mit Bachelor und Master zu vereinheitlichen, ist eine Definition des Begriffs „wissenschaftliche Hochschulbildung" geboten.

67 Eine wissenschaftliche Hochschulbildung setzt nach den Vorbemerkungen Nr. 3 der Entgeltordnung voraus, dass das Studium an einer Universität, einer Technischen Hochschule, einer Pädagogischen Hochschule, einer Kunsthochschule oder einer anderen, nach Landesrecht anerkannten Hochschule mit einer ersten Staatsprüfung, einer Magisterprüfung oder einer Diplomprüfung beendet wird. Abschlüsse an Fachhochschulen sind ausdrücklich ausgenommen. Den vorgenannten Abschlüssen gleichgestellt ist nun die Masterprüfung. Eine wissenschaftliche Hochschulbildung setzt weiter eine Regelstudienzeit von mindestens 8 Semestern (ohne Praxis- oder Prüfungssemester) sowie als Zugangsvoraussetzung zum Studium die allgemeine oder eine fachgebundene Hochschulreife voraus. Die Vorbemerkung Nr. 3 stellt klar, dass ein Bachelorstudiengang auch dann nicht die Voraussetzungen einer wissenschaftlichen Hochschulbildung erfüllt, wenn dessen Regelstudienzeit über die üblichen 6 Semester hinausgeht. Ferner wird festgelegt, dass ein Masterstudiengang nach den Regelungen des Akkreditierungsrats akkreditiert sein muss und ausländische Abschlüsse staatlich als dem deutschen Hochschulabschluss gleichwertig anerkannt sein müssen.

68 Damit sind die Regelungen in den Vorbemerkungen Nr. 3 der Entgeltordnung den Entwicklungen im Hochschulwesen angepasst worden. In der Anlage 1a zum BAT fehlte noch die Masterprüfung und für eine wissenschaftliche Hochschulbildung genügte eine Mindeststudienzeit von 7 Semestern (ebenfalls ohne Praxis- oder Prüfungssemester oÄ).

d) Vorbemerkung Nr. 4: Hochschulbildung

69 In der Vorbemerkung Nr. 4 wird anschließend die Hochschulbildung definiert und damit von der wissenschaftlichen Hochschulbildung abgegrenzt. Die Hochschulbildung ist ab der 3. Qualifikationsebene für die Entgeltgruppen 9a bis 12 maßgebend und setzt eine Regelstudienzeit von mindestens 6 Semestern voraus. Die Hochschulbildung schließt entweder mit einem Bachelorgrad, einem Diplom mit dem Zusatz „FH" für Fachhochschule oder einem anderen gleichwertigen Abschlussgrad iSd § 18 Abs. 1 S. 3 HRG ab. Zugangsvoraussetzung zur Hochschulbildung sind – wie für die wissenschaftliche Hochschulbildung – die allgemeine Hochschulreife oder eine einschlägige fachgebundene Hochschulreife. Hinzukommen landesrechtliche Hochschulzugangsberechtigungen, aufgrund derer ein Hochschulstudium aufgenommen werden kann. Wie beim Masterstudiengang setzt auch der Bachelorstudiengang die Akkreditierung nach den Regeln des Akkreditierungsrats voraus.

e) Vorbemerkung Nr. 5: Anerkannte Ausbildungsberufe

70 Anerkannte Ausbildungsberufe im Sinne der Entgeltordnung sind solche, die unter den Geltungsbereich des Berufsbildungsgesetzes oder den der Handwerksordnung fallen. Die Ausbildungsberufe werden durch Rechtsverordnung gem. § 4 BBiG oder gem. § 25 HandwO anerkannt. Die Ausbildungsordnungen haben die Bezeichnung des anzuerkennenden Ausbildungsberufs, die Ausbildungsdauer von nicht mehr als drei und nicht weniger als zwei Jahren, das Ausbildungsberufsbild, den Ausbildungsrahmenplan und die Prüfungsanforderungen festzulegen (vgl. § 5 Abs. 1 BBiG, § 26 Abs. 1 HandwO). Klargestellt wird, dass frühere Ausbildungsberufe, die es vor Inkrafttreten der Entgeltordnung gab, weiterhin das Tätigkeitsmerkmal der „anerkannten Ausbildungsberufe" erfüllen. Ebenso bleibt es dabei, dass Beschäftigte mit handwerklichen Tätigkeiten und verwaltungs- oder betriebseigenen Prüfungen auch weiterhin den Beschäftigten mit anerkannten Ausbildungsberufen gleichgestellt sind, sofern dies auf Landesebene bzw. im Lohngruppenverzeichnis gem. § 20 Abs. 1 BMT-G geregelt war.

f) Vorbemerkung Nr. 6: Übergangsregelungen zu in der DDR erworbenen Abschlüssen

Die Vorbemerkung Nr. 6 setzt die Regelung in Art. 37 des Einigungsvertrages um und stellt sicher, dass als gleichwertig festgestellte Abschlüsse, Prüfungen und Befähigungen, die in der ehemaligen DDR erworben wurden, den in den Tätigkeitsmerkmalen geforderten Anforderungen gleichgestellt sind. Damit ist eine Eingruppierung in der neuen Entgeltordnung von Beschäftigten, die ihren Berufsabschluss in der ehemaligen DDR erworben haben, auch weiterhin ohne weiteres möglich. Die Vorschrift entspricht der bisherigen Regelung in der Vorbemerkung Nr. 9 zu den Verhütungsgruppen der Anlage 1a zum BAT/BAT-O.

g) Vorbemerkung Nr. 7: Ausbildungs- und Prüfungspflicht

Die Vorbemerkung Nr. 7 zur Ausbildungs- und Prüfungspflicht war in der Vergangenheit in § 25 und Anlage 3 BAT/BAT-O geregelt. Wie bisher gilt die Ausbildungs- und Prüfungspflicht im Bereich der kommunalen Arbeitgeberverbände Baden-Württemberg, Bayern, Berlin, Niedersachsen, Nordrhein-Westfalen, Rheinland-Pfalz, Saar und Schleswig-Holstein für Beschäftigte im Büro-, Buchhalterei-, sonstigen Innendienst oder im Außendienst (Teil A Abschnitt I Nr. 3) sowie im Kassen- und Rechnungswesen (Teil B Abschnitt XIII) und in Sparkassen (siehe Vorbemerkung Nr. 7 Abs. 7).

Die Ausbildungs- und Prüfungspflicht gilt nicht für Beschäftigte, die entweder aufgrund ihrer erfolgreich abgeschlossenen Ausbildung in einem anerkannten Ausbildungsberuf in die Entgeltgruppen 5 bis 9a jeweils Fallgruppe 1 oder aufgrund ihrer Hochschulbildung in die Entgeltgruppen 9b bis 12 eingruppiert sind. Die Prüfungspflicht besteht also für diese Entgeltgruppen nur, und zwar bereits ab der Entgeltgruppe 5, wenn der Beschäftigte in die Fallgruppe 2 eingruppiert werden soll. In diesem Fall ist nach einem entsprechenden Lehrgang eine Erste Prüfung für die Eingruppierung in eine der Entgeltgruppen 5 bis 9a und eine Zweite Prüfung für eine Eingruppierung in die Entgeltgruppen 9b bis 12 abzulegen.

Von der Prüfungspflicht sind gem. Vorbemerkung Nr. 7 Absatz 5 Beschäftigte **befreit,** die
- mindestens 20-jährige Berufserfahrung im öffentlichen Dienst aufweisen;
- einen befristeten oder einen unter einer auflösenden Bedingung stehenden Arbeitsvertrag haben;
- in dem Spezialgebiet, in dem sie beschäftigt werden, besonders herausragende Fachkenntnisse haben;
- oder in Krankenhäusern, Pflege- und Betreuungseinrichtungen, Versorgungs-, Nahverkehrs- oder Hafenbetrieben tätig sind.

h) Vorbemerkung Nr. 8: Geltungsausschluss für Lehrkräfte

Die Entgeltordnung gilt grundsätzlich nicht für Beschäftigte, die als Lehrkräfte beschäftigt werden. Die Regelung in Nr. 8 der Vorbemerkung entspricht der früheren Vorbemerkung Nr. 5 zur Anlage 1a des BAT/BAT-O (Bund/Länder). Der Geltungsausschluss in der Entgeltordnung des TVöD-VKA erfasst sowohl Lehrkräfte an allgemeinbildenden und berufsbildenden Schulen (§ 51 Nr. 1 S. 1 TVöD BT-V), als auch Lehrkräfte, die vom Geltungsbereich des § 51 TVöD BT-V ausgenommen werden, also Lehrkräfte an Schulen und Einrichtungen der Verwaltung, die der Ausbildung oder Fortbildung von Angehörigen des öffentlichen Dienstes dienen, sowie Lehrkräfte, die an Krankenpflegeschulen und ähnlichen der Ausbildung dienenden Einrichtungen beschäftigt werden.

Ist allerdings die „Lehrkraft" ausnahmsweise als Tätigkeitsmerkmal in einer Entgeltgruppe ausdrücklich geregelt, gilt der Geltungsausschluss der Nr. 8 der Vorbemerkungen nicht. So gibt es in Teil B Abschnitt XI Nr. 3 und Nr. 21 die Lehrkraft in der Pflege und an staatlich anerkannten Lehranstalten für medizinische Berufe oder auch die Musikschullehrkräfte in Teil B Abschnitt XX der Entgeltordnung. Diese Lehrkräfte fallen selbstverständlich unter den Geltungsbereich der Entgeltordnung.

i) Vorbemerkung Nr. 9: Unterstellungsverhältnisse

77 Die Entgeltordnung kennt in verschiedenen Entgeltgruppen das Tätigkeitsmerkmal der „unterstellten Beschäftigten". Die Vorbemerkung Nr. 9 stellt klar, dass bei der Ermittlung der Unterstellungsverhältnisse auch Beamte mitgezählt werden, sofern diese in vergleichbaren Besoldungsgruppen sind. Dabei entspricht die Entgeltgruppe 2 der Besoldungsgruppe A2, die Entgeltgruppe 3 der Besoldungsgruppe A3 usw. Lediglich die Entgeltgruppen 9a bis 9c entsprechen der Besoldungsgruppe A9.

78 Hängt die Eingruppierung von der Zahl der unterstellten Beschäftigten ab, ist dies in den jeweiligen Entgeltgruppen ausdrücklich geregelt. So ist es zB für die Eingruppierung in die Entgeltgruppe 14 Fallgruppe 3 in Teil A Abschnitt I Nr. 4 erforderlich, dass dem Beschäftigten mindestens drei Beschäftigte durch ausdrückliche Anordnung ständig unterstellt sind, die wiederum mindestens in die Entgeltgruppe 13 eingruppiert sein müssen. Eine ähnliche Regelung findet sich für die Entgeltgruppe 15 Fallgruppe 3, wobei mindestens 5 Beschäftigte unterstellt sein müssen, die mindestens die Entgeltgruppe 13 haben. Allerdings bleiben Beschäftigte in der Informations- und Kommunikationstechnik und Ingenieurinnen und Ingenieure, die jeweils in der Entgeltgruppe 13 eingruppiert sind, unberücksichtigt. Auch Beamte des gehobenen Dienstes mit der Besoldungsgruppe A 13 zählen bei den Unterstellten ausweislich der Protokollnotiz zu Entgeltgruppe 15 nicht mit.

79 **Weitere Beispiele** finden sich bei:
– den Bezügerechnern gem. Teil A Abschnitt II Nr. 1 für die Entgeltgruppen 9a Fallgruppe 3 und die Entgeltgruppe 9b;
– den Beschäftigten der Informations- und Kommunikationstechnik gem. Teil A Abschnitt II Nr. 2 für die Entgeltgruppen 12 Fallgruppe 3 und 13 Fallgruppe 2.

80 Auch im Teil B findet sich in zahlreichen Entgeltgruppen das Merkmal der Unterstellungsverhältnisse. Zu nennen sind hier nur beispielhaft die Apothekerinnen und Apotheker in Abschnitt I, die Ärztinnen und Ärzte sowie Zahnärztinnen und Zahnärzte in Abschnitt II, die Beschäftigten im Kassen- und Rechnungswesen in Abschnitt XIII, den Leiterinnen und Leitern von Registraturen in Abschnitt XVII, den Leiterinnen und Leitern von Leitstellen in Abschnitt XVIII, den Beschäftigten im Rettungsdienst in Abschnitt XXII, den Schulhausmeisterinnen und Schulhausmeistern in Abschnitt XXIII, den Beschäftigten an Theatern und Bühnen in Abschnitt XXVII und den Tierärztinnen und Tierärzten in Abschnitt XXVIII.

81 Bei der Ermittlung der Zahl der Unterstellungsverhältnisse werden Teilzeitbeschäftigte nur anteilig im Verhältnis ihrer Arbeitszeit zu der eines Vollzeitbeschäftigten berücksichtigt. Darüber hinaus ist es für die Eingruppierung unschädlich, wenn einem Beschäftigten ausweislich des Organisations- oder Stellenplans eine Stelle unterstellt ist, die aber nicht besetzt ist. Diese unbesetzten Stellen sind bei der Feststellung der Unterstellungsverhältnisse mitzuzählen.

j) Vorbemerkung Nr. 10: Ständige Vertreterin und Vertreter

82 Auch das Merkmal der „ständigen Vertreterin" bzw. des „ständigen Vertreters" findet sich in zahlreichen Entgeltgruppen. Die Vorbemerkung Nr. 10 stellt klar, dass Beschäftigte als ständige Vertreter nicht lediglich Vertreterinnen und Vertreter in Urlaubs- und sonstigen Abwesenheitsfällen sind. Eine nur vorübergehende abwesenheitsbedingte Vertretung soll

nach dem Willen der Tarifparteien für die Eingruppierung eines Beschäftigten gerade nicht von Bedeutung sein.

Das Merkmal des „ständigen Vertreters" gab es auch schon im BAT, so dass insofern auf die hierzu ergangene Rechtsprechung zurückgegriffen werden kann. Nach der Rechtsprechung des BAG setzt die ständige Vertretung im Sinne der Entgeltordnung voraus, dass der Beschäftigte Aufgaben des zu Vertretenden auch bei dessen dienstlicher Anwesenheit, dh neben diesem zu erledigen hat.[56] Es darf sich beim ständigen Vertreter gerade nicht lediglich um eine Abwesenheitsvertretung handeln, die kein Eingruppierungsmerkmal darstellt, sondern allenfalls eine Zulage gem. § 14 TVöD zu rechtfertigen vermag.

83

3. Teil A – Allgemeiner Teil

Der Allgemeine Teil der Entgeltordnung gliedert sich zunächst in den Abschnitt I mit den „Allgemeinen Tätigkeitsmerkmalen", die eine Auffangfunktion haben, und den Abschnitt II mit den „Speziellen Tätigkeitsmerkmalen".

84

Die Allgemeinen Tätigkeitsmerkmale gem. Abschnitt I unterscheiden zwischen „einfachsten Tätigkeiten" (Nr. 1), den „handwerklichen Tätigkeiten" (Nr. 2), den Tätigkeiten im „Büro-, Buchhalterei-, sonstigen Innendienst und Außendienst" (Nr. 3) sowie den Tätigkeitsmerkmalen für die Entgeltgruppen 13 bis 15 (Nr. 4).

85

Die Speziellen Tätigkeitsmerkmale gem. Abschnitt II wiederum regeln die Eingruppierung für Bezügerechnerinnen und Bezügerechner (Nr. 1), für Beschäftigte in der Informations- und Kommunikationstechnik (Nr. 2), für Ingenieurinnen und Ingenieure (Nr. 3), Meisterinnen und Meister (Nr. 4), Technikerinnen und Techniker (Nr. 5) sowie für Vorlesekräfte für Blinde (Nr. 6).

86

Die Tarifparteien haben mit der Entgeltordnung – wie zuvor schon mit der Vergütungsordnung – das Ziel verfolgt, alle Tätigkeiten, die im öffentlichen Dienst anfallen, vollständig zu erfassen und umfassend zu regeln. Die Allgemeinen Tätigkeitsmerkmale in Teil A Abschnitt I sind deshalb abstrakt formuliert und es werden eine Vielzahl unbestimmter Rechtsbegriffe verwendet, die zum Teil in Klammerzusätzen bei den jeweiligen Eingruppierungsregeln[57] oder in den Protokollerklärungen[58] definiert oder erläutert werden. Mit dieser Regelungsmethodik soll gewährleistet werden, dass alle Tätigkeiten im öffentlichen Dienst einer Entgeltgruppe der Entgeltordnung tatsächlich zugewiesen werden können.

87

Da die Allgemeinen Tätigkeitsmerkmale der Entgeltordnung eine Auffangfunktion haben, können sie nach der Rechtsprechung des BAG, die zur vergleichbaren Situation bei der Vergütungsordnung des BAT ergangen ist, auch für solche Tätigkeiten herangezogen werden, die nicht zu den eigentlich behördlichen oder herkömmlichen Verwaltungsaufgaben gehören. Damit kann eine Tariflücke nur noch dann angenommen werden, wenn die zu beurteilende Tätigkeit keinen unmittelbaren Bezug zu den eigentlichen Aufgaben der betreffenden Dienststellen, Behörden und Institutionen hat oder die Tarifvertragsparteien eine regelungsbedürftige Frage erkennbar ungeregelt lassen wollten und dies in einer entsprechenden Auslassung zum Ausdruck gebracht haben.[59] Eine solche bewusste Tariflücke besteht zB bei Lehrkräften, die gem. Vorbemerkung Nr. 8 vom Geltungsbereich der Entgeltordnung grundsätzlich ausgenommen sind, sofern sich aus den Entgeltgruppen des Besonderen Teils nicht ausnahmsweise etwas anderes ergibt.

88

---

[56] BAG 18.2.1981 – 4 AZR 993/78, AP BAT §§ 22, 23 Sparkassenangestellte Nr. 3.
[57] ZB die Definition des Begriffs „einfache Tätigkeiten" in Entgeltgruppe 2 bei handwerklichen Tätigkeiten.
[58] Protokollerklärungen gibt es für die Allgemeinen Tätigkeitsmerkmale in Teil A der Entgeltordnung nur für die Entgeltgruppen 13 bis 15.
[59] BAG 18.3.2015 – 4 AZR 702/12, NZA-RR 2015, 427; nachfolgend LAG Hmb 6.11.2015 – 6 Sa 37/15, BeckRS 2016, 65932.

a) Die Allgemeinen Tätigkeitsmerkmale

89 Die Gliederung der Allgemeinen Tätigkeitsmerkmale orientiert sich an den vier Qualifikationsebenen, die an die früheren Laufbahnen des Beamtenrechts angelehnt sind. Danach sind in den Entgeltgruppen 1 bis 4 die Un- und Angelernten eingruppiert. Für die Entgeltgruppen 5 bis 9a ist eine dreijährige Berufsausbildung erforderlich und die Entgeltgruppen 9b bis 12 kommen für Beschäftigte mit Hochschulbildung in Betracht. Für die Eingruppierung in die Entgeltgruppen 13 bis 15 ist dagegen ein wissenschaftlicher Hochschulabschluss Voraussetzung.

90 Ein weiteres allgemeines Prinzip für die Eingruppierung in die Entgeltordnung des TVöD-VKA ist, dass die Tätigkeitsmerkmale grundsätzlich aufeinander aufbauen (sog. **„Baukastenprinzip"**). Je höher die Anforderungen an die Tätigkeit desto höher die Eingruppierung.

91 Dies wird besonders an den Stellen deutlich, an denen die Entgeltordnung mit sog. **Heraushebungsmerkmalen** arbeitet.

92 So enthält zB die Entgeltgruppe 5, Fallgruppe 1 für Büro-, Buchhalterei-, sonstigen Innendienst und Außendienst das Grundmerkmal der „erfolgreich abgeschlossenen Ausbildung in einem anerkannten Ausbildungsberuf mit einer Ausbildungsdauer von mindestens drei Jahren und entsprechender Tätigkeit. Auf diesem Grundmerkmal bauen die Entgeltgruppen 6 bis 9a jeweils in der Fallgruppe 1 auf, indem für die Entgeltgruppe 6 gründliche und vielseitige Fachkenntnisse erforderlich sind, in der Entgeltgruppe 7 müssen 20% der Tätigkeit selbständige Leistungen sein. In der Entgeltgruppe 8 sind es 1/3 und in der Entgeltgruppe 9a sind es dann mindestens 50% selbständige Leistungen, die ein Beschäftigter erbringen muss. Ähnlich verhält es sich auch mit den Entgeltgruppen 5 bis 7 für handwerkliche Tätigkeiten.

93 Eine entsprechende Systematik findet sich auch für die Eingruppierung ab der Entgeltgruppe 9b, Fallgruppe 2. Das Grundmerkmal in der Ausgangsentgeltgruppe verlangt eine Tätigkeit, die gründliche, umfassende Fachkenntnisse und selbständige Leistungen erfordert. Das Heraushebungsmerkmal für eine Eingruppierung in die Entgeltgruppe 9c besteht dann darin, dass sich die Tätigkeit aus der Entgeltgruppe 9b dadurch heraushebt, dass sie besonders verantwortungsvoll ist. Eine Eingruppierung in die Entgeltgruppen 10 oder 11 setzt darüber hinaus voraus, dass sich die Tätigkeiten aus der Entgeltgruppe 9c durch besondere Schwierigkeit herausheben, wobei der Beschäftigte in die Entgeltgruppe 10 eingruppiert ist, wenn 1/3 seiner Tätigkeit das Heraushebungsmerkmal erfüllt, und Entgeltgruppe 11 einschlägig ist, wenn 50% der Tätigkeit mit einer besonderen Schwierigkeit und Bedeutung verbunden sind. Schließlich setzt die Entgeltgruppe 12 voraus, dass sich die Tätigkeit durch das Maß der Verantwortung aus der Entgeltgruppe 11 heraushebt.

aa) Entgeltgruppe 1: Einfachste Tätigkeiten

94 Die heutige Entgeltgruppe 1 war die erste (neue) Entgeltgruppe des TVöD, auf die sich die Tarifparteien einigen konnten und sie wurde bereits zum 1.10.2005 eingeführt.

95 Der Begriff der einfachsten Tätigkeit wird in der Eingruppierungsnorm selbst nicht definiert, sondern wird vorausgesetzt und kann allenfalls aus dem Katalog von Beispielen für eine einfachste Tätigkeit hergeleitet werden. Darüber hinaus muss eine „einfachste Tätigkeit" noch einfacher sein, als eine „einfache Tätigkeit", die in der Entgeltordnung an verschiedenen Stellen beschrieben wird. Diese Begriffsbestimmung kann auch für die Auslegung der Entgeltgruppe 1 herangezogen werden.

96 Einfache Tätigkeiten im Sinne der Entgeltordnung sind Tätigkeiten, die keine Vor- oder Ausbildung, aber eine fachliche Einarbeitung erfordern, die über eine kurze Einweisung oder Anlernphase hinausgeht. Die Einarbeitung dient dem Erwerb derjenigen Kenntnisse und Fertigkeiten, die für die Beherrschung der Arbeitsabläufe als solche erfor-

derlich sind.[60] Bei der Bestimmung, was eine „einfachste Tätigkeit" sein soll, hat sich auch das BAG durchaus schwer getan, wenn es ausführt, dass dem Wortsinn nach eine einfachste Tätigkeit letztlich nur als besonders einfache Tätigkeit verstanden werden kann. Das allein ist aber für die Auslegung des Begriffs noch nicht wirklich hilfreich und deshalb führte das BAG in seiner Entscheidung weiter aus, dass einfachste Tätigkeiten noch einfacher sein sollen, als einfache Tätigkeiten und es sich ersichtlich um ein Stufenverhältnis handelt. Daraus zog das BAG den Schluss, dass es sich demnach um Tätigkeiten handeln müsse, „die an Einfachheit nicht zu überbieten sind".[61]

Mit Blick auf die Begriffsbestimmung für die „einfachen Tätigkeiten", zB in der Entgeltgruppe 2 für handwerkliche Tätigkeiten, zeichnen sich „einfachste Tätigkeiten" dadurch aus, dass sie zwar eine kurze Einweisung, nicht aber eine fachliche Einarbeitung erfordern, um die geschuldete Tätigkeit erbringen zu können. Keine fachliche Einarbeitung ist anzunehmen, wenn die Einarbeitung lediglich dem Zweck dient, ein gewisses Maß an Arbeitsgeschwindigkeit zu erreichen. Dagegen soll eine fachliche Einarbeitung anzunehmen sein, wenn sie mehrere Tage in Anspruch nimmt und dazu dient, dass der Beschäftigte die Arbeitsabläufe als solche erlernt, etwa wenn verschiedenartige Details der Tätigkeit zu erfassen sind.[62] Auch für einfachste Tätigkeiten gilt, dass keine Vor- oder Ausbildung erforderlich ist, dass der Beschäftigte im Wesentlichen gleichförmige, eher mechanische Arbeiten ausführen muss, die geringste Überlegungen erfordern, und dass ihm kein eigenständiger Aufgabenbereich zugewiesen ist.[63] 97

Die in der Entgeltgruppe aufgezählten Tätigkeiten sind lediglich Beispiele für einfachste Tätigkeiten. Die Liste ist, wie sich aus dem Wortlaut ergibt, nicht abschließend, sondern es können auch andere einfachste Tätigkeiten der Entgeltgruppe zugeordnet werden, die in dem Katalog nicht ausdrücklich aufgenommen wurden. Dies hat das BAG für die entsprechende Regelung in der Anlage 3 des TVÜ-VKA für eine Reinigungskraft entschieden, die nicht im Außenbereich, sondern im Innenbereich beschäftigt wurde. Da sich die Tarifparteien entschieden haben, in den Tätigkeitskatalog ausdrücklich nur die Reinigungskraft im Außenbereich aufzunehmen, könnte daraus gefolgert werden, dass die Reinigungskraft im Innenbereich gerade nicht in die Entgeltgruppe 1 eingruppiert sein kann. Das BAG hat sich allerdings gegen eine solche Auslegung mit dem Hinweis entschieden, dass die Tarifparteien ausdrücklich geregelt haben, dass es sich bei den aufgelisteten Tätigkeiten nur um Beispiele handeln würde. Entscheidend für die Eingruppierung sei, ob es sich bei der Tätigkeit um eine einfachste Tätigkeit handele. Da dies bejaht wurde, war die Reinigungskraft trotz der Reinigungstätigkeit im Innenbereich in die Entgeltgruppe 1 einzugruppieren. Dem stehe auch nicht der Hinweis entgegen, dass die Liste durch landesbezirkliche Tarifverträge ergänzt werden könne, denn die tarifvertragliche Öffnung sei auch dann sinnvoll, wenn sich im Einzelfall eine Tätigkeit bereits dem tariflichen Oberbegriff zuordnen ließe und die die Festlegung weiterer Beispielstätigkeiten in einem landesbezirklichen Tarifvertrag der Rechtssicherheit und Rechtsklarheit diene.[64] 98

bb) Entgeltgruppen 2 bis 9a für handwerkliche Tätigkeiten

Gem. § 29 Abs. 2 TVÜ-VKA ersetzen mit dem Inkrafttreten der §§ 12, 13 TVöD-VKA und der Entgeltordnung in Anlage 1 zum TVöD-VKA die dort geregelten Allgemeinen Tätigkeitsmerkmale für Beschäftigte mit handwerklichen Tätigkeiten die bisherigen Oberbegriffe in den Lohngruppenverzeichnissen. Die Eingruppierung der Arbeiter war in der Vergangenheit durch landesbezirkliche Tarifverträge geregelt, wobei die Tarifparteien 99

---

[60] So ausdrücklich die Begriffsbestimmung für „einfache Tätigkeiten" in der Entgeltgruppe 2 für handwerkliche Tätigkeiten gem. Teil A Abschnitt I Nr. 2 der Entgeltordnung.
[61] So BAG 28.1.2009 – 4 ABR 92/07, NZA 2009, 1042.
[62] So BAG 28.1.2009 – 4 ABR 92/07, NZA 2009, 1042.
[63] Vgl. *Kuner/Bergauer*, Die neue Entgeltordnung TVöD-VKA, Rn. 86, sowie BAG 28.1.2009 – 4 ABR 92/07, NZA 2009, 1042.
[64] BAG 28.1.2009 – 4 ABR 92/07, NZA 2009, 1042.

die Vorgaben in § 20 BMT-G zu beachten hatten. Diese regionale Zersplitterung wird durch die neue Entgeltordnung teilweise beseitigt. Allerdings bleiben die Merkmale „besondere körperliche Belastung" oder „besondere Verantwortung" unberührt, wenn auf diese in den bestehenden Lohngruppenverzeichnissen abgestellt wird. Auch spezielle Eingruppierungsregelungen in den Lohngruppenverzeichnissen bleiben bis zur Vereinbarung neuer Regelungen zunächst unberührt und gelten weiter. Die Tätigkeitsmerkmale in der Entgeltordnung sind auch nicht völlig neu entwickelt worden, sondern entsprechen den sog. Oberbegriffen in den landesbezirklichen Tarifverträgen über das Lohngruppenverzeichnis.[65]

100 Die Regelungskompetenz für die Eingruppierung liegt für die Entgeltgruppen 2 bis 9a für handwerkliche Tätigkeiten im Bereich der Verwaltung bei den landesbezirklichen Tarifparteien. Allerdings haben diese die allgemeinen Eingruppierungsvoraussetzungen, die Eingruppierungsgrundsätze des TVöD, die Struktur der Entgeltordnung und des Eingruppierungsniveaus zu beachten, wenn sie Spezielle Tätigkeitsmerkmale vereinbaren wollen. Darüber hinaus sind die Tarifparteien auf Landesebene berechtigt, sog. Ferner-Merkmale für bestimmte, im Anhang zur Entgeltordnung aufgezählte Bereiche zu vereinbaren. Auch diese Möglichkeit bestand bereits unter der Geltung des BMT-G.

101 Der Begriff „handwerkliche Tätigkeiten" wird in der Entgeltordnung nicht definiert, sondern als bekannt vorausgesetzt. Auch § 38 TVöD enthält keine eindeutige Begriffsbestimmung, denn dort heißt es in Abs. 5 lediglich, dass die Regelungen für Angestellte auf Beschäftigte Anwendung finden, die vor dem 1.1.2005 der Rentenversicherung der Angestellten unterlagen und Arbeiter solche Beschäftigten sind, die bis dahin in der Rentenversicherung der Arbeiter versichert waren. Damit wird aber die Frage, was handwerkliche Tätigkeiten sind, nicht hinreichend beantwortet und es fragt sich daher, ob ein Arbeiter, für den bisher der BMT-G galt, nach dem Inkrafttreten des TVöD und der Entgeltordnung stets ein Beschäftigter mit handwerklichen Tätigkeiten ist, oder ob es darauf ankommt, ob der „handwerkliche" Beruf unter die Handwerksordnung fallen muss. Genauso stellt sich die Frage, ob ein technischer Angestellter, zu dessen Aufgaben überwiegend technisch-handwerkliche Tätigkeiten gehören, künftig in die Entgeltgruppen für handwerkliche Tätigkeiten eingruppiert ist, auch wenn er unzweifelhaft ein Angestellter im Sinne des früheren Tarifrechts gewesen ist und daher unter den Geltungsbereich des BAT fiel.[66]

102 Ein gutes Argument, den „handwerklichen Tätigkeiten" nur Arbeiter und nicht auch technische Angestellte zuzuordnen, ist die Regelung in § 38 Abs. 5 TVöD, die an der Zuordnung zu den unterschiedlichen rentenversicherungsrechtlichen Systemen für Angestellte und Arbeiter festhält.[67] Demzufolge wäre unter Berücksichtigung der Rechtsprechung des BAG zur Abgrenzung von Arbeitern und Angestellten in einem **5-Stufen-Schema** zu prüfen, ob letztlich eher Tätigkeiten als Angestellter im Sinne des BAT oder eher Tätigkeiten als Arbeiter im Sinne des BMT-G vorliegen. Auf der ersten Stufe ist zu fragen, ob der Beschäftigte zu einer der in § 133 Abs. 2 SGB VI aF beispielhaft aufgezählten Gruppen gehört. Ist dies nicht der Fall, so ist in einem zweiten Schritt zu prüfen, ob die Beschäftigung einer der im sogenannten Berufskatalog des Reichsarbeitsministeriums vom 8.3.1924 aufgeführten Gruppen entspricht. Wird auch dies verneint, ist auf einer dritten Stufe zu untersuchen, ob die Beschäftigung einer Berufsgruppe entspricht, deren

---

[65] Vgl. hier zB den Tarifvertrag über ein Lohngruppenverzeichnis für Schleswig-Holstein, wo den jeweiligen Lohngruppen einleitend Allgemeine Tätigkeitsmerkmale wie „einfachste Tätigkeiten", „einfache Tätigkeiten", „Tätigkeiten, für die eine eingehende fachliche Einarbeitung erforderlich ist" oder auch „Arbeiter mit erfolgreich abgeschlossener Ausbildung in einem anerkannten Ausbildungsberuf mit einer Ausbildungsdauer von wenigstens zweieinhalb Jahren, …" usw.
[66] Vgl. LAG Bln-Bbg 8.10.2010 – 6 Sa 936/10, BeckRS 2011, 66639, wo es um die Eingruppierung eines technischen Angestellten ging, der in erheblichem Umfang technisch-handwerkliche Tätigkeiten ausführte.
[67] Vgl. *Gamisch/Mohr*, Eingruppierung TVöD-VKA in der Praxis, S. 67.

V. Die Entgeltgruppen und ihre Tätigkeitsmerkmale H

Angehörige nach der Verkehrsanschauung allgemein als Angestellte betrachtet werden. Bei einem negativen Ergebnis ist dann auf der vierten Stufe zu klären, ob die Beschäftigung vorwiegend geistig oder vorwiegend körperlich geprägt ist. Ergibt auch dies kein klares Gesamtbild der Tätigkeit mit einem deutlichen Übergewicht für eine körperliche oder für eine geistige Prägung, so ist auf der fünften Stufe auf den übereinstimmenden Willen der Vertragspartner des Beschäftigungsverhältnisses abzustellen[68]. Tatsache ist allerdings, dass auch mit diesen Überlegungen der Wille der Tarifparteien nicht eindeutig zu ermitteln ist. Es bleibt also eine gewisse Unsicherheit, ob mit dem Begriff der „handwerklichen Tätigkeiten" an der bisherigen Differenzierung zwischen Arbeitern und Angestellten festgehalten werden sollte.

Hilfreich könnte hier ein Blick in die Begriffsbestimmungen des Tarifvertrags über die Entgeltordnung des Bundes (TV EntgO Bund) sein. Hier ist nämlich durch § 2 Abs. 3 TV EntgO Bund eindeutig geregelt, dass mit dem Begriff der „körperlich/handwerklich geprägten Tätigkeiten" an der früheren Unterteilung in Beschäftigte einerseits, die unter den Manteltarifvertrag für Arbeiter fallen, und andererseits Beschäftigte, die unter den BAT fallen, festgehalten werden soll. Die Regelung in § 2 Abs. 3 TV EntgO Bund lautet: 103

„Körperlich/handwerklich geprägte Tätigkeiten sind solche, die bei Weitergeltung des Tarifvertrags über das Lohngruppenverzeichnis des Bundes zum MTArb von einem Tätigkeitsmerkmal der Anlage 1 des Tarifvertrags über das Lohngruppenverzeichnis des Bundes zum MTArb erfasst würden."

Demnach wäre maßgeblich, ob die konkret zu bewertende Tätigkeit in dem Lohngruppenverzeichnis genannt ist oder nicht. Sofern dies der Fall ist, wäre die einzelne Tätigkeit als „handwerklich" einzuordnen. 104

Im Ergebnis spricht sehr viel dafür, dass der Begriff der „handwerklichen" Tätigkeit dazu dienen soll, die Beschäftigten zu erfassen, die bisher unter den Geltungsbereich des BMT-G fielen, und dem Zweck dient, eine eher körperliche Arbeit von mehr geistigen Tätigkeiten abzugrenzen. Daran ändert auch die Tatsache nichts, dass der Begriff „handwerklich" für eine Tätigkeit spricht, die der Handwerksordnung zuzuordnen ist, denn es dürfte von den Tarifparteien nicht beabsichtigt gewesen sein, den sog. Industriearbeiter, dessen Ausbildung nach dem BBiG durch die Industrie- und Handelskammern geregelt wird, von den Entgeltgruppen für handwerkliche Tätigkeiten auszuschließen. Auch der Industriearbeiter führt nämlich keine Büroarbeiten im Sinne des Teil A Abschnitt I Nr. 3 Entgeltordnung aus. 105

(1) Entgeltgruppe 2: Beschäftigte mit einfachen Tätigkeiten. In die Entgeltgruppe 2 Teil A Abschnitt I Nr. 2 der Entgeltordnung sind Beschäftigte mit einfachen Tätigkeiten eingruppiert. Der Begriff der einfachen Tätigkeiten ist nicht neu und wurde bereits in den Lohngruppenverzeichnissen als Oberbegriff verwendet. Die Entgeltordnung definiert die einfachen Tätigkeiten heute wie folgt: 106

„Einfache Tätigkeiten sind Tätigkeiten, die keine Vor- und Ausbildung, aber eine fachliche Einarbeitung erfordern, die über eine sehr kurze Einweisung oder Anlernphase hinausgeht. Die Einarbeitung dient dem Erwerb derjenigen Kenntnisse und Fähigkeiten, die für die Beherrschung der Arbeitsabläufe als solche erforderlich sind."

Diese Begriffsbestimmung entspricht dem Verständnis der bisherigen Rechtsprechung. So hat zB das LAG Schleswig-Holstein in einer Entscheidung vom 28.6.2012 ausgeführt, dass einfache Tätigkeiten in Abgrenzung zu den einfachsten Tätigkeiten eine fachliche Einarbeitung erfordern, wobei die Aufgabe nach dieser Einarbeitung für den Beschäftigten „ohne Mühe lösbar, unkompliziert, leicht verständlich und nicht schwierig sein darf". 107

---

[68] BAG 4.8.1993 – 4 AZR 515/92, NZA 1994, 39.

Einfachste Tätigkeiten unterscheiden sich damit von einfachen Tätigkeiten dadurch, dass für diese keine fachliche Einarbeitung nötig ist.[69]

108 **(2) Entgeltgruppe 3: Tätigkeit nach eingehender fachlicher Einarbeitung.** Einfach sind Tätigkeiten auch dann, wenn sie Kenntnisse und Erfahrungen erfordern, die durch eine Unterweisung mit einer Dauer bis zu zwei Monaten erworben werden können.[70] Die Dauer der Unterweisung oder Einarbeitung, insbesondere wenn sie mehre Wochen oder Monate in Anspruch nimmt, spricht dafür, dass es sich nicht um eine kurze Einweisung im Sinne der Entgeltgruppe 2, sondern um eine eingehende fachliche Einarbeitung handelt, so dass die Eingruppierung in die Entgeltgruppe 3 erfolgt.[71] Weitere Voraussetzung für eine eingehende fachliche Einarbeitung in Abgrenzung zur kurzen Einweisung gem. Entgeltgruppe 2 soll nach der Rechtsprechung auch sein, dass nicht nur Kenntnisse und Fertigkeiten vermittelt werden, die für die bloße Beherrschung von Arbeitsabläufen benötigt werden, sondern darüber hinausgehende vertiefte fachbezogene Kenntnisse und Fertigkeiten vom Beschäftigten erworben werden.[72] Das ergibt sich zum einen aus dem Begriff „eingehend", der sich auf die Intensität und Tiefe der erforderlichen Belehrungen bezieht, und zum andern aus dem Begriff „fachlich", der sich auf den sachlichen Gegenstand der Einarbeitung und Unterweisung bezieht.[73]

109 Zu den Aufgaben eines Beschäftigten in einem Krankenhaus gehörte es nach der Arbeitsplatzbeschreibung, Reparaturen an Krankenbetten, Nachttischen und gelegentlich an Rollstühlen durchzuführen. Darüber hinaus hatte er allgemeine Wartungsarbeiten durchzuführen und war verantwortlich für die Bestellung von Ersatzteilen. Weitere Tätigkeiten nach der Arbeitsplatzbeschreibung wären Justierungen, Ausrichtungen, Einstellungen, insbesondere von Lenk- und Bremsmechanik, das Einrichten und Prüfen der von ihm zu wartenden und zu reparierenden Einrichtungsgegenstände.

Das LAG Nürnberg hat in seinem Urteil vom 4.8.2004 festgestellt, dass für diese Tätigkeiten eine erfolgreich abgeschlossene Berufsausbildung nicht erforderlich sei. Allerdings wären die Tätigkeiten doch so anspruchsvoll, dass eine eingehende fachliche Einarbeitung erforderlich sei. Die Fähigkeiten eines unkundigen Laien nach einer kurzen Einarbeitung würden dagegen nicht ausreichen, um die Aufgaben erledigen zu können, so dass der Beschäftigte in Entgeltgruppe 3, nicht aber in Entgeltgruppe 2 eingruppiert sei.[74]

110 **(3) Entgeltgruppe 4: Tätigkeit nach abgeschlossener Ausbildung oder schwierige Tätigkeiten.** Die Entgeltgruppe 4 hat zwei Fallgruppen. Fallgruppe 1 setzt eine erfolgreich abgeschlossene Ausbildung in einem anerkannten Ausbildungsberuf von weniger als drei Jahren und eine Beschäftigung in einem diesem verwandten Beruf voraus. Fallgruppe 2 kommt in Betracht, wenn dem Beschäftigten schwierige Tätigkeiten übertragen sind.

111 **(a) Abgeschlossene Ausbildung mit weniger als drei Jahren Ausbildungsdauer.** Die Eingruppierung in die Entgeltgruppe 4 Fallgruppe 1 setzt den erfolgreichen Abschluss eines anerkannten Ausbildungsberufs mit einer Ausbildungsdauer von weniger als drei Jahren voraus sowie die tatsächliche Beschäftigung des Arbeitnehmers in diesem oder einem verwandten Beruf.

---

[69] LAG SchlH 28.6.2012 – 4 TaBV 2/12, BeckRS 2012, 71953.
[70] LAG Hamm 15.7.2005 – 10 TaBV 4/05, BeckRS 2005, 43791.
[71] So für eine sechs Wochen dauernde Einarbeitungszeit BAG 11.10.2006 – 4 AZR 534/05, BeckRS 2006, 45108 unter Hinweis auf die Protokollerklärung Nr. 2 zum BMT-G II zwischen dem KAV Bayern und der ÖTV.
[72] *Hock*, Die neue Entgeltordnung nach TVöD-VKA, S. 95.
[73] Siehe BAG 11.10.2006 – 4 AZR 534/05, AP BMT-G II § 20 Nr. 9.
[74] Beispiel nach der Entscheidung des LAG Nürnberg 4.8.2004 – 4 Sa 252/03, BeckRS 2004, 30803027.

V. Die Entgeltgruppen und ihre Tätigkeitsmerkmale

Der Begriff des „anerkannten Ausbildungsberufs" wird in Vorbemerkung Nr. 5 zur Entgeltordnung beschrieben und es kann auf die obigen Ausführungen hierzu verwiesen werden. Wie in den anderen Entgeltgruppen der Entgeltordnung auch, reicht für die Eingruppierung aber nicht allein der Berufsabschluss, sondern der Beschäftigte muss auch eine dieser Ausbildung entsprechende Tätigkeit ausüben, indem er in einem diesem verwandten Beruf beschäftigt wird. Ob der Beruf „verwandt" ist, hängt nicht von der Ähnlichkeit der jeweiligen Tätigkeit ab, sondern es kommt darauf an, ob die Berufe als solche untereinander verwandt sind, indem die wesentlichen, prägenden Einzelheiten des Berufsbildes des ausgeübten und des Ausbildungsberufes übereinstimmen. Es genügt also nicht, wenn sich einzelne Tätigkeiten in Randgebieten überschneiden.[75]

Ausbildungsberufe mit einer zweijährigen Ausbildungsdauer sind zB Altenpflegehelfer, Bauten- und Objektbeschichter, Fachlageristen, Verkäufer, Fachkräfte für Kurier-, Express- und Postdienstleistungen, Fachkräfte im Gastgewerbe, Hochbaufacharbeiter/und Tiefbaufacharbeiter, Industrieelektriker, Maschinen- und Anlagenführer sowie sog. Servicefahrer.

(b) Schwierige Tätigkeiten. In die Entgeltgruppe 4 Fallgruppe 2 sind Beschäftigte eingruppiert, die „schwierige Tätigkeiten" zu verrichten haben. Dieser unbestimmte Rechtsbegriff wird in der Entgeltordnung wie folgt definiert:

„Schwierige Tätigkeiten sind Tätigkeiten, die mehr als eine eingehende fachliche Einarbeitung im Sinne der Entgeltgruppe 3 erfordern. Danach müssen Tätigkeiten anfallen, die an das Überlegungsvermögen oder das fachliche Geschick Anforderungen stellen, die über das Maß dessen hinausgehen, was üblicherweise von Beschäftigten der Entgeltgruppe 3 verlangt werden kann."

Die „schwierigen Tätigkeiten" sind im Bereich der handwerklichen Tätigkeiten ein neues Merkmal und ein Heraushebungsmerkmal gegenüber dem Tätigkeitsmerkmal der Entgeltgruppe 3. Die Entgeltgruppe 4 Fallgruppe 2 kommt also nur in Betracht, wenn der Beschäftigte Tätigkeiten verrichten muss, die höhere Anforderungen an die gedankliche Arbeit und die handwerklichen Fertigkeiten stellen, als sie für die Eingruppierung in die Entgeltgruppe 3 genügen.

(4) Entgeltgruppe 5: Abgeschlossene Ausbildung mit mindestens drei Jahren Ausbildungsdauer. In die Entgeltgruppe 5 werden Beschäftigte eingruppiert, die eine mindestens dreijährige Ausbildung in einem anerkannten Ausbildungsberuf erfolgreich abgeschlossen haben und in diesem oder einem verwandten Beruf tatsächlich beschäftigt werden. Der Begriff des „anerkannten Ausbildungsberufs" entspricht der Begriffsbestimmung in der Vorbemerkung Nr. 5. Verwandt ist ein Beruf dann, wenn die wesentlichen, prägenden Einzelheiten des Berufsbildes des ausgeübten und des Ausbildungsberufes übereinstimmen, siehe oben die Ausführungen zu Entgeltgruppe 4 Fallgruppe 1.

Die Entgeltgruppe entspricht der bisherigen Lohngruppe 4, wie sie zB in den Lohngruppenverzeichnissen Baden-Württemberg, Bayern, Hessen, Niedersachsen und Rheinland-Pfalz geregelt waren. Allerdings wurde die Ausbildungszeit von zweieinhalb auf drei Jahre erhöht.

Anders als bei der entsprechenden Entgeltgruppe für Büro-, Buchhalterei-, sonstigen Innendienst und Außendienst in Teil A Abschnitt I Nr. 5 gibt es bei den handwerklichen Tätigkeiten keine zweite Fallgruppe, die eine rein tätigkeitsbezogene Eingruppierung ermöglicht. Hier genügen also „gründliche Fachkenntnisse" nicht, um eine Eingruppierung in die Entgeltgruppe begründen zu können.

(5) Entgeltgruppe 6: Dreijährige Ausbildung zzgl. hochwertiger Arbeiten. In die Entgeltgruppe 6 werden Beschäftigte eingruppiert, die eine mindestens dreijährige Ausbil-

---

[75] BAG 24.1.2007 – 4 AZR 28/06, NZA-RR 2007, 495.

dung in einem anerkannten Ausbildungsberuf erfolgreich abgeschlossen haben, in diesem oder einem verwandten Beruf tatsächlich beschäftigt werden und darüber hinaus „hochwertige Arbeiten" erbringen. Auch dieser unbestimmte Rechtsbegriff wird in der Entgeltordnung definiert. Die Begriffsbestimmung lautet:

„Hochwertige Arbeiten sind Arbeiten, die an das Überlegungsvermögen und das fachliche Geschick der/des Beschäftigten Anforderungen stellen, die über das Maß dessen hinausgehen, was üblicherweise von Beschäftigten der Entgeltgruppe 5 verlangt werden kann."

120   Auch diese Entgeltgruppe ist Ausdruck des Baukastenprinzips der Entgeltordnung mit dem Heraushebungsmerkmal der „hochwertigen Arbeiten", das bereits in den Lohngruppenverzeichnissen verwendet wurde.[76] Hochwertig sind Arbeiten nur dann, wenn sie sich von der Durchschnittstätigkeit eines Beschäftigten, der den betreffenden Ausbildungsberuf erfolgreich abgeschlossen hat, deutlich abheben. Diese Arbeiten müssen also sowohl ein herausgehobenes Überlegungsvermögen als auch herausgehobenes fachliches Geschick des Beschäftigten erfordern. Um festzustellen, ob die an das Herausstellungsmerkmale „hochwertige Arbeiten" gestellten Anforderungen im Hinblick auf das Überlegungsvermögen und das fachliche Geschick erfüllt sind, muss ein wertender Vergleich mit dem Überlegungsvermögen und dem fachlichen Geschick angestellt werden, welches von einem Beschäftigten nach erfolgreichem Abschluss einer dreijährigen Ausbildung in dem betreffenden Ausbildungsberuf erwartet werden darf.[77] Nur wenn die Anforderungen über das Maß dessen hinausgehen, was von einem ausgebildeten Facharbeiter üblicherweise verlangt werden kann, kommt eine Eingruppierung in die Entgeltgruppe 5 in Betracht,[78] denn nur in diesem Fall sind die Arbeiten „hochwertig".

121   **(6) Entgeltgruppe 7: Dreijährige Ausbildung zzgl. besonders hochwertiger Arbeiten.** Eine Eingruppierung in die nächsthöhere Entgeltgruppe 7 baut ebenfalls auf der Entgeltgruppe 5 auf, also einer mindestens dreijährigen Ausbildung in einem anerkannten Ausbildungsberuf und einer Tätigkeit in diesem oder einem verwandten Beruf. Hinzukommen müssen allerdings „besonders hochwertige Arbeiten". Auch dieses Tätigkeitsmerkmal wird in der Entgeltordnung wie folgt definiert:

„Besonders hochwertige Arbeiten sind Arbeiten, die neben vielseitigem, hochwertigem fachlichen Können besondere Umsicht und Zuverlässigkeit erfordern."

122   Auch dieses Merkmal ist nicht neu, sondern entspricht inhaltlich der früheren Lohngruppe 6 Fallgruppe 1 in den Lohngruppenverzeichnissen zB für Baden-Württemberg, Bayern, Berlin, Niedersachsen ua.

123   Besonders hochwertige Arbeiten verlangen nach der tariflichen Begriffsbestimmung zum einen ein vielseitiges und hochwertiges fachliches Können, das durch Zusatzqualifikationen zum Ausdruck kommt, die über spezielle Lehrgänge erworben werden. Nach Auffassung des BAG ist der Begriff der Vielseitigkeit des fachlichen Könnens oder der Fachkenntnisse insbesondere dadurch gekennzeichnet, dass er eine Erweiterung der Fachkenntnisse dem Umfange, dh der Quantität nach gegenüber durchschnittlichen Fachkenntnissen erfordert. Dies bedeutet im Hinblick auf den jeweiligen Ausbildungsberuf, dass vielseitiges fachliches Können über die Erfordernisse beim Durchschnittshandwerker hinausgehende breitere fachliche Kenntnisse und Erfahrungen in dem jeweils maßgeblichen handwerklichen Beruf notwendig macht.[79]

124   Zum anderen muss die Tätigkeit besondere Umsicht und Zuverlässigkeit erfordern. Auch dieser unbestimmte Rechtsbegriff ist von den Tarifparteien nicht definiert worden,

---

[76] ZB im Lohngruppenverzeichnis Baden-Württemberg, Bayern, Berlin, Hessen etc.
[77] Vgl. BAG 15.2.2006 – 4 AZR 634/04, NZA 2007, 215.
[78] So das LAG Sachsen-Anhalt in einem Urteil über die Eingruppierung eines Malers v. 11.3.2004 – 9 Sa 503/03, BeckRS 2004, 31053170.
[79] BAG 3.2.1988 – 4 AZR 493/87, AP MTB II § 22 SV 2a Nr. 4.

so dass auch hier auf die Rechtsprechung zurückzugreifen ist. Nach Auffassung des BAG ist vom allgemeinen Sprachgebrauch auszugehen, wonach „umsichtig" handelt, wer bedacht und überlegt handelt und bei seinem Vorgehen alle Umstände bedenkt, die sich auf sein Handeln auswirken können. Besondere Umsicht verlangt gesteigerte Anforderungen an die Überlegungen, die der Beschäftigte anstellen muss, um seine Aufgaben ordnungsgemäß auszuführen. Nicht erforderlich ist nach der Rechtsprechung aber im Hinblick auf die „Umsicht", dass die fachliche Aufsicht auf ein Mindestmaß beschränkt werden könnte.[80]

Auch für die Eingruppierung in die Entgeltgruppe 7 gilt, dass im Rahmen des Eingruppierungsprozesses ein Vergleich zwischen der (Normal-)Tätigkeit eines Beschäftigten mit abgeschlossener dreijähriger Ausbildung und derjenigen mit den herausgehobenen Tätigkeitsmerkmalen erforderlich ist. Dies stellt in Eingruppierungsprozessen erhöhte Anforderungen an die darlegungs- und beweisbelastete Partei, die einen umfassenden Vortrag zu den sog. Normaltätigkeiten und den besonderen, das Heraushebungsmerkmal erfüllenden Tätigkeiten erfordert.[81]   125

(7) Entgeltgruppen 8 und 9a: Eingruppierung aufgrund landesbezirklicher Tarifverträge. Eine Eingruppierung in die Entgeltgruppen 8 und 9a setzt für handwerkliche Tätigkeiten voraus, dass die für die Eingruppierung maßgeblichen Tätigkeiten in einem landesbezirklichen Tarifvertrag abschließend aufgeführt sind. Hier stellt sich die Frage, ob ein solcher „landesbezirklicher Tarifvertrag" im Sinne der Entgeltordnung die Tarifverträge über die landesbezirklichen Lohngruppenverzeichnisse sein können, die in Bezug auf die früheren und jetzt abgelösten Tarifverträge des öffentlichen Dienstes abgeschlossen wurden. Diese Frage wird im Schrifttum unterschiedlich beantwortet.   126

So vertreten beispielsweise *Gamisch* und *Mohr* die Auffassung, dass eine Eingruppierung von Beschäftigten mit handwerklichen Tätigkeiten in die Entgeltgruppen 8 und 9a solange nicht möglich ist, bis entsprechende (neue) landesbezirkliche Tarifvorschriften bestehen.[82] Für diese Ansicht spricht, dass die Tarifparteien hätten deutlich zum Ausdruck bringen können, wenn die Verweisung auch bereits in der Vergangenheit abgeschlossene landesbezirkliche Tarifverträge hätte erfassen sollen. So spricht der Wortlaut dafür, dass nur solche landesbezirklichen Tarifverträge gemeint sind, die mit Bezug auf die neue Entgeltordnung abgeschlossen wurden.   127

Demgegenüber vertritt *Hock* die Auffassung, dass die in den Lohngruppenverzeichnissen aufgeführten Tätigkeiten eine Eingruppierung in die Entgeltgruppen 8 und 9a ermöglicht.[83] Für die letztere Ansicht spricht die ab dem 1.1.2017 geltenden Anlage 3 zum TVÜ-VKA, in der die Entgeltgruppe 9a der Entgeltordnung der Lohngruppe 9 und der Entgeltgruppe 8 die Lohngruppe 7 mit Aufstieg nach 8 und 8a zugeordnet sind. Daraus lässt sich der Schluss ziehen, dass die Tarifparteien die Entgeltgruppen nicht leerlaufen lassen wollten, solang keine neuen, speziellen landesbezirklichen Tarifvorschriften vereinbart sind, sondern in der Zwischenzeit die in den Lohngruppenverzeichnissen bestehenden landesbezirklichen Regelungen für die beiden höchsten Entgeltgruppen maßgeblich sein sollen.   128

cc) Entgeltgruppen für Büro-, Buchhalterei-, sonstigen Innendienst und Außendienst

(1) Allgemeines und Vorbemerkung. Die Allgemeinen Tätigkeitsmerkmale für den Büro-, Buchhalterei-, sonstigen Innendienst und Außendienst gem. Teil A Abschnitt I   129

---

[80] BAG 3.2.1988 – 4 AZR 493/87, AP MTB II § 22 SV 2a Nr. 4.
[81] BAG 27.8.2008 – 4 AZR 484/07, NZA-RR 2009, 264.
[82] *Gamisch/Mohr*, Eingruppierung TVöD-VKA in der Praxis, S. 81.
[83] *Hock*, Die neue Entgeltordnung nach TVöD-VKA, S. 98.

Nr. 3 der Entgeltordnung entsprechen zu einem erheblichen Teil den ersten Fallgruppen der Vergütungsgruppen aus dem Allgemeinen Teil der Anlage 1a zum BAT, soweit es nicht um die Ausbildungsanforderungen geht, die die Vergütungsordnung des BAT nicht kannte.[84] Insofern kann auf die bisherige Rechtsprechung der Arbeitsgerichtsbarkeit zurückgegriffen werden.

130 Der etwas sperrige Begriff des Buchhaltereidienstes wird in einer Vorbemerkung zu Abschnitt I Nr. 3 dahingehend beschrieben, dass sich der Begriff nur auf Tätigkeiten von Beschäftigten bezieht, die mit kaufmännischer Buchführung beschäftigt sind. Das entspricht der Begriffsbestimmung in der Protokollnotiz Nr. 9 der Anlage 1a zum BAT. Dies führt natürlich zu der Frage, weshalb sich die Tarifparteien bei der Modernisierung der Eingruppierungsvorschriften nicht für einen zeitgemäßen Begriff entschieden haben, der aus sich heraus deutlich verständlicher wäre.

131 Systematisch haben sich die Tarifparteien dafür entschieden, in der Fallgruppe 1 der Entgeltgruppe 5 als personenbezogenes Merkmal auf die Ausbildung abzustellen. Für die Entgeltgruppe 5 benötigt der Beschäftigte einen Abschluss in einem anerkannten Ausbildungsberuf mit einer mindestens dreijährigen Ausbildungsdauer. Ab Entgeltgruppe 9b (dort Fallgruppe 1) bedarf es eines Hochschulabschlusses im Sinne der Grundsätzlichen Eingruppierungsregelungen gem. Vorbemerkung Nr. 4. Damit besteht bei den Qualifikationsanforderungen eine Dreiteilung vom **(1)** Un- und Angelernten über den **(2)** Beschäftigten mit abgeschlossener Berufsausbildung bis zum **(3)** Beschäftigten mit Hochschulbildung.

132 Daneben sieht die Entgeltordnung für Büro-, Buchhalterei-, sonstigen Innendienst und Außendienst eine Eingruppierung aufgrund abstrakter Tätigkeitsmerkmale vor. Diese Merkmale entsprechen in den Entgeltgruppen 2 und 3 denen in den Entgeltgruppen für handwerkliche Tätigkeiten und lehnen sich im Übrigen an den Merkmalen der Fallgruppe 1 der Vergütungsgruppen in der Anlage 1a zum BAT an.

133 Generell gilt auch hier, dass die dem Beschäftigten zugewiesene Tätigkeit auch der Ausbildung entsprechen muss bzw. die abstrakten Tätigkeitsmerkmale für die konkrete Tätigkeit erforderlich sind.

134 **(2) Entgeltgruppe 2: Einfache Tätigkeiten.** In die Entgeltgruppe 2 sind Beschäftigte mit einfachen Tätigkeiten eingruppiert. Für diese Tätigkeiten ist keine Berufsausbildung erforderlich und in dieser Entgeltgruppe können An- und Ungelernte beschäftigt werden.

135 Auch für den Büro-, Buchhalterei-, sonstigen Innendienst und Außendienst haben die Tarifparteien in der Entgeltgruppe 2 den unbestimmten Rechtsbegriff der „einfachen Tätigkeiten" definiert und die Begriffsbestimmung entspricht derjenigen in der Entgeltgruppe 2 für handwerkliche Tätigkeiten. Insofern kann auf die obigen Ausführungen verwiesen werden.

136 Mit dem Tätigkeitsmerkmal „einfache Tätigkeiten" haben die Tarifparteien die Tätigkeitsmerkmale „vorwiegend mechanische Tätigkeit" (Vergütungsgruppe X Fallgruppe 1) und „einfachere Arbeiten" (Vergütungsgruppe IX Fallgruppe 1) ersetzt. Das LAG Hamm hat für die Vergütungsgruppe IX den Begriff „einfachere Tätigkeiten" dahingehend definiert, dass es sich um Tätigkeiten handeln muss, die nicht mehr nur vorwiegend mechanisch sind, sondern ein gewisses Maß an Überlegung erfordern. Auch einfachere Arbeiten, bei denen noch Handarbeit erledigt wird, erfordern ein Mindestmaß an gedanklicher Arbeit. Unter einfachere Tätigkeiten fallen insbesondere nach Schema zu erledigende Arbeiten.[85] Von den einfachsten Tätigkeiten iSd Entgeltgruppe 1 unterscheiden sich einfache Tätigkeiten dadurch, dass eine Einarbeitung von mehreren Tagen bis wenigen Wochen

---

[84] Neu eingeführt sind allerdings die Tätigkeitsmerkmale der „einfachen Tätigkeiten" in der Entgeltgruppe 2 und der „Tätigkeiten, die eine eingehende fachliche Einarbeitung erfordern" in der Entgeltgruppe 3. Keine Entsprechung in der Vergütungsordnung des BAT hat die Entgeltgruppe 4, siehe Anlage 1 aF zum TVÜ-VKA.
[85] Vgl. LAG Hamm 17.7.2009 – 10 TaBV 33/09, BeckRS 2010, 65197.

erforderlich ist, um dadurch die Arbeitsabläufe soweit zu beherrschen, dass eine gewisse Arbeitsgeschwindigkeit erreicht wird. Beschäftigte in der Entgeltgruppe 2 werden zB in Registraturen, Archiven, Magazinen oder im Lager eingesetzt.

Typische einfache Tätigkeiten im Sinne der Entgeltordnung können auch heute noch nach der beispielhaften Aufzählung in der Vergütungsgruppe IX Fallgruppe 1 folgende nach Schema zu erledigende Arbeiten sein: Postabfertigung; Führung von Brieftagebüchern, Inhaltsverzeichnissen; Führung von einfachen Karteien, zB Zettelkatalogen, nach Eigen- oder Ortsnamen geordneten Karteien; Führung von Kontrolllisten, Einheitswertbogen und statistischen Anschreibungen; Formularverwaltung, Schreibmaterialverwaltung; Führung von häufig wiederkehrendem Schriftwechsel nach Vordruck, insbesondere formularmäßige Bescheinigungen und Benachrichtigungen sowie Erinnerungen und Straffestsetzungen; Lesen von Reinschriften; Heraussuchen von Vorgängen an Hand der Tagebücher. 137

(3) Entgeltgruppe 3: Tätigkeiten nach eingehender fachlicher Einarbeitung. Auch das Tätigkeitsmerkmal der Entgeltgruppe 3 ist neu in die Eingruppierungsvorschriften aufgenommen worden und löst das Merkmal der „schwierigeren Tätigkeiten" der Vergütungsgruppe VIII Fallgruppe 1a der Anlage 1a zum BAT ab. Das neue Merkmal entspricht dem Tätigkeitsmerkmal der Entgeltgruppe 3 für handwerkliche Tätigkeiten gem. Teil A Abschnitt I Nr. 2, so dass auch hier auf die obigen Ausführungen verwiesen werden kann. 138

Bei der Bestimmung, was die Tarifparteien unter Tätigkeiten verstehen, die eine eingehende fachliche Einarbeitung erfordern, empfiehlt sich eine Abgrenzung zu den Anforderungen in den niedrigeren Entgeltgruppen. Auch einfache Tätigkeiten im Sinne der Entgeltgruppe 2 erfordern zwar eine fachliche Einarbeitung. Diese ist aber deutlich kürzer als die eingehende Einarbeitung. Reichen bei der Entgeltgruppe 2 einige Tage oder wenige Wochen, muss die Dauer bei einer eingehenden Einarbeitung von einigen Wochen bis zu mehreren Monaten betragen. Eine Obergrenze für die Einarbeitungszeit wird durch die Tarifparteien nicht vorgegeben, sie muss aber sicherlich deutlich unterhalb der Dauer einer anerkannten Berufsausbildung liegen. 139

Ein weiterer Unterschied der Einarbeitung bei der Entgeltgruppe 2 gegenüber der Entgeltgruppe 3 ist der Zweck der Einarbeitung. Sie dient in der Entgeltgruppe 2 nur dem Zweck, dass der Beschäftigte die relativ einfachen Arbeitsabläufe beherrscht. Die Tätigkeiten müssen für ihn ohne Mühe lösbar, unkompliziert, leicht verständlich und nicht schwierig sein.[86] Sobald diese Anforderungen an die Tätigkeiten überschritten werden, ist dagegen eine eingehende Einarbeitung erforderlich, da der Beschäftigte vertiefte fachbezogene Kenntnisse benötigt, um die ihm zugewiesenen Tätigkeiten ausführen zu können. Allerdings handelt es sich auch hier nur um eine Anlerntätigkeit. Mit der Einarbeitung soll der Beschäftigte befähigt werden, die vom Arbeitgeber vorgegebenen Lösungsschritte anzuwenden. Eigene Überlegungen zur Aufgabenlösung sind dagegen für die Entgeltgruppe 3 nicht gefordert.[87] 140

Typische Tätigkeiten,[88] die in die Entgeltgruppe 3 gehören, sind zB die Aktenverwaltung einschließlich der Aktenanlage und der Zuordnung und der Ablage von Unterlagen. Auch die Verwaltung von Büromaterial einschließlich der Bestellung und Buchführung gehört zu den Tätigkeiten, die eine eingehende fachliche Einarbeitung erfordern. Weitere typische für die Entgeltgruppe 3 in Betracht kommende Tätigkeiten können der Aufzählung in der Vergütungsgruppe VIII Fallgruppe 1a der Anlage 1a zum BAT entnommen werden. Dort werden beispielhaft genannt die Mitwirkung bei der Bearbeitung laufender oder gleichartiger Geschäfte nach Anleitung, Entwerfen von dabei zu erledigenden Schreiben nach skizzierten Angaben; Erledigung ständig wiederkehrender Arbeiten in 141

---

[86] Vgl. LAG SchlH 28.6.2012 – 4 TaBV 2/12, BeckRS 2012, 71953.
[87] *Gamisch/Mohr*, Eingruppierung TVöD-VKA in der Praxis, S. 87.
[88] Vgl. *Hock*, Die neue Entgeltordnung nach TVöD-VKA, S. 102f.

Anlehnung an ähnliche Vorgänge, auch ohne Anleitung, Führung von Brieftagebüchern schwieriger Art, Führung von nach technischen oder wissenschaftlichen Merkmalen geordneten Karteien sowie von solchen Karteien, deren Führung die Kenntnis fremder Sprachen voraussetzt, buchhalterische Übertragungsarbeiten, Zinsstaffelberechnungen und Kontenführung.

142 **(4) Entgeltgruppe 4: Tätigkeiten, die gründliche Fachkenntnisse erfordern (Fallgruppe 1) oder schwierig sind (Fallgruppe 2).** Die Entgeltgruppe 4 hat zwei Fallgruppen. In Fallgruppe 1 sind Beschäftigte eingruppiert, deren Tätigkeiten mindestens zu einem Viertel gründliche Fachkenntnisse erfordern. Fallgruppe 2 verlangt „schwierige Tätigkeiten", die dem Beschäftigten zugewiesen sein müssen.

143 **(a) Fallgruppe 1: Gründliche Fachkenntnisse.** Obwohl die Entgeltgruppe 4 in der Vergütungsordnung des BAT keine Entsprechung hat, siehe Anlage 1 aF zum TVÜ-VKA, orientiert sich das Merkmal der Fallgruppe 1 einschließlich der Erläuterung an der Vergütungsgruppe VIII Fallgruppe 1b. Der Begriff der gründlichen Fachkenntnisse wird durch die Tarifparteien in der Entgeltordnung wie folgt erläutert:

„Gründliche Fachkenntnisse erfordern nähere Fachkenntnisse von Rechtsvorschriften oder näheres kaufmännisches oder technisches Fachwissen usw. des Aufgabenkreises."[89]

144 Mit der Ergänzung der Begriffsbeschreibung, dass die Fachkenntnisse sich auf kaufmännisches oder technisches Fachwissen beziehen können, haben die Tarifparteien die Rechtsprechung zur Auslegung dieses Tätigkeitsmerkmal aufgegriffen. Das BAG hatte für das vergleichbare Merkmal in der Vergütungsordnung darauf hingewiesen, dass sich die Fachkenntnisse nicht notwendig auf Rechtsvorschriften beziehen müssen. Vielmehr würden auch historische, architekturhistorische und fremdsprachliche Fachkenntnisse als ausreichend anzusehen sein. Trotz der Ergänzung der Begriffsbestimmung in der Entgeltordnung dürfte sich an dieser Auslegung nichts geändert haben, denn die Tarifparteien haben an dem Zusatz „usw." in der Klammerdefinition festgehalten, so dass die Aufzählung weiterhin nicht abschließend ist.[90] Das Tätigkeitsmerkmal hat sowohl ein quantitatives als auch ein qualitatives Element, denn die erforderlichen Fachkenntnisse sind nur „gründlich", wenn sie von nicht ganz unerheblichem Ausmaß und nicht nur oberflächlicher Art sind.[91]

145 Eine Eingruppierung in die Entgeltgruppe 4 setzt – wie schon bisher die Eingruppierung in die Vergütungsgruppe VIII Fallgruppe 1b der Anlage 1a zum BAT-VKA – voraus, dass mindestens 25 % der Tätigkeiten, die dem Beschäftigten zugewiesen sind, gründliche Fachkenntnisse erfordern.

146 Das LAG Rheinland-Pfalz hat in einem Urteil vom 6.12.2016 entschieden, dass die Tätigkeit einer Verkehrsüberwachungskraft und Hilfspolizeibeamten gründliche Fachkenntnisse zur Erfüllung des Aufgabenbereichs voraussetze. Bei den Streifengängen, die der Beschäftigte zu verrichten habe, handele es sich um eine Tätigkeit im Außendienst, die hinsichtlich der Überwachung des ruhenden Verkehrs und der Einhaltung von Halt- und Parkvorschriften Kenntnisse nicht nur oberflächlicher Art auf dem Gebiet der StVO, StVZO, des POG und von den einschlägigen Verwaltungsvorschriften sowie der einschlägigen Rechtspre-

---

[89] In der Vergütungsordnung hieß es zu den gründlichen Fachkenntnissen, dass nähere Kenntnisse von Gesetzen, Verwaltungsvorschriften und Tarifbestimmungen usw. des Aufgabenkreises erforderlich sind.
[90] Vgl. BAG 21.3.2012 – 4 AZR 266/10, AP BAT 1975 §§ 22, 23 Nr. 317; 10.12.1997 – 4 AZR 221/96, NZA-RR 1998, 567.
[91] BAG 10.12.1997 – 4 AZR 221/96, NZA-RR 1998, 567; LAG RhPf 6.12.2016 – 8 Sa 135/16, BeckRS 2016, 117347.

chung und darüber hinaus Erfahrungswissen in nicht nur unerheblichen Umfang erfordere.[92]

(b) Fallgruppe 2: Schwierige Tätigkeiten. Eine Eingruppierung in die Fallgruppe 2 der Entgeltgruppe 4 setzt schwierige Tätigkeiten voraus. Dieser unbestimmte Rechtsbegriff ist wiederum in der Entgeltordnung selbst durch die Tarifparteien definiert worden, wobei die Begriffsbestimmung mit der in Entgeltgruppe 4 für handwerkliche Tätigkeiten übereinstimmt. Es kann also insoweit auf die dortigen Ausführungen verwiesen werden. Schwierige Tätigkeiten sind nicht gleichzusetzen mit „schwierigeren Tätigkeiten" im Sinne der Vergütungsgruppe VIII Fallgruppe 1a der Anlage 1a zum BAT-VKA, denn schwierigere Tätigkeiten sind gegenüber dem hiesigen Tätigkeitsmerkmal ein weniger und erfordern nur eine eingehende fachliche Einarbeitung im Sinne der Entgeltgruppe 3 der Entgeltordnung.[93] Das Tätigkeitsmerkmal der schwierigen Tätigkeiten ist jedenfalls im Angestelltenbereich neu.[94] 147

(5) Entgeltgruppe 5: Abgeschlossene, mindestens dreijährige Ausbildung. Die Entgeltgruppe 5 ist im Teil A Abschnitt I Nr. 3 die erste Entgeltgruppe, die in der Fallgruppe 1 eine erfolgreich abgeschlossene, mindestens dreijährige Ausbildung in einem anerkannten Ausbildungsberuf verlangt. Sie stellt insoweit für die folgenden Entgeltgruppen bis zur Entgeltgruppe 9a die Basiseingruppierung dar. Das ausbildungsbezogene, persönliche Qualifikationsmerkmal ist neu und gab es in der Vergütungsordnung gem. Anlage 1a zum BAT-VKA bisher nicht. Die Fallgruppe 2 der Entgeltgruppe 5 dagegen findet ihre Entsprechung in der Vergütungsgruppe VII Fallgruppe 1a der Anlage 1a zum BAT-VKA. 148

(a) Fallgruppe 1: Abgeschlossene dreijährige anerkannte Berufsausbildung. Den Begriff der anerkannten Ausbildungsberufe haben die Tarifparteien bei den Grundsätzlichen Eingruppierungsregelungen in Vorbemerkung Nr. 5 definiert. Anerkannt ist ein Ausbildungsberuf nur, wenn er auf der Grundlage des Berufsbildungsgesetzes oder der Handwerksordnung geregelt ist. Insofern kann auf die obigen Ausführungen verwiesen werden. 149

Dadurch, dass die Eingruppierung in Entgeltgruppe 5 entweder eine Tätigkeit in einem anerkannten Beruf oder aber gründliche Fachkenntnisse erfordert, haben die Tarifparteien zum Ausdruck gebracht, dass die Wertigkeit der in den beiden Fallgruppen geregelten Tätigkeitsmerkmale gleich ist. 150

(b) Fallgruppe 2: 50 % der Tätigkeiten erfordern gründliche Fachkenntnisse. Um in die Entgeltgruppe 5 Fallgruppe 2 eingruppiert zu sein, ist es erforderlich, dass die Tätigkeiten mindestens zur Hälfte gründliche Fachkenntnisse erfordern. Diese Eingruppierungsvorschrift unterscheidet sich von der Entgeltgruppe 4 Fallgruppe 1 also nur durch den Umfang der Tätigkeiten, die das Tätigkeitsmerkmal erfüllen müssen. 151

---

[92] So LAG RhPf 6.12.2016 – 8 Sa 135/16, BeckRS 2016, 117347 zu einer Eingruppierung in die Entgeltgruppe 5. Die Entgeltgruppe 4 dürfte nicht in Betracht gekommen sein, weil mehr als 50 % der Tätigkeit des Beschäftigten gründliche Fachkenntnisse erfordern dürften. Das Merkmal „gründliche Fachkenntnisse" hat in beiden Entgeltgruppen, 4 und 5, die gleiche Bedeutung. Die Eingruppierung hing hier daher vom Umfang der Tätigkeiten ab, die das Tätigkeitsmerkmal erforderte. Das BAG hatte die Erforderlichkeit gründlicher Fachkenntnisse für die Überwachung und Regelung des ruhenden Verkehrs noch verneint, vgl. BAG 24.8.1983 – 4 AZR 32/81, AP BAT 1975 §§ 22, 23 Nr. 78. Diese unterschiedlichen Wertungen zeigen eindrücklich, wie schwierig sich die Eingruppierung in der Praxis gestaltet.
[93] Dies ist durchaus streitig, denn *Hock* vertritt die Ansicht, dass schwierige Tätigkeiten im Sinne der Vergütungsgruppe VIII sowohl in die Entgeltgruppe 3 als auch in die Entgeltgruppe 4 fallen können, wobei offen bleibt, wo die Grenze verläuft, siehe *Hock,* Die neue Entgeltordnung nach TVöD-VKA, S. 102.
[94] Im Bereich handwerklicher Tätigkeiten fand sich das Tätigkeitsmerkmal „schwierige Tätigkeiten" in der Lohngruppe 3, → Rn. 114.

152 Das Tätigkeitsmerkmal „gründliche Fachkenntnisse" ist, wie bereits oben zur Entgeltgruppe 4 Fallgruppe 1 dargestellt, nicht neu und fand sich bisher in der Vergütungsgruppe VII Fallgruppe 1a der Anlage 1a zum BAT-VKA. Auch nach der Entgeltordnung müssen in zeitlicher Hinsicht mindestens 50% der zugewiesenen Tätigkeiten gründliche Fachkenntnisse erfordern.

153 **Streifengänger im städtischen Ordnungs- und Servicedienst**
Die Tätigkeit eines Beschäftigten im städtischen Ordnungs- und Servicedienst auf den Streifengängen, welche mehr als die Hälfte der Arbeitszeit umfasst, dient einem einheitlichen Arbeitsergebnis, nämlich der Durchsetzung ordnungsrechtlicher Vorschriften und, damit einhergehend, der Ahndung von Verstößen gegen Gebote und Verbote sowie der Gefahrenabwehr. Das LAG Düsseldorf hat festgestellt, dass für die Tätigkeit eines Beschäftigten im städtischen Ordnungs- und Servicedienst gründliche Fachkenntnisse auf dem Gebiet des Rechts der Gefahrenabwehr erforderlich sind, so dass Anforderungen für eine Eingruppierung in die Entgeltgruppe 5 Fallgruppe 2 (vormals Vergütungsgruppe VII Fallgruppe 1b) erfüllt sind, weil die erforderlichen Kenntnisse der einschlägigen gesetzlichen Bestimmungen und Verordnungen nicht nur oberflächlicher Art sind.[95]

154 **Negativ-Beispiel: Sachbearbeiter im Kassen- und Mahnwesen eines Versorgungsunternehmens**
Dagegen hat das BAG bei einem Sachbearbeiter des Kassen- und Mahnwesens bei Stadtwerken bereits die Erforderlichkeit gründlicher Fachkenntnisse verneint, wenn die Haupttätigkeit das Ausfüllen von Anträgen auf Erlass eines Mahnbescheids ist. Dies wurde damit begründet, dass für die Bezeichnung des Streitgegenstandes die Angabe reiche, dass es sich um eine Forderung für einen bestimmten Zeitraum aus einem Energielieferungsvertrag handelte. Der Anspruch müsse nur individualisiert, nicht aber schlüssig begründet werden. Geforderte Zinsen bräuchten nicht ausgerechnet zu werden, da die Angabe von Zinssatz und Laufzeit genüge. Der Sachbearbeiter müsste nicht prüfen, ob der Anspruch von einer Gegenleistung abhinge, sondern es genügte die bloße, einfache Behauptung. Angaben zu Art, Umfang oder Zeit der Gegenleistung mussten dagegen nicht angegeben werden. Für das Ausfüllen von Anträgen seien auch keine Kenntnisse über die Allgemeinen Bedingungen für die Versorgung mit Wasser, Strom und Gas erforderlich, noch bedürfe es besonderer Rechtskenntnisse, um das zuständige Gericht im Antrag angeben zu können. Zudem würden durch den Sachbearbeiter nach den Feststellungen des BAG nahezu ständig gleich liegende Fallkonstellationen bearbeitet werden, bei denen jemand Energie bezogen hatte und diese – aus welchen Gründen auch immer – nicht bezahlte.[96]

155 **(6) Entgeltgruppe 6: Vielseitige Fachkenntnisse.** Die Entgeltgruppe 6 hebt sich dadurch aus der Entgeltgruppe 5 heraus, dass sie nicht nur gründliche, sondern auch vielseitige Fachkenntnisse erfordert. Wie die Entgeltgruppe 5 hat auch die Entgeltgruppe 6 zwei Fallgruppen.

156 **(a) Fallgruppe 1: Gründliche und vielseitige Fachkenntnisse.** In die Entgeltgruppe 6 Fallgruppe 1 sind Beschäftigte mit einem Abschluss in einem anerkannten Ausbildungsberuf mit einer dreijährigen Ausbildungszeit (Entgeltgruppe 5 Fallgruppe 1) eingruppiert, deren Tätigkeit nicht nur der Ausbildung entsprechen muss, sondern es sind zusätzlich gründliche und vielseitige Fachkenntnisse erforderlich. Dieses Heraushebungsmerkmal haben die Tarifparteien in einem Klammerzusatz wie folgt definiert:

„Die gründlichen und vielseitigen Fachkenntnisse brauchen sich nicht auf das gesamte Gebiet der Verwaltung (des Betriebs), bei der der/die Beschäftigte tätig ist, zu beziehen. Der Aufgabenkreis der/des Beschäftigten

---
[95] So LAG Düsseldorf 30.11.2015 – 14 Sa 817/15, BeckRS 2016, 65179.
[96] Siehe Begründung des BAG 28.9.1994 – 4 AZR 542/93, AP BAT 1975 §§ 22, 23 Nr. 185.

muss aber so gestaltet sein, dass er nur beim Vorhandensein gründlicher und vielseitiger Fachkenntnisse ordnungsgemäß durchgeführt werden kann."

Dieser Versuch einer Begriffsbestimmung ist für die Praxis nicht wirklich hilfreich und so wird man auch hier auf die Rechtsprechung zu diesem Tätigkeitsmerkmal zurückgreifen müssen, denn bereits die Vergütungsordnung in der Anlage 1a zum BAT-VKA enthielt in der Vergütungsgruppe VII Fallgruppe 1b dieses Merkmal. Nach Ansicht des BAG ist bei „gründlichen und vielseitigen Fachkenntnissen" eine Erweiterung der Fachkenntnisse dem Umfange nach erforderlich. Der Unterschied zwischen nur „gründlichen Fachkenntnisse" in der Vergütungsgruppe VII Fallgruppe 1a und dem Tätigkeitsmerkmal „gründliche und vielseitige Fachkenntnisse" sei deshalb quantitativer Natur. Die Vielseitigkeit könne sich entweder aus der Menge der anzuwendenden Vorschriften und Bestimmungen oder auch daraus ergeben, dass ein Beschäftigter nur in einem speziellen, schmalen Sachgebiet tätig wird.[97]

An dieser von der Rechtsprechung entwickelten Begriffsbestimmung hat sich bis heute nichts Grundlegendes geändert, wie eine Entscheidung des LAG Rheinland-Pfalz vom 6.12.2016 deutlich macht. Vielseitige Fachkenntnisse erfordern eine Erweiterung des Fachwissens seinem Umfang nach, also in quantitativer Hinsicht, was sich aus der Menge der anzuwendenden Vorschriften und Bestimmungen oder der Verschiedenartigkeit der sich aus dem Fachgebiet entstandenen bzw. entstehenden Aufgaben ergeben kann.[98] Weiter hat das LAG Rheinland-Pfalz klargestellt, dass auch sog. Erfahrungswissen „gründliche und vielseitige Fachkenntnisse" begründen könne, sofern es sich nicht um bloße Lebenserfahrung handele, die unabhängig von der speziellen Tätigkeit des Angestellten erworben wird.

Auch wenn die Tarifparteien in dem Klammerzusatz klargestellt haben, dass allseitige Fachkenntnisse auf dem gesamten Gebiet der Verwaltung, bei der der Beschäftigte arbeitet, nicht erforderlich sind, so genügt es nicht, wenn der Beschäftigte in einem eng abgegrenzten Teilgebiet mit nur routinemäßiger Bearbeitung beschäftigt wird.[99]

(b) Fallgruppe 2: Vielseitige Fachkenntnisse. Die Eingruppierung in die Entgeltgruppe 6 Fallgruppe 2 fordert nur „vielseitige Fachkenntnisse". Das hat seinen Grund in der Tatsache, dass dieses Tätigkeitsmerkmal das Heraushebungsmerkmal zur Entgeltgruppe 5 Fallgruppe 2 ist und diese bereits das Tätigkeitsmerkmal „gründliche Fachkenntnisse" enthält.

Qualitativ entsprechen die Anforderungen für eine Eingruppierung in die Entgeltgruppe 6 Fallgruppe 2 denen der Fallgruppe 1. Der Unterschied besteht lediglich darin, dass der Abschluss in einem anerkannten Ausbildungsberuf nicht erforderlich ist, sondern an dessen Stelle die gründlichen Fachkenntnisse gem. Entgeltgruppe 5 Fallgruppe 2 treten. Diese werden üblicherweise im Rahmen einer dreijährigen Berufsausbildung vermittelt, so dass es einen qualitativen Unterschied zwischen den beiden Fallgruppen nicht gibt.

(7) Entgeltgruppen 7 bis 9a: Selbständige Leistungen. Die Entgeltgruppen 7 bis 9a bauen auf der Entgeltgruppe 6 auf. Zu den gründlichen und vielseitigen Fachkenntnissen müssen selbständige Leistungen hinzukommen, wobei für die Eingruppierung in die Entgeltgruppe 7 die Tätigkeiten in zeitlicher Hinsicht mindestens zu 1/5 selbständige Leistungen erfordern. Für die Entgeltgruppe 8 muss der zeitliche Anteil der selbständigen Leistungen bei mindestens 1/3 und für die Entgeltgruppe 9a bei 50% liegen.

---

[97] Vgl. BAG 28.9.1994 – 4 AZR 542/93, AP BAT 1975 §§ 22, 23 Nr. 185 mwN.
[98] So LAG RhPf 6.12.2016 – 8 Sa 135/16, BeckRS 2016, 117347 mit Verweis auf BAG 21.3.2012 – 4 AZR 266/10, BeckRS 2012, 70095.
[99] So bereits die Rspr. zu Vergütungsgruppe VII Fallgruppe 1b, ua LAG RhPf 6.12.2016 – 8 Sa 135/16, BeckRS 2016, 117347 mwN.

163 Auch für das Tätigkeitsmerkmal der „selbständigen Leistungen" haben die Tarifparteien in einem Klammerzusatz eine für alle drei Entgeltgruppen gleichlautende Begriffsbestimmung zur Verfügung gestellt, die wie folgt lautet:

> *„Selbständige Leistungen erfordern ein den vorausgesetzten Fachkenntnissen entsprechendes selbständiges Erarbeiten eines Ergebnisses unter Entwicklung einer eigenen geistigen Initiative; eine leichte geistige Arbeit kann diese Anforderung nicht erfüllen."*

164 Da für die Eingruppierung stets die Arbeitsvorgänge maßgeblich sind, müssen selbständige Leistungen im Rahmen von Arbeitsvorgängen anfallen, die für sich genommen gründliche und vielseitige Fachkenntnisse erfordern. Das selbständige Erarbeiten eines Ergebnisses baut also auf den dazu erforderlichen gründlichen und vielseitigen Fachkenntnissen auf, dh es muss diesen vorausgesetzten Fachkenntnissen entsprechen.[100]

165 Diese Begriffsbestimmung entspricht weitgehend der bisherigen Rechtsprechung zu diesem Tätigkeitsmerkmal, das bereits in der Vergütungsordnung in Anlage 1a zum BAT-VKA verwendet wurde.[101] Die Rechtsprechung versteht unter selbständiger Leistung eine Gedankenarbeit, die im Rahmen der für die Entgeltgruppe vorausgesetzten Fachkenntnisse hinsichtlich des einzuschlagenden Weges, wie insbesondere hinsichtlich des zu findenden Ergebnisses eine eigene Beurteilung und eine eigene Entschließung erfordert. Kennzeichnend für selbständige Leistungen im tariflichen Sinne sind ein wie auch immer gearteter Ermessens-, Entscheidungs-, Gestaltungs- oder Beurteilungsspielraum bei der Erarbeitung eines Arbeitsergebnisses. Charakteristisch sind Abwägungsprozesse, die Anforderungen an das Überlegungsvermögen stellen, weil der Beschäftigte unterschiedliche Informationen verknüpfen, untereinander abwägen und zu einer Entscheidung kommen müsse. Auch wenn dieser Arbeitsprozess bei entsprechender Routine schnell ablaufen könne, ändere dies nichts an der Selbständigkeit der Leistung, die der Beschäftigte zu erbringen habe.[102]

166 Die selbständige Leistung dürfe nicht mit dem Begriff der „selbständigen Arbeit" verwechselt werden. Arbeitet ein Beschäftigter ohne direkte Aufsicht oder Lenkung durch Weisungen, sage dies noch nichts über die Qualität und die Anforderungen des Arbeitsinhalts. Das aber ist für das Tätigkeitsmerkmal der selbständigen Leistung maßgeblich.[103]

167 Ein besonders geeignetes Beispiel für die Eingruppierung in die **Entgeltgruppe 9a** ist der Wohngeldsachbearbeiter, dessen Tätigkeiten nicht nur gründliche und vielseitige Fachkenntnisse, sondern auch selbständige Leistungen im Umfang von mehr als 50 % erfordern. Das BAG hat die entsprechende Eingruppierung in einer Entscheidung aus dem Jahr 2009 wie folgt sehr anschaulich begründet:

> Ein **Wohngeldsachbearbeiter** benötigt nach Auffassung der Rechtsprechung gründliche und vielseitige Fachkenntnisse im Sinne der Entgeltordnung, denn er hat bei der Bearbeitung von Erst- und Folgeanträgen auf Wohngeld alle einschlägigen Vorschriften des Wohngeldrechts, mehrere Bücher des Sozialgesetzbuchs, Teile des BGB sowie des Einkommensteuer- und des Ordnungswidrigkeitenrechts und des Kindergeldrechts zu berücksichtigen. Das BAG hat ausdrücklich klargestellt, dass die Verwendung von Antragsformularen die Notwendigkeit, ganz besondere Rechtskenntnisse anzuwenden, ebenso wenig ausschließe, wie die Verwendung eines EDV-Programms zur Überwachung von Fristen und Zahlungen sowie zur Erstellung von Bescheiden.

---

[100] So BAG 22.2.2017 – 4 AZR 514/16, BeckRS 2017, 107674.
[101] Entgeltgruppe 7 entspricht der Vergütungsgruppe VIb Fallgruppe 1a der Anlage 1a zum BAT-VKA, Entgeltgruppe 8 entspricht der Vergütungsgruppe Vc Fallgruppe 1a der Anlage 1a zum BAT-VKA und die Entgeltgruppe 9a entspricht der Vergütungsgruppe Vc Fallgruppe 1b mit Aufstieg nach Vergütungsgruppe Vb Fallgruppe 1c der Anlage 1a zum BAT-VKA.
[102] So LAG RhPf 5.4.2017 – 4 Sa 242/16, BeckRS 2017, 122461; siehe auch BAG 23.9.2009 – 4 AZR 308/08, NZA-RR 2010, 494.
[103] So LAG RhPf 5.4.2017 – 4 Sa 242/16, BeckRS 2017, 122461.

Die Tätigkeiten eines Wohngeldsachbearbeiters seien auch selbständig, denn dieser müsse Nachforschungen im Zuge der Einkommensermittlung anstellen, wenn Einkunftsangaben im deutlichen Missverhältnis zum eigentlichen Lebensbedarf stehen oder unplausibel erscheinen. Dies eröffne für den Wohngeldsachbearbeiter Handlungsspielräume sowohl im „Ob" als auch im „Wie", was für eine selbständige Tätigkeit spreche. Das gleiche gelte für Recherchen oder Einschätzungen, die bei der Bewertung von Ausschlussgründen für Wohn- und Wirtschaftsgemeinschaften oder bei der Berücksichtigung vorübergehend abwesender Personen vorzunehmen seien. Ebenfalls als selbständige Leistungen erscheinen Einkommensschätzungen, wenn keine hinreichenden Anhaltspunkte zum wirklichen Einkommen vorliegen. Darüber hinaus ergeben sich unstreitig bei der Behandlung von Mischeinkünften, beim Ehegattenunterhalt und bei Selbständigeneinkommen problembehaftete und nur mit besonderem geistigem Aufwand zu bewältigende Vorgänge. Hinzu komme schließlich, dass auch die Entscheidung über einen vom gesetzlichen Regelfall abweichenden Bewilligungszeitraum pflichtgemäßes Ermessen erfordere. Auch das sei als selbständige Leistung zu bewerten.[104]

(8) Entgeltgruppe 9b: Hochschulbildung oder gründliche, umfassende Fachkenntnisse und selbständige Leistungen. Ab der Entgeltgruppe 9b, dort Fallgruppe 1, bis zur Entgeltgruppe 12 sind die Tätigkeiten geregelt, die vom Qualifikationsprofil des Beschäftigten Hochschulbildung mit entsprechenden Tätigkeiten erfordern. Der Begriff der Hochschulbildung ist bei den Grundsätzlichen Eingruppierungsregelungen in der Vorbemerkung Nr. 4 beschrieben und sie erfasst zum einen den Bachelor-Abschluss, aber zB auch die Diplom-Abschlüsse, die an Fachhochschulen erworben werden konnten, zu den Einzelheiten siehe oben. 168

Aber auch Beschäftigte, die über dieses personenbezogene Qualifikationsmerkmal nicht verfügen, können in die Entgeltgruppen 9b bis 12 eingruppiert werden, wenn sie entweder über Fähigkeiten und Erfahrungen verfügen, die durch eine Hochschulbildung vermittelt werden, oder wenn sie die abstrakten tätigkeitsbezogenen Merkmale der Entgeltgruppe 9b Fallgruppe 2 erfüllen. Diese sind „gründliche, umfassende Fachkenntnisse" und „selbständige Leistungen". 169

Diese Aufteilung der Eingruppierungsmerkmale auf zwei Fallgruppen setzt sich in den Entgeltgruppen 9c bis 12 fort, denn hier werden Heraushebungsmerkmale geregelt, die für beide Fallgruppen der Entgeltgruppe 9b gelten. 170

(a) Fallgruppe 1: Hochschulbildung mit entsprechender Tätigkeit. Für die Eingruppierung in die Entgeltgruppe 9b Fallgruppe 1 reicht allein die Hochschulbildung des Beschäftigten nicht. Hinzukommen muss, dass für die dem Beschäftigten zugewiesene Tätigkeit die Hochschulbildung auch erforderlich ist. Wann dies der Fall ist, ist von den Tarifparteien nicht ausdrücklich geregelt und einschlägige Rechtsprechung zu dieser Frage gibt es bisher nicht, weil die Hochschulbildung für die Eingruppierung im öffentlichen Dienst ein neues Merkmal ist. 171

Allerdings hat es auch in der Vergütungsordnung der Anlage 1a zum BAT-VKA ausbildungsbezogene Eingruppierungsmerkmale gegeben, nämlich die wissenschaftliche Hochschulbildung ab der Vergütungsgruppe II und aufwärts, auf die hier zurückgegriffen werden kann. 172

Nach Auffassung des BAG erfordert das Tätigkeitsmerkmal „Angestellte mit abgeschlossener wissenschaftlicher Hochschulbildung und entsprechender Tätigkeit", dass die auszuübende Tätigkeit einen sog. akademischen Zuschnitt haben müsse. Sie müsse schlechthin die Fähigkeit eines einschlägig ausgebildeten Akademikers auf dem entsprechenden akademischen Fachgebiet erfordern. Nicht ausreichend sei es, wenn die entsprechenden Kenntnisse des Beschäftigten für seinen Aufgabenkreis lediglich nützlich oder er- 173

---

[104] BAG 23.9.2009 – 4 AZR 308/08, NZA-RR 2010, 494.

wünscht seien; sie müssten vielmehr zur Ausübung der Tätigkeit erforderlich, also notwendig sein.[105]

174 Diese Rechtsprechung kann auf das Tätigkeitsmerkmal „abgeschlossene Hochschulbildung mit entsprechender Tätigkeit" in der Entgeltgruppe 9b Fallgruppe 1 übertragen werden. Erforderlich ist, dass die für die Ausübung der Tätigkeiten notwendige Qualifikation durch eine Hochschulbildung erworben worden sein muss. Um feststellen zu können, ob diese Anforderung erfüllt wird, muss man sich regelmäßig mit den Studieninhalten befassen und prüfen, ob der jeweilige Arbeitsvorgang die entsprechende Qualifikation erfordert.

175 Um die Studieninhalte eines Hochschulabschlusses zu ermitteln, kann auf die Berufsinformationen der Bundesagentur für Arbeit „www.berufenet.de" zurückgegriffen werden, wo auf einer abstrakt-generellen Basis Studieninhalte beschrieben werden. So werden die Studieninhalte für den Bachelor-Abschluss „Finanz- und Rechnungswesen, Controlling" wie folgt dargestellt: Zu den typischen Studieninhalten in diesem Fach gehören danach insbesondere die Pflichtmodule „Investition und Finanzierung", „IT-gestütztes Controlling", „Kostenrechnung und Produktionswirtschaft", „Personalwirtschaft", „Statistik", „Unternehmenssteuerung", „Volkswirtschaftslehre" und „Wirtschaftsinformatik". Diese Pflichtmodule werden ergänzt durch sog. Wahlpflichtmodule wie zB „strategisches Management" oder „Wissens- und Projektmanagement".

Soll ein Beschäftigter im Bereich Finanz- und Rechnungswesen tätig werden, ist auf die konkrete geschuldete bzw. auszuübende Tätigkeit abzustellen. Bezugspunkt der Eingruppierung ist der Arbeitsvorgang, der die maßgebende Einheit für die Zuordnung zu einem Tätigkeitsmerkmal ist. Im zweiten Schritt ist dann zu prüfen, ob für die Erfüllung der Aufgaben, die in dem betreffenden Arbeitsvorgang anfallen, die aufgezählten Qualifikationen erforderlich sind. Ist das der Fall, ist der Beschäftigte in Entgeltgruppe 9b Fallgruppe 1 eingruppiert.[106]

176 **(b) Fallgruppe 2: Gründliche, umfassende Fachkenntnisse und selbständige Leistungen.** Die Fallgruppe 2 ermöglicht es, in die Entgeltgruppe auch sonstige Beschäftigte ohne Hochschulbildung im Sinne der Vorbemerkung Nr. 4 einzugruppieren. Voraussetzung ist eine Tätigkeit, die „gründliche, umfassende Fachkenntnisse" sowie „selbständige Leistungen" erfordert. Das Merkmal der „selbständigen Leistungen" entspricht dem Merkmal in den Entgeltgruppen 7 bis 9a, so dass auf die dortigen Ausführungen zu diesem Tätigkeitsmerkmal verwiesen wird.

177 Das Tätigkeitsmerkmal „Gründliche, umfassende Fachkenntnisse" sind durch die Tarifparteien in einem Klammerzusatz in der Entgeltgruppe 9b Fallgruppe 2 wie folgt beschrieben worden:

„Gründliche, umfassende Fachkenntnisse bedeuten gegenüber den in den Entgeltgruppen 6 bis 9a geforderten gründlichen und vielseitigen Fachkenntnissen eine Steigerung der Tiefe und der Breite nach."

178 Auch dieses Tätigkeitsmerkmal ist nicht neu, sondern es handelt sich um das Merkmal, das bisher in der Vergütungsgruppe Vb Fallgruppe 1a der Anlage 1a zum BAT-VKA wortgleich verwendet wurde. Es baut ausweislich der vorstehend zitierten Begriffsbestimmung auf dem Tätigkeitsmerkmal „gründliche und vielseitige Fachkenntnisse" auf, wie es in der Entgeltgruppe 6 Fallgruppe 1 verwendet wird und den Entgeltgruppen bis 9a zugrunde liegt. Der Begriff der Fachkenntnisse entspricht dem in den Entgeltgruppen 7 bis 9a. Gründlich, umfassend sind die Fachkenntnisse aber nur, wenn diese gegenüber dem Tätigkeitsmerkmal „gründliche und vielseitige Fachkenntnisse" nach Tiefe und Breite,

---

[105] So BAG 14.9.2016 – AZR 964/13, NZA-RR 2017, 264.
[106] So für die Eingruppierung in Vergütungsgruppe, die eine wissenschaftliche Hochschulbildung mit entsprechender Tätigkeit fordert" BAG 14.9.2016 – AZR 964/13, NZA-RR 2017, 264.

V. Die Entgeltgruppen und ihre Tätigkeitsmerkmale H

also nach Qualität und Quantität, eine Steigerung darstellen. Um diesen abstrakten Rechtsbegriff bestimmen zu können, wird man in der Praxis zunächst herausarbeiten müssen, ob die Anforderungen der Ausgangsfallgruppe vorliegen, und ob in einer vergleichenden Betrachtung festgestellt werden kann, dass die qualifizierenden Merkmale der höheren Vergütungsgruppe erfüllt sind. Dies entspricht im Übrigen der Vorgehensweise der Rechtsprechung bei der Überprüfung von Eingruppierungen im öffentlichen Dienst.[107] Der **Eingruppierungsprozess** vollzieht sich demzufolge in folgenden Schritten:

- Ausgangspunkt der Eingruppierung ist also die Frage, ob für die betreffende Tätigkeit gründliche Fachkenntnisse iSd Entgeltgruppe 5 Fallgruppe 2 erforderlich sind. Im Klammerzusatz zu Entgeltgruppe 9b Fallgruppe 2 heißt es zwar, dass das Tätigkeitsmerkmal „gründliche, umfassende Fachkenntnisse" auf den „gründlichen und vielseitigen Fachkenntnissen" im Sinne der Entgeltgruppe 6 aufbaut. Dieser aber baut auf den gründlichen Fachkenntnissen der Entgeltgruppe 5 auf. Gründlich sind Fachkenntnisse, wenn sie von nicht ganz unerheblichem Ausmaß und nicht nur oberflächlicher Art sind.
- Die Steigerung sind „gründliche und vielseitige Fachkenntnissen". Sie erfordern eine Erweiterung der Fachkenntnisse dem Umfang nach. Der Unterschied ist nach Ansicht der Rechtsprechung ausschließlich quantitativ. Eine Vertiefung der Fachkenntnisse wird hier nicht gefordert.
- Erst das Tätigkeitsmerkmal „gründliche, umfassende Fachkenntnisse" erfordert nach der Begriffsbestimmung im Klammerzusatz ausdrücklich eine Steigerung nicht nur in der Breite (= Umfang), sondern auch nach der Tiefe der einzusetzenden Fachkenntnisse. Nach der Rechtsprechung des BAG dürfen die Begriffe „gründlich" und „umfassend" nicht getrennt beurteilt werden, sondern sie sind als „einheitlicher" Begriff den „gründlichen und vielseitigen Fachkenntnissen" der Entgeltgruppe 6 zusammenfassend gegenüberzustellen und einheitlich zu bewerten. Nur wenn eine Steigerung nach Tiefe und Breite, nach Qualität und Quantität, gegenüber dem Tätigkeitsmerkmal „gründliche und vielseitige Fachkenntnisse" festgestellt werden könne, sei das Heraushebungsmerkmal der Entgeltgruppe 9b Fallgruppe 2 erfüllt.[108]

Ein **Lebensmittelkontrolleur** benötigt für seine Tätigkeiten grundlegende, umfassende Fachkenntnisse und er erbringt auch selbständige Leistungen, so dass er das Tätigkeitsmerkmal der Entgeltgruppe 9b Fallgruppe 2 erfüllt. Dies begründete das BAG damit, dass ein Beschäftigter, der mit sämtlichen Aufgaben eines Lebensmittelkontrolleurs befasst sei, die in § 1 Abs. 2 der Lebensmittelkontrolleurverordnung erwähnt sind, sämtliche im Rahmen seiner Ausbildung zum Lebensmittelkontrolleur zu vermittelnden Kenntnisse benötige. Diese wiederum ergäben sich aus der vorgenannten Verordnung. Das BAG hat ausdrücklich festgestellt, dass solche Rückschlüsse aus der ausgeübten Tätigkeit mit Blick auf die gesetzlichen Regelungen über Tätigkeitsinhalte und die erforderlichen einschlägigen Fähigkeiten und Erfahrungen rechtlich zulässig wären.[109] 179

Ein weiteres Beispiel für eine Tätigkeit, die gründliche, umfassende Fachkenntnisse erfordert, ist die Tätigkeit eines **Sachbearbeiters im Integrationsamt** (früher Hauptfürsorgestelle). Für die Sachbearbeitung in den Fällen, in denen die Kündigung schwerbehinderter Arbeitnehmer beabsichtigt ist, seien breite und tiefgehende Kenntnisse der einschlägigen Gesetze und sonstigen Normen sowie der dazu ergangenen Rechtsprechung erforderlich. Der Sachbearbeiter habe gemäß § 20 Abs. 2 SGB X alle für den Einzelfall bedeutsamen Umstände nicht nur zu ermitteln, sondern bei seiner Entscheidung auch zu berücksichtigen. Der Sachbearbeiter müsse bei dieser Tätigkeit auch selbständige Leistungen erbringen. Mit 180

---
[107] BAG 12.5.2004 – 4 AZR 371/03, AP BAT 1975 §§ 22, 23 Nr. 301.
[108] BAG 12.6.1996 – 4 AZR 1025/94, AT BAT 1975 §§ 22, 23 Nr. 212.
[109] BAG 14.8.1985 – 4 AZR 322/84, AT BAT 1975 §§ 22, 23 Nr. 105.

einer Zustimmung zu einer beabsichtigten Kündigung treffe er eine Ermessensentscheidung. Dabei habe er die schutzwürdigen Belange des Schwerbehinderten einerseits und des antragstellenden Arbeitgebers andererseits in differenzierter Weise gegeneinander abzuwägen. Die Selbständigkeit zeige sich insbesondere auch darin, dass der Sachbearbeiter zu prüfen habe, ob eine beantragte Zustimmung zur Kündigung mit einer Nebenbestimmung, wie zB Befristung, Bedingung oder Auflage zu verbinden sei. Damit muss ein Sachbearbeiter im Integrationsamt über gründliche, umfassende Fachkenntnisse verfügen und selbständige Leistungen erbringen. Er erfülle aber darüber hinaus die auf Entgeltgruppe 9b aufbauenden Tätigkeitsmerkmale der Entgeltgruppe 9c, die nachfolgend dargestellt werden.[110]

181 **(9) Entgeltgruppe 9c: Heraushebungsmerkmal „besonders verantwortungsvoll".** Die Entgeltgruppe 9c baut auf der Entgeltgruppe 9b auf und verlangt für eine Eingruppierung, dass sich die Tätigkeit des Beschäftigten dadurch aus der Entgeltgruppe 9b heraushebt, dass sie „besonders verantwortungsvoll" ist. Dieser unbestimmte Rechtsbegriff ist von den Tarifparteien in der Entgeltordnung nicht näher bestimmt worden. Da das Merkmal allerdings nicht neu ist, sondern bereits in der Vergütungsgruppe IVb Fallgruppe 1a der Anlage 1a zum BAT-VKA verwendet wurde, kann auf die einschlägige Rechtsprechung zurückgegriffen werden.

182 Nach der Rechtsprechung des BAG ist unter „Verantwortung" im Sinne des betreffenden Tarifmerkmals die Verpflichtung des Beschäftigten zu verstehen, dafür einstehen zu müssen, dass in dem ihm übertragenen Arbeitsbereich die dort zu erledigenden Aufgaben sachgerecht, pünktlich und vorschriftsgemäß ausgeführt würden. Diese Verantwortung ist allerdings noch nicht prägend für die Entgeltgruppe 9c, denn dies entspricht der Normalverantwortung, die auch ein Beschäftigter trägt, der in die nächstniedrigere Entgeltgruppe 9b eingruppiert ist, obgleich dieses Merkmal dort nicht ausdrücklich genannt wird. Die Feststellung, ob eine Tätigkeit „besonders verantwortungsvoll" ist, setzt nach der Rechtsprechung des BAG einen wertenden Vergleich mit der sog. „Normalverantwortung" voraus. Das Heraushebungsmerkmal der Entgeltgruppe 9c ist dann erfüllt, wenn sich die Tätigkeit des Angestellten gemessen an und ausgehend von den Anforderungen der Entgeltgruppe 9b durch das Maß der geforderten Verantwortung in gewichtiger, beträchtlicher Weise heraushebt, wobei nicht nötig ist, dass der Beschäftigte die letzte oder alleinige Verantwortung trägt.[111] Dieser Aspekt kann durchaus geeignet sein, die besondere Verantwortung zu begründen. So hat das BAG in einer Entscheidung aus dem Jahr 2015 für eine Sachbearbeiterin „Wirtschaftliche Sozialhilfe" festgestellt, dass deren Entscheidungen regelmäßig im Vergleich zur Gruppe der Sachbearbeiter in der Sozialhilfe aufgrund ihres besonderen Betreuungsklientels mit multiplen Problemen und daraus resultierenden komplexen Hilfemöglichkeiten und Ansprüchen eine erheblich größere, persönliche Tragweite habe, so dass in der Gesamtschau der von der betreffenden Sachbearbeiterin dargelegten Tatsachen ihre Verantwortung in gewichtiger Weise gesteigert ist.[112] Soweit es also um Entscheidungen über Leistungen an Dritte geht, kann die besondere Verantwortung auch gerade darin liegen, dass sie auf die betroffenen Antragsteller Auswirkungen von erheblicher Tragweite haben.[113]

183 Die Tätigkeit eines **Sachbearbeiters im Integrationsamt** erfordert aber nicht nur gründliche, umfassende Fachkenntnisse und selbständige Leistungen, wie oben dargestellt, sondern sie ist darüber hinaus auch besonders verantwortungsvoll, so dass eine Eingruppierung in die Entgeltgruppe 9c in Betracht kommt. Dies hat für eine Eingruppierung in die frühere, vergleichbare Vergütungsgruppe IVb Fallgruppe 1a das BAG entschieden.

---

[110] BAG 5.3.1997 – 4 AZR 511/95, AP BAT 1975 §§ 22, 23 Nr. 222.
[111] BAG 15.2.2006 – 4 AZR 645/04, AP BAT-O §§ 22, 23 Nr. 32.
[112] BAG 21.1.2015 – 4 AZR 253/13, AP BAT-O §§ 22, 23 Nr. 44.
[113] BAG 21.1.2015 – 4 AZR 253/13, AP BAT-O §§ 22, 23 Nr. 44.

V. Die Entgeltgruppen und ihre Tätigkeitsmerkmale

Maßgeblich war für das BAG, dass der Sachbearbeiter bei seiner Tätigkeit den Amtsermittlungsgrundsatz umzusetzen habe, also von ihm der Sachverhalt zu ermitteln war, wobei sich Art und Umfang der Ermittlungen nach seinem Ermessen richteten. Er habe dabei nach dem Gebot der Vollständigkeit der Ermittlungen alle für den Einzelfall bedeutsamen Umstände zu ermitteln und zu berücksichtigen und dürfe sich nicht mit einer Schlüssigkeitsprüfung der vom Arbeitgeber angegebenen Kündigungsgründe begnügen. Auch reiche eine oberflächliche Prüfung nicht aus, wenn der Schwerbehinderte gegebenenfalls keine gegen die Kündigung sprechenden Gründe, zB hinsichtlich einer anderweitigen Beschäftigungsmöglichkeit im Betrieb, vortrage. Schließlich ergebe sich die besondere Verantwortung der Tätigkeit des Sachbearbeiters auch daraus, dass er mündliche Verhandlungen über beabsichtigte Kündigungen in den Betrieben zu leiten und dabei jederzeit auf eine gütliche Einigung hinzuwirken und, sofern eine einvernehmliche Regelung nicht gefunden werden kann, einen Bescheid zu erarbeiten habe. Die Verantwortung werde nicht kleiner, wenn der Sachbearbeiter gegebenenfalls nur einen Entscheidungsentwurf fertigen müsse, der von einem Vorgesetzten abzuzeichnen sei.[114]

Auch der **Leiter einer Außenstelle eines Jugendamts** wäre nach Feststellung des BAG in die Entgeltgruppe 9c einzugruppieren, denn die Tätigkeit des Beschäftigten erforderten aufgrund der Breite des Aufgabengebiets und der Vielfalt der anfallenden Tätigkeiten nähere Fachkenntnisse auf den unterschiedlichsten Rechtsgebieten, die das gesamte BGB, Teile des SGB, weitere sozialrechtliche Vorschriften, des Arbeitsrechts und Teile des allgemeinen und besonderen Verwaltungsrechts umfassen. Ferner hatte der Außenstellenleiter selbständige Leistungen zu erbringen, womit er die Voraussetzungen der Entgeltgruppe 9c erfüllte. Die Tätigkeit des Außenstellenleiters war auch allein deshalb besonders verantwortungsvoll, weil er in der ihm zugewiesenen Dienststelle Leitungs- und Aufsichtsfunktionen wahrzunehmen hatte.[115]

(10) Entgeltgruppen 10 und 11: Besondere Schwierigkeit und Bedeutung. Auch für die Entgeltgruppen 10 und 11 gilt das Baukastenprinzip, denn sie bauen beide auf der Entgeltgruppe 9c auf, aus der sich die Tätigkeit dadurch herausheben muss, dass sie durch besondere Schwierigkeit und Bedeutung geprägt ist. Der Unterschied zwischen den beiden Entgeltgruppen liegt darin, dass die Tätigkeiten für die Eingruppierung in die Entgeltgruppe 10 nur zu 1/3 das Heraushebungsmerkmal erfüllen müssen, während für die Entgeltgruppe 11 mindestens 50% der Tätigkeiten besondere Schwierigkeit und Bedeutung haben müssen.

Das Tätigkeitsmerkmal der „besonderen Schwierigkeit", das es bereits in der Vergütungsgruppe IVb Fallgruppe 1a der Anlage 1a zum BAT-VKA gab, definierte das BAG dahingehend, dass ein Wissen und Können erforderlich ist, das die Anforderungen der Entgeltgruppe 9c, früher der Vergütungsgruppe IV b Fallgruppe 1a, in beträchtlicher und gewichtiger Weise übersteigt. Diese erhöhte Qualifizierung könne sich aus der Breite und Tiefe des geforderten fachlichen Wissens und Könnens ergeben, aber auch aus außergewöhnlichen Erfahrungen oder einer sonstigen gleichwertigen Qualifikation, etwa Spezialkenntnissen. Weiter sei erforderlich, dass sich die Schwierigkeit unmittelbar aus der Tätigkeit selbst ergäbe. Es reiche nicht, wenn die Tätigkeit im Einzelfall unter belastenden Bedingungen ausgeführt werden müsse.[116]

Das Adjektiv „besonders" bezieht sich ausschließlich auf die Schwierigkeit der Tätigkeit, nicht aber auch auf das Merkmal der „Bedeutung". Anknüpfungspunkt sind die Auswirkungen, die die Tätigkeit hat. Da es sich um ein Heraushebungsmerkmal handelt, müssen die Auswirkungen oder die Tragweite der Tätigkeit des Beschäftigten deutlich

---
[114] BAG 5.3.1997 – 4 AZR 511/95, AP BAT 1975 §§ 22, 23 Nr. 222.
[115] BAG 1.8.2001 – 4 AZR 298/00, NJOZ 2002, 684.
[116] BAG 16.10.2002 – 4 AZR 579/01, AP BAT 1975 §§ 22, 23 Nr. 294.

wahrnehmbar größer sein, als dies bei der Entgeltgruppe 9c der Fall ist.[117] Entscheidend für die Bedeutung der Tätigkeit ist daher nach der Rechtsprechung des BAG eine deutlich wahrnehmbare Heraushebung gegenüber der Entgeltgruppe 9c. Diese kann sich entweder aus der Auswirkung der Tätigkeit ergeben oder aus der Bedeutung oder der Größe des Aufgabengebietes oder auch aus der Tragweite für den innerdienstlichen Bereich und für die Allgemeinheit.[118]

188 Das BAG hatte in einer Entscheidung aus dem Jahr 1995 festgestellt, dass eine **Gleichstellungsbeauftragte** in die Entgeltgruppe 10[119] eingruppiert werden kann, wenn ihr aufgrund des Arbeitsvertrages und nach der Ausgestaltung des Arbeitsverhältnisses Aufgaben übertragen sind, aus denen sich entnehmen ließe, dass an das Fachwissen der Gleichstellungsbeauftragten Anforderungen gestellt werden, die über gründliche, umfassende Fachkenntnisse hinausgehen. Die besonderen Schwierigkeiten der Tätigkeit hatte das BAG darin gesehen, dass die Aufgabenstellung alle Verwaltungsbereiche der Kommune umfasse, in die sie sich einarbeiten müsse. Ihre Tätigkeit reiche von der Mitwirkung bei Personalentscheidungen über die Einflussnahme auf Rats- und Ausschussarbeit bis zur konzeptionellen Arbeit, Öffentlichkeitsarbeit und Kontaktpflege. Diese Aufgaben könnten mit gründlichen, umfassenden Fachkenntnissen allein nicht mehr bewältigt werden, sondern verlangten ein beträchtlich gesteigertes fachliches Wissen und Können, so dass die Tätigkeit als „besonders schwierig" im Sinne des Tarifmerkmals zu bewerten wäre.

Die habe auch die erforderliche Bedeutung, denn die Bedeutung im Sinne der tariflichen Vorschriften ergebe sich daraus, dass die Gleichstellungsbeauftragte bei Entscheidungen mitwirke, deren Auswirkungen für die Betroffenen unter Umständen erheblich seien, zB bei Personalentscheidungen, bei Ratsentscheidungen, bei der Kindertagesstättenplanung und in anderen Bereichen, in denen die Gleichstellungsbeauftragte mitzuwirken habe.[120]

189 **(11) Entgeltgruppe 12: Verantwortung.** Die Entgeltgruppe 12 baut auf der Entgeltgruppe 11 auf, denn zusätzlich zur besonderen Schwierigkeit und Bedeutung muss sich die Tätigkeit durch das Maß der damit verbundenen Verantwortung erheblich aus der nächstniedrigeren Entgeltgruppe 11 herausheben.

190 Erheblich ist die Heraushebung nach dem Willen der Tarifparteien, wenn sie beträchtlich und gewichtig ist und aus diesem Grund eine besonders weitreichende hohe Verantwortung des Beschäftigten erfordert. Daraus hat die Rechtsprechung geschlossen, dass nur solche Beschäftigten in die entsprechende Entgeltgruppe eingruppiert sind, die zur „Spitzengruppe des gehobenen Angestelltendienstes" zählen, die einer weiteren Steigerung nicht mehr zugänglich ist.[121]

191 Mit dem Begriff der „Verantwortung" beschreiben die Tarifparteien die Verpflichtung des Beschäftigten, für die sachgerechte, pünktliche und vorschriftsgemäße Ausführung der in dem ihm übertragenen Arbeitsbereich – auch von anderen Bediensteten – zu erledigenden Aufgaben einzustehen. Diese allgemeine Verantwortung trägt allerdings jeder Beschäftigte des öffentlichen Dienstes, so dass diese allgemeine Verantwortlichkeit nicht den

---

[117] So die Begriffsbestimmung des Merkmals „Bedeutung" in der Vergütungsgruppe IVa Fallgruppen 1a und b und der Heraushebung gegenüber der Vergütungsgruppe IVb Fallgruppe 1a durch das BAG 14.4.1999 – 4 AZR 334/98, NZA-RR 2000, 219.
[118] BAG 16.10.2002 – 4 AZR 579/01, AP BAT 1975 §§ 22, 23 Nr. 294.
[119] Dies entspricht der damaligen Vergütungsgruppe IVa Fallgruppe 1a der Anlage 1a BAT-VKA.
[120] So BAG 20.9.1995 – 4 AZR 413/94, AP BAT 1975 §§ 22, 23 Nr. 205; aus dieser Entscheidung kann aber nicht abgeleitet werden, dass die Tätigkeit einer Gleichstellungsbeauftragten per se durch besondere Schwierigkeit und Bedeutung gekennzeichnet wäre. Dies ist in einem Eingruppierungsrechtsstreit vielmehr im Einzelnen darzulegen, siehe hierzu die Entscheidung des BAG 16.10.2002 – 4 AZR 579/01, AP BAT 1975 §§ 22, 23 Nr. 294, in der mangels eines substantiierten Vortrags eine Eingruppierung in die Entgeltgruppe 10 verneint wurde. Hier wies das BAG ausdrücklich darauf hin, dass die Berufung der Klägerin auf die Entscheidungen des BAG 20.9.1995 – 4 AZR 413/94, AP BAT 1975 §§ 22, 23 Nr. 205 einen eigenen Sachvortrag nicht ersetzen könne.
[121] BAG 20.9.1995 – 4 AZR 413/94, AP BAT 1975 §§ 22, 23 Nr. 205.

V. Die Entgeltgruppen und ihre Tätigkeitsmerkmale **H**

Anforderungen der Entgeltgruppe 12 genügen kann. Hinzukommen muss ein Maß an Verantwortung, das in der Position des gehobenen Angestelltendienstes nicht mehr nennenswert überboten werden kann. Eine Eingruppierung in die Entgeltgruppe 12 kommt daher nur für Beschäftigte in Frage, die entweder große Arbeitsbereiche leiten und damit für eine größere Anzahl ihnen unterstellter Mitarbeiter „verantwortlich" sind; oder die fachliche oder organisatorische Konzepte für nachgeordnete Bereiche zu erstellen haben und insofern für die ordnungsgemäße Arbeit der nachgeordneten Bereiche die Verantwortung tragen.[122]

Die Eingruppierung in die Entgeltgruppe 12 erfordert mithin eine Spitzenstellung des Beschäftigten in der Verwaltung oder im Betrieb, so dass er mindestens der ersten oder zweiten fachlichen Hierarchieebene angehören muss. Ist der Beschäftigte dagegen nur auf der dritten Fachhierarchieebene tätig, fehlt es an der Spitzenstellung und damit auch an dem besonderen Maß an Verantwortung.[123] Eine Eingruppierung in die Entgeltgruppe 12 kommt dann nicht in Betracht. 192

dd) Entgeltgruppen 13 bis 15

Die Entgeltgruppen 13 bis 15 der Entgeltordnung TVöD-VKA entsprechen den Vergütungsgruppen II, Ib und Ia der Anlage 1a zum BAT. 193

Diese Gruppen haben gemeinsam, dass sie in der Fallgruppe 1 eine wissenschaftliche Hochschulbildung im Sinne der Nr. 3 der Vorbemerkungen und eine dieser Ausbildung entsprechende Tätigkeit des Beschäftigten voraussetzen. Erfasst werden aber auch „sonstige Beschäftigte" im Sinne der Nr. 2 der Vorbemerkungen, wenn diese aufgrund gleichwertiger Fähigkeiten und Erfahrungen entsprechende Tätigkeiten ausüben. 194

In der Fallgruppe 2 der Entgeltgruppen 13 bis 15 werden Beschäftigte in kommunalen Einrichtungen und Betrieben erfasst, deren Tätigkeiten wegen der Schwierigkeit der Aufgabe und der Größe der damit verbundenen Verantwortung so zu bewerten sind, wie Tätigkeiten, die eine wissenschaftliche Hochschulbildung erfordern (Fallgruppe 1). 195

Schließlich haben die Entgeltgruppen 14 und 15 eine dritte Fallgruppe, die auf die Unterstellungsverhältnisse abstellt. 196

Die nachfolgende tabellarische Übersicht zeigt, welche Vergütungsgruppen mit den neuen Entgeltgruppen der Entgeltordnung des TVöD korrespondieren. 197

Tätigkeitsmerkmal in der Entgeltordnung des TVöD-VKA	Entgeltgruppe und Fallgruppe nach TVöD	Vergütungsgruppe und Fallgruppe nach BAT
abgeschlossene wissenschaftliche Hochschulbildung und entsprechende Tätigkeit oder sonstige Beschäftigte ….	EG 13 Fg. 1	VergG II Fg. 1a
Beschäftigte in kommunalen Einrichtungen und Betrieben, deren Tätigkeit wegen der Schwierigkeit der Aufgaben und der Größe ihrer Verantwortung ebenso zu bewerten ist wie die Tätigkeiten nach Fg. 1.	EG 13 Fg. 2	VergG II Fg. 1d
Beschäftigte der E 13 Fg. 1, deren Tätigkeit sich mindestens zu einem Drittel durch besondere Schwierigkeit und Bedeutung oder durch das Erfordernis hochwertiger Leistungen bei besonders schwierigen Aufgaben aus der E 13 Fg. 1 heraushebt	EG 14 Fg. 1	VergG II Fg. 1b VergG II Fg. 1c

---

[122] So ausdrücklich BAG 20.9.1995 – 4 AZR 413/94, AP BAT 1975 §§ 22, 23 Nr. 205.
[123] So BAG 12.6.1996 – 4 AZR 94/95, AP BAT §§ 22, 23 Sozialarbeiter Nr. 33.

Tätigkeitsmerkmal in der Entgeltordnung des TVöD-VKA	Entgeltgruppe und Fallgruppe nach TVöD	Vergütungsgruppe und Fallgruppe nach BAT
Beschäftigte in kommunalen Einrichtungen und Betrieben, deren Tätigkeit wegen der Schwierigkeit der Aufgaben und der Größe ihrer Verantwortung ebenso zu bewerten ist wie die Tätigkeiten nach Fg. 1	EG 14 Fg. 2	VergG Ib Fg 1d
Beschäftigte der E 13 Fg. 1, denen mindestens drei Beschäftigte mindestens der E 13 durch ausdrückliche Anordnung ständig unterstellt sind	EG 14 Fg. 3	VergG Ib Fg. 1b
Beschäftigte der E 13 Fg. 1, deren Tätigkeit sich durch besondere Schwierigkeit und Bedeutung sowie erheblich durch das Maß der damit verbundenen Verantwortung aus der E 13 Fg. 1 heraushebt	EG 15 Fg. 1	VergG Ia Fg. 1a
Beschäftigte in kommunalen Einrichtungen und Betrieben, deren Tätigkeit wegen der Schwierigkeit der Aufgaben und der Größe ihrer Verantwortung ebenso zu bewerten ist wie die Tätigkeiten nach Fg. 1	EG 15 Fg. 2	VergG Ia Fg. 1c
Beschäftigte der 13 Fg. 1, denen mindestens fünf Beschäftigte mindestens der E 13 durch ausdrückliche Anordnung ständig unterstellt sind	EG 15 Fg. 3	VergG Ia Fg. 1b

198 **(1) Wissenschaftliche Hochschulbildung mit entsprechender Tätigkeit (Fallgruppe 1).** Eine Eingruppierung in die Entgeltgruppen 13 bis 15 Fallgruppe 1 setzt voraus, dass die auszuübende Tätigkeit einen sog. akademischen Zuschnitt hat und die Tätigkeit Fähigkeiten erfordert, über die nur ein einschlägig ausgebildeter Akademiker auf dem entsprechenden akademischen Fachgebiet verfügt. Die konkrete wissenschaftliche Hochschulbildung des Arbeitnehmers muss sich also unmittelbar auf die auszuübende Tätigkeit beziehen. Die Tätigkeit muss schlechthin die Fähigkeit erfordern, als einschlägig ausgebildeter Akademiker auf dem entsprechenden akademischen Fachgebiet Zusammenhänge zu überschauen und selbstständig Ergebnisse zu entwickeln.[124] Ein akademischer Zuschnitt der Tätigkeit fehlt, wenn sie lediglich Kenntnisse auf einem begrenzten Teilgebiet des entsprechenden akademischen Fachgebiets fordert, weil zB lediglich Kenntnisse und Fähigkeiten auf einem eng begrenzten juristischen Teilgebiet benötigt werden.[125] Es reicht auch nicht aus, dass der betreffende Arbeitnehmer über irgendeine wissenschaftliche Hochschulbildung verfügt, es muss vielmehr eine einschlägige Bildung vorhanden sein. Aufgrund dieser Verknüpfung zwischen Ausbildung und Tätigkeit genügt es nach der Rechtsprechung des BAG auch nicht, wenn die durch die wissenschaftliche Hochschulbildung erworbenen Kenntnisse für den Aufgabenkreis zwar nützlich oder erwünscht, nicht aber notwendig sind.[126]

199 Bei der Eingruppierung hat man deshalb zunächst zu ermitteln, welche konkreten Kenntnisse und Fähigkeiten durch die jeweilige wissenschaftliche Hochschulbildung vermittelt werden. In einem zweiten Schritt ist dann zu prüfen, ob die auszuübenden Tätigkeiten diese Kenntnisse und Fähigkeiten tatsächlich erfordern. Da für die Eingruppierung gem. § 12 Abs. 2 TVöD der konkrete Arbeitsvorgang maßgeblich ist, kommt es auch hier

---
[124] BAG 18.4.2012 – 4 AZR 441/10, AP BAT 1975 §§ 22, 23 Nr. 323.
[125] LAG Köln 8.6.2016 – 11 Sa 16/16, nv.
[126] BAG 18.4.2012 – 4 AZR 441/10, AP BAT 1975 §§ 22, 23 Nr. 323.

V. Die Entgeltgruppen und ihre Tätigkeitsmerkmale H

für die Eingruppierung auf die tatsächlich geschuldete und auszuübende Tätigkeit des Arbeitnehmers an und nicht etwa auf ein allgemeines Berufsbild[127]. Obgleich die Entgeltgruppen, die eine wissenschaftliche Hochschulbildung verlangen, nicht auf den Entgeltgruppen mit einer (einfachen) Hochschulbildung im Sinne des Baukastenprinzips aufbauen und es sich auch nicht um ein Heraushebungsmerkmal handelt, ist aufgrund der Neuordnung der Hochschulbildung ein gewisser Vergleich zwischen dem Bachelor-Abschluss und dem Master-Abschluss erforderlich, denn letzterer baut in vielen Fachbereichen auch dem ersteren auf. Eine vergleichende Betrachtung ist daher durchaus hilfreich, wenn im Rahmen des Eingruppierungsprozesses festgestellt werden muss, welche Kenntnisse und Fähigkeiten in welchen Ausbildungsgängen vermittelt werden.

Ist zu entscheiden, ob ein **Angestellter im Bereich Finanz-, Rechnungswesen und Controlling** einen wissenschaftlichem Abschluss benötigt, ist zunächst zu ermitteln, welche Ausbildungsinhalte ein entsprechender Studiengang vermittelt. 200

Weil das Master-Studium auf dem Bachelor-Studium aufbaut, sind im ersten Schritt die Inhalte des Bachelor-Studiums zu ermitteln. Ausweislich der Homepage „www.berufenet.de" gehören insbesondere zu den Studieninhalten für den Bachelor-Abschluss „Finanz- und Rechnungswesen, Controlling" die Pflichtmodule „Investition und Finanzierung", „IT-gestütztes Controlling", „Kostenrechnung und Produktionswirtschaft", „Personalwirtschaft", „Statistik", „Unternehmenssteuerung", „Volkswirtschaftslehre" und „Wirtschaftsinformatik". Diese Pflichtmodule werden ergänzt durch sog. Wahlpflichtmodule wie zB „strategisches Management" oder „Wissens- und Projektmanagement".

Im Master-Studium kommen dann zB die Pflichtmodule „Bewertung von Unternehmen", „Sach- und Finanzinvestitionen", „Controlling und Informationsmanagement", „Konzernrechnungslegung nach nationalen und internationalen Standards", „Quantitative Methoden" und „Rechnungslegung und Prüfung nach nationalen und internationalen Standards", „Steuern" und „Wirtschaftsrecht" hinzu, die durch Wahlpflichtmodule ergänzt werden, zu denen beispielsweise „Business Analysis", „Corporate Governance", „Internationales Controlling", „Umwandlungssteuerrecht" oder „Internationales Steuerrecht" gehören.

Hat man die Ausbildungsinhalte ermittelt, sind im zweiten Schritt die Arbeitsvorgänge mit den auszuübenden Tätigkeiten herauszuarbeiten, um dann im dritten Schritt zu prüfen, ob die Tätigkeiten Kenntnisse und Fähigkeiten erfordern, die erst im Rahmen eines Master-Studiums vermittelt werden.

(2) Der „sonstige Beschäftigte" im Sinne der Fallgruppe 1. Die Eingruppierung eines Beschäftigten ohne wissenschaftliche Hochschulbildung als „sonstiger Beschäftigter" in den Entgeltgruppen 13 bis 15 Fallgruppe 1 setzt voraus, dass er tatsächlich über Fähigkeiten und Erfahrungen verfügt, die denen eines Beschäftigten mit abgeschlossener wissenschaftlicher Hochschulbildung entsprechen. Dafür wird zwar nach der Rechtsprechung kein Wissen und Können verlangt, wie es durch die wissenschaftliche Hochschulausbildung vermittelt wird. Doch muss der Beschäftigte ein entsprechend umfangreiches Wissensgebiet ähnlich gründlich beherrschen wie ein wissenschaftlich ausgebildeter Arbeitnehmer. Die Tätigkeit des sonstigen Beschäftigten muss daher auch ohne notwendigen unmittelbaren Bezug zu einer konkreten akademischen Fachdisziplin gleichwohl ein Urteilsvermögen, einen Bildungsstand und ein Allgemeinwissen erfordern, das dem eines gleich in welchem besonderen oder allgemeinen Fachgebiet ausgebildeten Akademikers entspricht.[128] Anderenfalls wäre die vergütungsrechtliche Gleichstellung des sonstigen Beschäftigten ohne (einschlägige) wissenschaftliche Hochschulbildung mit einem Beschäftig- 201

---

[127] BAG 14.9.2016 – 4 AZR 964/13, NZA-RR 2017, 264.
[128] BAG 15.3.2006 – 4 AZR 157/05, ZTR 2006, 590.

ten mit wissenschaftlicher Hochschulbildung nicht zu rechtfertigen.[129] Aus diesem Grund reichen Fähigkeiten und Erfahrungen auf einem eng begrenzten Teilgebiet der wissenschaftlichen Ausbildung nicht aus, um eine Eingruppierung in die Entgeltgruppen 13 ff. als sonstiger Beschäftigter zu rechtfertigen.[130]

202 Will ein Beschäftigter ohne wissenschaftliche Hochschulbildung die Eingruppierung in die Entgeltgruppe 13 oder höher erreichen, so sind an die Darlegungs- und Beweislast hohe Anforderungen gestellt. Er muss im Einzelnen darlegen, aus welchen Gründen er ohne das Urteilsvermögen, wie es ein einschlägig ausgebildeter Akademiker aufweist, seine Aufgaben nicht ordnungsgemäß erledigen könne. Er muss ferner vortragen, dass die von ihm auszuübenden Tätigkeiten ein akademisches Arbeiten iSv Überschauen von Zusammenhängen und selbständiger Ergebnisentwicklung für das Arbeitsergebnis schlechthin notwendig sind. Das BAG hat in seiner Entscheidung vom 15.3.2006 für die vergleichbare Vergütungsgruppe des BAT dargelegt, dass eine Eingruppierungsentscheidung nur durch einen wertenden Vergleich möglich ist, bei dem im ersten Schritt aufzuzeigen ist, welche konkrete akademische Ausbildung für die entsprechende Tätigkeit im Sinne der ersten Fallalternative der Entgeltgruppe 13 Fallgruppe 1 erforderlich ist. Im zweiten Schritt ist darzulegen, über welche Kenntnisse und Fähigkeiten der Beschäftigte verfügt. Im letzten Schritt ist dann vorzutragen, aus welchen Gründen er seine ihm übertragene Aufgabe ohne diese Kenntnisse und Fähigkeiten nicht ordnungsgemäß erledigen könne. Der Prozessvortrag muss nachvollziehbar machen, dass die Kenntnisse und Fähigkeiten, die nicht mit der konkreten Hochschulbildung für die entsprechenden Tätigkeiten im Sinne der ersten Fallalternative übereinstimmen, für die konkret auszuübende Tätigkeit erforderlich und nicht nur nützlich und erwünscht sind.[131]

203 **(3) Beschäftigte in kommunalen Einrichtungen und Betrieben (Fallgruppe 2).** Die Fallgruppe 2 der Entgeltgruppen 13 bis 15 ist ebenfalls nicht neu. Es gab sie bereits im BAT, zB Vergütungsgruppe II Fallgruppe 1d, Vergütungsgruppe Ib Fallgruppe 1d oder Vergütungsgruppe 1a Fallgruppe 1c. Die Eingruppierung erfordert zwar keine wissenschaftliche Hochschulbildung; die Tätigkeit muss aber im Hinblick auf die Schwierigkeit der Aufgaben und der Größe der Verantwortung ebenso bewertet werden, wie Tätigkeiten der Fallgruppe 1. Die Fallgruppe 2 ist geschaffen worden, um dem Umstand Rechnung zu tragen, dass auf kommunaler Ebene eine Eingruppierung für Beschäftigte auch auf der höheren Leitungsebene entsprechend dem höheren Dienst zu ermöglichen ist, ohne dass eine akademische Ausbildung gefordert werden soll.[132]

204 Beschäftigte in kommunalen Einrichtungen und Betrieben können damit auch ohne eine wissenschaftliche Hochschulbildung und ohne gleichwertige Fähigkeiten und Erfahrungen, wie dies in der Fallgruppe 1 geregelt ist, in die Entgeltgruppen 13 bis 15 eingruppiert werden. Erforderlich ist also nur, dass die Tätigkeit objektiv nach dem Maß ihrer Schwierigkeit und der geforderten Verantwortung einer solchen der jeweiligen Fallgruppe 1 entspricht. Unerheblich ist dagegen, ob der betreffende Beschäftigte persönlich über die entsprechenden Fähigkeiten und Erfahrungen verfügt. Letzteres ist hier kein tarifliches Tätigkeitsmerkmal.[133]

205 **(4) Besondere Schwierigkeit und Bedeutung (Entgeltgruppen 14 und 15, Fallgruppe 1, Variante 1).** Die Entgeltgruppe 14 hebt sich in der Fallgruppe 1 Variante 1 durch die besondere Schwierigkeit und Bedeutung aus der Entgeltgruppe 13 heraus, wo-

---

[129] So ua LAG Düsseldorf 1.3.2005, 16 Sa 1931/04, nv.
[130] LAG Hamm 14.8.2007 – 12 Sa 380/07, nv; BAG 25.3.1998 – 4 AZR 670/96, AP BAT 1975 §§ 22, 23 Nr. 251; 8.10.1997 – 4 AZR 151/96, AP BAT 1975 §§ 22, 23 Nr. 232; 18.12.1996 – 4 AZR 319/95, AP BAT 1975 §§ 22, 23 Nr. 221.
[131] BAG 15.3.2006 – 4 AZR 157/05, ZTR 2006, 590.
[132] Vgl. *Hock*, Die neue Entgeltordnung nach TVöD-VKA, S. 147.
[133] BAG 6.9.1972 – 4 AZR 422/71, AP BAT § 4 Nr. 2.

V. Die Entgeltgruppen und ihre Tätigkeitsmerkmale

bei die auszuübenden Tätigkeiten zu 1/3 dieses Heraushebungsmerkmal, das bereits aus der Entgeltgruppe 10 bekannt ist, erfüllen müssen. Es kann wegen der Begriffsbestimmung insofern auf die dortigen Ausführungen verwiesen werden, wobei im Vergleich zur Ausgangsvorschrift der Entgeltgruppe 13 folgendes zu beachten ist:

Die „besondere Schwierigkeit" der Tätigkeit bezieht sich auf die fachliche Qualifikation und verlangt ein Wissen und Können, das die Anforderungen der Entgeltgruppe 13 Fallgruppe 1 in beträchtlicher und gewichtiger Weise übersteigt. Diese höhere fachliche Qualifikation des Beschäftigten kann sich im Einzelfall aus der Breite und Tiefe des geforderten fachlichen Wissens und Könnens ergeben, aber auch aus außergewöhnlichen Erfahrungen oder einer sonstigen gleichwertigen Qualifikation, etwa aus Spezialkenntnissen.[134]

206

Die besondere Bedeutung im Sinne der tariflichen Eingruppierungsnorm bezieht sich auf die Auswirkungen der Tätigkeit des Beschäftigten. Diese Bedeutung der Tätigkeit kann sich innerdienstlich ergeben oder auch im Außenverhältnis zu den Bürgern bestehen. So könne sich die Bedeutung der Tätigkeit nach der Rechtsprechung beispielsweise aus der Größe des Aufgabengebietes sowie aus der Tragweite der Tätigkeit für den innerdienstlichen Bereich und für die Allgemeinheit ergeben.[135]

207

Da es sich bei dem Merkmal „besondere Schwierigkeit und Bedeutung" um ein Heraushebungsmerkmal handelt, müssen im Rahmen des Eingruppierungsprozesses die nicht herausgehobenen Tätigkeiten im Sinne der Entgeltgruppe 13, also die „Normaltätigkeiten" mit den Heraushebungsmerkmalen verglichen werden. Dies wirkt sich auch unmittelbar auf die Darlegungslast im Eingruppierungsrechtsstreit aus, denn der Beschäftigte muss im Einzelnen vortragen und beweisen, dass sich eine bestimmte Tätigkeit aus der in der Ausgangsfallgruppe erfassten Grundtätigkeit durch besondere Schwierigkeit und Bedeutung heraushebt.[136]

208

Eingruppierung einer **Juristin in der Landkreisverwaltung**:

209

Eine Juristin, die in einer Kreisverwaltung den gesamten Bereich des Beamtenrechts (einschließlich des Disziplinarrechts), das Haushaltsrecht sowie alle Fragen rund um das Gesetz zur Regelung offener Vermögensfragen beratend und sachbearbeitend begleitet hat, verfügt über die notwendige Breite des Wissens für die Erfüllung des Merkmals der „besonderen Schwierigkeit" der Tätigkeit. Da die Juristin auch dem engsten Führungskreis rund um den Landrat angehört und weder der Landrat selbst noch seine Dezernenten die Befähigung zum höheren allgemeinen Verwaltungsdienst besitzen (rechtliche Anforderung aus § 115 Abs. 8 der Kommunalverfassung Mecklenburg-Vorpommern), hat ihre Tätigkeit auch die „besondere Bedeutung". Damit ist diese Juristin entweder in die Entgeltgruppe 14 eingruppiert, wenn ihre Tätigkeit das Heraushebungsmerkmal mindestens zu einem Drittel erfüllt, oder in Entgeltgruppe 15, wenn das Heraushebungsmerkmal bei mehr als 50 % ihrer Tätigkeit vorliegt.[137]

Eingruppierung einer **Medienpädagogischen Referentin im Bildungsministerium**:

210

Die Tätigkeit einer Medienpädagogischen Referentin im Bildungsministerium erfüllt die Heraushebungsmerkmale der Entgeltgruppe 15 Fallgruppe 1 Variante 1, denn ihre Tätigkeit hebt sich zu mehr als 50 % durch besondere Schwierigkeit und Bedeutung aus der Entgeltgruppe 13 heraus:

Der für die Eingruppierung maßgebliche Arbeitsvorgang ist die „Erstellung von Konzepten zur Implementierung der Medienbildung in den Schulen". Die damit verbundenen Tätig-

---

[134] BAG 16.6.2004 – 4 AZR 407/03, ZTR 2005, 27; 16.10.2002 – 4 AZR 579/01, AP BAT 1975 §§ 22, 23 Nr. 294 und LAG MV 26.10.2010 – 5 Sa 134/09, nv.
[135] BAG 11.2.2004 – 4 AZR 684/02, BAGE 109, 321; 16.10.2002 – 4 AZR 579/01, AP BAT 1975 §§ 22, 23 Nr. 294; LAG MV 26.10.2010 – 5 Sa 134/09, nv.
[136] StRspr, zuletzt BAG 18.11.2015 – 4 AZR 605/13, AP BAT 1975 §§ 22, 23 Nr. 335.
[137] LAG MV 26.10.2010 – 5 Sa 134/09, nv.

keiten erfordern Kenntnisse und Erfahrungen, die beträchtlich über das im Lehramtsstudium vermittelte Wissen eines Gymnasiallehrers hinausgehen. Während ein Gymnasiallehrer die Konzepte der Medienpädagogik und -psychologie anzuwenden und umzusetzen hat, gehört es zu den Aufgaben der Medienpädagogischen Referentin, solche Konzepte zu erstellen und damit eine Grundlage für die Medienbildung in der Aus- und Fortbildung der Lehrkräfte zu schaffen. Dies verlangt deutlich umfangreichere Fachkenntnisse und insbesondere langjährige Erfahrungen in diesem Bereich, als dies von einer normalen Lehrkraft an einem Gymnasium vorausgesetzt wird.

Der Arbeitsvorgang der Medienpädagogischen Referentin hebt sich auch durch die Bedeutung der Tätigkeit aus der Entgeltgruppe 13 heraus, denn die Tragweite der Tätigkeit geht deutlich über das hinaus, was bei einem im Verwaltungsdienst eingesetzten Akademiker üblich ist. Das LAG Mecklenburg-Vorpommern hat im Hinblick auf die Bedeutung darauf abgestellt, dass die Konzepte Einfluss auf mehr als 100.000 Schüler und 10.000 Lehrer hätten, weil sie in den schulischen Alltag des gesamten öffentlichen Schulwesens hinein wirkten und dadurch die Medienbildung prägten. Die Referentin gestalte mit ihren Konzepten Bildungs- und Medienlandschaft mit. Ihre Tätigkeit hat damit eine erheblich größere Tragweite als zB diejenige der Regionalbeauftragten für Medienbildung, die ebenfalls eine abgeschlossene wissenschaftliche Hochschulbildung erfordert.[138]

211 **(5) Hochwertige Leistungen bei besonders schwierigen Aufgaben (Entgeltgruppe 14, Fallgruppe 1, Variante 2).** Auch das Heraushebungsmerkmal „hochwertige Leistungen bei besonders schwierigen Aufgaben" ist bereits Bestandteil der Eingruppierungsvorschriften des BAT gewesen. Es hat allerdings in der Praxis so gut wie keine Relevanz gehabt, denn in der Rechtsprechung finden sich keine Entscheidungen, die sich mit diesem Merkmal intensiver befasst haben.

212 Besonders schwierig dürften Aufgaben dann sein, wenn sie an den Beschäftigten fachliche Anforderungen stellen, die deutlich über dem Durchschnitt liegen. Hochwertig sind Leistungen dann, wenn die Tätigkeit über das eigentliche Fachgebiet hinaus mit umfassenden organisatorischen Aufgaben oder mit leitenden Funktionen in einem größeren Arbeitsbereich verbunden ist.[139]

213 **(6) Maß der mit der Tätigkeit verbundenen Verantwortung (Entgeltgruppe 15, Fallgruppe 1).** Anders als in der Entgeltgruppe 14 stehen die Heraushebungsmerkmale in der Fallgruppe 1 nicht alternativ nebeneinander, sondern müssen kumulativ erfüllt sein. Zur besonderen Schwierigkeit und Bedeutung der Tätigkeit muss für die Entgeltgruppe 15 Fallgruppe 1 hinzukommen, dass sich die Tätigkeit erheblich durch das Maß der damit verbundenen Verantwortung aus der Entgeltgruppe 13 heraushebt.

214 Auch dieses Heraushebungsmerkmal wird bereits in der Entgeltgruppe 12 verwendet und ist dort ein Heraushebungsmerkmal gegenüber der Entgeltgruppe 11 statt der Entgeltgruppe 13. Die herausgehobene Verantwortung im Sinne der Entgeltgruppe 15 erfordert gegenüber der ohnehin bestehenden Verantwortung des Beschäftigten eine erhebliche Heraushebung, so dass bezogen auf die Anforderungen der Entgeltgruppe 13 eine beträchtliche und gewichtige Heraushebung und damit eine besonders weitreichende und hohe Verantwortung gegeben sein muss.[140]

215 **(7) Unterstellungsverhältnisse (Entgeltgruppen 14 und 15, Fallgruppe 3).** Eine Eingruppierung in die Entgeltgruppen 14 und 15 Fallgruppe 3 setzt jeweils voraus, dass dem Beschäftigten eine bestimmte Anzahl von Beschäftigten, die mindestens in die Entgeltgruppe 13 eingruppiert sein müssen, durch ausdrückliche Anordnung ständig unterstellt

---

[138] LAG MV 7.12.2017 – 5 Sa 64/17, nv.
[139] *Gamisch/Mohr*, Eingruppierung TVöD-VKA in der Praxis, S. 152 mwN.
[140] BAG 29.1.1986 – 4 AZR 465/84, AP BAT §§ 22, 23 Nr. 115; LAG MV 19.7.2016 – 2 Sa 233/15, nv.

V. Die Entgeltgruppen und ihre Tätigkeitsmerkmale

sein müssen. Unterstellung bedeutet, dass dem Beschäftigten das Weisungs- und Aufsichtsrecht über die ihm unterstellten Arbeitnehmer zustehen muss. Ständig ist die Unterstellung, wenn diese einerseits nicht nur vorübergehend ist und andererseits dauerhaft und fortwährend ausgeübt werden muss.[141] Ausdrückliche Anordnung im Sinne der Fallgruppe 3 bedeutet, dass die Übertragung der Weisungs- und Aufsichtsbefugnis durch das zuständige Organ des jeweiligen Arbeitgebers erfolgt sein muss. Ein bestimmtes Formerfordernis ist an die Anordnung nicht gestellt. Sie kann durch schriftliche oder mündliche einseitige Erklärung des Dienstherrn, durch arbeitsvertragliche Regelung, durch Dienstanweisung, Verwaltungsverfügungen oder auch durch Geschäftsverteilungspläne erfolgen. Im Übrigen wird auf die obigen Ausführungen zur Vorbemerkung Nr. 9 verwiesen.

b) Die Speziellen Tätigkeitsmerkmale

Bei den Speziellen Tätigkeitsmerkmalen des Allgemeinen Teils der Entgeltordnung des TVöD-VKA werden die Entgeltgruppen für folgende Beschäftigungsgruppen geregelt:
– Bezügerechnerinnen und Bezügerechner
– Beschäftigte in der Informations- und Kommunikationstechnik
– Ingenieurinnen und Ingenieure
– Meisterinnen und Meister
– Technikerinnen und Techniker
– Vorlesekräfte für Blinde

Auf eine detaillierte Darstellung der Speziellen Tätigkeitsmerkmale soll hier verzichtet werden. Hervorzuheben ist aber, dass gem. der Vorbemerkungen Nr. 1 die Speziellen Tätigkeitsmerkmale Vorrang vor den Allgemeinen Tätigkeitsmerkmalen haben. Gehört ein Beschäftigter zu den vorgenannten Berufsgruppen, dann erfolgt die Eingruppierung grundsätzlich nach den Vorschriften des Teil A Abschnitt II. Die Regelungen entsprechen in erheblichem Maße den Tätigkeitsmerkmalen, wie sie bisher für den BAT geregelt waren. Eine vollständige Überarbeitung hat es allerdings für die Beschäftigten in der Informations- und Kommunikationstechnik gegeben, um hier die Merkmale den aktuellen Beschäftigungsbedingungen und -inhalten anzupassen. Die Merkmale für die Angestellten in der Datenverarbeitung, wie sie bis zum Inkrafttreten der neuen Entgeltordnung gegolten haben, waren aufgrund der technologischen Weiterentwicklung in diesem Bereich veraltet und bildeten die tatsächlichen Tätigkeitsinhalte nicht mehr ab. Darüber hinaus haben es die Tarifvertragsparteien für erforderlich angesehen, in den Vorbemerkungen für die Berufsgruppen der Ingenieurinnen und Ingenieure, der Meisterinnen und Meister sowie der Technikerinnen und Techniker zu definieren, welche Beschäftigten in den Anwendungsbereich der jeweiligen Eingruppierungsvorschriften fallen. Des Weiteren haben sie in Protokollnotizen einige besondere Heraushebungsmerkmale definiert. Nachfolgend werden nur kurz die besonderen Tätigkeitsmerkmale für die Berufsgruppe der IT-Beschäftigten sowie der Ingenieurinnen und Ingenieure beschrieben:

aa) Beschäftigte in der Informations- und Kommunikationstechnik

Aufgrund des starken Wandels der Tätigkeiten und Beschäftigungsbedingungen im Bereich der IT-technischen Berufe haben sich die Tarifparteien entschlossen, die Tätigkeitsmerkmale für diesen Bereich grundsätzlich und umfassend neu auszuarbeiten. Diese Entscheidung hatten die Tarifparteien bereits zuvor für den Geltungsbereich des TVöD Bund getroffen und für den TVöD-VKA lehnte man sich an die für den Bund getroffenen Eingruppierungsvorschriften an. Wie auf Bundesebene hat man nun auch für den kommunalen Bereich auf Tätigkeitsmerkmale mit rein IT-spezifischen Begrifflichkeiten verzichtet, da diese laufend an die fortdauernde rasche technische Entwicklung hätten angepasst wer-

---

[141] *Gamisch/Mohr*, Eingruppierung TVöD-VKA in der Praxis, S. 156.

den müssen. In der neuen Entgeltordnung werden daher abstrakte Merkmale unter Verwendung unbestimmter Rechtsbegriffe verwendet. Die auszuübende Tätigkeit muss dann im Einzelfall unter das jeweilige abstrakte Tätigkeitsmerkmal definiert werden. Damit haben die heutigen Eingruppierungsregelungen für IT-Beschäftigte keine Ähnlichkeit mehr mit den Regelungen für die Angestellten in der Datenverarbeitung nach dem BAT. Folglich kann bei der Eingruppierung IT-Beschäftigter nicht auf die zum BAT ergangene Rechtsprechung zurückgegriffen werden.

219 Zunächst stellt die Entgeltordnung klar, dass IT-Beschäftigte nur solche Beschäftigte sind, die sich mit Systemen der Informations- und Kommunikationstechnik befassen. Nicht unter den Anwendungsbereich fallen dagegen Beschäftigte, die entweder solche Systeme lediglich anwenden oder nur die Rahmenbedingungen für sie schaffen und sich die informations-technischen Spezifikationen zuarbeiten lassen (müssen). Die Eingruppierung beginnt bei der Entgeltgruppe 6 und geht hinauf bis zur Entgeltgruppe 13.

220 Die Entgeltordnung unterteilt die IT-Beschäftigten nach ihrer **Berufsausbildung,** nämlich einerseits Beschäftigte mit einer einschlägigen abgeschlossenen Berufausbildung ab Entgeltgruppe 6 und andererseits Beschäftigte mit einer einschlägigen abgeschlossenen Hochschulbildung ab Entgeltgruppe 10. In Frage kommende einschlägige Abschlüsse werden in der Entgeltordnung aufgezählt, wobei die Aufzählung nicht abschießend ist. Das ist durchaus sinnvoll, weil der Bereich der Informations- und Kommunikationstechnik auch künftig einem stetigen Wandel ausgesetzt sein wird, der sich auch auf die Ausbildungsberufe entsprechend auswirken wird. Wie bereits bei den Allgemeinen Tätigkeitsmerkmalen genügt aber für die Eingruppierung der Berufsabschluss allein nicht. Vielmehr muss die auszuübende Tätigkeit auch hier der Ausbildung entsprechen.

221 Den IT-Beschäftigten mit einer einschlägigen Ausbildung werden sonstige Beschäftigte gleichgestellt, die aufgrund gleichwertiger Fähigkeiten und aufgrund ihrer Erfahrungen entsprechende Tätigkeiten ausüben. Gleichgestellt sind darüber hinaus Beschäftigte, deren Tätigkeit gründliche und vielseitige Fachkenntnisse erfordern, Entgeltgruppe 6 Fallgruppe 2. Der unbestimmte Rechtsbegriff der „gründlichen und vielseitigen Fachkenntnisse" ist der Entgeltordnung nicht fremd und wird bereits in der Entgeltgruppe 6 für den Büro-, Buchhalterei-, sonstigen Innendienst und Außendienst verwendet, so dass auf die dortigen Ausführungen verwiesen werden kann.

222 Die Tarifvertragsparteien haben sich schließlich auch bei der Eingruppierung von IT-Beschäftigten für das sog. **Baukastenprinzip** entschieden, denn innerhalb der verschiedenen Bildungsabschlüsse bauen die Entgeltgruppen aufeinander auf. Die abstrakten unbestimmten Rechtsbegriffe, die die Entgeltordnung verwendet, um die Heraushebungsmerkmale zu beschreiben, sind insbesondere „Tätigkeiten ohne Anleitung", „Gestaltungsspielraum über die Standardfälle hinausgehend", „zusätzliche Fachkenntnisse, „umfassende Fachkenntnisse" und die „besondere Leistung". Teilweise haben die Tarifparteien diese Begriffe ausdrücklich definiert. So sind Fachkenntnisse nur umfassend, wenn sie gegenüber den zusätzlichen Fachkenntnissen eine Steigerung der Tiefe und Breite nach aufweisen. Besondere Leistungen im Sinne der Entgeltordnung erfordern besondere Fachkenntnisse und besondere praktische Erfahrungen. Besondere Leistungen liegen aber auch vor, wenn der Beschäftigte fachlich weisungsbefugt ist. Auch die Unterstellung von Beschäftigten ist ein für die Eingruppierung maßgebliches Merkmal.

bb) Ingenieurinnen und Ingenieure

223 Besondere Tätigkeitsmerkmale haben die Tarifparteien auch für Ingenieurinnen und Ingenieure vereinbart. Erfasst werden Beschäftigte, die diese Berufsbezeichnung aufgrund eines technisch-ingenieurwissenschaftlichen Studiengangs im Sinne der Nr. 4 der Vorbemerkungen führen. Damit ist klargestellt, dass eine Hochschulbildung, also ein Bachelor-Abschluss oder ein FH-Abschluss ausreichen. Ein wissenschaftliches Hochschulstudium mit einem Master-Abschluss ist dagegen nicht gefordert. Erfasst werden auch Hochschul-

abschlüsse in den Fachrichtungen Gartenbau, Landschaftsplanung oder -architektur, Landschaftsgestaltung sowie Forstwirtschaft.

In Nr. 2 der Vorbemerkungen zu den Ingenieuren ist geregelt, dass eine Eingruppierung in die Entgeltgruppen 13 bis 15 der Allgemeinen Tätigkeitsmerkmale dann in Betracht kommt, sofern diese (ohne wissenschaftliche Hochschulbildung) in kommunalen Einrichtungen und Betrieben beschäftigt werden und auch die weiteren Tätigkeitsmerkmale erfüllen. Darüber hinaus wird in den Vorbemerkungen für die Ingenieure klargestellt, dass gem. Nr. 1 Satz 4 der allgemeinen Vorbemerkungen eine Eingruppierung von Ingenieuren in die Entgeltgruppen 13 bis 15 nach den Allgemeinen Tätigkeitsmerkmalen zu erfolgen hat, sofern die Tätigkeit nicht in einem Speziellen Tätigkeitsmerkmal aufgeführt wird.

Mit der Entgeltordnung wurde für die Ingenieure eine strukturelle Verbesserung geregelt, denn um ein Heraushebungsmerkmal zu erfüllen, um eine Höhergruppierung zu erreichen, müssen heute in den Fallgruppen 1 nicht mehr 50%, sondern nur 1/3 der Tätigkeit das Heraushebungsmerkmal erfüllen.

Eine Besonderheit besteht weiterhin darin, dass für die Ingenieure beispielhaft beschrieben wird, was entsprechende Tätigkeiten sind. Hier haben die Tarifparteien nicht abstrakt generell den Begriff definiert, sondern ganz konkrete Tätigkeiten aufgelistet, die für eine Ingenieur-Tätigkeit charakteristisch sind, zB die Prüfung von Entwürfen einschließlich der Massen-, Kosten- und statischen Berechnungen und der Verdingungsunterlagen. Entsprechend mit konkreten, beispielhaften ingenieur-typischen Tätigkeiten wird auch der Begriff der besonderen Leistung, der ein Heraushebungsmerkmal ist, beschrieben.

4. Teil B – Besonderer Teil: Ein Überblick

Der Besondere Teil der Entgeltordnung des TVöD-VKA regelt in insgesamt 32 Abschnitten Spezielle Tätigkeitsmerkmale für bestimmte Tätigkeitsfelder und Berufsgruppen. Die Gliederung erfolgt nicht nach fachlichen Gesichtspunkten, sondern sie ist schlicht alphabetisch. Lediglich für den Bereich der Gesundheitsberufe hat man die Vielzahl unterschiedlicher Berufe in einer Berufsgruppe zusammengefasst. Im Teil B der Entgeltordnung sind zum einen die Speziellen Tätigkeitsmerkmale des Allgemeinen Teils der Anlage 1a zum BAT zusammengeführt und zum anderen die Tätigkeitsmerkmale für die Pflegeberufe gem. Anlage 1b zum BAT aufgenommen worden, um eine klarere Struktur zu schaffen.

Die Tätigkeitsmerkmale des Besonderen Teils korrespondieren mit den Besonderen Teilen des TVöD für die verschiedenen Verwaltungszweige. Dies wird deutlich in den durchgeschriebenen Fassungen des TVöD. Allerdings ist es für die Anwendung der besonderen Tätigkeitsmerkmale des Teil B der Entgeltordnung nicht erforderlich, dass der Beschäftigte in dem jeweiligen Verwaltungszweig beschäftigt wird. Das stellt Nr. 1 Satz 5 der Vorbemerkungen der Entgeltordnung ausdrücklich klar. Dort heißt es, dass ein Spezielles Tätigkeitsmerkmal auch dann Anwendung findet, wenn der Beschäftigte außerhalb des Geltungsbereichs des Besonderes Teils der Entgeltordnung bzw. der Besonderen Teile des TVöD beschäftigt wird, zu dem das Tätigkeitsmerkmal vereinbart wurde.

Zu den Tätigkeitsfeldern und Berufsgruppen des Besonderen Teils der Entgeltordnung gehören insbesondere Apotheker, Ärzte und Zahnärzte, Beschäftigte in Bäderbetrieben, Beschäftigte im Fernmeldebetriebsdienst, Beschäftigte in Gesundheitsberufen, Beschäftigte in Häfen und Fährbetrieben, Musikschullehrer, Beschäftigte im Rettungsdienst oder auch Beschäftigte in Sparkassen.

Im Besonderen Teil sind aber auch Berufsgruppen aufgeführt, für die keine besonderen Tätigkeitsmerkmale vereinbart wurden, sondern nur auf die Allgemeinen Tätigkeitsmerkmale des Allgemeinen Teils verwiesen wird. Hier handelt es sich um Berufsgruppen, für die es im BAT Spezielle Tätigkeitsmerkmale gab, für die aber nach dem Willen der Tarifparteien in der neuen Entgeltordnung keine besonderen Eingruppierungsvorschriften benötigt wurden. Dies betrifft die Beschäftigten in Bibliotheken, Büchereien, Archiven und Museen (Teil B Abschnitt V), die Beschäftigten im Fremdsprachendienst (Teil B Abschnitt IX), die medizinischen Dokumentare (Teil B Abschnitt XI Nr. 11), die medizinischen und zahnmedizinischen Fachangestellten (Teil B Abschnitt XI Nr. 12), die pharmazeutisch-kaufmännischen Angestellten (Teil B Abschnitt XI Nr. 14), den Feuerwehrgerätewarten (Teil B Abschnitt XIV Nr. 2) und den Beschäftigten in feuerwehrtechnischen Zentralen (Teil B Abschnitt XIV Nr. 3). Für diese Berufsgruppen gelten künftig die allgemeinen Eingruppierungsvorschriften des Allgemeinen Teils der Entgeltordnung.

231 Schließlich wird für einige Berufsgruppen des Besonderen Teils der Entgeltordnung auf die Speziellen Tätigkeitsmerkmale des Allgemeinen Teils verwiesen. So hat die Eingruppierung von Kardiotechnikern gem. Teil B Abschnitt XI Nr. 4 nach den Eingruppierungsvorschriften für Techniker gem. Teil A Abschnitt II Nr. 5 zu erfolgen.

I. Mitarbeiterbeteiligung

Übersicht

	Rn.
I. Einführung	1
II. Direktbeteiligung	13
1. Grundlagen der Direktbeteiligung	13
2. Finanzierung der Direktbeteiligung	25
a) Darlehensfinanzierung der Mitarbeiterbeteiligung durch das Unternehmen	28
b) Darlehensfinanzierung der Mitarbeiterbeteiligung durch Dritte	36
c) Beteiligungsgewährung unterhalb des Marktpreises	39
d) Steuerliche Aspekte	40
aa) Darlehensfinanzierung durch das Unternehmen, die Gesellschafter oder Dritte	40
bb) Steuerliche Aspekte der Überlassung von Anteilen unterhalb des Marktpreises	45
3. Aktiengesellschaft	58
a) Börsennotierte Aktiengesellschaften	62
aa) Kapitalerhöhung im Rahmen einer Hauptversammlung	65
bb) Kapitalerhöhung aus genehmigtem Kapital	66
cc) Stock Options und bedingtes Kapital	75
dd) Wandelschuldverschreibungen	82
ee) Verkauf von Aktien	84
ff) Verfahren bei Beendigung des Arbeitsverhältnisses	88
gg) Kapitalmarkt- und wertpapierrechtliche Restriktionen	91
b) Nicht börsennotierte Aktiengesellschaften	97
aa) Kapitalerhöhung im Rahmen einer Hauptversammlung	98
bb) Kapitalerhöhung aus genehmigtem Kapital	100
cc) Stock Options, Wandelschuldverschreibungen und bedingtes Kapital	101
dd) Verkauf von Aktien	104
ee) Verfahren bei Beendigung des Arbeitsverhältnisses	109
ff) Kapitalmarkt- und wertpapierrechtliche Restriktionen	118
gg) Konsortialvertrag bzw. Aktionärsvereinbarung	119
c) Steuerliche Aspekte	121
aa) Allgemeine Grundsätze	121
bb) Kapitalerhöhung und Verkauf von Aktien	122
cc) Gewährung der Anteile an den Mitarbeiter	128
dd) Laufende Bezüge aus den Mitarbeiter-Aktien	135
ee) Beendigung der Mitarbeiterbeteiligung	139
d) Steuerliche Aspekte zu Aktienoptionen	143
4. GmbH	150
a) Kapitalerhöhung	151
aa) Erhöhung des Stammkapitals nach § 55 GmbHG	151
bb) Genehmigtes Kapital nach § 55a GmbHG	159
b) Optionsvereinbarungen	165
c) Verkauf von Geschäftsanteilen	170
aa) Verkauf durch Altgesellschafter	170
bb) Ankauf eigener Anteile und Weiterveräußerung durch GmbH	171
d) Verfahren bei Beendigung des Arbeitsverhältnisses	173
aa) Gestaltung der Rückübertragungsverpflichtung	174
bb) Begrenzung der Abfindung bzw. des Kaufpreises	180
e) Steuerliche Aspekte	185
5. GmbH & Co. KG	187
a) Beteiligung an KG und/oder phG	187
b) Möglichkeiten der Anteilsgewährung	191
aa) Kapitalerhöhung	192
bb) Übertragung von Kommanditanteilen	196

	Rn.
cc) Optionsvereinbarungen	200
c) Verfahren bei Beendigung des Arbeitsverhältnisses	201
d) Steuerliche Aspekte	204
aa) Steuerrechtliche Besonderheiten der GmbH & Co. KG	204
bb) Allgemeine steuerliche Grundsätze zu Personengesellschaften	206
cc) Gewerbliche Personengesellschaft	212
dd) Aufnahme neuer Gesellschafter	218
ee) Ausscheiden aus der Personengesellschaft	224
ff) Vermögensverwaltende Personengesellschaft	227
6. Andere Personengesellschaften	235
III. Treuhandmodelle	237
1. Grundlagen für Treuhandmodelle	237
2. Unterschiede zwischen Gesellschaftsformen	241
3. Rechtliche Ausgestaltung des Treuhandvertrages	244
4. Verfahren bei Beendigung des Arbeitsverhältnisses	250
5. Steuerliche Aspekte	251
IV. Beteiligungsmodelle über Beteiligungsgesellschaften	266
1. Grundlagen von Beteiligungen über Beteiligungsgesellschaften	266
2. Wahl der Beteiligungsgesellschaft	272
a) Kapitalgesellschaft	272
aa) Rechtliche Aspekte	272
bb) Steuerliche Aspekte	279
b) Personengesellschaft	288
aa) Gesellschaft bürgerlichen Rechts und oHG	289
bb) Kommanditgesellschaft oder GmbH & Co. KG	295
cc) Steuerliche Aspekte	297
3. Gesellschaftsvertrag/Gesellschaftervereinbarung der Beteiligungsgesellschaft	301
4. Verfahren bei Beendigung des Arbeitsverhältnisses	305
V. Virtuelle Beteiligungen	308
1. Grundlagen von virtuellen Beteiligungen	308
2. Arten der virtuellen Beteiligung	314
a) Volle virtuelle Beteiligung	317
b) Exit-Erlös-Beteiligung	319
c) Verwässerung	322
d) Virtuelle Anteilsoptionen	326
3. Rechtliche Ausgestaltung virtueller Beteiligungsmodelle	327
4. Verfahren bei Beendigung des Arbeitsverhältnisses	333
5. Steuerliche Aspekte	336
VI. Fremdkapital- und Mezzanine-Gestaltungen	343
1. Grundlagen von Fremdkapital- und Mezzanine-Gestaltungen	343
2. Einfache Darlehen	345
a) Rechtliche Ausgestaltung	345
b) Steuerliche Aspekte	347
3. Partiarische Darlehen	352
a) Rechtliche Ausgestaltung	352
b) Steuerliche Aspekte	354
4. Stille Beteiligungen und Unterbeteiligungen	357
a) Rechtliche Ausgestaltung der stillen Beteiligung	358
b) Steuerliche Aspekte der stillen Beteiligung	364
aa) Typisch stille Beteiligung	364
bb) Atypisch stille Beteiligung	371
c) Rechtliche Ausgestaltung der Unterbeteiligung	377
d) Steuerliche Aspekte der Unterbeteiligung	380
5. Genussrechte	386
a) Rechtliche Ausgestaltung	386
b) Steuerliche Aspekte	389

I. Einführung

Die Ausgestaltung der Beteiligung von Mitarbeitern an der Arbeitgebergesellschaft ist auf unterschiedlichste Arten möglich und ist unter anderem von der Rechtsform des Unternehmens und den damit verbundenen rechtlichen Vorgaben sowie von den **Zielsetzungen** der Mitarbeiterbeteiligung abhängig.

Die Beteiligung der Mitarbeiter kann aus unterschiedlichen Gründen gewünscht sein. Dabei kann es sich zum einen um Gesichtspunkte der Personalführung und zum anderen um Gesichtspunkte finanzieller Art handeln.

Beispiele für Ziele der Mitarbeiterbeteiligung:[1]
- Motivation der Mitarbeiter;
- Bindung der Mitarbeiter an das Unternehmen;
- Wettbewerbsvorteil bei der Mitarbeitergewinnung;
- Identifizierung mit dem Unternehmen;
- Verbesserung der Vergütungssituation der Mitarbeiter;
- Erfüllung einer Vorsorgefunktion für die Mitarbeiter.

Neben den oben genannten Beispielen können für die Arbeitgebergesellschaft auch Aspekte der Unternehmensfinanzierung eine Rolle spielen. Zum einen kann die Arbeitgebergesellschaft den Mitarbeiter ohne kurzfristigen Liquiditätsabfluss belohnen. So partizipiert der Mitarbeiter beispielsweise durch die Gewährung einer Beteiligung des Mitarbeiters an der Arbeitgebergesellschaft an zukünftigen Wertsteigerungen des Unternehmens anstatt unmittelbar einen Bonus zu erhalten. Zum anderen kann die Mitarbeiterbeteiligung auch dazu dienen, neues Kapital für das Unternehmen zu beschaffen. Ergänzend zu den Finanzierungsaspekten kann eine Beteiligung der Mitarbeiter auch ein Teil der Unternehmenskultur sein bzw. diese durch eine erhöhte Identifikation mit der Arbeitgebergesellschaft unterstützen.

Je nach Ausgestaltung der Beteiligung ermöglicht die Mitarbeiterbeteiligung an der Arbeitgebergesellschaft dem Mitarbeiter auch, sich an der Gestaltung und Führung des Unternehmens zu beteiligen. In Abhängigkeit von der Art der Beteiligung werden dem Mitarbeiter Entscheidungs-, Mitsprache- oder Kontrollrechte eingeräumt. Dies kann vor allem im Rahmen der Vorbereitung der Unternehmensnachfolge sinnvoll sein.

Der Begriff Mitarbeiterbeteiligung umfasst sowohl die **Beteiligung am Kapital**, dazu gehören Beteiligungen am Eigenkapital, Fremdkapital oder Mezzaninekapital (Mischformen). Aber auch **virtuelle Beteiligungen** sind denkbar.

> Praxistipp:
> Vor einer Beteiligung der Mitarbeiter sind klar die Ziele der Arbeitgebergesellschaft herauszuarbeiten. Nicht jede Beteiligungsform eignet sich für jede Rechtsform der Arbeitgebergesellschaft.

Beispiel:
Beteiligt eine Personenhandelsgesellschaft einen Teil ihrer Mitarbeiter am Kapital der Personengesellschaft, so stehen den Mitarbeitern grundsätzlich Kontroll- und Entscheidungsrechte zu, die eine Führung der Gesellschaft erschweren können, da es zu Unstimmigkeiten und verschiedenen Interessenlagen innerhalb der Gesellschafterversammlung kommen kann. Außerdem droht eine persönliche Haftung des Mitarbeiters für Verbindlichkeiten der Arbeitgebergesellschaft.

---

[1] Birkner/*Beyer*, Mitarbeiterbeteiligung in Aktiengesellschaften, S. 205 ff.

6 Aus Gründen der Praktikabilität und Umsetzbarkeit oder aufgrund rechtlicher Vorgaben kann es sinnvoll sein, den Mitarbeiter oder die Mitarbeitergruppe nicht direkt zu beteiligen, sondern ein Beteiligungsmodell über Beteiligungsgesellschaften (→ Rn. 266 ff.) oder Treuhandmodelle (→ Rn. 237 ff.) für die Mitarbeiterbeteiligung zu wählen.

7 Übersicht der möglichen Kapitalbeteiligungen:[2]

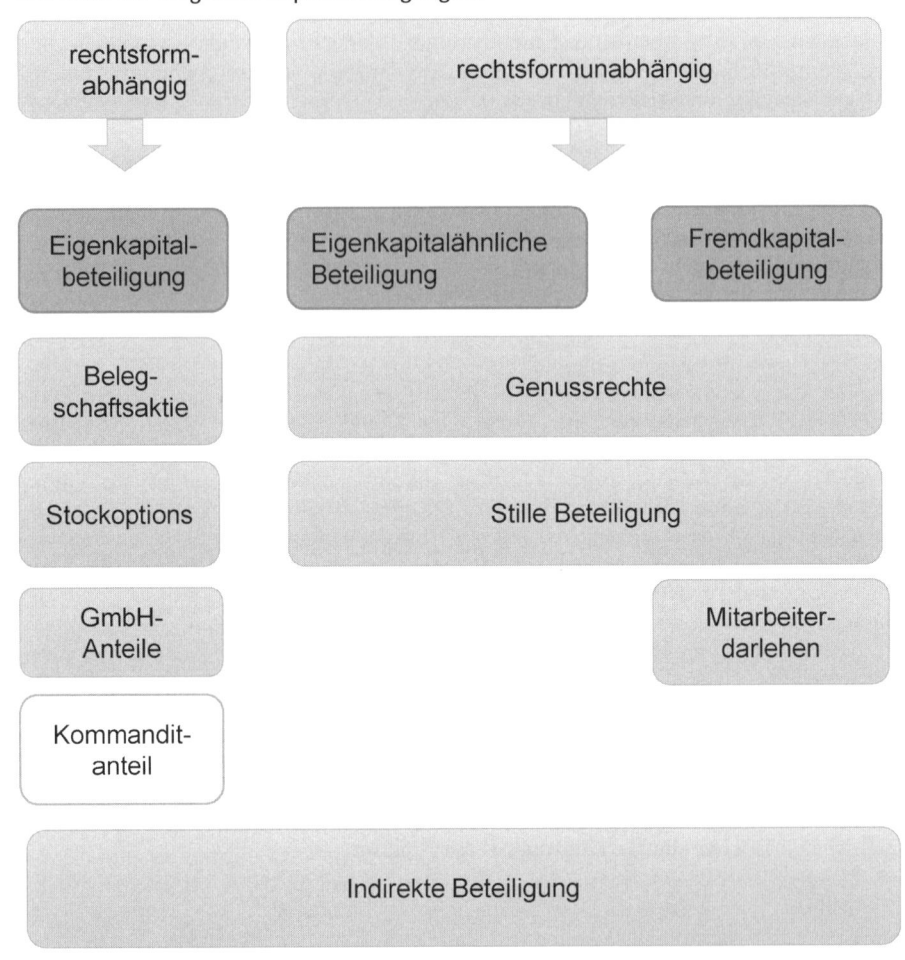

```
rechtsform-          rechtsformunabhängig
abhängig
    ↓                        ↓

Eigenkapital-    Eigenkapitalähnliche    Fremdkapital-
beteiligung      Beteiligung             beteiligung

Beleg-                  Genussrechte
schaftsaktie

Stockoptions           Stille Beteiligung

GmbH-                                    Mitarbeiter-
Anteile                                  darlehen

Kommandit-
anteil

              Indirekte Beteiligung
```

8 Die Wahl der Form der Beteiligung sowie deren Ausgestaltung werden durch die nationalen und ggf. auch internationalen **rechtlichen Regelungen** beeinflusst und zum Teil beschränkt. So sind vor dem Hintergrund des jeweiligen individuellen Einzelfalls neben den arbeitsrechtlichen Vorgaben insbesondere gesellschaftsrechtliche, handelsrechtliche und steuerrechtliche Regelungen zu beachten. Folglich sollte es das Ziel sein, die Mitarbeiterbeteiligung **individuell** für das Unternehmen und dessen entsprechenden Anforderungen zu gestalten. Dabei ist zu beachten, dass das gewählte Modell und dessen Ausgestaltung für die einbezogenen Mitarbeiter nachvollziehbar sein müssen. Ferner sollte das Modell der Mitarbeiterbeteiligung auch tatsächlich im Unternehmen gelebt werden.[3]

---

[2] Leuner/*Lehmeier*/*Dumser* § 1 D Rn. 59 Abb. 7.
[3] *Hüttche* BC 2002, 105 (107).

Daher spielt unter anderem die Beantwortung der folgenden Fragen eine wichtige Rolle bei der **Wahl der Mitarbeiterbeteiligung:**
- Wer soll beteiligt werden?
- Warum sollen die Mitarbeiter beteiligt werden?
- Woran soll der Mitarbeiter beteiligt werden?
- Welche Rechte sollen dem Mitarbeiter eingeräumt werden?
- Wie soll die Finanzierung der Beteiligung der Mitarbeiter erfolgen?

In einem weiteren Schritt ist herauszuarbeiten, welche rechtlichen Vorschriften aufgrund der Rechtsform der Arbeitgebergesellschaft zu beachten sind. Aus gesellschaftsrechtlicher Sicht wird es in vielen Fällen erstrebenswert sein, den Einfluss der Mitarbeiter auf die Führung des Unternehmens gering zu halten und eine Beteiligungsform zu finden, die keinen hohen formellen Anforderungen unterliegt, da dies weitere Kosten mit sich bringt und zum Teil zeitaufwendig sein kann. 9

Hinsichtlich der steuerrechtlichen Ausgestaltung ist es oft von Vorteil, wenn die entsprechende Beteiligung steuerlich dem Mitarbeiter zugerechnet werden kann und aus dieser Beteiligung Einkünfte aus Kapitalvermögen erzielt werden. Diese unterliegen grundsätzlich der Besteuerung mit einem Steuersatz von 25 % (zzgl. Solidaritätszuschlag und ggf. Kirchensteuer) und nicht einem eventuell höheren individuellen Steuersatz des Mitarbeiters, soweit nicht das Teileinkünfteverfahren im Einzelfall Anwendung findet. 10

Bei der Berücksichtigung der rechtlichen und steuerlichen Aspekte sollte aber insbesondere auch die Wirtschaftlichkeit der Durchführung nicht aus den Augen verloren werden. 11

Im Folgenden werden die gesellschaftsrechtlichen und steuerrechtlichen Regelungen unter Berücksichtigung des nationalen Rechts der aufgeführten Gestaltungen dargestellt: 12
- Direktbeteiligungsmodelle (→ Rn. 13 ff.),
- Treuhandmodelle (→ Rn. 237 ff.),
- Beteiligungsmodelle über Beteiligungsgesellschaften (→ Rn. 266 ff.),
- virtuelle Beteiligungen (→ Rn. 308 ff.),
- Fremdkapital- und Mezzanine-Gestaltungen (→ Rn. 343 ff.).

II. Direktbeteiligung

1. Grundlagen der Direktbeteiligung

Der auf den ersten Blick einfachste Weg, Mitarbeiter an einer Gesellschaft zu beteiligen, besteht darin, ihnen **unmittelbar** Anteile an der Gesellschaft zu verschaffen, sei es durch Schenkung, Verkauf oder im Rahmen einer Kapitalerhöhung. Die beteiligten Mitarbeiter sind dann direkt Anteilsinhaber, nehmen an Haupt- bzw. Gesellschafterversammlungen teil und erhalten Dividenden. Die Direktbeteiligung hat den großen Vorteil, dass die beteiligten Mitarbeiter vollwertige Gesellschafter sind, dass ihre Beteiligung nicht nur finanzieller, sondern auch ideeller und korporativer Natur ist und dass ihre Verbindung zu der Gesellschaft, für die sie tätig sind, direkt und unmittelbar ist. Aus der Sicht des Ziels einer Mitarbeiterbeteiligung, die zu beteiligenden Mitarbeiter zu motivieren und so nah wie möglich mit den Interessen der übrigen Anteilseigner zu vereinen, hat eine Direktbeteiligung insofern Vorteile. 13

Auf den zweiten Blick muss eine Direktbeteiligung von Mitarbeitern wohl durchdacht sein und eignet sich vor allem für Gesellschaften mit einem **breiten Gesellschafterkreis,** insbesondere für börsennotierte Aktiengesellschaften. Denn je nach Gesellschaftsform kann die Mitarbeiterbeteiligung im Wege einer Direktbeteiligung erhebliche Probleme in der **praktischen Umsetzung** mit sich bringen. Unabhängig von der Gesellschaftsform ist 14

15 Bei Gesellschaften mit einem **überschaubaren Kreis von Anteilsinhabern** hat die Überschaubarkeit des Gesellschafterkreises den Vorteil, dass zum einen Gesellschafterbeschlüsse einfacher per schriftlichem Beschluss oder mit Vollmachten unter Verzicht auf alle gesetzlichen und gesellschaftsvertraglichen Form- und Fristvorschriften hinsichtlich der Einberufung und Abhaltung von Gesellschafterbeschlüssen gefasst werden können. Ladungsfristen und die Formalien der Einberufung von Haupt- bzw. Gesellschafterversammlungen können so vermieden werden. Zum anderen steigt mit dem Anstieg der Anzahl der Gesellschafter häufig das Risiko, dass Anfechtungsklagen erhoben oder Geschäftsordnungsanträge gestellt werden und die Einhaltung von Formalien Haupt- bzw. Gesellschafterversammlungen zeitlich verzögern und somit schnelle Entscheidungen verhindern bzw. erschweren.

16 Bei der **GmbH** kommt ein weiterer Aspekt hinzu, der gegen eine Mitarbeiter-Direktbeteiligung spricht. Da in sehr vielen Fällen die Mitarbeiterbeteiligung an die Tätigkeit des beteiligten Mitarbeiters für die Gesellschaft geknüpft ist und die Mitarbeiterbeteiligung zurückerworben werden soll, wenn der beteiligte Mitarbeiter die relevante GmbH als Angestellter, Berater oder Geschäftsführer verlässt, ist für jeden Rückerwerbsvorgang eine **notarielle Beurkundung** erforderlich. Diese verursacht zum einen Kosten und zum anderen zusätzlichen Aufwand, da die Beteiligung des Mitarbeiters und der Gesellschaft an der notariellen Beurkundung organisiert werden muss.

17 Aus den vorgenannten Gründen bietet sich eine Direktbeteiligung hauptsächlich bei der börsennotierten Aktiengesellschaft sowie bei nicht börsennotierten Aktiengesellschaften und anderen Gesellschaftsformen dann an, wenn der Kreis der zu beteiligenden Mitarbeiter überschaubar ist und sie mit mehr als nur einer Mini-Beteiligung beteiligt werden sollen. Bei der GmbH müssen zudem die Kosten der Beurkundung mit dem Nutzen der Mitarbeiterbeteiligung abgewogen werden.

18 Bei der Wahl der Form der Mitarbeiterbeteiligung sind neben den arbeits- und gesellschaftsrechtlichen sowie **wirtschaftlichen Aspekten** auch die **steuerlichen Folgen** der Mitarbeiterbeteiligung für die Beteiligten in die Überlegungen mit einzubeziehen. Steuerrechtlich gibt es verschiedene Anknüpfungspunkte, die unter anderem zu steuerrechtlich relevanten Vorgängen (zB Erwerb von Anteilen, Verkauf von Anteilen, Bezug von Einnahmen aus den Anteilen) bei verschiedenen Steuersubjekten (beispielsweise dem Unternehmen bzw. dem Arbeitgeber, dem Arbeitnehmer, den übrigen Gesellschaftern) führen können.

19 Neben den komplexen **arbeits- und gesellschaftsrechtlichen Vorgaben** und Regelungen sind auch die steuerrechtlichen Vorschriften vielschichtig und ermöglichen keine allgemeingültige Empfehlung für die optimale Form der Mitarbeiterbeteiligung. Beispielsweise unterscheiden sich die Besteuerungssystematiken von Personengesellschaften (beispielsweise KG und oHG) und Körperschaften (beispielsweise AG oder GmbH). So ist die Körperschaft selbst Steuersubjekt der Körperschaft- und Gewerbesteuer. Auf der Ebene der Personengesellschaft findet für einkommen- bzw. körperschaftsteuerliche Zwecke lediglich eine Feststellung der Einkünfte, die den Gesellschaftern zugerechnet werden und auf Ebene der Gesellschafter der Besteuerung unterliegen, statt. Für Zwecke der Gewerbesteuer ist die Personengesellschaft selbst Steuersubjekt.

20 Im Vergleich zur **indirekten Beteiligung** der Mitarbeiter am Kapital der Arbeitgebergesellschaft ist die **direkte Beteiligung** hinsichtlich der steuerrechtlichen Handhabung im Regelfall weniger komplex. Je nach der jeweiligen Gestaltung kann eine mehrstufige Beteiligungsstruktur (indirekte Beteiligung) zu steuerlichen Mehrbelastungen führen. Dies kann beispielsweise der Fall sein, wenn sowohl die Arbeitgebergesellschaft als auch die Beteiligungsgesellschaft Kapitalgesellschaften sind und die Beteiligungsgesellschaft zu weniger als 10% an der Arbeitgebergesellschaft beteiligt ist (→ Rn. 282 ff.).

II. Direktbeteiligung

Es empfiehlt sich daher, die einzelnen Gestaltungsalternativen hinsichtlich der relevanten Rechtsgebiete gegeneinander abzuwägen und eine der Zielgruppe entsprechende Form der Mitarbeiterbeteiligung zu wählen.

In diesem Abschnitt werden bei verschiedenen Gesellschaftsformen die rechtlichen Wege, über die Mitarbeiter an einer Gesellschaft direkt beteiligt werden, erläutert. Zudem wird die Besteuerung des Erwerbs der Beteiligung, von Gewinnausschüttungen bzw. anfallenden Gewinnen und der Veräußerung der Beteiligung dargestellt.

Kurz zusammengefasst können Mitarbeiter durch **Schenkung,** durch **Verkauf von Anteilen** oder im Wege einer **Kapitalerhöhung** direkt an der Gesellschaft, für die sie tätig sind, beteiligt werden. Im Falle ihrer Beteiligung müssen ihre Rechte als Gesellschafter im Gesellschaftsvertrag bzw. in der Satzung geregelt werden. Ebenso muss geregelt werden, was mit ihrer Beteiligung geschieht, wenn die beteiligten Mitarbeiter nicht mehr für das Unternehmen tätig sind, an dem sie beteiligt sind.

Vorgeschaltet werden soll ein für alle Gesellschaftsformen relevanter Abschnitt, der sich mit der Finanzierung der Mitarbeiterdirektbeteiligung befasst.

2. Finanzierung der Direktbeteiligung

Ein essentielles Problem der Mitarbeiterdirektbeteiligung ist häufig deren Finanzierung durch die zu beteiligenden Mitarbeiter und das **finanzielle Risiko,** das mit dem Erwerb einer Beteiligung einhergeht. Arbeitnehmern und zum Teil auch Organmitgliedern fehlen in sehr vielen Fällen die finanziellen Mittel, um Gesellschaftsanteile an der Gesellschaft, für die sie tätig sind, im substanziellen Umfang zu erwerben. Dieses Problem wird dadurch verstärkt, dass – vorbehaltlich § 3 Nr. 39 EStG, der den Erwerb von Beteiligungen an Arbeitgebergesellschaften bis zur Höhe eines steuerlichen Vorteils von 360 EUR pro Kalenderjahr von der Einkommensteuerpflicht ausnimmt (→ Rn. 52 ff.) – der Erwerb der Mitarbeiterbeteiligung aus versteuertem Geld erfolgt.

Dieses Problem besteht nicht bei der **Ausgabe von Optionen** zum Erwerb von Kapitalbeteiligungen, sofern diese Beteiligungen direkt nach dem Erwerb weiterverkauft werden können, da der beteiligte Mitarbeiter den Erwerbspreis für die Kapitalbeteiligung direkt durch Weiterverkauf finanzieren kann. Aus diesem Grund bietet sich bei börsennotierten Aktiengesellschaften die Gewährung von Aktienoptionen an Mitarbeiter und Mitglieder des Vorstands und deren Bedienung aus **bedingtem Kapital** als Gestaltungsmittel zur Direktbeteiligung an. Denn auf diesem Weg lassen sich das finanzielle Risiko für den Mitarbeiter, die Finanzierungsschwierigkeiten sowie auch das Risiko der Steuerpflicht für Vermögenszuflüsse vor Erzielung des Veräußerungserlöses aus der Kapitalbeteiligung vermeiden. Ein solches Optionsmodell ist auch bei nicht börsennotierten Gesellschaften denkbar, wenn die Optionen unmittelbar vor einer anderen Verkaufsmöglichkeit ausgeübt werden können (zB vor einem Verkauf aller Anteile an der Arbeitgebergesellschaft oder wenn alle oder die wesentlichen Gesellschafter einen Rückkauf der Mitarbeiteranteile ohne oder unter bestimmten Voraussetzungen anbieten).

In allen anderen Fällen stellt sich das Finanzierungsproblem. Sollen Mitarbeiter daher direkt beteiligt werden und können sie die Mittel hierfür nicht aufbringen, kommen im Wesentlichen **drei Möglichkeiten** in Betracht, den Mitarbeitern gleichwohl eine Mitarbeiterbeteiligung in einem solchen Umfang zu gewähren, der die gewünschte Incentivierungswirkung entfaltet, auf die im Folgenden jeweils im Einzelnen eingegangen werden soll: die **Gewährung eines Darlehens** zum Erwerb der Kapitalbeteiligung, die Ermöglichung einer **Darlehensfinanzierung durch Dritte** (zB eine Bank) oder die **Gewährung der Kapitalbeteiligung** durch die Gesellschaft oder durch Gesellschafter **zu einem Preis unterhalb des Verkehrswertes** für die entsprechende Beteiligung.

a) Darlehensfinanzierung der Mitarbeiterbeteiligung durch das Unternehmen

28   Durchaus häufig in der Praxis anzutreffen ist die **Darlehensfinanzierung** bzw. Finanzierung durch **Stundung** einer Kaufpreisforderung der Mitarbeiterbeteiligung durch Gesellschafter der Arbeitgebergesellschaft oder – mit bestimmten Einschränkungen – durch die Arbeitgebergesellschaft selber.

29   Eine Darlehensfinanzierung durch die Arbeitgebergesellschaft selber kommt bei Kapitalgesellschaften und der Kommanditgesellschaft (einschließlich GmbH & Co. KG) nur unter Beachtung der **Prinzipien der Kapitalaufbringung und -erhaltung** in Betracht (vgl. §§ 36a, 57 AktG, §§ 14, 19, 30 GmbHG, §§ 171 ff. HGB). Das bedeutet insbesondere, dass der jeweilige Nominalbetrag bzw. Ausgabebetrag der Kapitaleinlage in dem gesetzlich erforderlichen Mindestumfang nicht durch ein Darlehen der Gesellschaft selber finanziert werden darf. Zudem muss die Gesellschaft die Anforderungen der Rechtsprechung an Darlehen an Gesellschafter beachten.[4]

30   Unproblematischer ist die **Darlehensfinanzierung** durch einen oder mehrere andere **Gesellschafter**. Eine solche kann insbesondere dann in Betracht kommen, wenn eine Gesellschaft einen Hauptgesellschafter hat, der Mitarbeiter und/oder Organmitglieder zu Incentivierungszwecken beteiligen möchte.

31   Für eine solche Darlehensfinanzierung sind – sofern die Mitarbeiter als natürliche Personen beteiligt werden – die besonderen Anforderungen an **Verbraucherdarlehen** gem. §§ 491 ff., 514 Abs. 1 BGB zu beachten. Denn nach der Rechtsprechung handelt auch derjenige als Verbraucher iSv § 13 BGB, der eine Kapitalbeteiligung an einer Gesellschaft erwirbt, es sei denn derjenige ist aus anderen Gründen kein Verbraucher iSv § 13 BGB.[5] Hervorzuheben sind insofern das Schriftformerfordernis gem. § 492 BGB sowie die vorvertraglichen Informationspflichten gem. § 491a BGB, die ausreichend zu dokumentieren sind.

32   Oft übersehen, aber ebenfalls zu beachten, ist bei der Darlehensfinanzierung der Mitarbeiterbeteiligung die etwaige **Erlaubnispflicht** gem. § 32 Abs. 1 S. 1 KWG. Nach einem Merkblatt der BaFin vom 8.1.2009, geändert am 2.5.2016, liegt ein Kreditgeschäft vor, das einen Umfang erreicht, der einen in kaufmännischer Weise eingerichteten Geschäftsbetrieb erfordert, wenn die Darlehenssumme insgesamt 500.000 EUR übersteigt und mehr als 21 gewährte Darlehen umfasst, oder anderweitig (unabhängig von der Gesamtsumme) mehr als 100 gewährte Darlehen umfasst. Diese Zahlen können bei einem großangelegten darlehensfinanzierten Mitarbeiterbeteiligungsprogramm im Einzelfall erreicht werden. Der kosten- und zeitintensive Prozess der Erteilung der Erlaubnis durch die BaFin kann in diesen Fällen auch nicht dadurch umgangen werden, dass die Darlehen als Nachrangdarlehen vereinbart werden, die nach dem Merkblatt der BaFin vom 8.1.2009, geändert am 2.5.2016, kein Kreditgeschäft darstellen. Denn diese Ausnahme gilt nach der BaFin nicht für Darlehen an natürliche Personen. Da sich Arbeitnehmer und Organmitglieder in den meisten Fällen nicht über eine Kapitalgesellschaft beteiligen werden, hilft die vorgenannte Ausnahme somit nicht weiter.

> **Praxistipp:**
> Bei großangelegten Mitarbeiterprogrammen bietet es sich somit an – sollen Darlehen an mehr als die im Merkblatt der BaFin genannten Personen gewährt werden –, die Mitarbeiterbeteiligung nicht direkt auszugestalten, sondern über eine Mitarbeiterbeteiligungsgesellschaft in der Form einer Kapitalgesellschaft oder GmbH & Co. KG.

33   Eine solche Gestaltung löst auch das weitere praktische Problem, das sich häufig bei darlehensfinanzierten Mitarbeiterdirektbeteiligungen stellt, nämlich dass die Mitarbeiter

---

[4] BGH 1.12.2008 – II ZR 102/07, DStR 2009, 234 – MPS.
[5] StRspr, siehe nur BGH 23.10.2001 – XI ZR 63/01, DStR 2002, 141.

das persönliche Risiko vermeiden wollen, dass sie das ihnen gewährte Darlehen nicht bzw. nicht bei Fälligkeit zurückzahlen können, zB weil die Erträge aus der Mitarbeiterbeteiligung nicht für die Zins- und Rückzahlung ausreichen. Erfolgt die Beteiligung hingegen über eine Kapitalgesellschaft bzw. GmbH & Co. KG, haften die über diese Gesellschaft beteiligten Mitarbeiter nur bis zur Höhe ihrer Einlagen für Zins- und Rückzahlungsansprüche. Mitarbeiterbeteiligungen über Gesellschaften werden näher im Abschnitt „Beteiligungsmodelle über Beteiligungsgesellschaften" (→ Rn. 266 ff.) dargestellt.

Ein entscheidender Punkt bei der Darlehensfinanzierung einer Mitarbeiterbeteiligung **34** sind häufig die **Laufzeit** sowie der **Zins- und Rückzahlungsplan.** Denn Mitarbeiter werden nicht immer über die finanziellen Mittel verfügen, das gewährte Darlehen aus versteuerten Einkünften zurückführen zu können. Deshalb orientieren sich Zins- und Rückzahlungspläne bei Startup-Unternehmen und Private-Equity finanzierten Unternehmen in den meisten Fällen an dem vorgesehenen Exit-Zeitpunkt und sehen eine Pflichttilgung aus Exit-Erlösen vor. In nicht auf einen späteren Verkauf ausgerichteten Unternehmen orientiert sich der Zins- und Rückzahlungsplan im Regelfall an zu erwartenden Gewinnausschüttungen.

Beispiel:

Eine Gruppe von Niederlassungsleitern einer GmbH erhält eine Mitarbeiterbeteiligung zum Verkehrswert und ein Darlehen zur Finanzierung des Erwerbspreises. Der Zins- und Rückzahlungsplan wird anhand der zu erwartenden Gewinnausschüttungen bei der GmbH berechnet und berücksichtigt auch die von den beteiligten Mitarbeitern zu zahlenden Steuern. Für den Fall, dass die erwarteten Gewinnausschüttungen nicht fließen, erhalten die Mitarbeiter ein einmaliges Recht zur Laufzeitverlängerung um ein weiteres Jahr.

Als **Sicherheit** für die gewährten Darlehen wird zumeist auf die gewährte Kapitalbe- **35** teiligung zurückgegriffen, etwa durch eine Verpfändung erworbener Aktien, GmbH-Geschäftsanteile oder Kommanditanteile. Um eine öffentliche Versteigerung der Kapitalbeteiligung zu vermeiden (vgl. § 1235 Abs. 1 BGB), bietet sich aus Unternehmenssicht allerdings eher die Vereinbarung einer Rückkaufoption im Falle der Kündigung des gewährten Darlehens durch das Unternehmen zu einem vorher festzulegenden Preis an.

b) Darlehensfinanzierung der Mitarbeiterbeteiligung durch Dritte

Neben der Darlehensfinanzierung der Mitarbeiterbeteiligung durch die Arbeitgebergesell- **36** schaft selber kommt auch eine Darlehensfinanzierung durch einen Dritten, zB eine Bank, in Betracht. In diesem Zusammenhang stellen sich insbesondere zwei Fragen: zum einen wollen Unternehmen häufig verhindern, dass die gewährte Kapitalbeteiligung dem Drittdarlehensgeber als **Sicherheit** gewährt wird, da der Eintritt unbekannter Dritter in den Gesellschafterkreis verhindert werden soll. Zum anderen stellt sich die Frage, ob das Unternehmen selber oder ein anderer Gesellschafter (zB der Hauptgesellschafter der betroffenen Gesellschaft) Sicherheiten zugunsten des Drittdarlehensgebers gewähren kann, um die Darlehensgewährung überhaupt oder zu den gewünschten Konditionen zu ermöglichen.

Hinsichtlich des ersten Problemkreises können vor allem **Einziehungsregelungen** in **37** Satzung bzw. Gesellschaftsvertrag mit einer Abfindungsregelung zu Verkehrswerten, die eine Einziehung bei Vollstreckungsmaßnahmen in die gewährte Kapitalbeteiligung erlauben, helfen. Aber auch **Rückkaufoptionen** für den Fall von **Vollstreckungsmaßnahmen** in die gewährte Kapitalbeteiligung kommen in Betracht. Solche Maßnahmen sind aber mit dem jeweiligen Drittdarlehensgeber abzustimmen, da sie die Fähigkeit des Mitarbeiters, das ihm gewährte Darlehen vollständig zurückzuzahlen, beeinträchtigen.

Der zweite Problemkreis wirft vor allem steuerliche Fragen auf. Aus rechtlicher Sicht **38** sind bei der Sicherheitengewährung durch die Gesellschaft vor allem die Fragen zur Kapitalaufbringung und Kapitalerhaltung zu beachten. Steuerlich stellt sich erneut die Frage, ob die Gewährung von Sicherheiten durch das Unternehmen selbst oder einen oder mehrere Gesellschafter (zB eine Bürgschaft) einem **Drittvergleich** standhält. Das dürfte regelmäßig zu verneinen sein, jedenfalls wenn keine Bürgschaftsprovision berechnet wird. Sofern die Sicherheitengewährung einem Drittvergleich nicht standhält, sind auf den geldwerten Vorteil Lohnsteuer- und Sozialabgaben abzuführen.

c) Beteiligungsgewährung unterhalb des Marktpreises

39 Schließlich kommt für den Fall, dass Mitarbeiter ihre Kapitalbeteiligung nicht aus eigenen Mitteln finanzieren können, die Gewährung der Kapitalbeteiligung zu einem Preis **unterhalb des Marktpreises** in Betracht. Gesellschaftern steht es stets frei, Anteile an dem Unternehmen, an dem sie beteiligt sind, zu einem Preis unterhalb des Marktpreises zu verkaufen. Soll eine Kapitalbeteiligung im Rahmen einer Kapitalerhöhung zu einem Preis unterhalb des Marktpreises abgegeben werden, sind zum einen gesetzliche und gesellschaftsvertragliche **Mehrheiten** zu beachten, zum anderen ist das **Bezugsrecht** der übrigen Gesellschafter zu beachten, das bei einer Gewährung zu einem Bezugspreis unterhalb des Marktpreises auch nur in sehr engen Grenzen ohne Zustimmung aller Gesellschafter ausgeschlossen werden kann.

d) Steuerliche Aspekte

aa) Darlehensfinanzierung durch das Unternehmen, die Gesellschafter oder Dritte

40 Steuerliche Aspekte spielen bei der darlehensfinanzierten Mitarbeiterbeteiligung eine wichtige Rolle. Insbesondere müssen bei der Darlehensfinanzierung der Mitarbeiterbeteiligung durch die Arbeitgebergesellschaft die wirtschaftlichen und rechtlichen Bedingungen der Darlehensfinanzierung einem **Drittvergleich** standhalten. Das bedeutet, dass der Zinssatz, Zinszahlungszeitpunkte, die Laufzeit, die Besicherung des Darlehens sowie außerordentliche Kündigungsgründe sich in dem Rahmen bewegen müssen, den auch eine Bank bzw. ein anderer Dritter in einer vergleichbaren Situation anwenden würde. Werden keine drittvergleichsfähigen Konditionen vereinbart, droht eine Lohnsteuerpflicht (einschließlich Sozialabgaben). Im Sinne der Ermöglichung einer Mitarbeiterbeteiligung können solche steuerlichen Nachteile allerdings im Einzelfall auch in Kauf genommen werden.

41 Auf der Ebene des finanzierenden Mitarbeiters stellt sich die Frage der steuerlichen **Abzugsfähigkeit der Finanzierungsaufwendungen,** die er entweder an die Arbeitgebergesellschaft bzw. deren übrige Gesellschafter oder an Dritte leistet.

42 Soll der Mitarbeiter an einer Kapitalgesellschaft beteiligt werden, so führen Gewinnausschüttungen aus dieser Gesellschaft grundsätzlich zu **Einkünften aus Kapitalvermögen** (§ 20 Abs. 1 EStG), die der **Abgeltungsteuer** mit 25 % (zzgl. Annexsteuern: 5,5 % Solidaritätszuschlag und ggf. Kirchensteuer) unterliegen (§ 32d Abs. 1 EStG), wenn der Mitarbeiter die Beteiligung im Privatvermögen hält, was in der Praxis häufig der Fall sein wird. Bei der Anwendung der Regelungen zur Abgeltungsteuer können die Finanzierungsaufwendungen des Mitarbeiters nicht steuermindernd geltend gemacht werden, da grundsätzlich ein **Werbungskostenabzugsverbot** (§ 20 Abs. 9 EStG) gilt.

43 Sonderregelungen bzw. **Ausnahmetatbestände** hinsichtlich der Anwendung der Regelungen zur Abgeltungsteuer bei Gewinnausschüttungen aus Kapitalgesellschaften gelten jedoch beispielsweise auf Antrag für Beteiligte mit einer Beteiligungshöhe von unmittelbar oder mittelbar mindestens 25 % oder für Beteiligte mit einer unmittelbaren Beteiligungshöhe von mindestens 1 %, die durch eine **berufliche Tätigkeit** für diese Kapitalgesellschaft maßgeblichen unternehmerischen Einfluss auf deren wirtschaftliche Tätigkeit nehmen können (§ 32d Abs. 2 Nr. 3 EStG). In diesem Fall sind etwaige Aufwendungen im Zusammenhang mit der Beteiligung an der Kapitalgesellschaft unter Beachtung des

Teileinkünfteverfahrens (§ 3 Nr. 40 EStG iVm § 3c Abs. 2 EStG) unabhängig von ihrer Höhe anteilig als Werbungskosten aus Kapitalvermögen abziehbar.

Bei Beteiligungen an einer **gewerblichen Personengesellschaft** stellen Finanzierungsaufwendungen grundsätzlich **Sonderbetriebsausgaben** dar. Die Sonderbetriebsausgaben mindern den steuerpflichtigen Gewinn der Personengesellschaft für gewerbesteuerliche Zwecke und den dem Mitarbeiter zuzurechnenden Gewinnanteil aus der Beteiligung an der Personengesellschaft für einkommensteuerliche Zwecke. Erfolgt die Finanzierung der Beteiligung an der gewerblichen Personengesellschaft über einen oder mehrere der **übrigen Gesellschafter,** so stellen die Finanzierungseinnahmen bei diesen **Sonderbetriebseinnahmen** dar, die den Gewinn der Personengesellschaft und den Gewinnanteil des jeweiligen Gesellschafters erhöhen.

bb) Steuerliche Aspekte der Überlassung von Anteilen unterhalb des Marktpreises

Werden Anteile **unterhalb des Marktpreises** von der Arbeitgebergesellschaft an den Mitarbeiter überlassen, so führt dies in der Regel zu einem **geldwerten Vorteil** des Mitarbeiters, der als **steuerpflichtiger Arbeitslohn** des Mitarbeiters der Lohnsteuer und den Sozialabgaben unterliegt. Davon ist nach ständiger Rechtsprechung des BFH dann auszugehen, wenn der Vorteil aus der unentgeltlichen oder verbilligten Gewährung einer Beteiligung dem Mitarbeiter „für" seine Arbeitsleistung gewährt wird.[6] Eine Veranlassung durch das individuelle Dienstverhältnis ist danach zu bejahen, wenn die Einnahmen dem Empfänger mit Rücksicht auf das Dienstverhältnis zufließen und sich als Ertrag der nichtselbständigen Arbeit darstellen, wenn sich die Leistung des Arbeitgebers also im weitesten Sinne als Gegenleistung für die Zurverfügungstellung der individuellen Arbeitskraft des Mitarbeiters erweist.[7]

Werden Mitarbeiterbeteiligungen nicht von der Arbeitgebergesellschaft selbst, sondern beispielsweise von den (Alt-)Gesellschaftern oder im Konzern von der Muttergesellschaft der Arbeitgebergesellschaft übertragen bzw. ausgegeben, kann diese Überlassung ebenfalls zu einem steuerpflichtigen geldwerten Vorteil für den Mitarbeiter führen, der dem Lohnsteuerabzug und der Beitragspflicht unterliegt **(Arbeitslohn von Dritten).** Denn Zuwendungen durch einen Dritten können auch Arbeitslohn für den Arbeitnehmer darstellen, wenn diese Entgelte für eine Leistung gewährt werden, die der Arbeitnehmer **im Rahmen seines Dienstverhältnisses** für den Arbeitgeber erbringt.[8]

Dagegen liegt dann kein Arbeitslohn vor, wenn die Zuwendung wegen anderer Rechtsbeziehungen oder wegen sonstiger, nicht auf dem Dienstverhältnis beruhender Beziehungen zwischen Mitarbeiter und Arbeitgeber gewährt wird (**„Sonderrechtsbeziehung"**). Diese Sonderrechtsbeziehungen sind insbesondere dadurch gekennzeichnet, dass sie unabhängig und losgelöst vom Arbeitsverhältnis bestehen können.[9] Ist eine Zuwendung in Form von Anteilen auf einem Sonderrechtsverhältnis begründet, kann die Mitarbeiterbeteiligung unter Umständen auch **schenkungsteuerrechtliche Folgen** auslösen. Entsprechendes gilt, wenn sich die Zuwendung auf anderen Rechtsbeziehungen zwischen Mitarbeiter und Dritten gründet.

> **Praxistipp:**
> Die Entscheidung, ob Zuwendungen für ein Beschäftigungsverhältnis gewährt werden und damit Arbeitslohn darstellen oder auf andere Rechtsbeziehungen zurückzuführen sind, ist nach einer Würdigung aller objektiven Tatsachen unter Berücksichtigung der

---

[6] BFH 7.5.2014 – VI R 73/12, DStR 2014, 1328 mAnm *Geserich* mwN.
[7] BFH 28.2.2013 – VI R 58/11, DStR 2013, 908 (909) mwN.
[8] R 38.4 Abs. 2 S. 1 LStR.
[9] BFH 17.6.2009 – VI R 69/06, DStR 2009, 2092 (2093f.).

> Gesamtumstände im Einzelfall zu treffen. Dabei kommt es maßgeblich darauf an, ob Mitarbeiter Beteiligungen zu drittvergleichsfähigen Konditionen erwerben.

48   Darüber hinaus hat der Arbeitnehmer bei Erhalt von Mitarbeiterbeteiligungen keinen steuerpflichtigen geldwerten Vorteil bezogen, wenn er die Anteile zum Marktpreis erwirbt.[10]

49   Liegt ein steuerpflichtiger geldwerter Vorteil vor, so ist im nächsten Schritt zu prüfen, wann der geldwerte Vorteil dem Arbeitnehmer zufließt, da dies der maßgebende Zeitpunkt für die Bewertung der Anteile (→ Rn. 51) ist und die Entstehung der Lohnsteuer von diesem Zeitpunkt abhängt.

50   Grundsätzlich ist ein **Zufluss** in dem Zeitpunkt anzunehmen, in dem der Arbeitnehmer wirtschaftlich über die Anteile **verfügen** kann und infolgedessen bei ihm eine Vermögensmehrung eingetreten ist.[11] Das Innehaben bloßer Rechte ist nach der Rechtsprechung des BFH jedoch noch nicht gleichzusetzen mit dem Zufluss von Einnahmen, so beispielsweise bei **vinkulierten** Namensaktien (→ Rn. 131) oder Geschäftsanteilen nach § 15 Abs. 5 GmbHG.[12] Bei der Prüfung des Zeitpunktes der **Erlangung der Verfügungsmacht** sind die tatsächlichen Verhältnisse maßgebend.[13]

51   Ist der Zuflusszeitpunkt bestimmt, muss der genaue **Wert** der gewährten Anteile zu diesem Zeitpunkt ermittelt werden, um die Höhe des dem Arbeitnehmer zufließenden **geldwerten Vorteils** bestimmen zu können. Für den Fall, dass die Anteile dem Mitarbeiter zu einem Preis unterhalb des Marktpreises gewährt werden, besteht der geldwerte Vorteil des Mitarbeiters lediglich in der Differenz zwischen dem Kaufpreis und dem gemeinen Wert der Anteile. Werden die Anteile an den Mitarbeiter unentgeltlich ausgegeben, entspricht der geldwerte Vorteil des Mitarbeiters folglich dem gemeinen Wert der Anteile.

> Praxistipp:
> In Zweifelsfällen bietet es sich an, eine sog. Lohnsteueranrufungsauskunft nach § 42e EStG beim Betriebsstättenfinanzamt des Arbeitgebers zu beantragen, um insbesondere für den Arbeitgeber Rechtssicherheit hinsichtlich des von ihm durchzuführenden Lohnsteuerabzugs zu erlangen. Zwar ist der Mitarbeiter der Schuldner der Lohnsteuer § 38 Abs. 2 S. 1 EStG für den von ihm bezogenen steuerpflichtigen Arbeitslohn, dennoch haftet der Arbeitgeber für die Lohnsteuer, die er einzubehalten und abzuführen hat (§ 42d EStG).

52   In einem weiteren Schritt ist zu entscheiden, ob eventuell die Voraussetzungen für eine steuerfreie und betragsfreie Gewährung des geldwerten Vorteils oder eine andere **steuerliche Begünstigung** vorliegen.

53   Um die Attraktivität von Mitarbeiterbeteiligungen zu unterstützen, fördert der Gesetzgeber bestimmte Vermögensbeteiligungen mit einem **Steuerfreibetrag iHv 360 EUR** pro Kalenderjahr. Als Wert der Vermögensbeteiligung ist der gemeine Wert anzusetzen (§ 3 Nr. 39 EStG). Folgende **Voraussetzungen** des § 3 Nr. 39 EStG müssen kumulativ erfüllt sein:
– Der Arbeitnehmer erzielt einen Vorteil aus der unentgeltlichen oder verbilligten Überlassung von Vermögensbeteiligungen im Rahmen eines gegenwärtigen Dienstverhältnisses.
– Es handelt sich um Vermögensbeteiligungen iSd § 2 Abs. 1 Nr. 1 Buchstabe a, b und f bis l und Abs. 2 bis 5 des 5. VermBG.

---

[10] *Weitnauer* GWR 2017, 391.
[11] Heuermann/Wagner LSt/*Wagner* D. Rn. 337.
[12] BFH 30.6.2011 – VI R 37/09, DStRE 2011, 1247.
[13] Blümich/*Gesserich* EStG § 19 Rn. 244.

- Es handelt sich um eine Vermögensbeteiligung am Unternehmen des Arbeitgebers.
- Die Beteiligung muss mindestens allen Arbeitnehmern offenstehen, die im Zeitpunkt der Bekanntgabe des Angebots ein Jahr oder länger ununterbrochen in einem gegenwärtigen Dienstverhältnis zum Unternehmen stehen.

Der **übersteigende Betrag** des Vorteils aus der unentgeltlichen oder verbilligten Überlassung von Vermögensbeteiligungen im Rahmen eines gegenwärtigen Dienstverhältnisses unterliegt der Besteuerung mit dem individuellen Steuersatz des Mitarbeiters.

Zweifelsfragen im Zusammenhang mit der Regelung zur Steuerfreistellung werden zum Teil im Rahmen des BMF-Schreibens vom 8.12.2009 aus Sicht der Finanzverwaltung erläutert. Allerdings werden nicht alle Fragen abschließend geklärt, so dass bei Zweifelsfragen auch hier eine Lohnsteueranrufungsauskunft sinnvoll sein kann.

Der nach § 3 Nr. 39 EStG steuerfreie Teil des geldwerten Vorteils unterliegt auch nicht der **Beitragspflicht im Sozialversicherungsrecht** (§ 1 Abs. 1 S. 1 Nr. 1 SvEV), wenn und soweit dieser zusätzlich zum ohnehin geschuldeten Lohn bzw. Gehalt gewährt wird. Folglich ist der Vorteil einer Vermögensbeteiligung, der aus einer **Entgeltumwandlung** finanziert wird, zwar unter den Voraussetzungen des § 3 Nr. 39 EStG steuerfrei, jedoch wird eine Beitragsfreiheit in der Sozialversicherung nicht gewährt, da im Rahmen einer Entgeltumwandlung die Vermögensbeteiligung nicht zusätzlich zum ohnehin geschuldeten Arbeitslohn gewährt wird.[14]

Darüber hinaus findet in einigen Gestaltungen der Mitarbeiterbeteiligung die sog. **Fünftel-Regelung** (§ 34 Abs. 1 EStG iVm § 34 Abs. 2 Nr. 4 EStG) Anwendung. Hierbei handelt es sich um eine Regelung, die den Anstieg des Steuersatzes des Mitarbeiters bei **Auszahlung großer Einmalzahlungen** an den Mitarbeiter abmildern soll (Tarifermäßigung des Einkommensteuersatzes). Diese Begünstigung kommt bei **Vergütungen für mehrjährige Tätigkeiten** zur Anwendung. Mehrjährig ist die Tätigkeit, soweit sie sich mindestens über zwei Veranlagungszeiträume erstreckt und einen Zeitraum von mehr als zwölf Monaten umfasst. Die Voraussetzungen können beispielsweise im Zusammenhang mit dem steuerpflichtigen geldwerten Vorteil aus der Ausübung von gewährten Aktienoptionen vorliegen.

3. Aktiengesellschaft

Zunächst besteht bei der Aktiengesellschaft die Möglichkeit, den zu beteiligenden Mitarbeitern Aktien im Wege einer **Kapitalerhöhung** zu gewähren. Der gesetzliche Regelfall ist dabei die Durchführung einer ordentlichen oder außerordentlichen Hauptversammlung und der Beschluss einer Barkapitalerhöhung. Damit die zu beteiligenden Mitarbeiter in der Lage sind, Aktien an der Gesellschaft zu zeichnen, müssen sie ein Bezugsrecht erhalten.

Bei der Aktiengesellschaft ergeben sich in der praktischen Umsetzung einer Mitarbeiterbeteiligung durch Kapitalerhöhung Unterschiede vor allem zwischen börsennotierten und nicht börsennotierten Aktiengesellschaften. Bei **börsennotierten Aktiengesellschaften** müssen stets die gesetzlichen und in der Satzung geregelten Form- und Fristvorschriften für die Einberufung und Abhaltung von Hauptversammlungen eingehalten werden, da ein Verzicht auf die Form- und Fristvorschriften im Regelfall nicht von allen Aktionären erlangt werden kann. Bei **nicht börsennotierten Aktiengesellschaften** mit einem überschaubaren Aktionärskreis kann hingegen eine Kapitalerhöhung oftmals im Wege einer Vollversammlung gem. § 121 Abs. 6 AktG ohne Einhaltung der Form- und Fristvorschriften für die Einladung und Abhaltung der Hauptversammlung beschlossen werden.

---

[14] Maschmann/*Sieg* Kap. 22 Rn. 14.

60 Deshalb ist eine Mitarbeiterbeteiligung über eine im Rahmen einer Hauptversammlung zu beschließende Kapitalerhöhung bei der börsennotierten Aktiengesellschaft kaum praktikabel. Dasselbe gilt für nicht börsennotierte Aktiengesellschaften mit einem größeren Aktionärskreis. Ein weiterer wesentlicher Unterschied zwischen börsennotierten und nicht börsennotierten Aktiengesellschaften ist, dass bei der börsennotierten Aktiengesellschaft kein Fokus auf die strenge Kontrolle des Aktionärskreises gelegt werden muss, da der Aktionärskreis im Umfang des *Free Floats* ohnehin nicht kontrollierbar ist. Zudem besteht bei börsennotierten Aktiengesellschaften die Möglichkeit, Aktien an der Börse zu veräußern, was insbesondere das Instrument der Aktienoptionen attraktiv macht.

61 Im Folgenden wird daher im Zuge der Direktbeteiligung zwischen börsennotierten und nicht börsennotierten Aktiengesellschaften unterschieden und der Fokus auf die gängigen und praktikabelsten Wege der Mitarbeiterdirektbeteiligung gelegt.

a) Börsennotierte Aktiengesellschaften

62 Bei börsennotierten Aktiengesellschaften ist eine Direktbeteiligung von Mitarbeitern ein gängiges Instrument der Mitarbeiterbeteiligung. Hintergrund ist, dass die Aktien an der betroffenen Gesellschaft an der Börse verkauft werden können und somit zum einen nicht die Gefahr besteht, dass durch **Aktienverkäufe** beteiligter Mitarbeiter ungewünschte Fremdaktionäre an der betroffenen Gesellschaft beteiligt werden, und dass zum anderen ein etwa aufzubringendes Kapital der beteiligten Mitarbeiter nicht dauerhaft gebunden ist. Schließlich bietet der Börsenkurs der Aktien einen laufend transparenten Anhaltspunkt für den Wert der Mitarbeiteraktien, der den beteiligten Mitarbeitern die Entscheidung darüber, ob sie ihre Mitarbeiteraktien behalten oder verkaufen wollen, leicht macht.

63 Neben dem Weg der Mitarbeiterdirektbeteiligung über eine **Kapitalerhöhung,** die im Rahmen einer Hauptversammlung beschlossen wird, bestehen bei börsennotierten Aktiengesellschaften die folgenden Möglichkeiten der Mitarbeiterdirektbeteiligung: **(1) Kapitalerhöhungen im Rahmen von Hauptversammlungen** gem. §§ 182 ff. AktG und **aus genehmigtem Kapital** gem. §§ 202 ff. AktG (→ Rn. 65 ff.), **(2)** die Gewährung von **Aktienoptionen** und eine **bedingte Kapitalerhöhung** gem. §§ 192 ff. AktG, um die Aktienoptionen erfüllen zu können (→ Rn. 75 ff.), **(3)** der **Kauf von eigenen Aktien** durch die betroffene Gesellschaft und der Verkauf dieser Aktien an Mitarbeiter (→ Rn. 84 ff.) und **(4)** die Ausgabe von **Wandelschuldverschreibungen** an Mitarbeiter und die Schaffung eines bedingten Kapitals zur Bedienung der ausgeübten Wandlungsrechte (→ Rn. 82 f.).

64 Ein wichtiger zu beachtender Aspekt im Rahmen von Mitarbeiterbeteiligungen bei börsennotierten Aktiengesellschaften sind zudem die anwendbaren wertpapier- und kapitalmarktrechtlichen Vorschriften (→ Rn. 91 ff.).

aa) Kapitalerhöhung im Rahmen einer Hauptversammlung

65 Der Weg der Direktbeteiligung von Mitarbeitern an einer börsennotierten Aktiengesellschaft im Rahmen einer **ordentlichen oder außerordentlichen Hauptversammlung** ist im Regelfall nur wenig praktikabel, da der Zeitaufwand und die Kosten einer solchen Hauptversammlung allenfalls eine Erstbeteiligung einer großen Anzahl von Mitarbeitern rechtfertigt, eine laufende Beteiligung weiterer Mitarbeiter außerhalb der ordentlichen Hauptversammlung aber nicht erlaubt. Aus diesem Grund wird der Weg der Beteiligung von Mitarbeitern über eine Kapitalerhöhung, die auf einer ordentlichen oder außerordentlichen Hauptversammlung beschlossen wird, hier nicht näher erörtert.

bb) Kapitalerhöhung aus genehmigtem Kapital

66 Die Schaffung von Mitarbeiteraktien aus einem **genehmigten Kapital** bei börsennotierten Aktiengesellschaften ist ein praktikablerer Weg als die Kapitalerhöhung auf einer

II. Direktbeteiligung

Hauptversammlung. Dieser Weg kann sich in der Praxis aber als umständlicher als die Ausgabe von Stock Options und die Bedienung aus einem bedingten Kapital herausstellen.

Voraussetzung für eine Mitarbeiterbeteiligung aus genehmigtem Kapital ist zunächst die Schaffung eines genehmigten Kapitals, das gem. § 202 AktG von der Hauptversammlung im Wege einer Satzungsänderung beschlossen werden muss. Durch ein genehmigtes Kapital wird der Vorstand der Aktiengesellschaft ermächtigt, bis zu einem bestimmten genehmigten Betrag für höchstens fünf Jahre nach Eintragung der Satzungsänderung das Grundkapital durch Ausgabe neuer Aktien zu erhöhen. Dabei darf der Höchstbetrag gemäß § 202 Abs. 3 S. 1 AktG die Hälfte des Grundkapitals, das zum Zeitpunkt der Ermächtigung vorhanden ist, nicht übersteigen. In § 202 Abs. 4 AktG ist ausdrücklich vorgesehen, dass die Satzung beinhalten kann, dass die neuen Aktien an Arbeitnehmer der Gesellschaft ausgegeben werden. 67

In der Praxis unerlässlich ist bei der Schaffung eines genehmigten Kapitals zur Mitarbeiterbeteiligung, dass der Vorstand (mit Zustimmung des Aufsichtsrats) ermächtigt wird, das **Bezugsrecht der bestehenden Aktionäre** auszuschließen, oder dass das Bezugsrecht zum Zwecke der Schaffung von Mitarbeiteraktien bereits in der Ermächtigung zur Ausnutzung des genehmigten Kapitals ausgeschlossen wird (sog. Direktausschluss). Denn andernfalls ist zum einen nicht sichergestellt, dass die gewünschte Anzahl an Bezugsrechten für zu beteiligende Mitarbeiter tatsächlich zur Verfügung steht. Zum anderen ist sonst immer ein Bezugsangebot an alle Bestandsaktionäre erforderlich, das zeit- und kostenintensiv ist, da im Regelfall eine Kapitalerhöhung über eine Emissionsbank mit nur mittelbarem Bezugsrecht für die Bestandsaktionäre erforderlich sein wird (vgl. hierzu § 186 Abs. 5 AktG). 68

Die Entscheidung über den **Ausschluss des Bezugsrechts** kann (und muss bei einer Mitarbeiterbeteiligung zweckmäßigerweise) gem. § 203 Abs. 2 AktG dem Vorstand mit Zustimmung des Aufsichtsrats (vgl. § 204 Abs. 1 S. 2 AktG) überlassen werden. In dem Fall muss gem. §§ 203 Abs. 2 S. 2, 186 Abs. 4 AktG der Vorstand einen Bericht an die Hauptversammlung über die Gründe des Bezugsrechtsausschlusses erstatten, wobei hierfür nach der Rechtsprechung Angaben ausreichend sind, die rechtfertigen, dass der Bezugsrechtsausschlusses im Gesellschaftsinteresse liegt.[15] Der Ausschluss des Bezugsrechts zum Zwecke der Mitarbeiterbeteiligung wird von der Rechtsprechung als zulässiger Grund für einen Bezugsrechtsausschluss angesehen.[16] 69

Nach der Schaffung des genehmigten Kapitals erfolgt die **Ausgabe von Aktien** an Mitarbeiter und Organmitglieder durch eine oder mehrere Kapitalerhöhungen, die der Vorstand beschließt. Gemäß § 202 Abs. 3 S. 2 AktG soll die Ausgabe neuer Aktien nur mit Zustimmung des Aufsichtsrats erfolgen. Soll das Bezugsrecht ausgeschlossen werden oder sollen die Bedingungen der Aktienausgabe auch vom Vorstand entschieden werden, muss der Aufsichtsrat zwingend der Ausnutzung des genehmigten Kapitals zustimmen, was bei Mitarbeiterbeteiligungen der Regelfall sein dürfte. 70

Wie bereits dargestellt, kann bei Kapitalerhöhungen aus genehmigtem Kapital zum Zwecke der Mitarbeiterbeteiligung das Bezugsrecht ausgeschlossen werden. Für die Bedienung von **Stock Options** ist ein genehmigtes Kapital nur bedingt geeignet. Denn anders als bei der Bedienung aus einem bedingten Kapital führt die Ausübung der Stock Option nicht automatisch (nach Einzahlung des Bezugspreises) zum Erwerb der entsprechenden Aktien. Vielmehr muss jeweils zunächst der Vorstand mit Zustimmung des Aufsichtsrats die erforderliche Kapitalerhöhung beschließen, das Bezugsrecht der übrigen Aktionäre ausschließen und die Kapitalerhöhung sowie ihre Durchführung zum Handelsregister anmelden. Sodann muss die Kapitalerhöhung im Handelsregister eingetragen werden. Da der Zweck von Stock Options im Regelfall ist, die Option nach Ablauf der ge- 71

---

[15] BGH 23.6.1997 – II ZR 132/93, NJW 1997, 2815.
[16] BGH 15.5.2000 – II ZR 359/98, NJW 2000, 2356.

setzlich geforderten **Mindestwartezeit** von vier Jahren erst auszuüben, wenn der Börsenkurs des betroffenen Unternehmens so hoch ist, dass sich eine Ausübung und ein direkter Weiterverkauf an der Börse lohnt, kann der Zeitverzug bei der Bedienung der Stock Options aus einem genehmigten Kapital im Zweifel den genannten Zweck konterkarieren.

72 Der **Vorteil** einer Mitarbeiterbeteiligung aus genehmigtem Kapital gegenüber Stock Options und einem bedingten Kapital ist hingegen, dass die Wartefrist von § 193 Abs. 2 Nr. 4 AktG bei einer Beteiligung von Mitarbeitern aus genehmigtem Kapital nicht gilt. Auch die Beschränkung des § 192 Abs. 2 Nr. 3 iVm Abs. 3 S. 1 AktG auf maximal 10% des Grundkapitals gilt nicht, so dass gem. § 202 Abs. 3 AktG bis zu 50% des Grundkapitals, das zur Zeit der Schaffung des genehmigten Kapitals vorhanden ist, als genehmigtes Kapital bestehen kann. Im Gegensatz zum bedingten Kapital kann ein genehmigtes Kapital allerdings nur für fünf Jahre nach seiner Schaffung ausgenutzt werden (§ 202 Abs. 2 S. 1 AktG).

73 In der Praxis dürfte ein genehmigtes Kapital zur Mitarbeiterbeteiligung bei börsennotierten AGs nur praktikabel sein, wenn es in wiederkehrenden Intervallen (zB ein oder zwei Mal pro Jahr) für die Mitarbeiterbeteiligung eingesetzt wird. Aus Sicht des Unternehmens ist es dabei sinnvoll, in den **Bedingungen für die Mitarbeiterbeteiligung** festzulegen, dass die ausgegebenen Mitarbeiteraktien erst nach Ablauf einer bestimmten Haltefrist weiterveräußert werden dürfen. Denn andernfalls dürfte die mit einer Mitarbeiterbeteiligung verbundene gewünschte Motivationswirkung nicht zu erreichen sein.

74 Zu erwähnen sind noch die speziell auf Mitarbeiterbeteiligungen zugeschnittenen Regelungen der §§ 203 Abs. 4, 204 Abs. 3, 205 Abs. 4 AktG, die Gestaltungen erleichtern bzw. ermöglichen sollen, bei denen Gewinnbeteiligungen (insbesondere Boni) in Aktien an der betroffenen Gesellschaft „getauscht" werden. Die praktische Bedeutung von Mitarbeiterbeteiligungen über diesen Weg ist indes nicht sehr hoch, da die in § 204 Abs. 3 AktG geregelte Beteiligung von Mitarbeitern sowohl rechtlich kompliziert als auch steuerlich nicht optimiert ist.

cc) Stock Options und bedingtes Kapital

75 Der in der Praxis gängigste Weg der Mitarbeiterdirektbeteiligung bei der börsennotierten Aktiengesellschaft ist die **Gewährung von Aktienoptionen** an einen bestimmten konkret (dh namentlich) benannten oder abstrakt beschriebenen Kreis von Arbeitnehmern und/oder Organmitgliedern und die Schaffung eines **bedingten Kapitals** zu dessen Bedienung. Dieser Weg ist in § 192 Abs. 2 Nr. 3 AktG ausdrücklich vorgesehen. Er ist deshalb bei börsennotierten Aktiengesellschaften gut für die Mitarbeiterdirektbeteiligung geeignet, weil er eine relativ unkomplizierte Möglichkeit eröffnet, nicht nur einmal, sondern laufend Mitarbeiter an einer Aktiengesellschaft direkt zu beteiligen. Denn gerade wenn eine größere Anzahl von Arbeitnehmern bzw. Organmitgliedern an einer Aktiengesellschaft beteiligt werden soll und wenn ein abstrakt-generelles System geschaffen werden soll, das eine fortlaufende Beteiligung neuer bzw. wechselnder Mitarbeiter erlaubt, sind Kapitalerhöhungen im Rahmen von Hauptversammlungen und auch im Rahmen eines genehmigten Kapitals nicht bzw. nur sehr eingeschränkt praktikabel. Ein weiterer Vorteil ist, dass bei börsennotierten Aktiengesellschaften die im Rahmen der Ausübung von Aktienoptionen erworbenen Aktien gleich an der Börse weiterverkauft werden können, so dass die Finanzierung des Erwerbspreises sichergestellt ist.

76 Für die Schaffung des bedingten Kapitals zur Bedienung von Aktienoptionen gilt § 192 Abs. 2 Nr. 3 AktG sowie § 192 Abs. 3 S. 1 AktG. Danach darf der Nennbetrag des bedingten Kapitals **10% des Grundkapitals,** das zur Zeit der Beschlussfassung über die bedingte Kapitalerhöhung vorhanden ist, nicht übersteigen. In der Höhe sind der Ausgabe von Stock Options somit Grenzen gesetzt.

77 Der **Kreis der potenziell Begünstigten** eines Stock Option Programms, das aus einer bedingten Kapitalerhöhung bedient wird, ist in § 192 Abs. 2 Nr. 3 AktG festgelegt:

II. Direktbeteiligung

zulässig ist die Ausgabe an Arbeitnehmer und an Mitglieder der Geschäftsführung der Aktiengesellschaft und seiner verbundenen Unternehmen. Aufsichtsratsmitglieder sind keine zulässigen Empfänger von Stock Options im Rahmen von § 192 Abs. 2 Nr. 3 AktG.[17] Probleme bereitet vor allem die Auslegung des Begriffs der verbundenen Unternehmen. Darunter versteht der Gesetzgeber nicht alle **verbundenen Unternehmen** iSv §§ 15 ff. AktG (somit auch zB beherrschende Aktionäre der Aktiengesellschaft, Schwestergesellschaften, etc.), sondern nur unmittelbare und mittelbare Tochtergesellschaften.[18] Die Literatur will vereinzelt auch Mutter- und Schwesterunternehmen mit einbeziehen.[19] Dies wird von der hM aber mit der zutreffenden Begründung abgelehnt, dass die Gesetzesbegründung dies ausdrücklich ablehnt und die Ausgabe an Mitarbeiter von Mutter- und Schwesterunternehmen Missbrauchsfälle zulassen könnte.[20]

Aber auch bei Tochter- und Enkelunternehmen sieht die Literatur **Einschränkungen** 78 als geboten an. So soll es erforderlich sein, dass das Stock Option Programm die Ziele, die zur Ausübung von Stock Options erreicht werden müssen, an dem Erfolg der Tochter- bzw. Enkelgesellschaft, bei der die entsprechenden Mitglieder des Vorstands bzw. Arbeitnehmer tätig sind, ausrichtet, damit sie nicht ausschließlich oder überwiegend das Interesse der Konzernmuttergesellschaft verfolgen.[21] Dem ist zuzustimmen.

Der Beschluss über die **bedingte Kapitalerhöhung** muss nach § 193 Abs. 3 Nr. 4 79 AktG auch die Aufteilung der Bezugsrechte auf Mitglieder des Vorstands und Arbeitnehmer, Erfolgsziele, den Erwerbspreis *(Strike Price)*, Erwerbs- und Ausübungszeiträume und die Wartezeit für die erstmalige Ausübung (mindestens vier Jahre) festlegen. Die **Wartezeit** für die erstmalige Ausübung von **vier Jahren** dürfte die wichtigste Einschränkung von Stock Option Programmen in der Praxis sein. Denn gerade in Startup-Unternehmen ist die Verweildauer von Mitgliedern des Vorstands und von Arbeitnehmern häufig deutlich niedriger als vier Jahre.

Die **Gestaltungsmöglichkeiten für Stock Option Pläne** sind zu vielfältig, um sie an 80 dieser Stelle allumfassend darzustellen. Neben den nach § 193 Abs. 3 Nr. 4 AktG zwingend festzulegenden Punkten erfolgen üblicherweise detaillierte Regelungen zu den zulässigen Ausübungszeitpunkten, die insbesondere durch die Marktmissbrauchsverordnung (VO (EU) Nr. 596/2014) eingeschränkt sind, zu einem Vesting der Aktienoptionen (→ Rn. 81, 90) und zur Übertragbarkeit, Vererbbarkeit und Verbriefung der Aktienoptionen.

Ein entscheidender Punkt ist häufig das *Vesting* **der Aktienoptionen.** Hierbei ist zu 81 unterscheiden, unter welchen Voraussetzungen ein Mitglied der Geschäftsführung bzw. ein Arbeitnehmer überhaupt die Aktienoptionen erwirbt (zB erst nach Ablauf einer bestimmten Tätigkeitsdauer für die Gesellschaft (sog. *Cliff*), dann vollständig oder nur graduell je nach Tätigkeitsdauer für die Gesellschaft), und was mit den Aktienoptionen geschieht, wenn der beteiligte Mitarbeiter das Unternehmen verlässt, verstirbt, berufsunfähig wird oder in den Ruhestand eintritt, bevor die Aktienoptionen ausgeübt wurden. Auch muss der Fall bedacht werden, dass ein Tochterunternehmen, bei dem ein Mitarbeiter angestellt ist, mehrheitlich oder vollständig veräußert wird. In einem solchen Fall endet üblicherweise die Zielrichtung der Mitarbeiterbeteiligung.

dd) Wandelschuldverschreibungen

Die Ausgabe von Wandelschuldverschreibungen gem. § 221 AktG, also verzinslichen 82 oder unverzinslichen **Anleihen,** die ein Wandlungsrecht in Aktien an der betroffenen Aktiengesellschaft vorsehen, soll vorliegend nur sehr kurz behandelt werden. Erleichte-

---

[17] Begr. RegE BT-Drs. 13/9712, 24; BGH 16.2.2004 – II ZR 316/02, NJW 2004, 1109.
[18] Begr. RegE BT-Drs. 13/9712, 24.
[19] *Zitzewitz* NZG 1999, 698 (704).
[20] MüKoAktG/*Fuchs* § 192 Rn. 89 mwN.
[21] Hüffer/*Koch* AktG § 192 Rn. 20; MüKoAktG/*Fuchs* § 192 Rn. 90.

rungen im Hinblick auf die Restriktionen gem. §§ 192, 193 AktG sind bei der Begebung von Wandelschuldverschreibungen nicht gegeben, so dass die Ausgabe von Wandelschuldverschreibungen unter Schaffung eines bedingten Kapitals zu deren Bedienung zum Zwecke der Mitarbeiterbeteiligung allenfalls dann einen Vorteil gegenüber einem Aktienoptionsprogramm unter Schaffung eines bedingten Kapitals bieten kann, wenn die **Verzinsung** der Wandelschuldverschreibung bis zum Ausübungszeitpunkt der Wandlungsrechte als Mittel genutzt werden soll, um eine höhere Beteiligung zu ermöglichen.

83   Im Vergleich zu Aktienoptionen müssten aber – vorbehaltlich etwaiger Stundungsregelungen – die Mitarbeiter den Erwerbspreis für die Wandelschuldverschreibungen bezahlen, bevor das Wandlungsrecht ausgeübt wird (und durch den Weiterverkauf an der Börse der Erwerbspreis unmittelbar finanziert werden kann). Zudem tragen die zu beteiligenden Mitarbeiter auf diesem Weg das Insolvenzrisiko der Aktiengesellschaft, an der sie beteiligt werden sollen, bis sie ihre Wandlungsoptionen ausüben können.

ee) Verkauf von Aktien

84   Mitarbeiterbeteiligungen können auch aus **Bestandsaktien** per Verkauf bzw. Schenkung an die zu beteiligenden Mitarbeiter bzw. Organmitglieder bedient werden. Zu unterscheiden ist hier der Verkauf durch die Gesellschaft selber (aus eigenen Aktien) oder durch an der Mitarbeiterbeteiligung interessierte Aktionäre. Bezüglich der letztgenannten Variante bestehen rechtlich keine Besonderheiten. Steuerlich sind aber die in → Rn. 121 ff. genannten Besonderheiten zu beachten.

85   Die Gesellschaft selber kann Aktien an Mitarbeiter nur dann verkaufen, wenn sie **eigene Aktien** hält. Diese muss sie zunächst erwerben, da ein Zeichnen eigener Aktien bei Gründung oder im Rahmen von Kapitalerhöhungen unzulässig ist. Der Erwerb eigener Aktien ist in § 71 AktG geregelt. Nach § 71 Abs. 1 Nr. 2 AktG darf die Aktiengesellschaft eigene Aktien erwerben, um sie Arbeitnehmern der Gesellschaft selbst oder ihrer verbundenen Unternehmen zum Erwerb anzubieten. Insofern ist klar, dass Mitarbeiteraktien aus eigenen Aktien gem. § 71 Abs. 1 Nr. 2 AktG nicht an Organmitglieder angeboten werden dürfen. Das kann allenfalls gem. § 71 Abs. 1 Nr. 8 AktG erfolgen, dann aber auch nur unter den strengen Voraussetzungen dieser Vorschrift sowie unter den weiteren Voraussetzungen gem. § 71 Abs. 2 AktG.

86   Eine Mitarbeiterbeteiligung gem. § 71 Abs. 1 Nr. 2 AktG unterliegt der weiteren Restriktion, dass gem. § 71 Abs. 3 S. 2 AktG die Weiterveräußerung der selbst erworbenen Aktien an Arbeitnehmer **innerhalb eines Jahres** nach Erwerb erfolgen muss. Viel zeitliche Flexibilität besteht somit nicht. Schließlich ist § 71 Abs. 2 S. 3 AktG zu beachten, wonach die Mitarbeitern angebotenen Aktien **voll eingezahlt** sein müssen. Es ist umstritten, ob im Falle der Ausgabe von Mitarbeiteraktien aus einem Bestand an eigenen Aktien gem. § 71 Abs. 1 Nr. 2 AktG die Voraussetzungen gem. § 192 Abs. 2 Nr. 3 (→ Rn. 72 f.) und § 193 Abs. 2 AktG zu beachten sind, also insbesondere ein Hauptversammlungsbeschluss für die Ausgabe gem. § 71 Abs. 1 Nr. 8 AktG einzuholen ist.[22] Wäre ein Hauptversammlungsbeschluss erforderlich, hätte der Erwerb eigener Aktien durch die Aktiengesellschaft zur Bedienung von Mitarbeiteroptionen letztlich keinen Vorteil gegenüber der Schaffung eines bedingten Kapitals gem. §§ 192 ff. AktG zur Bedienung dieser Optionen. Deshalb ist die Ansicht abzulehnen, dass für die Ausgabe von Mitarbeiteraktien aus einem Bestand an eigenen Aktien ein Hauptversammlungsbeschluss gem. § 71 Abs. 1 Nr. 8 AktG einzuholen ist. Ein solches Erfordernis würde § 71 Abs. 1 Nr. 2 AktG obsolet machen.

87   Für eine Mitarbeiterbeteiligung bzw. Beteiligung von Organmitgliedern der Aktiengesellschaft gem. § 71 Abs. 1 Nr. 8 AktG ist unter anderem der in § 71 Abs. 1 Nr. 8 S. 1 AktG genannte **Ermächtigungsbeschluss** der Hauptversammlung erforderlich, weiter

---

[22] Zum Meinungsstand Holzner/Mantke/*Stenzel* Rn. 163.

gem. § 71 Abs. 1 Nr. 8 S. 5 AktG ein Veräußerungsbeschluss für eine Veräußerung der Mitarbeiteraktien außerhalb der Börse. Schließlich ist gem. § 71 Abs. 1 Nr. 8 S. 6 iVm § 186 Abs. 3, 4 AktG ein Bezugsrechtsausschluss zu beschließen, der mit einer Dreiviertelmehrheit zu beschließen ist. Sollen Aktien an Mitarbeiter oder Organmitglieder ausgegeben werden, um vorher gewährte Aktienerwerbsoptionen zu bedienen, sind zudem gem. § 71 Abs. 1 Nr. 8 S. 6 iVm § 193 Abs. 2 Nr. 4 AktG die vierjährige Wartefrist für die erstmalige Ausübung des Bezugsrechts sowie weitere formelle Voraussetzungen zu beachten. Nach hM ist § 71 Abs. 1 Nr. 8 S. 6 iVm § 193 Abs. 2 Nr. 4 AktG jedoch nicht auf die Direktausgabe von Aktien (außerhalb eines Aktienoptionsprogramms) anwendbar.[23] Möglich ist stets, dass **Aktionäre** (zB ein Mehrheitsaktionär) an Organmitglieder oder Mitarbeiter Aktien verkaufen, um diese zu incentivieren. Erfolgt dies **zu vergünstigten Konditionen,** insbesondere unterhalb des jeweils aktuellen Börsenkurses, trägt alleine der verkaufende Aktionär die Kosten für die Incentivierung. Die steuerlichen Aspekte des Aktienverkaufs sind in → Rn. 123 näher dargestellt.

ff) Verfahren bei Beendigung des Arbeitsverhältnisses

Während es bei Mitarbeiterbeteiligungen an nicht börsennotierten Aktiengesellschaften und anderen Gesellschaftsformen von großer Bedeutung sein kann, den Aktionärs- bzw. Gesellschafterkreis klein zu halten und zu kontrollieren, besteht dieses Bedürfnis bei börsennotierten Aktiengesellschaften im Regelfall nicht, da der **Aktionärskreis** ohnehin im Umfang des **Free Floats** nicht kontrollierbar ist. Deshalb sind sog. *Leaver-Schemes,* die im Rahmen von → Rn. 110 ff. näher dargestellt werden, für die Mitarbeiterbeteiligung an börsennotierten Aktiengesellschaften in aller Regel nicht erforderlich. **88**

Sehr häufig anzutreffen sind allerdings Regelungen, die sich mit dem Schicksal gewährter Aktienoptionen im Falle des Ausscheidens des Mitarbeiters aus dem Unternehmen befassen. Die Rechtsprechung lässt Arbeitgebern relativ große Flexibilität bei Regelungen, die den vollständigen oder teilweisen Verfall gewährter Aktienoptionen **im Falle des Ausscheidens des Arbeitnehmers** bzw. Organmitglieds bei der betroffenen Gesellschaft betreffen. So ist es nach ständiger Rechtsprechung zulässig, die Ausübung gewährter Aktienoptionen davon abhängig zu machen, dass der optionsberechtigte Arbeitnehmer bzw. das optionsberechtigte Organmitglied in einem ungekündigten Beschäftigungsverhältnis mit der betroffenen Gesellschaft steht.[24] Umstritten ist, bis zu welchem Zeitraum der Verfall angeordnet werden darf. Diskutiert werden Zeiträume zwischen drei und fünf Jahren. **89**

Häufiger als strikte Verfallsklauseln sind in der Praxis sog. *Leaver-Schemes* anzutreffen, bei denen sich Mitarbeiter unverfallbare Aktienoptionen über einen gewissen Zeitraum „erarbeiten". Zumeist wird eine sog. *Cliff* Periode von mindestens einem Jahr nach Erwerb der betreffenden Aktienoptionen vereinbart. Während der Zeit bis zum Ablauf der *Cliff* Periode bleiben die Aktienoptionen vollständig verfallbar, wenn der Optionsinhaber aus dem Unternehmen ausscheidet. Anschließend wird häufig ein **monatliches Anwachsen** der Aktienoptionen in den unverfallbaren Bestand vereinbart *(Vesting).* Gelegentlich wird das Anwachsen des unverfallbaren Bestands an das Erreichen von Zielen – persönliche Ziele und/oder Unternehmensziele – geknüpft *(Performance Vesting).* Auch ist in der Praxis eine Unterscheidung nach dem **Grund des Ausscheidens** des optionsberechtigten Mitarbeiters anzutreffen *(Good Leaver/Bad Leaver).* Häufig ist vereinbart, dass auch im Rahmen eines *Vesting-Schemes* gewährte Aktienoptionen vollständig verfallen, wenn der betroffene Mitarbeiter als **Bad Leaver** aus dem Unternehmen ausscheidet (hierzu näher → Rn. 112 ff.). **90**

---

[23] *Wagner* BB 2010, 1739 (1742 f.).
[24] BAG 28.5.2008 – 10 AZR 351/07, NZA 2008, 1066.

gg) Kapitalmarkt- und wertpapierrechtliche Restriktionen

91 Besonderes Augenmerk ist bei der Gestaltung von Mitarbeiteroptions- und -beteiligungsprogrammen bei börsennotierten Aktiengesellschaften auf Regelungen zur Sicherstellung der Einhaltung **börsen- und kapitalmarkt- sowie wertpapierrechtlicher Vorschriften,** insbesondere nach der Marktmissbrauchsverordnung (MAR) und dem Wertpapierprospektgesetz (WpPG), zu legen.[25]

92 Organmitglieder und Mitarbeiter, insbesondere solche in Abteilungen, die regelmäßig Zugang zu insiderrelevanten Informationen haben (zB Konzernstrategie, M&A, Finanzen, Forschung- und Entwicklung), dürfen ihnen zugängliche **Insiderinformationen** nach Art. 8 Abs. 1, Art. 14 Buchst. a MAR nicht nutzen, um Entscheidungen über den Erwerb oder die Veräußerung von Aktien an einer börsennotierten Aktiengesellschaften zu treffen. So wie nicht beteiligte Mitarbeiter sind auch an der börsennotierten Aktiengesellschaft beteiligte Mitarbeiter gem. Art. 18 MAR in Insiderlisten aufzunehmen. Führungskräfte (Organmitglieder, aber auch andere Mitarbeiter in Führungspositionen) haben die Notifikationspflichten gem. Art. 19 MAR zu beachten.

93 Um Insiderproblemen vorzubeugen, ist bei Aktienoptionsprogrammen die Ausübung der Aktienoptionen regelmäßig nur in eng definierten **Ausübungszeiträumen** zulässig. Solche Ausübungszeiträume sind regelmäßig die Zeiträume unmittelbar nach der jährlichen ordentlichen Hauptversammlung sowie nach Veröffentlichung von Quartalszahlen. Fällt ein Ausübungszeitraum in den Zeitraum einer Kapitalmaßnahme (zB Bezugsrechtskapitalerhöhung), beginnt der Ausübungszeitraum regelmäßig erst nach Ende der Bezugsfrist für die anderen Aktionäre. Davon unabhängig dürfen Mitarbeiter und Organmitglieder auch innerhalb der von der Aktiengesellschaft definierten Ausübungszeiträume keine ihnen angebotenen Aktien erwerben oder veräußern, wenn sie Zugang zu Insiderinformationen haben, die der Öffentlichkeit nicht bekannt sind (zB anstehende Unternehmenskäufe oder -verkäufe, Strategieänderungen).

94 Handelt es sich bei der Mitarbeiterbeteiligung – gleich ob im Wege einer Kapitalerhöhung, im Rahmen eines Aktienoptionsprogramms oder unter Ausgabe eigener Aktien – um ein Programm, das mehr als 149 Personen (vgl. § 3 Abs. 2 Nr. 2 WpPG) berechtigt, liegt ein **öffentliches Angebot** gem. § 2 Nr. 4 Hs. 1 WpPG vor, das die Erstellung, Prüfung und Veröffentlichung eines Wertpapierprospekts erfordert. Neben der Ausnahme nach § 3 Abs. 2 Nr. 2 WpPG kann auch die Ausnahme gem. § 3 Abs. 2 Nr. 5 WpPG bei Mitarbeiterbeteiligungsprogrammen bei börsennotierten Aktiengesellschaften ohne Prospektpflicht helfen. Nach dieser Ausnahme **entfällt die Prospektpflicht,** wenn der gesamte Verkaufspreis der auszugebenden Aktien über einen Zeitraum von zwölf Monaten 100.000 EUR unterschreitet.

95 Greift auch diese Ausnahme nicht, muss auf § 4 Abs. 1 Nr. 5 WpPG zurückgegriffen werden, der Wertpapiere, die Mitgliedern von Geschäftsführungsorganen sowie Arbeitnehmern angeboten werden, von der Prospektpflicht ausnimmt. Erforderlich ist nach § 4 Abs. 1 Nr. 5 WpPG in dem Fall aber gleichwohl eine **Dokumentation,** die über die Anzahl und die Art der auszugebenden Wertpapiere informiert und in der die Gründe und die Einzelheiten des Angebots dargelegt werden. Voraussetzung für die Ausnahme ist zudem, dass die Aktien des Emittenten zum Handel an einem organisierten Markt im **Europäischen Wirtschaftsraum** zugelassen sind. § 4 Abs. 1 Nr. 5 WpPG gilt nicht, wenn der Emittent der Mitarbeiteraktien außerhalb des Europäischen Wirtschaftsraums ansässig ist, zB in den USA.

96 Insbesondere bei groß angelegten Mitarbeiter- und Managementbeteiligungsprogrammen bei börsennotierten Aktiengesellschaften, deren Sitz oder Hauptverwaltung außer-

---

[25] Verordnung (EU) Nr. 596/2014 des Europäischen Parlaments und des Rates vom 16.4.2014 über Marktmissbrauch und zur Aufhebung der Richtlinie 2003/6/EG des Europäischen Parlaments und des Rates und der Richtlinien 2003/124/EG, 2003/125/EG und 2004/72/EG der Kommission – Marktmissbrauchsverordnung.

halb des Europäischen Wirtschaftsraums liegt oder die anderweitig nicht von der Ausnahme gem. § 4 Abs. 1 Nr. 5 WpPG profitieren, können also Kosten und der Zeitverzug durch die Erstellung eines Prospekts, die Prüfung durch die BaFin sowie die Veröffentlichung zu berücksichtigen sein.

b) Nicht börsennotierte Aktiengesellschaften

Bei nicht börsennotierten Aktiengesellschaften bestehen grundsätzlich dieselben Möglichkeiten der Mitarbeiterdirektbeteiligung wie bei börsennotierten Aktiengesellschaften (→ Rn. 62 ff.), deren Grundlagen nicht wiederholt werden sollen. Deshalb wird der Fokus auf die praktisch relevanten Unterschiede zur börsennotierten Aktiengesellschaft gelegt. 97

aa) Kapitalerhöhung im Rahmen einer Hauptversammlung

Die Beteiligung von Mitarbeitern und Organmitgliedern an einer nicht börsennotierten Aktiengesellschaft im Rahmen einer ordentlichen oder außerordentlichen Hauptversammlung kann deutlich leichter zu bewerkstelligen sein als bei der börsennotierten Aktiengesellschaft. Insbesondere wenn der Aktionärskreis klein oder jedenfalls überschaubar ist, kann zwischen den Aktionären vereinbart werden, eine Vollversammlung gem. § 121 Abs. 6 AktG abzuhalten, eine Kapitalerhöhung zu beschließen und ausschließlich einen zu definierenden Kreis von Mitarbeitern und Organmitgliedern zur Zeichnung der entsprechenden Aktien unter Ausschluss des Bezugsrechts der übrigen Aktionäre zuzulassen. 98

Selbst wenn außerordentliche Hauptversammlungen bei **nicht börsennotierten Aktiengesellschaften** in vielen Fällen leichter zu organisieren und durchzuführen sind, sind Mitarbeiterdirektbeteiligungen bei nicht börsennotierten Aktiengesellschaften nur bedingt als Mittel zur Direktbeteiligung geeignet. Das liegt an der fehlenden Flexibilität dieses Instruments. Denn insbesondere, wenn eine größere Anzahl von Mitarbeitern beteiligt werden soll (zB alle Mitarbeiter ab einer gewissen Hierarchiestufe), wird es laufend Fluktuation unter dem zu beteiligenden Mitarbeiterkreis und den Bedarf geben, neuen Mitarbeitern Aktien zu gewähren. Für jede Neubeteiligung erneut eine Hauptversammlung abzuhalten, dürfte im Regelfall einen unverhältnismäßig großen Aufwand darstellen. 99

bb) Kapitalerhöhung aus genehmigtem Kapital

Hinsichtlich der Mitarbeiterdirektbeteiligung im Wege einer oder mehrerer Kapitalerhöhungen aus **genehmigtem Kapital** bestehen bei der börsennotierten und der nicht börsennotierten Aktiengesellschaft keine wesentlichen Unterschiede. Auch bei nicht börsennotierten Aktiengesellschaften dürfte die Mitarbeiterdirektbeteiligung aus genehmigtem Kapital nur dann praktikabel sein, wenn die Aktienausgabe nicht jedes Mal erfolgen muss, wenn ein einzelner Mitarbeiter beteiligt werden soll, sondern gesammelt an einem oder mehreren Terminen pro Jahr. 100

cc) Stock Options, Wandelschuldverschreibungen und bedingtes Kapital

Eine Mitarbeiterbeteiligung über die Gewährung von **Aktienoptionen** und deren Bedienung aus bedingtem Kapital ist auch bei nicht börsennotierten Aktiengesellschaften möglich. Allerdings ist sie bei nicht börsennotierten Aktiengesellschaften deutlich seltener anzutreffen. Das hat vor allem den Grund, dass bei der nicht börsennotierten Aktiengesellschaft das entscheidende Merkmal der börsennotierten Aktiengesellschaft fehlt, das dieses Gestaltungsinstrument für die börsennotierte Aktiengesellschaft attraktiv macht: ein direkter Weiterverkauf der optional gewährten Aktien an der Börse und die Finanzierung des Erwerbspreises durch den Weiterverkaufserlös ist nicht möglich. 101

102 Vor diesem Hintergrund bietet sich die Vereinbarung von Aktienoptionen und deren Bedienung aus einem bedingten Kapital bei nicht börsennotierten Aktiengesellschaften vor allem dann an, wenn die nicht börsennotierte Aktiengesellschaft in absehbarer Zeit einen **Börsengang** plant oder wenn die Optionsausübung an einen **Exit** geknüpft ist. Insbesondere die verpflichtende vierjährige Wartezeit gem. § 193 Abs. 3 Nr. 4 AktG, bevor die Optionen ausgeübt werden dürfen, dürfte das Instrument der Gewährung von Aktienoptionen bei nicht börsennotierten Aktiengesellschaften in den meisten Fällen jedoch unpraktikabel machen. Denn insbesondere bei **Venture Capital** oder **Private Equity** finanzierten Aktiengesellschaften ist der Exitzeitpunkt selten sicher vorherzusehen und kann auch früher als nach Ablauf von vier Jahren stattfinden. Ist das der Fall, müsste mit dem Erwerber eine Vereinbarung zur Ablösung, Abfindung oder anderweitigen Regelung der Optionen getroffen werden, was sich im Exit-Prozess häufig als zusätzlicher Komplexitätsfaktor herausstellen dürfte.

103 Da andere Gestaltungen der Mitarbeiterdirektbeteiligung bei nicht börsennotierten Aktiengesellschaften größere **Flexibilität** bieten und die mit der Mitarbeiterdirektbeteiligung verfolgten Ziele ebenso gut erreicht werden können, ist die Gewährung von Aktienoptionen an Mitarbeiter und deren Bedienung aus bedingtem Kapital bei nicht börsennotierten Aktiengesellschaften nur im Einzelfall ein geeignetes Instrument. Gleiches gilt auch für Wandelschuldverschreibungen.

dd) Verkauf von Aktien

104 Hinsichtlich der Mitarbeiterdirektbeteiligung durch Aktienverkauf durch die Gesellschaft selber (aus eigenen Aktien) oder durch Gesellschafter bestehen bei der börsennotierten (→ Rn. 84 ff.) und der nicht börsennotierten Aktiengesellschaft keine wesentlichen Unterschiede.

105 Ein häufig in der Praxis anzutreffendes Modell ist die Administration des Mitarbeiterbeteiligungsprogramms durch die Gesellschaft selber. In diesen Fällen erfolgt die Erstbeteiligung der Mitarbeiter im Rahmen eines Aktienverkaufs durch den oder die Hauptaktionäre oder im Rahmen einer oder mehrerer Kapitalerhöhungen. Scheiden Mitarbeiter aus der Gesellschaft aus, erhalten nicht einer oder mehrere Aktionäre **Rückkaufoptionen** bezüglich der Mitarbeiteraktien, sondern die Gesellschaft, die die erworbenen eigenen Aktien sodann an neue zu beteiligende Mitarbeiter veräußert.

106 Als hauptsächlich maßgebliche Ermächtigungsnorm dient in einem solchen Modell regelmäßig § 71 Abs. 1 Nr. 2 AktG (→ Rn. 85 ff.). Allerdings ist die Frist gem. § 71 Abs. 3 S. 2 AktG zu beachten, wonach die als eigene Aktien erworbenen Aktien innerhalb eines Jahres nach Erwerb an Arbeitnehmer auszugeben sind.

> **Praxistipp:**
> Soll ein Mitarbeiterbeteiligungsprogramm abgewickelt oder reduziert werden, sollten also Mitarbeiteraktien bestmöglich nicht durch die Aktiengesellschaft erworben werden, sondern zB durch Hauptaktionäre. In allen anderen Fällen spricht aber im Regelfall eine gewisse Wahrscheinlichkeit dafür, dass die Jahresfrist gem. § 71 Abs. 3 S. 2 AktG kein Hindernis für die Administration eines Mitarbeiterbeteiligungsprogramms durch die Aktiengesellschaft selber darstellt.

107 Wie bereits oben ausgeführt (→ Rn. 85 ff.), gilt § 71 Abs. 1 Nr. 2 AktG allerdings nur für die Ausgabe von Aktien an Arbeitnehmer, so dass die Ermächtigungsnorm für die Beteiligung von Vorstands- und Aufsichtsratsmitglieder ausscheidet.

108 § 71 Abs. 1 Nr. 8 AktG dürfte als Ermächtigungsnorm für den Erwerb eigener Aktien im Rahmen eines Mitarbeiterbeteiligungsprogramms nur in Einzelfällen praktikabel sein. Denn wie bereits oben ausgeführt (→ Rn. 86), ist im Falle eines Mitarbeiterbeteiligungsprogramms, das über § 71 Abs. 1 Nr. 8 AktG administriert wird, § 193 Abs. 2 Nr. 4 AktG

II. Direktbeteiligung

zu beachten, so dass die Bedingungen des Mitarbeiterbeteiligungsprogramms schon in dem Hauptversammlungsbeschluss, der die Aktiengesellschaft nach § 71 Abs. 1 Nr. 8 AktG zum Erwerb und zur Veräußerung eigener Aktien ermächtigt, festzulegen sind. Das macht ein Mitarbeiterbeteiligungsprogramm, das aus eigenen Aktien bedient wird, weniger flexibel als gem. § 71 Abs. 1 Nr. 2 AktG.

ee) Verfahren bei Beendigung des Arbeitsverhältnisses

Anders als bei börsennotierten Aktiengesellschaften ist es im Regelfall bei nicht börsennotierten Aktiengesellschaften mit **kleinem oder überschaubarem Aktionärskreis** von Bedeutung, den Aktionärskreis klein bzw. überschaubar zu halten und zu kontrollieren. Insbesondere gilt es, den Gleichklang einer Mitarbeiterbeteiligung zwischen Aktionärsstellung und Arbeitnehmereigenschaft bzw. Organverhältnis beizubehalten. Denn sobald ein beteiligter Mitarbeiter nicht mehr Arbeitnehmer bzw. Organ ist, entfällt das die Beteiligung rechtfertigende Element der Incentivierung. 109

Deshalb sind bei nicht börsennotierten Gesellschaften Mechanismen empfehlenswert, die den Rückerwerb der von dem Mitarbeiter gehaltenen Aktien ermöglichen, wenn das Arbeits- bzw. Organverhältnis des betroffenen Mitarbeiters mit der betroffenen Gesellschaft endet (sog. *Leaver-Scheme*). Bei der nicht börsennotierten Aktiengesellschaft gibt es hierfür mehrere Möglichkeiten: zum einen kann die Aktiengesellschaft selber die Aktien **zurückkaufen,** was sich insbesondere dann anbietet, wenn das Mitarbeiterbeteiligungsprogramm von der Gesellschaft administriert wird. Zum anderen kommt ein Rückkauf durch einen oder mehrere Hauptaktionäre in Betracht, wenn das Mitarbeiterbeteiligungsprogramm von diesem/diesen administriert wird. 110

Auch eine **Einziehung** ist theoretisch gem. § 279 AktG möglich. Hierfür muss aber zum einen die Einziehung in der Satzung gestattet sein. Zum anderen muss gem. § 279 Abs. 2 AktG eine Kapitalherabsetzung beschlossen werden, was mit größeren praktischen Schwierigkeiten verbunden ist. Zwar erlaubt § 279 Abs. 3 AktG eine Einziehung unter bestimmten vereinfachten Voraussetzungen. Jedoch ist auch in Fällen von § 279 Abs. 3 AktG ein Hauptversammlungsbeschluss über die Kapitalherabsetzung zu fassen. Insofern dürfte sich die Einziehung im Vergleich zum Rückerwerb der frei gewordenen Aktien durch die Gesellschaft oder durch Aktionäre als unverhältnismäßig komplex in der praktischen Umsetzung darstellen. 111

Ein typisches *Leaver-Scheme* bei nicht börsennotierten Aktiengesellschaften sieht regelmäßig vor, dass der ausscheidende Mitarbeiter seine Aktien bei Ausscheiden auf Verlangen der Gesellschaft bzw. eines Hauptaktionärs an die Gesellschaft bzw. den Hauptaktionär zurück verkaufen und -übertragen muss **(Call Option).** Jedenfalls bei einem Ausscheiden als *Good Leaver* (zur Unterscheidung zwischen *Good Leaver* und *Bad Leaver* (→ Rn. 113) ist üblicherweise auch eine **Put Option** zugunsten des ausscheidenden Mitarbeiters vorgesehen, nach der der Mitarbeiter seine Aktien auf dessen Verlangen an die Gesellschaft bzw. den Hauptaktionär zurück verkaufen und -übertragen darf. In Einzelfällen ist auch vorgesehen, dass der ausscheidende Mitarbeiter seine nach Ablauf einer *Cliff* Periode bzw. im Rahmen des *Vestings* als unverfallbar erworbenen Aktien auch nach Ausscheiden **behalten** darf. Eine solche Vereinbarung bietet sich aber nur in nicht börsennotierten Aktiengesellschaften mit einem großen Aktionärskreis an, da sonst zum einen über die Zeit der Aktionärskreis auf ein nur schwer zu verwaltendes Maß anschwellen kann, insbesondere wenn viele Mitarbeiter beteiligt werden. Zum anderen kann es in solchen Konstellationen zu Konflikten kommen, da beteiligte, aber nicht mehr beschäftigte Mitarbeiter nur noch reine Kapitalinteressen verfolgen. 112

Typischerweise wird beim **Rückerwerbspreis** für die Aktien beteiligter ausscheidender Mitarbeiter nach dem Grund des Ausscheidens unterschieden, und zwar nach *Good Leaver* und *Bad Leaver* Gründen. Übliche Regelungen diesbezüglich sehen die folgende Unterscheidung vor, wobei in der Praxis häufig noch weiter differenziert wird und wei- 113 tere **Ausscheidensgründe** definiert werden, insbesondere bei der Beteiligung von Organmitgliedern:[26]

Beispiel:

Good Leaver Gründe:
- Kündigung durch die Gesellschaft ohne wichtigen Grund;
- Kündigung des Mitarbeiters aus wichtigem Grund;
- Tod oder dauerhafte unverschuldete Berufsunfähigkeit;
- Altersbedingtes Ausscheiden.

Bad Leaver Gründe:
- Kündigung des Mitarbeiters ohne wichtigen Grund;
- Kündigung durch die Gesellschaft aus wichtigem Grund;
- Privatinsolvenz des Mitarbeiters oder Zwangsvollstreckungsmaßnahmen in die von dem Mitarbeiter gehaltenen Aktien.

114 Bei der Definition der **Höhe des Rückkaufpreises** sind zum einen rechtliche Beschränkungen zu beachten, zum anderen muss das Verfahren zur Ermittlung des Rückkaufpreises im angemessenen Aufwands- und Kostenverhältnis zur Höhe der Mitarbeiterbeteiligung stehen. Grundsätzlich gilt gem. § 738 Abs. 1 S. 2 HGB, dessen Rechtsgedanke auch auf die GmbH und die Aktiengesellschaft und ohnehin auf die oHG und die Kommanditgesellschaft (einschließlich GmbH & Co. KG) angewendet wird, dass der Rückkaufpreis dem Verkehrswert für die jeweilige Beteiligung entsprechen muss.[27] Das in den meisten Fällen anzutreffende Verfahren zur Ermittlung des Verkehrswertes ist das Ertragswertverfahren gem. IDW S 1.

> Praxistipp:
> Häufig in der Praxis anzutreffen sind Rückkaufpreisregelungen, die nach *Good Leaver* und *Bad Leaver* Ausscheidensgründen insofern unterscheiden als der *Bad Leaver* nur einen gewissen Prozentsatz des Verkehrswertes erhält. Ebenfalls gängig sind Regelungen, nach denen der *Good Leaver* den höheren Betrag des Verkehrswertes oder seines Einstandspreises erhält, der *Bad Leaver* hingegen den niedrigeren Betrag des Verkehrswertes oder seines Einstandspreises. Nach solchen Regelungen kann der *Good Leaver* nur gewinnen, der *Bad Leaver* hingegen nur verlieren.

115 Gerade bei größer angelegten Mitarbeiterbeteiligungsmodellen würde es aber einen unverhältnismäßig großen Aufwand darstellen, bei jedem Ausscheiden von Mitarbeitern den Verkehrswert der zurück zu übertragenden Aktien zu ermitteln. Deshalb bieten sich Regelungen an, nach denen das **Ermittlungsverfahren** in den Vereinbarungen mit dem beteiligten Mitarbeiter festgelegt wird und sich an Parametern orientiert, die leicht zu ermitteln sind.

Beispiel:

In Betracht kommt zB ein Verfahren, das einen gewissen branchenüblichen Multiplikator und dessen Multiplikation mit Unternehmenskennzahlen wie Umsatz, EBIT oder EBITDA sowie eine Anpassung des so errechneten Unternehmenswertes durch Addition von Barmitteln und Subtraktion von Finanzverbindlichkeiten vorsieht.

116 Um Streit über die Richtigkeit der Unternehmenskennzahlen zu vermeiden, bietet es sich an, auf den letzten geprüften oder – sofern keine Prüfungspflicht besteht – den letzten festgestellten Jahresabschluss der Gesellschaft abzustellen, um den Rückkaufpreis zu

---

[26] Hierzu näher Holzner/Mantke/*Stenzel* Rn. 614, 615.
[27] BGH 19.9.2005 – II ZR 352/03, NJW 2005, 3644 (3646); 22.1.2013 – II ZR 80/10, NZG 2013, 220.

ermitteln. Auch die Bildung eines Durchschnitts mehrerer Jahresabschlüsse kommt in Betracht.

Sofern die Abstellung auf den jeweils letzten geprüften bzw. festgestellten Jahresabschluss nicht in Betracht kommt, weil dies zu nicht sachgerechten Ergebnissen führen würde, kann für die Ermittlung auch auf den Monatsletzten vor der Ausübung der jeweiligen Rückkaufoption abgestellt werden. In solchen Fällen ist es aber für Unternehmen empfehlenswert, die Rückübertragung der jeweiligen Mitarbeiteranteile gegen Zahlung eines **vorläufigen Kaufpreises,** der im sachgerecht ausgeübten Ermessen des Unternehmens festgelegt wird, vorzusehen, um zu vermeiden, dass der ausscheidende Mitarbeiter noch Aktionär bleibt, bis der Rückkaufpreis verbindlich ermittelt ist, was im Einzelfall auch mehrere Monate dauern kann. Um den Mitarbeiter dagegen abzusichern, dass der vorläufige Rückkaufpreis unangemessen niedrig festgelegt wird, kann über eine **Verzinsung** in einer solchen Höhe nachgedacht werden, die eine angemessene Kalkulation des Rückkaufpreises sicherstellt.

ff) Kapitalmarkt- und wertpapierrechtliche Restriktionen

Kapitalmarkt- und wertpapierrechtliche Restriktionen (→ Rn. 91 ff.) sind bei nicht börsennotierten Aktiengesellschaften mit wenigen Ausnahmefällen, die hier nicht näher dargestellt werden sollen, nicht zu beachten.

gg) Konsortialvertrag bzw. Aktionärsvereinbarung

Bei nicht börsennotierten Aktiengesellschaften ist es unbedingt empfehlenswert, mit den beteiligten Mitarbeitern einen **Konsortialvertrag** bzw. eine Aktionärsvereinbarung abzuschließen. Parteien einer solche Aktionärsvereinbarung müssen alle Akteure sein, die im Rahmen der Ausgestaltung der Mitarbeiterbeteiligung beteiligt sind, also insbesondere der bzw. die Mitarbeiter, die übrigen Aktionäre und – sofern Rückkaufoptionen zugunsten der Gesellschaft vereinbart werden sollen oder andere Rechte und Pflichten der Gesellschaft vereinbart werden sollen – auch die Gesellschaft selber.

Übliche Regelungen in solchen Aktionärsvereinbarungen sind ua:

– **Drag Along** Regelungen zugunsten des bzw. der Mehrheitsaktionäre, dh Regelungen, nach denen der/die Mehrheitsaktionär(e) im Falle des Verkaufs der Mehrheit der oder aller Aktien an der betroffenen Gesellschaft von den beteiligten Mitarbeitern den Mitverkauf ihrer an der Gesellschaft gehaltenen Aktien zu denselben oder im Wesentlichen denselben Bedingungen wie der/die Mehrheitsaktionär(e) verlangen können.
– **Tag Along** Regelungen zugunsten der beteiligten Mitarbeiter, dh Regelungen, nach denen die beteiligten Mitarbeiter im Falle des Verkaufs der Mehrheit der oder aller Aktien an der betroffenen Gesellschaft von dem/den Mehrheitsaktionär(en) verlangen können, dass die Mitarbeiteraktionäre ihre an der Gesellschaft gehaltenen Aktien zu denselben oder im Wesentlichen denselben Bedingungen wie der/die Mehrheitsaktionär(e) verkaufen können.
– **Weiterveräußerungs- und Belastungsrestriktionen** zulasten der Mitarbeiteraktionäre; dies geht bei Aktiengesellschaften gesellschaftsrechtlich aber nur, wenn die Aktien in der Satzung als vinkulierte Namensaktien gem. § 68 Abs. 2 AktG ausgestaltet werden. In den Vinkulierungsregelungen ist sodann darauf zu achten, dass die Restriktionen nur für die Mitarbeiteraktionäre gelten, sofern nicht etwas anderes gewollt ist. Sind vinkulierte Namensaktien nicht gewollt, können Weiterveräußerungs- und Belastungsrestriktionen nur schuldrechtlich vereinbart werden.
– Ggf. **Stimmbindungs-** oder **Stimmpoolingregelungen.**
– Regelungen, die das Schicksal der Mitarbeiteraktien **im Falle des Todes** des beteiligten Mitarbeiters betreffen, insbesondere Rechte der Erben und Vermächtnisnehmer.
– Regelungen in Bezug auf den **Ehestatus** des beteiligten Mitarbeiters, insbesondere Regelungen, die den Übergang von Mitarbeiteraktien auf Ehepartner oder schuldrechtli-

che Ansprüche von Ehepartnern auf Übertragung der Mitarbeiteraktien oder Teile davon oder die Inklusion von Mitarbeiteraktien in eheliche Auseinandersetzungsguthaben verhindern sollen.

c) Steuerliche Aspekte

aa) Allgemeine Grundsätze

121 Bei der Besteuerung von Kapitalgesellschaften, wie der Aktiengesellschaft, wird zwischen der Besteuerung des Einkommens bzw. des Gewerbeertrags der Gesellschaft selbst und der Besteuerung auf der Ebene ihrer Gesellschafter unterschieden, da – anders als bei den Personengesellschaften (→ Rn. 206 ff.) – sowohl die Gesellschafter der Kapitalgesellschaft als auch die Kapitalgesellschaft selbst **Steuersubjekt der Einkommensbesteuerung** sein können. Darüber hinaus kann die Aktiengesellschaft als Zahlstelle den Verpflichtungen zum Einbehalt und zur Abführung von Abzugssteuern unterliegen. Als ausschüttende Kapitalgesellschaft muss sie beispielsweise die Vorschriften zum Einbehalt und zur Abführung der **Kapitalertragsteuer** (§§ 43 ff. EStG) beachten. Als inländischer Arbeitgeber ist sie darüber hinaus zum Einbehalt und zur Abführung von **Lohnsteuer** (§ 38 EStG) und **Sozialversicherungsbeiträgen** (§ 28e Abs. 1 SGB IV) verpflichtet. Dabei hat sie auch die etwaigen steuerlichen und sozialversicherungsrechtlichen Auswirkungen der Beteiligung von Mitarbeitern am Unternehmen im Rahmen der Lohnabrechnung der Mitarbeiter zu berücksichtigen.

bb) Kapitalerhöhung und Verkauf von Aktien

122 Beabsichtigt eine Aktiengesellschaft, Mitarbeiter direkt an der Arbeitgebergesellschaft zu beteiligen, kann dies durch einen **Verkauf von Aktien** an die Mitarbeiter durch den bisherigen Aktionärskreis erfolgen. Die Mitarbeiter können die Aktien aber auch direkt von der Gesellschaft erhalten, die entweder im Wege einer **Kapitalerhöhung** oder aus dem Bestand eigener Anteile ausgegeben werden.

123 Bei dem (Alt-)Aktionär, der die Anteile an den Mitarbeiter veräußert, stellt der Verkauf ein **Veräußerungsgeschäft** dar, das nach allgemeinen Grundsätzen der Besteuerung unterliegt. Diese finden auch bei der Beendigung der Beteiligung des Mitarbeiters an der Arbeitgebergesellschaft Anwendung (→ Rn. 140 f.).

124 Eine **Kapitalerhöhung** der Aktiengesellschaft zwecks Ausgabe neuer Anteile hat grundsätzlich keine Auswirkung auf das zu versteuernde Einkommen der Kapitalgesellschaft, da dies einen gesellschaftsrechtlichen Vorgang darstellt. Würden sich jedoch die Beteiligungsquoten am Kapital der Aktiengesellschaft iHv mehr als 25 % bzw. 50 % verändern, so ist zu prüfen, ob sich die Kapitalerhöhung beispielsweise auf bestehende **steuerliche Verlustvorträge** der Aktiengesellschaft auswirkt. Etwaige steuerliche Konsequenzen sind insbesondere dann mit dem Nutzen des angestrebten Mitarbeiterbeteiligungsprogrammes abzuwägen.

125 Erfolgt die Kapitalerhöhung aus Gesellschaftsmitteln, so gehen gem. § 3 KapErhStG die Anschaffungskosten für die Altanteile anteilig auf die jungen Anteile über. Demnach werden die **Anschaffungskosten der Altanteile** nach dem Verhältnis der Anteile am Nennkapital auf die alten und neuen Anteilsrechte verteilt. Dies wirkt sich bei den Altaktionären dahingehend vermögensmindernd aus, als dass es zu einer sog. **Verwässerung des Werts** der bereits vorhandenen Aktien kommt, wenn neue Aktien ausgegeben werden.[28] Inwieweit der **Verzicht auf das Bezugsrecht** der (Alt-)Aktionäre zu einem steuerpflichtigen Veräußerungsgeschäft oder zu **schenkungsteuerlichen Konsequenzen** führt, ist im Einzelfall zu prüfen.

---

[28] BFH 25.8.2010 – I R 103/09, DStR 2010, 2453.

Für die **anlässlich der Kapitalerhöhung anfallenden Kosten** findet nach Auffassung des BFH das Veranlassungsprinzip Anwendung. Die im Zusammenhang mit der Kapitalerhöhung anfallenden Kosten (beispielsweise Gebühren für den Notar oder die Anmeldung im Handelsregister) können grundsätzlich von der Kapitalgesellschaft übernommen werden. Eine **verdeckte Gewinnausschüttung** liegt nach Auffassung des BFH insoweit nicht vor, wie die Kosten mit der eigentlichen Kapitalerhöhung zusammenhängen.[29]

126

Wie oben bereits beschrieben, kann die Aktiengesellschaft das Mitarbeiterbeteiligungsprogramm auch aus **eigenen Anteilen** bedienen (→ Rn. 85 ff.). Bei der Veräußerung der eigenen Anteile durch die Gesellschaft handelt es sich wirtschaftlich nicht um einen Veräußerungsvorgang der Aktiengesellschaft, sondern um eine **Kapitalerhöhung.** Die Finanzverwaltung weist in ihrem BMF-Schreiben vom 27.11.2013 darauf hin, dass auch in der Steuerbilanz der Erwerb und die Veräußerung eigener Anteile nicht als Anschaffungs- oder Veräußerungsvorgang, sondern wie eine **Kapitalherabsetzung** (§ 28 Abs. 2 KStG) oder Kapitalerhöhung (§ 28 Abs. 1 KStG) zu behandeln sind und damit grundsätzlich keine Auswirkung auf das zu versteuernde Einkommen bzw. auf den Gewerbeertrag der Arbeitgebergesellschaft haben.[30]

127

cc) Gewährung der Anteile an den Mitarbeiter

Aufgrund von Mitarbeiterbeteiligungen können Mitarbeitern Vorteile in Geld oder als **geldwerter Vorteil** zufließen, die steuerpflichtigen und beitragspflichtigen Arbeitslohn darstellen (→ Rn. 45 ff.).

128

Beispiel:

Die Arbeitgeber-Aktiengesellschaft überträgt verbilligt Aktien auf ihre Mitarbeiter aufgrund des bestehenden Dienstverhältnisses zu dieser Gesellschaft. Die Differenz zwischen dem Marktwert der Aktien im Zuflusszeitpunkt und dem vom Mitarbeiter aufgewendeten Betrag stellt Arbeitslohn in Form eines geldwerten Vorteils für den Mitarbeiter dar, der grundsätzlich der Lohnsteuer und der Sozialversicherung unterliegt.[31]

Hiervon zu unterscheiden sind **Bezüge**, die der Mitarbeiter **aus Beteiligungen** an der Arbeitgebergesellschaft erzielt, die er basierend auf **Sonderrechtsbeziehungen** (→ Rn. 47) oder die der Mitarbeiter zum **Marktpreis** erworben hat (→ Rn. 48). In diesen Fällen erzielt der Mitarbeiter bei Erhalt der Aktien und aus den Aktien grundsätzlich keinen lohnsteuerpflichtigen geldwerten Vorteil.

129

Ist jedoch ein geldwerter Vorteil anzunehmen, erfolgt die **Bewertung** der Höhe des geldwerten Vorteils zum **Zeitpunkt des Zuflusses,** also zu dem Zeitpunkt, zu dem der Mitarbeiter wirtschaftlich über die Bezüge verfügen kann (→ Rn. 50). Bei der Gewährung von Aktien ist dieser Zeitpunkt in der Regel mit der Einbuchung der Aktie in das Aktiendepot des Mitarbeiters anzunehmen.[32] Die Finanzverwaltung sieht bei der Bestimmung des Zuflusszeitpunktes Vereinfachungen vor: beispielsweise kann auf den Tag der Ausbuchung beim Überlassenden bzw. bei dessen Erfüllungsgehilfen (beispielsweise eine Bank) abgestellt werden.[33]

130

Dem Zufluss steht es grundsätzlich nicht entgegen, wenn der Mitarbeiter aufgrund einer **Sperr- bzw. Haltefrist** die Aktien für eine bestimmte Zeit nicht veräußern kann *(Lock-Up).* Der Erwerber ist rechtlich und wirtschaftlich bereits von dem Augenblick an Inhaber der Aktien, in dem sie auf ihn übertragen oder auf seinen Namen im Depot einer Bank hinterlegt werden. Das Innehaben bloßer Rechte ist jedoch nach der Rechtspre-

131

---

[29] BFH 19.1.2000 – I R 24/99, DStR 2000, 585.
[30] BMF Schreiben 27.11.2013 – IV C 2 – S 2742/07/10009, BeckVerw 279515, Rn. 8 ff.
[31] *Weitnauer* GWR 2017, 391.
[32] *Schönfeld/Plenker,* Lexikon für das Lohnbüro 2018; BMF Schreiben 3.5.2018 – IV B 2, BeckVerw 434820 Rn. 239.
[33] BMF Schreiben 3.5.2018 – IV B 2, BeckVerw 434820 Rn. 239.

chung noch nicht gleichzusetzen mit dem **Zufluss** von Einnahmen. Sind die Aktien beispielsweise dinglich vinkuliert, so etwa bei Namensaktien nach § 68 Abs. 2 AktG, und ist daher ohne Zustimmung der Gesellschaft eine Übertragung rechtlich noch nicht möglich, ist, anders als bei einer nur schuldrechtlichen Lock-up-Bindung, ein Zufluss noch nicht erfolgt. Der Zeitpunkt des Zuflusses verschiebt sich dann auf den Zeitpunkt, zu dem die Gesellschaftsanteile frei fungibel werden.[34] Dies hat zur Folge, dass der (ggf. in der Zwischenzeit gestiegene) Verkehrswert zu diesem Zeitpunkt zu berücksichtigen ist.

132 Bei der **Bewertung des geldwerten Vorteils** aus der Gewährung von Aktien ist zwischen **börsennotierten** (→ Rn. 62 ff.) und **nicht börsennotierten** (→ Rn. 97 ff.) Gesellschaften zu differenzieren. Bei börsennotierten Aktien ist gem. § 11 Abs. 1 S. 1 BewG der niedrigste Kurs am Stichtag (Zuflusszeitpunkt → Rn. 50) anzusetzen. Für die Bestimmung des geldwerten Vorteils bei Mitarbeiterbeteiligungen an nicht börsennotierten Aktiengesellschaften gibt es grundsätzlich keinen Kurswert als Anhaltspunkt. Maßgeblich ist vielmehr der **gemeine Wert der Anteile** gem. § 11 Abs. 2 S. 1 BewG. Dieser ist vorrangig aus Verkäufen unter fremden Dritten, die weniger als zwölf Monate zurückliegen, zu ermitteln. Falls das nicht möglich sein sollte, ist der gemeine Wert unter Berücksichtigung der Ertragsaussichten der Kapitalgesellschaft oder einer anderen anerkannten, auch im gewöhnlichen Geschäftsverkehr für nicht steuerliche Zwecke üblichen Methode zu ermitteln (vgl. § 11 Abs. 2 S. 2 BewG).

133 Liegt der der geldwerte Vorteil aus der Beteiligung an der Arbeitgeber-Aktiengesellschaft unter 360 EUR im Jahr, so ist dieser unter den Voraussetzungen des § 3 Nr. 39 EStG steuerfrei (→ Rn. 53 ff.).

134 Uneinigkeit herrscht dagegen hinsichtlich der Anwendung der sog. **Sachbezugsgrenze:** Sachbezüge, deren Wert 44 EUR pro Monat (§ 8 Abs. 2. S. 9 EStG) nicht übersteigt, sind demnach grundsätzlich steuerfrei. Nach der Auffassung in der Rechtsprechung ist die 44 EUR-Freigrenze für Sachbezüge anwendbar, wenn ein Arbeitnehmer im Rahmen eines Mitarbeiterbeteiligungsprogramms in einem Kalendermonat eine Gratisaktie im Wert von bis zu 44 EUR und darüber hinaus keine weiteren Sachbezüge in diesem Monat erhält.[35] Die Finanzverwaltung hat sich dieser Auffassung bisher nicht angeschlossen.

dd) Laufende Bezüge aus den Mitarbeiter-Aktien

135 Der Mitarbeiter erzielt nach dem Zufluss der Aktien, also sobald der Arbeitnehmer über diese verfügen kann, regelmäßig Einkünfte aus Kapitalvermögen (§ 20 EStG) aus den Aktien. Darum ergibt sich häufig eine Verschiebung der Einkünfte in den Bereich außerhalb des Dienstverhältnisses, in den (meist) **privaten Bereich,** des Steuerpflichtigen.

136 Folglich gehören die Erträge, die der Mitarbeiter aus der Beteiligung an der Arbeitgebergesellschaft erzielt, beispielsweise Dividenden, nicht zwangsläufig zum Arbeitslohn des Mitarbeiters. Maßgeblich sind die Umstände des Einzelfalls. Zu prüfen ist also, ob nun aufgrund des Beteiligungsverhältnisses auch eine vom Arbeitsverhältnis losgelöste Rechtsbeziehung zwischen der Arbeitgeber-Aktiengesellschaft und dem Mitarbeiter besteht.[36]

137 Schüttet die Aktiengesellschaft an ihre Aktionäre – fremde sowie Mitarbeiter-Aktionäre – Gewinne aus, sind die Einnahmen aus Gewinnausschüttungen der Aktiengesellschaft also grundsätzlich den **Einkünften aus Kapitalvermögen** gem. § 20 Abs. 1 Nr. 1 S. 1 EStG zuzuordnen und unterliegen, soweit die Ausnahmetatbestände des § 32d Abs. 2 EStG nicht greifen, der **Abgeltungsteuer** (§ 32d Abs. 1 EStG). Die Arbeitgeber-Aktiengesellschaft ist in dem Fall als Schuldner der Kapitalerträge, hier der Dividendenzahlung, verpflichtet, die Abgeltungsteuer (25% zzgl. Annexsteuern: 5,5% Solidaritätszuschlag und ggf. Kirchensteuer) in Form der **Kapitalertragsteuer** gem. § 43a Abs. 1 Nr. 1 EStG von

---

[34] *Weitnauer* GWR 2017, 391; so BFH 30.6.2011 – VI R 37109, DStRE 2011, 1247 zu sog. „restricted shares".

[35] BFH 15.1.2015 – VI R 16/12, BeckRS 2015, 94565.

[36] Vgl. ua BFH 4.10.2016 – IX R 43/15, DStR 2017, 247 mwN.

den Kapitalerträgen einzubehalten und an das Finanzamt abzuführen (§ 44 Abs. 1 S. 3 EStG). Werden die Aktien von einem Kreditinstitut verwaltet, so erfolgt die Einbehaltung und Abführung der Abgeltungsteuer (zzgl. Annexsteuern) grundsätzlich durch das entsprechende Kreditinstitut als auszahlende Stelle (vgl. § 44 Abs. 1 S. 4 Nr. 1a EStG). **Schuldner der Abgeltungsteuer** (inklusive Annexsteuern) ist jedoch der Empfänger bzw. Gläubiger der Kapitalerträge, im Fall von beteiligten Mitarbeitern also der Mitarbeiter selbst. Ihm werden die um den Steuerabzug geminderten Kapitalerträge ausgezahlt.

Auf der Ebene der ausschüttenden Aktiengesellschaft stellt die Dividendenzahlung sowohl handelsrechtlich als auch steuerrechtlich eine **Gewinnverwendung** dar (Gewinnausschüttung) und ist folglich, anders als bei Zahlungen an typisch stille Gesellschafter (→ Rn. 369), nicht als Betriebsausgabe abzugsfähig. Bei der Ermittlung des zu versteuernden Einkommens der Aktiengesellschaft dürfen demnach die Gewinnausschüttungen das zu versteuernde Einkommen bzw. den Gewerbeertrag der Gesellschaft nicht mindern (vgl. § 8 Abs. 3 KStG, § 7 GewStG). 138

ee) Beendigung der Mitarbeiterbeteiligung

Für die Beendigung der Mitarbeiterbeteiligung können vielfältige Gründe bestehen. Zum einen kann es sich als wirtschaftlich sinnvoll für den Mitarbeiter erweisen, die Beteiligung an den Arbeitgeber oder an einen Dritten zu verkaufen, da beispielsweise der Aktienkurs sich entsprechend günstig entwickelt hat. Darüber hinaus können im Rahmen des Mitarbeiterbeteiligungsprogramms **Rückgaberegelungen** *(Leaver-Schemes)* vereinbart worden sein, die im Falle der Beendigung des Dienstverhältnisses oder im Falle einer Umstrukturierung der Arbeitgeber-Aktiengesellschaft eine Rückgabe der Anteile vorsehen. 139

Ob ein etwaiger **Veräußerungsgewinn** aus der Veräußerung einer Mitarbeiterbeteiligung den Einkünften aus Kapitalvermögen oder den Einkünften aus nichtselbständiger Tätigkeit zuzuordnen ist, ist vom **Veranlassungszusammenhang** zum Arbeitsverhältnis abhängig. So führt nach Auffassung in der Rechtsprechung ein **Veräußerungsverlust** aus einer Kapitalbeteiligung an der Arbeitgebergesellschaft nicht allein deshalb zu Werbungskosten oder negativen Einnahmen bei den Einkünften aus nichtselbständiger Arbeit, weil die Beteiligung wegen der **Beendigung des Arbeitsverhältnisses** veräußert wurde.[37] Gleiches gilt für den Fall des Vorliegens eines Veräußerungsgewinns aus einer Kapitalbeteiligung an der Arbeitgebergesellschaft. Dieser ist insbesondere nicht allein deshalb Einkünften aus nichtselbständiger Arbeit zuzuordnen, weil die Beteiligung von einem Arbeitnehmer des Unternehmens gehalten und veräußert wurde und auch nur Arbeitnehmern im Allgemeinen oder sogar nur bestimmten Arbeitnehmern angeboten worden war.[38] Auch Vereinbarungen zum Ausschluss- und Kündigungsrecht führen nicht grundsätzlich dazu, dass der Veräußerungsgewinn Einkünfte aus nichtselbständiger Arbeit darstellt.[39] 140

Liegt ein erheblicher Veranlassungszusammenhang zum Arbeitsverhältnis bei der Veräußerung der Anteile durch den Mitarbeiter nicht vor, so ist ein **Veräußerungsgewinn** grundsätzlich den Einkünften aus Kapitalvermögen zuzuordnen (§ 20 Abs. 2 EStG) oder kann sogar als gewerbliche Einkünfte zu behandeln sein (§ 17 EStG) abhängig von der Höhe der Beteiligung an der Gesellschaft. 141

War der Arbeitnehmer innerhalb der letzten fünf Jahre zu mindestens 1% an der Kapitalgesellschaft beteiligt, liegen bei der Veräußerung der Aktien **gewerbliche Einkünfte** iSd § 17 EStG vor und das sog. **Teileinkünfteverfahren** gem. § 3 Nr. 40 EStG findet Anwendung. Erfüllt der Arbeitnehmer die Voraussetzungen nicht – also war er nicht zu mindestens 1% in den letzten fünf Jahren an der Gesellschaft beteiligt – so sind die Einkünfte aus der Veräußerung von Aktien den Einkünften aus Kapitalvermögen nach § 20 142

---

[37] BFH 17.9.2009 – VI R 24/08, DStR 2009, 2526.
[38] BFH 17.6.2009 – VI R 69/06, DStR 2009, 2092.
[39] BFH 4.10.2016 – IX R 43/15, DStR 2017, 247 (250).

Abs. 2 S. 1 Nr. 1 EStG zuzuordnen und unterliegen grundsätzlich der Abgeltungsteuer nach § 32d Abs. 1 EStG, soweit die **Ausnahmetatbestände** der Abgeltungsteuerregelung nicht anzuwenden sind (§ 32d Abs. 2 EStG).

d) Steuerliche Aspekte zu Aktienoptionen

143 Im Vergleich zu den steuerlichen Aspekten der Mitarbeiterbeteiligung an der Arbeitgeber-Aktiengesellschaft in Form von Aktien sind darüber hinaus steuerrechtlich Besonderheiten bei der **Gewährung von Aktienoptionen** zu beachten. Wie oben bereits beschrieben (→ Rn. 75 ff., 101 ff.) handelt es sich bei Aktienoptionen im Rahmen eines Dienstverhältnisses um das von der Arbeitgebergesellschaft oder einer Konzernobergesellschaft (Optionsgeber) eingeräumte Recht für den Mitarbeiter, Aktien zu einem bestimmten Übernahmepreis an dem Unternehmen des Optionsgebers zu erwerben. Dieses Recht kann zu einem späteren Zeitpunkt durch den Mitarbeiter ausgeübt und die Aktien damit unter Umständen verbilligt bezogen werden.

144 Bei der Ausübung von Aktienoptionsrechten kann der Mitarbeiter regelmäßig einen **lohnsteuerpflichtigen Arbeitslohn** in Form eines geldwerten Vorteils erzielen, der dem Mitarbeiter aus seinem Dienstverhältnis zufließt. Im Vergleich zur Gewährung von Aktien stellt die **Gewährung der Option** auf den späteren Erwerb von Aktien bzw. Geschäftsanteilen allerdings steuerrechtlich nur eine Chance dar.[40] Daraus ergibt sich, dass ein Zufluss eines Vorteils aus der Gewährung von Aktienoptionen erst mit der Ausübung der Option *(exercise)* realisiert wird. Dies ist der Zeitpunkt, in dem der Mitarbeiter aufgrund der Option Aktien entweder verbilligt oder unentgeltlich erwirbt.[41] Dies gilt nach der Auffassung der Finanzverwaltung unabhängig davon, ob die Aktienoptionen handelbar sind oder nicht.[42] Bei Aktien ist der Zeitpunkt des Zuflusses regelmäßig anzunehmen, wenn die unentgeltlich oder verbilligt überlassenen Aktien in das Eigentum des Arbeitnehmers übergegangen sind (Einbuchung der Aktien auf das Depot des Arbeitnehmers). Folglich führt erst die **tatsächliche Ausübung** der Aktienoption zum **Zufluss** eines geldwerten Vorteils.

145 Werden die Aktien sofort mit Ausübung des Aktienoptionsrechts verkauft *(exercise-and-sell)*, so ist grundsätzlich der Zufluss des geldwerten Vorteils für steuerliche Zwecke bereits als im Zeitpunkt der Optionsausübung des Aktienoptionsrechts anzunehmen. Da es in diesen Fällen häufig an einer Einbuchung im Depot des Arbeitnehmers fehlt, stellt die Finanzverwaltung auf den Tag des Zugangs der Ausübungserklärung beim Optionsgeber ab. Von einem Zufluss eines geldwerten Vorteils geht die Finanzverwaltung auch aus, wenn die Aktienoption anderweitig verwertet wird, beispielsweise wenn der Mitarbeiter sein Optionsrecht auf einen Dritten überträgt.[43]

Der geldwerte Vorteil aus der Ausübung der Aktienoption im Zuflusszeitpunkt errechnet sich regelmäßig wie folgt:

   Kurswert der Aktien zum Zuflusszeitpunkt
./. vom Mitarbeiter geleisteter Übernahmepreis
 = geldwerter Vorteil

In Ermangelung eines Kurswertes, zB bei nicht börsennotierten Aktien, sind die Aktien am Zuflusstag mit dem **gemeinen Wert** anzusetzen.

146 Bei der Ermittlung des steuerpflichtigen geldwerten Vorteils kann die **Steuerbefreiung** iHv 360 EUR unter den Voraussetzungen des § 3 Nr. 39 EStG grundsätzlich ange-

---

[40] Weitnauer Venture Capital-HdB/*Weitnauer* Teil G Rn. 98.
[41] BFH 18.9.2012 – VI R 90/10, DStR 2013, 245; 24.1.2001 – I R 100/98, DStR 2001, 931; BMF Schreiben 3.5.2018 Rn. 239.
[42] BMF Schreiben 3.5.2018 Rn. 289; BFH 24.1.2001 – I R 100/98, DStR 2001, 931; 20.11.2008 – VI R 25/05, DStRE 2009, 207.
[43] BMF Schreiben 3.5.2018 Rn. 241.

II. Direktbeteiligung

wendet werden. Allerdings nicht bereits zum Zeitpunkt der Gewährung der Aktienoptionen,[44] sondern erst zum **Ausübungszeitpunkt.**

Der Mitarbeiter erzielt im Zeitpunkt der Ausübung der Aktienoptionen zu einem Kurswert unterhalb des Marktwertes regelmäßig eine **Vergütung für mehrjährige Tätigkeiten,** da Aktienoptionen, aufgrund der einzuhaltenden Wartezeit (→ Rn. 79), im Regelfall einen Anreizlohn für die Laufzeit der Option bis zur Erfüllung darstellen können.[45] Liegen die Voraussetzungen für eine mehrjährige Tätigkeit für steuerliche Zwecke vor (§ 34 Abs. 1 iVm § 34 Abs. 2 Nr. 4 EStG), so kommt für steuerpflichtige geldwerte Vorteile aus der Ausübung von Aktienoptionen die Anwendung der Tarifermäßigung (die sog. Fünftel-Regelung) in Betracht. Bei der Prüfung der Voraussetzungen wird auf den Zeitraum zwischen dem Zeitpunkt der Gewährung und dem Zeitpunkt der erstmals möglichen Ausübung („vesting") des Optionsrechts abgestellt.[46]

147

Lässt der Mitarbeiter die Option **verfallen,** statt sie auszuüben oder verfällt diese, da beispielsweise das Dienstverhältnis vorzeitig beendet wurde, fließt dem Mitarbeiter kein geldwerter Vorteil im Zusammenhang mit der Option zu. Die im Zusammenhang mit der Optionsgewährung stehenden Aufwendungen des Mitarbeiters, kann dieser grundsätzlich als **Werbungskosten** im Rahmen seiner privaten Einkommensteuererklärung geltend machen.[47]

148

Nach der Ausübung der Aktienoption sind die oben bereits erläuterten steuerlichen Aspekte für den Mitarbeiter und die Arbeitgeber-Aktiengesellschaft zu beachten (→ Rn. 135 ff.).

149

4. GmbH

Bezüglich der Direktbeteiligung von Mitarbeitern an GmbHs kann weitgehend auf die Ausführungen zur nicht börsennotierten Aktiengesellschaft verwiesen werden. Die wesentlichen Unterschiede zur Aktiengesellschaft werden im Folgenden dargestellt.

150

a) Kapitalerhöhung

aa) Erhöhung des Stammkapitals nach § 55 GmbHG

Im Rahmen einer von der Gesellschafterversammlung zu beschließenden Erhöhung des Stammkapitals können neue Geschäftsanteile geschaffen werden, zu deren Übernahme die zu beteiligenden Mitarbeiter gem. § 55 Abs. 2 S. 1 GmbHG zugelassen werden. Als Satzungsänderung erfordert die Kapitalerhöhung einen **Gesellschafterbeschluss,** welcher gem. § 53 Abs. 2 S. 1 GmbHG notariell beurkundet werden muss und einer Mehrheit von 75% der abgegebenen Stimmen bedarf, sofern die Satzung keine strengeren Erfordernisse aufstellt.[48]

151

Bei der **Schaffung freier Geschäftsanteile** für zu beteiligende Mitarbeiter stellt sich das Problem, dass nach überwiegender Ansicht jedem Altgesellschafter auf Grund seines **gesetzlichen Bezugsrechts** aus § 186 Abs. 1 S. 1 AktG (analog) das Recht zusteht, einen seinem Anteil am bisherigen Stammkapital entsprechenden Teil der neuen Geschäftsanteile zu übernehmen.[49] Wegen des schwerwiegenden Eingriffs in die mitgliedschaftsrechtliche Stellung der Gesellschafter, deren Rechte durch den Ausschluss verwässert

152

---

[44] BMF Schreiben 8.12.2009 – IV C 5, BeckVerw 232547.
[45] BFH 10.7.2008 – VI R 70/06, BeckRS 2008, 25013860.
[46] BMF Schreiben 3.5.2018 Rn. 247.
[47] BFH 3.5.2007 – VI R 36/05, DStR 2007, 1158 (1159).
[48] MHLS/*Hermanns* GmbHG § 55 Rn. 6.
[49] Scholz/*Priester* GmbHG § 55 Rn. 42; Lutter/Hommelhoff/*Bayer* GmbHG § 55 Rn. 8.

werden, lässt sich der **Bezugsrechtsausschluss** nur unter Einhaltung enger Voraussetzungen herbeiführen.[50]

153 Zur Wahrung der **formellen Voraussetzungen** ist ein Bezugsrechtsausschluss im Einklang mit § 186 Abs. 3 S. 1 AktG nur im **Kapitalerhöhungsbeschluss** zulässig, sodass dieser zum zwingenden Beschlussgegenstand wird und gleichfalls der notariellen Form bedarf.[51] Ob hierfür wie bei der Aktiengesellschaft eine Dreiviertel-Kapitalmehrheit gem. § 186 Abs. 3 S. 2 AktG erforderlich ist oder bereits die satzungsändernde Dreiviertel-Stimmenmehrheit des § 53 Abs. 2 GmbHG ausreicht, ist umstritten.[52] Unklar bleibt auch, welche Anforderungen im Einzelnen an die Einberufung der Gesellschafterversammlung zu stellen sind und in welchem Umfang die Gesellschafter über die Gründe für den Ausschluss im Voraus zu informieren sind. Nach der strengsten Ansicht ist der geplante Bezugsrechtsausschluss im Rahmen der Tagesordnung ausdrücklich anzukündigen (§ 52 Abs. 2 GmbHG, § 186 Abs. 4 S. 1 AktG analog).[53] Zudem ist vor der Beschlussfassung nach § 186 Abs. 4 S. 2 AktG analog eine schriftliche Begründung für den Bezugsrechtsausschluss und den vorgeschlagenen Ausgabebetrag erforderlich.[54] Um Unsicherheiten über die formelle Wirksamkeit des Bezugsrechtsausschlusses zu vermeiden, sollte man die strengeren Voraussetzungen zugrunde legen. Auf die Einhaltung dieser Formalien kann aber verzichtet werden, wenn alle Gesellschafter zustimmen.[55]

154 In **materieller Hinsicht** ist der Bezugsrechtsausschluss nach den aktienrechtlichen Grundsätzen nur zulässig, wenn er im Interesse der Gesellschaft liegt und zur Erreichung dieses Interesses erforderlich und verhältnismäßig ist.[56] Die Beteiligung von Mitarbeitern am Stammkapital kann einen besonderen sachlichen Grund darstellen, der den Bezugsrechtsausschluss der bisherigen Gesellschafter rechtfertigt, wenn die gesellschaftsrechtliche Bindung des Mitarbeiters von erheblicher Bedeutung für die Gesellschaft ist und auf andere Weise nicht erreicht werden kann.[57] Stimmen aber alle Gesellschafter dem Bezugsrechtsausschluss im Kapitalerhöhungsbeschluss zu oder haben die Gesellschafter bereits im **Gesellschaftsvertrag** einen Bezugsrechtsausschluss für den Fall der Mitarbeiterbeteiligung vereinbart, so müssen die vorstehenden Voraussetzungen nicht eingehalten werden.[58] Es empfiehlt sich daher, eine solche Regelung über den Bezugsrechtsausschluss bereits vor der ersten Mitarbeiterbeteiligung in den Gesellschaftsvertrag oder eine Gesellschafterbeteiligung außerhalb des Gesellschaftsvertrages aufzunehmen.[59]

155 Neben dem Kapitalerhöhungsbeschluss ist ein **Zulassungsbeschluss** erforderlich, in dem festgehalten wird, wer die neuen Geschäftsanteile übernehmen soll. Dieser Zulassungsbeschluss ist formfrei und kann mit einfacher Mehrheit gem. § 47 Abs. 1 GmbHG beschlossen werden.[60]

---

[50] *Heckschen* DStR 2001, 1437 (1438).
[51] Baumbach/Hueck/*Fastrich*/*Zöllner* GmbHG § 55 Rn. 25; Scholz/*Priester* GmbHG § 55 Rn. 61.
[52] Baumbach/Hueck/*Fastrich*/*Zöllner* GmbHG § 55 Rn. 25; MHLS/*Hermanns* GmbHG § 55 Rn. 46; MüKoGmbHG/*Lieder* § 55 Rn. 83; Scholz/*Priester* GmbHG § 55 Rn. 61.
[53] Baumbach/Hueck/*Fastrich*/*Zöllner* GmbHG § 55 Rn. 25; BeckOK GmbHG/*Ziemons* § 55 Rn. 81; MüKoGmbHG/*Lieder* § 55 Rn. 84; Scholz/*Priester* GmbHG § 55 Rn. 61.
[54] Baumbach/Hueck/*Fastrich*/*Zöllner* GmbHG § 55 Rn. 25; *Heckschen* DStR 2001, 1437 (1440); Lutter/Hommelhoff/*Lutter*/*Bayer* GmbHG § 55 Rn. 21; aA MHLS/*Hermanns* GmbHG § 55 Rn. 46 sowie Scholz/*Priester* GmbHG § 55 Rn. 61a, die wegen des regelmäßig kleineren Gesellschafterkreises bei der GmbH die Form der Berichterstattung vom Informationsbedürfnis der Gesellschafter abhängig machen.
[55] Baumbach/Hueck/*Fastrich*/*Zöllner* GmbHG § 55 Rn. 25; BeckOK GmbHG/*Ziemons* § 55 Rn. 81; MüKoGmbHG/*Lieder* § 55 Rn. 84.
[56] BeckOK GmbHG/*Ziemons* § 55 Rn. 82; *Heckschen* DStR 2001, 1437 (1441); Lutter/Hommelhoff/*Lutter*/*Bayer* GmbHG § 55 Rn. 22; MüKoGmbHG/*Lieder* § 55 Rn. 86; Scholz/*Priester* GmbHG § 55 Rn. 54.
[57] MHLS/*Hermanns* GmbHG § 55 Rn. 52; MüKoGmbHG/*Lieder* § 55 Rn. 97; Scholz/*Priester* GmbHG § 55 Rn. 58.
[58] *Fox*/*Hüttche*/*Lechner* GmbHR 2000, 521 (531); *Heckschen*/*Glombik* GmbHR 2013, 1009 (1010); MHLS/*Hermanns* GmbHG § 55 Rn. 48; MüKoGmbHG/*Lieder* § 55 Rn. 86.
[59] *Fox*/*Hüttche*/*Lechner* GmbHR 2000 521 (531).
[60] BeckFormB GmbHR/*Gutheil* J.I.1. Rn. 8.

II. Direktbeteiligung

Die Übernahme der neuen Geschäftsanteile erfolgt durch einen **Übernahmevertrag** zwischen der GmbH und der zur Übernahme zugelassenen Person. Dieser kommt zustande durch eine **Übernahmeerklärung** des Übernehmers, die gem. § 55 Abs. 1 GmbHG der notariellen Beurkundung oder Beglaubigung bedarf, und einer formlosen **Annahmeerklärung** der Gesellschaft. Dabei kann die Übernahmeerklärung auch in die notarielle Urkunde über den Kapitalerhöhungsbeschluss mit aufgenommen werden. 156

Der Übernahmevertrag verpflichtet den übernehmenden Mitarbeiter-Gesellschafter zur Leistung der vorgesehenen **Einlage.**[61] Diese muss gem. §§ 56a, 7 Abs. 2 S. 1 GmbHG zu mindestens einem Viertel des Nennbetrages des übernommenen Geschäftsanteils erfüllt sein, damit die beschlossene Kapitalerhöhung nach §§ 54 Abs. 3, 57 GmbHG zur Eintragung in das Handelsregister angemeldet werden kann. 157

Wie auch bei der Aktiengesellschaft hat die Mitarbeiterbeteiligung im Wege der von der Gesellschafterversammlung beschlossenen Kapitalerhöhung den **Nachteil,** dass die Kapitalerhöhung mit einigem Aufwand verbunden ist. **Vorlauffristen** für die Einladung von Gesellschafterversammlungen sind einzuhalten, sofern nicht auf die Form- und Fristvorschriften verzichtet wird, Kapitalerhöhungen zur Mitarbeiterbeteiligung sind mit Rechtsanwalts- und Notarkosten verbunden. Deshalb ist die Mitarbeiterbeteiligung über Kapitalerhöhungen, die von der Gesellschafterversammlung beschlossen werden, nur dann ein sinnvolles Mittel, wenn die Mitarbeiterbeteiligung nicht laufend rollierend, sondern punktuell erfolgt und wenn der Gesellschafterkreis so klein und gut erreichbar ist, dass Gesellschafterversammlungen ohne Einhaltung von Form- und Fristvorschriften einberufen und abgehalten werden können. 158

bb) Genehmigtes Kapital nach § 55a GmbHG

Eine andere Möglichkeit zur Mitarbeiterbeteiligung über eine Kapitalerhöhung besteht darin, die Kapitalerhöhung aus **genehmigtem Kapital** vorzunehmen. Auch bei der GmbH ist seit der GmbH-Reform aus dem Jahr 2008 die Schaffung eines genehmigten Kapitals möglich. Gemäß § 55a Abs. 1 S. 1 GmbHG kann der Gesellschaftsvertrag die Geschäftsführung ermächtigen, an Stelle der Gesellschafterversammlung das Stammkapital der Gesellschaft bis zu einem bestimmten Nennbetrag durch Ausgabe neuer Geschäftsanteile gegen Einlagen zu erhöhen. 159

Die Ermächtigung darf gem. § 55a Abs. 1 S. 2 GmbHG hinsichtlich der **Höhe** des genehmigten Kapitals die Hälfte des bestehenden Stammkapitals nicht überschreiten und muss zeitlich gem. § 55a Abs. 1 S. 1, Abs. 2 GmbHG auf **höchstens fünf Jahre** begrenzt sein. Da sich bei Ausübung des genehmigten Kapitals die Höhe des Stammkapitals ändert und damit eine Satzungsänderung erforderlich wird, ist es sinnvoll, die Geschäftsführung im Rahmen des Gesellschafterbeschlusses über das genehmigte Kapital nicht nur zur Kapitalerhöhung, sondern auch zur entsprechenden **Anpassung des Gesellschaftsvertrags** zu ermächtigen.[62] Im Übrigen besteht grundsätzlich auch bei einer Kapitalerhöhung durch genehmigtes Kapital ein Bezugsrecht derjenigen Gesellschafter, die im Zeitpunkt des Wirksamwerdens des Ausübungsbeschlusses der Geschäftsführung Inhaber von Geschäftsanteilen sind. Ein **Bezugsrechtsausschluss** ist unter den gleichen Voraussetzungen wie bei einer regulären Kapitalerhöhung zulässig (→ Rn. 152 ff.) 160

Die **Ermächtigung** kann bereits im Gründungsgesellschaftsvertrag enthalten sein (§ 55a Abs. 1 GmbHG) oder gem. § 55a Abs. 2 GmbHG durch Satzungsänderung erteilt werden. Bei einer Ermächtigung durch Satzungsänderung müssen sämtliche Voraussetzungen einer **Satzungsänderung** beachtet werden: die Gesellschafterversammlung muss ordnungsgemäß einberufen werden, der Gesellschafterbeschluss mit Dreiviertelmehrheit gefasst und notariell beurkundet werden. Wirksam wird die Ermächtigung zur Kapitalerhöhung nach § 54 Abs. 3 GmbHG erst mit Eintragung des genehmigten Kapitals in das 161

---

[61] Scholz/*Priester* GmbHG § 55 Rn. 96.
[62] Meyer-Landrut/*Habighorst* E Rn. 197.

Handelsregister. Das genehmigte Kapital kann die Geschäftsführung dann durch **formlosen Entschluss** (bei einem Geschäftsführer) bzw. Beschluss (bei mehreren Geschäftsführern) innerhalb des Rahmens der Ermächtigung ausüben.

162 Das genehmigte Kapital ersetzt somit lediglich den Kapitalerhöhungsbeschluss der Gesellschafterversammlung; die darauf folgenden Schritte der Übernahme der übernommenen Geschäftsanteile, der Leistung der Einlagen sowie der Anmeldung und Eintragung zum Handelsregister richten sich nach den Vorschriften über die reguläre Kapitalerhöhung.[63]

163 Sofern die GmbH einen verpflichtenden oder freiwillig eingerichteten Aufsichtsrat (oder Beirat) hat, kann dieser im Rahmen der Ermächtigung bezüglich des genehmigten Kapitals ebenfalls Befugnisse erhalten, zB **Zustimmungsbefugnisse** analog § 204 Abs. 1 S. 2 AktG.

164 Die Mitarbeiterbeteiligung über Kapitalerhöhungen aus genehmigtem Kapital bietet nur dann **Vorteile** gegenüber der Mitarbeiterbeteiligung über von der Gesellschafterversammlung beschlossene Kapitalerhöhungen, wenn laufend neue Geschäftsanteile zur Übernahme durch Mitarbeiter ausgegeben werden sollen und wenn die Einberufung von Gesellschafterversammlungen einen zu großen Aufwand bedeutet.

b) Optionsvereinbarungen

165 Auch die Gewährung von Optionsrechten an Mitarbeiter kommt als Instrument der Mitarbeiterdirektbeteiligung bei der GmbH in Betracht. Mit dem **Optionsrecht** wird dem Mitarbeiter ein Bezugsrecht auf Übertragung von Geschäftsanteilen eingeräumt.[64] Die Ausübung der Option kann dabei an bestimmte Bedingungen geknüpft werden, sodass allein durch die Optionsgewährung noch keine Einflussrechte des Mitarbeiters auf die Gesellschaft entstehen; vielmehr bietet sie die Möglichkeit, die tatsächliche Beteiligung und damit Begründung der Gesellschafterstellung des Mitarbeiters zeitlich versetzt eintreten zu lassen.[65]

166 Die **Einräumung einer Option** kommt durch Optionsvertrag zwischen der GmbH und dem Mitarbeiter zustande. Im Rahmen der Optionsbedingungen sollten die Voraussetzungen für die Ausübung festgelegt werden. Diesbezüglich kann auf → Rn. 75 ff. verwiesen werden. Der Mitarbeiter muss den Ausübungspreis in der Regel erst mit Erwerb der Beteiligung durch Ausübung der Option entrichten. Davon zu unterscheiden ist das **Optionsentgelt,** das für die Überlassung der Option verlangt werden kann, sofern diese nicht kostenlos erfolgt.

167 Nicht trivial ist die Bedienung der Optionen. Denn die GmbH selber kann Geschäftsanteile nur dann verbindlich zur Übernahme versprechen, wenn sie **eigene Geschäftsanteile** hält oder ein **genehmigtes Kapital** zur Verfügung hat, das erstens die Ausgabe von Geschäftsanteilen im Rahmen von Kapitalerhöhungen zu Zwecken der Mitarbeiterbeteiligung zulässt und zweitens diesbezüglich die Geschäftsführung ermächtigt, das Bezugsrecht der Gesellschafter auszuschließen. Die Schaffung von Geschäftsanteilen durch eine von der Gesellschafterversammlung zu beschließende Kapitalerhöhung steht jedoch in der Kompetenz der Gesellschafterversammlung. Insofern kommt als Möglichkeit zur Bedienung von Optionen auch in Betracht, dass sich alle Gesellschafter verpflichten, im Falle der Ausübung von Optionen eine entsprechende Kapitalerhöhung zu beschließen und durchzuführen.

168 Anders als im Aktienrecht ist die Schaffung eines **bedingten Kapitals** bei einer GmbH nicht möglich.[66] Aus diesem Grund scheidet auch die Gewährung von Optionen zur

---

[63] Meyer-Landrut/*Habighorst* E Rn. 186; Scholz/*Priester* GmbHG § 55a Rn. 41.
[64] *Heckschen/Glombik* GmbHR 2013, 1009 (1019); Leuner/*Nawrot/zu Knyphhausen-Aufseß/Didion/Wenig* § 2 Rn. 153.
[65] Leuner/*Nawrot/zu Knyphhausen-Aufseß/Didion/Wenig* § 2 Rn. 159.
[66] MüKoGmbHG/*Lieder* § 55 Rn. 10.

II. Direktbeteiligung

Übernahme von Geschäftsanteilen aus, die aus einem bedingten Kapital bedient werden könnten.

Im Vergleich zur börsennotierten Aktiengesellschaft bietet eine Optionsgestaltung nur in Ausnahmefällen Vorteile. Denn die Möglichkeit zum Verkauf an der Börse und die Finanzierung des Erwerbspreises und etwa zu zahlender Steuern aus dem Verkaufspreis scheiden bei der GmbH aus. Insofern bietet sich die Gewährung von Optionen bei der GmbH hauptsächlich dann an, wenn diese im Zuge eines bzw. kurz vor einem **Exit** der GmbH ausgeübt werden können, so dass die Finanzierung des Erwerbspreises sichergestellt ist. Diesbezüglich ist aber zu beachten, dass die punktgenaue Abstimmung des Erwerbs von Geschäftsanteilen an der GmbH im Rahmen einer Kapitalerhöhung durch die zu beteiligenden Mitarbeiter und des Exits nur schwierig umzusetzen ist, so dass eine solche Möglichkeit in der Transaktionspraxis allenfalls mit großen Einschränkungen empfehlenswert ist.

c) Verkauf von Geschäftsanteilen

aa) Verkauf durch Altgesellschafter

Alternativ zur Kapitalerhöhung können Mitarbeiter auch durch Übertragung bereits bestehender Geschäftsanteile als Gesellschafter an der GmbH beteiligt werden. Der **Verkauf von Geschäftsanteilen** von Altgesellschaftern an den Mitarbeiter ist gem. § 15 Abs. 1 GmbHG grundsätzlich möglich, der Kaufvertrag und die dingliche Abtretung bedürfen jedoch gem. § 15 Abs. 3 und 4 GmbHG der **notariellen Beurkundung.** Zusätzliche Erfordernisse können sich zudem aus dem Gesellschaftsvertrag und aus Gesellschaftervereinbarungen ergeben, so zB **Zustimmungserfordernisse der Gesellschafterversammlung** oder der Gesellschaft oder einzelner Gesellschafter (Vinkulierung, vgl. § 15 Abs. 5 GmbHG), **Vorerwerbs- oder Vorkaufsrechte** oder **Mitverkaufsrechte.**

> **Praxistipp:**
> Ist eine Mitarbeiterbeteiligung durch Verkauf und Abtretung von Geschäftsanteilen der Bestandsgesellschafter vorgesehen, bietet es sich somit an, bereits im Gesellschaftsvertrag oder in einer Gesellschaftervereinbarung entweder Ausnahmen oder Zustimmungspflichten der übrigen Gesellschafter sowie Verzichtserklärungen in Bezug auf Vorerwerbs-, Vorkaufs- und Mitverkaufsrechte in den Fällen vorzusehen, in denen Bestandsgesellschafter Geschäftsanteile an Mitarbeiter der Gesellschaft zu bestimmten Bedingungen (zB Begrenzung der zu übertragenden Geschäftsanteile in der Gesamthöhe, Verkaufspreis, etc.) verkaufen und übertragen möchten.

bb) Ankauf eigener Anteile und Weiterveräußerung durch GmbH

Die GmbH kann grundsätzlich auch **eigene Anteile** erwerben, um diese dann später an ihre Mitarbeiter zu veräußern. Der Erwerb eigener Geschäftsanteile richtet sich nach § 33 Abs. 2 S. 1 GmbHG. Danach darf die GmbH nur eigene Anteile erwerben, auf welche die Einlage vollständig geleistet ist, sofern der Erwerb im Interesse der **Erhaltung des Stammkapitals** aus offenen Rücklagen erfolgen kann.[67] Beim Erwerb eigener Geschäftsanteile wird die GmbH durch ihren Geschäftsführer vertreten. Da der Erwerb eigener Anteile aber die Mehrheitsverhältnisse verändert und damit das Verhältnis der Gesellschaf-

---

[67] Leuner/*Nawrot/zu Knyphhausen-Aufseß/Didion/Wenig* § 2 Rn. 109; Scholz/*Westermann* GmbHG § 33 Rn. 17.

ter untereinander berührt, bedarf der Geschäftsführer eines **Gesellschafterbeschlusses**. Dieser kann nach überwiegender Ansicht mit einfacher Mehrheit gefasst werden.[68]

172 Die **Weiterveräußerung** der eigenen Anteile an den Mitarbeiter ist unter den Voraussetzungen und der Form des § 15 GmbHG sowie den Bestimmungen des Gesellschaftsvertrags grundsätzlich jederzeit möglich.[69] Hier stellt sich jedoch erneut die Frage, ob die Veräußerung der Geschäftsanteile in die Geschäftsführungs- und Vertretungskompetenz der Geschäftsführer fällt und ob und ggf. mit welcher Mehrheit eine Entscheidung der Gesellschafterversammlung erfolgen muss.[70] Nach hM soll die Weiterveräußerung der Zustimmung der Gesellschafterversammlung bedürfen, die darüber mit einfacher Mehrheit[71] bzw. sogar mit Dreiviertelmehrheit[72] abstimmen muss. In Anlehnung an die Kapitalerhöhung fordern einige zusätzlich ein Bezugsrecht bzw. Andienungsrecht der Altgesellschafter, womit sich wieder die Frage nach dessen Ausschlussvoraussetzungen stellt.[73]

> **Praxistipp:**
> Vor dem Hintergrund der bilanziellen Voraussetzungen für den Erwerb eigener Geschäftsanteile gem. § 33 Abs. 2 GmbHG sowie der Anforderungen an die Einbindung der Gesellschafterversammlung für den Erwerb und die Veräußerung von eigenen Geschäftsanteilen ist die Administration eines Mitarbeiterbeteiligungsprogramms durch die Gesellschaft im Wege des Erwerbs und der Veräußerung eigener Geschäftsanteile kein optimaler Weg. Bei größer angelegten Mitarbeiterbeteiligungsprogrammen ist der Weg über einen Treuhänder oder eine indirekte Beteiligung der Mitarbeiter häufig der vorzugswürdige Weg.

d) Verfahren bei Beendigung des Arbeitsverhältnisses

173 Kommt es zur Beendigung der Tätigkeit des Mitarbeitergesellschafters, entfallen regelmäßig die mit der Einräumung einer Mitarbeiterbeteiligung verfolgten Ziele. Um sicher zu stellen, dass mit dem Ende des Arbeitsverhältnisses auch die gesellschaftsrechtliche Beteiligung rückgängig gemacht wird, sind Vereinbarungen über die **Rückübertragungsverpflichtung** bei Austritt des Mitarbeiters zu treffen. Diesbezüglich kann grundsätzlich auf → Rn. 88 ff. und 108 ff. hinsichtlich der nicht börsennotierten Aktiengesellschaft verwiesen werden. Die wesentlichen Unterschiede, die sich aus der Rechtsform der GmbH ergeben, werden nachfolgend dargestellt.

aa) Gestaltung der Rückübertragungsverpflichtung

174 Die Gestaltung einer Rückübertragungsverpflichtung kann durch schuldrechtliche Vereinbarung (Verkaufs- und Abtretungsverpflichtung) und/oder durch Regelung der Einziehung im Gesellschaftsvertrag sichergestellt werden.[74]

175 Im Rahmen einer **schuldrechtlichen Gesellschaftervereinbarung** kann eine Verkaufs- und Abtretungsverpflichtung bereits bei Einräumung des Geschäftsanteils aufschie-

---

[68] Baumbach/Hueck/*Fastrich* GmbHG § 33 Rn. 12; Henssler/Strohn/*Fleischer* GmbHG § 33 Rn. 21; Roth/Altmeppen/*Altmeppen* GmbHG § 33 Rn. 27; für eine Dreiviertelmehrheit Ulmer/Habersack/Löbbe/*Paura*, § 33 Rn. 45.
[69] Baumbach/Hueck/*Fastrich* GmbHG § 33 Rn. 28.
[70] Baumbach/Hueck/*Fastrich* GmbHG § 33 Rn. 28.
[71] So Baumbach/Hueck/*Fastrich* GmbHG § 33 Rn. 28; Henssler/Strohn/*Fleischer* GmbHG § 33 Rn. 23; Lutter/Hommelhoff/*Lutter* GmbHG § 33 Rn. 34.
[72] MüKoGmbHG/*Löwisch*, § 33 Rn. 74; Scholz/*Westermann* GmbHG § 33 Rn. 38; Ulmer/Habersack/Löbbe/*Paura* GmbHG § 33 Rn. 91.
[73] Für ein Bezugsrecht Lutter/Hommelhoff/*Lutter* GmbHG § 33 Rn. 34; dagegen Baumbach/Hueck/*Fastrich* GmbHG § 33 Rn. 28; Roth/Altmeppen/*Altmeppen* GmbHG § 33 Rn. 55.
[74] *Heckschen*/*Glombik* GmbHR 2013, 1009 (1011); *Weitnauer*/*Grob* GWR 2015, 353.

II. Direktbeteiligung

bend bedingt vereinbart werden (Call Option).[75] Zu beachten ist, dass mit der Call Option die gesamte Optionsvereinbarung gem. § 15 Abs. 4 GmbHG formbedürftig wird.[76] Gleiches gilt für eine Put Option zugunsten des Mitarbeiters, die dem Mitarbeitergesellschafter bei dessen Ausscheiden ein Verkaufsrecht einräumt, welches die übrigen Mitgesellschafter oder die Gesellschaft zum Rückerwerb der Beteiligung bei Ausscheiden des Mitarbeiters verpflichtet.[77]

Die Rückübertragung der GmbH-Anteile kann auch auf gesellschaftsrechtlicher Ebene durch Ausschluss des Gesellschafters im **Wege der Einziehung** erfolgen. Dazu muss die Einziehung gem. § 34 Abs. 1 GmbHG im Gesellschaftsvertrag zugelassen sein. Sofern es sich um eine Zwangseinziehung handelt, müssen auch dessen Voraussetzungen gem. § 34 Abs. 2 GmbHG bereits vor Einziehung des Geschäftsanteils im Gesellschaftsvertrag festgelegt sein. Schließlich muss nach zulässig erfolgter Einziehung aufgrund des § 5 Abs. 3 S. 2 GmbHG das Stammkapital in Höhe des eingezogenen Geschäftsanteils herabgesetzt, die Anteile der übrigen Gesellschafter aufgestockt oder ein neuer Geschäftsanteil geschaffen werden.[78] Durch den Verweis in § 34 Abs. 3 GmbHG auf § 30 Abs. 1 GmbHG steht fest, dass durch die Einziehung keine Unterbilanz entstehen darf. Dies kann sich als tatsächliches Hindernis für den Rückerwerb von Mitarbeiter-Geschäftsanteilen im Wege der Einziehung herausstellen. 176

Nach ständiger Rechtsprechung des BGH sind bei einer Einziehung gegen den Willen des Gesellschafters solche Klauseln, die eine Einziehung in das Belieben der Mehrheit oder einzelner Gesellschafter stellen **(Hinauskündigungsklauseln)**, grundsätzlich nach § 138 Abs. 1 BGB nichtig, es sei denn, sie sind wegen der besonderen Umstände sachlich gerechtfertigt.[79] Dies gilt auch für schuldrechtliche Nebenabreden zum Gesellschaftsvertrag, die zum selben Ergebnis führen, zB Optionsvereinbarungen.[80] Als **sachlich gerechtfertigter Ausschlussgrund** ist das Ende des Dienst- bzw. Arbeitsverhältnisses bei Management- und Mitarbeiterbeteiligungsmodellen überwiegend anerkannt.[81] Zur Begründung wird angeführt, dass mit Beendigung der Mitarbeit die weitere Beteiligung an der Gesellschaft ihren rechtfertigenden Sinn – Bindung an das Unternehmen, Motivationssteigerung sowie Belohnung für erfolgreichen Einsatz – verliert.[82] Folglich kann festgehalten werden, dass Hinauskündigungsklauseln in Form von Call Optionen bzw. gesellschaftsrechtlicher Einziehung bei der Mitarbeiterbeteiligung für den Fall der Beendigung des Dienstverhältnisses den Grenzen des § 138 Abs. 1 BGB standhalten. Nicht zulässig dürfte es aber sein, eine Call Option oder Einziehung noch während eines laufenden Arbeits- bzw. Dienstverhältnisses in das Belieben der Gesellschaft bzw. einzelner Gesellschafter zu stellen. 177

Die satzungsmäßige **Einziehungsklausel** bietet den Vorteil, dass sie – anders als die Call Option – nicht der strengen **AGB-Kontrolle** gem. § 310 Abs. 4 BGB unterliegt, sodass bei teilweiser Unwirksamkeit die Möglichkeit besteht, dass die Einziehungsregelung in dem wirksamen Umfang gültig bleibt (geltungserhaltende Reduktion).[83] Zur Erreichung eines hohen Maßes an Rechtssicherheit, sollte die gesellschaftsrechtliche Einzie- 178

---

[75] *Battke/Grünberg* GmbHR 2006, 225; *Heckschen/Glombik* GmbHR 2013, 1009 (1012); *Weitnauer/Grob* GWR 2015, 353.
[76] *Weitnauer/Grob* GWR 2015, 353.
[77] *Thiele* BB 2017, 983 (984).
[78] *Heckschen/Glombik* GmbHR 2013, 1009 (1013).
[79] BGH 9.7.1990 – II ZR 194/89, NJW 1990, 2622 (2622 f.); Baumbach/Hueck/*Fastrich* GmbHG § 34 Rn. 9a.
[80] *Weitnauer/Grob* GWR 2015, 353.
[81] BGH 19.9.2005 – II ZR 342/03, NJW 2005, 3644 (3645); 15.3.2010 – II ZR 4/09, NJW 2010, 3718 (3720); Baumbach/Hueck/*Fastrich* GmbHG § 34 Rn. 10; *Habersack/Verse* ZGR 2005, 451 (465).
[82] BGH 19.9.2005 – II ZR 342/03, NJW 2005, 3644 (3646).
[83] *Bloß* GmbHR 2016, 104 (111); *Heckschen/Glombik* GmbHR 2013, 1009 (1013).

hungsklausel aber mit einer schuldrechtlichen Rückübertragungsverpflichtung bzw. Call Option kombiniert werden.[84]

179 Bezüglich der **Leaver Modelle** kann auf → Rn. 109 ff. verwiesen werden. Für die GmbH gilt diesbezüglich grundsätzlich nichts anderes als für die nicht börsennotierte Aktiengesellschaft. Das Erfordernis der notariellen Beurkundungspflicht für Angebote, Annahmen und Verträge bezüglich des Verkaufs und der Abtretung von GmbH-Geschäftsanteilen macht Mitarbeiterbeteiligungsprogramme bei der GmbH im Wege der Direktbeteiligung der Mitarbeiter aber teuer und komplex in der Umsetzung. Denn sowohl für die Einräumung der Beteiligung als auch für deren Rückerwerb wird immer ein Notartermin erforderlich sein und es fallen **Beurkundungskosten** an.

> **Praxistipp:**
>
> Aus den soeben genannten Gründen sind groß angelegte Mitarbeiterbeteiligungsprogramme bei der GmbH im Wege der Direktbeteiligung unpraktikabel. Hier bieten sich virtuelle Beteiligungsmodelle, Beteiligungsmodelle über Unterbeteiligungen oder Beteiligungsmodelle über Beteiligungsgesellschaften eher an.

bb) Begrenzung der Abfindung bzw. des Kaufpreises

180 Scheidet ein Gesellschafter durch Einziehung aus der GmbH aus, so steht ihm ein gesetzlich nicht geregelter, aber aus § 738 Abs. 1 S. 2 BGB folgender allgemein anerkannter **Abfindungsanspruch** als Ausgleich für den Verlust seiner Mitgliedschaft zu.[85] Enthält der Gesellschaftsvertrag keine die Höhe des Abfindungsanspruchs beschränkende Abfindungsklausel, so ist der ausscheidende Gesellschafter mit dem Verkehrswert seines Anteils abzufinden. Dieser entspricht dem Preis, der bei Veräußerung des Geschäftsanteils an einen Dritten im Zeitpunkt des Ausschlusses zu erzielen wäre.[86] Als Ausdruck der Satzungsautonomie ist ebenfalls allgemein anerkannt, dass eine **Beschränkung des Abfindungsanspruchs** in den Schranken des § 138 BGB, insbesondere unter dem Gesichtspunkt der Gläubigerbenachteiligung, der Gleichbehandlung der Gesellschafter und der Erhaltung der Vermögenswerte, zulässig ist.[87] Gleiches gilt für eine Abfindungsbeschränkung durch schuldrechtliche Nebenabrede.[88] Der Zweck der Abfindungsbeschränkung besteht darin, den Bestandsschutz der Gesellschaft durch Einschränkung des Kapitalabflusses zu gewährleisten und die Bestimmung der Höhe des Abfindungsanspruches zu vereinfachen.[89]

181 Die inhaltlichen Grenzen der Gestaltungsfreiheit sind jedoch überschritten, wenn durch die im Gesellschaftsvertrag enthaltene Abfindungsklausel ein grobes Missverhältnis zwischen dem vertraglichen Abfindungsanspruch und dem nach dem Verkehrswert zu bemessenden Anspruch entsteht und der ausscheidende Gesellschafter unangemessen benachteiligt wird.[90] Dabei ist das Interesse des ausscheidenden Gesellschafters an einem angemessenen wirtschaftlichen Ausgleich für den Verlust seiner Beteiligung gegen das Interesse der verbleibenden Gesellschafter an dem Fortbestand der Gesellschaft abzuwägen.[91] Im Rahmen eines Mitarbeiterbeteiligungsmodells hält der BGH eine Beschränkung der Abfindung auf den Betrag, den der Mitarbeiter für die Beteiligung gezahlt hat, für zuläs-

---

[84] *Heckschen/Glombik* GmbHR 2013, 1009 (1013).
[85] Baumbach/Hueck/*Fastrich* GmbHG § 34 Rn. 22; Scholz/*Westermann* GmbHG § 34 Rn. 75; Ulmer/Habersack/Löbbe/*Ulmer/Habersack* GmbHG § 34 Rn. 72.
[86] Baumbach/Hueck/*Fastrich* GmbHG § 34 Rn. 22; *Erttmann* S. 144; Lutter/Hommelhoff/*Lutter* GmbHG § 34 Rn. 78.
[87] Baumbach/Hueck/*Fastrich* GmbHG § 34 Rn. 25; Lutter/Hommelhoff/*Lutter* GmbHG § 34 Rn. 81; Scholz/*Westermann* GmbHG § 34 Rn. 29; *Weitnauer/Grob* GWR 2015, 353 (354).
[88] BGH 15.3.2010 – II ZR 4/09, NJW 2010, 3718 (3719); *Weitnauer/Grob* GWR 2015, 353 (354).
[89] BGH 16.12.1991 – II ZR 58/91, NJW 1992, 892 (894); *Heckschen/Glombik* GmbHR 2013, 1009 (1014).
[90] BGH 19.9.2005 – II ZR 342/03, NJW 2005, 3644 (3646); 16.12.1991 – II ZR 58/91, NJW 1992, 892 (895); *Erttmann* S. 147.
[91] BGH 19.9.2005 – II ZR 342/03, NJW 2005, 3644 (3646).

II. Direktbeteiligung

sig.[92] Dabei wird der sachliche Grund für die Abfindungsbeschränkung darin gesehen, dass andernfalls durch die mit der Zahlung einer Abfindung zum Verkehrswert verbundene Gefahr eines erheblichen Kapitalabflusses die finanzielle Grundlage für die Durchführbarkeit weiterer Mitarbeiterbeteiligungen zerstört wäre.[93] Hat der Mitarbeiter den Geschäftsanteil unentgeltlich erhalten, kann sogar das vollständige Entfallen der Abfindung gerechtfertigt sein.[94]

Stellt die Abfindungsklausel jedoch eine **unangemessene Benachteiligung** des Ausscheidenden dar, so führt dies zur Nichtigkeit nach § 138 Abs. 1 BGB.[95] An ihre Stelle tritt dann eine Abfindung nach dem vollen wirtschaftlichen Anteilswert.[96] Nach der Rechtsprechung des BGH ist allerdings auch eine Auffangregelung zulässig, die im Fall der Unwirksamkeit der Abfindungsklausel den tiefsten zulässigen Wert als Abfindung festlegt.[97]

182

Die oben genannten Grundsätze gelten in gleicher Weise auch für die Kaufpreisbemessung bei der schuldrechtlichen *Call Option*.[98] Zu beachten ist jedoch, dass anders als bei der satzungsmäßigen Abfindungsbeschränkung eine unangemessene schuldrechtliche *Call Option* Abrede nicht zu einer Abfindung zum Verkehrswert, sondern zur Nichtigkeit der gesamten Regelung führt.[99]

183

> **Praxistipp:**
> Zur Risikominimierung ist daher zu empfehlen, dass neben der schuldrechtlichen Kaufpreisvereinbarung auch in den Gesellschaftsvertrag eine Einziehungs- und Abfindungsklausel aufgenommen wird; diese sollte auch mit einer Auffangklausel versehen werden, die im Falle der Unwirksamkeit den tiefsten zulässigen Wert bzw. die tiefste zulässige Abfindung vorsieht.[100]

Aus der zum Aktienrecht ergangenen Entscheidung des BGH kann allgemein gefolgert werden,[101] dass ein entschädigungsloser Verlust einer Beteiligung, die entgeltlich erworben wurde, stets unzulässig ist und weder vertraglich noch satzungsmäßig geregelt werden kann.[102]

184

e) Steuerliche Aspekte

Hinsichtlich der steuerlichen Aspekte bei der Beteiligung von Mitarbeitern an der Arbeitgeber-GmbH gibt es nahezu keine Unterschiede zur Beteiligung an der Arbeitgeber-Aktiengesellschaft. So werden die gleichen Grundsätze herangezogen, um zu beurteilen, ob der Mitarbeiter einen geldwerten Vorteil durch die Gewährung bzw. durch den Bezug von Anteilen erzielt. Auch hinsichtlich der Ermittlung der Höhe des geldwerten Vorteils und des Zuflusszeitpunkts sind grundsätzlich die gleichen Regelungen zugrunde zu legen. Da im Gegensatz zu börsennotierten Aktiengesellschaften für Anteile an GmbHs kein Börsenkurswert festgestellt wird, ist der Wert der Anteile nach den Bewertungsgrundsätzen für die Anteile an nicht börsennotierten Aktiengesellschaften heranzuziehen.

185

---

[92] BGH 19.9.2005 – II ZR 342/03, NJW 2005, 3644 (3646).
[93] BGH 19.9.2005 – II ZR 342/03, NJW 2005, 3644 (3646).
[94] BGH 19.9.2005 – II ZR 342/03, NJW 2005, 3644 (3646).
[95] BGH 19.9.2005 – II ZR 342/03, NJW 2005, 3644 (3645); *Erttmann* S. 147.
[96] *Heckschen/Glombik* GmbHR 2013, 1009 (1014); *Weitnauer/Grob* GWR 2015, 353 (354 f.).
[97] BGH 27.9.2011 – II ZR 279/09, DStR 2011, 2418; *Weitnauer/Grob* GWR 2015, 353 (355).
[98] BGH 22.1.2013 – II ZR 80/10, DStR 2013, 367; *Heckschen/Glombik* GmbHR 2013, 1009 (1014); *Weitnauer/Grob* GWR 2015, 353 (355).
[99] BGH 22.1.2013 – II ZR 80/10, DStR 2013, 367.
[100] *Bloß* GmbHR 2016, 104 (111); *Heckschen/Glombik* GmbHR 2013, 1009 (1014); *Weitnauer/Grob* GWR 2015, 353 (355).
[101] BGH 22.1.2013 – II ZR 80/10, DStR 2013, 367.
[102] *Heckschen/Glombik* GmbHR 2013, 1009 (1014); *Weitnauer/Grob* GWR 2015, 353 (355).

186 Darüber hinaus wird an dieser Stelle bezüglich der steuerrechtlichen Konsequenzen hinsichtlich der Veräußerung von Anteilen und der Ausgabe eigener Anteile sowie hinsichtlich der Besteuerung der (Mitarbeiter-)Gesellschafter auf die Ausführungen zur Aktiengesellschaft verwiesen (→ Rn. 121 ff.).

5. GmbH & Co. KG

a) Beteiligung an KG und/oder phG

187 Bei der GmbH & Co. KG stellt sich zunächst die Frage, an welcher Gesellschaft bzw. an welchen Gesellschaften der Mitarbeiter beteiligt werden soll. Die Übernahme der Stellung als **persönlich haftender Gesellschafter** dürfte im Regelfall seitens des Mitarbeiters nicht gewollt sein. Aus Sicht der Gesellschaft, die den Mitarbeiter beteiligen möchte, ist es im Regelfall vorzugswürdig, den bzw. die Mitarbeiter nur an der Kommanditgesellschaft, nicht aber an der ihre Geschäfte führenden persönlich haftenden Gesellschafterin (GmbH), zu beteiligen.

188 Der Hauptgrund ist, dass Mitarbeiter üblicherweise nur eine kapitalistische Beteiligung erhalten sollen, was durch eine Beteiligung als Kommanditist bei der Kommanditgesellschaft gewährleistet ist. Hinzu kommt, dass sich durch eine Beteiligung nur an der Kommanditgesellschaft das **Beurkundungserfordernis** hinsichtlich der Mitarbeiterbeteiligung vermeiden lässt, das andernfalls bezüglich der Beteiligung an der GmbH und zusätzlich auch an der Kommanditgesellschaft bestehen würde.

189 Bestehen Mitarbeiter gleichwohl auf **Mitspracherechten** auch bei der GmbH (zB, weil sie über wesentliche geschäftliche Entscheidungen jedenfalls informiert werden wollen und darüber abstimmen wollen, wenn auch im Zweifel ohne Veto-Rechte), so ist zum einen zu überlegen, bestimmte Entscheidungen der GmbH als geschäftsführender Gesellschafterin der GmbH & Co. KG von der Zustimmung der Kommanditistenversammlung abhängig zu machen und den Kommanditisten größere Informations- und Kontrollrechte als denjenigen, die ihnen gesetzlich gem. § 166 HGB zugebilligt sind, einzuräumen. Zum anderen kann daran gedacht werden, die GmbH & Co. KG als so genannte Einheitsgesellschaft auszugestalten, bei der die Kommanditgesellschaft sämtliche Geschäftsanteile an ihrer persönlich haftenden Gesellschafterin, der GmbH, hält.

190 Bei der GmbH & Co. KG als **Einheitsgesellschaft** werden die Befugnisse der Gesellschafterversammlung der GmbH durch gesellschaftsvertragliche Regelungen in die Kommanditistenversammlung der Kommanditgesellschaft delegiert, so dass über die in § 46 GmbHG genannten Gegenstände sowie ggf. weitere Beschlussgegenstände nicht die Geschäftsführer der GmbH entscheiden, sondern die Kommanditisten der Kommanditgesellschaft.

> **Praxistipp:**
> Die Einheitsgesellschaft kann bei der GmbH & Co. KG ein geeigneter Weg sein, um zwei Ziele im Rahmen einer Mitarbeiterdirektbeteiligung zu erreichen: erstens die Sicherstellung einer relativ einfachen und kostengünstigen Übertragung der Beteiligung der beteiligten Mitarbeiter im Falle ihres Ausscheidens bzw. im Falle der Aufnahme neuer Gesellschafter und zweitens die Ermöglichung einer direkten gesellschaftsrechtlichen Partizipation der beteiligten Mitarbeiter nicht nur an den finanziellen Ergebnissen, sondern auch an der Willensbildung bei der Gesellschaft.

b) Möglichkeiten der Anteilsgewährung

Sollen Mitarbeiter an der Kommanditgesellschaft und an ihrer persönlich haftenden Gesellschafterin, der GmbH, beteiligt werden, gilt bezüglich der Beteiligung an der GmbH im Prinzip dasselbe wie bereits unter → Rn. 150 ff. hinsichtlich der GmbH dargestellt. Deshalb beschränkt sich die folgende Darstellung auf die Möglichkeiten der Beteiligung an der Kommanditgesellschaft. Auch bei der GmbH & Co. KG als Einheitsgesellschaft kann sich die Darstellung auf die Beteiligung an der Kommanditgesellschaft beschränken, da die Kommanditgesellschaft alle Geschäftsanteile an der GmbH hält. 191

aa) Kapitalerhöhung

Mitarbeiter können an einer Kommanditgesellschaft durch **Kapitalerhöhung** beteiligt werden. Hierfür ist grundsätzlich der Beitritt zur Kommanditgesellschaft und als Partei zum Gesellschaftsvertrag der Kommanditgesellschaft durch Vertrag mit den übrigen Gesellschaftern erforderlich. In dem **Beitrittsvertrag** ist zu regeln, in welcher Beteiligungshöhe (Kommanditanteil insgesamt (vgl. § 171 Abs. 1 HGB)) sowie mit welcher Hafteinlage (vgl. § 172 Abs. 1 HGB) der Mitarbeiter beteiligt werden soll, sowie der Betrag, den der Mitarbeiter auf seinen Kommanditanteil sowie ggf. in Rücklagen einzuzahlen hat, ebenso wie die Einzahlungsmodalitäten (Stundung etc., jedoch stets in den Grenzen von § 171 Abs. 3 HGB). 192

Wegen der personalistischen Struktur der Kommanditgesellschaft als Personengesellschaft ist für den Beschluss zur Zulassung weiterer Gesellschafter in den Gesellschafterkreis und somit zur Beteiligung von Mitarbeitern grundsätzlich ein **einstimmiger Beschluss** und die Mitwirkung aller Gesellschafter erforderlich. Im Gesellschaftsvertrag kann die Entscheidung über die Aufnahme weiterer Gesellschafter aber der Mehrheit überlassen werden.[103] Auch kann die Entscheidung über die Aufnahme von Mitarbeitergesellschaftern als Kommanditisten auf einzelne Gesellschafter, zB die Geschäftsführer der GmbH als persönlich haftender Gesellschafterin, delegiert werden.[104] Letzteres bietet sich gerade bei GmbH & Co. KGs mit einem größeren Gesellschafterkreis an, bei dem Gesellschafterversammlungen nicht kurzfristig einberufen werden können. Die Bestandsgesellschafter der Kommanditgesellschaft werden im Regelfall aber die Bedingungen der Mitarbeiterbeteiligung genau festlegen wollen, namentlich die maximale Höhe der Beteiligung je Mitarbeiter sowie insgesamt, die zu leistenden Einlagen und weiteren Einzahlungen, das Verfahren bei Ausscheiden von Mitarbeitern aus der Gesellschaft, sowie ggf. weitere Bedingungen der Mitarbeiterbeteiligung. Eine solche Ermächtigung der Mehrheit der Kommanditisten bzw. einzelner Gesellschafter stellt dann automatisch auch einen **Bezugsrechtsausschluss** im Rahmen der Erhöhung des Kommanditkapitals dar. 193

Der **Beitrittsvertrag** kann grundsätzlich **formlos** abgeschlossen werden. Ein schriftlicher Abschluss ist zur Sicherstellung einer gerichtsfesten Dokumentation aber dringend anzuraten. Ein sehr wichtiges Element bei der Beteiligung von Mitarbeitern an einer Kommanditgesellschaft ist zusätzlich die Eintragung ihrer Beteiligung und Hafteinlage im Handelsregister. Denn gem. § 176 Abs. 2 iVm Abs. 1 HGB haftet der in eine bestehende Kommanditgesellschaft eintretende Kommanditist unbegrenzt persönlich, bis seine Beteiligung, einschließlich der zu leistenden Hafteinlage, im Handelsregister eingetragen ist. Deshalb wird Mitarbeitern die **Beteiligung** an der Kommanditgesellschaft im Regelfall **aufschiebend bedingt** auf die Eintragung ihrer Hafteinlage im Handelsregister gewährt, um sie vor einer persönlichen Haftung für Verbindlichkeiten der Kommanditgesellschaft zu schützen. 194

Gemäß § 175 HGB ist die **Erhöhung einer Hafteinlage** von allen Gesellschaftern zur Eintragung in das Handelsregister einzutragen, und zwar gem. § 12 Abs. 1 S. 1 HGB in 195

---

[103] BGH 3.11.1997 – II ZR 353/96, NJW 1998, 1225.
[104] BGH 19.11.2013 – II ZR 383/12, DStR 2014, 45.

notariell beglaubigter Form. Dieses Erfordernis ist häufig und insbesondere bei Kommanditgesellschaften mit einem größeren Gesellschafterkreis ein Hindernis für die einfach zu handhabende Mitarbeiterbeteiligung. Die entsprechenden Schwierigkeiten können dadurch vereinfacht werden, dass alle Kommanditisten einem einzigen Kommanditisten oder den Geschäftsführern der persönlich haftenden Gesellschafterin eine **notariell beglaubigte Vollmacht** erteilen, sie bei der Anmeldung des Eintritts und des Austritts (sowie zusätzlich der Übertragung von Kommanditanteilen im Wege der Sonderrechtsnachfolge) zu vertreten. Im Innenverhältnis kann eine solche Vollmacht beschränkt werden, zB darauf, dass sich die Vollmacht auf Arbeitnehmer der Kommanditgesellschaft und/oder ihrer verbundenen Unternehmen und/oder Mitglieder der Geschäftsführung der GmbH beschränkt. Im Außenverhältnis gegenüber dem Handelsregister muss die Vollmacht aber unbeschränkt erteilt werden, da das Handelsregister nicht prüfen kann, ob ein Kommanditist Arbeitnehmer der Kommanditgesellschaft ist.

bb) Übertragung von Kommanditanteilen

196 Die Mitarbeiterbeteiligung ist weiter dadurch möglich, dass Gesellschafter zu beteiligenden Mitarbeitern Kommanditanteile **verkaufen oder schenken** und übertragen. Dies ist formlos möglich, sollte aber schriftlich dokumentiert werden. Umfasst die Übertragung nicht nur Anteile an der Kommanditgesellschaft, sondern auch **Geschäftsanteile** an ihrer persönlich haftenden Gesellschafterin, der **GmbH**, so ist wegen § 15 Abs. 3 und 4 GmbHG und dem Gesamtbeurkundungserfordernis die **notarielle Beurkundung** des Kauf- und Übertragungsvertrages erforderlich.

197 Die Übertragung von Kommanditanteilen bedarf bei der Kommanditgesellschaft – vorbehaltlich einer abweichenden gesellschaftsvertraglichen Regelung – der **Zustimmung** aller anderen **Gesellschafter.**[105] Wie auch bezüglich der Erhöhung des Kommanditkapitals kann das Zustimmungserfordernis allerdings auf die Mehrheit des Kommanditkapitals begrenzt werden. Auch ist es möglich, die Zustimmung einzelnen Gesellschaftern, zB der persönlich haftenden Gesellschafterin, zuzuweisen.

198 Wiederum zur Sicherstellung der Vermeidung einer persönlichen Haftung der zu beteiligenden Mitarbeiter über ihre Hafteinlage hinaus ist nach § 176 Abs. 2 iVm Abs. 1 HGB die Übertragung der Kommanditbeteiligung unter Hinweis auf die **Sonderrechtsnachfolge** im Handelsregister einzutragen. Deshalb ist es erforderlich, die Übertragung der Kommanditbeteiligung unter die aufschiebende Bedingung der Eintragung der übernommenen Kommanditbeteiligung durch den Mitarbeiter im Handelsregister zu stellen. Nach § 12 HGB ist auch diesbezüglich die **Handelsregisteranmeldung notariell beglaubigt** vorzunehmen.

199 Nicht vorgesehen ist für eine Kommanditgesellschaft der Erwerb eigener Kommanditanteile durch die Kommanditgesellschaft. Wegen der relativ weitreichenden Flexibilität, die das Recht der Kommanditgesellschaft ihren Gesellschaftern bei der Ausgestaltung des Gesellschaftsvertrages und der Einräumung der Möglichkeit, durch Mehrheitsbeschluss oder durch Delegation auf einzelne Gesellschafter Mitarbeiter im Wege der Erhöhung des Kommanditkapitals zu beteiligen, einräumt, ist für eine Mitarbeiterbeteiligung aus eigenen Anteilen aber auch kein Bedürfnis ersichtlich.

cc) Optionsvereinbarungen

200 Auch bei der GmbH & Co. KG ist die Einräumung von **Beteiligungsoptionen** an Mitarbeiter möglich. Die Kommanditgesellschaft kann solche Optionsvereinbarungen mit Mitarbeitern abschließen, allerdings nur, sofern sie durch Beschluss der Kommanditgesellschaft die Zusage hat, dass Beitrittsverträge mit den zu beteiligenden Mitarbeitern geschlossen werden und das Kommanditkapital entsprechend erhöht wird. Auch können

---

[105] BGH 21.10.2014 – II ZR 84/13, DStR 2014, 2408.

II. Direktbeteiligung

einzelne Kommanditisten Mitarbeitern Erwerbsoptionen bezüglich einer schon bestehenden Kommanditbeteiligung einräumen. Im Falle der Ausübung muss die Option jeweils noch – sofern die Eintragung des Mitarbeiters als Kommanditist im Handelsregister eine aufschiebende Bedingung für den dinglichen Erwerb der Kommanditbeteiligung ist – durch Eintragung im Handelsregister vollzogen werden. Wie auch bei der nicht börsennotierten Aktiengesellschaft und der GmbH bietet sich eine Optionsgewährung aber nur dann an, wenn bei der GmbH & Co. KG ein **Exit** bevorsteht und Mitarbeitern vor dem Exit die Möglichkeit zum Erwerb einer Kommanditbeteiligung und dem direkten Weiterverkauf eingeräumt werden soll.

c) Verfahren bei Beendigung des Arbeitsverhältnisses

Auch im Hinblick auf die Mitarbeiterbeteiligung bei der GmbH & Co. KG kann bezüglich des Verfahrens bei Beendigung des Arbeitsverhältnisses grundsätzlich auf → Rn. 88 ff. und 109 ff. hinsichtlich der nicht börsennotierten Aktiengesellschaft verwiesen werden. Eine dem § 34 GmbHG vergleichbare Einziehungsregelung sieht das HGB bezüglich der Kommanditgesellschaft nicht vor. Wohl aber ist es gem. §§ 140, 133 HGB möglich, **Gesellschafter** aus der Kommanditgesellschaft **auszuschließen**. Nach § 133 Abs. 1 HGB ist für die Ausschließung grundsätzlich ein wichtiger Grund notwendig, der in § 133 Abs. 2 HGB näher konkretisiert wird. Im Gesellschaftsvertrag sind die Parteien weitgehend frei, wichtige Gründe zu definieren, die die Ausschließung ermöglichen. Allerdings ist auch und vor allem in der Kommanditgesellschaft die Rechtsprechung des BGH zu **Hinauskündigungsklauseln** zu beachten, die ihren Ursprung im Recht der Personengesellschaften hat und angesichts der personalistischen Struktur der Personengesellschaften bei dieser grundsätzlich strenger angewandt wird als bei der GmbH. Gleichwohl ist es auch in der GmbH & Co. KG möglich, das **Ausscheiden des Mitarbeiters** als Arbeitnehmer der Gesellschaft als wichtigen Grund zu definieren. 201

Ein wesentlicher Punkt für das Verfahren bei Ausscheiden beteiligter Mitarbeiter bei der GmbH & Co. KG ist die Sicherstellung der Rückübertragung der dem Mitarbeiter gewährten Kommanditbeteiligung. Denn genauso wie es zur Begrenzung der persönlichen Haftung zugunsten des Mitarbeiters erforderlich ist, seinen Erwerb der Kommanditbeteiligung unter die aufschiebende Bedingung der Eintragung des Erwerbs im Handelsregister zu stellen, ist die Eintragung des Rückerwerbs im Handelsregister zur Sicherstellung der beschränkten Haftung essentiell. Um Situationen zu vermeiden, in denen beim Versterben eines Mitarbeiters, bei seiner dauernden Berufsunfähigkeit oder beim Ausscheiden im Streit die erforderlichen notariell beglaubigten Unterschriften nicht geleistet werden, bietet es sich deshalb an, als Teil der Mitarbeiterbeteiligung von dem zu beteiligenden Mitarbeiter zu verlangen, dass er den Geschäftsführer der persönlich haftenden Gesellschafterin oder einem Kommanditisten eine unwiderrufliche, zeitlich unbegrenzte, notariell beglaubigte **Vollmacht** erteilt, die Übertragung der Kommanditbeteiligung bzw. den Verlust der Kommanditistenstellung zur Eintragung im Handelsregister anzumelden. Dadurch wird der Mitarbeiter nicht rechtlos gestellt. Denn die Eintragung der Übertragung der Kommanditbeteiligung bzw. des Verlustes der Kommanditistenstellung ist nicht konstitutiv, sondern deklaratorisch und erforderlich für die Haftungsbegrenzung. Der Einwand, dass kein Grund bestand, der den Gebrauch der Vollmacht rechtfertigt bzw. den Verlust der Kommanditistenstellung zur Folge hat, ist dem Mitarbeiter nicht abgeschnitten. 202

Auch bei der GmbH & Co. KG empfehlen sich Regelungen im Gesellschaftsvertrag oder in der Beteiligungsvereinbarung, die die **Höhe der Abfindung** bzw. des Rückerwerbspreises, die dem Mitarbeiter im Falle seines Ausscheidens zu zahlen ist, regeln. Bezüglich der Grenzen solcher Klauseln gilt das Gleiche wie bereits zur GmbH in → Rn. 180 ff. geschrieben. 203

d) Steuerliche Aspekte

aa) Steuerrechtliche Besonderheiten der GmbH & Co. KG

204 Es handelt sich bei der GmbH & Co. KG um eine besondere Form der Kommanditgesellschaft, bei der der persönlich haftende Gesellschafter (phG) eine GmbH ist. Daher finden auch für die GmbH & Co. KG die allgemeinen steuerlichen Grundsätze zu den Personengesellschaften (→ Rn. 206 ff.) Anwendung.

205 Bei einer echten GmbH & Co. KG, also wenn die GmbH neben der Übernahme der persönlichen Haftung der Kommanditgesellschaft auch die alleinige Geschäftsführung der Gesellschaft innehat, handelt es sich um eine gewerbliche Personengesellschaft (→ Rn. 212 ff.), da sie durch die Geschäftsführung der GmbH **gewerblich geprägt** wird (→ Rn. 213), auch wenn die Gesellschaft keiner gewerblichen Tätigkeit nachgeht. Allerdings kann eine GmbH & Co. KG auch **entprägt** werden, indem ein Kommanditist der KG, der eine natürliche Person ist, die Geschäfte der Gesellschaft führt. In diesem Fall kann auch eine GmbH & Co. KG **vermögensverwaltende Einkünfte** erzielen (→ Rn. 227 ff.).

bb) Allgemeine steuerliche Grundsätze zu Personengesellschaften

206 Personengesellschaften sind, anders als Kapitalgesellschaften, selbst **keine Steuersubjekte** für Zwecke der Einkommensteuer bzw. Körperschaftsteuer. Sie stellen allenfalls ein partielles Steuerrechtssubjekt hinsichtlich der Verwirklichung von Steuertatbeständen und der Einkünfteermittlung dar.[106]

207 Die Besteuerung findet grundsätzlich auf der Ebene der Gesellschafter statt. Eine Personengesellschaft ist aus einkommensteuerlicher Sicht sozusagen **transparent.** Allerdings werden die Einkünfte auf der Ebene der Personengesellschaft nach den Vorschriften der §§ 179 ff. AO einheitlich und gesondert festgestellt und den Gesellschaftern zugerechnet.

208 Die Gesellschafter einer Personengesellschaft können entweder sog. Gewinneinkünfte oder, wenn die Personengesellschaft vermögensverwaltend tätig ist und nicht aufgrund gesetzlicher Regelungen (§ 15 Abs. 3 EStG) gewerbliche Einkünfte erzielt, sog. Überschusseinkünfte aus ihrer Beteiligung an der Personengesellschaft erzielen.
Gewinneinkünfte:
– Einkünfte aus Land- und Forstwirtschaft (§ 13 EStG),
– gewerbliche Einkünfte (§ 15 EStG),
– Einkünfte aus selbständiger Tätigkeit (§ 18 EStG).
Überschusseinkünfte:
– Einkünfte aus Kapitalvermögen (§ 20 EStG),
– Einkünfte aus Vermietung und Verpachtung (§ 21 EStG),
– sonstige Einkünfte (§ 22 EStG).

209 Der Unterschied bei den oben genannten Einkunftsarten liegt unter anderem darin, dass bei den Gewinneinkünften, insbesondere bei gewerblichen Einkünften, der Gewinn der Gesellschaft nach einem sog. **Betriebsvermögensvergleich** ermittelt wird. Das bedeutet, dass die Aufwendungen und Erträge des Geschäftsjahrs der Gesellschaft unabhängig von den Zeitpunkten der entsprechenden Zahlungen im Jahresabschluss zu berücksichtigen (Entstehungsprinzip) sind.

210 Bei den Überschusseinkünften hingegen findet das sog. **Zufluss-Abfluss-Prinzip** Anwendung. Die Einnahmen und Ausgaben werden in dem Veranlagungszeitraum berücksichtigt, in dem sie entweder zugeflossen oder abgeflossen sind.

---

[106] *Milatz/Sax* DStR 2017, 141.

II. Direktbeteiligung

Beispiel:

Eine Personengesellschaft vermietet Immobilien. Die Mieteinnahmen für den Monat Dezember (01) werden erst am 15. Januar des Folgejahres (02) vereinnahmt.

Handelt es sich bei der oben genannten Personengesellschaft um eine gewerbliche Personengesellschaft, deren Gesellschafter Einkünfte aus Gewerbebetrieb erzielen, so sind die Mieteinnahmen bereits im Jahr 01 (Entstehung des Anspruchs) gewinnerhöhend zu berücksichtigen.

Ist die oben genannte Personengesellschaft jedoch vermögensverwaltend tätig und ihre Gesellschafter erzielen aus der Beteiligung Einkünfte aus Vermietung und Verpachtung, so sind die Mieteinnahmen im Jahr der Vereinnahmung (02) zu berücksichtigen.

Für die Höhe des dem Gesellschafter einer Personengesellschaft zuzurechnenden steuerlichen Ergebnisses ist es daher von Bedeutung, ob die Personengesellschaft, an der er beteiligt ist, eine gewerbliche oder eine vermögensverwaltende Personengesellschaft ist. 211

cc) Gewerbliche Personengesellschaft

Eine Personengesellschaft ist dann eine gewerbliche Personengesellschaft, wenn sie 212
- ein gewerbliches Unternehmen betreibt (**originär** gewerblich tätig iSd § 15 Abs. 1 S. 1 Nr. 1 EStG),
- gemischte – gewerbliche und nicht gewerbliche – Tätigkeiten ausübt (**Infizierung**, § 15 Abs. 3 Nr. 1 EStG),
- nicht gewerbliche Tätigkeiten ausübt, aber gewerblich **geprägt** ist (§ 15 Abs. 3 Nr. 2 EStG).

Eine gewerbliche Prägung der Personengesellschaft liegt vor, wenn bei einer nicht gewerblich tätigen Gesellschaft ausschließlich eine oder mehrere Kapitalgesellschaften persönlich haftende Gesellschafter sind und auch nur diese Gesellschaften oder Personen, die nicht zugleich Kommanditisten der Personengesellschaft sind, zur Geschäftsführung befugt sind (§ 15 Abs. 3 Nr. 2 EStG). 213

Beispiel:

Eine GmbH & Co. KG ist nicht originär gewerblich tätig. Jedoch wird die Geschäftsführungstätigkeit ausschließlich von der GmbH als alleiniger persönlich haftender Gesellschafter übernommen.[107] In dem Fall ist die GmbH & Co. KG eine gewerblich geprägte GmbH & Co. KG, deren Gesellschafter Einkünfte aus Gewerbebetrieb erzielen.

Abwandlung:

Ist jedoch ein Kommanditist, der eine natürliche Person ist, (auch) zur Geschäftsführung befugt, so wird die gewerbliche Prägung vermieden.[108]

Die Gesellschafter einer gewerblichen Personengesellschaft erzielen im Rahmen ihrer Beteiligung Einkünfte aus Gewerbebetrieb. Dazu gehören zum einen die Gewinnanteile der Gesellschafter aus der Personengesellschaft aber auch Vergütungen, die die Gesellschafter von der Gesellschaft für ihre Tätigkeit im Dienst der Gesellschaft, für die Hingabe von Darlehen oder für die Überlassung von Wirtschaftsgütern (**Sondervergütungen**) erhalten (§ 15 Abs. 1 S. 1 Nr. 2 Hs. 2 EStG). Im Fall der Beteiligung von Mitarbeitern an der gewerblichen Personengesellschaft gehören auch Gehaltszahlungen an die Mitarbeiter zu den Sondervergütungen. Die Lohneinkünfte des Mitarbeiters werden also zu gewerblichen Einkünften **umqualifiziert**. 214

---

[107] Vgl. Schmidt/*Wacker* EStG § 15 Rn. 213.
[108] Vgl. Schmidt/*Wacker* EStG § 15 Rn. 216.

Beispiel:

Ein Gesellschafter ist für seine Personengesellschaft als Geschäftsführer tätig und erhält aufgrund seines Anstellungsvertrages eine Vergütung. Diese Vergütung stellt keine Einnahme iSd § 19 EStG (Einkünfte aus nichtselbständiger Tätigkeit) dar, vielmehr handelt es sich in diesem Fall bei der Vergütung um eine sog. Sondervergütung, die dem Einkommen der Personengesellschaft hinzugerechnet wird und damit für den Gesellschafter Einkünfte aus Gewerbebetrieb darstellen.[109]

215 Der steuerbilanzielle Gewinn der Personengesellschaft wird zwar durch die Zahlung der **Sondervergütung,** beispielsweise die Zahlung des Arbeitslohns des Mitarbeiter-Gesellschafters, an den Gesellschafter gemindert, da diese Aufwand für die Gesellschaft darstellt. Jedoch wird das steuerliche Gesamtergebnis der Personengesellschaft nicht gemindert, da die Sondervergütung dem Gewinnanteil des jeweiligen Gesellschafters hinzugerechnet wird. Wird also ein Mitarbeiter, der bisher nicht Gesellschafter der gewerblich tätigen Personengesellschaft war, Gesellschafter dieser Personengesellschaft, so ist der an ihn gezahlte Arbeitslohn zwar auf der Ebene der Personengesellschaft als Personalaufwand abziehbar, aber als Sondervergütung bei der Ermittlung des steuerlichen Einkommens der Personengesellschaft zu berücksichtigen und dem Mitarbeiter-Gesellschafter zuzurechnen.

216 Darüber hinaus ist zu beachten, dass für **gewerbesteuerliche Zwecke** das **Transparenzprinzip** bei der Einkommensbesteuerung von Personengesellschaften durchbrochen wird. So betreiben gewerbliche Personengesellschaften (→ Rn. 212 ff.) einen sog. Gewerbebetrieb iSd § 2 Abs. 1 GewStG, der der Gewerbesteuer unterliegt, wenn dieser im Inland belegen ist.

217 Die von der Personengesellschaft zu entrichtende Gewerbesteuer führt regelmäßig zu einer zusätzlichen Steuerbelastung der Gesellschafter der Personengesellschaft. Dieser Effekt soll durch eine **Steuerermäßigung** nach § 35 EStG beseitigt bzw. zumindest gemindert werden.[110] Die Steuerermäßigung beträgt das 3,8fache des Gewerbesteuer-Messbetrages. Allerdings ist der Anrechnungsbetrag auf einen Ermäßigungshöchstbetrag und auf die tatsächlich gezahlte Gewerbesteuer der Höhe nach beschränkt.

Beispiel:

Der Gesellschafter A ist zu 20 % an der GmbH & Co KG (KG) beteiligt. Die KG erzielt einen Gewinn aus Gewerbebetrieb von 100.000 EUR. Für die KG wird basierend auf dem Gewinn aus Gewerbebetrieb nach Berücksichtigung der gewerbesteuerlichen Hinzurechnungen und Kürzungen ein Gewerbesteuermessbetrag von 1.000 EUR festgestellt. Die tatsächlich zu zahlende Gewerbesteuer beträgt 4.000 EUR (Hebesatz beträgt 400 %).

Dem Gesellschafter A ist folglich ein anteiliger Gewerbesteuermessbetrag von 200 EUR (20 % von 1.000 EUR) und eine anteilige tatsächlich zu zahlende Gewerbesteuer von 800 EUR (20 % von 4.000 EUR) entsprechend dem allgemeinen Gewinnverteilungsschlüssel zuzurechnen.

Für ihn ist aufgrund seiner Beteiligung an der KG eine Steuerermäßigung nach § 35 EStG in Höhe des 3,8fachen Gewerbesteuermessbetrags von 200 EUR (= 760 EUR) zu berücksichtigen, wenn der Ermäßigungshöchstbetrag nach § 35 Abs. 1 S. 2 EStG nicht überschritten wird.

dd) Aufnahme neuer Gesellschafter

218 Bei der Aufnahme eines Mitarbeiters als neuem Gesellschafter in eine Personengesellschaft ist aus steuerrechtlicher Sicht zu unterscheiden, ob sich der Mitarbeiter zum Marktpreis,

---

[109] Blümich/*Bode* EStG § 15 Rn. 243.
[110] Blümich/*Rohrlack* EStG § 35 Rn. 10.

verbilligt oder unentgeltlich an der Personengesellschaft beteiligt und von wem er Anteile erhält bzw. an wen etwaige (Kaufpreis-)Zahlungen geleistet werden.

Leistet der Mitarbeiter für die Anteile eine Einlage in das Gesellschaftsvermögen, so liegt bei den übrigen Gesellschaftern grundsätzlich eine steuerliche **Einbringung** vor. In diesem Fall wird allein für steuerliche Zwecke angenommen, dass eine neue Personengesellschaft mit dem neu eintretenden Gesellschafter „gegründet" wird. Der neue Gesellschafter erbringt eine Bareinlage und die übrigen Gesellschafter bringen ihre Anteile an den Wirtschaftsgütern der Personengesellschaft in die „neue" Personengesellschaft ein.[111] Hier sieht das Gesetz ein Wahlrecht hinsichtlich der Aufdeckung enthaltener stiller Reserven vor (§ 24 UmwStG). 219

Erfolgt die Zahlung des Kaufpreises nicht in das Vermögen der Gesellschaft sondern an einen oder mehrere der übrigen Gesellschafter, so ist grundsätzlich ein **Veräußerungsgeschäft** zwischen dem neuen Gesellschafter und dem bzw. den übrigen am Kauf beteiligten Gesellschaftern anzunehmen (→ Rn. 224 ff.). Insoweit die übrigen Gesellschafter nicht ihren gesamten Anteil an einer gewerblichen Personengesellschaft veräußern, liegt steuerlich ein laufender Gewinn vor, der bei der Einkünfteermittlung der Personengesellschaft zu berücksichtigen ist und darüber hinaus der Gewerbesteuer unterliegt (→ Rn. 225). 220

Die Aufwendungen des Mitarbeiters für den Erwerb der Anteile stellen **Anschaffungskosten** der Beteiligung dar und werden im Falle einer Veräußerung gewinnmindernd berücksichtigt (→ Rn. 226 ff.). 221

Werden Anteile unterhalb des gemeinen Wertes an den Mitarbeiter überlassen, so führt dies in der Regel zu einem **geldwerten Vorteil** für den Mitarbeiter (→ Rn. 45 ff.), der auch bei der Übertragung von einem der übrigen Gesellschafter an den Mitarbeiter der Lohnbesteuerung unterliegen kann (→ Rn. 46). Erfolgt die Übertragung an den Mitarbeiter unentgeltlich und beruht die Übertragung an den Mitarbeiter auf **Sonderrechtsbeziehungen,** die unabhängig vom Dienstverhältnis des Mitarbeiters sind (→ Rn. 47), so ist zu prüfen, ob in dem Fall Schenkungsteuer anfällt. 222

Mit dem Übergang der **wirtschaftlichen Verfügungsmacht** der Anteile an der Personengesellschaft auf den neuen Gesellschafter, werden diesem die anteiligen Einkünfte entsprechend der Gewinnverteilungsregelung grundsätzlich auch steuerrechtlich zugerechnet und unterliegen der Besteuerung auf der Ebene des Gesellschafters. Zu beachten ist, dass eine **rückwirkende Anteilsübertragung** grundsätzlich steuerrechtlich – insbesondere hinsichtlich der Zurechnung der Einkünfte aus der Personengesellschaft – nicht zulässig ist. 223

ee) Ausscheiden aus der Personengesellschaft

Scheidet der (Mitarbeiter-)Gesellschafter aus der gewerblichen Personengesellschaft entweder gegen Zahlung eines Kaufpreises oder gegen Zahlung einer Abfindung aus, liegt grundsätzlich ein **steuerpflichtiges Veräußerungsgeschäft** vor. Aus dem Veräußerungsgeschäft erzielt der Mitarbeiter grundsätzlich Einkünfte aus Gewerbebetrieb, die ebenfalls auf der Ebene der Personengesellschaft gesondert festgestellt werden. Bei dem daraus resultierenden Veräußerungsgewinn kann es sich um einen sog. **steuerlich begünstigten Gewinn** handeln (Freibetrag nach § 16 Abs. 4 EStG oder Tarifermäßigung nach § 34 Abs. 3 bzw. Abs. 1 iVm Abs. 2 EStG), wenn der Mitarbeiter seinen **gesamten Anteil** veräußert. Bei Veräußerung des gesamten Anteils durch den Mitarbeiter unterliegt der Veräußerungsgewinn nicht der Gewerbesteuer. 224

Wird jedoch lediglich ein Teil des Anteils an der gewerblichen Personengesellschaft veräußert, so gilt der erzielte Gewinn als **laufender Gewinn** und ist in der Erklärung zur gesonderten und einheitlichen Feststellung von Grundlagen für die Einkommensbesteue- 225

---

[111] BFH 23.5.1985 – IV R 210/83, BeckRS 1985, 22007273; 6.7.1999 – VIII R 17/95, DStRE 1999, 911.

rung im entsprechenden Jahr zu berücksichtigen. Bei der Ermittlung des steuerpflichtigen Gewerbeertrags gem. § 7 S. 1 GewStG ist der Veräußerungsgewinn aus einem Teil eines Anteils an einer gewerblichen Personengesellschaft als laufender Gewinn ebenfalls einzubeziehen und in der Gewerbesteuererklärung der gewerblichen Personengesellschaft zu berücksichtigen.[112]

226 Der steuerrechtliche Tatbestand der Veräußerung ist mit der Übertragung des **wirtschaftlichen Eigentums** auf den Erwerber verwirklicht. In diesem Zeitpunkt entsteht der Veräußerungsgewinn, und zwar unabhängig davon, ob der vereinbarte Kaufpreis sofort fällig ist und wann der Veräußerungserlös dem Veräußerer tatsächlich zufließt[113].

> **Praxistipp:**
> Es empfiehlt sich, im Gesellschaftsvertrag oder zumindest im Kaufvertrag eine Regelung aufzunehmen, in welcher klargestellt wird, welcher Gesellschafter die auf den Veräußerungsgewinn entfallende Gewerbesteuer wirtschaftlich zu tragen hat.

ff) Vermögensverwaltende Personengesellschaft

227 Eine Direktbeteiligung an einer vermögensverwaltenden Personengesellschaft als Arbeitgebergesellschaft im Rahmen von Mitarbeiterbeteiligungen ist wohl eher der Ausnahmefall. Jedoch ist eine vermögensverwaltende Personengesellschaft durchaus ein geeignetes Mittel, um als **zwischengeschaltete Beteiligungsgesellschaft** (Beteiligungsholding, → Rn. 266 ff.) zu fungieren. Daher werden im Folgenden auch die Grundzüge der Besteuerung von vermögensverwaltenden Personengesellschaften dargestellt.

228 Für einkommensteuerliche Zwecke liegt eine Vermögensverwaltung vor, wenn die Personengesellschaft Überschusseinkünfte (→ Rn. 208 ff.) erzielt und weder gewerblich geprägt noch gewerblich infiziert ist. Die Rechtsform der Gesellschafter und deren Tätigkeit spielt für die Qualifizierung der Personengesellschaft als vermögensverwaltend grundsätzlich keine Rolle, es sei denn, es liegen die Voraussetzungen für eine **gewerbliche Prägung** vor (→ Rn. 213).

229 Die Wirtschaftsgüter der vermögensverwaltenden Personengesellschaft werden den beteiligten Gesellschaftern anteilig zugerechnet (**Bruchteilsbetrachtung** § 39 Abs. 2 Nr. 2 AO).[114] Auf der Ebene der Personengesellschaft werden demnach die Steuertatbestände zwar verwirklicht und für steuerliche Zwecke gesondert festgestellt, jedoch erfolgt eine Besteuerung erst auf der Ebene der Gesellschafter. Bei einer **entprägten vermögensverwaltenden GmbH & Co. KG** (→ Rn. 214) können daher beispielsweise die Kommanditisten, die natürliche Personen sind und ihre Beteiligung im Privatvermögen halten, Überschusseinkünfte erzielen, während die Einkünfte der persönlich haftenden GmbH aus der entprägten GmbH & Co. KG auf der Ebene der GmbH gewerbliche Einkünfte darstellen.

230 Neben der Anwendung des **Zufluss-Abfluss-Prinzips** (→ Rn. 210) bei der Ermittlung der Einkünfte aus der Beteiligung an der vermögensverwaltenden Personengesellschaft ist zu beachten, dass Gewinne aus der Veräußerung von Wirtschaftsgütern der vermögensverwaltenden Personengesellschaft dann steuerpflichtig sind, wenn die Voraussetzungen für **private Veräußerungsgeschäfte** erfüllt sind (§ 17, § 20 Abs. 2, § 23 EStG). Im Gegensatz dazu werden bei einer gewerblichen Personengesellschaft Gewinne aus dem Verkauf von Wirtschaftsgütern realisiert, wenn im Zeitpunkt der Veräußerung der Veräußerungspreis über dem Buchwert des Wirtschaftsgutes liegt, da etwaige Haltefristen oder Beteiligungshöhen in diesen Fällen keine Rolle spielen. Die Vorschriften für

---

[112] BFH 28.2.1990 – I R 92/86, BeckRS 1990, 22009400.
[113] BFH 25.6.2009 – IV 3/07, DStR 2009, 2304.
[114] *Koenig* AO § 39 Rn. 68.

private Veräußerungsgeschäfte finden auch für den Kauf und Verkauf des Anteils an der vermögensverwaltenden Personengesellschaft selbst Anwendung. Denn nach § 20 Abs. 2 S. 3 EStG gilt die Anschaffung oder Veräußerung einer unmittelbaren oder mittelbaren Beteiligung an einer Personengesellschaft als Anschaffung oder Veräußerung der anteiligen Wirtschaftsgüter (Bruchteilsbetrachtung).

Allerdings sieht das Einkommensteuergesetz keine **begünstigte Besteuerung** für den 231 gesamten Anteil – analog des Verkaufs eines gesamten Anteils an einer gewerblichen Personengesellschaft (§ 16 EStG; → Rn. 224) – vor.

Dem Gesetzeswortlaut nach findet die Regelung hinsichtlich der Berücksichtigung von 232 **Sondervergütungen** bei gewerblichen Personengesellschaften (§ 15 Abs. 1 S. 1 Nr. 2 Hs. 2 EStG) für vermögensverwaltende Personengesellschaften keine Anwendung. Es ist jedoch nicht abschließend geklärt, ob diese Regelung für vermögensverwaltende Personengesellschaften analog anzuwenden ist.[115]

Es ist beispielsweise für **Vergütungen eines geschäftsführenden Mitarbeiter-Gesellschafters** zu prüfen, welcher Einkunftsart die dafür gezahlte Tätigkeitsvergütung zuzuordnen ist. Wird er weisungsgebunden aufgrund eines Anstellungsvertrages tätig, so kommen Einkünfte aus nichtselbständiger Tätigkeit (§ 19 EStG) in Betracht. Darüber hinaus ist aber auch eine steuerrechtliche Einordnung der Tätigkeit als selbständige Tätigkeit (§ 18 Abs. 1 Nr. 3 EStG) oder je nach Umfang der Geschäftsführertätigkeit als gewerbliche Einkünfte möglich.[116] Ist die Vergütung für die Geschäftsführertätigkeit als Vorabgewinn ausgestaltet, so kommt ferner eine Einordnung der Vergütung des Geschäftsführers entsprechend der von der vermögensverwaltenden Personengesellschaft ausgeführten Tätigkeit in Betracht.[117] 233

Ebenso gibt es keine gesetzliche Regelung hinsichtlich der Berücksichtigung von sog. 234 Sonderwerbungskosten – also Aufwendungen des Gesellschafters im Zusammenhang mit der Beteiligung an der vermögensverwaltenden Personengesellschaft. Allerdings ist es naheliegend, dass aufgrund der allgemeinen Regelungen zur Ermittlung von Überschusseinkünften (Überschuss der Einnahmen über die Werbungskosten) persönliche Ausgaben des Gesellschafters aufgrund seiner Beteiligung an der vermögensverwaltenden Personengesellschaft als (Sonder-)Werbungskosten abzugsfähig sein sollten.

> **Praxistipp:**
> Etwaige Finanzierungsaufwendungen für die Beteiligung an einer vermögensverwaltenden Personengesellschaft oder sonstige Aufwendungen im Zusammenhang mit der Beteiligung sollten bereits im Rahmen des Feststellungsverfahrens der Personengesellschaft erklärt werden.

6. Andere Personengesellschaften

Bei anderen Personengesellschaften als der GmbH & Co. KG bzw. einer Kommanditge- 235 sellschaft mit einem anderen persönlich haftenden Gesellschafter als dem Mitarbeiter spricht im Regelfall gegen eine Mitarbeiterbeteiligung im Wege der Direktbeteiligung, dass jeder Gesellschafter im Außenverhältnis voll für alle Verbindlichkeiten der Gesellschaft **haftet.** Im Innenverhältnis zwischen den Gesellschaftern sind zwar andere Haftungsverteilungen zulässig, im Außenverhältnis haften aber alle Gesellschafter voll als **Gesamtschuldner.** Da Mitarbeitern im Regelfall nur eine kleine Beteiligung eingeräumt wird, erscheint die volle Haftung im Außenverhältnis als nur schwer zu überwindendes

---

[115] *Engel* Rn. 256f.
[116] Haase/Dorn PersGes/*Kemcke/Schäffer* Teil 3 Rn. 80.
[117] *Engel* Rn. 292.

Hindernis. Dies wird die meisten Mitarbeiter davon abhalten, eine solche Mitarbeiterbeteiligung zu akzeptieren.

236 Darüber hinaus wird an dieser Stelle auf die bereits bei der GmbH & Co. KG dargestellten Ausführungen zu den steuerlichen Aspekten verwiesen (→ Rn. 204 ff.).

III. Treuhandmodelle

1. Grundlagen für Treuhandmodelle

237 Die Beteiligung von Mitarbeitern kann auch indirekt über einen Treuhänder erfolgen. Eine **indirekte Beteiligung** über Treuhandmodelle zeichnet sich dadurch aus, dass nicht der Mitarbeiter selbst Anteile an der Arbeitgebergesellschaft hält, sondern eine weitere Person dazwischen geschaltet wird. Als Treuhänder kommen beispielsweise ein Hauptgesellschafter oder eine neutrale Person wie ein Rechtsanwalt, Steuerberater und/oder Wirtschaftsprüfer in Betracht.

238 Ein Treuhändermodell für Mitarbeiterbeteiligungen hat den **Vorteil** aus Sicht der Arbeitgebergesellschaft, dass die Mitarbeiterbeteiligung mehrerer Mitarbeiter in Person des Treuhänders konzentriert werden kann. Im Idealfall hält der Treuhänder die Mitarbeiterbeteiligungen aller beteiligter Mitarbeiter, so dass in Haupt- und Gesellschafterversammlungen nur der Treuhänder als Vertreter aller beteiligter Mitarbeiter eingeladen werden muss und ggf. auf diesem Weg auch außerordentliche Haupt- und Gesellschafterversammlungen unter Verzicht auf die gesetzlichen und satzungsmäßigen Form- und Fristvorschriften möglich sind. Letzteres wird im Regelfall aber auch durch die Einschaltung eines Treuhänders nur dann möglich sein, wenn der **Treuhandvertrag** dem Treuhänder sehr weitgehende Befugnisse einräumt, was wiederum aus steuerlichen Gründen problematisch sein kann (dazu näher → Rn. 251 ff.).

239 Der **Nachteil** der Mitarbeiterbeteiligung über einen Treuhänder ist zum einen, dass der Verwaltungsaufwand der Mitarbeiterbeteiligung im Regelfall nicht abnimmt, dass dieser nur auf den Treuhänder delegiert wird, der den Abstimmungsprozess hinsichtlich der Ausübung von Gesellschafterrechten unter den Treugebern vornehmen muss. Zum anderen kann die Motivationswirkung, die mit einer direkten Beteiligung erzielt wird, nicht gleichwertig über einen Treuhänder erzielt werden. Denn die Mitarbeiter sitzen nicht „mit am Tisch", sie nehmen an Haupt- und Gesellschafterversammlungen nicht teil, sie haben lediglich indirekte Informations- und Mitwirkungsrechte.

240 Bei Treuhandmodellen zu beachten sind die Vorschriften gem. § 18 GwG bezüglich des Transparenzregisters. Sofern einzelne Mitarbeiter über Treuhänder zu mehr als 25 % an einer Kapitalgesellschaft beteiligt sind oder anderweitig Kontrolle ausüben können (vgl. § 3 Abs. 2 GwG), ist die Treuhand im **Transparenzregister** offenzulegen.

2. Unterschiede zwischen Gesellschaftsformen

241 Treuhandmodelle sind rechtlich bei allen Gesellschaftsformen weitgehend gleich zu behandeln. Im Verhältnis des Treuhänders zur Arbeitgebergesellschaft gilt hinsichtlich der jeweiligen Beteiligung das oben zur jeweiligen Gesellschaftsform Geschriebene. Im Verhältnis zwischen dem Treuhänder und dem Treugeber ist die Beteiligung formell jeweils nach den Grundsätzen zu behandeln, die auch für die Übertragung von Gesellschaftsanteilen selber gelten. Das bedeutet für die **Aktiengesellschaft** keine Besonderheiten, da die Übertragung von Aktien grundsätzlich **formfrei** erfolgen kann. Für die Kommanditgesellschaft bestehen ebenfalls keine Besonderheiten. Für den Ausschluss der persönlichen Haftung bei der Kommanditgesellschaft ist es ausreichend, dass der unmittelbare Kom-

III. Treuhandmodelle

manditist mit seiner Hafteinlage im Handelsregister eingetragen ist und die Einlage geleistet hat. Der mittelbare Gesellschafter (Treugeber) haftet gem. §§ 171 ff. HGB gegenüber Gläubigern der Kommanditgesellschaft nicht persönlich, auch wenn er nicht im Handelsregister eingetragen ist.

Bei der GmbH ist ein Treuhandvertrag über Geschäftsanteile **notariell beurkundet** 242 abzuschließen.[118] Das bedeutet, dass Ein- und Austritte von Mitarbeiter-Gesellschaftern durch Erwerb bzw. Übertragung der Treugeberstellung jedes Mal notariell beurkundet werden müssen. Die damit verbundenen Kosten und der damit verbundene Aufwand kann somit über ein Treuhandmodell nicht vermieden werden.

Unterschiede zwischen den Gesellschaftsformen bestehen weiter im Hinblick auf das 243 Halten von Gesellschaftsanteilen für mehrere Mitarbeiter-Treugeber und die **Abstimmung in Haupt- bzw. Gesellschafterversammlungen** aus diesen. Bei der Aktiengesellschaft und der GmbH wird eine solche uneinheitliche bzw. gespaltene Stimmabgabe von der hM für zulässig erachtet, wenn der Treuhänder mehrere Geschäftsanteile bzw. Aktien hält und die Stimmrechte daraus für jeden Geschäftsanteil bzw. jede Aktie einheitlich, in ihrer Gesamtheit aber uneinheitlich ausübt.[119] Bei der Kommanditgesellschaft hingegen hält ein Gesellschafter jeweils immer nur einen Kommanditanteil. Jedoch befürwortet die Rechtsprechung und Literatur auch bei der Kommanditgesellschaft eine uneinheitliche Stimmabgabe, wenn hierfür ein praktisches Bedürfnis besteht, wobei eine Treuhänderstellung als ein solches praktisches Bedürfnis besonders hervorgehoben wird.[120]

> **Praxistipp:**
> Es empfiehlt sich, den Fall der uneinheitlichen Stimmabgabe in allen drei Gesellschaftsformen im Gesellschaftsvertrag explizit für zulässig zu erklären.

3. Rechtliche Ausgestaltung des Treuhandvertrages

Zentrales Element des **Treuhandvertrages** ist – neben der Verpflichtung des Treuhän- 244 ders, die Gesellschaftsanteile treuhänderisch für den Treugeber zu halten – die Weisungsbefugnis des Treugebers. Diese **Weisungsbefugnis** betrifft insbesondere die Abstimmung in der Haupt- bzw. Gesellschafterversammlung, sodass der Treuhänder dem Treugeber die Tagesordnungspunkte rechtzeitig mitzuteilen hat.

Problematisch ist in Treuhandverträgen häufig die **Laufzeit.** Damit dem Treugeber 245 nach § 39 AO das wirtschaftliche Eigentum an den treuhänderisch gehaltenen Gesellschaftsanteilen zugerechnet wird, muss dem Treugeber grundsätzlich die Möglichkeit bleiben, die treuhänderisch gehaltenen Gesellschaftsanteile zurückzuverlangen und den Treuhandvertrag zu kündigen. Liegt die Intention des Arbeitgebers aber darin, den Mitarbeiter durch das Treuhandmodell gerade nicht direkt am Unternehmen zu beteiligen, so läuft eine Regelung über eine solche Kündigungsmöglichkeit des Treugebers dem verfolgten Zweck zuwider.

Als Lösungsmöglichkeit bietet sich die Vereinbarung an, dass der Mitarbeiter zwar je- 246 derzeit die Auflösung des Treuhandverhältnisses verlangen kann, im Falle der Ausübung jedoch keine **Herausgabe der Anteile** an ihn stattfindet. Vielmehr ist der Treuhänder nur dazu verpflichtet, die Gesellschaftsanteile an einen anderen Treuhänder herauszugeben. Eine solche Gestaltung wurde auch für die Konstellation anerkannt, dass der Treuhänder selbst berechtigt ist, seinen Nachfolger vorzuschlagen.[121] Es bietet sich an, im Treuhandvertrag die erforderliche Qualifikation für den Treuhänder vorzugeben. Er sollte

---

[118] BGH 19.4.1999 – II ZR 365/97, DStR 1999, 861.
[119] Hüffer/*Koch* AktG § 133 Rn. 21.
[120] MüKoGmbHG/*Drescher* § 47 Rn. 40 ff.
[121] BFH 10.12.1992 – XI R 45/88, DStR 1993, 910.

beispielsweise Rechtsanwalt, Steuerberater und/oder Wirtschaftsprüfer sein und aus der Region der Arbeitgebergesellschaft kommen oder selber bereits Gesellschafter bzw. Aktionär sein.

247 Wichtig ist weiter, die Elemente einer bei der Gesellschaft geltenden **Gesellschafter- bzw. Aktionärsvereinbarung** im Treuhandvertrag zu **spiegeln.** Das bedeutet zB, dass der Treuhänder ermächtigt werden muss, Gesellschaftsanteile bei Ausübung von *Drag Along* Rechten von Mehrheitsgesellschaftern mit zu verkaufen, dass der Treuhänder dem Treugeber die Möglichkeit geben muss, *Tag Along* Rechte oder Vorerwerbsrechte auszuüben und dass dem Treugeber weiter die Möglichkeit gegeben werden muss, Bezugsrechte im Falle weiterer Kapitalerhöhungen auszuüben.

248 Schließlich ist noch darauf zu achten, dass die **Vinkulierung** der treuhänderisch gehaltenen Anteile nicht umgangen werden kann, indem der Treugeber seine Treugeberstellung auf einen Dritten überträgt. Vinkulierungsregelungen im Gesellschaftsvertrag müssen sich also auf die Übertragung einer Treugeberstellung erstrecken und im Treuhandvertrag sollten ebenfalls geeignete Regelungen aufgenommen werden, die die Übertragung der Treugeberstellung beschränken.[122]

249 Sollen viele Mitarbeiter am Unternehmen beteiligt werden, bietet es sich an, den Treuhänder nicht nur Anteile halten zu lassen, die bereits an Mitarbeiter verkauft wurden, sondern auch bereits **Reserveanteile** für künftige Mitarbeiterbeteiligungen. Bis zum Verkauf an den zu beteiligenden Mitarbeiter können die Anteile treuhänderisch für den bzw. die Hauptgesellschafter gehalten werden.

4. Verfahren bei Beendigung des Arbeitsverhältnisses

250 Im Falle der Beendigung des Arbeitsverhältnisses gilt im Prinzip dasselbe wie bereits für die Direktbeteiligung dargestellt. Möglich ist es aber, den **Treuhänder als Administrator** einer Mitarbeiterbeteiligung zu belassen und für den Fall des Ausscheidens von Mitarbeitern aus der Gesellschaft vorzusehen, dass die Gesellschaft (als eigene Anteile, möglich nur bei der Aktiengesellschaft (→ Rn. 85 ff.) und der GmbH (→ Rn. 171 ff.) und dort jeweils nur unter den dort jeweils beschriebenen Voraussetzungen) oder ein Mehrheitsgesellschafter die Treugeberstellung erwirbt und diese im Falle der Beteiligung neuer Mitarbeiter an den bzw. die neu zu beteiligenden Mitarbeiter überträgt. Der Vorteil einer solchen Gestaltung ist, dass die Treuhänderstellung jeweils unverändert in Kraft bleibt und bei der Neubeteiligung von Mitarbeitern nicht noch einmal neu begründet werden muss, sondern lediglich eine neue Treugeberstellung eingeräumt wird.

5. Steuerliche Aspekte

251 Bei der steuerlichen Beurteilung von Treuhandmodellen steht die Prüfung der steuerlichen **Zurechnung des Treugutes,** beispielsweise des Anteils an der Arbeitgebergesellschaft, im Vordergrund, da daraus die steuerlichen Konsequenzen für den Treuhänder und den Treugeber abgeleitet werden. Die steuerliche Zurechnung von Wirtschaftsgütern folgt grundsätzlich dem **zivilrechtlichen Eigentum.** Bei steuerlich wirksam vereinbarten Treuhandverhältnissen wird jedoch das Treugut davon abweichend grundsätzlich dem Treugeber – also nicht dem zivilrechtlichen Eigentümer – zugerechnet (§ 39 Abs. 2 Nr. 1 S. 2 AO).

252 Treuhandgestaltungen bieten für die Beteiligten einen gewissen Gestaltungsspielraum. Die Treuhandvereinbarungen können so getroffen und in der Praxis gelebt werden, dass das Treuhandverhältnis auch steuerlich anzuerkennen ist. Das **wirtschaftliche Eigentum**

---

[122] Roth/Altmeppen/*Altmeppen* GmbHG § 15 Rn. 47.

III. Treuhandmodelle

an den Anteilen an der Arbeitgebergesellschaft wird nur dann dem Mitarbeiter zugerechnet, wenn der Treuhandvertrag bestimmte **Voraussetzungen** erfüllt.

Wesentliche Merkmale des steuerlich anzuerkennenden Treuhandverhältnisses sind: 253
- Vereinbarung ist zivilrechtlich wirksam.
- Weisungsbefugnis des Treugebers gegenüber dem Treuhänder.
- Anspruch auf Herausgabe des Treuguts des Treugebers gegenüber dem Treuhänder.
- Verlagerung der mit dem Treugut verbundenen wirtschaftlichen Chancen und Risiken auf den Treugeber.
- Tatsächliche Durchführung der Vereinbarung.

Die Voraussetzungen für das Vorliegen eines steuerlich anzuerkennenden Treuhandverhältnisses sind jedoch gesetzlich nicht hinreichend bestimmt, sondern ergeben sich im Wesentlichen aus der Rechtsprechung. Zu beachten ist, dass nicht jede als „Treuhandvertrag" bezeichnete Vereinbarung eines Treuhandverhältnisses steuerlich anzuerkennen ist.[123] Vielmehr sind die **vertragliche Abrede** und deren **tatsächliche Durchführung** maßgebend.[124] 254

Weitere wesentliche Merkmale des steuerlich anzuerkennenden Treuhandverhältnisses 255 sind die **Weisungsbefugnis** des Treugebers gegenüber dem Treuhänder in Bezug auf die Behandlung des Treuguts („Beherrschung") sowie die **Verpflichtung zur Rückgabe** des Treuguts.[125] Aus der Vereinbarung und deren Durchführung muss folglich zweifelsfrei erkennbar sein, dass der Treuhänder als solcher und nicht für eigene Rechnung tätig wird.[126] Es ist steuerrechtlich notwendig, die Rechtsbefugnisse des Treuhänders durch das Innenverhältnis derart einzuschränken,[127] dass der Treugeber das Treuhandverhältnis sowohl rechtlich als auch tatsächlich „beherrscht".[128] Neben dem Merkmal der „Beherrschung" ist für die steuerlich anzuerkennende Treuhand ebenfalls erforderlich, dass der Treugeber vom Treuhänder die Herausgabe des Treuguts verlangen kann.[129]

Zusammenfassend müssen für die steuerliche Anerkennung die mit dem Treugut verbundenen wirtschaftlichen Chancen und Risiken auf den Treugeber verlagert werden, damit abweichend vom zivilrechtlichen Eigentum das jeweilige Wirtschaftsgut steuerlich dem Treugeber zugerechnet wird. 256

In der Praxis können die steuerlichen Vorgaben den Zielen der Mitarbeiterbeteiligung 257 und deren praktikabler Umsetzung entgegenstehen und die Vertragsgestaltung – insbesondere hinsichtlich folgender Aspekte der Vereinbarung – verkomplizieren:
- Vollmachten des Treuhänders,
- Stimmbindungen,
- Kündigungsfristen,
- Abfindungsregelung,
- Call Optionen,
- Drag Along oder Tag Along Vereinbarungen.

Aus gesellschaftsrechtlichen oder administrativen Gründen ist es im Rahmen von Mit- 258 arbeiterbeteiligungen oft empfehlenswert, die Mitarbeiterbeteiligungen in der Hand eines einzigen Treuhänders zu bündeln und zu vereinbaren, dass die Mitarbeiter (Treugeber) ihre mitgliedschaftlichen Rechte nur gemeinsam ausüben können **(Stimmbindung)**. Bei derartigen Gestaltungen kann es fraglich sein, ob eine entsprechende „Beherrschung" des Treuhänders durch die Treugeber gegeben ist. Nach der Rechtsprechung schränken die sog. **Pool-Vereinbarungen** die Weisungsbefugnis jedoch nicht grundsätzlich in der Wei-

---

[123] BFH 20.1.1999 – I R 69/97, DStR 1999, 973.
[124] Fuhrmann/Müller NZG 2015, 15.
[125] Klein/Ratschow AO § 39 Rn. 63; BFH 21.5.2014 – I R 42/12, DStR 2014, 1868 (1870).
[126] BFH 28.2.2001 – I R 12/00, DStR 2001, 1153 mit Verweis auf BFH 15.7.1997 – VIII R 56/93, DStRE 1997, 759.
[127] BFH 24.11.2009 – I R 12/09, NZG 2010, 636 (637).
[128] Klein/Ratschow AO § 39 Rn. 63.
[129] Klein/Ratschow AO § 39 Rn. 63; BeckOK AO/Brühl § 39 Rn. 381.

se ein, dass sie einer steuerlichen Anerkennung der Treuhand entgegenstehen. In einem vom BFH entschiedenen Fall wurde eine ausreichende vertragliche Pflichtenbindung des Treuhänders trotz gemeinsamer Weisungsausübung der Mitarbeiter anerkannt. Die Bündelung der Weisungsausübung diente vor allem dazu, die Funktionsfähigkeit der Gesellschaft sicherzustellen.[130] Insbesondere in Bezug auf die Ausprägung der **Weisungsrechte** der Treugeber gegenüber dem Treuhänder ist das Vorliegen der Voraussetzungen für eine steuerliche Anerkennung eines Treuhandverhältnisses im Einzelfall zu prüfen.[131]

259   Darüber hinaus ist sicherzustellen, dass die Voraussetzungen hinsichtlich des **Herausgabeanspruchs des Treugebers** in Bezug auf das Treugut erfüllt werden. Insbesondere ist darauf zu achten, dass der Treugeber innerhalb bestimmter Fristen die Herausgabe verlangen kann. Hinsichtlich der Vereinbarung von **Kündigungsfristen** hat der BFH entschieden, dass für die Zuordnung des wirtschaftlichen Eigentums die Vereinbarung von Kündigungsfristen grundsätzlich unschädlich ist.[132] Dem folgt die Finanzverwaltung allerdings nur unter Beachtung einer **zeitlichen Beschränkung** auf längstens zwei Jahre.[133]

260   Keine steuerlich anzuerkennende Treuhand liegt vor, wenn das Treugut nach Ablauf des Treuhandverhältnisses nicht an den Treugeber zurückgegeben werden, sondern beim Treuhänder verbleiben soll. Gleiches soll gelten, wenn der Treuhänder beispielsweise eine Call Option auf Erwerb des Treugutes hat und keine Abfindungsregelung getroffen wurde, wonach der Treuhänder bei Behalten des Treugutes dem Treugeber dessen Zeitwert zu zahlen hat.[134]

261   Unter Umständen sieht der Treuhandvertrag Drag Along oder Tag Along Vereinbarungen vor (dazu → Rn. 120). Auch solche Vereinbarungen sollten hinsichtlich der Einschränkung der Verfügungsbefugnis und dessen Auswirkung auf die Zurechnung nach § 39 AO sorgfältig geprüft werden.

> **Hinweis:**
> Den Treuhänder trifft gem. § 159 AO die Pflicht nachzuweisen, dass er lediglich Treuhänder ist. Kann er dies nicht nachweisen oder belegen, werden ihm das entsprechende Wirtschaftsgut sowie die damit im Zusammenhang stehenden Einkünfte steuerrechtlich zugerechnet.

> **Praxistipp:**
> Über den Abschluss einer Treuhandvereinbarung sowie über deren tatsächliche Durchführung sollte eine sorgfältige Dokumentation angefertigt werden.

262   Liegt ein steuerlich anzuerkennendes Treuhandverhältnis vor, werden die treuhänderisch gehaltenen Anteile und die damit im Zusammenhang stehenden Einkünfte dem Treugeber **zugerechnet** und die Besteuerung des Treugebers erfolgt nach denselben Grundsätzen wie bei einer direkten Beteiligung. Dies gilt nicht nur für die laufende Besteuerung potenzieller laufender Erträge aus der Beteiligung, sondern auch für die steuerlichen Auswirkungen beim Eintritt des Mitarbeiters in die Arbeitgebergesellschaft und beim Verkauf der Mitarbeiterbeteiligung.

263   Die Frage der steuerlichen Anerkennung eines Treuhandverhältnisses und damit einer vom Zivilrecht abweichende Zurechnung von Wirtschaftsgütern hat nicht nur Bedeutung für die Frage der Zurechnung von etwaigen aus der Mitarbeiterbeteiligung entstehenden Einkünften, sondern auch für die Frage der zu berücksichtigenden **Einkunftsart**.

---

[130] BFH 21.5.2014 – I R 42/12, DStR 2014, 1868.
[131] BFH 20.1.1999 – I R 69/97, DStR 1999, 973.
[132] BFH 21.5.2014 – I R 42/12, DStR 2014, 1868 (1871 f.).
[133] BMF Schreiben 1.9.1994 Rn. 5.
[134] MüKoBilanzR/*Hennrichs* HGB § 246 Rn. 182.

IV. Beteiligungsmodelle über Beteiligungsgesellschaften

Beispiel:

Ist das Treugut eine Beteiligung an einer Kapitalgesellschaft, so erzielt der Treugeber, wenn das Treuhandverhältnis auch steuerrechtlich anzuerkennen ist, aus dieser Beteiligung laufende Einkünfte aus Kapitalvermögen gem. § 20 EStG. Die Erlöse aus der Veräußerung von treuhänderisch gehaltenen Anteilen eines Arbeitnehmers (Treugeber) an der Arbeitgebergesellschaft stellen dann ebenfalls keine Einkünfte aus nichtselbstständiger Arbeit, sondern Einkünfte aus Kapitalvermögen dar.

Abwandlung:

Handelt es sich bei dem Treugut um eine Beteiligung an einer Personengesellschaft, so ist zwar der Treuhänder zivilrechtlich Gesellschafter der Personengesellschaft, der Treugeber jedoch kann steuerrechtlich Mitunternehmer der Personengesellschaft sein und aus der Beteiligung Einkünfte aus Gewerbebetrieb iSd § 15 Abs. 1 Nr. 2 EStG erzielen.[135] An den Treugeber gezahlte Tätigkeitsvergütungen bzw. Arbeitslohn stellen demnach steuerrechtlich Sondervergütungen iSd § 15 Abs. 1 Nr. 2 S. 1 Hs. 2 EStG (→ Rn. 214) dar und zählen daher ebenfalls zu den gewerblichen Einkünften.[136]

Die Einordnung der Einkünfte als Einkünfte aus Kapitalvermögen dürfte in vielen Fällen für den Mitarbeiter bei Anwendung der Abgeltungsteuer zu einem günstigeren steuerlichen Ergebnis als bei Anwendung seines individuellen Steuersatzes des Mitarbeiters führen. Darüber hinaus kann der Arbeitnehmer eine **steuerliche Förderung** (§ 3 Nr. 39 EStG; → Rn. 53) nur in Anspruch nehmen, wenn ihm die Beteiligung steuerrechtlich zuzurechnen ist. 264

Sofern die Finanzverwaltung das Treuhandverhältnis nicht anerkennen sollte, ist nicht auszuschließen, dass die aus dem Verhältnis entstandenen Vorteile als Einkünfte aus nichtselbstständiger Arbeit gem. § 19 EStG beurteilt werden. Dementsprechend hätte der Arbeitgeber Lohnsteuer und Sozialversicherungsabgaben auf die entsprechenden Zuwendungen zu entrichten.[137] Für den Mitarbeiter würde dies eine Besteuerung mit dem individuellen Steuersatz bedeuten. 265

Praxistipp:

Für die Besteuerung bei Mitarbeiterbeteiligungsprogrammen durch Treuhandmodelle ist es daher von großer Bedeutung, den Treuhandvertrag derart auszugestalten, dass dem Mitarbeiter die Beteiligung gem. § 39 Abs. 2 Nr. 1 S. 2 AO zugerechnet wird.

IV. Beteiligungsmodelle über Beteiligungsgesellschaften

1. Grundlagen von Beteiligungen über Beteiligungsgesellschaften

Eine andere Möglichkeit zur indirekten Beteiligung von Mitarbeitern bietet sich über Beteiligungsgesellschaften an. Dazu erwirbt der zu beteiligende Mitarbeiter selbst keinen Anteil an der operativen Arbeitgebergesellschaft; vielmehr wird er Gesellschafter einer Beteiligungsgesellschaft, die Anteile an diesem Unternehmen hält. Es entstehen folglich **zwei Beteiligungsverhältnisse**.[138] Als Beteiligungsgesellschaft kommen sowohl Personen- als auch Kapitalgesellschaften in Betracht. 266

Auf der Ebene der Beteiligungsgesellschaft wird der Mitarbeiter gesellschaftsrechtlich beteiligt, während sich im Verhältnis zwischen Beteiligungsgesellschaft und dem operati- 267

---

[135] Klein/*Ratschow* AO § 39 Rn. 66.
[136] Schmidt/*Wacker* EStG § 15 Rn. 296; Blümich/*Bode* EStG § 15 Rn. 361.
[137] Birkner/*Bauer*/*Weist* S. 198; *Hohaus* DStR 2002, 789 (790).
[138] Leuner/*Nawrot*/zu *Knyphausen-Aufseß*/*Didion*/*Wenig* § 2 Rn. 118.

ven Unternehmen alle Möglichkeiten von einer **schuldrechtlichen** bis hin zur **gesellschaftsrechtlichen Beteiligung** bieten.[139] Ergänzend können auch die Gesellschafter der Arbeitgebergesellschaft Anteile an der Beteiligungsgesellschaft erwerben, um gesellschaftsrechtlichen Einfluss, zumindest Einblick, in die Verhältnisse der Beteiligungsgesellschaft zu behalten.[140]

268 Durch den Zusammenschluss der Mitarbeiter in der Beteiligungsgesellschaft werden die Stimmen der beteiligten Mitarbeiter gebündelt, sodass eine **Einheitlichkeit der Stimmabgabe** auf der Ebene der Arbeitgebergesellschaft gewährleistet wird.[141] Ständige Veränderungen der Anteilsstrukturen werden so vermieden und der Kreis der direkt beteiligten Gesellschafter bleibt überschaubar. Der **Zweck der Beteiligungsgesellschaft** beschränkt sich somit auf das Halten der Anteile, die Ausübung von Gesellschafterrechten sowie die Gewinnverteilung aus den gehaltenen Anteilen.[142]

269 Die indirekte Beteiligung ist regelmäßig dann ein geeignetes Mittel der Mitarbeiterbeteiligung, wenn viele Mitarbeiter beteiligt werden sollen.[143] Insbesondere bietet sie gegenüber der Direktbeteiligung an einer GmbH den **Vorteil,** dass über eine Beteiligungsgesellschaft (Notar-)Kosten und Verwaltungsaufwand deutlich reduziert werden.[144] Im Falle der **GmbH & Co. KG** als operativer Gesellschaft, an der die (indirekte) Beteiligung erfolgen soll, bietet sie gegenüber der Direktbeteiligung den Vorteil, dass sich auf Ebene der Hauptgesellschaft Fragen der persönlichen Haftung gem. §§ 171 ff. HGB nicht stellen, sofern die Beteiligungsgesellschaft ihre Kommanditeinlage voll geleistet hat und diese nicht zurückgezahlt wurde. Insbesondere ist jeweils nicht erforderlich, dass bei Ausscheiden von Mitarbeitern und beim Neueintritt von Mitarbeitern auf Ebene der Hauptgesellschaft notariell zu beglaubigende Handelsregisteranmeldungen vorliegen. Damit lässt sich der Aus- und Eintritt von Mitarbeitern vereinfachen.

270 Gerade bei größer angelegten Mitarbeiterbeteiligungsprogrammen in nicht börsennotierten Aktiengesellschaften, in GmbHs und in Kommanditgesellschaften und GmbH & Co. KGs ist ein Beteiligungsmodell über eine **Beteiligungsgesellschaft häufig** ein **empfehlenswerter Weg,** da auf diese Weise Haupt- bzw. Gesellschafterversammlungen vereinfacht werden, da nur ein Gesellschafter als Vertreter der beteiligten Mitarbeiter zu laden und zu beteiligen ist, Anfechtungsrisiken bezüglich Haupt- bzw. Gesellschafterbeschlüssen minimiert werden können, der Gesellschafterkreis überschaubar bleibt und insbesondere – im Falle einer GbR als Beteiligungsgesellschaft – die Umsetzung der Mitarbeiterbeteiligung in der notariellen Praxis vereinfacht stattfinden kann.

271 Unabhängig von der Rechtsform der Beteiligungsgesellschaft wird durch die indirekte Beteiligung der Mitarbeiter an der Hauptgesellschaft nicht das Problem umgangen, dass für die Beteiligung neuer Mitarbeiter, die nicht an die Stelle ausgeschiedener Mitarbeiter treten, neue Anteile an der Hauptgesellschaft geschaffen werden müssen. Hierfür gelten die bereits oben jeweils für die einzelnen Rechtsformen dargestellten Grundsätze. Zu überlegen ist zB, den oder die Hauptgesellschafter der jeweiligen Gesellschaft ebenfalls an der Beteiligungsgesellschaft mit einem Kontingent an „Reserveanteilen" zu beteiligen, die im Falle der gewünschten Beteiligung zusätzlicher Mitarbeiter an diese verkauft und abgetreten werden. Die möglichen Gestaltungen diesbezüglich sind zu vielfältig, um sie an dieser Stelle im Einzelnen darzustellen.

---

[139] *Kutsch/Kersting* BB 2011, 373 (381); Leuner/*Nawrot*/zu Knyphausen-Aufseß/Didion/Wenig § 2 Rn. 118.
[140] *Mohr* StB 2005, 305 (310).
[141] *Heckschen/Glombik* GmbHR 2013, 1009 (1016); *Kutsch/Kersting* BB 2011, 373 (381).
[142] *Birkner/Bürmann/Keilbach* S. 176.
[143] *Erttmann* S. 67; Leuner/*Nawrot*/zu Knyphausen-Aufseß/Didion/Wenig § 2 Rn. 124; *Mohr* StB 2005, 305 (309).
[144] Leuner/*Nawrot*/zu Knyphausen-Aufseß/Didion/Wenig § 2 Rn. 124.

2. Wahl der Beteiligungsgesellschaft

a) Kapitalgesellschaft

aa) Rechtliche Aspekte

Kapitalgesellschaften kommen grundsätzlich als Beteiligungsgesellschaft in Form der Aktiengesellschaft oder der **GmbH** bzw. der **Unternehmergesellschaft** (UG (haftungsbeschränkt)) in Betracht. 272

Eine Aktiengesellschaft als Beteiligungsgesellschaft ist regelmäßig schon wegen ihres relativ hohen Mindestgrundkapitals und ihrer Struktur mit Vorstand und Aufsichtsrat eher nicht praktikabel. 273

Der **Hauptnachteil** einer GmbH bzw. UG (haftungsbeschränkt) als Beteiligungsgesellschaft besteht darin, dass jegliche Veräußerungen von Geschäftsanteilen an der Beteiligungsgesellschaft **notariell zu beurkunden** sind. Dadurch fallen für jede Neubeteiligung eines Mitarbeiters und für jede Rückübertragung beim Ausscheiden eines Mitarbeiters Beurkundungskosten und zusätzlich der logistische Aufwand der Beurkundung an.[145] Zudem ist die Gründung aufwändiger als bei einer Personengesellschaft, insbesondere der GbR, und es kommen Buchführungs- und Bilanzierungspflichten hinzu.[146] 274

GmbHs bzw. UGs (haftungsbeschränkt) als Beteiligungsgesellschaften bieten sich daher nur an, wenn nur wenige Veränderungen im Gesellschafterkreis der Beteiligungsgesellschaft zu erwarten sind. 275

Hinsichtlich der **Willensbildung** der Gesellschafter in der Beteiligungsgesellschaft gilt im Prinzip dasselbe wie hinsichtlich der Mitarbeiterbeteiligung über einen Treuhänder (→ Rn. 244 ff.). Eine uneinheitliche Stimmabgabe ist im Prinzip möglich, sollte bei der GmbH und der Aktiengesellschaft aber dadurch sichergestellt werden, dass die Beteiligungsgesellschaft mehrere Anteile hält, und zwar einen oder mehrere für jeden zu beteiligenden Mitarbeiter. 276

Es kommen im Grundsatz **drei Modelle** in Betracht: zum einen kann die Willensbildung in der Beteiligungsgesellschaft so ausgestaltet werden, dass jeder beteiligte Mitarbeiter ein satzungsmäßiges **Weisungsrecht** erhält, mit dem die Geschäftsführung in Haupt- bzw. Gesellschafterversammlungen der Hauptgesellschaft angewiesen wird, aus den für den entsprechenden Mitarbeiter gehaltenen Anteilen auf eine bestimmte Art und Weise abzustimmen. In der Praxis häufiger anzutreffen, in der Umsetzung einfacher und auch das Solidaritätsgefühl unter den beteiligten Mitarbeitern stärkend ist hingegen das Modell, nach dem die **Gesellschafterversammlung der Beteiligungsgesellschaft** darüber abstimmt, wie sämtliche von der Beteiligungsgesellschaft an der Hauptgesellschaft gehaltenen Anteile und somit Stimmrechte ausgeübt werden sollen. Die Geschäftsführung der Beteiligungsgesellschaft ist dann letztlich Bote bezüglich des entsprechenden Beschlusses der Gesellschafter der Beteiligungsgesellschaft. Schließlich ist das Modell denkbar, das der **Geschäftsführung der Beteiligungsgesellschaft** weitgehende Freiheiten dabei lässt, wie die Stimmrechte aus den von der Beteiligungsgesellschaft an der Hauptgesellschaft gehaltenen Anteile auszuüben sind, und das nur die Abstimmung bezüglich bestimmter wesentlicher Entscheidungen von einem zustimmenden Gesellschafterbeschluss abhängig macht. Dieses Modell bietet sich vor allem dann an, wenn der Kreis der an der Beteiligungsgesellschaft beteiligten Mitarbeiter sehr groß ist. 277

Zu beachten ist, dass die Stimmausübung durch Mitarbeiter in der Beteiligungsgesellschaft nach § 47 Abs. 4 GmbHG oder durch in der Satzung geregelte **Stimmrechtsausschlüsse** beeinflusst werden kann.[147] Stimmverbote einzelner Mitarbeiter, denen diese im 278

---

[145] Birkner/*Bauer*/*Weist* S. 199.
[146] *Heckschen*/*Glombik* GmbHR 2013, 1009 (1018).
[147] *Heckschen*/*Glombik* GmbHR 2013, 1009 (1018).

Falle einer Direktbeteiligung an der Hauptgesellschaft unterliegen würden, gelten grundsätzlich auch auf indirektem Weg bei der Beteiligungsgesellschaft.

bb) Steuerliche Aspekte

279 Die steuerlichen Auswirkungen aus der Zwischenschaltung von Beteiligungsgesellschaften hängen von der jeweils gewählten Gestaltung ab und sind sowohl auf der Ebene der Arbeitgebergesellschaft als auch auf der Ebene der Beteiligungsgesellschaft und der beteiligten Mitarbeiter durchaus verschieden.

280 Wird die Rechtsform einer **Kapitalgesellschaft,** meist die einer GmbH oder UG (haftungsbeschränkt), als zwischengeschaltete Beteiligungsgesellschaft gewählt, so erzielen die an ihr beteiligten Mitarbeiter grundsätzlich **Einkünfte aus Kapitalvermögen** bei Ausschüttungen der Gesellschaft oder bei der Veräußerung der Anteile an dieser Beteiligungsgesellschaft (§ 20 Abs. 1 Nr. 1 EStG und § 20 Abs. 2 Nr. 1 EStG). Auf Einkünfte aus Kapitalvermögen findet grundsätzlich die Abgeltungsteuer iHv 25 % (zzgl. Annexsteuern) Anwendung, die in vielen Fällen zu einer günstigeren Besteuerung für den Mitarbeiter im Vergleich zur Besteuerung mit dem individuellen Steuersatz des Mitarbeiters führt. Die Beteiligungsgesellschaft ist als ausschüttende Gesellschaft zum Einbehalt der Abgeltungsteuer in Form der Kapitalertragsteuer verpflichtet (§§ 43 ff. EStG). Der Mitarbeiter kann diese im Rahmen seiner Einkommensteuererklärung anrechnen lassen.

281 Im Einzelfall kann es für den Mitarbeiter zu einer günstigeren Besteuerung hinsichtlich der laufenden Einkünfte aus der Beteiligung führen, wenn er auf Antrag gem. § 32d Abs. 2 Nr. 3 EStG auf die Anwendung der Regelungen zur Abgeltungsteuer verzichtet (→ Rn. 137). Die Abgeltungsteuer findet ferner keine Anwendung bei Veräußerungen von Anteilen an einer Kapitalgesellschaft, wenn der Mitarbeiter innerhalb der letzten fünf Jahre am Kapital der Gesellschaft unmittelbar oder mittelbar zu mindestens 1 % beteiligt war (→ Rn. 142) oder wenn der Mitarbeiter die Anteile an der Kapitalgesellschaft im Betriebsvermögen hält. In den genannten Fällen findet das sog. Teileinkünfteverfahren für diese Einkünfte Anwendung, dh 40 % dieser Einnahmen sind steuerfrei (§ 3 Nr. 40 EStG). Damit im Zusammenhang stehende Ausgaben können korrespondierend zu dieser Regelung nur iHv 60 % der Ausgaben abgezogen werden (§ 3c Abs. 2 EStG).

282 Die **Beteiligungs-Kapitalgesellschaft** selbst unterliegt mit ihrem Einkommen der Körperschaft- und Gewerbesteuer. Dies kann zu einer **steuerlichen Doppelbelastung** bei Ausschüttungen der Arbeitgebergesellschaft führen, wenn diese an die Mitarbeiter über die Beteiligungsgesellschaft weitergeleitet werden. Handelt es sich bei der Arbeitgebergesellschaft um eine Kapitalgesellschaft, erfolgt die Ausschüttung der Arbeitgebergesellschaft aus dem bereits versteuerten Gewinn der Arbeitgebergesellschaft, da Ausschüttungen den steuerpflichtigen Gewinn nicht mindern dürfen. Diese Ausschüttungen sind zwar bei der zwischengeschalteten Beteiligungs-Kapitalgesellschaft grundsätzlich steuerfreie Bezüge (§ 8b Abs. 1 KStG) – abgesehen von fiktiven nicht abzugsfähigen Betriebsausgaben iHv 5 % der Ausschüttung (§ 8b Abs. 5 KStG) – jedoch gilt diese Regelung nur, wenn die Beteiligungsgesellschaft bereits zu Beginn des Kalenderjahres unmittelbar mit mindestens 10 % am Grund- bzw. Stammkapital der Arbeitgebergesellschaft beteiligt ist (Streubesitzregelung; § 8b Abs. 4 KStG).

283 Eine ähnliche **Streubesitzregelung** ist auch bei der Ermittlung des steuerpflichtigen Gewerbeertrags der Beteiligungs-Kapitalgesellschaft zu beachten. Demnach ist der Gewinn aus Gewerbebetrieb um die Gewinne aus Anteilen an der Arbeitgeber-Kapitalgesellschaft zu kürzen. Allerdings gilt dies nur, wenn die Beteiligung zu Beginn des Erhebungszeitraums mindestens 15 % des Grund- oder Stammkapitals der Arbeitgeber-Kapitalgesellschaft beträgt und die Gewinnanteile bei Ermittlung des Gewinns (§ 7 GewStG) angesetzt worden sind (§ 9 Nr. 2a GewStG).

284 Ist die Beteiligungs-Kapitalgesellschaft also bereits zu Beginn des Veranlagungszeitraumes mit mindestens 15 % an der Arbeitgeber-Kapitalgesellschaft beteiligt, so beschränkt

IV. Beteiligungsmodelle über Beteiligungsgesellschaften

sich die steuerliche Doppelbelastung bei Ausschüttungen auf etwa 1,5% der Ausschüttung.[148] Bei einer Beteiligung von unter 10% an der Arbeitgeber-Kapitalgesellschaft unterliegen die Ausschüttungen auf der Ebene der Beteiligungs-Kapitalgesellschaft in voller Höhe der Körperschaft- und Gewerbesteuer.

Beispiel:

Für Zwecke der Beteiligung der Mitarbeiter an der Arbeitgebergesellschaft S-GmbH wurde die B-GmbH gegründet. Diese ist im Jahr 02 zu 20% an der S-GmbH beteiligt. Im Jahr 02 schüttet die S-GmbH Dividenden iHv 250.000 EUR an ihre Gesellschafter aus.

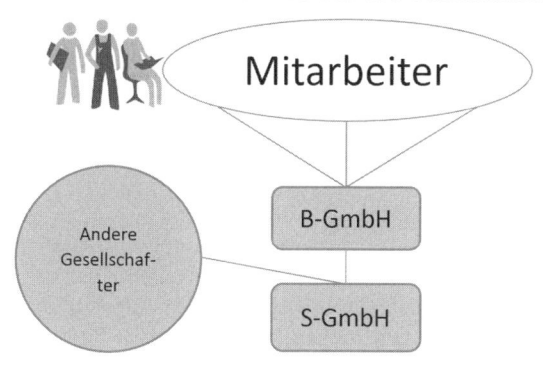

Auf der Ebene der B-GmbH werden also Dividenden iHv 50.000 EUR vereinnahmt. Diese sind steuerfrei auf der Ebene der B-GmbH. Allerdings werden 2.500 EUR (5% von 50.000 EUR) dem steuerpflichtigen Gewinn der B-GmbH außerbilanziell wieder hinzugerechnet. Unter der Annahme eines Steuersatzes von beispielsweise 30% (Gewerbesteuer zzgl. Körperschaftsteuer und Solidaritätszuschlag) beträgt die Steuerbelastung der Dividende auf der Ebene der B-GmbH 750 EUR (1,5% von 50.000 EUR).

Abwandlung

Im Jahr 02 schüttet die S-GmbH Dividenden iHv 1.000.000 EUR an ihre Gesellschafter aus. Die B-GmbH ist zu 5% an der S-GmbH beteiligt.

In diesem Fall erhält die B-GmbH eine Dividende iHv 50.000 EUR, die in voller Höhe der Besteuerung unterliegt. Die Dividende führt in diesem Fall bei einem Steuersatz von beispielsweise 30% (Gewerbesteuer zzgl. Körperschaftsteuer und Solidaritätszuschlag) zu einer Steuerbelastung auf der Ebene der B-GmbH von 15.000 EUR.

Hinzu kommt die Verpflichtung der ausschüttenden Arbeitgeber-Kapitalgesellschaft zur Einbehaltung von **Kapitalertragsteuer** bei Ausschüttungen (§§ 43 ff. EStG). Diese kann zwar auf der Ebene der Beteiligungs-Kapitalgesellschaft angerechnet werden, führt jedoch zu einer Verschiebung der Liquidität der Gesellschaft, da die Anrechnung erst zeitlich versetzt im Rahmen der Steuerveranlagung erfolgen wird.

Die Anwendung des **Steuerfreibetrags** von 360 EUR pro Kalenderjahr findet bei mehrstufigen Konstellationen nur dann Anwendung, wenn die Arbeitgebergesellschaft und die zwischengeschaltete Beteiligungsgesellschaft demselben Konzern iSv § 18 AktG angehören, da in dieser Konstellation nach Auffassung der Finanzverwaltung die Beteiligungsgesellschaft ebenfalls als Arbeitgeber in diesem Sinne der Regelung gilt.[149]

Zusammenfassend lässt sich festhalten, dass die Zwischenschaltung eines selbständigen Steuersubjektes in der Rechtsform einer Kapitalgesellschaft häufig keine Steuerneutralität gewährleistet, es sei denn es werden Beteiligungshöhen von mindestens 15% am Grund- oder Stammkapital der Arbeitgebergesellschaft erreicht.

---

[148] Annahme: Steuersatz für KSt und GewSt beträgt zusammen durchschnittlich 30%.
[149] BMF Schreiben 8.12.2009 – IV C5, DStR 2009, 2674.

b) Personengesellschaft

288 Personengesellschaften als Beteiligungsgesellschaften kommen zum einen in der Rechtsform der GbR bzw. oHG und zum anderen in der Rechtsform einer Kommanditgesellschaft oder GmbH & Co. KG in Betracht.

aa) Gesellschaft bürgerlichen Rechts und oHG

289 In der Praxis häufig anzutreffen ist eine **GbR** als Beteiligungsgesellschaft, die mehrere Mitarbeiterbeteiligungen bündelt. Vorteile einer GbR als Beteiligungsgesellschaft sind vor allem,[150] dass die Gründung einer solchen GbR mangels Eintragungserfordernissen unkompliziert möglich ist und dass die Aufnahme und das Ausscheiden von Mitarbeitern auf der Ebene der GbR geregelt werden und formlos erfolgen können. Das spart Kosten, Zeit und Aufwand, gerade im Falle von Mitarbeiterbeteiligungsmodellen, an denen eine Vielzahl von Mitarbeitern beteiligt ist.

290 Die früher häufig als Vorteil propagierte **Intransparenz** der GbR als Beteiligungsgesellschaft ist allerdings nunmehr jedenfalls bei der **GmbH als Hauptgesellschaft** kein Vorteil mehr. Denn seit das Gesetz zur Umsetzung der Vierten EU-Geldwäscherichtlinie in Kraft trat,[151] ist in § 40 Abs. 1 S. 2 Hs. 2 GmbHG klar geregelt, dass GbR als Gesellschafter in der Gesellschafterliste der GmbH mit allen ihren Gesellschaftern aufgeführt werden müssen. Das erhöht auch den bislang niedrigen Aufwand beim Ein- und Austritt von Gesellschaftern in eine Beteiligungsgesellschaft in der Rechtsform der GbR. Denn im Falle jedes Ein- und Austritts muss die Geschäftsführung der Hauptgesellschaft (in der Rechtsform der GmbH) eine **neue Gesellschafterliste** anfertigen, unterschreiben und über einen Notar zur Hinterlegung im Handelsregister einreichen. Das ist allerdings ohne nennenswerte Kosten möglich, so dass sich der Mehraufwand in Grenzen halten dürfte

291 Die Gestaltung des **Gesellschaftsvertrages** der GbR ist flexibel möglich, da die meisten Regelungen der §§ 705 ff. BGB dispositiv sind. Da die Geschäftsführung einer GbR den Gesellschaftern gem. § 709 Abs. 1 BGB gemeinschaftlich zusteht, sollte eine abweichende Regelung im Gesellschaftsvertrag getroffen werden und die Geschäftsführung einem oder mehreren Gesellschaftern zugewiesen werden. Möglich ist es, die Ausübung von Gesellschafterrechten, die die Beteiligungs-GbR an der Hauptgesellschaft hält, von einem vorherigen zustimmenden Gesellschafterbeschluss abhängig zu machen. Auch Weisungsrechte hinsichtlich der Ausübung solcher Gesellschafterrechte sind – mit Einschränkungen – möglich. Jedem Gesellschafter, der durch den Gesellschaftsvertrag von der Geschäftsführung ausgeschlossen ist, steht zudem ein Informations- und Kontrollrecht zu.[152]

292 Gemäß § 105 Abs. 2 HGB kann die Beteiligungsgesellschaft, die nur eigenes Vermögen verwaltet, auch in Form der **oHG** ausgestaltet werden, so dass auch diese Gesellschaftsform in Betracht kommt, im Vergleich zur GbR als Beteiligungsgesellschaft aber letztlich keine nennenswerten Vorteile bietet.

293 Der **Nachteil** einer GbR oder oHG als Beteiligungsgesellschaft ist aus Sicht der beteiligten Mitarbeiter, dass sie als Gesellschafter gesamtschuldnerisch **unbeschränkt haften.** Wenn sich die Tätigkeit der Beteiligungs-GbR allerdings auf das Halten von Gesellschaftsanteilen an einer anderen Gesellschaft beschränkt, ist das Haftungsrisiko beschränkt. Nicht auszuschließen ist natürlich das Risiko, dass zur Geschäftsführung ermächtigte Gesellschafter im Außenverhältnis wirksam Verbindlichkeiten eingehen, für die dann alle Gesellschafter haften. Zudem ist die GbR meist dann nicht als Beteiligungsgesellschaft für eine Mitarbeiterbeteiligung geeignet, wenn sie **Darlehen zur Finanzierung** des Erwerbs von Anteilen an der Hauptgesellschaft aufnimmt, sei es von der Hauptgesellschaft selber,

---

[150] Hierzu ausf. *Heckschen/Glombik* GmbHR 2013, 1009 (1016); Leuner/*Nawrot*/zu Knyphausen-Aufseß/Didion/Wenig § 2 Rn. 119.
[151] BGBl. I 2017, 1822 (1863 f.).
[152] *Heckschen/Glombik* GmbHR 2013, 1009 (1017).

von anderen Gesellschaftern der Hauptgesellschaft oder von Dritten (wie zB Banken). Denn in solchen Fällen wird das Risiko aus der entsprechenden Finanzierung „sozialisiert" und trifft alle Gesellschafter jedenfalls im Außenverhältnis gleichermaßen, auch wenn ihre Vorteile aus der Mitarbeiterbeteiligung nur auf einen kleinen Anteil beschränkt sind.

Aus Sicht der Hauptgesellschaft hat eine GbR oder oHG den Nachteil, dass die Sicherstellung, dass Mitarbeiter ihre Anteile an der Beteiligungsgesellschaft nicht an Dritte veräußern, diese belasten oder diese im Wege eines Vermächtnisses oder der Erbfolge oder aufgrund einer familienrechtlichen Auseinandersetzung auf ungewünschte Dritte übergehen, nur schwer umzusetzen ist. In Betracht kommt eine Regelung im Gesellschaftsvertrag der Hauptgesellschaft, nach der die Anteile der Beteiligungs-GbR bzw. oHG (teilweise) eingezogen werden können bzw. diese als Gesellschafterin ausgeschlossen werden kann, wenn einzelne Gesellschafter der Beteiligungsgesellschaft ihre Anteile auf nicht zugelassene Dritte übertragen, sie diese belasten oder die Anteile an der Beteiligungsgesellschaft *ipso iure* auf nicht zugelassene Dritte übergehen. Im Gesellschaftsvertrag der Beteiligungsgesellschaft sind für diese Fälle analoge Regelungen vorzusehen. Um einen gewissen pönalen Charakter solcher Einziehungen bzw. eines solchen Ausschlusses vorzusehen, ist es grundsätzlich zulässig – in den bereits dargestellten Schranken – eine Abfindung unterhalb des Verkehrswertes vorzusehen. Möglich ist auch eine Gestaltung, in der ein Gesellschafter der Hauptgesellschaft ebenfalls Gesellschafter der Beteiligungsgesellschaft wird und Anteile an der Beteiligungsgesellschaft nur mit seiner Zustimmung veräußert werden dürfen.

bb) Kommanditgesellschaft oder GmbH & Co. KG

Eine Beteiligungsgesellschaft kann auch als Kommanditgesellschaft bzw. GmbH & Co. KG ausgestaltet werden. Insbesondere bietet sich die Beteiligung von Mitarbeitern als Kommanditisten einer **Kommanditgesellschaft** an, um sie vom persönlichen Haftungsrisiko zu befreien. Zur Vermeidung eines persönlichen **Haftungsrisikos** der zu beteiligenden Mitarbeiter kommt insbesondere die GmbH & Co. KG als Beteiligungsgesellschaft in Betracht.[153] Eine solche Gestaltung bietet sich insbesondere dann an, wenn die Beteiligungsgesellschaft Darlehen in Anspruch nimmt, um die Mitarbeiterbeteiligung zu finanzieren.

Hinsichtlich des Ein- bzw. Austritts von Mitarbeitern in die GmbH & Co. KG als Beteiligungsgesellschaft gelten die bereits zur Direktbeteiligung von Mitarbeitern in einer GmbH & Co. KG dargestellten Grundsätze (hierzu → Rn. 187 ff.). In ihrer Handhabbarkeit bezüglich des Ein- und Austritts von Mitarbeitergesellschaftern ist die GmbH & Co. KG in jedem Fall kostengünstiger und unkomplizierter als eine GmbH. Gleichwohl sollten auch in der GmbH & Co. KG als Beteiligungsgesellschaft Mechanismen wie zB die Erteilung von **Handelsregistervollmachten** zugunsten des Geschäftsführers der persönlich haftenden Gesellschafterin vorgesehen werden, die die schnelle und unkomplizierte Eintragung des Ein- bzw. des Austritts von Gesellschaftern ermöglichen.

cc) Steuerliche Aspekte

Bei der Ausgestaltung der Mitarbeiterbeteiligung über das Modell einer Personengesellschaft als zwischengeschaltete Beteiligungsgesellschaft kommt entweder eine gewerbliche (→ Rn. 212 ff.) oder eine vermögensverwaltende (→ Rn. 227 ff.) Personengesellschaft in Betracht. Aus steuerlicher Sicht ist es regelmäßig vorteilhaft, die Beteiligungsgesellschaft als **vermögensverwaltende Personengesellschaft** auszugestalten, da in diesem Fall keine Gewerbesteuerpflicht der Beteiligungsgesellschaft besteht. Insbesondere, wenn die zwischengeschaltete Personengesellschaft weniger als 15% am Grund- oder Stammkapital der

---

[153] *Heckschen/Glombik* GmbHR 2013, 1009 (1018).

Arbeitgebergesellschaft innehat oder zu einem beliebigen Zeitpunkt nur einen Teil der Beteiligung an der Personengesellschaft veräußern soll, würde bei einer gewerblichen Personengesellschaft Gewerbesteuer anfallen.

298 Darüber hinaus kann es für die beteiligten Mitarbeiter von Vorteil sein, wenn sie aus der Beteiligung an der vermögensverwaltenden Personengesellschaft Einkünfte aus Kapitalvermögen erzielen, die der Abgeltungsteuer mit 25% (zzgl. Annexsteuern) unterliegen. Die Vorteilhaftigkeit der Anwendung der Abgeltungsteuer ist jedoch von dem individuellen Steuersatz des Mitarbeiters abhängig.

299 Bei der Gestaltung der Mitarbeiterbeteiligung über eine Beteiligungsgesellschaft ist auch nicht außer Acht zu lassen, dass bei Personengesellschaften aufgrund des steuerrechtlichen **Transparenzprinzips** eine Zurechnung der Einkünfte an die Gesellschafter bereits erfolgt, bevor die entsprechenden Gewinne tatsächlich, beispielsweise in Form von Entnahmen, dem Gesellschafter zugeflossen sind. Im Gegensatz dazu sind Ausschüttungen aus einer Kapitalgesellschaft als Beteiligungsholding auf der Ebene des Gesellschafters grundsätzlich erst im Zeitpunkt des Zuflusses steuerpflichtig, so dass dem Gesellschafter entsprechende finanzielle Mittel zur Begleichung seiner Steuerschuld zur Verfügung stehen.

300 Der Anwendung des **Steuerfreibetrages** nach § 3 Nr. 39 EStG iHv 360 EUR für Beteiligungen am Unternehmen des Arbeitgebers steht nach Auffassung der Finanzverwaltung nicht entgegen, wenn diese Beteiligung von einer Bruchteilsgemeinschaft oder einer Gesamthandsgemeinschaft erworben wird, der ausschließlich Arbeitnehmer angehören. Voraussetzung ist aber laut Auffassung der Finanzverwaltung, dass die gemeinschaftlich erworbenen Vermögensbeteiligungen den Arbeitnehmern bei wirtschaftlicher Betrachtung zuzurechnen sind.[154] Unklar bleibt hingegen, ob eine entsprechende Anwendung auch möglich ist, wenn die Arbeitgebergesellschaft oder ein Gesellschafter der Arbeitgebergesellschaft an der Bruchteilsgemeinschaft oder Gesamthandsgemeinschaft beteiligt ist oder Einfluss auf die Geschäftsführung ausüben kann. In Zweifelsfällen kann Rechtssicherheit im Rahmen einer Lohnsteueranrufungsauskunft erwirkt werden. Allerdings sollte die Wirtschaftlichkeit einer entsprechenden Anfrage abgewogen werden.

3. Gesellschaftsvertrag/Gesellschaftervereinbarung der Beteiligungsgesellschaft

301 Im Gesellschaftsvertrag bzw. einer Gesellschaftervereinbarung bei der Beteiligungsgesellschaft müssen die von der Hauptgesellschaft bezüglich des Mitarbeiterbeteiligungsprogramms gewünschten Inhalte so umgesetzt werden, dass sie den Regelungen entsprechen, die auch bei einer Direktbeteiligung gelten würden. Dies bereitet häufig insofern Schwierigkeiten, als Mitarbeiter zum einen den Einfluss der Hauptgesellschaft bzw. von deren Geschäftsführung oder deren Hauptgesellschaftern in der Beteiligungsgesellschaft beschränken wollen, um einer unmittelbaren Direktbeteiligung so nahe wie möglich zu kommen. Zum anderen fehlen die gesellschaftsrechtlichen Rechte, die bei der Direktbeteiligung zur Verfügung stehen.

302 Die **wesentlichen Inhalte** der Vereinbarung bezüglich der Mitarbeiterbeteiligung, die auch in der Beteiligungsgesellschaft umgesetzt werden müssen, sind die Bedingungen der Anteilsgewährung, die Sicherstellung der Umsetzung von *Drag Along* Rechten des bzw. der Hauptgesellschafter(s) bei der Hauptgesellschaft, die Vermeidung des Eintritts ungewünschter Gesellschafter in die Beteiligungsgesellschaft (sei es durch rechtsgeschäftliche Übertragung von Anteilen, sei es durch Belastung von Anteilen, sei es durch Anteilsübertragungen *ipso iure*) sowie die Sicherstellung der Rückübertragung der Gesellschaftsanteile

---

[154] BMF Schreiben 8.12.2009 – IV C 5, DStR 2009, 2674.

IV. Beteiligungsmodelle über Beteiligungsgesellschaften

an der Beteiligungsgesellschaft im Falle des Ausscheidens von Mitarbeitern als Mitarbeiter der Hauptgesellschaft (hierzu gesondert → Rn. 305 ff.).

Hauptsächlich kommen **zwei Gestaltungsmöglichkeiten** in Betracht: 303

(a) Zum einen kann vorgesehen werden, dass ein Hauptgesellschafter der Gesellschaft, an der die Mitarbeiter-Beteiligungsgesellschaft beteiligt ist, ebenfalls Gesellschafter der Beteiligungsgesellschaft wird und einen *Golden Share* erhält, der nur eine unwesentliche Kapitalbeteiligung darstellt, aber weitgehende Kontrollrechte erhält. Solche Kontrollrechte können beispielsweise darin bestehen, dass der beteiligte Vertreter der Interessen der Kapitalseite bei der Hauptgesellschaft jeweils Übertragungen und Belastungen von Gesellschaftsanteilen im Rahmen einer gesellschaftsvertraglichen Vinkulierung zustimmen muss und Weisungsrechte erhält, wenn zB *Drag Along* Rechte auf Ebene der Hauptgesellschaft ausgeübt werden.

(b) Zum anderen kann auf Ebene der Hauptgesellschaft im Gesellschaftsvertrag oder in einer Gesellschaftervereinbarung vorgesehen werden, dass einzelne oder alle von der Beteiligungsgesellschaft gehaltenen Anteile an der Hauptgesellschaft **eingezogen** werden können oder im Rahmen von **Call Optionen** auf einen Hauptgesellschafter zu übertragen sind, wenn Pflichten der Beteiligungsgesellschaft im Verhältnis zu den anderen Gesellschaftern der Hauptgesellschaft verletzt werden. Beispiele für solche Pflichtverletzungen können die Übertragung, Belastung oder der Übergang *ipso iure* von Anteilen an der Beteiligungsgesellschaft auf ungewünschte Dritte sein, aber auch die Nichtbefolgung von Übertragungspflichten nach Ausübung von *Drag Along* Rechten des Hauptgesellschafters.

Die Ausübung von *Tag Along* Rechten, Vorkaufs- und Vorerwerbsrechten sowie von 304 Bezugsrechten im Rahmen von Kapitalerhöhungen bei der Hauptgesellschaft sollte ebenfalls bei der Beteiligungsgesellschaft indirekt umgesetzt werden.

> **Praxistipp:**
> Hierzu bietet sich üblicherweise ein Verfahren an, das für jeden beteiligten Mitarbeiter einen prozentualen oder fest bestimmten fiktiven Anteil an der Hauptgesellschaft festlegt und das für die Geschäftsführung der Beteiligungsgesellschaft die Pflicht vorsieht, jedem Mitarbeiter im Rahmen von Entscheidungen über die Ausübung von *Tag Along* Rechten, Vorkaufs- und Vorerwerbsrechten sowie von Bezugsrechten im Rahmen von Kapitalerhöhungen eine individualisierte Entscheidung zulässt. Das bedeutet für die Geschäftsführung der Beteiligungsgesellschaft gerade bei größer angelegten Mitarbeiterbeteiligungsprogrammen einigen Aufwand.

4. Verfahren bei Beendigung des Arbeitsverhältnisses

Scheidet ein Mitarbeiter aus den Diensten der Hauptgesellschaft aus, gilt im Grundsatz das 305 Gleiche wie bei der Direktbeteiligung. Es ist empfehlenswert, Regelungen vorzusehen, die den **Rückerwerb** oder die Einziehung der Anteile des Mitarbeiters ermöglichen, wenn dieser nicht mehr für die Hauptgesellschaft tätig ist. Bei Mitarbeiterbeteiligungen über Beteiligungsgesellschaften stellt sich die Frage, ob eine solche Einziehung bzw. ein solcher Rückerwerb besser auf Ebene der Hauptgesellschaft oder auf Ebene der Beteiligungsgesellschaft vollzogen werden soll.

Auf **Ebene der Hauptgesellschaft** erfolgt dies durch Rückerwerb bzw. Einziehung 306 von Gesellschaftsanteilen, die der indirekten Beteiligungsquote des ausscheidenden Mitarbeiters an der Hauptgesellschaft entspricht. Soll der entsprechende Anteil an der Hauptgesellschaft zu einem späteren Zeitpunkt dann einem oder mehreren anderen Mitarbeitern zur Verfügung gestellt werden, muss zunächst die Beteiligungsgesellschaft den entsprechenden Anteil erwerben und sodann den bzw. die neu zu beteiligenden Mitarbeiter bei

307 In der Umsetzung am einfachsten erscheint die Einräumung von Rückerwerbsoptionen auf der **Ebene der Beteiligungsgesellschaft** an einen Administrator der Mitarbeiterbeteiligung, zB einen Hauptgesellschafter der Hauptgesellschaft. Dieser würde die frei werdenden Anteile des ausscheidenden Mitarbeiters an der Beteiligungsgesellschaft kaufen und erwerben und sodann an neu eintretende Mitarbeiter-Gesellschafter verkaufen und abtreten. Ist dies nicht gewünscht, kommt auch eine **Einziehung der Anteile** des ausscheidenden Mitarbeiters an der Beteiligungsgesellschaft bzw. ein Ausschluss des ausscheidenden Mitarbeiters in Betracht. Gerade bei Beteiligungen an Hauptgesellschaften, die eher Exit-orientiert als dividendenorientiert operieren, generiert eine solche Regelung aber das Problem, aus welchen Mitteln die Beteiligungsgesellschaft die Abfindung zahlen soll. Deshalb dürfte in der Praxis bei vielen Mitarbeiterbeteiligungen, die über Beteiligungsgesellschaften strukturiert werden, die **Einziehung und Abfindung** der Anteile ausscheidender Mitarbeiter auf Ebene der Beteiligungsgesellschaft keine praktikable Gestaltungsmöglichkeit darstellen. Stattdessen ist die Administration und Zwischenfinanzierung durch einen Gesellschafter der Hauptgesellschaft sinnvoll.

V. Virtuelle Beteiligungen

1. Grundlagen von virtuellen Beteiligungen

308 Bei der virtuellen Beteiligung wird der Mitarbeiter nicht im gesellschaftsrechtlichen Sinn beteiligt, sondern lediglich durch **schuldrechtliche Vereinbarung** wirtschaftlich so gestellt, als sei er Gesellschafter oder Inhaber einer Anteilsoption. Der Mitarbeiter erhält einen schuldrechtlichen Anspruch auf Bezahlung eines bestimmten Geldbetrags bzw. auf Gewährung einer Sachgegenleistung.[155] Es handelt sich somit um eine schuldrechtlich nachgebildete Kapitalbeteiligung, ohne dass der Mitarbeiter die Stellung eines Gesellschafters einnimmt und ihm damit auch keine Mitgliedschaftsrechte wie etwa Stimm- und Informationsrechte zukommen.

309 **Im Vertrag** zwischen dem Mitarbeiter und der Gesellschaft kann die Anzahl fiktiver Geschäftsanteile an eine gewisse **Dauer der Betriebszugehörigkeit,** an das **Erreichen bestimmter Ziele** oder andere **Erfolgshürden** geknüpft werden. Dabei kann eine Auszahlung nach Ablauf eines Zeitraums, bei Verlassen des Unternehmens mit einer Einmalzahlung oder regelmäßig durch Beteiligung am Gewinn vorgenommen werden.[156]

310 Eine virtuelle Beteiligung bietet **viele Vorteile,** weshalb sie sich als Gestaltungsmittel gerade bei **Startup-Unternehmen** durchgesetzt hat. Der größte Vorteil ist die **unkomplizierte Umsetzung** eines virtuellen Beteiligungsmodells und die Tatsache, dass eine virtuelle Beteiligung ohne besondere Gegenleistung ausgestaltet werden kann, ohne dass schon die Einräumung der virtuellen Beteiligung Lohnsteuer oder andere Steuern bei dem beteiligten Mitarbeiter auslöst.[157] Zu versteuern ist im Fall der virtuellen Beteiligung stets erst der Zufluss auf die virtuelle Beteiligung, zB eine Zahlung im Falle einer Gewinnausschüttung oder im Falle eines Exits.[158] Insofern ist die virtuelle Beteiligung wie ein Bonus zu behandeln.

---

[155] *Schönhaar* GWR 2017, 293 (294).
[156] Birkner/*Bürmann*/*Keilbach* S. 179.
[157] *Schönhaar* GWR 2017, 293 (296).
[158] Birkner/*Bürmann*/*Keilbach* S. 180.

Auch **verwässern** virtuelle Beteiligungen die Beteiligung der Gesellschafter der Arbeitgebergesellschaft nur wirtschaftlich, was sich bei einigen Gesellschafterstrukturen als entscheidender Faktor herausstellen kann, zB bei Gesellschaften, die als 50/50 Joint-Venture ausgestaltet sind oder bei denen ein Gesellschafter 51% des Kapitals hält und einer oder mehrere andere Gesellschafter 49%. Der Mehrheitsgesellschafter wird in diesen Fällen stets seine Stimmrechtsmehrheit behalten wollen. 311

Steuerliche Vorteile, die durch eine Direktbeteiligung erzielt werden können, können durch eine virtuelle Beteiligung allerdings nicht erzielt werden. Außerdem erzielt eine virtuelle Beteiligung häufig nicht dieselben Motivationseffekte wie eine Direktbeteiligung oder eine indirekte Kapitalbeteiligung über eine Beteiligungsgesellschaft oder einen Treuhänder. Denn auch wenn virtuelle Beteiligungsverträge virtuell beteiligten Mitarbeitern Informations- und auch Kontrollrechte (wie zB Veto-Rechte bezüglich bestimmter Geschäftsführungsmaßnahmen) einräumen können, sind diese stets nur schuldrechtlicher Natur und gewähren den zu beteiligenden Mitarbeitern keine echten Mitspracherechte bezüglich der Gesellschaft, an der sie beteiligt werden. 312

Trotz dieser **Nachteile** bietet sich die virtuelle Mitarbeiterbeteiligung besonders dann an, wenn der wirtschaftliche Erfolg der Arbeitgebergesellschaft noch unsicher ist, Mitarbeiter keine eigenen Mittel für die Mitarbeiterbeteiligung aufwenden können und/oder keine hohen Umsetzungskosten (va Anwaltskosten, Steuerberaterkosten, Notarkosten) für die Mitarbeiterbeteiligung anfallen sollen. 313

2. Arten der virtuellen Beteiligung

Eine virtuelle Beteiligung kann als volle virtuelle Beteiligung ausgestaltet werden oder auf einzelne Erlösereignisse wie zB einen Exit beschränkt werden. 314

Die Grundfrage der virtuellen Beteiligung ist stets, wer der Vertragspartner und Zahlungsverpflichtete sein soll: die Gesellschafter oder die Gesellschaft. Beide Gestaltungen sind möglich. Gerade bei **Exit-orientierten** Gesellschaften können aber eine Verwaltung der virtuellen Beteiligung und eine Zahlungsverpflichtung durch die Gesellschafter gewollt sein. Im Regelfall wird ein Käufer der Gesellschaft die an die Mitarbeiter zu zahlende Exit-Vergütung vom Kaufpreis abziehen. Insofern tragen die Gesellschafter mittelbar die Auszahlungen auf die virtuelle Beteiligung ohnehin. Soll die virtuelle Mitarbeiterbeteiligung auf Gesellschafterebene administriert und ausgezahlt werden, ist es – gerade bei einem Gesellschafterkreis mit vielen Gesellschaftern – sinnvoll, einen Gesellschafter auszuwählen, der die für die virtuelle Mitarbeiterbeteiligung erforderlichen Mittel als Treuhänder erhält und auszahlt. 315

Oftmals ist es gewollt, die virtuelle Beteiligung rein auf der **Gesellschaftsebene** abzuwickeln. Denn zum einen kann die Gesellschaft, die Mitarbeitern virtuelle Beteiligungen einräumt, die entsprechenden Auszahlungen als Kosten abziehen, was zu einer niedrigeren Steuerlast führen kann. Zum anderen handelt es sich bei der virtuellen Mitarbeiterbeteiligung letztlich um eine aus dem Arbeitsverhältnis heraus motivierte Leistung, die einen Annex zum Arbeitsvertrag zwischen der Gesellschaft und dem Mitarbeiter darstellt. Im Falle der Administration der Mitarbeiterbeteiligung auf Ebene der Gesellschaft schließt diese den Beteiligungsvertrag mit den zu beteiligenden Mitarbeitern ab und ist Schuldnerin der vereinbarten Zahlungen, auch wenn es zum Verkauf, dh Exit, des Unternehmens kommt. Wie bereits beschrieben werden Käufer solche Zahlungen nahezu immer vom Kaufpreis abziehen. 316

a) Volle virtuelle Beteiligung

317 Die volle virtuelle Beteiligung hat das Ziel, letztlich **alle Ereignisse,** die bei der Arbeitgebergesellschaft zu Zahlungen an Gesellschafter aus der gesellschaftsrechtlichen Beteiligung führen können, virtuell auch als **Zahlungen an den Mitarbeiter** auszugestalten. Das umfasst regelmäßig **Gewinnausschüttungen,** Auszahlungen aus **Kapitalrücklagen,** Auszahlungen von **Liquidationserlösen** und Zahlungen im Falle der **Veräußerung von Gesellschaftsanteilen.**

318 Hinsichtlich Gewinnausschüttungen wird der virtuelle Beteiligungsvertrag zumeist so ausgestaltet, dass virtuelle Zahlungen an die beteiligten Mitarbeiter nur dann erfolgen, wenn Gewinne auch tatsächlich an Gesellschafter ausgeschüttet und ausgezahlt werden. Sonst würden die Mitarbeiter besser behandelt werden als die echten Gesellschafter, was zumeist nicht gewollt ist (dem dienen eher Bonuszahlungen, die sich an Umsatz, Gewinn, EBITDA oder EBIT-Zielen orientieren). Als Ausgleich werden thesaurierte Gewinne in der Praxis teilweise anteilig einem virtuellen Rücklagenkonto der Mitarbeiter gutgeschrieben, das ihnen beim Ausscheiden ausgezahlt wird. Dies ist aber in vielen Fällen nicht gewollt, da thesaurierte Gewinne für Investitionen genutzt werden, die wiederum den Unternehmenswert steigern und damit auch die Abfindung des virtuell beteiligten Mitarbeiters bei seinem Ausscheiden.

b) Exit-Erlös-Beteiligung

319 Das Exit-bezogene virtuelle Mitarbeiterbeteiligungsprogramm unterscheidet sich von der vollen virtuellen Beteiligung dadurch, dass die beteiligten Mitarbeiter Auszahlungen auf die virtuelle Beteiligung erst und nur im Falle eines Exits erhalten.[159] Ein Exit wird dabei üblicherweise als die Veräußerung der Mehrheit der stimmberechtigten Gesellschaftsanteile der Arbeitgebergesellschaft, die Veräußerung des gesamten oder nahezu des gesamten Vermögens der Arbeitgebergesellschaft im Rahmen eines *Asset Deals,* ein Börsengang der Arbeitgebergesellschaft sowie Verschmelzungsvorgänge, die dazu führen, dass die Gesellschafter der Arbeitgebergesellschaft nach der Verschmelzung nicht mehr die Mehrheit der stimmberechtigten Anteile des verschmolzenen Unternehmens halten, definiert. Neben diesen Haupt-Veräußerungsvorgängen können aber auch noch weitere **Exit-Szenarien** definiert werden.

320 Eine virtuelle Exit-Erlös-Beteiligung wird häufig von Venture-Capital finanzierten Startup-Unternehmen versprochen, bei denen ein Exit im Vordergrund steht und Gewinnausschüttungen in naher Zukunft (bzw. vor dem Exit) nicht zu erwarten sind. Durch die Exit-Erlös-Beteiligung werden die Interessen der Gründer, der Investoren und der Mitarbeiter in Einklang gebracht, nämlich einen möglichst hohen Exit-Erlös zu erzielen. Genauso wie für die Gründer und die Investoren ist mit einer solchen Exit-Erlös-Beteiligung ein hohes Risiko verbunden, allerdings auch große Chancen.

321 Wie bereits in der Einleitung zu diesem Unterabschnitt dargelegt, ist stets zu klären, ob die Exit-Erlös-Beteiligung von der Arbeitgebergesellschaft selber auszuzahlen sein soll oder von den Gesellschaftern. Da es die Gesellschafter sind, die den Exit-Erlös erhalten, liegt es nahe, diese als **Schuldner der Exit-Erlös-Beteiligung** zu definieren. Dies stellt sich aber in der Praxis häufig als schwierig dar, da die ein virtuelles Beteiligungsprogramm vorantreibenden Gesellschafter sicherstellen wollen, dass alle Gesellschafter die jeweils anteilige Auszahlung der Exit-Erlös-Beteiligung aus den Exit-Erlösen als Pflicht übernehmen und daher der gesamte Gesellschafterkreis mitwirken muss. Hinzu kommt, dass durch eine solche Gestaltung spätere Änderungen der Beteiligungsbedingungen sowie jede weitere Exit-Erlös-Beteiligung an Mitarbeiter die Mitwirkung aller Gesellschafter erfordert. Letzterem kann dadurch abgeholfen werden, dass ein Gesellschafter als bevoll-

---

[159] Birkner/*Bürmann*/*Keilbach* S. 182.

mächtiger Administrator ermächtigt wird, neue virtuelle Beteiligungen im Namen aller Gesellschafter in zuvor vorgegebenen Grenzen an Mitarbeiter auszugeben.

c) Verwässerung

Sowohl bei der vollen virtuellen Beteiligung als auch bei der Exit-Erlös-Beteiligung muss die **Verwässerung der virtuellen Beteiligung** im Beteiligungsvertrag geregelt werden. Die Regelung eines virtuellen Bezugsrechts ist dabei häufig schwierig umzusetzen. Denn in dem Fall müssten die beteiligten Mitarbeiter zwangsläufig anteilig eigene Einlagen auf die virtuelle Beteiligung einzahlen, wofür den Mitarbeitern zumeist die finanziellen Mittel fehlen. Zudem dürfte es für Mitarbeiter im Zweifel attraktiver sein, in Finanzierungsrunden nach ihrer virtuellen Beteiligung direkt oder über eine Beteiligungsgesellschaft zu investieren, anstatt nur virtuell am Exit-Erlös beteiligt zu sein.

In der Praxis häufig anzutreffen ist eine **volle Verwässerung** der virtuellen Mitarbeiterbeteiligung ohne virtuelles Bezugsrecht – so als wären die Mitarbeiter direkt beteiligt.[160]

> **Praxistipp:**
> Bei den Verwässerungsregelungen ist darauf zu achten, dass die virtuelle Beteiligung nicht „atomisiert" wird, also eine so niedrige Beteiligungsquote erreicht, dass der Motivationsfaktor der Mitarbeiterbeteiligung entfällt. Im Falle der vollen Verwässerung ist es daher empfehlenswert, bei jeder Finanzierungsrunde (Kapitalerhöhung) zu überprüfen, ob die virtuelle Mitarbeiterbeteiligung noch ihren beabsichtigten Zweck erreicht.

Am anderen Ende der Gestaltungsmöglichkeiten steht der **Ausschluss der Verwässerung** der virtuellen Mitarbeiterbeteiligung. Ein solcher vollständiger Ausschluss der Verwässerung dürfte aber nicht die gewünschten Ergebnisse erzielen, da die Motivation der Mitarbeiter sinkt, das Unternehmen, an dem sie virtuell beteiligt sind, so weiterzuentwickeln, dass durch zukünftige Finanzierungsrunden vor einem Exit eine so niedrige Verwässerung wie möglich eintritt. Zudem dürfte sich ein solcher Verwässerungsausschluss als gewichtiges Hindernis für die Investoren zukünftiger Finanzierungsrunden (Neuinvestoren oder Bestandsinvestoren) herausstellen und die Bewertung entsprechend drücken.

Als Mittelweg kann es sich anbieten, ein Modell aufzusetzen, das eine gewisse Untergrenze der Verwässerung festlegt oder das nur eine anteilige Verwässerung vorsieht.

d) Virtuelle Anteilsoptionen

Anders als bei der Gewährung realer Optionen erhält der begünstigte Mitarbeiter bei Ausübung der **virtuellen Option** statt der Übertragung eines Geschäftsanteils einen Anspruch auf Auszahlung des Differenzbetrags zwischen dem Anteilswert zum Einräumungs- und Ausübungszeitpunkt.[161] Im Vergleich zur unmittelbar gewährten virtuellen Beteiligung kann eine optionale virtuelle Beteiligung allenfalls dann einen Vorteil bieten, wenn **Bedingungen** definiert werden, die erfüllt sein müssen, damit der Mitarbeiter die Option auf Einräumung der virtuellen Beteiligung ausüben kann. Beispiele für solche Bedingungen können sein: eine gewisse Mindestdauer der Beschäftigung bei dem relevanten Unternehmen, die Erreichung bestimmter Erfolgsziele (zB Vertriebsziele, Entwicklungsziele, oÄ) oder die Erreichung bestimmter Meilensteine des Unternehmens selber.

---

[160] *Schönhaar* GWR 2017, 293 (295).
[161] *Schniepp/Giesecke* NZG 2017, 128.

3. Rechtliche Ausgestaltung virtueller Beteiligungsmodelle

327 **Übliche Regelungen** virtueller Beteiligungsverträge sind solche zu den Voraussetzungen der virtuellen Beteiligung, zum *Vesting,* zu den Tatbeständen, die zu Zahlungen an die virtuell beteiligten Mitarbeiter führen, und der Berechnung solcher Zahlungen, zu etwaigen nachlaufenden Fristen, zur Verwässerung der virtuellen Beteiligung sowie zu dem Schicksal der virtuellen Beteiligung bei Ausscheiden aus der Gesellschaft.

328 Als Voraussetzung für den Erwerb einer virtuellen Beteiligung wird in den meisten Fällen ein so genanntes **Cliff** vereinbart, dh eine bestimmte Betriebszugehörigkeit zur Arbeitgebergesellschaft. Aber auch andere Voraussetzungen können definiert werden. Häufig wird ein **Vesting** der virtuellen Beteiligung vereinbart, dh die virtuelle Beteiligung wird nicht in einem Schritt vollständig erworben, sondern schrittweise (zB monatlich) über einen gewissen Zeitraum, die so genannte *Vesting Periode*.

329 Zu den Tatbeständen, die zu Zahlungen an die virtuell beteiligten Mitarbeiter führen, wurde bereits oben Stellung genommen. Die Berechnung der entsprechenden Zahlungen sieht üblicherweise Abzüge von anteiligen Transaktionskosten (zB Rechtsanwalts-, Notar-, M&A-Berater und weitere Beraterkosten) vor. Zusätzlich wird zumeist ein so genannter **Strike Price,** entsprechend der vollen oder einer anderen Unternehmensbewertung der Arbeitgebergesellschaft zum Zeitpunkt der Gewährung der virtuellen Beteiligung, von der an die Mitarbeiter zu zahlenden Vergütung abgezogen.

Beispiel:

Das Startup A GmbH mit einem Stammkapital von 25.000 EUR gewährt einem Mitarbeiter 3.000 virtuelle Anteile an der A-GmbH im Nennbetrag von jeweils 1 EUR. Der *Strike Price* wird mit 10 EUR je Geschäftsanteil festgelegt (somit 30.000 EUR insgesamt). Wird die A-GmbH für 20 EUR je Geschäftsanteil im Nennbetrag von 1 EUR verkauft, erhält der Mitarbeiter 30.000 EUR (10 EUR je virtuellem Geschäftsanteil).

330 Weiter ist üblicherweise auch ansonsten vorgesehen, dass die virtuell beteiligten Mitarbeiter so behandelt werden, als wären sie direkt beteiligt gewesen. Das bedeutet, dass etwaige **Kaufpreiseinbehalte bzw. Kaufpreistranchen,** die auf Treuhandkonten eingezahlt werden, um Garantie- und Freistellungsansprüche des Käufers des entsprechenden Unternehmens zu sichern, auch erst anteilig an die virtuell beteiligten Mitarbeiter ausgezahlt werden, wenn sie den tatsächlichen Gesellschaftern zufließen. Gleiches gilt für Kaufpreiszahlungen in Tranchen, *Earn-Outs,* die Gewährung von Verkäuferdarlehen und Rückflüsse daraus, etc. Diesbezüglich sind aber auch sofortige und pauschalierte Abgeltungsregelungen denkbar, die insbesondere einen klaren Schnitt und eine abschließende Regelung ermöglichen sollen.

331 Die Exit-Beteiligung wird regelmäßig auf Basis einer *fully diluted* Berechnung berechnet, also so, als wären alle virtuell beteiligten Mitarbeiter als echte Gesellschafter beteiligt. Das Grund- bzw. Stamm- bzw. Kommanditkapital der jeweiligen Gesellschaft ist also um die virtuellen Anteile der beteiligten Mitarbeiter zu erhöhen. Im Rahmen von Venture Capital finanzierten Unternehmen ist zudem noch zu regeln, auf welcher Ebene die Mitarbeiterbeteiligung ausgezahlt werden soll. Üblicherweise erhalten Venture Capital Investoren im Rahmen von Finanzierungsrunden anrechenbare *(non-participating)* oder nicht anrechenbare *(participating)* **Erlöspräferenzen,** dh sie erhalten ihr Investment vorab vollständig zurück, bevor andere Gesellschafter bedient werden. Von der Ausgestaltung der Erlöspräferenz hängt dann ab, ob die Erlöspräferenz in einer zweiten Verteilungsstufe auf die *pro rata* Verteilungsbeträge angerechnet wird oder nicht. Solche Erlöspräferenzen gelten regelmäßig auch zulasten der virtuell beteiligten Mitarbeiter, wobei zumeist vorgesehen wird, dass dies nur gilt, sofern die virtuell beteiligten Mitarbeiter gleich behandelt werden wie andere Gesellschafter ohne Erlöspräferenz.

V. Virtuelle Beteiligungen

Durchaus gängig in der Praxis sind auch **nachlaufende Verpflichtungen** der Mitarbeiter, die über einen Exit hinausgehen. Als Beispiel dienen Regelungen, die die vollständige oder einen Teil der virtuellen Exit-Beteiligung davon abhängig machen, dass die Mitarbeiter auch nach dem Exit noch für eine bestimmte Zeit als Mitarbeiter der jeweiligen Gesellschaft verbleiben. Solche Regelungen sind darauf ausgerichtet, die Loyalität der Mitarbeiter mit ihrem Arbeitgeber insgesamt zu stärken und einen etwaigen Käufer davor zu schützen, dass direkt nach dem Exit ein Mitarbeiter-Exodus eintritt. 332

4. Verfahren bei Beendigung des Arbeitsverhältnisses

Wird das Dienst- bzw. Arbeitsverhältnis vor Ablauf der festgelegten **Vesting Periode** beendet, **verfallen** regelmäßig auch die noch nicht angewachsenen *(gevesteten)* virtuellen Anteile. Ähnlich wie bei den gesellschaftsrechtlichen Beteiligungsmodellen kann auch bei der virtuellen Mitarbeiterbeteiligung nach dem Beendigungsgrund (*Good Leaver* und *Bad Leaver*) differenziert werden.[162] Liegt ein **Good Leaver Fall** (→ Rn. 113 ff.) vor, so bleibt der Mitarbeiter üblicherweise berechtigt, die ihm bis zum Zeitpunkt seines Austritts angewachsenen *(gevesteten)* virtuellen Anteile zu behalten, und hat damit weiterhin die Chance, an der künftigen Steigerung des Unternehmenswerts der Gesellschaft teilzuhaben.[163] Für einen **Bad Leaver** hingegen ist häufig vorgesehen, dass die virtuelle Beteiligung beim Ausscheiden ersatz- und entschädigungslos verfällt, jedenfalls für alle solchen Fälle, in denen die Gesellschaft dem Mitarbeiter aus wichtigem Grund kündigt, teilweise aber auch für sonstige *Bad Leaver* Fälle.[164] 333

Eine Verfallklausel, bei der der Mitarbeiter seine komplette virtuelle Beteiligung (einschließlich schon angewachsener Anteile) im Fall der arbeitnehmerseitigen Kündigung verliert, würde eine **Kündigungserschwerung** für den Mitarbeiter darstellen, indem er zur Vermeidung einer Vermögenseinbuße das Anstellungsverhältnis nicht kündigen dürfte.[165] Die Verfallklausel und das *Vesting* sollten demnach zeitlich so ausgestaltet sein, dass sie den Mitarbeiter nicht in seiner Berufsfreiheit unangemessen einschränken (Art. 12 GG iVm § 138 BGB).[166] Die Angemessenheit der konkreten zeitlichen Beschränkung hängt vom jeweiligen Einzelfall ab. Generell darf die Frist bzw. die *Vesting* Periode jedoch durchaus einen Zeitraum von mehreren Jahren umfassen, da die bezweckte mittelfristige Bindung des Mitarbeiters an das Unternehmen eine längere Frist rechtfertigen kann.[167] 334

Anders als bei direkten oder indirekten Beteiligungen sind in virtuellen Beteiligungsmodellen keine Regelungen für den **Rückkauf** der jeweiligen virtuellen Beteiligung oder deren **Abfindung** bei Ausscheiden des beteiligten Mitarbeiters erforderlich, wenn auch solche Regelungen grundsätzlich möglich sind. Neben den hier dargestellten *Vesting-* und Verfallsklauseln wird teilweise in den Beteiligungsbedingungen vorgesehen, dass die Arbeitgebergesellschaft im Falle des Ausscheidens des Mitarbeiters ein Abfindungsrecht bezüglich der virtuellen Mitarbeiterbeteiligung zu einem festgelegten Preis erhält. Das stellt sicher, dass ausgeschiedenen Mitarbeitern keine Informationen über Gewinne, Gewinnausschüttungen, Kaufpreise, etc. mehr zur Verfügung gestellt werden müssen. 335

---

[162] *Schönhaar* GWR 2017, 293 (294).
[163] *Schönhaar* GWR 2017, 293 (294).
[164] *Schönhaar* GWR 2017, 293 (294).
[165] *Schniepp/Giesecke* NZG 2017, 128 (132).
[166] *Schniepp/Giesecke* NZG 2017, 128 (132).
[167] *Schniepp/Giesecke* NZG 2017, 128 (133).

5. Steuerliche Aspekte

336 Bei virtuellen Beteiligungen und virtuellen Anteilsoptionen erfolgt eine Besteuerung auf der Ebene des Mitarbeiters regelmäßig erst bei **Erfüllung des Anspruchs** (Zufluss beim Mitarbeiter), da es sich um reine schuldrechtliche Vereinbarungen mit Anspruch des Mitarbeiters auf Bezahlung eines bestimmten Geldbetrages handelt (Erfolgsbeteiligung).[168]

337 Dem Mitarbeiter fließt bei Gewährung von virtuellen Beteiligungen weder ein Geldbetrag noch ein handelbares Gut zu. Daher liegt im Zeitpunkt der **Gewährung** der virtuellen Beteiligung oder der virtuellen Anteilsoption aus steuerrechtlicher Sicht **kein steuerbarer Zufluss** von Arbeitslohn vor. Folglich ist es aus steuerrechtlicher Sicht auch nicht notwendig, einen angemessenen Kaufpreis für die virtuellen Beteiligungen zu leisten, um eine Besteuerung im Gewährungszeitpunkt zu vermeiden.[169]

338 Etwaige **Vergütungen,** die dem Mitarbeiter aus der virtuellen Beteiligung zufließen, stellen im Zeitpunkt des tatsächlichen Zuflusses beim Mitarbeiter steuerpflichtigen Arbeitslohn dar, der grundsätzlich dem Lohnsteuerabzug unterliegt.

339 Gleiches gilt bei der Beendigung des jeweiligen virtuellen Beteiligungsprogramms. So unterliegen etwaige Abfindungen bei der Beendigung virtueller Beteiligungen oder etwaige virtuelle Veräußerungsgewinne im Fall eines Rückkaufs als erfolgsabhängige Vergütung des Mitarbeiters ebenfalls im Zuflusszeitpunkt grundsätzlich dem Abzug von Lohnsteuer und Sozialversicherungsbeiträgen. Die Höhe eines virtuellen Veräußerungsgewinns ist von der Ausgestaltung der Beteiligungsvereinbarung abhängig. Häufig ergibt er sich aus der Differenz zwischen den virtuellen Anschaffungskosten bei Einräumung der Beteiligung und dem virtuellen Veräußerungspreis im Zeitpunkt der Veräußerung.[170]

340 Wirtschaftlich betrachtet, stellen die Vergütungen aus virtuellen Beteiligungen und Anteilsoptionen also ein Entgelt für die in der Vergangenheit geleistete Arbeit dar.[171] Folglich sind diese Bezüge (beispielsweise Dividenden aus virtuellen Beteiligungen, etwaige Veräußerungsgewinne) keine Einkünfte aus Kapitalvermögen und werden daher nicht mit dem Abgeltungsteuersatz von 25 % (zzgl. Annexsteuern), sondern unter Anwendung des individuellen Steuersatzes des Mitarbeiters besteuert. Eine Steuerbefreiung nach § 3 Nr. 39 EStG findet für die virtuellen Beteiligungen keine Anwendung.

> **Praxistipp:**
> Bereits im Rahmen des Lohnsteuerabzuges sollte geprüft werden, ob die Voraussetzungen für die Tarifermäßigung (§ 34 Abs. 1 EStG – Arbeitslohn für mehrere Jahre) bei der Besteuerung der Erfolgsbeteiligung erfüllt sind.

341 Die Besteuerung virtueller Beteiligungen mit **Exit- oder Event-Bezug** erfolgt nach dem oben beschriebenen Prinzip erst bei Erfüllung des Anspruchs (Zufluss beim Mitarbeiter). Da bei den Exit- und Event-Modellen erst mit Eintritt der Bedingung der Anspruch des Mitarbeiters überhaupt entsteht, findet eine Besteuerung auf Ebene des Arbeitnehmers auch nicht vor diesem Zeitpunkt statt.

342 Dies führt bei virtuellen Beteiligungen zu dem **Vorteil** für den Mitarbeiter, dass die Besteuerung der Erfolgsbeteiligung erst vorzunehmen ist, wenn dem Mitarbeiter die finanziellen Mittel aus der Erfüllung des Anspruchs aus der virtuellen Beteiligung zur Verfügung stehen. Im Gegensatz dazu können bei der Gewährung von Kapitalbeteiligungen aufgrund eines fehlenden Zuflusses an Liquidität die Mitarbeiter Schwierigkeiten haben, die Steuer auf den erhaltenen Vorteil (bspw. verbilligt überlassene Aktien) zu begleichen.

---

[168] *Arbter/Skowronek* BC 2014, 138.
[169] *Birkner/Bürmann/Keilbach* S. 179 ff.
[170] *Birkner/Bürmann/Keilbach* S. 181.
[171] BMF Schreiben 3.5.2018 – IV B 2, BeckVerw 434820, Tz. 5.5.6.4.1.

VI. Fremdkapital- und Mezzanine-Gestaltungen

1. Grundlagen von Fremdkapital- und Mezzanine-Gestaltungen

Mitarbeiterbeteiligungen können auch als Fremdkapital- bzw. Mezzanine-Finanzierungen 343
ausgestaltet werden. In diesen Fällen gewähren Mitarbeiter dem Arbeitgeber Darlehen bzw. eine Mezzanine-Finanzierung, zB im Wege eines Nachrang-Darlehens oder von Genussrechten.

Fest verzinste Darlehen (→ Rn. 345 ff.) von Mitarbeitern an ihren Arbeitgeber finden 344
sich in der Praxis eher selten als Instrument der Mitarbeiterbeteiligung, eher als Instrument der Unternehmensfinanzierung. Durchaus häufiger zu finden sind **Darlehen oder Mezzanine-Finanzierungen mit Erfolgsbeteiligung.** In Betracht kommen insoweit vor allem partiarische Darlehen (→ Rn. 352 ff.), stille Beteiligungen (→ Rn. 357 ff.), Unterbeteiligungen (→ Rn. 377 ff.) und Genussrechte (→ Rn. 386 ff.).

2. Einfache Darlehen

a) Rechtliche Ausgestaltung

Bezüglich einfacher Darlehen gelten die §§ 488 ff. BGB. Im Verhältnis zwischen dem Arbeitnehmer als Darlehensgeber und dem Arbeitgeber als Darlehensnehmer sind keine rechtlichen Besonderheiten ersichtlich, die von anderen Darlehensverhältnissen wesentlich abweichen. Als Gestaltungsmittel in Betracht kommt der Einbehalt von Arbeitslohn als Darlehensvaluta, somit ein Darlehen, das nicht in einer Summe, sondern über einen gewissen Zeitraum valutiert wird. 345

Aus regulatorischer Sicht ist zu beachten, dass Unternehmen die Aufnahme von Darlehen von Arbeitnehmern nur in den Grenzen des KWG ohne **Genehmigung** (Banklizenz) gem. § 32 Abs. 1 KWG erlaubt ist. Denn die Aufnahme von Darlehen stellt ein **Einlagegeschäft** gem. § 1 Abs. 1 Nr. 1 KWG dar. Diesbezüglich gelten allerdings die in → Rn. 32 ff. geregelten Ausnahmen. 346

b) Steuerliche Aspekte

Das unter fremdüblichen Konditionen gewährte Mitarbeiterdarlehen ist für die **Arbeitgebergesellschaft** steuerlich **als Fremdkapital** zu qualifizieren, so dass Zinszahlungen an den Mitarbeiter grundsätzlich als Betriebsausgaben abzugsfähig sind (vgl. § 4 Abs. 4 EStG, § 8 Abs. 1 KStG). Jedoch sind die Abzugsbeschränkungen nach § 4 Abs. 4a EStG (nicht abzugsfähige Zinsen bei Überentnahmen) und § 4h EStG (Zinsschranke) für Zinszahlungen zu beachten. Darüber hinaus sind grundsätzlich die Zinsen gem. § 8 Nr. 1 Buchst. a GewStG dem Gewerbeertrag zu einem Viertel wieder hinzuzurechnen, sofern die Hinzurechnungsbeträge des § 8 Nr. 1 Buchst. a–f GewStG einen Betrag von 100.000 EUR übersteigen. In diesen Fällen sind die Zinszahlungen aus einem Mitarbeiterdarlehen teilweise für die Ermittlung des steuerpflichtigen Gewerbeertrags nicht abzugsfähig. 347

Für den **Mitarbeiter** stellen die Einnahmen (beispielsweise Zinseinnahmen) aus dem Darlehen an seinen Arbeitgeber **grundsätzliche Einkünfte aus Kapitalvermögen** iSd § 20 Abs. 1 Nr. 7 EStG dar, die der Abgeltungsteuer (zzgl. Annexsteuern) unterliegen. Kapitalertragsteuer muss von der zinszahlenden Arbeitgebergesellschaft grundsätzlich nicht einbehalten werden (§ 43 Abs. 1 Nr. 7 EStG). 348

Sofern einer der Ausnahmetatbestände des § 32d Abs. 2 Nr. 1 EStG (→ Rn. 366) greift – beispielsweise weil der darlehensgebende Mitarbeiter mit mindestens 10 % an der Gesellschaft des Arbeitgebers beteiligt ist –, findet die Abgeltungsteuer keine Anwendung 349 und der Kapitalertrag unterliegt der Besteuerung mit dem individuellen Steuersatz des Mitarbeiter-Gesellschafters.

350 Das Mitarbeiterdarlehen kann auch so ausgestaltet sein, dass der Arbeitgeber einen Teil des Arbeitslohns einbehält (→ Rn. 345) und diesen zu eigenen Finanzierungszwecken nutzt. Legt man eine wirtschaftliche Betrachtungsweise zugrunde, hat der Mitarbeiter in dem Moment über diesen Teil des Gehalts verfügt, so dass trotz Einbehalt des anteiligen Gehaltes die Lohnsteuerpflicht und die Beitragspflicht zur Sozialversicherung ausgelöst werden.[172] Für den Arbeitgeber ist es daher wichtig, die entsprechende Lohnsteuer und die entsprechenden Beiträge abzuführen, um nicht in die Lohnsteuerhaftung nach § 42d EStG zu geraten.

351 Darüber hinaus sind steuerliche Besonderheiten bei einem von einem Mitarbeiter gewährten Darlehen zu beachten, wenn die Arbeitgebergesellschaft beispielsweise eine **gewerbliche Personengesellschaft** ist, an welcher der Mitarbeiter neben der Darlehensgewährung als Gesellschafter beteiligt ist. In diesen Fällen sind die Zinseinnahmen des Mitarbeiter-Gesellschafters sog. Sondervergütungen (→ Rn. 214). Für Zwecke der Gewerbesteuer und bezüglich der dem Mitarbeiter zuzuweisenden Einkünfte aus der Beteiligung an der Personengesellschaft, wirken sich die Zinszahlungen der Gesellschaft daher nicht gewinnmindernd aus.

3. Partiarische Darlehen

a) Rechtliche Ausgestaltung

352 Partiarische Darlehen sind **Darlehen mit Erfolgsbeteiligung**.[173] Ihr wesentliches Merkmal ist die Vereinbarung eines Anteils am Umsatz, Gewinn, Exit-Erlös oder einer anderen Unternehmenskennzahl. Die Gestaltungsmöglichkeiten sind zu vielfältig, um sie an dieser Stelle im Einzelnen darzustellen. Oftmals fällt es schwer, partiarische Darlehen von anderen rechtlichen Instrumenten der Mitarbeiterbeteiligung abzugrenzen. Sachgerecht sind die folgenden **Abgrenzungskriterien:**

353 Das partiarische Darlehen ist ein Darlehen, das die Auszahlung eines Geldbetrages und die Rückzahlung derselben Summe vorsieht. Das grenzt das Darlehen von virtuellen Beteiligungen und stillen Beteiligungen ab. Darüber hinaus verfolgen der Darlehensgeber und der Darlehensnehmer keinen gemeinsamen Zweck, dh die Beziehungen beruhen nicht auf einem Gesellschaftsverhältnis. Dies unterscheidet unter anderem das partiarische Darlehen von der stillen Beteiligung. Eine Verlustbeteiligung ist – anders als bei Genussrechten – nicht vorgesehen. Ein fester Zins kann, muss aber nicht zwingend vorgesehen werden. Ein partiarisches Darlehen ist ein Darlehen gem. §§ 488 ff. BGB, weshalb für seine Aufnahme grundsätzlich dieselben regulatorischen Restriktionen gelten wie für einfache Darlehen (→ Rn. 345 ff.).

b) Steuerliche Aspekte

354 Je nach der **Ausgestaltung** des partiarischen Darlehens kann es sich aus steuerlicher Sicht um ein **Darlehen** oder um eine sog. **Mitunternehmerschaft** handeln. Ist für steuerliche Zwecke ein Darlehen anzunehmen, sind grundsätzlich die Ausführungen zum „einfachen" Darlehen zu beachten (→ Rn. 347 ff.). Abweichend zum „einfachen" Darlehen erzielt der Darlehensgeber des partiarischen Darlehens jedoch Einkünfte aus Kapitalvermögen iSd § 20 Abs. 1 Nr. 4 EStG, die der Abgeltungsteuer (25 % zzgl. Annexsteuern) unterliegen, sofern nicht ein Ausnahmetatbestand (→ Rn. 366) greift und der Mitarbeiter das partiarische Dar-

---

[172] BFH 14.5.1982 – VI R 124/77, BeckRS 1982, 22006139.
[173] Hierzu näher *Kutsch/Kersting* BB 2011, 373 (375).

VI. Fremdkapital- und Mezzanine-Gestaltungen

lehen in seinem Privatvermögen hält. Die darlehensnehmende Arbeitgebergesellschaft hat Kapitalertragsteuer iHv 25% (zzgl. Annexsteuern) einzubehalten und abzuführen (§ 43 Abs. 1 Nr. 4 EStG). Die Vergütungen aus dem Darlehen stellen grundsätzlich Betriebsausgaben des Darlehensnehmers dar. Allerdings unterliegen auch die Zinsen für ein partiarisches Darlehen der gewerbesteuerlichen Hinzurechnung (§ 8 Nr. 1 Buchst. a GewStG), so dass sie den steuerpflichtigen Gewerbeertrag der Arbeitgebergesellschaft nicht mindern.

Von einer **Mitunternehmerschaft** ist insbesondere dann auszugehen, wenn der Darlehensgeber (Mitarbeiter) mit so weit reichenden Rechten ausgestattet ist, dass er Mitunternehmerinitiative entfaltet und Mitunternehmerrisiko trägt. Dies kann beispielsweise bei der Einräumung von Einflussrechten auf die Geschäftsführung oder weitgehender Kontrollrechte der Fall sein. Liegt eine Mitunternehmerschaft vor, so erzielt der partiarische Darlehensgeber gewerbliche Einkünfte (§ 15 Abs. 1 Nr. 2 EStG). 355

Auch bei der Vereinbarung eines partiarischen Darlehens sind grundsätzlich die **Fremdvergleichsgrundsätze** für steuerliche Zwecke zu beachten. Ist beispielsweise die vereinbarte Vergütung aus dem Darlehen unangemessen hoch und der Darlehensgeber (Mitarbeiter) ist gleichzeitig Gesellschafter der das Darlehen empfangenden Kapitalgesellschaft, so kann der unangemessen hohe Teil der Vergütung grundsätzlich steuerpflichtigen Arbeitslohn oder beispielsweise eine nicht abzugsfähige verdeckte Gewinnausschüttung bei der Beteiligung an einer Kapitalgesellschaft darstellen. Dies ist unter anderem davon abhängig, ob die Höhe der Vergütung aus dem Gesellschaftsverhältnis oder aus dem Arbeitsverhältnis heraus, veranlasst ist. 356

4. Stille Beteiligungen und Unterbeteiligungen

Weitere Instrumente der Mitarbeiterbeteiligung an der Schnittstelle zwischen Eigenkapital und Fremdkapital sind stille Beteiligungen und Unterbeteiligungen. 357

a) Rechtliche Ausgestaltung der stillen Beteiligung

Stille Beteiligungen können als typisch stille Beteiligungen gem. §§ 230 ff. HGB oder als **atypisch stille Beteiligungen** unter Abweichung von §§ 230 ff. HGB ausgestaltet werden.[174] Sowohl bei der typisch stillen als auch bei der atypisch stillen Beteiligung hat der zu beteiligende Mitarbeiter eine Einlage zu leisten (vgl. § 230 Abs. 1 HGB). Der **Ausgestaltung der Rechte** des still Beteiligten sind sodann nur wenige Grenzen gesetzt und in der Praxis finden sich unzählige Ausgestaltungen von stillen Beteiligungen als Mitarbeiterbeteiligung, die einzeln und in Kombination von einer festen Verzinsung über einen bestimmten Prozentsatz am Gewinn des Unternehmens, Exit-Erlösen oder anderen Erlösen bis hin zu einer Gewinn- und Verlustbeteiligung reichen. 358

Wie bei einer Personengesellschaft werden im Rahmen einer stillen Beteiligung üblicherweise **Konten** für den still beteiligten Mitarbeiter eingerichtet, namentlich ein Einlagekonto, auf das die geleistete Einlage gebucht wird, sowie ein Konto, auf das den stillen Gesellschafter betreffende Gewinne und Verluste gebucht werden. Weitere Konten können eingerichtet werden. 359

Anders als bei partiarischen Darlehen (→ Rn. 352 ff.) ist die stille Beteiligung üblicherweise auch mit einem **Verlustrisiko** bis zur Höhe der geleisteten Einlage ausgestaltet (vgl. dazu auch § 232 Abs. 2 HGB). 360

Soll eine stille Beteiligung zur Mitarbeiterbeteiligung eingesetzt werden, sollten die Beteiligungsbedingungen auch Regelungen zur Beendigung der stillen Beteiligung vorsehen. Diesbezüglich bieten sich **Sonderkündigungsrechte** des Unternehmens für den Fall eines Exits sowie für den Fall des Ausscheidens des Mitarbeiters aus der Gesellschaft an. 361

---

[174] Hierzu näher *Kutsch/Kersting* BB 2011, 373 (376).

Wie auch bei einer direkten oder indirekten Beteiligung sind in der Praxis *Leaver*-Regelungen (→ Rn. 88 ff., 108 ff.) gängig, die hinsichtlich der Abfindung der stillen Beteiligung danach unterscheiden, ob der Mitarbeiter als *Good Leaver* oder als *Bad Leaver* ausscheidet. Für *Bad Leaver* Fälle dürfte es zulässig sein, eine niedrigere Abfindung vorzusehen als für *Good Leaver* Fälle.

362 Hinsichtlich der **Abfindung** zeigen sich die wesentlichsten Unterschiede zwischen der typisch stillen Gesellschaft und der atypisch stillen Gesellschaft. Der typisch stille Gesellschafter ist an den stillen Reserven des Unternehmens nicht beteiligt, sondern erhält nur seine Einlage zurück, sofern diese nicht durch Verluste gemindert ist. Darüber hinaus erhält er die auf den für ihn geführten Konten gebuchten Guthaben zurück. Unterjährige Gewinne bzw. Verluste werden durch eine Auseinandersetzungsbilanz auf den Ausscheidensstichtag ermittelt. Eine solche Gestaltung ist gerade für größer angelegte Mitarbeiterbeteiligungsprogramme nicht praktikabel, da sie zuweilen mehrmals pro Jahr die Erstellung von Auseinandersetzungsbilanzen erfordert.

363 Daher sind in der Praxis atypisch stille Gesellschaften als Instrument für die Mitarbeiterbeteiligung besser geeignet, da eine größere Regelungsfreiheit im Hinblick darauf besteht, wie der atypisch stille Gesellschafter im Ausscheidensfall abzufinden ist. Insbesondere kann der atypisch stille Gesellschafter berechtigt werden, auch oder nur einen prozentualen Anteil am Unternehmenswert zu erhalten, ebenso kann geregelt werden, wie dieser zu berechnen ist.

b) Steuerliche Aspekte der stillen Beteiligung

aa) Typisch stille Beteiligung

364 Bei einer typisch stillen Gesellschaft nimmt der still Beteiligte eine Funktion ein, die der eines **Geld- bzw. Darlehensgebers** nahe kommt. Der zu beteiligende Mitarbeiter leistet eine Geldeinlage in die Arbeitgebergesellschaft und erhält im Gegenzug die Einräumung einer Gewinnbeteiligung. Aus dieser Funktion leitet sich auch die steuerrechtliche Behandlung des typisch stillen Gesellschafters ab.

365 Hinsichtlich der an den Mitarbeiter gezahlten **laufenden Gewinnbeteiligungen** aus der typisch stillen Gesellschaft liegen bei diesem grundsätzlich Einkünfte aus Kapitalvermögen nach § 20 Abs. 1 Nr. 4 EStG vor, wenn der Mitarbeiter die stille Beteiligung in seinem Privatvermögen hält. Die Arbeitgebergesellschaft hat Kapitalertragsteuer iHv 25 % (zzgl. Annexsteuern) einzubehalten und abzuführen. Grundsätzlich findet auch bei einer typisch stillen Gesellschaft die Abgeltungsteuer Anwendung, es sei denn, es greifen die Ausnahmetatbestände nach § 32d Abs. 2 Nr. 1 EStG.

366 **Ausnahmetatbestände von der Abgeltungsteuer** nach § 32d Abs. 2 Nr. 1 EStG:

– *Gläubiger und Schuldner der Kapitalerträge sind einander nahe stehende Personen und die den Kapitalerträgen entsprechenden Aufwendungen sind beim Schuldner Betriebsausgaben oder Werbungskosten im Zusammenhang mit Einkünften, die der inländischen Besteuerung unterliegen,*
– *Kapitalerträge werden von einer Kapitalgesellschaft oder Genossenschaft an einen Anteilseigner gezahlt, der zu mindestens 10% an der Gesellschaft oder Genossenschaft beteiligt ist. Dies gilt auch, wenn der Gläubiger der Kapitalerträge eine dem Anteilseigner nahe stehende Person ist, oder*
– *ein Dritter schuldet die Kapitalerträge und diese Kapitalanlage steht im Zusammenhang mit einer Kapitalüberlassung an einen Betrieb des Gläubigers. Dies gilt entsprechend, wenn Kapital überlassen wird*
  aa) an eine dem Gläubiger der Kapitalerträge nahestehende Person oder
  bb) an eine Personengesellschaft, bei der der Gläubiger der Kapitalerträge oder eine diesem nahestehende Person als Mitunternehmer beteiligt ist oder
  cc) an eine Kapitalgesellschaft oder Genossenschaft, an der der Gläubiger der Kapitalerträge oder eine diesem nahestehende Person zu mindestens 10 Prozent beteiligt ist,
sofern der Dritte auf den Gläubiger oder eine diesem nahestehende Person zurückgreifen kann.

VI. Fremdkapital- und Mezzanine-Gestaltungen

In diesem Fall ist dann der individuelle Steuersatz des Mitarbeiters für die Besteuerung der Einkünfte aus der stillen Beteiligung maßgebend. Dies kann insbesondere in Fällen einer Refinanzierung von Vorteil sein, da bei der Anwendung der Abgeltungsteuer grundsätzlich ein Werbungskostenabzug ausgeschlossen ist. Es wird lediglich ein Abzug des Sparer-Pauschbetrags in Höhe von grundsätzlich 801 EUR berücksichtigt. In Fällen der Ausnahmetatbestände nach § 32d Abs. 2 EStG ist jedoch ein Werbungskostenabzug in tatsächlicher Höhe möglich. 367

Verluste aus einer typisch stillen Gesellschaft werden jedoch bei der Einkünfteermittlung grundsätzlich als negative Einkünfte berücksichtigt.[175] In diesen Fällen findet regelmäßig bereits eine vertragliche Begrenzung der zu tragenden Verluste auf das Kapital des still Beteiligten statt. Ist dies nicht der Fall, wird der Verlustabzug durch sinngemäße Anwendung des § 15a EStG begrenzt (§ 20 Abs. 1 Nr. 4 S. 2 EStG). 368

Auf der Ebene der **Arbeitgebergesellschaft** sind die an den typisch stillen Gesellschafter ausgezahlten Gewinnanteile **grundsätzlich als Betriebsausgaben** abzugsfähig und mindern somit die Bemessungsgrundlage für die Körperschaft- bzw. Einkommensteuer, sofern keine Abzugsbeschränkungen – beispielsweise aufgrund der Zinsschranke – entgegenstehen. Bei der Ermittlung des Gewerbeertrags der Arbeitgebergesellschaft sind die als Betriebsausgaben berücksichtigten Gewinnanteile des stillen Gesellschafters nach Maßgabe des § 8 Nr. 1 Buchst. c GewStG zu einem Viertel hinzuzurechnen. 369

> **Praxistipp**
> Bei der Vereinbarung einer typisch stillen Gesellschaft als Mitarbeiterbeteiligung ist darauf zu achten, dass die Konditionen marktgerecht vereinbart werden. Anderenfalls kann es zu geldwerten Vorteilen für die Mitarbeiter kommen, die der Lohnsteuer unterliegen.[176]

Die **Veräußerung** oder Auflösung der typisch stillen Beteiligung bei Beendigung des Arbeitsverhältnisses kann gem. § 20 Abs. 2 Nr. 4 EStG zu einem steuerpflichtigen Veräußerungs- bzw. Aufgabegewinn führen. 370

bb) Atypisch stille Beteiligung

Ist der stille Gesellschafter mit umfangreichen Rechten ausgestattet, die bei Betrachtung der Umstände des Einzelfalls dazu führen, dass seine Stellung der eines **Mitunternehmers** (Mitunternehmerrisiko und Mitunternehmerinitiative) gleicht, handelt es sich für steuerliche Zwecke um eine atypisch stille Gesellschaft. Bei der Einzelfallbeurteilung spielt insbesondere die Ausgestaltung folgender **Merkmale** eine Rolle: 371
- Beteiligung am Vermögen,
- Geschäftsführungsbefugnisse,
- Weisungs- und Kontrollrechte.

Die atypisch stille Beteiligung wird steuerlich als Mitunternehmerschaft der Arbeitgebergesellschaft und des stillen Gesellschafters (Mitarbeiter) behandelt.[177] Die für Personengesellschaften geltenden steuerlichen Grundsätze (→ Rn. 206 ff.) sind daher generell ebenfalls für die atypisch stille Gesellschaft anwendbar. Beteiligt sich der atypisch stille Mitarbeiter-Gesellschafter beispielsweise an seiner gewerblichen nach außen handelnden Arbeitgebergesellschaft, so erzielt er insoweit ebenfalls Einkünfte aus Gewerbebetrieb. 372

Gewerbesteuerpflichtig ist allerdings nur der Inhaber des Handelsbetriebs, also nach außen handelnde Arbeitgeber, da die atypisch stille Gesellschaft eine reine **Innengesellschaft** ist und kein Gesamthandsvermögen aufweist.[178] Im Gegensatz zur typisch stillen 373

---
[175] BMF 18.1.2016, BStBl. I 2016, 85, Tz. 85.
[176] Leuner/Lehmeier/Bahn Teil 3 Rn. 38.
[177] Kutsch/Kersting BB 2011, 373 (377); Blümich/Bode EStG § 15 Rn. 317.
[178] Glanegger/Güroff/Selder GewStG § 5 Rn. 10; von Holtum GmbH-StB 2013, 312 (314 f.).

Beteiligung unterliegen die auf die Mitarbeiter entfallenden Gewinne ebenfalls der Gewerbesteuer. Die Gewerbesteuer kann sich wiederum bei der Ermittlung der Einkommensteuer des Mitarbeiters gem. § 35 EStG ermäßigend auswirken, sofern der Arbeitgeber eine gewerbliche Personengesellschaft ist.

374 Die atypisch stille Gesellschaft kommt in der Praxis in den unterschiedlichsten Gestaltungsvarianten vor, sodass die steuerliche Behandlung jeweils **einzelfallbezogen** zu prüfen ist. Besonderheiten weist ua die Form der GmbH & atypisch Still auf. Ist der atypisch stille Gesellschafter auch Anteilseigner der GmbH, so sind die GmbH-Anteile Sonderbetriebsvermögen II der stillen Beteiligung, da sie dieser dienen. Somit sind auch Vergütungen von der GmbH an den still Beteiligten als Sonderbetriebseinnahmen des still Beteiligten zu erfassen.

375 Auch die atypisch stille Beteiligung sollte so ausgestaltet werden, dass die Konditionen einem **Fremdvergleich** standhalten, da sonst ein steuerpflichtiger geldwerter Vorteil für den Mitarbeiter angenommen werden kann.

376 Die **Veräußerung oder Auflösung** der atypisch stillen Beteiligung, beispielsweise bei der Beendigung des Arbeitsverhältnisses, kann gem. § 16 Abs. 1 S. 1 Nr. 2 EStG zu einem steuerpflichtigen Veräußerungs- bzw. Aufgabegewinn führen (→ Rn. 224ff.).

c) Rechtliche Ausgestaltung der Unterbeteiligung

377 Eine **Unterbeteiligung** kann nur an **Unternehmensanteilen** eingeräumt werden, und zwar sowohl an GmbH-Geschäftsanteilen[179] als auch an Aktien[180] und an Kommanditanteilen.[181] Bei der Unterbeteiligung erhält der Unterbeteiligte keine echte gesellschaftsrechtliche Beteiligung am Zielunternehmen, sondern geht eine GbR mit dem tatsächlich beteiligten Gesellschafter ein, nach der der Unterbeteiligte einen Anteil an den Erlösen erhält, die auf den Gesellschaftsanteil entfallen, bezüglich dessen die Unterbeteiligung vereinbart wird.[182]

378 Auch bei der Unterbeteiligung wird zwischen einer **typischen** und einer **atypischen Unterbeteiligung** unterschieden. Die Unterscheidung entspricht letztlich der Unterscheidung hinsichtlich der stillen Gesellschaft. Regelmäßig hat der Unterbeteiligte eine Einlage zu leisten, die seinem Anteil am Wert des Gesellschaftsanteils entspricht, an dem er sich unterbeteiligt.

379 Hinsichtlich der Beendigung und der Abfindung der Unterbeteiligung kann auf die für die stille Beteiligung dargestellten Grundsätze verwiesen werden.

d) Steuerliche Aspekte der Unterbeteiligung

380 Für steuerliche Zwecke wird ebenfalls zwischen einer **typischen** und einer **atypischen Unterbeteiligung** unterschieden, wobei auch nach den Regelungen des Steuerrechts die gleichen Grundsätze zur Abgrenzung wie bei der typisch (→ Rn. 364) und der atypisch (→ Rn. 371f.) stillen Beteiligung herangezogen werden, wenn es sich um eine steuerlich anzuerkennende Unterbeteiligung handelt. Allerdings kann der Unterbeteiligte nur dann ein **steuerlicher Mitunternehmer** sein, wenn der Hauptbeteiligte, also ein Gesellschafter der Arbeitgebergesellschaft, seinerseits Mitunternehmer ist, zB als Gesellschafter einer gewerblich tätigen Kommanditgesellschaft.[183]

381 Ist der Mitarbeiter also beispielsweise an einem Kommanditanteil einer gewerblich tätigen Kommanditgesellschaft unterbeteiligt und ist diese Beteiligung derart ausgestaltet, dass

---

[179] MüKoGmbHG/*Reichert/Weller* § 15 Rn. 242ff.
[180] MüKoAktG/*Heider* § 8 Rn. 91.
[181] Reichert GmbH & Co. KG/*Mai* § 41 Rn. 19ff.
[182] MüKoGmbHG/*Reichert/Weller* § 15 Rn. 242ff.
[183] Schmidt/*Wacker* EStG § 15 Rn. 366; Frotscher/Geurts/*Kaufmann/Seppelt* EStG § 15 Rn. 377 (online 2018/2019); Jacobs/*Scheffler/Spengel* S. 697.

VI. Fremdkapital- und Mezzanine-Gestaltungen

sie als steuerlich atypisch anzusehen ist, so ist im Verhältnis zwischen dem Unterbeteiligten und dem Hauptanteilseigner eine Mitunternehmerschaft (atypische Unterbeteiligung) anzunehmen. Der Unterbeteiligte erzielt dann Einkünfte nach § 15 Abs. 1 Nr. 2 EStG. Diese Einkünfte sind für steuerliche Zwecke gesondert festzustellen (§§ 179 ff. AO).

Bei der **Beendigung** dieser Unterbeteiligung kann es beim Unterbeteiligten zu einem steuerpflichtigen Veräußerungs- bzw. Aufgabegewinn gem. § 16 Abs. 1 S. 1 Nr. 2 EStG kommen. Dies gilt auch, wenn der Unterbeteiligte seine Unterbeteiligung an einen anderen Arbeitnehmer veräußert. Dabei können unter Umständen Begünstigungen gem. § 16 Abs. 4 EStG oder § 34 EStG in Anspruch genommen werden. 382

Ist der Mitarbeiter jedoch **typisch** an einem Anteil der Arbeitgeber-Personengesellschaft beteiligt oder erfüllt die atypische Unterbeteiligung die Voraussetzungen einer Mitunternehmerschaft nicht, gelten die Ausführungen zur typisch stillen Beteiligung (→ Rn. 364 ff.) im Grundsatz entsprechend. 383

Darüber hinaus stellt auch das Halten einer Unterbeteiligung an einem Anteil an einer **Kapitalgesellschaft** keine Mitunternehmerschaft dar.[184] Eine atypische Unterbeteiligung an einem GmbH-Anteil beispielsweise begründet demnach keine Mitunternehmerschaft mit dem GmbH-Gesellschafter. Hier ist vielmehr eine wirtschaftliche Mitinhaberschaft (§ 39 Abs. 2 AO) anzunehmen, wenn der Unterbeteiligte an allen Anteilsrechten Teilhabe hat, so dass er aus der Mitinhaberschaft am GmbH-Anteil Einkünfte aus Kapitalvermögen nach § 20 Abs. 1 Nr. 1 EStG und bei einer etwaigen Veräußerung des GmbH-Anteils Kapitaleinkünfte nach § 20 Abs. 2 EStG bzw. gewerbliche Einkünfte nach § 17 EStG, abhängig von der Beteiligungshöhe, erzielt.[185] 384

Sofern die Beteiligung **vergünstigt oder unentgeltlich** an einen Mitarbeiter gewährt wird, kann dies zu lohnsteuerpflichtigen Einkünften nach § 19 EStG führen. Es ist stets darauf zu achten, ob die Beteiligung der Mitarbeiter aufgrund einer vom Arbeitsverhältnis losgelösten Rechtsbeziehung erfolgt oder auf dem Arbeitsverhältnis beruht (→ Rn. 47). 385

5. Genussrechte

a) Rechtliche Ausgestaltung

Schließlich kommt als mezzanine Mitarbeiterbeteiligungsform auch die Einräumung von Genussrechten in Betracht.[186] Genussrechte sind gesetzlich nicht geregelt, sie werden lediglich in § 221 Abs. 3 AktG erwähnt. Genussrechte sind – anders als Unterbeteiligungen und stille Beteiligungen – rein schuldrechtliche Vereinbarungen, die aber – unter bestimmten Voraussetzungen – anders als Darlehen als Eigenkapital bilanziert werden können.[187] Die wesentlichen **Voraussetzungen** für die Ausgestaltung der Genussrechte, so dass diese **Eigenkapital** darstellen, sind:[188] 386
- **Nachrangigkeit:** Der Genussrechtsinhaber kann seinen Rückzahlungsanspruch erst geltend machen, nachdem andere Gläubiger der Kapitalgesellschaft befriedigt wurden.
- **Längerfristigkeit:** Das Kapital muss für einen längeren Zeitraum überlassen werden. Während dieses Zeitraums ist die Rückzahlung ausgeschlossen. Kündigungsmöglichkeiten bestehen nur mit mehrjähriger Frist.
- **Erfolgsabhängigkeit:** Die Vergütung der Kapitalüberlassung muss erfolgsabhängig sein.
- **Verlustteilnahme:** Der Genussrechtsinhaber muss bis zur vollen Höhe des überlassenen Kapitals am Verlust beteiligt sein.

---

[184] BFH 18.5.2005 – VIII R 34/01, DStR 2005, 1849 (1851).
[185] Schmidt/*Wacker* EStG § 15 Rn. 367.
[186] Hierzu im Einzelnen: *Kutsch/Kersting* BB 2011, 373 (377).
[187] IDW HFA 1/1994, WPg 1994, 419 ff.
[188] IDW HFA 1/1994, WPg 1994, 419 ff.

Die vorstehenden Kriterien müssen **kumulativ** vorliegen. Erforderlich ist auch die Leistung einer Einlage, so dass eine vergütungsfreie Gewährung von Genussrechten an Mitarbeiter nur auf Kosten der Bilanzierung als Eigenkapital möglich ist.

387 Genussrechte eignen sich vor allem dann als Instrument zur Mitarbeiterbeteiligung, wenn der Emittent der Genussrechte eher gewinnorientiert als Exit-orientiert operiert, da das Kernstück klassischer Genussrechte eine Gewinnbeteiligung ist. Eine Beteiligung an Exit-Erlösen kann selbstverständlich geregelt werden. Die klassische **Gestaltung** von Genussrechten sieht die Leistung einer Einlage vor, die Zuschreibung anteiliger Gewinne auf die Einlage und den Abzug anteiliger Verluste von der Einlage sowie die jährliche Auszahlung von Gewinnbeteiligungen. Daneben sind auch Mindestverzinsungen (vorbehaltlich vorhandener Gewinne des Emittenten), Exit-Erlös-Beteiligungen und andere Gestaltungen möglich. Die Gestaltungsmöglichkeiten sind zu vielfältig, um sie an dieser Stelle im Einzelnen darzustellen.

388 Ein häufig übersehener Aspekt der **Emission von Genussrechten** zu Zwecken der Mitarbeiterbeteiligung ist neben der etwaigen **Prospektpflicht** (hierzu → Rn. 94 ff.) die Tatsache, dass die Genussrechte Bestandteil des Arbeitsverhältnisses werden und somit den strengen **Kündigungsschutzvorschriften** gemäß KSchG unterliegen. Die Kündigung nur der Genussrechte durch den Arbeitgeber stellt somit eine Änderungskündigung gem. § 2 KSchG dar, die sozial gerechtfertigt sein muss. Dies ist bei der Emission der Genussrechte zu beachten, da vertragliche Kündigungsrechte durch das KSchG limitiert sind.

b) Steuerliche Aspekte

389 Genussrechte können auch für steuerliche Zwecke je nach ihrer Ausgestaltung sowohl Eigen- als auch Fremdkapitalcharakter haben. Aus steuerrechtlicher Sicht werden Genussrechte als **Eigenkapital** eingestuft, wenn sie eine **Beteiligung am Gewinn und am Liquidationserlös** gewähren (sog. beteiligungsähnliche Genussrechte, § 20 Abs. 1 Nr. 1 S. 1 EStG, § 8 Abs. 3 S. 2 KStG). Eine Beteiligung am Liquidationserlös ist in der Regel gegeben, wenn der Genussrechtsinhaber an den stillen Reserven der Gesellschaft beteiligt ist.[189]

390 Werden dem Mitarbeiter Genussrechte mit Eigenkapitalcharakter an der Arbeitgeber-Kapitalgesellschaften eingeräumt, ist gem. § 8 Abs. 3 S. 2 KStG zu beachten, dass die Vergütung von Genussrechten mit Eigenkapitalcharakter nicht den steuerlichen Gewinn der Arbeitgeber-Kapitalgesellschaft mindert.

391 Auf Seiten des Mitarbeiters liegen Einkünfte aus Kapitalvermögen gem. § 20 Abs. 1 Nr. 1 EStG vor, die grundsätzlich der Abgeltungsteuer mit 25% (zzgl. Annexsteuern) unterliegen. Die Arbeitgeber-Kapitalgesellschaft hat die Abgeltungsteuer in Form der Kapitalertragsteuer für den Genussrechtsinhaber einzubehalten und abzuführen. Etwaige Aufwendungen des Mitarbeiters im Zusammenhang mit dem Genussrecht, beispielsweise **Refinanzierungskosten,** können bei der Anwendung der Abgeltungsteuer nicht berücksichtigt werden, da lediglich der Sparer-Pauschbetrag iHv 801 EUR bei den gesamten der Abgeltungsteuer unterliegenden Kapitaleinkünften in Abzug gebracht werden kann. Ein Abzug der tatsächlichen Aufwendungen als Werbungskosten scheidet aus (§ 20 Abs. 6 EStG). Unter den Voraussetzungen des § 32d Abs. 2 Nr. 3 EStG, dh bei entsprechender Beteiligung des Mitarbeiters an der Arbeitgebergesellschaft, findet die Abgeltungsteuer jedoch auf Antrag keine Anwendung (→ Rn. 43).

392 **Fremdkapitalcharakter** haben Genussrechte, wenn sie beispielsweise nur eine Beteiligung am Unternehmensgewinn gewähren (sog. obligationsähnliche Genussrechte). Für die Arbeitgebergesellschaft sind Vergütungen auf Genussrechte mit Fremdkapitalcharakter grundsätzlich als Betriebsausgaben abzugsfähig, wobei jedoch die möglichen Einschränkungen durch die Zinsschranke (§ 4h EStG) zu beachten sind, da die Regelungen zur

---

[189] Blümich/Rengers KStG § 8 Rn. 203; BMF Schreiben 8.12.1986 – IV B 7, BeckVerw 099041.

VI. Fremdkapital- und Mezzanine-Gestaltungen

Zinsschranke auch Forderungen aus Genussrechten mit Fremdkapitalcharakter umfassen.[190] Bei der Ermittlung des steuerpflichtigen Gewerbeertrags kann es ebenfalls in diesem Fall zu Hinzurechnungen gem. § 8 Nr. 1 Buchst. a GewStG der Vergütungen für Genussrechte kommen.

Die Vergütungen aus Genussrechten mit Fremdkapitalcharakter stellen für den Mitarbeiter grundsätzlich Kapitaleinkünfte iSd § 20 Abs. 1 Nr. 7 EStG dar und unterliegen somit der Abgeltungsteuer.[191] Ausnahmen von der Anwendung der Abgeltungsteuer bestehen, wenn die oben beschriebenen Voraussetzungen des § 32d Abs. 2 Nr. 1 EStG vorliegen (→ Rn. 366). 393

Die oben aufgeführten steuerlichen Kriterien für die Zuordnung der Genussrechte als Fremd- oder Eigenkapital führten in der Vergangenheit dazu, dass Genussrechte in bestimmten Fällen handelsbilanziell als Eigenkapital ausgewiesen wurden, während sie steuerlich Fremdkapital darstellten und somit grundsätzlich einen Betriebsausgabenabzug ermöglichten. Mit der Verfügung der OFD NRW vom 19.7.2018 vertritt die Finanzverwaltung nun die Auffassung, dass Genussrechte, sofern sie nach den Grundsätzen ordnungsgemäßer Buchführung in der Handelsbilanz Verbindlichkeiten darstellen, grundsätzlich auch in der Steuerbilanz als **Verbindlichkeiten** auszuweisen sind (Maßgeblichkeitsgrundsatz nach § 5 Abs. 1 S. 1 EStG).[192] Vergütungen für dieses Genussrechtskapital sind grundsätzlich als Betriebsausgaben abzugsfähig. Allerdings ist ein Betriebsausgabenabzug nicht möglich, wenn § 8 Abs. 3 S. 2 Alt. 2 KStG einschlägig ist, dh wenn der Genussrechtsinhaber am Gewinn und am Liquidationserlös beteiligt ist. Folglich können Vergütungen für Genussrechte, die bei handelsrechtlicher Betrachtung dem Fremdkapital zuzuordnen sind, nach dem Gesetzeswortlaut (§ 8 Abs. 3 S. 2 Alt. 2 KStG) steuerlich nicht abzugsfähig sein. Die OFD Verfügung vom 19.7.2018 enthält jedoch keine Regelung zu der Abzugsfähigkeit von Vergütungen für Genussrechtskapital, das handelsrechtlich als Eigenkapital zu qualifizieren ist, während steuerrechtlich jedoch kein Fall des § 8 Abs. 3 S. 2 Alt. 2 KStG vorliegt. Die mit dieser Verfügung aufgehobene OFD Verfügung vom 12.5.2016[193] sah vor, dass Genussrechte, sofern sie nach den Grundsätzen der ordnungsgemäßen Buchführung in der Handelsbilanz keine Verbindlichkeiten darstellen und folglich als Eigenkapital berücksichtigt werden, auch in der Steuerbilanz nicht als Verbindlichkeit ausgewiesen werden dürfen. Nach der in der Verfügung vom 12.5.2016 dargestellten Auffassung der Finanzverwaltung war ein steuerlicher Betriebsausgabenabzug in diesem Fall nicht möglich. 394

Die bisherige Auffassung der Finanzverwaltung stand bereits vielfach in der Kritik und widersprach der damaligen Verwaltungspraxis bezüglich der bilanziellen und steuerlichen Behandlung von Genussrechten.[194] Daher bleibt abzuwarten, ob das angekündigte BMF Schreiben Klärung bringt.[195] 395

Werden Genussrechte von einer **Personengesellschaft** ausgegeben, begründet dies bei typischer schuldrechtlicher Ausgestaltung, ohne dass Mitwirkungsrechte gewährt werden, grundsätzlich keine Mitunternehmerschaft nach § 15 EStG zwischen Arbeitgebergesellschaft und Mitarbeiter. Auf der Ebene der gewerblichen Arbeitgeber-Personengesellschaft ist bezüglich der Vergütungen für das Genussrecht grundsätzlich ein Betriebsausgabenabzug möglich. 396

Beim Mitarbeiter, der nicht zugleich Gesellschafter der Arbeitgebergesellschaft ist, führt die Vergütung aus dem Genussrecht mit Fremdkapitalcharakter grundsätzlich zu Einkünf- 397

---

[190] HHR/*Hick* EStG § 4h Rn. 75; Blümich/*Heuermann* EStG § 4h Rn. 36.
[191] Blümich/*Ratschow* EStG § 20 Rn. 327; Weitnauer Venture Capital-HdB/*Kraus* Teil D Rn. 207.
[192] OFD NRW 19.7.2018 – S 2742-2016/0009-St 131, BeckVerw 437978 mV FM NRW 18.7.2018 – S 2133-000036-V B 1, BeckVerw 437976.
[193] OFD NRW 12.5.2016 – S 2742-2016/0009-St 131, BeckVerw 328839.
[194] *Hennrichs/Schlotter* DB 2016, 2072; *Stegemann* DStR 2016, 2151; befürwortend: *Hoffmann* StuB 2016, 761.
[195] FM NRW 18.7.2018 – S 2133-000036-V B 1, BeckVerw 437976 Nr. 3.

ten nach § 20 Abs. 1 Nr. 7 EStG, die der Abgeltungsteuer unterliegen. Anders gestaltet es sich beispielsweise, wenn der Genussrechtsinhaber zugleich Gesellschafter der Personengesellschaft ist. Das Genussrecht ist dann dem sog. **Sonderbetriebsvermögen** des Gesellschafters zuzuordnen (→ Rn. 214). Etwaige Vergütungen für das Genussrecht unterliegen in diesem Fall den gewerblichen Einkünften (§ 20 Abs. 8 EStG iVm § 15 Abs. 1 S. 1 Nr. 2 EStG).

398 Auch bei der Gewährung von Genussrechten an Mitarbeiter einer Kapital- oder Personengesellschaft besteht die Möglichkeit, dass die Einkünfte aus diesen Genussrechten nicht als Einkünfte aus Kapitalvermögen zu behandeln sind, sondern bei **enger Verstrickung** mit dem Arbeitsverhältnis steuerpflichtigen **Arbeitslohn** darstellen. Indizien können sein:
- Verbilligter Erwerb von Genussrechten,
- Fremdüblichkeit der Verzinsung,
- Rückgabe nur an den ausgebenden Arbeitgeber möglich zu einem festgelegten Rückkaufswert,[196]
- Beendigung des Genussrechts bei gleichzeitiger Beendigung des Arbeitsverhältnis,
- Abfindung ist abhängig vom Verhalten des Arbeitnehmers.

399 Allerdings führen beispielsweise allein Haltefristen oder vereinbarte Verfallklauseln bei Beendigung des Arbeitsverhältnisses nicht grundsätzlich dazu, dass der Erwerb des Genussrechts oder die aus dem Genussrecht resultierenden Vergütungen steuerpflichtigen Arbeitslohn darstellen. Eine Beurteilung hat unter der Würdigung aller Umstände des Einzelfalls zu erfolgen.

---

[196] BFH 5.11.2013 – VIII R 20/11, DStR 2014, 258.

J. Umsetzung in der Praxis I: Gestaltungsmöglichkeiten bei den wichtigsten Formen variabler Entgeltsysteme

Übersicht

	Rn.
I. Arbeitnehmerbindung durch Betriebstreueleistungen	1
1. Funktion und Bedeutung als Personalführungsinstrument	1
2. Rechtliche Gestaltung	8
a) Arten von Betriebstreueleistungen	8
b) Bindungszeiträume	9
c) Vergangenheits- oder zukunftsbezogene Bindungszeiträume	12
d) Quantitative Grenzen	20
e) Ausschluss von Leistungen mit Mischcharakter	25
f) Betriebstreueleistung und Beendigungstatbestände	28
g) Behandlung von Ruhenszeiten oder sonstigen Zeiten ohne aktive Erbringung einer Arbeitsleistung	29
h) Rückzahlungsklauseln	35
3. Flexibilisierungsmöglichkeiten	37
a) Einmalige Leistungen	37
b) Widerrufsvorbehalte	39
c) Flexibilisierung der Anspruchshöhe	41
II. Tantiemen	49
1. Funktion und Bedeutung als Personalführungsinstrument	49
2. Rechtliche Gestaltung	54
a) Bemessungsgrundlagen	54
b) Bemessungsfaktoren	67
c) Anknüpfung an die aktive Erbringung einer Arbeitsleistung und Berücksichtigung von Ruhenszeiten	70
d) Ausschluss des Anspruchs bei unterjährigem Bestand des Arbeitsverhältnisses	71
3. Flexibilisierungsmöglichkeiten	75
a) Einmalige Leistungen	75
b) Widerrufsvorbehalt	78
c) Variabilisierung der Tantiemebemessung	92
III. Zielvereinbarungssysteme	98
1. Begriff und Bedeutung als Personalführungsinstrument	98
2. Rechtliche Gestaltungen	114
a) Rahmen- und/oder Einzelvereinbarungen	114
aa) Undurchführbarkeit bei abschließender Dauerregelung	114
bb) Kombination aus abstrakter Rahmen- und ausfüllender Einzelregelung	119
b) Gegenstand der Zielkomponenten	134
c) Gewichtung der einzelnen Zielkomponenten	142
d) Bezugszeitraum	147
e) Bemessung der Ziele und Graduierung der Bewertung	150
f) Feststellung der Zielerreichung	157
g) Entscheidungszuständigkeit	159
h) Auskunftsanspruch des Arbeitnehmers	167

I. Arbeitnehmerbindung durch Betriebstreueleistungen

1. Funktion und Bedeutung als Personalführungsinstrument

Gratifikationen in Anknüpfung an die Betriebstreue nehmen die wohl größte Bedeutung in der Rechtsprechung zu Einmalzahlungen ein. Mit ihnen bindet der Arbeitgeber Arbeitnehmer an das Unternehmen. Die Betriebstreueleistung schafft einen **wirtschaftli-** 1 chen Anreiz, den Bestand des Arbeitsverhältnisses aufrecht zu erhalten. Sie knüpft nicht an einen produktiven oder wirtschaftlichen Erfolg an, sondern setzt allein den Fortbestand des Arbeitsverhältnisses voraus. Für den Arbeitgeber kann dies von Interesse sein, um etwa – insbesondere auf Schlüsselpositionen – Know-How-Träger im Unternehmen zu halten. Dies kann etwa aufgrund der generellen Arbeitsmarktsituation oder aber auch mit Blick auf die Qualifikation einer bestimmten Fachrichtung der Fall sein.

Beispiel:
Ein solches Interesse des Arbeitgebers besteht häufig, wenn für einen Qualifikationszweig ein Fachkräftemangel am Arbeitsmarkt besteht. In diesem Falle kann eine Bestandsklausel Arbeitnehmer mit dieser Qualifikation motivieren, an dem Arbeitsverhältnis festzuhalten.

2   Gleichermaßen kann ein solches Bedürfnis des Arbeitgebers an einer Mitarbeiterbindung aber auch daraus folgen, dass zwar abstrakt am Arbeitsmarkt Arbeitnehmer mit der erforderlichen Qualifikation zu finden wären, jedoch das **Spezialwissen** bezogen auf die unternehmerischen Abläufe einer **erheblichen Einarbeitung** durch den Arbeitgeber bedarf, die Kosten und Kapazitäten bindet.

Beispiel:
Ist der Arbeitgeber als Distributeur von Düngemitteln im Business-to-Business-Bereich aktiv, erfordert dies im Vertrieb hochgradige Spezialkenntnisse nicht nur abstrakt im Bereich der Agrarwirtschaft, sondern ein tiefes Spezialwissen über funktionelle Unterschiede der einzelnen Produkte unterschiedlicher Hersteller am Markt. Der Arbeitsmarkt mag zwar in ausreichender Anzahl qualifizierte Agrarwirte oder Arbeitskräfte mit Produkterfahrungen in der Düngemittelindustrie bereitstellen. Vertiefte Kenntnisse über das Portfolio an Produkten des Arbeitgebers als Distributeur in Abgrenzung zu den Produkten anderer Hersteller am Markt werden jedoch regelmäßig erst bei dem individuellen Arbeitgeber mit dem erforderlichen Grad der Spezialisierung erworben werden können. Ein solcher Erwerb kann Monate oder auch Jahre dauern. In solchen Fällen dienen Bindungsklauseln dem Erhalt des unternehmensspezifischen Know-How.

3   Daneben dienen Bindungsklauseln einem Schutz des Unternehmens vor Wettbewerbern am Markt. Arbeitgeber haben gerade bei Know-How-Trägern ein gesteigertes Interesse daran, deren **Abwandern zu Wettbewerbern** zu verhindern, um auf dieser Grundlage ihr unternehmerisches Know-How vor deren Zugriff zu schützen.

Beispiel:
Arbeitnehmer der Produktentwicklung verfügen regelmäßig über umfassende Kenntnisse strategischer Planungen. Arbeitnehmern des Vertriebs sind häufig sensible Kostenkalkulationen bekannt, auf deren Grundlage ein Wettbewerber den Arbeitgeber unterbieten könnte.

4   Nachvertragliche **Verschwiegenheitsklauseln** schützen vor einer Weitergabe solcher Informationen durch Arbeitnehmer an ihren künftigen Arbeitgeber – eine solche Weitergabe liegt indessen **nicht in der bloßen Verwertung** bei der Erbringung der Arbeitsleistung für den Wettbewerber. Eine Weitergabe von Daten des bisherigen Arbeitgebers liegt beispielhaft nicht bereits darin, dass ein Vertriebsmitarbeiter in Kenntnis der Kalkulation seines bisherigen Arbeitgebers für den Folgearbeitgeber auf dieser Grundlage Kalkulationen erstellt oder aber ein Arbeitnehmer aus der Entwicklung ein Produkt nach den strategischen Planungen seines bisherigen Arbeitgebers konzipiert.

5   Der Arbeitgeber kann sich für den Zeitraum nach der Beendigung des Arbeitsverhältnisses lediglich durch ein **nachvertragliches Wettbewerbsverbot** schützen, das jedoch den spezifischen Anforderungen der §§ 74 ff. HGB unterliegt und insbesondere die **Zahlung einer Karenzentschädigung** erfordert. Auch unter diesen Gesichtspunkten kann

I. Arbeitnehmerbindung durch Betriebstreueleistungen

es im Interesse des Arbeitgebers liegen, die Beendigung des Arbeitsverhältnisses durch Know-How-Träger zu vermeiden.

An die Betriebstreue anknüpfende Leistungen sind deshalb ein in der Praxis **verbreitetes Instrument der Personalführung.** Arbeitgeber sollten prüfen, einen Teil des Arbeitsentgelts für solche Leistungszwecke zur Verfügung zu stellen, um Fluktuation zu minimieren, durch eine Kontinuität der Belegschaft Kosten zu begrenzen und gleichzeitig Unternehmensinterna zu schützen. 6

Gegenläufig ist das Interesse des Arbeitnehmers zu bewerten, in Ausübung seiner **Berufswahlfreiheit** frei darüber zu entscheiden, ein Arbeitsverhältnis zu beenden, um sich neuen Aufgaben zu widmen. Diese aus Art. 12 Abs. 1 GG grundrechtlich geschützte Rechtsposition des Arbeitnehmers soll im Wege der Bindung durch wirtschaftlich gegenläufige Anreize beschränkt werden. Der Arbeitnehmer soll angehalten werden, nur unter Verfehlen einer Entgeltkomponente eine andere Anschlussbeschäftigung aufnehmen zu können. Für den Arbeitnehmer stellt sich zudem die Frage, ob im Zusammenhang mit einer solchen Bindungsleistung **Entgelt für erbrachte Arbeitsleistungen** verfehlt wird, so dass er insoweit eine Leistung erbracht hätte, ohne eine Gegenleistung beanspruchen zu können. 7

2. Rechtliche Gestaltung

a) Arten von Betriebstreueleistungen

Ob der Arbeitgeber eine Betriebstreueleistung etwa anlässlich der Urlaubszeit unter einer Bezeichnung als Urlaubsgeld oder anlässlich des Weihnachtsfestes als Weihnachtsgeld oder aus sonstigen Anlässen im Rahmen einer **Sonderzahlung** gewährt, bleibt ihm überlassen. Der Kreis der möglichen Leistungen, die zur Honorierung von Betriebstreue erbracht werden, ist in der Praxis groß. 8

Beispiel:
– Urlaubsgelder;
– Weihnachtsgelder;
– Jahresabschlusszahlungen;
– Jubiläumsgelder;
– Treuegelder.

b) Bindungszeiträume

Bei Betriebstreueleistungen ist danach zu differenzieren, ob mit ihnen **vergangene oder zukünftige Betriebstreue** honoriert werden soll.[1] Eine Betriebstreuezahlung kann sowohl an vergangene als auch an künftige Betriebstreue anknüpfen.[2] 9

Beispiel:
Wird eine Weihnachtsgratifikation bei **unterjährigem Beginn oder Ende des Arbeitsverhältnisses anteilig** gezahlt, wird in der Regel allein die vergangene Betriebstreue mit einer solchen Leistung honoriert, weil die Dauer des Arbeitsverhältnisses in der Vergangenheit für die Höhe des Anspruchs maßgebend ist.[3]

---

[1] BAG 10.12.2008 – 10 AZR 35/08, AP BGB § 611 Gratifikation Nr. 281; 28.3.2007 – 10 AZR 261/06, NZA 2007, 687.
[2] BAG 10.12.2008 – 10 AZR 35/08, AP BGB § 611 Gratifikation Nr. 281; 28.3.2007 – 10 AZR 261/06, NZA 2007, 687.
[3] BAG 10.12.2008 – 10 AZR 35/08, AP BGB § 611 Gratifikation Nr. 281; 28.3.2007 – 10 AZR 261/06, NZA 2007, 687.

10 Das Beispiel zeigt, dass der Leistungszweck von Betriebstreueleistungen sich häufig aus den geregelten **Anspruchsvoraussetzungen** bzw. **Ausschluss- oder Kürzungstatbeständen** ergibt.

Beispiel:

Hinsichtlich einer Weihnachtsgratifikation ist bestimmt, dass diese unabhängig von einem unterjährigen Bestand des Arbeitsverhältnisses in Höhe eines Bruttomonatsgehaltes gezahlt wird. Die Zahlung setzt jedoch das **ungekündigte Bestehen** eines Arbeitsverhältnisses voraus. Aus der Anspruchsvoraussetzung des ungekündigten Bestandes des Arbeitsverhältnisses folgt die Maßgabe zukünftiger Betriebstreue für die Dauer einer erst durch nachfolgende Kündigung noch auszulösenden Kündigungsfrist.[4]

11 Eine Anknüpfung der Leistung an vergangene Betriebstreue schließt die **zusätzliche Maßgabe zukünftiger Betriebstreue** nicht aus, wie folgendes Beispiel zeigt.[5]

Beispiel:

Sieht die Klausel vor, dass die Weihnachtsgratifikation bei unterjährigem Bestand des Arbeitsverhältnisses im vergangenen Kalenderjahr nur anteilig gewährt wird, die Zahlung insgesamt jedoch ausgeschlossen ist, wenn das Arbeitsverhältnis zum Auszahlungsstichtag nicht ungekündigt besteht, knüpft sie hinsichtlich der **Höhe des Anspruchs an vergangene Betriebstreue** an, ist die **Entstehung des Anspruchs** jedoch von dem Bestand des Arbeitsverhältnisses für eine ggf. noch auszulösende Kündigungsfrist abhängig.

c) Vergangenheits- oder zukunftsbezogene Bindungszeiträume

12 Hinsichtlich vergangenheitsbezogener Bindungszeiträume ist der Arbeitgeber grundsätzlich frei darin, deren Länge festzulegen. Für den Arbeitnehmer bedeutet dies zwar eine Bindung, die ihn ggf. in seiner Berufswahlfreiheit einschränkt. Die Möglichkeit von **Jubiläumszahlungen** zeigt, dass eine Honorierung vergangenheitsbezogener Betriebstreue etwa anlässlich des 10-, 20- oder 30-jährigen Dienstjubiläums zulässig ist. Derartige Jubiläumszuwendungen werden in der Regel im Vorhinein zugesagt und es ist **kein rechtlicher Gesichtspunkt** ersichtlich, dem Arbeitnehmer einen – anteiligen – Anspruch bei Ausscheiden vor dem jeweiligen Stichtag zuzubilligen.[6]

Beispiel:

Eine betriebliche Regelung über die Zahlung eines Jubiläumsgeldes von einem Bruttomonatsgehalt bei fünfjähriger Betriebszugehörigkeit und zwei Bruttomonatsgehältern bei 20-jähriger Betriebszugehörigkeit begegnet keinen rechtlichen Bedenken.

13 Konkrete Grenzen finden sich in der Rechtsprechung allerdings nicht. So sind die genannten Jubiläumsleistungen nicht generell geeignet, eine Mitarbeiterbindung herbei zu führen. Die bei Jubiläumszuwendungen üblichen großen **Abstände der jeweiligen Stichtage** werden im Verhältnis zur Höhe der jeweiligen Jubiläumszuwendungen regelmäßig keinen ausreichenden Anreiz bieten. Gleichwohl sollten sie nicht zu vernachlässigen sein, da insbesondere in zeitlicher Nähe vor den jeweiligen Stichtagen deren Erreichung für den Arbeitnehmer im Fokus stehen kann.

---

[4] BAG 18.1.2012 – 10 AZR 667/10, AP BGB § 307 Nr. 59.
[5] Nach BAG 18.1.2012 – 10 AZR 667/10, AP BGB § 307 Nr. 59.
[6] BAG 12.8.1981 – 4 AZR 918/78, AP BGB § 611 Dienstordnungs-Angestellte Nr. 51; 9.4.2014 – 10 AZR 635/13, NZA 2014, 1038 (1040).

I. Arbeitnehmerbindung durch Betriebstreueleistungen   J

Beispiel:

Eine Jubiläumszuwendung anlässlich einer Betriebszugehörigkeit von fünf Jahren wird den Arbeitnehmer im ersten Jahr der Betriebszugehörigkeit nicht spürbar binden. Im Laufe des fünften Jahres der Betriebszugehörigkeit wird dies sicherlich anders zu bewerten sein.

Dies wirft die Frage auf, wie **eng die Staffelung der Stichtage** sein darf, um die 14 grundsätzlich zulässige Anknüpfung an vergangene Betriebstreue nicht durch eine Gestaltung der Art „nach dem Stichtag ist vor dem Stichtag" in Frage zu stellen.

Beispiel:

Eine „Jubiläumszuwendung" in Höhe von jeweils drei Bruttomonatsgehältern für jedes Jahr der Betriebszugehörigkeit wird kaum auf die bisherige Behandlung von Jubiläumsgeldern in der Rechtsprechung gestützt werden können.

Konkrete Grenzen finden sich in der Rechtsprechung nicht. Die Rechtsprechung hat 15 jährliche Gratifikationen in der Größenordnung eines Bruttomonatsgehaltes zur Honorierung vergangener Betriebstreue ebenso anerkannt, wie die genannten Jubiläumszahlungen mit deutlich **größeren zeitlichen Intervallen.** Sämtlichen derartigen Leistungen für vergangene Betriebstreue ist immanent, dass der Arbeitnehmer sich nicht über den Zeitpunkt der Entstehung der Leistung hinaus bindet, da allein die vorherige Betriebstreue Anspruchsvoraussetzung ist. Wegen der fehlenden künftigen Bindungswirkung werden deshalb bei der Gestaltung von Betriebstreueleistungen weitergehendere Regelungsspielräume anzuerkennen sein.

Diese weitergehendere Gestaltungsfreiheit besteht allein für eine Anknüpfung an vergan- 16 gene Betriebstreue, die den Arbeitnehmer nicht über den Auszahlungsstichtag hinaus bindet. Hinsichtlich **zukünftiger Betriebstreue** wird die darüber hinausgehende Maßgabe eines **ungekündigten Bestands** des Arbeitsverhältnisses zum Auszahlungsstichtag vom BAG anerkannt, sodass eine Bindung nach Bezug der Leistung für die Dauer einer ggf. noch auszulösenden Kündigungsfrist möglich ist.[7] Die Bindungswirkung einer solchen Stichtagsregelung hängt damit von der Dauer der vom Arbeitnehmer einzuhaltenden Kündigungsfrist ab.

Entscheidend ist, ob mit einer verlängerten Kündigungsfrist faktisch für den Arbeitneh- 17 mer die **Möglichkeit einer Anschlussbeschäftigung vereitelt** wird, wenn nach den branchenspezifischen Gepflogenheiten Einstellungen regelmäßig nur kurzfristig erfolgen. Da dies eine Frage der Angemessenheitskontrolle gem. § 307 Abs. 1 BGB darstellt, sind aber über die Interessen des Arbeitnehmers hinaus gleichermaßen die typisierten Interessen des Arbeitgebers an einer gebotenen Vorlaufzeit für die Neubesetzung des Arbeitsplatzes in die Interessenabwägung einzubeziehen (→ F Rn. 40). Im Rahmen der vorzunehmenden Interessenabwägung zwischen der Berufswahlfreiheit des Arbeitnehmers und dem Bindungsinteresse des Arbeitgebers dürfte insoweit für die Frage der zulässigen Kündigungsfrist und der Bindung im Rahmen einer Betriebstreueleistung ein vergleichbarer Maßstab anzulegen sein.

Praxistipp:

In der Praxis ist bislang die verbreitete Vereinbarung über den Gleichlauf der für den Arbeitgeber bei verlängertem Bestand des Arbeitsverhältnisses gem. **§ 622 BGB** einzuhaltenden Kündigungsfrist mit der für den Arbeitnehmer maßgebenden Frist im Falle einer Eigenkündigung nicht beanstandet worden.

Die Kündigungsfristen gem. § 622 BGB sind allerdings zu **Beginn des Arbeitsver-** 18 **hältnisses** regelmäßig zu kurz, um eine ausreichende Vorlaufzeit für die Neubesetzung

---

[7] BAG 18.1.2012 – 10 AZR 667/10, AP BGB § 307 Nr. 59.

des Arbeitsplatzes sicher zu stellen. Während es bei der Frage der vom Arbeitgeber einzuhaltenden Kündigungsfrist um eine zusätzliche Absicherung des Bestandsschutzes durch einen Schutz vor kurzfristiger Beendigung des Arbeitsverhältnisses geht, steht diese Frage bei einer Arbeitnehmerkündigung nicht im Raum.

19 Angemessen wird jedenfalls eine **Grundkündigungsfrist von drei Monaten zum Monatsende** sein, die in der Regel dem Arbeitgeber eine gebotene Vorlaufzeit für die Neubesetzung der Stelle eröffnet (→ F Rn. 44). Darüber hinaus sind aber auch Kündigungsfristen von neun oder zwölf Monaten durchaus denkbar, wie sie insbesondere auf Ebene der oberen Führungskräftehierarchien oder besonderen Spezialisten in der Praxis verbreitet sind.

> **Praxistipp:**
> Arbeitgeber dürften auf der sicheren Seite sein, wenn sie eine Grundkündigungsfrist von drei Monaten zum Monatsende und im Falle einer für den Arbeitgeber darüber hinausgehenden gesetzlichen Kündigungsfrist deren Einhaltung auch durch den Arbeitnehmer regeln. Für weitergehende Kündigungsfristen können ggf. in der Branche übliche tarifliche Regelungen einen Anhaltspunkt für angemessene Zeitspannen liefern, auch wenn der Tarifvertrag mangels Tarifbindung oder Bezugnahme auf das Arbeitsverhältnis nicht anwendbar ist.

d) Quantitative Grenzen

20 In der Rechtsprechung des BAG sind quantitative Grenzen für die Honorierung **vergangener Betriebstreue** bislang nicht erkennbar. Dem Arbeitgeber bleibt es unbenommen, vergangene Betriebstreue in beliebiger Höhe zu honorieren, solange es sich um eine bloße Betriebstreueleistung handelt. Dementsprechend kann eine Jubiläumszuwendung nach 25-jährigem Bestand des Arbeitsverhältnisses durchaus mehrere Bruttomonatsentgelte erreichen. Je höher die Leistung dotiert ist, desto mehr wird in der Praxis aber die Frage im Vordergrund stehen, ob es sich wirklich um eine reine Betriebstreueleistung handelt oder nicht verdecktes synallagmatisches Arbeitsentgelt gegeben ist.

21 Das BAG[8] hat die **Größenordnung eines Bruttomonatsgehaltes** in einer grundlegenden Entscheidung bei einer jährlichen Leistung bei der Honorierung zukünftiger Betriebstreue für unproblematisch erachtet. Hinsichtlich vergangener Betriebstreueleistungen wird die Frage einer quantitativen Grenzziehung letztlich eine Frage der Bewertung des gesamten Entgeltgefüges sein. Besteht kein Anhaltspunkt, dass auch bei Hinwegdenken der Betriebstreueleistung kein angemessenes Entgelt verbleibt, dürfte für die Unterstellung **verdeckten synallagmatischen Arbeitsentgelts** keine Grundlage bestehen, auch wenn die Größe eines Bruttomonatsentgelts deutlich überschritten ist.

22 Je größer der Anteil der Betriebstreueleistung am Gesamtentgelt ist, desto weitgehender wird der Arbeitgeber sich mit der vom BAG nicht abschließend behandelten Frage auseinandersetzen müssen, ob ab einer bestimmten Größe **synallagmatisches Arbeitsentgelt indiziert** ist, welches pro rata temporis und unabhängig von einer künftigen Betriebstreue verdient ist und beansprucht werden kann. Ist synallagmatisches Arbeitsentgelt indiziert, wird – auch wenn dies in der bisherigen Rechtsprechung nicht abschließend geklärt ist – bereits die Honorierung **vergangener Betriebstreue** in Abhängigkeit von der Erreichung eines bestimmten Stichtages keinen vollständigen Anspruchsverlust bei Ausscheiden vor dem Stichtag begründen können. Bei Betriebstreueleistungen, die mehrjährige vergangene Betriebstreue honorieren, ist eine Grenzziehung jedenfalls nicht bereits bei einem Bruttomonatsgehalt geboten.

---

[8] Vgl. BAG 18.1.2012 – 10 AZR 667/10, AP BGB § 307 Nr. 59.

I. Arbeitnehmerbindung durch Betriebstreueleistungen J

Beispiel:

Eine Jubiläumszuwendung in Höhe von drei Bruttomonatsgehältern anlässlich des 25-jährigen Bestands des Arbeitsverhältnisses honoriert 25 Jahre Betriebszugehörigkeit und ist zu dieser in Bezug zu setzen. Ein Indiz für verdecktes synallagmatisches Arbeitsentgelt ist nicht zu erkennen.

Hinsichtlich **zukünftiger Betriebstreue** hat das BAG[9] dagegen darauf abgestellt, dass eine solche Leistung sich im **Rahmen üblicher Treueleistungen** bewegen müsse und keinen wesentlichen Anteil an der Gesamtvergütung des Arbeitnehmers ausmachen dürfe. Konkrete Grenzen sind nicht benannt. Wie in dem der Entscheidung des BAG zu Grunde liegenden Fall, wird ein Anspruch in **Höhe eines Bruttomonatsgehaltes** regelmäßig unproblematisch sein, jedoch sind Leistungen im Umfang von bis zu 25 % der Gesamtvergütung zur Vermeidung von Wertungswidersprüchen mit sonstigen Flexibilisierungsinstrumenten gleichermaßen anzuerkennen (→ F Rn. 22 ff.). 23

Beispiel:

Soll zukünftige Betriebstreue honoriert werden, ist der Arbeitgeber auf der sicheren Seite, wenn eine solche Leistung ein Bruttomonatsgehalt nicht übersteigt.[10] Richtigerweise wird aber auch hier eine Größenordnung von bis zu drei Bruttomonatsentgelten entsprechend 25 % der Monatsentgelte eines Jahreszeitraums, in dem die zu honorierende Betriebstreue erbracht worden ist, möglich sein müssen.

Diese Grenze von 25 % wird allerdings ihren Bezug zur **Gesamtvergütung eines Jahreszeitraums** auch dann nicht überschreiten können, wenn die zu honorierende Betriebstreue der Vergangenheit für einen **mehrjährigen Bezugszeitraum** zu Grunde liegt und gleichzeitig zukünftige Betriebstreue honoriert werden soll. Dies folgt aus der Unterscheidung zwischen vergangener und künftiger Betriebstreue. Der Bezugszeitraum der vergangenen Betriebstreue und die in diesem Zeitraum bezogene Gesamtvergütung sagen nichts über das angemessene Verhältnis zur Gesamtvergütung zum Auszahlungszeitpunkt aus. 24

Beispiel:

Gewährt der Arbeitgeber eine Jubiläumszuwendung in Höhe von jeweils zwei Bruttomonatsgehältern bei 5-, 10-, 15- und 20-jähriger Betriebszugehörigkeit, kann die Jubiläumszuwendung über diesen Leistungszweck der Honorierung vergangener Betriebstreue gleichzeitig mit der Maßgabe eines ungekündigten Bestandes eines Arbeitsverhältnisses zum Auszahlungszeitpunkt zukünftige Betriebstreue für den Lauf einer noch auszulösenden Kündigungsfrist honorieren. Zwei Bruttomonatsgehälter überschreiten – auch bei Außerachtlassung etwaiger sonstiger Entgeltbestandteile – 25 % der Gesamtvergütung eines Kalenderjahres nicht.

Sollte die Jubiläumszuwendung dagegen fünf Bruttomonatsgehälter betragen, wäre die Maßgabe eines ungekündigten Bestandes zum Auszahlungsstichtag problematisch, da 25 % der Gesamtvergütung eines Jahreszeitraums überschritten sind, auch wenn die Gesamtvergütung des fünfjährigen Bezugszeitraums, den die Jubiläumszuwendung als vergangene Betriebstreue zugleich honoriert, deutlich höher wäre.

Praxistipp:

Da die Rechtsprechung hinsichtlich der quantitativen Grenzen für eine Honorierung von vergangener wie zukünftiger Betriebstreue noch keine abschließenden Vorgaben entwickelt hat, sollten Arbeitgeber prüfen, ob sie **Leistungen zur Honorierung vergangener**

---

[9] BAG 18.1.2012 – 10 AZR 667/10, AP BGB § 307 Nr. 59.
[10] Vgl. BAG 18.1.2012 – 10 AZR 667/10, AP BGB § 307 Nr. 59.

> von solchen zur Honorierung zukünftiger Betriebstreue trennen. So können Jubiläumszuwendungen in einem beispielsweise fünfjährigen Turnus vergangene Betriebstreue honorieren und deren Ankündigung gleichzeitig für den zukünftigen Bestand des Arbeitsverhältnisses faktisch motivieren. Möchte der Arbeitgeber darüber hinaus mit einer Leistung zukünftige Betriebstreue honorieren, kann er dies durch eine gesonderte Leistung gestalten, die die von der Rechtsprechung anerkannte Größe eines Bruttomonatsgehaltes nicht übersteigt.

e) Ausschluss von Leistungen mit Mischcharakter

25 Wie bereits im individualarbeitsrechtlichen Teil ausgeführt, hat die Rechtsprechung für Bindungsklauseln ihre Grundsätze einer Anerkennung von Leistungen mit Mischcharakter aus Betriebstreueleistungen und solchen, mit denen der Arbeitgeber Arbeitsleistungen vergütet, aufgegeben (→ F Rn. 11 ff.). Eine Anknüpfung an zukünftige Betriebstreue ist deshalb nur zulässig, wenn ein **ausschließlicher Betriebstreuecharakter** der Leistung feststeht und nicht durch erfolgsabhängige Komponenten in Frage gestellt wird.

26 Da die Rechtsprechung eine solche erfolgsabhängige Komponente bereits bei einer **Anknüpfung des Anspruchs an das wirtschaftliche Ergebnis des Unternehmens** annimmt,[11] ist selbst die Bemessung der Höhe einer Leistung, die Betriebstreue honorieren soll, anhand des wirtschaftlichen Ergebnisses des Unternehmens risikobehaftet.

> **Praxistipp:**
>
> Ohne einen schädlichen Erfolgsbezug dürfte allerdings ein Budget, aus dem sämtliche Betriebstreueleistungen zu speisen sind, dann sein, wenn etwa der Arbeitgeber zu Beginn des Geschäftsjahres eine diesbezügliche Festsetzung ohne Anknüpfung an den Unternehmenserfolg trifft – beispielhaft ein Bruttomonatsgehalt für jeden Arbeitnehmer. Der Arbeitgeber kann aus dem so ermittelten Budget **vorrangig sonstige Personalaufwendungen des Arbeitgebers ohne Bezug zu einer Gegenleistung** speisen, zu denen er gesetzlich verpflichtet ist (Entgeltfortzahlung im Krankheitsfall, Mutterschutzentgelte etc.) und allein den verbleibenden **Restbetrag zur Verteilung der Betriebstreueleistungen** nach billigem Ermessen zur Verfügung stellen.
>
> Bei einer solchen Bemessung belastet der Arbeitgeber die Gesamtheit der an der Betriebstreueleistung partizipierenden Arbeitnehmer zwar an seinem Wirtschaftsrisiko, Arbeitsentgelte ohne Gegenleistung erbringen zu müssen. Er motiviert Arbeitnehmer jedoch nicht zur Erbringung weiterer Arbeitsleistungen, sodass ein schädlicher Bezug zur individuellen Leistungssteigerung nicht gegeben sein dürfte.

27 Die Grundsätze über die Schädlichkeit eines Mischcharakters hat die Rechtsprechung indessen allein für Leistungen zum Zwecke der Honorierung zukünftiger Betriebstreue entwickelt.[12] Da eine Leistung, mit der allein **vergangene Betriebstreue** honoriert wird, keine rechtliche Bindung des Arbeitnehmers für die Zukunft bewirkt, sind bei ihnen derartige Grenzziehungen nicht statthaft. Ebenso wie bei solchen Leistungen der Arbeitgeber frei darin ist, die Dauer der zu honorierenden vergangenen Betriebszugehörigkeit frei zu bestimmen, bestehen keine Grenzen für einen zusätzlichen Erfolgsbezug. Ein Erfolgsbezug bei solchen Leistungen ist deshalb unschädlich. Daraus folgt, dass die Bemessung der Höhe einer rein vergangenheitsbezogenen Betriebstreueleistung ganz oder teilweise an den wirtschaftlichen Erfolg des Unternehmens (oder Konzerns etc.) anknüpfen kann.

---

[11] BAG 18.1.2012 – 10 AZR 612/10, NZA 2012, 561 (562); 18.1.2012 – 10 AZR 667/10, AP BGB § 307 Nr. 59.
[12] BAG 18.1.2012 – 10 AZR 612/10, NZA 2012, 561 (563); 18.1.2012 – 10 AZR 667/10, AP BGB § 307 Nr. 59.

I. Arbeitnehmerbindung durch Betriebstreueleistungen J

> **Praxistipp:**
> Arbeitgeber sollten prüfen, ob eine Honorierung zukünftiger Betriebstreue wegen der von der Rechtsprechung gezogenen Grenzen noch die gewünschten Steuerungseffekte begründen kann. In der Praxis kann wegen größerer Gestaltungsspielräume eine Honorierung allein vergangener Betriebstreue als Instrument der Personalführung geeigneter sein. Auch solche Leistungssysteme **motivieren faktisch zu künftiger Betriebstreue**, weil der Arbeitnehmer jedenfalls bei Ankündigung künftiger Zahlungen mit jeweiligem Blick auf (zum Zeitpunkt der Entstehung solcher Ansprüche) vergangene Betriebstreue deren Erlangung im Blick haben wird. Rechtlich entsteht aber keine künftige Bindungswirkung, so dass – jedenfalls nach dem aktuellen Stand der Rechtsprechung[13] – die im Rahmen der Angemessenheitskontrolle durchzuführende Interessenabwägung (§ 307 Abs. 1 BGB) allein die vergangenheitsbezogene Anknüpfung einbeziehen darf.

f) Betriebstreueleistung und Beendigungstatbestände

Wie bereits im individualarbeitsvertraglichen Teil ausgeführt (→ F Rn. 36, 46) entsteht 28 ein Anspruch auf eine an Betriebstreue anknüpfende Leistung nicht, wenn das Arbeitsverhältnis endet, **gleich aus wessen Sphäre die Beendigung herrührt**. Anspruchsausschließend wirken dementsprechend nicht nur die Eigenkündigung des Arbeitnehmers oder die verhaltensbedingte Arbeitgeberkündigung, sondern gleichermaßen eine personen- und sogar betriebsbedingte Arbeitgeberkündigung, sowie das Auslaufen einer Befristung. Der mit der Leistung verfolgte Zweck, Betriebstreue zu honorieren, wird unabhängig davon verfehlt, aus wessen Sphäre die Beendigung des Arbeitsverhältnisses rührt.[14] Dem Arbeitgeber bleibt es selbstverständlich unbenommen, den Anspruch lediglich bei Vorliegen bestimmter Beendigungsgründe auszuschließen und andere als unschädlich zu betrachten.

Beispiel:
Der Arbeitgeber kann einen Ausschluss der Leistung deshalb für folgende Fälle begründen:
– Eigenkündigung durch den Arbeitnehmer;
– Außerordentlich fristlose Kündigung durch den Arbeitgeber;
– Ordentliche verhaltensbedingte Arbeitgeberkündigung;
– Ordentliche personenbedingte Arbeitgeberkündigung;
– Ordentliche betriebsbedingte Arbeitgeberkündigung;
– Aufhebungsvereinbarung mit oder ohne arbeitgeberseitige Veranlassung;
– Auslaufen einer Befristung.

g) Behandlung von Ruhenszeiten oder sonstigen Zeiten ohne aktive Erbringung einer Arbeitsleistung

Eine Betriebstreueleistung knüpft allein an den Bestand des Arbeitsverhältnisses an. Ruht 29 das Arbeitsverhältnis bei gleichzeitigem Fortbestand, hat dies auf die Erbringung der Betriebstreue und damit die Entstehung des Anspruchs auf Honorierung eben dieser Betriebstreue **keine Auswirkungen**.[15]

---

[13] Vgl. BAG 18.1.2012 – 10 AZR 612/10, NZA 2012, 561 (563); 18.1.2012 – 10 AZR 667/10, AP BGB § 307 Nr. 59; 6.5.2009 – 10 AZR 443/08, NZA 2009, 783.
[14] BAG 18.1.2012 – 10 AZR 667/10, AP BGB § 307 Nr. 59.
[15] BAG 10.12.2008 – 10 AZR 35/08, AP BGB § 611 Gratifikation Nr. 281 für eine Elternzeit.

Beispiel:

Knüpft die Entstehung des Anspruchs auf ein Weihnachtsgeld allein an den Bestand des Arbeitsverhältnisses im Dezember eines Kalenderjahres, ist diese Voraussetzung auch bei einem Ruhen des Arbeitsverhältnisses zB infolge Elternzeit erfüllt.

30 Will der Arbeitgeber das Ruhen des Arbeitsverhältnisses oder sonstige Zeiten, in denen der Arbeitnehmer eine Arbeitsleistung nicht erbringt, anspruchsmindernd berücksichtigen, ist Folgendes zu beachten:

31 Soweit die Leistung **vergangene Betriebstreue** honorieren soll, hatte die bisherige Rechtsprechung einen gleichzeitigen Erfolgsbezug der Sonderzahlung und damit eine Verknüpfung mit der individuellen Arbeitsleistung des Arbeitnehmers nicht (ausdrücklich) als schädlich betrachtet.[16] Eine Verklammerung des Anspruchs auf die Sonderzahlung mit der Erbringung der Arbeitsleistung des Arbeitnehmers war deshalb möglich durch eine Minderung des Anspruchs im Hinblick auf Zeiten, in denen der Arbeitnehmer keine Arbeitsleistung erbracht hat.

Beispiel:

Die Entstehung des Anspruchs auf ein Weihnachtsgeld knüpft an den Bestand des Arbeitsverhältnisses im Dezember eines Kalenderjahres, die Höhe des Weihnachtsgeldes mindert sich jedoch für jeden vollen Monat des Ruhens des Arbeitsverhältnisses um 1/12 oder bis zu 1/30 für jeden Tag des Ruhens des Arbeitsverhältnisses.

32 Offen ist, ob eine solche Berücksichtigung von Ruhezeiten nach der neueren Rechtsprechung zu Bindungsklauseln überhaupt noch möglich ist.[17] Soweit in der bisherigen Rechtsprechung etwa eine Herabsetzung der Leistung um 1/60 je Tag des Ruhens des Arbeitsverhältnisses anerkannt wurde (→ F Rn. 178 ff.), handelte es sich um eine Betrachtung als Gratifikationsleistungen. Nachdem aber zwischenzeitlich jeder Erfolgsbezug einer Leistung den reinen Betriebstreuecharakter in Zweifel zieht und synallagmatisches Entgelt begründen soll (→ F Rn. 14, 26 ff.), kann die Berücksichtigung von Ruhezeiten bei solchen Leistungen zweifelhaft sein, ohne die Stichtagsklausel insgesamt zu gefährden. Bereits mit der Berücksichtigung der Ruhezeit für die Bemessung der Leistung wird der reine Betriebstreuecharakter in Zweifel gezogen.

Beispiel:

Mit der Bemessung der Leistung oder ihrer sonstigen Koppelung an ein nicht ruhendes Arbeitsverhältnis honoriert die Leistung nur Zeiten der Erbringung einer Arbeitsleistung. Leistungszweck ist damit auch die Honorierung von Arbeitsleistungen.

Die daneben bestehende Maßgabe eines bestehenden Arbeitsverhältnisses im Dezember würde einen rückwirkenden Anspruchsverlust herbeiführen, wenn das Arbeitsverhältnis bis zum November endet. Der Arbeitnehmer würde damit bis zu $^{11}/_{12}$ der Leistung verlieren, wenn er im Dezember nicht mehr betriebstreu ist.

Wendet man die Rechtsprechung zur Behandlung synallagmatischen Arbeitsentgelts auch auf solche Entgelte mit Mischcharakter an, ist die Bindungsklausel unwirksam, weil sie bereits erdientes Entgelt entzieht (→ F Rn. 12). Entschieden ist dies bislang ausdrücklich aber nur für zukünftige Betriebstreue.[18]

33 Weitere Grenzen können sich aus gesetzlichen Regelungen – etwa aus **§ 4a EFZG** für Sondervergütungen, den Diskriminierungsverboten gegenüber Frauen im Hinblick auf

---

[16] Vgl. BAG 18.1.2012 – 10 AZR 612/10, NZA 2012, 561; 18.1.2012 – 10 AZR 667/10, AP BGB § 307 Nr. 59; 6.5.2009 – 10 AZR 443/08, NZA 2009, 783.
[17] BAG 18.1.2012 – 10 AZR 612/10, NZA 2012, 561 (562); 18.1.2012 – 10 AZR 667/10, AP BGB § 307 Nr. 59.
[18] BAG 18.1.2012 – 10 AZR 612/10, NZA 2012, 561 (562); 18.1.2012 – 10 AZR 667/10, AP BGB § 307 Nr. 59.

die **Mutterschutzfristen** oder den Bestimmungen des Bundesurlaubsgesetzes für Zeiten des **Erholungsurlaubs** – ergeben (→ F Rn. 160 ff.).

Soweit eine Betriebstreueleistung an die Honorierung (zumindest auch) **zukünftiger** 34 **Betriebstreue** anknüpft, ist nach der jüngeren Rechtsprechung[19] jedwede Verknüpfung der Leistung mit der Arbeitsleistung des Arbeitnehmers ausgeschlossen. Anderenfalls dient die Leistung nicht allein der Honorierung von Betriebstreue. Nach Auffassung des BAG ist ein **Mischcharakter** aus der Honorierung zukünftiger Betriebstreue und (zusätzlicher) Vergütung bereits erbrachter Arbeitsleistungen unzulässig.[20] Eine Anspruchsminderung für Zeiten ohne aktive Erbringung einer Arbeitsleistung stellt nach dieser Rechtsprechung den Charakter einer Leistung mit ausschließlichem Zweck der Honorierung einer Betriebstreue in Frage, sodass die Bindungswirkung für die Zukunft entfällt.

> Praxistipp:
> Arbeitgeber sollten prüfen, ob die Honorierung zukünftiger Betriebstreue es wert ist, auf die Möglichkeit einer Kürzung von Ansprüchen für Zeiten des ruhenden Arbeitsverhältnisses zu verzichten. In der Praxis werden die Möglichkeiten einer Anspruchskürzung wegen Ruhenszeiten wirtschaftlich die Bedeutung der ohnehin nur für den Lauf einer Kündigungsfrist möglichen zukünftigen Bindungswirkung häufig überwiegen.

h) Rückzahlungsklauseln

Während Stichtagsregelungen den (ungekündigten) Bestand des Arbeitsverhältnisses als 35 Voraussetzung für die Entstehung des Anspruchs aufstellen, verpflichten Rückzahlungsklauseln den Arbeitnehmer zur Rückabwicklung einer bereits erhaltenen Leistung, wenn er aus dem Arbeitsverhältnis bis zu einem bestimmten Stichtag ausscheidet. Da die potentielle Belastung mit einer Rückzahlungsverpflichtung die Freiheit des Arbeitnehmers zur Beendigung des Arbeitsverhältnisses begrenzt, hat die Rechtsprechung eine **Staffelung von Bindungsdauern** entwickelt.[21]

Überschreitet eine Gratifikation 100,00 EUR nicht, ist keine Bindung zulässig. Er- 36 reicht eine darüber hinausgehende Gratifikation nicht die Höhe eines Bruttomonatsgehaltes, ist eine Bindung bis zum Ablauf des 31.3. des Folgejahres bzw. für die Dauer von drei Monaten zulässig. Bei Überschreitung eines, jedoch fehlender Erreichung der Höhe von zwei Bruttomonatsgehältern ist die Bindung bis zum 30.6. des Folgejahres bzw. für die Dauer von sechs Monaten zulässig. Bei Überschreitung von zwei Bruttomonatsgehältern kann die Bindung über den 30.6. des Folgejahres bzw. die Dauer von sechs Monaten hinausgehen.

> Achtung!
> In der Rechtsprechung ist zurzeit ungeklärt, wie sich die **Änderung der Rechtsprechung zu Stichtagsregelungen** auf Rückzahlungsregelungen auswirkt. Ist etwa eine Stichtagsregelung mit der Maßgabe des ungekündigten Bestands des Arbeitsverhältnisses bereits bei einer Leistung in Höhe von einem Bruttomonatsgehalt zulässig, kann dies den Arbeitnehmer bei einer langen Kündigungsfrist über die genannte 6-Monatsgrenze hinaus binden. Während das BAG[22] erwogen hat, die Grenzen von Rückzahlungsklauseln auf die möglichen Bindungszeiträume von Stichtagsregelungen zu übertragen, ist

---

[19] BAG 18.1.2012 – 10 AZR 612/10, NZA 2012, 561 (562); 18.1.2012 – 10 AZR 667/10, AP BGB § 307 Nr. 59.
[20] BAG 18.1.2012 – 10 AZR 612/10, NZA 2012, 561 (562); 18.1.2012 – 10 AZR 667/10, AP BGB § 307 Nr. 59.
[21] BAG 21.5.2003 – 10 AZR 390/02, NZA 2003, 1032 (1033); 9.6.1993 – 10 AZR 529/92, NZA 1993, 935 (936).
[22] BAG 24.10.2007 – 10 AZR 825/06, NZA 2008, 40 (43).

dies in der jüngeren Rechtsprechung[23] nicht nachvollzogen worden. Es bleibt abzuwarten, wie die Rechtsprechung sich insoweit entwickeln wird. Dabei spricht jedenfalls vieles dafür, zur Vermeidung von Wertungswidersprüchen eine Angleichung hinsichtlich einer Rückzahlungspflicht bei reinen Betriebstreueleistungen herbeizuführen.

3. Flexibilisierungsmöglichkeiten

a) Einmalige Leistungen

37 Einmalige Betriebstreueleistungen erfordern einen **Freiwilligkeitsvorbehalt,** um die Entstehung zukünftiger weiterer Rechtsansprüche unter dem Gesichtspunkt betrieblicher Übungen oder schlüssiger Individualzusagen zu vermeiden. Die Unklarheiten des Sonderzahlungsbegriffs[24] bei Freiwilligkeitsvorbehalten (→ E Rn. 9 ff.) bestehen bei reinen Betriebstreueleistungen nicht. Bei ihnen können einmalige Leistungen durch einen Freiwilligkeitsvorbehalt sichergestellt werden, so dass der Arbeitgeber sich eine Flexibilität durch eine Entscheidung nach freiem Ermessen über zukünftige Leistungsgewährungen vorbehalten kann. Ein solcher Vorbehalt schränkt die Eignung einer Betriebstreueleistung als Personalführungsinstrument zur Arbeitnehmerbindung zwar ein, schließt sie aber nicht vollständig aus.

Beispiel:
Sagt der Arbeitgeber dem Arbeitnehmer für den Fall der Vollendung einer Betriebszugehörigkeit von fünf Jahren eine einmalige Zuwendung in Höhe von drei Bruttomonatsgehältern zu, die Rechtsansprüche auf etwaige weitere Jubiläumszuwendungen nach Vollendung einer weiteren Betriebszugehörigkeit von fünf Jahren durch einen Freiwilligkeitsvorbehalt ausschließt, bindet sich der Arbeitgeber ausschließlich hinsichtlich einer Zuwendung für den Fall der Vollendung des fünften Betriebszugehörigkeitsjahres.

Da der Anspruch erst mit Vollendung des fünften Betriebszugehörigkeitsjahres entsteht, wird mit der Jubiläumszuwendung allein vergangene Betriebstreue honoriert. Gleichwohl kann der Arbeitgeber mit einer solchen Zusage eine Motivation für den Fortbestand des Arbeitsverhältnisses bereits mit Erteilung der Zusage begründen und damit gleichermaßen künftige Betriebstreue aus Sicht des Zeitpunktes der Erteilung der Zusage fördern.

Die Einmaligkeit der Leistung beendet diese Motivationswirkung erst, sobald die Betriebszugehörigkeit von fünf Jahren vollendet, der Anspruch abgewickelt und ohne erneute vergleichbare Zusage auf eine weitere Leistung in Anknüpfung an weitere Betriebszugehörigkeitsjahre keine neue Motivationswirkung ausgelöst wird. Eine solche **weitere Zusage kann erneut unter Freiwilligkeitsvorbehalt** erfolgen, um die Bindung ebenso wie die wirtschaftliche Belastung nur jeweils einmalig zu wiederholen.

38 Der Arbeitgeber kann sich auf diesem Wege ein **freies Ermessen über zukünftige wirtschaftliche Belastungen** im Wege eines Freiwilligkeitsvorbehaltes offen halten. Wichtig ist, dass der Freiwilligkeitsvorbehalt wirksam erklärt wird, dh nicht in Widerspruch zu bereits erteilten vorbehaltlosen Zusagen steht und eine hinreichende Transparenz für den Arbeitnehmer klar und verständlich den Ausschluss künftiger Rechtsansprüche zum Ausdruck bringt (→ E Rn. 1 ff.).

---

[23] BAG 18. 1. 2012 – 10 AZR 667/10, BeckRS 2012, 68196.
[24] Vgl. Hümmerich/Reufels Gestaltung ArbV/*Schiefer* 1.64 Rn. 3445; Maschmann/*Keller* Kap. 17 Rn. 23; Preis/*Preis* II V 70 Rn. 62 f.; *Mengel* S. 89 Rn. 141; Schaub ArbR-HdB/*Linck* § 35 Rn. 70.

I. Arbeitnehmerbindung durch Betriebstreueleistungen

b) Widerrufsvorbehalte

Will der Arbeitgeber demgegenüber über ein **dauerhaftes Leistungssystem** Betriebstreue kontinuierlich honorieren und damit von vornherein einen **dauerhaften Anreiz** schaffen, sind einmalige Leistungen unter einem Freiwilligkeitsvorbehalt kein geeignetes Personalführungsinstrument. In diesem Falle erreicht der Arbeitgeber sein Ziel allein durch eine auf wiederholte Leistungen gerichtete Zusage, die verbindliche Rechtsansprüche der Arbeitnehmer bei Erfüllung der Anspruchsvoraussetzungen (Erbringung der jeweils maßgebenden Betriebstreue) begründet.

Beispiel:
Der Arbeitgeber sagt dem Arbeitnehmer eine Zuwendung in Höhe von einem Bruttomonatsgehalt in jedem fünften Jahr der Betriebszugehörigkeit zu. Die Zuwendung ist damit zwar weiterhin eine Sonderzahlung außerhalb des laufenden Arbeitsentgelts. Da dem Arbeitnehmer jedoch ein Rechtsanspruch auf die wiederholte Sonderzahlung eingeräumt wird und zum Zwecke der Motivationswirkung auch eingeräumt werden soll, scheidet ein Freiwilligkeitsvorbehalt aus.

Flexibilisierungsinstrument für den Arbeitgeber kann in einem solchen Falle ein Widerrufsvorbehalt sein. Soweit die Betriebstreueleistung nicht **25 % des Gesamtentgelts**[25] überschreitet, ist die Vereinbarung eines Widerrufsrechts grundsätzlich möglich. Der Widerrufsvorbehalt muss allerdings den **formellen Anforderungen der §§ 305 ff. BGB** genügen, wozu insbesondere eine klare und verständliche Formulierung zählt, unter welchen sachlichen Gründen eine Ausübung des Widerrufsrechts seitens des Arbeitgebers in Betracht kommt.[26] Sind die hiernach für die Ausübung des Widerrufsrechts vorbehaltenen Voraussetzungen erfüllt, kann der Arbeitgeber den Anspruch mit Wirkung für die Zukunft ausschließen, wenn er von seinem Widerrufsrecht Gebrauch macht.

Achtung!
Die quantitative Grenze widerruflicher Entgeltbestandteile in Höhe von grundsätzlich 25 % des Gesamtentgelts ist in der Rechtsprechung noch nicht dahingehend konkretisiert, welche Zeitabschnitte zur Bemessung dieses Gesamtentgelts zu betrachten sind. Während bei einer monatlich laufend gezahlten Zulage ggf. der Monatsverdienst für die Bestimmung ausreichend ist, wird bei einer jährlichen Zuwendung das Jahreseinkommen maßgebend sein. Knüpft beispielsweise eine Jubiläumszuwendung indessen an einen **mehrjährigen Bezugszeitraum**, ist zweifelhaft, ob dieser insgesamt für die Bestimmung der 25 %-Grenze maßgebend sein kann. Solange eine höchstrichterliche Entscheidung aussteht, sollte der Arbeitgeber auch bei mehrjährigen Bezugszeiträumen für die Ermittlung der 25 %-Grenze widerruflicher Bestandteile eine **Jahresbegrenzung** nicht überschreiten.

c) Flexibilisierung der Anspruchshöhe

Da Betriebstreueleistungen allein an den Bestand des Arbeitsverhältnisses anknüpfen, stellt sich die Frage nach einer Flexibilisierung der Anspruchshöhe. So kann eine Sonderzahlung dem Grunde nach als Voraussetzung ihrer Entstehung allein an vergangene und/oder künftige Betriebstreue anknüpfen, den **Anspruch der Höhe nach** jedoch an den **wirtschaftlichen Erfolg des Unternehmens** koppeln. Bei einer solchen Gestaltung wird

---

[25] BAG 24.1.2017 – 1 AZR 774/14, NZA 2017, 777 (778).
[26] BAG 24.1.2017 – 1 AZR 774/14, NZA 2017, 777 (778); 12.1.2005 – 5 AZR 364/04, AP BGB § 308 Nr. 1; 11.4.2006 – 9 AZR 557/05, BeckRS 2006, 43810; 20.4.2011 – 5 AZR 191/10, BeckRS 2011, 73425.

der **Wert der Betriebstreue an dem Wert des unternehmerischen Handelns bemessen.**

42 Nach der Betrachtung des BAG stellt jeder Erfolgsbezug einer Sonderzahlung einen **Bezug zu erbrachten Arbeitsleistungen** her.[27] Dabei nimmt das BAG für die Herstellung einer Beziehung zur Arbeitsleistung des Arbeitnehmers an, dass eine Abhängigkeit der Höhe eines Entgelts vom Unternehmensergebnis ausreicht,[28] was eine Differenzierung zwischen einer rein betriebstreueabhängigen Anspruchsentstehung einerseits und einer unternehmenserfolgsabhängigen Bemessung der sich ergebenden Betriebstreueleistung andererseits in Frage stellt. In diesen Fällen ist nach der Rechtsprechung von synallagmatischem Arbeitsentgelt auszugehen, welches mit der Erbringung der Arbeitsleistung ratierlich verdient und in seiner Entstehung nicht von darüber hinausgehender Betriebstreue als weitere Voraussetzung abhängig gestaltet werden kann.

> **Achtung!**
> Soll die Sonderzahlung **zukünftige Betriebstreue** honorieren, ist ein solcher Mischcharakter mit Arbeitserfolgen nach der jüngeren Rechtsprechung unzulässig, so dass die zukünftige Bindungswirkung entfällt.[29]
> Es spricht vieles dafür, dass die Rechtsprechung ebenfalls bei der Honorierung **vergangener Betriebstreue** einen solchen Maßstab anlegen wird. Anderenfalls könnte die Bindungsklausel über den Zeitpunkt der jeweiligen Arbeitsleistung hinaus zu erbringende Betriebstreue bis zum Auszahlungsstichtag als Voraussetzung für die Entstehung des Anspruchs aufstellen und damit erdiente Entgeltansprüche zu Fall bringen.

43 Will der Arbeitgeber Bindungsklauseln als Personalführungsinstrument hinsichtlich (auch) zukünftiger Betriebstreue einsetzen, sollte er daher auf jeden Erfolgsbezug der Leistung sowohl betreffend die Honorierung vergangener wie künftiger Betriebstreue verzichten. Das erfordert eine präzise Abgrenzung im Falle einer beabsichtigten Flexibilisierung der Leistung der Höhe nach.

Beispiel:
Nach der Rechtsprechung des BAG ist die Anerkennung einer reinen Betriebstreueleistung in folgenden Fällen **nicht möglich bzw. zweifelhaft und scheidet eine Bindung für die Zukunft aus:**
- Staffelung des Anspruchs nach Quantität und Qualität erreichter individueller Ziele;[30]
- Bemessung des Anspruchs in Abhängigkeit vom Unternehmensergebnis;[31]
- Bemessung des Anspruchs in Bruttomonatsgehältern, jedoch mit einem unternehmenserfolgsabhängigen Steigerungsfaktor.

Eine **zulässige Gestaltung** der Höhe der Betriebstreueleistung kann dagegen wie folgt aussehen:
- Bemessung des Anspruchs in Höhe eines Bruttomonatsgehaltes;[32]
- Bemessung des Anspruchs in Höhe eines feststehenden Betrages.

---

[27] BAG 12.4.2011 – 1 AZR 412/09, AP BetrVG 1972 § 75 Nr. 57; 7.6.2011 – 1 AZR 807/09, AP BetrVG 1972 § 77 Betriebsvereinbarung Nr. 55; 5.7.2011 – 1 AZR 94/10, AP BetrVG 1972 § 87 Lohngestaltung Nr. 139; 18.1.2012 – 10 AZR 612/10, NZA 2012, 561 (562).
[28] BAG 12.4.2011 – 1 AZR 412/09, NZA 2011, 989 (991).
[29] BAG 18.1.2012 – 10 AZR 612/10, NZA 2012, 561.
[30] BAG 12.4.2011 – 1 AZR 412/09, NZA 2011, 989; 7.6.2011 – 1 AZR 807/09, AP BetrVG 1972 § 77 Betriebsvereinbarung Nr. 55; 5.7.2011 – 1 AZR 94/10, AP BetrVG 1972 § 87 Lohngestaltung Nr. 139; 18.1.2012 – 10 AZR 612/10, NZA 2012, 561 (562).
[31] BAG 12.4.2011 – 1 AZR 412/09, NZA 2011, 989.
[32] BAG 18.1.2012 – 10 AZR 667/10, AP BGB § 307 Nr. 59.

I. Arbeitnehmerbindung durch Betriebstreueleistungen

Ist demnach eine vertragliche Gestaltung in Anknüpfung an erfolgsabhängige Komponenten für den Betriebstreuecharakter auch dann risikobehaftet, wenn lediglich der Anspruch der Höhe nach an solche Bedingungen geknüpft ist, stellt sich die Frage, ob ggf. ein **einseitiges Leistungsbestimmungsrecht des Arbeitgebers** zur Höhe des Anspruchs vorgesehen werden kann.

Beispiel:
Dem Arbeitnehmer wird für den ungekündigten Bestand des Arbeitsverhältnisses während des gesamten Geschäftsjahres eine Treuezahlung zugesagt. Die Höhe dieser Treuezahlung beträgt mindestens ein halbes, max. jedoch ein volles Bruttomonatsgehalt. Die Festsetzung der genauen Höhe der Treuezahlung bleibt der Ausübung billigen Ermessens durch den Arbeitgeber vorbehalten.

Eine solche Regelung enthält **keinerlei Hinweis auf eine unternehmenserfolgsbezogene Komponente.** Der vertraglichen Gestaltung ist insoweit keinerlei Anhaltspunkt zu entnehmen, der den Betriebstreuecharakter ausschließt. Allerdings ist der Arbeitgeber im Streitfalle verpflichtet darzulegen, anhand welcher willkürfreier Erwägungen er sein billiges Ermessen bei der Festsetzung der Leistung ausgeübt hat. Wie stets bei einem Vorbehalt billigen Ermessens birgt dies **in der Praxis Unwägbarkeiten** mit sich, da der Arbeitgeber zum einen willkürfreie Kriterien bei der Leistungsbestimmung zu Grunde legen muss, er andererseits – um den reinen Betriebstreuecharakter nicht in Frage zu stellen – auch insoweit jegliche Anknüpfung der Bemessung der Leistung an den Unternehmenserfolg zu unterlassen hat.

Beispiel:
Will der Arbeitgeber im Streitfall den Betriebstreuecharakter nicht in Frage stellen, darf er die Ausübung seines billigen Ermessens zur Zahlung etwa nur eines halben Bruttomonatsgehaltes nach den Erwägungen des BAG nicht damit begründen, dass das Unternehmensergebnis eine höhere Festsetzung nicht rechtfertigt.

Das BAG[33] hat nicht einmal danach unterschieden, ob die Festsetzung der Leistung vor oder nach dem Geschäftsjahr als Bezugszeitraum erfolgt – bei der Festsetzung einer Leistung am Ende des Bezugszeitraums zeigt sich, dass der Arbeitnehmer im Bezugszeitraum allein auf eine **bloße Hoffnung** hin gearbeitet haben kann, da er mit der Festsetzung der Leistung in einer bestimmten Höhe nicht verbindlich rechnen konnte. Daran zeigt sich, wie zweifelhaft die Rechtsprechung ist, auch wenn die Praxis zunächst mit ihr umgehen muss.

Diese Grenzen der Rechtsprechung kommen selbst dann zum Tragen, wenn der Arbeitgeber für **jedes Geschäftsjahr ein bestimmtes Budget für Betriebstreueleistungen** aufstellt, welches er sodann – anteilig gewichtet nach dem Gehaltsgefüge der einzelnen Arbeitnehmer – ausschüttet. Nimmt man die Rechtsprechung des BAG beim Wort, wird bereits die unternehmenserfolgsabhängige Festsetzung eines solchen Budgets einen Betriebstreuecharakter in Frage stellen können.

> Praxistipp:
> Solange in der Rechtsprechung nicht entschieden ist, an welcher Stelle eine Grenze bei nur indirekter Ankoppelung an den Unternehmenserfolg zu ziehen ist, sollte ein Arbeitgeber, der reine Betriebstreueleistungen um einer zukünftigen Bindungswirkung des Arbeitnehmers Willen gewähren will, von jeglicher unternehmenserfolgsbezogener Komponente absehen.

---

[33] BAG 18.1.2012 – 10 AZR 612/10, AP BGB § 611 Gratifikation Nr. 292.

48 Diesbezüglich wird die **Entwicklung der Rechtsprechung** abzuwarten sein. Der aktuelle Stand der Rechtsprechung birgt rechtliche Unwägbarkeiten im Zusammenhang mit einer Bemessung von Leistungen anhand der Ausübung billigen Ermessens im Einzelfall. Damit besteht zwar Streitpotential. Es ist jedoch zum einen festzustellen, dass derartige Streitigkeiten vor den Arbeitsgerichten selten ausgetragen werden. Zum anderen kann der Arbeitgeber durch eine Höchstbegrenzung der Leistung – im Beispiel auf ein Bruttomonatsgehalt – sein wirtschaftliches Risiko auf ein überschaubares Ausmaß begrenzen.

II. Tantiemen

1. Funktion und Bedeutung als Personalführungsinstrument

49 Tantiemen beteiligen den Arbeitnehmer am Ergebnis. Der Arbeitnehmer **partizipiert unmittelbar am wirtschaftlichen Erfolg** des Unternehmens, Konzerns etc. Als Personalführungsinstrument vermitteln sie Arbeitnehmern, an einem gemeinsamen Erfolg teilzuhaben. Sie fördern deshalb die Identifikation des Arbeitnehmers mit dem Unternehmen des Arbeitgebers. Eine aus der Situation der Arbeitsvertragsparteien im Austauschverhältnis zwischen Arbeitsleistung und Arbeitsentgelt grundsätzliche Bipolarität der Interessen wird damit aufgeweicht.

50 Während das Arbeitsverhältnis als Austauschverhältnis der beiderseitigen Leistungen grundsätzlich durch das Interesse des Arbeitnehmers an hohem Entgelt und das des Arbeitgebers an maximal verwertbarer Arbeitsleistung im Vordergrund steht, partizipiert der Arbeitnehmer bei einer an den Ertrag anknüpfenden Tantieme auch daran, dass das Unternehmen ein optimales **Verhältnis zwischen Arbeitsleistung und Personalkosten** bei kollektiver Betrachtung erwirtschaftet. Über die Personalkosten hinaus gilt dies bei einer vom Ertrag abhängigen Tantiemebemessung für sämtliche sonstigen Kosten, die den aus dem Umsatz zu bemessenden Ertrag schmälern.

Beispiel:

Knüpft die Bemessung der Tantieme an den Ertrag vor Steuern unter Außerachtlassung außergewöhnlicher Erträge oder Verluste, ist der Arbeitnehmer an **sämtlichen wirtschaftlichen Risiken des Arbeitgebers** im operativen Geschäftsablauf beteiligt. Möchte der Arbeitnehmer eine möglichst hohe Tantieme erzielen, wird er Interesse an einem großen Umsatzvolumen bei gleichzeitig geringen Kosten haben.

51 Die ertragsabhängige Tantieme ist deshalb als Personalführungsinstrument geeignet, Arbeitnehmer zu **unternehmerischem Denken und Handeln zu motivieren.** Arbeitnehmer werden motiviert, durch ihre Arbeitsleistung an Umsatzsteigerungen mitzuwirken und gleichzeitig – soweit von ihnen beeinflussbar – Kosten zu reduzieren. Über die eigene Arbeitsleistung hinaus kann dies insbesondere ein unternehmerisches Bewusstsein für eine Kosten-Nutzen-Relation innerhalb des Betriebs bewirken.

Beispiel:

Ist der Arbeitnehmer über eine Tantieme am unternehmerischen Kostenrisiko beteiligt, folgt daraus für den eigenen Arbeitsbereich des Arbeitnehmers, aber auch – im Sinne einer Appellwirkung – für die Arbeitsweise der Belegschaft, ein Kostenbewusstsein bspw. unter folgenden Gesichtspunkten:
– Kostensparender Umgang mit Ressourcen;
– effektive Arbeitsweise;
– Begrenzung von Arbeitsunfähigkeiten.

52 Diese Motivationswirkung wird in der Praxis desto geringer ausfallen, je weitergehend der **einzelne Arbeitnehmer in der Gesamtheit** der Belegschaft in den Hintergrund

tritt. Je kleiner demgegenüber die relevante Einheit ist, desto größere Einflussnahmemöglichkeiten hat der einzelne Arbeitnehmer auf das Ergebnis. An das Konzernergebnis anknüpfende Tantiemeregelungen werden deshalb in der Regel eine solche Steuerungswirkung verfehlen. Denkbar ist insoweit jedoch etwa eine Spartenbetrachtung, die die Erfolgsbeiträge der einzelnen in der Sparte zusammenwirkenden Arbeitnehmer stärker fokussiert.

Praktische Bedeutung kommt Tantiemen als Personalführungsinstrument in größeren Einheiten mehr unter dem Gesichtspunkt einer Gemeinschaftlichkeitsbetrachtung des Unternehmenserfolges zu, ohne einzelne Effizienzgesichtspunkte gezielt anzusprechen. Anders ist dies häufig bei Tantiemeregelungen für **Führungskräfte,** deren gezielte Ansprache über eine Tantiemeregelung nicht nur deren eigenes strategisches Handeln am Arbeitsplatz determiniert, sondern gleichermaßen über die Führung der unterstellten Arbeitnehmer kollektive Auswirkungen zeigt. Dementsprechend sind in der Praxis Tantiemeregelungen insbesondere bei Führungskräften als geeignetes Personalführungsinstrument zur Steigerung des wirtschaftlichen Erfolges anerkannt. 53

2. Rechtliche Gestaltung

a) Bemessungsgrundlagen

Die Bemessungsgrundlagen bei Tantiemen sind vielfältig. Wie bereits ausgeführt, kann die Bemessung an den Umsatz oder den Ertrag des Unternehmens anknüpfen. Da eine Anknüpfung an den **Umsatz** ggf. Fehlanreize zu Verlustgeschäften setzen kann, im Übrigen die unternehmerische Risikoverteilung in der Regel eine **ertragsabhängige Tantiemeberechnung** vorzugswürdig erscheinen lässt und in der Praxis regelmäßig Bemessungsgrundlage einer Tantieme ist, beschränkt sich die nachfolgende Darstellung auf ertragsabhängige Tantiememodelle. 54

Grundsätzlich knüpfen Tantiememodelle an das **Jahresergebnis** an. Abweichende Gestaltungen sind selbstverständlich denkbar (→ K Rn. 59 ff.). Sie sind aber auch erforderlich, um beispielsweise Verlustvorträge aus Vorjahren berücksichtigen zu können.[34] 55

> Praxistipp:
> Eine solche, über das Geschäftsjahr hinausgehende, Bemessung einer Tantieme fördert insbesondere den Gedanken der **Nachhaltigkeit der Unternehmensentwicklung** und vermeidet Fehlanreize zur **Gewinnmaximierung in einem Geschäftsjahr** auf Kosten etwa strategischer Investitionen, die sich in Folgejahren negativ auswirken können.

In der Praxis wird regelmäßig der **Handels- oder Steuergewinn,** häufig aber auch eine **sonstige im Unternehmen verwendete Steuerungskennzahl,** als Bemessungsgrundlage angesetzt und zwar vor Abzug ertragsabhängiger Steuern und Tantiemen. Mögliche Anknüpfungspunkte sind jedoch vielfältig (→ K Rn. 1 ff.). 56

Beispiel:
Bemessungsgrundlagen und damit generelle Verfahren zur Bemessung des Ertrages sind in der Praxis Anknüpfungspunkte wie
– Handels- oder Steuerbilanzgewinn;
– Jahresüberschuss (§ 266 Abs. 3 A V HGB), ggf. unter Berücksichtigung/Nichtberücksichtigung bestimmter Positionen wie zB außerordentlicher Erträge oder Verluste;

---

[34] LAG Nds 6.2.2006 – 17 Sa 1109/05, NZA-RR 2006, 369 (370); für die Erforderlichkeit einer ausdrücklichen Regelung LAG Düsseldorf 13.10.1960 – 8 Sa 171/60; *Mengel* S. 175 mwN; Schaub ArbR-HdB/ *Vogelsang* § 76 Rn. 4.

J | Umsetzung in der Praxis I: Gestaltungsmöglichkeiten bei Formen variabler Entgeltsysteme

– Ergebnis nach Steuern (§ 275 Abs. 2 Nr. 15 HGB) bzw. Ergebnis der gewöhnlichen Geschäftstätigkeit (§ 275 Abs. 2 Nr. 14 HGB in der bis zum 22.7.2015 geltenden Fassung);
– eine generell individuelle Festlegung der Bemessungsfaktoren, insbesondere langfristige unternehmerische Steuerungskennzahlen.

57   Die Vereinbarung der Parteien kann eine Berücksichtigung **unterschiedlichster Erträge oder Aufwendungen** der laufenden Periode sowie die Berücksichtigung von Verlust- oder Gewinnvorträgen vergangener Perioden vorsehen.

Beispiel:
Wesentliche Faktoren sind in der Regel
– Ergebnis der gewöhnlichen Geschäftstätigkeit;
– außerordentliche Erträge;
– außerordentliche Verluste;
– Auswirkungen der Steuern auf Einkommen und Ertrag.

58   Sinnvoll können Regelungen über die Berücksichtigung von Gewinn- und Verlustvorträgen aus Vorperioden hinaus hinsichtlich der Berücksichtigung oder Nichtberücksichtigung von **Einstellungen in offene Rücklagen oder Entnahmen aus solchen** sein. Dies sind Komponenten, die der Ergebnisverwendung zuzurechnen sind, sodass sie sich auf den Bilanzgewinn oder -verlust auswirken, nicht jedoch eigentlicher Bestandteil des Jahresergebnisses sind. Auf dieser Grundlage können unternehmerische Entscheidungen über die Bildung von Reserven bei der Bemessung von Tantiemeansprüchen ausgeklammert werden.

59   Knüpft die Bemessung der Tantieme an die Gewinn- und Verlustrechnung (GuV) an, kann dies an die **Gewinn- und Verlustrechnung nach § 275 HGB** nach dem Gesamtkosten- oder Umsatzkostenverfahren (vgl. im Einzelnen § 275 Abs. 2 HGB zum Gesamtkostenverfahren bzw. § 275 Abs. 3 HGB zum Umsatzkostenverfahren) bzw. internationalen Rechnungslegungsstandards wie **IFRS** (International Financial Reporting Standards) oder **US-GAAP** (United States Generally Accepted Accounting Principles) anknüpfen. Sowohl nach HGB wie nach IFRS ist die Möglichkeit des Gesamt- sowie Umsatzkostenverfahrens eröffnet. US-GAAP schreibt dagegen zwingend das Umsatzkostenverfahren vor. Im Einzelnen → K Rn. 15, 20.

60   Der **Unterschied des Gesamt- gegenüber dem Umsatzkostenverfahrens** liegt insbesondere darin, dass beim Gesamtkostenverfahren sämtliche Kosten des Rechnungszeitraums allen in diesem erzielten Erlösen gegenübergestellt werden. Beim Umsatzkostenverfahren werden demgegenüber Funktionsbereiche gegenüber gestellt. Lediglich das Umsatzkostenverfahren gruppiert nach Kostenstellen und ist damit für die Bewertung des Ergebnisses einzelner Kostenstellen, etwa bestimmter Produkte oder Dienstleistungstypen, aussagekräftiger. Soll die Tantiemebemessung an die Leistung eines bestimmten Funktionsbereichs anknüpfen, kann ein bestimmter Posten anhand des Umsatzkostenverfahrens als aussagekräftige Steuerungskennzahl dienen.

61   Das Umsatzkostenverfahren bedeutet demgegenüber einen erhöhten Aufwand bei der Aufschlüsselung und Zuordnung nach Funktionsbereichen. So sieht etwa die **Gliederung der Gewinn- und Verlustrechnung nach HGB für das Gesamtkostenverfahren** folgende grundsätzlich auszuweisende Posten **vor:**
– Umsatzerlöse;
– Erhöhung oder Verminderung des Bestands an fertigen und unfertigen Erzeugnissen;
– andere aktivierte Eigenleistungen;
– sonstige betriebliche Erträge;
– Materialaufwand:
  • Aufwendungen für Roh-, Hilfs- und Betriebsstoffe und für bezogene Waren;
  • Aufwendungen für bezogene Leistungen;

- Personalaufwand:
  - Löhne und Gehälter;
  - soziale Abgaben und Aufwendungen für Altersversorgung und für die Unterstützung, davon für Altersversorgung;
- Abschreibungen:
  - auf immaterielle Vermögensgegenstände des Anlagevermögens und Sachanlagen;
  - auf Vermögensgegenstände des Umlaufvermögens, soweit diese die in der Kapitalgesellschaft üblichen Abschreibungen überschreiten;
- sonstige betriebliche Aufwendungen;
- Erträge aus Beteiligungen, davon aus verbundenen Unternehmen;
- Erträge aus anderen Wertpapieren und Ausleihungen des Finanzanlagevermögens, davon aus verbundenen Unternehmen;
- sonstige Zinsen und ähnliche Erträge, davon aus verbundenen Unternehmen;
- Abschreibungen auf Finanzanlagen und auf Wertpapiere des Umlaufvermögens;
- Zinsen und ähnliche Aufwendungen, davon an verbundene Unternehmen;
- Steuern vom Einkommen und vom Ertrag;
- Ergebnis nach Steuern;
- sonstige Steuern;
- Jahresüberschuss/Jahresfehlbetrag.

Für das **Umsatzkostenverfahren sieht § 275 Abs. 3 HGB** demgegenüber folgende auszuweisende Posten **vor:** 62
- Umsatzerlöse;
- Herstellungskosten der zur Erzielung der Umsatzerlöse erbrachten Leistungen;
- Bruttoergebnis vom Umsatz;
- Vertriebskosten;
- allgemeine Verwaltungskosten;
- sonstige betriebliche Erträge;
- sonstige betriebliche Aufwendungen;
- Erträge aus Beteiligungen, davon aus verbundenen Unternehmen;
- Erträge aus anderen Wertpapieren und Ausleihungen des Finanzanlagevermögens, davon aus verbundenen Unternehmen;
- sonstige Zinsen und ähnliche Erträge, davon aus verbundenen Unternehmen;
- Abschreibungen von Finanzanlagen und auf Wertpapiere des Umlaufvermögens;
- Zinsen und ähnliche Aufwendungen, davon an verbundene Unternehmen;
- Steuern vom Einkommen und vom Ertrag;
- sonstige Steuern;
- Jahresüberschuss/Jahresfehlbetrag.

Gegenüber diesen Anforderungen nach HGB ist die Rechnungslegung nach dem internationalen IFRS Standard an geringere formale Anforderungen geknüpft. Die Gliederung der Gewinn- und Verlustrechnung nach HGB zeigt jedoch die **möglichen Anknüpfungspunkte für eine vom Jahresüberschuss abweichende Betrachtung** der Tantiemebemessungsgrundlage auf, indem etwa einzelne daraus folgende Posten aus der Bemessungsgrundlage ausgenommen werden oder die Tantiemebemessung sich auf einzelne Posten beschränkt, wenn dies wirtschaftlich sinnvoll erscheint. Zur betriebswirtschaftlichen Bewertung im Einzelnen → K Rn. 1 ff. 63

Beispiel:
Soll eine Ertragstantieme den Arbeitnehmer am Ertrag aus der operativen Tätigkeit der Gesellschaft beteiligen, ist regelmäßig allein das **Betriebsergebnis**
- aus Umsatzerlösen, Erhöhung/Verminderung fertiger und unfertiger Erzeugnisse, aktivierter Eigenleistungen, sonstiger betrieblicher Erträge und Materialaufwand (**Gesamtkostenverfahren**) bzw.

J Umsetzung in der Praxis I: Gestaltungsmöglichkeiten bei Formen variabler Entgeltsysteme

– aus Umsatzerlösen, Herstellungskosten, Bruttoergebnis, Vertriebskosten, allgemeinen Verwaltungskosten, sonstigen betrieblichen Erträgen bzw. Aufwendungen (**Umsatzkostenverfahren**) relevant,
nicht jedoch das Finanzergebnis (Ergebnisse aus Beteiligungen, Wertpapieren, Zinsen, Abschreibungen auf Finanzanlagen) sowie das **außerordentliche Ergebnis** (außerordentliche Erträge bzw. Verluste).

64 Im Rahmen der Rechnungslegung nach IFRS sind die Kenngrößen EBIT bzw. EBITDA entstanden. Bei dem **EBIT** handelt es sich um das nach IFRS ermittelte **Jahresergebnis vor Zinsen und Steuern** (earnings before interests and taxes). Das außerordentliche Ergebnis (außerordentliche Erträge bzw. außerordentliche Verluste) findet bei der Bemessung des EBIT keine gesonderte Ausweisung. Zinsen, sonstige Finanzierungsaufwendungen oder -erträge und Steuern fließen nicht ein. Das **EBITDA** ist auf eine Beschreibung der operativen Leistungsfähigkeit ausgerichtet. Es bildet den Gewinn vor Zinsen, Steuern und Abschreibungen auf Sachanlagen wie immaterielle Vermögenswerte ab (earnings before interests, taxes, depreciation and amortisation). Außerordentliche Ergebnisse (außerordentliche Erträge oder außerordentliche Verluste) werden vom EBITDA nicht ausgewiesen. Diese werden durch ein so genanntes adjusted EBITDA berücksichtigt. Im Einzelnen → K Rn. 20 ff.

> **Praxistipp:**
> Die Anknüpfungspunkte für die Bemessung von Tantiemen sind vielfältig. In der Praxis ist zu empfehlen, nicht auf **schillernde Begriffe** wie einen „konsolidierten Gewinn" abzustellen, da hierbei offen bleibt, ob dieser beispielhaft nach dem Umsatz- oder dem Gesamtkostenverfahren zu ermitteln ist und welche Kosten in die Konsolidierung einzustellen sind. Soll auf eine solche abschließende Festlegung der Kenngrößen verzichtet werden, ist zur Vermeidung von Unklarheiten, die rechtliche Auseinandersetzungen in sich bergen können, eine Bezugnahme auf **feststehende Kenngrößen** wie das Jahresergebnis nach HGB, IFRS nach EBIT oder EBITDA, Betriebsergebnis etc. zu konkretisieren.

65 Auf **welche Einheiten** eine solche Ergebnisfeststellung angewendet wird, bleibt ebenfalls der Vereinbarung der Parteien überlassen. In Betracht kommt eine Anknüpfung an das **Konzernergebnis,** das **Unternehmensergebnis,** aber auch – insbesondere in unternehmensübergreifenden Matrixorganisationen – an **Spartenergebnisse.**

Beispiel:
– Bemessung der Tantieme anhand einer bestimmten Zeile der Ergebnisfeststellung für das Geschäftsjahr nach § 275 Abs. 2 oder Abs. 3 HGB;
– Bemessung der Tantieme anhand des Konzernabschlusses;
– Bemessung der Tantieme anhand eines nach den Kriterien des § 275 Abs. 2 bzw. Abs. 3 HGB oder des IFRS ermittelten Spartenergebnisses des Konzerns;
– Bemessung der Tantieme anhand regionaler Konzern- oder Spartenergebnisse;
– Kombinationen verschiedener Anknüpfungspunkte als Bemessungsgrundlage für die Tantieme.

66 In der Praxis empfiehlt es sich, aufgrund der vielfältigen Rahmenbedingungen sorgfältiges Augenmerk auf die **konkrete eindeutige Festlegung der wirtschaftlich zutreffend definierten Bemessungsfaktoren** zu legen. Im Zweifelsfall sollte die Expertise eines Wirtschaftsprüfers hinzugezogen werden.

b) Bemessungsfaktoren

Die Tantieme wird in der Regel in Höhe eines **bestimmten Prozentsatzes** des Betrages, der die **Zielgröße** des geringsten Tantieme auslösenden wirtschaftlichen Erfolgs übersteigt, bemessen. 67

Beispiel:

Der Arbeitnehmer erhält eine Tantieme in Höhe von X% des Betrages, um den das nach dem EBIT bemessene Jahresergebnis das Jahresergebnis des Vorjahres übersteigt, wobei außerordentliche Erträge oder Verluste außer Betracht bleiben.

Daneben werden häufig **Mindestansprüche** der Tantiemeberechtigten vorgesehen, damit insbesondere strategische Investitionen nicht mit Blick auf etwaig reduzierte Tantiemeansprüche unterbleiben. 68

Beispiel:

Die Tantieme beträgt mindestens X EUR im Geschäftsjahr, sofern das Jahresergebnis (EBIT) ohne Berücksichtigung außerordentlicher Erträge oder Aufwendungen eine Mindestgrenze von Y EUR übersteigt.

Eine **Mindesterfolgsgrenze** sollte im Zusammenhang mit der Zahlung einer Mindesttantieme in das Modell eingezogen werden, um eine Auszehrung der Unternehmenssubstanz zu vermeiden. Diesem Zwecke wird gleichermaßen die Berücksichtigung von Verlustvorträgen gerecht. 69

Beispiel:

Bei der Bemessung des Jahresergebnisses wird der Verlustvortrag aus dem Vorjahr einbezogen; dies gilt sowohl für die Feststellung des Jahresergebnisses als Bemessungsgrundlage des Tantiemeanspruchs als auch des Mindestjahresergebnisses als Grundlage für die Entstehung einer Mindesttantieme.

c) Anknüpfung an die aktive Erbringung einer Arbeitsleistung und Berücksichtigung von Ruhenszeiten

Tantiemezahlungen sollen in der Regel nicht zu Gunsten von Arbeitnehmern erfolgen, die zum **wirtschaftlichen Erfolg des Unternehmens nicht beitragen.** Deshalb sind Regelungen über eine anteilige oder ggf. entfallende Tantiemezahlung in Anknüpfung an den (aktiven) Bestand des Arbeitsverhältnisses grundsätzlich möglich, soweit keine gesetzlichen Bestimmungen entgegenstehen. Der Arbeitgeber ist deshalb berechtigt, den Tantiemeanspruch für die Dauer einer Elternzeit oder eines sonstigen Ruhens des Arbeitsverhältnisses oder dessen unterjährigen Bestand anteilig zu kürzen (→ F Rn. 160 ff.). 70

d) Ausschluss des Anspruchs bei unterjährigem Bestand des Arbeitsverhältnisses

Besteht das Arbeitsverhältnis nicht während des gesamten Bezugszeitraums, für den die Tantieme bemessen ist (zB Geschäftsjahr), kann die Entstehung eines Tantiemeanspruchs für diesen **Bezugszeitraum insgesamt ausgeschlossen** werden. In der Rechtsprechung ist bislang anerkannt, dass das Geschäftsjahresergebnis den Bezugszeitraum des gesamten Geschäftsjahres bedingen und damit das Erfordernis eines bestehenden Arbeitsverhältnisses während dieses gesamten Bezugszeitraums rechtfertigen kann (→ F Rn. 73 ff.).[35] 71

---

[35] BAG 6.5.2009 – 10 AZR 443/08, NZA 2009, 783; bestätigt durch: BAG 18.1.2012 – 10 AZR 612/10, AP BGB § 611 Gratifikation Nr. 292 sowie BAG 13.11.2013 – 10 AZR 848/12, AP BGB § 611 Gratifikation Nr. 303.

Beispiel:

Die Tantieme knüpft an das Unternehmensergebnis des Geschäftsjahres. Der Tantiemeanspruch entfällt, wenn das Arbeitsverhältnis nicht am letzten Tage des Geschäftsjahres besteht.

72 Der Bestand des Arbeitsverhältnisses während des Bezugszeitraums kann zur Anspruchsvoraussetzung erklärt werden. Dies gilt jedoch nicht für den **ungekündigten Bestand des Arbeitsverhältnisses.** Nach Auffassung des BAG stellt die Tantieme wegen des Erfolgsbezuges Arbeitsentgelt für erbrachte Arbeitsleistungen im Bezugszeitraum dar, so dass eine Bindung **über den Bezugszeitraum hinaus unzulässig** ist, wie sie mit der Maßgabe des ungekündigten Bestands eines Arbeitsverhältnisses aufgestellt würde.[36]

73 Ausdrücklich aufrechterhalten hat das BAG allerdings seine Rechtsprechung zur möglichen Bindung des Arbeitnehmers für den gesamten Bezugszeitraum.[37] Diese Bindung für den Bezugszeitraum – etwa eines Geschäftsjahres – setzt voraus, dass die Tantiemeregelung nicht diesen **Bezugszeitraum in Frage stellt.** Sieht etwa die Tantiemeregelung vor, dass der Tantiemeanspruch bei unterjährigem Bestand des Arbeitsverhältnisses entsprechend anteilig für jeden Monat der Dauer des Arbeitsverhältnisses entsteht, nimmt die Rechtsprechung als Bezugszeitraum den jeweiligen Monatszeitraum an.[38]

Praxistipp:

Arbeitgeber sollten deshalb abwägen, welche Zielsetzung von größerer Bedeutung ist. Soll die Tantieme eine Bindung für den Bezugszeitraum des Geschäftsjahres sicherstellen, ist eine Stichtagsregelung möglich, sofern bei unterjährigem Bestand oder unterjährigem Ruhen des Arbeitsverhältnisses keine Kürzung erfolgt, die den Bezugszeitraum des Geschäftsjahres in Frage stellen würde.

Bei **wirtschaftlicher Betrachtung** dürfte indessen die anteilige Entstehung des Tantiemeanspruchs entsprechend dem Zeitraum des aktiven Bestands des Arbeitsverhältnisses im Vordergrund stehen, so dass die Bindung für den gesamten Bezugszeitraum mit der Folge des vollständigen Untergangs des Tantiemeanspruchs bei unterjährigem Ausscheiden wirtschaftlich geringere Bedeutung haben dürfte.

74 Bei der Gestaltung einer Tantiemeregelung ist deshalb Augenmerk darauf zu richten, ob allein eine Partizipation am wirtschaftlichen Erfolg (auch) entsprechend den eigenen Leistungsbeiträgen des Arbeitnehmers im Fokus steht. In diesem Falle sind Bestimmungen über eine anteilige Tantiemebemessung entsprechend der aktiven Arbeitsleistung angezeigt. Bindungsklauseln gingen demgegenüber ins Leere.

Beispiel:

– Der Tantiemeanspruch reduziert sich bei unterjährigem Bestand oder unterjährigem Ruhen des Arbeitsverhältnisses außerhalb der Arbeitsunfähigkeit und des Mutterschutzes anteilig: Eine **Proportionalität des Tantiemeanspruchs** mit dem unterjährigen (aktiven) Bestand des Arbeitsverhältnisses ist sichergestellt.
– Der Arbeitnehmer erhält trotz unterjährigem Eintritt in das Unternehmen oder einem Ruhen des Arbeitsverhältnisses während des Geschäftsjahres den vollen Tantiemeanspruch, lediglich im Jahr des Ausscheidens entfällt der Tantiemeanspruch insgesamt und unabhängig davon, ob der Arbeitnehmer etwa im Januar oder November des Geschäftsjahres ausgeschieden ist. Die wirtschaftliche Bedeutung einer solchen Stichtagsklausel greift **ausschließlich im Jahr des Ausscheidens** des Arbeitnehmers.

---

[36] BAG 18.1.2012 – 10 AZR 612/10, AP BGB § 611 Gratifikation Nr. 292.
[37] BAG 18.1.2012 – 10 AZR 612/10, AP BGB § 611 Gratifikation Nr. 292; 6.5.2009 – 10 AZR 443/08, NZA 2009, 783.
[38] BAG 5.7.2011 – 1 AZR 94/10, AP BetrVG 1972 § 87 Lohngestaltung Nr. 139.

3. Flexibilisierungsmöglichkeiten

a) Einmalige Leistungen

Der Arbeitgeber kann ein Interesse daran haben, eine Tantieme nicht als dauerhaft wiederkehrende Leistungen einzuführen, sondern sich für jedes Geschäftsjahr die Entscheidung über die Gewährung einer Tantieme vorzubehalten. Dies kommt insbesondere dann in Betracht, wenn das wirtschaftliche Umfeld durch sich schnelllebig ändernde Rahmenbedingungen geprägt ist. In diesem Falle können die unternehmerischen Zielsetzungen eine **Flexibilität bei der Verwendung erwirtschafteter Gewinne** erfordern, sodass beispielsweise eine Auskehrung des Ertrages in Gestalt von Tantiemen der Bildung notwendiger Reserven für Folgejahre entgegenstehen könnte. 75

Einmalige Tantiemeansprüche können durch einen **Freiwilligkeitsvorbehalt bei der jeweiligen Zusage** gestaltet werden. An dieser Stelle setzt sich wieder die bereits aufgezeigte (→ E Rn. 9 ff.) Unklarheit hinsichtlich der Bewertung der Rechtsprechung fort, die die Zulässigkeit von Freiwilligkeitsvorbehalten auf Sonderzahlungen außerhalb des laufenden Arbeitsentgelts beschränkt. Mangels monatlich ratierlicher Zahlungsweise wird bei Tantiemen zwar regelmäßig keine Stetigkeit der Auszahlungen ein **laufendes Arbeitsentgelt** begründen. Allerdings hat das BAG in seiner Entscheidung zur Abgrenzung von Sonderzahlungen gegenüber dem laufenden Arbeitsentgelt[39] auf eine Parallele zu § 4a EFZG abgestellt. Es bleibt bis zu einer abschließenden Klärung durch die höchstrichterliche Rechtsprechung damit unentschieden, ob das BAG sich damit die herrschende Auffassung in der Literatur zur Reichweite des § 4a EFZG zu Eigen machen wollte. Nach dieser zählen leistungsabhängige Vergütungen auch dann zum laufenden Arbeitsentgelt, wenn sie jährlich nur einmal gezahlt werden und kommen Freiwilligkeitsvorbehalte allein bei reinen Betriebstreueleistungen in Betracht.[40] 76

Allerdings hat das BAG[41] darauf abgestellt, dass Freiwilligkeitsvorbehalte auch bei solchen Sonderzahlungen zulässig sein sollen, die geleistete Arbeit zusätzlich vergüten. Zudem nimmt das BAG an, dass eine Gewissheit des Arbeitnehmers über eine kontinuierliche Leistungsgewährung bei Sonderzahlungen, die an bestimmte individuelle Leistungen des Arbeitnehmers oder bestimmte Unternehmenserfolge knüpfen, nicht mit der gleichen Gewissheit wie bei laufendem Arbeitsentgelt bestehe.[42] Daher dürfte das BAG so zu verstehen sein, dass **auch leistungsabhängige Vergütungen unter einen Freiwilligkeitsvorbehalt** gestellt werden können. 77

> **Praxistipp:**
>
> Insbesondere bei **umsatzabhängigen Tantiemen** sollte der Arbeitgeber die Möglichkeit eines Freiwilligkeitsvorbehalts in Betracht ziehen. Während bei einer Ertragstantieme eine **Auszehrung der Unternehmenssubstanz** durch die Begrenzung auf einen Bruchteil des Ertrags regelmäßig ausscheidet, verbleibt bei der Umsatztantieme das **volle Kostenrisiko** beim Arbeitgeber. Eine dauerhafte umsatzorientierte Tantiemeregelung kann deshalb bei unwirtschaftlichen Auftragssituationen langfristig zu einer Auszehrung der Unternehmenssubstanz führen.

---

[39] BAG 30.7.2008 – 10 AZR 606/07, AP BGB § 611 Gratifikation Nr. 274.
[40] Maschmann/*Keller* Kap. 17 Rn. 23; Preis/*Preis* II V 70 Rn. 62 f.; *Mengel* S. 89 Rn. 141; Schaub ArbR-HdB/*Linck* § 35 Rn. 70.
[41] BAG 30.7.2008 – 10 AZR 606/07, AP BGB § 611 Gratifikation Nr. 274.
[42] BAG 30.7.2008 – 10 AZR 606/07, AP BGB § 611 Gratifikation Nr. 274.

b) Widerrufsvorbehalt

78 Die Kehrseite des Vorteils einmaliger Leistungen im Wege der Vereinbarung von Freiwilligkeitsvorbehalten ist die unter Umständen schwierige Verhandelbarkeit mit dem Arbeitnehmer, dem kein Rechtsanspruch auf einen Teil des Gesamtentgelts eingeräumt wird. In Abhängigkeit von der jeweiligen Arbeitsmarktsituation kann dies die Akzeptanz bei Fachkräften beeinträchtigen und wird insbesondere bei seltenen Schlüsselqualifikationen allein eine Hoffnung des Arbeitnehmers auf zukünftige Entgeltbestandteile nicht ausreichend zur Eingehung eines Arbeitsverhältnisses motivieren. Prognosen über die voraussichtliche Größenordnung jährlicher Tantiemezahlungen stellen regelmäßig einen festen Bestandteil der Erwartung des Arbeitnehmers über die Entwicklung seines Entgelts dar.

79 Ist die fehlende Einräumung eines Rechtsanspruchs auf die Tantieme nicht mit dem Arbeitnehmer verhandelbar oder will der Arbeitgeber eine solche Diskussion mit dem Arbeitnehmer nicht führen müssen, kann ein Widerrufsvorbehalt zielführend sein. Bei dem Widerrufsvorbehalt wird zunächst ein **Rechtsanspruch** auf dauerhaft wiederkehrende Tantiemezahlungen **eingeräumt.** Der Arbeitgeber behält sich lediglich die einseitige Entziehung dieses Rechtsanspruchs durch Ausübung eines Widerrufsrechts mit Wirkung für die Zukunft vor.

80 Da die Ausübung des **Widerrufsrechts an sachliche Gründe** gebunden ist und die Rechtsprechung bei der Gestaltung des Widerrufsvorbehaltes verlangt, dass der Arbeitgeber zumindest die Richtung der Widerrufsgründe und – soweit für die Ausübung des Widerrufsrechts erforderlich – auch deren Intensität bereits bei der **Formulierung des Widerrufsvorbehalts festlegen** muss (→ E Rn. 112 ff.),[43] kann der Arbeitnehmer bereits bei Vertragsschluss erkennen, dass ihm der Rechtsanspruch auf die Tantieme nicht grundlos entzogen werden kann.

81 Formal erfordert die Vereinbarung eines Widerrufsvorbehaltes für die Tantieme deshalb, dass zumindest die Richtung eines Grundes angegeben werden muss, der einen Widerruf rechtfertigen soll.[44] Beispielhaft hat das BAG **wirtschaftliche Gründe, die Leistung oder das Verhalten des Arbeitnehmers** genannt.[45] Es ist allerdings zweifelhaft, ob allein dieser Hinweis auf die Richtung des Widerrufsgrundes hinreichend bestimmt ist, damit der Arbeitnehmer – so die Maßgabe des § 307 Abs. 1 S. 2 BGB – in klarer und verständlicher Form **erkennen kann, unter welchen Voraussetzungen** der Arbeitgeber von dem Widerrufsvorbehalt Gebrauch machen kann. Beispielhaft für die widerrufliche Gestaltung der Privatnutzung eines Dienstwagens, die im Rahmen des Gesamtentgelts in der Regel quantitativ keinen erheblichen wirtschaftlichen Anteil für den Arbeitnehmer ausmacht, hat das BAG die Formulierung des Widerrufsgrundes „markt- und wirtschaftliche Gesichtspunkte" als unzureichend angesehen, mit der Folge, dass der Widerrufsvorbehalt insgesamt unwirksam war.[46]

> Praxistipp:
>
> Da die Rechtsprechung zunehmend formal auf eine transparente Gestaltung von Vertragsklauseln abstellt, aus der der Arbeitnehmer die Bedeutung und Reichweite der Regelung entnehmen kann, sollten Widerrufsgründe möglichst konkret dargestellt werden.

---

[43] BAG 24.1.2017 – 1 AZR 774/14, NZA 2017, 777 (778); 12.1.2005 – 5 AZR 364/04, AP BGB § 308 Nr. 1; 11.4.2006 – 9 AZR 557/05, AP BGB § 307 Nr. 17; 20.4.2011 – 5 AZR 191/10, AP BGB § 308 Nr. 9.

[44] BAG 20.4.2011 – 5 AZR 191/10, AP BGB § 308 Nr. 9; 11.4.2006 – 9 AZR 557/05, AP BGB § 307 Nr. 17; 12.1.2005 – 5 AZR 364/04, AP BGB § 308 Nr. 1.

[45] BAG 20.4.2011 – 5 AZR 191/10, AP BGB § 308 Nr. 9; 11.4.2006 – 9 AZR 557/05, AP BGB § 307 Nr. 17; 12.1.2005 – 5 AZR 364/04, AP BGB § 308 Nr. 1.

[46] BAG 13.4.2010 – 9 AZR 113/09, AP BGB § 308 Nr. 8.

II. Tantiemen

Bei Tantiemen wird ein Widerruf aus **Gründen in der Leistung oder der Person** des 82
Arbeitnehmers kaum in Betracht kommen. Dies wäre allenfalls damit zu rechtfertigen,
dass unter Gerechtigkeitserwägungen eine Partizipation am wirtschaftlichen Erfolg des
Unternehmens nicht vertretbar erscheint, wenn ein Arbeitnehmer infolge **leistungs-
oder personenbedingter Defizite** zur Erbringung eines wirtschaftlichen Beitrags zum
Unternehmenserfolg praktisch nicht mehr in der Lage ist oder gerade ihm die Ergebnisverantwortung obliegt.

> Im Anwendungsbereich des § 18 Abs. 5 InstitutsVergV besteht eine zwingende Vorga-
> be, Eignung oder Verhalten bei variablem Entgelt nicht unberücksichtigt zu lassen. In-
> wieweit die Rechtsprechung diese Vorgaben bei der Gestaltung variabler Entgelte aner-
> kennt und ggf. aus ihnen generelle Grundsätze entwickeln wird, bleibt abzuwarten. Die
> InstitutsVergV zeigt jedoch, dass wegen der aufsichtsrechtlichen Bedeutung in der Bran-
> che der Banken bei bedeutenden Instituten solche Umstände Berücksichtigung bei der
> Gestaltung variabler Entgelte finden müssen.

Generell wird die Praxis – um **Wertungswidersprüche zum Kündigungsschutz-** 83
recht zu vermeiden – bei Leistungs- oder Eignungsparametern voraussichtlich keine geringeren Anforderungen stellen, als an eine personen- oder verhaltensbedingte Kündigung
des Arbeitsverhältnisses insgesamt wegen Leistungsmängeln. So geht das BAG davon aus,
dass der Arbeitnehmer **nicht etwa eine Leistung mittlerer Art und Güte** schuldet –
dies wäre ein aus sich heraus objektivierbarer Maßstab –, sondern der Arbeitnehmer vielmehr seine vorhandene **Leistungsfähigkeit angemessen auszuschöpfen** hat.[47] Der Arbeitnehmer hat folglich zu arbeiten „so gut, wie er kann".

Die damit einhergehende Anknüpfung der Leistungspflicht an die Leistungsfähigkeit ist 84
für den Arbeitgeber **praktisch kaum messbar.** Als objektivierbaren Maßstab für eine
Grenze, deren Unterschreitung dem Arbeitgeber nicht mehr zumutbar sei, und bei deren
Unterschreiten folglich eine verhaltens- oder personenbedingte Kündigung des Arbeitsverhältnisses wegen Leistungsdefiziten in Betracht komme, hat das BAG eine **Unterschreitung von 60% der Durchschnittsleistung** eines vergleichbaren Arbeitnehmers
angenommen.[48]

Das BAG begründet seine Auffassung damit, dass Unterschiede in der Leistungsfähig- 85
keit einzelner Arbeitnehmer der individuellen Betrachtung immanent seien, da stets einige Arbeitnehmer besonders große Leistungserfolge und andere demgegenüber geringere
aufzeigten. Anderseits sei dem Arbeitgeber eine Unterschreitung eines Maßes von 60%
der sich ergebenden Durchschnittsbetrachtung nicht mehr zumutbar.[49]

Nun wäre es zwar im Rahmen einer an die Honorierung des **Unternehmenserfolges** 86
anknüpfenden **Leistung interessengerecht,** den Maßstab für die Ausübung eines Widerrufsrechts einer Tantieme als Honorierung des wirtschaftlichen Erfolges der Gesamtheit
der Arbeitnehmer weitaus höher, beispielhaft bei 70% oder 80% der Durchschnittsleistung, anzulegen. Hier bestehen jedoch **keine verlässlichen Grenzen,** an die sich der
Arbeitgeber rechtssicher anlehnen könnte. So hat das BAG in der Vergangenheit Widerrufsvorbehalte (auch) daran gemessen, ob eine Umgehung kündigungsschutzrechtlicher
Bestimmungen vorliegt.[50]

Bei Widerrufsvorbehalten hat das BAG eine solche Umgehung kündigungsschutzrecht- 87
licher Bestimmungen in der Vergangenheit nicht angenommen, wenn ein widerruflicher

---

[47] BAG 11.12.2003 – 2 AZR 667/02, NZA 2004, 784 (786); 17.1.2008 – 2 AZR 536/06, NZA 2008, 693 (694).
[48] BAG 11.12.2003 – 2 AZR 667/02, NZA 2004, 784 (786); 17.1.2008 – 2 AZR 536/06, NZA 2008, 693 (694).
[49] BAG 11.12.2003 – 2 AZR 667/02, NZA 2004, 784 (786); 17.1.2008 – 2 AZR 536/06, NZA 2008, 693 (694).
[50] Etwa BAG 15.11.1995 – 2 AZR 521/95, AP TVG § 1 Tarifverträge: Lufthansa Nr. 20.

Entgeltbestandteil **keinen erheblichen Anteil am Gesamtentgelt** ausmacht.[51] Diese quantitative Grenze wäre bereits bei der Reichweite der widerruflich gestalteten Entgeltbestandteile berücksichtigt. So ist eine quantitative Grenze des Widerrufsvorbehaltes ohnehin regelmäßig bei 25 % des Gesamtentgelts des Arbeitnehmers angelegt.[52] Diese Maßgabe allein ist aber zweifelhaft. Das BAG hat in seiner Rechtsprechung zur Kündigung wegen Minderleistungen eine quantitative Grenze des Unterschreitens von deutlich mehr als einem Drittel der Durchschnittsleistung unter anderem daraus hergeleitet, dass erst bei einem solchen quantitativem Verhältnis von mehr als einem Drittel zu zwei Dritteln das Austauschverhältnis zwischen Leistung und Gegenleistung als Geschäftsgrundlage des Arbeitsvertrages betroffen und dementsprechend eine kündigungsschutzrechtliche Relevanz erkennbar würde.

> **Praxistipp:**
> Auch wenn argumentativ sicher sehr gut zu vertreten ist, dass eine Unterschreitung der Durchschnittsleistung bereits um 20 % oder mehr den Widerruf einer erfolgsabhängigen Tantieme zulässt, weil der Arbeitnehmer zum wirtschaftlichen Erfolg praktisch nicht mehr beiträgt, sollten Arbeitgeber bei der **Gestaltung von Widerrufsgründen restriktiv** vorgehen. Die Entwicklung der Rechtsprechung ist nicht eindeutig prognostizierbar. Gleichwohl legt sich der Arbeitgeber bei der Formulierung des Widerrufsgrundes für die gesamte Laufzeit der Tantiemeregelung – unter Umständen ein gesamtes Arbeitsverhältnis – fest.
>
> Da die Zurückführung eines formulierten Widerrufsgrundes auf ein noch zulässiges Maß nicht in Betracht kommt, empfiehlt sich in der Praxis eine **möglichst rechtssicher handhabbare Formulierung des Widerrufsgrundes** und damit ein belastbarer Maßstab. Dieser wird jedenfalls bei dem sogar für eine Kündigung des Arbeitsverhältnisses insgesamt ausreichenden Unterschreiten von 60 % der Durchschnittsleistung eines vergleichbaren Arbeitnehmers gegeben sein.

88 In der Praxis von weit größerer Bedeutung ist die Ausübung eines Widerrufsrechts von Tantiemezusagen aus **wirtschaftlichen Gründen.** Wie bereits am Beispiel einer Entscheidung zur Privatnutzung des Dienstwagens aufgezeigt, genügt allein der Hinweis auf einen Widerruf aus wirtschaftlichen Gründen nicht. Der Arbeitgeber muss bei der Formulierung des Widerrufsvorbehaltes eine konkretere Formulierung wählen, damit der Arbeitnehmer von vornherein erkennen kann, unter welchen Bedingungen die Ausübung des Widerrufsrechts durch den Arbeitgeber im Raum steht.

89 Die materiellen Anforderungen an einen solchen Grund für die Ausübung des Widerrufsrechts dürfen nicht zu hoch gesetzt werden. Insbesondere ist der für Änderungskündigungen geltende Maßstab einer Existenzgefährdung für den Betrieb und damit einhergehendem Sanierungsplan, aus dem sich der Beitrag der Entgeltkürzung zur Sanierung ergibt, nicht heranzuziehen (→ M Rn. 5). Erforderlich ist lediglich ein sachlicher Grund, der die Ausübung des Widerrufsrechts als angemessen erscheinen lässt. Entsprechend dem Zweck der Tantieme, die Arbeitnehmer am Erfolg des Unternehmens partizipieren zu lassen, ist dementsprechend insbesondere der **fehlende Erfolg der unternehmerischen Tätigkeit** maßgebender Anknüpfungspunkt.

90 Hierbei ist zu berücksichtigen, dass der Arbeitgeber selbst aufgrund seiner **unternehmerischen Freiheit** bestimmt, wie er für seine unternehmerische Tätigkeit den Erfolg definiert. Eine Angemessenheit des Widerrufsvorbehaltes wäre nur bei einer solchen Bestimmung des unternehmerischen Erfolges in Frage zu ziehen, der die Tantiemezusage von vornherein entwertet, etwa weil die Maßgaben für das Widerrufsrecht so niedrig auf-

---

[51] BAG 15.11.1995 – 2 AZR 521/95, AP TVG § 1 Tarifverträge: Lufthansa Nr. 20.
[52] BAG 24.1.2017 – 1 AZR 774/14, NZA 2017, 777 (778).

gestellt werden, dass dem Arbeitnehmer lediglich formal ein Rechtsanspruch eingeräumt wird, dieser jedoch voraussichtlich sofort wieder zu entziehen wäre. Eine Kontrollüberlegung wird sein, dass der Widerrufsvorbehalt in der Regel angemessen ist, wenn zum Zeitpunkt der Einräumung des Rechtsanspruchs ein gleichzeitiger oder alsbaldiger Widerruf nicht möglich wäre. Die Aufrechterhaltung des Rechtsanspruchs sollte zunächst die Regel sein und der Widerruf von weiteren Entwicklungen hängen.

Beispiel:
- Befindet sich ein Unternehmen seit seiner Errichtung in einem geradlinigen Wachstum von jährlich 2 % bis 4 % seines Jahresergebnisses, ist ein Widerrufsvorbehalt für den Fall, dass etwa in drei Jahren in Folge das Vorjahresergebnis nicht erreicht wird, angemessen. Eine Tantiemeregelung, die an ein stetiges Wachstum des Unternehmens anknüpft, verliert ihre Grundlage im Falle kontinuierlicher Stagnation.
- Anders wäre es, wenn der Widerrufsvorbehalt daran anknüpfen würde, dass das Jahresergebnis das des Vorjahres um weniger als 5 % übertrifft. Hier wäre die Widerrufbarkeit der Leistung die Regel und damit die Aufrechterhaltung eines Rechtsanspruchs für den Arbeitnehmer die Ausnahme.

Denkbare wirtschaftliche Widerrufsgründe sind vor diesem Hintergrund mannigfaltig. 91
Für die **quantitative Bemessung** der Anforderungen an den Widerrufsgrund kommen dabei sämtliche Anknüpfungspunkte für die Bemessung der Tantieme in Betracht.

Beispiel:
Ein Widerrufsrecht könnte beispielsweise anknüpfen an
- einen Rückgang der fakturierten Umsätze gegenüber dem Vorjahr um mehr als X %;
- eine Steigerung der Betriebsausgaben gegenüber dem Vorjahr um mehr als X %;
- eine fehlende Kompensation von Verlusten unter Berücksichtigung der Verlustvorträge der vergangenen drei Jahre;
- kontinuierliches Unterschreiten des Vorjahresergebnisses in einem 3-Jahreszeitraum.

c) Variabilisierung der Tantiemebemessung

Während Freiwilligkeits- oder Widerrufsvorbehalte den Tantiemeanspruch insgesamt 92 nicht entstehen lassen bzw. beseitigen, kommt stattdessen oder darüber hinaus eine Flexibilisierung der Bemessung des Tantiemeanspruchs in Betracht. So kann eine Tantieme beispielhaft arbeitsvertraglich feststehend bemessen sein, indem der Arbeitnehmer etwa einen bestimmten prozentualen Anteil an einem nach einer bestimmten Maßgabe zu ermittelnden Jahresergebnis oder an dem das Vorjahresergebnis überschreitenden Ertragsanteil erhält. In diesem Falle entstehen für beide Arbeitsvertragsparteien während der Laufzeit der Tantiemeregelung keine Zweifel, anhand welcher Kriterien die Tantieme zu bemessen ist.

Beispiel:
Eine arbeitsvertragliche Zusage bestimmt eine Tantieme in Höhe von 3 % des Ergebnisses der gewöhnlichen Geschäftstätigkeit.

Eine solche Regelung ist indessen wenig flexibel und kann dementsprechend für beide 93 Arbeitsvertragsteile nachteilig sein, wenn sich die **wirtschaftlichen Rahmenbedingungen grundlegend ändern.** Beispielsweise im Falle grundlegender Investitionsnotwendigkeiten kann eine Bildung von Rücklagen erschwert sein, wenn die Unternehmenserträge nicht vollen Umfangs für die Bildung von Rücklagen für Investitionen eingesetzt werden können. Derartige Gesichtspunkte werden bei einer oft **langjährigen Laufzeit von Tantiemevereinbarungen** kaum sämtlichst im Vorwege im Rahmen einer abschließenden Tantiemevereinbarung Berücksichtigung finden können.

| J | Umsetzung in der Praxis I: Gestaltungsmöglichkeiten bei Formen variabler Entgeltsysteme |

94 Weitergehende Flexibilität ermöglicht eine **arbeitsvertragliche Rahmenregelung,** die die Festlegung der konkret für die Bemessung der Tantieme maßgebenden Faktoren einer ausfüllenden **jährlichen Einzelregelung** vorbehält. Eine solche Tantiemevereinbarung aus rahmen- und ausfüllender Einzelregelung unterscheidet sich inhaltlich nicht mehr von einer zielerreichungsabhängigen sonstigen Entgeltkomponente, die ausschließlich an eine wirtschaftliche Unternehmenskomponente anknüpft (→ F Rn. 82 ff.).

95 Der Arbeitgeber kann im Arbeitsvertrag aber auch lediglich eine Regelung hinsichtlich einer Zieltantieme vorsehen, deren nähere Bemessung in jedem Geschäftsjahr der **Ausübung billigen Ermessens** durch den Arbeitgeber vorbehalten bleibt. Eine solche Regelung scheint größtmögliche Flexibilität einzuräumen, birgt jedoch erhebliche rechtliche Unklarheiten. Der Begriff des billigen Ermessens ermöglicht die Einstellung sämtlicher betrieblicher wie arbeitnehmerseitiger Interessen in eine Gesamtabwägung.

96 Welche Anknüpfungspunkte hierbei letztlich den Ausschlag geben, ist damit im Falle einer arbeitsgerichtlichen Auseinandersetzung eine Frage der **Ausübung tatrichterlichen Ermessens.** Dieses ist lediglich durch die arbeitsvertragliche Rahmenregelung begrenzt. Bei einer Tantiemeregelung wird – sofern der Arbeitsvertrag insoweit keine weitergehenden Regelungen beinhaltet – lediglich der **Zweck der Tantieme** als Erfolgsbeteiligung eine Rolle spielen. Die hiernach möglichen Gesichtspunkte sind ebenso weitreichend, wie die möglichen Anknüpfungspunkte für eine Gestaltung durch den Arbeitgeber – aber auch deren Hinterfragung durch ein Arbeitsgericht.

Beispiel:

Knüpft eine jährliche Sonderzahlung an den Erfolg des Unternehmens an und besteht keine weitergehende Vereinbarung der Parteien über deren Bemessung, ist diese jedoch in den vergangenen Jahren mit zunehmendem wirtschaftlichen Erfolg des Unternehmens stets mindestens in Höhe des Vorjahres ausgezahlt worden, nimmt das BAG an, dass eine solche Leistung vom Geschäftsergebnis des Unternehmens abhängen kann.[53] Die Tatsache einer stetigen Steigerung der Sonderzahlung rechtfertigt zudem die Annahme, dass billiges Ermessen iSd § 315 BGB die Zahlung im Umfang des Vorjahres rechtfertigen kann.[54]

97 Im Falle einer im Einzelfall ausfüllungsbedürftigen Rahmenregelung sollte eine solche Rahmenregelung daher bereits die **wesentlichen Parameter klarstellen,** die für die ausfüllenden einzelnen Festsetzungen von Bedeutung sein sollen.

Praxistipp:

Will der Arbeitgeber die Bestimmung der Tantieme der Ausübung billigen Ermessens vorbehalten, sollte die arbeitsvertragliche Rahmenregelung jedenfalls Vereinbarungen zu folgenden Parametern enthalten, um den Beurteilungsspielraum des Arbeitsgerichtes einzuschränken:
- Regelung einer Tantiemeobergrenze;
- Klarstellung der Bemessung am Ertrag, Umsatz oder der sonstigen Leistungsentwicklung des Unternehmens;
- Klarstellung des der Bemessung des Ertrages zu Grunde zu legenden Verfahrens;
- Auswirkungen außerordentlicher Verluste oder Erträge;
- Einflussnahme von Beteiligungsergebnissen;
- Auswirkungen des unterjährigen Bestands bzw. Ruhens des Arbeitsverhältnisses.

---

[53] BAG 21.4.2010 – 10 AZR 163/09, AP BGB § 151 Nr. 5.
[54] LAG BW 1.12.2010 – 22 Sa 40/10, BeckRS 2011, 68908.

III. Zielvereinbarungssysteme

1. Begriff und Bedeutung als Personalführungsinstrument

Zielvereinbarungssysteme bieten weitreichende Steuerungsmöglichkeiten. Ein finanzieller Anreiz in Gestalt einer individualerfolgsabhängigen Sonderzahlung kann erheblichen Einfluss auf eine **Leistungssteigerung der Arbeitnehmer** wegen des damit verbundenen Anreizes nehmen. Aus Sicht des Arbeitgebers sind individualerfolgsbezogene Zielvereinbarungssysteme geeignet, durch arbeitsablaufbezogene und damit die unmittelbare Arbeitsleistung des Arbeitnehmers betreffende Ziele einen Anreiz zur Ausschöpfung der individuellen Leistungsfähigkeit zu bieten. 98

Rechtlich betrachtet ist dieses Vorgehen für den Arbeitgeber schon deshalb vorteilhaft, da der umgekehrte Weg – **Sanktionen bei fehlender Ausschöpfung der Leistungsfähigkeit** – in der Praxis selten durchsetzbar ist. So kommt eine personen- oder verhaltensbedingte Kündigung nur in Betracht, wenn der Arbeitnehmer 60% der Durchschnittsleistung eines vergleichbaren Arbeitnehmers nicht erreicht und damit indiziert sein kann, dass er seine individuelle Leistungsfähigkeit vertragswidrig nicht ausschöpft.[55] 99

Dem Arbeitgeber obliegt in einem solchen Kündigungsschutzverfahren zunächst die **Darlegungs- und ggf. Beweislast** dafür, wie 100% der Durchschnittsleistung zu bemessen sind und dass der betroffene Arbeitnehmer 60% einer so bemessenen Leistung nicht erreicht hat. Die Anforderungen der Arbeitsgerichte an einen solchen Tatsachenvortrag durch den Arbeitgeber sind in der Praxis aber derart hoch, dass ein Arbeitgeber nur selten diesen Weg erfolgreich beschreiten wird. Demgegenüber ist es für die unternehmerische Praxis hilfreicher, nicht die ihre arbeitsvertraglichen Verpflichtungen nicht erfüllenden Arbeitnehmer mit arbeitsrechtlichen Sanktionen zu belegen, sondern – zur Minimierung derartiger Sachverhalte – eine **Motivation der Arbeitnehmer** zur Ausschöpfung der Leistungsfähigkeit herzustellen. 100

Dieser Gesichtspunkt einer gesteigerten Ausschöpfung der Leistungsfähigkeit kommt unter verschiedenen Gesichtspunkten zum Tragen. Zum einen werden bestimmte Ziele eine **Priorisierung beim Arbeitnehmer** in wichtigere und weniger wichtige Arbeitsaufgaben bzw. Arbeitsvorgänge herbeiführen. Dies kann zB geeignetes Instrument sein, um eine Motivation zur vorrangigen Bearbeitung eher „unliebiger Arbeiten" zu schaffen. 101

Mit dem Anreiz der finanziellen Relevanz für eine Sonderzahlung obliegt die **Verantwortung** des Arbeitnehmers für die Verfolgung der entsprechenden Priorisierung im Arbeitsablauf nunmehr ihm. Dies kann die Ausdauer zu einer kontinuierlichen Verfolgung des Ziels stärken. Regelmäßig wird dies den Mitarbeiter motivieren, Unterbrechungen bei der Zielerreichung zu begrenzen. Insbesondere zum Ende der Zielperiode hin kann dies den Arbeitnehmer mobilisieren, seine Leistungsfähigkeit bis zur Grenze auszuschöpfen, um die Zielerreichung nicht „in letzter Minute" zu gefährden. 102

Die Erreichung des Ziels stellt sodann für den Arbeitnehmer ein gewisses Erfolgserlebnis dar, weil sich eine bloße Hoffnung zu einem Ergebnis verfestigt. Der Arbeitnehmer identifiziert sich deshalb mit dem von ihm bewirkten Arbeitserfolg. Der monetäre Anreiz wirkt insoweit als „Hebel" für eine **Identifikation** des Arbeitnehmers mit seinem **Arbeitsergebnis** und damit zugleich der auf dessen Herbeiführung gerichteten Arbeitsleistung. 103

---

[55] BAG 11.12.2003 – 2 AZR 667/02, AP KSchG 1969 § 1 Verhaltensbedingte Kündigung Nr. 48; 17.1.2008 – 2 AZR 536/06, AP KSchG 1969 § 1 Nr. 85.

> **Praxistipp:**
> Diese Gesichtspunkte knüpfen insbesondere an den Arbeitnehmer als Individuum an. Sie lassen sich deshalb besonders gut durch individualerfolgsbezogene Ziele, die der Arbeitnehmer auf seinem Arbeitsplatz zu erreichen hat, ansteuern.

104 **Gruppenerfolgsbezogene Ziele** steuern darüber hinaus die Motivation der Arbeitnehmer einer Gruppe, Arbeitsabläufe effektiv und effizient zu planen, zu koordinieren, zu kontrollieren und auf dieser Grundlage wiederum zu optimieren. Ist eine Gruppe etwa durch ein bestimmtes Team, eine Organisationseinheit oder eine bestimmte Zusammenstellung von Arbeitnehmern als Projektgruppe zur Verfolgung eines Projektes aufgestellt, dienen gruppenerfolgsbezogene Ziele einer Selbststeuerung der Gruppe zum Zwecke der Steigerung von Effektivität und Effizienz. Dies gilt zunächst für die Arbeitsabläufe selbst, die in der Gruppe aufeinander abzustimmen sind. Dies bedarf einer Planung und Koordination, die jedoch infolge der fortgesetzten Aufgabenverfolgung stetig zu kontrollieren und entsprechend der getroffenen Feststellungen ggf. zu optimieren ist.

105 Gruppenziele haben indessen eine nicht zu unterschätzende weitere Wirkung: Mit der Erreichung oder Nichterreichung des Ziels steht oder fällt eine finanzielle Komponente für die gesamte Gruppe. Die einzelnen Arbeitnehmer der Gruppe werden dementsprechend die **Produktivität der anderen Gruppenmitglieder** im Blick haben. Auf dieser Grundlage entsteht ein gewisser „Gruppenzwang", der positiv geeignet sein kann, über den finanziellen Anreiz nicht unmittelbar zu motivierende Arbeitnehmer zur Ausschöpfung ihrer Leistungsfähigkeit anzuhalten. Gruppenziele sprechen damit den einzelnen Arbeitnehmer der Gruppe unmittelbar über die Zielkomponente und mittelbar über die Motivation der anderen Gruppenmitglieder zur Erreichung dieser Zielkomponente an.

> **Praxistipp:**
> Bei der Zusammenstellung von Arbeitsgruppen, sei es im Rahmen von Teams bestimmter dauerhafter Arbeitsbereiche oder vorübergehender Arbeitsgruppen im Rahmen bestimmter Projekte – kann es im Interesse des Arbeitgebers liegen, eine sinnvolle **Durchmischung der Gruppen nach Leistungsgesichtspunkten** vorzunehmen, so dass eine gewisse Anzahl von Leistungsträgern zur Zielerreichung motiviert ist und weniger leistungswillige Mitarbeiter durch andere Gruppenmitglieder zur Leistungssteigerung angehalten werden.

106 Schließlich können **unternehmensbezogene Zielkomponenten** dafür Sorge tragen, dass im Gegensatz individual- oder gruppenerfolgsbezogener Zielkomponenten nicht einzelne Arbeitnehmer oder Gruppen von ihnen auf Kosten anderer ihre Ziele verfolgen. Über eine unternehmenserfolgsbezogene Komponente bleibt das wirtschaftliche Gesamtergebnis im Blick, sodass das unternehmerische Ziel, den Wertschöpfungsprozess zum Zwecke der Ertragssteigerung zu optimieren, nicht durch Fehlanreize in untergeordneten Einheiten konterkariert wird.

107 Wichtig ist in diesem Zusammenhang jedoch zu beachten, dass sämtliche Ziele jenseits der wirtschaftlichen Betrachtung **Fehlanreize** setzen können, wenn sie nicht mit Augenmaß gesteuert werden. Individualerfolgsbezogene Ziele können etwa – sofern sie nicht durch übergeordnete ergänzende Ziele flankiert sind – Fehlanreize zur ausschließlich eigenen Zielverfolgung unter Zurücksetzung sonstiger Bedürfnisse geben.

> **Beispiel:**
> Obliegt einem Buchhalter als individualerfolgsbezogenes Ziel der Abschluss einer Datenmigration im Zuge der Umstellung von Softwaresystemen, darf die Fertigstellung der Datenmigration keine so große Priorität einnehmen, dass sonstige buchhalterische Vorgänge

nicht mehr ordnungsgemäß bearbeitet werden und damit ggf. das Controlling keine hinreichend aktuellen Wirtschaftsdaten vorfindet, auf deren Grundlage das Risikomanagement Entscheidungen für die Unternehmensentwicklung treffen kann.

Gleiches gilt bei individualerfolgsbezogenen Zielen unter dem Gesichtspunkt, dass aus Kollegen **Konkurrenten** werden können. Zugegebenermaßen werden derartige Fehlanreize selten sein, sie müssen jedoch bedacht werden. Individualerfolgsbezogene Ziele sollten deshalb so definiert werden, dass die Zielerreichung des einen nicht auf Kosten der Zielerreichung des anderen Arbeitnehmers erfolgt. 108

Beispiel:
Stellt eine individualerfolgsbezogene Zielkomponente auf die Anzahl abgeschlossener Neukundenverträge und deren wirtschaftliches Volumen ab, sollte zur Vermeidung um solche Vertragsschlüsse konkurrierender Arbeitnehmer eine Aufteilung nach Sparten, Regionen oder ähnlichem erfolgen.

Umgekehrt kann es aus unternehmerischer Sicht in Einzelfällen sinnvoll sein, einen **Leistungsdruck** aufzubauen, um gezielt leistungsunwilligere Arbeitnehmer zur Leistungssteigerung anzuspornen. Hier ist jedoch Augenmaß geboten. 109

Dieser Gedanke setzt sich bei **gruppenerfolgsbezogenen Zielen** fort. So wichtig gruppenerfolgsbezogene Ziele als Motivationsfaktor für eigenverantwortliche Planung, Koordination, Kontrolle und Optimierung der gruppeninternen Zusammenarbeit sind, so gefährlich können sie im Einzelfall bei leistungsgeminderten Arbeitnehmern sein. Während bei individualerfolgsbezogenen Zielen der Arbeitnehmer noch unbeeinflusst von seinen Kollegen die Entscheidung darüber treffen kann, wie weit er seine Leistungsfähigkeit ausschöpft, um ein Ziel zu erreichen, und ab wann eine Überforderungssituation eintritt, kann ein Leistungsdruck innerhalb einer Gruppe von Arbeitnehmern auf emotional-sozialer Basis deutlich **weitergehende Fehlanreize zur Überforderung** setzen. 110

Daraus folgt zwar nicht, dass leistungsgeminderte Arbeitnehmer nicht von gruppenerfolgsbezogenen Zielen erfasst werden dürften. Die Leistungsminderung beruht in der Regel nicht auf Gründen aus der Sphäre des Arbeitgebers, sondern allein in derjenigen des leistungsgeminderten Arbeitnehmers. Unter **arbeitsschutzrechtlichen Gesichtspunkten** ist eine solche, in der Sphäre des Arbeitnehmers wurzelnde, Situation übermäßiger Beanspruchung dessen eigener körperlicher Konstitution zuzurechnen. Die subjektive Beanspruchungsfolge einer Überforderung ist damit nicht dem vom Arbeitgeber abgerufenen Maß der Arbeitsleistung, sondern der individuellen Leistungsfähigkeit des Arbeitnehmers zuzuordnen. Aus der Fürsorgepflicht des Arbeitgebers folgt allein, Belastungsfaktoren am Arbeitsplatz durch eine Gestaltung der Arbeitsbedingungen derart zu dimensionieren, dass aufgrund der arbeitsplatzspezifischen Gesichtspunkte (nicht jedoch: der arbeitnehmerspezifischen) keine übermäßigen Beanspruchungsfolgen entstehen. 111

Ist der Arbeitnehmer hiernach den Anforderungen an seinen Arbeitsplatz nicht mehr gewachsen, ist er leistungsunfähig mit der Folge, dass das Arbeitsverhältnis insgesamt zu beenden ist, wenn kein der Leistungsfähigkeit adäquater Arbeitsplatz zur Verfügung steht. Gruppenerfolgsbezogene Zielkomponenten müssen deshalb lediglich sicherstellen, dass **kein eine Normal- oder Durchschnittsleistung übersteigender Leistungsdruck** innerhalb der Gruppe aufgebaut wird. Lediglich die Abforderung von Leistungen oberhalb der Normalleistung könnte als objektiver Belastungsfaktor einer Arbeitsbedingung am Arbeitsplatz dem Arbeitgeber zugerechnet werden, sodass ein solcher Leistungsdruck unter arbeitsschutzrechtlichen Gesichtspunkten unzulässig wäre. 112

Jenseits dieser rechtlichen Überlegungen ist allerdings keinem Arbeitgeber damit gedient, einen solchen Leistungsdruck aufzubauen, dass einzelne Arbeitnehmer in der Gruppe von ihren Kollegen unter Druck gesetzt werden, sich permanent zu überfordern. Gleiches gilt für den Gesichtspunkt krankheitsbedingter Arbeitsunfähigkeitszeiten, da die Praxis zwar zeigt, dass nicht jede Krankheit zwangsläufig zur Arbeitsunfähigkeit führt, Ar- 113 beitnehmer jedoch häufig gleichwohl unter Generierung von Entgeltfortzahlungskosten dem Arbeitsplatz fernbleiben. Die Unterbindung solcher Entwicklungen kann im Wege gruppenerfolgsbezogener Zielkomponenten im Einzelfall erfolgreich angesprochen werden. Es kann und darf aber gleichwohl nicht das Ziel des Arbeitgebers sein, durch einen überhöhten Leistungsdruck in einer Gruppe Fehlanreize zur gesundheitlichen Auszehrung einzelner Arbeitnehmer zu schaffen.

> **Praxistipp:**
> Bei individual- wie gruppenerfolgsbezogenen Zielkomponenten ist es sinnvoll, den jeweiligen **Führungskräften eine Überwachung aufzuerlegen,** dass die Gestaltung der Arbeitsabläufe bzw. das Zusammenwirken in der Gruppe zu einer angemessenen Aufgaben- und Arbeitsverteilung nach Leistungsgesichtspunkten führt. Für die jeweilige Führungskraft selbst kann dies wiederum ein individualerfolgsbezogenes Ziel darstellen, falls der Arbeitgeber auch insoweit einen monetären Anreiz setzen möchte.

2. Rechtliche Gestaltungen

a) Rahmen- und/oder Einzelvereinbarungen

aa) Undurchführbarkeit bei abschließender Dauerregelung

114 Die grundlegende rechtliche Gestaltungsfrage bei einem Zielvereinbarungssystem liegt darin, ob bereits durch Arbeitsvertrag oder Betriebsvereinbarung eine feststehende und abschließende Regelung über die Entstehung und Bemessung von Ansprüchen generiert werden soll. Vorteil einer solchen abschließenden Regelung ist **Planungssicherheit** für beide Arbeitsvertragsparteien, die **Vermeidung administrativen Aufwandes** im Rahmen anderenfalls notwendig werdender Bestimmungen für jeweils einzelne Zielperioden und damit der Ausschluss etwaiger diesbezüglicher Auseinandersetzungen.

115 Allerdings liegen die damit verbundenen **Nachteile** gleichermaßen auf der Hand. In einem Arbeitsvertrag oder ggf. einer Betriebsvereinbarung lassen sich kaum sämtliche für die zukünftige Durchführung eines gesamten Arbeitsverhältnisses und dessen wirtschaftliche Bedeutung für das Unternehmen relevanten Gesichtspunkte **abstrakt im Vorhinein** so bestimmen, dass eine aus Sicht beider Arbeitsvertragsparteien leistungsgerechte Entgeltkomponente bemessen werden könnte.

116 So können sich bei den Kennzahlen für unternehmerische Ziele **Verschiebungen der wirtschaftlichen Rahmenbedingungen,** insbesondere des Wettbewerbsumfeldes, von Kostengesichtspunkten oder sonstigen ertragsrelevanten Faktoren, aber auch Notwendigkeiten von Anlageentscheidungen für eine nachhaltige Unternehmensentwicklung ergeben Ebenso kann aber bereits eine schlichte **Versetzung des Arbeitnehmers** dazu führen, dass etwaige individualerfolgsbezogene Komponenten ihre Grundlage verlieren.

> **Beispiel:**
> Würde eine bestimmte arbeitsvertraglich vereinbarte Entgeltkomponente konkret an eine Zielerreichung einer Aufgabe auf einem zum Zeitpunkt des Arbeitsvertragsschlusses zugewiesenen Arbeitsplatz anknüpfen, wäre diese Entgeltkomponente nach Versetzung auf einen anderen Arbeitsplatz ohne diese Aufgabe nicht mehr mess- und damit durchführbar.

117 Knüpft eine zielerreichungsabhängige Entgeltkomponente, wie eine Tantieme, allein an unternehmenserfolgsabhängige Werte an, ist ein feststehendes Bemessungssystem bei sich schnelllebig ändernden wirtschaftlichen Rahmenbedingungen bereits nur bedingt interessengerecht. Soll eine zielerreichungsabhängige Entgeltkomponente an Ziele im Sinne **konkreter Arbeitserfolge des einzelnen Arbeitnehmers oder einer Gruppe von**

ihnen anknüpfen, sind sowohl die maßgebenden Arbeitserfolge wie auch die Verknüpfung mit der Entgeltkomponente in einem bestimmten Umfang weitaus mehr von einer Einzelfallbetrachtung abhängig. Nicht zuletzt ein sich stetig wandelndes technologisches Umfeld verändert die Rahmenbedingungen für die Erbringung eines Arbeitserfolges derart kurzfristig, dass eine abstrakte Vereinbarung für die Dauer eines gesamten Arbeitsverhältnisses nicht praktikabel ist.

Beispiel:

Die Aufgabe eines Datentypisten, der Daten mit großem Zeitaufwand händisch in ein EDV-System des Arbeitgebers zu übertragen hatte, wird durch eine Schnittstellensoftware ersetzt, mittels derer der Datentransfer von einem externen EDV-System in das des Arbeitgebers „auf Knopfdruck" automatisch erfolgt. Der „Knopfdruck" des Datentypisten ist für die Werthaltigkeit seiner Arbeitsaufgaben und damit für die Bemessung einer zielerreichungsabhängigen Vergütung nicht mehr maßgebend.

Die Problematik der fehlenden Durchführbarkeit einer abschließenden Dauerregelung 118 zeigt sich nicht nur, wenn diese im Arbeitsvertrag oder in einer Betriebsvereinbarung getroffen ist. In der Praxis ist häufig zu beobachten, dass Arbeitgeber als **Zusatzvereinbarung** ein Zielvereinbarungsmodell vereinbaren, in dem die konkreten Ziele bereits festgelegt sind. Ist dieses nicht – durch einen Freiwilligkeitsvorbehalt unterlegt – als einmalige Sonderzahlung für den Bezugszeitraum zB des Geschäftsjahres, für das die Zahlung erfolgen soll, gestaltet, begründet der Arbeitgeber damit bereits eine ihn dauerhaft bindende Regelung, von der er sich auch hinsichtlich der vorgegebenen Ziele nicht einseitig lösen kann. Dies gilt selbst dann, wenn in der Vergangenheit mit Arbeitnehmern regelmäßig für jedes Geschäftsjahr neue derartige Vereinbarungen getroffen worden sind. Sobald der Arbeitnehmer einmal den Abschluss einer ablösenden Neuregelung verweigert, gilt die vorherige Regelung im Zweifel als Dauerregelung fort.

bb) Kombination aus abstrakter Rahmen- und ausfüllender Einzelregelung

Nun wäre es zwar denkbar, dass der Arbeitgeber mit dem Arbeitnehmer für jedes Ge- 119 schäftsjahr eine abschließende Neuregelung unter Freiwilligkeitsvorbehalt und damit Ausschluss von Rechtsansprüchen für die Folgejahre trifft. Dies ist indessen nur dann möglich, wenn ein solcher Freiwilligkeitsvorbehalt nicht in **Widerspruch zu bereits erfolgten Zusagen,** etwa im Arbeitsvertrag, steht, nach denen der Arbeitnehmer eine bestimmte Sonderzahlung „erhält" oder an einem Zielvereinbarungssystem teilnimmt (→ E Rn. 39).

Bereits aus solchen arbeitsvertraglichen Zusagen entnimmt die Rechtsprechung, dass 120 ein Rechtsanspruch für den Arbeitnehmer bei vertretbarer Interpretation des Wortlautes begründet werden kann und der Arbeitgeber an eine solche Interpretation des Wortlautes gebunden ist. Auch wäre ggf. die **Bereitschaft des Arbeitnehmers im Recruitingprozess,** ein Arbeitsverhältnis mit dem Arbeitgeber einzugehen, deutlich gemindert, wenn eine zielerreichungsabhängige Entgeltkomponente nicht vertraglich zugesichert, sondern lediglich als bloße Hoffnung unter Ausschluss eines Rechtsanspruchs in den Raum gestellt würde. Insbesondere bei Schlüsselkräften, die als Fachkräfte auf dem Arbeitsmarkt schwer zu gewinnen sind, wäre eine Akzeptanz solcher Arbeitsbedingungen schwer zu erreichen.

Faktisch ist deshalb in der Praxis eine arbeitsvertragliche Zusage einer zielerreichungs- 121 abhängigen Entgeltkomponente mit der Maßgabe für die jeweilige Zielerreichungsperiode jeweils **gesondert festzulegender Zielkomponenten** durch eine Einzelregelung verbreitet. Im Arbeitsvertrag (oder einer Zusatzvereinbarung) finden sich lediglich generelle Bestimmungen für die Bemessung und Abwicklung der Entgeltkomponente, während die jeweiligen konkreten Parameter im Einzelfall gesondert festzulegen sind.

Die Rahmenregelung erfolgt auf Grundlage des Arbeitsvertrages (ggf. auch durch Ge- 122 samtzusage oder Betriebsvereinbarung). Sie beinhaltet in der Regel die Zusage dem

Grunde nach, dass der Arbeitnehmer eine **Sonderzahlung nach Maßgabe einer zielerreichungsabhängigen Bemessung** erhält. Eine arbeitsvertragliche Rahmenregelung sieht etwa einleitend vor:

> Klauselmuster:
> Der Arbeitnehmer nimmt am variablen Vergütungssystem XY des Unternehmens teil ...

123 Eine solche Regelung genügt allerdings nicht. Sie begründet zwar einen Anspruch des Arbeitnehmers. Dieser ist – sofern die Rahmenregelung keine weiteren Vorgaben enthält – auf die Teilnahme nach den zum Zeitpunkt des Vertragsschlusses geltenden Bedingungen dieses Entgeltsystems gerichtet. Aus der Rahmenregelung ergibt sich dementsprechend noch nicht mit hinreichender Deutlichkeit, dass über die zum Zeitpunkt des Vertragsschlusses bestehenden genauen Inhalte der ausfüllenden Einzelregelung hinaus eine **Offenheit für zukünftige neue und ablösende Einzelregelungen** für die jeweiligen Bezugszeiträume getroffen werden soll. Dies ist in der Rahmenregelung vielmehr ergänzend klarzustellen. Eine arbeitsvertragliche Rahmenregelung sieht etwa einleitend vor:

> Klauselmuster:
> Der Arbeitnehmer nimmt am variablen Vergütungssystem XY des Unternehmens teil. Die für die Bemessung eines Anspruchs des Arbeitnehmers maßgebenden Ziele, deren Gewichtung und der Prozess der Zielerreichungsfeststellung werden für jedes Geschäftsjahr neu geregelt; aus vorangegangenen Regelungen für bisherige Geschäftsjahre lassen sich keine Ansprüche – weder nach Grund noch nach Höhe – für die Zukunft herleiten.

124 Mit einer solchen Regelung ist der Vorbehalt ausfüllender Einzelfallregelung **hinreichend klar und verständlich** zum Ausdruck gebracht, sodass die gem. § 307 Abs. 1 S. 2 BGB im Rahmen arbeitsvertraglicher Regelungen, im Übrigen aber aus allgemeinen Bestimmtheitsgrundsätzen, folgende **Transparenzkontrolle** gewahrt ist. Mit ihr ist allerdings noch nicht zum Ausdruck gebracht, nach welchen Regularien die jeweils maßgebenden Faktoren geregelt werden sollen.

125 In Betracht kommt entweder eine **einvernehmliche Zielvereinbarung oder eine einseitige Zielvereinbarung.** Die Zielvereinbarung hat – so sie mit dem Arbeitnehmer tatsächlich vereinbart wird – den Vorteil, dass sie keiner Inhalts- oder Billigkeitskontrolle unterliegt, sondern die Grundsätze über die freie Entgeltvereinbarung gelten.[56]

126 Der gerichtlichen Kontrolle unterliegt damit weder, ob die Ziele generell erreichbar wären, ob – etwa infolge erst verspätetem Zustandekommen der Zielvereinbarung im Lauf des Bezugszeitraums – die Ziele noch erreichbar sind, ob die Ziele die Grenzen des arbeitgeberseitigen Direktionsrechts überschreiten oder deren Gewichtung zueinander unverhältnismäßig sein kann (→ F Rn. 89 ff.). Der „Preis" einer solchen nur eingeschränkten gerichtlichen Überprüfbarkeit ist die **Notwendigkeit eines Einvernehmens** mit dem Arbeitnehmer.

127 Akzeptiert der Arbeitnehmer die Ziele nicht und kommt eine Zielvereinbarung nicht zustande, stellt sich die Frage nach einem **Schadensersatzanspruch** des Arbeitnehmers wegen entgangener Sonderzahlung, die er mangels Zielvereinbarung nicht erreichen konnte. Diesem kann der Arbeitgeber nur dadurch entgehen, dass er dem Arbeitnehmer rechtzeitig – dh zu Beginn des Bezugszeitraums – angemessene Ziele angeboten hat, die

---

[56] BAG 12.12.2007 – 10 AZR 97/07, AP BGB § 280 Nr. 7; *Bauer/Diller/Göpfert* BB 2002, 882 (884); *Salamon* NZA 2010, 310 (316).

III. Zielvereinbarungssysteme

von den Grenzen des Direktionsrechts gedeckt sind und deren Verhältnis zueinander angemessen ist (→ F Rn. 134 ff.).

Dies sind letztlich die Maßgaben, die gleichermaßen gelten, wenn der Arbeitgeber anstelle der Notwendigkeit einvernehmlicher Zielvereinbarungen die **einseitige Zielvorgabe** nach billigem Ermessen in der Rahmenregelung vorsieht. Zu dem Zeitpunkt, in dem der Arbeitgeber zum Zwecke einer einvernehmlichen Zielvereinbarung dem Arbeitnehmer ein Angebot auf Abschluss der Zielvereinbarung unterbreitet, weiß er in der Regel noch nicht, ob diese Zielvereinbarung zustande kommt. Zur Vermeidung eines Schadensersatzanspruchs sollte der Arbeitgeber ein Angebot auf solche Zielkomponenten begrenzen, die im Falle fehlenden Einvernehmens mit dem Arbeitnehmer als **ausreichendes Angebot zum Ausschluss eines Schadensersatzanspruchs** betrachtet würden. Im Ergebnis gilt es aus Sicht des Arbeitgebers deshalb – wenn das Zustandekommen einer Zielvereinbarung nicht gewiss ist –, die Vorteile der fehlenden gerichtlichen Überprüfbarkeit der Zielvereinbarung nicht zu offensiv auszureizen. 128

> **Praxistipp:**
> Dem Arbeitgeber bleibt es selbstverständlich unbenommen, dem Arbeitnehmer bei fehlender Akzeptanz angebotener Ziele ein erneutes Angebot mit abgeschwächten Zielen zu unterbreiten, um insoweit einen Schadensersatzanspruch rechtssicher auszuschließen.

Im Ergebnis ist das Regelungsinstrument der Zielvereinbarung entgegen dem ersten Anschein für den Arbeitgeber günstiger, als die einseitige Zielvorgabe. Bei der einvernehmlichen Zielvereinbarung hat der Arbeitgeber jedenfalls die **Möglichkeit,** dass eine nur **eingeschränkt gerichtlich überprüfbare Zielvereinbarung** zustande kommt. Da in der Praxis im laufenden Arbeitsverhältnis die wenigsten Arbeitnehmer auf eine rechtliche Auseinandersetzung Wert legen, werden Zielvereinbarungen in der Regel einvernehmlich zustande kommen. 129

Sofern dies in Einzelfällen nicht möglich ist, bleibt es allenfalls bei einer gerichtlichen Überprüfung, ob die angebotenen Ziele vom Arbeitnehmer redlicher Weise hätten akzeptiert werden müssen – dies geht über den **Kontrollmaßstab des § 315 BGB bei einer Zielvorgabe indessen nicht hinaus.** Zudem kann der Arbeitgeber im Falle fehlenden Zustandekommens einer Zielvereinbarung und Unsicherheit über die Angemessenheit der Ziele nochmals mit einem abgeschwächten Angebot „nachbessern", um einem Schadensersatzanspruch auf dieser Grundlage den Boden zu entziehen. Im Falle der Regelung der Ziele durch **Zielvereinbarung** wäre obige Rahmenregelung wie folgt zu ergänzen: 130

> **Klauselmuster:**
> Der Arbeitnehmer nimmt am variablen Vergütungssystem XY des Unternehmens teil. Die für die Bemessung eines Anspruchs des Arbeitnehmers maßgebenden Ziele, deren Gewichtung und der Prozess der Zielerreichungsfeststellung werden für jedes Geschäftsjahr neu geregelt; aus vorangegangenen Regelungen für bisherige Geschäftsjahre lassen sich keine Ansprüche – weder nach Grund noch nach Höhe – für die Zukunft herleiten. Hierzu treffen die Parteien für das jeweils folgende Geschäftsjahr eine gesonderte Vereinbarung. Der Arbeitgeber wird dem Arbeitnehmer bis zum 15. des ersten Monats des jeweiligen Geschäftsjahres ein Regelungsangebot über die maßgebenden Ziele, deren Gewichtung und den Prozess der Zielerreichungsfeststellung schriftlich oder in Textform unterbreiten.

Im Falle einer **einseitigen Zielvorgabe** würde die Formulierung optional lauten:

> **Klauselmuster:**
> Der Arbeitnehmer nimmt am variablen Vergütungssystem XY des Unternehmens teil. Die für die Bemessung eines Anspruchs des Arbeitnehmers maßgebenden Ziele, deren Gewichtung und der Prozess der Zielerreichungsfeststellung werden für jedes Geschäftsjahr neu geregelt; aus vorangegangenen Regelungen für bisherige Geschäftsjahre lassen sich keine Ansprüche – weder nach Grund noch nach Höhe – für die Zukunft herleiten. Der Arbeitgeber wird gegenüber dem Arbeitnehmer bis zum 15. des ersten Monats des jeweiligen Geschäftsjahres die maßgebenden Ziele, deren Gewichtung und den Prozess der Zielerreichungsfeststellung nach billigem Ermessen einseitig schriftlich oder in Textform festlegen.

131   Um sowohl unter dem Gesichtspunkt eines adäquaten Angebots für eine einvernehmliche Zielvereinbarung als auch einer Inhalts- und Billigkeitskontrolle einer Zielvorgabe klare Rahmenbedingungen für den Inhalt der maßgebenden Ziele zu setzen, sollte die **Rahmenregelung klarstellen, welche Art von Zielen vereinbart bzw. vorgegeben** werden können. Gleiches gilt für die mögliche Gewichtung der Ziele zueinander und eine mögliche Regelung über ein etwaiges Stufenverhältnis, nach dem etwa bei Nichterreichen eines vorgelagerten Ziels trotz Zielerreichung weiterer Ziele kein Anspruch entstehen soll. Obige Rahmenregelungen wären etwa wie folgt zu ergänzen:

> **Klauselmuster:**
> Maßgebende Ziele können insbesondere auf den wirtschaftlichen Erfolg des Unternehmens, des Konzerns oder der Konzernsparte, auf den Erfolg einer Gruppe von Arbeitnehmern, der der Arbeitnehmer angehört, oder auf den Erfolg der Arbeitsleistung des Arbeitnehmers selbst abstellen. Ihre Gewichtung zueinander soll in einem angemessenen Verhältnis stehen, was allerdings nicht ausschließt, dass etwa bei Nichterreichung des wirtschaftlichen Ziels des Unternehmens, Konzerns oder/und einer Konzernsparte trotz erreichter sonstiger Ziele der Anspruch insgesamt nicht entsteht.

132   Hinsichtlich wirtschaftlicher Erfolge des Unternehmens, Konzerns oder einer Konzernsparte sollte ggf. – entsprechend den oben dargestellten Grundsätzen für die Bemessung von Tantiemen – eine **Klarstellung des Bemessungsverfahrens** erfolgen. Allerdings wird es in der Regel weder unbillig iSd § 315 BGB bei einer einseitigen Zielvorgabe noch unangemessen im Sinne des Angebotes auf eine einvernehmliche Zielvereinbarung sein, wenn der Arbeitgeber jeweils das Verfahren zu Grunde legt, welches dem aktuellen Unternehmens- oder Konzernstandard bei der Erstellung des Abschlusses entspricht. Auch wenn ggf. neben einem Abschluss auf Basis der IFRS-Standards noch ein HGB-Abschluss erforderlich ist, wird der Arbeitgeber im Verhältnis zu seinen Arbeitnehmern auf den Standard zurückgreifen dürfen, den er im Übrigen publiziert. Erfolgt dies nach einem anerkannten Verfahren, kann darin keine Unbilligkeit oder unangemessene Benachteiligung des Arbeitnehmers liegen.

133   Eine weitere Komponente der Rahmenregelung sollte in einer **Zielgröße der variablen Entgeltkomponente** bestehen, wobei – wenn sich dies nicht aus den Zielfestlegungen im Einzelfall ergibt – eine Klarstellung hinsichtlich einer **unteren und oberen Grenze** möglicher Ansprüche sinnvoll ist. Die Rahmenregelungen wären beispielhaft wie folgt zu ergänzen:

> **Klauselmuster:**
> Sollten 100 % aller Ziele erreicht sein (Zielgröße), erhält der Arbeitnehmer EUR X. Im Falle einer Übererfüllung der Ziele kann sich dieser Anspruch um bis zu Y% erhöhen; Näheres ergibt sich aus einer im Rahmen [der Zielvereinbarung gesondert zu regelnden] [der Zielvorgabe gesondert festzulegenden] Staffelung. Werden eines oder mehrere der Ziele nicht oder nicht voll erreicht, entsteht ein der Zielerreichung entsprechend anteiliger Anspruch, es sei denn, dass (auch) dasjenige Ziel nicht oder nicht vollständig erreicht wurde, von dessen (vollständiger) Erreichung die Entstehung des Anspruchs insgesamt abhängig ist.

b) Gegenstand der Zielkomponenten

Gegenstand der Zielkomponenten in der für den jeweiligen Bezugszeitraum zu vereinbarenden Zielvereinbarung bzw. vorzugebenden Zielvorgabe können wirtschaftliche Unternehmens-, Konzern-, Spartenziele oder aber individual-, gruppen- oder sonstige projekterfolgsbezogene Ziele sein. Inhaltlich können diese an Aufgaben, Leistungen, Ressourcen, Innovationen, Verhalten, Personalentwicklung oder Negativkriterien anknüpfen.[57]

Der Steigerung der Effizienz im Sinne eines kontinuierlichen Verbesserungsprozesses dienen hierbei insbesondere Ziele aus den Kategorien der Aufgaben-, Leistungs- und Ressourcenziele.[58] Mit den **Aufgabenzielen** werden die elementaren Arbeitsaufgaben als Ziel beschrieben, während **Leistungsziele** wirtschaftlich an den Umsatz oder Ertrag oder qualitativ an die Arbeitsqualität anknüpfen können. **Ressourcenziele** knüpfen demgegenüber an die mit der Arbeitsaufgabe entstandenen Kosten für das Unternehmen an.[59] Daneben kommen **Innovationsziele** zur Weiterentwicklung von Produkten, Verfahren oder Prozessen sowie **Verhaltensziele** hinsichtlich Zusammenarbeit, Kommunikations- oder Informationsprozessen in Betracht.[60] **Personalentwicklungsziele** knüpfen insbesondere an die Behebung von Qualifikationsdefiziten aber auch den Ausbau der Qualifikation zu Gunsten eines erweiterten Aufgabengebietes an.[61] **Negativziele** sollen darüber hinaus der Entlastung dienen und Prozesse beschreiben, an denen der Mitarbeiter nicht mehr teilnehmen soll.[62]

Welche dieser Ziele in welchem Umfang für den jeweiligen Arbeitsplatz (-inhaber) geeignet und geboten erscheinen, ist eine **Frage des Einzelfalls.** Eine angemessene Berücksichtigung der jeweiligen individuellen Umstände kann in Gestalt der jeweiligen Einzelvereinbarung über die Ziele erfolgen. Es gilt jeweils ein angemessenes Verhältnis zwischen einer Steigerung der Produktivität durch Arbeitsziele bei gleichzeitiger Effizienz durch Leistungs- und Ressourcenziele und der nachhaltigen Unternehmensentwicklung durch Innovations- und Personalentwicklungsziele zu finden.

Dabei werden auf Führungspositionen andere Gewichtungen dieser Zielkomponenten vorzunehmen sein als bei rein operativ-administrativen Arbeitsplätzen. Bei Letzteren wird es aber zumindest ein Zeichen der Wertschätzung sein, wenn der Arbeitgeber Innovations- und Personalentwicklungsziele – auch wenn nach Anforderungen und Aufgaben auf dem Arbeitsplatz vordergründig zunächst nicht von Relevanz – im Blick behält. Verhaltensziele werden stark einzelfallgeprägt sein, da die Zusammenarbeit und der Informationsfluss in den jeweiligen Organisationseinheiten durch die jeweiligen Strukturen, Informationskanäle und auftretenden Akteure gekennzeichnet sind.

---

[57] Nach *Watzka*, Zielvereinbarungen in Unternehmen, 2011, S. 37.
[58] Nach *Watzka*, Zielvereinbarungen in Unternehmen, 2011, S. 37.
[59] Nach *Watzka*, Zielvereinbarungen in Unternehmen, 2011, S. 38.
[60] Nach *Watzka*, Zielvereinbarungen in Unternehmen, 2011, S. 39.
[61] Nach *Watzka*, Zielvereinbarungen in Unternehmen, 2011, S. 40.
[62] Nach *Watzka*, Zielvereinbarungen in Unternehmen, 2011, S. 40.

Beispiel:
- Beispiele für Aufgabenziele:
  - Auslieferung, Montage und Inbetriebnahme von 12 Maschinen Typ X beim Endkunden;
  - Abschluss von 12 Neukundenverträgen mit einem bestimmten Leistungsgegenstand;
  - Rekrutierung von 20 Ingenieuren für den Bereich Flugzeugbau.
- Beispiele für Leistungsziele:
  - Auslieferung, Montage und Inbetriebnahme von 12 Maschinen Typ X beim Endkunden mit einer Gewinnmarge von mindestens 8 %;
  - Abschluss von 12 Neukundenverträgen mit einem bestimmten Leistungsgegenstand mit einem Umsatz von mindestens 50.000,00 EUR;
  - Rekrutierung von 20 Ingenieuren für den Bereich Flugzeugbau, die über die Probezeit hinaus beschäftigt werden.
- Beispiele für Ressourcenziele:
  - Auslieferung, Montage und Inbetriebnahme von 12 Maschinen Typ X beim Endkunden mit [einer Gewinnmarge von mindestens 8 % und] einem Stundenaufwand von weniger als 200 Monteursstunden je Vorgang;
  - Abschluss von 12 Neukundenverträgen mit einem bestimmten Leistungsgegenstand [mit einem Umsatz von mindestens 50.000,00 EUR und] ohne, dass Vermittlungskosten Dritter in Höhe von mehr als 3 % je Auftrag abgeführt werden müssen.

138 Arbeitsrechtlich ist darauf zu achten, dass der Gegenstand der Ziele **hinreichend klar und verständlich** und damit transparent iSd § 307 Abs. 1 S. 2 BGB bzw. generell hinreichend bestimmt iSd § 315 BGB formuliert ist.

139 Bei Innovations- und Verhaltenszielen handelt es sich häufig um „**weiche" Ziele,** die **schwer mit der gebotenen Transparenz** zu formulieren sind. Innovationsziele sind bei Arbeitnehmern auf operativ-administrativen Arbeitsplätzen zudem häufig nicht vom arbeitgeberseitigen Direktionsrecht gedeckt und sollten dann von vornherein als entgeltrelevante Zielkomponenten ausscheiden (→ F Rn. 104 ff., 153). Bei Führungskräften kann allerdings in der Regel eine strategische Planung erwartet werden, sodass beispielhaft als Ziel die Aufstellung eines oder mehrerer Innovationsvorschläge in Betracht kommt. Bei den Verhaltenszielen wird die Betrachtung noch stärker einzelfallorientiert erfolgen müssen. Hier kommt als zu vereinbarendes Ziel beispielhaft in Betracht, dass mindestens ein Abstimmungsvorgang zu Beginn und Ende eines jeden Arbeitsvorgangs einer bestimmten Art mit einem anderen Fachbereich zu erfolgen hat oder ähnliches.

140 Unverzichtbarer Bestandteil der Regelung einer jeden Zielkomponente ist ein **objektiver Maßstab für den Zielerreichungsgrad** der Zielkomponente. Dies ist nicht nur eine rechtliche, sondern zudem eine der Steuerungsfunktion immanente Maßgabe: Erkennt der Arbeitnehmer nicht, auf welches Ziel er hinarbeiten soll, kann ihn ein zusätzliches Entgelt als Anreiz für die Zielerreichung nicht dort hinführen.

Beispiel:
- Soweit wie möglich, sollten Zielkomponenten ohne Wertungen formuliert sein. Besteht ein Aufgabenziel etwa in der Akquise von Neukunden, sollte das Ziel nicht lauten, eine „ausreichende" Anzahl von Neukunden zu akquirieren, sondern es sollte eine **bestimmte Anzahl** genannt werden.
- Stellt ein Ressourcenziel auf die Einsparung eigener Arbeitnehmerkapazitäten ab, sollte eine **genaue Grenze** entweder der noch adäquaten oder nicht mehr adäquaten Arbeitnehmerkapazitäten genannt werden.

141 Unter dem Gesichtspunkt klar feststehender Zielkomponenten wird in der Regel eine gemeinsame Erörterung der Ziele zwischen Arbeitgeber und Arbeitnehmer stattfinden. Während dies der einvernehmlichen Zielvereinbarung immanent ist, wird es bei der ein-

seitigen Zielvorgabe faktisch der Regelfall sein. Auch wenn bei der einseitigen Zielvorgabe eine Erläuterung der Ziele mit dem Arbeitnehmer rechtlich nicht erforderlich ist, wird es jedoch der **Anerkennung der Ziele und damit dem Motivationsfaktor** dienen, wenn der Arbeitgeber es nicht bei der rechtlichen Notwendigkeit einer einseitigen Zielvorgabe belässt. Erfolgt die rechtlich einseitige Zielvorgabe in der Praxis auf Grundlage eines persönlichen Gespräches, vermittelt dieser tatsächliche Vorgang dem Arbeitnehmer den Eindruck, bei der Festlegung der Ziele beteiligt worden zu sein. Die Anerkennung der Zielsetzungen und damit die Motivation bei der Zielverfolgung werden hierdurch in der Praxis nochmals deutlich gesteigert.

> **Praxistipp:**
> Aus **Dokumentations- und Beweisgründen** sollten Zielvereinbarungen bzw. –vorgaben stets schriftlich oder zumindest in Textform mit Gegenbestätigung in Schrift- oder Textform erfolgen. Anderenfalls kann Streit über die konkrete Formulierung eines Ziels, den Zugang oder die Zustimmung auftreten und gehen Zweifel regelmäßig zu Lasten des Arbeitgebers.

c) Gewichtung der einzelnen Zielkomponenten

In den **Grenzen der Rahmenregelung** ist die Gewichtung der einzelnen Zielkomponenten frei. Es ist ebenso möglich, dass sämtliche Zielkomponenten einen gleichwertigen Rang nebeneinander annehmen, wie dass einzelne Zielkomponenten in unterschiedlichem Maße Einfluss auf die Feststellung der Gesamtzielerreichung nehmen. Darüber hinaus kann es – in der Praxis insbesondere bei wirtschaftlichen Unternehmens-, Konzern- oder Spartenzielen – für die Entstehung eines Anspruchs insgesamt oder nur bis zu einer gewissen Obergrenze auf die Erreichung dieser wirtschaftlichen Zielkomponenten ankommen. 142

Eine solche **Stufung anstelle der gleichrangigen Gewichtung** der Ziele ist sinnvoll, wenn der Arbeitgeber nur bei wirtschaftlich positiven Ergebnissen Mittel für die zielerreichungsabhängige Entgeltkomponente zur Verfügung stellen will. Eine solche Gestaltung ist – sofern in der Rahmenregelung vorbehalten und ausreichend transparent gestaltet – ohne Weiteres zulässig. Sie bringt zum Ausdruck, dass dem Arbeitgeber auch die Erreichung sonstiger Ziele dann keinen ausreichenden Wert vermittelt, wenn das Unternehmen insgesamt hinter der Gewinnerwartung zurückbleibt. Für den einzelnen Arbeitnehmer vermeidet dies Fehlanreize zur Verfolgung der eigenen Ziele auf Kosten des Ergebnisses des Gesamtunternehmens. 143

Beispiel:
Der Arbeitnehmer erhält eine Sonderzahlung im Umfang von 5 % des Nettoumsatzvolumens der von ihm für das Unternehmen geschlossenen Neukundenaufträge. Um zu vermeiden, dass der Arbeitnehmer solche Neukundenaufträge auch dann abschließt, wenn sie für das Unternehmen nicht rentabel sind, er aber gleichwohl eine auf dem Umsatz basierende Sonderzahlung erhält, sieht die Vereinbarung über die Sonderzahlung ergänzend vor, dass der Anspruch nicht entsteht, wenn die Unternehmenssparte, der diese Aufträge zuzuordnen sind, keinen Gewinn erwirtschaftet, der über dem Vorjahresergebnis liegt.

Arbeitgeber werden allerdings bedenken müssen, dass ein solches Stufenverhältnis nach einem „Alles-oder-Nichts-Prinzip" **demotivierend wirken** kann. Hat ein Arbeitnehmer sämtliche individualerfolgsbezogenen Ziele erreicht, hat die Leistung bei ihm ihre Motivationswirkung entfaltet. Erhält er wegen fehlender Erreichung des wirtschaftlichen Unternehmensergebnisses keinerlei Leistung, ist dies zwar rechtlich zulässig, wird dies jedoch im folgenden Bezugszeitraum ggf. seine Motivation zur Ausschöpfung der Leistungsfähigkeit nicht steigern. Gleiches gilt, wenn von vornherein absehbar ist, dass ein wirtschaftli- 144 ches Unternehmensergebnis kaum erreicht werden kann und deshalb eine individualerfolgsbezogene Leistungskomponente nicht zum Tragen kommen wird.

145 Erfolgt in diesen Situationen keinerlei Sonderzahlung, mag dies zwar dem wirtschaftlichen Interesse des Unternehmens an einer Einsparung von Personalkosten dienen. Es ist jedoch zu bedenken, dass der fehlende Anreiz nicht zu einer Leistungssteigerung und damit Überwindung der fehlenden Wirtschaftskraft beiträgt. Hier kann sich eine Regelung anbieten, die dem Arbeitnehmer bei Nichterreichung des unternehmensbezogenen vorgreiflichen Ziels **nicht den Anspruch insgesamt entzieht,** sondern diesen auf beispielsweise maximal 50% des an sich erreichbaren Betrages begrenzt.

Beispiel:

Knüpft eine Sonderzahlung an die Erreichung individual-, gruppen- und unternehmenserfolgsbezogener Ziele an, die grundsätzlich zu je einem Drittel gewichtet werden und beträgt die Sonderzahlung bei jeweils 100%iger Zielerreichung drei Bruttomonatsgehälter, kann die Vereinbarung als Stufung bei Nichterreichung des unternehmenserfolgsbezogenen Ziels einen Umfang von maximal einem Bruttomonatsgehalt und in diesem Rahmen die exakte Bemessung anhand der jeweils erreichten individual- und gruppenerfolgsbezogenen Ziele vorsehen.

Dem unternehmensseitigen Interesse an einer Personalkosteneinsparung ist durch die Reduzierung der Anspruchshöhe Rechnung getragen. Arbeitnehmer werden zur Erlangung des vollständigen Anspruchs motiviert, im Unternehmensinteresse zu handeln und gleichzeitig wegen des auch im Falle der Nichterreichung des unternehmenserfolgsbezogenen Ziels verbleibenden Restanspruchs als Individuum und/oder Gruppe motiviert.

146 Für die Gewichtung der Ziele gelten die Grundsätze an eine **klare und verständliche Formulierung** wie stets im Rahmen einer einvernehmlichen Zielvereinbarung oder einseitigen Zielvorgabe. Im **Zweifel werden Ziele gleichrangig nebeneinander** stehen, wenn die diesbezügliche Regelung keine abweichenden Anhaltspunkte erkennen lässt. Insbesondere bei einem Stufenverhältnis ist daher eine eindeutige Formulierung zu wählen. Eine Formulierung für ein Stufenverhältnis könnte etwa lauten:

Klauselmuster:

Für das Geschäftsjahr ... werden folgende Ziele festgelegt:

......

......

......

Wird das Ziel Nr. 1 (unternehmenserfolgsbezogenes Ziel) nicht erreicht, entsteht kein Anspruch auf eine Sonderzahlung für dieses Geschäftsjahr. Dies gilt unabhängig davon, ob und in welchem Umfang die Ziele Nr. 2, 3 und/oder 4. erreicht sind.

d) Bezugszeitraum

147 In erster Linie gibt das Ziel den Bezugszeitraum vor. Er beginnt mit der Aufstellung der Ziele bzw. einem bei der Festlegung der Ziele vereinbarten Anlaufzeitpunkt und endet mit dem Zeitpunkt, zu dem die Zielerreichung eintreten soll. Eine Zielkomponente kann in mehrere, jeweils für sich zu bemessende und für die **Zielerreichung maßgebende Abschnitte** aufgeteilt sein oder aber auf einen **Gesamterfolg** abstellen. Bezugszeiträume können deshalb sehr unterschiedliche Dauern aufweisen von wenigen Wochen bis zu mehreren Jahren (→ F Rn. 67 ff.).

III. Zielvereinbarungssysteme J

Dies eröffnet für den Arbeitgeber **Gestaltungsmöglichkeiten** bei der Auswahl der Ziele 148
und jeweiligen Zeitpunkte der Zielerreichung. Für den Arbeitnehmer hat dies unter Umständen erhebliche Bedeutung. Für ihn steht die Frage im Raum, ob eine Beendigung des Arbeitsverhältnisses zum Arbeitgeber dazu führt, dass sein Beitrag zur Zielerreichung voll, anteilig oder überhaupt nicht honoriert wird. Je kürzer ein jeweiliger Bezugszeitraum ist, desto geringer ist die durch ihn ausgehende Bindung des Arbeitnehmers, will er nicht ggf. ohne Honorierung des von ihm bereits geleisteten Beitrags ausgehen, wenn das Arbeitsverhältnis endet. Der Arbeitgeber kann zwar bei einem unterjährigen Ausscheiden einen anteiligen Anspruch auf die Sonderzahlung vorsehen. Er kann aber ebenso über eine Stichtagsregelung den Anspruchsverlust insgesamt bei einem Ausscheiden vor Ablauf des Bezugszeitraums vorsehen.

> **Praxistipp:**
> Der Arbeitgeber sollte diesbezüglich klare Regelungen treffen. Entweder entscheidet er sich für eine anteilige Vergütung – dann sollte er für den Fall von unterjährigem Beginn bzw. Ende des Arbeitsverhältnisses sowie ggf. etwaige Ruhenszeiträume ausdrücklich eine **anteilige Gewährung der Leistung** entsprechend dem tatsächlichen Bestand des Arbeitsverhältnisses zur möglichen Dauer des Arbeitsverhältnisses im Bezugszeitraum regeln.
>
> Entscheidet sich der Arbeitgeber dagegen gegen eine solche anteilige Leistung, ist es ihm nach der Rechtsprechung aber nicht verwehrt, den Anspruch auf eine erfolgsabhängige Entgeltkomponente insgesamt von dem Bestand des Arbeitsverhältnisses während des gesamten Bezugszeitraums abhängig zu machen.[63]

Eine solche Regelung darf nicht an den Bestand des Arbeitsverhältnisses über den Bezugszeitraum hinaus anknüpfen.[64] Eine Bindung für die gesamte Dauer des Bezugszeitraums ist dagegen zulässig, solange nur eine darüber hinausgehende Bindung ausgeschlossen ist.[65] Bei einer **Mehrzahl von Zielen mit unterschiedlichen Bezugszeiträumen** kann nach der bisherigen Rechtsprechung jedenfalls eine an das Geschäftsjahr anknüpfende unternehmenserfolgsbezogene Zielkomponente eine Bindungswirkung für diesen längsten Bezugszeitraum bewirken.[66] 149

> **Praxistipp:**
> Bei einer Mehrzahl von Zielen im Rahmen einer einheitlichen Sonderzahlung lässt die Rechtsprechung eine Bindung des Arbeitnehmers hinsichtlich der gesamten Sonderzahlung für den längsten Bezugszeitraum zu. Dies kommt etwa bei unterjährig bereits erreichten individualerfolgsabhängigen Zielen neben einem an das Geschäftsjahr anknüpfenden unternehmenserfolgsbezogenen Ziel zum Tragen, wenn der Anspruch auf die Sonderzahlung durch eine Stichtagsregelung ein bestehendes Arbeitsverhältnis zum Schluss des Geschäftsjahres voraussetzt.[67] Obgleich der Bezugszeitraum individualerfolgsabhängiger Ziele bereits abgelaufen ist, verklammert die auf das Geschäftsjahr bezogene unternehmenserfolgsbezogene Zielkomponente mit ihrem Bezugszeitraum den Anspruch insgesamt, so dass eine Bindungswirkung für das Geschäftsjahr möglich ist.[68]

---

[63] BAG 18.1.2012 – 10 AZR 612/10, AP BGB § 611 Gratifikation Nr. 292; 6.5.2009 – 10 AZR 443/08, NZA 2009, 783.
[64] BAG 18.1.2012 – 10 AZR 612/10, AP BGB § 611 Gratifikation Nr. 292; offen gelassen von BAG 6.5. 2009 – 10 AZR 443/08, NZA 2009, 783.
[65] Für eine engere Interpretation der BAG-Rechtsprechung dagegen *Baeck/Winzer* NZG 2012, 657 (659); *Heyden* RdA 2012, 225 (229); *ErfK/Preis* BGB § 611 Rn. 534a; unter Hinweis auf die klare Differenzierung in den Entscheidungsgründen dagegen wie hier *Simon/Hidalgo/Koschker* NZA 2012, 1071 (1074) sowie *Salamon* NZA 2013, 590.
[66] BAG 6.5.2009 – 10 AZR 443/08, NZA 2009, 783.
[67] So bei BAG 6.5.2009 – 10 AZR 443/08, NZA 2009, 783.
[68] BAG 6.5.2009 – 10 AZR 443/08, BeckRS 2009, 68440.

e) Bemessung der Ziele und Graduierung der Bewertung

150 Die Ziele müssen grundsätzlich so bemessen sein, dass sie vom Arbeitnehmer unter Berücksichtigung seiner Leistungsfähigkeit **typischerweise zu erreichen** sind.[69] Die Rechtsprechung stellt darauf ab, ob der konkrete Arbeitnehmer bei einem gewöhnlichen Verlauf der Dinge ein aufgestelltes Ziel erreichen kann.[70] Eine exakte Grenzziehung ist in der Rechtsprechung bislang nicht erfolgt.[71] Das BAG hat lediglich auf „realistischer Weise erreichbare Ziele" hingewiesen.[72] Soll die zielerreichungsabhängige Vergütung ihren Motivationszweck erfüllen, müssen **Ziele** allerdings **ehrgeizig** sein.

Beispiel:

- Bei dem **wirtschaftlichen Ergebnis** des Unternehmens, Konzerns oder einer Sparte wird in der Regel die wirtschaftliche Entwicklung in der Vergangenheit eine Prognose für die zukünftige Entwicklung bieten. Die wirtschaftliche Entwicklung der vergangenen drei Jahre wird regelmäßig einen ausreichenden Prognosezeitraum bieten.
- Bei **projekt- oder gruppenerfolgsbezogenen** Zielen wird der Arbeitgeber in der Regel seine Zielkomponenten an bereits durchgeführten Projekten messen.
- Bei **individualerfolgsbezogenen Zielen** wird die individuelle Leistungsfähigkeit, mindestens aber eine zu erwartende objektive Durchschnittsleistung den Maßstab für die Bemessung der Ziele liefern. Um eine Angemessenheit zu dokumentieren, sollten auch hier Leistungsbewertungen der letzten drei Jahre für den jeweiligen Arbeitnehmer, aber auch Arbeitnehmer auf vergleichbaren Arbeitsplätzen vorgehalten werden.
- Generell wird es bei Zielen, die an die Erbringung einer Arbeitsleistung als Individuum oder in der Gruppe anknüpfen, eine Rolle spielen, dass die Zielkomponenten der tatsächlichen **Ausübung des Direktionsrechts** gegenüber dem Arbeitnehmer korrespondieren. Dem Arbeitnehmer dürfen nicht in solchem Ausmaß andere Arbeitsaufgaben zugewiesen werden, dass er von der Erfüllung vorgegebener Ziele abgehalten wird.

151 Jenseits dieser rechtlichen Maßgaben sollte allerdings bei der Bemessung der zu erreichenden Ziele beachtet werden, dass eine zielerreichungsabhängige Sonderzahlung ihren Motivationscharakter nur dann erreichen kann, wenn die **Ziele aus Sicht des Arbeitnehmers nicht unrealistisch** sind. Geht der Arbeitnehmer von vornherein davon aus, dass er die Ziele voraussichtlich nicht wird erreichen können, ist kaum zu erwarten, dass er sein Leistungsverhalten an der Zielerreichung ausrichtet. Dies wird besonders deutlich bei den Aufgabenzielen. Die Erwartung, dass der Arbeitnehmer entsprechende Priorisierungen bei seinen Arbeitsaufgaben vornimmt, seine Arbeitsorganisation hierauf einstellt und ggf. seine Leistungsfähigkeit um einer Zielerreichung willen steigert, ist kaum zu rechtfertigen, wenn von vornherein feststeht, dass das Ziel ohnehin nicht erreichbar sein wird.

Praxistipp:

An dieser Stelle haben Arbeitgeber abzuwägen, welchen Zweck sie mit der zielerreichungsabhängigen Sonderzahlung vorrangig verfolgen: Bei **leistungsschwächeren Arbeitnehmern** kann zum Zwecke der Leistungssteigerung – insbesondere über mehrere Zielperioden hinweg – der Motivationscharakter dafür sprechen, Ziele nicht zu hoch zu stecken, um die Erreichbarkeit unter Berücksichtigung der individuellen Leistungsfähigkeit des Arbeitnehmers nicht in Frage zu stellen. Dies wird jedoch zum einen von leistungsstärkeren Arbeitnehmern regelmäßig als unfair empfunden, die für eine Sonder-

---

[69] BAG 12.12.2007 – 10 AZR 97/07, AP BGB § 280 Nr. 7.
[70] LAG Hamm 24.11.2004 – 3 Sa 1325/04, BeckRS 2004 30459721.
[71] *Bauer/Diller/Göpfert* BB 2002, 882 (884); *Horcher/Horcher* BB 2007, 2065 (2066): „Objektive Erreichbarkeit"; *Brors* RdA 2004, 273 (280): Einflussnahmemöglichkeit maßgebend.
[72] BAG 12.12.2007 – 10 AZR 97/07, AP BGB § 280 Nr. 7.

III. Zielvereinbarungssysteme J

> zahlung in gleicher Höhe höhere Leistungen erbringen sollen. Auch wird der Arbeitgeber zu prüfen haben, ob allein die mögliche Motivation leistungsschwächerer Arbeitnehmer ausreichender Anlass ist, die wirtschaftliche Belastung durch die Sonderzahlung auch zu Gunsten solcher Arbeitnehmer einzugehen.

Dieser Diskrepanz zwischen wirtschaftlicher Belastung, Motivationswirkung und Signal in die Belegschaft insgesamt kann in gewissen Grenzen bei der **Berücksichtigung des Zielerreichungsgrades** für die Leistungsbemessung Rechnung getragen werden. 152

Beispiel:
In der Praxis ist es nicht selten, dass erst ein Zielerreichungsgrad von zB weniger als 75 % dazu führt, dass das Ziel insgesamt als nicht erfüllt bewertet wird. Leistungsschwächere Arbeitnehmer werden damit von der Leistung nicht ausgenommen und motiviert, auch wenn sie 100 % Zielerreichung für unrealistisch halten. Damit ist dem wirtschaftlichen Interesse des Arbeitgebers an der Gewährung einer Sonderzahlung nur an solche Arbeitnehmer, die ihre Ziele zumindest weitgehend erreicht haben, entsprochen.

Bei der Bemessung von Zielen und der Aufstellung von Bewertungskriterien, ab welchem Grad der Zielerreichung ein Ziel insgesamt als erfüllt oder nicht erfüllt gilt, stellt sich die Frage, ob eine **unterschiedliche Behandlung der Arbeitnehmer** in Betracht kommt, um individuell unterschiedlichen Leistungsfähigkeiten Rechnung zu tragen. Die Bestimmung individualerfolgsbezogener Ziele wird zwar regelmäßig auf den einzelnen Arbeitsplatz zugeschnitten und damit nur eingeschränkt einer Überprüfung am Maßstab des **arbeitsrechtlichen Gleichbehandlungsgrundsatzes** zugänglich sein. Zwingend ist jedoch bereits dies nicht, wenn die Festlegung der individualerfolgsbezogenen Zielkomponenten eines Arbeitsplatzes letztlich auf der Basis eines Vergleichs mit anderen Arbeitsplätzen erfolgt. Soweit eine Zielkomponente über den einzelnen Arbeitsplatz eines Arbeitnehmers hinaus auf eine Gruppe von Arbeitnehmern oder gar im Rahmen der wirtschaftlichen Betrachtung des Unternehmens, Konzerns oder der Sparte auf die gesamte Belegschaft abstellt, wird die Anwendung des arbeitsrechtlichen Gleichbehandlungsgrundsatzes unzweifelhaft eröffnet sein. 153

Es ist zweifelhaft, ob allein eine Motivation zur Leistungssteigerung leistungsschwächerer Arbeitnehmer einen ausreichenden sachlichen Grund begründen könnte, bei solchen Arbeitnehmern von einem Mindestgrad der Zielerreichung für die Bewertung eines Ziels als insgesamt erreicht oder nicht erreicht abzusehen, während bei anderen ein solcher Grad der Zielerreichung festgelegt wird. Solange dies nicht abschließend in der Rechtsprechung geklärt ist, sollte von einer solchen Differenzierung zwischen Arbeitnehmern nur zurückhaltend Gebrauch gemacht werden. 154

Der Arbeitgeber kann im Rahmen der Bestimmung der Zielkomponenten und dem Grad der Erreichung für die Bemessung der Sonderzahlung anstelle einer **linearen Bemessung der Sonderzahlung** anhand der Grade der Zielerreichung eine **überproportionale Berücksichtigung** vorsehen, die die Leistungsträger zur maximalen Ausschöpfung ihrer Leistungsfähigkeit anspornt, im Rahmen der unteren Skalierungsgrade dagegen leistungsschwächere Arbeitnehmer nicht von der Sonderzahlung insgesamt ausnimmt. 155

Beispiel:
Knüpft – vereinfacht anhand nur eines Zieles dargestellt – eine zielerreichungsabhängige Sonderzahlung in Höhe von 5.000,00 EUR bei 100 % Zielerreichung an ein vom Arbeitnehmer im Geschäftsjahr generiertes Auftragsvolumen von 500.000,00 EUR, sind beispielsweise folgende Skalierungen denkbar:
– **Linear:** Ein Mindestgrad der Zielerreichung wird nicht festgelegt, sodass linear-proportional je 100,00 EUR ein anteiliger Anspruch auf die Sonderzahlung in Höhe von 1,00 EUR

entsteht. Generiert der Arbeitnehmer zB ein Auftragsvolumen im Geschäftsjahr in Höhe von 300.000,00 EUR erhält er eine Sonderzahlung in Höhe von 3.000,00 EUR.
- Wird im Beispiel ein **Mindestzielerreichungsgrad** in Höhe von 350.000,00 EUR festgelegt, bei dessen Unterschreitung keinerlei Anspruch auf die Sonderzahlung entsteht und erfolgt die Bemessung erst ab einem solchen Auftragsvolumen von 350.000,00 EUR **proportional-linear** mit einem Einstiegswert von 3.500,00 EUR entsprechend dem Mindestzielerreichungsgrad von 350.000,00 EUR, motiviert dies zumindest zum Erreichen des Mindestzielerreichungsgrades. Unterschreitet das vom Arbeitnehmer generierte Auftragsvolumen 350.000,00 EUR erhält er keine Sonderzahlung. Erzielt der Arbeitnehmer zB 400.000,00 EUR Auftragsvolumen, erhält er eine Sonderzahlung in Höhe von 4.000,00 EUR.
- Will der Arbeitgeber demgegenüber ebenfalls leistungsschwächere Arbeitnehmer von der Leistung nicht gänzlich ausschließen, kann er eine **überproportionale Berücksichtigung im oberen Leistungsbereich** vorsehen, so dass etwa ein Mindestzielerreichungsgrad von 50 % vorgesehen wird, bei dessen Unterschreitung keinerlei Anspruch entsteht – eine solche Mindestgröße sollte vorgesehen werden, um die wirtschaftliche Honorierung eines tatsächlichen Erfolges für das Unternehmen nicht ad absurdum zu führen. Wird dieser Mindestzielerreichungsgrad von 50 %, nicht jedoch 75 der Zielgröße erreicht, könnte im Beispiel das Auftragsvolumen je 100,00 EUR mit einer anteiligen Sonderzahlung in Höhe von 0,50 EUR bemessen werden, ab einem Zielerreichungsgrad von 75 % bis 100 % mit dem eingangs bei vollständiger Proportionalität anzulegenden 1,00 EUR anteiliger Sonderzahlung je Auftragsvolumen von 100,00 EUR und bei einer Überschreitung des Auftragsvolumens von 500.000,00 EUR durch eine Berücksichtigung des dieses Auftragsvolumen überschreitenden Auftragsvolumens mit 1,50 EUR je generierten 100,00 EUR Auftragsvolumen.

156 Hier sind vielfältige Gestaltungen denkbar, um entsprechend den unternehmerischen Zielsetzungen und Bedürfnissen ein wirtschaftlich orientiertes, leistungsgerechtes und gleichzeitig sämtliche anzusprechenden Arbeitnehmergruppen motivierendes Zielerreichungssystem vorzusehen. Eine solche Bestimmung von Mindestzielerreichungsgraden, Bereichen unterproportionaler oder überproportionaler Bewertungsmaßstäbe und der sich daraus ergebenden Gesamtbewertung für die Bemessung der Sonderzahlung wird seine Rechtfertigung regelmäßig darin finden, dass **überproportionale Leistungen** in der Regel **nahezu vollständig zur Ertragssteigerung** führen. Die Kosten der Unternehmensführung sind bereits im proportionalen Bemessungsbereich vollständig abgebildet. Im Bereich unterproportionaler Leistungsbemessungen liegt die Grenze zur Unrentabilität der Leistung eines Arbeitnehmers nahe, die eine unterproportionale Honorierung solcher Leistungen rechtfertigt.

f) Feststellung der Zielerreichung

157 Die Feststellung des Grades der Zielerreichung sollte zeitlich so spät erfolgen, dass der **Bezugszeitraum für die Zielerreichung** durch den Arbeitnehmer **ausgeschöpft** werden konnte, allerdings so rechtzeitig, dass etwaige **Unklarheiten** bei dem der Zielfeststellung zu Grunde zu legenden Sachverhalt **noch aufklärbar** sind.

Beispiel:
Knüpft ein gruppenerfolgsbezogenes Ziel an die Erreichung eines Projektabschnitts zu einem bestimmten Stichtag, hat die Feststellung des Grades der Zielerreichung an diesem Stichtag zu erfolgen. Wird das Projekt von der Projektgruppe über den Stichtag hinaus fortgesetzt, ist ggf. nicht mehr zweifelsfrei feststellbar, welchen Grad der Zielerreichung das Projekt zum maßgebenden Stichtag hatte.

Von den jeweiligen Zielerreichungsperioden hängt ab, zu welchen **Zeitpunkten** und ggf. 158
wie häufig die Frage der Zielerreichung zu beurteilen ist.

Beispiel:
Sehen die Ziele für einen Arbeitnehmer vor, dass ein individualerfolgsbezogenes Ziel nach Ablauf von vier Monaten des Geschäftsjahres, ein sich anschließendes weiteres individualerfolgsbezogenes Ziel nach Ablauf von acht Monaten des Geschäftsjahres, ein gruppenerfolgsbezogenes Ziel nach Ablauf von sechs Monaten des Geschäftsjahres in Abschnitt 1 und ein zweites gruppenerfolgsbezogenes Ziel nach Ablauf von zwölf Monaten des Geschäftsjahres in Abschnitt 2 zu erreichen ist, müssen zu vier Zeitpunkten für die jeweils maßgebenden Ziele bzw. Zielabschnitte Feststellungen über den Grad der Zielerreichung getroffen werden.

Ein Zuwarten mit der Feststellung insgesamt bis zum Ablauf des letzten Zielerreichungszeitraums mag bei den voneinander unabhängigen individualerfolgsbezogenen Zielen möglich sein – hier besteht allenfalls die Gefahr, dass infolge Zeitablaufs nicht mehr exakt feststellbar war, wann der Arbeitnehmer welche Arbeitsschritte bearbeitet und ob er damit den Fertigstellungstermin wirklich eingehalten hat. Soweit bei den Gruppenzielen jedoch zwei Projektabschnitte aufeinander aufsetzen, ist die Feststellung der Fertigstellung des ersten Projektabschnittes mit erheblichen Schwierigkeiten verbunden, wenn an dem Projekt nahtlos in Richtung des zweiten Zeitabschnitts weiter gearbeitet wird.

g) Entscheidungszuständigkeit

In der Praxis sind regelmäßig vermeidbare Unklarheiten bei der Frage der Zuständigkeit 159
für die Feststellung der Zielerreichung zu verzeichnen. Grundsätzlich bestehen vier (gestaltbare) Optionen:
– Arbeitgeber,
– Arbeitnehmer,
– Arbeitsgericht,
– betriebliche Schlichtungsstelle.

In der Regel wird dem Arbeitgeber die Feststellung der Zielerreichung obliegen. Dies 160
entspricht dem allgemeinen Grundsatz, dass der **Arbeitgeber als Gläubiger** der vom Arbeitnehmer in Gestalt der geregelten Ziele zu erbringenden Arbeitsleistung für die Beurteilung der ordnungsgemäßen Erfüllung durch den Arbeitnehmer als Schuldner zuständig ist. Der Arbeitgeber hat deshalb im Zweifel zu überprüfen, ob und in welchem Umfang er die Arbeitsleistungen des Arbeitnehmers als Erfüllung des mit den Zielen verfolgten Motivationszwecks anerkennt.

Eine solche **Zuständigkeit beim Arbeitnehmer,** der damit für die Beurteilung sei- 161
ner eigenen Leistung zuständig wäre, bedeutete einen Interessenkonflikt.

Vorsicht ist allerdings geboten, wenn in einem Zielvereinbarungssystem für die Frage der Feststellung der Zielerreichung vorgesehen ist, dass der Arbeitnehmer eine „Selbsteinschätzung" vorzunehmen hat, auf deren Grundlage der Arbeitgeber die Zielerreichung bewertet. Da bei einer entsprechenden arbeitsvertraglichen Vereinbarung oder einseitigen Erklärung des Arbeitgebers Zweifel zu dessen Lasten gehen, kann darin im Einzelfall ein Recht zur Selbstbeurteilung durch den Arbeitnehmer gesehen werden.

Praxistipp:
Um Streit über die Zuständigkeit für die Feststellung des Grades der Zielerreichung zu vermeiden, sollte die Rahmenvereinbarung über die zielerreichungsabhängige Sonderzahlung klarstellen, dass die Entscheidung über die Zielerreichung und deren Grad dem

> Arbeitgeber obliegt, ggf. der Arbeitnehmer berechtigt ist, ohne dass dies den Arbeitgeber in seiner eigenen Beurteilung bindet, eine Selbsteinschätzung über die Zielerreichung beizubringen. Eine solche Selbsteinschätzung hat den Vorteil, dass der Arbeitnehmer sich in einen erkennbaren Widerspruch verstrickt, wenn er später – etwa um eine höhere Sonderzahlung zu erreichen – entgegen seiner Selbsteinschätzung eine weiter gehende Zielerreichung behauptet.

162　In der Praxis kann es sinnvoll sein, ein **Protokoll** über den Grad der Zielerreichung und eine Fälligkeit der Sonderzahlung erst bei Einvernehmlichkeit eines solchen Protokolls oder gerichtlicher Feststellung der Zielerreichung vorzusehen. Dies setzt zwar ein grundsätzliches Einvernehmen mit dem Arbeitnehmer mit sich daraus ergebenden Konfliktpotentialen voraus. Ein solches einvernehmliches Protokoll wird – so es denn vorliegt – den Arbeitnehmer jedoch von der Geltendmachung weitergehender Ansprüche abhalten. Dies gilt zum einen bei faktischer Betrachtung, jedoch kann ein solches Protokoll gleichzeitig ein so genanntes **konstitutives Schuldanerkenntnis** darstellen, das etwaige weiter gehende Ansprüche des Arbeitnehmers ausschließt.[73] Ein solches Schuldanerkenntnis gestaltet die Rechtslage, sodass etwaige weitergehende Ansprüche des Arbeitnehmers abgeschnitten werden. Da Rechtsstreitigkeiten im laufenden Arbeitsverhältnis selten sind, kann dies für den Arbeitgeber Planungssicherheit bewirken.

> **Praxistipp:**
> Die Notwendigkeit eines solchen Einvernehmens schließt es nicht aus, dass der Arbeitnehmer mittels arbeitsgerichtlicher Inanspruchnahme die Zielerreichung klären lässt. Für den Arbeitgeber liegt der Vorteil jedoch in einem vorhandenen protokollierten Einvernehmen, welches späteren rechtlichen Auseinandersetzungen den Boden entziehen kann.

163　Zumindest die Möglichkeit einer solchen Selbsteinschätzung sollte – sofern eine rechtliche Bindung des Arbeitgebers ausdrücklich ausgeschlossen ist – vom Arbeitgeber im Rahmen des Gedankens eines **Personalführungsinstruments** nicht unbedacht bleiben. Mit der Möglichkeit einer Selbsteinschätzung räumt der Arbeitgeber dem Arbeitnehmer nochmals – wenn auch nicht rechtlich bindend – eine Eigenverantwortung zur Selbstreflektion der eigenen Arbeitsleistung ein. Es wird zwar Charaktere innerhalb der Belegschaft geben, die generell zur **Selbstüberschätzung** neigen und bei denen diese Komponente des Personalführungsinstruments eher zu Konflikten führt, wenn der Arbeitgeber schließlich doch von deren Selbsteinschätzung abweicht. Das wird jedoch in der Praxis ein Anlass für eine Personalentwicklungsmaßnahme außerhalb variabler Entgeltsysteme sein.

164　Im Übrigen ist es ein **Zeichen der Wertschätzung,** dem Arbeitnehmer nicht nur Ziele und damit eine eigenverantwortliche Steuerung bei der Zielerreichung zukommen zu lassen, sondern im Rahmen einer ex post-Betrachtung eine Reflektion des eigenen Arbeitsverhaltens und damit ggf. auch der Erkenntnis eigener Fehleinschätzungen zu ermöglichen. Dies wird bei einer Vielzahl von Arbeitnehmern eine innere Reaktion dahingehend auslösen, entweder – bei positiver Selbstbeurteilung – motiviert und durch Selbstvertrauen gestärkt in die kommende Zielperiode zu gehen oder – bei eigenem Erkennen von Fehlerquellen – eine Umstellung des Arbeitsverhaltens ermöglichen, ohne dass ggf. der Arbeitgeber durch Hinweis auf Leistungsmängel eine ggf. ungünstige Atmosphäre der Kritik schaffen braucht.

165　Gestaltbar ist bei Meinungsverschiedenheiten zwischen Arbeitgeber und Arbeitnehmer über den Grad der Zielerreichung eine **innerbetriebliche Schiedsstelle,** die etwa in

---

[73] BAG 15.3.2005 – 9 AZR 502/03, AP BGB § 781 Nr. 7.

Betrieben ohne Betriebsrat bestehend aus dem Arbeitgeber und einem Ombudsmann der Arbeitnehmerschaft gebildet wird. Denkbar ist in Betrieben mit Betriebsrat die Errichtung einer freiwilligen Einigungsstelle, wobei jedoch aus **Kostengründen** ein rein innerbetrieblicher Konfliktlösungsmechanismus vorzugswürdig ist. Die Zuständigkeit einer solchen Schiedsstelle ist zwischen Arbeitnehmer und Arbeitgeber einvernehmlich festzulegen, da sie das Leistungsverhältnis zwischen beiden Parteien unmittelbar betrifft.

Kommt es zu einer Meinungsverschiedenheit zwischen Arbeitgeber und Arbeitnehmer 166
über die Zielerreichung und deren Grad, entscheidet schlussendlich das **Arbeitsgericht.** Eine solche rechtliche Auseinandersetzung betrifft die Frage, ob der Arbeitnehmer die erreichten Ziele in der bestimmten Art und in der bestimmten Menge zum festgelegten Zeitpunkt erreicht hat. Dabei handelt es sich letztlich um den Erfüllungseinwand des Schuldners aus § 362 BGB, der mit Blick auf die von ihm behauptete Leistungserbringung die Sonderzahlung als Gegenleistung fordert. Dies unterliegt nach allgemeinen zivilrechtlichen Grundsätzen der vollen arbeitsgerichtlichen Überprüfung.

h) Auskunftsanspruch des Arbeitnehmers

Im Falle einer Meinungsverschiedenheit zwischen Arbeitgeber und Arbeitnehmer über die 167
Zielerreichung und deren Grad hat der Arbeitnehmer in der Regel eine unmittelbar auf Abrechnung und Auszahlung der zielerreichungsabhängigen Sonderzahlung gerichtete Leistungsklage gegen den Arbeitgeber zu erheben. Nach allgemeinen zivilprozessualen Grundsätzen ist der **Arbeitnehmer** in einem solchen Rechtsstreit **darlegungs- und ggf. beweispflichtig für sämtliche anspruchsbegründenden Voraussetzungen.** Anspruchsbegründende Voraussetzungen sind insoweit das Bestehen einer Anspruchsgrundlage, dh einer den Arbeitgeber bindenden Vereinbarung, aus der sich eine zielerreichungsabhängige Zahlungspflicht ergibt, sowie die Existenz von Zielen im Rahmen einer solchen Vereinbarung und deren Erreichung bzw. Erfüllung durch den Arbeitnehmer.

Die **Darlegung der Zielerreichung** kann für den Arbeitnehmer mit erheblichen 168
praktischen Schwierigkeiten verbunden sein, der zwar die Art und Weise und den Zeitpunkt seiner Leistungserbringung beurteilen kann, insbesondere bei Individualerfolge überschreitenden Zielkomponenten jedoch die Erreichung des Gesamtziels nicht detailhaft kennt. Die Rechtsprechung hat dem Arbeitnehmer zur Vermeidung seiner Darlegungs- und Beweisschwierigkeiten einen **Auskunftsanspruch gegen den Arbeitgeber** zugebilligt, der im Falle einer rechtlichen Auseinandersetzung über die Zielerreichung derartiger Ziele verpflichtet ist, dem Arbeitnehmer Auskunft über die Tatsachen zu erteilen, aus denen sich nach Auffassung des Arbeitgebers die fehlende oder unzureichende Zielerreichung durch den Arbeitnehmer ergibt.[74]

Bei wirtschaftlichen **Unternehmens-, Konzern- oder Spartenergebnissen** handelt 169
es sich insoweit um die maßgebenden Wirtschaftsdaten einschließlich deren Herleitung. Der Arbeitnehmer wird in der Regel eine so weit gehende Auskunft verlangen können, dass er den Rechenweg des Arbeitgebers nachvollziehen kann. Dies kann den Arbeitgeber zu einer sehr weitgehenden Mitteilung über zum Teil ggf. auch **sensible Wirtschaftsdaten** verpflichten, wenn etwa im Rahmen einer Spartenbetrachtung eine Konsolidierung projektbezogen stattfindet und dementsprechend Kunden- oder Lieferantenkostenstellen offengelegt werden müssen.

In der Praxis kann es sich vor diesem Hintergrund empfehlen, bereits bei der Bemes- 170
sung der Richtgrößen für ein wirtschaftliches Ergebnis auf solche Werte zurückzugreifen, die etwa in einem von einem **Wirtschaftsprüfer testierten Jahresabschluss** verzeichnet sind. Kann der Arbeitgeber auf ein solches Testat verweisen, wird dies in der Regel den Anforderungen an eine Substantiierung des Auskunftsanspruchs genügen, da anderen-

---

[74] BAG 14.11.2012 – 10 AZR 783/11, NZA 2013, 1150 (1153).

falls einem vereidigten Wirtschaftsprüfer unterstellt werden müsste, seine Testate nicht lege artis geleistet zu haben.

171 Hinsichtlich **individual- oder gruppenerfolgsbezogener Zielkomponenten** ist der Arbeitgeber gleichermaßen zur umfassenden Auskunftserteilung verpflichtet. Dies bedeutet, dass er den Maßstab mitteilen muss, an dem er die Arbeitsleistung des Arbeitnehmers bzw. der Arbeitnehmergruppe bemessen hat sowie die Kriterien, die letztlich für die fehlende oder unzureichende Zielerreichung relevant waren. Insbesondere bei Zielen, die durch konkrete Zahlen messbar sind, wird eine solche Auskunft dem Arbeitgeber in der Praxis leicht fallen. Sind dagegen „weiche" Ziele wie „Kundenzufriedenheit" von Relevanz, wird der Arbeitgeber aussagekräftiges Material beizubringen haben, aus dem sich seine Bewertung ergibt.

> **Praxistipp:**
> Vor dem Hintergrund des bestehenden Auskunftsanspruchs ist es umso wichtiger, dass die Frage der Zielerreichung zum einen zu den jeweiligen Zeitpunkten festgestellt wird, zum anderen über die Feststellung hinaus aber auch eine Dokumentation des zu Grunde liegenden Sachverhaltes erfolgt. Idealerweise sollte von der für die Feststellung der Zielerreichung innerhalb des Unternehmens jeweils zuständigen Führungskraft ein Protokoll angefertigt werden, aus dem sich der Zeitpunkt der Zielfeststellung und die zu Grunde liegende Tatsachengrundlage ergibt. Ein solches Protokoll ist zur Personalakte zu nehmen und für die Dauer geltender Ausschlussfristen- oder mangels anwendbarer Ausschlussfristenregelungen ggf. der maßgebenden Verjährungsfristen aufzubewahren.

K. Betriebswirtschaftliche Anknüpfungspunkte

Übersicht

	Rn.
I. Ausprägungen variabler Vergütungsmodelle	2
1. Qualitative „Kennzahlen"	3
2. Quantitative „Kennzahlen"	9
a) Bezugnahme zum Rechenwerk	10
b) Besonderheiten bei Anwendung von HGB-bezogenen Kenngrößen	15
c) Besonderheiten bei Anwendung von IFRS-bezogenen Kenngrößen	20
d) Verwendung von Kennzahlen oder anderen Bezugsgrößen	25
3. Berücksichtigung verschiedener Bezugsgrößen	30
II. Grenzen variabler Kennzahlenmodelle	33
1. Retrospektiver Bezug	33
2. Möglichkeiten zukunftsbezogenen Erfolg zu „vergüten"	36
3. Eingeschränkte Rückforderungsmöglichkeit	38
III. Laufzeiten von variablen Vergütungsvereinbarungen	40
IV. Bilanzielle Abbildung variabler Vergütungen	44
V. Typische verwendete Kennzahlen	50
1. Möglichkeiten und Grenzen von Kennzahlensystemen	50
2. Unternehmenserfolgsbezogene Kennzahlen	59
a) Umsatzrentabilität oder Umsatzrendite	60
b) Eigenkapitalrentabilität	67
c) Gesamtkapitalrentabilität	75
d) Abwandlungen	77
3. Kennzahlen für besondere Unternehmensbereiche	79
a) Beschaffungsbereich/Einkauf	80
b) Verwaltungskosten	86
c) Vertriebskosten	91
d) Entwicklungskosten bzw. Bereiche mit hohem Innovationsanteil	92
4. Mischkennzahlen	100
a) Return on Investment (ROI)	100
b) Return on capital employed (ROCE)	105
c) Economic Value Added (EVA)	107
5. Besondere Kennziffern	111
a) Start up Unternehmen	111
b) Unternehmen in Krisensituationen	114
c) Ergebnis je Aktie/Anteil	116
d) Verschuldungsgrad	120

Der nachfolgende Abschnitt strukturiert die verschiedenen denkbaren Varianten von variablen Vergütungsmodellen nach verschiedenen Aspekten. Dabei liegt der Fokus darauf, mögliche Anknüpfungspunkte und die Grenzen verschiedener Gestaltungsmöglichkeiten aufzuzeigen. 1

I. Ausprägungen variabler Vergütungsmodelle

Variable Vergütungsmodelle werden vielfach mit reinen erfolgsabhängigen Vergütungen gleichgesetzt. Tatsächlich finden sich jedoch je nach gewünschter Steuerungsmöglichkeit unterschiedlichste Ausprägungen. Während ergebnisabhängige Vergütungen – wie beispielsweise Umsatz- oder Ergebnisbeteiligungen – eher auf quantitative Aspekte abstellen, stellen qualitative Aspekte eher auf Themen wie Reputation oder Mitarbeiterzufriedenheit ab. Optimalerweise gelingt eine ausgewogene Mischung beider Vergütungsmodelle. 2

Je nach Hierarchiestufe im Unternehmen scheint es sogar angebracht, die Gewichtung weg von rein quantitativen hin zu mehr qualitativen Aspekten vorzunehmen.

1. Qualitative „Kennzahlen"

3   Qualitative Kennzahlen sind eher auf die langfristige Unternehmensentwicklung ausgelegt und daher zum einen schwer messbar. Dementsprechend fällt es auch schwer, diese in eine praktikable Vergütungsformel zu transferieren.

4   In der Praxis haben sich zwei Gruppen herausgebildet. Zum einen handelt es sich um Vergütungen, die **rein subjektiv bewertet** werden, zB den Marktauftritt oder die Innovationsfähigkeit eines Unternehmens. Da derartige Entwicklungen nicht messbar sind, muss versucht werden, dies entweder in die quantitativen Vergütungsmodelle „einzupreisen" oder durch individuell zu gewährende Vergütungen abzugelten. Für letzteres empfiehlt es sich, eine Art „Erinnerungsposten" in variable Vergütungsvereinbarungen aufzunehmen, zB:

> Über die bestehenden Vergütungen hinaus vereinbaren die Parteien die Möglichkeit einmaliger sachbezogener Vergütungen. Diese können insbesondere dann gewährt werden, wenn besondere Umstände vorliegen, die eine einmalige Vergütung rechtfertigen.

5   In der Praxis finden derartige Vereinbarungen insbesondere dann Anwendung, wenn Unternehmenstransaktionen besonders erfolgreich abgewickelt und nicht bereits durch andere Vergütungsbestandteile abgedeckt wurden.

6   Darüber hinaus ist es sehr populär, **(qualitative) Vereinbarungen für Fallgruppen** zu treffen, die nur schwer messbar sind. Hierbei gelingt es jedoch vielfach, belastbare Anknüpfungspunkte zu finden. Gelegentlich sind diese Vereinbarungen auch als Negativvereinbarung ausgestaltet, bei der von einer fixen Grundvergütung ausgegangen wird, die dann je nach Ausprägung reduziert werden kann. Dies sei am Beispiel der Mitarbeiterzufriedenheit verdeutlicht. In diesem Beispiel wurde die Mitarbeiterzufriedenheit in einem Scalensystem erfasst. Die Mitarbeiter konnten ihre Zufriedenheit in Noten ausdrücken, die dann auf einen Normalwert (eins) konvertiert wurden:

> [Vorwegbeschreibung der Berechnung der variablen Vergütung anhand von Erfolgsgrößen] Weicht die Mitarbeiterzufriedenheit mehr als 0,1 Punkte negativ von dem Normwert (1,0) ab, so vermindert sich die vorstehend ermittelte variable Vergütung um 5 %-Punkte je Abweichung um 0,1 Punkte. Weicht die Mitarbeiterzufriedenheit positiv ab, erhöht sich die variable Vergütung entsprechend um 0,5 %-Punkte.

7   Ähnliche Formulierungen findet man in Bereichen, die keine eigene messbare Wertschöpfung haben, zB Entwicklungsabteilungen. Hier kann beispielsweise die Anzahl der Patente ein Anknüpfungspunkt sein. Als Steuerungsmöglichkeit zur Entwicklung sinnvoller Produkte empfiehlt es sich jedoch, stets mehrere kumulativ zu erfüllende Kriterien zu entwickeln. Beispielsweise könnte eine Vereinbarung für den Entwicklungsbereich wie folgt lauten:

> Je entwickeltem Patent, das zur Marktreife und Markteinführung gekommen ist, erhält der Mitarbeiter 0,5 % des zuzurechnenden EBIT gemäß interner Erfolgsrechnung für einen Zeitraum von 5 Jahren. Der Anspruch entsteht bei mehr als 5.000 verkauften Einheiten des Produktes.

I. Ausprägungen variabler Vergütungsmodelle

Vorstehendes Beispiel verdeutlicht zudem, dass es auch bei qualitativen Kenngrößen möglich ist, einen gewissen Zukunftsbezug vorzunehmen, beispielsweise indem ein Zeitraumbezug vereinbart wird. 8

2. Quantitative „Kennzahlen"

In der Praxis verbreitet anzutreffen sind Vereinbarungen mit Bezug zu quantitativen Bezugsgrößen. Klassischerweise bieten sich dabei Referenzgrößen an, die das Geschäft abbilden: 9
- Umsatzerlöse, insbesondere bei Vertriebsunternehmen,
- Produzierte Einheiten, insbesondere bei Produktionsunternehmen,
- Verwaltetes Vermögen, insbesondere bei Anlagegesellschaften,
- Renditekennzahlen,
- Kennzahlen mit Bezug zur Materialwirtschaft (zB working capital).

a) Bezugnahme zum Rechenwerk

Idealerweise werden diese Kennzahlen direkt aus einem **Rechnungslegungswerk** abgeleitet. Dies ist sicher auf der obersten Führungsebene problemlos darstellbar, da hier gewöhnlich auf Unternehmensgesamtdaten zurückgegriffen wird. 10

Auf darunterliegenden Ebenen, zB auch eigenen Segmenten, ist dies jedoch ggf. nicht zielführend. 11

Viele Unternehmen haben ein internes Rechnungswesen. Dies basiert meist technisch und inhaltlich auf der Buchführung und bietet daher eine gewisse Sicherheit und Überleitbarkeit zum Jahresabschluss. Denkbar und auch praktiziert ist daher eine Anknüpfung an dieses Berichtswesen. Durch die technische Strukturierung des Berichtswesens ergibt sich zum einen eine automatische Definition des jeweiligen Bezugswertes, zum anderen eine exakte Abgrenzung des Bereiches (zB Segment). Dies sei vereinfacht am Beispiel der Umsatzerlöse eines Unternehmens, das nach dem Gesamtkostenverfahren bilanziert, erklärt. Die Umsatzerlöse sind – nicht zuletzt durch die Novelle nach dem Bilanzrichtlinie-Umsetzungsgesetz (BilRUG) – fix definiert und umfassen auch nicht betriebliche Erlöse, wie zB regelmäßige Anlagenverkäufe oder Kantinenerlöse. Ein internes Rechnungswesen auf Ebene einzelner Geschäftsbereiche wird hingegen stets auf eine betriebswirtschaftlich sinnvolle Sichtweise abstellen und die Erlöse als eng mit dem Kerngeschäft verbunden ansehen. Insoweit wird es – hier auch sachlich richtig – Abweichungen zur handelsrechtlichen Definition geben müssen. Denkbar wären beispielsweise Bezugnahmen wie folgt: 12

> Die variable Vergütung bemisst sich an den Umsatzerlösen entsprechend dem Jahresabschluss, wie er nach den Vorschriften des Handelsgesetzbuches aufzustellen ist. Grundlage der variablen Vergütung sind dabei die Umsatzerlöse entsprechend des Konzernreportings für den Bereich XYZ.

Der **Vor- aber auch Nachteil** der Bezugnahme auf ein Regelwerk (das schließt auch das Handelsgesetzbuch mit ein) ist, dass bei Änderungen der Bezugsgrößen (zB Umsatzerlöse) automatisch eine Folgeänderung der Vergütungsberechnung eintritt. Dies kann im Einzelfall gewollt sein. Gewöhnlich ist jedoch eine Neuvereinbarung erforderlich, allein schon um Rechtsunsicherheiten zu vermeiden. 13

In jedem Fall empfiehlt es sich, ein Rechenwerk zu vereinbaren, das einer gewissen externen Kontrolle unterliegt, für das jedoch auch regelmäßig Planzahlen ermittelt werden. Letzteres vor allem, da hierdurch die Zielvereinbarung selbst erfahrungsgemäß deutlich vereinfacht wird. 14

b) Besonderheiten bei Anwendung von HGB-bezogenen Kenngrößen

15 Besonderheiten bei Bezugnahme auf die Rechnungslegungsvorschriften des HGB ergeben sich insbesondere durch das im deutschen Handelsrecht ausgeprägte Vorsichtsprinzip. Dies führt vielfach zu einer überproportional starken bilanziellen Berücksichtigung von Risiken, während Chancen sich erst realisieren müssen. Typischerweise wird man daher sogenannte Einmaleffekte bereinigen. In der Zeit vor dem Bilanzrechtsmodernisierungsgesetz (BilMoG) war dies durch eine Bezugnahme auf außerordentliche Aufwendungen und Erträge vergleichsweise einfach möglich. Diese Legaldefinition ist nach Neufassung des HGB durch das BilMoG nicht mehr möglich. Zahlreiche Vergütungsvereinbarungen, die bis dahin bestanden, wurden daher angepasst:

> Die Basis für die Vergütung bildet das handelsrechtliche Jahresergebnis, bereinigt um Sonderposten. Dies sind außerordentliche Aufwendungen und -erträge, wie sie in der Fassung des HGB vor Inkrafttreten des BilMoG definiert waren.

16 Ebenso ergeben sich durch das in Deutschland gebräuchliche **Gesamtkostenverfahren** regelmäßig Verwerfungen im Abschluss durch die Erfassung von Bestandsveränderungen, Wertberichtigungen und die Bewertung von Rückstellungen. Hintergrund ist, dass Über- oder Unterdotierungen insbesondere von Wertberichtigungen und Rückstellungen nicht in der gleichen Position der Gewinn- und Verlustrechnung zu erfassen sind. Diese findet man beim Umsatzkostenverfahren, deutlich weniger stark ausgeprägt.

17 So sind beispielsweise Erträge aus abgeschriebenen Forderungen als Teil der sonstigen betrieblichen Erträge (und damit oberhalb des Rohergebnisses) auszuweisen, während zusätzliche Aufwendungen regelmäßig als Teil der sonstigen betrieblichen Aufwendungen und damit unterhalb des Rohergebnisses erfasst werden. Es kann daher sinnvoll sein, eine Bezugsgröße separat zu definieren. Grundsätzlich wird bei erwartbaren Verwerfungen daher entweder die Möglichkeit bestehen, diese beiderseitig zu akzeptieren und mit positiven wie negativen Effekten zu leben oder aber eine aufwendige manuelle Adjustierung vorzunehmen. Üblicherweise sollte in diesen Fällen immer das Jahresergebnis (nach Steuern) als Bezugsgröße verwendet werden, da hier zum Teil bereits Hinzurechnungen und Kürzungen verrechnet wurden.

18 Ebenso sollte beachtet werden, ob das Unternehmen **Bilanzierungshilfen** (zB Aktivierung latenter Steuern) verwendet oder von (ergebnisverbessernden) Aktivierungswahlrechten Gebrauch macht.

19 Variable Vergütungen, die auf HGB Kenngrößen referenzieren, bieten sich im Ergebnis somit lediglich für den Personenkreis an, der auf oberster Unternehmensebene agiert und auch am Unternehmenserfolg gemessen wird. Die darunter liegenden Ebenen werden regelmäßig auf Ebene des Erfolges des von ihnen verantworteten Teilbereiches gemessen.

c) Besonderheiten bei Anwendung von IFRS-bezogenen Kenngrößen

20 Die IFRS Bilanzierung ist deutlich mehr **zeitwertorientiert** (fair value Bilanzierung). Hierdurch ergeben sich besondere – nach unserem deutschen Verständnis von Rechnungslegung – augenscheinliche Verwerfungen.

21 Die IFRS Erfolgsrechnung besteht – vereinfacht – aus einem Teil 1, der ähnlich der handelsrechtlichen Gewinn- und Verlustrechnung aufgebaut ist und mit einer Zwischensumme – ähnlich dem handelsrechtlichen Jahresüberschuss oder -fehlbetrag – schließt, und einem Teil 2, der alle erfolgsneutralen Ergebnisentwicklungen enthält. Ein variables Vergütungsmodell sollte stets Bezug auf den ersten Teil nehmen.

22 Notwendige Bereinigungen können sich insbesondere dort ergeben, wo die IFRS Bilanzierung zu einer Realisation von Gewinnen oder Verlusten führt und dies für die Un-

I. Ausprägungen variabler Vergütungsmodelle

ternehmenssteuerung verzerrend wirkt. Dies kann jedoch auch gewollt sein. Hervorzuheben ist, dass die zeitwertbasierte Bilanzierung nach den IFRS in vielen Fällen auf **Schätzgrößen** beruht. Dies bringt gerade für variable Vergütungen eine zusätzliche ungewollte Unsicherheit.

Am Beispiel eines Unternehmens mit langfristiger Auftragsfertigung sei dies verdeutlicht: Im Regelfall wird das Unternehmen im handelsrechtlichen Abschluss die Umsatzerlöse und damit auch das Auftragsergebnis erst dann realisieren, wenn der Auftrag final abgerechnet werden kann. Folglich wird das Unternehmen, unterstellt außer diesem einen Auftrag besteht kein weiterer, für den Fertigungszeitraum die nicht aktivierungsfähigen Gemeinkosten als Aufwand und damit in den Jahresabschlüssen bis zur Schlussrechnung einen Verlust ausweisen. Eine variable Vergütung, die beispielsweise auf Umsatzerlöse oder das Jahresergebnis abzielt, würde hierbei „ins Leere laufen", wobei dies sicher auch so gewollt wäre, da das Unternehmen damit am Projekterfolg gemessen und beurteilt werden soll. Dieser ist erst nach Projektabschluss zuverlässig ermittelbar. In der IFRS Rechnungslegung wiederum darf je nach Auftragsfortschritt bereits ein Teil der Umsatzerlöse realisiert werden. Der Umfang der zu realisierenden Erlöse wird jedoch geschätzt.

In der Praxis hat sich herausgebildet, dass, sofern die variable Vergütung auf Schätzgrößen basiert, die Vergütung selbst wie eine Art Abschlag behandelt wird. So könnte beispielsweise eine Zielvereinbarung folgenden Passus enthalten:

> Zusätzlich zur Festvergütung erhält der Mitarbeiter eine variable Vergütung für den erfolgreichen Abschluss des Auftrags XYZ. Diese beträgt 5 % des realisierten Auftragsergebnisses. Dabei wird die Vergütung entsprechend dem erwarteten Baufortschritt über einen Zeitraum von drei Jahren ausgezahlt und zwar für das erste Jahr 20 %, das zweite Jahr 30 % und das dritte Jahr 50 %. Als Basisbetrag gilt hierbei das erwartete Auftragsergebnis, das jährlich entsprechend der Kostenrechnung aktualisiert und hochgerechnet wird. Bereits gewährte Abschläge werden auf den aktuellen Abschlag angerechnet.

d) Verwendung von Kennzahlen oder anderen Bezugsgrößen

Gerade das vorstehende Beispiel zu den unterschiedlichen Auswirkungen nach HGB und IFRS verdeutlicht, dass eine Anknüpfung an ein Rechnungslegungswerk im Einzelfall zu größeren Verwerfungen führen kann. Vielfach werden daher **Cash Flow orientierte Größen** genutzt.

Der Vorteil ist, dass – abgesehen von Währungseffekten – keine Einflüsse durch Rechnungslegungsnormen entstehen und die Vergütung auf einer einheitlichen klar ablesbaren Bezugsgröße basiert. Da zwischenzeitlich zahlreiche Buchhaltungs- und Data-Warehouse Systeme in der Lage sind, Cash Flow Daten auch auf Kostenstellen zu generieren, können derartige Auswertungen nahezu problemlos auch auf der kleinsten Unternehmensebene, zB auf Kostenstellenebene, generiert werden.

Darüber hinaus bietet es sich vielfach an, die variable Vergütung an das Erreichen betriebswirtschaftlicher Verhältniskennzahlen zu knüpfen. Beispiel: Rohergebnisquote (Verhältnis Rohergebnis zum Umsatz). Hierbei sind wiederum verschiedene Abwandlungen denkbar, was vereinfachend anhand des Beispiels Rohergebnisquote skizziert werden soll:

Beispiel 1 – Einmalbetrag

Der Mitarbeiter erhält einen Bonus von 1.000 EUR, sofern die Rohertragsquote des Bereichs XYZ im Jahresdurchschnitt über 20 % liegt.

Beispiel 2 – Negativabgrenzung

Der Mitarbeiter erhält einen Bonus von 1.000 EUR unter der Annahme, dass die Rohertragsquote über 20 % liegt. Liegt diese unter 20 %, vermindert sich der Bonus je angefangenen %-Punkt um 100 EUR.

Beispiel 3 – Stufenmodell

Der Mitarbeiter erhält bei Erreichen einer Rohertragsquote von mindestens 20 % einen Bonus von 1.000 EUR, bei Erreichen einer Quote von mindestens 25 % 2.000 EUR usw.

28   Die Wahl der Bezugsgröße sollte je nach Geschäftsmodell erfolgen. Als Kenngröße eignen sich vor allem solche, die das Unternehmen selbst zur Steuerung verwendet. Wichtig ist hierbei der Bezug zwischen Relevanz für die Unternehmenssteuerung und Beinflussbarkeit durch beide Parteien. In der Praxis haben sich KPI's (key performance indicator) als praktikabel erwiesen. Dies sind meist wenige Kenngrößen, die der zentralen Unternehmenssteuerung dienen und einen Bezug zwischen eingesetztem Kapital und Output haben (zB Return on Investment, ROI). Auch hierbei gilt, dass die Kenngröße nicht fix formal definiert sein muss. Sie muss jedoch klar bestimmbar sein. Da betriebswirtschaftliche Kenngrößen keiner Legaldefinition unterliegen, müssen derartige Kennzahlen an geeigneter Stelle definiert sein. Dies kann wiederum auch durch Bezugnahme auf das interne Reportsystem erfolgen.

29   Denkbare Bezugsgrößen sind neben erfolgsbezogenen Kennzahlen auch Kennzahlen, die auf Bilanzwerte zurückgreifen, zB working capital oder außerbilanzielle Kennzahlen, wie die Anzahl der Kunden.

3. Berücksichtigung verschiedener Bezugsgrößen

30   Vielfach ist es notwendig, für eine wirtschaftliche sinnvolle Anreizsteuerung mehrere Kennziffern zu verwenden. So kann beispielsweise bei einem Handelsunternehmen eine Kombination aus Umsatzentwicklung, Rohergebnis und Dauer der Außenstände (Forderungslaufzeit) sinnvoll sein.

31   Theoretisch wäre es denkbar, für jede einzelne Position eine eigene Klausel und ein eigenes Ermittlungsschema aufzunehmen und damit separat bewertbar zu machen. Dies hat sich jedoch insgesamt als nicht praktikabel erwiesen. Zudem geht das eigentliche Ziel einer variablen Vergütung, nämlich ein Anreizmodell zu schaffen, verloren.

32   In einem ersten Schritt muss der Anreizgeber (meist der Arbeitgeber oder Gesellschafter) sich Klarheit über die Struktur und Gewichtung der einzelnen Kennziffern verschaffen. So kann es beispielsweise durchaus der Unternehmensstrategie entsprechen, dass die Umsätze zu Lasten einer längeren Außenstandsdauer der Forderungen erhöht werden.

Beispiel:

In einem Vertriebsunternehmen soll ein variables Vergütungsmodell sowohl die Umsatzentwicklung wie auch die Außenstandsdauer von Forderungen abdecken. Beide Faktoren werden im Verhältnis 60/40 gewichtet. Als Zielbetrag der variablen Vergütung ist vereinfachend ein absoluter Betrag anzunehmen.

II. Grenzen variabler Kennzahlenmodelle

1. Retrospektiver Bezug

Eine erste inhärente Schwachstelle variabler Vergütungsmodelle besteht darin, dass sie stets 33
prospektiv vereinbart werden, aber retrospektiv wirken. Dies führt zu Unsicherheiten, ob
bestimmte erwartete oder vereinbarte Erfolge eintreten werden.

Die Unsicherheiten hinsichtlich der Erwartung lassen sich meist sehr einfach durch ab- 34
gestufte variable Vergütungen lösen:

> Herr/Frau XYZ erhält je nach Abhängigkeit der erzielten Umsatzerlöse des Bereiches ABC eine gestaffelte Erfolgsbeteiligung.

Diese Art von Vergütungsvereinbarung hat sich beispielsweise im Vertriebsbereich be- 35
währt. Diese haben jedoch häufig Schwachstellen in der Form, dass sie aus Praktikabilitätsgründen einen stufenförmigen Aufbau haben und daher einen hohen Anreiz bieten, die jeweils nächsthöhere Stufe zu erreichen. Das Modell insgesamt ist daher anfällig für Manipulationen. Dem kann nur durch eine feingliederige Abstufung entgegengewirkt werden.

2. Möglichkeiten zukunftsbezogenen Erfolg zu „vergüten"

Es ist mittlerweile durchaus üblich, als variablen Vergütungsbestandteil „Earn-Out ähnli- 36
che" Systeme zu verwenden. Das bekannteste hierbei sind Optionsprogramme, bei denen vor allem leitende Angestellte die Möglichkeit haben, zu fixierten Preisen Anteile am Unternehmen zu erwerben. Hierzu bedarf es jedoch einer Fungibilität von Gesellschaftsanteilen (wie man sie meist nur bei Aktiengesellschaften findet).

Sofern es gewünscht ist, Mitarbeiter langfristig am Unternehmenserfolg zu beteiligen 37
und langfristig zu motivieren, ist es erforderlich, sie in eine unternehmerartige Stellung zu bringen, ohne direkt Anteile zu erwerben. Denkbar wären etwa „Beteiligungsmodelle" in Form von Genusskapital. Erfahrungen zeigen jedoch, dass derartige variable Vergütungsmodelle zwar geeignet sind, die Identifikation mit dem Unternehmen zu erhöhen, jedoch weniger, um leistungsorientiere Motivation zu erzeugen.

3. Eingeschränkte Rückforderungsmöglichkeit

Variable Vergütungen sind de facto nicht rückforderbar, etwa wenn zu einem späteren 38
Zeitpunkt Pflichtverletzungen festgestellt werden, die unmittelbar auf die variable Vergütung wirken.

In gewisser Weise ergibt sich eine eingeschränkte teilweise Steuerungsmöglichkeit die- 39
ses Risikos durch Verlagerung des Auszahlungszeitpunktes in die Zukunft. Dabei wird sinnvollerweise an Indikatoren angeknüpft, die wiederum durch das Unternehmen oder die Unternehmer selbst gut steuerbar sind, etwa die Feststellung des Jahresabschlusses durch die Gesellschafter oder den Aufsichtsrat. Hierzu kann in die Vergütungsvereinbarung eine einfache Formulierung aufgenommen werden:

> Die (variable) Vergütung ist mit der Gehaltsabrechnung vorzunehmen, die auf den Monat nach der Feststellung des Jahresabschlusses folgt. Die Abrechnung wird dabei über die Gehaltsabrechnung vorgenommen.

III. Laufzeiten von variablen Vergütungsvereinbarungen

40 Es gibt kein „Rezept" für eine optimale Laufzeit von variablen Vergütungsvereinbarungen. Grundsätzlich können diese ähnlich normalen Arbeitsverträgen auf unbestimmte Zeit geschlossen werden. In der Praxis hat sich jedoch herausgebildet, dass variable Vergütungsmodelle meist in zwei Teile gegliedert werden. Einen mit wirtschaftlich betrachtet unbestimmter Laufzeit und einen zweiten, der meist auf Jahresbasis neu auszuhandeln ist. Dabei wird im ersten Teil auf die langfristige Unternehmensentwicklung abgestellt und die Vergütung beispielsweise an den Umsatz geknüpft, während im zweiten Teil individuelle Jahresziele vereinbart werden. Es hat sich als praktikabel erwiesen, dass die Bedingungen für den zweiten Teil in einem separaten Dokument, beispielsweise einer Zielvereinbarung, vereinbart werden, weshalb es sich empfiehlt, dies in der Vereinbarung über die variablen Bezüge auch nur sehr grob zu umreißen:

Beispiel:

Der Geschäftsführer erhält einen jährlichen Bonus in Abhängigkeit von der Umsatz- und Ertragsentwicklung der Gesellschaft. Dieser beträgt 1,5 % des Jahresergebnisses, jedoch mindestens 25.000 EUR, sofern die Gesellschaft eine Rohergebnisquote bezogen auf den Umsatz von mindestens 30 % erreicht hat. Darüber kann mit der Geschäftsführung ein jährlich individuell mit dem Beirat zu vereinbarender Bonus anhand der Erreichung individueller Zielvorgaben von bis zu 10.000 EUR gewährt werden.

41 Im vorstehenden Beispiel wurde auf die oberste Leitungsebene abgestellt. Diese vereinbart ihre Vergütung mit ihrer Berichtsebene. Grundsätzlich empfiehlt es sich, die Laufzeit der Vereinbarung so auszugestalten, dass sie im beiderseitigen Interesse jederzeit nachjustiert oder gar ausgesetzt werden kann.

42 Insbesondere bei Mitarbeitern, die im Projektgeschäft involviert sind, empfiehlt es sich, die Vereinbarungen zeitlich flexibel zu halten, wie nachfolgendes Beispiel verdeutlicht. Dabei wurde eine Rahmenvereinbarung im Arbeitsvertrag durch eine individuelle Zielvereinbarung außerhalb des Arbeitsvertrages ergänzt:

Beispiel:

Das Projekt hat eine von der Geschäftsleitung veranschlagte Laufzeit von 2 Jahren. Das erwartete Einsparvolumen beträgt XYZ EUR pro Jahr. Der Mitarbeiter erhält für jeden vollen Monat des vorzeitigen erfolgreichen Projektabschlusses jeweils einen Anteil von 0,5 % des ermittelten Einsparvolumens. Dabei wird das ermittelte Einsparvolumen um Mehrkosten, die das Projekt gegenüber der ursprünglichen Kostenkalkulation verursacht hat, reduziert. Resultieren die Mehrkosten aus einer Beschleunigung des Projektverlaufes, werden diese Mehrkosten nur zu 50 % angesetzt.

43 Ebenso sind Vereinbarungen möglich und üblich, die von vornherein auf eine bestimmte Zeit angelegt sind (hierzu beispielhaft → Rn. 7).

IV. Bilanzielle Abbildung variabler Vergütungen

44 Die Abbildung der Vergütung soll hier nur in den Grundzügen dargestellt werden. Hervorzuheben ist, dass sich die gesetzlichen Anforderungen sowohl nach den Regelungen des Handelsgesetzbuches (HGB) als auch internationaler Bilanzierungsstandards, wie der International Financial Reporting Standards (IFRS), nahezu ausschließlich auf die Geschäftsleitung der Unternehmung selbst beschränken.

45 So verlangt das HGB in § 285 Nr. 9 Buchst. a HGB eine kurze quantitative Ausführung zu den Gesamtbezügen der Geschäftsführung. Für Unternehmen, die einen Lagebe-

richt aufzustellen haben, ergibt sich zusätzlich die Anforderung, das Vergütungssystem im sog. Vergütungsbericht kurz darzustellen. Hierbei sind auch sehr allgemeine Beschreibungen variabler Vergütungsbestandteile vorzunehmen.

Kapitalmarktorientierte Unternehmen haben darüber hinaus eine Aufgliederung der Bezüge in fixe und variable Bestandteile vorzunehmen. Diese Verpflichtung kann jedoch durch einen Beschluss der Hauptversammlung aufgehoben werden. 46

Ebenso besteht die Möglichkeit, die Angabe der Gesamtbezüge nach § 285 Nr. 9 HGB zu unterlassen, sofern durch die Angabe auf die individuellen Bezüge geschlossen werden kann (§ 286 Abs. 4 HGB). 47

Unternehmen, die nach den IFRS bilanzieren, unterliegen der Angabepflicht der Vergütungen der leitenden Angestellten bzw. der Personen in Schlüsselpositionen (IAS 24.17). Dies ist grundsätzlich ebenfalls die erste Führungsebene des Unternehmens (analog der Vorgaben des HGB). Gelegentlich wird die Auffassung vertreten, dass dies auch die zweite Führungsebene, also beispielsweise Prokuristen, einschließen soll. Diese Sichtweise hat sich jedoch nicht durchgesetzt. 48

Ein interessanter Aspekt ergibt sich bei mehrstufig organisierten Konzernen oder Unternehmensgruppen. Hierbei muss der Kreis der angabepflichtigen Personen auf jeder Ebene neu beurteilt werden. Häufig ist der Kreis der Geschäftsführung auf Ebene der Tochtergesellschaften nicht identisch. Dies führt dazu, dass ein Geschäftsführer eines Tochterunternehmens von den Angabepflichten auf Ebene des Tochterunternehmens erfasst wird, aber auf Ebene des Mutterunternehmens, beispielsweise im Konzernabschluss, als nicht leitend einzustufen ist und damit aus der Betrachtung herausfällt. 49

V. Typische verwendete Kennzahlen

1. Möglichkeiten und Grenzen von Kennzahlensystemen

Kennzahlen vereinfachen die Ergebnisbewertung und eignen sich zudem, Trendanalysen, also vergangenheitsbezogene Aussagen, vorzunehmen sowie Erwartungswerte für die Zukunft zu definieren. 50

Voraussetzung ist, dass die **Kennzahlen stetig definiert und abgeleitet** werden. Aufgrund der Vielzahl der denkbaren Kennzahlen muss je Sachverhalt eine eigene unternehmensindividuelle, dem Anlass entsprechende, Kennzahl gefunden werden. 51

Kennzahlen haben ihre Grenzen: Sie müssen regelmäßig erfasst und überwacht werden, um zeitnah Abweichungen des IST- vom SOLL-Zustand zu erkennen bzw. um Schwachstellen in den Unternehmensprozessen zu identifizieren. Anderseits ermöglicht dies sehr schnelles Erkennen und Reagieren, sofern sich unerwünschte Veränderungen ergeben. Durch die Vereinbarung richtiger Kennzahlen wird der Anreiz geschaffen, die kritischen Erfolgsfaktoren auf Steuerungsebene regelmäßig zu überwachen und gegebenenfalls gegenzusteuern. 52

Gerade sehr komplexe Unternehmensprozesse werden vielfach auf eine einfache Kennzahl heruntergebrochen. Dadurch gehen Zusammenhänge zwischen Unternehmensprozessen vielfach verloren oder können nicht abgebildet werden. Insbesondere sofern es sich um nicht beeinflussbare Faktoren handelt wird es, im Positiven wie im Negativen, regelmäßig schwierig, dies in einer adäquaten Kennzahl abzubilden. Anderseits ermöglicht dies regelmäßig auch sehr einfache Steuerungen auf höchster Unternehmensebene. 53

Gerade im Bereich variabler Vergütungssysteme müssen Kennzahlen so definiert sein, dass sie sowohl eine **Anreizfunktion** haben als auch **im erfüllbaren Rahmen** liegen. Dieser Zielkonflikt lässt sich gerade durch quantitative Kennzahlen und die inhärenten Informationsdefizite auf allen Seiten meist nicht vollständig lösen und erfordert eine sehr genaue Bestimmung der Zielwerte. 54

55 Gerade im Zusammengang mit variablen Vergütungssystemen ist der entscheidende Vorteil, dass durch die Verwendung von Kennzahlen ein gewünschtes Ergebnis transparent quantifizierbar ist (sogenannte **quantitative Operationalisierung**).
56 Hingegen ergeben sich die Grenzen von Kennzahlensystemen dadurch, dass sie eine gewisse Beliebigkeit in der Verwendung und Ausgestaltung haben.
57 Studien haben zudem gezeigt, dass Kennzahlensysteme, sofern sie nicht regelmäßig an den Unternehmenszielen neu ausgerichtet werden, negativ auf die langfristige Unternehmensentwicklung wirken können, da die Anwender vielfach ihren Fokus auf einer kurzfristigen Optimierung haben.
58 Von Kritikern wird zudem darauf hingewiesen, dass gerade schwer messbare Größen, wie Mitarbeiterzufriedenheit, Umweltschutz oder Nachhaltigkeit, durch Kennzahlensysteme unterrepräsentiert sind oder gar nicht berücksichtigt werden. Insgesamt ist der gesamte Bereich Unternehmensreputation durch die schwere Messbarkeit gerade im Zeitalter neuer Medien faktisch durch langfristig orientierte Kennzahlensysteme nicht abbildbar.

2. Unternehmenserfolgbezogene Kennzahlen

59 Die am häufigsten verwendeten Kennzahlen nehmen Bezug auf den Unternehmenserfolg und stellen diesen in Relation zum eingesetzten Kapital.

a) Umsatzrentabilität oder Umsatzrendite

60 Hiermit wird der Gewinnanteil bezogen auf den Umsatz in % dargestellt. Der Grundfall ist das **Verhältnis zwischen Jahresergebnis und Umsatzerlösen:**

$$\text{Umsatzrentabilität} = \frac{\text{Jahresergebnis}}{\text{Umsatzerlöse}} \times 100$$

61 Der Nenner enthält dabei immer die Umsatzerlöse. Im Zähler können verschiedene Werte verwendet werden – in der oben genannten Formel das Jahresergebnis. Denkbar wäre auch das Rohergebnis oder das Ergebnis vor Steuern. Im oben genannten Fall wäre somit die Aussage, wieviel Jahresergebnis (Jahresüberschuss oder Jahresfehlbetrag) von 1 EUR Umsatzerlös verbleibt.
62 Der Wert sollte stets positiv sein und sich im Zeitablauf kontinuierlich verbessern, da hierdurch bei konstanten Umsatzerlösen eine verbesserte Produktivität abgebildet wird, also mit gleichen Umsatzerlöse weniger Kosten erzeugt werden. Umgekehrt egalisiert diese Kennzahl eine absolute Steigerung des Jahresergebnisses nur aufgrund gestiegener Umsatzerlöse wenn sich alle Sachkosten ebenso linear steigend entwickelt haben.
63 Da insbesondere das Jahresergebnis vielfach durch Sondereinflüsse geprägt ist, hat es sich etabliert, im Zähler das Rohergebnis oder Ergebnis vor Steuern, Zu-/Abschreibungen und Zinsen (EBITDA) zu verwenden.
64 Der Vorteil der Verwendung dieser Kennziffer ist, dass sie sehr einfach durch Ablesen aus dem Jahresabschluss ermittelbar ist. Ebenso kann sie nahezu problemlos auch auf Unternehmensteilbereiche heruntergebrochen werden. Sie stellt zudem eine direkte Beziehung zwischen Input (Kosten) und Output (Ertrag) dar und kann neben einer GuV-bezogenen Sichtweise auch als Cash Flow Größe interpretiert werden.
65 Sofern der hier eingangs dargestellte Grundfall der Relation zwischen Jahresergebnis und Umsatzerlösen genutzt wird, sollte die Umsatzrentabilität nicht unter 5% liegen. Dies bedeutet, dass von jedem EUR Umsatz im Ergebnis 0,05 EUR Ergebnis verbleiben, das sodann der Gesellschaft oder den Gesellschaftern zur Verfügung steht.
66 Die betriebswirtschaftliche Aussagekraft der Umsatzrentabilität kann verbessert werden, indem beispielsweise statt des Jahresergebnisses der Cash Flow verwendet wird (sogenann-

te **Cash Flow Umsatzrentabilität**). Der Cash Flow ist nach allgemeiner Auffassung vielfach die bessere Kennzahl, da zum einen zahlungsunwirksame Effekte bereinigt werden und zum anderen die tatsächliche Liquiditätswirkung des unternehmerischen Handelns abgebildet wird. Letztlich wird jeder Unternehmenserfolg daran bemessen, inwieweit Liquidität generiert werden kann, die für Investitionen oder Ausschüttungen frei zur Verfügung steht.

b) Eigenkapitalrentabilität

Die Kennzahl Eigenkapitalrentabilität wird auch als Unternehmerrentabilität oder Eigenkapitalrendite bezeichnet. Sie ergibt sich aus dem Verhältnis von Jahresüberschuss zum Eigenkapital: 67

$$\text{Eigenkapitalrentabilität} = \frac{\text{Jahresüberschuss}}{\text{Eigenkapital}} \times 100$$

Mit der Eigenkapitalrentabilität wird vereinfacht gesprochen die **Verzinsung des eingesetzten Kapitals** ermöglicht. Dies kann gerade auf Gesamtunternehmensebene vergleichsweise einfach bestimmt werden. Da diese Kennzahl für eine Vielzahl von Unternehmen verfügbar ist, hat sie sich – gerade im Zusammenspiel mit der Umsatzrentabilität – als eine sehr beliebte Kennzahl etabliert. Durch den Vergleich mit anderen Unternehmen lässt sich sehr gut ein Zielkorridor definieren. Hierzu werden die Rentabilitäten beispielsweise von Mitbewerbern analysiert und sodann als Ziel definiert. 68

Hervorzuheben ist, dass diese Kennzahl erheblich durch **Schwankungen zwischen verschiedenen Branchen** gekennzeichnet ist. Gerade kapitalintensive Branchen wie das produzierende Gewerbe haben häufig einen höheren Kapitalbedarf als reine Vertriebsgesellschaften. 69

Da das Eigenkapital bzw. das eingesetzte Kapital im Allgemeinen ein vergleichsweise konstanter Wert ist, lässt sich hierdurch jedoch sehr gut eine nachhaltig positive Unternehmensentwicklung ablesen und „vereinbaren". Eine positive Entwicklung ist dadurch erkennbar, dass sich die Eigenkapitalrentabilität nachhaltig positiv entwickelt. Im Gegenzug können größere Sprünge auf Einmaleffekte oder besonders risikoreiche Investments hindeuten. 70

Ein guter Benchmark für die Eigenkapitalrentabilität ist der **Vergleich zu Geldanlagen.** Grundsätzlich sollte die Verzinsung von alternativen Geldanlagen (zB Staatsanleihen) schlechter sein, als die Verzinsung des Eigenkapitals. Im Gegenzug deutet eine Eigenkapitalrentabilität deutlich über der Verzinsung alternativer Geldanlagen auf eine risikoreiche Geschäftspolitik hin. Ist jedoch das Unternehmen, für welches eine solche Kennzahl vereinbart werden soll, gerade im Hochrisikobereich geschäftlich etabliert, muss die (eigene) Eigenkapitalrentabilität signifikant über der von alternativen Geldanlagen liegen. 71

Sinkt die Eigenkapitalrentabilität oder liegt sie gar unter Branchendurchschnitt, kann dies ein Indikator für eine zu hohe Eigenkapitalausstattung sein. 72

Eine **Gestaltungsmöglichkeit** für den Anwender ergibt sich hierbei durch die Steuerung des Verhältnisses von Eigen- zu Fremdkapital (zB Bankverbindlichkeiten). Vereinfacht gesprochen, verbessert sich die Eigenkapitalrentabilität bei wachsender Verschuldung, solange der Fremdkapitalzins (zB Bankzinsen) unter der Eigenkapitalrentabilität liegt (sog. Leverage Effekt). Dieser aus Kennzahlensicht positive Effekt kehrt sich allerdings um, sofern sich der Fremdkapitalzins oberhalb der Eigenkapitalrentabilität befindet. Dem unerwünschten Anreizeffekt, durch eine höhere Verschuldung die Eigenkapitalrentabilität unerwünscht zu beeinflussen, kann jedoch zB dadurch abgeholfen werden, dass die Kreditaufnahme begrenzt wird. 73

74 Ebenso wie bei der Umsatzrentabilität kann auch die Eigenkapitalrentabilität in der Aussage dadurch erhöht werden, dass statt des Jahresüberschusses der Cash Flow verwendet wird (sogenannte Cash Flow Eigenkapitalrentabilität).

c) Gesamtkapitalrentabilität

75 Eine Abwandlung der Eigenkapitalrentabilität bildet die Gesamtkapitalrentabilität. Dabei wird als Bezugsgröße im Nenner das gesamte Kapital (also Eigen- und Fremdkapital) und im Zähler das Jahresergebnis (idR Jahresüberschuss) zuzüglich Fremdkapitalzinsen angesetzt. Betriebswirtschaftlich sinnvoll wird bei der Gesamtkapitalbetrachtung auch nur auf die zinstragenden (meist langfristigen) Verbindlichkeiten abgestellt. Vereinfacht kann jedoch auch nur auf die Bilanzsumme abgestellt werden. Dies muss im Einzelfall entschieden werden.

76 Ebenso wie bei der Eigenkapitalrentabilität sollte auch die Gesamtkapitalrentabilität über dem Vergleichszins, wie er für langfristige Geldanlagen erreichbar ist, liegen. Es hat sich als üblich gezeigt, dass Gesellschafter eher selten eine Gesamtkapitalrentabilität von unter 10% fordern.

d) Abwandlungen

77 Vorstehende Grundfälle sind in nahezu beliebig hoher Anzahl abwandelbar und können daher vergleichsweise einfach auf nahezu jede Unternehmensebene transformiert werden. Einzige Voraussetzungen sind die **Mess- und Bewertbarkeit von In- und Output,** also eingesetzten Kosten und Erlösen. Dies kann auch unternehmensintern passieren, beispielsweise indem die Erlöse einer Kostenstelle ins Verhältnis zu den auf dieser Kostenstelle aufgelaufenen Kosten gesetzt werden. Vielfach haben Unternehmen eine eigene Kosten(stellen)rechnung. Diese kann meist mit nur geringen Abwandlungen für variable Vergütungsmodelle genutzt werden.

78 So ist es beispielsweise denkbar, auf Ebene des eingesetzten Kapitals im Fall einer Erfolgsmessung auf Kostenstellenebene als Äquivalent für das Eigen- oder Gesamtkapital die Summe der Vermögenswerte (inklusive working capital) zu verwenden, die der Kostenstelle zugerechnet werden. Diese Werte sind meist ohnehin im Unternehmen vorhanden. Als Erlöse würden in diesem Fall die unternehmensinternen Erlöse aus der Verrechnung von Leistungen der Kostenstelle genutzt werden.

3. Kennzahlen für besondere Unternehmensbereiche

79 Je nach Betrachtungsebene im Unternehmen kann es sinnvoll sein, die Kennzahl eng an den Aufgabenbereich anzulehnen, was im Folgenden für ausgewählte Bereiche dargestellt werden soll. Vielfach sind hierfür jedoch Detailangaben notwendig, die sich nicht ohne weiteres direkt aus dem internen oder externen Rechnungswesen ableiten lassen.

a) Beschaffungsbereich/Einkauf

80 Die sogenannte **optimale Bestellmenge** ergibt die Anzahl von Bestellungen, bei denen die Summe der Kosten aus Bestell- und Lagerhaltungskosten ein Minimum aufweist. Dabei wird im Zähler der gesamte Jahresbedarf mit den Bestellkosten pro Bestellung multipliziert. Im Nenner wird das Produkt aus Lagerhaltungskostensatz und dem Kaufpreis je Mengeneinheit gebildet. Der so ermittelte Quotient wird mit 200 multipliziert und daraus die Wurzel gezogen.

Tatsächlich lassen sich viele Teile dieses Bruches vergleichsweise einfach ermitteln. Die Kosten pro Bestellung beispielsweise durch die gesamten Kosten des Einkaufsbereiches einer Periode (nur Gemeinkosten) ins Verhältnis zur Anzahl der Bestellungen.

Insgesamt ergibt sich aus dieser Berechnung ein theoretischer Wert für die optimale Anzahl von Bestellungen. Nicht berücksichtigt werden erforderliche Mindestbestände, etwa zur Absicherung von Lieferengpässen, oder veränderbare Losgrößen. Dieser optimale Wert wäre im Rahmen von variablen Vergütungsvereinbarungen der zu erreichende Zielwert.

Auch wenn die Kennzahl grundsätzlich entwickelt wurde, um Aussagen auf Artikelebene zu treffen, kann sie durch entsprechende Skalierung problemlos auf den gesamten Einkaufsbereich oder bestimmte Bereiche einer supply chain Kette übertragen werden.

Eine Weiterentwicklung der optimalen Bestellmenge wäre sodann die optimale Anzahl von Bestellungen. Diese wiederum ermittelt sich als die Bedarfsmenge einer Periode, also der Anzahl von insgesamt benötigtem Material im Verhältnis zur optimalen Bestellmenge. Unterstellt, die Bedarfsmenge entspricht genau der optimalen Bestellmenge, ergibt sich ein Wert 1, was wiederum das Optimum ist.

Grundsätzlich erscheinen diese Kennzahlen sehr abstrakt, versuchen aber, die Prozesse und Abläufe in Einkaufsabteilungen zu quantifizieren. Beträgt beispielsweise die Anzahl der Bestellungen pro Jahr 500, eine rechnerisch optimale Bestellmenge liegt aber bei 200, so ergibt sich, dass die Anzahl der tatsächlichen Bestellungen doppelt so hoch ist wie betriebswirtschaftlich (im Sinne der Kostenrechnung) sinnvoll. Dies deutet zum einen auf unwirtschaftliche Prozesse insgesamt in diesem Bereich oder auf eine falsche Mengensteuerung hin. Ein Anreiz sollte es also sein, möglichst nahe an einen ermittelten Optimalwert zu gelangen. Unterstellt, dass ein Unternehmen oder Unternehmensbereich keinen gravierenden Veränderungen unterworfen ist, muss eine solche optimale Kennzahl nicht jährlich neu ermittelt werden. Es erscheint ausreichend, dies alle 3–5 Jahre vorzunehmen.

b) Verwaltungskosten

Verwaltungskosten sind betriebswirtschaftlich betrachtet alle Kosten, die keinen direkten Bezug zur Umsatz- oder Leistungserbringung haben. Dabei spielt es keine Rolle, ob es sich um ein reines Vertriebsunternehmen oder ein Unternehmen mit Produktion handelt. Die Verwaltungskosten sind aus den Begrifflichkeiten zur Bilanzierung nach dem Umsatzkostenverfahren ableitbar.

Dennoch gilt es gerade auf der obersten Managementebene als Indikator für eine gute Unternehmensführung, wenn der Anteil der Verwaltungskosten in einem angemessenen Verhältnis zu den erzielten Erlösen, den Gesamtkosten des Unternehmens oder dem Jahres- oder Rohergebnis steht.

Den Verwaltungskosten kommt deswegen eine **hohe Bedeutung** in der Unternehmenssteuerung zu, da sie gewöhnlich der Höhe nach fix sind, also sich weder der Beschäftigungslage, noch der Umsatzerlösentwicklung anpassen. Dieser Zustand wird solange als positiv empfunden, wie sich Umsatz- und/oder Jahresergebnis verbessern, da der relative Anteil der Verwaltungskosten am Ergebnis somit sinkt.

Die Verwaltungskostenquote ermittelt sich beispielsweise in Bezug auf die Umsatzerlöse wie folgt:

$$\text{Verwaltungskostenquote} = \frac{\text{Verwaltungskosten}}{\text{Umsatzerlöse}} \times 100$$

In Deutschland ist ein Wert zwischen 5 und 10% je nach Branche beobachtbar. Hierbei ist der Wert in Produktions- oder Technologieunternehmen deutlich größer als in reinen Handelsunternehmen (auch Einzelhandel).

c) Vertriebskosten

91 Das „Gegenstück" zu den Verwaltungskosten bilden die Vertriebskosten und damit die Vertriebskostenquote. Diese zeichnen sich durch eine höhere Volatilität aus als die Verwaltungskosten. Typischerweise werden hierunter auch Provisionen und ähnlich erfolgsbasierte Vergütungen gefasst. Vielfach sind die Vertriebskosten als Nebenbedingung zu Kennziffern wie ROI genannt oder werden später ergänzt. In Produktionsunternehmen ist der relative Anteil der Vertriebskosten sowohl an den Gesamtkosten wie auch dem Umsatz traditionell eher geringer als in Dienstleistungsunternehmen.

d) Entwicklungskosten bzw. Bereiche mit hohem Innovationsanteil

92 Neben Meilensteinplänen und Nutzwertanalysen eignen sich erfolgsgrößenorientierte Kennzahlen, die Verbesserungen in Prozessen oder Produkten quantifizieren besonders für die genannten Unternehmen oder Unternehmensbereiche.

93 Da derartige Bereiche nur schwer durch In- und Outputfaktoren quantifizierbar sind, gibt es Modelle, die Ergebnisse der Arbeit zu bewerten.

94 Hierzu haben sich zwei Kennzahlengruppen gebildet: Die **Einsparquote für Entwicklungen und Innovationen,** die langfristig im Unternehmen verbleiben, und die **Projekteffizienzquote für Einmaleffekte.**

$$\text{Einsparquote} = \frac{\text{Kostenersparnis}}{\text{Gesamtkosten des Produktes oder der Dienstleistung}} \times 100$$

95 Die Kostenersparnis kann sich dabei durch technische Verbesserungen oder Neugestaltung von Prozessen in Dienstleistungsbereichen ergeben.

96 Im Idealfall beträgt die Einsparquote 100%. In der Realität werden aber üblicherweise Einsparquoten zwischen 5 und 20% erreicht. Dies sollte daher auch der Benchmark sein.

97 Im Gegensatz dazu lässt sich die Effizienz eines Einmalprojektes gut durch die sogenannte Projekteffizienzquote messen. Sie eignet sich daher besonders für kurzfristige Zielvereinbarungen. Hierbei wird der Quotient aus dem Gesamtumsatz des Projektes (Zähler) und beispielsweise den Forschungs- und Entwicklungskosten, die diesem Projekt zuzurechnen sind (Nenner), gebildet. Liegt das Ergebnis über eins, haben sich die Gesamtkosten amortisiert.

98 Die Projekteffizienzquote ist damit zumindest für einzelne Projekte oder Prozesse in gewisser Weise als Universalkennzahl verwendbar.

99 Zudem hat es sich bewährt, für Bereiche mit einem hohen Anteil an neuen Produkten oder Dienstleistungen Kennzahlen zu vereinbaren, die nur auf den Umsatz mit diesen neuen Produkten oder Dienstleistungen fokussieren. In der Vergangenheit wurde hierfür vielfach die sogenannte Innovationsrate verwendet (Verhältnis von Umsätzen mit neuen Produkten oder Dienstleistungen zum Gesamtumsatz). Dies ist auch heute noch üblich, hat jedoch dadurch, dass neue Produkte oder Dienstleistungen meist in eigenen Unternehmensbereichen mit eigener Kostenstellenstruktur organisiert sind, erheblich an Bedeutung verloren. Es ist einfacher, stattdessen einen bestimmten Anteil an Umsätzen mit neuen Produkten am Gesamtumsatz zu vereinbaren.

4. Mischkennzahlen

a) Return on Investment (ROI)

100 Vielfach ist es sinnvoll, als Alternative zu mehreren Kennzahlen die Effekte in einer Kennzahl zu vereinen. Hierbei hat sich in den letzten Jahren der Return on Investment (ROI) als Mischkennzahl aus Umsatzrentabilität und einer Abwandlung der Kapitalrenta-

bilität hervorgetan. Der ROI kombiniert dabei beide Kennzahlen in einer Formel. Auch hierbei sind wieder verschiedene Abwandlungen denkbar, etwa statt des Jahresergebnisses (Gewinn) das Rohergebnis zu verwenden.

$$\text{Return on Investment} = \frac{\text{Gewinn}}{\text{Umsatz}} \times \frac{\text{Umsatz}}{\text{Gesamtkapital}} \times 100$$

Der ROI sollte dabei mindestens 10 betragen. Je nach Branche sind jedoch erhebliche Schwankungen möglich. Der Vorteil der ROI Kennziffer ist, dass sie Umsatz, die Rentabilität des Umsatzes und das dazu eingesetzte Kapital in einer Formel zusammenfasst. Auch hierbei sind klare Definitionen erforderlich, beispielsweise wie das Gesamtkapital zu verstehen ist. Ein weiterer Vorteil, der zur weiten Verbreitung des ROI führte, ist, dass Vergleichswerte (und damit Zielwerte) vergleichsweise einfach zu ermitteln sind. Sämtliche Bestandteile der Formel können einem Jahresabschluss entnommen werden. Daher ist ein Vergleich mit Mitbewerbern sehr einfach möglich.

Die Beliebtheit des ROI erklärt sich zudem dadurch, dass er sich sehr gut zur Simulation von Unternehmensentwicklungen nutzen lässt. Sind beispielsweise in einem bestimmten Bereich Expansionen vorgesehen, erhöht sich dadurch zwangsläufig das eingesetzte (Gesamt-)Kapital. Dies erfordert damit automatisch einen (profitablen) Umsatzanstieg, um den ROI in der absoluten Kennziffer konstant zu halten. Dies bedeutet umgekehrt, dass ein hoher Kapitaleinsatz, der zu unprofitablem Umsatzanstieg führt, automatisch eine Verschlechterung des ROI bewirkt. Ebenso verhält es sich, wenn sich bei konstantem Umsatz oder Kapital der Gewinn vermindert.

Gerade bei Unternehmen, die sich in einem Entwicklungsszenario befinden oder durch Zukäufe einen verbesserten Marktauftritt haben sollen, eignet sich diese Kennzahl daher sehr gut zur Zielvereinbarung.

Eine durchaus gängige Abwandlung des oben beschriebenen ROI ist der sogenannte Cash Flow ROI (CFROI). Dabei werden die Bezugsgrößen mit GuV Bezug auf tatsächliche Cash Flow Größen umgestellt. Also beispielsweise den operativen Cash Flow statt des Gewinnes oder Jahresüberschusses. Grundsätzlich ist dem CFROI der Vorzug zu geben, da er betriebswirtschaftlich eine höhere Aussagekraft hat. Insbesondere eliminiert er sämtliche zahlungsunwirksamen Effekte, wie sie beispielsweise durch Bilanzpolitik entstehen können. Gleichwohl ist die Ermittlung des CFROI mit einem vergleichsweise hohen Aufwand verbunden und gewöhnlich nur mit komplexer interner Rechnungslegung zu leisten. Lediglich auf Gesamtunternehmensebene sind die Daten mit verhältnismäßigem Aufwand ermittelbar. Als unternehmensweite Steuerungsgröße konnte sich der CFROI jedoch bisher nicht etablieren.

b) Return on capital employed (ROCE)

Eine Weiterentwicklung des ROI bildet das sogenannte ROCE. Dabei wird das EBIT ins Verhältnis zum eingesetzten Kapital (das auch das working capital sein kann) gesetzt. Die Kennzahl wurde im Rahmen der wertorientierten Unternehmensführung entwickelt.

Grundsätzlich hat ROCE eine durchaus verbesserte Aussagekraft, negiert jedoch die Kapitalstruktur der Unternehmen. Damit wird eine homogene Risikostruktur quasi vorausgesetzt. Gerade als unternehmensweite Kennzahl wird ROCE daher vielfach genutzt, da das unternehmensinterne Rechnungswesen meistens auch auf Bereichsebene (ua auch Kostenstellen) zuverlässig einen dem EBIT vergleichbaren Wert sowie ein zuzuordnendes working capital ermitteln kann.

c) Economic Value Added (EVA)

107 Eine vergleichsweise „moderne" Kennzahl bildet der EVA. Ursprünglich wurde die Kennzahl entwickelt, um Wertsteigerungen auf Ebene der Anteilseigner zu zeigen. Durch vergleichsweise einfache Abwandlungen eignet sie sich jedoch ebenfalls sehr gut zur unternehmensweiten Steuerung. Im Rahmen der wertorientierten Unternehmensführung hat sie sich durchaus etabliert, insbesondere weil sie in ihrer Grundform durch Bilanzinformationen bzw. Finanzdaten, die gut zugänglich sind, abgeleitet werden kann.

EVA = NOPAT – (WACC × NOA).

NOPAT = net operating profit after taxes (vergleichbar dem Jahresergebnis)

WACC = gewichtete Kapitalkosten; hierbei handelt es sich um einen unternehmensindividuellen Zinssatz, der je Unternehmen ermittelt werden muss. Er steht jedoch beispielsweise für Investitionsanalysen, Werthaltigkeitsuntersuchungen oder Überlegungen zur Finanzierungsstruktur zur Verfügung

NOA = net operating assets (vergleichbar dem investierten Kapital)

108 Beim EVA wird vereinfacht gesprochen die tatsächlich erzielte Rendite mit der am Markt beobachtbaren Rendite verglichen.

109 In der Grundform ist der EVA durch zahlreiche Faktoren beeinflussbar und schwankt daher. Häufig wird zu Recht darauf hingewiesen, dass ein einfaches Unterlassen von Neuinvestitionen zu einem Sinken von Abschreibungen führt. Dies wiederum erhöht den EVA. Dies wird nicht nur im Einzelfall zu Recht falsche Anreize setzen. Im Gegenzug wird allein durch das Aufdecken stiller Reserven (zB bei IFRS Bilanzierung) ebenfalls ein EVA Anstieg rechnerisch ermittelt. Tatsächlich hat sich der Unternehmenswert nicht verändert.

110 Vom EVA haben sich daher zahlreiche Abwandlungen entwickelt, die versuchen, insbesondere durch eine restriktive Definition der NOA Manipulationsmöglichkeiten oder zufällige Schwankungen zu minimieren.

5. Besondere Kennziffern

a) Start up Unternehmen

111 Klassische Kennzahlen, die auf die Rentabilität im Verhältnis zum eingesetzten Kapital referenzieren, sind für start up Unternehmen meist ungeeignet. Es hat sich bewährt, hier neben modifizierten ROI Kennziffern, die mit einem für Nicht-Start-up Unternehmen unüblichen negativen Wert starten, ebenfalls reine Ertragskennziffern, wie die Umsatzrentabilität, zu verwenden.

112 Ebenso ist es sinnvoll, gerade in der Startphase **einfache Bilanzkennzahlen** zu verwenden, beispielsweise ein positives Betriebs- oder Rohergebnis (als Differenz zwischen Umsatzerlösen und Kosten). Diese werden üblicherweise in einem Stufenmodell so vereinbart, dass eine jährlich signifikante Verbesserung eintritt.

113 Vielfach ist es sinnvoll, bei solchen Unternehmen zusätzliche Anreize zu vereinbaren, wenn Ergebnisse früher erreicht werden, als es der Business Plan vorsieht. Da die Entwicklung mit hohen Unsicherheiten behaftet ist und ein Anreiz ja gerade darin bestehen muss, **langfristige Anreizeffekte** zu setzen, ist es sinnvoll, die Kennzahlen so zu „strecken", dass sie zum einen nur retrospektiv betrachtet werden, zum anderen über einen sehr langen Zeitraum wirken, ähnlich wie dies von earn out Klauseln aus Unternehmenskäufen bekannt ist. Es hat sich daher beispielsweise als sinnvoll bewährt, Formulierungen zu verwenden wie beispielsweise „… ein EBITDA von mindestens XXX in drei aufeinanderfolgenden Geschäftsjahren…"

b) Unternehmen in Krisensituationen

Umgekehrt verhält es sich so, dass bei Unternehmen in Krisensituationen möglichst kurzfristige Erfolge erreicht werden sollen. Hier ist es daher sinnvoll, auch **kurzfristige Anreize** zu setzen. Allerdings sind Kennzahlen bei solchen Unternehmen vielfach stark liquiditätsorientiert.

Zudem knüpfen Vergütungsvereinbarungen vielfach an Meilensteine an, wie beispielsweise das Wiedererreichen der Kapitaldienstfähigkeit.

c) Ergebnis je Aktie/Anteil

Das Ergebnis je Aktie eignet sich zur Steuerung auf Gesamtunternehmensebene und stellt meist aus Sicht der Anteilseigner die geeignetste Kennziffer dar. Sie misst das Ergebnis, das einem einzelnen Anteil zuzurechnen ist.

Vereinfacht anhand von Aktien dargestellt:

$$\text{Ergebnis je Aktie (in EUR)} = \frac{\text{Jahresergebnis}}{\text{Anzahl der Aktien}}$$

Dieses Ergebnis ist jedoch durch die zahlreichen Einflussmöglichkeiten auf das Jahresergebnis nur von geringer Zuverlässigkeit für die Unternehmenssteuerung und daher allenfalls für eine kurzfristige Anreizwirkung geeignet. Allein durch das Ausüben oder Unterlassen von Bilanzierungswahlrechten ergeben sich unzählige Möglichkeiten der Beeinflussbarkeit.

Es hat sich jedoch etabliert, dass das Ergebnis je Aktie als eine Nebenbedingung in Vergütungsvereinbarungen enthalten ist. Zudem ergibt sich die Besonderheit, dass es in IFRS Jahresabschlüssen teilweise verpflichtend anzugeben ist, was wiederum eine hohe Vergleichbarkeit ermöglicht.

d) Verschuldungsgrad

Der Verschuldungsgrad wird meist als Nebenbedingung bei Kennzahlenmodellen genannt. Unter anderem um das bereits beschriebene Problem des Leverage Effekts zu egalisieren. Der Verschuldungsgrad misst das Verhältnis von Eigen- zu Fremdkapital:

$$\text{Verschuldungsgrad} = \frac{\text{Fremdkapital}}{\text{Eigenkapital}} \times 100$$

In der Praxis hat sich herausgebildet, dass das Verhältnis Eigen- zu Fremdkapital in etwa 1:2 betragen sollte. Dementsprechend sollte der Verschuldungsgrad auf dieser Basis maximal 200 % betragen.

L. Vor- und Nachteile der Personalführung durch variable Entgeltsysteme

Übersicht

	Rn.
I. Einmalige Leistungen oder dauerhafte Leistungssysteme	1
1. Ausschluss zukünftiger Rechtsansprüche durch Freiwilligkeitsvorbehalte	1
2. Begrenzung des Leistungszeitraums durch Befristungen	9
3. Dauerhafte Leistungssysteme	10
II. Bestandsabhängige Entgeltsysteme	12
III. Erfolgsabhängige Entgeltsysteme	18
1. Steigerung der Motivation	18
2. Notwendigkeit einer Zielidentifikation	22
3. Anreize und Fehlanreize	35
4. Leistungsgerechtigkeit des Entgelts und Personalkostenflexibilisierung	38

I. Einmalige Leistungen oder dauerhafte Leistungssysteme

1. Ausschluss zukünftiger Rechtsansprüche durch Freiwilligkeitsvorbehalte

Soweit Freiwilligkeitsvorbehalte von der Rechtsprechung anerkannt werden, dh bei Sonderzahlungen außerhalb des laufenden Arbeitsentgelts, kann sich der Arbeitgeber durch die Gestaltung von Sonderzahlungen als einmalige Leistungen, auf die auch bei wiederholter Gewährung Rechtsansprüche für die Zukunft nicht entstehen, größtmögliche Freiheiten ausbedingen. Der Arbeitgeber ist in jedem Einzelfall frei darin, über Sonderzahlungen danach zu entscheiden, ob er sie gewähren will, in welcher Höhe er Mittel für sie zur Verfügung stellt und welchen Leistungszweck und damit Leistungsanreiz er setzt. Der Arbeitgeber braucht dementsprechend keine finanziellen Ressourcen für wiederkehrende Leistungen dieser Art zu binden, sondern er kann im Einzelfall flexibel darüber entscheiden, ob die wirtschaftliche Situation des Unternehmens die Zurverfügungstellung weiterer Mittel zu Gunsten der Belegschaft zulässt, welche Höhe er insgesamt hierfür zur Verfügung stellen will oder ob er generell – etwa zur Finanzierung strategischer Investitionen oder zur Bildung von Rücklagen für wirtschaftlich schwierige Zeiten – von derartigen Leistungen ganz oder teilweise absieht. 1

Entscheidet sich der Arbeitgeber im Einzelfall für eine Leistung, bindet ihn allein der **arbeitsrechtliche Gleichbehandlungsgrundsatz.** Der Arbeitgeber darf bei der Verteilung der Leistung einzelne Arbeitnehmer oder Gruppen von ihnen nicht von der Leistungsgewährung ausnehmen, sofern nicht ein sachlicher Grund eine solche Ungleichbehandlung rechtfertigt (→ D Rn. 84). Für den Arbeitgeber ist diese Situation recht komfortabel – bedeutet dies doch größtmögliche Flexibilität auf der Personalkostenseite. Dabei bestimmt die Rechtsprechung – bislang – keine quantitative Grenze, bis zu der die Gestaltung von Sonderzahlungen als einmalige Leistung unter Ausschluss zukünftiger Rechtsansprüche möglich ist (→ E Rn. 9 ff.). Lediglich formale Hürden werden aufgestellt, die der Arbeitgeber mit dem gebotenen administrativen Aufwand – Erklärung des Freiwilligkeitsvorbehaltes spätestens mit der Leistungserbringung im Einzelfall, klare und verständliche Formulierung unter Vermeidung von Widersprüchen, Dokumentation zu Beweissicherungszwecken (→ E Rn. 54 ff.) – bezwingen kann. 2

Diesen Vorteilen eines Freiwilligkeitsvorbehaltes stehen jedoch Nachteile gegenüber. Anhand des Standes der aktuellen Rechtsprechung ist bis heute nicht abschließend geklärt, wie die **Grenzziehung zwischen laufendem Arbeitsentgelt,** bei dem die Erklärung eines Freiwilligkeitsvorbehaltes nicht möglich ist, und Sonderzahlungen exakt zu 3 ziehen ist (→ E Rn. 9 ff.). Das BAG[1] scheint insoweit zwar einen großzügigen Maßstab anzulegen, jedoch zeigen die Entwicklungen der Rechtsprechung in den vergangenen Jahren, dass eine verlässliche Vertragsgestaltung auf Basis einer kontinuierlichen Rechtsprechung zunehmend in Frage zu stellen ist.

4   Es besteht eine rege **rechtswissenschaftliche Diskussion** zu der Frage, ob leistungsabhängige Entgeltbestandteile – unter die auch allein vom wirtschaftlichen Unternehmenserfolg abhängige Leistungen gefasst werden – unter einen Freiwilligkeitsvorbehalt gestellt werden dürfen oder es sich unabhängig von der fehlenden regelmäßigen Zahlungsweise um laufendes Arbeitsentgelt wegen eines Bezuges zur Arbeitsleistung handelt (→ E Rn. 15). Dies zeigt, dass die Freiheit des Arbeitgebers zur Gewährung einmaliger Leistungen auch dann stark einzuschränken versucht wird, wenn der Arbeitgeber aus einer solchen Situation heraus ggf. von solchen Leistungen zu Gunsten der Arbeitnehmer generell absehen würde.

5   Bei Leistungen, die sich nicht auf die ausschließliche Honorierung von Betriebstreue beschränken, ist bei der Verwendung von Freiwilligkeitsvorbehalten deshalb **Vorsicht geboten.** Der vermeintliche Vorteil kann ansonsten schnell in sein Gegenteil verkehrt sein, wenn der Arbeitgeber insbesondere im Vertrauen auf die lediglich einmalige Leistungsverpflichtung nur geringe Sorgfalt in die Flexibilität der zu Grunde zu legenden Parameter gelegt hat, diese ihn jedoch mangels Rechtswirksamkeit des Freiwilligkeitsvorbehaltes dauerhaft binden.

> **Praxistipp:**
> Bis zu einer endgültigen Klärung der Rechtslage durch das BAG sollten Arbeitgeber, die sich lediglich zu einmaligen Leistungen verpflichten wollen und nach den aufgezeigten Grundsätzen derartige – auch leistungsabhängige – Entgeltkomponenten vertretbar als Sonderzahlungen gestalten können, weiterhin von dem Flexibilisierungsinstrument des Freiwilligkeitsvorbehaltes Gebrauch machen, da die Alternative regelmäßig allein in einer dauerhaften Leistungsgewährung liegen würde.
>
> Allerdings sollten Arbeitgeber bei solchen freiwilligen leistungsabhängigen Entgeltkomponenten die der Leistungsbemessung zu Grunde liegenden Kriterien zumindest so offen formulieren, dass im Falle der Entstehung dauerhafter Rechtsansprüche eine **flexible Handhabung** der danach ggf. maßgebend bleibenden Anspruchsvoraussetzungen möglich ist.

6   Diese rechtliche Unsicherheit des Freiwilligkeitsvorbehaltes bedeutet zwar Unwägbarkeiten, diese sollten den Arbeitgeber in der Praxis von der Verwendung eines Freiwilligkeitsvorbehaltes aber nicht abhalten.

Beispiel:
Erfolgt eine Sonderzahlung anlässlich eines herausragenden wirtschaftlichen Ergebnisses infolge eines den gewöhnlichen Geschäftsbetrieb deutlich übersteigenden Großauftrages, sollte genau dies als Anlass der Sonderzahlung – mit einem Freiwilligkeitsvorbehalt unterlegt – formuliert werden. Ein Anspruch auf wiederkehrende Sonderzahlungen könnte in diesem Falle selbst bei Unwirksamkeit des Freiwilligkeitsvorbehaltes nur dann geltend gemacht werden, wenn sich eine solche Auftragssituation fortsetzt.

7   Ein entscheidenderes Argument gegen Freiwilligkeitsvorbehalte ist dagegen häufig die **Akzeptanz des Entgeltgefüges** durch den Arbeitnehmer. Wird dem Arbeitnehmer arbeitsvertraglich bei seiner Einstellung allein eine Grundvergütung in bestimmter Höhe zugesagt mit dem Hinweis, dass weitere Zahlungen möglich seien, jedoch keinerlei Rechtsansprüche auf solche begründet werden, wird der Arbeitnehmer die wirtschaftliche

---

[1] BAG 30.7.2008 — 10 AZR 606/07, AP BGB § 611 Gratifikation Nr. 274.

Attraktivität eines solchen Arbeitsverhältnisses allein an der Grundvergütung bemessen, da sämtliche weiteren Zahlungen unverbindlich gestaltet sind.

Vertragsverhandlungen über das Arbeitsentgelt werden deshalb in der Praxis kaum unter Einbeziehung von Sonderzahlungen geführt werden können, auf die dem Arbeitnehmer ein Rechtsanspruch nicht eingeräumt wird. Die Praxis versucht sich in einer solchen Situation häufig mit einer **garantierten Sonderzahlung im Eintrittsjahr** zu helfen, auf die über das Eintrittsjahr hinaus keinerlei Rechtsansprüche begründet werden sollen und anstelle derer sodann allein die Möglichkeit der Festsetzung weiterer Sonderzahlungen vereinbart wird. Es ist eine Frage der Verhandlungen im Einzelfall, ob ein Arbeitnehmer sich mit einer verbindlichen Perspektive lediglich für das Eintrittsjahr begnügt. Insbesondere Bewerber mit Berufserfahrung, die aus einem ungekündigten Arbeitsverhältnis heraus bei einem neuen Arbeitgeber eintreten, werden sich auf eine solche vage Hoffnung über das Eintrittsjahr hinaus selten einlassen. Einmalleistungen unter einem Freiwilligkeitsvorbehalt sind deshalb ein probates Instrument, um Arbeitnehmer an **außerordentlichen Erfolgen partizipieren** zu lassen, in der Regel nicht jedoch für die Gestaltung des dauerhaften Arbeitsentgelts. 8

2. Begrenzung des Leistungszeitraums durch Befristungen

Die Befristung von Entgeltbestandteilen knüpft mit dem Erfordernis eines **sachlichen Grundes** für die Befristung an vorübergehende Entgeltkomponenten an (→ E Rn. 86 ff.). Ein solcher sachlicher Grund liegt – mit Ausnahme eines Wechsels der Tätigkeit – in der Praxis selten vor. Die Befristung einer Entgeltkomponente ist damit zum Zwecke der Variabilisierung von Entgeltbestandteilen lediglich als ein auf Ausnahmefälle begrenztes flankierendes Instrument zu betrachten, das jedoch regelmäßig im Rahmen der dauerhaften Gestaltung eines variablen Entgeltsystems nicht hilfreich ist. Darüber hinaus stellen sich unter dem Gesichtspunkt der **Akzeptanz des Arbeitnehmers** dieselben grundsätzlichen Fragen, wie bei der Gestaltung einmaliger Leistungen. Sowohl bei der Einmaligkeit der Leistung als auch bei der Befristung eines Entgeltbestandteils ist die fehlende Einräumung eines dauerhaften Rechtsanspruchs in der Regel ein Einstellungshindernis. 9

3. Dauerhafte Leistungssysteme

Rechtlich unproblematisch sind dauerhafte Leistungssysteme, da diese infolge der Dauerhaftigkeit des Leistungsaustauschs dem Dauerschuldcharakter des Arbeitsverhältnisses entsprechen. Aus unternehmerischer Sicht ist es eine Frage der Anspruchsvoraussetzungen, nach denen sich Grund und Höhe des Anspruchs richten, ob trotz dauerhafter Einräumung eines Rechtsanspruchs eine **ausreichende Flexibilität** sicherzustellen ist. 10

Ein leistungs- und ggf. bestandsabhängiges Entgeltsystem verursacht administrativen Aufwand, ist jedoch aus Sicht der Arbeitnehmer deutlich attraktiver, da ihnen zunächst Rechtsansprüche unbegrenzter Dauer eingeräumt werden und Arbeitnehmer ihre **Leistungsfähigkeit** – allerdings im Vertrauen auf realistische Anforderungen seitens des Arbeitgebers – **selbst einschätzen** können. In der Praxis sind dauerhafte bestands- und leistungsabhängige Entgeltsysteme weit verbreitet und grundsätzlich anerkannt. 11

II. Bestandsabhängige Entgeltsysteme

Bestandsabhängige Entgeltsysteme haben für den Arbeitgeber den Vorteil, dass sie **Fluktuation begrenzen** können, dadurch stetig wiederkehrende Aufbauaktivitäten von un- 12 ternehmensspezifischen Qualifikationen oder sonstigem Know-How gering halten und gleichzeitig eine Abwanderung von Unternehmensinterna zu Wettbewerbern in gewissen Grenzen eindämmen können.

13   Unter rechtlichen Aspekten ist die wirtschaftliche Honorierung von Betriebstreue bei retrospektiver Betrachtung von der Rechtsprechung weder an sich noch etwa durch eine Begrenzung auf gewisse Zeiträume in Zweifel gezogen worden. Enger sind die Grenzen zwar mit Blick auf die hier im Fokus liegende Zwecksetzung der **künftigen Arbeitnehmerbindung.** Diese knüpft daran an, dass der Arbeitnehmer über den Auszahlungszeitpunkt hinaus für eine bestimmte Dauer im Arbeitsverhältnis verbleiben muss, was regelmäßig auf die Dauer der vom Arbeitnehmer einzuhaltenden Kündigungsfrist begrenzt sein wird (→ E Rn. 41 ff.). Im Rahmen dieser künftigen Bindungswirkung werden die genannten Interessen des Arbeitgebers deshalb in der Praxis kaum messbar erfüllt. Hier kann allenfalls über die Wahl des Auszahlungszeitpunktes und Vermeidung einer zu diesem Zeitpunkt bereits ausgelösten Kündigungsfrist eine saisonale Schwankung auf dem Bewerbermarkt vermieden werden, um Neueinstellungen zu erleichtern. Eine langfristige Arbeitnehmerbindung wird auf dieser Grundlage indessen nicht erreicht.

14   Der künftigen Bindungswirkung über den Auszahlungszeitpunkt hinaus bedarf es in der Regel aber nicht, wenn bereits das Inaussichtstellen einer künftigen Zahlung mit der die sodann bis zum Auszahlungspunkt zurückgelegte (also vergangene) Betriebstreue honoriert wird, faktisch den Arbeitnehmer von einer Kündigung abhalten wird, um die Anspruchsvoraussetzungen zu erfüllen. Der Zweck der Arbeitnehmerbindung kann auf dieser Grundlage etwa erreicht werden durch die **Honorierung jeweils vergangener Betriebszugehörigkeiten in einem bestimmten Turnus.** Ein solches dauerhaftes Leistungssystem kann den Arbeitnehmer von einer Eigenkündigung abhalten, um derartigen künftigen Honorierungen seiner dann jeweils vergangenen Betriebstreue nicht verlustig zu geraten (→ E Rn. 1 ff.).

15   Als Personalführungsinstrument ist einem solchen Leistungssystem jedoch ein **möglicher Fehlanreiz immanent:** Die alleinige Anknüpfung an die Betriebstreue setzt allein den Bestand des Arbeitsverhältnisses, nicht jedoch die aktive Erbringung von Arbeitsleistungen voraus. Die Maßgabe aktiver Arbeitsleistungen während des bestehenden Arbeitsverhältnisses muss durch eine entsprechende Gestaltung des Leistungssystems über die Betriebstreueleistung erfolgen. Der Anspruch auf die Betriebstreueleistung muss auf den aktiven Bestand des Arbeitsverhältnisses abstellen.

16   Für eine solche Anknüpfung bestehen **Grenzen.** Diese folgen zunächst aus zwingenden gesetzlichen Bestimmungen wie § 4a EFZG über die Bedeutung einer Arbeitsunfähigkeit oder die Entgeltgleichheit von Männern und Frauen bei der Behandlung von mutterschutzrechtlichen Beschäftigungsverboten (→ F Rn. 160 ff.). Generell hat das BAG für die Frage der Honorierung **künftiger Betriebstreue** darauf abgestellt, dass die bereits erfolgte Erbringung von Arbeitsleistungen keine Rolle spielen darf und anderenfalls die Bindungswirkung für die Zukunft entfällt.

17   Hinsichtlich vergangener Betriebstreue ist eine solche Grenzziehung durch das BAG bislang nicht erfolgt. Ausdrücklich anerkannt ist lediglich ein **Gleichlauf vergangener Betriebstreue mit dem Bezugszeitraum** erbrachter Arbeitsleistungen.[2] Bis zu einer abschließenden Klärung durch das BAG ist indessen nur bei einem reinen Betriebstreuecharakter eine Anknüpfung an vergangene Betriebstreue über ggf. mehrere Jahre rechtssicher möglich. Auf dieser Basis honoriert der Arbeitgeber mit einer Anknüpfung an vergangene Betriebstreue auch fehlzeitengeprägte Zeiträume des Arbeitsverhältnisses. Dies ist weder mit Blick auf die Wertschöpfungsprozesse im Unternehmen noch unter dem Gesichtspunkt der Kostenflexibilität typische strategische Zielrichtung unternehmerischen Handelns. Deshalb sollten Betriebstreueleistungen allenfalls flankierend zur Arbeitnehmersteuerung eingesetzt werden und ggf. über ein „Treuebudget" (→ K Rn. 26) als flankierendes

---

[2] BAG 18.1.2012 – 10 AZR 612/10, NZA 2012, 561 (563).

Steuerungsinstrument zur Vermeidung überhöhter Fehlzeiten zum Einsatz kommen, indem die Betriebstreueleistungen der Arbeitnehmer insgesamt um fehlzeitengeprägte Entgeltaufwendungen gekürzt werden.

III. Erfolgsabhängige Entgeltsysteme

1. Steigerung der Motivation

Ein erfolgsabhängiges Entgeltsystem dient in erster Linie einer Steigerung der Motivation der Arbeitnehmer zur Erbringung ihrer Arbeitsleistung, was aus Sicht des Arbeitgebers deren Wert erhöhen kann und damit das **Austauschverhältnis** zum **Arbeitsentgelt optimiert.** Die Regelung von Zielen knüpft dabei unter verschiedenen Aspekten an die Selbststeuerung des Arbeitnehmers an:

Mit **Aufgaben-, Leistungs- und Ressourcenzielen** wird dem Arbeitnehmer innerhalb der bestehenden Arbeitgeberorganisation eine Eigenverantwortung bei der Organisation der Arbeitsleistung übertragen.[3] Arbeitnehmer werden angesprochen, mit Blick auf die zu verfolgende Zielerreichung ihre Arbeitsweise am Arbeitsplatz zu organisieren und dabei das Leistungsergebnis und die Schonung von Ressourcen im Auge zu behalten. Damit partizipieren sie an einem Mehrwert ihrer eigenen Arbeitsleistung, was dem Arbeitsverhältnis als typischem Austauschverhältnis von Arbeitsleistung und Arbeitsentgelt fremd wäre.

Insbesondere dann, wenn der Arbeitnehmer erkennt, dass auf dieser Grundlage nicht nur er, sondern die gesamte Belegschaft oder jedenfalls deren zentrale Teile arbeiten, wird er seine Arbeitsleistung weniger isoliert, sondern als Teil eines unternehmerischen Ganzen betrachten, sich mit seinen **Aufgaben zunehmend identifizieren** und über die arbeitsvertraglich-rechtliche Verpflichtung hinaus seiner Funktion am Arbeitsplatz eine eigenverantwortliche Bedeutung beimessen. Die aus Sicht des Arbeitgebers auf dieser Grundlage zu erzielende Leistungssteigerung folgt aus der vom Arbeitnehmer nunmehr **eigenverantwortlich wahrgenommenen Priorisierung** seiner Tätigkeiten am Arbeitsplatz. Der Arbeitnehmer wird nicht nur zur Erfüllung der Ziele zwischen wichtigen und weniger wichtigen Aufgaben differenzieren. Er wird darüber hinaus seine Arbeitsweise auf die Zielerreichung ausrichten, indem er Bummeleien oder nicht erforderliche Arbeitsunterbrechungen vermeidet, um der über die geregelten Ziele nunmehr ihm um der Entgeltkomponente willen übertragenen Verantwortung nachzukommen.

Idealerweise wird der Arbeitnehmer auf dieser Grundlage seine Leistung steigern und dies über **erzielte Erfolgserlebnisse** zu einer sich fortsetzenden Eigendynamik ausbauen.[4] Die über eine solche Entgeltkomponente angesprochene Effizienzsteigerung bei der Erbringung der Arbeitsleistung knüpft damit insbesondere an folgende Gesichtspunkte an:[5]

– Handlungsspielräume des Arbeitnehmers werden durch dessen Willen zur Zielerreichung eigenverantwortlich ausgefüllt;
– der Arbeitnehmer ist zur Entwicklung einer gewissen Eigeninitiative zur Zielverfolgung gezwungen;
– der Arbeitnehmer hat auf die Zielerreichung gerichtete Entscheidungen im Rahmen bestehender Freiräume zu treffen und sich insoweit selbst zu steuern;
– über den Gesichtspunkt der Leistungs- und Ressourcenziele ist der Arbeitnehmer zu unternehmerischem Herangehen gezwungen.

---

[3] *Watzka*, Zielvereinbarungen im Unternehmen, S. 37.
[4] Hierzu: *Watzka*, Zielvereinbarungen im Unternehmen, S. 58 f.
[5] Nach: *Watzka*, Zielvereinbarungen im Unternehmen, S. 63 f.

2. Notwendigkeit einer Zielidentifikation

22 Ein solcher Motivationszweck zur Leistungssteigerung in dieser theoretischen Betrachtung bedarf indessen einer konkreten **Realisierung in der Praxis**. Eine solche Realisierung steht und fällt mit der Zielidentifikation. Der Arbeitnehmer muss sich mit den geregelten Zielen so weitgehend identifizieren, dass er sie über eine reine Arbeitsaufgabe hinaus als Teil der Wertschöpfung seines Erwerbslebens betrachtet.[6]

23 In der Praxis ist regelmäßig zu beobachten, dass Zielvereinbarungssysteme formal korrekt gelebt werden, dann aber Streit über die Zielerreichung entsteht und bereits dieser Streit über die Zielerreichung Ausdruck des missglückten Motivationscharakters ist. Die Fehlerquellen in der Praxis sind insbesondere folgende Anknüpfungspunkte bei der Regelung von Zielen:
– Klarheit der Ziele;
– Einvernehmen über die Notwendigkeit der Zielerreichung;
– Bedeutung der Ziele für das unternehmerische Handeln.

24 Unter dem Gesichtspunkt der **Klarheit der Ziele** können Zielvereinbarungssysteme kontraproduktiv sein, die den Arbeitnehmer im Ungewissen lassen, in welche konkrete Richtung er seine Arbeitsweise ausrichten soll. Eindeutige Zielsetzungen vermeiden Unsicherheiten bei der Arbeitsweise. Fehlt es an einer exakten Grenzziehung, in welche Richtung der Arbeitnehmer seine Arbeitsweise ausrichten soll, geht der gesamte Motivationszweck verloren. Dies gilt zum einen für die Notwendigkeit, überhaupt eindeutige Ziele zu regeln, zum anderen für die Notwendigkeit, eine solche Regelung so rechtzeitig zu treffen, dass der Arbeitnehmer nicht zunächst für eine gewisse Zeitspanne ein vermeintliches Ziel anpeilt, welches sich sodann als überhaupt nicht maßgebend herausstellt.

25 Unter beiden Gesichtspunkten erzeugt eine fehlende Klarheit der Ziele **Frustration statt Motivation.** Darin liegt kein Nachteil eines Zielvereinbarungssystems als solchem. Arbeitgeber werden vor Implementierung eines Zielvereinbarungssystems aber genau planen und für den Aufbau einer entsprechenden Organisation zu sorgen haben, die die erforderlichen personellen Kapazitäten für die Aufstellung der maßgebenden Ziele und entsprechende Mitarbeitergespräche zur Verfügung stellt.

26 Eine Schwäche gelebter Zielvereinbarungssysteme in der Praxis liegt darüber hinaus häufig in dem fehlenden Einvernehmen auch des Arbeitnehmers über die Notwendigkeit der Zielerreichung. Die Selbstmotivation des Arbeitnehmers durch Identifikation mit der Arbeitsaufgabe setzt voraus, dass der Arbeitnehmer der ihm gesetzten Arbeitsaufgabe eine Wertschätzung beimisst. Die bei Erfüllung der Arbeitsaufgabe als geregeltes Ziel vorgesehene Sonderzahlung ist insoweit zwar ein **materieller Anreiz,** der überhaupt ein Bewusstsein beim Arbeitnehmer dafür setzt, dass es auch für ihn günstig sein kann, mit dem Arbeitgeber ein gemeinsames Ziel zu verfolgen. Ohne eine zielerreichungsabhängige Sonderzahlung würde der Arbeitnehmer ggf. allein das Interesse an einem möglichst hohen Entgelt bei einer möglichst geringen Arbeitsleistung, dh einer Optimierung des Verhältnisses zwischen Leistung und Gegenleistung, verfolgen. Mit der zielerreichungsabhängigen Sonderzahlung schafft der Arbeitgeber einen materiellen Anreiz für den Arbeitnehmer, unternehmerisch zu denken.

27 Dieser Anreiz wird aber erst dann eine ernsthafte Motivation und damit Leistungssteigerung bewirken können, wenn der Arbeitnehmer sich **auch inhaltlich mit der übertragenen Arbeitsaufgabe identifiziert.** Dies ist in der Regel nur bei einem Einvernehmen über eine Notwendigkeit der Zielerreichung in Gestalt der Arbeitsaufgaben gewährleistet. Gerät der Arbeitnehmer in eine innere Abwehrhaltung gegenüber der Arbeitsaufgabe, die er allein um der Erzielung eines Entgelts willen erbringt, wird er sein Arbeitsverhalten zwar ggf. entsprechend ausrichten. Die notwendige Eigeninitiative und

---

[6] *Watzka,* Zielvereinbarungen im Unternehmen, S. 99.

III. Erfolgsabhängige Entgeltsysteme

Eigenverantwortung setzt indessen eine innere Bereitschaft voraus, die durch verbleibende Blockaden niemals zur vollen Entfaltung gelangen wird.

Auch darin liegt **kein Nachteil** eines zielerreichungsabhängigen Entgeltsystems. Der Arbeitgeber muss aber entsprechende Verfahren und Prozesse zur Verfügung stellen, um ein solches Einvernehmen herzustellen. Dabei wird insbesondere eine Organisation der zuständigen Führungskräfte im Rahmen eines strukturierten Mitarbeitergespräches gefragt sein. Insbesondere Arbeitgeber, die sich gegen einvernehmliche Zielvereinbarungen und für **einseitige Zielvorgaben** entscheiden, sollten dies bedenken, um den Motivationszweck der Leistungen trotz rechtlich möglicher einseitiger Zielvorgabe zu erreichen. 28

In dieselbe Richtung gehen praktische Schwierigkeiten im Zusammenhang mit der Frage der **Erreichbarkeit der Ziele.** Wie bereits ausgeführt, dürfen Ziele ehrgeizig sein (→ F Rn. 109). Deshalb braucht nicht ohne weiteres im Rahmen der Normalleistung von einer 100%igen Zielerfüllung ausgegangen werden. Gleichwohl wird die Selbstidentifikation mit den Zielen nur dann gewährleistet sein, wenn der Arbeitnehmer selbst von deren Erreichbarkeit ausgeht. Ist dies nicht gewährleistet, wird kaum eine Motivation und damit einhergehende Leistungssteigerung zu erreichen sein. Ein Arbeitnehmer, der selbst nicht daran glaubt, ein Ziel erreichen zu können, wird nicht eigeninitiativ und eigenverantwortlich sein Verhalten auf die Zielerreichung ausrichten. 29

Darin kann ein Nachteil von Zielvereinbarungssystemen bei sehr **unterschiedlicher Leistungsfähigkeit** der Arbeitnehmer liegen. Je weiter die Leistungspotentiale der einzelnen Arbeitnehmer auseinanderliegen, desto unterschiedlicher müssten geregelte Ziele auf die unterschiedlichen Arbeitnehmer zugeschnitten sein. Desto schwieriger wäre aber ein solches System kollektiv im Hinblick auf das Gerechtigkeitsempfinden vermittelbar. Sollen Minderleister in Gestalt geringerer Zielsetzungen motiviert werden, müssten leistungsstarke Arbeitnehmer besonders hohe Ziele erhalten, um letztlich eine vergleichbare Sonderzahlung zu erhalten. Derart unterschiedliche Anspruchsvoraussetzungen für eine gleichermaßen bemessene Sonderzahlung wären nicht nur mit dem Gerechtigkeitsempfinden der unterschiedlichen Arbeitnehmergruppen kaum zu vereinbaren, sondern auch unter dem Gesichtspunkt des **arbeitsrechtlichen Gleichbehandlungsgrundsatzes** nur begrenzt vertretbar. 30

Darin liegt sicherlich ein Nachteil von Zielvereinbarungssystemen, die nach oben wie nach unten bei „**Ausreißern**" ihre Motivationswirkung schwer entfalten können. Hier bietet sich für die Praxis Weg an, auch leistungsschwache Arbeitnehmer von der Sonderzahlung nicht gänzlich auszunehmen, sondern diese lediglich in geringerem Umfang zu bemessen und bei besonders leistungsstarken Arbeitnehmern ggf. eine überproportionale Bemessung der Sonderzahlung vorzunehmen (→ J Rn. 144). 31

Um diesen Gesichtspunkt auf seine Relevanz beurteilen zu können, wird der Arbeitgeber die **durchschnittliche Leistungsfähigkeit** der betroffenen Arbeitnehmer bzw. Arbeitnehmergruppen einschätzen müssen, auf dieser Grundlage eine **lineare Zielbewertung vornehmen** und sodann Regelungen zur Bemessung der Sonderzahlung bei besonders leistungsschwachen und besonders leistungsstarken Arbeitnehmern in die Skalierung einfließen lassen. 32

Der dritte Gesichtspunkt festzustellender praktischer Schwierigkeiten bei Zielvereinbarungssystemen liegt in der Wahrnehmung des individuellen Arbeitnehmers, welche **Bedeutung für das Gesamtunternehmen** aus den einzelnen Zielkomponenten folgt. Soll der Arbeitnehmer zu unternehmerischem Denken und Handeln angehalten werden, genügt eine isolierte Betrachtung seines Arbeitsbereichs als „Puzzlestein" des Unternehmens nicht. Der Arbeitnehmer muss entweder die unternehmerischen Zusammenhänge insgesamt kennen oder – zumindest – von einem einheitlichen, das Unternehmen insgesamt steuernden Zielvereinbarungssystem ausgehen, sodass er seinen Beitrag im Lichte der Gesamtheit der Beiträge der Belegschaft funktional betrachtet. 33

Ebenso wie hinsichtlich der Identifikation mit der Aufgabenstellung bezogen auf deren isolierte Erbringung, erfordern insbesondere **leistungs- und ressourcengeprägte Ziele** 34 einen Blick auf das unternehmerische Ganze. Gewinnt der Arbeitnehmer den Eindruck, dass nur sein Arbeitsbereich für seine eigene Zielkomponente von Bedeutung ist, stellt dies schwerlich eine Motivation zur Leistungssteigerung (auch) im Interesse des Gesamtunternehmens dar.

3. Anreize und Fehlanreize

35 Jeder Zielkomponente ist immanent, dass sie den Arbeitnehmer vorrangig in die Richtung ihrer Erfüllung lenken soll. Bei **individualerfolgsbezogenen Zielen** kann dies zu Fehlanreizen eines Konkurrierens führen. Haben etwa mehrere Arbeitnehmer vergleichbare Arbeitsinhalte und damit vergleichbare Zielkomponenten, deren jeweils einzelne quantitative Bemessung den Zielerreichungsgrad und damit die Bemessung der Sonderzahlung steuert, kann dies zu Konkurrenzsituationen führen. Gleiches gilt für Fehlanreize, wenn etwa ein umsatzbezogenes Ziel eines Arbeitsbereiches dazu führt, dass Nachteile – etwa unrentable Auftragskosten – für andere Bereiche entstehen. Dem kann durch eine angemessene Setzung von Leistungs- und Ressourcenzielen über die einzelnen Arbeitsbereichsziele hinaus Rechnung getragen werden, um insoweit eine gegenläufige Zielkomponente zu setzen.

36 Bei **gruppenerfolgsbezogenen Zielkomponenten** kann als nachteilige Folge ein übermäßiger „Gruppenzwang" erzeugt werden. In adäquatem Ausmaße kann ein solcher zwar zielführend sein, um etwa leistungsunwillige Arbeitnehmer nicht nur über individualerfolgsbezogene Ziele, sondern gleichermaßen über das **soziale Miteinander** in der an einem einheitlichen Ziel zu bemessenden Gruppe anzusprechen. Nimmt dies jedoch ein erhebliches Ausmaß an, sind Überforderungssituationen naheliegend. Hier wird es insbesondere den jeweiligen Führungskräften obliegen, die Vermeidung solcher Situationen im Blick zu haben, um ggf. eingreifen zu können.

37 Fehlanreize können zudem unter dem Gesichtspunkt auftreten, dass kurzfristige Erfolge wegen der wirtschaftlichen Honorierung mit einer Sonderzahlung übermäßig angestrebt werden, dies jedoch **zu Lasten einer langfristigen Unternehmenspolitik** wirkt. Für individualerfolgsbezogene Zielkomponenten, wie ein generiertes Auftragsvolumen, gilt Gleiches wie bei einer Anknüpfung an das Unternehmensergebnis: Strategisch sinnvolle Investitionsentscheidungen, die eine Nachhaltigkeit unternehmerischer Ressourcen sicherstellen, können leicht in den Hintergrund gedrängt werden.

4. Leistungsgerechtigkeit des Entgelts und Personalkostenflexibilisierung

38 Die Gesichtspunkte der Leistungsgerechtigkeit des Entgelts und der Personalkostenflexibilisierung greifen letztlich ineinander. Bei zielerreichungsabhängigen Sonderzahlungen erfolgt die Bemessung der Sonderzahlung an der Leistung des Arbeitnehmers, einer Arbeitnehmergruppe oder der Belegschaft einer wirtschaftlichen Einheit. Die damit einhergehende Personalkostenflexibilisierung entspricht der **Einsparung des Personalkostenvolumens,** in dessen Umfang der Arbeitgeber den Motivationszweck nicht erreicht hat. Darin liegt ein wirtschaftlich nicht unerheblicher Vorteil einer zielerreichungsabhängigen Entgeltkomponente.

39 Demgegenüber kann ein Nachteil darin liegen, dass unterschiedliche Zielerreichungen und ggf. unterschiedliche Handlungsintentionen bei leistungsschwachen und leistungsstarken Arbeitnehmern **Unruhe in der Belegschaft** schaffen, das **Betriebsklima belasten** und damit die Arbeitsmotivation insgesamt in Frage stellen können. Ggf. kann ein zielerreichungsabhängiges Entgeltsystem sogar gegenläufige Anreize zur Reduzierung der individuellen Leistung bei Leistungsträgern bewirken, wenn diese etwa im Verhältnis zu ande-

ren Arbeitnehmern ihre Leistungen als nicht ausreichend honoriert betrachten. Dies sind allerdings Parameter, die bei der Bestimmung der maßgebenden Zielkomponenten, der zu erreichenden Zielerreichungsgrade und der Skalierung zwischen Zielerreichungsgrad und sich ergebender Sondervergütung Berücksichtigung finden können.

> **Praxistipp:**
>
> Zielsetzungen sollten ein **ausgewogenes Verhältnis** zwischen individual-, gruppen- sowie unternehmens- bzw. konzern- oder spartenerfolgsbezogenen Komponenten aufweisen. Damit wird der Einzelne im Rahmen seines Arbeitsbereichs, ein Team über das die Gruppe ansprechende Ziel sowie die Belegschaft durch eine auf eine übergeordnete Einheit abstellende wirtschaftliche und den gesamten Ertrag berücksichtigende Zusammenstellung von Komponenten angesprochen.

M. Umsetzung des Konzepts in der Praxis II: Die Umstellung bestehender Entgeltsysteme

Übersicht

Rn.

I. Entscheidungsprozess 1
  1. Vorfragen des Entscheidungsprozesses 2
      a) Auswahl als Personalführungsinstrument 2
      b) Zusätzliche wirtschaftliche Mittel vs. Ablösungsinstrumente 3
      c) Entgeltsystem für Neueinstellungen 8
  2. Folgefragen des Entscheidungsprozesses 9
      a) Erste Stufe: Abstrakt-generelle Fragen 10
          aa) Anzusprechende Gruppe von Arbeitnehmern 10
          bb) Betriebswirtschaftliche Bewertung des Steuerungseffektes .. 11
          cc) Instrumente zur Motivationssicherung 13
      b) Zweite Stufe: Individuelle Einzelfragen 14
      c) Dritte Stufe: Zeitliche Komponenten 20
II. Gleichbehandlungspflichten bei der Einführung neuer Entgeltsysteme 22
  1. Gleichbehandlung in der Reihe 22
  2. Gleichbehandlung in der Zeit 24

I. Entscheidungsprozess

Der Entscheidungsprozess des Arbeitgebers bei der Einführung oder Umstellung von (variablen) Entgeltsysteme ist durch eine Vielzahl von Facetten **betriebswirtschaftlicher, arbeitsrechtlicher** und insbesondere **personalentwicklungsbezogener** Aspekte determiniert. Die arbeitsrechtlichen Rahmenbedingungen stehen hierbei nicht im Vordergrund, sondern begrenzen die rechtlichen Gestaltungsmöglichkeiten des Arbeitgebers. 1

1. Vorfragen des Entscheidungsprozesses

a) Auswahl als Personalführungsinstrument

Regelmäßig wird der Entscheidungsprozess des Arbeitgebers durch betriebswirtschaftliche Aspekte geprägt sein, insbesondere unter dem Gesichtspunkt der wirtschaftlichen Belastung mit einer (ggf. weiteren) Entgeltkomponente und daraus ggf. resultierenden Flexibilisierungsmöglichkeiten. Als Bestandteil dieser betriebswirtschaftlichen Überlegungen oder neben diesen werden personalentwicklungsbezoge Aspekte einen erheblichen Einfluss einnehmen. Die Auswirkungen eines variablen Entgeltsystems als Personalführungsinstrument können – entsprechend den dargestellten Vor- und Nachteilen – positive Leistungs- aber auch negative Fehlanreize setzen. 2

b) Zusätzliche wirtschaftliche Mittel vs. Ablösungsinstrumente

Eine grundsätzliche Weichenstellung für den arbeitgeberseitigen Entscheidungsprozess stellt zunächst die Frage dar, ob überhaupt **zusätzliche Mittel** für einen weiteren Entgeltbestandteil zur Verfügung gestellt werden sollen. Die Alternative kann in einer Aufteilung des bisherigen Entgelts in fixe und einen oder mehrere variable Entgeltbestandteile bestehen. Bei dieser betriebswirtschaftlichen Entscheidung des Arbeitgebers spielen arbeitsrechtliche Rahmenbedingungen als rechtliche Grenze der Gestaltungsfreiheit eine er- 3 hebliche Rolle. Hat der Arbeitgeber bei bisherigen Entgeltbestandteilen, die mit dem Arbeitnehmer als dauerhafte Leistungen vereinbart sind oder kraft bereits entstandener betrieblicher Übung beansprucht werden können, einen verbindlichen Anspruch des Arbeitnehmers begründet, kann der Arbeitgeber diesen grundsätzlich nicht einseitig entziehen.

Beispiel:

Zumindest die **Frage allgemeiner Anpassungen des Grundentgelts** („Gehaltsrunden") wird regelmäßig eine Bedeutung einnehmen. Unabhängig von einer Berechtigung zu einem Eingriff in bestehende Entgeltkomponenten besteht ein Spielraum, die Mittel für solche allgemeinen Entgelterhöhungen in alternative Entgeltkomponenten fließen zu lassen. Über ggf. mehrere Anpassungsperioden hinweg kann einer solchen Leistung aus Sicht des Arbeitnehmers erhebliche Bedeutung zukommen, ohne dass zusätzliche Mittel über die üblichen Anpassungen hinaus zur Verfügung gestellt werden müssten.

4   Ggf. ist bei der bestehenden Arbeitsvertragsgestaltung ein **Widerrufsrecht** vereinbart, das den aufgezeigten rechtlichen Grenzen (→ E Rn. 110 ff.) genügt, sodass der Arbeitgeber – sofern die Voraussetzungen für die Ausübung des Widerrufsrechts vorliegen – zumindest einen Teil des Entgelts einseitig zu Fall bringen kann. In der Regel wird dies aber nicht oder jedenfalls nicht in ausreichendem Maße eine Reduzierung des bisherigen Arbeitsentgelts ermöglichen, um einen Teil der Personalkosten frei werden zu lassen, der sodann mit (variablen) Entgeltbestandteilen belegt werden kann.

5   Ein einseitiger Eingriff in das Arbeitsentgelt im Wege einer **Änderungskündigung** scheitert in der Praxis regelmäßig an deren Voraussetzungen. Eine Änderungskündigung bei einer Veränderung des Aufgabengebietes mit damit einhergehender Anpassung des Arbeitsentgelts in das betriebliche Entgeltgefüge ist in der Regel möglich. Bei einer bloßen Veränderung des Entgeltsystems ist die hierfür notwendige Veränderung des Aufgabengebietes aber zumeist nicht gegeben. Eine Änderungskündigung zur alleinigen Entgeltreduzierung wird von der Rechtsprechung allein in Konstellationen einer Sanierungsnotwendigkeit des Betriebs bei bestehendem Sanierungsplan, aus dem sich gerade die Entgeltreduzierung als Bestandteil des notwendigen Sanierungskonzeptes ergibt, anerkannt.[1] Diese Voraussetzungen liegen nicht nur in der Praxis selten vor. Darüber hinaus scheiden sie notwendig aus, wenn der Arbeitgeber eine Entgeltkomponente lediglich herabsetzen oder beseitigen will, um sie durch eine andere zu ersetzen. Ein betriebswirtschaftliches Einsparpotential zur Erhaltung des Betriebes wird sich auf dieser Grundlage praktisch nie nachweisen lassen.

6   Zu prüfen ist allerdings, ob ein Entgeltsystem insgesamt oder einzelne seiner Komponenten als einheitliche Arbeitsbedingungen eingeführt worden sind. In diesem Falle kommt eine Offenheit für eine **Ablösung durch Betriebsvereinbarung** in Betracht, sofern ein Betriebsrat existiert (→ E Rn. 59 ff.). Gleiches gilt, wenn Entgelte auf Grundlage von Betriebsvereinbarungen gem. § 87 Abs. 1 Nr. 10 BetrVG gestaltet sind oder – im Falle freiwilliger Betriebsvereinbarungen – die Regelungssperre des § 77 Abs. 3 BetrVG nicht eingreift. Im Falle eines Eingreifens der Regelungssperre des § 77 Abs. 3 BetrVG bei einer freiwilligen Betriebsvereinbarung kann sich der Arbeitgeber zudem auf die Unwirksamkeit der Betriebsvereinbarung berufen und braucht – solange die Voraussetzungen für eine Umdeutung in eine Gesamtzusage nicht vorliegen (→ N Rn. 139) – solche Leistungen nicht weiter gewähren.

7   Allerdings bleibt häufig allein die Möglichkeit der Einführung zusätzlicher (variabler) Entgeltkomponenten, die die Personalkosten allerdings entsprechend erhöhen, oder aber die **Notwendigkeit einer einvernehmlichen Vereinbarung** mit dem Arbeitnehmer über die Herabsetzung bisheriger Entgeltkomponenten zu Gunsten der Einführung einer

---

[1] BAG 26.6.2008 – 2 AZR 139/07, AP KSchG 1969 § 2 Nr. 138.

I. Entscheidungsprozess M

oder mehrerer (variabler) Entgeltbestandteile. Ein solches Einvernehmen ist mit Arbeitnehmern in der Regel nur zu erzielen, wenn jedenfalls eine realistisch bestehende Möglichkeit im Raum steht, das bisherige Gesamtentgelt zu erreichen, mit hinreichender Wahrscheinlichkeit aber zu überschreiten. Der wirtschaftliche Rahmen des Arbeitgebers wird dementsprechend bei bereits bestehenden Arbeitsverhältnissen regelmäßig nur begrenzt die Möglichkeit der Einführung variabler Entgeltbestandteile hergeben.

c) Entgeltsystem für Neueinstellungen

In den Grenzen des arbeitsrechtlichen Gleichbehandlungsgrundsatzes (→ Rn. 22 ff.) kann der Arbeitgeber jedoch beispielhaft ab einem **bestimmten Stichtag** bei Neueinstellungen ein von der bisherigen Praxis abweichendes Entgeltsystem verwenden. Soweit der Arbeitgeber darüber hinaus nach freiem Ermessen über Entgelterhöhungen entscheiden kann, wird es ihm im Interesse einer sodann erfolgenden Vereinheitlichung der Arbeitsbedingungen in den Grenzen der Willkür nicht verwehrt sein, diese von einem Wechsel des Arbeitnehmers in das nunmehr aktuelle Entgeltsystem abhängig zu machen. Gleiches gilt bei sonstigen Anreizen für eine Vertragsumstellung, etwa – dieser Gesichtspunkt ist in der Praxis nicht zu unterschätzen – einer Anpassung des Urlaubsanspruchs oder einer bezahlten Freistellung aus besonderen Anlässen. Hier bestehen für den Arbeitgeber vielfältige Gestaltungsspielräume, die in seiner Entscheidung über die Umstellung des Entgeltsystems, über das ggf. erforderliche Nebeneinander unterschiedlicher Entgeltsysteme in einer Umstellungsphase und über deren voraussichtliche Dauer eine Rolle spielen. 8

2. Folgefragen des Entscheidungsprozesses

Entschließt sich der Arbeitgeber zur Umstellung von (variablen) Entgeltbestandteilen, stellen sich in der Praxis regelmäßig **Folgefragen,** die in drei Stufen unterteilt werden können. 9

a) Erste Stufe: Abstrakt-generelle Fragen

aa) Anzusprechende Gruppe von Arbeitnehmern

Sowohl für die mit (variablen) Entgeltsystemen ggf. einhergehenden wirtschaftlichen Zusatzbelastungen, als auch für die Frage der Eignung als Personalführungsinstrument bedarf es einer Klärung, welche Arbeitnehmergruppen in das (variable) Entgeltsystem einbezogen werden sollen. Neben der wirtschaftlichen Bedeutung der Größe des Kreises der Anspruchsberechtigten wird hier insbesondere von Relevanz sein, inwieweit das jeweilige Entgeltsystem geeignete Leistungsanreize oder aber auch Fehlanreize bei der Erbringung der Arbeitsleistung setzen kann. 10

bb) Betriebswirtschaftliche Bewertung des Steuerungseffektes

Während eine von reinen Unternehmens-, Konzern- oder Spartenzielen abhängige variable Entgeltkomponente in der Regel keine Fehlanreize setzen wird und dementsprechend bei sämtlichen Arbeitnehmergruppen in Betracht kommt, können insbesondere individual- oder gruppenerfolgsbezogene Zielkomponenten **kontraproduktive Wirkungen** entfalten (→ L Rn. 25, 35). Allerdings stellt sich insbesondere bei diesen wirtschaftlichen Zielkomponenten die Frage, ob der Arbeitgeber die für die Bemessung der Leistung maßgebenden, häufig jedoch – wenn nicht ohnehin im Rahmen von Abschlüssen zu publizierenden – vertraulichen relevanten **Wirtschaftsdaten preisgeben** will. 11

12 Der Arbeitgeber wird insbesondere wegen der mit der variablen Entgeltkomponente als Personalführungsinstrument zu verfolgenden Motivations- und Anreizfunktion bewerten müssen, wie er die **Abwägung zwischen der wirtschaftlichen Belastung** bei Erfüllung der Anspruchsvoraussetzungen gegenüber deren Graduierung und damit Wahrscheinlichkeit des Eintritts vornimmt. Je ehrgeiziger Ziele als Anspruchsvoraussetzungen aufgestellt werden, desto geringer ist die Wahrscheinlichkeit für den Arbeitnehmer, mit seiner Arbeitsleistung eine (volle) Zielerreichung und damit Sonderzahlung zu erhalten. Ein geringerer Grad der Vorgaben über die Zielerreichung kann dementsprechend eine größere Motivations- und Anreizfunktion entfalten, weil der Arbeitnehmer davon ausgehen wird, bei einer realistischen Arbeitsweise die Ziele zu erreichen. Für den Arbeitgeber bedeutet dies umgekehrt eine relevante Wahrscheinlichkeit, bereits bei einer solchen Arbeitsleistung im vollen Umfange wirtschaftlich mit einer Zahlung belastet zu werden.

cc) Instrumente zur Motivationssicherung

13 In diesem Zusammenhang ist zu entscheiden, ob etwa zur Sicherstellung einer gewissen Motivationswirkung ein **garantierter Anteil der Leistung,** beispielsweise unabhängig vom Erreichen eines Unternehmens-, Konzern- oder Spartenergebnisses allein in Koppelung an individual- oder gruppenerfolgsbezogene Ziele geleistet wird, um die Möglichkeit der Einflussnahme des Arbeitnehmers jedenfalls für diesen Anteil der variablen Entgeltkomponente nicht in Frage zu stellen. Insbesondere bei einem schwierigen Marktumfeld kann anderenfalls ein rein wirtschaftliches Ziel, dessen Nichterreichung die gesamte variable Entgeltkomponente zu Fall bringen würde, die Motivations- und Anreizfunktion gänzlich ausschließen.

b) Zweite Stufe: Individuelle Einzelfragen

14 Vorstehende Komplexe der Entscheidungsfindung des Arbeitgebers stellen die abstrakt-generellen Vorgaben für die Einführung eines oder mehrerer (variabler) Entgeltsysteme dar. Ist eine diesbezügliche Entscheidung – ggf. unterschiedlichen Inhaltes für unterschiedliche Arbeitnehmergruppen – getroffen, steht der **wirtschaftlich-strategische Ansatz** aus Sicht des Arbeitgebers fest und es sind sodann die verbleibenden Einzelfragen für die Umsetzung im individuellen Arbeitsverhältnis in einem zweiten Schritt zu entscheiden.

15 Hierzu zählt etwa die Frage, ob eine Sonderzahlung beispielhaft im Falle einer Zielübererfüllung nach oben hin begrenzt sein soll, um die wirtschaftliche Belastung für das Unternehmen nicht ausufern zu lassen. Dies wird der Arbeitgeber regelmäßig in Abhängigkeit davon entscheiden, ob mit einer Zielübererfüllung gleichzeitig eine Ertragssteigerung für das Unternehmen verbunden ist. Sofern dies der Fall ist, droht auch ohne obere Begrenzung der Höhe einer variablen Entgeltkomponente keine Auszehrung der Unternehmenssubstanz. Knüpfen Ziele dagegen an rein interne Arbeitsvorgänge an, die nicht mit einer unmittelbaren Steigerung des Ertrags des Unternehmens verbunden sind, stellt sich die Frage nach einer Begrenzung der Höhe einer variablen Entgeltkomponente trotz Zielübererfüllung.

16 Ein weiterer Gesichtspunkt in dieser zweiten Stufe der Entscheidungsfindung ist die Auswahl der Zielkomponenten danach, ob und ggf. in welcher Gewichtung individual-, gruppen- oder unternehmenserfolgsbezogene Komponenten maßgebend sein sollen. In diesem Zusammenhang ist die Frage eines etwaigen Stufenverhältnisses der einzelnen Bezugsgrößen zueinander zu betrachten. Schließlich ist über das Verfahren zur Feststellung der Ziele zu entscheiden, etwa im Hinblick darauf, ob bereits **bestehende Personalentwicklungsinstrumente** über Mitarbeitergespräche gleichzeitig für die Frage der Zielfeststellung des vergangenen Bezugszeitraums und/oder die Zielfestsetzung für einen künftigen Bezugszeitraum genutzt werden sollen.

Die **Ankoppelung an ein bestehendes System** erhöht ggf. die Akzeptanz für das Verfahren aufgrund gewohnter Abläufe in der Belegschaft und erspart gleichzeitig für den Arbeitgeber administrativen Aufwand, der im Falle eines gesondert durchzuführenden Verfahrens entstünde. Demgegenüber kann eine reine Personalentwicklungskomponente unter Umständen durch die nunmehrige Beimengung wirtschaftlich unmittelbar relevanter Faktoren ganz oder teilweise entwertet werden. 17

Schlussendlich kann die Frage der Zahlungsweise im Rahmen des Entscheidungsprozesses für den Arbeitgeber relevant werden, da der **Liquiditätsfluss** etwa bei monatlichen Abschlagszahlungen anders gesteuert wird als im Falle einer jährlich einmaligen Auszahlung. 18

Aus Sicht des Arbeitgebers steht damit die Gestaltung von (variablen) Entgeltsysteme nach Durchlaufen dieses zweistufigen Entscheidungsprozesses fest. 19

> **Praxistipp:**
> Besteht ein Betriebsrat, ist dieser – mit Ausnahme der Dotierungsentscheidung – gem. § 87 Abs. 1 Nr. 10 BetrVG zu beteiligen. Ohne seine Zustimmung darf ein solches neues Entgeltsystem weder ein- noch durchgeführt werden. Für das Mitbestimmungsverfahren ist es dringend zu empfehlen, den beschriebenen Entscheidungsprozess vor der ersten Beteiligung des Betriebsrates vollständig gedanklich durchdrungen zu haben. Eine Vielzahl von Gestaltungen können durch die Dotierungsentscheidung mitbestimmungsfrei determiniert werden (→ N Rn. 19). Die Unterrichtung des Betriebsrates über diese Dotierung sollte das Mitbestimmungsverfahren aber zeitlich einleiten, um während dessen gesamter Dauer die Grenzen der Mitbestimmung ziehen und ggf. aufzeigen zu können.

c) Dritte Stufe: Zeitliche Komponenten

Eine dritte Stufe der Entscheidungsfindung betrifft die zeitliche Komponente. Grundsätzlich stellt sich hierbei die Frage, nach einer **kurz-, mittel- oder langfristigen Einführung eines neuen Entgeltsystems.** In der Regel werden solche Entscheidungen für eine kurz- oder mittelfristige Einführung, letzteres insbesondere im Falle der Notwendigkeit eines allmählichen Prozesses der Umstellung bestehender Arbeitsverträge, getroffen. Der Zeitpunkt der Einführung einer Entgeltkomponente kann allerdings durch die wirtschaftliche Lage des Unternehmens bestimmt sein. Dies gilt zum einen unter dem Gesichtspunkt der wirtschaftlichen Ertragskraft, um eine zusätzliche Entgeltkomponente ohne Auszehrung der Unternehmenssubstanz finanzieren zu können. 20

Zum anderen wird bei einer **aktuellen Krisensituation** des Unternehmens die Einführung eines an Unternehmensziele gekoppelten variablen Entgeltsystems unter Reduzierung bestehender Entgeltkomponenten kaum auf Akzeptanz bei der bestehenden Belegschaft stoßen. Darüber hinaus umfasst die zeitliche Komponente insbesondere die Frage einer Praktikabilität, da eine gewisse Vorlaufzeit für die erstmalige Entwicklung der Zielkomponenten bei den einzelnen Arbeitnehmern bzw. Arbeitnehmergruppen erforderlich sein wird und der Stichtag für die Aufsetzung eines beispielsweise an das Geschäftsjahr ankoppelnden Zielvereinbarungssystems der Beginn des kommenden Geschäftsjahres sein wird, damit nicht bereits ein ggf. erheblicher Teil des Bezugszeitraums zum Zeitpunkt der Einführung der Entgeltkomponente abgelaufen ist. Besteht im Betrieb ein Betriebsrat, wird darüber hinaus die Dauer der Beteiligung des Betriebsrates in die zeitliche Planung einzubeziehen sein. 21

II. Gleichbehandlungspflichten bei der Einführung neuer Entgeltsysteme

1. Gleichbehandlung in der Reihe

22   Die so genannte Gleichbehandlung in der Reihe stellt die klassische Anwendungsform des arbeitsrechtlichen Gleichbehandlungsgrundsatzes dar. Der Arbeitgeber darf einzelne Arbeitnehmer oder Gruppen von ihnen nicht ohne einen sachlichen Grund, der die Ungleichbehandlung rechtfertigt, unterschiedlich behandeln (→ D Rn. 84). Im Rahmen der Einführung von Entgeltsystemen spielt hierbei insbesondere eine **Abstufung in der Reihenfolge der Einführung neuer Entgeltkomponenten** eine Rolle. Auch insoweit kommt der arbeitsrechtliche Gleichbehandlungsgrundsatz zum Tragen, wenn aufgrund zeitlicher Staffelung einzelne Arbeitnehmer oder Gruppen von ihnen jedenfalls zunächst unterschiedlich gegenüber anderen Arbeitnehmern oder Arbeitnehmergruppen behandelt werden.[2]

23   Eine Abstufung in der Reihenfolge der Einführung variabler Entgeltkomponenten kann allerdings beispielsweise durch einen **Erprobungszweck** sachlich gerechtfertigt sein.[3] Dies wird in der Praxis insbesondere in Betracht kommen, wenn ein variables Entgeltsystem zunächst bei Führungskräften eingeführt wird, da nur bei deren feststellbarer Akzeptanz eine entsprechende Umsetzung in den unteren Hierarchieebenen erwartet werden kann. Problematisch wäre es dagegen, wenn etwa auf Sachbearbeiterebene zunächst nur ein bestimmter Bereich – etwa das Controlling oder die Buchhaltung – in ein solches Entgeltsystem einbezogen wird, solange nicht unter dem Gesichtspunkt der Eignung als Personalführungsinstrument eine unterschiedliche Behandlung gegenüber anderen Arbeitnehmergruppen (etwa Sachbearbeitern in der Auftragsabwicklung oder ähnliches) darzustellen ist. Der Gesichtspunkt einer Gleichbehandlung der Belegschaft in der Reihe ist dementsprechend bei der zeitlichen Staffelung der Einführung von variablen Entgeltkomponenten im Auge zu halten.

> **Praxistipp:**
> Will der Arbeitgeber eine Erprobungsphase vorsehen, sollte er entweder auf hierarchische Unterschiede der in die während der Erprobungsphase einbezogenen und damit begünstigten Arbeitnehmer abstellen oder aber ein solches Modell für sämtliche Arbeitnehmer unter Verwendung eines Freiwilligkeitsvorbehaltes auf eine einmalige Leistung für den Bezugszeitraum begrenzen. Anderenfalls läuft der Arbeitgeber wirtschaftlich Gefahr, eine variable Entgeltkomponente zeitlich unbegrenzt für sämtliche Arbeitnehmer einzuführen.

2. Gleichbehandlung in der Zeit

24   Unter einer Gleichbehandlung in der Zeit ist die Anknüpfung unterschiedlicher Entgeltsysteme an einen bestimmten **Stichtag der Einführung eines neuen Entgeltsystems** zu verstehen.[4] Dieses bewirkt unterschiedliche Entgeltsysteme bei mindestens zwei Arbeitnehmergruppen. Zum einen besteht eine Arbeitnehmergruppe, die nach den bislang geltenden Entgeltsystemen vergütet wird. Daneben entsteht eine Arbeitnehmergruppe, die an einem abweichenden Entgeltmodell teilnimmt.

---

[2] Schaub ArbR-HdB/*Linck* § 112 Rn. 11.
[3] AA *Weber*, Zielvereinbarungen und Zielvorgaben im Individualarbeitsrecht, S. 115.
[4] Schaub ArbR-HdB/*Linck* § 112 Rn. 21.

II. Gleichbehandlungspflichten bei der Einführung neuer Entgeltsysteme

Nach bisheriger Rechtsprechung kann trotz gleicher Arbeitsinhalte eine solche Ungleichbehandlung in der Zeit durch eine **Stichtagsregelung zu rechtfertigen** sein, wenn der Arbeitgeber zu einem bestimmten Stichtag sein Entgeltsystem umstellt und dementsprechend eine weitere Arbeitnehmergruppe entsteht, die nicht mehr an dem bisherigen Entgeltsystem bemessen vergütet wird. Allein der Stichtag selbst für die Umstellung des Entgeltsystems darf nicht willkürlich bemessen werden, etwa um einzelne Arbeitnehmer oder Gruppen von ihnen gezielt aus einem neuen Entgeltmodell heraus zu drängen.[5]

Zu **betriebsverfassungsrechtlichen Entgeltgrundsätzen** hat das BAG zwar in einer jüngeren Entscheidung erwogen, das Nebeneinander unterschiedlicher Entgeltsysteme bei inhaltlich gleichen Tätigkeiten nicht anzuerkennen.[6] Es hat dabei indessen von seiner bisherigen Rechtsprechung, die derartige Stichtagsbetrachtungen anerkennt, nicht ausdrücklich Abstand genommen, sodass diese Rechtsprechung ggf. auf betriebsverfassungsrechtliche Entgeltgrundsätze begrenzt ist. Im Übrigen bleibt jedoch ohnehin abzuwarten, wie die weitere Entwicklung dieser Rechtsprechung erfolgt.

Praktisch dürfte sich die Frage der Geltendmachung einer Ungleichbehandlung ohnehin allenfalls aus der Perspektive von Arbeitnehmern, die an den neuen Entgeltgrundsätzen teilnehmen, stellen. Stellt der Arbeitgeber sein Entgeltsystem auf die Einführung variabler Entgeltkomponenten um, wird er regelmäßig bereits beschäftigten Arbeitnehmern eine **Umstellung auch deren Entgeltsystems angeboten** haben. Ungeachtet einer Stichtagsregelung liegt sodann der sachliche Grund einer Ungleichbehandlung dieser Arbeitnehmergruppen darin, ein entsprechendes Angebot des Arbeitgebers an einer Teilnahme an dem neuen Entgeltsystem abgelehnt zu haben.

Eine andere Frage ist es, ob beispielsweise von allgemeinen **Entgelterhöhungen** Arbeitnehmer ausgenommen werden können, die eine **Vertragsumstellung verweigert** haben. Das BAG hat eine Ungleichbehandlung von Arbeitnehmern bei Entgelterhöhungen in Anknüpfung an unterschiedliche Entgeltstrukturen in der Vergangenheit anerkannt, wenn etwa der Arbeitgeber Entgelterhöhungen nur solchen Arbeitnehmern gewährt, die verschlechternde Arbeitsbedingungen akzeptiert haben und der Arbeitgeber dementsprechend in Anknüpfung an bereits abgesenkte Arbeitsbedingungen Entgelterhöhungen nur bei diesem Kreis der Arbeitnehmer vornimmt, um damit verbundene Nachteile zu kompensieren.[7] Dieser Gedanke ist bei einer Umstellung des Entgeltsystems nicht ohne Weiteres verallgemeinerungsfähig, da regelmäßig gerade keine generellen Nachteile mit dem neuen Entgeltsystem verbunden sein dürften. Die Herausnahme von Arbeitnehmern oder Gruppen von ihnen aus einer allgemeinen Entgelterhöhung darf allein kompensatorisch erfolgen, nicht jedoch zu einer Überkompensation führen.[8]

Allerdings kommt in Betracht, eine Entgelterhöhung daran zu knüpfen, dass die Umstellung auf variable Entgeltkomponenten beispielhaft wegen nicht (vollständiger) Zielerreichung **faktisch zu einem niedrigeren Gesamtentgelt**[9] gegenüber dem zuvor bei einem solchen Arbeitnehmer anwendbaren Entgeltsystem führt. In dieser Situation dürfte bei der Risikoverlagerung hinsichtlich des Nichterreichens von Zielen eine vergleichbare Situation wie bei von vornherein verschlechternden Arbeitsvertragsbedingungen gegeben sein und eine Ungleichbehandlung bei künftigen Entgeltanpassungen gerechtfertigt sein.

---

[5] BAG 18.9.2007 – 9 AZR 788/06, AP BGB § 307 Nr. 29.
[6] BAG 18.11.2011 – 1 ABR 25/10, AP BetrVG 1972 § 87 Lohngestaltung Nr. 141; aA *Salamon* NZA 2012, 899.
[7] BAG 30.7.2008 – 10 AZR 497/07, NZA 2008, 1412 (1414).
[8] BAG 3.9.2014 – 5 AZR 6/13, NZA 2015, 222 (224).
[9] BAG 3.9.2014 – 5 AZR 6/13, NZA 2015, 222 (224).

N. Die betriebsverfassungsrechtliche Bedeutung

Übersicht

	Rn.
I. Mitbestimmungsrechte des Betriebsrates	1
1. Überblick	1
2. Mitbestimmung bei Fragen der betrieblichen Entgeltgestaltung	11
a) Inhalt des Mitbestimmungsrechts	11
aa) Kollektiver Tatbestand	13
bb) Entgeltbegriff	15
cc) Mitbestimmungsfreier Dotierungsrahmen	19
dd) Tarifvorbehalt	25
ee) Betriebsverfassungsrechtlich freiwillige Gesamtvergütung	28
b) Entgeltgrundsätze	32
aa) Allgemeines	32
bb) Entgeltgruppen und Eingruppierungsmerkmale	34
cc) Ecklohn	36
dd) Nebeneinander mehrerer Entgeltsysteme	39
c) Einmalzahlungen	41
d) Mitbestimmung bei bestimmten Leistungsentgelten	45
aa) Leistungsentgelte iSd § 87 Abs. 1 Nr. 11 BetrVG	46
bb) Mitbestimmung bei Leistungsentgelten	48
e) Mitbestimmung bei Einführung und Änderung gem. § 87 Abs. 1 Nr. 10 BetrVG	49
aa) Mitbestimmung bei der Einführung	49
(1) Mitbestimmungsfreiheit bei der Dotierung	50
(2) Berücksichtigung gesetzlicher oder tariflicher Grenzen	51
bb) Mitbestimmung bei der Änderung	58
(1) Gleichmäßige Anpassung	59
(2) Eingriff in den Leistungsplan	61
(3) Bezugspunkt betriebsverfassungsrechtlich freiwilliger Gesamtvergütung	63
(4) Mitbestimmung bei der Anrechnung einer Tariflohnerhöhung	70
f) Rechtsfolgen fehlender Beteiligung des Betriebsrates	75
aa) Begrenzung der arbeitsvertraglichen Gestaltungsfreiheit	75
bb) Theorie der Wirksamkeitsvoraussetzung	76
3. Zuständigkeit der Einigungsstelle	79
4. Flankierende Mitbestimmungsrechte	84
a) Verhalten der Arbeitnehmer im Betrieb	84
b) Technische Überwachungseinrichtungen	91
c) Beurteilungsgrundsätze	97
d) Berufsbildung	100
aa) Berufsbildung	102
bb) Mitbestimmung bei der betrieblichen Berufsbildung	106
cc) Mitbestimmung bei der außerbetrieblichen Berufsbildung	109
e) Weitere denkbare Anknüpfungspunkte einer Mitbestimmung	112
II. Ausübung der Mitbestimmung	115
1. Regelungsabrede	115
2. Betriebsvereinbarungen	120
a) Unmittelbare und zwingende Geltung	120
b) Zustandekommen	127
c) Rechtliche Grenzen	133
aa) Regelungssperre des § 77 Abs. 3 BetrVG	133
bb) Regelungsschranke des § 75 BetrVG	140
cc) Auslegung, Transparenz	148
d) Günstigkeitsvergleich	150
e) Beendigung der Betriebsvereinbarung	152

	Rn.
aa) Befristung	152
bb) Aufhebung	154
cc) Kündigung	156
dd) Nachwirkung	159

3. Zuständigkeitsverteilung zwischen Betriebs-, Gesamtbetriebs- sowie Konzernbetriebsrat 165

I. Mitbestimmungsrechte des Betriebsrates

1. Überblick

1   Amtiert ein Betriebsrat, sind dessen Beteiligungsrechte zu beachten. Das Betriebsverfassungsgesetz differenziert bei den Beteiligungsrechten danach, ob der Betriebsrat lediglich zu unterrichten (**Informationsrechte**), mit ihm zu beraten (**Beratungsrechte**) oder durch ihn mitzuentscheiden (**Mitbestimmungsrechte**) ist. Nur bei einer Mitentscheidung des Betriebsrates ist der Arbeitgeber auf die Zustimmung des Betriebsrates angewiesen und kann der Betriebsrat durch Verweigerung der Zustimmung (zunächst) Maßnahmen des Arbeitgebers verhindern.

Beispiel:

Ist der Betriebsrat lediglich zu unterrichten, ist das Mitbestimmungsrecht durch vollständige Information des Betriebsrates erledigt und kann der Arbeitgeber die Maßnahme umsetzen.

Hat der Arbeitgeber mit dem Betriebsrat zu beraten, muss er diesem Gelegenheit zur Einbringung seiner Vorstellungen und Anregungen geben und sich mit diesen auseinandersetzen; das Ende einer Beratungsphase ist mitunter in der Praxis schwer abzugrenzen, wenn stetig weitere Gesichtspunkte angeführt werden. Erst nach Abschluss dieser Beratungen darf der Arbeitgeber die Maßnahme umsetzen.

Bedarf es der Zustimmung des Betriebsrates, besteht ein echtes Mitbestimmungsrecht des Betriebsrates. Solange die Zustimmung des Betriebsrates nicht vorliegt oder ggf. durch einen Spruch der Einigungsstelle ersetzt ist, darf der Arbeitgeber eine Maßnahme nicht umsetzen. Regelmäßig kommt es nicht darauf an, aus welchen Gründen der Betriebsrat seine Zustimmung nicht erteilt.

2   Bei Fragen der Entgeltgestaltung wird in der Regel das Beteiligungsrecht des Betriebsrates aus **§ 87 Abs. 1 Nr. 10 BetrVG** im Mittelpunkt stehen. Nach § 87 Abs. 1 Nr. 10 BetrVG hat der Betriebsrat bei Fragen der betrieblichen Lohngestaltung, insbesondere der Aufstellung von Entlohnungsgrundsätzen sowie der Einführung und Anwendung von neuen Entlohnungsmethoden und deren Änderung mitzubestimmen.

3   Dieses Mitbestimmungsrecht wird flankiert durch die Mitbestimmung des Betriebsrates gem. **§ 87 Abs. 1 Nr. 4 BetrVG** über Zeit, Ort und Art der Auszahlung der Arbeitsentgelte. Dieser Mitbestimmungstatbestand hat insbesondere Bedeutung für die Fälligkeit des Arbeitsentgelts bzw. einzelner Komponenten des Entgelts.

4   Das Beteiligungsrecht des Betriebsrates nach § 87 Abs. 1 Nr. 10 BetrVG kann durch ein weiteres aus **§ 87 Abs. 1 Nr. 1 BetrVG** über Fragen des Verhaltens der Arbeitnehmer im Betrieb begleitet sein, wenn etwa im Zusammenhang mit einvernehmlich festzulegenden Zielvereinbarungen formalisierte Mitarbeitergespräche ein- und durchgeführt werden sollen.

5   Als weiteres Beteiligungsrecht aus § 87 BetrVG kommt das Mitbestimmungsrecht bei der Einführung und Anwendung von technischen Einrichtungen, die zur Überwachung des Verhaltens oder der Leistung der Arbeitnehmer bestimmt sind, in Betracht **(§ 87**

Abs. 1 Nr. 6 BetrVG), wenn etwa zum Zwecke der Feststellung einer Zielerreichung eine EDV-Auswertung erfolgen soll.

Diese in § 87 BetrVG geregelten Beteiligungsrechte des Betriebsrates stellen echte Mit- 6 bestimmungsrechte dar. Der Arbeitgeber darf die Maßnahme ohne Vorliegen der **Zustimmung des Betriebsrates** nicht umsetzen. Verweigert der Betriebsrat die Zustimmung, kann diese durch die Einigungsstelle ersetzt werden. Bis zur Ersetzung der Zustimmung des Betriebsrates durch die Einigungsstelle darf der Arbeitgeber keine Maßnahmen durchführen, keine diesbezüglichen Anordnungen treffen etc.

Beteiligungsrechte des Betriebsrates im Zusammenhang mit Entgeltsystemen können 7 allerdings unter weiteren Gesichtspunkten entstehen. Stellt etwa der Arbeitgeber zum Zwecke der Eingruppierung oder der Feststellung der Zielerreichung allgemeine Beurteilungsgrundsätze auf, bedarf dies gem. **§ 94 Abs. 2 BetrVG** der Zustimmung des Betriebsrates. Auch insoweit besteht ein echtes Mitbestimmungsrecht des Betriebsrates. Gleiches gilt im Falle der Aufstellung von Auswahlrichtlinien als Vorfrage einer Umgruppierung (**§ 95 BetrVG**).

In der Diskussion stehen kann darüber hinaus bei der erfolgsabhängigen Entgeltgestal- 8 tung, ob etwa die Motivationswirkung eines Ziels das Arbeitsverhalten mit Auswirkungen auf die Planung von Arbeitsverfahren und Arbeitsabläufen iSd **§ 90 BetrVG (Informations- und Beratungsrecht)** berührt oder sich Folgefragen zum Schutze vor Überbeanspruchung unter dem Gesichtspunkt des **Arbeits- und Gesundheitsschutzes (§ 87 Abs. 1 Nr. 7 BetrVG)** ergeben.

Schließlich können Fragen der **Berufsbildung** iSd **§§ 96 ff. BetrVG** im Raum stehen, 9 wenn etwa eine Zielkomponente im erfolgreichen Abschluss einer bestimmten Bildungsmaßnahme liegt oder eine solche Voraussetzung für die Qualifikation zur Bearbeitung einer Zielkomponente ist.

Im Falle einer Ein- oder Umgruppierung kommt sodann die Mitbestimmung des Be- 10 triebsrates bei personellen Einzelmaßnahmen gem. § 99 BetrVG zum Tragen. Dies ist keine Frage mehr der Entgeltgestaltung, sondern der Umsetzung eines Entgeltsystems. Die Zuordnung der einzelnen Arbeitnehmer zu bestimmten Entgeltgruppen unterfällt gem. **§ 99 BetrVG** der Mitbeurteilung des Betriebsrates. Der Betriebsrat kann seine Zustimmung unter Beachtung bestimmter formaler Gesichtspunkte verweigern. In diesem Falle muss der Arbeitgeber die Zustimmung des Betriebsrates durch das Arbeitsgericht ersetzen lassen, kann jedoch ein vorläufiges Verfahren gem. § 100 BetrVG durchführen.

2. Mitbestimmung bei Fragen der betrieblichen Entgeltgestaltung

a) Inhalt des Mitbestimmungsrechts

Im Mittelpunkt bei Entgeltsystemen wird regelmäßig das Mitbestimmungsrecht des Be- 11 triebsrates aus **§ 87 Abs. 1 Nr. 10, ggf. auch Nr. 11 BetrVG** stehen. Hiernach hat der Betriebsrat bei **Fragen der betrieblichen Entgeltgestaltung** mitzubestimmen, insbesondere bei der Aufstellung von **Entlohnungsgrundsätzen** und der Einführung und Anwendung von neuen **Entlohnungsmethoden** sowie der Festsetzung von Akkord- und Prämiensätzen und vergleichbarer leistungsbezogener Entgelte einschließlich der Geldfaktoren.

Zweck des Mitbestimmungsrechts ist eine **Beteiligung des Betriebsrates an Ent-** 12 **scheidungen des Arbeitgebers über das Arbeitsentgelt,** um Arbeitnehmer vor einseitig an dem Interesse des Arbeitgebers orientierten oder willkürlichen Entgeltgestaltungen zu schützen. Das Mitbestimmungsrecht dient damit einer **transparenten Gestaltung** des betrieblichen Entgeltgefüges und der Sicherstellung **innerbetrieblicher Verteilungsgerechtigkeit**.[1]

aa) Kollektiver Tatbestand

13 Wie jedes Mitbestimmungsrecht aus § 87 Abs. 1 BetrVG setzt auch die Mitbestimmung bei Entgeltgrundsätzen einen sog. **kollektiven Tatbestand** voraus.[2] Das Mitbestimmungsrecht besteht nicht bei individuellen Entgeltvereinbarungen, die mit Blick auf die Umstände des einzelnen Arbeitnehmers getroffen werden, sodass bei ihnen kein Zusammenhang zur Leistung anderer Arbeitnehmer besteht.[3] Ein (mitbestimmungspflichtiger) kollektiver Tatbestand liegt dagegen vor, wenn allgemeine Merkmale für die Entgeltfindung zum Tragen kommen und der Arbeitgeber **nicht lediglich individuell** auf die Situation bei einem konkreten Arbeitnehmer reagiert.[4]

14 Die **Anzahl der betroffenen Arbeitnehmer** ist ein Indiz.[5] Die Betroffenheit nur eines einzelnen Arbeitnehmers schließt einen kollektiven Tatbestand indessen nicht aus. Dieser kann lediglich der erste Anwendungsfall einer Regelhaftigkeit und damit eines kollektiven Tatbestandes sein oder das Ergebnis einer vergleichenden Betrachtung mit anderen Arbeitnehmern. Ein kollektiver Tatbestand liegt nicht vor, wenn der Arbeitgeber sich lediglich einem Wunsch des Arbeitnehmers beugt.[6]

Beispiel:

Möchte der Arbeitgeber einem Arbeitnehmer ein herausgehobenes Entgelt gewähren, weil er besondere Erfahrungen oder Fertigkeiten mitbringt, handelt es sich um eine vergleichende Betrachtung einer Mehrzahl von Arbeitnehmern mit deren jeweiligen Erfahrungen und Fertigkeiten. Ein kollektiver Tatbestand wird nicht auszuschließen sein.

Vereinbart der Arbeitgeber indessen mit einem Arbeitnehmer ein herausgehobenes Entgelt, weil dieser anderenfalls nicht bereit ist, in ein Arbeitsverhältnis mit dem Arbeitgeber zu treten, beugt sich der Arbeitgeber lediglich einer Forderung des einzelnen Arbeitnehmers. Ein kollektiver Tatbestand ist nicht gegeben.

bb) Entgeltbegriff

15 Mitbestimmungspflichtig nach § 87 Abs. 1 Nr. 10 BetrVG ist generell die Aufstellung oder Änderung von Entgeltgrundsätzen. Dabei handelt es sich um abstrakte Kriterien, nach denen der Arbeitgeber Arbeitsleistungen und/oder Betriebstreue vergütet.[7] Gegenstand der Mitbestimmung ist damit das **System, nach welchem die Bestimmung des Arbeitsentgeltes erfolgt**.[8] Dabei ist es für das Mitbestimmungsrecht nicht maßgebend, nach welchem System die Bemessung des Entgelts erfolgt.

16 Das Mitbestimmungsrecht des Betriebsrates soll Arbeitnehmer vor einer einseitig an den Interessen des Arbeitgebers ausgerichteten oder willkürlichen Entgeltgestaltung schüt-

---

[1] BAG 2.3.2004 – 1 ABR 15/03, AP BetrVG 1972 § 99 Nr. 123; 11.6.2002 – 1 ABR 44/01, AP ZPO 1977 § 256 Nr. 70; *Fitting* BetrVG § 87 Rn. 407; GK-BetrVG/*Wiese* § 87 Rn. 805.
[2] *Löwisch/Kaiser* BetrVG § 87 Rn. 1.
[3] BAG 3.12.1991 – GS 1/90, AP BetrVG 1972 § 87 Lohngestaltung Nr. 52; *Fitting* BetrVG § 87 Rn. 420; Richardi BetrVG/*Richardi* § 87 Rn. 751.
[4] BAG 27.10.1992 – 1 ABR 17/92, AP BetrVG 1972 § 87 Lohngestaltung Nr. 61; *Fitting* BetrVG § 87 Rn. 422 ff.
[5] BAG 22.4.1997 – 1 ABR 77/96, AP BetrVG 1972 § 87 Lohngestaltung Nr. 88 = NZA 1997, 1059 (1060).
[6] BAG 27.10.1992 – 1 ABR 17/92, AP BetrVG 1972 § 87 Lohngestaltung Nr. 61 = NZA 1993, 561 (563).
[7] BAG 28.3.2006 – 1 ABR 59/04, AP BetrVG 1972 § 87 Lohngestaltung Nr. 128; 29.2.2000 – 1 ABR 4/99, AP BetrVG 1972 § 87 Lohngestaltung Nr. 105; *Fitting* BetrVG § 87 Rn. 417 mwN.
[8] BAG 18.10.2011 – 1 ABR 25/10, NZA 2012, 392 (394); 10.11.2009 – 1 AZR 511/08, NZA 2011, 475 (476); 26.8.2008 – 1 AZR 354/07, NZA 2008, 1426 (1429); *Fitting* BetrVG § 87 Rn. 417 mwN; ErfK/*Kania* BetrVG § 87 Rn. 99 ff.

zen. Mit der Ausübung des Mitbestimmungsrechts soll die Angemessenheit und Durchsichtigkeit des innerbetrieblichen Entgeltgefüges sichergestellt und **innerbetriebliche Entgeltgerechtigkeit** gewährleistet werden.[9] Der Betriebsrat hat damit ein umfassendes Mitbestimmungsrecht im Bereich der betrieblichen Entgeltgestaltung.

Beispiel:

Das Mitbestimmungsrecht ist nicht davon abhängig, ob Zeit- oder Leistungsentgelt, regelmäßige oder einmalige Leistungen, das Grundentgelt oder Sach- und Nebenleistungen betroffen sind, solange es sich nur um Leistungen zur Vergütung von Arbeit handelt.

Zum mitbestimmungspflichtigen Entgelt zählen alle Geld- oder geldwerten Leistungen des Arbeitgebers.[10] Dies umfasst das **eigentliche Arbeitsentgelt** als Gegenleistung für geleistete Arbeit, einschließlich sämtlicher Zulagen, Zuschläge oder erfolgsabhängiger Entgelte.[11] Es umfasst darüber hinaus sämtliche Einmal- oder wiederkehrenden Leistungen mit **Gratifikationscharakter** unabhängig von der Zahlungsweise.[12] Des Weiteren zählen geldwerte **Sach- oder Dienstleistungen** zum mitbestimmungspflichtigen Entgelt.[13] Dies geht bis zur Mitbestimmung bei der privaten Nutzung eines Firmen-Pkw. 17

Beispiel:

Bestehen beim Arbeitgeber Richtlinien über Entgeltbänder der verschiedenen Arbeitsplätze als Ober- und Untergrenzen bei der Entgeltverhandlung und werden neben dem Grundentgelt ein Urlaubsgeld im Mai sowie ein Weihnachtsgeld im Dezember neben monatlichen vermögenswirksamen Leistungen gewährt, fallen sämtliche dieser Entgeltkomponenten unter den mitbestimmungspflichtigen Entgeltbegriff des § 87 Abs. 1 Nr. 10 BetrVG.

Kein Entgelt iSd Mitbestimmungstatbestandes sind Leistungen mit **Aufwendungsersatzcharakter** – etwa Reisekostenerstattung nach Maßgabe einer Reiskostenrichtlinie – oder **Abfindungen,** die als Entschädigung für den Verlust des Arbeitsplatzes gewährt werden. 18

cc) Mitbestimmungsfreier Dotierungsrahmen

Die Gewährung von Entgeltkomponenten – das Grundentgelt ausgenommen – beruht vielfach auf einer **entgeltpolitischen Entscheidung** des Arbeitgebers über den Zweck und die Höhe bestimmter Entgeltkomponenten. Der Arbeitgeber kann sich – freiwillig – zu solchen Leistungen entschließen. Diese Fragen sind der Mitbestimmung des Betriebsrates entzogen.[14] Der Arbeitgeber darf durch die Mitbestimmung des Betriebsrats **nicht zu Leistungen gezwungen werden,** die er nicht bereits aus anderen Gründen erbringen muss. 19

Der Arbeitgeber ist insoweit frei darin zu entscheiden, ob er überhaupt eine bestimmte freiwillige Leistung für einen bestimmten Zweck erbringt, in welchem Umfang er dafür finanzielle Mittel zur Verfügung stellt und – dies ist in der Regel eine Folge des Leistungszwecks – welcher Kreis an Arbeitnehmern durch die Leistung begünstigt werden soll.[15] Diese **Dotierung** der Leistung gibt der Arbeitgeber **mitbestimmungsfrei** vor. 20

Nur im Rahmen dieser Vorgaben besteht das Mitbestimmungsrecht des Betriebsrates. Das Mitbestimmungsrecht betrifft sodann die Ausgestaltung dieser Dotierung durch den 21

---

[9] *Fitting* BetrVG § 87 Rn. 408; ErfK/*Kania* BetrVG § 87 Rn. 96.
[10] BAG 18.3.2014 – 1 ABR 75/12, NZA 2014, 984 (985).
[11] BAG 14.6.1994 – 1 ABR 63/93, AP BetrVG 1972 § 87 Lohngestaltung Nr. 69.
[12] BAG 29.2.2000 – 1 ABR 4/99, AP BetrVG 1972 § 87 Lohngestaltung Nr. 105.
[13] BAG 8.11.2011 – 1 ABR 37/10, AP BetrVG 1972 § 87 Sozialeinrichtung Nr. 22 = NZA 2012, 462 (464); 22.10.1985 – 1 ABR 38/83, AP BetrVG 1972 § 87 Lohngestaltung Nr. 18.
[14] BAG 18.10.2011 – 1 ABR 25/10, NZA 2012, 392 (396); 26.8.2008 – 1 AZR 354/07, NZA 2008, 1426 (1429); *Fitting* BetrVG § 87 Rn. 419 mwN; ErfK/*Kania* BetrVG § 87 Rn. 103.
[15] BAG 23.1.2008 – 1 ABR 82/06, AP BetrVG 1972 § 87 Leistungslohn Nr. 9 = NZA 2008, 774 (777).

Verteilungsplan. Die Dotierungsentscheidung unterliegt allein einer **Rechtskontrolle.** Diese Kontrolle erfolgt insbesondere anhand der Grenzen des § 75 BetrVG, etwa auf die Einhaltung von Gleichbehandlungspflichten, Diskriminierungsverboten oder der Zulässigkeit des verfolgten Zwecks.

Beispiel:

Die Gewährung eines Urlaubsgeldes erst ab Vollendung eines bestimmten Lebensalters hielte wegen Verstoßes gegen Diskriminierungsverbote – hier aufgrund des Alters – einer Rechtskontrolle nicht stand. Die Dotierung zum Zweck der Gewährung eines Urlaubsgeldes wäre auf alle Arbeitnehmer zu beziehen.

22 Die **mitbestimmungsfreie Dotierung** des Arbeitgebers umfasst den Dotierungsrahmen und den Dotierungszweck einschließlich des begünstigten Personenkreises. Keiner Mitbestimmung unterliegt deshalb die Entscheidung des Arbeitgebers über das **Finanzvolumen,** das er für eine solche Leistung zur Verfügung stellt. Dieser sog. **Dotierungsrahmen** der freiwilligen Leistung bleibt mitbestimmungsfrei.

Beispiel:

Der Arbeitgeber kann einen festen Betrag für eine bestimmte Leistung zur Verfügung stellen, der unter Wahrung der Mitbestimmungsrechte des Betriebsrates zu verteilen ist.

Fehlt es an einem feststehenden Betrag, wird der Dotierungsrahmen aufgrund des Leistungszwecks, des über diesen zu bestimmenden Kreis der Begünstigten und die Höhe der geplanten Leistung im Einzelfall bestimmbar sein. Im Falle variabler Entgeltkomponenten wird in der Regel der auf voller Zielerreichung basierende Betrag heranzuziehen sein. Die Mitbestimmung des Betriebsrates über den Leistungsplan muss sich innerhalb dieser Vorgaben halten.

23 Die Summe der einzelnen Leistungen aufgrund des Leistungsplanes darf dabei den Dotierungsrahmen nicht überschreiten. Als weitere mitbestimmungsfreie Vorgabe muss der Leistungsplan die Dotierungsentscheidung über den Zweck der freiwilligen Leistung beachten. Der Arbeitsgeber kann als weiteren Bestandteil seiner mitbestimmungsfreien Dotierungsentscheidung vorgeben, zu welchem Zweck er eine freiwillige Leistung gewähren will.[16] Der Betriebsrat hat nicht darüber mitzubestimmen, ob der für einen bestimmten Zweck zur Verfügung gestellte Dotierungsrahmen für einen anderen Zweck verwendet werden soll.

Beispiel:

Stellt der Arbeitgeber ein Finanzvolumen zur Honorierung besonderer Leistungen zur Verfügung, kann der Betriebsrat nicht über sein Mitbestimmungsrecht erzwingen, dass stattdessen eine Betriebstreueleistung gewährt werden soll.

24 Aus der Zweckbestimmung folgt in der Regel zugleich, welcher **Personenkreis** durch die freiwillige Leistung begünstigt werden soll.[17]

Beispiel:

Dient ein Finanzvolumen der Honorierung besonderer strategischer Führungsleistungen, folgt daraus als begünstigter Personenkreis eine Gruppe von Arbeitnehmern, bei denen strategische Führungsaufgaben anfallen. Eine Ausweitung auf andere Arbeitnehmergruppen müsste die Zweckbestimmung sprengen.

---

[16] ErfK/*Kania* BetrVG § 87 Rn. 109.
[17] BAG 18.3.2014 – 1 ABR 75/12, NZA 2014, 984 (986).

dd) Tarifvorbehalt

Mitbestimmungsrechte des Betriebsrates sind nach § 87 Abs. 1 Hs. 1 BetrVG ausgeschlossen, soweit eine gesetzliche oder tarifliche Regelung besteht. Dies setzt voraus, dass eine gesetzliche oder tarifliche Regelung zwingend gilt und soweit **abschließenden Charakter** hat, dass sie vom Arbeitgeber bloß noch vollzogen werden bracht.[18] In diesem Falle wird der Schutz des Arbeitnehmers über die gesetzliche oder tarifliche Regelung gewährleistet und bedarf er keines weiteren Schutzes über eine vom Betriebsrat mitbestimmte Regelung. Da gesetzliche Bestimmungen wie das MiLoG oder Verordnungen auf Grundlage des AEntG in der Regel nur Mindestarbeitsbedingungen aufweisen, schließen sie Mitbestimmungsrechte des Betriebsrates regelmäßig nicht aus.[19] Tarifverträge weisen hingegen häufig abschließende Regelungen über die in ihnen behandelten Entgeltkomponenten auf.

25

Der Tarifvorbehalt setzt stets voraus, dass der Tarifvertrag für den Betrieb zur Anwendung kommt. Hierfür genügt nach der Rechtsprechung eine **Tarifbindung nur des Arbeitgebers.**[20] Soweit ein solcher Tarifvertrag zwingende und abschließende Bestimmungen enthält – etwa über Entgeltgruppen –, ist er für den gesamten Betrieb als betriebsverfassungsrechtlicher Entgeltgrundsatz zu betrachten, schließt Mitbestimmungsrechte des Betriebsrates insoweit aus und zwingt er den Arbeitgeber zur Beachtung auch gegenüber nicht tarifgebundenen Arbeitnehmern.[21] Das tarifliche Entgeltsystem tritt an die Stelle auf betrieblicher Ebene mit dem Betriebsrat zu vereinbarender Entgeltgrundsätze; lediglich die tarifliche absolute Höhe der Vergütung bleibt unbeachtlich, weil insoweit gleichermaßen kein Mitbestimmungsrecht des Betriebsrates bestünde.[22]

26

Die Mitbestimmung bei über- oder außertariflichen Leistungen wird nach § 87 Abs. 1 Hs. 1 BetrVG indessen nicht ausgeschlossen.

27

Beispiel:
Ist der Arbeitgeber tarifgebunden und sieht ein Tarifvertrag ein Entgeltgruppensystem vor, gilt dieses als betriebsverfassungsrechtlicher Entgeltgrundsatz für den gesamten Betrieb und schließt insoweit eine Mitbestimmung aus. Für übertarifliche Zulagen oder im Tarifvertrag nicht behandelte Sonderzahlungen greift die Vermutung eines ausreichenden Schutzes über die Tarifparteien indessen nicht ein und kommt die Mitbestimmung des Betriebsrates zum Tragen.

ee) Betriebsverfassungsrechtlich freiwillige Gesamtvergütung

Bezugspunkt für die Ausübung der Mitbestimmung des Betriebsrates ist grundsätzlich die jeweilige Dotierung als Maßgabe für die Aufstellung eines Leistungsplans. Das BAG betrachtet als Bezugspunkt der Mitbestimmung über den Leistungsplan aber grundsätzlich nicht die jeweils einzelnen Entgeltkomponenten. Vielmehr ist nach dieser Rechtsprechung Bezugspunkt der Mitbestimmung des Betriebsrates die **Gesamtheit der mitbestimmten freiwilligen Leistungen,** die sog. betriebsverfassungsrechtlich freiwillige Gesamtvergütung.

28

Ist der Arbeitgeber tarifgebunden, handelt es sich bei sämtlichen nicht aufgrund des Tarifvertrags vorgegebenen Leistungen um betriebsverfassungsrechtlich betrachtet freiwillige Leistungen. Bezugspunkt dieser Freiwilligkeit ist allein der Mitbestimmungsausschluss gem. § 87 Abs. 1 BetrVG durch eine geltende gesetzliche oder tarifliche Regelung. Ist der

29

---

[18] *Fitting* BetrVG § 87 Rn. 48.
[19] Vgl. BAG 24.7.1991 – 7 ABR 76/89, AP BetrVG 1972 § 41 Nr. 1 = NZA 1991, 980 (981).
[20] BAG 28.3.2017 – 1 ABR 1/16, NZA 2017, 1137 (1139); 18.10.2011 – 1 ABR 25/10, NZA 2012, 392 (394).
[21] BAG 28.3.2017 – 1 ABR 1/16, NZA 2017, 1137 (1139); 18.10.2011 – 1 ABR 25/10, NZA 2012, 392 (394); krit. *Salamon* NZA 2012, 899 (899 ff.).
[22] BAG 18.10.2011 – 1 ABR 25/10, NZA 2012, 392 (394).

Arbeitgeber nicht tarifgebunden, leistet er nach dieser Betrachtung die **gesamte Vergütung** iSd § 87 Abs. 1 BetrVG mangels normativer Verpflichtung **freiwillig,** woran eine Vergütungspflicht aufgrund bestehender vertraglicher Abreden nichts ändere.[23] Bei diesem Bezugspunkt der auszuübenden Mitbestimmung kommt eine Aufspaltung in die einzelnen Entgeltkomponenten als Mehrzahl von Bezugspunkten für gesondert zu betrachtende Leistungspläne nicht in Betracht.[24]

30   Daran ist richtig, dass Arbeitgeber und Betriebsrat einzelne Entgeltkomponenten und deren Verteilung vielfach mit Blick auf die Gesamtheit des aus unterschiedlichen Entgeltkomponenten zusammengesetzten Entgelts bewerten werden. Der Bezugspunkt der betriebsverfassungsrechtlich freiwilligen Gesamtvergütung trifft diese **Gesamtheit der von den Betriebsparteien zu verteilenden Entgeltkomponenten.**[25]

Beispiel:

Die Betriebsparteien sehen für untere Entgeltgruppen Zulagen vor, die in der Relation zum Gesamtverdienst höher sind, als bei höheren Entgeltgruppen, um das Entgeltniveau im niedrigeren Einkommensbereich zu Lasten der höheren Entgeltgruppen zu erhöhen. Der Leistungsplan über die Zulage kann nicht ohne Blick auf den Gesamtverdienst bewertet werden.

31   Diese Betrachtung ist indessen nicht zwingend. Im Zusammenhang mit der Nachwirkung von Betriebsvereinbarungen hat das BAG zwischenzeitlich mehrfach darauf erkannt, dass ein einheitliches Regelungsgefüge etwa durch die Vereinbarung gesonderter Betriebsvereinbarungen über einzelne Entgeltkomponenten ohne wechselseitige Bezugnahmen aufeinander widerlegt sein kann.[26]

Beispiel:

Ein Weihnachtsgeld wird zeitlich unabhängig von einer Gestaltung der Entgeltgruppen und ohne jede Bezugnahme auf sonstige Entgeltkomponenten in einer eigenständigen Betriebsvereinbarung geregelt.

b) Entgeltgrundsätze

aa) Allgemeines

32   Mitbestimmungspflichtig nach § 87 Abs. 1 Nr. 10 BetrVG ist zunächst die Aufstellung von Entgeltgrundsätzen. Typischerweise betreffen Entgeltgrundsätze ein System unter der Bildung von Entgeltgruppen nach **abstrakten Kriterien** einschließlich der abstrakten Wertunterschiede zwischen den einzelnen Entgeltgruppen in Prozent- oder anderen Bezugsgrößen.[27] Mit einem solchen Entgeltschema wird die Zuordnung der Arbeitnehmer zu einer bestimmten Entgeltgruppe nach abstrakt-generellen Merkmalen ermöglicht, so dass die Abstufung zwischen den Entgeltgruppen die Wertunterschiede zwischen den eingereihten Arbeitsplätzen zum Ausdruck bringt und damit die vom Mitbestimmungsrecht behandelte Frage der **Verteilungsgerechtigkeit** betrifft.[28]

---

[23] BAG 26.8.2008 – 1 AZR 354/07, NZA 2008, 1426 (1428).
[24] BAG 26.8.2008 – 1 AZR 354/07, NZA 2008, 1426 (1428).
[25] Ebenso *Fitting* BetrVG § 87 Rn. 412, § 77 Rn. 191; *Salamon* NZA 2010, 745 (748); krit. Richardi BetrVG/*Richardi* § 87 Rn. 746.
[26] BAG 10.12.2013 – 1 ABR 39/12, NZA 2014, 1040 (1042); 5.10.2010 – 1 ABR 20/09, NZA 2011, 598 (599); zusammenfassend *Salamon* NZA 2011, 549 (549ff.).
[27] BAG 18.10.2011 – 1 ABR 25/10, NZA 2012, 392 (394); *Fitting* BetrVG § 87 Rn. 417 mwN; ErfK/*Kania* BetrVG § 87 Rn. 99ff.
[28] BAG 18.10.2011 – 1 ABR 25/10, NZA 2012, 392 (395); *Fitting* BetrVG § 87 Rn. 417 mwN; ErfK/*Kania* BetrVG § 87 Rn. 99ff.

Beispiel:

Entgeltgrundsätze ermöglichen und erfordern die Eingruppierung von Arbeitnehmern, wenn sie mindestens zwei Entgeltgruppen vorsehen. In der Regel wird entsprechend den unterschiedlichen Arbeitsaufgaben auf den einzelnen Arbeitsplätzen eine größere Anzahl von Entgeltgruppen vorgesehen. Mit den Entgeltgruppen und deren Abstand zueinander wird zugleich die Verteilung des Arbeitsentgelts anhand der Wertunterunterschiede der Tätigkeiten auf den einzelnen Arbeitsplätzen festgelegt.

Gegenstand von Entgeltgrundsätzen kann neben oder anstelle der Einreihung von Arbeitsplätzen in ein Entgeltschema aber auch die generelle Frage sein, ob und ggf. für welche Arbeitnehmergruppen sich die Vergütung aus **unterschiedlichen Komponenten** (Grundvergütung, Zulagen, Einmalzahlungen etc.) zusammensetzt.[29] Ein solcher Entgeltgrundsatz erstreckt sich nach der Rechtsprechung des BAG auf die Gesamtheit sämtlicher Entgeltkomponenten eines Arbeitnehmers oder einer Arbeitnehmergruppe als **Gesamtvergütung**.[30] Flankierend besteht gem. § 87 Abs. 1 Nr. 4 BetrVG ein Mitbestimmungsrecht über die Zeit der Auszahlung der Arbeitsentgelte, etwa ob eine Leistung monatlich ratierlich oder jährlich ausgezahlt wird.

Beispiel:

Entgeltgrundsätze können neben den Entgeltgruppen für die Bemessung der Grundvergütung vorsehen, dass Arbeitnehmer eine Weihnachtsgratifikation als Betriebstreueleistung, eine Sonderzahlung nach einem Zielvereinbarungsmodell und vermögenswirksame Leistungen erhalten. Der Entgeltgrundsatz umfasst sämtliche dieser Entgeltkomponenten als Gesamtvergütung.

bb) Entgeltgruppen und Eingruppierungsmerkmale

Die Aufstellung von Entgeltgruppen und Eingruppierungsmerkmalen kommt in der Praxis wegen des Tarifvorbehaltes gem. § 87 Abs. 1 Hs. 1 BetrVG nur bei tarifungebundenen Arbeitgebern in Betracht. Das Mitbestimmungsrecht dient dem Gesichtspunkt der Verteilungsgerechtigkeit unter dem Gesichtspunkt des Leistungsplans über den **Abstand der Entgelte** der einzelnen Arbeitnehmer zueinander. Die Eingruppierungsmerkmale dienen als Voraussetzung und gleichzeitig Instrument zur Transparenz der Zuordnung zu den einzelnen Entgeltgruppen. Die absolute Höhe der Vergütung ist nicht vom Mitbestimmungsrecht des Betriebsrates umfasst.[31]

Beispiel:

Entgeltgrundsätze über ein System von Entgeltgruppen zur Eingruppierung von Arbeitnehmern legen allein die abstrakten Eingruppierungskriterien und die Abstände der Entgeltgruppen zueinander – etwa in Prozentpunkten – fest. Solange der Arbeitgeber diese Abstände der Entgeltgruppen beachtet, kann er die absoluten Geldbeträge für das Grundentgelt mitbestimmungsfrei festlegen.

Der Mitbestimmung des Betriebsrates unterliegt – bis auf die Entgelthöhe selbst – die **gesamte Ausgestaltung** eines solchen Entgeltgruppensystems.[32] Dies umfasst die Festlegung der Anzahl der Entgeltgruppen, die Zuordnung von Eingruppierungsmerkmalen und die Bestimmung der Abstände der Entgelte der einzelnen Entgeltgruppen zueinander. Als Frage der Entgelthöhe mitbestimmungsfrei bleibt die Festlegung des Ecklohns, der

---

[29] BAG 26.8.2008 – 1 AZR 354/07, NZA 2008, 1426 (1429).
[30] BAG 26.8.2008 – 1 AZR 354/07, NZA 2008, 1426 (1429); *Salamon* NZA 2010, 745 (747f.).
[31] BAG 18.10.2011 – 1 ABR 25/10, NZA 2012, 392 (396); 26.8.2008 – 1 AZR 354/07, NZA 2008, 1426 (1429); *Fitting* BetrVG § 87 Rn. 419 mwN; ErfK/*Kania* BetrVG § 87 Rn. 103.
[32] BAG 18.10.1994 – 1 ABR 17/94, AP BetrVG 1972 § 87 Lohngestaltung Nr. 70.

sodann über die Abstände der einzelnen Entgeltgruppen zueinander die Entgelte sämtlicher Entgeltgruppen bestimmt.

Beispiel:
Mitbestimmungspflichtig ist die Ausgestaltung eines Entgeltgruppensystems, welches aus fünf Entgeltgruppen besteht, deren Entgelt im Mittel jeweils in 25 %-Schritten beginnend mit der untersten Entgeltgruppe ansteigt. Mitbestimmungsfrei ist allein die Bestimmung des Ecklohns, etwa 10,00 EUR brutto für die unterste Entgeltgruppe. Die Entgelte der weiteren Entgeltgruppen folgen sodann dem Automatismus der mitbestimmten Abstände der Entgeltgruppen zueinander.

Aus dem beispielhaften Ecklohn folgt ein Entgelt der Entgeltgruppe 1 von 10,00 EUR brutto, der Entgeltgruppe 2 von 12,50 EUR brutto, der Entgeltgruppe 3 von 15,00 EUR brutto usw.

cc) Ecklohn

36 Der Ecklohn bleibt mitbestimmungsfrei. Der Arbeitgeber kann ihn deshalb grundsätzlich mitbestimmungsfrei erstmals festlegen wie auch zu einem späteren Zeitpunkt absenken oder erhöhen. Aufgrund der bestehenbleibenden relativen Abstände der Entgelte in den verschiedenen Entgeltgruppen zueinander wirkt sich dies auf den mitbestimmten Leistungsplan nicht aus und ist daher nicht mitbestimmungspflichtig.[33]

Beispiel:
Erhöht der Arbeitgeber in vorstehendem Beispiel den Ecklohn von 10,00 EUR brutto um 2 % auf 10,20 EUR brutto, erhöht sich mit dem Entgelt der Entgeltgruppe 1 von 10,20 EUR gleichzeitig das Entgelt der Entgeltgruppe 2 auf 12,75 EUR brutto, der Entgeltgruppe 3 auf 15,30 EUR brutto usw. Die relativen Abstände von 25 % auf Basis der untersten Entgeltgruppe werden nicht angetastet. Bedarf für eine erneute Mitbestimmung des Betriebsrates entsteht nicht.

37 Eine mitbestimmungsfreie Anpassung allein der Entgelthöhe setzt aber voraus, dass der Arbeitgeber den Leistungsplan nicht antastet. Eine **ungleichmäßige Anpassung der Entgelthöhe** setzt deshalb die Zustimmung des Betriebsrates voraus.

Beispiel:
Möchte der Arbeitgeber bei einer allgemeinen Entgelterhöhung eine bestimmte Arbeitnehmergruppe ausnehmen, erhöht er den Abstand von deren Entgelt zum erhöhten Entgelt der anderen Arbeitnehmergruppen. Dies verändert den Leistungsplan und unterfällt der Mitbestimmung des Betriebsrates.[34]

38 Gleiches gilt, wenn ein Entgeltgruppensystem nur ein Teil einer **betriebsverfassungsrechtlich einheitlichen Gesamtvergütung** ist (→ Rn. 28). Verändern sich mit dem Ecklohn alle weiteren Entgeltkomponenten der gesamten einbezogenen Arbeitnehmerkreise, bleibt der Leistungsplan unangetastet und greift kein Mitbestimmungsrecht des Betriebsrates. Werden neben dem Entgelt anhand der Entgeltgruppen jedoch Pauschalbeträge gezahlt, deren Höhe unabhängig von dem Ecklohn bemessen ist, kann eine Veränderung des Ecklohns Abstände einzelner Leistungen zueinander verändern, was einen Eingriff in den Leistungsplan und damit eine Auslösung der Mitbestimmung des Betriebsrates bedeutet.

---

[33] BAG 3. 12. 1991 – GS 2/90, NZA 1992, 749 (757).
[34] BAG 21. 2. 2017 – 1 ABR 12/15, NZA 2017, 801 (803).

> **Praxistipp:**
> Es bedarf daher genauer Prüfung, welche Entgeltkomponenten Teil eines einheitlichen Leistungsplans über eine betriebsverfassungsrechtlich einheitliche Gesamtvergütung sind. Bei der Gestaltung solcher Leistungen kann eine Abgrenzung durch gesonderte Betriebsvereinbarung und insbesondere Klarstellung der Unabhängigkeit durch entsprechende Formulierungen erfolgen.

dd) Nebeneinander mehrerer Entgeltsysteme

Das BAG[35] lässt mehrere Entgeltsysteme nebeneinander – jedenfalls bei tätigkeitsbezogenen Unterschieden[36] – zu. Eine Grenze ist dort zu ziehen, wo eine Aufteilung der Belegschaft dem Zweck des Mitbestimmungsrechts aus § 87 Abs. 1 Nr. 10 BetrVG zuwider läuft. Da das Mitbestimmungsrecht aus § 87 Abs. 1 Nr. 10 BetrVG Entgelttransparenz sowie insbesondere eine Wahrung der **betrieblichen Entgelt- und Verteilungsgerechtigkeit** gewährleisten soll, muss dies Ausdruck des gesamten betrieblichen Entgeltgefüges sein.[37]

Unterschiedliche Entgeltsysteme innerhalb eines Betriebes können deshalb durch den Sachgrund unterschiedlich zu bewertender Tätigkeitsinhalte gerechtfertigt sein, jedoch sind weitere Sachgründe nicht kategorisch ausgeschlossen.[38] So kann ein neues neben einem bestehenden Entgeltsystem dadurch gerechtfertigt sein, dass vor einem **Stichtag** bereits im Arbeitsverhältnis stehende Arbeitnehmer ihren Besitzstand behalten sollten.[39] Gleiches gilt etwa in einem **gemeinsamen Betrieb mehrerer Unternehmen,** wenn unterschiedliche Entgeltordnungen an die unterschiedliche Vertragsarbeitgeberschaft des jeweiligen Trägerunternehmens anknüpfen.[40]

c) Einmalzahlungen

Das Mitbestimmungsrecht aus § 87 Abs. 1 Nr. 10 BetrVG umfasst unter dem Gesichtspunkt einer Beteiligung des Betriebsrates zur Sicherstellung einer Verteilungsgerechtigkeit sämtliche arbeitgeberseitigen Entgeltbestandteile und damit auch Einmalzahlungen.[41] Da der Betriebsrat kein Mitbestimmungsrecht hinsichtlich der konkreten Höhe des Arbeitsentgelts hat, kann er die **Einführung von Einmalzahlungen nicht erzwingen,** die nicht durch Arbeitsvertrag, Tarifvertrag oder Gesetz vorgeschrieben sind.[42] Mitbestimmungsfrei ist hiernach stets die Frage des „Ob" und der Höhe der insgesamt vom Arbeitgeber für die Leistung zur Verfügung gestellten Mittel, des Zwecks der Einmalzahlung sowie des daraus folgenden begünstigten Personenkreises einer freiwilligen Einmalleistung.[43] Mitbestimmungspflichtig ist dagegen die Aufstellung des **Leistungsplans,** dh wiederum die Aufstellung der Kriterien für die Bemessung der Leistung im Verhältnis der Arbeitnehmer untereinander.[44]

---

[35] BAG 18.11.2003 – 1 AZR 604/02, NZA 2004, 803 (804); 19.5.1995 – 1 ABR 20/95, NZA 1996, 484 (487).
[36] BAG 18.10.2011 – 1 ABR 25/10, NZA 2012, 392 (395).
[37] BAG 18.11.2003 – 1 AZR 604/02, NZA 2004, 803 (806); 19.5.1995 – 1 ABR 20/95, NZA 1996, 484 (487).
[38] BAG 19.9.1995 – 1 ABR 20/95, NZA 1996, 484 (487).
[39] BAG 18.11.2003 – 1 AZR 604/02, NZA 2004, 803 (806).
[40] BAG 12.12.2006 – 1 ABR 38/05, BeckRS 2007, 41934.
[41] DKKW/*Klebe* BetrVG § 87 Rn. 300 f.
[42] BAG 18.11.2003 – 1 AZR 604/02, NZA 2004, 803 (806); 21.8.1990 – 1 ABR 73/89, NZA 1991, 190 (191).
[43] *Löwisch/Kaiser* BetrVG § 87 Rn. 240 ff.; BAG 18.11.2003 – 1 AZR 604/02, NZA 2004, 803 (806); 21.8.1990 – 1 ABR 73/89, NZA 1991, 190 (191).
[44] BAG 18.11.2003 – 1 AZR 604/02, NZA 2004, 803 (806); 21.8.1990 – 1 ABR 73/89, NZA 1991, 190 (191).

Beispiel:

Der Arbeitgeber kann nach freiem Ermessen darüber entscheiden, ob er beispielsweise eine Weihnachtsgratifikation einführt („Ob" der Leistung), ob er mit dieser vergangene Betriebstreue (Leistungszweck: ununterbrochener Bestand des Arbeitsverhältnisses im Auszahlungsjahr als anspruchsbegründende Voraussetzung) und/oder künftige Betriebstreue (Leistungszweck: ungekündigter Bestand des Arbeitsverhältnisses zum Auszahlungszeitpunkt) honorieren möchte, welche wirtschaftlichen Mittel er insgesamt für die Leistung zur Verfügung stellt und ob er die Leistung nur einmalig oder dauerhaft gewähren will.

Mitbestimmungspflichtig ist dagegen die Frage, ob beispielsweise unterschiedliche Arbeitnehmergruppen die Weihnachtsgratifikation in unterschiedlicher Höhe erhalten.

42   In der Regel wird dem Arbeitgeber bei Einmalzahlungen, die außerhalb des regelmäßigen Entgelts im Gegenseitigkeitsverhältnis zur Arbeitsleistung stehen, eine **deutlich weitere Dotierungsfreiheit** insbesondere hinsichtlich des Leistungszwecks und daraus folgenden Kreises der Begünstigten zustehen.

Praxistipp:

Ist der Arbeitgeber in der Gewährung einer Leistung frei, wird das Mitbestimmungsrecht des Betriebsrates häufig nur formal bestehen. Der Arbeitgeber hat es in der Hand, einen **Leistungsplan nach seinen Vorstellungen durchzusetzen** oder von der Leistung gänzlich abzusehen. Für einen Betriebsrat wird es betriebsintern schwer vermittelbar sein, wenn Arbeitnehmer eine zusätzliche Leistung nicht erhalten, weil eine Auseinandersetzung bei der Ausübung des Mitbestimmungsrechts den Arbeitgeber dazu bewogen hat, von der Leistung gänzlich abzusehen.

43   **Mitbestimmungsfrei** ist dementsprechend die Entscheidung des Arbeitgebers, ob und welche variablen Entgeltbestandteile er mit welcher Zwecksetzung und welchem Umfang der Gesamtleistung einführt. Der Betriebsrat kann damit nicht verhindern, dass der Arbeitgeber eine Einmalzahlung etwa nicht an die Honorierung von Betriebstreue (bloßer Bestand des Arbeitsverhältnisses ohne Notwendigkeit aktiver Arbeitsleistung), sondern an wirtschaftlich für das Unternehmen messbare Erfolge anknüpft. Hierzu zählt auch die Freiheit, mitbestimmungsfrei darüber zu entscheiden, welcher Art diese Erfolge sein sollen, ob etwa eine rein wirtschaftliche Betrachtung des Unternehmensergebnisses, individual- oder projekterfolgsbezogene Komponenten maßgebend sein sollen.

44   Das Mitbestimmungsrecht des Betriebsrates greift ein, sobald der Arbeitgeber eine **Dotierungsentscheidung** über die Einführung einer Leistung trifft. Der Betriebsrat hat dann über die nähere Ausgestaltung im Verhältnis der einzelnen Arbeitnehmer zueinander mitzubestimmen.

Beispiel:

Mitbestimmungspflichtig ist etwa die Frage, ob der Arbeitgeber die Leistungsgewährung auf eine bestimmte Gruppe von Arbeitnehmern begrenzen und innerhalb dieser eine Abstufung der Leistung vornehmen darf.

d) Mitbestimmung bei bestimmten Leistungsentgelten

45   Der Mitbestimmungstatbestand des § 87 Abs. 1 Nr. 11 BetrVG räumt dem Betriebsrat ein Mitbestimmungsrecht ein bei der Festsetzung von Akkord- und Prämiensätzen und vergleichbaren leistungsbezogenen Entgelten einschließlich der Geldfaktoren. Diese Entgeltformen nehmen an der betrieblichen Entgeltgestaltung teil und unterfallen grundsätzlich

bereits der Mitbestimmung des Betriebsrates gem. § 87 Abs. 1 Nr. 10 BetrVG.[45] Der Mitbestimmungstatbestand des § 87 Abs. 1 Nr. 11 BetrVG erweitert die Mitbestimmung innerhalb seines Anwendungsbereichs jedoch auf Geldfaktoren und damit die Höhe des Arbeitsentgeltes.[46]

aa) Leistungsentgelte iSd § 87 Abs. 1 Nr. 11 BetrVG

Diese erweiterte Mitbestimmung betrifft zunächst den in § 87 Abs. 1 Nr. 11 BetrVG genannten **Akkordlohn,** bei dem dieses Entgelt an der Arbeitsmenge bemessen ist. Unerheblich ist, welchen Zeitaufwand der Arbeitnehmer hierfür benötigt hat. Bei dem sog. **Geldakkord** richtet sich das Entgelt nach einer bestimmten Arbeitsmenge. Als Referenzgröße soll der Arbeitnehmer bei einer gewöhnlichen Leistung ein bestimmtes Stundenentgelt erzielen können (Akkordrichtsatz). Der **Zeitakkord** definiert demgegenüber eine bestimmte Arbeitsmenge in einer bestimmten Zeit (Vorgabezeit), so dass das Entgelt je Zeiteinheit bemessen ist. Der in § 87 Abs. 1 Nr. 11 BetrVG benannte **Prämienlohn** vergütet eine zusätzliche Leistung des Arbeitnehmers. Entscheidend bei sämtlichen Entgeltformen des § 87 Abs. 1 Nr. 11 BetrVG ist, dass sich das Entgelt in einem bestimmten Verhältnis der Leistung des Arbeitnehmers zur Bezugsgröße bemisst.[47] Dieser Gesichtspunkt ist entscheidend für die Auslegung des Begriffs der sonstigen leistungsbezogenen Entgelte in § 87 Abs. 1 Nr. 11 BetrVG. 46

Deshalb werden etwa **Provision** mangels Relation zur Leistung des Arbeitnehmers nicht von § 87 Abs. 1 Nr. 11 BetrVG erfasst.[48] Allein eine Entgeltanreizfunktion genügt zudem nicht, vielmehr muss eine vergleichbare Gefahr einer **Überforderung des Arbeitnehmers** im Raum stehen, die eine Gleichstellung mit dem Akkord- oder Prämienlohn rechtfertigt. Deshalb fallen zielerreichungsabhängige Entgeltkomponenten, die nicht unmittelbar als Entgelt für die jeweils erbrachte Leistung, sondern allein um eines zusätzlichen Leistungsanreizes willen gewährt werden, nicht unter den Mitbestimmungstatbestand des § 87 Abs. 1 Nr. 11 BetrVG.[49] 47

bb) Mitbestimmung bei Leistungsentgelten

Bei Leistungsentgelten iSd § 87 Abs. 1 Nr. 11 BetrVG unterfällt die **Festsetzung der Akkord- und Prämiensätze** der Mitbestimmung. Im Wege der Ausübung der Mitbestimmung auch über die die Entgelthöhe betreffenden Faktoren bei solchen Entgelten soll einer Gefahr überhöhter Ansätze und damit der Überforderung der Arbeitnehmer vorgebeugt werden. Der Betriebsrat hat aus diesem Grunde bei der Festsetzung der einzelnen Bemessungsfaktoren des Leistungsentgelts mitzubestimmen.[50] Das Mitbestimmungsrecht umfasst ausdrücklich die Geldfaktoren, auch wenn der Betriebsrat hierdurch Einfluss auf die absolute Höhe des Arbeitsentgeltes erhält.[51] 48

---

[45] BAG 22.6.2010 – 1 AZR 853/08, AP BetrVG 1972 § 87 Lohngestaltung Nr. 136; Richardi BetrVG/ Richardi § 87 Rn. 808; Gründel/Butz BB 2014, 2747.
[46] GK-BetrVG/Wiese § 87 Rn. 962.
[47] BAG 13.3.1984 – 1 ABR 57/82, AP BetrVG 1972 § 87 Provision Nr. 4 = NZA 1984, 296 (297).
[48] BAG 26.7.1988 – 1 AZR 54/87, AP BetrVG 1972 § 87 Provision Nr. 6; ErfK/Kania BetrVG § 87 Rn. 127; aA Fitting BetrVG § 87 Rn. 533.
[49] GK-BetrVG/Wiese § 87 Rn. 987; DKKW/Klebe BetrVG § 87 Rn. 353.
[50] BAG 13.3.1984 – 1 ABR 57/82, AP BetrVG 1972 § 87 Provision Nr. 4 = NZA 1984, 296 (297); GK-BetrVG/Wiese § 87 Rn. 989.
[51] BAG 13.9.1983 – 1 ABR 32/81, AP BetrVG 1972 § 87 Prämie Nr. 3; 14.2.1989 – 1 AZR 97/88, AP BetrVG 1972 § 87 Akkord Nr. 8; Fitting BetrVG § 87 Rn. 516; GK-BetrVG/Wiese § 87 Rn. 998 ff.; ErfK/Kania BetrVG § 87 Rn. 122; aA Richardi BetrVG/Richardi § 87 Rn. 904 mwN.

e) Mitbestimmung bei Einführung und Änderung gem. § 87 Abs. 1 Nr. 10 BetrVG

aa) Mitbestimmung bei der Einführung

49 Das Mitbestimmungsrecht des Betriebsrates aus § 87 Abs. 1 Nr. 10 BetrVG besteht zunächst dann, wenn der Arbeitgeber sich entschließt, einen mitbestimmungspflichtigen Entgeltgrundsatz bzw. eine zusätzliche Entgeltkomponente einzuführen.[52]

50 **(1) Mitbestimmungsfreiheit bei der Dotierung.** Ist der Arbeitgeber – etwa aufgrund eines Arbeitsvertrages oder tariflicher Regelung – dem Grunde nach zur Gewährung einer Leistung **verpflichtet oder** trifft er eine **(freiwillige) Dotierungsentscheidung** zur Einführung einer Leistung, zu der er bislang nicht verpflichtet war, greift das Mitbestimmungsrecht ein.

> **Praxistipp:**
> Der Arbeitgeber sollte seine Dotierungsentscheidung so weit konkretisieren, dass sich aus ihr die erforderlichen Vorgaben für den mitzubestimmenden Leistungsplan ergeben:
> - Finanzvolumen: Das finanzielle Gesamtbudget, das der Arbeitgeber als Höchstbetrag zur Verfügung stellt;
> - Leistungszweck: Das Ziel, das der Arbeitgeber mit einer zusätzlichen Entgeltkomponente verfolgt, zB weiteres Arbeitsentgelt, Teilhabe an wirtschaftlichen Chancen und Risiken, individuelle Leistungsanreize, Honorierung vergangener/künftiger Betriebstreue etc.;
> - begünstigter Personenkreis: idR folgt dieser bereits aus dem Leistungszweck, ggf. Konkretisierung auf bestimmte Hierarchieebenen oÄ.

51 **(2) Berücksichtigung gesetzlicher oder tariflicher Grenzen.** Eine Ausnahme gilt nach dem Einleitungssatz des § 87 Abs. 1 BetrVG dann, wenn bereits eine **gesetzliche oder tarifliche Regelung besteht.** Soweit kraft Gesetzes oder Tarifvertrages Vorgaben über die Leistung bestehen, bleibt dem Arbeitgeber kein Gestaltungsspielraum und besteht deswegen kein Bedürfnis für eine Beteiligung des Betriebsrates bei einem bloßen Vollzug gesetzlicher oder tariflicher Regelungen durch den Arbeitgeber.

52 **Gesetzliche Regelungen,** die Entgeltbestandteile abschließend regeln, sind in der Praxis die **Ausnahme.** In der Regel – so etwa bei den auf Grundlage des KWG bzw. VAG ergangenen Bestimmungen durch die Institutsvergütungsverordnung (InstitutsVergV)[53] oder Versicherungsvergütungsverordnung (VersVergV) – werden lediglich rechtliche Rahmenbedingungen aufgestellt, die jedoch Gestaltungsspielräume für den Arbeitgeber über die Ausgestaltung des Leistungsplans im Einzelnen belassen. Solche Regelungen stellen Vorgaben für den Arbeitgeber bei der Gestaltung seiner Vergütung auf, die zugleich die Ausübung der Mitbestimmung des Betriebsrates begrenzen. Infolge der verbleibenden Gestaltungsmöglichkeiten des Arbeitgebers ist das Beteiligungsrecht des Betriebsrates jedoch nicht ausgeschlossen.

> **Beispiel:**
> Nach § 5 InstitutsVergV sind bestimmte Maßgaben bei den Zielsetzungen über fehlerhafte Anreizwirkungen zu beachten. Wegen dieser rechtlich zwingenden Bestimmungen kann der Betriebsrat bei der Ausübung des Mitbestimmungsrechts keine Regelung erzwingen, die dem zuwiderliefe. Welche Arbeitnehmergruppen in welchem Umfang an variablen Entgeltsystemen teilnehmen, ist dagegen beispielhaft nicht durch die InstitutsVergV vorgege-

---

[52] *Löwisch/Kaiser* BetrVG § 87 Rn. 225.
[53] Siehe dazu: *Fitting* BetrVG § 87 Rn. 435.

I. Mitbestimmungsrechte des Betriebsrates

ben, so dass keine iSd § 87 Abs. 1 BetrVG abschließende gesetzliche Regelung Gestaltungsmöglichkeiten des Arbeitgebers ausschließt und damit dem Mitbestimmungsrecht des Betriebsrates den Boden entziehen könnte.

Gesetzliche Bestimmungen schließen das Mitbestimmungsrecht des Betriebsrates bei Entgeltfragen iSd § 87 Abs. 1 Nr. 10 BetrVG deshalb regelmäßig nicht aus, sondern stellen allenfalls **Grenzen** für eine mitzubestimmende Regelung auf. 53

In der Praxis größere Bedeutung kommt dem **Vorbehalt einer tariflichen Regelung** zu, die gleichermaßen das Mitbestimmungsrecht des Betriebsrates ausschließt. Bedeutsam ist in diesem Zusammenhang, dass das Mitbestimmungsrecht des Betriebsrates aus § 87 Abs. 1 BetrVG bereits dann ausgeschlossen ist, wenn eine tarifliche Regelung wegen Tarifbindung des Arbeitgebers – sei es durch Mitgliedschaft in einem Arbeitgeberverband oder als Partei eines Haustarifvertrages – gegeben ist. Einer Gewerkschaftszugehörigkeit des Arbeitnehmers, wie sie gem. §§ 3, 4 TVG Voraussetzung für die Anwendbarkeit der tariflichen Regelungen für ein Arbeitsverhältnis ist, ist nicht erforderlich.[54] Eine **arbeitsvertragliche Bezugnahme** von Tarifverträgen genügt demgegenüber bei fehlender Tarifbindung des Arbeitgebers nicht. 54

In jüngerer Zeit nimmt das BAG[55] an, dass der Ausschluss des Mitbestimmungsrechts des Betriebsrates bei **lediglich arbeitgeberseitiger Tarifbindung** zu betriebsverfassungsrechtlichen Schutzlücken bei Arbeitnehmern ohne Gewerkschaftszugehörigkeit führt. Bei solchen Arbeitnehmern kommt weder die Vermutung einer ausgewogenen Regelung wegen Beteiligung einer Gewerkschaft als Partei eines Tarifvertrages noch eines Betriebsrates im Rahmen einer betrieblich mitbestimmten Regelung in Betracht.[56] Daraus folgt das BAG nunmehr, dass das Mitbestimmungsrecht des Betriebsrates aus § 87 Abs. 1 Nr. 10 BetrVG wegen des Tarifvorbehaltes zwar weiterhin allein in Anknüpfung an die Tarifbindung des Arbeitgebers ausgeschlossen bleibt, jedoch der Arbeitgeber verpflichtet ist, die tariflichen Entgeltgrundsätze einheitlich für **Arbeitnehmer des gesamten Betriebes und ungeachtet deren Tarifbindung** anzuwenden, als handele es sich um betriebsverfassungsrechtlich mitbestimmte Entgeltgrundsätze iSd § 87 Abs. 1 Nr. 10 BetrVG.[57] 55

Bedeutung für den Arbeitgeber:

Diese Rechtsprechung ist zwar abzulehnen, weil sie **Grundrechte nicht gewerkschaftsangehöriger Arbeitnehmer verletzt,** tariflichen Arbeitsbedingungen fernzubleiben.[58] Es wäre naheliegender, zu überdenken, ob der Tarifvorbehalt des § 87 Abs. 1 BetrVG das Mitbestimmungsrecht des Betriebsrates nur dann ausschließt, wenn eine tarifliche Regelung kraft Tarifbindung auch des Arbeitnehmers im Arbeitsverhältnis tatsächlich Anwendung findet.[59] Die Praxis wird mit der Rechtsprechung des BAG allerdings zunächst leben müssen. **Tarifgebundene Arbeitgeber** haben deshalb bei der Aufstellung von Entgeltgrundsätzen die Einreihung in tarifliche Entgeltgruppen und bei der Höhe des Arbeitsentgeltes den Abstand der einzelnen Entgeltgruppen zueinander zu beachten. Dies zwingt den Arbeitgeber allerdings nicht, die tarifliche Entgelthöhe zu übernehmen, solange er nur die Wertunterschiede der Entgeltgruppen zueinander beachtet.[60]

---

[54] *Fitting* BetrVG § 87 Rn. 410; ErfK/*Kania* BetrVG § 87 Rn. 15, Richardi BetrVG/*Richardi* § 87 Rn. 155 mwN.
[55] BAG 18.10.2011 – 1 ABR 25/10, NZA 2012, 392 (395); 4.5.2011 – 7 ABR 10/10, NZA 2011, 1239 (1242).
[56] BAG 18.10.2011 – 1 ABR 25/10, NZA 2012, 392 (395); 4.5.2011 – 7 ABR 10/10, NZA 2011, 1239 (1242).
[57] BAG 18.10.2011 – 1 ABR 25/10, NZA 2012, 392 (395).
[58] *Salamon* NZA 2012, 899 (902).
[59] *Salamon* NZA 2012, 899.
[60] BAG 18.10.2011 – 1 ABR 25/10, NZA 2012, 392 (396).

56 In jedem Falle sind bei geltenden Tarifverträgen deren Vorgaben als **Regelungsschranke** für eine etwaig verbleibende auszuübende Gestaltung und daran knüpfende Mitbestimmung zu beachten.

Beispiel:
- Tarifverträge sehen regelmäßig in Gestalt von Entgelttarifverträgen die Einreihung von Arbeitnehmern in Entgeltgruppen nach bestimmten Eingruppierungsmerkmalen und im Rahmen einer auf diese Bezug nehmenden Entgelttabelle das entsprechend zugeordnete Entgelt vor. Darin liegt regelmäßig eine abschließende Regelung über die Grundvergütung, die Gestaltungsspielräume des Arbeitgebers und damit ein Mitbestimmungsrecht des Betriebsrates ausschließt.
- Entsprechendes gilt außerhalb der Entgeltgruppen für in der Praxis in tariflichen Regelungen häufig vorgesehene Zulagen oder Zuschläge, etwa bezogen auf bestimmte Schichtsysteme, Nachtarbeit, Schmutzzulagen etc. Auch dies sind zwingende tarifliche Bestimmungen, die das Mitbestimmungsrecht des Betriebsrates gem. § 87 Abs. 1 BetrVG ausschließen.
- Unregelmäßige Sonderzahlungen finden sich in Tarifverträgen häufig in Gestalt von Gratifikationen, etwa in Gestalt eines Weihnachts- oder Urlaubsgeldes.
- Variable, insbesondere erfolgsabhängige Komponenten sind in der Praxis in tariflichen Regelungen weiterhin die Ausnahme. Ein erster Schritt wurde beispielhaft in der Metallbranche mit den ERA-Vergütungssystemen eingeleitet, die in der Praxis jedoch einen nicht unerheblichen administrativen Aufwand verursachen.
- Außer- und übertarifliche Leistungen sind dagegen nicht gesperrt. Tarifverträge können für diese gleichwohl Vorgaben enthalten, etwa bei Arbeitsbedingungen, die bestimmte Sachverhalte als Anknüpfungspunkte für Entgeltkomponenten ausschließen oder gestalten.

57 Der Ausschluss des Mitbestimmungsrechts aus § 87 Abs. 1 BetrVG durch tarifliche oder – praktisch selten – gesetzliche Regelung reicht nur soweit, wie eine abschließende Vorgabe besteht. Dem Arbeitgeber bleibt es unbenommen, über tarifliche oder ggf. gesetzliche Regelungen hinaus **weitere Entgeltkomponenten** einzuführen. Für solche, durch gesetzliche oder tarifliche Vorgaben nicht mehr geregelte, Leistungen besteht das Mitbestimmungsrecht des Betriebsrates aus § 87 Abs. 1 Nr. 10 BetrVG uneingeschränkt.

Beispiel:
Sieht ein Tarifvertrag allein die Bemessung des Grundentgelts nach Maßgabe eines Entgeltgruppenkatalogs mit Entgelttabelle und die Gewährung eines Weihnachtsgeldes vor, besteht keine tarifliche Regelung für ein Urlaubsgeld. Entschließt sich der Arbeitgeber zu dessen Einführung, steht dem Betriebsrat das Mitbestimmungsrecht aus § 87 Abs. 1 Nr. 10 BetrVG für die Ausgestaltung innerhalb der vom Arbeitgeber zur Verfügung gestellten Mittel und der von ihm festgesetzten Zweckbindung zu. Ist die Inanspruchnahme des Urlaubs Voraussetzung für das Urlaubsgeld, sind diesbezügliche tarifliche Regelungen als Vorgaben für ein daran knüpfendes Urlaubsgeld zu beachten.

bb) Mitbestimmung bei der Änderung

58 Mitbestimmungspflichtig ist nicht nur die Einführung von Entgeltgrundsätzen oder diese ergänzenden sonstigen Entgeltleistungen, sondern auch deren Änderung.[61] Das Mitbestimmungsrecht des § 87 Abs. 1 Nr. 10 BetrVG kommt deshalb auch dann zum Tragen, wenn der Arbeitgeber von einer aufgestellten Regelung abweicht. Die Änderung von Entgeltleistungen unterfällt allerdings wiederum nur soweit dem Mitbestimmungsrecht, wie Entgeltgrundsätze bzw. der Leistungsplan über die Verteilung der Leistung innerhalb

---

[61] *Löwisch/Kaiser* BetrVG § 87 Rn. 227.

der Belegschaft oder einer Gruppe von Arbeitnehmern, also wiederum das **Kollektiv**, betroffen sind.

> **Praxistipp:**
> Nicht dem Mitbestimmungsrecht des Betriebsrates aus § 87 Abs. 1 Nr. 10 BetrVG unterfällt deshalb eine entgeltrelevante Regelung, soweit diese **allein den individuellen Bedürfnissen eines Arbeitnehmers** Rechnung trägt.
> In der Praxis werden solche Situationen allerdings selten sein, da der Arbeitgeber bereits unter dem Gesichtspunkt der Verpflichtung zur Beachtung des arbeitsrechtlichen Gleichbehandlungsgrundsatzes in der Regel generalisierende Überlegungen aufstellen wird, die den vermeintlichen Einzelfall lediglich als erstmaligen Anwendungsfall einer im Übrigen allgemeingültigen Regelung erscheinen lassen.
> Wollen Arbeitgeber sich auf eine Einzelfallsituation berufen, sollten sie deshalb die individuellen Wünsche des Arbeitnehmers als Anknüpfungspunkt für eine ansonsten mitbestimmungspflichtige Entscheidung dokumentieren.

(1) Gleichmäßige Anpassung. Die **fehlende Mitbestimmungspflichtigkeit über die Entgelthöhe** bei der Einführung einer Leistung setzt sich bei deren Änderung fort. Der Betriebsrat hat nicht über die Höhe einer Leistung mitzubestimmen, sondern allein über die Verteilung der Leistung auf die einzelnen Arbeitnehmer unter dem Aspekt der Verteilungsgerechtigkeit. Beschränkt der Arbeitgeber eine Veränderung der Leistung darauf, dass er den Umfang der Leistung bei allen begünstigten Arbeitnehmern gleichmäßig erhöht oder absenkt, berührt dies den Verteilungsplan nicht, die relativen Abstände der Leistungen unter den einzelnen Arbeitnehmern und damit der Leistungsplan bleiben dann unberührt und ein Mitbestimmungsrecht des Betriebsrates scheidet aus.[62]

Diese Mitbestimmungsfreiheit bei einer gleichmäßigen Anpassung der Leistungen ist **Ausfluss der Dotierungsfreiheit des Arbeitgebers.** Ebenso wie der Arbeitgeber frei darin ist, ohne Mitbestimmung des Betriebsrates über die Einführung der Leistung und die dafür zur Verfügung gestellten Mittel zu entscheiden, kann er mitbestimmungsfrei die Höhe der zur Verfügung gestellten Mittel nach oben oder unten anpassen, solange er nur die sich daraus ergebende Verteilung auf die einzelnen Arbeitnehmer nicht berührt.[63] Mitbestimmungsfrei ist deshalb insbesondere auch die vollständige Einstellung der Leistung, wenn der Arbeitgeber seine Dotierungsentscheidung aufhebt und damit einem fortbestehenden Leistungsplan den Boden entzieht.[64]

Beispiel:
Werden Arbeitnehmer ausschließlich nach einem Entgeltgruppensystem vergütet, welches die relativen Abstände der Entgeltgruppen zueinander regelt, bleibt der Leistungsplan unangetastet, wenn der Arbeitgeber das Entgelt einheitlich um einen bestimmten Prozentsatz anhebt. Ein Mitbestimmungsrecht des Betriebsrates besteht nicht.

(2) Eingriff in den Leistungsplan. Soll eine Anpassung erfolgen, die den Leistungsplan antastet, ist der Gesichtspunkt der **Verteilungsgerechtigkeit** berührt. Dies löst das Mitbestimmungsrecht des Betriebsrates aus § 87 Abs. 1 Nr. 10 BetrVG aus.

---

[62] BAG 10.11.2009 – 1 AZR 511/08, NZA 2011, 475 (476); 26.8.2008 – 1 AZR 354/07, NZA 2008, 1426 (1429); 5.10.2010 – 1 ABR 20/09, NZA 2011, 598 (600).
[63] *Löwisch/Kaiser* BetrVG § 87 Rn. 240 ff.; *Fitting* BetrVG § 87 Rn. 411 mwN.
[64] BAG 10.11.2009 – 1 AZR 511/08, NZA 2011, 475 (476); 26.8.2008 – 1 AZR 354/07, NZA 2008, 1426 (1428); 5.10.2010 – 1 ABR 20/09, NZA 2011, 598 (599f.); *Fitting* BetrVG § 87 Rn. 411 mwN.

Beispiele:
- Einzelne Arbeitnehmergruppen sollen von einer Entgelterhöhung ausgenommen werden – die relativen Abstände der Entgelte verändern sich, worüber der Betriebsrat mitzubestimmen hat.[65]
- Gleiches gilt, wenn der Arbeitgeber aus einem Gefüge aufeinander abgestimmter Entgeltkomponenten einzelne Komponenten entfernen will; solange diese nicht zugleich das Entgelt insgesamt gleichmäßig beeinflussen, erfolgen Verschiebungen in der Relation der einzelnen Arbeitnehmer zueinander, die das Mitbestimmungsrecht auslösen. Bspw. die Streichung einer Pauschalzahlung wirkt sich bei einem geringen Grundentgelt aufgrund der verbleibenden Entgeltkomponenten in der Relation erheblicher aus als bei einem höheren Grundentgelt.

62 Der Leistungsplan wird in der Regel auch dadurch berührt, dass die Leistung einem **anderen Zweck zugeordnet** wird, also eine andere Widmung erfährt. Der Leistungsplan als Ergebnis einer Mitbeurteilung durch den Betriebsrat unter dem Aspekt der Verteilungsgerechtigkeit kann regelmäßig nicht ohne Blick auf den Leistungszweck bewertet werden.

Beispiel:
Soll ein Weihnachtsgeld als Betriebstreueleistung in Höhe eines jährlichen Bruttomonatsgehaltes durch ein Zielvereinbarungssystem in selber Höhe für den Fall der Zielerreichung abgelöst werden, ist die Größe der ablösenden Leistung zwar bei 100 % Zielerreichung gleich. Die Verteilung einer Betriebstreueleistung kann sich aber nach anderen Gesichtspunkten richten, als eine an Zielen ausgerichtete Entgeltkomponente. Ein bestehender Leistungsplan kann daher in der Regel nicht auf eine andersartige Leistung übertragen werden.

63 **(3) Bezugspunkt betriebsverfassungsrechtlich freiwilliger Gesamtvergütung.** In jüngerer Zeit ist die diesbezügliche Rechtsprechung allerdings hinsichtlich ihres Bezugspunktes der Dotierungsentscheidung nicht einheitlich. Seit 2008 modifizierte das BAG seine Abgrenzung zwischen einer vollständigen Aufhebung einer Dotierungsentscheidung gegenüber einer bloßen Reduzierung des Dotierungsrahmens. Das BAG bezog bei der Frage, ob eine Einstellung oder bloße Reduzierung freiwilliger Leistungen erfolgt und wie sich dies auf die Verteilung auf die einzelnen Arbeitnehmer auswirkt, **sämtliche nicht durch Gesetz oder Tarifvertrag zwingend vorgegebene Entgeltbestandteile** ein.[66] Diese Gesamtbetrachtung knüpfte an den Ausschluss des Mitbestimmungsrechts gem. § 87 Abs. 1 BetrVG für gesetzlich oder tariflich geregelte Leistungen an. Sämtliche der Gestaltung des Arbeitgebers und der Mitbestimmung des Betriebsrates unterliegenden Entgeltbestandteile werden hiernach als sog. betriebsverfassungsrechtlich freiwillige Gesamtvergütung betrachtet.[67]

64 Innerhalb dieser betriebsverfassungsrechtlich freiwilligen Gesamtvergütung besteht nach dieser Rechtsprechung ein unselbstständiges Nebeneinander der einzelnen Entgeltbestandteile wie Gratifikationen, Zulagen, vermögenswirksamer Leistungen oder sonstiger Zahlungen, zu deren Gewährung der Arbeitgeber nicht aufgrund Gesetzes oder Tarifvertrages verpflichtet ist.[68] Die Verteilung dieser Gesamtheit der einzelnen Entgeltbestandteile betrachtet das BAG als einheitlichen, den **einzelnen Entgeltbestandteil übergreifenden**

---

[65] BAG 21.2.2017 – 1 ABR 12/15, NZA 2017, 801 (803).
[66] BAG 10.11.2009 – 1 AZR 511/08, NZA 2011, 475 (476); 26.8.2008 – 1 AZR 354/07, NZA 2008, 1426 (1429); 5.10.2010 – 1 ABR 20/09, NZA 2011, 598 (599); dazu *Salamon* NZA 2010, 745 (747ff.).
[67] BAG 10.11.2009 – 1 AZR 511/08, NZA 2011, 475 (476); 26.8.2008 – 1 AZR 354/07, NZA 2008, 1426 (1429); 5.10.2010 – 1 ABR 20/09, NZA 2011, 598 (600); dazu *Salamon*, NZA 2010, 745 (747ff.).
[68] BAG 10.11.2009 – 1 AZR 511/08, NZA 2011, 475 (476); 26.8.2008 – 1 AZR 354/07, NZA 2008, 1426 (1429); 5.10.2010 – 1 ABR 20/09, NZA 2011, 598 (600); dazu *Salamon* NZA 2010, 745 (747ff.).

I. Mitbestimmungsrechte des Betriebsrates

Leistungsplan.[69] In den Fokus rückte damit die Begrenzung der mitbestimmungsfreien Dotierungsentscheidung des Arbeitgebers auf die Gesamtheit der nicht durch Tarif oder Gesetz vorgegebenen Leistungen.[70]

Diese Betrachtung der Rechtsprechung **beschränkt die Möglichkeit einer mitbe-** 65 **stimmungsfreien Änderung der Dotierung** für den Arbeitgeber erheblich. Entschließt sich der Arbeitgeber zur Einstellung etwa der Zahlung eines Weihnachtsgeldes, unterliegt dies nur dann nicht der Mitbestimmung des Betriebsrates, wenn sich der Abstand der verbleibenden Entgeltbestandteile dieser betriebsverfassungsrechtlich freiwilligen Gesamtvergütung zueinander hierdurch **nicht verändert**.

Beispiele:
– Nach Auffassung des BAG zahlt der nicht tarifgebundene Arbeitgeber auch die Grundvergütung bei betriebsverfassungsrechtlicher Betrachtung freiwillig. Gewährt er neben der Grundvergütung eine Weihnachtsgratifikation in Höhe eines Bruttomonatsgehaltes, ist eine ersatzlose Einstellung der Weihnachtsgratifikation mitbestimmungsfrei möglich, da sich für alle Arbeitnehmer die Vergütung proportional von 13 auf 12 Gehaltszahlungen reduziert.
– Zahlt der Arbeitgeber im genannten Beispiel über das Grundgehalt und die Weihnachtsgratifikation hinaus vermögenswirksame Leistungen unabhängig von der Höhe der Vergütung des Arbeitnehmers im Umfang eines feststehenden Betrages, verändert die Herausnahme eines Bruttomonatsgehaltes mit der Einstellung der Weihnachtsgratifikation das Verhältnis der verbleibenden Zahlungen zu den feststehenden vermögenswirksamen Leistungen. Auch wenn sich diese Modifikation im Bagatellbereich bewegen mag, ist formal der Leistungsplan bei einer solchen Betrachtung berührt, weil sich die Abstände der Vergütungen der einzelnen Arbeitnehmer zueinander (minimal) verändern. Die Einstellung der Weihnachtsgratifikation bedarf daher bei stringenter Anwendung der Rechtsprechung des BAG einer Zustimmung des Betriebsrates.

Auch wenn das BAG bis heute nicht ausdrücklich von dieser Betrachtung abgerückt 66 ist, hat es in einer Entscheidung aus dem Jahre 2010[71] die Notwendigkeit erkannt, dass ein Arbeitgeber, der über die Einführung freiwilliger Sozialleistungen mitbestimmungsfrei entscheiden kann, auch die **Möglichkeit zur vollständigen Beseitigung solcher Leistungen** ohne Beteiligung des Betriebsrates haben muss.

> **Achtung!**
> Das BAG stellt in seiner Rechtsprechung für die mitbestimmungsfreie Möglichkeit der vollständigen Beseitigung einer freiwilligen Sozialleistung **folgende Maßgaben auf, die Arbeitgeber strikt beachten** sollten:
> – Der Arbeitgeber darf nicht auf einer vertraglichen oder sonstigen Rechtsgrundlage verpflichtet sein, den in Rede stehenden Entgeltbestandteil weiterhin zu erbringen. Besteht eine solche Verpflichtung, kann der Arbeitgeber nicht frei über das „Ob" der Leistung entscheiden, sodass für die Ausgestaltung ein das Mitbestimmungsrecht eröffnender Gestaltungsspielraum des Arbeitgebers verbleibt.
> – Der in Rede stehende einzustellende Entgeltbestandteil darf kein Bestandteil eines im Übrigen mitbestimmungspflichtigen Entgeltsystems sein. Das BAG macht dies davon abhängig, ob eine Einheit von Entgeltbestandteilen gleichzeitig – etwa im Rahmen einer Betriebsvereinbarung – mit solchen Entgeltbestandteilen besteht, für die eine vertragliche oder gesetzliche Vergütungspflicht des Arbeitgebers und damit eine verbleibende Mitbestimmungsnotwendigkeit besteht. Ist die einzustellende Entgeltkom-

---
[69] BAG 15.4.2008 – 1 AZR 65/07, NZA 2008, 888 (891).
[70] *Salamon* NZA 2010, 745 (747 ff.).
[71] BAG 5.10.2010 – 1 ABR 20/09, NZA 2011, 598 (599); bestätigt durch BAG 10.12.2013 – 1 ABR 39/12, AP BetrVG 1972 § 87 Lohngestaltung Nr. 144 = NZA 2014, 1040 (1042).

> ponente dagegen gesondert – etwa im Rahmen einer eigenständigen Betriebsvereinbarung – geregelt, ist ihre Dotierungsentscheidung getrennt von weiteren Entgeltbestandteilen zu betrachten.
> – Weitere Voraussetzung ist, dass der Arbeitgeber die Dotierung der in Rede stehenden Leistung vollständig einstellt und dies – etwa im Rahmen einer Erklärung gegenüber Betriebsrat oder Belegschaft – verlautbart.

67   Das Verhältnis dieser Rechtsprechung zu der Rechtsprechung über die Gesamtheit einer betriebsverfassungsrechtlich freiwilligen Gesamtvergütung und einer auf dieser Gesamtheit basierenden Betrachtung des Leistungsplans ist noch **nicht abschließend geklärt**.

> **Praxistipp:**
> Eine abschließende Positionierung des BAG steht noch aus. Der Praxis kann solange nur empfohlen werden, die Maßgaben der Entscheidung aus dem Jahre 2010 zu beachten durch
> – Regelungen gänzlich freiwilliger Leistungen in jeweils gesonderten Betriebsvereinbarungen und
> – im Falle der Einstellung der Leistung diesbezüglich eindeutiger (nachweisbarer) Verlautbarungen hierüber.

68   Diese Rechtsprechung bezieht sich lediglich auf die vollständige Einstellung einer solchen Leistung. Bei einer **Herabsetzung der Dotierung unter Beibehaltung des Leistungsplans wird jedoch Entsprechendes gelten** müssen. In diesem Falle wäre Gegenstand der unternehmerischen Entscheidung zur Abänderung der Dotierung und der diesbezüglich erforderlichen Verlautbarung gegenüber Betriebsrat und/oder Belegschaft, in welchem Umfang das Dotierungsvolumen reduziert werden soll und dass dies auf die Bemessung der Leistungen im Verhältnis der Arbeitnehmer untereinander keinen Einfluss haben soll.

> **Praxistipp:**
> Dies erfordert ebenfalls eine strikte Abgrenzung der Leistung und eine Klarstellung über die Herabsetzung der Dotierung:
> – Regelungen freiwilliger Leistungen in jeweils gesonderten Betriebsvereinbarungen und
> – im Falle der Reduzierung des Dotierungsvolumens unter gleichmäßiger Herabsetzung der Leistung diesbezüglich eindeutiger (nachweisbarer) Verlautbarungen hierüber.

69   Für das Mitbestimmungsrecht des Betriebsrates spielt es keine Rolle, auf welcher **rechtlichen Grundlage** eine Änderung der Entgeltleistung erfolgen soll.[72] Die Frage des Eingreifens des Mitbestimmungsrechts stellt sich damit unabhängig davon, ob etwa eine bestehende Betriebsvereinbarung gekündigt oder angepasst wird, einvernehmliche Arbeitsvertragsänderungen mit den Arbeitnehmern über Entgeltleistungen erfolgen oder Arbeitgeber von einem arbeitsvertraglich vorbehaltenen Widerrufsvorbehalt Gebrauch machen.

70   **(4) Mitbestimmung bei der Anrechnung einer Tariflohnerhöhung.** Mit der Anrechnung einer Tariflohnerhöhung will der Arbeitgeber die Kosten einer Tariflohnerhöhung reduzieren, indem er Zulagen im Wege der Anrechnung kürzt und damit den **Dotierungsrahmen** der Zulagen herabsetzt. Auf Grundlage einer Entscheidung des Großen

---

[72] BAG 23.6.2009 – 1 AZR 214/08, NZA 2009, 1159 (1160).

I. Mitbestimmungsrechte des Betriebsrates

Senates des BAG[73] zu diesem Themenkomplex ist von folgenden Grundsätzen auszugehen:

Der Arbeitgeber das kann das Zulagenvolumen mitbestimmungsfrei kürzen, wenn er **alle Zulagen gleichmäßig** um einen bestimmten Prozentsatz kürzt. Der Leistungsplan der Zulagen zueinander wird nicht berührt. 71

Gleiches gilt im Falle der **vollständigen Aufhebung aller Zulagen,** da in diesem Falle mangels zu verteilenden Zulagenvolumens kein Raum für einen der Mitbestimmung zugänglichen Leistungsplan verbleibt.[74] 72

Ebenfalls mitbestimmungsfrei ist die **vollständige Anrechnung auf die Zulagen bei allen Arbeitnehmern.** Selbst wenn – in Abhängigkeit von der jeweiligen Höhe einer Zulage und der Höhe der Tariflohnerhöhung – Zulagen in unterschiedlichem Umfang verbleiben, ist dies nicht Folge einer gestaltenden (mitbestimmungsfähigen) Entscheidung des Arbeitgebers. Es folgt lediglich aus einem rechtlichen Hindernis, die Zulagen nicht weitergehend als im Umfang der Tariflohnerhöhung reduzieren zu können.[75] 73

Mitbestimmungspflichtig ist demgegenüber eine nur teilweise Anrechnung der Tariflohnerhöhung, die zu einem unterschiedlichen Verhältnis der Zulagen zueinander führt oder eine ungleichmäßige Anrechnung bei unterschiedlichen Arbeitnehmergruppen. In diesen Fällen verändert sich der Leistungsplan, ohne dass eine rechtliche Grenzziehung für den Arbeitgeber bereits aus dem Erschöpfen der Tariflohnerhöhung oder des Zulagenvolumens folgt. 74

f) Rechtsfolgen fehlender Beteiligung des Betriebsrates

aa) Begrenzung der arbeitsvertraglichen Gestaltungsfreiheit

Das Mitbestimmungsrecht des Betriebsrates wird allein durch gesetzliche oder tarifliche, nicht jedoch arbeitsvertragliche Regelungen ausgeschlossen. Ebenso kann eine arbeitsvertragliche Regelung eine bestehende betriebsverfassungsrechtliche Regelung nicht verdrängen. Bestehende betriebsverfassungsrechtliche Entgeltgrundsätze begrenzen daher den vertraglichen Gestaltungsspielraum nach Maßgabe eines Günstigkeitsvergleichs. Zudem wird der Arbeitsvertrag nach der Rechtsprechung von Gesetzes wegen um die Verpflichtung des Arbeitgebers zur Realisierung betriebsverfassungsrechtlicher Entgeltgrundsätze ergänzt.[76] Daraus resultiert eine eigene Anspruchsgrundlage.[77] 75

Beispiel:

Bei einem vormals tarifgebundenen Arbeitgeber findet – unter Ausschluss der Mitbestimmung des Betriebsrates gem. § 87 Abs. 1 Hs. 1 BetrVG – das tarifliche Entgeltsystem Anwendung. Tritt der Arbeitgeber aus dem Arbeitgeberverband aus und endet die Nachbindung (§ 3 Abs. 2 TVG), lebt das Mitbestimmungsrecht des Betriebsrates wegen Ende des Tarifvorrangs aus.

Die vormals auf tariflicher Geltung beruhenden Entgeltgrundsätze werden als betriebsverfassungsrechtliche Entgeltgrundsätze fortgeführt, soweit die Mitbestimmung reicht (nicht also hinsichtlich der Höhe des Entgelts selbst).[78] Ihre Änderung bedarf der Zustimmung des Betriebsrates.[79] Später eingestellte Arbeitnehmer, die unterhalb des Tarifs kraft arbeitsvertraglicher Vereinbarung vergütet werden, können Differenzansprüche zum Tarifniveau aufgrund der ohne Zustimmung des Betriebsrats nicht wirksam abgeänderten vormaligen ta-

---
[73] BAG 3.12.1991 – GS 2/90, AP BetrVG 1972 § 87 Lohngestaltung Nr. 51 = NZA 1992, 749 (757).
[74] BAG 21.9.1999 – 1 ABR 59/98, BeckRS 9998, 23480 = NZA 2000, 898 (899).
[75] BAG 27.1.2004 – 1 AZR 105/03, AP ArbGG 1979 § 64 Nr. 35.
[76] BAG 5.5.2015 – 1 AZR 435/13, AP BetrVG 1972 § 87 Lohngestaltung Nr. 147 = NZA 2015, 1207 (1211); 15.4.2008 – 1 AZR 65/07, BeckRS 2008, 54090.
[77] BAG 15.4.2008 – 1 AZR 65/07, AP BetrVG 1972 § 87 Lohngestaltung Nr. 133.
[78] BAG 15.4.2008 – 1 AZR 65/07, AP BetrVG 1972 § 87 Lohngestaltung Nr. 133.
[79] BAG 15.4.2008 – 1 AZR 65/07, AP BetrVG 1972 § 87 Lohngestaltung Nr. 133.

riflichen Entgeltgrundsätze geltend machen.[80] Mitbestimmungsfrei möglich wäre allein eine Absenkung des Ecklohns ohne Eingriff in den Leistungsplan, wenn dem nicht eine betriebsverfassungsrechtlich einheitliche Gesamtvergütung entgegensteht.

bb) Theorie der Wirksamkeitsvoraussetzung

76 Nach der sog. **Theorie der Wirksamkeitsvoraussetzung**[81] kann der Arbeitgeber sich bei Nichtbeachtung des Mitbestimmungsrechts aus § 87 BetrVG nicht auf eine von ihm aufgestellte Regelung zum Nachteil des Arbeitnehmers berufen. Begünstigt eine Maßnahme des Arbeitgebers den Arbeitnehmer dagegen unter Nichtbeachtung des Mitbestimmungsrechts, können Arbeitnehmer sich auf die begünstigende Regelung – etwa die Zusage eines Entgeltbestandteils – gleichwohl berufen.[82] Allerdings besteht für Arbeitnehmer kein solcher Anspruch, wenn diese sich – ohne bestehende individualrechtliche Zusage – allein auf mitbestimmungswidrig geänderte Entlohnungsgrundsätze stützen.[83]

Beispiel:
Gewährt der Arbeitgeber einzelnen Arbeitnehmern mitbestimmungswidrig eine Zulage, erlangt der Arbeitnehmer auf die einzelne Zulage einen Rechtsanspruch, der nach den Grundsätzen über die Theorie der Wirksamkeitsvoraussetzung nicht durch die Mitbestimmungswidrigkeit ausgeschlossen ist.

Arbeitnehmer können jedoch – wenn nicht eine Anspruchsgrundlage etwa nach den Grundsätzen über eine betriebliche Übung oder konkludente individuelle Zusage erwachsen ist – keinen Rechtsanspruch auf solche mitbestimmungswidrigen Leistungen aufgrund bestehender betriebsverfassungsrechtlicher Entgeltgrundsätze herleiten. Die Theorie der Wirksamkeitsvoraussetzung sichert einen Anspruch bei Mitbestimmungswidrigkeit, begründet ihn indessen nicht.[84]

77 In der Praxis bedeutet dies, dass das **Mitbestimmungsrecht des Betriebsrates bestehen bleibt.** Der Betriebsrat kann – ggf. über die Einigungsstelle – eine Durchführung des Mitbestimmungsverfahrens erzwingen. Bei der Ausübung dieses Mitbestimmungsrechts ist der Betriebsrat nicht an ggf. mit Arbeitnehmern bereits getroffene Vereinbarungen gebunden. Vielmehr bleibt es der Ausübung des Mitbestimmungsrechts vorbehalten, wie die vom Arbeitgeber zur Verfügung gestellten Mittel letztlich verteilt werden. Grenzen für die Ausübung des Mitbestimmungsrechts des Betriebsrates sind insoweit neben sachlichen Gesichtspunkten der Verteilungsgerechtigkeit allein das vom Arbeitgeber zur Verfügung gestellte Dotierungsvolumen und die Zwecksetzung des Arbeitgebers.

78 Wenngleich dies in der Praxis selten zutreffen wird, so kann die fehlende Beteiligung des Betriebsrates jedoch dazu führen, dass die Verteilung der Leistungen im Rahmen des Mitbestimmungsverfahrens **diametral umgekehrt gegenüber vom Arbeitgeber bereits getroffenen Vereinbarungen** mit den Arbeitnehmern erfolgt. Arbeitgeber riskieren bei einer Nichtbeachtung des Mitbestimmungsrechts deshalb, dass ihr geplantes Dotierungsvolumen um bis zu 100 % überschritten wird, weil günstigere Vereinbarungen mit den Arbeitnehmern wirksam bleiben und ggf. bereits geflossene Leistungen nicht rückabzuwickeln sind.

---

[80] BAG 15.4.2008 – 1 AZR 65/07, AP BetrVG 1972 § 87 Lohngestaltung Nr. 133.
[81] BAG 27.3.2003 – 2 AZR 51/02, AP BetrVG 1972 § 87 Überwachung Nr. 36; *Fitting* BetrVG § 87 Rn. 599.
[82] *v. Hoyningen-Huene* DB 1987, 1462; *Fitting* BetrVG § 87 Rn. 604 mwN.
[83] BAG 5.5.2015 – 1 AZR 435/13, AP BetrVG 1972 § 87 Lohngestaltung Nr. 147 = NZA 2015, 1207 (1211).
[84] BAG 5.5.2015 – 1 AZR 435/13, AP BetrVG 1972 § 87 Lohngestaltung Nr. 147 = NZA 2015, 1207 (1211).

I. Mitbestimmungsrechte des Betriebsrates

3. Zuständigkeit der Einigungsstelle

Kommt eine **Einigung zwischen Arbeitgeber und Betriebsrat nicht zustande,** entscheidet gem. § 87 Abs. 2 BetrVG die Einigungsstelle. Wegen der in § 87 Abs. 2 BetrVG vorgesehenen Zuständigkeit der Einigungsstelle bedarf es für deren Einsetzung als solche keiner Einigung zwischen Arbeitgeber und Betriebsrat. Vielmehr kann gem. § 76 Abs. 5 BetrVG sowohl der Arbeitgeber als auch der Betriebsrat die Einigungsstelle anrufen. 79

Die Einigungsstelle besteht gem. § 76 Abs. 2 BetrVG aus einer gleichen Anzahl von Beisitzern, die vom Arbeitgeber und vom Betriebsrat benannt werden, sowie einem unparteiischen Vorsitzenden.[85] In der Praxis übernehmen meist Richter aus der Arbeitsgerichtsbarkeit den Vorsitz, zwingend ist dies jedoch nicht. Auf die **Person des Vorsitzenden** müssen sich beide Seiten einigen, sodass hierüber im Rahmen der Anrufung der Einigungsstelle in der Praxis häufig Streit entsteht. Dieses Streitpotenzial erklärt sich daraus, dass in der Einigungsstelle zwar zunächst eine einvernehmliche Regelung versucht wird, bei fehlender Einigung von Arbeitgeber und Betriebsrat jedoch ein sog. Spruch der Einigungsstelle ergehen kann, der mit Stimmenmehrheit zustande kommt. Die Stimme des Vorsitzenden der Einigungsstelle gibt damit regelmäßig den Ausschlag. 80

Einigen sich Arbeitgeber und Betriebsrat nicht über die Person des Vorsitzenden oder die Anzahl der von jeder Seite zu benennenden Beisitzer, sieht § 100 ArbGG für die Einsetzung der Einigungsstelle ein **spezielles gerichtliches Verfahren** vor.[86] Um ein nach den allgemeinen Verfahrensgrundsätzen ggf. sich über Jahre hinziehendes arbeitsgerichtliches Verfahren zu vermeiden, bestimmt § 100 ArbGG abgekürzte Einlassungs- und Ladungsfristen von 48 Stunden, eine Entscheidung des Vorsitzenden allein und eine Absetzung der Entscheidung binnen zwei Wochen sowie ein entsprechend beschleunigtes Rechtsmittelverfahren vor dem LAG, gegen dessen Entscheidung kein weiteres Rechtsmittel zum BAG mehr eröffnet ist. 81

> Praxistipp:
>
> In der Praxis sollten Arbeitgeber im Falle einer Auseinandersetzung mit dem Betriebsrat über die Besetzung der Einigungsstelle von einer Verfahrensdauer vor dem Arbeitsgericht und LAG von insgesamt zwei bis vier Monaten ausgehen. Trotz abgekürzter Einlassungs- und Ladungsfristen ist eine weitere Abkürzung der Verfahrensdauer in der Praxis die Ausnahme.

Um ein möglichst rasches Tätigwerden der Einigungsstelle zu gewährleisten, sieht § 100 ArbGG als materiellen Prüfungsmaßstab des Arbeitsgerichtes allein die Frage vor, ob die **Einigungsstelle offensichtlich unzuständig** ist. Dies ist in entgeltrelevanten Fragen regelmäßig nicht der Fall und kommt allenfalls dann in Betracht, wenn etwa zweifelsfrei eine abschließende tarifliche Regelung besteht oder aber es an jedweder Dotierungsentscheidung des Arbeitgebers über zu verteilende Mittel fehlt. Der Offensichtlichkeitsmaßstab ist erst dann erfüllt, wenn es der Angelegenheit gewissermaßen „auf der Stirn steht", dass auf den ersten Blick erkennbar kein Beteiligungsrecht des Betriebsrates in Betracht kommt. 82

> Praxistipp:
>
> Die Voraussetzungen für ein Mitbestimmungsrecht nach diesem Prüfungsmaßstab müssen in der letzten mündlichen Verhandlung der Tatsacheninstanz, hier also vor dem LAG als zugleich letztentscheidendem Spruchkörper, gegeben sein. Da der Arbeitgeber frei darin ist, eine – freiwillige – Dotierungsentscheidung aufzuheben, kann dies auch wäh-

---

[85] HK-BetrVG/*Krasshoefer* § 76 Rn. 12.
[86] GK-BetrVG/*Kreutz* § 76 Rn. 58.

> rend des Verfahrens nach § 100 ArbGG erfolgen, so dass einer Einsetzung der Einigungsstelle der Boden entzogen wird.

83 Anders verhält es sich mit der **Person des Vorsitzenden**. Hier hat das Gericht einen **Ermessensspielraum** und ist insbesondere nicht an den im Antrag benannten Vorsitzenden gebunden.[87] Allerdings wird es Anhaltspunkten bedürfen, aus welchen Gründen ein benannter Vorsitzender nicht zum Vorsitzenden der Einigungsstelle bestellt werden soll. Gerade bei der Benennung eines Richters der Arbeitsgerichtsbarkeit werden fehlende Rechtskenntnisse oder eine Besorgnis der Parteilichkeit in der Praxis kaum eine Rolle spielen. Neuerdings neigen einige Arbeitsgerichte dazu, bewusst von der Einsetzung des Vorsitzenden abzusehen, der in der Antragsschrift benannt ist, damit mangels sachlicher Anhaltspunkte gegen dessen Vorsitz nicht derjenige faktisch die Person des Einigungsstellenvorsitzenden vorgibt, der den Antrag zuerst stellt (sog. **Windhundprinzip**).[88]

4. Flankierende Mitbestimmungsrechte

a) Verhalten der Arbeitnehmer im Betrieb

84 Nach § 87 Abs. 1 Nr. 1 BetrVG hat der Betriebsrat mitzubestimmen bei Fragen des Verhaltens der Arbeitnehmer im Betrieb. Das Mitbestimmungsrecht kommt immer dann zum Tragen, wenn der Arbeitgeber Verhaltensregeln aufstellt, die nicht in der Erbringung der Arbeitsleistung selbst bestehen. Die Rechtsprechung unterscheidet insoweit zwischen **mitbestimmungspflichtigem Ordnungsverhalten** und **mitbestimmungsfreiem Arbeitsverhalten**.[89] Das mitbestimmungsfreie Arbeitsverhalten ist gekennzeichnet durch die Konkretisierung der Arbeitspflicht sowie die Kontrolle der Arbeitsleistung.[90] Das mitbestimmungsfreie Arbeitsverhalten der Arbeitnehmer umfasst alle Pflichten bei der Erbringung der Arbeitsleistung.[91]

Beispiel:
Mitbestimmungsfreies Arbeitsverhalten ist etwa:
- die Erbringung der Arbeitsleistung selbst, zB Sachbearbeitung;
- bei Führungskräften die Anfertigung von Aufzeichnungen über Anwesenheiten oder Leistungen der unterstellten Mitarbeiter.

Mitbestimmungspflichtiges Ordnungsverhalten sind demgegenüber zB
- Verpflichtung zur Teilnahme an der elektronischen Zeiterfassung durch Bedienung von Stempeluhren oÄ;
- die Verpflichtung zum Tragen von Dienstkleidung;
- die Führung formalisierter Krankengespräche.[92]

85 Die Frage nach einer Mitbestimmungspflichtigkeit kann sich bei **erfolgsabhängigen Zielen** stellen, und zwar unter zwei Gesichtspunkten: Ein Mitbestimmungsrecht kann im

---

[87] HK-BetrVG/*Krasshoefer* § 76 Rn. 16.
[88] LAG Bln-Bbg 3.6.2010 – 10 TaBV 1058/10, BeckRS 2011, 67200.
[89] BAG 11.6.2002 – 1 AZR 390/01, AP BetrVG 1972 § 87 Lohngestaltung Nr. 113.
[90] BAG 11.6.2002 – 1 AZR 390/01, AP BetrVG 1972 § 87 Lohngestaltung Nr. 113; *Fitting* BetrVG § 87 Rn. 65f.
[91] BAG 25.9.2012 – 1 ABR 50/11, AP BetrVG 1972 § 87 Ordnung des Betriebes Nr. 43 = NZA 2013, 467 (468); 24.3.1981 – 1 ABR 32/78, AP BetrVG 1972 § 87 Arbeitssicherheit Nr. 2; 24.11.1981 – 1 ABR 108/79, AP BetrVG 1972 § 87 Ordnung des Betriebes Nr. 3; 8.12.1981 – 1 ABR 91/79, AP BetrVG 1972 § 87 Lohngestaltung Nr. 6; 10.4.1984 – 1 ABR 69/82, AP BetrVG 1972 § 87 Ordnung des Betriebes Nr. 7; 14.1.1986 – 1 ABR 75/83, AP BetrVG 1972 § 87 Ordnung des Betriebes Nr. 10 = NZA 1986, 435; ErfK/*Kania* BetrVG § 87 Rn. 21; zustimmend Richardi BetrVG/*Richardi* § 87 Rn. 179; *Fitting* BetrVG § 87 Rn. 65.
[92] BAG 8.11.1994 – 1 ABR 22/94, AP BetrVG 1972 § 87 Ordnung des Betriebes Nr. 24.

I. Mitbestimmungsrechte des Betriebsrates

Raum stehen bei dem Inhalt der Zielkomponente sowie generell bei dem Verfahren der einseitigen oder einvernehmlichen Festlegung der Ziele sowie Feststellung der Zielerreichung, wenn Mitwirkungspflichten des Arbeitnehmers bestehen.

Beispiel:
Der Arbeitgeber möchte mit seinen Führungskräften ein individualerfolgsbezogenes Ziel mit dem Inhalt der lückenlosen Dokumentation des Arbeitsbeginns sowie Arbeitsendes der unterstellten Mitarbeiter vereinbaren, um durch Abgleich mit dem elektronischen Zeiterfassungssystem einen Arbeitszeitbetrug zu bekämpfen.

Bei Führungskräften ist die Kontrolle der unterstellten Mitarbeiter jedoch Teil der **Arbeitsleistung.** Dementsprechend handelt es sich in dem Beispiel bei der Verpflichtung zur manuellen Aufzeichnung von Anwesenheitsdaten der unterstellten Mitarbeiter nicht um eine Verhaltensanweisung über das Miteinander im Betrieb, sondern um eine Konkretisierung des Arbeitsinhalts der Führungskräfte. Der Betriebsrat hat dementsprechend kein Mitbestimmungsrecht nach § 87 Abs. 1 Nr. 1 BetrVG. 86

Beispiel:
Die Mitarbeiterkontrolle wird regelmäßig Bestandteil der Führungsaufgabe sein, nicht jedoch im Rahmen einer **Selbstkontrolle** der Erbringung der Arbeitsleistung operativ tätiger Mitarbeiter. Dementsprechend kann die Verhaltensverpflichtung zur Selbstaufzeichnung der Anwesenheitszeiten zu bloßen Kontrollzwecken dem Ordnungsverhalten iSd § 87 Abs. 1 Nr. 1 BetrVG zuzuordnen sein, das der Mitbestimmung des Betriebsrates unterfällt.

Ziele, die an die Herstellung eines bestimmten **Arbeitsergebnisses** anknüpfen, fallen nicht unter das mitbestimmungspflichtige Ordnungsverhalten gem. § 87 Abs. 1 Nr. 1 BetrVG.[93] Die Aufstellung von Zielen, die Bestandteil der Arbeitsaufgabe des Arbeitnehmers sind, ist deshalb niemals nach § 87 Abs. 1 Nr. 1 BetrVG mitbestimmungspflichtig. 87

Flankierend kommt das Mitbestimmungsrecht aus § 87 Abs. 1 Nr. 1 BetrVG jedoch stets dann in Betracht, wenn Arbeitnehmer anlässlich von **Verfahrensregelungen** im Zusammenhang mit variablen Entgeltsystemen **Mitwirkungspflichten** unterworfen werden. Mitwirkungspflichten, die im Zusammenhang mit der Festlegung von Zielen oder der Feststellung von deren Erreichung liegen, werden regelmäßig **nicht Bestandteil der eigentlichen Arbeitsleistung** sein. 88

Beispiel:
– Der Arbeitgeber weist Arbeitnehmer an, im Verfahren einvernehmlich festzulegender Ziele einen vom Arbeitgeber unterbreiteten Vorschlag in einer bestimmten Frist zu akzeptieren oder aber Einwände unter Verwendung eines Formblattes binnen der Frist zu erheben. In Abgrenzung zu einem anlassbezogenen Personalgespräch im Einzelfall handelt es sich hier um eine kollektive Maßnahme, die nicht das Arbeitsverhalten selbst betrifft.
– Ist der Arbeitnehmer – etwa nach bestimmten Arbeits- oder Zeitabschnitten – zum Reporting über den Status eines Arbeitsergebnisses verpflichtet, kann dieses Teil des mitbestimmungsfreien Arbeitsverhaltens sein, wenn ein solches Berichtswesen Teil der Arbeitsaufgabe des Arbeitnehmers ist. Hier kann im Einzelfall durch den Arbeitgeber eine Steuerung in Betracht kommen, ob er etwa per Direktionsrecht dem Arbeitnehmer Aufgaben des Berichtswesens mitbestimmungsfrei auferlegt oder er es bei mitbestimmungspflichtigen Verhaltensanweisungen ohne Bezug zur Arbeitsleistung – etwa wenn das Berichtswesen ausdrücklich in eine andere Zuständigkeit fällt – belässt. In der Regel folgt aus dem entsprechend im Arbeitsverhältnis anwendbaren Auftragsrecht eine Verpflich-

---
[93] *Löwisch/Kaiser* BetrVG § 87 Rn. 44 ff.

tung des Arbeitnehmers zur Auskunft über die Erbringung seiner Arbeitsleistung (vgl. § 666 BGB).

89 Bei standardisierten Verfahrens- oder Formvorgaben im Rahmen der Zielfestlegung oder für die Feststellung der Zielerreichung wird im Zusammenhang mit der Entgeltgestaltung häufig eine Mitbestimmung des Betriebsrates aus § 87 Abs. 1 Nr. 1 BetrVG eröffnet sein.

Beispiele:
- Der Ablauf des Zustandekommens der Zielvereinbarung wird förmlich standardisiert durch eine vom Arbeitnehmer geforderte bestimmte Reaktion auf angetragene Ziele, um auf einer anderen Führungsebene eine Beratung über diese Ziele auszulösen.
- Die Zielfeststellung erfolgt im Rahmen eines Prozesses der Selbstaufzeichnung über die Zielerreichung durch den Arbeitnehmer, um auf dieser Grundlage eine Überprüfung und Bewertung durch die Führungskraft auszulösen.
- Die Zielfeststellung ist an bestimmte Dokumentationspflichten des Arbeitnehmers geknüpft, die nicht Bestandteil seiner eigentlichen Arbeitsleistung sind.
- Es werden standardisierte Meldepflichten ausgelöst, um zum Zeitpunkt einer solchen Meldung die Zielerreichung zu beurteilen.

90 Ist das Mitbestimmungsrecht aus § 87 Abs. 1 Nr. 1 BetrVG eröffnet, gilt für dessen Inhalt Entsprechendes wie bei § 87 Abs. 1 Nr. 10 BetrVG. Der Betriebsrat hat ein **echtes Mitbestimmungsrecht**, sodass eine Verhaltensanordnung erst nach Zustimmung des Betriebsrates – ggf. unter Einschaltung der Einigungsstelle – wirksam ist.

b) Technische Überwachungseinrichtungen

91 Ein flankierender Mitbestimmungstatbestand kann unter dem Gesichtspunkt technischer Überwachungseinrichtungen iSv § 87 Abs. 1 Nr. 6 BetrVG eröffnet sein, wenn etwa eine **elektronische Auswertung** zum Zweck der Feststellung eingruppierungs- oder zulagenrelevanter Tatsachen, der Entgeltabrechnung oder der Zielerreichung erfolgen soll. Nach § 87 Abs. 1 Nr. 6 BetrVG hat der Betriebsrat mitzubestimmen bei der Einführung und Anwendung von technischen Einrichtungen, die **dazu bestimmt sind, das Verhalten oder die Leistung der Arbeitnehmer zu überwachen**.

92 Zu den technischen Einrichtungen im Sinne dieser Bestimmung zählen sowohl Hard- als auch Software. Hard- und Software fallen aber nicht stets in den Anwendungsbereich des § 87 Abs. 1 Nr. 6 BetrVG. Es **genügt nicht, wenn nur bloße Rechen- und Speicherkapazitäten** einer EDV-Anlage die Ermittlung oder Aufzeichnung von Leistungs- oder Verhaltensdaten einer Person zulassen.[94]

Beispiel:

Bloße Rechen- oder Speicherkapazitäten werden mitbestimmungsfrei genutzt, wenn etwa Text- oder Listendokumente mit personenbezogenen Arbeitnehmerdaten durch einen leitenden Angestellten manuell erstellt und gepflegt werden. Die Zusammenführung der personenbezogenen Arbeitnehmerdaten erfolgt in diesem Falle nicht durch die technische Einrichtung selbst.

93 Hinzukommen muss bei einer fehlenden automatisierten Erhebung der Daten vielmehr, dass entsprechende personenbezogene Daten aufgrund der bestehenden Programmierung geordnet werden können.[95] Insoweit kommt es jedoch nicht darauf an, dass die Überwachung mittels der Hard- und Software auch tatsächlich durchgeführt wird. Die

---

[94] Richardi BetrVG/*Richardi* § 87 Rn. 485 ff.
[95] Vgl. BAG 6.12.1983 – 1 ABR 43/81, AP BetrVG 1972 § 87 Überwachung Nr. 7; HSWGNR/*Worzalla* BetrVG § 87 Rn. 369; aA *Fitting* BetrVG § 87 Rn. 238 ff.

I. Mitbestimmungsrechte des Betriebsrates

entstehende Möglichkeit einer Überwachung als **objektive Eignung zur Überwachung genügt**.[96] So verstandene Überwachungseinrichtungen sind schon dann mitbestimmungspflichtig, wenn sie Informationen oder Daten erfassen oder verarbeiten, die für sich allein keine Aussagen über das Verhalten oder die Leistung von Arbeitnehmern zulassen, die jedoch in Verknüpfung mit anderen Daten eine Verhaltens- oder Leistungskontrolle ermöglichen.[97]

Beispiel:

Durch die Software selbst erfasst werden etwa Daten des Benutzers, der Dokumente in der EDV erstellt. Dessen Benutzerdaten („Spuren") sind in der EDV auffindbar und können das Mitbestimmungsrecht auslösen. Im obigen Beispiel eines leitenden Angestellten entfällt mangels Zuständigkeit des Betriebsrates für leitende Angestellte das Mitbestimmungsrecht. In der Praxis wird über diese Ausnahme leitender Angestellte hinaus häufig ein Mitbestimmungsrecht bei bloß hinzukommenden Dokumenteninhalten gleichbleibender Software ausscheiden, wenn die Software bereits unter Beteiligung des Betriebsrates eingeführt wurde und damit – ungeachtet des Inhalts mit dieser Software manuell erstellter Dokumente – keine zusätzliche Funktion der EDV hinzukommt.

Des Weiteren entspricht es der heute wohl herrschenden Meinung, dass eine technische Einrichtung iSd § 87 Abs. 1 Nr. 6 BetrVG nicht unmittelbar selbst leistungs- und verhaltensrelevante Daten erheben muss, wie zB eine Stechuhr, sondern dass es ausreicht, wenn personenbezogene Daten auf „nichttechnischem" Wege, insbesondere durch **manuelle Eingabe entsprechender Daten in das System,** erhoben und in ein elektronisches Datenverarbeitungs- und Informationssystem gegeben werden. Jedoch muss die Erfassung dieser Daten in diesem Falle **zum Zwecke der automatisierten Datenauswertung** erfolgen, damit das Mitbestimmungsrecht gem. § 87 Abs. 1 Nr. 6 BetrVG berührt wird.[98]

Beispiel:

Eine automatisierte Datenerhebung liegt vor, wenn eine elektronische Zeiterfassung die Daten des Arbeitsbeginns- und -endes automatisiert bei Bedienung eines Zeiterfassungsterminals erhebt. Die automatisierte Verarbeitung dieser Daten zum Zwecke der Entgeltabrechnung wäre weiterer Anknüpfungspunkt für eine Mitbestimmung des Betriebsrates. Bereits der erste Tatbestand der automatisierten Datenerhebung genügt jedoch, um für sich ein Mitbestimmungsrecht zu begründen.

Werden die Daten über Arbeitsbeginn und Arbeitsende manuell eingeben, nutzt dieses System alleine Speicherkapazitäten, die für sich nicht den Mitbestimmungstatbestand des § 87 Abs. 1 Nr. 6 BetrVG auslösen. Werden diese manuell eingegebenen Daten je Mitarbeiter jedoch automatisiert zum Zwecke der Entgeltabrechnung saldiert und damit verarbeitet, ist dies Anknüpfungspunkt für eine Mitbestimmung des Betriebsrates aus § 87 Abs. 1 Nr. 6 BetrVG.

Eine Auswertung in diesem Sinne liegt vor, wenn verhaltens- und/oder leistungsrelevante Daten, ggf. mit weiteren Daten, automatisiert durch das Programm gesichtet, sortiert, zusammengestellt oder miteinander in Beziehung gesetzt und damit zu einer **gesonderten Aussage über das Verhalten und/oder die Leistung der Arbeitnehmer verarbeitet** werden können.[99]

Selbst wenn eine Technologie – etwa eine bestimmte Software – bereits unter der Beteiligung des Betriebsrates eingeführt worden ist, wird im Einzelfall zu prüfen sein, ob

---

[96] Vgl. *Fitting* BetrVG § 87 Rn. 235 mwN.
[97] Vgl. BAG 11.3.1986 – 1 ABR 12/84, NZA 1986, 526 (527).
[98] Vgl. zum Meinungsstand: *Fitting* BetrVG § 87 Rn. 238 ff.
[99] HSWGNR/*Worzalla* BetrVG § 87 Rn. 374; *Fitting* BetrVG § 87 Rn. 241.

von der erfolgten Beteiligung des Betriebsrates die **gesonderte Auswertung zum Zwecke der Feststellung dieses Ziels** gedeckt ist.

Beispiel:

In einem Call-Center werden Rufnummern bei ausgehenden Telefonaten (Outbound-Telefonie) automatisch durch eine Software angewählt bzw. eingehende Telefonate (Inbound-Telefonie) automatisch angenommen und einem bestimmten Call-Center-Agent zugewiesen. Bereits die Einführung einer solchen Software unterliegt der Mitbestimmung des Betriebsrates gem. § 87 Abs. 1 Nr. 6 BetrVG, wenn die Software – wie regelmäßig in der Praxis – Auswertungen ermöglicht, welcher Arbeitnehmer in welchen Zeiträumen wie viele Telefonate geführt hat.

Es ist im Einzelfall zu prüfen, ob eine Zustimmung des Betriebsrates zur Einführung einer solchen Softwarelösung im operativen Betrieb über diesen hinaus auch mitarbeiterbezogene Auswertungen abdeckt, wenn etwa der Arbeitgeber auf dieser Grundlage eine an die Anzahl geführter Telefonate gekoppelte individualerfolgsbezogene Zielkomponente zur Bemessung einer Sonderzahlung knüpft und die notwendigen Daten über die Software ermittelt werden.

In der Praxis empfiehlt sich hierzu jedenfalls eine klarstellende Regelung, wenn – wie stets – eine Entgeltkomponente gem. § 87 Abs. 1 Nr. 10 BetrVG ohnehin mit dem Betriebsrat zu behandeln ist.

c) Beurteilungsgrundsätze

97 Laut § 94 Abs. 2 BetrVG bedürfen allgemeine Beurteilungsgrundsätze der Zustimmung des Betriebsrates. Hierunter sind Regelungen zu verstehen, mit denen der Arbeitgeber die Bewertung von Verhalten oder Leistung der Arbeitnehmer durch **Anlegung einheitlicher beurteilungsrelevanter Kriterien objektivieren** will.[100] Auf den abgefragten Gegenstand eines solchen Beurteilungsgrundsatzes kommt es für die Mitbestimmungsrelevanz nicht an.

98 **Abzugrenzen** sind Beurteilungsgrundsätze von **Anforderungsprofilen** oder **Stellenbeschreibungen.** Mit allgemeinen Beurteilungsgrundsätzen soll das Verhalten oder die Leistung von Arbeitnehmern bewertet werden, während Anforderungsprofile oder Stellenbeschreibungen allein den Arbeitsplatz ohne Rücksicht auf den konkreten Arbeitnehmer betreffen.[101]

Beispiel:

Eingruppierungsmerkmale sind als Tatbestand der jeweiligen Entgeltgruppe keine Beurteilungsgrundsätze.

Werden objektivierte allgemeine Kriterien zur Feststellung, ob ein Eingruppierungsmerkmal erfüllt ist, angelegt, handelt es hierbei jedoch regelmäßig um einen Beurteilungsgrundsatz.

99 Im Zusammenhang mit variablen Entgeltsystemen wird sich die Frage nach allgemeinen Beurteilungsgrundsätzen in der Regel bei individual-, ggf. aber auch gruppen- oder sonstigen projekterfolgsbezogenen Zielkomponenten stellen. Soweit eine Arbeitsleistung nicht nach einer „Stückzahl" von Arbeitsergebnissen bemessen wird, stellt sich die Frage nach geeigneten Kriterien für die **Leistungsbewertung.** Schon um hier dem Vorwurf etwaiger Willkür oder einer sonstigen Verletzung des arbeitsrechtlichen Gleichbehandlungsgrundsatzes zu entgehen, wird der Arbeitgeber häufig abstrakte Bewertungskriterien suchen, um einen objektiven Vergleich zu ermöglichen.

---

[100] BAG 23.10.1984 – 1 ABR 2/83, NZA 1985, 224 (227); HK-BetrVG/*Kreuder* § 94 Rn. 23 f.
[101] BAG 14.1.1986 – 1 ABR 82/83, NZA 1986, 531 (532); HK-BetrVG/*Kreuder* § 94 Rn. 23 f.

I. Mitbestimmungsrechte des Betriebsrates

> **Praxistipp:**
> Der Arbeitgeber wird ggf. argumentieren, im Einzelfall und „von Fall zu Fall" entschieden zu haben. Diesbezüglich ist jedoch zunächst festzustellen, dass allgemeine Beurteilungsgrundsätze iSd **§ 94 Abs. 2 BetrVG keine Schrift- oder sonstige Textform** voraussetzen, sodass allein deren tatsächliche Existenz, nicht jedoch eine formelle Niederlegung maßgebend ist.[102] Zum anderen wird der Arbeitgeber gerade bei einer größeren Anzahl von Arbeitnehmern mit gleichartigen Zielkomponenten ohne allgemeingültigen Maßstab in einem Rechtsstreit kaum schlüssig begründen können, wie Abstufungen bei der Erreichung von Zielen zu erklären sind.[103] Dies ist allerdings weniger eine Rechtsfrage als eine Frage der Glaubhaftigkeit der Argumentation in einem etwaigen Streitfalle.

d) Berufsbildung

Die §§ 96 ff. BetrVG sehen eine Vielzahl von Beteiligungsrechten im Zusammenhang mit der Berufsbildung vor. Aufgrund des weiten Berufsbildungsbegriffs fallen hierunter grundsätzlich **sämtliche betrieblichen oder außerbetrieblichen Bildungsmaßnahmen**, von der einfachen Schulung über die Teilnahme an einem Seminar bis hin zu umfassenden Fortbildungs- und Umschulungsmaßnahmen.[104] 100

Die Beteiligungsrechte des Betriebsrates im Zusammenhang zwischen erfolgsabhängigen Sonderzahlungen auf Basis festgelegter – insbesondere individualerfolgsbezogener – **Zielkomponenten mit Berufsbildungsmaßnahmen** werden **in der Praxis häufig unterschätzt.** 101

Beispiel:
Ist Bestandteil einer Zielvereinbarung, dass der Arbeitnehmer an einem dreitägigen Seminar teilnimmt, dessen Kosten der Arbeitgeber trägt und für dessen Besuch der Arbeitgeber den Arbeitnehmer freistellt, und knüpft die Zielvereinbarung darüber hinaus an die Umsetzung der vermittelten Kenntnisse im sich anschließenden weiteren Bezugszeitraum an, besteht gem. **§ 98 Abs. 3 BetrVG ein Vorschlagsrecht des Betriebsrates** für die Auswahl der **Teilnehmer** solcher Bildungsmaßnahmen. Bei Meinungsverschiedenheiten hat gem. § 98 BetrVG die Einigungsstelle hierüber zu entscheiden. Der Arbeitgeber kann den Kreis der Teilnehmer nicht ohne Weiteres durch eine Zielvereinbarung begrenzen.

aa) Berufsbildung

Nach der Rechtsprechung des BAG ist der Begriff der Berufsbildung weit auszulegen.[105] Hierzu gehören **alle Maßnahmen, die Arbeitnehmern in systematischer, lehrplanartiger Weise Kenntnisse und Erfahrungen** vermitteln, die diese zu ihrer beruflichen Tätigkeit befähigen.[106] 102

Hierzu zählen etwa:
– Maßnahmen zur Qualifikation für neue berufliche Anforderungen;
– Seminare, Bildungsprogramme, Anleitungen zur Bedienung neuer Maschinen etc.;
– Veranstaltungen zum Zwecke des Erfahrungsaustauschs etc.

---

[102] LAG Nds 6.3.2007 – 11 TaBV 101/06, BeckRS 2007, 48467; GK-BetrVG/*Raab* § 94 Rn. 47.
[103] BAG 6.7.2006 – 2 AZR 443/05, AP BetrVG 1972 § 95 Nr. 48 (zur Frage von Auswahlrichtlinien anhand eines Punkteschemas zur Sozialauswahl bei einem größeren Personalabbau).
[104] BAG 18.4.2000 – 1 ABR 28/99, AP BetrVG 1972 § 98 Nr. 9; DKKW/*Buschmann* BetrVG § 96 Rn. 6 f.
[105] *Fitting* BetrVG § 96 Rn. 9.
[106] Vgl. BAG 24.8.2004 – 1 ABR 28/03, AP BetrVG 1972 § 98 Nr. 12; DKKW/*Buschmann* BetrVG § 96 Rn. 6 f.

103 Keine Berufsbildung sind demgegenüber **konkrete Einweisungen** in die Art der Tätigkeit und deren Einordnung in den Arbeitsablauf sowie Einzelweisungen zur ausgeübten Tätigkeit. Daraus ergibt sich, dass das Vorliegen einer Berufsbildung insbesondere bei den in der Praxis bedeutsamen **Seminaren mit Tätigkeitsbezug** nur in seltenen Fällen in Abrede gestellt werden kann. Die Tatsache, dass die in einem Seminar vermittelten Inhalte für den Arbeitnehmer und die Ausübung seiner Tätigkeit ggf. nicht erforderlich, sondern nur sinnvoll sind, steht dem nicht entgegen. Entscheidend ist, dass die erworbenen Kenntnisse im Arbeitsbereich genutzt werden können.

104 Zu den „**sonstigen Bildungsmaßnahmen**", die gem. § 98 Abs. 6 BetrVG Beteiligungsrechte des Betriebsrates auslösen können, gehören darüber hinaus alle Veranstaltungen, die zur Vermittlung von Kenntnissen führen, um einen Lernprozess durch theoretische Einsichten herbeizuführen.[107] Sie haben mit der beruflichen Tätigkeit nicht unbedingt etwas gemein, dienen aber allgemein der Weiterbildung.

Beispiel:

In der juristischen Fachliteratur[108] werden beispielhaft als unter die Mitbestimmung nach § 98 Abs. 6 BetrVG fallend folgende Maßnahmen aufgeführt:
– Erste-Hilfe-Kurse;
– Kurse zur Unfallverhütung;
– Veranstaltungen über staatsbürgerliche, sozial- und wirtschaftskundliche, Gesundheits- oder kunsterzieherische Themen;
– Sprachkurse;
– Programmierkurse;
– Kurse zur Arbeitssicherheit;
– Softwarekurse (MS-Word, MS-Excel oÄ).

105 Von derartigen systematisch konzipierten Veranstaltungen, durch die ein bestimmtes Lernziel erreicht werden soll, sind **bloße Informationsveranstaltungen** zu unterscheiden, zB die Inkenntnissetzung der Mitarbeiter über die Einführung oder den Vertrieb neuer Produkte[109] oder die Bedienung neuer technischer Einrichtungen.

bb) Mitbestimmung bei der betrieblichen Berufsbildung

106 Das Mitbestimmungsrecht aus § 98 Abs. 1 BetrVG über die Durchführung der Berufsbildung setzt voraus, dass es sich um eine betriebliche Berufsbildung handelt.

107 Das Wort „betrieblich" hat **keine räumliche Bedeutung.** Für das Mitbestimmungsrecht ist es also gleichgültig, ob Bildungsmaßnahmen innerhalb der Betriebsstätte oder außerhalb durchgeführt werden. Der Begriff der betrieblichen Berufsbildung ist vielmehr funktional zu verstehen.[110] Entscheidend ist damit, ob die Bildungsmaßnahme vom Arbeitgeber selbst veranstaltet oder getragen wird. Eine Trägerschaft des Arbeitgebers ist anzunehmen, wenn der Arbeitgeber die Maßnahme allein durchführt oder auf Inhalt und Durchführung der Maßnahme rechtlich oder tatsächlich einen **beherrschenden Einfluss** hat.[111] Unerheblich ist, ob der Arbeitgeber von der Möglichkeit der Einflussnahme tatsächlich Gebrauch macht, da die Chance der Einflussnahme durch den Betriebsrat hiervon unberührt bleibt.[112]

---

[107] Vgl. *Fitting* BetrVG § 98 Rn. 37; ErfK/*Kania* BetrVG § 98 Rn. 19; GK-BetrVG/*Raab* § 98 Rn. 42 ff.
[108] Vgl. insbesondere *Fitting* BetrVG § 98 Rn. 37 ff.; DKKW/*Buschmann* BetrVG § 98 Rn. 33.
[109] So: BAG 23.4.1991 – 1 ABR 49/90, NZA 1991, 817 (820).
[110] Vgl. BAG 18.4.2000 – 1 ABR 28/99, AP BetrVG 1972 § 98 Nr. 9; GK-BetrVG/*Raab* § 98 Rn. 3 mwN.
[111] Vgl. BAG 18.4.2000 – 1 ABR 28/99, AP BetrVG 1972 § 98 Nr. 9; 4.12.1990 – 1 ABR 10/90, NZA 1991, 388 (390).
[112] Vgl. BAG 12.11.1991 – 1 ABR 21/91, NZA 1992, 657 (658).

I. Mitbestimmungsrechte des Betriebsrates

Bei derartigen betrieblichen Berufsbildungsmaßnahmen hat der Betriebsrat bei der Ausgestaltung von Bildungsmaßnahmen, also Ort, Dauer, Inhalt, Umfang und Vermittlungsmethodik, mitzubestimmen und kann bei der Auswahl von Teilnehmern mitentscheiden.[113]

108

Beispiel:
Soll ein individualerfolgsbezogenes Ziel an die Teilnahme des Arbeitnehmers an einer betrieblichen Berufsbildungsmaßnahme knüpfen, hat der Betriebsrat sowohl über die Ausgestaltung der Bildungsmaßnahme mitzubestimmen als auch über die Frage, ob der Arbeitnehmer überhaupt als Teilnehmer an der betrieblichen Bildungsmaßnahme in Betracht kommt. Dies gilt unabhängig davon, ob das Ziel einseitig durch Zielvorgabe oder einvernehmlich durch Zielvereinbarung zustande kommt.

cc) Mitbestimmung bei der außerbetrieblichen Berufsbildung

Stellt der Arbeitgeber für außerbetriebliche Maßnahmen der Berufsbildung **Arbeitnehmer frei** oder **trägt** er die durch die Teilnahme von Arbeitnehmern an solchen Maßnahmen entstehenden **Kosten ganz oder teilweise,** so kann der Betriebsrat zwar nicht über die Ausgestaltung der Bildungsmaßnahme mitbestimmen, wohl aber bei der Auswahl der Teilnehmer. Nach § 98 Abs. 3 BetrVG kann der Betriebsrat **Vorschläge für die Teilnahme** von Arbeitnehmern oder Gruppen von Arbeitnehmern des Betriebes an diesen Maßnahmen der beruflichen Bildung machen. Entgegen dem Wortlaut handelt es sich aber um eine wesentlich weitergehendere Mitbestimmung als nur ein Vorschlagsrecht. Dies zeigt § 98 Abs. 4 BetrVG, wonach eine Einigungsstelle auf Antrag nur einer der Betriebsparteien einberufen werden kann, wenn eine Einigung über die vom Betriebsrat vorgeschlagenen Arbeitnehmer nicht zustande kommt. Das bedeutet, der Betriebsrat hat bei der Auswahl der Teilnehmer ein echtes Mitbestimmungsrecht.

109

Das Ziel der Regelung ist, die **innerbetriebliche Verteilungsgerechtigkeit** sicherzustellen, also die sachwidrige Bevorzugung oder Benachteiligung einzelner Arbeitnehmer zu verhindern.[114] Diesen Gesichtspunkt kann der Arbeitgeber nicht durch ein Zielvereinbarungssystem in Anknüpfung an die Durchführung von Bildungsmaßnahmen umgehen. Insoweit ist ein solches Ziel für den Arbeitnehmer nur verbindlich, wenn das Mitbestimmungsverfahren ordnungsgemäß durchgeführt worden ist.

110

Mitbestimmungsfrei ist die Entscheidung des Arbeitgebers, **ob** er eine Bildungsmaßnahme durchführt oder ob er generell Mitarbeiter für die außerbetriebliche Bildung freistellt und die Kosten dafür übernimmt, ferner die Festlegung der Ausbildungsziele und damit die Entscheidung, für welche Arbeitnehmergruppen (Zielgruppe, zB Buchhalter, nicht aber zB Marketing-Mitarbeiter) Ausbildungsmaßnahmen durchgeführt werden. Gleiches gilt für die Zahl der Teilnehmer.[115] Ein Einfluss auf die vom Arbeitgeber bestimmten Teilnehmer resultiert allenfalls als Reflex aus dem Vorschlagsrecht des Betriebsrates, wenn eine Auswahl innerhalb der Zielgruppe getroffen werden muss.[116]

111

e) Weitere denkbare Anknüpfungspunkte einer Mitbestimmung

Anknüpfungspunkte sonstiger Mitbestimmungsrechte sind ebenso vielfältig, wie die möglichen Anknüpfungspunkte variabler Entgeltsysteme. Führt eine individualerfolgsbezogene Zielkomponente zu einer grundlegend geänderten Tätigkeit des Arbeitnehmers, kann sich die Frage einer **Versetzung** iSd §§ 99 Abs. 1, 95 Abs. 3 BetrVG stellen, die als personelle Einzelmaßnahme der vorherigen Beteiligung des Betriebsrates bedarf. Auch kann sich die

112

---
[113] Grundlegend: BAG 5.11.1985 – 1 ABR 49/83, NZA 1986, 535.
[114] DKKW/*Buschmann* BetrVG § 96 Rn. 29.
[115] Vgl. GK-BetrVG/*Raab* § 98 Rn. 26; *Löwisch/Kaiser* BetrVG § 98 Rn. 20; Richardi BetrVG/*Thüsing* § 98 Rn. 57 f.
[116] Vgl. GK-BetrVG/*Raab* § 98 Rn. 28.

Frage nach einer **Änderung der Arbeitsplätze** iSd § 90 BetrVG mit sich daraus ergebenden Unterrichtungs- und Beratungsrechten stellen.

113 In der Praxis „schmerzhaft" wegen der Komplexität der Materie ist ein zunehmend zu beobachtendes Vorgehen der Betriebsräte, die sich unter dem Gesichtspunkt des Überforderungsschutzes – insbesondere unter Hinweis auf von ihnen angenommene psychische Belastungen – auf den Gesichtspunkt des Arbeits- und Gesundheitsschutzes und das hierzu bestehende Mitbestimmungsrecht des Betriebsrates aus § 87 Abs. 1 Nr. 7 BetrVG berufen. Allerdings beschränkt sich das Mitbestimmungsrecht auf **Maßnahmen, die der Arbeitgeber wegen des Arbeits- bzw. Gesundheitsschutzes ergreift oder zu ergreifen hat.**[117] Nicht jede Maßnahme, die Bezug zu Gefährdungspotentialen aufweist, unterfällt daher der Mitbestimmung nach § 87 Abs. 1 Nr. 7 BetrVG.[118] Vielmehr setzt dies – außerhalb spezieller Handlungspflichten des Arbeitgebers zum Arbeits- und Gesundheitsschutz – im Rahmen der Generalklausel des § 3 Abs. 1 ArbSchG eine feststehende Gefahr oder eine im Rahmen einer Gefährdungsbeurteilung festzustellende Gefährdung voraus.[119] Der Betriebsrat kann deshalb außerhalb feststehender Gefahren oder im Rahmen der Gefährdungsbeurteilung festgestellter Gefährdungen Maßnahmen, die nicht dem Arbeits- oder Gesundheitsschutz dienen, nicht unter Hinweis auf § 87 Abs. 1 Nr. 7 BetrVG die Zustimmung verweigern.

114 Besorgt der Betriebsrat dementsprechend bei zielerreichungsabhängigen Entgeltkomponenten eine Überforderung der Arbeitnehmer, kann er dies außerhalb einer bestehenden Gefährdungsbeurteilung generell nur zum Gegenstand einer erstmaligen Gefährdungsbeurteilung oder einer Fortführung der Gefährdungsbeurteilung machen, ist das Ziel außerhalb einer feststehenden Gefahr oder festgestellten Gefährdung jedoch nicht gem. § 87 Abs. 1 Nr. 7 BetrVG der Mitbestimmung unterworfen.

II. Ausübung der Mitbestimmung

1. Regelungsabrede

115 Soweit ein Mitbestimmungsrecht – insbesondere aus § 87 BetrVG – das Erfordernis einer **Zustimmung des Betriebsrates** vorsieht, kann dies in Gestalt einer sog. Regelungsabrede erfolgen. Regelungsabreden bedürfen keiner Form, wenngleich dies aus Beweisgründen zweckmäßig ist.[120] Es handelt sich um eine bloße Absprache zwischen Arbeitgeber und Betriebsrat nach Art einer vertraglichen Einigung.

116 Der Regelungsabrede kommt – anders als einer Betriebsvereinbarung gem. § 77 Abs. 4 BetrVG – **keine normative Wirkung** in dem Sinne zu, dass sie sich auf die Arbeitsverhältnisse der Arbeitnehmer unmittelbar auswirkt. Regelungsabreden binden vielmehr allein Arbeitgeber und Betriebsrat, sodass es im Verhältnis zum Arbeitnehmer einer gesonderten Umsetzung bedarf. Diese Umsetzung gegenüber dem Arbeitnehmer kann in Gestalt arbeitsvertraglicher Vereinbarungen, Gesamtzusagen, betrieblichen Übungen oder jedem anderen Regelungsinstrument erfolgen.

117 Regelungsabreden können die Mitbestimmung eines einmaligen Sachverhaltes betreffen und mit dessen abschließender Beendigung für die Zukunft keine weiteren Rechtswirkungen für weitere mitbestimmungspflichtige Sachverhalte entfalten. In diesem Falle endet die Gestaltungswirkung der Regelungsabrede durch **Zeitablauf oder Zweckerreichung.** Dieser Einzelfallbezug der Regelungsabrede ist in der Praxis zwar verbreitet, aber er ist der Regelungsabrede nicht immanent. Die Regelungsabrede ist ebenso für

---

[117] LAG Nürnberg 4. 2. 2003 – 6 (2) TaBV 39/01, NZA-RR 2003, 588 (589 f.).
[118] BAG 28. 3. 2017 – 1 ABR 25/15, NZA 2017, 1132 (1135).
[119] BAG 28. 3. 2017 – 1 ABR 25/15, NZA 2017, 1132 (1135).
[120] GK-BetrVG/*Kreutz* § 77 Rn. 19; *Fitting* BetrVG § 77 Rn. 219.

II. Ausübung der Mitbestimmung

Dauertatbestände wie ein (variables) Entgeltsystem ein **geeignetes Regelungsinstrument**.[121]

Bei einer auf Dauer angelegten Regelung durch Regelungsabrede ist deren rechtliche Beendigung durch **Aufhebungsvereinbarung** oder aber – entsprechend der für Betriebsvereinbarungen geltenden Kündigungsregelung des § 77 Abs. 5 BetrVG – durch **Kündigung** möglich.[122] Nach der Rechtsprechung kommt ihr – gleichermaßen analog zu den Regelungen einer Betriebsvereinbarung – im Falle einer Kündigung eine **Nachwirkung** zu, sodass im Verhältnis zwischen Arbeitgeber und Betriebsrat der Gegenstand der Regelungsabrede in Angelegenheiten der zwingenden Mitbestimmung (so insbesondere bei § 87 BetrVG) bis zu einer anderen Abmachung der Betriebsparteien fortgilt.[123] Daraus folgt, dass die Regelungsabrede den Arbeitgeber im Verhältnis zum Betriebsrat verpflichten kann, eine bestimmte Entgeltkomponente oder ein bestimmtes Entgeltsystem über die Laufzeit der Regelungsabrede hinaus weiterzuführen.

118

> **Praxistipp:**
> Wie sogleich bei den Betriebsvereinbarungen aufgezeigt wird, ist die **Nachwirkung bei Sonderzahlungen** in der Rechtsprechung unter der Rechtsfigur einer betriebsverfassungsrechtlich freiwilligen Gesamtvergütung weitgehend und ausgedehnt worden. Dies belastet den Arbeitgeber, der seine wirtschaftliche Belastung durch Kündigung einer mitbestimmten Regelung einstellen will,
> Auch wenn das BAG[124] zugunsten des Arbeitgebers die Nachwirkung wieder zu begrenzen sucht, sollte eine Regelungsabrede über die mitbestimmte Regelung hinaus vorsehen, dass sie im Falle einer Kündigung nicht nachwirkt. Nur auf dieser Grundlage kann der Arbeitgeber sich von einer wirtschaftlich belastenden Regelung auf betriebsverfassungsrechtlicher Ebene rechtssicher lossagen, um seine Leistungspflicht zu beenden.

Die Nachwirkung wird ausgeschlossen durch Formulierungen wie:

> Diese Regelungsabrede ist mit einer Frist von drei Monaten zum Monatsende kündbar; eine Nachwirkung über die Laufzeit hinaus wird ausgeschlossen.

Zu beachten ist, dass nach der Rechtsprechung des BAG[125] auch ohne Notwendigkeit der normativen Geltung einer Betriebsvereinbarung individualrechtliche **Ansprüche von Arbeitnehmern aus Regelungsabreden** folgen können. Das BAG wendet als Anspruchsgrundlage § 611 BGB iVm den geltenden betriebsverfassungsrechtlichen Entgeltgrundsätzen an.[126] Da diese während der Dauer einer Nachwirkung wie während ihrer Laufzeit maßgebend bleiben, werden solche Ansprüche gleichermaßen im Falle einer nachwirkenden Regelungsabrede entstehen.

119

---

[121] BAG 14.2.1991 – 2 AZR 415/90, AP BGB § 615 Kurzarbeit Nr. 4; 20.11.1990 – 1 AZR 643/89, AP BetrVG 1972 § 77 Regelungsabrede Nr. 2.
[122] BAG 10.3.1992 – 1 ABR 31/91, AP BetrVG 1972 § 77 Regelungsabrede Nr. 1; 23.6.1992 – 1 ABR 53/91, AP BetrVG 1972 § 87 Arbeitszeit Nr. 51; *Fitting* BetrVG § 77 Rn. 225.
[123] BAG 10.3.1992 – 1 ABR 31/91, AP BetrVG 1972 § 77 Regelungsabrede Nr. 1; 23.6.1992 – 1 ABR 53/91, AP BetrVG 1972 § 87 Arbeitszeit Nr. 51.
[124] BAG 5.10.2010 – 1 ABR 20/09, AP BetrVG 1972 § 77 Betriebsvereinbarung Nr. 53.
[125] BAG 15.4.2008 – 1 AZR 65/07, NZA 2008, 888 (890); 11.6.2002 – 1 AZR 390/01, NZA 2002, 570 (572).
[126] BAG 15.4.2008 – 1 AZR 65/07, NZA 2008, 888 (890).

2. Betriebsvereinbarungen

a) Unmittelbare und zwingende Geltung

120 In der Praxis wird die Mitbestimmung des Betriebsrates bei Entgeltkomponenten am häufigsten in Gestalt von Betriebsvereinbarungen ausgeübt. Betriebsvereinbarungen sind sog. Normenverträge. Sie haben einerseits vertraglichen Charakter, weil sie durch eine Einigung zwischen Arbeitgeber und Arbeitnehmer zustande kommen. Andererseits entfalten Sie gem. § 77 Abs. 4 S. 1 BetrVG eine **normative Wirkung.** Die normative Wirkung bedeutet, dass die Betriebsvereinbarung unmittelbar und zwingend für die Arbeitsverhältnisse Geltung entfaltet.[127]

121 Die unmittelbare Geltung bedeutet, dass Rechte und Pflichten für und gegen Arbeitnehmer aus der Betriebsvereinbarung folgen, ohne dass es einer weitergehenden Umsetzung – etwa in Gestalt einer arbeitsvertraglichen Regelung oder einer Ausübung des Direktionsrechts – bedürfte. Die zwingende Geltung bedeutet, dass **von Betriebsvereinbarungen allenfalls zugunsten des Arbeitnehmers abgewichen werden kann** und gem. § 77 Abs. 4 S. 2 BetrVG selbst ein **Verzicht** auf ein aus einer Betriebsvereinbarung folgendes Recht der Zustimmung des Betriebsrates bedarf.

122 Die Betriebsvereinbarung ist damit ein geeignetes Regelungsinstrument, wenn ein Mitbestimmungsrecht des Betriebsrates ohnehin im Raum steht und der Betriebsrat dementsprechend zu beteiligen ist. Erfolgt die Ausübung der Mitbestimmung durch Abschluss einer Betriebsvereinbarung, bedarf es zum einen – als ökonomisch administrativer Gesichtspunkt – keiner individualarbeitsvertraglichen Umsetzung gegenüber dem Arbeitnehmer mehr. Insbesondere aber ist die Betriebsvereinbarung ein deutlich **flexibleres Regelungsinstrument** als etwa der Arbeitsvertrag.

123 Da sie durch eine Einigung zwischen Arbeitgeber und Betriebsrat zustande kommt, gelten für die Betriebsvereinbarung **weder formell noch materiell die strengen Regularien** für vorformulierte arbeitsvertragliche Bedingungen, die der Arbeitgeber aufstellt. Dies stellt § 310 Abs. 4 BGB klar, der Betriebsvereinbarungen ausdrücklich vom Anwendungsbereich der §§ 305 ff. BGB ausnimmt. So ist weder § 307 Abs. 1 S. 1 BGB über die Angemessenheitskontrolle noch § 307 Abs. 1 S. 2 BGB über das Transparenzgebot oder § 305c BGB über eine Auslegung zulasten des Arbeitgebers oder das Verbot überraschender Klauseln anwendbar. Auch für Betriebsvereinbarungen bestehen zwar Regelungsschranken (→ Rn. 133). Diese lassen jedoch weitergehende Gestaltungsspielräume zu.

124 Insbesondere kann der Arbeitgeber sich von einer Betriebsvereinbarung unter deutlich erleichterten Voraussetzungen lösen. Für Betriebsvereinbarungen gilt **keinerlei Bestandsschutz** wie für den Arbeitsvertrag. Betriebsvereinbarungen sind jederzeit und ohne dass es eines rechtfertigenden Grundes bedarf, einseitig durch den Arbeitgeber kündbar.[128]

125 Auch kann eine Betriebsvereinbarung von vornherein für eine **befristete Laufzeit** geschlossen werden, ohne dass eine Befristungskontrolle eröffnet wäre. Weder ist das Teilzeit- und Befristungsgesetz (TzBfG) mit dem Erfordernis eines sachlichen Grundes oder einer sachgrundlosen Befristungsmöglichkeit für die Dauer von nur maximal zwei Jahren entsprechend anwendbar, noch bedarf die Befristung einer Betriebsvereinbarung eines sachlichen Grundes, wie es für die Befristung von Arbeitsbedingungen auf arbeitsvertraglicher Ebene maßgebend wäre.

126 Im Arbeitsvertragsrecht kommt eine einseitige Änderung einzelner Arbeitsbedingungen nur im Wege der Änderungskündigung, dh einer Beendigungskündigung des gesamten Arbeitsverhältnisses und dem Angebot einer Fortsetzung zu geänderten Bedingungen, in Betracht. Demgegenüber entspricht die Wirkung der Kündigung einer Betriebsvereinba-

---

[127] DKKW/*Berg* BetrVG § 77 Rn. 88; GK-BetrVG/*Kreutz* § 77 Rn. 215 ff.
[128] DKKW/*Berg* BetrVG § 77 Rn. 111 ff.; HSWGNR/*Worzalla* BetrVG § 77 Rn. 223 ff.

rung einer **Teilkündigung,** weil der Bestand der Arbeitsverhältnisse von der Kündigung einer Betriebsvereinbarung nicht betroffen ist.

b) Zustandekommen

Betriebsvereinbarungen kommen gem. § 77 Abs. 2 BetrVG durch eine Einigung zwischen Arbeitgeber und Betriebsrat zustande, die zwingend der **Schriftform** bedarf.[129] Die Betriebsvereinbarung ist gem. § 77 Abs. 2 BetrVG **von beiden Seiten zu unterzeichnen und vom Arbeitgeber** an geeigneter Stelle im Betrieb – typischerweise am „Schwarzen Brett" oder einer entsprechenden Platzierung im Intranet – **zu veröffentlichen.** 127

> Praxistipp:
> Die Einhaltung der Schriftform ist zwingende Voraussetzung für die Geltung der Betriebsvereinbarung. In der Praxis sind hierbei regelmäßig ohne Weiteres vermeidbare Fehler zu beobachten, die für den Arbeitgeber nachteilig wirken können.

Die gem. § 77 Abs. 2 BetrVG zwingend zu wahrende Schriftform bestimmt die Rechtsprechung in Anlehnung an die für Verträge geltenden Bestimmungen des BGB.[130] Ein Verstoß gegen das Schriftformerfordernis führt gem. § 125 S. 1 BGB zur **Nichtigkeit.** Die Schriftform bedeutet, dass die Betriebsvereinbarung von Arbeitgeber und Betriebsrat **eigenhändig zu unterzeichnen** ist. Eine bloße **Paraphierung** genügt nicht, vielmehr ist eine vollständige Namensunterschrift erforderlich. 128

Die Unterzeichnung muss zudem **auf demselben Schriftstück** erfolgen, so dass beispielsweise eine Unterzeichnung eines jeweils für die andere Seite bestimmten Exemplars nicht genügt.[131] Auch die Unterzeichnung des Arbeitgebers auf einer Kopie eines Betriebsratsbeschlusses genügt dementsprechend nicht.[132] 129

Die Unterschrift muss die Regelungen der Betriebsvereinbarung **räumlich abschließen,** dh, an deren unterem Ende erfolgen. Besteht die Betriebsvereinbarung aus mehreren Seiten, sind diese durch Verklammerung oÄ **körperlich miteinander zu verbinden.** In diesem Falle genügt die Unterzeichnung auf der letzten Seite. 130

> Praxistipp:
> Betriebsvereinbarungen gelten in der Praxis häufig über Jahrzehnte hinweg. Eine ursprünglich bestehende **körperliche Verbindung** durch Verklammerung etc. kann deshalb ggf. im Rahmen einer prozessualen Auseinandersetzung nicht mehr nachweisbar sein, sodass die Partei einer arbeitsrechtlichen Streitigkeit, die sich auf die Regelung einer Betriebsvereinbarung beruft, ggf. den Prozess verliert, wenn sie die Wahrung der Schriftform durch eine Verklammerung nicht nachweisen kann.
> Zur Vermeidung solcher prozessualer Situationen sollte über die körperliche Verbindung der einzelnen Seiten hinaus mittels fortlaufender Paginierung, fortlaufender Nummerierung der Regelungen und – idealerweise – Unterschriftenzeilen auf jeder Seite der Betriebsvereinbarung deren Konsistenz dokumentiert werden.

---

[129] GK-BetrVG/*Kreutz* § 77 Rn. 33 ff.; *Löwisch/König* BetrVG § 77 Rn. 72 ff.
[130] BAG 11.11.1986 – 3 ABR 74/85, AP BetrAVG § 1 Gleichberechtigung Nr. 4; *Löwisch/König* BetrVG § 77 Rn. 75.
[131] BAG 11.11.1986 – 3 ABR 74/85, AP BetrVG 1972 § 77 Nr. 18.
[132] LAG Bln 6.9.1991 – 2 TaBV 3/91, BeckRS 1991, 30456197.

> Eine solche Gestaltung kann eine feste körperliche Verbindung der einzelnen Seiten einer Urkunde zur Wahrung der Schriftform ersetzen[133] und ist damit zum Ausräumen etwaiger späterer Zweifel sinnvoll.

131 Das Schriftformerfordernis erstreckt sich gleichermaßen auf **Anlagen** zu einer Betriebsvereinbarung. Als Bestandteil der Betriebsvereinbarung nehmen sie an deren Regelungsgehalt, damit jedoch gleichermaßen an dem Schriftformerfordernis, teil.[134] Die Anlagen müssen deshalb **ebenfalls von den Betriebsparteien unterzeichnet** sein. Eine Bezugnahme kann die Unterzeichnung der Anlagen nur dann und insoweit ersetzen, wie in der Betriebsvereinbarung auf eine bestimmte Anlage ausdrücklich Bezug genommen wird und die Anlage ihrerseits wiederum auf die Betriebsvereinbarung Bezug nimmt. Nur diese Bezug- mit Rückbezugnahme zwischen Betriebsvereinbarung und Anlage erfüllt das Schriftformerfordernis.[135]

132 Kommt eine Einigung zwischen Arbeitgeber und Betriebsrat nicht zustande und entscheidet die **Einigungsstelle,** entspricht deren Spruch dem Rechtscharakter der zwischen den Betriebsparteien im Streit stehenden beabsichtigten Regelung. In der Praxis wird dies regelmäßig eine Betriebsvereinbarung sein.[136] Dieser Spruch der Einigungsstelle ist gem. § 76 Abs. 3 BetrVG schriftlich niederzulegen, vom Vorsitzenden der Einigungsstelle zu unterzeichnen sowie Arbeitgeber und Betriebsrat im Original zuzustellen. Einer weitergehenden Schriftform gem. § 77 Abs. 2 BetrVG bedarf dies nicht,[137] wohl aber – wie bei jeder Betriebsvereinbarung – der allgemein zugänglichen Bekanntmachung an geeigneter Stelle im Betrieb.

c) Rechtliche Grenzen

aa) Regelungssperre des § 77 Abs. 3 BetrVG

133 Nach § 77 Abs. 3 BetrVG können Arbeitsentgelte und sonstige Arbeitsbedingungen, die **durch Tarifvertrag geregelt sind oder üblicherweise geregelt werden,** nicht Gegenstand einer Betriebsvereinbarung sein, es sei denn, ein Tarifvertrag lässt den Abschluss ergänzender Betriebsvereinbarungen ausdrücklich zu. Zweck dieser Regelungsschranke ist ein Schutz der Tarifautonomie, indem auf betrieblicher Ebene keine Konkurrenz zu den Tarifparteien und damit ein Konfliktpotenzial zwischen Tarif- und Betriebsparteien entstehen soll.[138]

134 Diese Regelungsschranke für eine Betriebsvereinbarung nimmt nach ihrem Wortlaut das gesamte **Arbeitsentgelt** aus der Regelungsmöglichkeit per Betriebsvereinbarung aus. Da unter dem Arbeitsentgelt iSd § 77 Abs. 3 BetrVG sämtliche Geld- und Sachleistungen verstanden werden, die der Arbeitgeber im Hinblick auf die Arbeitsleistung des Arbeitnehmers oder den Bestand des Arbeitsverhältnisses erbringt,[139] scheint dieser Anwendungsbereich sehr weitgehend.

135 Eine sehr weitgehende Einschränkung der Regelungsschranke des § 77 Abs. 3 BetrVG und damit Eröffnung der Möglichkeit des Abschlusses von Betriebsvereinbarungen erfolgt jedoch durch den von der herrschenden Meinung angenommenen **Vorrang des § 87**

---

[133] BAG 7.5.1998 – 2 AZR 55/98, AP KSchG 1969 § 1 Namensliste Nr. 1.
[134] LAG Nds 1.8.2012 – 2 TaBV 52/11, NZA-RR 2013, 23 (25).
[135] LAG Nds 1.8.2012 – 2 TaBV 52/11, NZA-RR 2013, 23 (25).
[136] HSWGNR/*Worzalla* BetrVG § 76 Rn. 77; Richardi BetrVG/*Richardi* § 76 Rn. 111.
[137] GK-BetrVG/*Kreutz* § 76 Rn. 116.
[138] BAG 24.1.1996 – 1 AZR 597/95, AP BetrVG 1972 § 77 Tarifvorbehalt Nr. 8; 29.10.2002 – 1 AZR 573/01, AP BetrVG 1972 § 77 Tarifvorbehalt Nr. 18.
[139] *Fitting* BetrVG § 77 Rn. 70; Richardi BetrVG/*Richardi* § 77 Rn. 253; ErfK/*Kania* BetrVG § 77 Rn. 44ff.

II. Ausübung der Mitbestimmung

BetrVG.[140] Der Vorrang des § 87 BetrVG bedeutet, dass in dessen Regelungsbereich – bei Entgeltfragen also insbesondere des sehr weitgehenden Anwendungsbereichs gem. § 87 Abs. 1 Nr. 10 BetrVG – der dort genannte Vorbehalt einer **geltenden tariflichen Regelung** maßgebend ist und dies auch beim Abschluss von Betriebsvereinbarungen bleibt.

Beispiel:

Nach § 77 Abs. 3 BetrVG ist eine Betriebsvereinbarung bereits bei einer tarifüblichen Regelung zum Arbeitsentgelt nicht möglich. Gehört ein nicht tarifgebundener Arbeitgeber etwa der Metallbranche an, sind sämtliche in den Tarifverträgen der Metall- und Elektroindustrie geregelten Entgeltbestandteile von der Sperrwirkung des § 77 Abs. 3 BetrVG umfasst.

Diese Betrachtung der bloßen Tarifüblichkeit gilt jedoch nur für § 77 Abs. 3 BetrVG. § 87 Abs. 1 Hs. 1 BetrVG sieht demgegenüber in seinem Einleitungssatz vor, dass ein Mitbestimmungsrecht des Betriebsrates gem. § 87 Abs. 1 Nr. 10 BetrVG bei Entgeltfragen nur dann ausgeschlossen ist, wenn keine tarifliche oder gesetzliche Regelung besteht. Eine solche besteht nur, wenn zumindest der Arbeitgeber tarifgebunden ist und die tarifliche Regelung deshalb im Betrieb gilt (→ Rn. 25).

Ist ein Arbeitgeber der Metallindustrie nicht tarifgebunden, gelten die Regelungen der Tarifverträge der Metall- und Elektroindustrie in seinem Betrieb nicht. Dies schließt gem. § 87 Abs. 1 Hs. 1 BetrVG eine Mitbestimmung durch den Betriebsrat und damit – insoweit vorrangig gegenüber der bloßen Tarifüblichkeit gem. § 77 Abs. 3 BetrVG – den Abschluss einer diesbezüglichen Betriebsvereinbarung nicht aus.

Wichtig zu beachten ist, dass dieser Vorrang des § 87 Abs. 1 Hs. 1 BetrVG nur soweit reicht, wie sich die Mitbestimmungsrechte des § 87 BetrVG erstrecken. Nicht vom Mitbestimmungsrecht aus § 87 Abs. 1 BetrVG umfasste Angelegenheiten, die allein aus Anlass einer Angelegenheit des § 87 Abs. 1 BetrVG zugleich in einer Betriebsvereinbarung behandelt werden, sind am Maßstab des § 77 Abs. 3 BetrVG zu messen.

Beispiel:

Ist ein Arbeitgeber der Metallbranche nicht tarifgebunden, schließen die tariflichen bzw. tarifüblichen Bestimmungen über Entgeltgruppen, die Zuordnung zu Entgeltgruppen und die Abstände der Entgeltgruppen zueinander eine Betriebsvereinbarung hierüber nicht gem. § 77 Abs. 3 BetrVG aus. Die Bildung von Entgeltgruppen, Grundsätzen über die Zuordnung zu den Entgeltgruppen und Abständen zwischen den Entgeltgruppen unterfällt dem Mitbestimmungstatbestand des § 87 Abs. 1 Nr. 10 BetrVG. Gem. § 87 Abs. 1 BetrVG ist das Mitbestimmungsrecht und wegen des Vorrangs des § 87 Abs. 1 BetrVG vor § 77 Abs. 3 BetrVG zugleich das Regelungsinstrument einer Betriebsvereinbarung eröffnet.

Soll die Betriebsvereinbarung zugleich die Höhe des Entgelts der einzelnen Tarifgruppen regeln, verstößt dies jedoch gegen § 77 Abs. 3 BetrVG. Die Entgelthöhe selbst ist nicht vom Mitbestimmungstatbestand des § 87 Abs. 1 Nr. 10 BetrVG umfasst. Wegen der Tarifüblichkeit in der Branche der Metallindustrie sperrt § 77 Abs. 3 BetrVG insoweit auch bei tarifungebundenen Arbeitgebern das Regelungsinstrument der Betriebsvereinbarung.

Beim Abschluss einer Betriebsvereinbarung kommt dem Anwendungsbereich des § 77 Abs. 3 BetrVG damit nur insoweit eine Bedeutung zu, wie der **Regelungsbereich des § 87 BetrVG überschritten** ist. Beim Arbeitsentgelt ist dies insbesondere die **Höhe der Vergütung** selbst. Zur Höhe des Arbeitsentgelts selbst wäre deshalb auch bei einem nicht tarifgebundenen Arbeitgeber eine Betriebsvereinbarung gem. § 77 Abs. 3 BetrVG ausgeschlossen, da § 87 BetrVG zu dieser Frage nicht anwendbar ist und dementsprechend kei-

---

[140] BAG 24.2.1987 – 1 ABR 18/85, AP BetrVG 1972 § 77 Nr. 21; 3.12.1991 – GS 2/90, AP BetrVG 1972 § 87 Lohngestaltung Nr. 51; *Fitting* BetrVG § 77 Rn. 111 ff.; nach aA gilt die sog. „Zwei-Schranken-Theorie", vgl. die Nachw. bei ErfK/*Kania* BetrVG § 77 Rn. 53.

nen Vorrang gegenüber § 77 Abs. 3 BetrVG einnimmt. Für diese Regelungsschranke des § 77 Abs. 3 BetrVG genügt bloße Tarifüblichkeit, dh die Möglichkeit einer Regelung durch Tarifvertrag, wenn der Arbeitgeber einem entsprechenden Arbeitgeberverband beiträte.[141]

> **Praxistipp:**
> Sollte der Arbeitgeber zweifeln, welchem Wirtschaftszweig im Sinne tariflicher Geltungsbereiche er angehört, um auf dieser Grundlage die tarifüblichen Arbeitsbedingungen überprüfen und die Grenzen einer Betriebsvereinbarung beurteilen zu können, ist auf die **Klassifikation der Wirtschaftszweige durch das Statistische Bundesamt** zurückzugreifen. Das BAG hält diese Klassifikation der Wirtschaftszweige als geeigneten und rechtssicher handhabbaren Anknüpfungspunkt für die Bestimmung des maßgeblichen Wirtschaftszweiges als Grundlage für die Ermittlung des objektiven Werts einer Arbeitsleistung,[142] sodass nichts anderes für die Ermittlung des Wirtschaftszweiges zwecks Zuordnung zum Geltungsbereich eines Tarifwerkes gelten kann.

138   Verstößt eine Betriebsvereinbarung gegen § 77 Abs. 3 BetrVG, ist sie **(schwebend) unwirksam,** solange bzw. sobald die Regelungssperre eingreift.[143] Eine Betriebsvereinbarung kann hiernach auch nachträglich unwirksam werden, wenn eine Tarifüblichkeit in der Branche erst später eintritt.

> **Praxistipp:**
> Soll anlässlich einer Betriebsänderung bei einem nicht tarifgebundenen Arbeitgeber ein entgeltrelevanter Beitrag der verbleibenden Belegschaft erfolgen, steht einer normativ geltenden Bestimmung in einem Sozialplan die Sperrwirkung des § 77 Abs. 3 BetrVG nicht entgegen. Der Sozialplan hat zwar gem. § 112 Abs. 1 S. 3 BetrVG die Wirkung einer Betriebsvereinbarung. Nach § 112 Abs. 1 S. 4 BetrVG ist auf Sozialpläne § 77 Abs. 3 BetrVG indessen nicht anzuwenden.

139   In der Praxis verstoßen Betriebsvereinbarungen vielfach gegen § 77 Abs. 3 BetrVG. Wegen der Rechtsfolge des § 77 Abs. 3 BetrVG entfalten solche Betriebsvereinbarungen keine Rechtswirkungen. Folgefragen entstehen, wenn der Arbeitgeber – wissentlich oder unwissentlich – eine solche Betriebsvereinbarung vollzieht, indem er die in der Betriebsvereinbarung geregelten Leistungen gewährt. Bei den rechtlichen **Folgen eines solchen Vollzuges** ist zu differenzieren. Hat der Arbeitgeber positive Kenntnis von der Unwirksamkeit der Betriebsvereinbarung und gewährt er gleichwohl die in ihr vorgesehenen Leistungen, handelt er nicht mit bloßem Rechtsanwendungswillen. In diesem Falle kommt ein Rechtsbindungswille in Betracht, der die Umdeutung der unwirksamen Betriebsvereinbarung in eine individualrechtliche Gesamtzusage ermöglicht (§ 140 BGB).[144] Wegen der erschwerten Lösungsmöglichkeiten des Arbeitgebers von einer solchen Gesamtzusage gegenüber einer Betriebsvereinbarung kommt eine solche Umdeutung aber nur in Ausnahmefällen in Betracht.[145] Voraussetzung ist, dass der Arbeitgeber trotz positiver Kenntnis von der Unwirksamkeit der Betriebsvereinbarung Leistungen erbringt und damit zu erkennen gibt, unabhängig von Verpflichtungen aus der Betriebsvereinbarung eine Leistungsverpflichtung zu begründen.[146]

---

[141] Vgl. GK-BetrVG/*Kreutz* § 77 Rn. 113 ff.
[142] BAG 18. 4. 2012 – 5 AZR 630/10, AP BGB § 138 Nr. 65.
[143] ErfK/*Kania* BetrVG § 77 Rn. 43.
[144] BAG 23. 2. 2016 – 3 AZR 960/13, NZA 2016, 642 (645).
[145] BAG 23. 2. 2016 – 3 AZR 960/13, NZA 2016, 642 (645).
[146] BAG 19. 6. 2012 – 1 AZR 137/11, NJOZ 2012, 2179 (2180).

bb) Regelungsschranke des § 75 BetrVG

Bei Betriebsvereinbarungen ist in der Praxis die Bestimmung des § 75 BetrVG Prüfungsgegenstand für den materiellen Regelungsgehalt einer Betriebsvereinbarung. Nach § 75 Abs. 1 BetrVG haben Arbeitgeber und Betriebsrat neben den dort genannten **Diskriminierungsverboten** die Grundsätze von **Recht und Billigkeit im Betrieb** zu beachten und über deren Einhaltung zu wachen. 140

In seiner jüngeren Rechtsprechung[147] hat das BAG Betriebsvereinbarungen über Sonderzahlungen unter dem Gesichtspunkt von Bindungswirkungen bei Stichtagsklauseln für unwirksam erachtet, da gem. § 75 Abs. 1 BetrVG geltendes Recht und damit auch die Bestimmung des § 611a BGB über das Verhältnis von Arbeitsleistung und Arbeitsentgelt als Prüfungsmaßstab einzubeziehen seien. Auf dieser Grundlage wurden etwa über den Bezugszeitraum hinausgehend wirkende Bindungsklauseln für unwirksam gehalten, weil das BAG aus dem **Leitbild des Arbeitsvertrages gem. § 611a BGB** herleitete, dass bereits verdientes Arbeitsentgelt nicht an die weitere Voraussetzung künftiger Betriebstreue geknüpft werden dürfe.[148] Während das BAG[149] diese Frage ansonsten im Rahmen der Inhaltskontrolle arbeitsvertraglicher Regelungen gem. § 307 Abs. 1 BGB unter dem Gesichtspunkt einer unangemessenen Benachteiligung thematisiert, war ein solcher Anknüpfungspunkt über § 75 Abs. 1 BetrVG iVm § 611a BGB neu. 141

Wie weit die Rechtsprechung bei der Inhaltskontrolle von Betriebsvereinbarungen am Maßstab gesetzlicher Regelungen wie § 611a BGB gehen wird, bleibt abzuwarten. Maßgebend werden jedoch allein gesetzliche Regelungen sein können, die nicht explizit auf den Arbeitsvertrag als Regelung zwischen Arbeitgeber und Arbeitnehmer abstellen, da dies auf Betriebsvereinbarungen nicht zutrifft. Die **§§ 305 ff. BGB** werden deshalb **nicht Prüfungsmaßstab** im Rahmen des § 75 Abs. 1 BetrVG für eine Betriebsvereinbarung sein können, wie insbesondere § 310 Abs. 4 BGB ausdrücklich klarstellt. So sind gem. § 310 Abs. 4 S. 1 BetrVG die §§ 305 ff. BGB nicht auf Betriebsvereinbarungen zu erstrecken und können deshalb ebenso nicht als gesetzliche Bestimmungen iSd § 75 Abs. 1 BetrVG Prüfungsmaßstab sein. 142

Allerdings ist das vom BAG im Rahmen des § 75 Abs. 1 BetrVG herangezogene Leitbild des § 611a BGB ein schillernder Begriff. Die Wertungen, die das BAG im Rahmen des § 611a BGB für eine Betriebsvereinbarung aufgestellt hat, **ähneln den Maßstäben,** die die Rechtsprechung im Rahmen der Arbeitsvertragsinhaltskontrolle bei **§ 307 Abs. 1 BGB** anlegt. Eine klare Grenze hat die Rechtsprechung bislang nicht gezogen. 143

Hier wird wie folgt zu differenzieren sein: 144

Soweit der **Bestandsschutz des Arbeitsverhältnisses,** dh Wertungen des Kündigungsschutzgesetzes für die Notwendigkeit der sozialen Rechtfertigung einer Änderungskündigung gem. § 2 KSchG oder die Notwendigkeit eines Sachgrundes für die Befristung von Arbeitsbedingungen oder des Arbeitsverhältnisses insgesamt in Rede stehen, wird dies nicht Bestandteil einer Überprüfung am Maßstab des § 75 Abs. 1 BetrVG sein können. 145

Gegen eine Einbeziehung dieser Grundsätze in die Rechtskontrolle einer Betriebsvereinbarung gem. § 75 BetrVG spricht bereits, dass aus dem Instrument der Betriebsvereinbarung selbst die fehlende Teilnahme am Bestandsschutz und demgegenüber eine Flexibilität ihrer Laufzeit folgen. Eine Übertragung der Wertungen zur Rechtskontrolle von Arbeitsverträgen bzw. einseitigen arbeitgeberseitigen Eingriffsmöglichkeiten in den Arbeitsvertrag verbietet sich deshalb. 146

---

[147] BAG 12.4.2011 – 1 AZR 412/09, NZA 2011, 989 (991); 7.6.2011 – 1 AZR 807/09, NZA 2011, 1234 (1237); 5.7.2011 – 1 AZR 94/10, AP BetrVG 1972 § 87 Lohngestaltung Nr. 139.
[148] BAG 12.4.2011 – 1 AZR 412/09, NZA 2011, 989 (991); 7.6.2011 – 1 AZR 807/09, NZA 2011, 1234 (1238); 5.7.2011 – 1 AZR 94/10, AP BetrVG 1972 § 87 Lohngestaltung Nr. 139.
[149] BAG 18.1.2012 – 10 AZR 612/10, AP BGB § 611 Gratifikation Nr. 292; 18.1.2012 – 10 AZR 667/10, AP BGB § 307 Nr. 59; 6.5.2009 – 10 AZR 443/08, NZA 2009, 783 (784); 24.10.2007 – 10 AZR 825/06, NZA 2008, 40 (41).

Beispiel:

Laufzeitregelungen, der vorübergehende oder sogar nur einmalige Charakter einer Leistung unterfallen daher keiner Kontrolle im Rahmen des § 75 Abs. 1 BetrVG.

147   Gegenstand der Rechtskontrolle gem. § 75 Abs. 1 BetrVG iVm § 611a BGB kann damit allein der **materielle Regelungsgehalt** einer Betriebsvereinbarung sein. Im Zusammenhang mit Entgelten wird hier über den vom BAG angenommenen **Austauschgedanken** zwischen Arbeitsleistung und Arbeitsentgelt keine weitergehende Wertung zu entnehmen sein. Über die bereits angesprochene Problematik von Bindungsklauseln über den Bezugszeitraum hinaus kann dies ggf. noch eine Rolle im Zusammenhang mit der **Abgeltung von Überstunden oder bei sonstigen Arbeitszeitkappungen** spielen. Eine darüber hinausgehende Übertragung vertragsrechtlicher Gesichtspunkte auf die Rechtskontrolle von Betriebsvereinbarungen widerspräche jedoch deren Leitbild.

Beispiel:

Ein Ausschluss der Vergütung für erbrachte Arbeitsleistungen könnte im Rahmen der Prüfung gem. § 75 Abs. 1 BetrVG etwa relevant werden bei
- der Kappung von Arbeitszeitguthaben am Ende eines Ausgleichszeitraums für ein Arbeitszeitkonto. Dabei wird es eine Rolle einnehmen, wer das Arbeitszeitkonto und den Umfang der einzustellenden bzw. abzubauenden Leistungen gesteuert hat;
- dem Ausschluss einer Vergütung von Überstunden trotz bestehender Vergütungserwartung iSd § 612 Abs. 1 BGB;
- der Entziehung eines erfolgsorientierten variablen Entgelts im Falle von Vertragspflichtverletzungen, vgl. aber § 25a Abs. 6 KWG iVm § 18 Abs. 5 InstitutsVergV.

cc) Auslegung, Transparenz

148   Nicht von Relevanz für die Beurteilung der Rechtswirksamkeit einer Betriebsvereinbarung ist zudem das **Transparenzgebot** des § 307 Abs. 1 S. 2 BGB bzw. der Grundsatz, dass der Arbeitgeber **unklare Regelungen** in der für ihn ungünstigen Auslegung gegen sich gelten lassen muss.[150] Die Betriebsvereinbarung ist von Arbeitgeber und Betriebsrat gemeinsam in Kraft gesetzt. Wegen der Mitwirkung einer Arbeitnehmervertretung besteht keine Grundlage, allein dem Arbeitgeber das Risiko von (vermeidbaren) Unklarheiten aufzuerlegen.

149   Hinzu kommt der normative Charakter der Betriebsvereinbarung. Die Betriebsvereinbarung ist daher nach allgemeinen Grundsätzen für die **Auslegung von Rechtsnormen** auszulegen.[151] Ausgehend von Wortlaut und Systematik ist der in der Betriebsvereinbarung zum Ausdruck kommende Regelungswille der Betriebsparteien zu ermitteln und zugrunde zu legen.[152] Außerhalb der Bestimmungen der Betriebsvereinbarung liegende Umstände können nur insoweit Berücksichtigung finden, wie sich in der Betriebsvereinbarung selbst ein Anhaltspunkt ergibt, dass solche Umstände für die Regelungen der Betriebsvereinbarung nach dem Willen der Betriebsparteien von Bedeutung sein sollen.

d) Günstigkeitsvergleich

150   Im Verhältnis zwischen Betriebsvereinbarung einerseits und andererseits **Arbeitsvertrag, Gesamtzusage oder betrieblicher Übung** gilt das Günstigkeitsprinzip.[153] Die Betriebsvereinbarung kann solche Vereinbarungen, die günstigere individualarbeitsrechtliche

---

[150] BAG 18.2.2014 – 9 AZR 821/12, NZA 2014, 1036 (1037).
[151] BAG 18.2.2014 – 9 AZR 821/12, NZA 2014, 1036 (1037); 11.12.2013 – 10 AZR 364/13, AP BGB § 315 Nr. 112.
[152] BAG 18.2.2014 – 9 AZR 821/12, NZA 2014, 1036 (1037); 11.12.2013 – 10 AZR 364/13, AP BGB § 315 Nr. 112.
[153] *Löwisch/Kaiser* BetrVG § 77 Rn. 51.

II. Ausübung der Mitbestimmung

Rechtspositionen der Arbeitnehmer enthalten, grundsätzlich nicht aufheben oder einschränken. Eine entgegenstehende Regelung einer Betriebsvereinbarung wäre wirkungslos.

Allerdings kann vertragsrechtlich dem Günstigkeitsvergleich der Boden dadurch entzogen werden, dass der **Arbeitsvertrag keine günstigere Regelung** enthält bzw. eine (zunächst) günstigere arbeitsvertragliche Regelung **betriebsvereinbarungsoffen gestaltet** ist.[154] Eine arbeitsvertraglich eingeräumte Rechtsposition steht damit unter dem Vorbehalt einer künftigen abweichenden – auch verschlechternden – Regelung durch Betriebsvereinbarung.

151

> **Praxistipp:**
>
> Arbeitgeber sollten von der Möglichkeit einer betriebsvereinbarungsoffenen Arbeitsvertragsgestaltung im Zusammenhang mit Sonderzahlungen Gebrauch machen. Auch wenn zum Zeitpunkt des Arbeitsvertragsschlusses zu einer bestimmten Entgeltkomponente ggf. noch keine Betriebsvereinbarung existiert, dem Arbeitnehmer im Rahmen einer zu betrachtenden Gesamtvergütung jedoch eine solche Entgeltkomponente zugedacht werden soll, begibt sich der Arbeitgeber bei Einräumung eines feststehenden vertraglichen Anspruchs jedweder Flexibilität, die ihm das Regelungsinstrument Betriebsvereinbarung einräumen würde.
>
> Wegen § 77 Abs. 3 BetrVG wird in Wirtschaftszweigen, für die Entgelttarifverträge gelten, lediglich die Höhe des Arbeitsentgelts nicht durch Betriebsvereinbarung regelbar sein. Im Übrigen besteht jedoch uneingeschränkte Flexibilität für den Arbeitgeber, derer er sich nicht durch vermeidbare arbeitsvertragliche Bindungen begeben sollte.
>
> Die jüngere Rechtsprechung neigt zwar zu einer weitgehenden Betriebsvereinbarungsoffenheit arbeitsvertraglicher Regelungen im Falle einheitlicher Vertragsbedingungen (→ E Rn. 144). Ein solcher Regelungswille kann und sollte jedoch durch entsprechende Formulierungen bei der Gestaltung individualarbeitsrechtlicher Zusagen (Arbeitsvertrag, Gesamtzusage) klargestellt werden.

e) Beendigung der Betriebsvereinbarung

aa) Befristung

Betriebsvereinbarungen können von vornherein mit **befristeter Laufzeit** vereinbart werden.[155] Die Betriebsvereinbarung endet damit ohne Kündigungsnotwendigkeit mit Ablauf der Befristung.

152

> **Praxistipp:**
>
> Die befristete Laufzeit einer Betriebsvereinbarung ist das Mittel der Wahl, um etwa im Rahmen der **Erprobung eines erstmals eingeführten leistungsorientierten Entgeltsystems** dessen Eignung als Personalführungsinstrument zu testen. Auch wenn ohne Weiteres eine Kündigung der Betriebsvereinbarung in Betracht käme, wird die – wenn auch nur befristete – Einführung einer zusätzlichen Entgeltkomponente ein positives Signal in die Belegschaft senden, während die Kündigung eines solchen Systems mit ursprünglich unbegrenzter Laufzeit negativ behaftet sein kann.

Bei einer befristeten Laufzeit der Betriebsvereinbarung stellt sich die Frage einer **Nachwirkung** gem. § 77 Abs. 6 BetrVG nach deren Ablauf (→ Rn. 159). In der Regel ist bereits in der Vereinbarung einer nur befristeten Laufzeit der Betriebsvereinbarung zu er-

153

---

[154] HSWGNR/*Worzalla* BetrVG § 77 Rn. 167.
[155] *Löwisch/Kaiser* BetrVG § 77 Rn. 93.

kennen, dass nach dem Willen der Betriebsparteien eine automatische Beendigung des Regelungsgehaltes eintreten soll und damit eine **Nachwirkung konkludent ausgeschlossen** ist.[156] Dies ist indessen eine Frage der Auslegung der getroffenen Regelung.

> Praxistipp:
> Will der Arbeitgeber mit der befristeten Laufzeit einer Betriebsvereinbarung sicherstellen, dass seine wirtschaftliche Belastung mit Zeitablauf rechtssicher endet, sollte er den **Ausschluss der Nachwirkung** ausdrücklich mit dem Betriebsrat in der Betriebsvereinbarung festlegen.

bb) Aufhebung

154 Betriebsvereinbarungen können jederzeit durch eine abweichende Betriebsvereinbarung zwischen Arbeitgeber und Betriebsrat aufgehoben werden. In dem Abschluss einer Betriebsvereinbarung zu einem **gleichen oder vergleichbaren Regelungsgegenstand** wird regelmäßig – auch wenn dies nicht ausdrücklich geregelt ist – eine Aufhebung der bisherigen Regelung zu sehen sein.[157] Erfolgt die Aufhebung durch den Neuabschluss einer anderen Betriebsvereinbarung, setzt die Wirksamkeit der Aufhebung voraus, dass sämtliche Wirksamkeitsanforderungen durch die neue Betriebsvereinbarung erfüllt sind[158] – in der Praxis betrifft dies insbesondere die Schriftform.

> Praxistipp:
> Im Rahmen des Neuabschlusses einer ablösenden Betriebsvereinbarung sollte ausdrücklich klargestellt werden, dass gleichzeitig sämtliche Betriebsvereinbarungen zu einem bestimmten Regelungsgegenstand oder – vorzugswürdig – konkret benannte Betriebsvereinbarungen abgelöst werden. Soll eine ablösende Betriebsvereinbarung zeitlich befristet sein, kann darüber hinaus zweifelhaft sein, ob vorherige Betriebsvereinbarungen dauerhaft oder lediglich für die befristete Laufzeit der ablösenden Betriebsvereinbarung abgelöst werden sollen mit der Konsequenz, dass bisherige Betriebsvereinbarungen lediglich suspendiert werden und danach wiederaufleben. Auch diese Frage sollte im Rahmen einer ablösenden Betriebsvereinbarung eindeutig geklärt werden.

155 Umstritten ist, ob die **Aufhebung einer Betriebsvereinbarung auch durch formlose Regelungsabrede möglich** ist.[159] Arbeitgeber sollten insoweit kein Risiko eingehen und unter Wahrung der Schriftform des § 77 Abs. 2 BetrVG eine Aufhebung vereinbaren.

cc) Kündigung

156 Nach § 77 Abs. 5 BetrVG können Betriebsvereinbarungen, soweit in ihnen nichts anderes vereinbart ist, mit einer Frist von drei Monaten gekündigt werden. Die ordentliche Kündigung der Betriebsvereinbarung bedarf **keines rechtfertigenden Grundes.**[160] Entgegen einigen Stimmen in der Literatur[161] liegt darin kein Wertungswiderspruch zum individualarbeitsvertraglichen Bestandsschutz. Vielmehr ist dies dem Wesen der Betriebsvereinba-

---

[156] BAG 17.1.1995 – 1 ABR 29/94, AP BetrVG 1972 § 77 Nachwirkung Nr. 7; 18.2.2003 – 1 ABR 17/02, AP BetrVG 1972 § 77 Betriebsvereinbarung Nr. 11; ErfK/*Kania* BetrVG § 77 Rn. 107; *Fitting* BetrVG § 77 Rn. 180.
[157] *Löwisch/Kaiser* BetrVG § 77 Rn. 91.
[158] Vgl. GK-BetrVG/*Kreutz* § 77 Rn. 357.
[159] Offengelassen von: BAG 22.3.1995 – 5 AZR 934/93, AP BGB § 611 Arbeitszeit Nr. 8.
[160] BAG 21.8.2001 – 3 ABR 44/00, AP BetrAVG § 1 Betriebsvereinbarung Nr. 8; 17.8.1999 – 3 ABR 55/98, AP BetrVG 1972 § 77 Nr. 79; 11.5.1999 – 3 AZR 21/98, AP BetrAVG § 1 Betriebsvereinbarung Nr. 6; *Fitting* BetrVG § 77 Rn. 148; Richardi BetrVG/*Richardi* § 77 Rn. 200.
[161] *Hanau/Preis* NZA 1991, 81 ff.

rung geschuldet und rechtspolitisch erforderlich, um Arbeitgeber nicht durch noch weitergehende Bindungen zum gänzlichen Absehen von Leistungen anzuhalten, bei denen keine Loslösung möglich wäre.

Bei einer Betriebsvereinbarung muss der Arbeitnehmer von vornherein damit rechnen, dass diese durch Ausspruch einer Kündigung beendet wird und damit Rechtspositionen entfallen, die bei Einräumung eines individualrechtlichen Rechtsanspruchs ggf. fortbestehen würden. Aus Sicht des Arbeitnehmers mag dieser versuchen, sich eine diesbezügliche **individualrechtliche Rechtsposition** einräumen zu lassen, wenn dies aus seiner Sicht verhandelbar und für die Durchführung des Arbeitsverhältnisses immanent ist. 157

Das Gesetz sieht eine Kündigungsfrist von drei Monaten vor. Diese **Kündigungsfrist** kann von den Betriebsparteien einvernehmlich abgekürzt oder verlängert werden.[162] Möglich ist auch eine befristete Mindestlaufzeit der Betriebsvereinbarung, während derer die ordentliche Kündigung ausgeschlossen ist. Insoweit bestehen weitgehende Gestaltungsspielräume. 158

Beispiel:

Eine Betriebsvereinbarung kann regeln, dass sie frühestens zu einem bestimmten Termin gekündigt werden kann und eine Kündigungsfrist zu diesem oder einem späteren Termin eine bestimmte Zeitspanne betragen muss und die Kündigung nur zu einem bestimmten Termin erfolgen kann.

Dies kann etwa relevant sein, wenn ein Entgeltsystem zur Erprobung mindestens zwei aufeinanderfolgende Geschäftsjahre zur Anwendung kommen und die Kündigung gleichzeitig – etwa wegen auf dem Geschäftsjahr basierender Bemessungsgrundlagen – nur zum Geschäftsjahresende möglich sein soll. Die Länge der Kündigungsfrist kann sich in diesem Falle insbesondere danach richten, welche Dauer wahrscheinlich die Einführung eines anschließenden anderen Entgeltsystems beanspruchen würde.

dd) Nachwirkung

Nach § 77 Abs. 6 BetrVG gelten Regelungen einer Betriebsvereinbarung nach ihrem Ablauf und bis zu ihrer Ersetzung durch eine andere Abmachung weiter, wenn Angelegenheiten der **zwingenden Mitbestimmung** betroffen sind. Für den Leistungsplan freiwilliger Entgeltbestandteile besteht regelmäßig ein zwingendes Mitbestimmungsrecht des Betriebsrates aus § 87 Abs. 1 Nr. 10 BetrVG. Da das Mitbestimmungsrecht des Betriebsrates sich nicht auf die konkrete Höhe des Arbeitsentgelts sowie auf die Dotierung einer freiwilligen Leistung nach „Ob", Höhe, Zweck und begünstigtem Personenkreis bezieht, sind daraus **Begrenzungen für die Nachwirkung** zu ziehen. 159

Die fehlende Mitbestimmungspflichtigkeit über die Entgelthöhe bei der Einführung einer Leistung setzt sich bei deren Aufhebung fort. Ebenso wie der Arbeitgeber frei darin ist, ohne Mitbestimmung des Betriebsrates über die Einführung der Leistung und die dafür zur Verfügung gestellten Mittel zu entscheiden, kann er **mitbestimmungsfrei** auch über die **vollständige Einstellung** der Leistung entscheiden, indem er seine Dotierungsentscheidung aufhebt und damit einem fortbestehenden Leistungsplan den Boden entzieht.[163] Für eine Mitbestimmung des Betriebsrates bleibt in diesem Fall kein Raum, sodass auch eine daran anknüpfende Nachwirkung ausscheidet. 160

Allerdings ist im Falle der Aufhebung einer Dotierungsentscheidung erneut die Rechtsprechung zum **Bezugspunkt der Dotierungsentscheidung** zu beachten. Bezieht man die Dotierungsentscheidung auf eine Gesamtbetrachtung sämtlicher der Gestaltung des Arbeitgebers unterliegender Entgeltbestandteile als sog. betriebsverfassungsrechtlich frei- 161

---

[162] *Löwisch/Kaiser* BetrVG § 77 Rn. 96.
[163] BAG 10.11.2009 – 1 AZR 511/08, AP BetrVG 1972 § 77 Betriebsvereinbarung Nr. 48; 26.8.2008 – 1 AZR 354/07, NZA 2008, 1426 (1428); 5.10.2010 – 1 ABR 20/09, AP BetrVG 1972 § 77 Betriebsvereinbarung Nr. 53; *Fitting* BetrVG § 87 Rn. 411 mwN.

willige Gesamtvergütung,[164] setzt eine Aufhebung der Dotierungsentscheidung voraus, dass sämtliche dieser Gesamtvergütung zuzuordnenden Entgeltkomponenten ersatzlos entfallen.[165] Da nach der Betrachtung des BAG bei einem nicht tarifgebundenen Arbeitgeber sogar die Grundvergütung betriebsverfassungsrechtlich freiwillig gezahlt wird, scheidet dies in der Praxis regelmäßig aus.

162 Raum bleibt allenfalls für eine **gleichmäßige Absenkung der Dotierung,** sodass der Leistungsplan über die Verteilung der einzelnen Entgeltkomponenten unverändert bleibt und aus diesem Grunde ein Mitbestimmungsrecht und damit die Nachwirkung ausscheidet.[166] Diese gleichmäßige Absenkung kann aber an einem feststehenden Entgeltbestandteil scheitern, der nicht proportional zu anderen Entgeltbestandteilen bemessen ist und damit eine gleichmäßige Absenkung aller Leistungen verhindert.

163 Auch wenn das BAG bis heute nicht ausdrücklich von dieser Betrachtung einer betriebsverfassungsrechtlich freiwilligen Gesamtvergütung abgerückt ist, hat es in jüngerer Rechtsprechung[167] gleichwohl deutlich engere Grenzen für eine Nachwirkung aufgestellt. Danach **scheidet eine Nachwirkung unter folgenden Voraussetzungen aus:**

- Es darf keine vertragliche oder sonstige Verpflichtung bestehen, den in Rede stehenden Entgeltbestandteil weiterhin zu erbringen. Besteht eine solche Verpflichtung, kann der Arbeitgeber nicht frei über die Einstellung der Leistung entscheiden und verbleibt für die Ausgestaltung ein das Mitbestimmungsrecht auslösender Gestaltungsspielraum des Arbeitgebers.
- Der einzustellende Entgeltbestandteil darf kein Bestandteil eines insgesamt mitbestimmten Entgeltsystems sein. Es kommt darauf an, ob eine Einheit von Entgeltbestandteilen – etwa im Rahmen einer Betriebsvereinbarung – mit solchen Entgeltbestandteilen besteht, für die eine vertragliche oder gesetzliche Vergütungspflicht des Arbeitgebers und damit eine verbleibende Mitbestimmungsnotwendigkeit besteht.
- Weitere Voraussetzung ist, dass der Arbeitgeber die Dotierung der in Rede stehenden Leistung vollständig einstellt und dies durch eine Erklärung gegenüber Betriebsrat oder Belegschaft zweifelsfrei zum Ausdruck bringt.

164 Der Eintritt der gesetzlichen Nachwirkung kann damit bei Wahrung der durch die Rechtsprechung aufgestellten Anforderungen ausgeschlossen werden. Die Nachwirkung der Betriebsvereinbarung ist jedoch darüber hinaus **disponibel.** In der Betriebsvereinbarung kann der Eintritt einer Nachwirkung ausdrücklich vorgesehen, ausgeschlossen oder auf einen bestimmten Zeitraum begrenzt werden.[168]

Praxistipp:
Will der Arbeitgeber sicherstellen, dass seine wirtschaftliche Belastung mit Ablauf der Betriebsvereinbarung rechtssicher endet, sollte er den Ausschluss der Nachwirkung ausdrücklich mit dem Betriebsrat in der Betriebsvereinbarung festlegen.

---

[164] BAG 10.11.2009 – 1 AZR 511/08, AP BetrVG 1972 § 77 Betriebsvereinbarung Nr. 48; 26.8.2008 – 1 AZR 354/07, NZA 2008, 1426 (1429); 5.10.2010 – 1 ABR 20/09, AP BetrVG 1972 § 77 Betriebsvereinbarung Nr. 53.
[165] BAG 10.11.2009 – 1 AZR 511/08, AP BetrVG 1972 § 77 Betriebsvereinbarung Nr. 48; 26.8.2008 – 1 AZR 354/07, NZA 2008, 1426 (1428); 5.10.2010 – 1 ABR 20/09, AP BetrVG 1972 § 77 Betriebsvereinbarung Nr. 53; dazu *Salamon* NZA 2010, 745 (747 ff.).
[166] BAG 10.11.2009 – 1 AZR 511/08, AP BetrVG 1972 § 77 Betriebsvereinbarung Nr. 48; 26.8.2008 – 1 AZR 354/07, NZA 2008, 1426 (1428); 5.10.2010 – 1 ABR 20/09, AP BetrVG 1972 § 77 Betriebsvereinbarung Nr. 53; dazu *Salamon* NZA 2010, 745 (747 ff.).
[167] BAG 5.10.2010 – 1 ABR 20/09, AP BetrVG 1972 § 77 Betriebsvereinbarung Nr. 53.
[168] BAG 18.2.2003 – 1 ABR 17/02, AP BetrVG 1972 § 77 Betriebsvereinbarung Nr. 11; 17.1.1995 – 1 ABR 29/94, AP BetrVG 1972 § 77 Nachwirkung Nr. 7; ErfK/*Kania* BetrVG § 77 Rn. 106 f.; *Fitting* BetrVG § 77 Rn. 180 ff.

3. Zuständigkeitsverteilung zwischen Betriebs-, Gesamtbetriebs- sowie Konzernbetriebsrat

Bei der Ausübung der Mitbestimmung ist die **Beteiligung der richtigen Arbeitnehmervertretung** zu beachten. Als Mitbestimmungsträger kommt in der Regel der Betriebsrat in Betracht, der grundsätzlich sämtliche betriebsverfassungsrechtliche Zuständigkeiten ausübt, soweit ihm das BetrVG nicht zugunsten etwa des Gesamtbetriebs- oder Konzernbetriebsrates Zuständigkeiten entzieht. **165**

Diese Frage stellt sich nur, wenn die **Voraussetzungen der Errichtung** eines Gesamt- oder Konzernbetriebsrates im Unternehmen bestehen, dh, mehr als zwei Betriebsräte in einem Unternehmen amtieren (Errichtung eines Gesamtbetriebsrates gem. § 47 BetrVG) oder entsprechend eine unternehmensübergreifende Repräsentationseinheit durch Errichtung eines Konzernbetriebsrates gem. § 54 BetrVG zu schaffen ist. **166**

Die **Verteilung der originären Zuständigkeiten** zwischen Betriebs-, Gesamtbetriebs- und Konzernbetriebsrat richtet sich nach den §§ 50 Abs. 1, 58 Abs. 1 BetrVG. Hierfür kommt es jeweils darauf an, ob eine mitzubestimmende Angelegenheit auf jeweils einzelne Betriebe begrenzt ist oder eine betriebs- oder unternehmensübergreifend einheitliche Regelung getroffen werden muss. Die Wahl der zu beteiligenden Arbeitnehmervertretung steht damit – mit Ausnahme der Beauftragung durch die jeweils untergeordnete Einheit gem. § 50 Abs. 2 bzw. § 58 Abs. 2 BetrVG – nicht zur Disposition der Betriebsparteien. **167**

Gleichwohl kann aus Sicht des Arbeitgebers die **Beteiligung einer bestimmten Arbeitnehmervertretung sinnvoll** sein, da letztlich bereits die unterschiedliche personelle Besetzung der jeweiligen Gremien unterschiedliche Charaktere in den Verhandlungen, aber auch generell unterschiedliche Interessenlagen begründen wird. Der Inhalt einer mitzubestimmenden Regelung kann deshalb ebenso wie der zeitliche und administrative Aufwand für deren Erreichung – ggf. erst über ein aufwändiges Einigungsstellenverfahren – aus Sicht des Arbeitgebers erheblich davon abhängen, mit welchem Gremium er Verhandlungen führen muss. **168**

Für die Abgrenzung der Repräsentationsebenen gilt, dass grundsätzlich der sachnahe örtliche Betriebsrat zuständig ist. Eine die Zuständigkeit einer übergeordneten betriebsverfassungsrechtlichen Repräsentationsebene begründende Notwendigkeit einer einheitlichen Regelung kann nicht allein aus **Zweckmäßigkeitserwägungen, Kostengesichtspunkten oder einem bloßen Koordinierungsinteresse** hergeleitet werden.[169] Vielmehr muss ein sachliches Erfordernis nach dem Inhalt der zu treffenden Regelung für eine betriebs- oder unternehmensübergreifende Regelung bestehen.[170] Eine solche folgt insbesondere nicht aus dem arbeitsrechtlichen Gleichbehandlungsgrundsatz, da dieser der Zuständigkeitsverteilung folgt, sie aber nicht vorgibt. **169**

> **Praxistipp:**
> Wenn der Arbeitgeber einseitig berechtigt ist, **mitbestimmungsfrei über das „Ob" einer begünstigenden Leistung zu entscheiden** – wie regelmäßig bei der erstmaligen Einführung von Entgeltkomponenten –, kann er diese Leistung von einer betriebs- bzw. unternehmensübergreifenden Regelung abhängig machen und auf diesem Wege die Zuständigkeit der von ihm gewünschten Repräsentationsebene erzwingen.[171] In diesem Falle folgt eine übergreifende Regelungsnotwendigkeit daraus, dass auf der untergeord-

---

[169] BAG 10.10.2006 – 1 ABR 59/05, AP BetrVG 1972 § 77 Tarifvorbehalt Nr. 24; 23.3.2010 – 1 ABR 82/08, NZA 2011, 642 (643); *Fitting* BetrVG § 50 Rn. 24; Richardi BetrVG/*Annuß* § 50 Rn. 14 ff.
[170] BAG 10.10.2006 – 1 ABR 59/05, AP BetrVG 1972 § 77 Tarifvorbehalt Nr. 24; 23.3.2010 – 1 ABR 82/08, NZA 2011, 642 (643); *Fitting* BetrVG § 50 Rn. 24; Richardi BetrVG/*Annuß* § 50 Rn. 14 ff.
[171] BAG 10.10.2006 – 1 ABR 59/05, AP BetrVG 1972 § 77 Tarifvorbehalt Nr. 24; 23.3.2010 – 1 ABR 82/08, NZA 2011, 642 (643).

neten betriebsverfassungsrechtlichen Repräsentationsebene ggf. nichts mitzubestimmen wäre, wenn der Arbeitgeber – was ihm frei steht – von der Einführung einer Leistung gänzlich absehen würde, wenn nicht die übergreifend einheitliche Regelung zustande kommt.

O. Entgelttransparenz und Verbot von Entgeltbenachteiligung wegen des Geschlechts

Übersicht

Rn.
- I. Einführung 1
- II. Verbot von Entgeltbenachteiligung wegen des Geschlechts 5
  - 1. Weiter Entgeltbegriff 6
    - a) Barleistungen 9
    - b) Sachleistungen 10
    - c) Mittelbare Vergütungen 12
  - 2. Unmittelbare Entgeltbenachteiligung 16
  - 3. Mittelbare Entgeltbenachteiligung 18
  - 4. Gleiche und gleichwertige Arbeit 23
  - 5. Kriterien für eine Rechtfertigung unterschiedlicher Bezahlung 29
  - 6. Positivmaßnahmen (§ 5 AGG) 31
- III. Pflicht zur Schaffung von benachteiligungsfreien Entgeltsystemen 32
  - 1. Begriff des Entgeltsystems 33
  - 2. Kriterien zur Vermeidung von Entgeltbenachteiligung 35
  - 3. Privilegierte Entgeltsysteme 39
- IV. Maßnahmen nach dem Gesetz zur Förderung der Transparenz von Entgeltstrukturen 42
  - 1. Individueller Auskunftsanspruch und Beteiligungsrechte des Betriebsrats 45
  - 2. Betriebliches Prüfverfahren 49
    - a) Einführung 49
    - b) Anwendungsbereich des freiwilligen betrieblichen Prüfverfahrens 51
    - c) Inhalte des betrieblichen Prüfverfahrens 54
    - d) Beteiligung des Betriebsrats 61
    - e) Mitteilung der Ergebnisse des betrieblichen Prüfverfahrens 63
  - 3. Berichtspflichten 65

I. Einführung

Das Entgeltgleichheitsgebot ist seit langem in unserer Rechtsordnung verankert. Es besagt, dass eine unterschiedliche Bezahlung wegen des Geschlechts bei gleicher oder gleichwertiger Arbeit unzulässig ist. Im europäischen Recht findet sich das **Entgeltgleichheitsgebot** in Art. 157 Abs. 1 AEUV (ex Art. 141 EGV, ex Art. 119 EWGV). Im nationalen deutschen Recht war das Entgeltgleichheitsgebot bis zum Inkrafttreten des Allgemeinen Gleichbehandlungsgesetzes am 18.8.2006 ausdrücklich in § 612 Abs. 3 BGB enthalten, das mit § 4 AGG ebenfalls eine Diskriminierung wegen des Geschlechts verbietet. Mit Wirkung zum 6.7.2017 ist das Gesetz zur Förderung der Transparenz von Entgeltstrukturen (kurz: Entgelttransparenzgesetz – EntgTranspG) in Kraft getreten. Das Entgelttransparenzgesetz bezweckt, das Gebot des gleichen Entgelts für Frauen und Männer bei gleicher oder gleichwertiger Arbeit durchzusetzen (§ 1 EntgTranspG). 1

Der nationale Gesetzgeber sah sich zum Erlass des Entgelttransparenzgesetzes gezwungen, weil in Deutschland teilweise beträchtliche Entgeltunterschiede zwischen den Geschlechtern zu verzeichnen seien. Die statistische, unbereinigte **Entgeltlücke** soll zwischen Frauen und Männern bezogen auf das durchschnittliche Bruttostundenentgelt ca. 21% (Ost: 8%, West: 23%, Stand 2016) betragen. Hinter der unbereinigten Entgeltlücke stehen zwar zahlreiche strukturelle Faktoren und erwerbsbiografische Unterschiede zwischen Frauen und Männern. Dort wo Tarifverträge gelten und Betriebsräte mitwirken, soll die berechnete Entgeltlücke zwar deutlich kleiner sein. Die statistisch messbare berei- 2 nigte Entgeltlücke zwischen Frauen und Männer soll nach den Angaben des Statistischen Bundesamts von 2016 immer noch rund 7% betragen.[1]

3 Der vorhandene Rechtsrahmen konnte augenscheinlich das Gebot gleichen Entgelts bei gleicher oder gleichwertiger Arbeit von Frauen und Männern in der Praxis nicht umfassend gewährleisten. Zudem erschien dem Gesetzgeber das Entgeltgleichheitsgebot gerade in Bezug auf die mittelbare Entgeltbenachteiligung in seiner rechtlichen Tragweite und seiner Wirkungsfähigkeit für zu wenig bekannt. Gerade eine **mittelbare Entgeltdiskriminierung** von Frauen sei aber ohne transparente Regelungen über die Vergütung und Entgelte nur schwer zu erkennen.[2] Diese Form der Benachteiligung ist häufig weder dem Arbeitgeber noch den Beschäftigten bewusst oder von diesen beabsichtigt. Sie kommt aber vor.

4 Seit seiner Veröffentlichung hat der Gesetzesentwurf wegen des nicht unerheblichen Aufwands für die betroffenen Unternehmen erhebliche Kritik erfahren. Teilweise wurden die Neuregelungen als „Bürokratiemonster" bezeichnet,[3] ohne dass es für die Beschäftigten[4] einen wirklichen Nutzen bringe.[5] Die **verfassungsmäßige Rechtfertigung** des Gesetzes, insbesondere im Hinblick auf die statistischen Auswertungen, auf die sich der Gesetzgeber bezog, soll an dieser Stelle nicht vertieft werden.[6]

II. Verbot von Entgeltbenachteiligung wegen des Geschlechts

5 Bei gleicher oder gleichwertiger Arbeit ist eine unmittelbare oder mittelbare Benachteiligung wegen des Geschlechts im Hinblick auf sämtliche Entgeltbestandteile und Entgeltbedingungen verboten, § 3 Abs. 1 EntgTranspG. Positiv regelt das Entgeltgleichheitsgebot, dass bei Beschäftigungsverhältnissen für gleiche oder gleichwertige Arbeit nicht wegen des Geschlechts der oder des Beschäftigten ein geringeres Entgelt vereinbart oder gezahlt werden darf als bei einer oder einem Beschäftigten des anderen Geschlechts (§ 7 EntgTranspG). Weiter regelt § 4 Abs. 4 EntgTranspG, dass Arbeitgeber, die ein Entgeltsystem für die Beschäftigten verwenden, dafür Sorge tragen müssen, dass dieses Entgeltsystem als Ganzes und auch die einzelnen Entgeltbestandteile so ausgestaltet sind, dass eine Benachteiligung wegen des Geschlechts ausgeschlossen ist. Welche Kriterien hierbei zu berücksichtigen sind, regelt § 4 Abs. 1 S. 2 EntgTranspG.

1. Weiter Entgeltbegriff

6 Das Entgeltgleichheitsgebot und gleichermaßen das Verbot von Entgeltbenachteiligung wegen des Geschlechts gelten uneingeschränkt für jede Art von Entgeltbestandteilen. Maßgeblich im Anwendungsbereich des Entgelttransparenzgesetzes ist der Entgeltbegriff nach § 5 Abs. 1 EntgTranspG. Dieser **Entgeltbegriff** ist weit auszulegen und geht letztlich auf Art. 157 Abs. 2 AEUV zurück.[7]

7 Entgelt iSd Entgelttransparenzgesetzes sind danach alle Grund- oder Mindestentgelte sowie alle sonstigen Vergütungen, die unmittelbar oder mittelbar in bar oder als Sachleis-

---

[1] BT-Drs.18/11133, 19.
[2] BT-Drs.18/11133, 21.
[3] *Köhn* ZRP 2016, 274.
[4] Vom Anwendungsbereich des EntgTranspG sind alle Beschäftigten iSd § 5 Abs. 2 EntgTranspG erfasst. Beschäftigte iSd EntgTranspG sind Arbeitnehmer, Beamte, Richter, Soldaten, Auszubildende und in Heimarbeit beschäftigte Personen. In diesem Kapitel wird daher regelmäßig der Begriff des Beschäftigten, wobei damit jedes Geschlecht gemeint ist, verwendet.
[5] *Bauer/Romero* NZA 2017, 409.
[6] Vertiefend hierzu *Wank* RdA 2018, 34.
[7] BT-Drs. 18/11133, 54.

tungen aufgrund eines Beschäftigungsverhältnisses gewährt werden. Negativ kann das Entgelt vom **Aufwendungsersatz** abgegrenzt werden (hierzu → B Rn. 69). Aufwendungen sind freiwillige Vermögensopfer im Interesse eines anderen.[8]

Der **Zweck der Leistung,** ob sie der Vergütung von geleisteter Arbeit oder der Belohnung von Betriebstreue dient, ist unerheblich (hierzu → B Rn. 17 ff., → F Rn. 1 ff.). Auch freiwillige Leistungen des Arbeitgebers, auf die der Arbeitnehmer keinen Rechtsanspruch hat, zählen iSd Entgelttransparenzgesetzes zum Entgelt (hierzu → D Rn. 1 ff.). Die Definition setzt ferner nicht voraus, dass ein Arbeitnehmer die Leistung beanspruchen kann. § 5 Abs. 1 EntgTranspG bestimmt nur, dass die Leistung aufgrund des Beschäftigungsverhältnisses gewährt wird. Gleichermaßen unerheblich ist, auf welcher konkreten Rechtsgrundlage die Leistungen gewährt werden.[9]

a) Barleistungen

Neben dem laufenden Grundentgelt zählen sämtliche in bar oder bargeldlos gewährten Entgeltbestandteile, unabhängig ob es Einmalzahlungen oder laufende Leistungen sind, zum Entgelt.

Beispiele:

Grundvergütung, Zulagen jeder Art (zB Fahrtkostenzuschuss, Kinderbetreuungszuschuss, Umzugshilfe uÄ), Urlaubsgeld, Prämienen, Provisionen, Tantiemen, Boni, Gratifikationen, Jubiläumsleistungen, etc.

b) Sachleistungen

Gleichermaßen sind alle Sachleistungen Entgelt iSd § 5 Abs. 1 EntgTranspG, wenn sie aufgrund des Beschäftigungsverhältnisses gewährt werden und nicht lediglich einen Aufwendungsersatz darstellen, weil auch die private Nutzungsmöglichkeit zumindest konkludent erlaubt worden ist.

Beispiele:

Dienstwagen, Dienstfahrrad, Kantinenessen, Jobtickets, Smartphone und Mobilfunkvertrag, etc.

Zur Ermittlung des Werts der Sachleistungen, ua wenn zur Erfüllung des individuellen Auskunftsverlangens das durchschnittliche monatliche Entgelt ermittelt werden soll, kann auf die steuerlichen Methoden zur **Vorteilsermittlung** abgestellt werden.

c) Mittelbare Vergütungen

Nach der gesetzlichen Definition zählen auch mittelbare Leistungen zum Entgelt, wenn sie **aufgrund des Beschäftigungsverhältnisses** gewährt werden. Dies können Leistungen sein, die dem Arbeitnehmer erst zu einem späteren Zeitpunkt unmittelbar zufließen, oder Leistungen, die der Arbeitnehmer nicht unmittelbar von dem Arbeitgeber sondern einem Dritten aufgrund des Beschäftigungsverhältnisses erhält.

In der Gesetzesbegründung findet sich die Klarstellung, dass auch Leistungen des Arbeitgebers zu betrieblichen Systemen der sozialen Sicherung unter den Entgeltbegriff fallen.[10] Arbeitgeberbeiträge etwa zur **betrieblichen Altersversorgung** zählen danach zum Entgelt iSd § 5 Abs. 1 EntgTranspG, auch wenn die Leistungen dem Arbeitnehmer erst

---

[8] BGH 12.10.1972 – VII ZR 51/72, NJW 1973, 46.
[9] BT-Drs. 18/11133, 54; ErfK/*Schlachter* EntgTranspG § 5 Rn. 3.
[10] BT-Drs. 18/11133, 54.

nach Beendigung des Arbeitsverhältnisses in Form von Renten oder einer Kapitalleistung zufließen.[11]

14 Ebenso dürften **Leistungen von Dritten** zum Entgelt zählen, wenn sie aufgrund des Beschäftigungsverhältnisses gewährt werden. Dies betrifft Bar- oder Sachleistungen, die ein Arbeitnehmer im laufenden Arbeitsverhältnis von einer anderen natürlichen oder juristischen Person als dem Arbeitgeber erhält.

Beispiele:
Aktienoptionen, Restricted Stock Units (RSUs), Dienstwagen, Zusatzversorgungen usw.

15 Art. 157 Abs. 2 AEUV beschränkt den Entgeltbegriff dagegen auf Leistungen, die der Arbeitgeber dem Arbeitnehmer wenigstens mittelbar aufgrund des Beschäftigungsverhältnisses gewährt.[12] Nach dem Sinn und Zweck des Gesetzes, insbesondere mittelbare, verdeckte Benachteiligungen zu beseitigen, können entgeltwerte Leistungen von Dritten nicht ausgenommen werden, unabhängig davon, ob der Arbeitgeber dem leistenden Dritten einen Ausgleich schuldet.[13] Das Entgeltgleichheitsgebot kann nur dann durchgesetzt werden, wenn alle aufgrund des Beschäftigungsverhältnisses, gleich ob vom Arbeitgeber oder von Dritten, gewährten Entgelte erfasst werden.

2. Unmittelbare Entgeltbenachteiligung

16 Das Gesetz verbietet bei gleicher oder gleichwertiger Arbeit eine unmittelbare oder mittelbare Benachteiligung wegen des Geschlechts im Hinblick auf sämtliche Entgeltbestandteile und Entgeltbedingungen, § 3 Abs. 1 EntgTranspG. § 3 Abs. 2 EntgTranspG übernimmt den Begriff der unmittelbaren Benachteiligung aus § 3 Abs. 1 AGG und konkretisiert die Definition für die entgeltbezogene Diskriminierung.[14] Eine unmittelbare Entgeltbenachteiligung liegt vor, wenn eine Beschäftigte oder ein Beschäftigter **wegen des Geschlechts** bei gleicher oder gleichwertiger Arbeit ein geringeres Entgelt erhält, als eine Beschäftigte oder ein Beschäftigter des jeweils anderen Geschlechts erhält, erhalten hat oder erhalten würde. Eine unmittelbare Benachteiligung liegt auch im Falle eines geringeren Entgelts einer Frau wegen Schwangerschaft oder Mutterschaft vor (§ 3 Abs. 2 EntgTranspG). Letzteres betrifft direkte schwangerschaftsbedingte Entgeltabschläge oder nicht geleistete Entgeltsteigerungen/-zuschläge; nicht erfasst sind solche Benachteiligungen, die unmittelbar an eine Elternzeit anknüpfen.[15] Nach ständiger Rechtsprechung stellt jede im Zusammenhang mit Schwangerschaft und Mutterschaft erfolgende Schlechterstellung von Frauen eine unmittelbare Diskriminierung auf Grund des Geschlechts dar.[16]

17 Die Rechtfertigung einer unmittelbaren geschlechtsbezogenen Entgeltbenachteiligung ist nach dem Gesetz nicht möglich. Eine unmittelbare Entgeltbenachteiligung wegen des Geschlechts ist absolut verboten.

3. Mittelbare Entgeltbenachteiligung

18 Praktischer Hauptanwendungsfall ist die mittelbare Entgeltdiskriminierung. Der Gesetzgeber geht davon aus, dass eine Entgeltbenachteiligung wegen des Geschlechts bei gleich-

---

[11] ErfK/*Schlachter* EntgTranspG § 5 Rn. 4 mwN; vgl. bereits zum Entgeltbegriff des Art. 119 Abs. EWGV.
[12] EuGH 30.3.2000 – C-236/98, BeckRS 2004, 75322.
[13] IErg ebenso ErfK/*Schlachter* EntgTranspG § 5 Rn. 5; zweifelnd *Müller* BB 2017, 2101 (2103).
[14] ErfK/*Schlachter* EntgTranspG § 3 Rn. 3.
[15] ErfK/*Schlachter* EntTranspG § 3 Rn. 3.
[16] BAG 27.1.2011 – 6 AZR 526/09, NZA 2011, 1361 (1363).

wertiger Tätigkeit regelmäßig eine mittelbare Benachteiligung darstellt, die weder beabsichtigt noch transparent ist.[17]

Nach § 3 Abs. 3 EntgTranspG liegt eine mittelbare Entgeltbenachteiligung vor, wenn dem Anschein nach **neutrale Vorschriften, Kriterien oder Verfahren** Beschäftigte wegen des Geschlechts gegenüber Beschäftigten des jeweils anderen Geschlechts in Bezug auf das Entgelt in besonderer Weise benachteiligen können, es sei denn, die betreffenden Vorschriften, Kriterien oder Verfahren sind durch ein rechtmäßiges Ziel sachlich gerechtfertigt und die Mittel sind zur Erreichung dieses Ziels angemessen und erforderlich. Insbesondere arbeitsmarkt-, leistungs- und arbeitsergebnisbezogene Kriterien können ein unterschiedliches Entgelt rechtfertigen, sofern der Grundsatz der Verhältnismäßigkeit beachtet wurde.

Kennzeichnend für den Tatbestand der mittelbaren Diskriminierung ist, dass in den Regelungen zur Entgeltbemessung das Geschlecht der Beschäftigten keine Erwähnung findet, sondern die Entgeltregelung dem Anschein nach in neutraler Weise formuliert ist und angewendet wird, im Ergebnis jedoch ein Geschlecht in besonderer Weise benachteiligen kann. Dies wird immer dann der Fall sein, wenn das **Differenzierungskriterium** von den Angehörigen des einen Geschlechts wesentlich häufiger als von denen des anderen Geschlechts erfüllt wird.[18] Der Nachteil muss nicht zu einer besonders erheblichen, offensichtlichen und schwerwiegenden Ungleichbezahlung führen.[19] Eine weniger günstige Behandlung kann demnach bereits im Cent-Bereich stattfinden. Der Vergleich bezieht sich dabei grundsätzlich auf jeden einzelnen Vergütungsbestandteil, damit die Nichtgewährung von Vergünstigungen nicht im Wege der Gesamtbetrachtung ausgeglichen werden kann.[20]

Beispiele für dem Anschein nach neutrale Merkmale:

Teilzeitarbeit; geringfügige Beschäftigung; befristete Arbeitsverhältnisse; Beschäftigungsdauer; Home-Office; Festlegung von gesonderten Lohngruppen für reine Frauenberufe, Muskelkraft, Geschwindigkeit, Gewicht, etc.

Die neuere Rechtsprechung stellt nicht mehr allein auf eine zahlenmäßig stärkere Betroffenheit des einen Geschlechts ab. Eine mittelbare Diskriminierung kann auch vorliegen, wenn das betroffene Merkmal, Verfahren oder die Vorschrift im Ergebnis ein Geschlecht **in besonderer Weise** benachteiligen kann. Der EuGH ist von der Voraussetzung, dass wesentlich mehr Personen des anderen Geschlechts betroffen sein müssen, zuletzt im Fall der mittelbaren Diskriminierung wegen der Herkunft abgewichen. Nach dem EuGH genügt es für die besondere Benachteiligung, wenn „insbesondere Personen einer bestimmten ethnischen Herkunft" von der Maßnahme benachteiligt werden. Es ist nicht erforderlich, dass von der Maßnahme „wesentlich mehr" Merkmalsträger als Nichtmerkmalsträger betroffen sind, sondern es genügt, wenn die Maßnahme insbesondere Merkmalsträger beeinträchtigt.[21] Diese Rechtsprechung hat das BAG zwischenzeitlich für den Fall der Geschlechterdiskriminierung übernommen.[22]

Letztlich wird der Nachweis, dass typischerweise oder überwiegend ein Geschlecht von der Entgeltregelung mittelbar benachteiligt wird, aber weiterhin anhand **statistischer Auswertungen** erfolgen. Dabei wird die Vermutung für eine Entgeltdiskriminierung streiten, wenn aussagekräftige Statistiken einen merklichen Unterschied im Entgelt zweier gleichwertiger Tätigkeiten erkennen lassen, von denen die eine fast ausschließlich von

---

[17] BT-Drs. 18/11133, 70.
[18] EuGH 16.7.2015 – C-83/14, NZA 2015, 1247; 20.10.2011 – C-123/10, NZA 2011, 1412; ErfK/Schlachter EntgTranspG § 3 Rn. 4; BeckOGK/Block AGG § 3 Rn. 79.
[19] EuGH 16.7.2015 – C-83/14, NZA 2015, 1247.
[20] EuGH 17.5.1990 – C 262/88, NZA 1990, 775; ErfK/Schlachter EntgTranspG § 3 Rn. 7.
[21] EuGH 16.7.2015 – C-83/14, NZA 2015, 1247; BeckOGK/Block AGG § 3 Rn. 77.
[22] BAG 27.1.2011 – 6 AZR 526/09, NZA 2011, 1361 (1363); 19.5.2016 – 8 AZR 470/14, NZA 2016, 1394 (1397).

Frauen und die andere hauptsächlich von Männern ausgeübt wird.[23] Dass die von der Unterscheidung Benachteiligten überwiegend dem einen Geschlecht angehören, genügt dafür allein allerdings nicht.[24] Es muss zudem in der Gruppe der Begünstigten das zahlenmäßige Verhältnis der Geschlechter wesentlich anders sein.[25]

Beispiel:

Bei der Zahlung einer Weihnachtsgratifikation werden geringfügig Beschäftigte ausgeschlossen. Hierin kann eine mittelbare Diskriminierung liegen, wenn in der Gruppe der Begünstigten merklich mehr Männer beschäftigten werden als Frauen in der Gruppe der Beschäftigten, die keine Weihnachtsgratifikation erhalten haben.

Beispiel:

Verbeamtete Lehrer erhalten nach den landesrechtlichen Vergütungsvorschriften Überstunden erst bezahlt, wenn diese im Kalendermonat fünf Stunden übersteigen. Weil die Vergütungsvorschriften keine proportionale Anpassung des Schwellenwerts bei Teilzeitkräften vorsehen, werden diese gegenüber vollzeitbeschäftigten Lehrkräften stärker belastet. Eine verbotene Diskriminierung liegt dann vor, wenn durch die Rechtsvorschrift erheblich mehr Frauen als Männer ungleichbehandelt werden und die Ungleichbehandlung nicht einem Ziel dient, das nicht mit der Zugehörigkeit zu einem Geschlecht zu tun hat, oder zur Erreichung des verfolgten Zieles nicht erforderlich ist.[26]

4. Gleiche und gleichwertige Arbeit

23 Die Legaldefinitionen von gleicher oder gleichwertiger Arbeit finden sich in § 4 Abs. 1, 2 EntgTranspG. Der Gesetzgeber greift hierbei auf bestehende Rechtsprechung des EuGH zurück.[27] **Gleiche Arbeit** liegt vor, wenn weibliche und männliche Beschäftigte an verschiedenen oder nacheinander an demselben Arbeitsplatz eine identische oder gleichartige Tätigkeit ausführen (vgl. § 4 Abs. 1 EntgTranspG).

24 Bedeutsamer ist es, gleichwertige Tätigkeiten zu identifizieren. Das Entgeltgleichheitsgebot gilt gleichermaßen bei gleicher oder gleichwertiger Arbeit, so dass eine Unterscheidung in der Praxis irrelevant sein wird, denn eine gleiche Arbeit ist denklogisch immer auch eine gleichwertige Arbeit. Weibliche und männliche Beschäftigte üben nach der Legaldefinition in § 4 Abs. 2 EntgTranspG eine **gleichwertige Arbeit** aus, wenn sie unter Zugrundelegung einer Gesamtheit von Faktoren als in einer vergleichbaren Situation befindlich angesehen werden können. Zu den zu berücksichtigenden Faktoren gehören ua die Art der Arbeit, die Ausbildungsanforderungen und die Arbeitsbedingungen.

25 Die ermittelten Faktoren müssen in einer „Zusammenschau" bewertet werden.[28] Es empfiehlt sich hierzu anhand des sog. **Genfer Schemas** verschiedene Anforderungskategorien zu bilden, soweit dies möglich ist.

---

[23] EuGH 27.10.1993 – C-127/92, NZA 1994, 797.
[24] ErfK/*Schlachter* EntgTranspG § 3 Rn. 6.
[25] BAG 5.3.1997 – 7 AZR 581/92, NZA 1997, 1242; 19.4.1995 – 10 AZR 344/94, NZA 1995, 985 (986); EuGH 9.2.1999 – C-167/97, BeckRS 2004, 74617.
[26] EuGH 27.5.2004 – C-285/02, NZA 2004, 783 (784).
[27] Ua EuGH 17.10.1989 – 109/88, NZA 1990, 772 – Danfoss.
[28] BT-Drs. 18/11133, 51.

Beispiel:

	Können	Belastung
Geistige Anforderung	Fachkenntnisse, Berufserfahrung, Befähigung fachlich zu denken und zu beurteilen	Nachdenken, Aufmerksamkeit, angestrengtes Beobachten
Körperliche Anforderung	Geschicklichkeit, Handfertigkeit	Dynamische oder statische Belastung des Körpers
Verantwortung	./.	Verantwortungsbewusstes Arbeiten um persönliche und sachliche Schäden zu vermeiden
Arbeitsbedingungen	./.	Äußere Einflüsse (Temperatur, Feuchtigkeit, Lärm etc.)

Ebenso kann auf andere Methoden zur Arbeitsbewertung zurückgegriffen werden (zB HAY, Kienbaum, NJC – National Joint Council, ABAKABA – Analytische Bewertung von Arbeitstätigkeiten nach Katz und Baitsch, EVALFRI – Evaluation Fribourg).

Der Arbeitgeber muss nicht alle Faktoren einer Tätigkeit ermitteln. Das Gesetz beschränkt die Durchführung der Gesamtbeurteilung auf die für die jeweilige Tätigkeit **wesentlichen Anforderungen.** Dabei wird man dem Arbeitgeber grundsätzlich einen Beurteilungsspielraum einräumen müssen. Gleichwohl wird es für die Praxis schwierig sein, die wesentlichen Faktoren in jedem Einzelfall gerichtsfest überzeugend zu ermitteln und festzustellen. Zu beachten ist, dass bei der Feststellung der wesentlichen Faktoren die **Persönlichkeitsmerkmale des Beschäftigten** außer Acht bleiben müssen. Es dürfen nur die tatsächlichen, für die jeweilige Tätigkeit wesentlichen Anforderungen berücksichtigt werden, die von den ausübenden Beschäftigten und deren Leistung unabhängig sind (§ 4 Abs. 2 S. 3 EntgTranspG). Gleichermaßen hat die Prüfung unabhängig von der Quantität und Qualität der konkreten Arbeitsleistung zu erfolgen, was durch die Formulierung „und von deren Leistung unabhängig" deutlich gemacht wird.

Das bedeutet nicht, dass der Wert der Tätigkeit für den Arbeitgeber völlig unberücksichtigt bleiben muss. Wenn es um den Vergleich von Leistungsunterschieden und deren zugrunde liegenden Kriterien geht, ist – so der Gesetzgeber – natürlich die Produktivität der betreffenden Beschäftigten zu erfassen. Die dazu verwendeten Methoden der Leistungsbewertung müssen aber diskriminierungsfrei sein und den in § 4 Abs. 4 EntgTranspG genannten Kriterien entsprechen.[29] Im Ergebnis können die Tätigkeiten von Beschäftigten demnach **objektiv gleichwertig** im Sinne eines Gesetzes sein, auch wenn sie für den Arbeitgeber subjektiv nicht den gleichen Wert haben. Das Gesetz verlangt vom Arbeitgeber insoweit nur eine transparente zweistufige Bewertung. Im ersten Schritt ist anhand objektiver Kriterien zu ermitteln, welche Arbeiten gleichwertig sind. Anschließend kann in einem zweiten Schritt eine Differenzierung bei der Festlegung des individuellen Entgelts aufgrund anderer Faktoren, insbesondere der Leistung des jeweiligen Beschäftigten, erfolgen. Das Gesetz verbietet nur eine geringere Vergütung gleichwertiger Arbeit, wenn wegen des Geschlechts dafür weniger gezahlt wird.[30] Die Persönlichkeitsmerkmale können weiterhin eine unterschiedliche Bezahlung rechtfertigen. Sie schließen aber die Vergleichbarkeit der Arbeit nicht aus.

---

[29] BT-Drs. 18/11133, 52.
[30] *Langemann/Wilking* BB 2017, 501 (502).

5. Kriterien für eine Rechtfertigung unterschiedlicher Bezahlung

29 Eine mittelbare Entgeltbenachteiligung wegen des Geschlechts kann nach § 3 Abs. 3 S. 1 EntgTranspG gerechtfertigt sein, wenn die betreffenden Vorschriften, Kriterien oder Verfahren durch ein **rechtmäßiges Ziel** sachlich gerechtfertigt und die Mittel zur Erreichung dieses Ziels angemessen und erforderlich sind. Beispielhaft nennt das Gesetz arbeitsmarkt-, leistungs- und arbeitsergebnisbezogene Kriterien, die ein unterschiedliches Entgelt zwischen Mann und Frau bei an sich gleicher oder gleichwertiger Arbeit rechtfertigen können, sofern der Grundsatz der Verhältnismäßigkeit beachtet wird.

Beispiele für arbeitsmarktbezogene Kriterien:

Marktlage, Mangel an Bewerbern: Die Lage auf dem Arbeitsmarkt, die einen Arbeitgeber veranlassen kann, das Entgelt für eine bestimmte Tätigkeit zu erhöhen, um Bewerbern einen Anreiz zu bieten, kann nach dem EuGH grundsätzlich ein sachlicher, nämlich wirtschaftlicher Rechtfertigungsgrund bei der Entgeltdifferenzierung darstellen.[31] Allerdings weist der EuGH in dieser Entscheidung deutlich darauf hin, dass gerade in einem solchen Fall das Verhältnismäßigkeitsprinzip beachtet werden muss. In diese Kategorie wird ebenso ein besonderes Verhandlungsgeschick eines Bewerbers fallen.

Regionale Effekte: Regionale Gegebenheiten können sich in dem Bewerbermangel wiederspiegeln, aber auch im Übrigen einen sachlichen Grund zur Differenzierung darstellen. Beispielsweise wäre es denkbar einer Frau, die in einer Großstadt lebt und/oder beschäftigt wird, ein höheres Entgelt oder eine Zulage zu zahlen, einem Mann dagegen, der aufgrund der regionalen Gegebenheiten geringere Lebenshaltungskosten hat, nur zu einem geringeren Entgelt zu beschäftigen, auch wenn dies aus personalpolitischen Gründen fraglich sein könnte.

Beispiele für leistungs- und arbeitsergebnisbezogene Kriterien:

Berufserfahrung und Dienstalter: Eine höhere Berufserfahrung befähigt typischerweise, die Arbeit besser zu verrichten.[32] Ebenso kann der Arbeitgeber bei der Entgeltfindung auf das Kriterium Dienstalter zurückgreifen, denn das Dienstalter geht mit der Berufserfahrung einher. Ist für die Entgeltfindung das Dienstalter und nicht die Berufserfahrung maßgeblich, muss der Arbeitgeber grundsätzlich nicht die Bedeutung des Dienstalters für die Ausführung der dem Arbeitnehmer übertragenen spezifischen Aufgaben darlegen, sofern nicht ernstliche Zweifel daran bestehen, dass im konkreten Fall das Kriterium Dienstalter nicht zur Erreichung des genannten Ziels geeignet ist.[33]

Körperliche Anforderung, ua Geschicklichkeit und Stressbelastung: Diese Kriterien sind regelmäßig bereits bei der Frage zu berücksichtigen, ob es sich um eine gleichwertige Arbeit handelt. Der EuGH schließt darüber hinaus nicht aus, dass diese Kriterien auch zur Rechtfertigung einer unterschiedlichen Bezahlung herangezogen werden können.[34]

Flexibilität bzw. Anpassungsfähigkeit an Arbeitszeiten und -orte: Die Bereitschaft des Arbeitnehmers, seine Arbeitsleistung zu verschiedenen Arbeitszeiten (einschl. Überstunden) zu erbringen oder an verschiedenen Orten zu arbeiten, kann eine unterschiedliche Bezahlung rechtfertigen, wenn diese Anpassungsfähigkeit für die Ausführung der dem Arbeitnehmer übertragenen spezifischen Aufgaben von Bedeutung ist.[35] Beruft sich der Arbeitgeber auf dieses Kriterium, verlangt der EuGH, dass er die Bedeutung der Anpassungsfähigkeit für die jeweilige Tätigkeit konkret darlegen kann.[36]

---

[31] EuGH 27.10.1993 – C-127/92, NZA 1994, 797 (799).
[32] EuGH 3.10.2006 – C-17/05, NZA 2006, 1205.
[33] Vgl. EuGH 3.10.2006 – C-17/05, NZA 2006, 1205; 17.10.1989 – 109/88, NZA 1990, 772.
[34] Vgl. EuGH 31.5.1995 – C-400/93, BeckRS 2004, 77045; 1.7.1986 – 237/85, NJW 1987, 1138.
[35] EuGH 17.10.1989 – 109/88, NZA 1990, 772.
[36] EuGH 27.10.1993 – C-127/92, NZA 1994, 797.

Arbeitsqualität und -quantität: Messbare Unterschiede in der Arbeitsqualität oder Menge der Arbeitsleistung können und sollen regelmäßig eine unterschiedliche Bezahlung bei im Übrigen gleicher oder gleichwertiger Arbeit rechtfertigen.

Schließlich muss das jeweilige Differenzierungsmerkmal geeignet sein, einen von der Rechtsordnung anerkannten Zweck zu erfüllen, und insgesamt in verhältnismäßiger Weise eingesetzt werden. Wann diese Grenzen überschritten sind, kann nur im Einzelfall festgestellt werden. Leitlinien hierzu sind in der Rechtsprechung bislang nicht erkennbar.

6. Positivmaßnahmen (§ 5 AGG)

In § 3 Abs. 4 EntgTranspG hat der Gesetzgeber ausdrücklich die Zulassung sog. Positivmaßnahmen im Bereich der Entgeltdiskriminierung geregelt. Zulässig sind danach Maßnahmen zum Ausgleich bestehender Nachteile und zur Verhinderung künftiger Nachteile, soweit diese die Chancengleichheit fördern, nicht jedoch eine Ergebnisgleichheit herstellen.[37] Starre Quoten und unbedingte Vorrangregelungen bei gleicher Qualifikation sind danach unzulässig.[38] Ein typischer Anwendungsfall sind Quotenregelungen, um benachteiligten Personen den Zugang zu einem Arbeitsplatz zu erleichtern. Im Entgeltbereich sind solche positiven Maßnahmen schwerlich vorstellbar.

III. Pflicht zur Schaffung von benachteiligungsfreien Entgeltsystemen

§ 4 Abs. 4 EntgTranspG verpflichtet jeden Arbeitgeber, der ein Entgeltsystem verwendet, dieses Entgeltsystemen im Ganzen als auch in seinen einzelnen Bestandteile so auszugestalten, dass eine Benachteiligung wegen des Geschlechts ausgeschlossen ist. Der Gesetzgeber überträgt dem Arbeitgeber eine **Ergebnisverantwortung.**[39] Weil die Norm selbst keine Rechtsfolge vorsieht, ist noch unklar, was auf den Arbeitgeber zukommt, wenn er gegen diese Pflicht verstößt. Wahrscheinlich wird der Verstoß als Indiz iSv § 22 AGG gewertet werden können und zu erheblichen Beweisnachteilen führen, wenn ein Beschäftigter eine Entschädigung wegen angeblicher Entgeltdiskriminierung verlangt.

1. Begriff des Entgeltsystems

Als Entgeltsystem werden Methoden und Grundsätze verstanden, nach denen Entgelte oder Entgeltbestandteile ermittelt oder verändert werden; dazu gehören ua Arbeitsbewertungssysteme oder Einstufungsregeln.[40] Letztlich können alle Methoden und Wege zur Festlegung von Entgelten ein **Entgeltsystem** darstellen.[41] Bemisst ein Arbeitgeber die Entgelte aufgrund oder entsprechend einem Entgelttarifvertrag, einer Betriebsvereinbarung oder gesetzlichen Vergütungsvorschriften, so verwendet er ein Entgeltsystem. Das Gesetz verlangt dabei nicht, dass das Entgeltsystem schriftlich oder in anderer Form dokumentiert wurde.

Auch dort, wo es keine dokumentierten Regelungen zur Bestimmung der Entgelte gibt, wird in der Regel zumindest faktisch ein Entgeltsystem verwendet. Als Entgeltsystem sind letztliche alle Wege der Beeinflussung oder Erstellung von Entgelten zu verste-

---

[37] ErfK/*Schlachter* AGG § 5 Rn. 4; EuGH 19.3.2002 – C-476/99, NZA 2002, 501 (503).
[38] BAG 21.1.2003 – 9 AZR 307/02, NZA 2003, 1036.
[39] ErfK/*Schlachter* EntgTranspG § 4 Rn. 7.
[40] BT-Drs. 18/11133, 52.
[41] ErfK/*Schlachter* EntgTranspG § 4 Rn. 7.

hen, solange es sich nicht um eine **individuell ausgehandelte Vergütung** von Einzelpersonen handelt, deren Elemente nicht zur wiederholten Anwendung bestimmt sind.[42] Danach wird die zumindest unbewusste Verwendung von Entgeltsystemen der Regelfall, die Festlegung der einzelnen Entgelte nur aufgrund individueller Verhandlungen eine seltene Ausnahme sein, sobald ein Unternehmen mehrere Arbeitnehmer beschäftigt (hierzu → D Rn. 86).

2. Kriterien zur Vermeidung von Entgeltbenachteiligung

35 Das verwendete Entgeltsystem muss nach § 4 Abs. 4 S. 2 EntgTranspG insbesondere
 – die Art der zu verrichtenden Tätigkeit objektiv berücksichtigen,
 – auf für weibliche und männliche Beschäftigte gemeinsamen Kriterien beruhen,
 – die einzelnen Differenzierungskriterien diskriminierungsfrei gewichten sowie
 – insgesamt durchschaubar sein,
um zu gewährleisten, dass eine Benachteiligung wegen des Geschlechts ausgeschlossen wird. In dieser Norm werden wesentliche Grundsätze der bisherigen Rechtsprechung kodifiziert.

Beispiel:

In einem Unternehmen der Druckindustrie sind die Lohngruppen ua nach der muskelmäßigen Beanspruchung (gering – erhöht, erhöht – fallweise große, erhöht – fallweise sehr große Beanspruchung) und weiterer Kriterien hinsichtlich der Qualifikation gestaffelt. Das Unternehmen bemisst die muskelmäßige Beanspruchung nach objektiven Werten.

36 Nach dem EuGH ist es mit dem Diskriminierungsverbot vereinbar, zur Differenzierung der Lohnstufen auf den erforderlichen Krafteinsatz oder auf die **objektive Schwere** dieser Arbeit abzustellen. Das Kriterium der Schwere der Arbeit ist eine objektive Tatsache.

37 Dieses Kriterium kann zwar typischerweise männliche Arbeitnehmer begünstigen. Bei der Frage, ob ein Lohngruppensystem diskriminierungsfrei ist, muss man das Lohngruppensystem in seiner Gesamtheit unter Berücksichtigung der anderen Kriterien beurteilen, die bei der Festlegung der Lohngruppen eine Rolle spielen. Ein System ist nicht allein deshalb diskriminierend, weil bei einem seiner Kriterien auf Eigenschaften abgestellt wird, die Männer eher besitzen. Das Lohngruppensystem muss jedoch, um insgesamt nicht diskriminierend zu sein, so ausgestaltet sein, dass es, wenn die Art der Tätigkeit tatsächlich einen gewissen Einsatz von Körperkraft erfordert, bei anderen als gleichwertig anerkannten Arbeitsplätze auch andere Kriterien berücksichtigen, hinsichtlich derer die weiblichen Arbeitnehmer besonders geeignet sein können.[43] Es muss somit innerhalb des Vergütungssystems ein Ausgleich erfolgen. Diese weiteren Kriterien, die Bestandteil des Entgeltsystems sein sollen, müssen schließlich in einem angemessenen Verhältnis zu dem beispielsweise die Muskelkraft berücksichtigenden Merkmal stehen.

38 Schließlich muss das verwendete Entgeltsystem insgesamt **durchschaubar** sein. Der EuGH vertritt in ständiger Rechtsprechung, dass einem Arbeitgeber, der ein Entgeltsystem verwendet, dem jede Durchschaubarkeit fehlt, der Nachweis obliegt, dass seine Lohnpolitik nicht diskriminierend ist, sofern der benachteiligte Arbeitnehmer auf der Grundlage einer relativ großen Zahl von Arbeitnehmern belegt, dass das durchschnittliche Entgelt des einen Geschlechts niedriger ist als das des anderen Geschlechts.[44] Diesen Grundsatz hat der deutsche Gesetzgeber in § 4 Abs. 4 EntgTranspG nunmehr übernommen, aber nicht klargestellt, welche Rechtsfolge er an ein undurchschaubares Entgeltsys-

---

[42] ErfK/*Schlachter* EntgTranspG § 4 Rn. 6.
[43] EuGH 1.7.1986 – 237/85, NJW 1987, 1138 (1140); 13.5.1986 – 170/84, NZA 1986, 599 (600).
[44] EuGH 17.10.1989 – 109/88, NZA 1990, 772 (774).

tem knüpft. Undurchschaubar ist ein Entgeltsystem, wenn es in sich widersprüchlich ist, keine objektiven Kriterien enthält oder die jeweiligen Abgrenzungskriterien nicht klar benennt, so dass eine Überprüfbarkeit nicht möglich ist.[45]

3. Privilegierte Entgeltsysteme

Für tarifvertragliche Entgeltregelungen sowie für Entgeltregelungen, die auf einer bindenden Festsetzung nach § 19 Abs. 3 des Heimarbeitsgesetzes beruhen, gilt eine **Angemessenheitsvermutung** (§ 4 Abs. 5 S. 1 EntgTranspG). Für zwischen den Tarifpartnern ausgehandelte Entgeltregelungen spricht die Vermutung, dass sie die kollektiven Interessen von Arbeitgebern und Arbeitnehmern in einen angemessenen Ausgleich bringen[46] und keine Benachteiligung beim Entgelt wegen des Geschlechts beinhalten.[47] Da es sich um eine gesetzliche Vermutung handelt, kann sie grundsätzlich durch zu beweisende Tatsachen widerlegt werden. 39

Weiter enthält § 4 Abs. 5 S. 2 EntgTranspG eine **Unterschiedlichkeitsvermutung**.[48] Die Tätigkeiten, die nach den tarifvertraglichen Regelungen oder Festsetzungen des Heimarbeitsgesetzes unterschiedlichen Entgeltgruppen zugewiesen sind, werden von Gesetzes wegen als nicht gleichwertig angesehen, sofern die Regelungen nicht gegen höherrangiges Recht, insbesondere das Diskriminierungsverbot verstoßen. Auch die Unterschiedlichkeitsvermutung kann in seltenen Fällen somit widerlegt werden. 40

Gleichermaßen kommt es bei der Angemessenheits- und Unterschiedlichkeitsvermutung nicht darauf an, ob der Arbeitgeber die Voraussetzungen des tarifgebundenen oder tarifanwendenden Arbeitgebers nach § 5 Abs. 4, 5 EntgTranspG erfüllt. Das Gesetz stellt auf tarifvertragliche Entgeltregelungen ab und nicht, ob der Arbeitgeber tarifgebunden oder tarifanwendender Arbeitgeber ist. Jeder Arbeitgeber kann sich auf die Angemessenheits- bzw. Unterschiedlichkeitsvermutung berufen, soweit das von ihm verwendete Entgeltsystem ein gesetzliches oder tarifvertragliches Entgeltsystem wiederspiegelt.[49] Weicht er von diesem ab, verwendet er dagegen insoweit ein eignes von ihm geschaffenes Entgeltsystem, für das die Angemessenheits-/Unterschiedlichkeitsvermutung nicht streitet. 41

IV. Maßnahmen nach dem Gesetz zur Förderung der Transparenz von Entgeltstrukturen

Ausgerufenes Ziel des Gesetzes zur Förderung der Transparenz von Entgeltstrukturen ist nicht, wie viele Schlagzeilen in den Medien es zunächst suggerierten,[50] die individuellen Gehälter in den Unternehmen für alle Beschäftigten öffentlich zu machen. Einen **Kulturwandel** zur Offenlegung aller Gehälter soll das Entgelttransparenzgesetz in deutschen Unternehmen nicht herbeiführen. 42

Ziel des Gesetzes ist vielmehr, unmittelbare und mittelbare Entgeltdiskriminierung wegen des Geschlechts zu beseitigen. Ob eine vollkommene **Entgelttransparenz** – unabhängig vom Geschlecht – zu einer höheren Zufriedenheit und Leistungsbereitschaft der 43

---

[45] EuGH 30.6.1988 – 318/86.
[46] BAG 21.5.2014 – 4 AZR 50/13, NZA 2015, 115 (119); ErfK/*Schlachter* EntgTranspG § 4 Rn. 9.
[47] *Weigert* NZA 2018, 210 (214).
[48] *Weigert* NZA 2018, 210 (214).
[49] *Weigert* NZA 2018, 210 (214).
[50] So etwa: welt.de v. 29.12.2017 „So erfahren Sie, was ihre Kollegen verdienen", abrufbar unter: https://www.welt.de/wirtschaft/article171998720/So-erfahren-Sie-was-ihre-Kollegen-verdienen.html, zuletzt abgerufen am 27.3.2018; tagesschau.de v. 6.1.2018 „Mehr Transparenz für mehr Lohngerechtigkeit", abrufbar unter: https://www.tagesschau.de/inland/entgelt-transparenz-101.html, zuletzt abgerufen am 27.3.2018.

Beschäftigten führen würde, ist zweifelhaft. Wer erfährt, dass sein Gehalt schlechter ist als das seines Kollegen, wird sicherlich unzufrieden sein.[51] Inwieweit dagegen eine transparente Vergleichbarkeit von Leistungen und Gehältern auch zu einer geringeren Entgeltlücke zwischen den Geschlechtern führt, ist in der Wissenschaft bislang nicht hinreichend erforscht.[52]

44 Gleichwohl setzt der deutsche Gesetzgeber an diesem Punkt an. Nach Auffassung des Gesetzgebers fördert und erhöht das Entgelttransparenzgesetz die **Transparenz von Entgelten und Entgeltregelungen,**[53] indem es unter anderem
(1) wesentliche Grundsätze und Begriffe zum Gebot der Entgeltgleichheit zwischen Frauen und Männern bei gleicher und gleichwertiger Arbeit definiert,
(2) einen individuellen Auskunftsanspruch für Beschäftigte in Betrieben mit mehr als 200 Beschäftigten begründet,
(3) die Rechte des Betriebsrats bei der Durchsetzung der tatsächlichen Gleichstellung von Frauen und Männern stärkt,
(4) private Arbeitgeber mit mehr als 500 Beschäftigten auffordert, betriebliche Verfahren zur Überprüfung und Herstellung von Entgeltgleichheit durchzuführen sowie
(5) eine Berichtspflicht zur Gleichstellung und Entgeltgleichheit von Frauen und Männern für Unternehmen mit in der Regel mindestens 500 Beschäftigten, soweit diese nach dem Handelsgesetzbuch lageberichtspflichtig sind, einführt.

1. Individueller Auskunftsanspruch und Beteiligungsrechte des Betriebsrats

45 Kernstück des Entgelttransparenzgesetzes ist der individuelle Auskunftsanspruch der Beschäftigten nach den §§ 10 ff. EntgTranspG. Vorrangig bezieht sich der Auskunftsanspruch auf Mitteilung des sog. **Vergleichsentgelts,** das den statistischen Median der durchschnittlichen monatlichen Bruttoentgelte darstellt, den Beschäftigte des jeweils anderen Geschlechts mit gleichen oder gleichwertigen Arbeiten erzielen. Auf die einzelnen Voraussetzungen zum Bestehen des individuellen Auskunftsanspruchs und der Erfüllung der Auskunftsverpflichtung soll an dieser Stelle nicht eingegangen werden. Der Mehrwert dieser Auskunft wird in Bezug auf etwaige Klagen auf Beseitigung von Entgeltdiskriminierung einzelner Beschäftigten zurecht stark kritisiert.[54]

46 Daneben zwingt der individuelle Auskunftsanspruch betroffene Arbeitgeber zu einer Auskunft über die **Kriterien und Verfahren der Entgeltfindung** hinsichtlich des Entgelts des die Auskunft verlangenden Beschäftigten als auch in Bezug das Vergleichsentgelt (§ 11 Abs. 2 EntgTranspG). Diese Angabe wird wahrscheinlich zu einem deutlich höheren Maß an Transparenz bei der Entgeltgestaltung führen, als die Angabe des Vergleichsentgelts, insbesondere dann, wenn die einzelnen Entgeltbestandteile nicht ausschließlich auf einer gesetzlichen oder tarifvertraglichen Entgeltregelung beruhen.

47 Eine weitere vom Gesetz vorgesehene Maßnahme zur Sicherstellung des Entgeltgleichheitsgebots sind die **Beteiligungsrechte des Betriebsrats** bei der Erfüllung der Auskunftsverpflichtung. Nach der gesetzlichen Konzeption sind die Auskunftsverlangen immer dann, wenn ein Betriebsrat besteht, an den Betriebsrat zu richten und erfüllt der Betriebsrat eigenständig die Auskunftsverpflichtung des Arbeitgebers. Der Arbeitgeber ist zwar berechtigt, die Erfüllung der Auskunftsverpflichtung generell oder in bestimmten Fällen zu übernehmen, wenn er dies zuvor dem Betriebsrat erläutert hat. Er bleibt aber

---

[51] Interview mit Prof. *Dirk Sliwka* v. 25.10.2016 auf haufe.de, „Bei Gehaltstransparenz sinkt die Mitarbeiterzufriedenheit", abrufbar unter: https://www.haufe.de/personal/hr-management/dirk-sliwka-zu-gehaltstransparenz-mitarbeiterzufriedenheit-sinkt_80_382396.html, zuletzt abgerufen am 27.3.2018.
[52] Prof. *Dirk Sliwka,* aaO.
[53] BT-Drs. 18/11133, 1.
[54] *Göpfert/Giese* NZA 2018, 207.

IV. Maßnahmen nach dem Gesetz zur Förderung der Transparenz von Entgeltstrukturen

verpflichtet, den Betriebsrat umfassend und rechtzeitig über eingehende Auskunftsverlangen und über seine Antwort zu informieren (vgl. § 14 Abs. 2 S. 3 EntgTranspG).

> **Praxistipp:**
> Es ist unklar, ob der Arbeitgeber auch hinsichtlich bereits beim Betriebsrat eingegangener Auskunftsverlangen die Erfüllung der Auskunftsverpflichtung übernehmen kann, beispielsweise wenn der Betriebsrat die Beantwortung verzögert und ein Fristablauf droht. Ebenso ist unklar, ob sich das Übernahmerecht nur auf bestimmte Fälle im Sinne von Arbeitnehmergruppen oder Einzelfälle bezieht.[55] Vorsichtige Arbeitgeber sollten daher unverzüglich bis zum Ablauf der Amtszeit des Betriebsrats die generelle Übernahme der Auskunftsverpflichtung erklären. Das Gesetz stellt keine weiteren Anforderungen an die vorherige Begründung. Die Übernahme der Auskunftsverpflichtung kann schlicht damit begründet werden, dass es mit der vom Gesetz vorgesehenen Haftungsverantwortung des Arbeitgebers für die Auskünfte nicht zu vereinbaren ist, wenn der Betriebsrat eigenständig die Auskunft erteilt.

Darüber hinaus enthält § 13 EntgTranspG eine erhebliche Konkretisierung der Rechte des Betriebsrats, die ihm letztlich helfen, die tatsächliche Gleichstellung von Mann und Frau in den Betrieben zu fördern. Der Betriebsausschuss oder ein anderer nach § 28 Abs. 1 S. 3 BetrVG beauftragter Ausschuss hat nach § 13 Abs. 2 EntgTranspG für die Erfüllung seiner Aufgaben nach § 80 Abs. 1 Nr. 2a BetrVG (Förderung der Gleichstellung von Mann und Frau) das Recht, die **Listen über die Bruttolöhne und -gehälter** einzusehen und auszuwerten. Die Entgeltlisten müssen nach Geschlecht aufgeschlüsselt alle Entgeltbestandteile enthalten einschließlich übertariflicher Zulagen und solcher Zahlungen, die individuell ausgehandelt und gezahlt werden. Dabei sind die Entgeltlisten so aufzubereiten, dass der Betriebsausschuss im Rahmen seines **Einblicksrechts** die Auskunft ordnungsgemäß erfüllen kann (vgl. § 13 Abs. 3 EntgTranspG). Dies macht es unumgänglich, dass die Lohn- und Gehaltslisten auch nach gleicher und gleichwertiger Arbeit aufgeschlüsselt sind. Allenfalls ist noch unklar, ob die Verpflichtung, die Listen über die Bruttolöhne und -gehälter nach Geschlecht und ggf. Tätigkeit aufzuschlüsseln, auch außerhalb der Erfüllung der Auskunftsverpflichtung, beispielsweise bei Verhandlungen über eine Betriebsvereinbarung zu Entlohnungsgrundsätzen, besteht, denn dieses Recht scheint nur dem Betriebsausschuss und nicht auch einem beauftragten Ausschuss zuzukommen. Richtigerweise wird man dem Betriebsrat oder jedem beauftragten Ausschuss aber dieses Recht auf aufgeschlüsselte Listen einräumen müssen, wenn dies für die ordnungsgemäße Erfüllung seiner Rechte und Pflichten nach dem Betriebsverfassungsgesetz erforderlich ist.

48

2. Betriebliches Prüfverfahren

a) Einführung

Zur Überprüfung der bestehenden Entgeltregelungen und der Einhaltung des Entgeltgleichheitsgebots gibt der Gesetzgeber mit den §§ 17 ff. EntgTranspG privaten Arbeitgebern ein sog. fakultatives betriebliches Prüfverfahren an die Hand. Danach sind private Arbeitgeber mit in der Regel mehr als 500 Beschäftigten aufgefordert, mithilfe betrieblicher Prüfverfahren ihre Entgeltregelungen und die verschiedenen gezahlten Entgeltbestandteile sowie deren Anwendung regelmäßig auf die Einhaltung des **Entgeltgleichheitsgebots** zu überprüfen (§ 17 Abs. 1 EntgTranspG). Führt der Arbeitgeber iSd § 17 Abs. 1 EntgTranspG ein betriebliches Prüfverfahren durch, soll dies nach näherer Maßgabe des § 18 EntgTranspG und unter Beteiligung der betrieblichen Interessenvertretungen

49

---

[55] BeckOK ArbR/*Roloff* EntgTranspG § 14 Rn. 6.

Gatz 553

erfolgen (§ 17 Abs. 2 EntgTranspG). Über die Ergebnisse des betrieblichen Prüfverfahrens sind zudem die Beschäftigten zu informieren (§ 20 Abs. 2 S. 1 EntgTranspG).

50   Dabei muss der Arbeitgeber nicht befürchten, etwaig benachteiligten Arbeitnehmern die notwendigen Informationen zur Darlegung von Entschädigungsansprüchen auf dem Silbertablett zu präsentieren. § 20 Abs. 2 S. 2 EntgTranspG verpflichtet nur zur **Veröffentlichung der Ergebnisse** des betrieblichen Prüfverfahrens, also zu einem Bericht, ob das Entgeltgleichheitsgebot eingehalten wird oder nicht. Die Ergebnisse von der Bestandsaufnahme und Analyse können – müssen aber nicht – betriebsintern veröffentlicht werden (vgl. § 18 Abs. 4 EntgTranspG). Das Gesetz unterscheidet bei der Veröffentlichungspflicht insoweit zwischen dem Ergebnisbericht hinsichtlich der vorgenommenen Bestandsaufnahme und Analyse einerseits und dem Ergebnis des betrieblichen Prüfverfahrens andererseits.

b) Anwendungsbereich des freiwilligen betrieblichen Prüfverfahrens

51   Der Arbeitgeber ist nicht verpflichtet, ein betriebliches Prüfverfahren durchzuführen. Arbeitgeber mit mehr als 500 Beschäftigten sind aufgefordert, regelmäßig betriebliche Prüfverfahren durchzuführen. Es handelt sich um nichts mehr als ein **Appell**. Es ist nur ein freiwilliges Hilfsinstrument zur Überprüfung, ob das Entgeltgleichheitsgebot eingehalten wird.[56] Zudem führt der Arbeitgeber das betriebliche Prüfverfahren in eigener Verantwortung durch. Infolge dieser Freiwilligkeit müsste es dem Arbeitgeber unbenommen bleiben, jederzeit das betriebliche Prüfverfahren einstellen zu können.

52   Der konkrete **Anwendungsbereich** des betrieblichen Prüfverfahrens ist allerdings unklar. Zunächst bezieht sich § 17 Abs. 1 EntgTranspG nur auf private Arbeitgeber. Öffentliche Arbeitgeber werden nicht erfasst.[57] Der in § 17 Abs. 2 EntgTranspG normierte Schwellenwert dürfte sich allerdings, anders als beim individuellen Auskunftsanspruch, auf die regelmäßige Beschäftigtenzahl des Unternehmens beziehen. Abgesehen von der Bezeichnung als „betriebliches Prüfverfahren" findet sich kein Hinweis darauf, dass das Gesetz hinsichtlich des Schwellenwerts von regelmäßig mehr als 500 Beschäftigten auf den Betrieb abstellt.[58]

53   Die Gesetzessystematik und die Gesetzesbegründung deuten vielmehr darauf hin, dass es nicht auf die Größe des Betriebs sondern die Anzahl der regelmäßig Beschäftigten im **Unternehmen** ankommt. § 17 Abs. 1 S. 2 EntgTranspG erlaubt in einem Konzern, dem herrschenden Unternehmen das betriebliche Prüfverfahren für alle Konzernunternehmen durchzuführen, sofern das herrschende Unternehmen auf die Entgeltbedingungen mindestens eines Konzernunternehmens entscheidenden Einfluss ausübt. Schließlich stellt die Gesetzesbegründung ausdrücklich darauf ab, dass bei Arbeitgebern mit regelmäßig mehr als 500 Beschäftigten, davon ausgegangen werden kann, dass sie aufgrund ihrer technischen und personellen Organisation in der Lage sind, die erforderlichen Daten und Angaben mit vertretbarem Aufwand zu erfassen. Diese Arbeitgeber würden regelmäßig über eine entsprechende digitalisierte Personalaktenbearbeitung verfügen und könnten daher die für die Bestandsaufnahme notwendigen Daten mithilfe von technischen Systemen schnell und verhältnismäßig unkompliziert abrufen können.[59]

c) Inhalte des betrieblichen Prüfverfahrens

54   § 18 EntgTranspG beschreibt die Inhalte und den **Ablauf** des betrieblichen Prüfverfahrens. Das betriebliche Prüfverfahren besteht aus einer

---

[56] BT-Drs. 18/11133, 67.
[57] BeckOK ArbR/*Roloff* EntgTranspG § 17 Rn. 2; ErfK/*Schlachter* EntgTranspG § 17 Rn. 2.
[58] BeckOK ArbR/*Roloff* EntgTranspG § 17 Rn. 2; aA ErfK/*Schlachter* EntgTranspG § 17 Rn. 2.
[59] BT-Drs. 18/11133, 68; BeckOK ArbR/*Roloff* EntgTranspG § 17 Rn. 2.

IV. Maßnahmen nach dem Gesetz zur Förderung der Transparenz von Entgeltstrukturen   O

– Bestandsaufnahme,
– Analyse und
– einem Ergebnisbericht.

In dem Ergebnisbericht werden die Ergebnisse der Bestandaufnahme und Analyse zusammengefasst und können betriebsintern veröffentlicht werden (§ 18 Abs. 4 EntgTranspG). 55

> **Praxistipp:**
> Alle Arbeitgeber sollten, unabhängig ob sie wegen Überschreitens des Schwellenwerts von 500 regelmäßig Beschäftigten aufgefordert sind, ein betriebliches Prüfverfahren regelmäßig durchzuführen, eine Bestandsaufnahme und Analyse durchführen, um ihrer Verpflichtung aus § 4 Abs. 4 EntgTranspG nachkommen zu können. Auf die Zusammenfassung der Ergebnisse der Bestandsaufnahme und Analyse könnte in Abgrenzung zu dem betrieblichen Prüfverfahren iSd § 17 EntgTranspG verzichtet werden, um ggf. auch die Unterrichtungspflicht des Betriebsrats nach § 20 Abs. 1 EntgTranspG zu vermeiden. Der Arbeitgeber verzichtet dann aber auf die Einhaltung einer inhaltlichen Vorgabe des freiwilligen betrieblichen Prüfverfahrens. Er unternimmt nach Auffassung des Gesetzgebers nicht alles in seiner Verantwortung stehende, um Entgeltunterschiede aufzudecken.[60]

Das betriebliche Prüfverfahren und auch jedes andere von den §§ 17 ff. EntgTranspG abweichende denkbare Verfahren zur Überprüfung des Entgeltgleichheitsgebots beginnt gezwungenermaßen mit einer **Bestandsaufnahme.** In das Prüfverfahren sollten alle Tätigkeiten einbezogen werden, die demselben Entgeltsystem unterliegen, unabhängig davon, welche individualrechtlichen, tarifvertraglichen oder betrieblichen Rechtsgrundlagen zusammenwirken (§ 18 Abs. 1 EntgTranspG). Die Daten sind nach Geschlecht aufzuschlüsseln (§ 18 Abs. 2 S. 4 EntgTranspG). Bei der Bestandsaufnahme und nachfolgenden Analyse sind die aktuellen Entgeltregelungen, Entgeltbestandteile und Arbeitsbewertungsverfahren zu erfassen und diese und deren Anwendung im Hinblick auf die Einhaltung des Entgeltgleichheitsgebots auszuwerten (§ 18 Abs. 3 S. 1 EntgTranspG). 56

> **Praxistipp:**
> Es empfiehlt sich, die Datensätze zunächst nach der Tätigkeit zu gruppieren, diese Vergleichsgruppe nach dem Geschlecht zu sortieren, die Gesamtsumme aller Entgelte und die einzelnen Entgeltbestanteile auszuweisen.

Anschließend erfolgt die **Analyse** etwaiger Entgeltunterschiede innerhalb der Tätigkeitsgruppen sowie im Hinblick auf die Gleichwertigkeit verschiedener Tätigkeiten außerhalb der Vergleichsgruppe. Hierbei sind die Voraussetzungen des § 4 Abs. 2 und Abs. 4 EntgTranspG (hierzu → Rn. 23 ff., 35 ff.) zu beachten. Für die Überprüfung der Gleichwertigkeit verschiedener Tätigkeiten empfiehlt es sich, Checklisten oder Tabellen zu verwenden. Bei der Wahl der Analysemethode und des Arbeitsbewertungsverfahrens ist der Arbeitgeber frei, hat jedoch etwaige Mitbestimmungsrechte des Betriebsrats gem. § 87 Abs. 1 Nr. 1 oder Nr. 6 BetrVG zu beachten, die regelmäßig nicht einschlägig sein sollten. Im Hinblick auf die Angemessenheitsvermutung bei gesetzlichen, tarifvertraglichen und Entgeltregelungen aufgrund bindender Festsetzungen des § 19 Abs. 3 HAG besteht insoweit keine Verpflichtung zur Überprüfung der Gleichwertigkeit von Tätigkeiten (§ 18 Abs. 3 S. 4 EntgTranspG). Es gilt insoweit die Unterschiedlichkeitsvermutung. 57

§ 18 Abs. 3 S. 3 EntgTranspG erlaubt eine **Einschränkung** der Bestandsaufnahme und Analyse, weil § 12 Abs. 1 und 2 EntgTranspG sinngemäß angewendet werden kann. Da- 58

---
[60] BT-Drs. 18/11133, 69.

nach ist eine Beschränkung des Prüfverfahrens auf einzele Betriebe, Regionen und Beschäftigtengruppen möglich.⁶¹ Die Beschränkung dient letztlich der Praktikabilität und vermeidet weiteren Aufwand, denn die genannten Kriterien können etwaige Entgeltunterschiede grundsätzlich rechtfertigen.

59 Zur Analyse der erstellten Datensätze schlägt die Gesetzbegründung vor, das von der Antidiskriminierungsstelle des Bundes geförderte Instrument „eg-check"⁶² oder den ILO-Leitfaden „Gendergerechtigkeit stärken – Entgeltgleichheit sicherstellen" zu verwenden. Diese seien nachweislich geeignet, Entgeltgleichheit im Sinne des Gesetzes im Betrieb zu überprüfen und dabei die Bestimmungen zu gleicher oder gleichwertiger Arbeit sowie zu benachteiligungsfreier Arbeitsbewertung zu berücksichtigen.⁶³ Bei diesen Instrumenten handelt es sich letztlich um einen **systematischen Katalog** verschiedener Fragestellungen, die helfen können, mögliche Entgeltbenachteiligungen wegen des Geschlechts zu identifizieren. Die Fragen können nur beantwortet werden, wenn zuvor eine Bestandsaufnahme stattgefunden hat. Ein ähnliches Instrument ist der Monitor Entgelttransparenz.⁶⁴

60 Abschließend verlangt der Gesetzgeber in einem betrieblichen Prüfverfahren iSd § 17 EntgTranspG, die Ergebnisse von Bestandsaufnahme und Analyse in einem Ergebnisbericht zusammen zu fassen (§ 18 Abs. 4 EntgTranspG). Der Ergebnisbericht kann betriebsintern veröffentlich werden. Hierbei ist zwingend der **Schutz personenbezogener Daten** zu beachten.⁶⁵ Aus dem Ergebnisbericht, wenn er denn betriebsintern veröffentlich werden soll, dürfen sich keine Rückschlüsse auf die Gehälter einzelner identifizierbarer Personen ergeben.

d) Beteiligung des Betriebsrats

61 Entschließt sich der Arbeitgeber zur Durchführung des betrieblichen Prüfverfahrens, hat er den Betriebsrat rechtzeitig unter Vorlage der erforderlichen Unterlagen hierüber zu unterrichten. Das Mitbestimmungsrecht beschränkt sich zunächst auf einen reinen **Informationsanspruch.** Der Arbeitgeber soll dem Betriebsrat erläutern, wie der Ablauf des Verfahrens gestaltet werden soll, das heißt, wann und wie das Verfahren durchgeführt wird und ob zB eine Hinzuziehung externer Sachverständiger vorgesehen ist.⁶⁶ Der Betriebsrat soll eigenständig prüfen können, ob er Mitbestimmungsrechte hinsichtlich des betrieblichen Prüfverfahrens wahrnehmen muss. Die Unterrichtung hat rechtzeitig vor der Durchführung des betrieblichen Prüfverfahrens stattzufinden.⁶⁷

> **Praxistipp:**
> Die §§ 17 ff. EntgTranspG sehen kein **Beratungsrecht** des Betriebsrats vor. Dem Betriebsrat bleibt es dennoch unbenommen, Vorschläge hinsichtlich der Durchführung des betrieblichen Prüfverfahrens zu machen. Der Arbeitgeber muss eine Ablehnung der Vorschläge nicht begründen.

62 Etwaige über den Informationsanspruch hinausgehende zwingende Mitbestimmungsrechte können sich somit nur bei der Auswahl der Prüfinstrumente nach den Regelungen des Betriebsverfassungsgesetzes ergeben. Nur in seltenen Fällen wird ein Mitbestimmungstatbestand des Betriebsverfassungsgesetzes betroffen sein. Denkbar ist dies allenfalls bei § 87 Abs. 1 Nr. 6 BetrVG, wenn ein IT-Tool verwendet wird, das eine Rückkoppe-

---

⁶¹ BeckOK ArbR/*Roloff* EntgTranspG § 18 Rn. 6.
⁶² Abrufbar unter: http://www.eg-check.de.
⁶³ BT-Drs. 18/11133, 69.
⁶⁴ Abrufbar unter: https://www.monitor-entgelttransparenz.de/.
⁶⁵ Klarstellend § 18 Abs. 2 S. 5 EntgTranspG.
⁶⁶ BT-Drs. 18/11133, 71; *Kania* NZA 2017, 819 (821).
⁶⁷ *Kania* NZA 2017, 819 (821).

IV. Maßnahmen nach dem Gesetz zur Förderung der Transparenz von Entgeltstrukturen

lung zu Leistungs- oder Verhaltensdaten bestimmter Arbeitnehmer technisch möglich macht.[68] Das Mitbestimmungsrecht ist darauf gerichtet, Arbeitnehmer vor Beeinträchtigungen ihres Persönlichkeitsrechts durch den Einsatz **technischer Überwachungseinrichtungen** zu bewahren, die nicht durch schützenswerte Belange des Arbeitgebers gerechtfertigt und unverhältnismäßig sind. „Überwachung" im Sinne des Mitbestimmungsrechts ist ein Vorgang, durch den Informationen über das Verhalten oder die Leistung von Arbeitnehmern erhoben und – jedenfalls in der Regel – aufgezeichnet werden, um sie auch späterer Wahrnehmung zugänglich zu machen (hierzu → N Rn. 81).[69] Werden die Informationssysteme nur dazu genutzt, bereits vorhandene Datensätze über die Entgeltbestandteile und Tätigkeiten der Arbeitnehmer zu filtern und zu sortieren, erfolgt regelmäßig keine Rückkoppelung zu deren Leistungen oder Verhalten im Betrieb. In diesen Daten dürften an sich gar keine Informationen über erbrachte Leistung oder Verhalten der Arbeitnehmer enthalten sein. Denkbar wäre dies erst, wenn beispielsweise die Höhe von Entgelten (zB Provisionen) erstmals erhoben und hinsichtlich der vorgegebenen und erreichten Ziele verknüpft sowie ggf. zu den Daten anderer Arbeitnehmer in Verhältnis gesetzt werden. In einem solchen Fall könnte eine bereits eingeführte technische Überwachungseinrichtung eine Zweckänderung erfahren, die ihrerseits gem. § 87 Abs. 1 Nr. BetrVG mitbestimmungspflichtig ist.

e) Mitteilung der Ergebnisse des betrieblichen Prüfverfahrens

Schließlich sieht das Gesetz die Pflicht des Arbeitgebers vor, die Beschäftigten über die Ergebnisse des durchgeführten betrieblichen Prüfverfahrens zu informieren (§ 20 Abs. 2 EntgTranspG). Anders als aus der Gesetzesbegründung ergibt sich aus dem Wortlaut des § 20 Abs. 2 EntgTranspG nicht eine Pflicht, die Beschäftigten über die Durchführung des betrieblichen Prüfverfahrens zu informieren.[70] Der Arbeitgeber ist nicht verpflichtet, die Beschäftigten vor der Durchführung des betrieblichen Prüfverfahrens rechtzeitig zu informieren. Die Gesetzesbegründung kann nur dahingehend verstanden werden, dass bei der Mitteilung der Ergebnisse des betrieblichen Prüfverfahrens regelmäßig darauf verwiesen wird, dass ein betriebliches Prüfverfahren durchgeführt worden ist. Eine **Informationspflicht** über die Inhalte und den Ablauf des betrieblichen Prüfverfahrens ist damit nicht verbunden.

Des Weiteren verweist § 20 Abs. 2 S. 2 EntgTranspG auf die Regelungen zur **Betriebs- und Abteilungsversammlung** sowie die **Betriebsräteversammlung**. Der Arbeitgeber ist danach verpflichtet, über die Ergebnisse des betrieblichen Prüfverfahrens auf den Betriebs- und Abteilungsversammlungen sowie auf der Betriebsräteversammlung über den Stand der Gleichstellung von Frauen und Männern im Betrieb, insbesondere über die Entgeltgleichheit zwischen Frauen und Männern und Maßnahmen zu ihrer Förderung zu berichten. Auf der Betriebsräteversammlung fordert § 53 Abs. 2 Nr. 2 BetrVG von dem Unternehmer einen Bericht über das Personal- und Sozialwesen einschließlich des Stands der Gleichstellung von Frauen und Männern im Unternehmen. Nach dem Sinn und Zweck der Betriebs- und Abteilungsversammlung könnte dieser Bericht dagegen auf die Ebene des jeweiligen Betriebs beschränkt werden.

3. Berichtspflichten

§ 21 EntgTranspG verpflichtet Unternehmen mit idR mehr als 500 Beschäftigten, die gem. §§ 264, 289 HGB einen Lagebericht erstellen müssen, als Anlage zu dem Lagebe-

---

[68] *Kania* NZA 2017, 819 (821).
[69] BAG 13.12.2016 – 1 ABR 7/15, NZA 2017, 657 (659).
[70] BT-Drs. 18/11133, 71; BeckOK ArbR/*Roloff* EntgTranspG § 20 Rn. 3.

richt einen Bericht zur Gleichstellung und Entgeltgleichheit (**„Entgeltbericht"**) zu erstellen. Anders als bei dem betrieblichen Prüfverfahren handelt es sich um eine zwingende Berichtspflicht. Der Bericht ist erstmals im Jahr 2018 zu erstellen. Der Bericht soll eine Darstellung der Maßnahmen zur Förderung der Gleichstellung von Frauen und Männern und deren Wirkung sowie die Maßnahmen zur Herstellung von Entgeltgleichheit für Frauen und Männer enthalten. Arbeitgeber, die keine Maßnahmen durchgeführt haben, müssen in dem Entgeltbericht die Gründe hierfür nennen (§ 21 Abs. 1 S. 2 EntgTranspG).

66 Zum einen wird der Bericht möglicherweise eine weitere Informationsquelle für Beschäftigte sein, die Ansprüche gegen den Arbeitgeber wegen der Verletzung des Entgeltgleichheitsgebots anstrengen wollen. Insbesondere wird aber der mittelbare Effekt, die **Berichtspflicht,** ob Maßnahmen durchgeführt oder aus welchen Gründen diese unterlassen wurden, dazu führen, dass Unternehmen sich zumindest Gedanken machen, wie sie die Einhaltung des Entgeltgleichheitsgebots sicherstellen wollen. Ob daneben durch die Berichterstattung der Medien ein weiterer Druck zum Handeln hinzutritt, wird abzuwarten sein.

P. Muster

Übersicht

	Rn.
I. Entgeltgruppensystem	1
II. Überstunden	2
III. Einmalige Leistungen	5
IV. Widerrufsvorbehalt	7
V. Befristete Leistungen, auflösende Bedingung	8
VI. Betriebsvereinbarungsoffene Vertragsgestaltung	10
VII. Betriebstreueleistungen	11
VIII. Tantiemevereinbarung	14
IX. Rahmenvereinbarung zu einem Zielvereinbarungssystem	15
X. Betriebsvereinbarung zu einem Zielvereinbarungssystem	16
XI. Zielvereinbarung für einen Jahreszeitraum	17

I. Entgeltgruppensystem

Ein einfaches Entgeltgruppensystem kann bspw. wie folgt aufgebaut werden: 1

> **1. Allgemeine Bestimmungen**
> 1.1 Dieses Entgeltsystem bestimmt Grundsätze der Entgeltfindung.
> 1.2 Arbeitnehmer werden auf Grundlage der von ihnen dauerhaft ausgeübten Tätigkeit Entgeltgruppen zugeordnet.
> 1.3 Die Zuordnung der Arbeitnehmer zu den Entgeltgruppen richtet sich nach den von ihnen bei Ausübung ihrer Tätigkeit erfüllten allgemeinen Tätigkeitsmerkmalen der jeweiligen Entgeltgruppe. Die Tätigkeitsbeispiele der einzelnen Entgeltgruppen erläutern diese, sind jedoch nicht verbindlich.[1]
> Übt der Arbeitnehmer auf seinem Arbeitsplatz verschiedene Tätigkeiten aus, die unterschiedlichen Entgeltgruppen zugeordnet werden können, ist er in die Entgeltgruppe einzugruppieren, deren allgemeine Tätigkeitsmerkmale aufgrund der einzelnen Tätigkeiten des Arbeitnehmers auf seinem Arbeitsplatz zeitlich zu mehr als 50 % erfüllt sind.[2]
> Tätigkeiten sind hierbei zusammenfassend zu bewerten, soweit sie auf die Erzielung eines einheitlichen Arbeitsergebnisses auf diesem Arbeitsplatz hinwirken; allgemeine Tätigkeitsmerkmale einer Entgeltgruppe müssen aufgrund der so zusammengefassten Tätigkeit jeweils erfüllt sein.[3]
> 1.4 Referenzzeitraum für die Bewertung der Tätigkeiten ist ein Betrachtungszeitraum mindestens eines Kalendermonates.

---

[1] Einer solchen Klarstellung bedarf es, um Tätigkeiten einerseits an Beispielen zu veranschaulichen, andererseits eine abschließende Bewertung auch dann zuzulassen, wenn die Aufgaben eines Arbeitsplatzes formal dem formulierten Tätigkeitsbeispiel entsprechen. Damit ist offen gehalten, einen Arbeitsplatz im Einzelfall anhand der abstrakten Kriterien für die Eingruppierung auch dann noch zu bewerten, wenn formal ein Tätigkeitsbeispiel erfüllt ist (→ D Rn. 37).
[2] Diese Regelung betrifft die Maßgabe des zeitlichen Überwiegens. Denkbar wäre aber auch eine qualitative Betrachtung bestimmter Tätigkeiten, die kein zeitliches Überwiegen auslösen (→ D Rn. 30).
[3] Mit dieser Bestimmung werden einzelne Arbeitsvorgänge zusammengefasst. Begleitende Teiltätigkeiten werden auf diesem Wege gruppiert, um in die vorangegangene quantitative Bewertung einheitlich einzufließen (→ D Rn. 32 ff.).

1.5 Hat ein Arbeitnehmer vorübergehend, insbesondere nicht ständig vertretungsweise, eine Tätigkeit auszuüben, die einer höheren Entgeltgruppe zuzuordnen ist, so hat er, wenn die Tätigkeit ohne Unterbrechung länger als einen Monat dauert, ab dem ersten Tage der Tätigkeit für deren Dauer Anspruch auf eine Zulage in Höhe der Differenz zwischen der Grundvergütung seiner derzeitigen und der Grundvergütung der höheren Entgeltgruppe. Im Falle ununterbrochener solcher Tätigkeit für einen Zeitraum von mehr als sechs Monaten ist der Arbeitnehmer ab dem Beginn des darauffolgenden Monats in die entsprechende höhere Entgeltgruppe einzugruppieren.[4]

1.6 Im Falle einer Teilzeittätigkeit entsteht der Anspruch nach Maßgabe der jeweiligen Entgelttabelle entsprechend anteilig; die Teilzeittätigkeit hat auf die Verweildauer in den Entgeltstufen keinen Einfluss

2. Entgeltgruppen

Entgeltgruppe 1: Einfache Arbeiten nach Anweisung.

Entgeltgruppe 2: Einfache Arbeiten, die eine kurze Einarbeitung von in der Regel nicht mehr als einem Monat erfordern.

Entgeltgruppe 3: Arbeiten, die Kenntnisse und Fertigkeiten aufgrund einer Berufserfahrung mit solchen Arbeiten von mehr als einem Monat erfordern.

Entgeltgruppe 4: Arbeiten, die eine abgeschlossene mindestens dreijährige Berufsausbildung erfordern.

Entgeltgruppe 5: Arbeiten, die eine abgeschlossene mindestens dreijährige Berufsausbildung und darüber hinaus erweiterte Kenntnisse und Fertigkeiten voraussetzen.

Entgeltgruppe 6: Arbeiten, die die Voraussetzungen der Entgeltgruppe 5 erfüllen und darüber hinaus eine Spezialausbildung erfordern.

Entgeltgruppe 7: Arbeiten, die ein abgeschlossenes Hochschulstudium erfordern.

3. Entgeltstufen

3.1 Jeder Entgeltgruppe sind drei Entgeltstufen zugeordnet:
Einstiegsstufe: 100 % des Tabellenentgelts
Stufe 1 nach einem ununterbrochenen Tätigkeitsjahr in dieser Entgeltgruppe: 103 % des Tabellenentgelts
Stufe 2 nach drei Tätigkeitsjahren in dieser Entgeltgruppe: 108 % des Tabellenentgelts

3.2 Im Falle einer Höhergruppierung wird der Arbeitnehmer der Eingangsstufe der höheren Entgeltgruppe zugeordnet, erhält jedoch für den Zeitraum nach der Höhergruppierung eine zuvor etwaige höhere Grundvergütung weiter, bis aufgrund der Tätigkeitsjahre in der höheren Entgeltgruppe ein höheres Entgelt erreicht ist.

3.3 In begründeten Ausnahmefällen positiver oder negativer Leistungsbeiträge ist eine Verkürzung bzw. Verlängerung der Verweildauer in der jeweiligen Stufe möglich.

4. Abrechnung und Auszahlung

4.1 Das Entgelt wird monatlich abgerechnet.

4.2 Die Auszahlung erfolgt bargeldlos auf ein vom Arbeitnehmer zu benennendes Konto eines inländischen Kreditinstitutes.

---

[4] Die Eingruppierung soll im Beispiel grundsätzlich an eine dauerhaft auszuübende Tätigkeit anknüpfen. Zu regeln ist daher die Bewertung nur vorübergehender Tätigkeiten. Im Falle höherwertiger Tätigkeiten wird aber einer gewissen Relevanz – im Beispiel eine ununterbrochene Dauer von mehr als einem Monat – Rechnung zu tragen sein, indem entweder umgruppiert oder ein finanzieller Ausgleich gewährt wird (→ D Rn. 62 ff.).

II. Überstunden

Bei Überstunden kommt eine Vergütung jeder Überstunde in Betracht durch Klauseln 2
wie:

> **Vergütung von Überstunden**
> Überstunden werden auf Basis der Grundvergütung und sich ggf. ergebender Zulagen oder Zuschläge abgerechnet.

Praktisch relevanter ist das Bedürfnis nach einer pauschalen Abgeltung. Bedeutsam ist 3
eine hinreichende Transparenz über die Anzahl maximal[5] mit einer pauschalen Abgeltung erledigter Überstunden:

> **Abgeltung von Überstunden**
> Sofern die jeweilige Vergütung des Arbeitnehmers die Beitragsbemessungsgrenze der gesetzlichen Rentenversicherung überschreitet, sind mit der Vergütung sämtliche Leistungen des Arbeitnehmers im Rahmen des Anstellungsverhältnisses einschließlich Überstunden in den Grenzen des Arbeitszeitgesetzes abgegolten. Sofern die jeweilige Vergütung des Arbeitnehmers die Beitragsbemessungsgrenze der gesetzlichen Rentenversicherung nicht überschreitet, sind mit Zahlung der Vergütung sämtliche Leistungen des Arbeitnehmers im Rahmen des Anstellungsverhältnisses, einschließlich Überstunden abweichend von Satz 1 nicht abgegolten, soweit diese mehr als 20 % der regelmäßigen Arbeitszeit ausmachen.

Alternativ kann eine bestimme Anzahl von Überstunden abgegolten werden: 4

> **Abgeltung von Überstunden**
> Mit Zahlung der Vergütung sind bis zu zehn Überstunden in jedem Kalendermonat abgegolten.

III. Einmalige Leistungen

Einmalige Leistungen werden durch einen Freiwilligkeitsvorbehalt sichergestellt, der An- 5
sprüche auf zukünftige wiederholte Leistungen ausschließt.[6] Der Freiwilligkeitsvorbehalt darf nicht in Widerspruch zu vorher oder gleichzeitig erfolgenden Leistungszusagen stehen. Will der Arbeitgeber im Arbeitsvertrag eine Leistung andeuten, ohne aber bereits eine – einen künftigen Freiwilligkeitsvorbehalt ausschließenden – verbindliche Zusage zu erteilen, ist Zurückhaltung geboten, zB durch eine Formulierung wie:

> **Möglichkeit von Sonderzahlungen; keine Einräumung eines Rechtsanspruchs**
> Es besteht die Möglichkeit – nicht jedoch ein Rechtsanspruch – dass Sonderzahlungen unter im Einzelfall festzulegenden Voraussetzungen gewährt werden. Die Entscheidung, ob und unter welchen Voraussetzungen eine Sonderzahlung gewährt wird, bleibt eben-

---
[5] → B Rn. 89 ff.
[6] → E Rn. 1 ff.

> so wie die Entscheidung über die Höhe einer solchen etwaigen Leistung dem freien Ermessen des Arbeitgebers vorbehalten.

6 Ein Freiwilligkeitsvorbehalt kann im Laufe des Arbeitsverhältnisses gemeinsam mit der Zusage einer Einmalleistung etwa wie folgt lauten:

> **Sonderzahlung/Freiwilligkeitsvorbehalt**
> Anlässlich des erfolgreichen Abschlusses des Projektes XY erhalten Sie eine einmalige Sonderzahlung in Höhe eines Bruttomonatsgehaltes. Die Rechtsprechung der Arbeitsgerichte macht es erforderlich Sie darauf hinzuweisen, dass es sich um eine einmalige Leistung handelt, aus der kein Rechtsanspruch auf zukünftige wiederholte weitere Sonderzahlungen, weder dem Grunde noch der Höhe nach, hergeleitet werden kann.

IV. Widerrufsvorbehalt

7 Der Widerrufsvorbehalt erfordert zum einen eine Begrenzung auf in der Regel 25% des Gesamtentgelts als widerruflichen Entgeltbestandteil. Zum anderen müssen mögliche Widerrufsgründe aus Gründen der Transparenz zumindest ihrer Richtung nach, in der Regel aber weitaus konkreter benannt werden.[7]

> **Widerrufsvorbehalt**
> Der Arbeitgeber ist berechtigt, die Sonderzahlung nach billigem Ermessen mit Wirkung für die Zukunft zu widerrufen, wenn das jeweilige Ergebnis der gewöhnlichen Geschäftstätigkeit das des jeweiligen Vorjahres um mehr als 5% unterschreitet und soweit die aus dem Widerruf erfolgende Kürzung weniger als 25% der Gesamtvergütung ausmacht.

V. Befristete Leistungen, auflösende Bedingung

8 Bei der Befristung einer Sonderzahlung ist klarzustellen, dass der Rechtsanspruch zu einem bestimmten Zeitpunkt erlischt, ohne dass es einer gesonderten Erklärung des Arbeitgebers bedarf. Die Befristung eines Entgeltbestandteils bedarf eines Sachgrundes, der jedoch in der Klausel nicht benannt werden muss. Eine Formulierung kann etwa wie folgt lauten:

> **Zulage; Befristung der Zulage**
> Der Arbeitnehmer erhält aus dem einmaligen Budget XY eine monatliche Zulage in Höhe von brutto EUR 150 für die Dauer von 12 Monaten. Der Anspruch auf die Zulage erlischt, ohne dass es einer gesonderten Erklärung des Arbeitgebers bedarf, mit der letzten Zahlung zum 31.12.2018.

9 Im Falle einer auflösenden Bedingung – nachfolgend am Beispiel einer Funktionszulage – bedarf es einer präzisen Formulierung der auflösenden Bedingung, aus der heraus sich der vorübergehende Charakter der Leistung für den Arbeitnehmer erst erschließt:

---

[7] → E Rn. 118 ff.

> **Vorübergehende Funktion, Funktionszulage/auflösende Bedingung**
>
> Dem Arbeitnehmer wird während der elternzeitbedingten Verhinderung der Arbeitnehmerin XY, längstens aber bis zum 31.12.2018, die zusätzliche Funktion der Einarbeitung neuer Mitarbeiter in der Abteilung Z übernehmen. Diese Funktion endet mit Rückkehr der Arbeitnehmerin XY, spätestens jedoch zum 31.12.2018.
>
> Der Arbeitnehmer erhält während der Dauer der Übertragung der Funktion der Einarbeitung in der Abteilung Z gemäß Satz 1 eine monatliche Funktionszulage von EUR 150,00 brutto. Mit Beendigung der Funktion endet die Gewährung der Funktionszulage, ohne dass es einer gesonderten Erklärung des Arbeitgebers bedarf.

VI. Betriebsvereinbarungsoffene Vertragsgestaltung

Nach der jüngeren Rechtsprechung wird es vielfach einer ausdrücklichen betriebsvereinbarungsoffenen Vertragsgestaltung nicht bedürfen, weil diese aus einem Charakter als Formulararbeitsbedingung hergeleitet wird.[8] Mit einer betriebsvereinbarungsoffenen Vertragsgestaltung verhindert der Arbeitgeber, dass das Flexibilisierungsinstrument Betriebsvereinbarung keine Wirkungen entfaltet, weil sich nach dem Günstigkeitsprinzip eine günstigere arbeitsvertragliche Regelung durchsetzt. Eine vertragliche Regelung kann dies klarstellen: 10

> **Vorrang etwaiger Betriebsvereinbarungen; Ablösung arbeitsvertraglicher Regelungen**
>
> Der Arbeitnehmer erhält als Weihnachtsgratifikation mit der Auszahlung des November-Gehaltes eine zusätzliche Zahlung in Höhe von einem Bruttomonatsgehalt, solange und soweit nicht durch Betriebsvereinbarung eine Regelung über die Gewährung, Abänderung oder auch Aufhebung einer Weihnachtsgratifikation getroffen ist. Der Anspruch bemisst sich im Falle des Inkrafttretens einer solchen Betriebsvereinbarung allein nach dieser, ebenso wie bei deren etwaiger späterer Beendigung allein die für Betriebsvereinbarungen geltenden Grundsätze zur Anwendung kommen, ohne dass aus diesem Arbeitsvertrag darüber hinausgehende Ansprüche hergeleitet werden können.

VII. Betriebstreueleistungen

Eine Betriebstreueleistung knüpft durch eine Stichtags- oder Rückzahlungsregelung ausschließlich an den Bestand des Arbeitsverhältnisses an. Nach jüngerer Rechtsprechung darf bei einer Stichtagsregelung zur Honorierung künftiger Betriebstreue dies der einzige Leistungszweck sein, so dass jedweder Hinweis auf erfolgsabhängige Leistungszwecke zu unterbleiben hat. 11

Beispiel für eine Stichtagsregelung: 12

> **Treueprämie; Bestand des Arbeitsverhältnisses**
>
> Der Arbeitnehmer erhält mit der Auszahlung des November-Gehaltes eine Treueprämie in Höhe eines Bruttomonatsgehaltes, im Eintrittsjahr entsprechend der Dauer des Arbeitsverhältnisses anteilig. Der Anspruch auf die Treueprämie entsteht nur, wenn sich

---

[8] → E Rn. 142 ff.

das Anstellungsverhältnis im Zeitpunkt der Auszahlung in ungekündigtem Zustand befindet.

13 Beispiel für eine Rückzahlungsregelung:

> **Treueprämie; Bestand des Arbeitsverhältnisses**
>
> Der Arbeitnehmer erhält ab dem ersten vollen Jahr des Bestehens des Arbeitsverhältnisses mit der Auszahlung des November-Gehaltes eine Weihnachtsgratifikation in Höhe eines Bruttomonatsgehaltes. Die Weihnachtsgratifikation ist zurückzuzahlen, wenn das Anstellungsverhältnis vor dem 31.3. des auf die Auszahlung folgenden Jahres – gleich aus welchem Grunde – endet.

VIII. Tantiemevereinbarung

14 Wegen der Bezugnahme auf wirtschaftliche Daten des Unternehmens ist auf eine präzise Gestaltung der Tantiemevereinbarung zu achten, um Rechtsstreitigkeiten wegen der Berechnung im Einzelnen zu vermeiden.

> **Tantiemevereinbarung A**
>
> 1. Erfolgsabhängiger Vergütungsanspruch
>   Der Arbeitnehmer erhält zuzüglich zum Bruttojahresfestgehalt nach Ziffer X eine erfolgsabhängige Vergütung (Tantieme).
> 2. Bezugsbasis
>   Bezugsbasis der Tantieme ist der in den Jahresabschlüssen des jeweiligen Geschäftsjahres ausgewiesene Gewinn des Unternehmens. Der Gewinn bemisst sich anhand des Jahresüberschusses (§ 275 HGB) des Unternehmens gemäß der Handelsbilanz vor Abzug der Tantiemen für ehemalige und amtierende Geschäftsführer/Vorstandsmitglieder und Arbeitnehmer sowie vor Abzug der Körperschaftssteuer.
> 3. Bemessung der Tantieme
>   Die zu zahlende Tantieme beträgt 1,2 % des im Jahresabschluss des jeweiligen Geschäftsjahres ausgewiesenen Gewinns des Unternehmens, soweit dieser zwischen EUR 0 bis EUR 10 Mio. liegt. Bei einem Gewinn des Unternehmens von mehr als EUR 10 Mio. bis EUR 20 Mio. erhöht sich die Tantieme um 1,3 % des EUR 10 Mio. überschreitenden Gewinnanteils des Unternehmens. Erzielt das Unternehmen einen höheren Gewinn als EUR 20 Mio., so erhöht sich die Tantieme für den diesen Betrag übersteigenden Teil um 1,5 % dieses Gewinnanteils.
> 4. Kappungsgrenze
>   Die Tantieme ist begrenzt auf 70 % des Bruttojahresfestgehalts gemäß Ziffer X.
> 5. Fälligkeit
>   Der Anspruch auf die Tantiemezahlung entsteht mit Schluss des jeweiligen Geschäftsjahres und ist binnen eines Monats nach Feststellung des Jahresabschlusses der Gesellschaft für das Geschäftsjahr zur Zahlung fällig.
> 6. Ratierliche Kürzung bei unterjährigem Ausscheiden
>   Endet das Arbeitsverhältnis im jeweiligen Geschäftsjahr unterjährig, besteht der Tantiemeanspruch für dieses Geschäftsjahr pro rata temporis.

```
_____          _____
       Ort, Datum                       Ort, Datum

_____          _____
       Arbeitgeber                      Arbeitnehmer
```

Tantiemevereinbarung B

1. Erfolgsabhängiger Vergütungsanspruch
   Der Arbeitnehmer erhält zuzüglich zum Bruttojahresfestgehalt nach Ziffer X eine erfolgsabhängige Vergütung (Tantieme).
2. Bezugsbasis
   Bezugsbasis der Tantieme ist der in den Jahresabschlüssen ausgewiesene, konsolidierte Rohertrag (Umsatzerlöse abzüglich Materialaufwand iSd § 275 HGB) des Unternehmens/der Gesellschaft.
3. Bemessung der Tantieme
   Der Anspruch auf Zahlung einer Tantieme bemisst sich, sofern die Gesellschaft den konsolidierten Rohertrag des jeweils vorangegangenen Geschäftsjahres um mehr als 5 % übertrifft, wie folgt.
   - Bei Steigerung des konsolidierten Rohertrags des vorangegangenen Geschäftsjahres der Gesellschaft um mehr als 5 % bis 15 % beträgt die Tantieme 10 % des Bruttojahresgehalts nach Ziffer X;
   - bei Steigerung des konsolidierten Rohertrags des vorangegangenen Geschäftsjahres der Gesellschaft um mehr als 15 % bis 25 % besteht ein weiterer Tantiemeanspruch in Höhe von 5 % des Bruttojahresgehalts nach Ziffer X;
   - für jede weitere Steigerung des konsolidierten Rohertrags des vorangegangenen Geschäftsjahres der Gesellschaft um je 2 % besteht ein weiterer Tantiemeanspruch in Höhe von 1 % des Bruttojahresgehalts nach Ziffer X.
4. Kappungsgrenze
   Die Tantieme ist begrenzt auf 70 % des Bruttojahresfestgehalts gemäß Ziffer X.
5. Fälligkeit
   Der Anspruch auf die Tantiemezahlung entsteht mit Schluss des jeweiligen Geschäftsjahres und ist binnen eines Monats nach Feststellung des Jahresabschlusses der Gesellschaft für das Geschäftsjahr zur Zahlung fällig.
6. Ratierliche Kürzung bei unterjährigem Ausscheiden
   Endet das Arbeitsverhältnis im jeweiligen Geschäftsjahr unterjährig, besteht der Tantiemeanspruch für dieses Geschäftsjahr pro rata temporis.

```
_____          _____
       Ort, Datum                       Ort, Datum

_____          _____
       Arbeitgeber                      Arbeitnehmer
```

IX. Rahmenvereinbarung zu einem Zielvereinbarungssystem

Eine Rahmenvereinbarung, die durch jeweilige einvernehmliche Zielvereinbarungen für einzelne Bezugszeiträume auszufüllen ist, kann für verschiedene Zielkomponenten und im Einzelfall zu vereinbarende Gewichtungen, jedoch mit Stufenverhältnis dieser, beispielhaft wie folgt gestaltet werden:

Zusatzvereinbarung Variables Entgeltsystem

1. **Teilnahme am variablen Entgeltsystem; zielerreichungsabhängige Bonuszahlung**
   Der Arbeitnehmer nimmt am variablen Entgeltsystem XY des Unternehmens teil. Der Arbeitnehmer kann einen Anspruch auf eine jährliche Bonuszahlung erwerben, wenn die für die Bemessung des Anspruchs maßgebenden Ziele erfüllt sind. Bei Nichterreichen der Ziele entsteht kein, bei teilweiser Erreichung nach Maßgabe folgender Bestimmungen ggf. ein anteiliger Anspruch.

2. **Gesonderte Zielvereinbarung für jedes Geschäftsjahr**
   Die für die Bemessung eines Anspruchs des Arbeitnehmers maßgebenden Ziele, deren Gewichtung, und ggf. der Prozess der Zielerreichungsfeststellung werden für jedes Geschäftsjahr neu geregelt; aus vorangegangenen Regelungen für bisherige Geschäftsjahre lassen sich keine Ansprüche – weder nach Grund noch nach Höhe – für die Zukunft herleiten, insbesondere nicht auf bestimmte Arten zu vereinbarender Ziele, deren Bemessung oder Gewichtung zueinander. Im Zweifel gelten die Vorgaben aus dieser Zusatzvereinbarung.[9]
   Die Parteien treffen für das jeweils folgende Geschäftsjahr eine gesonderte Vereinbarung über die maßgebenden Ziele, deren Gewichtung, und ggf. den Prozess der Zielerreichungsfeststellung. Der Arbeitgeber wird dem Arbeitnehmer bis zum 15. des ersten Monats des jeweiligen Geschäftsjahres ein Regelungsangebot über die maßgebenden Ziele, deren Gewichtung und ggf. den Prozess der Zielerreichungsfeststellung schriftlich oder in Textform unterbreiten. Für das Jahr des Eintritts wird eine Sonderregelung getroffen.

3. **Gegenstand der zu vereinbarenden Ziele; Gewichtung der Ziele; Vorrang wirtschaftlicher Ziele für die Anspruchsentstehung insgesamt**
   Maßgebende Ziele können insbesondere auf den wirtschaftlichen Erfolg des Unternehmens, des Konzerns oder der Konzernsparte, auf den Erfolg einer Gruppe von Arbeitnehmern, der der Arbeitnehmer angehört, oder auf den Erfolg der Arbeitsleistung des Arbeitnehmers selbst abstellen.[10]
   Ihre Gewichtung zueinander soll in einem angemessenen Verhältnis stehen. Ein Ziel soll dabei nicht weniger als 10 %, aber auch nicht mehr als 40 % des Zielerreichungsgesamtgrades ausmachen.[11]
   Es wird hiermit vereinbart, dass grundsätzlich Gegenstand der jeweiligen Zielvereinbarung ist, dass bei Nichterreichung wirtschaftlicher Ziele des Unternehmens, Konzerns oder/und einer Konzernsparte trotz ganz oder teilweise erreichter sonstiger Ziele der Anspruch insgesamt nicht entsteht.[12]

4. **Zielgröße; Kürzung der Zielgröße bei Arbeitsunfähigkeit/Ruhen des Arbeitsverhältnisses; Begrenzung und Bemessung des Anspruchs**
   Sollten 100 % aller Ziele erreicht sein, erhält der Arbeitnehmer einen jährlich einmali-

---

[9] Dieser Absatz stellt klar, dass die jeweilige Zielvereinbarung maßgebend für die Bemessung des Anspruchs ist. Sollte eine Zielvereinbarung – aus welchen Gründen auch immer – nicht zustande kommen, soll sich jedoch die Rahmenregelung durchsetzen. Bedeutung hat dies beim vorliegenden Entgeltmodell insbesondere für das vorrangige Stufenverhältnis der wirtschaftlichen Ziele, bei deren Nichterreichung der Bonusanspruch insgesamt entfallen soll.

[10] Mit dieser Regelung hält sich der Arbeitgeber offen, Ziele jeder Art in die jeweilige Zielvereinbarung einfließen zu lassen. Bedeutung hat dies für den Fall, dass der Arbeitnehmer die Zielvereinbarung als vermeintlich unangemessen ablehnt, um anschließend Schadensersatz wegen unterbliebener Zielvereinbarung geltend zu machen. Nach der Rahmenregelung zulässige Ziele können ihrer Art nach nicht unangemessen sein.

[11] Die Gewichtung der Ziele zueinander bleibt bei diesem Modell der jeweiligen Zielvereinbarung vorbehalten. Im Zweifel wird von einer Gleichrangigkeit aller Ziele auszugehen sein.

[12] Diese Regelung stellt klar, dass insbesondere das vorrangige Stufenverhältnis wirtschaftlicher Ziele für den Bonusanspruch existentiell ist.

gen Bonus in Höhe von EUR 24.000,00 brutto (Zielgröße).[13] Die Zielgröße basiert auf einem während des gesamten Geschäftsjahres aktiv durchgeführten Arbeitsverhältnis und reduziert sich für Zeiten des Bestehens des Arbeitsverhältnisses ohne Entgeltzahlung (Ruhen des Arbeitsverhältnisses, zB während einer Elternzeit außerhalb der Mutterschutzfrist, Arbeitsunfähigkeit außerhalb des Entgeltfortzahlungszeitraums) entsprechend anteilig im Umfang des Ruhens- im Verhältnis zum Geschäftsjahreszeitraum.[14]

Im Falle einer Übererfüllung der Ziele kann sich der Bonusanspruch im Einzelfall um bis zu 25 % der Zielgröße erhöhen.[15]

Werden eines oder mehrere der Ziele nicht oder nicht voll erreicht, entsteht ein der Zielerreichung entsprechend anteiliger Anspruch, es sei denn, dass (auch) wirtschaftliche Ziele nicht oder nicht vollständig erreicht wurden, von deren vollständiger Erreichung die Entstehung des Anspruchs insgesamt abhängig ist.

Der konkrete Bonusanspruch bemisst sich im Umfang des in Prozentpunkten (maximal 125 %) ausgedrückten Zielerreichungsgesamtgrades von der Zielgröße.

5. **Anpassung der jeweiligen Zielvereinbarung bei veränderten Umständen**

Die Parteien verpflichten sich zu einer Anpassung der maßgebenden Ziele für den Bezugszeitraum, wenn und soweit sich die zum Zeitpunkt der erstmaligen Festlegung der Ziele für deren Erreichbarkeit durch den Arbeitnehmer oder deren wirtschaftliche Bedeutung für den Arbeitgeber zugrunde liegenden Annahmen grundlegend verändert haben. Bis zu einer solchen Anpassung der Ziele entsteht kein Anspruch auf die Bonuszahlung.[16]

6. **Zielerreichung**

Die Zielerreichung der auf den wirtschaftlichen Erfolg des Unternehmens, des Konzerns oder der Konzernsparte abstellenden Ziele setzt voraus, dass das jeweils festgelegte Ziel mindestens zu 100 % erreicht ist (Regelfall), wenn sich nicht aus der jeweiligen Zielvereinbarung ein Anderes ergibt (in der Zielvereinbarung im Einzelfall zu begründende Ausnahme). Im Umfang der Überschreitung des jeweiligen wirtschaftlichen Ziels erhöht sich der für die Bonusermittlung anzulegende Zielerreichungsgrad bis zu maximal 125 %, bei einer Mehrheit wirtschaftlicher Ziele jedoch begrenzt auf den Durchschnitt der Überschreitung aller wirtschaftlicher Ziele.[17]

Ein individuelles oder auf eine Gruppe von Arbeitnehmern abstellendes Ziel kann nur erreicht werden, wenn die Bewertung (Rahmen zwischen 1 und 12,5) mehr als 5 beträgt. Eine Bewertung mit 10 entspricht vollständiger Zielerreichung. Der Zielerreichungsgrad wird in Prozentpunkten ausgedrückt, beginnend mit 0 % bei einer Bewertung mit 5.[18]

Unter Berücksichtigung der jeweiligen Zielerreichungsgrade wird eine abschließende Feststellung über die Erreichung der Gesamtheit der Ziele getroffen. Entscheidend ist die in der jeweiligen Zielvereinbarung vorgesehene Gewichtung der Ziele. Diese bildet den Zielerreichungsgesamtgrad.

---

[13] Anstelle einer Zielgröße kann der Arbeitgeber auch eine Festsetzung des Zielbonus nach billigem Ermessen – ggf. in einem gewissen Rahmen – in Abhängigkeit zB von einer Steigerung des Ergebnisses der operativen Geschäftstätigkeit im Verhältnis zum Vorjahr vorsehen.
[14] Diese Regelung ist für die Arbeitsunfähigkeit wegen der Regelung des § 4a EFZG mangels höchstrichterlicher Klärung nicht unproblematisch (→ F Rn. 160ff.).
[15] Ohne eine solche Begrenzung des Anspruchs kann dieser bei Zielübererfüllung ein auch aus Sicht eines Personalführungsinstruments nicht mehr sinnvolles Ausmaß einnehmen.
[16] → F Rn. 119ff.
[17] Soll eine Zielübererfüllung möglich sein, bedarf es genauer Betrachtung, bei welchen Zielen und in welchem Umfang die Höhe des variablen Entgelts beeinflusst wird. Bei wirtschaftlichen Zielen, die auf den Ertrag abstellen, wird in der Regel unproblematisch eine Erhöhung des variablen Entgelts möglich sein, da die Mehrbelastung aus dem Ertrag gespeist wird.
[18] S. die vorangegangene Fn. – bei den individuellen Zielen bedeutet die Zielübererfüllung nicht notwendig einen wirtschaftlichen Mehrwert.

7. **Verfahren zur Feststellung der Zielerreichung**
Die Feststellung der Zielerreichung der auf den wirtschaftlichen Erfolg des Unternehmens, des Konzerns oder der Konzernsparte abstellenden Ziele erfolgt durch den Arbeitgeber nach Feststellung des Jahresabschlusses für die jeweilige Wirtschaftseinheit. Die Feststellung der auf den Erfolg des Arbeitnehmers oder einer Gruppe von Arbeitnehmern abstellenden Ziele erfolgt im Wege einer Bewertung durch den Vorgesetzten des Arbeitnehmers zum jeweiligen Ende der in der Zielvereinbarung festgelegten jeweiligen Zielperiode, in Ermangelung einer solchen Festlegung zum Ende des Geschäftsjahres, im Rahmen eines persönlichen Gesprächs. Der Arbeitnehmer soll eine – unverbindliche – Selbsteinschätzung zu dem Gespräch vorlegen.
Der Arbeitnehmer soll bis zum 15. des ersten Kalendermonats des jeweils folgenden Geschäftsjahres eine Mitteilung über die Erreichung der individuellen oder auf die Gruppe abstellenden Ziele und bis zum 15. des vierten Kalendermonats des jeweils folgenden Geschäftsjahres eine Mitteilung über die Erreichung der wirtschaftlichen Ziele erhalten; Letzteres setzt voraus, dass zu diesem Zeitpunkt bereits der testierte Jahresabschluss für die jeweilige Wirtschaftseinheit vorliegt.

8. **Stichtagsregelung**
Der Anspruch auf die Bonuszahlung entsteht nur, wenn das Arbeitsverhältnis bis zum Schluss des längsten Bezugszeitraums eines Zieles, das für die Bemessung der Bonuszahlung maßgebend ist, besteht.[19]

9. **Auszahlung**
Entstandene Bonusansprüche werden mit dem Entgelt des auf die Mitteilung der wirtschaftlichen Ziele folgenden Kalendermonats abgerechnet und ausgezahlt.

Ort, Datum   Ort, Datum

Arbeitgeber   Arbeitnehmer

X. Betriebsvereinbarung zu einem Zielvereinbarungssystem

16 Eine Betriebsvereinbarung, die durch jeweilige einvernehmliche Zielvereinbarungen oder – bei deren Nichtzustandekommen – Zielvorgaben für einzelne Bezugszeiträume auszufüllen ist, kann für verschiedene Zielkomponenten mit gleicher Gewichtung, jedoch mit Stufenverhältnis (Vorrang) der wirtschaftlichen Ziele beispielhaft wie folgt gestaltet werden:

Betriebsvereinbarung zum Bonussystem

1. **Geltungsbereich**
   Diese Betriebsvereinbarung gilt für alle Arbeitnehmer/innen des Betriebs im Sinne des § 5 Abs. 1 BetrVG.

---

[19] Jedenfalls für ein wirtschaftliches Ziel bezogen auf das Geschäftsjahresergebnis neben sonstigen Zielen hat das BAG die Möglichkeit einer solchen Stichtagsregelung anerkannt. Wichtig ist, dass das wirtschaftliche Ziel tatsächlich auf das Geschäftsjahr abstellt. Dies würde zB durch einen anteiligen Bonusanspruch bei unterjährigem Beginn des Arbeitsverhältnisses in Frage gestellt (→ F Rn. 67 ff.). Die in Ziffer 4 vorgesehene Reduzierung der Zielgröße für Zeiten des Ruhens des Arbeitsverhältnisses könnte ggf. bereits als schädlich betrachtet werden. Allerdings knüpft die Reduzierung der Zielgröße nicht an eine unterjährige Ermittlung der Zielerreichung an, so dass kein ernsthafter Zweifel an dem Ziel bezogen auf das Geschäftsjahr entsteht. Eine abschließende Positionierung der Rechtsprechung bleibt abzuwarten.

2. **Bonusmodell**
2.1 Der Anspruch auf eine Bonuszahlung setzt voraus, dass die maßgebenden Ziele erfüllt sind.
2.2 Maßgebende Ziele sind sowohl unternehmenserfolgsbezogene als auch individualerfolgsbezogene Ziele.[20] Ein Bonusanspruch entsteht nur, wenn die unternehmenserfolgsbezogenen Ziele erfüllt sind.[21]
2.3 Die Höhe des Bonus richtet sich danach, in welchem Umfang unternehmenserfolgsbezogene sowie individualerfolgsbezogene Ziele erreicht wurden.
2.4 Ziele werden bezogen auf das jeweilige Geschäftsjahr bestimmt.
Die Bestimmung individualerfolgsbezogener Ziele erfolgt durch Vereinbarung zwischen Arbeitgeber und Arbeitnehmer. Kommt eine Vereinbarung nicht zustande, ist der Arbeitgeber berechtigt, Ziele nach billigem Ermessen einseitig festzusetzen. Unternehmenserfolgsbezogene Ziele werden stets durch den Arbeitgeber einseitig vorgegeben.
3. **Ziele**
3.1 Unternehmenserfolgsbezogene Ziele knüpfen an das EBIT des Unternehmens an.
3.2 Individualerfolgsbezogene Ziele knüpfen an den Arbeitsplatz des Arbeitnehmers und die auf diesem im jeweiligen Geschäftsjahr zu erwartenden Herausforderungen an. Individualerfolgsbezogene Ziele können auch an eine Gruppe von Arbeitsplätzen durch gemeinsam zu erreichende Ziele anknüpfen.
4. **Festsetzung der Ziele**
4.1 Die unternehmenserfolgsbezogenen EBIT-Ziele werden durch den Arbeitgeber einheitlich verbindlich vorgegeben und im Rahmen der Zielvereinbarung mit dem Arbeitnehmer nochmals deklaratorisch festgelegt.
Die individualerfolgsbezogenen Ziele werden mit Blick auf die Individualität der Arbeitsplätze zwischen Arbeitgeber und Arbeitnehmer einvernehmlich bestimmt und festgelegt. In der Regel sollen nicht weniger als drei und nicht mehr als fünf Ziele vereinbart werden.
4.2 Zielvereinbarungen sollen zeitnah nach Beginn des Geschäftsjahres getroffen werden. Der Arbeitgeber soll dem Arbeitnehmer ein erstes Angebot bis zum Ablauf des ersten Kalendermonats des jeweiligen Geschäftsjahres unterbreiten. Zielvereinbarungen sollen binnen eines weiteren Kalendermonats geschlossen sein.
Mit Blick darauf, dass die unternehmenserfolgsbezogenen Ziele von der Feststellung des Jahresabschlusses für das Vorjahr abhängen können, kann eine gesonderte spätere Festlegung über die unternehmenserfolgsbezogenen Ziele erfolgen.
4.3 Nimmt der Arbeitnehmer das jeweilige Angebot einer Zielvereinbarung ohne Nennung triftiger Gründe nicht an, ist der Arbeitgeber berechtigt, nach billigem Ermessen einseitig Ziele festzulegen. Einer Zielvereinbarung für das betroffene Geschäftsjahr bedarf es in diesem Falle nicht.[22]

---

[20] Mit dieser Regelung hält sich der Arbeitgeber offen, Ziele der genannten Art in die jeweilige Zielvereinbarung einfließen zu lassen. Bedeutung hat dies für den Fall, dass der Arbeitnehmer die Zielvereinbarung als vermeintlich unangemessen ablehnt, um anschließend Schadensersatz wegen unterbliebener Zielvereinbarung geltend zu machen. Nach der Rahmenregelung zulässige Ziele können ihrer Art nach nicht unangemessen sein.
[21] Diese Regelung stellt klar, dass das vorrangige Stufenverhältnis wirtschaftlicher Ziele für den Bonusanspruch existentiell ist.
[22] Auch wenn grundsätzlich eine einvernehmliche Zielvereinbarung Gegenstand dieses Modells ist, behält sich der Arbeitgeber bei deren Nichtzustandekommen eine einseitige Festlegung der Ziele vor. Nachteil dieser Gestaltung kann sein, dass bei vom Arbeitnehmer zu vertretendem Nichtzustandekommen der Zielvereinbarung nach der Rechtsprechung kein Schadensersatzanspruch entstünde und der Arbeitnehmer deshalb für das Geschäftsjahr „leer ausginge", es also gerade keiner Zielvorgabe bedürfte. Mit der nachgeschalteten Möglichkeit einer Zielvorgabe kann der Arbeitgeber jedoch die Aufstellung von Zielen erzwingen, faktisch ggf. die Akzeptanz einer Zielvereinbarung erhöhen (alternativ würde ohnehin einseitig vorgegeben) und damit die Ziele als Personalführungsinstrument in den Mittelpunkt stellen.

5. **Feststellung der Zielerreichung**
5.1 Die Feststellung der unternehmenserfolgsabhängigen Zielerreichung erfolgt durch den Arbeitgeber nach Feststellung des Jahresabschlusses. Im Umfang der Überschreitung des unternehmenserfolgsabhängigen Ziels in Prozentpunkten erhöht sich der für die Bonusermittlung anzulegende Zielerreichungsgrad.
5.2 Die Feststellung der individualerfolgsbezogenen Ziele erfolgt durch den Arbeitgeber zum jeweiligen Ende des Geschäftsjahres. Der Grad der Zielerreichung wird in Prozentpunkten ausgedrückt
5.3 Unter Berücksichtigung der jeweiligen Zielerreichungsgrade wird eine abschließende Feststellung über die Erreichung der Gesamtheit der Ziele durch eine Durchschnittsbildung über alle Ziele getroffen (Zielerreichungsgesamtgrad).
6. **Höhe des Bonus**
6.1 Die Höhe des Zielbonus ergibt sich aus den jeweiligen arbeitsvertraglichen Regelungen zwischen Arbeitgeber und Arbeitnehmer betreffend den variablen Vergütungsanteil.[23] Besteht keine solche Vereinbarung, beträgt der Zielbonus drei Bruttomonatsgehälter. Der Zielbonus basiert auf einem während des gesamten Geschäftsjahres aktiv durchgeführten Arbeitsverhältnis und reduziert sich für Zeiten des Bestehens des Arbeitsverhältnisses ohne Entgeltzahlung (Ruhen des Arbeitsverhältnisses, zB während einer Elternzeit außerhalb der Mutterschutzfrist, Arbeitsunfähigkeit außerhalb des Entgeltfortzahlungszeitraums) entsprechend anteilig im Umfang des Ruhens- im Verhältnis zum Geschäftsjahreszeitraum.[24]
6.2 Werden die unternehmenserfolgsbezogenen Ziele nicht erreicht, erfolgt für das Geschäftsjahr keine Bonuszahlung. Dies gilt auch bei vollständiger oder teilweiser Erreichung der individualerfolgsbezogenen Ziele.
6.3 Die Höhe des jeweiligen konkreten Bonusanspruchs bemisst sich im Umfang des in Prozentpunkten ausgedrückten Zielerreichungsgesamtgrades von der Zielgröße. Der Zielbonus kann nicht überschritten werden.[25]
7. **Auszahlung**
Entstandene Bonusansprüche werden zum Ende des auf die Feststellung aller Ziele folgenden Kalendermonats abgerechnet und ausgezahlt.
8. **Schlussbestimmungen**
Diese Vereinbarung tritt mit Unterzeichnung in Kraft. Sie kann mit einer Frist von drei Monaten zum Schluss eines Geschäftsjahres gekündigt werden. Im Falle einer Kündigung wirkt sie nicht nach.

Ort, Datum   Ort, Datum

Arbeitgeber   Arbeitnehmer

---

[23] Betriebsvereinbarungen treffen häufig auf bereits existente arbeitsvertragliche Regelungen. Sofern im Arbeitsvertrag nichts Abweichendes vereinbart ist, kommt eine nähere Ausgestaltung durch eine Betriebsvereinbarung in Betracht; anderenfalls ist – sofern der Arbeitsvertrag nicht betriebsvereinbarungsoffen gestaltet ist – das Günstigkeitsprinzip zu beachten (→ E Rn. 139 ff.).
[24] Diese Regelung ist für die Arbeitsunfähigkeit wegen der Regelung des § 4a EFZG mangels höchstrichterlicher Klärung nicht unproblematisch (→ F Rn. 160 ff.).
[25] Soll eine Zielübererfüllung mit der Folge einer Überschreitung der Zielgröße des variablen Entgelts möglich sein, bedarf es genauer Betrachtung, bei welchen Zielen und in welchem Umfang die Höhe des variablen Entgelts beeinflusst werden darf.

XI. Zielvereinbarung für einen Jahreszeitraum

Eine Zielvereinbarung für einen Jahreszeitraum kann die verschiedensten Inhalte haben, zB: 17

Zielvereinbarung für das Geschäftsjahr 2019

In Ausfüllung der Rahmenregelung zum variablen Entgeltsystem vereinbaren die Parteien nachfolgend die Ziele, deren Bemessung und deren Gewichtung zueinander, nach denen sich die Bemessung des Bonus für das Geschäftsjahr 2019 bemisst. Ergänzend gilt die Rahmenvereinbarung.

1. **Wirtschaftliche Ziele**
   Werden die nachstehenden wirtschaftlichen Ziele zu a. und zu b. nicht erreicht, entsteht kein – auch kein anteiliger – Bonusanspruch für das Geschäftsjahr 2019. Wirtschaftliche Ziele fließen zu 40 % in die Bemessung des Bonusanspruchs ein, davon zu 60 % betreffend die Arbeitgeber GmbH und zu 40 % betreffend den Arbeitgeber-Konzern. Maßgebend ist jeweils der testierte Jahresabschluss.

   a. Arbeitgeber GmbH

EBIT Arbeitgeber GmbH	Zielerreichungsgrad
= TEUR 2.000	100 %
>/= TEUR 2.000 < TEUR 2.100	100 % – 105 % (+ 1 %/TEUR 20, max. 105 %)
>/= TEUR 2.100 < TEUR 2.200	105 % – 115 % (+ 1 %/TEUR 10, max. 115 %)
>/= TEUR 2.200	115 % – 125 % (+ 1 %/TEUR 5, max. 125 %)

   b. Arbeitgeber-Konzern

EBIT Arbeitgeber Konzern	Zielerreichungsgrad
= TEUR 6.500	100 %
>/= TEUR 6.500 < TEUR 8.500	100 % – 110 % (+ 1 %/TEUR 200, max. 110 %)
>/= TEUR 8.500	110 % – 125 % (+ 1 %/TEUR 100, max. 115 %)

2. **Produktabsatz durch den Arbeitnehmer**
   Im Geschäftsjahr 2019 soll der Arbeitnehmer einen Netto-Rohertrag aus Kundengeschäften im Bereich Bestandskunden und einen Brutto-Umsatz bei Neukunden aus der Veräußerung von Produkten wie folgt erzielen. Diese Ziele fließen zu 40 % in die Bemessung des Bonusanspruchs ein, davon zu 50 % betreffend Bestandskundengeschäft und zu 50 % betreffend Neukundengeschäft.

a. Bestandskundengeschäft

Netto-Rohertrag	Zielerreichungsgrad
< EUR 20.000	0 %
>/= EUR 20.000 < EUR 40.000	50 % – 99 % (+1 %/EUR 400)
= EUR 40.000	100 %
>/= EUR 40.000 < EUR 45.000	100 % – 105 % (+ 0,5 %/EUR 500, max. 105 %)
>/= EUR 45.000 < EUR 47.500	105 % – 110 % (+ 1 %/EUR 500, max. 110 %)
>/= EUR 47.500	110 % – 125 % (+ 2 %/EUR 500, max. 125 %)

b. Neukundengeschäft

Brutto-Umsatz	Zielerreichungsgrad
</= EUR 100.000	0 % – 100 % (+ 1 %/EUR 1.000)
>/= EUR 100.000	101 % – 125 % (+ 1 %/EUR 2.500, max. 125 %)

1. Produktprüfung
Die Produktprüfung des Arbeitnehmers wird anhand der Anzahl eingehender Reklamationen im Geschäftsjahr 2019 über den Arbeitnehmer (mündlich, schriftlich oder in sonstiger Form, gleich in welcher Abteilung eingehend) bemessen. Dieses Ziel fließt zu 20 % in die Bemessung des Bonusanspruchs ein.

Anzahl Reklamationen	Zielerreichungsgrad
> 12	0 %
</= 12 > 9	25 %
</= 9 > 6	50 %
</= 6 > 3	75 %
</= 3	100 %

_____   _____
Ort, Datum   Ort, Datum

_____   _____
Arbeitgeber   Arbeitnehmer

Stichwortverzeichnis

Die Buchstaben in Fettdruck beziehen sich auf die Kapitel des Werkes, die Ziffern beziehen sich auf die Randnummern innerhalb der Kapitel.

Abfindung
- GmbH-Beteiligung, Begrenzung **I** 180
- KG-Beteiligung, Begrenzung **I** 203
- KG-Beteiligung, stpfl. Gewinn **I** 224
- Stille Beteiligung **I** 361
- Virtuelle Beteiligung **I** 335

Abschlagszahlungen
- Abschlag **K** 24
- Laufendes Arbeitsentgelt **E** 27

Abwesenheit
- ~, unberechtigte **F** 162; **G** 24, 78
- Mutterschutz **F** 182; **G** 69
- ohne Entgeltfortzahlungsanspruch **F** 173; **G** 55
- Pflegezeit **F** 178
- Wehrdienst **F** 178

Akkordlohn
- Bedeutung **B** 6
- Betriebsrat, Mitbestimmungsrecht **N** 46

Aktien
s. Anteile
s. Gewährung
s. Kapitalerhöhung
- Lfd. Bezüge, stl. Aspekte **I** 135
  s. Mitarbeiterbeteiligung, Beendigung des Arbeitsverhältnisses
- Verkauf **I** 84, 104

Aktiengesellschaft (AG)
s. Aktien
s. Aktienoption
- Börsennotierte AG **I** 62
- Eigene Anteile **I** 85
- Grundlagen Mitarbeiterbeteiligung **I** 58
  s. Kapitalerhöhung
- Kapitalmarkt- und wertpapierrechtliche Restriktionen **I** 91, 118
- Konsortialvertrag **I** 119
  s. Mitarbeiterbeteiligung, Beendigung des Arbeitsverhältnisses
- Nicht börsennotierte AG **I** 97
- Stl. Aspekte **I** 121
- Verkauf von Aktien **I** 84, 106
  s. Wandelschuldverschreibung

Aktienoptionen
- Bewertung **I** 145
- Börsennotierte AG **I** 75
  s. Finanzierung
- Haltefrist/Wartezeit **I** 102
  s. Mitarbeiterbeteiligung, Beendigung des Arbeitsverhältnisses
- Nicht börsennotierte AG **I** 101
- Stl. Aspekte **I** 143
  s. Vesting

Änderung des Arbeitsplatzes
- Direktionsrecht **E** 149
- Funktionszulage **E** 94
- Mitbestimmung des Betriebsrates **N** 112

Änderungskündigung **M** 5

Änderungsvorbehalte
- Begriff und Abgrenzung **E** 108
- Bezugnahme auf Betriebsvereinbarungen **E** 139
- Bezugnahme auf externe Regelungswerke **E** 134
- Bezugnahme auf einseitige Regelungswerke des Arbeitgebers **E** 136
- Bezugnahme auf Tarifverträge **E** 134
- Direktionsrecht **E** 149
- Leistungssystem, dauerhaftes **B** 52
- Widerrufsvorbehalt **E** 110
  s. Widerrufsvorbehalt

Anpassungsanspruch
- Zielvereinbarungen **F** 126
- Zielvorgaben **F** 126

Anteile
s. Aktien
s. Aktiengesellschaft
s. Beteiligungsgesellschaft
s. Gewährung
s. GmbH
s. Personengesellschaft

Anwesenheitsprämien
- Abwesenheit zur Pflege eines erkrankten Kindes **G** 21, 32
- Allgemeine Geschäftsbedingungen (AGB) **G** 27
- Anspruchsbegründende Gestaltung **G** 23
- Anspruchsvoraussetzung **G** 5, 13
- Anwesenheit als Anspruchsvoraussetzung **G** 6
- Arbeitsrechtlicher Gleichbehandlungsgrundsatz **G** 18
- Arbeitsunfall **G** 44
- Arbeitsunfähigkeit **G** 23, 35, 55
- Auslegungsergebnis **G** 53
- Betrieb **G** 10
- Betriebliche Ablaufstörungen **G** 2
- Betriebliche Übung **G** 19
- Betriebsvereinbarung **G** 15
- Betriebsverfassungsrechtlicher Gleichbehandlungsgrundsatz **G** 15
- Darlegungs- und Beweislast **G** 42
- Elternzeit, Pflegezeit, Familienpflegezeit, Wehrdienst **G** 21, 32, 64
- Entgeltleistungen **G** 2
- Entlohnungsgrundsatz **G** 17
- Fehlzeit **G** 22, 23, 26

Stichwortverzeichnis

- Form **G** 42
- Freistellung **G** 32, 72
- Freiwillige Leistung **G** 19
- Freiwillige Sonderzahlungen **G** 11
- Freiwilligkeitsvorbehalt **G** 19
- Gesundheitsprämien **G** 3
- Gestaltungsmöglichkeiten **G** 5
- Gleichbehandlungsgrundsatz **G** 11, 15, 18, 20
- Gruppenziel **G** 8
- Individualvertragliche Anspruchsgrundlage **G** 17
- Jahressonderleistungen **G** 5
- Kollektivvertragliche Anspruchsgrundlage **G** 14
- Krankheit **G** 31
- Krankheitsvertretung **G** 9
- Kurzarbeit **G** 75
- Kürzungsberechnung **G** 39, 58
- Kürzungsgrenze **G** 35
- Kürzungsvereinbarung **G** 6, 23
- Laufendes Entgelt **G** 38
- Leistungsabhängige Entgelte **G** 5, 46
- Lenkungsinstrument **G** 26, 47
- Maßregelungsverbot **G** 31
- Mindestlohn **G** 79
- Mischcharakter **G** 34, 46
- Mitbestimmungsrecht des Betriebsrates **G** 17, 81
- Monatliche Prämie **G** 52
- Mutterschutz **G** 32, 69
- Nachträgliche Anwesenheitsprämien **G** 20
- Pauschalzahlung **G** 22
- Quartalsmäßig **G** 5, 29
- Rechtsgrundlagen **G** 42
- Rechtliche Grenzen **G** 23
- Ruhen des Arbeitsverhältnisses **G** 21
- Ruhezeiten **G** 26
- Sondervergütung **G** 37, 45, 48
- Steuer- und Sozialversicherungspflicht **G** 83
- Stichtagsklausel **G** 28
- Störfälle **G** 3, 21
- Streikteilnahme **G** 34, 76
- Stundenprämien **G** 5, 22
- Synallagma **G** 46
- Tagesprämien **G** 5
- Tarifvertrag **G** 14
- Team- und Abteilungsprämie **G** 7, 9
- Treue **G** 46
- Unentschuldigte Fehlzeiten **G** 24, 33, 78
- Urlaub **G** 32, 70
- Verbot geltungserhaltender Reduktion **G** 30
- Vereinbarung **G** 44
- Vorsorge- und Rehabilitationsleistungen **G** 40
- Weihnachtsgratifikation **G** 18
- Zweck **G** 25

Anwesenheitszeiten
- Grenzen **F** 160

Arbeitnehmer
- Begriff **C** 104
- Beteiligung an AG **I** 59 ff., 81 f., 84, 86 ff., 94, 96 ff., 103 ff., 107 ff., 113 f., 119, 121 f., 129, 133, 136, 139 ff., 143
- Beteiligung an GmbH **I** 154, 158 f., 164 ff., 170, 172 f., 175, 177, 179, 181, 184 f.
- Beteiligung an Personengesellschaft **I** 188, 190 f., 193 ff., 198 ff., 208, 210, 214, 217, 221, 227, 229, 230, 234
- Leiharbeitnehmer **C** 11
- Praktikant **C** 132
  s. Ausbildung
- Sonstige Beschäftigte **H** 57, 201, 221
- Student, duales Studium **C** 132, 161
- Trainee **C** 128

Arbeitnehmerbindung
- Anreizsteuerung **K** 30
- Betriebstreueleistungen **F** 1; **G** 93; **J** 1
- Bezugszeitraum **F** 73; **G** 87; **K** 8

Arbeitnehmerüberlassung
- Mindestentgelt **C** 11

Arbeitsbereitschaft **C** 34

Arbeits- und Gesundheitsschutz
- Arbeitsunfall **G** 44
- Betriebsrat, Mitbestimmungsrecht **N** 113
- Gesundheitsprämien **G** 3

Arbeitsentgelt
- Mitarbeiterbeteiligung
- ~ Aktienoption **I** 144
- ~ Genussrechte **I** 398
- ~ Genussrechte, Arbeitslohn **I** 399
- ~ Gewährung **I** 45
- ~ lfd. Bezüge **I** 136
- ~ Veranlassungszusammenhang **I** 45, 140
- ~ virtuelle Beteiligung **I** 337
  s. Personengesellschaft, Sondervergütung

Arbeitslohn
s. Arbeitsentgelt
- Bonus **K** 40
- Earn-Out-Gestaltungen **K** 36

Arbeitsmaterial, Auslagen **B** 69

Arbeitsunfähigkeit **F** 164, 171
- Abwesenheit zur Pflege eines erkrankten Kindes **G** 21, 32
- Auswirkung auf erfolgabhängige Entgeltbestandteile **F** 164, 171
- Bemessung der Kürzung von Sonderzahlungen **F** 171; **G** 35, 55
- Gesundheitsprämie **G** 3
- Krankheit **G** 14
- Sonderzahlungen **F** 164

Arbeitsvorgang
- Begriff **H** 16

Auftragsverhältnis
- Tätigkeit, unentgeltliche **B** 1

Aufwendungsersatz
- Ausgleich für freiwillige Vermögenseinbußen **B** 69, 79
- Bedeutung, arbeitsrechtliche **B** 77
- Gesetzlicher Anspruch **B** 77

Stichwortverzeichnis

- Kein Arbeitsentgelt **B** 69, 77, 79
- Kein Mitbestimmungsrecht des Betriebsrates **B** 80
- Kostenneutralität **B** 70, 79
- Pauschalierung **B** 77
- Reisekostenrichtlinie **B** 77

Ausbildung
- Abgeschlossen (< 3 Jahre) **H** 111
- Abgeschlossen (≥ 3 Jahre) **H** 116, 149
- Anerkannt **H** 70
- Ausbildungs- und Prüfungspflicht **H** 72
- Bedeutung **H** 11
- Besonders hochwertige Arbeiten **H** 121
- Hochwertige Arbeiten **H** 119

Auskunftsanspruch
- Individueller **O** 45
- Zielvereinbarungen **J** 187

Auslagen
s. Aufwendungsersatz

Bad Leaver
s. Leaver-Scheme

Balanced Score Card **A** 7

Bareinlage
- In Personengesellschaft **I** 219

Basisabsicherung
- Arbeitsverhältnis, Leitbild **D** 1
- Basisabsicherung **D** 1
- Entgelttransparenz **O** 1
- Gleichbehandlungspflichten **D** 82
- Mindestlohn **C** 1
- Sittenwidrige Arbeitsentgelte **C** 23

Beendigung
- Betriebsvereinbarung **N** 152
  s. Mitarbeiterbeteiligung, Beendigung des Arbeitsverhältnisses

Beendigungstatbestände
- Betriebstreueleistungen **F** 36, 46; **G** 95
- Rückzahlungsklauseln **F** 36
- Stichtagsregelungen **F** 46; **G** 95

Befristung
- Betriebsvereinbarung **N** 152
- Entgeltbestandteile **E** 82

Befristungszeitpunkt **E** 93

Befristung von Entgeltbestandteilen
- Abgrenzung zu Einmalleistungen **E** 82
- Grenzen **E** 85, 93
- Gründe, sachliche **E** 86, 93
- Transparenzkontrolle **E** 106

Beratungsrechte
- Betriebsrat **N** 1

Bereitschaftsdienst **C** 34

Berichtspflichten
s. Entgelttransparenz

Berufsbildung
- Betriebsrat, Mitbestimmungsrecht **N** 109

Besteuerung
s. Aktiengesellschaft, stl. Aspekte
s. Aktienoptionen, stl. Aspekte
s. Beteiligung, stille Beteiligung
s. Beteiligungsgesellschaften, stl. Aspekte
s. Genussrechte, stl. Aspekte
s. Gewährung
s. GmbH, stl. Aspekte
s. GmbH & Co. KG, stl. Aspekte
s. Mitarbeiterdarlehen, partiarisches Darlehen
s. Personengesellschaft, stl. Aspekte
s. Treuhandmodelle, stl. Aspekte
s. virtuelle Beteiligung, stl. Aspekte

Beteiligung
s. Aktiengesellschaft
s. Beteiligungsgesellschaften
- Direktbeteiligung **I** 13
- Finanzierung **I** 25
  s. GmbH
  s. GmbH & Co. KG
- Indirekte Beteiligung
  s. Beteiligungsgesellschaft, s. Treuhandmodell
  s. Option
  s. Personengesellschaft
- Stille Beteiligung **I** 358
- Unterbeteiligung **I** 377
  s. virtuelle Beteiligung

Beteiligungsgesellschaft
- Beteiligungsmodelle **I** 266
- ~ Kapitalgesellschaft **I** 272
- ~ Personengesellschaft **I** 288
- Gesellschaftsvertrag **I** 301
  s. Mitarbeiterbeteiligung
- Stl. Aspekte
- ~ Kapitalgesellschaft **I** 272
- ~ Personengesellschaft **I** 297

Beteiligungsgewährung
s. Gewährung

Betriebliche Übung
- Begriff **E** 4
- Entgeltbestandteile, freiwillige **E** 20; **G** 19
- Freiwilligkeitsvorbehalt **E** 1
- Kollektiver Bezug **E** 5
- Leistungen mit kollektivem Bezug **E** 5
- Schriftformklausel, qualifizierte **E** 77
- Voraussetzungen Begriff **E** 4

Betriebsrat, Mitbestimmungsrechte
- Akkordlohn **N** 46
- Anrechnung Tariflohnerhöhung **N** 70
- Anwesenheitsprämien **G** 17, 81
- Aufwendungsersatz **B** 80
- Änderung des Arbeitsplatzes **N** 112
- Änderung der Entgeltgrundsätze **N** 58
- Arbeits- und Gesundheitsschutz **N** 113
- Ausschluss durch Tarifbindung **N** 25
- Ausschluss durch Vorbehalt einer tariflichen Regelung **N** 25
- Ausübung der Mitbestimmung bei Entgeltgrundsätzen **N** 49
- Berufsbildung, außerbetriebliche **N** 109
- Berufsbildung, betriebliche **N** 106
- Berufsbildung **N** 100

Stichwortverzeichnis

- Betriebsvereinbarungen **N** 120
- Beurteilungsgrundsätze, allgemeine **N** 97
- Datenauswertung, automatisierte **N** 91
- Einführung von Entgeltgrundsätzen **N** 49
- Einigungsstelle **N** 79
- Entgeltgestaltung, betriebliche **N** 11
- Entgeltgrundsätze **N** 34
- Entgeltgruppen, Bildung **N** 34
- Entgelttransparenz **O** 47, 61
- Gesamtvergütung, freiwillige **N** 63
- Grenzen der Mitbestimmung beim Entgelt **N** 50
- Entgeltgrundsätze, Aufstellung und Änderung von **N** 49
- Leistungsplan **N** 61
- Regelungsabrede **N** 115
- Sonderzahlungen **N** 41
- Retention Bonus **G** 120
- Überwachungseinrichtungen, technische **N** 91
- Überwachungsmaßnahmen **N** 92
- Verhaltensregeln, Festlegung von **N** 84
- Versetzung **N** 112
- Verteilungsgerechtigkeit **N** 61
- Wirksamkeitsvoraussetzung **N** 76
- Zuständigkeitsverteilung **N** 165

Betriebstreueleistungen
- Abgrenzung und Leistungszweck **F** 1, 15; **G** 93, 95; **J** 1
- Anspruchsvoraussetzungen **F** 5; **G** 86
- Arbeitnehmerbindung **F** 1; **G** 85, 93, 100; **J** 1
- Arten **G** 91; **J** 8
- Ausschluss- und Kürzungstatbestände **F** 6, 9
- Ausschluss von Leistungen mit Mischcharakter **F** 11; **J** 25, 42
- Bedeutung als Personalführungsinstrument **F** 1, 11; **J** 1
- Begriff **F** 1, 11
- Beendigungstatbestände **F** 36; **J** 28
- Bestandsabhängige Entgeltgestaltung **F** 1; **G** 86
- Betriebstreue, künftige **F** 21; **G** 93, 100; **J** 12, 34
- Betriebstreue, vergangene **F** 21; **J** 12, 31
- Bindungsklauseln, Grenzen **F** 15, 22, 32; **G** 95, 108; **J** 13, 20, 25
- Bindungsklauseln **F** 1; **G** 95
- Bindungszeiträume **F** 34, 38; **G** 115; **J** 9
- Bindungszeiträume, vergangenheits- und zukunftsbezogene **J** 12
- Einmalige **J** 37
- Fehlanreize **L** 35
- Flexibilisierung der Anspruchshöhe **F** 26
- Flexibilisierungsmöglichkeiten **F** 26; **J** 41
- Flexibilisierungsspielraum **F** 26; **J** 37
- Freiwilligkeitsvorbehalt **J** 37
- Gestaltung, rechtliche **G** 95; **J** 8
- Grenzen für Bindungsklauseln **F** 15, 22, 32; **J** 13, 20, 25
- Grenzen, quantitative **F** 22, 26; **J** 20
- Höhe des Anspruchs **F** 22; **G** 106; **J** 41
- Jubiläumszahlung **J** 12
- Klarstellung des Leistungszwecks **F** 5; **J** 10
- Kombination der Leistungszwecke **F** 11
- Leistungszweck **F** 5; **G** 93; **J** 10
- Kündigungsfrist **F** 41; **G** 95, 102; **J** 17
- Leistungen, einmalige **J** 37
- Leistungsbestimmungsrecht, einseitiges **F** 100
- Mischcharakter, Leistungen mit **F** 11; **G** 99, 106; **J** 25, 42
- Muster **P** 11
- Regelungsschranken **F** 15, 22, 32; **J** 13, 20, 25
- Retention Bonus **G** 85
- Rückzahlungsklauseln, Anwendung **G** 104
- Rückzahlungsklauseln, Grenzen **F** 32; **J** 35
- Rückzahlungsklauseln, Beendigungsgründe **F** 36
- Rückzahlungsklauseln, Transparenz **F** 35
- Ruhen des Arbeitsverhältnisses **J** 29
- Ruhezeiten, Auswirkung von **J** 29
- Start up Unternehmen **K** 110
- Stichtagsregelungen **F** 38; **G** 95
- Stichtagsregelungen, Grenzen **F** 11, 41; **G** 96, 108
- Transparenzkontrolle **F** 47
- Treuegeld **J** 8, 44
- Urlaubsgeld **J** 8
- Vor- und Nachteile **L** 12
- Weihnachtsgratifikation **F** 23
- Widerrufsvorbehalt **J** 39

Betriebsvereinbarung
- Aufhebung **N** 154
- Anwesenheitsprämien **G** 15
- Beendigung **N** 152
- Befristung **N** 152
- Bezugnahme, dynamische **E** 139
- Diskriminierungsverbot **N** 140
- Einigungsstelle **N** 79
- Geltung, unmittelbare und zwingende **N** 120
- Günstigkeitsprinzip **E** 141; **N** 150
- Inhaltskontrolle **N** 142
- Kündigung **N** 156
- Nachwirkung **N** 159
- Normenvertrag **N** 120
- Regelungssperre **N** 133
- Schriftform **N** 127
- Stichtagsregelungen **N** 141
- Tarifvertrag, Vorrang des **N** 51, 133
- Wirkung, normative **N** 120
- Zustandekommen **N** 127

Betriebsvereinbarungsoffenheit **E** 141

Betriebswirtschaftliche Aspekte
- Abschlag **K** 24
- Anreizsteuerung **K** 30
- Bezugsgröße **K** 13, 30
- Bilanzierungshilfen **K** 18
- Bilanzrechtsmodernisierungsgesetz **K** 15

Stichwortverzeichnis

- Bonus **K** 40
- Cash Flow **K** 25, 66, 74, 104
- Earn-Out **K** 36
- EBIT **K** 7, 105
- EBITDA **K** 63, 116
- Economic Value Added (EVA) **K** 107
- Eigenkapitalrentabilität **K** 67
- Einmaleffekt **K** 15, 94
- Entwicklung **K** 7, 92
- Erfolgsabhängige Vergütungen **K** 2
- Ergebnis je Aktie/Anteil **K** 116
- Gesamtkapitalrentabilität **K** 75
- Gesamtkostenverfahren **K** 16
- Gesetzliche Anforderungen Bilanzierung **K** 44
- Gestaffelte Beteiligung **K** 34
- Gewinn- und Verlustrechnung **K** 21
- Grenzen variabler Modelle **K** 33
- HGB-bezogene Kenngrößen **K** 15
- IFRS Bilanzierung **K** 20, 44
- Innovationsrate **K** 99
- Interne Erfolgsrechnung **K** 7
- Internes Rechnungswesen **K** 12
- Jahresergebnis **K** 17
- Key Performance Indicator **K** 27
- Kennzahlen: Beschaffungsbereich/Einkauf **K** 80
- Kennzahlensysteme **K** 10, 50
- Kombination von Kennziffern **K** 30
- Kredit **K** 73
- Krisen **K** 114
- Langfristige Bindung **K** 37, 75
- Laufzeiten **K** 40
- Leverage Effekt **K** 73
- Mess- und Bewertbarkeit **K** 77
- Mitarbeiterzufriedenheit **K** 6
- Negativvereinbarung **K** 6
- Patente **K** 7
- Projekteffizienzquote **K** 97
- Provisionen **K** 90
- Qualitative Kennzahlen **K** 3
- Quantitative Kennzahlen **K** 4, 9
- Rendite **K** 9, 60
- Retrospektiver Bezug **K** 33
- Return on capital employed (ROCE) **K** 105
- Return on Investment (ROI) **K** 100, 110
- Rohergebnisquote **K** 27, 40, 100
- Rückforderung **K** 38
- Segment **K** 12
- Scalesystem **K** 6
- Schätzgrößen **K** 24
- Umsatzerlöse **K** 9, 12
- Umsatzkostenverfahren **K** 15
- Umsatzrentabilität **K** 60, 100
- Unternehmenserfolgsbezogene Kennzahlen **K** 59
- Variable Vergütung **K** 19, 21
- Verschuldungsgrad **K** 120
- Vertriebskosten **K** 90
- Verwaltungskosten **K** 86
- Verwaltungsquote **K** 89
- Vorsichtsprinzip **K** 15
- Zeitraumbezug **K** 8
- Zielvereinbarung **K** 14, 24, 42

Beurkundung
- Notarielle **I** 16, 156, 274

Beurteilungsgrundsätze, allgemeine
- Betriebsrat, Mitbestimmungsrecht **N** 97

Bewertung
- Aktienoptionen **I** 145
- Bei Erwerb **I** 25
  s. Besteuerung
- Geldwerter Vorteil **I** 51
  s. Zufluss

Bewirtungskosten **B** 69

Bezirksprovision **B** 56

Bezugnahme, dynamische
- Ausübungskontrolle **F** 188, 198
- Bezugnahme auf Betriebsvereinbarungen **E** 139
- Bezugnahme auf externe Regelungswerke **E** 134
- Bezugnahme auf einseitige Regelungswerke des Arbeitgebers **E** 136
- Bezugnahme auf Tarifverträge **E** 134
- Billiges Ermessen
- Sonderzahlungen **B** 35
- Zielvorgaben **F** 100
  s. Einseitige Leistungsbestimmung

Bezugsrechtsausschluss
- AG **I** 69, 87
- GmbH **I** 152, 153, 154, 160
- GmbH & Co. KG **I** 193

Bilanzierung
- Bilanzierungshilfen **K** 18
- Bilanzrechtsmodernisierungsgesetz **K** 15
- Gesetzliche Anforderungen **K** 44
- IFRS Bilanzierung **K** 20, 44

Billigkeitskontrolle
- Ausübungskontrolle **F** 188, 198
- Sonderzahlungen **B** 35
- Zielvorgaben **F** 100
  s. Einseitige Leistungsbestimmung

Bindungsklauseln
- Abgrenzung und Leistungszweck **F** 1, 15; **J** 1
- Anspruchsvoraussetzungen **F** 5
- Arbeitnehmerbindung **F** 1; **G** 85, 93, 100; **J** 1
- Arten **G** 91; **J** 8
- Ausschluss- und Kürzungstatbestände **F** 6, 9
- Ausschluss von Leistungen mit Mischcharakter **F** 11; **J** 25, 42
- Bedeutung als Personalführungsinstrument **F** 1, 11; **J** 1
- Begriff **F** 1, 11
- Beendigungstatbestände **F** 36; **J** 28
- Bestandsabhängige Entgeltgestaltung **F** 1; **G** 86
- Betriebstreue, künftige **F** 21; **G** 93, 100; **J** 12, 34

577

Stichwortverzeichnis

- Betriebstreue, vergangene **F** 21; **J** 12, 31
- Bindungsklauseln, Grenzen **F** 15, 22, 32; **G** 96, 108; **J** 13, 20, 25
- Bindungsklauseln **F** 1; **G** 95
- Bindungszeiträume **F** 34, 38; **G** 115; **J** 9
- Bindungszeiträume, vergangenheits- und zukunftsbezogene **J** 12
- Einmalige **J** 37
- Fehlanreize **L** 35
- Flexibilisierung der Anspruchshöhe **F** 26
- Flexibilisierungsmöglichkeiten **F** 26; **J** 41
- Flexibilisierungsspielraum **F** 26; **J** 37
- Freiwilligkeitsvorbehalt **J** 37
- Gestaltung, rechtliche **G** 95; **J** 8
- Grenzen für Bindungsklauseln **F** 15, 22, 32; **J** 13, 20, 25
- Grenzen, quantitative **F** 22, 26; **J** 20
- Höhe des Anspruchs **F** 22; **G** 106; **J** 41
- Jubiläumszahlung **J** 12
- Klarstellung des Leistungszwecks **F** 5; **J** 10
- Kombination der Leistungszwecke **F** 11
- Langfristige Bindung **K** 37, 75
- Leistungszweck **F** 5; **G** 93; **J** 10
- Kündigungsfrist **F** 41; **G** 95; **J** 17
- Leistungen, einmalige **J** 37
- Leistungsbestimmungsrecht, einseitiges **F** 100
- Mischcharakter, Leistungen mit **F** 11; **G** 99, 106; **J** 25, 42
- Muster **P** 11
- Regelungsschranken **F** 15, 22, 32; **J** 13, 20, 25
- Retention Bonus **G** 85
- Rückzahlungsklauseln, Anwendung **G** 104
- Rückzahlungsklauseln, Grenzen **F** 32; **J** 35
- Rückzahlungsklauseln, Beendigungsgründe **F** 36
- Rückzahlungsklauseln, Transparenz **F** 35
- Ruhen des Arbeitsverhältnisses **J** 29
- Ruhezeiten, Auswirkung von **J** 29
- Stichtagsregelungen **F** 38; **G** 95
- Stichtagsregelungen, Grenzen **F** 11, 41; **G** 96, 108
- Transparenzkontrolle **F** 47
- Treuegeld **J** 8, 44
- Urlaubsgeld **J** 8
- Vor- und Nachteile **L** 12
- Weihnachtsgratifikation **F** 23
- Widerrufsvorbehalt **J** 39

Bindungswirkung
s. Bindungsklauseln

Bonus
- Betriebswirtschaftliche Aspekte **K** 40

Bonuszahlungen
- Anknüpfungspunkte der Erfolgskomponente **F** 38, 49, 56, 59; **G** 5, 13
- Anpassung im laufenden Bezugszeitraum **F** 119
- Anpassung von Zielvereinbarungen **F** 126
- Anpassung von Zielvorgaben **F** 123
- Anpassungsanspruch **F** 121
- Anwesenheitsprämie **G** 1
- Arbeitnehmerbindung für den Bezugszeitraum **F** 73; **G** 87
- Arbeitsunfähigkeit, Kürzungsmöglichkeiten **F** 160, 164, 171; **G** 23, 35, 55
- Banken, Besonderheiten für **F** 223
- Bedeutung als Personalführungsinstrument **J** 98
- Berücksichtigung von Abwesenheitszeiten, Gestaltungsmöglichkeiten **F** 160; **G** 5
- Berücksichtigung von Abwesenheitszeiten, Grenzen **F** 164, 171, 185; **G** 35
- Betriebliche Übung **G** 19
- Betriebswirtschaftliche Aspekte **K** 1
- Bezugszeitraum, Bedeutung **F** 67, 73, 78; **J** 147
- Bezugszeitraum, Grenzen **F** 73, 78; **J** 147
- Bindungswirkung **F** 73, 76; **G** 93
- Direktionsrecht, Grenzen **F** 96
- Diskriminierungsverbot **F** 182
- Elternzeit **F** 178; **G** 21
- Erholungsurlaub **F** 183; **G** 32, 70
- Entgelttransparenz **O** 35
- Entgeltvereinbarung, Grundsätze der freien **F** 89; **J** 125
- Erreichbarkeit der Ziele **F** 88, 95
- Erscheinungsformen **F** 49; **G** 1
- Festsetzung nach Zielen **B** 36; **G** 7, 9
- Festsetzung, ermessensabhängige **F** 188
  s. Einseitige Leistungsbestimmungsrechte
- Freiwilligkeitsvorbehalt **E** 21; **G** 19
- Gestaltung **G** 5; **J** 122
- Gleichbehandlungsgrundsatz **G** 15, 18
- Grundsätze der freien Entgeltvereinbarung **F** 89
- Initiativpflicht von Arbeitnehmern **F** 152
- Kurzarbeit **F** 184; **G** 75
- Laufzeiten **K** 40
- Leistungssystem, arbeitsvertraglich festgeschriebenes **F** 82
- Leistungssystem, dauerhaftes **F** 82
- Mutterschutz **F** 182; **G** 32, 69
- Pflegezeit **F** 178; **G** 21
- Retention Bonus **G** 85
- Ruhen des Arbeitsverhältnisses **F** 178; **G** 21
- Schadensersatzanspruch **F** 145, 155
- Stichtagsregelungen **F** 11; **G** 28, 95
- Transparenzkontrolle **F** 94, 98
- Versicherungen, Besonderheiten für **F** 223
- Wehrdienst **F** 178
- Zielfestlegung **F** 100
- Zielfestlegung, Zeitpunkt **F** 116
- Ziele, gruppenerfolgsbezogene **B** 40; **G** 7; **J** 104, 110
- Ziele, individualerfolgsbezogene **B** 38; **G** 6; **J** 98, 107
- Ziele, unternehmens-, konzern- und spartenerfolgsbezogene **B** 43; **J** 106
- Zielvereinbarungen **F** 89

Stichwortverzeichnis

- Zielvereinbarungen, Rechtsfolgen unterbliebener bzw. fehlerhafter **F** 142, 145
- Zielvorgaben **F** 100
- Zielvorgaben, Rechtsfolgen unterbliebener bzw. fehlerhafter **F** 137, 145
- Zusage, konkludente **E** 4, 64, 70, 77

Bonuszusage
- ~, konkludente **E** 4, 64, 70, 77

Bruchteilsbetrachtung **I** 229

Cap
s. Höchstgrenze

Cliff Periode
- Aktien **I** 90, 112
- Allgemein **I** 81
- Beteiligungsgesellschaft **I** 3

Darlehen
- Darlehensfinanzierung **I** 25
- ~ vom Unternehmen **I** 28, 40
- ~ von Dritten **I** 36, 40
- Fremdvergleich **I** 40
  s. Mitarbeiterdarlehen
- Rechtl. Anforderungen **I** 31
- Sicherheiten **I** 35, 36, 38
- Zins- und Rückzahlungsplan **I** 34, 40

Datenauswertung, automatische
- Betriebsrat, Mitbestimmungsrecht **N** 91

Dienstwagen
- Privatnutzung, Widerrufsvorbehalt **E** 124

Direktbeteiligung
s. Beteiligung, Direktbeteiligung

Direktionsrecht
- Auswirkungen und Grenzen **E** 94, 149, 153; **F** 96
- Bedeutung bei wirtschaftlichen Zielen **F** 96, 107
- Grenzen bei tätigkeitsbezogenen Zielen **F** 96, 104
- Zielvereinbarungen **F** 96
- Zielvorgaben **F** 104, 107

Diskriminierung
s. Entgelttransparenz

Diskriminierungsverbot **D** 82; **N** 140; **O** 5, 35

Dividende **I** 13, 136, 137, 138, 284, 340

Doppelprovisionierung **B** 62

Dotierungsentscheidung
- Mitbestimmungsrecht des Betriebsrates **N** 50, 59, 63

Dotierungsfreiheit **N** 50, 59, 63

Drag Along **I** 120

Earn-Out
s. virtuelle Beteiligung

EBIT, EBITDA **K** 7, 63

Eigene Anteile
s. Aktiengesellschaft

s. GmbH
- Treuhandmodelle, Verfahren bei Beendigung des Arbeitsverhältnisses **I** 250

Eingruppierung
- Besondere Fälle **H** 31
- Eingruppierungsprozess **H** 14, 178
- Grundlagen **H** 4

Einigungsstelle **N** 79
- Prüfungsmaßstab des Arbeitsgerichts **N** 81
- Person des Vorsitzenden, Windhundprinzip **N** 83
- Zuständigkeit **N** 79

Einkünfte aus Kapitalvermögen
s. Kapitaleinkünfte

Einlagen
- Genussrechte **I** 386
- Hafteinlage **I** 194, 198
  s. Kapitalerhöhung, GmbH
- Personengesellschaft **I** 219
- Stille Beteiligung **I** 358
- Unterbeteiligung **I** 378
- Virtuelle Beteiligung **I** 322

Einmalzahlungen
s. Sonderzahlungen

Einseitige Leistungsbestimmung
- Abgrenzung zu Zielvorgaben **F** 191
- Anknüpfungspunkte **F** 201
- Ausübungskontrolle **F** 198
- Bonuspools **F** 204
- Darlegungs- und Beweislast **F** 197, 208
- Leistungsbestimmung dem Grunde nach **F** 188
- Leistungsbestimmung der Höhe nach **F** 188
- Rechtliche Grenzen **F** 193
- Inhaltskontrolle der Rahmenregelung **F** 193
- Transparenzkontrolle der Rahmenregelung **F** 195
- Vorbehalt **F** 188

Einziehung
- Von Anteilen **I** 37
- ~ Aktiengesellschaft **I** 111
- ~ Beteiligungsgesellschaft **I** 294, 305
- ~ GmbH **I** 176, 180
- ~ Personengesellschaft **I** 201

Elternzeit **F** 178; **J** 29
- Berücksichtigung bei erfolgsabhängigen Entgeltbestandteilen **F** 178; **G** 21
- Berücksichtigung bei bestandsabhängigen Entgeltbestandteilen **J** 29

Entgelt
- Befristung **E** 82
- Einmalzahlungen **E** 1, 28
- Entgelttransparenz **O** 6
- Grundvergütung **D** 1
- Mindestlohn **C** 1
- Flexibilisierung **E** 1, 28, 82, 110, 134, 154; **F** 1, 48
- Sachleistungen **B** 65; **C** 81; **O** 10
  s. Tarifvertrag TVöD-VKA

Stichwortverzeichnis

- Zulagen **B** 9; **E** 154; **G** 2
Entgeltbenachteiligung
- Mittelbar **O** 3
- Unmittelbar **O** 16
- Vermeidung von Entgeltbenachteiligung **O** 35
- Wegen des Geschlechts **O** 5
Entgeltbestandteile
- Befristung **E** 82
- Einmalzahlungen **E** 1, 28; **G** 5
- Entgelttransparenz **O** 6, 12
- Flexibilisierung **E** 1, 28, 82, 110, 134, 154; **F** 1, 48
- Grundvergütung **D** 1
- Mindestlohn **C** 1
- Sachleistungen **B** 65; **C** 81; **O** 10
 s. Tarifvertrag TVöD-VKA
- Zulagen **B** 9; **E** 154; **G** 1
Entgeltbestandteile, anlassbezogene
- Bedeutung als Personalführungsinstrument **J** 1
- Stichtags- und Rückzahlungsklauseln **F** 11, 32, 41; **G** 28, 95, 104; **J** 35
- Urlaubsgeld **J** 8
- Weihnachtsgeld **J** 8
- Zahlungen mit Gratifikationscharakter **F** 1; **J** 1
Entgeltbestandteile, befristete
- Abgrenzung zu Einmalleistungen **E** 82
- Grenzen, rechtliche **E** 85
- Gründe, sachliche **E** 86, 94
- Transparenzkontrolle **E** 106
Entgeltbestandteile, bestandsabhängige
- Abgrenzung und Leistungszweck **F** 1, 15; **J** 1
- Anspruchsvoraussetzungen **F** 5
- Arbeitnehmerbindung **F** 1; **J** 1
- Arten **J** 8
- Ausschluss- und Kürzungstatbestände **F** 6, 9
- Ausschluss von Leistungen mit Mischcharakter **F** 11; **J** 25, 42
- Bedeutung als Personalführungsinstrument **F** 1, 11; **J** 1
- Begriff **F** 1, 11
- Beendigungstatbestände **F** 36; **J** 28
- Bestandsabhängige Entgeltgestaltung **F** 1; **G** 86
- Betriebstreue, künftige **F** 21; **G** 93, 100; **J** 12, 34
- Betriebstreue, vergangene **F** 21; **J** 12, 31
- Bindungsklauseln, Grenzen **F** 15, 22, 32; **G** 95, 108; **J** 13, 20, 25
- Bindungsklauseln **F** 1; **G** 95
- Bindungszeiträume **F** 34, 38; **J** 9
- Bindungszeiträume, vergangenheits- und zukunftsbezogene **J** 12
- Einmalige **J** 37
- Entgelttransparenz **O** 9, 12
- Fehlanreize **L** 35
- Flexibilisierung der Anspruchshöhe **F** 26
- Flexibilisierungsmöglichkeiten **F** 26; **J** 41
- Flexibilisierungsspielraum **F** 26; **J** 37

- Freiwilligkeitsvorbehalt **J** 37
- Gestaltung, rechtliche **G** 95; **J** 8
- Grenzen für Bindungsklauseln **F** 15, 22, 32; **J** 13, 20, 25
- Grenzen, quantitative **F** 22, 26; **J** 20
- Höhe des Anspruchs **F** 22; **G** 106; **J** 41
- Jubiläumszahlung **J** 12
- Klarstellung des Leistungszwecks **F** 5; **J** 10
- Kombination der Leistungszwecke **F** 11
- Leistungszweck **F** 5; **G** 93; **J** 10
- Kündigungsfrist **F** 41; **J** 17
- Leistungen, einmalige **J** 37
- Leistungsbestimmungsrecht, einseitiges **F** 100
- Mischcharakter, Leistungen mit **F** 11; **G** 99, 106; **J** 25, 42
- Muster **P** 11
- Regelungsschranken **F** 15, 22, 32; **J** 13, 20, 25
- Retention Bonus **G** 85
- Rückzahlungsklauseln, Anwendung **G** 104
- Rückzahlungsklauseln, Grenzen **F** 32; **J** 35
- Rückzahlungsklauseln, Beendigungsgründe **F** 36
- Rückzahlungsklauseln, Transparenz **F** 35
- Ruhen des Arbeitsverhältnisses **J** 29
- Ruhezeiten, Auswirkung von **J** 29
- Stichtagsregelungen **F** 38; **G** 95
- Stichtagsregelungen, Grenzen **F** 11, 41; **G** 96, 108
- Transparenzkontrolle **F** 47
- Treuegeld **J** 8, 44
- Urlaubsgeld **J** 8
- Vor- und Nachteile **L** 12
- Weihnachtsgratifikation **F** 23
- Widerrufsvorbehalt **J** 39
Entgeltbestandteile, erfolgsabhängige
- Anknüpfungspunkte der Erfolgskomponente **F** 38, 49, 56, 59; **G** 5
- Anpassung im laufenden Bezugszeitraum **F** 119
- Anpassung von Zielvereinbarungen **F** 126
- Anpassung von Zielvorgaben **F** 123
- Anpassungsanspruch **F** 121
- Arbeitnehmerbindung für den Bezugszeitraum **F** 73
- Arbeitsunfähigkeit, Kürzungsmöglichkeiten **F** 160, 164, 171; **G** 35
- Banken, Besonderheiten für **F** 223
- Bedeutung als Personalführungsinstrument **J** 98
- Berücksichtigung von Abwesenheitszeiten, Gestaltungsmöglichkeiten **F** 160; **G** 23, 35
- Berücksichtigung von Abwesenheitszeiten, Grenzen **F** 164, 171, 185; **G** 35
- Betriebliche Übung **G** 19
- Betriebsvereinbarung **G** 15
- Betriebsverfassungsrechtlicher Gleichbehandlungsgrundsatz **G** 15
- Betriebswirtschaftliche Aspekte **K** 1
- Bezugszeitraum, Bedeutung **F** 67, 73, 78; **J** 147

Stichwortverzeichnis

- Bezugszeitraum, Grenzen F 73, 78; J 147
- Bindungswirkung F 73, 76
- Direktionsrecht, Grenzen F 96
- Diskriminierungsverbot F 182
- Earn-Out K 36
- Elternzeit F 178; G 21
- Erholungsurlaub F 183; G 32, 70
- Entgeltbenachteiligung, Vermeidung von O 35
- Entgeltvereinbarung, Grundsätze der freien F 89; J 125
- Erreichbarkeit der Ziele F 88, 95
- Erscheinungsformen F 49
- Festsetzung nach Zielen B 36; G 6 ff.
- Festsetzung, ermessensabhängige F 188
  s. *Einseitige Leistungsbestimmungsrechte*
- Freiwilligkeitsvorbehalt E 21; G 19
- Gestaffelte Beteiligung K 34
- Gestaltung J 122
- Grenzen variabler Modelle K 33
- Grundsätze der freien Entgeltvereinbarung F 89
- Initiativpflicht von Arbeitnehmern F 152
- Key Performance Indicator K 27
- Kurzarbeit F 184; G 75
- Leistungssystem, arbeitsvertraglich festgeschriebenes F 82; G 14, 17
- Leistungssystem, dauerhaftes F 82
- Mitbestimmungsrecht des Betriebsrates G 17, 81
- Mutterschutz F 182; G 32
- Pflegezeit F 178; G 32
- Rückforderung K 38
- Ruhen des Arbeitsverhältnisses F 178; G 21
- Schadensersatzanspruch F 145, 155
- Stichtagsregelungen F 11; G 28
- Transparenzkontrolle F 94, 98
- Versicherungen, Besonderheiten für F 223
- Wehrdienst F 178
- Zielfestlegung F 100
- Zielfestlegung, Zeitpunkt F 116; G 5
- Ziele, gruppenerfolgsbezogene B 40; G 7, 9; J 104, 110
- Ziele, individualerfolgsbezogene B 38; G 6; J 98, 107
- Ziele, unternehmens-, konzern- und spartenerfolgsbezogene B 43; J 106
- Zielvereinbarungen F 89; K 27, 42
- Zielvereinbarungen, Rechtsfolgen unterbliebener bzw. fehlerhafter F 142, 145
- Zielvorgaben F 100
- Zielvorgaben, Rechtsfolgen unterbliebener bzw. fehlerhafter F 137, 145

Entgeltbestandteile, freiwillige E 1
- Anspruchsbegründung E 4, 7; G 5, 23
- Betriebliche Übung E 4, 55; G 19
- Entgelt, laufendes E 9, 15, 21; G 38
- Freiwilligkeitsvorbehalt, Anspruchsgrund E 42; G 19
- Freiwilligkeitsvorbehalt, Anspruchshöhe E 49

- Freiwilligkeitsvorbehalt, Erklärung E 54
- Freiwilligkeitsvorbehalt, Reichweite E 34
- Gleichbehandlungsgrundsatz G 15, 18
- Leistungen, einmalige E 25
- Leistungen, wiederkehrende E 29
- Totalvorbehalt E 34
  s. *Freiwilligkeitsvorbehalt*

Entgeltbestandteile, variable
- Anwesenheitsprämie G 1
- Befristung E 82, 85, 94, 106
- Betriebstreueleistungen F 1; G 86; J 1
- Betriebswirtschaftliche Aspekte K 19, 21
- Direktionsrecht, Auswirkungen der Ausübung E 94, 149, 153; F 96
- Einmalige Festsetzung B 46
- Flexibilisierung E 1, 28, 82, 110, 134, 154; F 1, 48
- Freiwilligkeitsvorbehalte E 21, 42; G 19
- Gleichbehandlungsgrundsatz G 15, 18; O 5, 35
- Grenzen variabler Modelle K 33
- Leistungssysteme, dauerhafte B 50; F 82
- Ziele B 36; K 2, 19
- Vor- und Nachteile L 1

Entgelterhöhung D 9; M 28

Entgeltgestaltung
- Banken und Versicherungen F 223
- Befristung E 82
- Betriebswirtschaftliche Aspekte K 1
- Einmalzahlungen E 1, 28; G 5
- Entgelttransparenz O 6, 12
- Flexibilisierung E 1, 28, 82, 110, 134, 154; F 1, 48
- Grundvergütung D 1
- Mindestlohn C 1
- Sachleistungen B 65; C 81; O 10
  s. *Tarifvertrag TVöD-VKA*
- Zulagen B 9; E 154; G 1

Entgeltgestaltung, Betriebsverfassung
- Mitbestimmungsrecht des Betriebsrates N 11

Entgeltgrundsätze
  s. *Entgelttransparenz*
- Mitbestimmungsrecht des Betriebsrates
- Betriebsverfassungsrechtliche D 100; N 32
- Tarifliche D 93

Entgeltgruppen, Bildung von D 3

Entgeltsysteme, erfolgsabhängige
- Anknüpfungspunkte der Erfolgskomponente F 38, 49, 56, 59; G 5
- Anpassung im laufenden Bezugszeitraum F 119
- Anpassung von Zielvereinbarungen F 126
- Anpassung von Zielvorgaben F 123
- Anpassungsanspruch F 121
- Arbeitnehmerbindung für den Bezugszeitraum F 73
- Arbeitsunfähigkeit, Kürzungsmöglichkeiten F 160, 164, 171; G 35
- Banken, Besonderheiten für F 223

Stichwortverzeichnis

- Bedeutung als Personalführungsinstrument **J** 98
- Benachteiligungsfreie Schaffung **O** 32
- Berücksichtigung von Abwesenheitszeiten, Gestaltungsmöglichkeiten **F** 160; **G** 23
- Berücksichtigung von Abwesenheitszeiten, Grenzen **F** 164, 171, 185; **G** 35
- Betriebliche Übung **G** 19
- Betriebsvereinbarung **G** 15
- Betriebsverfassungsrechtlicher Gleichbehandlungsgrundsatz **G** 15
- Betriebswirtschaftliche Aspekte **K** 1
- Bezugszeitraum, Bedeutung **F** 67, 73, 78; **J** 147
- Bezugszeitraum, Grenzen **F** 73, 78; **J** 147
- Bindungswirkung **F** 73, 76
- Direktionsrecht, Grenzen **F** 96
- Diskriminierungsverbot **F** 182
- Earn-Out **K** 36
- Elternzeit **F** 178; **G** 21
- Erholungsurlaub **F** 183; **G** 32, 70
- Entgeltbenachteiligung, Vermeidung von **O** 32, 35
- Entgeltvereinbarung, Grundsätze der freien **F** 89; **J** 125
- Erreichbarkeit der Ziele **F** 88, 95
- Erscheinungsformen **F** 49
- Festsetzung nach Zielen **B** 36; **G** 6 ff.
- Festsetzung, ermessensabhängige **F** 188 s. *Einseitige Leistungsbestimmungsrechte*
- Freiwilligkeitsvorbehalt **E** 21; **G** 19
- Gestaffelte Beteiligung **K** 34
- Gestaltung **J** 122
- Grenzen variabler Modelle **K** 33
- Grundsätze der freien Entgeltvereinbarung **F** 89
- Initiativpflicht von Arbeitnehmern **F** 152
- Key Performance Indicator **K** 27
- Kurzarbeit **F** 184; **G** 75
- Leistungssystem, arbeitsvertraglich festgeschriebenes **F** 82; **G** 14, 17
- Leistungssystem, dauerhaftes **F** 82
- Mitbestimmungsrecht des Betriebsrates **G** 17, 81
- Mutterschutz **F** 182; **G** 32
- Pflegezeit **F** 178; **G** 32
- Privilegierte **O** 39
- Rückforderung **K** 38
- Ruhen des Arbeitsverhältnisses **F** 178; **G** 21
- Schadensersatzanspruch **F** 145, 155
- Stichtagsregelungen **F** 11; **G** 28
- Transparenzkontrolle **F** 94, 98
- Versicherungen, Besonderheiten für **F** 223
- Wehrdienst **F** 178
- Zielfestlegung **F** 100
- Zielfestlegung, Zeitpunkt **F** 116; **G** 5
- Ziele, gruppenerfolgsbezogene **B** 40; **G** 7, 9; **J** 104, 110
- Ziele, individualerfolgsbezogene **B** 38; **G** 6; **J** 98, 107
- Ziele, unternehmens-, konzern- und spartenerfolgsbezogene **B** 43; **J** 106
- Zielvereinbarungen **F** 89; **K** 24, 42
- Zielvereinbarungen, Rechtsfolgen unterbliebener bzw. fehlerhafter **F** 142, 145
- Zielvorgaben **F** 100
- Zielvorgaben, Rechtsfolgen unterbliebener bzw. fehlerhafter **F** 137, 145

Entgeltsysteme, Grundvergütung
- Bedeutung **D** 3
- Betriebsverfassung **D** 100
- Abwesenheitszeiten **D** 57, 59
- Arbeitsvorgang **D** 32; **H** 16
- Benachteiligungsfreie Schaffung **O** 32
- Berufserfahrung **D** 54
- Eingruppierungsmerkmale **D** 26; **H** 4, 14
- Elternzeit **D** 57, 59
- Entgelttransparenz **O** 1
- Entgeltautomatik **D** 16; **H** 3
- Entgeltstufen **D** 53
- Gewichtung von Eingruppierungsmerkmalen **D** 29
- Höhergruppierung **H** 32, 49
- Korrigierende Rückgruppierung **D** 19
- Lebensalter **D** 54
- Privilegierte **O** 39
- Referenzzeitraum **D** 46
- Stellvertretung **D** 62
- Tätigkeitsbeispiele **D** 37
- Tarifvertrag **D** 93
- Vorübergehende Tätigkeiten **D** 62
- Zeitraum, für Eingruppierung **D** 46
- Zusammenhangtätigkeiten **D** 32

Entgeltsysteme, variable
- Anreize und Fehlanreize **L** 1, 35; **K** 30
- Arbeitnehmergruppen **L** 30; **M** 2, 8, 10
- Bedeutung als Personalführungsinstrument **B** 9, 17, 24, 28, 46; **F** 1, 48; **J** 1, 49, 98
- Befristung **E** 82
- Benachteiligungsfreie Schaffung **O** 32
- Betriebstreueleistungen **F** 1; **G** 86; **J** 1
- Betriebswirtschaftliche Aspekte **K** 19, 21; **L** 1
- Einführung und Umsetzung **J** 1; **M** 1
- Entscheidungsprozesse **M** 1
- Freiwilligkeitsvorbehalt **E** 1
- Gestaltungsmöglichkeiten **J** 1, 49, 68
- Gleichbehandlung in der Reihe **D** 82; **M** 22
- Gleichbehandlung in der Zeit **D** 11; **M** 24
- Gleichbehandlungsgrundsatz **D** 85; **G** 15, 18
- Grenzen variabler Modelle **K** 33
- Leistungen, dauerhafte **J** 39, F
- Leistungen, einmalige **J** 37, 75
- Personalentwicklungsbezogene Aspekte **L** 18
- Privilegierte **O** 39
- Tantieme **F** 49; **J** 49
- Vor- und Nachteile **L** 1
- Widerrufsrecht **E** 110; **J** 37, 75
- Zielkomponenten **F** 59; **K** 1, 19
- Zielvereinbarungssysteme **F** 48; **J** 98

Stichwortverzeichnis

Entgelttransparenz
- Arbeit, gleiche O 23
- Arbeit, gleichwertige O 24
- Auskunftsanspruch, individueller O 45
- Berichtspflichten O 65
- Betriebsrat, Beteiligung O 47, 61
- Einführung O 1
- Entgeltbegriff O 6
- Entgeltbenachteiligung, mittelbare O 3, 18
- Entgeltbenachteiligung, unmittelbare O 16
- Entgeltbenachteiligung, Vermeidung von O 35
- Entgeltbenachteiligung wegen des Geschlechts O 5
- Entgeltbestandteile, Barleistungen O 9
- Entgeltbestandteile, mittelbare Vergütungen O 12
- Entgeltbestandteile, Sachleistungen O 10
- Entgeltlücke O 2
- Entgeltsystem, Begriff O 33
- Entgeltsysteme, privilegierte O 39
- Entgeltsysteme, Schaffung benachteiligungsfreier O 32
- Genfer Schema O 25
- Maßnahmen, gesetzliche O 42
- Positivmaßnahmen O 31
- Prüfverfahren, Anwendungsbereich O 51
- Prüfverfahren, Bestandsaufnahme O 56
- Prüfverfahren, Analyse O 57
- Prüfverfahren, Mitbestimmung O 47, 61
- Prüfverfahren, Ergebnismitteilung O 63
- Prüfverfahren, Inhalte O 54
- Rechtfertigung unterschiedlicher Bezahlung O 29

Entgeltvereinbarung
- Freie Entgeltvereinbarung F 89; J 125
- Gleichbehandlungsgrundsatz D 6, 85
- Individuelle, Mitbestimmung Betriebsrat N 13
- Transparenzkontrolle F 89; J 125

Erfolgsvergütung
s. Entgeltsysteme, erfolgsabhängige
- Virtuelle Beteiligung I 308

Exit
- Begriff I 34
- Genussrechte I 387
- Optionen GmbH I 169
- Partiarisches Darlehen I 352
- Stille Beteiligung I 358
- Virtuelle Beteiligung I 310, 314
- ~ Exiterlös I 319
- ~ rechtliche Ausgestaltung I 332
- ~ steuerliche Aspekte I 341
- ~ Verwässerung I 322

Fehlanreize L 1, 35
Finanzierung
- ~ Direktbeteiligung I 13
  s. Darlehen
  s. Gewährung

Flexibilisierungsinstrumente
- Anreize und Fehlanreize K 30; L 1, 35
- Arbeitnehmergruppen L 30; M 2, 8, 10
- Bedeutung als Personalführungsinstrument B 9, 17, 24, 28, 46; F 1, 48; J 1, 49, 98
- Befristung E 82
- Betriebstreueleistungen F 1; G 93; J 1
- Betriebswirtschaftliche Aspekte L 1; K 1
- Einführung und Umsetzung J 1; M 1
- Entscheidungsprozesse M 1
- Freiwilligkeitsvorbehalt E 1
- Gestaltungsmöglichkeiten J 1, 49, 68
- Gleichbehandlung in der Reihe D 82; M 22
- Gleichbehandlung in der Zeit D 11; M 24
- Gleichbehandlungsgrundsatz D 85
- Leistungen, dauerhafte J 39, 78
- Leistungen, einmalige J 37, 75
- Personalentwicklungsbezogene Aspekte L 18
- Tantieme F 49; J 49
- Vor- und Nachteile L 1
- Widerrufsrecht E 110; J 37, 75
- Zielkomponenten F 59
- Zielvereinbarungssysteme F 48; J 98

Freiwilligkeitsvorbehalt E 1
- Begriff E 9
- Ausschluss zukünftiger Rechtsansprüche E 1
- Betriebliche Übung E 4, 55; G 19
- Betriebstreueleistungen, einmalige E 9; G 93; J 37
- Dem Grunde nach E 42; G 19
- Der Höhe nach E 49
- Erfolgsabhängige Leistungen E 15; J 75
- Einmalige Leistungen Begriff E 25
- Entgelt, laufendes E 9; G 38
- Erklärung E 54, 72
- Formulierung E 62, 72
- Gleichbehandlungsgrundsatz E 46; G 11, 15
- Individualabrede E 64, 67
- Individualvereinbarung E 7
- Konkretheit E 62, 72
- Leistungen, einmalige E 9, 25
- Leistungen mit kollektivem Bezug E 5; G 7
- Leistungen, wiederkehrende E 29
- Muster P 5
- Pauschaler E 62
- Reichweite E 34
- Sonderzahlungen E 9, 15, 21, 27; G 19
- Synallagma E 9
- Tantieme E 21; J 75
- Totalvorbehalt E 34
- Transparenzgebot E 37
- Widersprüchlichkeit E 38
- Zusageformen, sonstige individuelle E 70

Fremdkapital
- Grundlagen I 343
  s. Darlehen

Garantietantieme
- Begriff B 26

583

Stichwortverzeichnis

– Besonderheiten bei Banken **F** 233
GbR
s. Personengesellschaften
Gegenseitigkeitsverhältnis
s. Synallagma
Geldwerter Vorteil
s. Gewährung unter Marktpreis
s. Bewertung
– ~ Haltefrist **I** 131
– Zufluss **I** 50
Genussrechte
– Rechtliche Ausgestaltung **I** 386
– Stl. Aspekte **I** 389
Gesamtvergütung, freiwillige
– Mitbestimmungsrecht des Betriebsrates **N** 63
Gesamtzusage **E** 6
Geschäftsanteile
s. Anteile
Gewährung
– Anteilen, stl. Aspekte **I** 128
– Unter Marktpreis **I** 39
– Unter Marktpreis, stl. Aspekte **I** 45
– Kommanditanteile **I** 196
Gewerbesteuer
– Atypisch stille Beteiligung **I** 373
– Hinzurechnung **I** 347, 354, 369, 392
– Kapitalgesellschaft **I** 282
– Personengesellschaft **I** 216
– ~ Gesellschaftsvertrag **I** 226
– ~ Veräußerungsgewinn **I** 225
Gewinn
– Gewinn- und Verlustrechnung **K** 21
Gleichbehandlungsgrundsatz **D** 85
– Anwesenheitsprämien **G** 15, 18, 20
– Entgeltbenachteiligung, Vermeidung von **O** 32, 35
– ~ bei Freiwilligkeitsvorbehalten **E** 46
– Arbeitsentgelt **D** 6, 85
– Gleichbehandlung in der Reihe **D** 82; **M** 22
– Gleichbehandlung in der Zeit **D** 11; **M** 24
GmbH
s. Abfindung
– Eigene Anteile **I** 171
s. Kapitalerhöhung
s. Mitarbeiterbeteiligung, Beendigung des Arbeitsverhältnisses
– Option auf GmbH-Anteil **I** 165
– Rückübertragungsverpflichtung **I** 174
– Stl. Aspekte **I** 185
– Verkauf von GmbH-Anteilen **I** 170
GmbH & Co. KG
– Beteiligung **I** 187
s. Gewährung
– ~ gewerbl. Personengesellschaft **I** 212
s. Kapitalerhöhung
– Optionsvereinbarung **I** 200
– Stl. Aspekte **I** 204
– ~ vermögensverwaltende Personengesellschaft **I** 227

Good Leaver
s. Leaver-Schemes
Gratifikation
s. Sonderzahlung
Grundvergütung
– Abgrenzung Ehrenamt **B** 1
– Akkordlohn **B** 6
– Abwesenheitszeiten **D** 57, 59; **G** 6
– Arbeitsvorgang **D** 32
– Bedeutung **B** 3; **D** 1
– Berufserfahrung **D** 54
– Berufsbild **D** 7
– Ecklohn **D** 69
– Eingruppierung Entgeltsystem **D** 3, 72
– Eingruppierung TVöD-VKA **H** 14, 178
– Eingruppierungsmerkmale **D** 26
– Elternzeit **D** 57, 59
– Entgelttransparenz **O** 6 ff.
– Entgeltautomatik **D** 16; **H** 3
– Entgeltstufen **D** 53
– Gewichtung von Eingruppierungsmerkmalen **D** 29; **H** 4
– Höhergruppierung **H** 32, 49
– Korrigierende Rückgruppierung **D** 19
– Lebensalter **D** 54
– Referenzzeitraum **D** 46
– Stellvertretung **D** 62
– Tätigkeitsbeispiele **D** 37
– Entgeltentwicklung **D** 9
– Entgeltvereinbarung, freie **D** 5
– Prämienlohn **B** 6; **G** 2, 85
– Privatautonomie **D** 5
– Umgruppierung **D** 72
– Vertragsfreiheit **D** 5
– Vorübergehende Tätigkeiten **D** 62
– Zeitraum, für Eingruppierung **D** 46
– Zusammenhangtätigkeiten **D** 32
– Zweck **B** 3
Günstigkeitsprinzip
– Betriebsvereinbarung **E** 141; **N** 150
– Eingruppierung, Mitteilung über **D** 73

Haftung
s. Einlage, Hafteinlage
– Gewährung Kommanditanteil **I** 198
– Personengesellschaft **I** 235
Haltefrist
s. Aktienoptionen
s. Geldwerten Vorteil, Zufluss
– Gewährung Aktien **I** 73
Halteprämie
s. Retention Bonus

Indirekte Beteiligung
s. Beteiligung
Individualarbeitsrecht
– Flexibilisierungsinstrumente **E** 1
Informationsrechte
– Betriebsrat **N** 1

Stichwortverzeichnis

- Individuelle O 45
Inhaltskontrolle
- Arbeitsvertrag E 10, 86, 112, 137, 142; J 11
- Betriebsvereinbarung, Rechtskontrolle N 142
- Leistungsbestimmungsrecht, Billigkeitskontrolle F 100, 188, 198
- Stichtagsregelungen J 11, 38
- Rückzahlungsklauseln J 11, 33
- Widerrufsvorbehalt E 112

Jahresabschlusszahlung J 8
Jubiläumszahlung
- Betriebstreueleistung G 93; J 8, 12
- Staffelungsdichte J 12

Kapitaleinkünfte
- Kapitalgesellschaft
- ~ Direktbeteiligung I 42
- ~ Genussrechte I 391, 393
- ~ Laufende Bezüge I 137
- ~ Unterbeteiligung I 384
- ~ Veräußerungsgewinn I 140

Kapitalerhöhung
- AG, Hauptversammlung I 65, 98
  s. Aktienoption
- Bedingtes Kapital I 75, 101
- Börsennotierte AG I 65
- Genehmigtes Kapital, AG I 66, 100
- Genehmigtes Kapital, GmbH I 159
- GmbH I 151
- GmbH & Co. KG I 192
- Nicht börsennotierte AG I 98
- Stl. Aspekte I 122
- Verwässerung I 125

Kapitalgesellschaft
  s. Aktiengesellschaft
  s. Beteiligungsgesellschaft
  s. GmbH
  s. Treuhandmodelle

Kennzahlen
- Beschaffungsbereich/Einkauf K 80
- Kennzahlensysteme K 10, 50
- Kombination von Kennziffern K 30
- Qualitative K 3
- Quantitative K 4, 9
- Unternehmenserfolgsbezogene Kennzahlen K 56

Kommanditgesellschaft (KG)
  s. GmbH & Co. KG
  s. Personengesellschaft

Kilometergeld B 69
Kostenneutralität B 78
Kündigung
- ~ des Arbeitnehmers F 1; J 9
- Betriebsvereinbarung N 156
- Halteprämie G 95, 102
  s. Mitarbeiterbeteiligung, Beendigung des Arbeitsverhältnisses
- Regelungsabrede N 118

- Rückzahlungsklausel F 36; G 89, 104
Kündigungsfristen F 41; J 117
Kurzarbeit
- Sonderzahlungen F 184; G 75
Kurzarbeit Null F 184
Kürzungsmöglichkeit
- Sonderzahlungen F 178; G 35
Kürzungsvereinbarung
- Ruhen des Arbeitsverhältnisses F 178
KWG
- Erlaubnispflicht I 32, 346

Leaver-Scheme/Leaver-Regelung
  . Abfindung
- Bad Leaver I 113, 333
- Good Leaver I 113
- Grundlagen I 110
  s. Mitarbeiterbeteiligung, Beendigung des Arbeitsverhältnisses
- Rückübertragungspflichten GmbH-Anteil I 179
- Stille Beteiligung, rechtliche Ausgestaltung I 361

Leiharbeitnehmer
- Mindestentgelte C 11

Leistungen, einmalige
- Anwesenheitsprämie G 1
- Entgeltbestandteile, erfolgsabhängige E 9, 21
- Freiwilligkeitsvorbehalt E 21, 25; G 19; J 75

Leistungen mit Mischcharakter
- Begriff F 11
- Besonderheiten bei § 4a EFZG F 169; G 35, 54, 99

Leistungen, vermögenswirksame C 77
Leistungen, wiederkehrende
- Freiwilligkeitsvorbehalt E 29

Leistungsbestimmungsrecht, einseitiges
- Abgrenzung zu Zielvorgaben F 191
- Anknüpfungspunkte F 201
- Ausübungskontrolle F 198
- Bonuspools F 204
- Darlegungs- und Beweislast F 197, 208
- Leistungsbestimmung dem Grunde nach F 188
- Leistungsbestimmung der Höhe nach F 188
- Rechtliche Grenzen F 193
- Inhaltskontrolle der Rahmenregelung F 193
- Transparenzkontrolle der Rahmenregelung F 195
- Vorbehalt F 188

Leistungsplan
- Mitbestimmungsrecht des Betriebsrates N 34, 61

Lohnsteueranrufungsauskunft I 51
Management by Objectives A 7
Mehrarbeit
  s. Überstunden
Mezzanine
  s. Beteiligung, stille Beteiligung

Stichwortverzeichnis

s. *Genussrechte*
– Grundlagen **I** 343
Mindestlohn
– Annahmeverzug **C** 42
– Anrechenbare Leistungen **C** 60; **G** 79
– Arbeitnehmerbegriff **C** 104
– Arbeitsbereitschaft **C** 33
– Arbeitslose **C** 180
– Arbeitsverhinderung **C** 37
– Akkordvergütung **C** 31, 69
– Arbeitsunfähigkeit **C** 37
– Aufwendungsersatz **C** 77
– Ausschlussfrist **C** 100
– Arbeitszeitkonto **C** 86
– Bereitschaftsdienst **C** 34
– Branchenmindestlohn **C** 186
– Differenzanspruch **C** 21
– Diplomand **C** 124
– Duales Studium **C** 161
– Ehrenämter **C** 176
– Einführung **C** 1
– Entgeltkonto **C** 86
– Erfüllung **C** 40
– Erschwerniszulagen **C** 71
– Fälligkeit **C** 56
– Feiertage **C** 37
– Flexible Arbeitszeit **C** 86, 99
– Geltungsbereich **C** 1
– Geringfügig Beschäftigte **C** 96
– Heimarbeiter **C** 116
– Home-Office **C** 117
– Jugendliche
  s. *Minderjährige*
– Kinder
  s. *Minderjährige*
– Leistungsvergütung **C** 31
– Minderjährige **C** 173
– Mindestlohnwirksame Leistungen **C** 60
– Pausenzeit **C** 43
– Praktikant, Praktikum **C** 132
– Rechtsnatur **C** 18
– Reisezeit **C** 44
– Rüstzeit **C** 50
– Rufbereitschaft **C** 35
– Sonderzahlungen **C** 76
– Student **C** 132, 161
– Trainee **C** 128
– Übergangsregelung **C** 5
– Überstunden **C** 54
– Umkleidezeit **C** 50
– Urlaub **C** 39
– Urlaubsgeld **C** 79
– Verbotsgesetz **C** 18
– Verfall **C** 100
– Verhältnis zu Sittenwidrigkeit **C** 27
– Verhältnis zu anderen Mindestentgelten **C** 11
– Weihnachtsgeld **C** 76
– Widerrufliche Leistungen **C** 64
– Zeitkonto **C** 87
– Zeitstunde **C** 30
– Zoll **C** 85
– Zulagen **C** 69
Mitarbeiterbindung **F** 1; **G** 85
Mitarbeitergespräche **N** 89
Mitarbeitermotivation **G** 1, 85; **M** 18
Mitarbeiterbeteiligung
s. *Abfindung*
– Beendigung des Arbeitsverhältnisses
– ~ Beteiligungsgesellschaft **I** 305
– ~ börsennotierte AG **I** 88
– ~ GmbH **I** 173
– ~ nicht börsennotiert AG **I** 109
– ~ Rückübertragungspflichten **I** 174
– ~ stl. Aspekte AG **I** 139
– ~ virtuelle Beteiligung
  s. *Beteiligung*
  s. *Finanzierung*
  s. *Fremdkapital*
  s. *Gewährung*
  s. *Mezzanine*
  s. *Genussrechte*
  s. *Mitarbeiterdarlehen*
  s. *Treuhandmodelle*
– Übersicht **I** 7
– Ziele **I** 2
Mitarbeiterdarlehen
– Einfache Darlehen **I** 345
– Partiarische Darlehen **I** 352
Mitbestimmung **I** 19
Mittelbare Beteiligung
s. *indirekte Beteiligung*
Mitunternehmerschaft
– Atypisch stille Beteiligung **I** 372
– Genussrechte **I** 389
– Gewerbliche Personengesellschaft **I** 212
– Partiarisches Darlehen **I** 354
– Unterbeteiligung **I** 381
Muster
– Betriebstreueleistungen **P** 11
– Betriebsvereinbarungsoffenheit **P** 10
– Freiwilligkeitsvorbehalt **P** 5
– Entgeltgruppensystem **P** 1
– Leistungen, befristete **P** 8
– Rückzahlungsregelung **P** 9
– Stichtagsregelung **P** 11
– Tantiemevereinbarung **P** 14
– Überstunden **P** 2
– Vertragsgestaltung, betriebsvereinbarungs-offen **P** 10
– Widerrufsvorbehalt **P** 7
– Zielvereinbarung für einen Jahreszeitraum **P** 17
– Zielvereinbarungssystem mittels Betriebsvereinbarung **P** 16
– Zielvereinbarungssystem mittels Rahmenvereinbarung **P** 15
Mutterschutz
– Fristen **F** 182

Stichwortverzeichnis

- Sonderzahlungen **F** 10; **G** 32, 69

Nachwirkung von Betriebsvereinbarungen
- Ausschluss **N** 164
- Betriebsvereinbarung **N** 159
- Regelungsabrede **N** 118

Offene Handelsgesellschaft (OHG)
s. Beteiligungsgesellschaft, Personengesellschaft
s. Personengesellschaft

Option
s. Aktienoption
- Allgemein **I** 26
   s. Beteiligung, virtuelle Beteiligung
   s. GmbH
   s. GmbH & Co. KG, Optionsvereinbarung

Partiarisches Darlehen
s. Darlehen, partiarisch

Pauschalierungsvereinbarungen **B** 77

Personalführungsinstrumente
- Balanced Score Card **A** 7
- Entgeltgestaltung, zielabhängige **A** 5
- Entgeltsysteme, variable **A** 5; **J** 49, 98
- Management by Objectives **A** 7

Personengesellschaft
s. Bruchteilsbetrachtung
- Gesellschaftsvertrag **I** 192, 199, 201
   s. GmbH & Co. KG, Beteiligung
   s. Gewährung
   s. Kapitalerhöhung, GmbH & Co. KG
- Sondervergütung **I** 214
- Stl. Aspekte **I** 204
- ~ Aufnahme Gesellschafter **I** 218
- ~ Ausscheiden Gesellschafter **I** 224
- ~ gewerbl. Personengesellschaft **I** 212
- ~ vermögensverwaltende Personengesellschaft **I** 227
   s. Unterbeteiligung

Pflegezeit
- Berücksichtigung bei erfolgsabhängigen Entgeltbestandteilen **F** 178
- Sonderzahlungen **F** 178

Phantom Stocks
s. virtuelle Beteiligung

Prämien
s. Sonderzahlungen

Private Equity **I** 34, 102

Prüfverfahren
- Anwendungsbereich **O** 51
- Betriebliches **O** 49
- Ergebnisermittlung **O** 63
- Inhalt **O** 54

Provisionen
- Bezirksprovision **B** 56, 63
- Betriebswirtschaftliche Aspekte **K** 91
- Doppelprovisionierung **B** 62
- Handelsvertreter **B** 57
- Kausalitätsbetrachtung **B** 62

- Nichtzahlung **B** 61
- Provisionsanspruch **B** 56, 59
- Provisionspflicht **B** 60, 64
- Provisionsvereinbarungen **B** 60, 64
- Überhangprovision **B** 63, 64
- Vermittlungsprovision **B** 56

Put-Option **I** 112, 175

Rahmen- und Einzelvereinbarungen
- Tantieme **J** 94
- Zielvereinbarungssysteme **J** 119

Regelungsabrede
- ~ als Zustimmung des Betriebsrates **N** 115
- Beendigung durch Aufhebungsvereinbarung **N** 118
- Beendigung durch Kündigung **N** 118
- Formfreiheit **N** 115
- Nachwirkung **N** 118

Reisekostenrichtlinie **B** 77

Reisezeit **C** 44

Retention Bonus
- Anwendungsfälle **G** 91
- Aufhebungsvereinbarung **G** 103
- Begrenzung der Höhe **G** 106
- Betriebsrat, Mittbestimmungsrecht des **G** 120
- Betriebstreue **G** 93, 100
- Fälligkeit **G** 118
- Grenzen, rechtliche **G** 95
- Grundlagen **G** 86
- Kündigung **G** 95, 102
- Leistungsabhängigkeit **G** 94, 111
- Mischcharakter **G** 99, 106
- Rückzahlungsklausel **G** 89, 104
- Steuer- und Sozialversicherungspflicht **G** 123
- Stichtagsklauseln **G** 95
- ~ in AGB **G** 96, 102
- ~ in Betriebsvereinbarungen **G** 97
- ~ in Tarifverträgen **G** 99
- ~, unwirksame **G** 108
- ~, Zweck **G** 95
- Zielvereinbarungen **G** 115
- Zielerreichung, vorzeitige **G** 117
- Zweck **G** 93

Rufbereitschaft **C** 35

Rückübertragung
s. GmbH
s. Mitarbeiterbeteiligung, Beendigung des Arbeitsverhältnisses

Rückzahlungsklauseln
- Anwendung **G** 104
- Beendigungsgründe **F** 36
- Grenzen **F** 32; **J** 35
- Halteprämie **G** 89, 104
- Regelungsschranken **F** 15, 22, 32; **J** 13, 20, 25
- Transparenz **F** 35
- Variable Vergütung **K** 38

Ruhen des Arbeitsverhältnisses
- Betriebstreue **F** 7

587

Stichwortverzeichnis

- Kürzung von Leistungen F 7, 160, 178; G 21
- Kürzungsvereinbarung F 7, 178; G 6, 23

Sachbezüge B 65
Schadensersatzanspruch bei fehlenden Zielen
- Umfang F 155
- Zielvereinbarungen F 134, 142
- Zielvorgaben F 134, 142

Schriftformklausel
- Qualifizierte E 77

Schuldrechtliche Vereinbarung
- Genussrechte I 386
- Rückübertragung GmbH-Anteil I 174
- Virtuelle Beteiligung I 308, 336

Sittenwidrigkeit C 23
- Arbeitsentgelt C 24
- Verhältnis zum Mindestlohn C 27

Sondervergütung
s. Personengesellschaft

Sonderzahlung
- Abschlag K 24
- Anwesenheitsprämien G 1
- Arbeitsleistung, Verhältnis zur B 17; G 23, 35
- Arbeitsunfähigkeit F 7, 164; G 23, 35
- Bedeutung als Personalführungsinstrument B 17
- Betriebstreueleistung E 1; G 93
- Billiges Ermessen B 29
- Bindungswirkung F 73, 76; G 93
- Boni B 28; K 40
- Dauerhaftes Leistungssystem B 50
- Diskriminierungsverbot F 182
- Earn-Out K 36
- Einmalige B 46
- Elternzeit F 178; G 21
- Entgeltbenachteiligung, Vermeidung von O 35
- Entgeltbestandteile, anlassbezogene F 1; J 1
- Entgeltbestandteile, erfolgsabhängige B 36, 54; F 48; J 49, 98
- Erfolgsabhängige Vergütung K 2
- Ermessen B 29, 31; F 188
- Festsetzung, ermessensabhängige B 29; F 188
- Festsetzung nach Zielen B 36, 54; F 48; G 6, 9; J 49, 98
- Freiwilligkeitsvorbehalt B 33; E 8; G 19
- Gestaffelte Beteiligung K 34
- Kurzarbeit F 184; G 75
- Kürzungsmöglichkeiten F 7, 160; G 35
- Mindestlohn C 76; G 79
- Mischformen F 11; G 34, 46
- Pflegezeit F 178
- Retention Bonus G 85
- Ruhen des Arbeitsverhältnisses F 7, 160; G 21
- Stichtagsregelungen F 11; G 28, 95
- Synallagma B 17; F 11; G 46
- Wehrdienst F 178
- Ziele, gruppenerfolgsbezogene B 40; G 7; J 104, 110
- Ziele, individualerfolgsbezogene B 38; G 6; J 98, 107
- Ziele, unternehmens-, konzern- und spartenerfolgsbezogene B 43; J 106
- Zielvereinbarungen F 89; K 24, 42
- Zielvorgaben F 100

Stichtagsregelungen
- Anwesenheitsprämie G 28
- Betriebsvereinbarung G 97; N 141
- Bestandsabhängige Entgeltgestaltung F 1; G 85
- Betriebstreue, künftige F 21; G 93, 100; J 12, 34
- Betriebstreue, vergangene F 21; J 12, 31
- Bindungsklauseln, Grenzen F 15, 22, 32; G 95; J 13, 20, 25
- Bindungszeiträume F 34, 38; J 9
- Bindungszeiträume, vergangenheits- und zukunftsbezogene J 12
- Grenzen F 11, 41; G 96, 108
- Mischcharakter, Leistungen mit F 11; G 99, 106; J 25, 42
- Muster P 11

Stille Beteiligung
s. Beteiligung, stille Beteiligung

Stimmbindung I 120

Stock Options
s. Aktienoptionen
s. Option

Synallagma B 1; D 1; E 9; F 11; G 46

Tätigkeiten
- Allgemeine Tätigkeitsmerkmale H 89
- Auszuübende Tätigkeiten H 5
- Einfache Tätigkeiten H 96, 106
- Einfachste Tätigkeiten H 55, 94, 135
- Entsprechende Tätigkeiten H 60, 171, 198
- Handwerkliche Tätigkeiten H 99
- Höherwertige Tätigkeiten H 34
- Schwierige Tätigkeiten H 114, 147
- Spezielle Tätigkeitsmerkmale H 54, 216, 227

Tag Along
- Allgemein I 120
- Beteiligungsgesellschaften I 304
- Treuhandmodelle I 247, 257, 261

Tantieme
- Auszahlung F 55
- Bedeutung als Personalführungsinstrument B 24; F 49; J 49
- Bemessung am Handels- oder Steuergewinn J 56
- Bemessung am Jahresergebnis J 55
- Bemessung an Gewinn- und Verlustrechnung J 56
- Bemessungsfaktoren J 67
- Bemessungsgrundlagen F 49
- Bestand, unterjähriger J 70, 71

Stichwortverzeichnis

- Einmalige **J** 75
- Flexibilisierungsmöglichkeiten **J** 75
- Freiwilligkeitsvorbehalt **J** 76
- Garantietantieme **F** 53
- Gesamtkostenverfahren **J** 60, 61
- Konzernergebnis **J** 65
- Ruhen des Arbeitsverhältnisses **J** 70
- Spartenergebnis **J** 65
- Überblick **B** 24
- Umsatzkostenverfahren **J** 60, 62
- Unternehmensergebnis **J** 70
- Variabilisierung der Tantiemenmessung **J** 92
- Widerrufsgründe **J** 80, 88
- Widerrufsvorbehalt **J** 78

Tarifbindung D 93
- ~ des Arbeitgebers **N** 55

Tarifliche Regelung
- Vorbehalt einer **N** 55, 133

Tarifüblichkeit N 133

Tarifvertrag
- Bezugnahme, dynamische **E** 134
- Fortgeltung als betriebsverfassungsrechtlicher Entgeltgrundsatz **D** 102
- Stichtagsklauseln **G** 99
- Tarifautomatik **H** 3
- Tarifbindung **D** 93
- Tariflücke **H** 88
  s. Tarifvertrag TVöD-VKA
- Vorrang gegenüber Betriebsvereinbarung **N** 55, 133

Tarifvertrag: TVöD-VKA
- 5-Stufen-Schema **H** 102
- Allgemeiner Teil **H** 84
- Anforderungen in der Person **H** 56
- Arbeitsvorgänge **H** 16
- Aufstieg **H** 43
- Ausbildung, abgeschlossene (< 3 Jahre) **H** 111
- Ausbildung, abgeschlossene (≥ 3 Jahre) **H** 116, 149
- Ausbildung, anerkannte **H** 70
- Ausbildung, Bedeutung der **H** 11
- Ausbildung zzgl. besonders hochwertige Arbeiten **H** 121
- Ausbildung zzgl. hochwertige Arbeiten **H** 119
- Ausbildungs- und Prüfungspflicht **H** 72
- Baukastenprinzip **H** 11, 90, 185, 222
- Berufsabschluss der DDR **H** 71
- Besondere Schwierigkeit und Bedeutung **H** 185, 205
- Besonders schwierige Aufgaben **H** 211
- Besonderer Teil **H** 227
- Büro-/Buchhaltereidienst **H** 129
- Darlegungs-/Beweislast **H** 202, 208
- Direktionsrecht **H** 38
- Eingehende fachliche Einarbeitung **H** 108, 138
- Eingruppierung, besondere Fälle **H** 31
- Eingruppierung, Grundlagen **H** 4
- Eingruppierungsprozess **H** 14, 178

- Entgeltabsenkung **H** 45
- Entgeltgruppen, Überblick **H** 46
- Entgelttabellen **H** 41
- Fachkenntnisse, gründliche **H** 143, 151
- Fachkenntnisse, gründliche und umfassende **H** 176
- Fachkenntnisse, gründliche und vielseitige **H** 156, 221
- Fachkenntnisse, vielseitige **H** 160
- Geltungsausschluss für Lehrkräfte **H** 75
- Heraushebungsmerkmale **H** 22, 91
- Hochschulbildung **H** 69, 171
- Hochwertige Leistung **H** 211
- Höhergruppierung **H** 32, 49
- Informations-/Kommunikationstechnik **H** 218
- Ingenieure **H** 223
- Innen-/Außendienst **H** 129
- Kommunale Einrichtungen/Betriebe **H** 203
- Landesbezirkliche Tarifverträge **H** 126
- Mitbestimmungsrecht **H** 40
- Selbständige Leistungen **H** 162, 176
- Sonstige Beschäftigte **H** 57, 201, 221
- Spezialitätsgrundsatz **H** 55
- Ständige Vertreter **H** 82
- Tarifautomatik **H** 3
- Tariflücke **H** 88
- Tätigkeit, auszuübende **H** 5
- Tätigkeiten, einfache **H** 96, 106
- Tätigkeiten, einfachste **H** 55, 94, 135
- Tätigkeiten, entsprechende **H** 60, 171, 198
- Tätigkeiten, handwerkliche **H** 99
- Tätigkeiten, höherwertige **H** 34
- Tätigkeiten, schwierige **H** 114, 147
- Tätigkeitsmerkmale, allgemeine **H** 89
- Tätigkeitsmerkmale, spezielle **H** 54, 216, 227
- Unterstellungsverhältnisse **H** 77, 215
- Verantwortung, besondere **H** 181, 190
- Verantwortung, verbundene **H** 213
- Vergleich TVöD und BAT **H** 197
- Wissenschaftliche Hochschulbildung **H** 66, 198

Teileinkünfteverfahren I 43, 142, 281

Treuegeld
- Betriebstreueleistung **G** 85, 93, 100; **J** 8

Treuhandmodelle
- Grundlagen **I** 266
- Beendigung Arbeitsverhältnis **I** 250
- Stl. Aspekte **I** 251
  s. Treuhandvertrag

Treuhandvertrag I 244

Überhangprovision B 63

Überstunden
- Abgeltung **B** 89
- Begriff **B** 82
- Mindestlohn **C** 54
- Objektive Vergütungserwartung **B** 84
- Subjektive Vergütungserwartung **B** 88

589

Stichwortverzeichnis

- Vergütungspflicht **B** 83
- Vergütungserwartung **B** 83

Überwachungseinrichtungen, technische
- Betriebsrat, Mitbestimmungsrecht **N** 91

Überwachungsmaßnahmen
- Betriebsrat, Mitbestimmungsrecht **N** 91
- Überzahlung **D** 73

Umsatz
- Umsatzerlöse **K** 9, 12
- Umsatzkostenverfahren **K** 15
- Umsatzrentabilität **K** 60, 100

Unentgeltlichkeit **B** 1

Unmittelbare Beteiligung
s. Beteiligung, Direktbeteiligung

Unterbeteiligung
- Rechtliche Ausgestaltung **I** 377
- Steuerliche Aspekte **I** 380

Unternehmensergebnis **B** 43; **J** 70, 106
Unternehmergesellschaft (UG) **I** 272
Urlaubsgeld
- Betriebstreueleistung **J** 8

Veranlassung
s. Arbeitsentgelt, Veranlassungszusammenhang

Veräußerung
s. Gewerbesteuer
s. Kapitaleinkünfte
s. Mitarbeiterbeteiligung, Beendigung des Arbeitsverhältnisses

Verfallklausel
s. Mitarbeiterbeteiligung, Beendigung des Arbeitsverhältnisses

Vergütung
- Befristung **E** 82
- Einmalzahlungen **E** 1, 28; **G** 5
- Entgelttransparenz **O** 6, 12
- Flexibilisierung **E** 1, 28, 82, 110, 134, 154; **F** 1, 48
- Grundvergütung **D** 1
- Mindestlohn **C** 1
- Sachleistungen **B** 65; **C** 81; **O** 10
s. Tarifvertrag TVöD-VKA
- Zulagen **B** 9; **E** 154; **G** 1

Vergütungsbestandteile, anlassbezogene
- Bedeutung als Personalführungsinstrument **J** 1
- Stichtags- und Rückzahlungsklauseln **F** 11, 32, 41; **G** 28, 95, 104; **J** 35
- Urlaubsgeld **J** 8
- Weihnachtsgeld **J** 8
- Zahlungen mit Gratifikationscharakter **F** 1; **J** 1

Vergütungsbestandteile, befristete
- Abgrenzung zu Einmalleistungen **E** 82
- Grenzen, rechtliche **E** 85
- Gründe, sachliche **E** 86, 94
- Transparenzkontrolle **E** 106

Vergütungsbestandteile, bestandsabhängige
- Abgrenzung und Leistungszweck **F** 1, 15; **J** 1
- Anspruchsvoraussetzungen **F** 5
- Arbeitnehmerbindung **F** 1; **J** 1
- Arten **J** 8
- Ausschluss- und Kürzungstatbestände **F** 6, 9
- Ausschluss von Leistungen mit Mischcharakter **F** 11; **J** 25, 42
- Bedeutung als Personalführungsinstrument **F** 1, 11; **J** 1
- Begriff **F** 1, 11
- Beendigungstatbestände **F** 36; **J** 28
- Bestandsabhängige Entgeltgestaltung **F** 1; **G** 86
- Betriebstreue, künftige **F** 21; **G** 86; **J** 12, 34
- Betriebstreue, vergangene **F** 21; **J** 12, 31
- Bindungsklauseln, Grenzen **F** 15, 22, 32; **G** 95, 108; **J** 13, 20, 25
- Bindungsklauseln **F** 1; **G** 95
- Bindungszeiträume **F** 34, 38; **J** 9
- Bindungszeiträume, vergangenheits- und zukunftsbezogene **J** 12
- Einmalige **J** 37
- Entgelttransparenz **O** 9 ff.
- Fehlanreize **L** 35
- Flexibilisierung der Anspruchshöhe **F** 26
- Flexibilisierungsmöglichkeiten **F** 26; **J** 41
- Flexibilisierungsspielraum **F** 26; **J** 37
- Freiwilligkeitsvorbehalt **J** 37
- Gestaltung, rechtliche **G** 95; **J** 8
- Grenzen für Bindungsklauseln **F** 15, 22, 32; **J** 13, 20, 25
- Grenzen, quantitative **F** 22, 26; **J** 20
- Höhe des Anspruchs **F** 22; **G** 106; **J** 41
- Jubiläumszahlung **J** 12
- Klarstellung des Leistungszwecks **F** 5; **J** 10
- Kombination der Leistungszwecke **F** 11
- Leistungszweck **F** 5; **G** 93; **J** 10
- Kündigungsfrist **F** 41; **J** 17
- Leistungen, einmalige **J** 37
- Leistungsbestimmungsrecht, einseitiges **F** 100
- Mischcharakter, Leistungen mit **F** 11; **G** 99, 106; **J** 25, 42
- Muster **P** 11
- Regelungsschranken **F** 15, 22, 32; **J** 13, 20, 25
- Retention Bonus **G** 85
- Rückzahlungsklauseln, Anwendung **G** 104
- Rückzahlungsklauseln, Grenzen **F** 32; **J** 35
- Rückzahlungsklauseln, Beendigungsgründe **F** 36
- Rückzahlungsklauseln, Transparenz **F** 35
- Ruhen des Arbeitsverhältnisses **J** 29
- Ruhezeiten, Auswirkung von **J** 29
- Stichtagsregelungen **F** 38; **G** 95
- Stichtagsregelungen, Grenzen **F** 11, 41; **G** 96, 108
- Transparenzkontrolle **F** 47
- Treuegeld **J** 8, 44
- Urlaubsgeld **J** 8
- Vor- und Nachteile **L** 12
- Weihnachtsgratifikation **F** 23

Stichwortverzeichnis

- Widerrufsvorbehalt **J** 39
Vergütungsbestandteile, erfolgsabhängige
- Anknüpfungspunkte der Erfolgskomponente **F** 38, 49, 56, 59; **G** 5
- Anpassung im laufenden Bezugszeitraum **F** 119
- Anpassung von Zielvereinbarungen **F** 126
- Anpassung von Zielvorgaben **F** 123
- Anpassungsanspruch **F** 121
- Arbeitnehmerbindung für den Bezugszeitraum **F** 73
- Arbeitsunfähigkeit, Kürzungsmöglichkeiten **F** 160, 164, 171; **G** 35
- Banken, Besonderheiten für **F** 223
- Bedeutung als Personalführungsinstrument **J** 98
- Berücksichtigung von Abwesenheitszeiten, Gestaltungsmöglichkeiten **F** 160; **G** 23, 35
- Berücksichtigung von Abwesenheitszeiten, Grenzen **F** 164, 171, 185; **G** 35
- Betriebliche Übung **G** 19
- Betriebsvereinbarung **G** 15
- Betriebsverfassungsrechtlicher Gleichbehandlungsgrundsatz **G** 15
- Betriebswirtschaftliche Aspekte **K** 1
- Bezugszeitraum, Bedeutung **F** 67, 73, 78; **J** 147
- Bezugszeitraum, Grenzen **F** 73, 78; **J** 147
- Bindungswirkung **F** 73, 76
- Direktionsrecht, Grenzen **F** 96
- Diskriminierungsverbot **F** 182
- Earn-Out **K** 36
- Elternzeit **F** 178; **G** 21
- Erholungsurlaub **F** 183; **G** 32, 70
- Entgeltbenachteiligung, Vermeidung von **O** 35
- Entgeltvereinbarung, Grundsätze der freien **F** 89; **J** 125
- Erreichbarkeit der Ziele **F** 88, 95
- Erscheinungsformen **F** 49
- Festsetzung nach Zielen **B** 36; **G** 6 ff.
- Festsetzung, ermessensabhängige **F** 188
  s. *Einseitige Leistungsbestimmungsrechte*
- Freiwilligkeitsvorbehalt **E** 21; **G** 19
- Gestaffelte Beteiligung **K** 34
- Gestaltung **J** 122
- Grenzen variabler Modelle **K** 33
- Grundsätze der freien Entgeltvereinbarung **F** 89
- Initiativpflicht von Arbeitnehmern **F** 152
- Key Performance Indicator **K** 27
- Kurzarbeit **F** 184; **G** 75
- Leistungssystem, arbeitsvertraglich festgeschriebenes **F** 82; **G** 14, 17
- Leistungssystem, dauerhaftes **F** 82
- Mitbestimmungsrecht des Betriebsrates **G** 17, 81
- Mutterschutz **F** 182; **G** 32
- Pflegezeit **F** 178; **G** 32
- Rückforderung **K** 38
- Ruhen des Arbeitsverhältnisses **F** 178; **G** 21
- Schadensersatzanspruch **F** 145, 155
- Stichtagsregelungen **F** 11; **G** 28
- Transparenzkontrolle **F** 94, 98
- Versicherungen, Besonderheiten für **F** 223
- Wehrdienst **F** 178
- Zielfestlegung **F** 100
- Zielfestlegung, Zeitpunkt **F** 116; **G** 5
- Ziele, gruppenerfolgsbezogene **B** 40; **G** 7, 9; **J** 104, 110
- Ziele, individualerfolgsbezogene **B** 38; **G** 6; **J** 98, 107
- Ziele, unternehmens-, konzern- und spartenerfolgsbezogene **B** 43; **J** 106
- Zielvereinbarungen **F** 89; **K** 24, 42
- Zielvereinbarungen, Rechtsfolgen unterbliebener bzw. fehlerhafter **F** 142, 145
- Zielvorgaben **F** 100
- Zielvorgaben, Rechtsfolgen unterbliebener bzw. fehlerhafter **F** 137, 145
Vergütungsbestandteile, freiwillige **E** 1
- Anspruchsbegründung **E** 4, 7; **G** 5, 23
- Betriebliche Übung **E** 4, 55; **G** 19
- Entgelt, laufendes **E** 9, 15, 21; **G** 38
- Freiwilligkeitsvorbehalt, Anspruchsgrund **E** 42; **G** 19
- Freiwilligkeitsvorbehalt, Anspruchshöhe **E** 49
- Freiwilligkeitsvorbehalt, Erklärung **E** 54
- Freiwilligkeitsvorbehalt, Reichweite **E** 34
  s. *Freiwilligkeitsvorbehalt*
- Gleichbehandlungsgrundsatz **G** 15, 18; **O** 5, 35
- Leistungen, einmalige **E** 25
- Leistungen, wiederkehrende **E** 29
- Totalvorbehalt **E** 34
Vergütungsbestandteile, variable
- Anwesenheitsprämie **G** 1
- Befristung **E** 82, 85, 94, 106
- Betriebstreueleistungen **F** 1; **G** 86; **J** 1
- Betriebswirtschaftliche Aspekte **K** 19, 21
- Direktionsrecht, Auswirkungen der Ausübung **E** 94, 149, 153; **F** 96
- Einmalige Festsetzung **B** 46
- Flexibilisierung **E** 1, 28, 82, 110, 134, 154; **F** 1, 48
- Freiwilligkeitsvorbehalte **E** 21, 42; **G** 19
- Gleichbehandlungsgrundsatz **G** 15, 18; **O** 5, 35
- Grenzen variabler Modelle **K** 33
- Leistungssysteme, dauerhafte **B** 50; **F** 82
- Vor- und Nachteile **L** 1
- Ziele **B** 36; **K** 2, 19
Vergütungsgestaltung
- Banken und Versicherungen **F** 223
- Befristung **E** 82
- Betriebswirtschaftliche Aspekte **K** 1
- Einmalzahlungen **E** 1, 28; **G** 5
- Entgelttransparenz **O** 6, 12
- Flexibilisierung **E** 1, 28, 82, 110, 134, 154; **F** 1, 48

Stichwortverzeichnis

- Grundvergütung **D** 1
- Mindestlohn **C** 1
- Sachleistungen **B** 65; **C** 81; **O** 10
  s. *Tarifvertrag TVöD-VKA*
- Zulagen **B** 9; **E** 154; **G** 1

Vergütungsgrundsätze
  s. *Entgelttransparenz*
- Mitbestimmungsrecht des Betriebsrates
- Betriebsverfassungsrechtliche **D** 100; **N** 32
- Tarifliche **D** 93

Vergütungssysteme, erfolgsabhängige
- Anknüpfungspunkte der Erfolgskomponente **F** 38, 49, 56, 59; **G** 5
- Anpassung im laufenden Bezugszeitraum **F** 119
- Anpassung von Zielvereinbarungen **F** 126
- Anpassung von Zielvorgaben **F** 123
- Anpassungsanspruch **F** 121
- Arbeitnehmerbindung für den Bezugszeitraum **F** 73
- Arbeitsunfähigkeit, Kürzungsmöglichkeiten **F** 160, 164, 171; **G** 35
- Banken, Besonderheiten für **F** 223
- Bedeutung als Personalführungsinstrument **J** 98
- Benachteiligungsfreie Schaffung **O** 32
- Berücksichtigung von Abwesenheitszeiten, Gestaltungsmöglichkeiten **F** 160; **G** 23
- Berücksichtigung von Abwesenheitszeiten, Grenzen **F** 164, 171, 185; **G** 35
- Betriebliche Übung **G** 19
- Betriebsvereinbarung **G** 15
- Betriebsverfassungsrechtlicher Gleichbehandlungsgrundsatz **G** 15
- Betriebswirtschaftliche Aspekte **K** 1
- Bezugszeitraum, Bedeutung **F** 67, 73, 78; **J** 147
- Bezugszeitraum, Grenzen **F** 73, 78; **J** 147
- Bindungswirkung **F** 73, 76
- Direktionsrecht, Grenzen **F** 96
- Diskriminierungsverbot **F** 182
- Earn-Out **K** 36
- Elternzeit **F** 178; **G** 21
- Erholungsurlaub **F** 183; **G** 32, 70
- Entgeltbenachteiligung, Vermeidung von **O** 35
- Entgeltvereinbarung, Grundsätze der freien **F** 89; **J** 125
- Erreichbarkeit der Ziele **F** 88, 95
- Erscheinungsformen **F** 49
- Festsetzung nach Zielen **B** 36; **G** 6 ff.
- Festsetzung, ermessensabhängige **F** 188
  s. *Einseitige Leistungsbestimmungsrechte*
- Freiwilligkeitsvorbehalt **E** 21; **G** 19
- Gestaffelte Beteiligung **K** 34
- Gestaltung **J** 122
- Grenzen variabler Modelle **K** 33
- Grundsätze der freien Entgeltvereinbarung **F** 89
- Initiativpflicht von Arbeitnehmern **F** 152
- Key Performance Indicator **K** 27

- Kurzarbeit **F** 184; **G** 75
- Leistungssystem, arbeitsvertraglich festgeschriebenes **F** 82; **G** 14, 17
- Leistungssystem, dauerhaftes **F** 82
- Mitbestimmungsrecht des Betriebsrates **G** 17, 81
- Mutterschutz **F** 182; **G** 32
- Pflegezeit **F** 178; **G** 32
- Privilegierte **O** 39
- Rückforderung **K** 38
- Ruhen des Arbeitsverhältnisses **F** 178; **G** 21
- Schadensersatzanspruch **F** 145, 155
- Stichtagsregelungen **F** 11; **G** 28
- Transparenzkontrolle **F** 94, 98
- Versicherungen, Besonderheiten für **F** 223
- Wehrdienst **F** 178
- Zielfestlegung **F** 100
- Zielfestlegung, Zeitpunkt **F** 116; **G** 5
- Ziele, gruppenerfolgsbezogene **B** 40; **G** 7, 9; **J** 104, 110
- Ziele, individualerfolgsbezogene **B** 38; **G** 6; **J** 98, 107
- Ziele, unternehmens-, konzern- und spartenerfolgsbezogene **B** 43; **J** 106
- Zielvereinbarungen **F** 89; **K** 24, 42
- Zielvereinbarungen, Rechtsfolgen unterbliebener bzw. fehlerhafter **F** 142, 145
- Zielvorgaben **F** 100
- Zielvorgaben, Rechtsfolgen unterbliebener bzw. fehlerhafter **F** 137, 145

Vergütungssysteme, Grundvergütung
- Bedeutung **D** 3
- Betriebsverfassung **D** 100
- Abwesenheitszeiten **D** 57, 59
- Arbeitsvorgang **D** 32; **H** 16
- Benachteiligungsfreie Schaffung **O** 32
- Berufserfahrung **D** 54
- Eingruppierungsmerkmale **D** 26; **H** 4, 14
- Elternzeit **D** 57, 59
- Entgelttransparenz **O** 1
- Entgeltautomatik **D** 16; **H** 16
- Entgeltstufen **D** 53
- Gewichtung von Eingruppierungsmerkmalen **D** 29
- Höhergruppierung **H** 32, 49
- Korrigierende Rückgruppierung **D** 19
- Lebensalter **D** 54
- Privilegierte **O** 39
- Referenzzeitraum **D** 46
- Stellvertretung **D** 62
- Tätigkeitsbeispiele **D** 37
- Tarifvertrag **D** 93
- Vorübergehende Tätigkeiten **D** 62
- Zeitraum, für Eingruppierung **D** 46
- Zusammenhangtätigkeiten **D** 32

Vergütungssysteme, variable
- Anreize und Fehlanreize **L** 1, 35; **K** 30
- Arbeitnehmergruppen **L** 30; **M** 2, 8, 10

Stichwortverzeichnis

- Bedeutung als Personalführungsinstrument **B** 9, 17, 24, 28, 46; **F** 1, 48; **J** 1, 49, 98
- Befristung **E** 82
- Benachteiligungsfreie Schaffung **O** 32
- Betriebstreueleistungen **F** 1; **G** 85; **J** 1
- Betriebswirtschaftliche Aspekte **L** 1; **K** 19, 21
- Einführung und Umsetzung **J** 1; **M** 1
- Entscheidungsprozesse **M** 1
- Freiwilligkeitsvorbehalt **E** 1; **G** 19
- Gestaltungsmöglichkeiten **J** 1, 49, 68
- Gleichbehandlung in der Reihe **D** 81; **M** 22
- Gleichbehandlung in der Zeit **D** 11; **M** 24
- Gleichbehandlungsgrundsatz **D** 84; **G** 15, 18
- Grenzen variabler Modelle **K** 33
- Leistungen, dauerhafte **J** 39, 78
- Leistungen, einmalige **J** 37, 75
- Personalentwicklungsbezogene Aspekte **L** 18
- Privilegierte **O** 39
- Tantieme **F** 49; **J** 49
- Vor- und Nachteile **L** 1
- Widerrufsrecht **E** 110; **J** 37, 75
- Zielkomponenten **F** 59; **K** 2, 19
- Zielvereinbarungssysteme **F** 48; **J** 98

Vergütungsvereinbarung
- Freie Entgeltvereinbarung **F** 89; **J** 125
- Gleichbehandlungsgrundsatz **D** 6, 84; **O** 5, 35
- Individuelle, Mitbestimmung Betriebsrat **N** 13
- Transparenzkontrolle **F** 89; **J** 125

Verhaltensregeln, Festlegung von
- Mitbestimmungsrechte des Betriebsrates **N** 84

Vermittlungsprovision **B** 56
Verpflegungspauschalbeträge **B** 69, 76
Verteilungsgerechtigkeit
- Innerbetriebliche **N** 32, 61
- Mitbestimmungsrecht des Betriebsrates **N** 32, 61

Vertragsfreiheit **D** 5
Vertragsgestaltung, betriebsvereinbarungsoffene **E** 141; **P** 10
Verwässerung
s. Exit
s. Kapitalerhöhung
s. virtuelle Beteiligung

Vesting
- Anteilsoptionen **I** 81, 90
- ~ stl. Aspekte **I** 147
- Virtuelle Beteiligung **I** 328, 333

Virtuelle Beteiligung
- Anteilsoptionen **I** 326
- Arten **I** 314
- Earn-Out **I** 330
- Exit-Erlös **I** 319
- Grundlagen **I** 308
  s. Mitarbeiterbeteiligung, Beendigung des Arbeitsverhältnisses
- Rechtl. Ausgestaltung **I** 327
- Stl. Aspekte **I** 336
- Verwässerung **I** 322
  s. Vesting

Vorstandsvergütung
- Wertungsmodell **F** 210

Wandelschuldverschreibung
- Rechtliche Ausgestaltung **I** 82, 101

Wegezeit **C** 45
Wehrdienst **F** 178
Weihnachtsgratifikation **C** 76; **F** 23; **G** 18; **J** 8
Wettbewerbsverbot
- Nachvertragliches **J** 5

Widerrufsvorbehalt **E** 110
- Ankündigungsfrist **E** 121, 132
- Arbeitsunfähigkeit **E** 128
- Ausübungskontrolle **E** 132
- Bedeutung **E** 110
- Betriebstreueleistungen **J** 39
- Dienstwagennutzung, private **E** 119
- Direktionsrecht **E** 127
- Entgeltbestandteile, variable **J** 78
- Grenzen, quantitativ **E** 114
- Inhaltskontrolle **E** 112
- Leistungsdefizite, personenbedingte **E** 128
- Prüfungsmaßstab **E** 112, 117
- Tantieme **J** 78
- Verbot der geltungserhaltenden Reduktion **E** 126
- Widerrufsgrund **E** 117, 125, 127
- Wirtschaftliche Gründe **E** 129

Ziele, gruppenerfolgsbezogene
- Anreize **G** 7 ff., **J** 104; **K** 30
- Fehlanreize **J** 110

Ziele, individualerfolgsbezogene
- Anreize **B** 38; **J** 101; **K** 30
- Fehlanreize **J** 107

Ziele, Mitarbeiterbeteiligung **I** 2
Ziele, unternehmenserfolgsbezogene
- Anreize **J** 106; **K** 30

Zielvereinbarungen
- Abgrenzung zu einseitigen Zielvorgaben **F** 89, 100
- Anpassung im laufenden Bezugszeitraum **F** 119, 126
- Auskunftsanspruch des Arbeitnehmers **J** 187
- Betriebswirtschaftliche Aspekte **K** 24, 42
- Bezugszeitraum für die Zielerreichung **F** 67, 73; **J** 147
- Billigkeitskontrolle **F** 89
- Direktionsrecht, arbeitgeberseitiges **F** 96
- Eingeschränkte gerichtliche Überprüfbarkeit **J** 125
- Erreichbarkeit der Ziele **F** 88, 95; **J** 150
- Fehlen **F** 135, 142
- Fehlerhaftigkeit **F** 123, 157
- Gestaffelte Ziele **J** 142
- Gewichtung der Ziele **F** 93
- Gewichtung einzelner Zielkomponenten **F** 93; **J** 142
- Gleichrangigkeit aller Ziele **F** 93; **J** 142

Stichwortverzeichnis

- Grundsätze der freien Entgeltvereinbarung **F** 89; **J** 125
- Initiativpflicht von Arbeitnehmern **F** 152
- Innovations- und Verhaltensziele **J** 135
- Intransparenz **J** 138
- Keine Inhaltskontrolle **F** 89; **J** 125
- Meinungsverschiedenheiten über Erreichen **J** 159
- Rahmen-und Einzelvereinbarungen **F** 82; **J** 114, 119
- Rechtliche Gestaltungen **J** 114, 119
- Rechtsfolge bei Fehlen **F** 142, 145
- Schadensersatzanspruch **F** 145
- Stufenverhältnis **F** 93, 99; **J** 143
- Transparenzkontrolle **F** 94, 98
- Verhaltensziele **J** 135
- Zeitpunkt der Zielvereinbarung **F** 114

Zielvereinbarung für einen Jahreszeitraum
- Muster **P** 17

Zielvorgaben
- Abgrenzung zu Zielvereinbarungen **F** 89, 100
- Anpassung im laufenden Bezugszeitraum **F** 119, 123
- Grenzen des Direktionsrechts **F** 104, 107
- Billigkeitskontrolle **F** 100
- Erreichbarkeit der Ziele **F** 109; **J** 150
- Fehlen **F** 137, 145
- Fehlerhaftigkeit **F** 157
- Gewichtung der Ziele **F** 111; **J** 142
- Grenzen des billigen Ermessens **F** 100
- Initiativpflicht von Arbeitnehmern **F** 152
- Leistungsbestimmungsrecht, einseitiges **F** 100
- Motivationszweck **J** 98
- Zeitpunkt der Festlegung der Ziele **F** 114

Zufluss
- Aktien **I** 131
- Aktienoptionen **I** 144
- Beteiligungsgesellschaft **I** 299
- Grundsätze **I** 26
- Laufende Bezüge Aktien **I** 135
- Personengesellschaft **I** 210
- Virtuelle Beteiligung **I** 310, 336

Zulagen
- Außertarifliche **B** 10
- Anrechnung **E** 179
- Beispiele **B** 9
- Direktionsrecht, Auswirkung auf **E** 166
- Erschwerniszulagen **E** 174
- Funktionszulagen **E** 94, 155
- Leistungszulagen **E** 170
- Mindestlohn, Erfüllung des **C** 69
- Steuerungswirkung **E** 154, 165
- Tarifliche **B** 10, 12
- Quantitative Grenzen **E** 158
- Zweck **B** 12

Zuschläge
s. *Zulagen*